경북동남부 방언사전

— 영천·경주·포항을 중심으로 —

경북동남부 방언사전
― 영천·경주·포항을 중심으로 ―

정 석 호

추천의 말

　정석호 선생은 재야 방언조사자이다. 그동안 전국적으로 재야 방언조사자들에 의해 도별방언자료집 내지는 사전이 출간된 바가 있다.
　재야 조사자들의 자료는 전반적으로 학계가 요구하는 정밀서이라는 측면에서 다소 뒤떨어지는 감이 없지 않듯이 정 선생의 자료 역시 경우에 따라 전문성이 떨어지는 것도 있었지만 매우 다양한 방언어휘를 빈틈없이 수집했다는 측면에서 그 의의를 찾을 수 있다. 특히 정 선생은 꼼꼼하고 치밀한 성품처럼 자료를 매우 체계적으로 수집했을 뿐만 아니라 지금은 거의 사라지고 없어진 길쌈도구, 농기구, 도정기구, 운반기구 따위를 도해로 실어 부분 명칭과 그 기능을 이해할 수 있게끔 꾸민 것은 자료로서 가치를 한층 더 높였다고 할 것이다. 때에 따라서는 방언적인 외래어(외국어)인 특히 일본어를 다수 수집했다는 점은 방언도 하나의 개별적인 언어체계라는 관점에서 의미가 있다고 할 수 있다. 때에 따라서는 지나치다고 할 정도의 비어나 욕설이 있지만 이 또한 생생한 방언 현상을 기록 보존한다는 면에서 그 의미를 왜곡할 수는 없을 것이다.
　이번에 정석호 선생이 펴낸 〈경북동남부 방언사전〉은 선생의 땀과 노력이 함빡 묻어 있는 성과이다. 특히 방언 낱말의 체계적인 조사를 위해 현장을 부지런히 발품을 팔았던 노고를 길이 새겨두어야 할 것이다. 본인과는 한 고향이자 선후배의 관계로 근 10여 년이 다되어가는 인연으로 많은 의논을 함께했지만 늘 바쁘다는 이유로 정 선생의 작업에 힘이 되지 못해 죄송스럽다.

이 시대는 다원성의 시대이다. 서울 중심의 문화에서 지방의 문화가 함께 존중받는 다원주의의 시대를 살아가면서 지방의 방언의 모습이 어떠했는지 그 한 시대의 모습을 남겨둔다는 것은 매우 뜻 깊은 일이라 아니할 수 없다. 특히 누가 시킨 것도 아니고 자발적인 노력으로 시골을 구석구석 누비고 다니며 엄청난 고생을 통해 이루어낸 성과라는 측면에서 찬사를 아끼고 싶지 않다.

학계에서 자기가 필요한 부분에 대한 정밀한 조사를 하지만 이처럼 폭넓게 조사를 시도한 예를 찾아보기가 힘들다. 방언조사는 원래 발품도 들여야 하지만 조사를 위해서는 무던한 지구력과 노력이 필요하다. 일흔의 연세도 불구하고 아직 청년처럼 꼬장꼬장한 기품으로 이 시대의 고향말씨를 보존하려는 정 선생의 숭고한 학자풍모를 다시 한번 기리면서 이 자료집이 후학자들에게 많이 활용될 수 있기를 기대한다. 또한 이 책을 만드는 정열처럼 계속 자료조사를 해주시기를 기대해 본다.

국립국어원장
이상규 삼가 드림

추천의 말

　인간은 언어를 통하여 서로 의견을 나누거나 사상을 표현해 왔다. 곧 인간이 공통적인 문화를 창출하는 데에 언어가 차지한 중요성은 헤아릴 수 없이 크다. 인간 문화의 많은 부분이 사용된 언어에 융해되어 있거나 각인되어 있기 마련이다. 그래서 때로는 고대사를 옛 언어에서 또는 그 언어와 문자의 변천을 통하여 고찰하고자 하는 노력들을 흔하게 접할 수 있는 것이다. 그러므로 어떤 특정 지방의 문화사를 고찰하기 위한 수단으로서 그 지방의 방언을 탐구하는 경우도 찾아볼 수 있다. 방언을 고찰함으로써 그 언어에 녹아있는 그 지방의 정서와 전통문화를 투영해 볼 수 있기 때문이다. 그러나 방언의 이러한 중요성에 비추어 상대적으로 그 인식이 매우 낮은 것이 현실이다. 과학기술의 대혁신으로 통신과 교통이 급격히 발달하고 있는 현대사회에서는 지방간의 활발한 교류와 더불어 시대적인 표준어 공급의 중요성에 밀리어 방언의 중요성을 서서히 망각해 가거나 소홀히 취급되는 경우가 많아진 것이 사실이다. 또 방언은 일반적으로 국지적이면서 그 체계성, 논리성, 통일성, 응용성 등에 미흡함이 다소 있어 조금은 전문 학자들이 깊은 연구를 기피하는 경향도 없지 않다.

　비교적 장기간 발달하고 변천하면서 잘 전승되어 오던 그 지방의 독특한 언어가 급격한 사회변화와 더불어 복잡한 인적 또는 지역적인 교류가 이뤄지면서 전통적인 방언들이 너무도 급하게 사라져가고 있다.

이 방언들이 급격하게 사라져 가면서 동시에 그 지방의 고유한 전통문화의 모습도 급격하게 지워져가고 있다. 이러한 상황에서 정석호 선생은 자기의 고향인 영천을 중심으로 많은 시간과 심혈을 쏟아 방언을 수집하고 정리하여 경상북도 동남부 지방의 방언연구를 위한 중요한 자료집을 발간하기에 이르렀다. 이 책의 중요성이나 그 높은 가치성은 전문학자들이 평을 하겠지만 1940년대 초·중반에 걸쳐 영천을 중심으로 경상북도 동남부 지방에 쓰이던 방언 6,700여에 달하는 방대한 어휘를 매우 체계적으로 수집 정리함으로써 한 시대의 이 지방 방언의 모습을 보존하게 되었다는 점만으로도 높이 평가받아 마땅하다 할 것이다. 또 장차 세월이 흐르면서 이 자료집이 후학들에게 많이 활용되면서 그 업적이 더욱 빛나게 될 것을 믿는다.

　본인은 정석호 선생과 같은 시골 초등학교를 1년 차이로 다닌 동창이고 또 이웃 동네에서 자란 고향 친구다. 그러나 그가 전면국비장학금의 국립체신고등학교 1회 졸업생으로서 서울국제전신전화국 근무를 비롯하여 통신전문가의 길로 나아가 무선통신과 정보통신 분야에서 많은 일을 한 친구임은 알고 있었지만 그가 근년에 와서 이렇게 훌륭한 방언 연구에 관한 일을 조용히 하고 있었음을 미처 모르고 지냈다. 한편 부끄럽기도 하고 미안한 생각도 감출 수 없다. 고향을 사랑하는 마음 없이는 고향땅의 방언을 이렇게 헌신적으로 수집하여 정리 출간할 수는 없는 일이다. 이 사업은 경제적 이익을 추구할 수 있는 것도 아닐 뿐 아니라 또 자신의 전공과도 거리가 있는 힘든 일이기 때문이다. 보통 사람들이 관심을 기울이지 않는 가운데 급속하게 사라져가고 있는 고향의 방언들을 수집, 정리, 연구하여 이렇게 방언 자료집을 출간하는 일은 남다른 애향심이 바탕 된 것이고 향토문화 전승과 장차 향토문화 연구에 아주 소중한 자료가 될 것임을 확신할 수 있다.

정석호 선생의 이 훌륭한 업적이 장차 중요한 자료로 찬란히 빛나기를 기대하며, 나아가 지속적으로 보완되고 다듬어져서 아주 좋은 자료집이 되기를 바란다.

前 대구예술대학교 총장 및 경북대학교 대학원장
손병기

추천의 말

고향 하면 제일 먼저 떠오르는 것이 고향의 말일 것이다. 예로부터 전국 방방곡곡의 말이 조금씩 다 달랐다. 어느 지역이든 그곳의 독특한 말이 있었다. 그 지역만의 억양, 어투, 어휘가 있었다. 그 말씨가 바로 고향을 특징지었던 것이다.

이런 특징이 사라지기 시작한 건 농촌 인구가 급격히 줄고 도시 인구가 늘면서였다. 또한 학교 교육과 대중매체의 발달로 각 고장의 말 사이의 차이가 점점 엷어지고 비슷하게 변해 버렸다. 강력한 표준어의 보급으로 각 지역의 토속어들이 슬며시 사라지기 시작했다. 노인들의 말이 아랫 세대에 전승이 되지 않게 된 것이다.

각 지역의 고유한 말이 연로한 세대가 세상을 떠나면서 자꾸만 사라지고 있다. 국가나 지방자치단체에서 향토말을 기록하고 보존하려는 노력을 하고 있지만 워낙 예산이 한정되어 있다 보니 성과나 실적이 미미한 실정이다. 향토말은 입말로만 쓰이기 때문에 그 말을 사용하던 이들이 세상을 떠나면서 그런 말이 쓰인 사실조차 흔적 없이 사라지고 만다.

이런 상황에서 영천을 중심으로 한 경북 동남부 지역의 생생한 말을 고스란히 기록한 책이 나오게 된 것은 여간 반갑고 뜻 깊은 일이 아니다. 더구나 방언을 전공한 학자가 아니라 평범한 일반인이 이런 책을 펴냈다는 것이 놀랍다. 이 책을 쓴 정석호 선생은 1940년대부터

1970년대까지 고향인 영천 지역에서 쓰인 말을 남김없이 기록하고자 십 수 년에 걸쳐 노력을 기울인 끝에 이번에 대작을 펴내게 됐다. 이 책을 보면 선생의 고향말에 대한 애착이 얼마나 깊은지 알 수 있다. 또한 그 성실하고 치밀함에 놀라고 자료의 방대함에 놀라게 된다. 국어 분야를 평생 공부해 온 필자가 보기에도 저절로 고개가 숙여질 만큼 그 정성과 노력을 높이 사지 않을 수 없다.

이 책은 선생의 생생한 삶의 체험으로부터 우러나온 것이다. 학자의 연구서가 아니어서 학문적 체계성은 좀 부족할지 모르겠으나 생활에서 쓰인 말을 죄다 기록하고자 한 의욕을 읽을 수 있고 전공 학자들이 미처 관심을 기울이지 못한 것까지 다룬 것도 있다.

이 책을 읽으면서 나이든 세대의 독자들은 아하! 하고 옛날 어릴 적 일을 떠올리며 향수에 잠길지 모르겠다. 이 책이 자꾸만 사라져 가는 향토 문화유산을 되돌아보고 그 소중함을 깨달을 수 있는 계기가 되리라 믿는다. 또한 이 책이 본보기가 되어 타 지역에서도 이런 고향말을 수집하여 기록한 책이 나오기를 기대해 본다. 거듭 선생의 노고에 감사와 치하를 드리며 추천하는 바이다.

국립국어원 국어생활부장
김세중

머리말

　방언에 '도독눔빙'이라는 말이 있다. 이는 말라리아를 속되게 이르는 말로, 한 여름에 솜이불을 쓰고도 추워서 떠는 증상을 도둑질 하여 숨어 떨고 있는 도둑에 비유하여 생긴 말이다. 또한 말라리아는 학질(瘧疾) 또는 초학(初瘧)이라고도 하고, 하루건너 발열한다 해서 '하리거리'라고도 한다. 이와 비슷한 연유로 해서 생긴 말로 '개좆대가리'라는 말이 있다. 이는 개도 안 걸리는 여름고뿔, 즉 여름감기를 이르는 말이다. '똥파래이'라는 말도 있는데, 이는 8·15 해방이 되고 상륙한 미군의 지프를 일컫는 말이다. 신작로 위로 먼지를 뽀얗게 일으키면서 '웽~' 소리를 내며 달리는 조그마한 자동차가 마치 똥파리가 날아가는 모습과 같다고 해서 붙여진 이름이다. 6·25 전쟁이 나고 하늘을 찢을 듯 굉음을 내며 날아가는 제트기를 '호주비행기'라고 했는데, 이는 이승만 대통령의 영부인 프란체스카 여사, 즉 '호주띠기(濠洲宅)'의 친정 나라에서 사위 나라를 구하려 보낸 비행기라고 해서 생긴 말이다. 이는 물론 오스트리아를 오스트레일리아(호주)로 잘못 알고 붙인 택호(宅號)이다.

　이와 같은 무적(無籍)의 언어, 즉 말이면서 말 대접을 못 받고 쓰다 버려진 말들을 주워 담기 십 수 년 만에 이제 그것들을 한 권의 책으로 엮어 내게 되어 감개무량하다. 시골 장터 주막집에서 옆 자리 사람들과 어울려 걸걸한 화제로 대화를 나누다가 문득, 잊었던 말 하나를 낚았을 때는 길에서 보물이라도 주은 양 기뻤다. 글재주가 모자라 어설픈 데가 한둘이 아닐 줄 안다. 하지만 이 사전이 이 분야를 연구하는 학자들이나 사투리를 활용하여 저작을 하는 이들에게 도움이 된다면 더 없는 보람이겠다. 또한 옛것을 사랑하고 아쉬워하는 시골의 어른들이 책을 펼쳐들고 "그래, 그때는 그랬지!" 하면서 공감하고, 백년 그리고 더 먼 훗날 사람들도 "이 땅의 조상들이 이렇게 말을 하며 살았구나!" 하며 한 시대 사람들의 정서와 생활의 편린이라도 엿볼 수 있다면 더 바랄 것이 없겠다.

교통 통신이 발달하여 전국이 일일 생활권으로 바뀌어 언어를 비롯한 지방의 특성이 사라져 가고 있는 이때, 각 지방의 문화단체나 뜻있는 연구자들이 그 지역 특유의 문화 자산을 발굴하려는 기운이 일고 있는 것은 다행이다. 하지만 방언 연구 등이 아직도 소수 학자들이나 애호가들에 의해 산발적으로 수집되고 정리되는 단계에 머물고 있는 것이 우리의 현실이다. 유서 깊은 우리의 전통과 정서가 함축되어 있는 방언을 더 발굴하고 보존하는 것은 우리 문화의 지평을 과거와 현재 그리고 미래의 세대가 조화롭게 만나는 소통의 가능성을 보다 넓고 보다 깊게 펼쳐나가는 작업으로 생각된다.

돌이켜보면 해방이 되고 6·25 전쟁 후 급격하게 밀려든 서구문화의 그늘에 가려져 있던 국악이나 민속무용 등이 88올림픽을 계기로 한낱 소리나 광대놀음의 범주를 벗어나 우리의 자랑스러운 문화자산으로 당당하게 자리 잡아 가고 있는 것에서 보듯이 가장 한국적인 것이 가장 세계적인 것이라는 말은 더욱 실감이 간다. 방언 연구도 그러한 큰 틀에서 보다 알차게 진전되어 우리의 소중한 문화자산으로 자리를 잡았으면 하는 것이 나의 바람이다.

우리나라 상고사 연구에 매진하며 105세에 돌아가시기 직전까지 학문에 전념하였던 최태영 박사, 그분의 회고에 의하면 70대는 한창때였고, 늙었다는 생각이 든 것은 아흔이 넘어서였다고 한다. 이 기사를 읽고 나이 먹은 것을 탓하면서 멈칫거리던 때를 부끄러워하며 아직도 30년은 더 연구할 수 있다고 생각하며 깨알 같은 글을 들여다본다. 이제부터 입문한다는 각오로 이 분야의 공부에 정진하여 더욱 좋은 책이 되도록 노력을 마다하지 않을 것이다. 독자 여러분께도 아낌없는 격려와 충고를 해주신다면 고맙겠다.

끝으로 방언에 대한 현실적 가치를 누구보다 강조하는 국립국어원 이상규 원장님이 소중한 자료까지 제공해 주시며 격려해 주실 때는 천군만마라도 얻은 듯했고, 대구예술대학교 총장과 경북대학교 대학원 원장을 역임한 손병기 선배님의 격려는 언어가 문화에 끼치는 중요성을 다시 일깨워준 것이라 생각한다. 그리고 직조분야의 학술자료를 제공해주신 안동대학교 배영동 교수님, 그리고 국립국어원 김세중 부장님께도 감사의 말씀을 전한다. 특히 여러 가지 어려운 여건에도 흔쾌히 이 일을 맡아 주신 글누림 출판사의 최종숙 사장님의 호의는 국학에 대한 사랑과 만학(晚學)에 대한 격려로 생각한다. 그리고 일을 담당하여 참한 책이 나올 때까지 수고해 준 이태곤 편집장과 편집부 김지향 씨에게도 감사의 뜻을 남기고 싶다.

향토의 소중한 문화유산을 기록으로 남기는 것이 보람 있는 일이라며 자료수집에 협조해 준 동창회 서임수 회장 및 김종필, 박기찬, 손석, 손용호, 이낙재, 이정이, 임한근 형을 비롯한 여러 향우들은 나에게 커다란 힘이 되었다. 길쌈, 농사, 전통음식 등에 대한 많은 자료를 제공해 준 팔순에 가까운 본인의 형수 이춘택 여사, 그리고 "집안 일 걱정하지 말고 하고 싶었던 공부 하라." 하며 건강 보살펴 주던 누님 정석조, 아내 변명섭 여사에게도 고마운 마음을 남긴다. 마지막으로 생전에 효도 한 번 제대로 드리지 못한 부모님 영전에 삼가 이 책을 바치며 절을 올린다.

2007년 늦가을 금정산 자락에서
정 석 호

차례

추천의 말 _ 국립국어원장 이상규 · 5
추천의 말 _ 前 대구예술대학교 총장 및 경북대학교 대학원장 손병기 · 7
추천의 말 _ 국립국어원 국어생활부장 김세중 · 10
머리말 · 12
일러두기 · 18

방언으로 찾기

ㄱ	23	ㅇ	449
ㄴ	130	ㅈ	539
ㄷ	166	ㅊ	616
ㄹ	249	ㅋ	636
ㅁ	255	ㅌ	641
ㅂ	308	ㅍ	649
ㅅ	374	ㅎ	659

표준말로 찾기

ㄱ	694	ㅇ	763
ㄴ	712	ㅈ	780
ㄷ	718	ㅊ	792
ㄹ	730	ㅋ	795
ㅁ	731	ㅌ	796
ㅂ	740	ㅍ	797
ㅅ	751	ㅎ	799

도해 찾기

그림 1 가매이틀(가마니틀) / 28
그림 2 걸채 / 55
그림 3 날틀 / 138
그림 4 도리깨 / 190
그림 5 두레(용두레) / 200
그림 6 두루매기(둘막) / 201
그림 7 디딜바아 / 216
그림 8 목매(매통) / 284
그림 9 물레 / 297
그림 10 물바아(물방아) / 298
그림 11 버선 / 332
그림 12 베매기 / 336
그림 13 베틀 / 337
그림 14 석매바아(연자방아) / 399
그림 15 써리(써레) / 440
그림 16 쐐기(씨아) / 442
그림 17 우차 / 513
그림 18 윷판 / 520
그림 19 자새2 / 543
그림 20 저구리(저고리) / 556
그림 21 주우(바지) / 576
그림 22 지게 / 582
그림 23 지름틀(기름틀) / 586
그림 24 질매(길마) / 594
그림 25 처매 / 620
그림 26 풍기(풍구) / 655
그림 27 훌찌이 / 688

별표

▶ '하다(카다, 라다) 동사'의 활용 / 807
▶ '어떻게 하다(어야다, 우야다)'의 활용 / 813
▶ '어찌하다(어짜다, 우짜다)'의 활용 / 814

- **참고문헌** / 815

❙ 일러두기

■ 표제어

1. 수록된 말은 영천, 경산, 대구 등 금호강 주변과 경주를 중심으로 한 포항, 영덕, 울산지방 등 신라어를 원류로 한 경상북도의 동남부지방 일대의 말로, 시대적으로 1940년대 본인의 유년기에서 1970년대 산업화가 시작되기까지의 농촌의 중하층 서민들이 쓰던 말이다.

2. 표준말의 범주에 들어가는 말이라도 방언영역에서 토속적인 어감으로 쓰이거나 민속적으로 쓰이는 낱말이나 관용어.

3. 표준말과 같은 말이라도 활용이 되는 경우 성조나 어감이 다르게 변하는 낱말.

    [보기]
    낫 : 다 통 낫다. 【낫어▶나아/낫으이▶나으니/낫는▶낫는】 ¶다리 아푼 기이 낫었다. ▶다리 아픈 것이 나았다.
    낮 명 낮. 【나줄로▶낮으로/나제▶낮에】 ¶나줄로는 공장아 나가고 밤으로는 야핵고 댕기매 공부해서 성공했다. ▶낮으로는 공장에 나가고 밤으로는 야학교 다니며 공부해서 성공했다.
    놓다1 통 놓다. 일 따위를 그만두다. 탄환을 쏘거나 폭발물을 터뜨리다. 【나▶놓아(놔)/노이▶놓으니/놀▶놓을】 ¶그 사람은 죄가 없으이 나 보내라. ▶그 사람은 죄가 없으니 놓아 보내라.

4. 일본어를 어원으로 하거나, 서구어가 일본어로 정착하여 다시 식민지 시대를 거치면서 지방말로 토착한 말.

    [보기]
    나까오'리 명 중절모(中折帽). '귀두(龜頭)'의 변말. 日 '中折れ'.
    노가다 명 막노동자. 日 'ろうかた(勞肩)'.
    호로몽 명 호르몬. 정액(精液). 日 'ホルモン(hormon)'.
    히야까시 명 희롱(戲弄). 짓궂은 장난. '걸다' 또는 '하다'와 함께 쓰여, '장난을 걸다' 또는 '장난을 하다'라는 말이 됨. 日 '冷やかし'.

5. 같은 말이면서 뜻이 다르거나 품사가 다른 낱말은 표제어에 번호(-1. -2)를 붙여 구분하였다.

6. 길쌈도구, 운반기구, 농기구, 도정기구, 의복, 윷판 등의 부분명칭은 표준말과 같은 경우라도 독립된 표제어로 실어 도해(圖解)를 곁들였고 참조를 따라 찾아 그 기능 따위를 알 수 있게 하였다.

   [보기]
   베틀 명 베틀. 무명, 삼베, 명주 따위의 피륙을 짜는 틀. ☞ 가리새2. 나부손. 나부손ㄲ내끼. 눈썹노리. 눈섭대. 눌림끈. 눌림대. 다붓대. 뒷다리. 마굼대. 말귀. 몸체. 바대. 부테끈. 부테허리. 북. 북따까리. 비게미. 사치미. 살대. 신대. 신대끈. 안치널. 앞다리. 용두머리. 원산. 잉애대. 잉애실. 저질개. 짚신. 최빨.

7. 길쌈과 전통음식에 대해서는 가능하면 문헌을 참고하고 기능보유자의 조언을 받아 그 기능과 제조과정을 간결하게 예문을 빌려 설명하였다.

8. 동의어나 유의어는 참조를 따라 찾아보게 하였다.

9. 방언에서 독특하게 쓰이는 접두사 접미사의 활용도를 예를 들어 분석하였다.

   [보기]
   생- 접 생-(生-). 일부 명사의 앞에 붙어 '지독한' 또는 '억지스러운'의 뜻을 더하는 접두사. 【생가부 ▶생과부/생고상 ▶생고생/생각재이 ▶생각쟁이/생무식재이 ▶생판무식쟁이/생배락 ▶생벼락/생상눔 ▶새파란 상놈/생씩겁 ▶혼겁/생이밸 ▶생이별/생죽엄 ▶생죽음/생지랄 ▶개지랄/생티집 ▶생트집】.
   -분2 접 -운. 형용사가 되는 어간에 붙는 접미사. ¶가차분 친척이다. ▶가까운 친척이다./고분 얼골이다. ▶고운 얼굴이다./더분 날씨다. ▶더운 날씨다./더러분 내미가 난다. ▶더러운 냄새가 난다./매분 시집살이다. ▶매운 시집살이다./미분 정도 정이다. ▶미운 정도 정이다./싱거분 사람도 다 있다. ▶싱거운 사람도 다 있다.

10. 어미 따위는 가능한 다양하게 분석하려고 하였다.

    [보기]
    ㄹ라카닌기요 미 -렵니까. 상대편이 장차 어떤 행위를 할 것인지에 대한 의사를 묻는 종결 어미. ¶언제 그리로 갈라카닌기요? ▶언제 그리로 가렵니까?/점재

이한테 한분 **물어볼라카닌기요?** ▸ 점쟁이한테 한번 **물어보렵니까?** ☞ -ㄹ라닌기요. -ㄹ란기요.

11. 방언에서 독특하게 쓰이는 '하다(카다. 라다) 동사', '어떻게 하다(어야다. 우야다)', '어찌하다(어짜다. 우짜다)'의 활용어를 별표로 만들어 실었다. 이 경우 방언 구조의 특수성으로 인하여 준말의 예에 따라 띄어쓰기를 하지 않고 소리가 나는 대로 표기하였다.

12. 도트라지. 뚜까리. 미역추. 불미이. 엉개. 절충이. 쪼바리 따위의 식용식물의 표준말 이름은 말의 보유자의 도움을 받아 실물을 관찰한 다음, 식물도감을 찾아서 확인해야 하는 애로가 있어 추후로 확인하여 재판에 넣기로 하고 본문에서 뺐다.

13. 원말이 아니고 활용어라도 특별하게 쓰이는 경우 따로 표제어로 삼아 참조(☞)를 통하여 원말을 찾아보게 하였다.

[보기]

도':3 [준] 달라. 다오. '도고'의 준말. 해라할 자리에 무엇을 주기를 요구하는 말. 하오할 자리나 합쇼할 자리에는 '주소', '주이소' 또는 '주시이소'로 말한다. 【돌라 ▸ 달라/돌라이 ▸ 달라니】 ☞ 돌다.

도'고 [동] 다오. 달라. 해라할 자리에 무엇을 주기를 요구하는 말. 하오랄 자리에는 '주소', '주이소' 또는 '주시이소'로 말한다. ☞ 도3. 돌다.

14. 표준말에 근거하여 띄워 쓰기를 해야 할 어휘라도 방언의 특성상 통상 독립된 말로 쓰이는 경우 하나의 표제어로 붙였다.

[보기]

빠저뿌리다 [동] 빠져 버리다. 【빠저뿌래 ▸ 빠져 버려/빠저뿌리이 ▸ 빠져 버리니】

뿔떡'고집 [명] 불뚝 고집.

15. 표준말 뜻풀이는 국립국어원의 표준국어대사전을 표준으로 삼아서 했고, 정확한 말을 찾기 어려울 때 그 중 가장 근사한 말을 찾아 풀이하고 애매한 경우에는 설명을 덧붙였다.

16. 사전의 기본 배열은 '표제어-품사-뜻풀이-활용어. 곡용. 파생어-예문-참조'의

순으로 하고, 표제어의 성조 기호는 단음('), 장음(:), 비음(˜) 등 세 가지로
통일하였다.

■ 예문

1. 예문은 방언의 낱말뿐만 아니라 말에 담긴 정서와 관습을 이해하기 쉽게 간결한
   문장으로 꾸몄고, '¶방언 문장.▶표준어 문장' 의 형식으로 배열하여 서로 비교하
   여 볼 수 있게 하였고, 표제어와 그에 따른 표준어의 글씨를 돋보이게 하였다.

   [보기]
   서답 冏 빨래. ¶저임아래 서답 한 자대기 씩거 놓고 저임묵고 방간에 갔다가 오이
   하리 해가 언제 갔는지 모리겠네요. ▶ 오전에 빨래 한 아름 씻어 놓고 오후에
   방앗간에 갔다가 오니 하루해가 언제 갔는지 모르겠네요. ☞세답.

2. 가급적 현대적으로 세련된 언어 구사방법을 취하지 않고 방언의 어감을 현장감
   있게 살리기 위하여 '하다' 또는 '이다' 형의 서술형의 문장보다 물음, 명령, 감탄,
   한탄, 하소연 따위의 문장을 예로 들어 표준어에 덜 물든 5, 60년 전의 말을 복
   원하여 그 시대 서민들이 가정에서나 농사일터, 또는 장터에서 아무렇게나 쓰던
   말들을 꾸밈없이 나타내 보이려 하였다.

3. 민담, 무속, 민요, 동요, 속담, 경구, 비속어 따위의 민속적인 언어를 인용하여
   그 시대 서민들의 한과 재치, 익살과 허세를 간결하게 나타내 보려 하였다.

4. 그 시대의 사회 환경과 사람들의 말의 감정을 가감 없이 남기고자 여성이나 특별
   한 부류의 사람을 비하하는 말이나 비속어를 그대로 실었다.

5. 기본 낱말 뿐 아니라 활용되는 말에 따라 각각 예문을 들어 이해를 도우려 하였다.

   [보기]
   그트다 冏 같다. 비슷하다. 같은 것 같다. 【그터▶같아/그트이▶같으니/그튼▶같
   은】 ¶얼골 씩고 나이 인자사 사람 **그트게**(글게) 빈다. ▶ 얼굴을 씻고 나니 이
   제야 사람 같게 보인다./사람 **그터야** 말 대접을 하지. ▶ 사람 같아야 말 대접을
   하지./밥이 많은 거 **그트이** 쫌 덜어 내라. ▶ 밥이 많은 것 같으니 좀 덜어 내
   라./여기가 갱기도 어디 쭘 **그튼데**? ▶ 여기가 경기도 어디 쯤 **같은데**? ☞ 긑다.

■ 품사 및 기호

품사는 표준말을 기준해서 구분했지만 방언으로 사용되는 말 중에 경우에 따라 애매한 경우에는 말의 사용이 빈번한 쪽을 선택하였다.

명 명사
대 대명사
동 동사
형 형용사
부 부사
감 감탄사
미 어미
관 관용어
수 수사
준 준말
접 접두사. 접미사
조 조사(격조사. 접속조사. 보조사)
관형 관형사
명의 의존명사
동보 보조동사
형보 보조형용사
⑪ 어원으로 일본어.
【 】 활용어. 곡용. 파생어.
¶ 예문
▶ 방언에서 표준어로.
✳ 보충 설명.
〈 〉 근거.
《 》 뜻이 같아도 타지방에서
    쓰이는 말 따위.
☞ 참조. 동의어. 유의어. 기타.

ㄱ

가:1 준 갖고. '가꼬' 또는 '가주고(가지고)'의 준말. ¶이 돈을 가 저 물건을 우애 다 사노? ▶ 이 돈을 갖고 저 물건을 어떻게 다 사나?/칼을 가 노다가 손을 다치머 우야노? ▶ 칼을 갖고 놀다가 손을 다치면 어떻게 하나?/두리 가는 이 일을 출라카머 어림없다. ▶ 둘 갖고는 이 일을 치르려면 어림없다./그래 갈채 가는 몬 알어든는다. ▶ 그렇게 가르쳐 갖고는 못 알아듣는다./집에 가 가 밥 묵어라. ▶ 집에 가 갖고 밥 먹어라./이리 와 가 노다가 가거라. ▶ 이리 와 갖고 놀다가 가거라./어런 앞에서 바리 서 가 말해야지. ▶ 어른 앞에서 바로 서 갖고 말해야지. ☞ 가꼬2. 갖다.

가:2 준 걔. 그 아이. '그 아'의 준말. 【가들 ▶ 걔들】¶가가 내 조카다. ▶ 걔가 내 조카다./가도 니를 좋다 카나? ▶ 걔도 너를 좋다 하나? ☞ 가아.

가:3 명 가(邊). 【가새 ▶ 가에】¶넘들이 설치는 가새서 어정거리매 찌끄래기나 얻어묵을래? ▶ 남들이 설치는 가에서 어정거리며 찌꺼기나 얻어먹으련?

가가리 명 담당자(擔當者). 담당사무원. 일 'かかり(係)'. ¶호적초본 띠로 민소에 갔는데 가가리가 없어서 몬 띠 왔다. ▶ 호적초본 떼러 면소에 갔는데 담당자가 없어서 못 떼어 왔다.

가금방 준 근방(近方). '가까분 금방'의 준말. ¶가근방아 살고 있으이 그 집안 사정은 민경 같치 들받어보고 있을 꺼 아이가? ▶ 근방에 살고 있으니 그 집안 사정은 면경 같이 들여다보고 있을 것 아닌가? ☞ 금방.

가꼬1 명 액자(額子). 틀. '몸매'의 변말. 일 'がく(額)'. ¶사진을 가꼬에 여서 백박에 걸어라. ▶ 사진을 액자에 넣어서 벽에 걸어라./암만 좋은 옷을 입어도 가꼬가 좋아야 모양이 난다. ▶ 아무리 좋은 옷을 입어도 몸매가 좋아야 모양이 난다.

가꼬2 준 갖고. '가주고(가지고)'의 준말. ¶이거를 가꼬는 죽도 밥도 앤 댄다. ▶ 이것을 갖고는 죽도 밥도 안 된다./돈을 써야지 말마 가꼬는 앤 든는다. ▶ 돈을 써야지 말만 갖고는 안 듣는다./이 쪽지를 가꼬 가머 알어서 해 줄 끼이다. ▶ 이 쪽지(소계장)를 갖고 가면 알아서 해 줄 것이다. ☞ 가1. 갖다.

가날라: 명 갓난애. '갓(방금) 난 알라'의 뜻. ¶가날라 그튼 소리 쫌 하지 마라.

가느다

▶ 갓난애 같은 소리 좀 하지 마라. ※유치한 소리를 하지 말라는 말.

가느다 웹 가늘다. 【가늘어▶가늘어/가느이▶가느니】¶욕심을 부리머 설사한다. 가느게 묵고 가는 똥 싸매 사자. ▶ 욕심을 부리면 설사한다. 가늘게 먹고 가는 똥 싸며 살자.

가느리:하다 웹 가느다랗다. 【가느리해▶가느다래/가느리하이▶가느다라니】 ¶처자 몸이 가느리한 기이 혹 불머 날러갈 꺼 같다. ▶ 처녀 몸이 가느다란 것이 훅 불면 날아갈 것 같다.

가는거름 웹 풀이나 겨, 재, 그을음 따위에 인분을 썩어 썩힌 데다 흙을 섞은 부드러운 거름.

가다1 동 가다. 【가가▶가서/가이▶가니】¶핵고에 가가 선상임한테 책갑하고 월사금 모래 장 보고 낸다 캐라. ▶ 학교에 가서 선생님한테 책값하고 월사금 모래 장(場) 보고 낸다고 해라.

가다2 웹 어깨. 깡패. '오야가다'의 준말. 日 'かた(肩)'. ¶동네 가다라 카는 기이 개와 아들 코 묻은 돈이나 뺄개 묵나? ▶ 동네 어깨라 하는 것이 겨우 애들 코 묻은 돈이나 밝혀 먹나? ☞ 오야2.

가다3 웹 형틀. 모양새. 日 'かた(形)'. ¶흙벽돌을 맨들라 카머 널빤때기 맻 개를 구해다가 가다를 맨들어서 찍어 내머 숩다. ▶ 흙벽돌을 만들려면 널빤지 몇 개를 구해다가 형틀을 만들어서 찍어 내면 쉽다./저 사람은 몸 가다가 좋아서 아무 꺼나 입어도 모앵이 난다. ▶ 저 사람은 몸 모양새가 좋아서 아무 거나 입어도 모양이 난다.

가:당찬타 웹 대단하다. 엄청나다. 표준어의 '가당찮다'와는 다른 뜻으로 쓰임. ¶아이고, 그 무겁은 거를 드는 거 보이 심이 가당찬타. ▶ 아이고, 그 무거운 것을 드는 것을 보니 힘이 대단하다./아이고 저거 보래. 그눔으 성질이 가당찬타. ▶ 아이고 저것 보아라. 그놈의 성질이 대단하다./저래 가당찬케 큰 잉애는 내 생긴에 첨 밨다. ▶ 저렇게 엄청나게 큰 잉어는 내 생전에 처음 보았다.

가대기 웹 가닥. 실마리. ¶실 가대기를 찾어서 실패꾸리에 감어라. ▶ 실 가닥을 찾아서 실꾸리에 감아라./이래저래 꼬앳든 일이 인자사 가대기가 잽힐라 칸다. ▶ 이래저래 꼬였던 일이 이제야 실마리가 잡히려 한다. ☞ 가대이. 가디기. 가래기.

가대기가대기 위 가닥가닥이. ¶베를 날고 바대에다 오리를 낄 때 가대기가대기로 잘 살패 가매 꿰야 댄다. ▶ 베를 날고 바디에다 올을 낄 때 가닥가닥으로 잘 살펴 가며 꿰어야 된다. ☞ 가디기가디기. 가래기가래기.

가대~이 몡 가닥. 실마리. ¶이 가대이 저 가대이를 잘 어불래 무까서 실어라./이 가닥 저 가닥을 잘 어울려 묶어서 실어라. ☞ 가디기. 가디기. 가래기.

가든질에 괜 간 길에. 간 김에. 간 걸음에. ¶거기꺼정 가든질에 사장어런을 들바더보고 온느라. ▶ 거기까지 간 길에 사장어른을 들여다보고 오너라.

가디기 몡 가닥. 실마리. ¶무신 일이든지 시작하기에 앞서 가디기부터 잡아 놓고 해야지. ▶ 무슨 일이던지 시작하기에 앞서 가닥부터 잡아 놓고 해야지. ☞ 가대기. 가대이. 가래기.

가디기가디기 튀 가닥가닥. 여러 가닥으로 갈라진 모양. ¶풀어논 실이 가디기가디기로 엉캐서 풀라카이 성그럽어 죽겠다. ▶ 풀어놓은 실이 가닥가닥으로 엉켜서 풀려니 번거로워 죽겠다. ☞ 가대기가대기.

가띠기나 튀 가뜩이나. ¶가띠기나 어러분 처지에 빙꺼정 얻었으이 우짜머 좋노? ▶ 가뜩이나 어려운 처지에 병까지 얻었으니 어찌하면 좋으냐?

가락1 몡의 자루. ¶낫 도 가락을 갈아서 논두룸 풀 비로 가자. ▶ 낫 두어 자루를 갈아서 논두렁 풀 베러 가자. ※낫은 '한 가락, 두 가락'이라고 하고, 도끼나 칼, 호미 따위는 '한 자리(자루), 두 자리'로 말함.

가락2 몡 물레의 가락. 한쪽 끝이 뾰쪽한 가는 철봉에 물렛줄이 걸리는 가락토리가 붙어 있다. ☞ 물레.

가락고동 몡 가락토리. 가락의 중간에 고정된 주판알처럼 생긴 2개의 마디로, 물렛줄이 벗어나지 않게 하는 역할을 한다. 철봉에다 좁은 헝겊을 여러 겹으로 감거나 대나무 토막을 끼워서 마디를 만들었다. ☞ 물레.

가락옷 몡 물레의 가락옷. 무명을 잣을 때 가락에 입히는 짚 껍질. 적당한 부피의 실이 감기면 빼기 쉽게끔 되었다. 베를 뽑을 때 이 구멍으로 소비대를 끼운다.

가락지 몡 우차바퀴의 장구통(행굼통)을 감고 있는 쇠태. ☞ 우차.

가랍다 혱 가렵다. 【가랍어 ▶ 가려워/가랍으이 ▶ 가려우니】 ¶옴이 올릉는지 개드랑 밑이 가랍어 미치겠다. ▶ 옴이 올랐는지 겨드랑 밑이 가려워 미치겠다. ☞ 가렵다. 지럽다. 지그럽다.

가래1 몡 가래. 긴 자루 끝에 작은 보습이 달린 농기구로, 손이 닿기 어려운 데의 물고를 다룰 때 쓰임. ☞ 가랫장.

가래2 몡 가리. 모숨. 삼을 벗겨 묶은 한 줌 남짓한 분량. ☞ 삼베길쌈. 추미.

가래'기

가래기 몡 가닥. 가늘고 기름하게 생긴 실 따위의 낱 올. ☞ 가대기. 가대이. 가디기.

가래~이1 몡 가랑이. ¶저 가시나가 꼬장주우 가래이에 바람 열라꼬 돌아댕기나? ▶ 저 계집애가 고쟁이 가랑이에 바람 넣으려고 돌아다니나?/가래이가 째지드록 쫓아간다. ▶ 가랑이가 째지도록 쫓아간다. ☞ 갈구재이.

가래~이2 몡 가리. 곡식이나 땔감 따위를 쟁여 둔 무더기. ¶춥이가 오기 전에 나무 가래이를 집안으로 옹개 나야 한다. ▶ 추위가 오기 전에 나무 가리를 집안으로 옮겨 놓아야 한다./아이따나 들에 나락 가래이가 여기저기 남아 있다. ▶ 아직도 들에 벼 가리가 여기저기 남아 있다. ※ 추수가 끝나지 않았다는 말.

가래춤 몡 가래침(痰唾). ¶할배는 천식이 심해서 가래춤을 받는 그럭을 머리맡에 늘 나두고 기신다. ▶ 할아버지는 천식(喘息)이 심해서 가래침을 뱉는 그릇을 머리맡에 늘 놓아두고 계신다. ※ 가래침을 뱉는 그릇에는 등겨 따위를 담아 둔다.

가'랫장 몡 가래. 긴 자루에 작은 보습이 달린 농기구로, 손이 닿기 어려운 데의 물고를 다룰 때 쓰임. ☞ 가래1.

가렵다 혱 가렵다. 【가렵어 ▶ 가려워/가럽으이 ▶ 가려우니】¶가럽은 데를 찾어 가매 긁어 주고 하이 응정이 늘어서 버리재이가 없다. ▶ 가려운 데를 찾아가며 긁어 주고 하니 응석이 늘어서 버르장이가 없다. ☞ 가랍다. 지럽다. 지그럽다.

가로 분 갓. 이제 막. ¶이 사람아, 가로 늦가 어디로 댕개오노? ▶ 이 사람아, 갓 늦게 어디로 다녀오나?/가로 늦가 아들을 났으이 얼매나 좋겠노? ▶ 갓 늦게 아들을 낳았으니 얼마나 좋겠나?/가로 시무 살에 아가 둘이다. ▶ 이제 막 스무 살에 애가 둘이다. ☞ 가리1.

가루:다 동 가리다. 보이지 않게 하다. 【가라 ▶ 가려/가루이 ▶ 가리니】¶넘으 말마 하지 마고 지 앞이나 잘 가루지. ▶ 남의 말만 하지 말고 제 앞이나 잘 가리지. ☞ 개리다2.

가리1 분 갓. 이제 막. ☞ 가로.

가리2 몡 가루. 【눈가리 ▶ 눈가루/돌가리 ▶ 돌가루(시멘트가루)/밀가리 ▶ 밀가루/삭가리 ▶ 사카린/사탕가리 ▶ 설탕】¶가리 팔로 나가이 바람이 부고 소굼 팔로 나가이 이실비가 오네. ▶ 가루 팔러 나가니 바람이 불고 소금 팔러 나가니 이슬비가 오네. ※ 일을 하는 족족 뒤틀린다는 말.

가:리3 몡 민물에 사는 피라미의 일종. ¶가아라(가리야) 피이라(피리야) 니 어디

가노! ▶ 가리야 피라미야 너 어디 가나! ※얕은 물에서 물고기 몰이를 하면서 부르는 말. 이럴 때 물고기가 몰리다가 지쳐 수초나 돌멩이 사이에 숨으면 손으로 더듬어 잡는다.

가리'다 동 가르다. 나누다. 【갈러 ▶ 갈라/가리이 ▶ 가르니】 ¶마 혼차서나 묵고 마지 그 적은 거를 갈러서 누구 입에다 붙치겠노? ▶ 그만 혼자서나 먹고 말지 그 적은 것을 갈러서 누구 입에다 붙이겠나?/콩 한 쪼가리도 갈러 묵는 기이 행제다. ▶ 콩 한 조각도 갈라 먹는 것이 형제다.

가리'매 명 가르마. ¶베를 날고 새 쫓은 데를 가리매 가리듯이 빤뜻하게 갈러서 노나깨이로 무꾸고, 그 다음에 한 오리씩 갈래서 바대에 뀐다. ▶ 베를 날고 새 쫓은 데를 가르마 가르듯이 반듯하게 갈라서 노끈으로 묶고, 그 다음에 한 올씩 가려서 바디에 뀐다.

가리'새1 명 물레의 가로대. 물레바탕과 괴물을 연결하는 장나무. 《가랫장. 가리장나무》 ☞ 물레.

가리'새2 명 베틀의 가로대. 베틀의 양쪽 누운다리를 가로로 연결하여 몸체를 이룬다. 《가로새》 ☞ 베틀.

가리입다 동 갈아입다. ¶이닉히, 치깐 펐는데, 몸 쫌 씩고 옷 가리입으이소. ▶ 이녁, 측간(변소) 펐는데, 몸 좀 씻고 옷 갈아입으세요.

가마: 부 가만히. 조용히. '가마이2'의 준말. ¶내가 말을 애하고 가마 있으이 축군 줄 아나? ▶ 내가 말을 안하고 가만히 있으니 바보인 줄 아나?/발소리를 내지 마고 가마 댕개라. ▶ 발소리를 내지 말고 조용히 다녀라.

가마:가마~이 부 가만가만히. 조용조용히. ¶눈치 채지 안케 가마가마이 들어가 보자. ▶ 눈치 채지 않게 가만가만히 들어가 보자./낮 말은 새가 듣고 밤 말은 쥐가 듣는다 캤다. 가마가마이 말해라. ▶ 낮 말은 새가 듣고 밤 말은 쥐가 듣는다 했다. 조용조용히 말해라.

가'마이1 명 가마니. 【나락가마이 ▶ 볏가마니/보리가마이 ▶ 보리가마니/가마이띠기 ▶ 가마니때기】 ¶나무 밑에다 가마이 쩨기라도 한 장 깔고 안자. ▶ 나무 밑에다 가마니 짝이라도 한 장 깔고 앉자. ☞ 가매이.

가마:이2 부 가만히. 조용히. ¶괴이 가마이 있는 사람을 건드러서 탈을 내노? ▶ 공연히 가만히 있는 사람을 건드러서 탈을 내나?/가마이 있그라 보자. 니가 오배 띠기 손자 아이가? ▶ 가만히 있어라 보자. 네가 오배(오룡) 댁 손자 아닌가? ☞ 가마.

가'마이띠기1 명 가마니때기. ¶가마이띠기를 디집어씨고 있으이 걸배이 중에도

가마이띠기2

상걸배이 같다. ▶가마니때기를 뒤집어쓰고 있으니 거지 중에도 상거지 같다./ 널을 살 돈이 없어서 가마이띠기에 말어서 지게에다 지고 가서 묻고 왔다. ▶관(棺)을 살 돈이 없어서 가마니때기에 말아서 지게에다 지고 가서 묻고 왔다.

가ː마이띠기2 명 가마니 떼기. ¶나락 한 구루마를 실고 가서 **가마이띠기**로 넝기고 왔다. ▶벼 한 우차를 싣고 가서 가마니 떼기로 넘기고 왔다.

가ː마이바늘 명 가마니바늘. 가마니를 꿰매는 데 쓰는 쇠바늘. 바늘귀에 가는 새끼를 꿰어서 쓴다.

가ː마이틀 명 가마니틀. ¶농사일이 없는 겨실에는 집집마중 **가마이틀**을 채린다. ▶농사일이 없는 겨울에는 집집마다 가마니틀을 차린다. ☞가매이틀.

가막소ː 명 감옥소(監獄所). ¶가막소에 들어가서 한 오 연을 살고 나왔디이 그 새 시상이 확 바꼤네. ▶감옥소에 들어가서 한 오 년을 살고 나왔더니 그 사이 세상이 확 바뀌었네.

가ː매1 명 가마. ¶이연으 팔자에 가매 타고 시집가기는 용 틀랬다. ▶이년의 팔자에 가마 타고 시집가기는 영 틀렸다.

가ː매2 명 가마(旋毛). ¶가매는 보통 하나인데 더로는 쌍가매가 있는 사람도 있니라. ▶가마는 보통 하나인데 더러는 쌍가마가 있는 사람도 있느니라.

가매솥 명 가마솥. 솥에도 용도에 따라 이름이 다르다. 밥을 하는 밥솥, 반찬을 끓이는 작은 동솥, 소죽을 끓이는 소죽솥, 소죽이나 빨래를 삶는 등 다용도로 쓰이는 가마솥 따위가 있다. ¶가매솥이 밥솥 보고 껌디이야 칸다. ▶가마솥이 밥솥 보고 껌둥이야 한다. ※제 결함은 모르면서 남의 흉을 본다는 말.

가ː매이 명 가마니. 가마니는 보통 다섯 말 들이이고, 두 가마니가 한 섬이다. ¶밤에 **가매이** 한 장씩은 치고 잔다. ▶밤에 가마니 한 장씩은 치고 잔다. ☞가마이1.

가ː매이틀 명 가마니틀. 가마니는 날줄로 가는 새끼 20~22날(너비 2자8치)을 바디에 꿰어 틀에 걸고, 한 사람은 바늘대로 볏짚(씨줄)을 걸어 주고 한 사람은 바디질을 하면서 짠다. ☞가마이틀.

가ː무치 명 가물치. ¶그 사람은 가무치 코구영이라 지 주미이에 돈이 한분 들어갔다 카머 다시 앤 나온다. ▶그

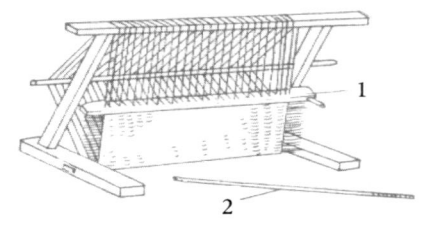

▲ 그림 1 **가매이틀(가마니틀)**
(국학도감, 일조각, 이훈종)

1. 바대(바디)
2. 바늘대

사람은 **가물치** 콧구멍이라 제 주머니에 돈이 한번 들어갔다 하면 다시 안 나온다.

가무'치다 동 베다. 【가무처 ▶ 베어/가무치이 ▶ 베니】¶발목을 **가무쳤다**. ▶ 발목을 베었다./팔목 **가무친** 데는 찰밥을 이개서 붙쳐 바라. ▶ 팔목 삔 데는 찰밥을 이겨서 붙쳐 보아라.

가문사리 명 가뭄 살(煞). '가뭄을 들게 하는 사기(邪氣)'라는 뜻. ¶올개 우리 꼬치 농사는 **가문사리**가 들어서 내다 팔기는 고사하고 꼬치장 당구고 짐장하는 데도 모지래겠다. ▶ 올해 우리 고추 농사는 **가뭄**이 들어서 내다 팔기는 고사하고 고추장 담그고 김장하는 데도 모자라겠다.

가물 명 가뭄. ¶가물에 물싸움이 벌어지며 니 죽고 내 죽기다. 물꼬 앞에서 가래로 삿대질을 하매 막었다 헐었다 카다가 서리 붙어서 물고래로 넘어저서 구불다가는 맥살을 잡고 주자소까지 가서 시비를 하기도 한다. ▶ **가뭄**에 물싸움이 벌어지면 너 죽고 내 죽기다. 물고 앞에서 가래로 삿대질을 하며 막았다 헐었다 하다가 서로 붙어서 물 골창으로 넘어저서 구르다가 먹살을 잡고 지서까지 가서 시비를 하기도 한다./오랜 **가물** 끝에 니리는 단빈데 쫌 맞으머 어뜨노? ▶ 오랜 **가뭄** 끝에 내리는 단비인데 좀 맞으면 어떠냐?

가미소리 명 면도칼. 日 'かみそり(剃刀)'.

가미시바'이 명 연속된 이야기 장면을 종이에다 그려서 교육이나 홍보에 이용하는 일종의 슬라이드. 日 'かみしばい(紙芝居)'. 일제 말기에 전쟁분위기를 고취하거나 전쟁물자 조달을 위하여 국민을 선동하는 데 많이 활용했다.

갸'부1 명 공동(共同). 합작(合作). 日 'かぶ(株)'. ¶요분 대목에는 우리 마실에서 **가부**로 소 한 마리 잡어서 농갈러 묵자. ▶ 요번 대목(명절)에는 우리 마을에서 **공동**으로 소 한 마리 잡아서 나누어 먹자. ☞ 가부시끼.

가:부2 명 과부(寡婦). ¶호래비 심정은 **가부**가 알고 **가부** 심정은 호래비가 안다. ▶ 홀아비 심정은 **과부**가 알고 **과부** 심정은 홀아비가 안다.

갸'부리 명 가오리. ¶**가부리** 휘는 무시 쌀어 옇고 초집으로 문치머 탁주 안주로 지객이지. ▶ **가오리** 회는 무 썰어 넣고 초고추장으로 무치면 탁주 안주로 제격이지.

가부시'끼 명 동업(同業). 합작(合作). 日 'かぶしき(株式)'. ¶돈이 모지래머 우리 두리서 **가부시끼**하자. ▶ 돈이 모자라면 우리 둘이서 **동업**하자. ☞ 가부1.

갸불때~이 명 대님. ¶바지가 끌래는데 **가불때이**를 단디이 매고 댕개라. ▶ 바지가 끌리는데 **대님**을 단단히 매고 다녀라. ☞ 다임2.

가:새~이

가:새~이 몡 가장자리. ¶물이 지푼 데로 들어가지 마고 가새이 쪽에서 놀어야 한다. ▶ 물이 깊은 데로 들어가지 말고 가장자리 쪽에서 놀아야 한다.

갸섬 몡 가슴. ¶아가 가섬이 절랜다 카이 당신이 이원에 한분 대리고 가 보소. ▶ 애가 가슴이 결린다니 당신이 의원에 한번 대리고 가 보소./동네 안으로 순사가 들어오는 거마 바도 가섬이 철렁 니린다. ▶ 동네 안으로 순사가 들어오는 것만 보아도 가슴이 철렁 내린다. ☞ 가심.

갸세 몡 가위. '가시게'의 준말. ¶삼단 그튼 머리를 가세로 삭뚝 잘라 뿌리고 시상을 등지고 절로 들어갔다. ▶ 삼단 같은 머리를 가위로 삭둑 잘라 버리고 세상을 등지고 절로 들어갔다.

가:시 閉 과시(果是). 과연(果然). ¶가시, 그 가문에 그런 인물이라이! ▶ 과시, 그 가문에 그런 인물이라니!

가시거'리 몡 차량대절(車輛貸切). 日 '貸切'. ¶우리 올 가실거지 마치고 자동차 한 대 가시거리해서 어디 놀로나 가지. ▶ 우리 올 가을걷이 마치고 자동차 한 대 대절해서 어디 놀러나 가지.

가시'게 몡 가위. ¶가시게로 머리를 깎은 기이 꼭 소가 뜯어묵은 거 글다. ▶ 가위로 머리를 깎은 것이 꼭 소가 뜯어먹은 것 같다. ※이발소(이발관)가 없는 마을에서는 이발기를 두고 있는 집으로 가서 얼마의 돈을 주고 깎기도 하지만, 돈을 아끼려고 집에서 바느질 가위로 아이들의 머리를 깎아 주기도 한다. ☞ 가세.

가시나' 몡 계집애. '갓(금방 새로) 된 인아(년 아이)'라는 뜻. ¶저 가시나, 궁디이 흔들매 댕기는 거 보이 동네 머심아들 다 배리겠다. ▶ 저 계집애, 궁둥이 흔들며 다니는 것 보니 동네 머슴애들 다 버리겠다. ☞ 기집아. 딸아. 여식아. 인아. 지집아.

가시랑차 몡 토목공사를 할 때 토사를 운반하는 궤도(軌道) 수레를 속되게 이르는 말. 수레를 움직일 때 잦는 자새의 소리를 흉내 내어 붙여진 말.

가실 몡 가을. 【가실게 ▶ 가을에/가실거지 ▶ 가을걷이/가실마당 ▶ 가을마당/가실설거지 ▶ 가을설거지】 ¶우째끼나 금연 가실게는 자아 배필을 정해서 보낼란다. ▶ 어찌했거나 금년 가을에는 쟤 배필을 정해서 보내련다. ☞ 갈.

가실거'지 몡 가을걷이. ¶가실거지를 하고 나머 나무 해 들라야지, 보리가리 해야지 그리고 가매이도 짜야지, 이거저거 할 일이 만타. ▶ 가을걷이를 하고 나면 땔감 해 들여야지, 보리갈이 해야지, 그러고 가마니도 짜야지, 이것저것 할 일이 많다. ☞ 갈거지. 갈설거지.

−가웃

가실마당 몡 가을마당. ¶올개는 가물이 심해서 가실마당아 타작을 해보이 문지가 풀석풀석 난다. ▶ 올해는 가뭄이 심해서 가을마당에 타작을 해보니 먼지가 푸석푸석 난다. ※쭉정이 뿐이라는 말. ☞ 갈마당.

가실설거지 몡 가을설거지. ¶가실설거지해서 곡수 주고 장연에 낸 장예 갚고 나머 장예 또 앤 내고는 앤 대겠네. ▶ 가을설거지해서 곡수 주고 작년에 낸 장여 갚고 나면 장여 또 안 내고는 안 되겠네. ☞ 갈설거지.

가심 몡 가슴. ¶한 팽상 살어오매 이 가심에 매친 한을 누가 풀어 주겠노? ▶ 한 평생 살아오며 이 가슴에 맺힌 한을 누가 풀어 주겠나? ☞ 가섬.

가심때기 몡 가슴. '가심'의 낮춤말. ¶고마 그처라. 가심때기 치고 운다꼬 가 뿌린 사람이 어디 돌어올 끼가? ▶ 그만 그쳐라. 가슴 치고 운다고 가 버린 사람이 어디 돌아올 건가?

가아 몡 그 애. 걔. '그 아'의 준말. '자녀' 또는 '손아랫사람'을 이르는 말. ¶가아가 전에는 앤 그랬는데 요새 보이 사람이 빈했드래이. ▶ 걔가 전에는 안 그랬는데 요사이 보니 사람이 변했더라. ☞ 가2.

가알:가리 몡 가을갈이. ¶가알거지 끝내고 가알가리를 마자 하머 나무 해 들루는 일이 남는다. ▶ 가을걷이 끝내고 가을갈이를 마저 하면 땔감 해 들이는 일이 남는다.

가알:거지 몡 가을걷이. 추수, 김장 따위의 가을에 마감하는 일을 통틀어 이르는 말. ¶인자 가알거지는 거반 끝내 간다. ▶ 이제 가을걷이는 거의 끝내 간다. ☞ 가실거지.

가:언 몡 과언(過言). ¶역발산기개세라 카든 항우도 천하에 지를 전줄 자가 어디 있노 카매 가언을 했지마 한신으 지혜에는 몬 따러갔지. ▶ 역발산기개세(力拔山氣蓋世)라던 항우(項羽)도 천하에 저를 견줄 자가 어디 있나 하며 과언을 했지만 한신(韓信)의 지혜에는 못 따라갔지./임진연(壬辰年)에 이 충무공이 아이었다머 백척간두에 선 나라를 몬 구했다 캐도 가언이 아이지. ▶ 임진년에 이(李) 충무공(忠武公)이 아니었다면 백척간두(百尺竿頭)에 선 나라를 못 구했다 해도 과언이 아니지.

−가웃 젭 -가웃. 되, 말, 자(尺)의 수를 셈할 때 단위 량의 약 절반에 해당하는 수량 또는 길이. ¶손바닥만한 땅에 깨를 쪼꼼 숭갔디이 아매 대가웃이나 털었을까? ▶ 손바닥만한 땅에 깨를 좀 심었더니 아마 되가웃이나 털었을까?/광목 맻 마를 떠다가 처매저구리 한 불 맨들고 나서 자가웃이나 남었일까? ▶ 광목

가:우

몇 마를 떠다가 치마저고리 한 벌 만들고 나서 **자가웃**이나 남았을까?

가:우 튄 가위(可謂). 그야말로. ¶인날 대국 사람들도 죽기 전에 금강산을 한분 보는 거를 소원이라 캤다 카디이 **가우** 든 대로구나. ▶ 옛날 대국(중국) 사람들도 죽기 전에 금강산을 한번 보는 것을 소원이라 했다더니 **가위** 든던 대로구나.

가:이업다 형 가엽다. 방언에서 '가엽다'는 말을 대신하여 '불상하다'는 말을 쓴다. 이 말은 주로 타령이나 넋두리 조로 말할 때 쓰임. 【가이업는 ▶ 가여운/가이업서 ▶ 가여워서】 ¶넑꼬 넑분 이 시상아 **가이업는** 이내 몸이 누굴 믿고 산단 말고, 아이고 답답 내 팔자야. ▶ 넓고 넓은 이 세상에 **가여운** 이내 몸이 누굴 믿고 산단 말인가, 아이고 답답 내 팔자야.

가잉거'리 몡 소 등에 짐을 싣고 오르막길을 오를 때 길마가 뒤로 넘어지지 않게끔 소의 가슴에 걸어 주는 노끈. 《껑거리. 강거리》 ☞ 질매.

가재': 뭔 아직도. 여태. ¶**가재** 밥도 앤 묵고 머를 하고 있었노? ▶ 아직도 밥도 안 먹고 뭘 하고 있었나?/손바닥마한 밭에 안저서 **가재** 꿈질거리고 있나? ▶ 손바닥만한 밭에 앉아서 **여태** 굼실거리고 있나? ※ 밭일이 늦다고 나무라는 말.

가재~이 몡 가지. ¶올개는 감이 **가재이**가 찌지게 열랬다. ▶ 올해는 감이 가지가 찢어지게 열렸다./**가재이** 만은 나무가 바람 잘 날이 없다. ▶ 가지 많은 나무가 바람 잘 날이 없다.

가주가다 동 가져가다. '가주고가다'의 준말. 【가주가 ▶ 가져가/가주가이 ▶ 가져가니/가주가그라 ▶ 가져가거라】 ¶**가주갈** 짐이 너무 만으이 나무지기는 이담에 소를 몰고 와서 싫꼬 가그라. ▶ 가져갈 짐이 너무 많으니 나머지는 이다음에 소를 몰고 와서 싣고 가거라./찹살 한 말 담어 논 거 **가주가서** 떡 해 묵어라. ▶ 찹쌀 한 말 담아 놓은 것 가져가서 떡 해 먹어라./그거를 **가주가이** 고맙다꼬 인사 하디이더. ▶ 그것을 가져가니 고맙다고 인사 합디다.

가주고가다 동 가지고가다. ☞ 가주가다.

가죽방매~이 몡 가죽방망이. '남성의 성기'의 변발. ¶말 앤 듣는 안들을 질 디리는 데는 **가죽방매이** 찜질 우에 더 없다. ▶ 말 안 듣는 여편네를 길 들이는 데는 **가죽방망이** 찜질 위에 더 없지.

가:중나무 몡 가죽나무. 참죽나무. 붉은 색이 도는 새순은 부드럽고 독특한 향기가 있어서 튀기거나 데쳐서 먹고, 날 것을 된장이나 고추장에 박아 두었다가 먹기도 한다.

가지1 몡 지게의 가지. 지게의 뼈대를 이루는 가지가 진 두 짝의 나무. 《뒷가지.

가달》☞ 지게.

-가지2 [접] 일부 어근에 붙어서 그릇 따위의 이름이 됨.【도가지 ▶ 독/옹가지 ▶ 옹기/바가지(바가치) ▶ 바가지】.

가'지다 [동] 가지다.【가저 ▶ 가져/가지이 ▶ 가지니/가주고 ▶ 가지고】¶가진 거도 없이 아는 주렁주렁 달래 가주고 사는 기이 골물이다. ▶ 가진 것도 없이 애는 주렁주렁 달려 가지고 사는 것이 고생이다./자는 즈그 아부지를 달머 가주고 심이 장사다. ▶ 쟤는 저희 아버지를 닮아 가지고 힘이 장사다./하머 저마이 커 가주고 지 이미으 심을 덜어 준다. ▶ 벌써 저만큼 커 가지고 제 어미의 힘을 덜어 준다. ☞ 가1. 가꼬2. 갖다.

가:지말 [명] 거짓부리. 거짓말. '뻔한 거짓말'이란 뜻으로 비꼬는 투의 말. ¶그연아는 가지말을 밥 묵듯이 하기 때민에 콩으로 메주를 쏜다 캐도 믿을 사람이 없다. ▶ 그 새끼는 거짓부리를 밥 먹듯이 하기 때문에 콩으로 메주를 쏜다 해도 믿을 사람이 없다. ☞ 거지말.

가직다 [형] 가깝다.【가직어 ▶ 가까워/가직으이 ▶ 가까우니】¶처가하고 정낭하고 가직어서 좋을 꺼 없다. ▶ 처가하고 변소하고 가까워서 좋을 것 없다. ☞ 가찹다. 가칙다. 개직다.

가찹'다 [형] 가깝다.【가찹어 ▶ 가까워/가찹으이 ▶ 가까우니】¶가찹다꼬 가찹게마 보지 마고 멀다꼬 멀게마 보지 마라. ▶ 가깝다고 가깝게만 보지 말고 멀다고 멀게만 보지 마라. ※ 가까운 사람도 멀어질 때가 있고 먼 사람도 가까워질 수도 있다는 말. ☞ 가직다. 가칙다. 개직다.

가:채 [명] 바깥채. ¶올 겨실을 지낼라 카머 구둘재이 불러서 가채 구둘을 곤처야 댄다. ▶ 올 겨울을 지내려면 구들쟁이 불러서 바깥채 구들을 고쳐야 된다. ☞ 건너채.

가채:다 [동] 갇히다. '가두다'의 피동.【가차 ▶ 갇혀/가채이 ▶ 갇히니】¶가막소서 십여 연 동안 가채 있다가 나오이 공구들이 산지사방으로 헡어지고 없네. ▶ 감옥에서 십여 년 동안 갇혀 있다가 나오니 식구들이 산지사방으로 흩어지고 없네. ☞ 가치다.

가추:다 [동] 갖추다.【가차 ▶ 갖춰/가추이 ▶ 갖추니】¶혼수야 마이 하머 좋지마는 우짜노, 우리 행핀에 맞게 가차 해야지. ▶ 혼수야 많이 하면 좋지만 어쩌나, 우리 형편에 맞게 갖춰 해야지.

가축'없다 [형] 어림없다. 엉터리다. 얼토당토않다. ¶그 돈으로 그거를 살라카머 가축없이 모지랜다. ▶ 그 돈으로 그것을 사려면 어림없이 모자란다./그 사람, 하는 말이 **가축없어서** 말이 앤 나온다. ▶ 그 사람, 하는 말이 엉터리라서 말이 안 나온다.

가치1 몡의 개비. 가락. ¶다황 알이 몇 **가치**밲에 앤 남었는데 황알개이를 쫌 맨들어 써야겠다. ▶ 성냥 알이 몇 개비밖에 안 남았는데 유황개비를 좀 만들어 써야겠다./엿을 댓 **가치** 묵었디이 물이 씬다. ▶ 엿을 댓 가락 먹었더니 물이 쓰인다.

-가치2 졉 일부 명사의 뒤에 붙어 기름하게 생긴 물건의 이름이 됨. 【다황**가치** ▶ 성냥개비/엿**가치** ▶ 엿가락/윷**가치** ▶ 윷가락/저**까치** ▶ 젓가락】.

가치³:다 동 갇히다. '가두다'의 피동. 【가채 ▶ 갇혀/가치이 ▶ 갇히니】¶갱원도 거기는 동짓달마 대머 눈에 **가채서** 이듬해 풀릴 때꺼정 배껕시상을 모린단다. ▶ 강원도 거기는 동짓달만 되면 눈에 **갇혀서** 이듬해 풀릴 때까지 바깥세상을 모른단다. ☞ 가채다.

가칙다 혱 가깝다. 【가칙어 ▶ 가까워/가칙으이 ▶ 가까우니】¶**가칙**은 사람일수로 말을 챙개서 해야 한다. ▶ **가까운** 사람일수록 말을 챙겨서 해야 한다. ☞ 가직다. 가찹다. 개직다.

각객 뷔 각각(各各). ¶그눔으 입맛이 **각객**으로 다르이 우애 다 마추겠노? ▶ 그놈의 입맛이 **각각**(各各)으로 다르니 어떻게 다 맞추겠나?

각객이 뷔 각각(各各). 저마다. ¶사람마중 일하는 방법이 **각객**이 다리이 잘 수이해서 시작하자. ▶ 사람마다 일하는 방법이 **각객**(各各) 다르니 잘 의논해서 시작하자.

각반 몡 각상(各床). ¶판이 모지래머 **각반**으로 할 꺼 없이 점반으로 채리자. ▶ 상이 모자라면 **각상**으로 할 것 없이 겸상(兼床)으로 차리자.

각수(角數) 몡 화투놀이 따위의 놀이 점수. ¶**각수**를 시알러 바라. ▶ 점수를 헤아려 보아라.

각시노리 몡 소꿉놀이. ¶**각시노리** 하매 노든 그 시절로 다시 돌아가고 시푸다. ▶ 소꿉놀이 하며 놀던 그 시절로 다시 돌아가고 싶다. ☞ 손꼽장난.

각:중에 뷔 갑자기. 별안간. ¶내들 갠찮었는데 한날 **각중**에 무신 구신을 덮어 섰는지 실성한 거 긑치 대드네. ▶ 늘 괜찮았는데 한날 **갑자기** 무슨 귀신을 덮어 섰는지 실성한 것 같이 되던데./이 사람아 **각중**에 이기이 무신 빈고, 그래 멀쩡하든 사람이 하리 밤 새… ▶ 이 사람아 **별안간** 이것이 무슨 변곤가, 그렇게 멀쩡하던 사람이 하루 밤 새… ※상(喪)을 입거나 변고를 당한 사람에게

인사로 하는 말.

간고디~ 뗑 자반고등어. ¶논매는 날 일꾼들 묵이구로 내리 장아 가머 **간고디** 서너 손 사 오소. ▶ 논매는 날 일꾼들 먹이게 내일 장에 가면 **자반고등어** 서너 손 사 오세요./간고디에 생긴 티 잘 털어 내고 꿉어야 한다. ▶ 자반고등어에 긴 구더기 잘 털어 내고 구워야 한다. ※ 음식에서 생긴 벌레라서 '티(티끌)'라고 이른다.

간:날갓:쩍 갑 옛날 얘기를 시작할 때 흔히 쓰는 '인날잇적(옛날옛쩍)'에 달아서 쓰이는 수식어(修飾語). '간(지나간) 날 간(지난) 쩍(적)'의 뜻. ¶인날잇적 **간날갓쩍**에 맴이 착한 콩쥐하고 맴씨 고약한 팥쥐가 같이 살았그덩. ▶ 옛날옛적 간날갓적에 마음이 착한 콩쥐하고 마음씨 고약한 팥쥐가 같이 살았거든.

간닝구 뗑 커닝(cuning). 시험을 칠 때 감독자 몰래 미리 준비한 답을 보고 쓰거나 남의 것을 베끼는 일. 日 'カンニング'.

간돔배기 뗑 염장한 상어 몸통고기. 맛이 발효된 홍어 맛처럼 매콤하다. ☞ 곰배상애. 돔배기. 상애2.

간:띠~이 뗑 간덩이. ¶니 **간띠이**가 배 백으로 나왔나, 거기가 어느 앞이라꼬 나서노? ▶ 네 간덩이가 배 밖으로 나왔나, 거기가 어느 앞이라고 나서냐?

간빵 뗑 건빵. 日 '乾ぱん'. ¶**간빵**하고 화랑담배하고 모다 났다가 후가 갈 때 가주고 갈라 칸다. ▶ 건빵하고 화랑담배하고 모아 놨다가 휴가 갈 때 가지고 가려고 한다.

간:솔불 뗑 관솔불. 송진(松脂)이 엉켜 붙은 관솔은 불이 잘 붙으므로 예전에는 여기에 불을 붙여 등불을 대신 하기도 하였다. ¶저녁 묵구로 마당아 멍시기를 깔고 모개이불 피우고 **간솔불**이라도 밝캐라. ▶ 저녁 먹게끔 마당에 멍석을 깔고 모깃불을 피우고 관솔불이라도 밝혀라.

간수 뗑 건사. ¶가실거지 끝내고 연장 **간수**를 잘해 나야 봄에 농사일 시작하기 수월타. ▶ 가을걷이 끝내고 연장 건사를 잘해 놓아야 봄에 농사일 시작하기 수월하다.

간조'증 뗑 조급증. 조바심. '간에 조갈(燥渴)이 든 증세'의 뜻. ¶**간조증** 내지 마고 바라고 있어 보머 좋은 기밸이 있을 끼이다. ▶ 조급증 내지 말고 기다리고 있어 보면 좋은 소식이 있을 것이다. ☞ 솔기증.

간주'매 뗑 통조림. 日 '灌(can)詰め'. ¶이 덥은 날에 쫍은 방아 사람들이 꽉 들어차서 **간주매** 댈 뻔했다. ▶ 이 더운 날에 좁은 방에 사람들이 꽉 들어차서 **통조림** 될 뻔했다.

간지랍다

간지랍다 형 간지럽다. ¶아이고, 머심아가 자존심도 없이 가시나 앞에서 간지랍게 그라고 있네. ▶ 아이고, 머슴애가 자존심도 없이 계집애 앞에서 간지럽게 그러고 있네.

간지래ː다 동 간질이다. ¶저 불같은 성질도 즈그 마누래가 살살 간지래머 금방 곤야꾸가 대 뿌린다. ▶ 저 불같은 성질도 저의 마누라가 살살 간질이면 금방 어묵이 되어 버린다.

간ː혹가다가 閉 간혹(間或). ¶그 빙에 한분 걸랬다카머 간혹가다가 살어나는 사람도 있지마는 거반은 몬 곤치고 죽는단다. ▶ 그 병에 한번 걸렸다면 간혹 살아나는 사람도 있지만 거지반은 못 고치고 죽는단다.

갈ː 명 가을. '가을'의 준말. 【갈게 ▶ 가을에/갈거지 ▶ 가을걷이/갈마당 ▶ 가을마당/갈설거지 ▶ 가을설거지】 ☞ 가실.

갈가마ː구 명 갈까마귀. ¶구야 까마구야, 신에신곡산 가리갈가마구야, 니껌다고 한탄마라, 니 껌은줄은 온조선이 다알건마는, 이내속 울홰빙든줄 어느누가 알어주리, 아이고답답 내팔자야, 죽자하이 청춘이요 살자하이 고상이라. ▶ 귀야 까마귀야, 신에신곡산 가리갈까마귀야, 네검다고 한탄마라, 네 검은줄은 온조선이 다알건만은, 이내속 울화병든줄 어느누가 알아주리, 아이고답답 내팔자야, 죽자하니 청춘이요 살자하니 고생이라. 〈지게목발을 두들기며 부르는 초부가(樵夫歌)의 일부〉.

갈가ː지 명 개호주. 사전에는 '범의 새끼'라고 했지만, '늙은 범' 또는 '늙은 살쾡이'로 알려져 있음. ¶앞이 빠진 갈가지 앞도랑에 가지 마라, 덧이 빠진 갈가지 덧도랑에 가지 마라, 앞도랑에 가머는 붕애새끼 놀랜다, 덧도랑에 가머는 잉애새끼 놀랜다. ▶ 앞니 빠진 개호주 앞도랑에 가지 마라, 뒷니 빠진 개호주 뒷도랑에 가지 마라, 앞도랑에 가면은 붕어새끼 놀란다, 뒷도랑에 가면은 잉어새끼 놀란다. ☞ 개호까지. 호까지.

갈ː거지 명 가을걷이. '가실거지'의 준말. ¶지붕 이인 지 오래 대서 비가 샐라 카는데 맹연에는 갈거지 마치고 나서 개초 해야겠다. ▶ 지붕 인 지 오래 되어서 비가 새려는데 명년에는 가을걷이 마치고 나서 개초(蓋草) 해야겠다. ☞ 가실거지. 갈설거지.

갈구재ː이 명 가랑이. '가래이1'의 속된말. 나뭇가지의 갈라진 데. ¶저 지집아가 바람 잡어 열라꼬 갈구재이를 벌리고 안젔나? ▶ 저 계집애가 바람 잡아 넣으려고 가랑이를 벌리고 앉았나? ☞ 가래이1.

갈'어엎다

갈:따 동 가루다. 맞서다. 【갈바 ▶ 가뤄/갈부이 ▶ 가루니】¶사람 긑지 안은 것들을 갈바서 머하노, 지 혼차 지랄하구로 내뿌러 나라. ▶ 사람 같지 않은 것들을 가뤄서 뭣하나, 제 혼자 지랄하게 내버려 놓아라. ☞ 버구다.

갈래'내:다 동 가려내다. 【갈래내 ▶ 가려내/갈래내이 ▶ 가려내니】¶나물 뜯어 온 거 티끄래기를 다시 갈래내고 살머라. ▶ 나물 뜯어 온 것 티끌을 다시 가려내고 삶아라.

갈래':다1 동 가리다(區分). 고르다(選別). 【갈래 ▶ 가려/갈래이 ▶ 가리니】¶여기저기 꼬꾸랍게 갈래다가 언제 장개가겠노? ▶ 여기저기 까다롭게 가리다가 언제 장가가겠나?/찬밥 식은 밥 갈래 묵을 여개가 없니더. 아무 꺼나 내노소. ▶ 찬밥 식은 밥 가려 먹을 여가가 없어요. 아무 거나 내놓으세요./바아 찍어 논 살을 갈래이 미가 엄시미 나온다. ▶ 방아 찧어 놓은 쌀을 가리니 뉘가 제법 나온다./감자 캐논 데 험다리 있는 거는 갈래서 따리 간수해야 한다. ▶ 감자 캐놓은 데 험 있는 것은 골라서 따로 건사해야 한다./저 집은 사람을 너무 꼬꾸랍게 갈래이 중신애비도 발을 끈었다. ▶ 저 집은 사람을 너무 까다롭게 고르니 중매쟁이도 발을 끊었다.

갈래':다2 동 갈리다(分別). 헤어지다. 【갈래 ▶ 갈려/갈래이 ▶ 갈리니】¶막상 큰집에서 갈래 나오이 살림을 우애 살어야 할지 모리겠다. ▶ 막상 큰집에서 갈려 나오니 살림을 어떻게 살아야 할지 모르겠다./이 손빠닥마한 나라가 남선 북선, 우익 좌익으로 갈래이 기가 찰 일 아이가. ▶ 이 손바닥만한 나라가 남선(南鮮) 북선(北鮮), 우익(右翼) 좌익(左翼)으로 갈리니 기가 찰 일 아닌가.

갈림'질 명 갈림길. ¶우리, 서낭당 갈림질꺼정 같이 가서 거기서 히세. ▶ 우리, 서낭당 갈림길까지 같이 가서 거기서 헤어지세.

갈:마당 명 가을마당. ☞ 가실마당.

갈:설거'지 명 가을설거지. ¶갈설거지 하고 나서 아들 집에 댕개와야겠다. ▶ 가을 설거지 하고 나서 애들 집에 다녀와야겠다. ☞ 갈거지. 가실거지.

갈양:하다 형 연약하다. 가늘고 날씬하다. ¶건장한 남자도 몬하든 일을 몸도 갈양한 처자가 우째 그거를 다 했노? ▶ 건장한 남자도 못하던 일을 몸도 연약한 처녀가 어찌 그것을 다 했나?

갈어엎다 동 갈아엎다. 【갈어엎어 ▶ 갈아엎어/갈어엎으이 ▶ 갈아엎으니】¶감자는 한 피기 한 피기를 호매이로 캐는 거보담 홀찌이로 갈어엎어 놓고 조 담는 기이 속하다. ▶ 감자는 한 포기 한 포기를 호미로 캐는 것보다 쟁기로 갈아엎

갈채¹:다

어 놓고 쥐 담는 것이 빠르다.

갈채²:다 동 가르치다(敎). 【갈채 ▶ 가르쳐/갈채이 ▶ 가르치니】¶하나를 갈채머 두 개를 알고 두 개를 갈채 주머 니 개를 알았다 카이, 그 양반은 과시 생이지지(生而知之)라. ▶ 하나를 가르치면 두 개를 알고 두 개를 가르쳐 주면 네 개를 알았다니, 그 양반은 과연 천재라. ☞ 갈치다.

갈치¹:다 동 가르치다(敎). 【갈채 ▶ 가르쳐/갈치이 ▶ 가르치니】¶저 고얀 눔 바라, 논밭전지 팔어서 공부를 갈채 놨는데 지 지집 새끼밲에 모린다. ▶ 저 고약한 놈 봐라, 논밭전지 팔아서 공부를 가르쳐 놓았는데 제 계집 새끼밖에 모른다. ☞ 갈채다.

갈키¹:다 동 가리키다(指示). '갈치다(가르치다)'와 혼용하는 경우가 많다. 【갈캐 ▶ 가리켜/갈키이 ▶ 가리키니】¶쇠가 갈키는 거를 보이 저짝이 자 향 방우다. ▶ 나침판이 가리키는 것을 보니 저쪽이 자(子) 향(向) 방위(方位)다.

감직다 동 감추다. 【감직어 ▶ 감춰/감직으이 ▶ 감추니】¶집구적에다 꼬깜 감직어 논 거 있나, 와 자꼬 집에마 갈라 카노? ▶ 집구석에다 곶감 감춰 놓은 것 있나, 왜 자꾸 집에만 가려고 하나?

갑 명 값. 셈. 【갑세 ▶ 값에/갑시머 ▶ 값이면/갑슨 ▶ 값은】¶이눔으 소상, 사람 갑 몬할라 카머 일찌가이 디저 뿌러라. ▶ 이놈의 자식, 사람 값 못하려면 일찌감치 뒈져 버려라./같은 갑세 다홍처매라 캤는데, 이왕이머 찔기고 차만 거로 주소. ▶ 같은 값에 다홍치마라 했는데, 이왕이면 질기고 참한 것으로 주소./그 갑시머 다리품도 앤 대니더. ▶ 그 값이면 걸음품도 안 됩니다./지 갑슨 받어야 할 꺼 아이가? ▶ 제 값은 받아야 할 것 아닌가?

갑바 명 우장(雨裝). 日 '아메(雨) 갓바(カッパ. capa)'. ¶입은 옷이 너무 커서 영판 삐가리 갑바 씬 거 같다. ▶ 입은 옷이 너무 커서 영판 병아리 우장 쓴 것 같다.

-갑세 미 -ㄹ지라도. -게 되더라도. ¶내리는 삼수갑산에 갈갑세 마시고나 보자. ▶ 내일은 삼수갑산(三水甲山)에 갈지라도 마시고나 보자.

갑째기 부 갑자기. ¶갑째기 쩡쩡하든 하늘에 시커먼 구름이 몰래오고 배락을 꽈다당꽈다당 쳐 대디이 비를 퍼붓기 시작해서 온 시상이 금방 물에 장개 뿌리는 기이라. 이기이 당채 무신 꿈인지 모리겠네. ▶ 갑자기 쩡쩡하던 하늘에 시커먼 구름이 몰려오고 벼락을 꽈당꽈당 쳐 대더니 비를 퍼붓기 시작해서 온 세상이 금방 물에 잠겨 버리는 것이라. 이것이 도무지 무슨 꿈인지 모르겠네.

갓 명 말림갓. 조림(造林)하는 산. ¶큰골 갓에 사태가 난데는 맹연 봄에 까시나무

모종을 구해다가 숭구머 대겠드라.▶ 큰골 산에 사태가 난데는 명년 봄에 아카시아 모종을 구해다가 심으면 되겠더라. ☞ 산판.

갓재~이 몡 갓쟁이. 갓장수. ¶장아서 옷재이한테 가서 이거 멍기요 카이 옷이요 카길래 왔지, 잣재이한테 이기이 멍기요 카이 잣이라 캐서 묵었지, 그 담에 갓재이한테 가서 이기이 머요 카이 갓이요 캐서 갔단다.▶ 장에서 옷장수한테 가서 이것이 무엇이요 하니 옷이요 하기에 왔지, 잣장수한테 이것이 뭣인가요 하니 잣이라 해서 먹었지, 그 다음에 갓쟁이한테 가서 이것이 뭐요 하니 갓이요 해서 갔단다.〈동화〉.

갓치다 동 벌목(伐木)하다. ¶저 너머 산에 갓치는 데 저임 여다 주고 오는 질이다.▶ 저 너머 산에 벌목하는 데 점심 여다(이어다) 주고 오는 길이다.

강게 몡 관계(關係). 간섭(干涉). '성(性) 접촉'의 변말. ¶넘으 일에 강게하지 마고 니 일이나 잘 챙개라.▶ 남의 일에 관계하지 말고 네 일이나 잘 챙겨라./호인도 하기 전에 강게해서 알라부터 낳았다.▶ 혼인도 하기 전에 관계해서 아기부터 낳았다.

강내~이 몡 강냉이. 옥수수. ¶강내이 맻 자리 그거 살머 묵고 어디 요(療)가 대겠나?▶ 강냉이 몇 자루 그것 삶아 먹고 어디 요기가 되겠나?

강새~이 몡 강아지. ¶강새이도 닷새머 주인 알어본다는데 사람이 대고 넘으 은덕도 모리머 대겠나?▶ 강아지도 닷새면 주인 알아본다는데 사람이 되고 남의 은덕도 모르면 되겠나?

갖다 동 갖다. '가지다'의 준말. 【가꼬▶ 갖고】 ☞ 가꼬2.

같잔타 혱 같잖다. 시시하다. '가당(可當)하지 않다'의 뜻. 【같잔어▶ 같잖아/같잔으이▶ 같잖으니】¶같잔타. 니 그튼 눔하고는 다시는 상종 애한다.▶ 같잖다. 네 같은 놈하고는 다시는 상종 안한다./같잔은 짓 하고 댕기매 느가부지 얼굴 깨끼게 하지 마라.▶ 같잖은 짓 하고 다니며 너의 아버지 얼굴 깎이게 하지 마라./그런 일 가주고 같잔은 사람들하고 시비하지 마라.▶ 그런 일 가지고 같잖은 사람들하고 시비하지 마라.

갚따 동 갚다. 【가파▶ 갚어/가푸이▶ 갚으니/가풀▶ 갚을/갚꼬▶ 갚고】¶아이고, 맻 연 댄 그 빚 다 가푸이 홀깨빈하이 날러갈 꺼 글다.▶ 아이고, 몇 년 된 그 빚 다 갚으니 홀가분하게 날아갈 것 같다.

개1 몡 털. 모. 日 'け(毛)'. ¶개 내복 떨어진 거 풀머 개 장갑 한 커리는 뜨겠다.▶ 털 내의 헤진 것 풀면 털 장갑 한 켤레는 뜨겠다.

개² 圐 기(氣). ¶그 사람은 개가 보드랍어서 그런 큰일은 감당 몬할 낀데? ▶ 그 사람은 기가 부드러워서 그런 큰일은 감당 못할 건데?

개³ 圐 개. 윷놀이에서, 윷가락의 두 짝은 엎어지고 두 짝은 잦혀진 경우를 이르는 말. 두 끗으로 친다. ☞ 윷판.

개갑다 圐 가볍다. 경솔하다. 【개갑어 ▶ 가벼워/개갑으이 ▶ 가벼우니】 ¶무겁은 거는 내가 들고 개갑은 거는 니가 들고 가자. ▶ 무거운 것은 내가 들고 가벼운 것은 네가 들고 가자. ☞ 해깝다.

개:구신 圐 개 귀신. '광증(狂症)'의 속된말. ¶저게 개구신이 들었나 몬 묵을 거를 묵었나, 와 저래 지랄을 하노? ▶ 저것이 개귀신이 들었나 못 먹을 것을 먹었나, 왜 저렇게 지랄을 하나?

개구영 圐 개구멍. ¶개구영으로 통영갓 빼내기다. ▶ 개구멍으로 통영갓 빼내기다. ※ 재주가 교묘하다는 말. 어렵다는 말.

개구영바'치 圐 개구멍받이. 대문 밖에 버리고 간 것을 데려와 기르는 아이. ¶개구영바치 조다 키왔는데 그 기이 커서 내한테 제리 잘 한다. ▶ 개구멍받이 줘다 키웠는데 그 것이 커서 나한테 제일 잘 한다.

개기 圐 고기. ¶아들이 밥 때며 개기 트집을 하는데 장아 가머 머 쫌 사 오소. ▶ 애들이 밥 때면 고기 트집을 하는데 장에 가면 뭘 좀 사 오소. ☞ 괴기.

개나리봇'짐 圐 괴나리봇짐. ¶내 절물 때는 개나리봇짐 하나 달랑 미고 삼철리강산 어디를 앤 댕개 본 데가 없었다. ▶ 내 젊을 때는 괴나리봇짐 하나 달랑 메고 삼천리강산 어디를 안 다녀 본 데가 없었다.

개다 圐 나막신. ⑪ 'げた(下駄)'. 통나무 바닥에 앞뒤로 굽을 붙이고 ㅅ자모양의 발거리 끈을 꿰었다. 일제 때 시판하던 간이 나막신은 타원형 나무발판(주로 버드나무나 미루나무)에다 발걸이 끈을 박았다. 이것을 신고 발등이 스쳐 상처가 생기기도 하고 발걸이가 끊어지거나 못이 빠지면 벗어 들고 다니기도 했다. ☞ 개다째기.

개다리판 圐 개다리소반. ¶잔채집에서 심바람해 주이 개다리판에다 국시 한 그륵하고 탁주 한 사바리 언저 주드라. ▶ 잔칫집에서 심부름해 주니 개다리소반에다 국수 한 그릇하고 탁주 한 사발 얹어 주더라.

개다바'꾸 圐 우차(牛車)의 빗등(어리빗등). 우차바퀴를 이루는 7~9개의 구부정하게 깎아 만든 나무토막. 이 토막을 연결하여 태를 씌우면 바퀴가 된다. ☞ 우차.

개다째'기 圐 나막신짝. ¶핵고 갔다 오다가 위밭에서 위 도디캐 묵다가 다들캐서 개다째기 벗어 들고 내줄기든 거 요새 생각하며 얼매나 위섭노. ▶ 학교 갔다 오다가 참외밭에서 참외 훔쳐 먹다가 들켜서 나막신짝 벗어 들고 내빼던 것 요새 생각하면 얼마나 우습나. ☞ 개다.

개:대 圐 개톱대. 베매기의 마지막 작업에서 사치미 뒤에 걸어서 날실의 끝을 알맞은 간격으로 걸어 주는 대나무 막대기. 베틀에 차릴 때는 이것을 빼고 말코에 건다. ☞ 베매기(무명).

개대:지 圐 개돼지. 짐승. ¶삼강오륜도 모리는 눔이 개대지지 그기이 어디 사람이가? ▶ 삼강오륜(三綱五倫)도 모르는 놈이 개돼지지 그것이 어디 사람인가?

개:도리 圐 각반(脚絆). 일제 때 군복바지 아랫도리에 감는 천. 日 'ケートル(guetre)'. ¶군복 주봉에다 개도리 치고 핸조까 신어 노머 영판 헤이다이상(へいたいさん)이지. ▶ 군복 바지에다 각반 치고 군화 신어 놓으면 영판 병대(兵隊)지.

개:돌상눔 圐 개돌상놈. 상놈 중에 상놈. ¶하는 행실을 보머 그거 사람이가 어디, 개돌상눔이지. ▶ 하는 행실을 보면 그거 사람인가 어디, 개돌상놈이지.

개드랑 圐 겨드랑. ¶우리 어릴 때, 개드랑 밑에 천자책 찌고 서당아 댕기든 그 시절이 좋았지러. ▶ 우리 어릴 때, 겨드랑 밑에 천자책 끼고 서당에 다니던 그 시절이 좋았지./자석도 개드랑아 찌고 키울 때뿐이지 크머 지 구영 찾기 바뿌다. ▶ 자식도 겨드랑에 끼고 키울 때뿐이지 크면 제 구멍 찾기 바쁘다. ☞ 개드래이. 저드랑. 저드래이.

개드래~이 圐 겨드랑이. ¶개드래이에 터래기가 시커머이 난 거를 보이 어런이 다 댔네. ▶ 겨드랑에 털이 시커멓게 난 것을 보니 어른이 다 되었네. ☞ 개드랑. 저드랑. 저드래이.

개:떡 圐 보리등겨로 만든 떡. 보리등겨를 주물러 밥에다 찐 떡으로 풋콩이나 팥 따위를 섞기도 한다.

개:똥 圐 개똥. '같다', '도 없다' 또는 '도 아이다' 따위의 말과 함께 쓰여 욕이나 부정적인 말이 됨. ¶개똥도 약에 씰라카머 없다. ▶ 개똥도 약에 쓰려면 없다./개똥 긑다. 치아 뿌라. ▶ 더럽다. 치워 버려./개똥 그튼 소리하지 마라. ▶ 되지도 않은 소리하지 마라./개똥이나 빨어라. ▶ 헛물이나 빨아라./개똥도 없다. ▶ 국물도 없다./개똥도 아이다. ▶ 똥도 아니다. ☞ 개좆. 개코. 쉬똥. 쉬좆. 쉬코.

개:똥망태기 圐 개똥망태기. 개똥이나 쇠똥을 주워 담는 망태기. 새끼를 꼬아서 망을 엮은 것으로 끈을 달아 어깨에 메게 했다.

개똥벌거'지 圐 개똥벌레. 반딧불벌레. ☞ 개똥벌기.

개똥벌'기

개똥벌'기 몡 개똥벌레. 반딧불벌레. ☞ 개똥벌거지.
개:똥불 몡 반딧불. ¶진나라 사람 차윤이하고 손강이가 글공부할 때 집안이 공궁해서 초는 몬 사 씨고 여름에는 개똥불에, 결에는 눈에다 책을 비차 보고 공부했다 캐서 형설지공이라는 말이 생갰단다. ▶ 진나라 사람 차윤(車胤)하고 손강(孫康)이 글공부할 때 집안이 곤궁해서 양초를 못 사 쓰고 여름에는 반딧불에, 겨울에는 눈에다 책을 비춰 보고 공부했다 해서 형설지공(螢雪之功)이라는 말이 생겼단다.
개:똥새 몡 지저분하고 인색한 사람.
개리:다1 통 가리다(選擇). 고르다. 【개라▶ 가려(골라)/개리이▶ 가리니(고르니)】 ¶가로 늦가 시비를 개라서 머하겠노? ▶ 갓 늦게 시비를 가려서 뭣하겠나?
개'리다2 통 가리다(遮蔽). 보이지 않게 하다. 【개라▶ 가려/개리이▶ 가리니】 ¶머가 부끄럽은지 얼굴을 개리고 지내간다. ▶ 뭣이 부끄러운지 얼굴을 가리고 지나간다./넘으 말 하지 마고 지 앞이나 개라 댕개라 캐라. ▶ 남의 말 하지 말고 제 앞이나 가려 다녀라 해라./구름이 달을 개리이 빌이 저래 만타. ▶ 구름이 달을 가리니 별이 저렇게 많다. ☞ 가루다.
개망내~이 몡 개망나니. ¶어제아래꺼정도 개망내이 짓을 하든 저기이 가로 늦가 사람 짓을 하네. ▶ 엊그제까지도 개망나니 짓을 하던 저것이 갓 늦게 사람 짓을 하네.
개망디~이 몡 개 망둥이. '망디이'의 센말. '세상모르고 날뛰는 사람'을 비유하여 이르는 말. ¶저 개망디이가 장개가고 나디이 새 사람이 댔다. ▶ 저 개 망둥이가 장가가고 나더니 새 사람이 되었다. ☞ 망디이.
개:멀구 몡 개머루. 들에 자생하는 일년생 식물로, 콩알만 한 열매가 익으면 포도색깔을 띠고 먹기도 한다.
개'미구영 몡 개미구멍. ¶개미구영 하나가 큰 방천 뚝을 뭉갠다. ▶ 개미구멍 하나가 큰 방천 둑을 뭉갠다.
개'미딸 몡 야생딸기.
개'미허리 몡 버선바닥의 가운데 굴곡이 진 부분 ☞ 버선.
개밥뜨개~이 몡 개밥그릇. ¶누렁지 묵든 거 개밥뜨개이에 버 조라. ▶ 누룽지 먹든 것 개밥그릇에 부어 주어라. ☞ 개사바리.
개밭 몡 뒷개. 윷놀이에서, 윷판의 첫 밭에서 앞밭에 꺾이지 않고 일곱째 되는 밭. ☞ 윷판.

개백'정 명 개백장. '쌍스러운 사람'을 비유하여 이르는 말. ¶그 눔으 행실을 보이 개백정보담 몬한 눔이다. ▶ 그 놈의 행실을 보니 개백장보다 못한 놈이다.

개보드랍다 형 살짝 보드랍다. '기가 보드랍다'는 뜻. 【개보드랍어 ▶ 보드라워/개보드랍으이 ▶ 보드라우니】 ¶그 사람은 성질이 개보드랍어서 넘하테 실분 소리 한분 몬 한다. ▶ 그 사람은 성질이 보드라워서 남한테 싫은 소리 한번 못 한다.

개빼다구 명 개뼈다귀. '상놈의 혈통' 또는 '본대 없는 사람'을 비유하여 이르는 말. ¶원 저런, 어디서 구불어 들어온 개빼다구가 감히 나서서 난 채하노? ▶ 원 저런, 어디서 굴러 들어온 개뼈다귀가 감히 나서서 난 척하나?

개뻘 명 갯벌. ¶개뻘에 산는 사람은 조갑지 조 묵고 사고 꼴짝에 사는 사람은 나물 뜯어묵고 산다. ▶ 갯벌에 사는 사람은 조개 줘 먹고 살고 골짝에 사는 사람은 나물 뜯어먹고 산다.

개:사바리 명 개밥그릇. ☞ 개밥뜨개이.

개사'추 명 털내의. 日 '毛シャツ'. ¶우리 아개가 이분 설에 개사추 하나 짜 준다 캤다. ▶ 우리 누나가 이번 설에 털내의 하나 짜 준다 했다.

개살 명 심술. 시샘. ¶그 사람 얼골을 보머 개살이 쫄쫄 흐리는 기이 어디 한군데도 덕성시럽은 데가 없다. ▶ 그 사람 얼굴을 보면 심술이 졸졸 흐르는 것이 어디 한군데도 덕성스러운 데가 없다.

개:살구 명 야생살구.

개살궂'다 형 심술궂다. 【개살궂어 ▶ 심술궂어/개살궂으이 ▶ 심술궂으니】 ¶그 개살궂은 성질을 개 줏으까바. ▶ 그 심술궂은 성질을 개 줬을까봐. ※심술을 버리지 못한다는 말. ☞ 개살시럽다. 기살시럽다.

개살부리다 동 심술부리다. 【개살부래 ▶ 심술부려/개살부리이 ▶ 심술부리니】 ¶넘 잘 대는 거 보고 개살부리머 죄 받는다. ▶ 남 잘 되는 것 보고 심술부리면 죄 받는다. ☞ 개살지기다.

개살시'럽다 형 심술스럽다. ☞ 개살궂다. 기살시럽다.

개살재~이 명 심술쟁이. ¶저 개살재이는 넘 초상집에 가서 춤추고 불난 집에 채이 들고 띠올 사람이다. ▶ 저 심술쟁이는 남의 초상집에 가서 춤추고 불난 집에 키 들고 뛰어올 사람이다. ☞ 째빈재이.

개살지'기다 동 심술부리다. 【개살지개 ▶ 심술부려/개살지기이 ▶ 심술부리니】 ¶넘으 일에 개살직이머 죽어서 존 데 몬 간다. ▶ 남의 일에 심술부리면 죽어서 좋은 데 못 간다. ☞ 개살부리다.

개시고무

개시고무 명 지우게. 日 '消ゴム'. ¶그때는 개시고무 한 개 살 돈을 애낄라꼬 헌 고무신째기를 동가리 내서 왜지럼에 당가 났다가 씨고 했다. ▶ 그때는 지우게 한 개 살 돈을 아끼려고 헌 고무신짝을 토막 내서 석유에 담가 놓았다가 쓰고 했다.

개:씹 명 개보지. '정조관념이 없는 여자'를 비유하여 이르는 말.

개:아들눔 명 '행실이 고약하고 버릇이 없는 남자'를 비유하여 이르는 말.

개아:짱 명 기왓장. ¶개아짱을 애끼다가 대들보를 썩훈다. ▶ 기왓장을 아끼다가 대들보를 썩힌다. ☞ 개와1.

개안타 형 괜찮다. 괴이찮다. 【개안어 ▶ 괜찮아/개안으이 ▶ 괜찮으니】¶사는 행세는 쪼꿈 어렵다카지마는 사람이 개안으머 그리로 보내자. ▶ 사는 형세(形勢)는 조금 어렵다지만 사람이 괜찮으면 그만 그리로 보내자. ※ 혼담(婚談) 자리에서 하는 말. ☞ 갠찬타.

개알밧다 형 개을러빠지다. 몹시 개으르다. ¶개알밧은 눔은 떠묵애 조도 몬 묵는다. ▶ 개을러빠진 놈은 떠먹여 줘도 못 먹는다. ☞ 깨을밧다. 깰밧다.

개앗주메이 명 호주머니. ☞ 갯주미이.

개와1(蓋瓦) 명 기와. 【개와가리 ▶ 기와가루/개와굴 ▶ 기왓가마】☞ 개아짱.

개:와2 부 겨우. ¶개와 밥은 묵고 사지마는 자석 공부시기기는 버겁다. ▶ 겨우 밥은 먹고 살지만 자식 공부시키기는 버겁다. ☞ 개우. 재와.

개와가리 명 기와가루. 유기 그릇은 기와를 바수어 낸 가루로 닦는다. ¶제사날 돌어오기 전에 개와가리를 빠사 가 녹그럭 꺼내서 딲어 놓자. ▶ 제삿날 돌아오기 전에 기와가루를 바숴 가지고 놋그릇 꺼내서 닦아 놓자. ※ 일제가 쇠붙이를 모조리 거두어 갈 때, 제삿날이면 똥통이나 퇴비무더기 속에 감춰 놓았던 유기(鍮器) 따위를 끄집어내어 기와가루로 닦아서 사용한다.

개와굴 명 기왓가마. ¶십일폭동사건 때 몽두리 패들이 몰래와서 뿌수고 죽이고 할 때 지서의 어느 순사는 개와굴 속에 숨어서 살았단다. ▶ 대구폭동사건 때 몽둥이 패들이 몰려와서 부수고 죽이고 할 때 지서(支署) 어느 순사는 기왓가마 속에 숨어서 살았단다.

개:우 부 겨우. ¶개우 돈 맻 푼을 주고 사람을 소 부래 묵드시 부린다. ▶ 겨우 돈 몇 푼을 주고 사람을 소 부려 먹듯이 부린다. ☞ 개와2. 재와.

개'울 명 겨울. ¶춥다춥다 카지 마라 개울을 앤 지내고 봄이 오나 어디. ▶ 춥다춥다 하지 마라 겨울을 안 지나고 봄이 오나 어디. ☞ 겨실. 결.

개~위 명 경위(經緯). ¶도분만 내지 마고 일이 약사약사하다꼬 개위를 말하며 지도 알어 들을 꺼 아이가. ▶ 화만 내지 말고 일이 이러이러하다고 경위를 말하면 저도 알아 들을 것 아닌가.

-**개'이(깨이)** 접 어근에 붙어서 막대기 따위의 물건을 나타냄. 【꼬징개이(꼬재이) ▶ 꼬챙이/부지깨이 ▶ 부지깽이/후지깨이 ▶ 부지깽이/다디개이 ▶ 솜 막대기/장개이 ▶ 정강이】.

개:좆 명 개의 자지. '같다', '없다', '아이다' 따위의 말과 함께 쓰여 욕이나 부정적인 말이 됨. ¶개좆 긑다 치아 뿌라. ▶ 더럽다 치워 버려./개좆 그튼 소리하지 마라. ▶ 되지도 않은 소리하지 마라./개좆이나 빨어라. ▶ 헛물이나 빨아라./개좆도 없다. ▶ 국물도 없다./개좆도 아이다. ▶ 똥도 아니다. ☞ 개똥. 개코. 쉬똥. 쉬좆. 쉬코.

개좆대가리 명 개자지. 개좆불. '여름감기'의 속된말. '개도 안 걸리는 여름감기'라는 말에 연유해서 생긴 말. ¶개좆대가리에 걸래서 매칠을 집에 눕었다가 나오이 화늘이 빙빙 돈다. ▶ 여름감기에 걸려서 며칠을 집에 누웠다가 나오니 하늘이 빙빙 돈다.

개직다 형 가깝다. 【개직어 ▶ 가까워/개직으이 ▶ 가까우니】 ☞ 가직다. 가찹다. 가칙다.

개쪼가리치다 동 '도망치다'의 속된말. ¶촌 삐가리 둘이 정낭아 간다 카고 나가서 아이 애 오능 거 보이 개쪼가리쳤는가배. ▶ 촌병아리 둘이 변소에 간다 하고 나가서 아직 안 오는 것 보니 도망쳤는가봐. ※시골 어린이 다섯이 생전 처음 기차를 타고 대구로 갔다. 어둑해질 무렵에 대구역 출찰구를 빠져 나오자 아줌마들이 몰려와서 "하숙하이소 하숙하이소" 하며 소매를 끄는 것이다. 영문도 모르고 따라간 곳은 역전의 어느 하숙집이다. 주인은 군용담요 두어 장을 던져 주고서 구석에 처박혀 자라고 하는데, 판자 한 장을 사이에 둔 옆방에서 키득거리는 소리가 들린다. 일행 중에 두 어린이가 이상한 기미를 알아차리고 오줌 누러 간다는 핑계를 대고 나가서 돌아오지 않자 주인 아줌마는 '개쪼가리쳤다'고 한다.

개:촌수 명 먼 촌수(寸數). 일가(一家) 관계가 되지만 존비(尊卑)를 가리기 어려운 먼 촌수. 이런 경우는 연령으로 위아래를 가리는 것이 예사다. ¶그간 머리가 아푸게 개촌수 따지머 머하노 서로 터놓고 사구머 대지. ▶ 그까짓 머리가 아프게 먼 촌수 따지면 뭐하나 서로 터놓고 사귀면 되지.

개:코 명 개코. '같다', '없다', '아이다' 따위의 말과 함께 쓰여 욕이나 부정적

개: 포구

인 말이 됨. ¶개코 글다 치아 뿌라. ▶ 더럽다 치워 버려./개코 그튼 소리하지 마라. ▶ 되지도 않은 소리하지 마라./개코나 빨어라. ▶ 헛물이나 빨아라./개코도 없다. ▶ 국물도 없다./개코도 아이다. ▶ 똥도 아니다. ☞ 개똥. 개좆. 쉬똥. 쉬좆. 쉬코

개:포구 몡 산머루 종류의 하나. ☞ 물포구.

개호:까지 몡 개호주. ☞ 갈가지. 호까지.

개:혹 몡 계획(計劃). ¶그 논이야 탐이 나지마는 아 공부 때민에 시방 개혹에는 논 사기는 힘드니더. ▶ 그 논이야 탐이 나지만 애 공부 때문에 시방 계획에는 논 사기는 힘듭니다. ※농지 매매 상담을 하는 자리에서 하는 말.

객광(客狂) 몡 광태(狂態). ¶저눔으 소상 몸서리나게, 술마 처묵으머 객광 지개 사서 언선시럽다. ▶ 저놈의 자식 몸서리나게, 술만 처먹으면 광태 부려 대서 지긋지긋하다.

객광시럽다 혱 엉뚱하다. 예측불허하다. 【객광시럽어 ▶ 엉뚱해/객광시럽으이 ▶ 어뚱하니】¶그 객광시러분 사람이 내중에 무신 저지래를 저지를지 모르이 조심해라. ▶ 그 엉뚱한 사람이 나중에 무슨 사고를 저지를지 모르니 조심해라. ☞ 대통시럽다.

객구 몡 객귀(客鬼). 몸살감기. ¶병자 연 섣달 수무나할 생, 우리 석바우인데 붙은 배 골어 죽은 구신, 물에 빠저 죽은 구신, 매 맞어 죽은 구신, 범 물어간 구신, 장개 몬 간 몽달구신, 처자 죽은 생 구신, 이래저래 원 품고 한 품은 **객구**들아, 이 한 바가치 받어묵고 다시는 이 금방도 얼씬하지 마라. 내 말 앤 들으머 이 칼로 니 배때지를 갈러서 창지를 꺼내가 들짐성 새짐성한테 조 뿌릴란다. 억새 구신아, 이거 묵고 썩 물러가그라! ▶ 병자 년 섣달 스무나흘 생, 우리 석바우(石岩)한테 붙은 배 골아 죽은 귀신, 물에 빠져 죽은 귀신, 매 맞아 죽은 귀신, 범 물어간 귀신, 장가 못 간 몽달귀신, 처자 죽은 생 귀신, 이래저래 원 품고 한 품은 객귀들아, 이 한 바가지 받아먹고 이 근방도 얼씬하지 마라. 내 말 안 들으면 이 칼로 네 배때기를 갈라서 창자를 꺼내서 들짐승 새짐승한테 줘 버리련다. 애끼 귀신아, 썩 물러가거라!/객구를 물린다. ▶ 객귀를 물린다(물리치다)./객구가 들었다. ▶ 몸살감기가 들었다. ※모든 병은 객귀가 몸속으로 들어서 괴롭히는 것이라 음식으로 달래거나 겁을 줘서 몰아내야 한다. 객귀 물리는 사람(주로 주부)은 밥과 반찬 따위를 담은 바가지를 왼손에 들고 오른 손에는 식칼을 들고 환자의 머리맡에서 바가지를 두들기면서 세 번 둘러대면서 주문을 외운다. 그렇게 하고 난 다음 식칼로 환자의 머리칼을 뜯어서 바가지

에 담는 것으로 객귀를 수습한다. 그리고 칼을 마당 가운데로 던지면서 '억새 귀신아'를 외친다. 마지막으로 칼이 떨어진 땅바닥에다 열십자로 칼질을 하고서 대문 바깥에다 음식을 내다버리는 것으로 객귀물림을 끝낸다.

갲'다 동 겪다. 【갲어▶겪어/갲으이▶겪으니】¶시상아 사람이 살라카머 숩은 일마 어디 있나, 어럽은 일도 참꼬 **갲다**가 보머 좋은 날도 오는 기이지. ▶ 세상에 사람이 살려면 쉬운 일만 어디 있나, 어려운 일도 참고 겪다가 보면 좋은 날도 오는 것이지.

갠'디다 동 견디다. 【갠대▶견녀/갠디이▶견디니】¶참꼬 갠디는 거도 인자 이력이 났다. ▶ 참고 견디는 것도 이제 이력이 났다./참꼬 갠디이 좋은 일도 보게 대드라. ▶ 참고 견디니 좋은 일도 보게 되더라.

갠찬'타 형 괜찮다. 괴이찮다. 【갠찬어▶괜찮아/갠찬으이▶괜찮으니】¶내사 고마 **갠찬타** 니나 더 묵어라. ▶ 나야 그만 **괜찮다** 너나 더 먹어라. ※제 밥그릇을 다 비우고도 아쉬움이 남아서 맨 숟가락을 빨며 쳐다보고 있는 아이를 외면할 수 없다. 엄마는 괜찮다며 자기 밥그릇에서 밥 한 술을 덜어 주는 척이라도 해야 마음이 편하다. ☞ 개안타.

갤국 분 결국(結局). ¶갤국에는 줄 꺼를 더 그카지 마고 고마 조 뿌리자. ▶ 결국에는 줄 것을 더 그라지 말고 그만 줘 버리자.

갤정 명 결정(決定). ¶우리 집은 어런이 **갤정**하머 즈그들은 그양 따리머 대니더. ▶ 우리 집은 어른이 결정하면 저희들은 그냥 따르면 됩니다.

갯주미`~이 명 호주머니. ¶저구리 안 **갯주미이**에서 담배쌈지를 꺼내서 시문지 쪼가리에 담배 한 대를 말아 춤을 문쳐서 입에 물었다. ▶ 저고리 안 **호주머니**에서 담배쌈지를 꺼내서 신문지 조각에다 담배 한 대를 말아 침을 무쳐서 입에 물었다. ☞ 개앗주메이.

갱 명 경(經). ¶인날 어런들 이바구를 들어보머, 어뜬 사람은 **갱** 일꼬 축지법 한다 또 머 한다 카다가 내중에는 실성해 뿌렀단다. ▶ 옛날 어른들 이야기를 들어보면, 어떤 사람은 경 읽고 축지법(縮地法) 한다 또 뭐 한다 하다가 나중에는 실성해 버렸단다./우이독갱이라카디이 그 사람한테 좋은 말해 조야 말짱 쇠귀에 **갱** 일끼지. ▶ 우이독경(牛耳讀經)이라더니 그 사람한테 좋은 말해 줘야 말짱 소귀에 경 읽지.

갱가 명 경과(經過). 살기. 지내기. ¶약을 도 첩 저다가 딸개 묵고 나이 몸 **갱가**가 좋아졌다. ▶ 약을 두어 첩 지어다가 달여 먹고 나니 몸 경과가 좋아졌다./그 집

갱기'도

은 그래도 이 마실에서는 **갱가**가 갠찬은 팬이다. ▶ 그 집은 그래도 이 마을에서는 **살기**가 괜찮은 편이다.

갱기'도 명 경기도(京畿道).

갱까도'리 명 싸움질. 日 '喧嘩取り'. ¶실랑각시 **갱까도리** 한 바탕 하고 밥도 몬 얻어묵었나? ▶ 신랑각시 **싸움질** 한 바탕 하고 밥도 못 얻어먹었나?

갱:다리 명 책상다리. 가부좌(跏趺坐). '괴인 다리'라는 뜻. ¶진 담뱃대 물고 **갱다리**를 치고 안서서 큰소리마 치머 누가 밥 묵애 주나? ▶ 긴 담뱃대 물고 **책상다리**를 하고 앉아서 큰소리만 치면 누가 밥 먹여 주나? ※'갱다리를 하다'라고 하지 않고 '갱다리를 치다'라고 말한다. 양반들의 위엄을 보이는 앉음새라 해서 '양반다리'라고도 한다. ☞ 팽다리.

갱변 명 강변(江邊). ☞ 갱빈.

갱빈 명 강변(江邊). ¶꼴 한 짐 해놓고 **갱빈**에 가서 몽물이나 하고 들어가자. ▶ 꼴 한 짐 해놓고 **강변**에 가서 목욕이나 하고 들어가자. ☞ 갱변.

갱:상도 보리 문디~이 관 경상도 보리 문둥이. '우직한 경상도 촌놈'이라는 뜻을 내포하고 있지만, 때에 따라 친근감을 나타내는 말로 쓰이기도 함. ¶**갱상도 보리 문디이**가 어디 서월 바닥에서 행세할라 카노? ▶ **경상도 촌놈**이 어디 서울 바닥에서 행세하려고 하나?

갱우 명 경우(境遇). ¶요새는 **갱우**가 바린 사람보담 얍삽하이 노는 사람이 출세하는 시상이다. ▶ 요사이는 **경우**가 바른 사람보다 약삭빠르게 노는 사람이 출세하는 세상이다.

갱원'도 명 강원도(江原道).

갱:장하다 형 굉장하다. ¶갱상도 무식꾼이 첨으로 서월 갔다가 온 거를 자랑삼어 이바구를 하는데, 머 남대문 간판에 새긴 남 자, 대 자, 문 자, 그 한 혹 한 혹이 **갱장하게** 맹필이드라나. ▶ 경상도 무식꾼이 처음으로 서울 갔다 온 것을 자랑삼아 이야기를 하는데, 뭐 남대문(南大門) 간판에 새긴 남(南) 자, 대(大) 자, 문(門) 자, 그 한 획 한 획이 **굉장하게** 명필이더라나. ※평생 삼십 리 밖으로 나가본 적이 없는 경상도 무식꾼이 서울구경 한번 하고 와서 숭례문(崇禮門)을 들어 허풍을 떤다.

갱:죽 명 쌀에다 김치나 나물 따위를 넣어서 끓인 죽. 요즈음처럼 소화가 잘 되라고 끓여먹는 죽이 옛날에는 물배라도 채우려는 수단의 하나였다.

갱:찰서 명 경찰서(警察署). ¶밤에 뺄개이들한테 밥해 좃다꼬 **갱찰서** 끌래 가서

죽드록 매 맞고 와서 눕었다. ▶ 밤에 빨갱이들한테 밥해 줬다고 경찰서 끌려 가서 죽도록 매 맞고 와서 누웠다. ※해방 후, 낮에는 대한민국, 밤에는 인민 공화국이라는 말이 돌았을 정도로 일부 지방에서는 밤이면 공비들이 출몰하여 식량을 약탈하곤 해서 양민들은 이래저래 시달렸다.

갱핀 몡 개평. 도박판에서 뜯어내는 돈.【갱핀꾼 ▶ 개평꾼/갱핀돈 ▶ 개평돈】¶이 사람아, 그마이 돈을 따 놓고도 갱핀 한 푼도 앤 내놓고 그양 갈라 카나? ▶ 이 사람아, 그만큼 돈을 따 놓고도 개평 한 푼도 안 내놓고 그냥 가려고 하나?

갱핀꾼 몡 개평꾼. 노름판 뒷전에서 술 담배 따위의 잔심부름을 하거나 단속 경찰관이 오는지 망을 서 주며 개평을 뜯는 사람.

갱핀돈 몡 개평돈. ¶노룸판에 뜯은 갱핀돈이야 갤국 술이미 주미이 속 돈 아이가. ▶ 노름판에 뜯은 개평돈이야 결국 술어미 주머니 속 돈 아닌가.

갱험 몡 경험(經驗). ¶백분 듣는 거보담 한분 갱험하는 기이 지름질이다. ▶ 백번 듣는 것보다 한번 경험하는 것이 지름길이다.

거 몡의 것.【거라 ▶ 것이라/거로 ▶ 것을】¶손임이 오시머 내놀 거라꼬는 소굼에 찌들어 있는 칼치 동가리뿐인데 우짜닌기요? ▶ 손님이 오시면 내어놓을 것이라고는 소금에 찌든 갈치 토막뿐인데 어쩝니까?/내가 마 참을 거로 괸시리 그캤다. ▶ 내가 그만 참을 것을 공연스레 그랬다. ☞ 기1. 꺼. 끼1.

거거드매 준 '거기 어드매'의 준말. ¶인날 거거드매 사람이 살었는지, 지굼도 밭을 갈머 그럭 쪼가리 그튼 기이 나온다. ▶ 옛날 거기 어드매 사람이 살았는지, 지금도 밭을 갈면 그릇 쪼가리 같은 것이 나온다.

거거:연(去去年) 몡 전전(前前) 해. 지난해의 전해. ¶더는 몬 대도 거거연 글치마 농사가 대 주머 맻 해 앤 가서 논 맻 마지기는 보탤 낀데. ▶ 더는 못 되어도 전전해 같이만 농사가 되어 주면 몇 해 안 가서 논 몇 마지기는 더 보탤 것인데. ☞ 지지난해.

거게1 몡의 나름. 하기. ¶부모 은덕도 모리고 지 거개로 잘 사는 줄 안다. ▶ 부모 은덕도 모르고 제 나름에 잘 사는 줄 안다./잘 사고 몬 사는 거도 다 지 거게 달랬다. ▶ 잘 살고 못 사는 것도 다 제 하기 달렸다.

거게2 대 거기. 거기에. ¶거게나 여게나 사람이 사는 이치는 매 일반이다. ▶ 거기나 여기나 사람이 사는 이치는 매 일반이다./거게로는 물살이 시서 건내가기가 우태롭다. ▶ 거기로는 물살이 세서 건너가기가 위험하다.

-거덩 미 -거든. ¶가마이 놀거덩 건디리지 마래이. ▶ 가만히 놀거든 건드리지 마

거:두

라./내가 죽거덩 양지바린 데다 묻어 도고. ▶ 내가 죽거든 양지바른 데다 묻어 다오. ☞ -그덜랑. -그덩. -커덩. -크덜랑. -크덩.

거:두 명 거도(鋸刀). 한쪽 끝에 자루가 달린 톱.

거두:다 동 거두다. 걷다. 【거다 ▶ 거두어/거두이 ▶ 거두니】 ¶우리 아지매도 칠 남매나 거두고 살었으이 언제 옆을 돌어볼 여가가 있었겠노? ▶ 우리 아주머니도 칠 남매나 거두고 살았으니 언제 옆을 돌아볼 여가가 있었겠나?/비 한 자래기 오겠다. 세답을 거다 들라야겠다. ▶ 비 한 자락 오겠다. 빨래 거두어 들여야겠다.

거'떠보다 동 거들떠보다. 힐끗 보다. 【거떠바 ▶ 거들떠봐/거떠보이 ▶ 거들떠보니】 ¶형제라서 지 옆에 와서 사지마는 동상이라 카는 기이 지 히이가 우애 사는지 거떠보지도 안는다. ▶ 형제라서 제 옆에 와서 살지만 동생이라 하는 것이 제 형이 어떻게 사는지 거들떠보지도 않는다.

거랑(트-) 명 시내. 개울. '도랑보다 큰 물길'이라는 뜻. ¶가갸 가다가 거겨 거랑에 고교 고기 잡어 구규 국 끌애서 나냐 나하고 너녀 너하고 노뇨 농갈러 묵자. ▶ 가갸 가다가 거겨 개울에 고교 고기 잡어 구규 국 끓여서 나냐 나하고 너녀 너하고 노뇨 나눠 먹자. 〈전래 동요〉 ☞ 걸.

거랑물 명 시냇물. ☞ 걸물.

거럼 명 거름. ¶저임아래는 딧밭에다 거럼하고 훌찌이로 디배 놓고 왔다. ▶ 점심 아래(오전)에는 뒷밭에다 거름하고 쟁기로 뒤집어 놓고(갈아 놓고) 왔다.

거럼모대기 명 거름무더기. ¶저눔으 달이 거럼모대기에 썰어 모다 논거 다 히지꺼 놓는다. ▶ 저놈의 닭이 거름무더기에 쓸어 모아 놓은 것 다 헤적여 놓는다. ☞ 거럼무디기.

거럼무디기 명 거름무더기. ☞ 거럼모대기.

거럼지'게 명 똥오줌을 져 나르는 지게. 물지게처럼 등받이 위로 긴 막대기를 대고 그 막대기의 양 끝에 끈이나 고리가 달려 있어 그 고리로 똥통의 자루를 걸어서 지게 되어 있다.

거럼테' 명 거름 터. 농촌 가옥에는 마당 한 구석에 거름 터가 있어, 외양간에서 나오는 북데기나 재 따위를 모아 썩혀서 퇴비로 쓴다.

거렁'지 명 그늘. ¶지 거렁지 밑이 어덥다 캤다. 니 밑이나 잘 살패라. ▶ 제 그늘 밑이 어둡다 했다. 네 밑이나 잘 살펴라./인말에 부모하고 선상은 거렁지도 앤 발는다 캤다. ▶ 옛말에 부모와 선생은 그늘도 안 밟는다 했다./집 거렁지가 마당 중간에 온 거를 보이 보살을 안칠 때가 댔다. ▶ 집 그늘이 마당 중간에 온 것을 보니 보리쌀을 안칠 때가 됐다. ※낮에는 해 그늘 자리, 밤에는 달이나 별의 자리로, 자정 뒤에는 닭 우는 회수로 시간을 가늠한다.

거'름 몡 걸음. ¶거름아 날 살래라 카매 도망을 갔다. ▶걸음아 날 사려라며 도망을 갔다./재바린 거름으로 갔다가 왔다. ▶재빠른 걸음으로 갔다가 왔다.

거름마 몡 걸음마. 첫걸음. 아기가 걸음을 익힐 때 떼어놓는 걸음. 어떤 일의 시발. ¶자, 거름마 하자. ▶ 자, 걸음마 하자./인자 거름마 단계부터 시작하는 심 치고 열심히 하자. ▶ 이제 걸음마 단계부터 시작하는 셈 치고 열심히 하자.

-거리 쩝 일부 어근에 붙어서 땔감 따위를 나타냄.【등거리▶장작/물거리▶잡목 땔감】.

거'무 몡 거미. ¶아칙에 거무가 니러오머 그날은 돈이 생긴다 캤다. ▶아침에 거미가 내려오면 그날은 돈이 생긴다 했다.

거:무리 몡 거머리. ☞검처리.

거'무줄 몡 거미줄. 물레의 동줄. 앞뒤의 물레살을 갈지(之)자 모양으로 팽팽하게 연결하고 있으며, 여기에 물레줄을 건다. ¶빨개이들이 올러간 산 아래로 구인들하고 갱찰들이 거무줄 치듯이 둘러싸고 디배매 올러가고 있단다. ▶ 빨갱이들이 올라간 산 아래로 군인들하고 경찰들이 거미줄 치듯이 둘러싸고 뒤집으며 올라가고 있단다./설마 산 사람 입에 거무줄 치까바? ▶ 설마 산 사람 입에 거미줄 칠까? ☞ 물레.

거반 뷔 거의. '거지반'의 준말. ¶모델 사람은 거반 다 모댔으이 우리 이논으로 들어가자. ▶ 모일 사람은 거지반 다 모였으니 우리 의논으로 들어가자.

거시럼돈 몡 거스름돈. ¶사람 야박하게 비게, 거시럼돈 얼매 앤 대는 거 그간 거 꺼정 다 받을라 카나? ▶ 사람 야박하게 보이게, 거스름돈 얼마 안 되는 것 그까짓 것까지 다 받으려 하나?

거시리:다 동 거스르다. 【거시러▶거슬러/거시리이▶거스르니】¶물가로 거시러 한참 올러가머 크단한 폭포가 있다. ▶ 물가로 거슬러 한참 올라가면 커다란 폭포가 있다./하는 짓마줌 거시리이 나도 인자 그눔으 소상한테 손 났다. ▶ 하는 짓마다 거스르니 나도 이제 그놈의 자식한테 손 놓았다.

거실리:다 동 거슬리다. '거시리다'의 피동. 【거실래▶거슬려/거실리이▶거슬리니】¶거실리는 기이 한두 가지라야 말을 애 하지. ▶ 거슬리는 것이 한두 가지라야 말을 안 하지./사사건건 눈에 까시 긑치 거실래 그양 두고는 몬 보겠다. ▶ 사사건건 눈에 가시 같이 거슬려 그냥 두고는 못 보겠다.

거:연

거:연 몡 거년(去年). 지난해. ¶집으 아부지 글역이 거연이 다리고 금연이 다리다. ▶ 집의 아버지 근력이 거년이 다르고 금년이 다르다. ☞ 장연.
-거이 미 -거니. ¶술잔을 주거이 받거이 하다가 어느 새 꽉 최 뿌렀다. ▶ 술잔을 주거니 받거니 하다가 어느 새 잔뜩 취해 버렸다./디따러오겠거이 하고 내 먼첨 와 뿌렀는데, 그 디로는 몰래. ▶ 뒤따라오겠거니 하고 내 먼저 와 버렸는데, 그 뒤로는 몰라.
거저 閂 그저. ¶아부지가 머를 하시든지 니는 거저 한눈도 파지 마고 공부나 하머 댄다. ▶ 아버지가 뭘 하시던지 너는 그저 한눈도 팔지 말고 공부나 하면 된다.
거주 閂 거의. 거반. ¶서너 고랑 남은 거 거주 매 간다. 남저지는 담배 한 대 피고 하자. ▶ 서넛 고랑 남은 것 거의 매 간다. 나머지는 담배 한 대 피우고 하자. ※ 밭에서 김을 매다가 하는 말. ☞ 거진. 건. 건자. 건주.
거:지말 몡 거짓말. ¶거지말도 잘마 하머 논 닷 마지기보담 낫다. ▶ 거짓말도 잘만 하면 논 닷 마지기보다 낫다./거지말도 하분 해볼실하머 자꼬 하게 댄다. ▶ 거짓말도 한번 해보기로 하면 자꾸 하게 된다. ☞ 가지말.
거진 閂 거의. ¶일이 거진 대 가는데 밥이나 묵고 하자. ▶ 일이 거의 되어 가는데 밥이나 먹고 하자. ☞ 거주. 건. 건자. 건주.
거치다 혱 거칠다.【거치러▶거칠어/거치이▶거치니】¶장똘배이 긑치 말이 거치다. ▶ 장돌뱅이 같이 말이 거칠다./험한 일마 해서 손이 거치러 젔다. ▶ 험한 일만 해서 손이 거칠어 졌다.
거'퍼 閂 거푸. 거듭. ¶시 해를 거퍼 집안에 우환이 생기고 나이 살림 뿔거지가 흔들랜다. ▶ 세 해를 거푸 집안에 우환이 생기고 나니 살림 뿌리가 흔들린다.
거'풀 몡 꺼풀. 껍데기. ☞ 꺼불.
건: 閂 거의. '건자' 또는 '건주'의 준말. ¶그래 애를 묵애든 일이 인자사 건 풀래 간다. ▶ 그렇게 애를 먹이던 일이 이제야 거의 풀려 간다. ☞ 거주. 거진.
건궁 몡 건공(乾空). 건공중(乾空中). ¶아들 일 따문에 맴이 건궁에 둥 떠 가주고 일이 손에 앤 잽힌다. ▶ 애들 일 때문에 마음이 건공에 둥 떠 가지고 일이 손에 안 잡힌다.
건:내 몡 건너. ¶건내 마실 사람들은 대목에 어불래서 소 한 마리 잡는다 카든데 우리도 한 마리 애 할랑강? ▶ 건너 마을 사람들은 대목에 어울려서 소 한 마리 잡는다 하던데 우리도 한 마리 안 할런지?
건:내다 통 건너다. 넘기다.【건내▶건너/건내이▶건너니】¶우리 어매가 새복

마중 버선 벗고 물을 건내는데 거기다 다리를 나 디리자. ▶ 우리 어머니가 새벽마다 버선 벗고 물을 건너는데 거기다 다리를 놓아 드리자.

건너채 몡 바깥채. ¶우리 집 건너채로 들어올라카는 사람이 머하는 사람인강? ▶ 우리 집 바깥채로 들어오려는 사람이 뭘 하는 사람인가? ☞ 가채.

건'다리 몡 건달(乾達). ¶약한 사람을 등쳐 묵는 저런 건다리들을 순사들은 와 앤 잡어가는공? ▶ 약한 사람을 등쳐 먹는 저런 건달들을 순사들은 왜 안 잡아가는가?

건디기 몡 건더기. ¶이 숭악한 사람들아. 건디기는 느그가 다 건저 묵고 구물마 냉개 났나? ▶ 이 지독한 사람들아. 건더기는 너희가 다 건져 먹고 국물만 남겨 놓았나? ☞ 건디이.

건디'리다 동 건드리다. 【건디래 ▶ 건드려/건디리이 ▶ 건드리니】¶여자하고 불은 거디리머 탈난다. ▶ 여자하고 불은 건드리면 탈난다./이것저것 돈 댄다 카는 거는 앤 건디래 본 기이 없다. ▶ 이것저것 돈 된다 하는 것은 안 건드려 본 것이 없다.

건디~이 몡 건더기. ¶거디이마 건저 묵고 구물은 내놓는다. ▶ 건더기만 건져 먹고 국물은 내놓는다. ☞ 거디기.

건:자 閈 거의. ¶논 살 때 췬 돈도 건자 갚어 가이 한 해마 더 고상하며 댄다. ▶ 논 살 때 빌린 돈도 거의 갚아 가니 한 해만 더 고생하면 된다. ☞ 거주. 거진. 건. 건주.

건쟁기질 몡 마른 논을 갈아 뒤집는 일. '건(乾) 쟁기질'의 뜻.

건저'실 몡 헛간. 비가 올 때를 대비하여 곡식을 말리거나 농기구 따위를 보관하는 다용도 공간. '건저실(乾貯室)'의 뜻.

건주 閈 거의. ¶잔채집에 온 손임이 건주 백 명이 넘는 거 글드라. ▶ 잔칫집에 온 손님이 거의 백 명이 넘는 것 같더라. ☞ 거주. 거진. 건. 건자.

걸:1 몡 시내. '거랑'의 준말. 【걸가 ▶ 시냇가/걸물 ▶ 시냇물】.

걸2 몡 걸. 윷놀이에서, 윷가락의 세 짝이 젖혀지고 한 짝이 엎어진 경우를 이르는 말. 끗수는 세 끗이다. ☞ 윷판.

걸:가 몡 시냇가. '거랑가'의 준말. ¶오늘이 말복이라꼬 걸가 당수나무 밑에 모대서 술 맻 말 받어 오고 개 한 마리 잡어서 논다 카드라. ▶ 오늘 말복이라고 시냇가 당산나무 밑에 모여서 술 몇 말 받아 오고 개 한 마리 잡아서 논다더라.

걸구:다 동 걸우다. '걸다'의 사동. 【걸가 ▶ 걸우어/걸구이 ▶ 걸우니】¶암작에도

걸그채:다

　　몬씨든 자갈밭을 맻 해를 걸가서 일등호답(一等好畓)으로 맨들었다. ▶ 아무짝에
　　도 못쓰던 자갈밭을 몇 해를 걸우어서 일등상답(一等上畓)으로 만들었다.
걸그채:다 [동] 걸리다. 방해를 받다. '걸려 채이다(차이다)'는 뜻. 【걸그채 ▶ 걸려
　　/걸그채이 ▶ 걸리니】¶걸그채는 거 없었으며 천리만리나 벌써 가 뿌렀지 내가
　　머 바래서 저 인간하고 살았을라꼬. ▶ 걸리는 것(자식) 없었으면 천리만리나 벌
　　써 가 버렸지 내가 뭘 바라서 저 인간하고 살았으려고.
걸:띠 [명] 우차(牛車)의 가운데 새장에다 심보를 고정시키는 2개의 네모로 꾸부
　　러진 쇠 띠. ☞ 우차. 걸쇠2.
걸래:다1 [동] 걸리다. 병이 들다. '걸다'의 피동. 【걸래 ▶ 걸려/거래이 ▶ 걸리니】¶
　　논매는 날 내놀라꼬 술 한 도가지 당가 논 거이 걸랬는데, 그거도 죄라꼬 온느
　　라 간느라 캐 샷는다. ▶ 논매는 날 내놓으려고 술 한 독 담가 놓은 것이 걸렸는
　　데, 그것도 죄라고 오너라 가너라 해 댄다./고뿔에 걸래서 오늘은 꼼짝을 몬한
　　다. ▶ 감기에 걸려서 오늘은 꼼짝을 못한다. ※일제 때는 물론 해방 후도 개인
　　이 술 담그는 것을 금했다.
걸래:다2 [동] 걸리다. '걸다'의 사동. 【걸래 ▶ 걸려/걸래이 ▶ 걸리니】¶보따리는
　　머리에 이고 알라 하나는 걸래고 하나는 업고 저 너매 질로 가드라. ▶ 보따리
　　는 머리에 이고 애기 하나는 걸리고 하나는 업고 저 너머 길로 가더라.
걸레'기 [명] 걸레. ☞ 두데기. 두디기.
걸'리 [명] 권리(權利). ¶일정 때 걸리 부리다가 해방 대서 맞어 죽은 사람도 있다.
　　▶ 일정 때 권리 부리다가 해방 되어서 맞아 죽은 사람도 있다. ☞ 골리.
걸망시럽다 [형] 훤칠하다. 어른스럽다. 【걸망시러어 ▶ 훤칠해/걸망시럽으이 ▶ 훤
　　칠하니】¶앗따 그눔, 즈가부지 달머서 참 걸망시럽게 생겼네. ▶ 아따 그놈, 저
　　의 아버지를 닮아서 참 훤칠하게 생겼네. ☞ 걸망타.
걸망타 [형] 훤칠하다. 어른스럽다. '걸망시럽다'의 준말.
걸:물 [명] 시냇물. 개울물. '거랑물'의 준말. ¶요분 비에 걸물이 불어서 쭉다리가
　　장개 뿌렀다. ▶ 요번 비에 시냇물이 불어서 다리가 잠겨 버렸다.
걸밭 [명] 뒷걸. 윷놀이에서, 윷판의 첫 밭에서 앞밭에 꺾이지 않고 여덟째 되는
　　밭. ☞ 윷판.
걸배~이(乞--) [명] 거지. 비렁뱅이. ¶부자 아부지가 아들이 하는 짓을 보이끄내
　　천상아 걸배이가 댈 팔자드래. 그래서 백정 딸한테 장개를 보내서 팔자를 민할
　　라 캤는데, 실랑이 그를 백정 딸이라꼬 소박한 기이라. 쫓개난 아낙이 질을 가

54

다가 어느 산꼴째기에서 수껑 굽는 사람을 만나서 인연을 맺었는 기이라. 그러쿠럼 해서 한분은 남편을 따라서 수껑굴에 가 보이 앞에 논 구둘돌이 마카 금등거리인 기이라. ▶ 부자 아버지가 아들이 하는 짓을 보니까 천생에 거지가 될 팔자더라. 그래서 백정 딸한테 장가를 보내서 팔자를 면하려 했는데, 신랑이 그를 백정 딸이라고 소박한 것이라, 쫓겨난 아낙네가 길을 가다가 어느 산골짜기에서 숯 굽는 사람을 만나서 인연을 맺었던 것이라. 그럭저럭 해서 한번은 남편을 따라서 숯가마에 가 보니 앞에 놓은 구들돌이 모두 금덩어리인 것이라. ☞ 걸비이.

걸비~이 몡 거지. 비렁뱅이. ¶걸비이가 도승지 보고 불상타 칸다. ▶거지가 도승지(都承旨) 보고 불상타 한다./걸비이한테 밥은 몬 주디라도 쪽배기는 깨지 마라 캤다. ▶ 거지한테 밥은 못 주더라도 쪽박은 깨지 마라 했다. ※ 끼니때가 되면 어김없이 사립문 밖에서 "밥 좀 주이소." 하며 찾아오는 손님이 있다. 사립문을 잠그고 못들은 척 하는 집도 있지만 대개는 밥 한 덩어리에다 된장을 발라서 바가지에 쏟아 준다. 그러면 그들은 "죽어서 좋은데 가이소." 하며 덕담을 남기고 간다. ☞ 걸배이.

걸:쇠1 몡 자물통. ¶방문에 걸쇠 걸어 논 거를 보이 이 집 사람이 멀리 갔는갑다. ▶ 방문에 자물통 걸어 놓은 것을 보니 이 집 사람이 멀리 갔는가 보다.

걸:쇠2 몡 우차(牛車)의 가운데 새장에다 심보를 고정시키는 2개의 네모로 꾸부러진 쇠 띠. ☞ 우차. 걸띠.

걸:채1 몡 소 길마 위에 얹어 짐을 싣는 농기구. 둥근 나무막대로 目자 모양의 방틀을 짜고 좌우 바깥쪽으로 U자 모양으로 4가닥의 달바를 매달아서 볏단, 보릿단, 나무, 볏가마니 따위를 걸쳐서 싣게 되어 있다. ☞ 걸채바탕. 걸채방틀. 달바. 마구리. 질매.

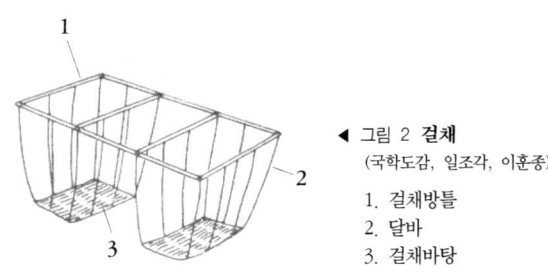

◀ 그림 2 **걸채**
(국학도감, 일조각, 이훈종)
1. 걸채방틀
2. 달바
3. 걸채바탕

걸:채2

걸:채2 圀 우차(牛車)의 걸채. 우차 뒤쪽의 폭이 좁은 발판에 짐을 실을 공간을 넓히기 위하여 얹는 4각의 나무틀. ☞ 우차.
걸:채바탕 圀 길마의 걸채의 달바 아래에 걸쳐진 짚방석 모양의 밑바닥. ☞ 걸채1.
걸:채방틀 圀 길마의 걸채의 目자 모양의 바탕 틀. ☞ 걸채1.
걸:틀 圀 베를 날 때 올을 걸어주는 틀. 단단한 바탕 위에 2개의 기둥을 세웠다. ☞ 베날기(무명).
검방' 圀 건방. ¶속이 텅 빈 주제에 검방마 찼다. ▶ 속이 텅 빈 주제에 건방만 찼다.
검:처리 圀 거머리. ¶가시나가 검처리 긑치 붙어 가주고 떨어지지 않는데, 우짜꼬 시푸다. ▶ 계집애가 거머리 같이 붙어 가지고 떨어지지 않는데, 어쩔까 싶다. ☞ 거무리.
겁재~이 圀 겁쟁이. ¶저런 겁재이 바라. 실개이 보고 범 봤다꼬 놀래 자빠러진다. ▶ 저런 겁쟁이 봐라. 살쾡이 보고 범 봤다고 놀라 자빠진다.
겁'치다 图 겹치다. 【겹처▶겹쳐/겹치이▶겹치니】¶항갑날에 손자를 또 하나 보고, 이 집에 경사가 겁쳐서 났다. ▶ 환갑날에 손자를 또 하나 보고, 이 집에 경사가 겹쳐서 났다.
겉거죽 圀 겉가죽. '얼골' 또는 '겉옷'의 속된말. ¶겉거죽은 멀거이 생긴 거 그터도 속은 똥만 찼다. ▶ 겉가죽은 희멀거니 생긴 것 같아도 속은 똥만 찼다. ☞ 겉껍띠기.
겉껍띠'기 圀 겉껍질. '얼골' 또는 '겉옷'의 속된말. ☞ 겉거죽.
겉들어보다 图 거들떠보다. 【겉들어바▶거들떠보아/겉들어보이▶거들떠보니】¶그 여자는 콧대가 높어서 돈 없는 사람은 겉들어보지도 안는다. ▶ 그 여자는 콧대가 높아서 돈 없는 사람은 거들떠보지도 않는다. ☞ 겉어보다.
겉방 圀 곁방. 옆방. ¶겉방 이 서방보고 큰방아 와서 밥 묵으라 캐라. ▶ 곁방 이 서방보고 큰방에 와서 밥 먹어라 해라. ※주인은 머슴의 면전에서 '머슴'이라는 말을 삼가고 '일꾼'이라 이르고, '아무 서방'이나 '아무(姓氏) 씨'로 부른다.
겉'어보다 图 거들떠보다. 곁눈 팔다. 【겉어바▶거들떠보아/겉어보이▶거들떠보니】¶느그 히이, 차 탈라꼬 질가에서 바락고 있는데 겉어보지 마고 팬하케 가그라. ▶ 네 형, 차 타려고 길가에서 기다리고 있는데 곁눈 팔지 말고 날래게 가거라. ☞ 겉들어보다.

-게꿈 ㉣ -게끔. '-게' 또는 '-구로'의 강조형. ¶맹연에도 입게꿈 옷을 쫌 넉넉하게 맨들어 도고. ▶ 명년에도 입게끔 옷을 좀 넉넉하게 만들어 다오./어런이 입맛이 없다 카시는데 반찬을 쫌 **잡숫게꿈** 해 디래라. ▶ 어른이 입맛이 없다 하시는데 반찬을 좀 잡수시게끔 해 드려라. ☞ -구로꿈. -쿠롬.

겐또 閠 계산(計算). 검토. ㉰ 'けんとう(檢討)'. ¶암만 **겐또** 때래 바도 곡수 주고 공출 바치고 나머 맹연 봄꺼정 양도(糧道)가 모지래겠다. ▶ 아무리 계산 때려 봐도 곡수(穀數) 주고 공출(供出) 바치고 나면 명년 봄까지 양식이 모자라겠다. ※ 보통 '겐또 때리다'로 쓰이는 것은 타산(打算), 즉 '수판을 때리다'라는 말에서 유래한다.

겨'실 閠 겨울. ¶타작하고 나무 해 들루고 짐장 마치머 **겨실** 차비는 다 마치는 심이다. ▶ 타작하고 나무 해 들이고 김장 마치면 겨울 채비는 다 끝내는 셈이다. ☞ 개울. 결.

결: 閠 '겨울'의 준말. ¶올 **결** 그튼 춥이에는 보리밭 앤 밟버 주머 보리를 다 얼가 죽인다. ▶ 올 겨울 같은 추위에는 보리밭 안 밟아 주면 보리를 다 얼려 죽인다. ※ 보리 싹이 날 때 들뜨는 뿌리를 밟아 줘야 얼지 않고 착근(着根)한다. ☞ 개울. 겨실.

결단나다 閠 끝장나다. ¶어제 장아서 들으이 서월에는 날리가 처들어와서 **결단났단다**. ▶ 어제 장에서 들으니 서울에는 난리가 쳐들어와서 끝장났단다./이거저거 장사한다 카매 돌어댕기다가 살림을 **결단냈다**. ▶ 이것저것 장사한다며 돌아다니다가 살림을 끝장냈다. ☞ 절단나다.

경사(京詞) 閠 서울말투. 어긋 진 말투. ☞ 엇찌다.

경어(京語) 閠 서울말. ¶어제 거기서 **경어를** 씨든 사람이 어디서 온 사람이재? ▶ 어제 거기서 서울말을 쓰던 사람이 어디서 온 사람이지?

계'랄 閠 계란(鷄卵). '계(鷄)+알(卵)'의 뜻. ¶큰아부지 팬찮으신데 찬이나 해 잡수시구로 **개랄이나** 한 줄 들고 가자. ▶ 큰아버지 편찮으신데 반찬이나 해 잡수시게 계란이나 한 줄 들고 가자. ※ 짚 다발로 감싸 묶은 계란 한 줄은 10개다. ☞ 달알.

계사'돈 閠 곁사돈(-査頓). 친사돈의 방계(傍系) 사돈.

고1 閠 디딜방아의 공이. 곡식을 찧을 때는 쇠고를 달고, 가루를 빻을 때는 나무고로 바꾸어 단다. ☞ 괴. 디딜바아.

고:2 ㉡ '고기'의 준말. ¶암만 찾어바라. **고도** 없꼬 조도 없다. ▶ 아무리 찾아봐

-고3

라. 고기도 없고 조기도 없다./다린 데 가지 마고 고 있그라. ▶ 다른 데 가지 말고 고기 있어라.
-고3 ㉥ -ㄴ가. 물음을 나타내는 종결 어미. ¶이기이 누고? ▶ 이것이 누군가(넌가)?/저기이 머고? ▶ 저것이 무엇인가(뭔가)?/새일이 언제고? ▶ 생일이 언제인가(언젠가)? ☞ -ㄴ고.
-고 달고 ㉮ -고 어쩌고. '이러느니 어쩌느니'의 뜻. ¶묵고 달고 할 임석이 남어 있어야 더 돌라 카지. ▶ 먹고 어쩌고 할 음식이 남아 있어야 더 달라 하지./찾고 달고 할 꺼 없이 그양 여기서 바락고 있자. ▶ 찾고 어쩌고 할 것 없이 그냥 여기서 기다리고 있자./비싸고 달고 할 꺼 없이 내가 앤 사머 대지. ▶ 비싸고 어쩌고 할 것 없이 내가 안 사면 되지.
고개만디~이 ㉤ 고갯마루. ¶고개만디이에 올라가 보머 앞이 확 티이는 기이 바다가 빈다. ▶ 고갯마루에 올라가 보면 앞이 확 트이는 것이 바다가 보인다. ☞ 재만디이.
고고'드메 ㉰ 고기 어디. '고기 어드메'의 준말. ¶피란 갈 때 고고드메 단지를 묻어 놓기는 했는데, 하도 오래 대고 풀도 짓어서 용 모리겠네. ▶ 피란 갈 때 고기 어디 단지를 묻어 놓기는 했는데, 하도 오래 되고 풀도 깃어서 영 모르겠네.
고까:지 ㉮㉯ 고까짓. ¶사나대장부가 고까지 꺼를 가주고 모가지를 탈어 미고 댕기노? ▶ 사나이대장부가 고까짓 것을 가지고 모가지를 틀어 메고 다니냐? ☞ 고깐. 까지2.
고깐: ㉮㉯ 고까짓. '고까지'의 준말. ☞ 까지2.
고데1 ㉤ 저고리나 두루마기의 깃의 목이 닿는 부분. 《고디》 ☞ 저구리.
고'데2 ㉯ 곧장. 즉시. '곧에', 즉 '단번에'라는 뜻. ¶그때 돈을 꼬 씨고 고대 앤 돌러주나? ▶ 그때 돈을 꿔 쓰고 곧장 안 돌려주더냐?/너무 곤해서 자리에 눕자 마자 고대 잠들었다. ▶ 너무 피곤해서 자리에 눕자 말자 즉시 잠들었다. ☞ 단분에.
고동'시(--柿) ㉤ 재래종 감의 일종으로, 동이 모양으로 생겼다. ☞ 동오감.
고동'핵고 ㉤ 고등학교(高等學校). ¶대핵고 가는 거보담 고동핵고꺼정마 하고 취직해서 돈버리 하는 기이 낫다. ▶ 대학교 가는 것보다 고등학교까지만 하고 취직해서 돈벌이 하는 것이 낫다.
고두:다 ㉧ 곧추다. 【고다 ▶ 곧추어/고두이 ▶ 곧추니】 ¶허리를 고두고 바리 안저서 책을 일거 볼실 해라. ▶ 허리를 곧추고 바로 앉아서 책을 읽어 보도록 해라. ☞ 고추다.

고두'박 명 어린 박. 박의 속살을 긁어서 양념한 것이 '고두박 나물'이다.

고드럼 명 고드름. ¶날씨가 풀래 가이 첨마 끝에 **고드럼**이 녹는다. ▶ 날씨가 풀려 가니 처마 끝에 **고드름**이 녹는다.

고디~이1 명 고등어. ¶여름에는 간한 **고디이** 한 동가리며 밥 한 그럭은 뚝딱한다. ▶ 여름에는 간한 **고등어** 한 토막이면 밥 한 그릇은 뚝딱한다.

고디~이2 명 다슬기. 고둥. ¶인날에는 거랑아 가머 지천으로 널린 기이 **고디이**다. 그거 머지, 거랑 바닥에다 소쿠리를 대 놓고 밀개로 물을 일렁일렁해서 뜨머 한 바가치는 금방 줏는다. 그거를 살머서 속살을 빼서 정구지 옇코 된장 풀고 국 끼리도 좋고 그양 초집에다 문처도 좋지. ▶ 옛날에는 개울에 가면 지천으로 널린 것이 **다슬기**다. 그것 뭐지, 개울 바닥에다 소쿠리를 대 놓고 밀대로 물을 일렁일렁해서 뜨면 한 바가지는 금방 줍는다. 그것을 삶아서 속살을 빼서 부추 넣고 된장 풀고 국 끓여도 좋고 그냥 초고추장에다 무쳐도 좋지. ☞ 사고디이.

고땅: 갑 그만. 어린이들 끼리 통용되는 말로, 소유나 약속에 대하여 '확정선언'과 같은 뜻을 나타내는 소리로, 예를 들면 여럿이 함께 길을 가다가 길에 떨어져 있는 돈을 발견했다면 여럿 중에 맨 먼저 '**고땅**'이라고 선언한 사람의 소유로 확정되고, 어떤 게임의 결과나 약속을 놓고 '**고땅**'을 선언하면 더는 이의를 달지 못하고 결론이 내려진다. ¶**고땅**! 손대지 마라 고거 내 꺼다. ▶ **그만**! 손대지 마라 고것 내 거다.

고랑'태 명 '골탕'의 속된말. 은근슬쩍 먹이는 골탕. ¶지 그라머 니도 한분 **고랑태**를 묵애 뿌러라. ▶ 제 그러면 너도 한번 **골탕**을 먹어 버려라.

고래'답(--畓) 명 물 골창 논. ¶**고래답** 두 마지기 팔어서 수리답 한 마지기 샀다. ▶ 물 골창 논 두 마지기 팔아서 **수리답**(水利畓) 한 마지기 샀다.

고래쇠:미 명 고래수염. '구두쇠'의 속된말. '쇠심줄'이라는 말처럼 질긴 것을 표현 할 때 비유하는 말. ¶저 사람은 심이 찔기기로 **고래쇠미**보다 더하다. ▶ 저 사람은 셈이 질기기로 **고래수염**보다 더하다./그 **고래쇠미**하고는 함부래 돈 거래를 하지 마라. ▶ 그 **구두쇠**하고는 아예 돈 거래를 하지 마라.

고래'장 명 고려장(高麗葬). ¶칠십이 된 아부지를 **고래장**을 할라꼬 등더리에다 업고 짚은 산으로 들어가는데 그 아부지는 자석이 돌어갈 때 질을 일가뿌리까바 걱정이 대서 소나무가재이를 꺾으매 갔다는 이바구도 있었다. ▶ 칠십이 된 아버지를 **고려장**을 하려고 등에다 업고 깊은 산으로 들어가는데 그 아버지는

고래'풀

자식이 돌아갈 때 길을 잃어버릴까 보아 걱정이 되어서 소나무가지를 꺾으며 갔다는 이야기도 있었다.

고래'풀 몡 부레풀. 갖풀. 아교풀. 민어의 부레나 쇠가죽을 고아서 만든 접착제. ¶농 빼다지 손잽이 떨어진 거를 농집으로 가주고 가서 **고래풀로** 붙처 돌라 캐라. ▶ 농(籠) 서랍 손잡이 떨어진 것을 가구점으로 가지고 가서 **부레풀(갖풀)로** 붙여 달라 해라.

고롬 몡 고름. ¶종기가 난 데를 째서 빨어낸 **고롬이** 한 바가치나 나오든데, 그 동안 얼매나 아펐겠노. ▶ 종기가 난 데를 째서 빨아낸 **고름이** 한 바가지나 나오던데, 그 동안 얼마나 아팠겠나. ※고름이 한 바가지가 나올 리가 없지만, '혀가 서(세) 발이나 나오다' 또는 '좋아 죽겠다' 따위의 말처럼 말을 과장하여 그 상태가 극심함을 나타내는 말 습관이 있다.

고롭다 혱 괴롭다. 고생스럽다. 아프다. '고(苦)롭다'의 뜻. 【고롭은 ▶ 괴로운/고롭으이 ▶ 괴로우니】¶내 속맴이 **고롭은** 거를 하늘이나 아까 땅이나 아까? ▶ 내 속마음이 괴로운 것을 하늘이나 알까 땅이나 알까?

고루'다1 동 고르다(選別). 【고라 ▶ 골라/고루이 ▶ 고르니】¶여기저기로 **고루고** 댕개 바도 밸 사람이 없드라. ▶ 여기저기로 **고르고** 다녀 보아도 별 사람이 없더라./그칠 **고루고** 댕긴 기이 재와 꼼보 째보네. ▶ 그처럼 **고르고** 다닌 것이 겨우 곰보 째보네./콩을 털 때 돌 섞앤 거를 잘 **고라** 내야 한다. ▶ 콩 털 때 돌 섞인 것을 잘 **골라** 내야 한다.

고루:다2 동 고르다. 고르게 하다. 【고라 ▶ 골라/고루이 ▶ 고르니】¶집태부텀 먼첨 **고루고** 주춧돌을 나야지. ▶ 집터부터 먼저 **고르고** 주춧돌을 놓아야지.

고'룸 몡 고름. 옷고름. ¶술이 쳐서 저구리 **고룸꺼정** 풀어 히치고 소리소리 지리매 장태를 후젓고 돌어댕기는데 말릴 사람이 있어야지. ▶ 술이 취해서 저고리 **고름까지** 풀어 헤치고 소리소리 지르며 장터를 휘젓고 돌아다니는데 말릴 사람이 있어야지. ☞ 저구리.

고'리1 몡 우차의 쳇대고리. 쳇대의 끝에 달린 둥근 쇠고리. 소에다 우차를 차릴 때 삼끈이나 체인을 여기에 걸어서 멍에에 맨다. ☞ 우차.

고리2 뷔 고루. ¶혼수 보낸 거를 보이 이복이고 패물이고 하나 빠진 기이 없이 **고리** 가촸네. ▶ 혼수 보낸 것을 보니 의복이고 패물이고 하나 빠진 것이 없이 **고루** 갖추었네.

고리가시 몡 고리대금(高利貸金). '고리(高利)'+日 '貸し'.

고리고리 图 골고루. ¶행제끼리는 쪼맨한 거도 고리고리 농갈러 묵어야지 쌈하머 몬 씬다. ▶ 형제끼리는 조그마한 것도 골고루 나누어 먹어야지 싸움하면 못쓴다. ☞ 골고리.

고리'다 图 고르다. 【골러 ▶ 골라/고리이 ▶ 고르니】 ¶느그 행제들한테 물래준 살림은 수까락 한 개라도 고리게 농갈렀다. ▶ 너희 형제들한테 물려준 살림은 숟가락 한 개라도 고르게 나누었다.

고:리째기 图 고리짝. ¶고리째기 속에 처박어 났든 거를 다 꺼내 팔어서 아 입학금 맨들었다. ▶ 고리짝 속에 처박아 놓았던 것을 다 꺼내 팔아서 애 입학금 만들었다.

고마 图 고만. '고 정도까지만'의 뜻. ¶고마 그캐도 알어들었는데 자꼬 그카네. ▶ 고만 그래도 알아들었는데 자꾸 그러네./모리는 일은 손대지 마고 고마 나가서 놀어라. ▶ 모르는 일은 손대지 말고 고만 나가서 놀아라./남이사 머라 카든지 니마 잘하머 고마이다. ▶ 남이야 뭐라 하던지 너만 잘하면 고만이다./볼일 볼 꺼는 다 봤으이 나는 고마 가 볼란다. ▶ 볼일 볼 것은 다 봤으니 나는 고만 가 보련다. ☞ 마.

고만고만:하다 图 그만그만하다. 비슷비슷하다. 적당하다. ¶고만고만한 것들을 줄미기 낭가 놓고 가 뿌렀시이 기가 찰 일 아이가. ▶ 그만그만한 것들을 죽 남겨 놓고 가 버렸으니 기가 찰 일이 아닌가./즈그 행제들 마카 사는 행핀이 고만고만하이 인자 당신도 놀로나 댕기소. ▶ 저희 형제들 모두 사는 형편이 적당하니 이제 당신도 놀러나 다니세요.

고:맙다 图 고맙다. 【고맙어 ▶ 고마워/고맙으이 ▶ 고마우니/고맙구로 ▶ 고맙게도】 ¶아이고 고맙구로 이래 멀리서도 와 주시이 얼매나 좋은기요. ▶ 아이고 고맙게도 이렇게 멀리서도 와 주시니 얼마나 좋은가요.

고:바이 图 비탈. 구배. 日 'ごうばい(勾配)'. ¶산판에 고바이가 이마이 신데 저 목탄차가 어애 올러왔노? ▶ 산판에 비탈이 이만큼 센데 저 목탄차가 어떻게 올라왔나?/사람이 한 팽상 살라카머 고바이도 있고 언뚝이 맥힐 때도 있다. ▶ 사람이 한 평생 살려면 비탈도 있고 언덕이 막힐 때도 있다.

고:방 图 고방(庫房). 곡물이나 살림살이 도구 따위를 보관하는 방. ¶고방아 쥐가 얼매나 설치는지, 어디 가서 꼬내기 한 마리 얻어다 키와야겠다. ▶ 고방에 쥐가 얼마나 설치는지, 어디 가서 고양이 한 마리 얻어다 키워야겠다.

고:분체 图 체. 가운데 눈발이 촘촘한(고운) 체.

고'비

고'비 명의 무렵. 적. 【고배 ▶ 무렵에/고분(고배는) ▶ 무렵에는】¶우리 클 고비는 어런 앞에서 고개 한분 몬 치들었는데, 요새 아들은 택주거리를 치들고 바리 대든다. ▶ 우리 클 무렵은 어른 앞에서 고개 한번 못 처들었는데, 요새 애들은 턱을 쳐들고 바로 대든다. ☞ 곱. 찍1.

고상 명 고생(苦生). ¶고상고상 그캐도 우리 시절만치 고상한 시절도 없었다. 대동아전장 젂었지, 육이오 사밴 젂었지, 요새 아들은 그런 고상은 모른다. ▶ 고생고생 그래도 우리 시절만큼 고생한 시절도 없었다. 대동아전쟁 겪었지, 육이오 사변 겪었지, 요새 아이들은 그런 고생은 모른다.

고시나'게 명 허리치기. 日 '腰投げ'. ¶달러드는 눔으 매가지를 꽉 잡고 고시나게로 때기장 처 뿌리이 깨구리 긑치 퍼저 뿌리드라. ▶ 달려드는 놈의 모가지를 꼭 잡고 허리치기로 메어쳐 버리니 개구리 같이 퍼져 버리더라.

고시네 명 고수레. 집에는 토지신, 산에는 산신, 물에는 물귀신, 부엌에는 조앙신, 이렇게 생활주변 어느 곳에나 신이 깃들어 있어 사람들이 음식을 먹거나 특별한 행사를 치를 때면 먼저 그들 신들을 대접하여 해코지를 예방한다. ☞ 객구.

고시'다 형 고소하다. 【고시해 ▶ 고소해/고시이 ▶ 고소하니】¶지 잘 대는 거보담 넘이 몬 대는 거를 고시게 보는 사람도 있다. ▶ 저 잘 되는 것보다 남이 못 되는 것을 고소하게 보는 사람도 있다. ☞ 구시다. 구시하다. 꼬시다1. 꼬시하다.

고시라~이 부 고스란히. ¶부모 재산을 혼차서 고시라이 다 물러 받었다. ▶ 부모 재산을 혼자서 고스란히 다 물려 받았다./혼차서 죄를 고시라이 다 디집어썼다. ▶ 혼자서 죄를 고스란히 다 뒤집어썼다.

고'심도치 명 고슴도치. ¶고심도치를 보고 "이기이 머고?" 카매 건디리다가 한분 식겁을 한 호래이가 밤나무 밑에 안따가 밤시이한테 찔래고는 "아이고 씨말 궁디이 따갑어라. 이기이 고심도치 고조분기요, 징조분기요?" 카매 지 자리서 펄쩍펄쩍 띠드란다. ▶ 고슴도치를 보고 "이것이 뭔가?" 하며 건드리다가 한번 혼이 난 호랑이가 밤나무 밑에 앉다가 밤송이한테 찔리고는 "아이고 씹할 궁둥이 따가워라. 이것이 고슴도치 고조부인가요, 증조부인가요?" 하며 제 자리서 펄쩍펄쩍 뛰더란다./고심도치를 달몄나, 말마 하머 꼭꼭 찌린다. ▶ 고슴도치를 닮았나, 말만 하면 꼭꼭 찌른다.

고'암 명 고함(高喊). ¶고암을 지르다. ▶ 고함을 지르다./고암을 치다. ▶ 고함을 치다./안들들 고암 소리가 울 너머 가머 그 집은 볼일 다 밨다 칸다. ▶ 여편네들 고함 소리가 울타리 너머 가면 그 집은 볼일 다 봤다 한다. ☞ 괌.

고:약을 팔다 판 고약(膏藥)을 팔다. 헛소리를 늘어놓다. 약장수가 장바닥에다 고약이나 화장품 따위의 물건들을 벌려 놓고 '이 약을 먹으면 백년 장수를 한다'느니, '죽었던 사람도 벌떡 일어난다'느니, '약을 바르면 곰보도 금새 미인이 된다'느니 하면서 장광설을 늘어놓는 데서 유래한 말로, 허설을 길게 늘어놓는 것을 말함. ¶고약 팔고 있네. ▶ 헛소리 하고 있네./고약 고마 팔어라. ▶ 헛소리 그만 해라.

고양1 명 고향(故鄕). ¶이 먼 철리타양에서 **고양** 사람을 만났으이 얼매나 반갑었겠노. ▶ 이 먼 천리타향에서 **고향** 사람을 만났으니 얼마나 반가웠겠나.

고'양2 부 그냥. 그 모양. ¶**고양** 고 자리에 놔 나라. ▶ 그냥 그 자리에 놔 놓아라./**고양** 고대로 맨들머 댄다. ▶ 그 모양 그대로 만들면 된다.

고:육 명 교육(敎育). ¶핵고 **고육**도 중하지마는 가정에서 **고육**이 먼첨 대야 한다. ▶ 학교 **교육**도 소중하지만 가정에서 **교육**이 먼저 되어야 한다.

고'이쩍다 형 괴이쩍다. 괴상하다. 【고이쩍어 ▶ 괴이쩍어/고이쩍으이 ▶ 괴이쩍으니】¶저눔 바라. 말하는 기이 **고이쩍어** 더는 몬 들겠구나. ▶ 저놈 봐라. 말하는 것이 괴이쩍어 더는 못 듣겠구나. ☞ 고이찌다.

고'이찌다 형 괴이쩍다. 【고이쩌 ▶ 괴이쩍어/고이찌이 ▶ 괴이쩍으니】¶**고이찌게** 생각하지 마고 내 말을 새개들어 보머 니한테는 보약이 댄다. ▶ 괴이쩍게 생각하지 말고 내 말을 새겨들어 보면 너한테는 보약이 된다./편지 올 때가 지냈는데도 없으이 괴이 **고이찐** 생각이 든다. ▶ 편지 올 때가 지났는데도 없으니 공연히 괴이쩍은 생각이 든다. ☞ 고이쩍다.

고자(庫子) 명 고지기(庫--). 마을의 공공시설물을 관리하거나 공적인 심부름 따위를 맡아서 하는 사람. 마을 사람들을 동원해야 할 일이 있을 때는 "부역 나오소!" 하거나, 모임이 있을 때는 "동네 사람들 구장(區長) 집에 모대소." 하면서 외친다. 그리고 또 마을에서 초상(初喪)이 나면 부고(訃告)를 돌리고 혼사가 있으면 혼수품 따위를 져다 주거나 가마를 메는 등 궂은일을 해주고 수고비 조로 곡식 따위를 받는다.

고:재이 명 고쟁이. ¶불이 났다 카이 그 아지매가 얼매나 급했든지 **고재이** 바람으로 띠이나왔다이까. ▶ 불이 났다니 그 아주머니가 얼마나 급했던지 **고쟁이** 바람으로 뛰어나왔다니까. ☞ 꼬장주우.

고줏대 명 연자방아의 중심축. 《줏대》 ☞ 석매바아.

고줏대구멍 명 연자방아의 고줏대를 박은 구멍. ☞ 석매바아.

고'지곧대로

고'지곧대로 ㉾ 곧이곧대로. ¶고지곧대로 말해도 앤 믿어 주는 데는 사람이 기암하겠다. ▶ 곧이곧대로 말해도 안 믿어 주는 데는 사람이 기함하겠다.
고:지이 ㉾ 어진이. 점잖은 사람. ¶사람이 고지이라서 좋기는 한데 넘한테 잘 속어서 걱정이다. ▶ 사람이 어진이라서 좋기는 한데 남한테 잘 속아서 걱정이다.
고찌까'이 ㉾ 사환(使喚). ㉾ '小使い'. 일제 때 관청이나 학교에서 심부름을 하는 사람. 아이들 사이에서 '졸개' 또는 '부하'라는 뜻으로도 통용된다. ☞ 소사.
고추:다 ㉾ 곧추다. 【고차 ▶ 곧추어/고추이 ▶ 곧추니】 ¶얼매나 허발이 짓을 하는지 배창지를 고찼다. ▶ 얼마나 익살을 떠는지 배창자를 곧추었다./굽어진 거를 고추이 인자 썰 만하게 댔다. ▶ 굽어진 것을 곧추니 이제 쓸 만하게 되었다. ☞ 고두다.

고푸'다 ㉾ 고프다. 【고퍼 ▶ 고파/고푸이 ▶ 고프니】 ¶설다 설다 캐도 배가 고푼 거마이 서럽은 기이 어디 있노? ▶ 섧다 섧다 해도 배가 고픈 것만큼 서러운 것이 어디 있나?/배가 고퍼 바라 된장 한 가지라도 꿀맛이지. ▶ 배가 고파 보아라 된장 간 가지라도 꿀맛이지.
고:히 ㉾ 순순히. 곱게. ¶일을 할라카머 고히 하지 와 심통을 부리노? ▶ 일을 하려면 순순히 하지 왜 심통을 부리나?
곡(哭) ㉾ 장례식(葬禮式)이나 제사를 지낼 때 슬픔을 나타내는 소리. 상주는 '애고(哀孤) 애고' 하고, 조객은 '허희(獻欷) 허희' 하는데, 보통 '어이 어이' 하며 소리를 낸다. 〈典禮要覽 淸權祠〉.
곡깨~이 ㉾ 익살. 괴짜(怪-). 【고깨이짓 ▶ 익살짓(코미디)】 ¶그 사람이 곡깨이 짓할 때는 애 윗고는 몬 배긴다. ▶ 그 사람이 익살 떨 때는 안 웃고는 못 배긴다./그 사람 얼골이 곡깨이로 생개서 치다보기마 해도 위심이 난다. ▶ 그 사람 얼굴이 괴짜로 생겨서 쳐다보기만 해도 웃음이 난다.
곡'석 ㉾ 곡식(穀食). ¶즈그 집에는 곡석을 산대미로 처재 놓고 살맨서도 넘한테는 밥 한 수까락을 앤 베푼다. ▶ 저희 집에는 곡식을 산더미로 처쟁여 놓고 살면서도 남한테는 밥 한 숟가락을 안 베푼다.
곡'석자리 ㉾ 곡식자루. ¶해방이 대고 호열자가 돌어댕길 때 백 집 곡석을 얻어다가 떡 해 묵으머 빙 앤 걸랜다 캐서 우리도 곡석자리 들고 이 동내 저 동내로 돌어댕기고 했다. ▶ 해방이 되고 콜레라가 유행할 때 백(百) 집 곡식을 얻어다가 떡 해 먹으면 병 안 걸린다 해서 우리도 곡식자루 들고 이 동내 저 동내로 돌아다니고 했다.

골:

곡수(穀數/穀收) 명 수확량. 농지 임대료 조로 지주에게 주는 곡식. ¶그 논은 수리가 좋고 땅이 걸어서 곡수가 마이 난다. ▶ 그 논은 수리(水利)가 좋고 땅이 걸어서 **수확량**이 많이 난다./넘 땅에 농사저서 **곡수** 주고 머 주고 나서 너댓 가마이 남었일까 몰래. ▶ 남의 땅에 농사지어서 **임대료** 주고 뭣 주고 나서 너덧 가마니 남았을까 몰라./요새는 일꾼 구하기가 심이 들어서 천상아 논 서 마지기는 넘한테 조서 **곡수**나 배 묵을라 칸다. ▶ 요새는 일꾼 구하기가 힘이 들어서 부득불 논 서 마지기는 남한테 줘서 **임대료**나 배어 먹으려 한다.

곤 명의 권(卷). 한지(韓紙)나 김의 20장 묶음. ¶대목 전에 문조오 한 **곤** 사다가 문을 발러야겠다. ▶ 대목 전에 문종이 한 **권** 사다가 문을 발라야겠다.

곤색(-色) 명 감색(紺色). 일 'こん(紺)'+'색'. ¶군복 단속하는 거 피할라꼬 옷에다 **곤색**으로 물을 디래 입고 댕갰다. ▶ 군복 단속하는 것 피하려고 옷에다 **감색**으로 물을 드려 입고 다녔다.

곤세 명 권세(權勢). ¶한창 시절에 지 **곤세** 믿고 넘한테 몹쓸 짓하머 자손이 앤 풀랜다. ▶ 한창 시절에 제 **권세** 믿고 남한테 몹쓸 짓하면 자손이 안 풀린다.

곤:식 명 식구(食口). 권식(眷食). ¶천날만날 일은 애하고 술만 처마시고 댕기이 **곤식**들을 궁개 죽이겠다. ▶ 날이면 날마다 일은 안하고 술만 처마시고 다니니 **식구**들을 굶겨 죽이겠다./숭연 탓마 하지 마고 **곤식**을 줄이라 캤다. ▶ 흉년 탓만 하지 말고 **권식**을 줄이라 했다. ☞ 공구.

곤지곤지 명 아기를 어르면서 가르치는 몸놀림의 하나. 한 손바닥을 펴고 다른 손의 집게손가락으로 찌르게 하는 말 또는 그 동작. ☞ 깟딱깟딱. 따리따리. 도레도레. 불매불매. 서마서마. 짝짝꿍. 잠잠. 쪼막쪼막. 진진. 헐래헐래.

곤치다 동 고치다. 【**곤처** ▶ 고쳐/**곤치이** ▶ 고치니】 ¶무신 빙인지 밸 약을 다 써 바도 못 **곤치는데**, 구신이 들어서 그런지도 모리이, 한이나 없구로 무당한테 푸닥거리라도 한분 해보지. ▶ 무슨 병인지 별 약을 다 써 보아도 못 **고치는데**, 귀신이 들어서 그런지도 모르니, 한이나 없게 무당한테 푸닥거리라도 한번 해보지. ☞ 나수다.

곧 명 곳. 【**곧에** ▶ 곳에/**곧으로** ▶ 곳으로】 ¶사람 사는 **곧**은 어디 가나 일반이다. ▶ 사람 사는 곳은 어디 가나 마찬가지다./인자 일은 고마하고 조용한 **곧**에 가서 쉬그라. ▶ 이제 일은 그만하고 조용한 곳에 가서 쉬어라.

골: 명 고랑. 고래. '밭고랑' 또는 '방고래'의 준말. ¶**골**을 바리 탈라카머 훌찌이를 바리 잡고 소를 몰어야 한다. ▶ **고랑**을 바로 타려면 쟁기를 바로 잡고 소를

골개~이1

몰아야 한다./골이 맥혔는지 불을 암만 때도 방이 앤 뜨시다. ▶ 고래가 막혔는지 불을 아무리 때도 방이 안 따뜻하다.

골개~이1 명 고리. ¶어이고 날씨도 얼마나 치분지 골개이에 손이 얼어붙는다. ▶ 어이고 날씨도 얼마나 추운지 고리에 손이 얼어붙는다.

골개~이2 명 수키와. 양쪽 암키와의 이음 짬을 덮는 기왓장.

골고리 부 골고루. '고리고리'의 준말. ¶딧말이 다시는 없도록 골고리 농갈러 가지자. ▶ 뒷말이 다시는 없도록 골고루 나눠 가지자.

골구사'리 명 물레의 가락고리. 앞뒤 괴물기둥 옆에 붙은 고리로, 여기에 가락을 건다. V자 모양으로 갈라진 가느다란 나무를 붙이거나 쇠를 구부려 박은 것도 있다. ☞ 물레.

골다 동 굶다. 【골어 ▶ 굶어/골 ▶ 굶을/골으이 ▶ 굶으니】¶골어 죽기는 정성 대기 보담 어렵다. ▶ 굶어 죽기는 정승 되기보다 어렵다./깰밧은 눕이사 골 일밖에 더 있겠나? ▶ 개으른 놈이야 굶을 일밖에 더 있나?/그 시절에는 마카 반튼은 골고 반튼은 묵고 앤 살었나. ▶ 그 시절에는 모두 반은 굶고 반은 먹고 안 살았나.

골돈 명 궐전(闕錢). 공동 작업에 빠지는 대신 내는 몸값.

골:란하다 형 곤란(困難)하다. ¶사돈 집 행펜이 골란하시머 내연 농사를 저 가주고 잔채하시더. ▶ 사돈 집 형편이 곤란하시면 내년 농사를 지어 갖고 잔치합시다.

골'리 명 권리(權利). ¶골리 있는 사람들 즈그가 다 해 묵었지, 우리 그튼 일반사람이야 머가 있노? ▶ 권리 있는 사람들 저희가 다 해 먹었지, 우리 같은 평민들이야 무엇이 있나? ☞ 걸리.

골물 명 고생(苦生). 찌들은 고생. ¶그 만은 공구들 입해고 묵애고 할라카머 골물이지. ▶ 그 많은 식구들 입히고 먹이고 하려면 고생이지.

골미1 명 골무. ¶뚜껍은 이불을 시칠 때는 바늘에 손이 찔래기 숩으이 골미를 찌고 해야 한다. ▶ 두꺼운 이불을 시칠 때는 바늘에 손이 찔리기 쉬우니 골무를 끼고 해야 한다.

골미2 명 떡가래.

골:바닥 명 온돌방바닥. ¶굼불을 땐지 매칠이 댔는지 골바닥이 어름짱 같다. ▶ 군불을 땐지 며칠이 되었는지 온돌바닥이 얼음장 같다.

골치등거리 명 골칫덩어리. ☞ 골치띠이.

골치띠~이 명 골칫덩이. ¶달래도 앤 대고 왈개도 앤 들으이 저 골치띠이를 우야

공'굴(空-)

머 좋으노? ▶ 달래도 안 되고 윽박아도 안 들으니 저 **골칫덩이를** 어떻게 하면 좋으냐? ☞ 골치등거리.

곰'박사이 圕 곰팡이. ¶떡을 너무 오래 나놋디이 **곰박사이가** 꽉 피서 몬 묵겠는데, 아까버서 내뿌지도 몬하고 우야꼬? ▶ 떡을 너무 오래 놔뒀더니 **곰팡이가** 꽉 피어서 못 먹겠는데, 아까워서 내버리지도 못하고 어떻게 하지?/매주 달아 논 거 **곰박사이가** 차마게 피기 시작한다. ▶ 매주 달아 놓은 거 **곰팡이가** 참하게 피기 시작한다. ☞ 곰패이.

곰배 圕 곰방메. 논밭에 흙덩어리를 깨거나 씨를 묻을 때 쓰는 농기구. 긴 자루 끝에 둥근 나무토막이 달렸다. ¶밭을 갈아 디배 논 데 **곰배로** 고라서 씨를 헡자. ▶ 밭을 갈아 뒤집어 놓은 데 **곰방메로** 골라서 씨를 뿌리자.

곰배상애 圕 귀상어. ☞ 간돔배기. 돔배기. 두투머리. 상애2. 생돔배기.

곰:패~이 圕 곰팡이. ☞ 곰박사이.

곰피 圕 곤포(昆布). 다시마. ¶달 맞잽이로 꽁이라 캤는데, 자반 맞잽이로 **곰피** 묵으머 댄다. ▶ 닭 대신 꿩이라 했는데, 미역 맞잡이로 **곤포** 먹으면 된다.

곱 圕의 적. 무렵. '고비'의 준말. ¶우리 클 **곱에는** 느그 글치 그카지 않었다. ▶ 우리 클 적에는 너희 같이 그러지 않았다./장연에 모숭기 할 **곱에는** 가물어서 고상했다. ▶ 작년에 모심기 할 **무렵에는** 가물어서 고생했다. ☞ 찍1.

곱:따 혬 곱다. 【곱어▶고와/곱으이▶고우니】 ¶넘이사 머라 카든지 밉어도 곱어도 내 낭군이다. ▶ 남이야 뭐라 하던지 미워도 **고와도** 내 낭군이다./손이 저래 **곱으이** 농사일을 하겠나? ▶ 손이 저렇게 **고우니** 농사일을 하겠나?

공:구 圕 식구(食口). 권구(眷口). ¶**공구가** 만으머 우선어는 고상이 대도 냉자 보머 지 밥벌이 지가 다 하지. ▶ **식구가** 많으면 우선은 고생이 되어도 나중에 보면 제 밥벌이 제가 다 하지. ☞ 곤식.

공구:다 몸 괴다. 받치다. 【공가▶괴어/공구이▶괴니】 ¶머를 짚이 생각하는지 태가리를 **공구고** 저렇게 안젔다. ▶ 뭐를 깊이 생각하는지 턱을 괴고 저렇게 앉았다./바람에 자빠러질라 지게짝대기 잘 **공가라.** ▶ 바람에 자빠질라 지게작대기 잘 괴어라.

공'굴(空-) 圕 굴다리. 굴. 저수지의 배수공(排水孔). ¶고마 그처라. 자꼬 울머 영천 **공굴** 밑에 꺼지기 디집어씨고 사는 느거매한테 대래다 조 뿌린다. ▶ 그만 그쳐라. 자꾸 울면 영천 **굴다리** 밑에 거적 뒤집어쓰고 사는 네 어미한테 대려다 주어 버린다. ※아이의 울음을 그치게 하려고 이렇게 겁을 주기도 하고,

공굼'대

어떤 때는 "니는 영천 공굴 밑에서 조(주워)왔다."면서 놀리기도 한다. '다리(橋) 밑'을 '공굴 밑'이라고도 하는데, 이는 곧 '가랑이', 즉 '여자의 다리(脚) 사이'를 비유하여 하는 말이다.

공굼'대 명 우차(牛車)에 싣는 짐이 앞뒤로 기울지 않게 앞뒤 고리에 박아 세우는 1자정도의 막대기. '공굼(棍)대'의 뜻. ☞ 우차.

공궁하다 형 곤궁(困窮)하다. ¶공궁한 집에 태어나서 고상도 했지만도 사람이 착실해서 인자는 누구 부럽울 데 없이 산다. ▶ 곤궁한 집에 태어나서 고생도 했지만 사람이 착실해서 이제는 누구 부러울 데 없이 산다.

공그'미 명 굄돌. 괴는 돌. '공굼(棍)이'의 뜻. ¶잘개돌이 껏떡거리며 공그미 돌 하나 조다가 공가 조라. ▶ 개상이 흔들거리면 굄돌 하나 주어다가 괴어 줘라.

공'기다 동 곪다. 【공개 ▶ 곪아/공기이 ▶ 곪으니】¶공길 대로 공개 가주고 인자사 앤 터졌나. ▶ 곪을 대로 곪아 가지고 이제야 안 터졌나./공개 빠저도 맴은 조방에 가 있다. ▶ 곪아 빠져도 마음은 조방(助幇)에 가 있다. ☞ 굉기다.

공낙금 명 공납금(公納金). ¶울고 온 거를 보이 공낙금 몬 냈다꼬 쫓개 왔구나. 그년으 핵고 가지 마고 집에서 나무나 해라. ▶ 울고 온 것을 보니 공납금 못 냈다고 쫓겨 왔구나. 그년의 학교 가지 말고 집에서 땔나무나 해라.

공ː동무지 명 공동묘지(共同墓地). '공동 묻이'의 뜻. ¶비 오는 날이며 공동무지에서 토재비들이 나와서 시퍼런 불을 흘리매 춤추고 논다 카드라. ▶ 비 오는 날이면 공동묘지에서 도깨비들이 나와서 시퍼런 불을 흘리며 춤추고 논다더라.

공똘배~이 명 동그라미. ¶시엄이라꼬 치고 첨으로 공똘배이 서너 개 받았다고 저래 자랑을 하고 댕긴다. ▶ 시험이라고 치고 처음으로 동그라미 서너 개 받았다고 저렇게 자랑을 하고 다닌다. ☞ 똥굴배이.

공빼'이 명 공짜. ¶공빼이 술이 더 마싰다 캤다. ▶ 공짜 술이 더 맛있다 했다./이매가 탁 까진 거를 보며 공빼이는 디게 좋아하겠다. ▶ 이마가 탁 까진 것을 보면 공짜는 되게 좋아하겠다.

공산 명 공산(空山). 화투짝 중에서 8월이나 여덟 끗을 상징하는 산 그림의 패.

공ː출 명 공출(供出). 일제 때 전쟁 물자를 조달하기 위하여 식량이나 쇠붙이 따위를 징발하던 일. ¶보리공출 나락공출 임으 공출도 나오는데, 앤 나오네 앤 나오네 시어마씨 공출 앤 나오네, 임으 공출 나오그덩 시아바씨 대신 가고, 내 공출이 나오그덩 시어마씨 대신 가소. ▶ 보리공출 나락공출 님의 공출도 나오는데. 안 나오네 안 나오네 시어머니 공출 안 나오네, 님의 공출 나오거든 시아버지 대신 가고, 내 **공출**이 나오거든 시어머니 대신 가소.〈전래민요〉※ 님의 공출은 징병(徵兵)이나 징용(徵用)을 말하고, 내 공출은 정신대(挺身隊)를 말한다.

과개 몡 과거(科擧). ¶떡 보기 전에 짐치국부터 마신다 카디이 **과개**도 보기 전에 기상집 문전부텀 찾는다. ▶ 떡 보기 전에 김칫국부터 마신다더니 과거도 보기 전에 기생집 문전부터 찾는다.

과:문 몡 과문(過門). 문 앞을 지나침. ¶갈질이 바뿌기는 하지마는 마침 자네 집 앞을 지내는데 그냥 **과문**할 수가 없어서 잠시 들어왔네. ▶ 갈길이 바쁘기는 하지만 마침 자네 집 앞을 지나는데 그냥 **지나칠** 수가 없어서 잠시 들왔네. ※ 과문은 비례(非禮)라 하였다. 친근한 사람의 집 부근을 지나는 길이면 반드시 들려서 안부를 묻는 것이 예의이다.

과:타 혱 심하다. 지나치다. '과(過)하다'의 준말. ¶자네 말이 **과타**. 그만하며 알어들었으이 고마 하게. ▶ 자네 말이 **심하다**. 그만하면 알아들었으니 그만 하게.

과:태기 몡 과수댁(寡守宅). 홀어미. ¶그 **과태기**는 시집와서 삼 연 만에 과수가 대서 유복자 하나 데불고 키우니라꼬 고상도 마이 했다. ▶ 그 **과수댁**은 시집와서 삼 년 만에 과수가 되어서 유복자(遺腹子) 하나 데리고 키우느라고 고생도 많이 했다.

관지빼 몡 관자놀이(貫子--). 맥박이 뜰 때 관자(冠者)가 노는 머리의 옆 부분.

괄새 몡 괄시(恝視). ¶사람 **괄새**하지 마라 사람으 팔자 알 수 없다. ▶ 사람 **괄시**하지 마라 사람의 팔자 알 수 없다.

괌: 몡 고함(高喊). '고암'의 준말. ¶불콩 한 방을 딱 맞디이 **괌**을 꽉 지리매 나자빠지드라. ▶ 총알 한 방을 딱 맞더니 **고함**을 꽥 지르며 나자빠지더라.

광:목처매 몡 광목치마(廣木--). ¶인날에 풀 묵앤 **광목처매** 입고 댕기며 싸그락싸그락카매 골목이 시끄럽었지러. ▶ 옛날에 풀 먹인 **광목치마** 입고 다니면 싸각싸각하며 골목이 시끄러웠지.

광애 몡 광어(廣魚). ¶**광애**는 비렁내가 적고 괴기가 찰기저서 휘깜으로나 국꺼리로도 좋다. ▶ **광어**는 비린내가 적고 고기가 차져서 횟감으로나 국거리로도 좋다.

광정 몡 광증(狂症). 광태(狂態). ¶느가부지는 술만 묵으며 누구하고 **광정**을 부래 사서 이붓이 부끄럽어 몬살겠다. ▶ 너의 아버지는 술만 먹으면 누구하고 **광증**을 부려 대서 이웃이 부끄러워 못살겠다.

광지'리 몡 광주리. ¶이거, 나물 한 **광지리** 팔어서 얼매나 남는다꼬 그마이 깍닌

광'치

기요? ▶ 이것, 나물 한 광주리 팔아서 얼마나 남는다고 그만치 깎는가요?

광'치 몡 누에고치를 풀어서 꼰 실을 감는 물레(돌겻과 비슷함). 나무바탕에 세운 단단한 기둥 위에 굴통(축)이 고정되어 있으며, 굴통을 축으로 하여 십자로 물레살이 교차되어 회전체를 이룬다. 손잡이를 잡고 돌리면 고치에서 풀려나오는 실을 감아서 실타래를 만든다. 《왕쳉이》 ☞ 명주길쌈.

괘~이 円 공연히(公然). ¶괘이 그라지 마고 내 하라는 대로 하머 잘 댈 끼이다. ▶ 공연히 그러지 말고 내가 하라는 대로 하면 잘 될 것이다./가마 있는 사람을 괘이 건디러서 부시럼을 맨들었다. ▶ 가만히 있는 사람을 공연히 건드려서 부스럼을 만들었다.

괜:시럽다 혱 공연스럽다. 【괜시리 ▶ 공연스레/괜시럽어 ▶ 공연스러워/괸시럽으이 ▶ 공연스러우니】 ¶괜시리 미리부텀 걱정하지 마고 그양 바락고 있어 보자. ▶ 공연스레 미리부터 걱정하지 말고 그냥 기다리고 있어 보자.

괴 몡 공이. 디딜방아의 공이. 곡식을 찧을 때는 쇠코를 달고, 가루를 빻을 때는 나무고로 바꾸어 단다. ¶위손자는 바아 괴 그터서 위할배 손등더리 찍을 때도 있다. ▶ 외손자는 방아 공이 같아서 외할아버지 손등 찧을 때도 있다. ※ 보리를 찧을 때는 한 사람이나 두 사람은 방아다리(바아가리)를 밟고 한 사람은 확에서 튀어나오는 곡식을 쓸어 넣거나 공이에 달라붙은 것을 쓰다듬어 내린다. 이럴 때 실수하여 손을 찧길 때가 있다. 이처럼 쓰다듬으며 귀여워하던 외손자도 저희 집과 서로 이해가 관계되는 일이 생기면 남처럼 된다는 말이다. 특히 묏자리를 두고 시비가 생길 경우에는 외손자뿐만 아니라 딸 역시 그렇게 된다. ☞ 괴1. 디딜바아.

괴'기 몡 고기. 표준말에서 '고기'라면 육류를 두고 하는 말이지만, 방언에서는 주로 '생선'을 두고 이르고, 육류는 '소괴기' 또는 '대지괴기'라고 이른다. ¶괴기가 없으머 밥 앤 묵을라 카머 내 살이라도 뜯어 묵어라. ▶ 고기가 없으면 밥 안 먹으려면 내 살이라도 뜯어 먹어라. ※ 밥상 앞에서 반찬투정을 하는 아이에게 하는 말. ☞ 개기.

괴'기다:래미 몡 고기 벌레. 고기만을 다랍게 찾는 사람. ¶조 괴기다래미 바라. 괴기 접시기 바닥을 홀터 묵고도 손까락꺼정 쪽쪽 빨고 안젔다. ▶ 조 고기 벌레 보아라. 고기 접시 밑바닥을 핥아 먹고도 손가락까지 쪽쪽 빨고 앉았다. ☞ 괴기바구미.

괴'기바:구미 몡 고기 벌레. 고기만을 좋아하는 사람. ¶참새가 바아간 지내갔으머 갔지 설마 저 괴기바구미가 괴기 실타 칼라꼬. ▶ 참새가 방앗간 지나갔으면 갔지 설마 저 고기 벌레가 고기 싫다 할라고. ☞괴기다래미.

괴'밀 몡 귀리. 연맥(燕麥). ¶어느 연눔이 괴밀 밭에 들어와서 넘으 농사 다 조저 놨네! ▶ 어느 연놈이 귀리 밭에 들어와서 남의 농사 다 조져 놓았네! ※ 귀리밭이나 보리밭은 종달새나 메추리가 보금자리를 트는 곳이기도 하지만 가끔은 남녀들의 밀애장소로 이용되어 곡식을 짓뭉개 놓을 때가 있다. ☞귀밀.

굉'기다 동 곪다.【굉개▶곪아/굉기이▶곪으니】¶부시럼 난 거는 지절로 굉길 때꺼정 손대지 마라. ▶ 부스럼 난 것은 저절로 곪을 때까지 손대지 마라./그거 바라카이, 굉기머 언제든지 터지게 대 있다. ▶ 그것 보아라니, 곪으면 언제든지 터지게 되어 있다. ☞공기다.

구:구 몡 타산(打算). 궁리(窮理). '구구(九九)셈'과는 다른 말임. ¶장사를 할라카머 **구구**가 발거야 하는데 그 우디디기가 무신 장사를 한다꼬. ▶ 장사를 하려면 타산이 밝아야 하는데 그 개차반이 무슨 장사를 한다고./**구구**를 해보머 댈 일인지 앤 댈 일인지 대강 알 수가 있다. ▶ 궁리를 해보면 될 일인지 안 될 일인지 대강 알 수가 있다.

구:더리 몡 구더기. ☞구디기. 굼비이.

구둘 몡 구들. 구들은 먼저 놓을 자리를 살피고 난 다음 아궁이에서 지피는 불기운이 골고루 퍼져서 굴뚝으로 빠지게끔 골을 파고, 그 다음 구들장의 크기를 봐서 받침돌을 놓고 그 위에다 구들장을 놓되 아랫목은 두꺼운 것으로, 윗목에는 엷은 것을 놓아서 방이 고르게 데워지도록 한다. 굴뚝은 연기가 잘 빠지게 하되 너무 빠져도 열의 낭비가 많으면서 빨리 식고, 빠지지 않으면 화기가 역류하여 윗목이 데워지지 않기 때문에 겨울철에 부는 바람의 방향을 고려하여 높이를 잘 조절해야 한다.【구둘목▶아랫목/구둘바닥▶구들바닥/구둘장▶구들장/구둘재이▶구들쟁이】.

구둘목 몡 아랫목. ¶**구둘목**에 꿀단지 묻어났나? ▶ 아랫목에 꿀단지 묻어놓았나?/요새는 **구둘목**을 차지하고 밥마 축낸다. ▶ 요새는 아랫목을 차지하고 밥만 축낸다. ※ 아랫목은 가족들의 몸과 마음을 녹여주는 자리이다. 밤이면 식구들이 부챗살처럼 다리를 모아서 자고, 밖에서 돌아올 식구를 위하여 밥그릇을 묻어두기도 한다. 요즈음, 보일러로 잘 데워진 방에 누워서 마음까지 데워 주던 옛날의 그 아랫목이 그리워질 때가 있다. ☞알목.

구둘바닥 몡 구들바닥. ¶**구둘바닥**이 여기저기 터저서 불마 때머 내부럽어 눈을

구둘장

몬 뜬다. ▶ **구들바닥**이 여기저기 터져서 불만 때면 매워서 눈을 못 뜬다.

구둘장 몡 구들장. ¶천날만날 **구둘장** 질머지고 개와집 짓고 있나? ▶ 날이면 날마다 **구들장** 짊어지고 기와집 짓고 있나?/방고래를 놀라카머 **구둘장**을 여나무 장은 떠 와야 한다. ▶ 방고래를 놓으려면 **구들장**을 여남은 장은 떠 와야 한다. ※ 구들장으로 쓰는 돌은 넓적하게 잘 떠지는 청석(응회암)을 쓰는 것이 보통이다.

구둘재~이 몡 구들장이. 구들을 놓는 장인. ¶불을 암만 때도 방이 냉골이라 **구둘재이** 한분 불러다가 손을 바야겠다. ▶ 불을 아무리 때어도 방이 냉골이라 **구들장이** 한번 불러다가 손을 보아야겠다.

구:디기 몡 구더기. ¶내가 어디, **구디기** 무섭어 장 몬 당군다 카드나? ▶ 내가 어디, **구더기** 무서워 장 못 담근다 하더냐? ☞ 구더리. 굼비이.

구디~이 몡 구덩이. ¶지나 내나 죽으머 흘 **구디이** 속에서 썩어질 몸인데 와 저래 악을 써 대노? ▶ 제나 나나 죽으면 흙 **구덩이** 속에서 썩어질 몸인데 왜 저렇게 악을 써 대나?

구라:분(--粉) 몡 크림. 日 'クリーム(cream)'+'분(粉)'. ※ 분꽃 씨를 바수어 분 바르고 봉선화 꽃잎을 이겨 소톱에 물들이던 시절, 농촌 사람들이 알고 있는 화장품이란 기껏해야 구라분이나 지금의 파우더에 해당하는 딱분 아니면 연지가 고작이다. 행상들이 이고 지고 다니는 크림 한 통을 갖고 싶어 부모 몰래 쌀독에 손을 대는 처녀들도 있다. ☞ 구리무. 동동구리무.

구라파전:장 몡 구라파전쟁(歐羅巴戰爭). '난리(亂離)'의 속된말. 소란스러운 싸움이나 심하게 배앓이를 하는 것을 비유하여 이르는 말. ¶내 배속에 **구라파전장**이 났다. ▶ 내 배속이 부글부글 끓는다(심하게 설사를 한다)./딧집에 **구라파전장**이 터졌다. ▶ 뒷집에 난리(부부싸움 따위)가 터졌다.

구레쇠:미 몡 구레나룻. ¶눈은 부리부리하고 **구레쇠미**가 텁수룩한 영감이 무섭게 생갰다. ▶ 눈은 부리부리하고 **구레나룻**이 텁수룩한 영감이 무섭게 생겼다.

-구로 어 -게. ¶기분 나뿌**구로** 그라지 마라. ▶ 기분 나쁘게 그러지 마라./아이고, 내한테 이마이 고맙**구로** 하네! ▶ 아이고, 나한테 이처럼 고맙게 하네! ☞ -쿠로.

-구로꿈 어 -게끔. '게' 또는 '구로'의 강조형. ¶내 쫌 자**구로꿈** 조용해라. ▶ 내 좀 자게끔 조용해라./밥 쫌 묵**구로꿈** 찬 솜씨 내 바라. ▶ 밥 좀 먹게끔 반찬 솜씨 내 보아라. ☞ -게꿈. -쿠롬.

구루:마 몡 수레. 日 'くるま(車)'. 일본어로 마차를 포함하여 수레나 자동차 역시 구루마라고 하나 방언권에서는 '우차'만을 이르고, '마차'는 '말구루마'라

구불'다

고 이른다. ☞ 우차.

구루:마동테 몡 수레의 바퀴. ⒽB '구루마'+'동(動)+테'. ¶갓데 **구루마동테** 누가 돌랬나, 집에 와서 생각하이 내가 돌랬네. ▶ 갓데 **구루마동테** 누가 돌렸나, 집에 와서 생각하니 내가 돌렸네. ※일본군가 '갓데 구루좃도…'를 야유해서 부르는 동요.

구룸 몡 구름. ¶저 사람은 날러가는 **구룸** 잡을라 카는 사람이 아이가? ▶ 저 사람은 날아가는 **구름** 잡으려는 사람이 아닌가? ※허황한 꿈을 꾸는 사람이라는 말.

-구리(꾸리) 졉 일부 어간에 붙어 '도구' 따위를 나타냄. 【까꾸리 ▶ 갈퀴/마꾸리 ▶ 걸이/바구리 ▶ 바구니/바소구리 ▶ 발채/소구리 ▶ 소쿠리】.

구리:무 몡 크림. ⒽB 'クリ-ム(cream)'. ☞ 구라분.

구리~이 몡 구렁이. '일을 얼버무려 적당히 넘기는 사람'을 비유하여 이르는 말. ¶니가 **구리이** 담 넘어 가드시 **구리이** 짓하이 **구리이**라 카는 거지 와 **구리이**라 카겠노? ▶ 네가 구렁이 담 넘어 가듯이 구렁이 짓하니 구렁이라 하는 거지 왜 구렁이라 하겠나? ☞ 구우리.

-구마 미 -어요. -아요. ¶우리 집에는 그런 거 없**구마**. ▶ 우리 집에는 그런 것 없어요./점잔은 분이 그라머 앤 **대는구마**. ▶ 점잖은 분이 그러면 안 되어요./지는 그런 기이 앤 **좋구마**. ▶ 저는 거런 것이 안 좋아요. ※'구마'와 '누마'와 '니더'는 다 같이 '어요(습니다)'라는 뜻으로 쓰이는 어미라도, 일부 어간에 따라 말의 쓰임새가 다를 때가 있다. 예를 들면, '합니다', '잡니다', '갑니다', '먹습니다' 따위의 말은 '하니더(하누마)', '자니더(자누마)', '가니더(가누마)', '묵니더(묵누마)'로 말하고, '하구마', '자구마', '가구마', '묵구마' 따위로 말하지 않는다. 요즈음 드라마에서 방언을 흉내는 부분에 이러한 말을 사용하는 데 틀리는 경우가 많다. ☞ -누마. -니더.

구무 몡 구멍. 【똥구무 ▶ 똥구멍/씹구무 ▶ 씹구멍/콧구무 ▶ 콧구멍】 ¶개도 나갈 **구무**를 보고 쪼처라 캤다. ▶ 개도 나갈 구멍을 보고 쫓아라 했다. ☞ 구영. 궁구.

구무버:리 몡 땅벌. 땅속에다 집을 짓는 벌.

구'물 몡 국물. '실속 없는 것'을 비유하는 말. ¶건디기 묵는 사람이 따리 있고 **구물** 묵는 사람이 따리 있나? ▶ 건더기 먹는 사람이 따로 있고 국물 먹는 사람이 따로 있나?

구불'다 동 구르다. 뒹굴다. 종사하다. 【구불어 ▶ 굴러/구부이 ▶ 구르니】 ¶장바닥에 한 십 연을 **구불다가** 보이 그 일에는 질나이가 댔다. ▶ 장바닥에 한 십 년을

구불'리다

구르다가 보니 그 일에는 전문가가 되었다.
구불'리다 동 굴리다. '구불다'의 사동.【**구불래** ▶ 굴려/구불리이 ▶ 굴리니】¶돌이 너무 크이 들지 마고 이리저리 **구불래** 봐라. ▶ 돌이 너무 크니 들지 말고 이리저리 굴려 봐라./그 사람은 농사일하기 실버서 논을 팔어서 그 돈을 **구불래** 묵고 산다. ▶ 그 사람은 농사일하기 싫어서 논을 팔아서 그 돈을 굴려 먹고 산다.
구불'어가다 동 굴러가다. 수레나 자동차가 달리는 것을 '달려가다'라고 하지 않고 '구불어가다'라고 한다.
구불'어댕기다 동 굴러다니다.【**구불어댕개** ▶ 굴러다녀/구불어댕기이 ▶ 굴러다니니】¶요새 생각하며 왜정 때 수껑 때 가매 댕기든 그 목탄차가 자갈질로 어얘 **구불어댕갰는지** 모리겠다. ▶ 요새 생각하면 일정 때 숯 때어 가며 다니던 그 목탄차(木炭車)가 자갈길로 어떻게 굴러다녔는지 모르겠다.
구불'어지다 동 자빠지다. 넘어지다.【**구불어저** ▶ 자빠져/구불어지이 ▶ 자빠지니】¶급하다 카는 소문을 듣고 얼매나 놀랬든지 **구불어지고** 자빠지매 정신없이 이리로 왔다. ▶ 급하다는 소문을 듣고 얼마나 놀랐던지 자빠지고 넘어지며 정신없이(경황없이) 이리로 왔다.
구불추:다 동 넘어뜨리다.【**구불차** ▶ 넘어뜨려/구불추이 ▶ 넘어뜨리니】¶어제 씨름판에 나가서 고시나게로 **구불추차** 뿌리이 다시는 대들 생각을 몬 하드라. ▶ 어제 씨름판에 나가서 허리치기로 넘어뜨려 버리니 다시는 대들 생각을 못 하더라.
구'비구비 부 굽이굽이. 여럿 구비. ¶우리들이 살아온 거 디돌어보며 **구비구비**마중 누물도 마이 흘랬지. ▶ 우리들이 살아온 것 뒤돌아보면 **굽이굽이**마다 눈물도 많이 흘렸지.
구:세배(舊歲拜) 명 음력세배(陰曆歲拜). 묵은세배.
구시'다 형 구수하다. ¶동네에서 그래 떡광을 지기든 눔이 어디서 뚜디러 맞고 왔다카이 사람들 마카 **구시다** 칸다. ▶ 동네에서 그렇게 광태를 부리던 놈이 어디서 두들겨 맞고 왔다하니 사람들 모두 **구수하다** 한다. ☞ 고시다. 구시하다. 꼬시다1. 꼬시하다.
구시:하다 형 구수하다. ☞ 고시다. 구시다. 꼬시다1. 꼬시하다.
구:신 명 귀신(鬼神). ¶이 터전에 얼거려 죽고 시거려 죽은 **구신아**, 가다 죽고 오다 죽고 칼 맞어 죽고 총 맞어 죽은 **구신아**, 엎어저 죽은 **구신** 자빠저 죽은 구신아, 망고 **구신아**, 송구영신아 엇찌 이름을 이르면 성을 이르고, 총각 죽은 몽

다리구신, 처자 죽은 사귀구신, 아지매 죽은 검처리구신, 노인 죽은 망영구신, 물에 빠진 수살구신, 불에 타진 화탈구신, 돌에 죽은 석신구신… ▶ 이 터전에 얼어 죽고 시들어 죽은 귀신아, 가다 죽고 오다 죽고 칼 맞아 죽고 총 맞아 죽은 귀신아, 엎어져 죽은 귀신 자빠져 죽은 귀신아, 만고 귀신아, 송구영신아 어찌 이름을 이르면 성을 이르고, 총각 죽은 몽달귀신, 처자 죽은 사귀귀신, 아줌마 죽은 거머리귀신, 노인 죽은 망령귀신, 물에 빠진 수살귀신, 불에 타진 화탈귀신, 돌에 죽은 석신귀신… 〈객귀물림의 일부. 한국무속지〉.

구‧실 몡 구슬. ¶**구실**이 서 말이라도 뀌야 보배다. ▶ **구슬**이 서 말이라도 꿰어야 보배다.

구싱거리다 동 구시렁거리다. ¶일 할라카매 고히 하지 **구싱거리**매 하지 마라. ▶ 일 하려면 곱게 하지 **구시렁거리**며 하지 마라. ☞ 구지렁거리다. 군지렁거리다.

구싱구싱 뷔 구시렁구시렁. ¶혼차서 머를 **구싱구싱**해 샀노? ▶ 혼자서 뭘 **구시렁구시렁**해 대나? ☞ 구지렁구지렁. 군지렁군지렁.

구:염 몡 귀염. ¶우리 딸아는 시집가서 즈그 시어런이나 집안사람들한테 **구염** 받고 산다. ▶ 우리 딸애는 시집가서 저희 시어른이나 집안사람들한테 **귀염** 받고 산다./무남독여로 **구염**마 받고 커서 고상하는 사람들 시정을 모린다. ▶ 무남독녀(無男獨女)로 **귀염**만 받고 커서 고생하는 사람들 사정을 모른다.

구:엽다 혱 귀엽다. 【**구엽**어 ▶ 귀여워/**구엽**으이 ▶ 귀여우니】 ¶**구엽**은 아한테는 회차리를 주고 밉은 아한테는 엿을 준다. ▶ **귀여운** 애한테는 회초리를 주고 미운 애한테는 엿을 준다.

구영 몡 구멍. ¶뒷동산 딱따구리는 참나무 **구영**도 잘 뜷는데, 우리 집 저 멍텅구리는 뜰버 논 **구영**도 몬 뜷는다, 어랑어랑 어허야 어화 내 사랑아. ▶ 뒷동산 딱따구리는 참나무 **구멍**도 잘 뚫는데, 우리 집 저 멍텅구리는 뚫어 놓은 **구멍**도 못 뚫는다, 어랑어랑 어허야 어화 내 사랑아. 〈어랑타령〉 ☞ 구무. 궁구.

구:우리 몡 구렁이. ¶**구우리** 보고 놀낸 사람이 부지깨이 보고 놀랜다. ▶ **구렁이** 보고 놀란 사람이 부지깽이 보고 놀란다. ☞ 구리이.

구인 몡 군인(軍人). ¶요새 **구인**들이야 호강하지, 인날에 우리가 들어갔을 때는 밥은 양은 그럭 밑바닥에 붙었고 찬이라꼬는 재까치로 휘휘 젓으머 시래기 맻 가대기 걸래는 소굼국이었지. ▶ 요사이 **군인**들이야 호강하지, 옛날에 우리가 들어갔을 때는 밥은 양은 그릇 밑바닥에 붙었고 반찬이라고는 젓가락으로 휘휘 저으면 시래기 몇 가닥 걸리는 소금국이었지.

구'장(區長)

구'장(區長) 몡 이장(里長). 마을의 대표하여 공무를 보는 사람. 보수는 시곡(時穀)이라 하여, 가구당 봄에는 보리, 가을에 벼 한 말씩을 거둬서 준다.

구적 몡 구석.【방구적▶방구석/집구적▶집구석】¶여기 안졌지 마고 저 구적에 가서 이불 덥고 자그라. ▶ 여기 앉았지 말고 저 구석에 가서 이불 덥고 자거라. ☞ 구지기.

구중:하다 혱 구질하다. 구저분하다. ¶박문수가 패이파립에다 앞 없는 망건에다 그래 머, 패랭이 씨고, 떡장사 보고 외상으로 떡 쫌 묵자 카이, 이 이편네, 그 구중한 꼬라지를 보고 하는 말이 "아이고 씹아, 밤 까라. 저 꼬라지에 휘양 읍내 가서 자이 떡값 붙칠라꼬?" 카매 거터보지도 안트란다. ▶ 박문수가 패의파립(弊衣破笠)에다 앞 없는 망건에다 그래 뭐, 패랭이 쓰고, 떡장수 보고 외상으로 떡 좀 먹자 하니, 이 여편네, 그 구질한 꼬락서니를 보고 하는 말이 "아이고 씹아, 밤 까라. 저 꼴에 회양 읍내(邑內) 가서 아무려면 떡값 부치려고?" 하며 거들떠보지도 않더란다.

구'지 튀 굳이. ¶구지 고집을 부리며 내가 물러서는 수밲에 없지. ▶ 굳이 고집을 부리면 내가 물러서는 수밖에 없지.

구'지'기 몡 구석. ¶이 구지기 저 구지기 암만 살패바도 쓸 마한 물건 하나 없네. ▶ 이 구석 저 구석 아무리 살펴봐도 쓸 만한 물건 하나 없네. ☞ 구적.

구'지다 혱 궂다. 【구저▶궂어/구지이▶궂으니/구질라▶궂으려】 ¶여름 내내 날이 구저서 해를 볼 때가 드물었다. ▶ 여름 내내 날이 궂어서 해를 볼 때가 드물었다./날씨가 구질라카머 꼭 허리가 쒸신다. ▶ 날씨가 궂으려면 꼭 허리가 쑤신다.

구지렁거리다 동 구시렁거리다. ¶그저 시기는 대로 일이나 해라. 구지렁거리는 거도 버리재이 댄다. ▶ 그저 시키는 대로 일이나 해라. 구시렁거리는 것도 버릇이 된다. ☞ 구싱거리다. 군지렁거리다.

구지렁구지렁 튀 구시렁구시렁. ¶구지렁구지렁 시부리지 마고 잠자꼬 있그라. ▶ 구시렁구시렁 시부렁거리지 말고 조용히 있어라. ☞ 구싱구싱. 군지렁군지렁.

구'진일 몡 궂은일. ¶존 일 구진일 다 젂으매 살아왔지마는 늘바탕아 이런 참혹한 일을 당할 줄을 누가 알았노? ▶ 좋은 일 궂은일 다 겪으며 살아왔지만 늙바탕에 이런 참혹한 일을 당할 줄을 누가 알았나?

구'짜 몡 화투놀이를 할 때 판에 깔린 패 중에 당연히 돌아오게 되어 있는 패.

구찌비'누 몡 입술연지(--臙脂). 립스틱. 日 'くちべに(口紅)'. ¶사람 잡어묵은 거 겉치 구찌비누는 와 저래 처발렀노? ▶ 사람 잡아먹은 것 같이 입술연지는 왜 저렇게 마구 발랐나?

구찬타 혱 귀찮다. 【구찬어▶귀찮아/구찬으이▶귀찮으니】¶황금보화를 조도 몸 아풀 때는 다 **구찬타**.▶황금보화를 줘도 몸 아플 때는 다 **귀찮다**. ☞ 귀찮타.

구채 몡 방책(方策). 방법(方法). '구(求)할 방책'의 뜻. ¶육이오 때 산으로 피란 가는 질에 여기저기서 포탄이 쾅쾅 떨어지는데 인자 **구채** 없이 죽었구나 캤다. ▶육이오 때 산으로 피난 가는 길에 여기저기서 포탄이 쾅쾅 떨어지는데 이제 **방책** 없이 죽었구나 했다./하늘이 무너저도 솟아날 궁기 있다 캤는데 설마 살어갈 **구채**가 없을라꼬.▶하늘이 무너져도 솟아날 구멍이 있다 했는데 설마 살아갈 **방법**이 없을라고.

구'칙 몡 규칙(規則). ¶**구칙 구칙** 카지마는 만만한 사람 잡는 **구칙**이지 즈그들은 언제 **구칙**이 있었나?▶규칙 규칙 하지만 만만한 사람 잡는 **규칙**이지 저희들은 언제 규칙이 있었나?

국개 몡 개흙. ¶그까지 미꾸리 선나를 잡는다꼬 온 전신에 **국개** 칠을 해서 들어왔다.▶그까짓 미꾸라지 얼마를 잡는다고 온 전신에 **개흙** 칠을 해서 들어왔다.

국'시 몡 국수. ¶우리 고장아서는 복날이며 **국시**를 해 묵는데, 맷돌에다 밀을 갈어서 채로 치고, 반죽을 해서 홍디깨로 밀어서 가느게 싸러 살머서 차분 새미 물에 당갔다가 소구리에다 건진다. 이거를 사바리에다 한 무디기씩 담고 거기다 달이나 꽁괴기 다진 거캉 매래치 뽂은 거캉 이거저거 꾸미를 맨들어 얹으머 잘 묵는 사람은 시 그럭도 비운다.▶우리 고장에서는 복(伏)날이면 **국수**를 해 먹는데, 맷돌에다 밀을 갈아서 채로 치고, 반죽을 해서 홍두깨로 밀어서 가늘게 썰어 삶아서 찬 샘물에 담갔다가 소쿠리에다 건진다. 이것을 사발에다 한 무더기씩 담고 거기다 닭이나 꿩고기 다진 거랑 멸치 볶은 거랑 이것저것 고명을 만들어 얹으면 잘 먹는 사람은 세 그릇도 비운다.

국중(菊重) 몡 화투 패 중에서 9월이나 아홉 끝을 상징하는 국화 그림의 패. 국화와 중양절(重陽節)의 머리글자를 딴 말.

군대 몡 그네. 추천(鞦韆). 물명고(物名攷)에서 '군대' 또는 '근의'로 기록됨. ¶오늘 벌에서 처자들이 모애서 **군대** 탄다 카는데, 우리 글로 가서 처자들 애다루자.▶오늘 숲에서 처녀들이 모여서 그네 탄다는데, 우리 그리로 가서 처녀들 놀리자. ※단오 날 짓궂은 총각들이 모여서 하는 말이다. ☞ 주천.

군:주줌버리 몡 군것질. 주전부리. ¶밤은 짚어 가고 배는 출출한데 밸로 **군주줌버리**할 끼이 없는데, 우리 짐치하고 식은 밥 남은 거나 꺼내서 묵자.▶밤은 깊

군:주줌부리

어 가고 배는 출출한데 별로 **군것질**할 것이 없는데, 우리 김치하고 식은 밥 남은 것이나 꺼내 먹자. ☞ 군주줌부리. 주줌버리. 주줌부리.

군:주줌부리 몡 군것질. 주전부리. ¶이 촌에서 아들이 **군주줌부리** 할 끼이나 있나 어디, 개와 개떡이나 호박떡 아이머 감자나 고구마 살문 거고 그거도 없으머 누렁지. ▶ 이 시골에서 애들이 **주전부리** 할 것이나 있나 어디, 겨우 개떡이나 호박떡 아니면 감자나 고구마 삶은 거고 그것도 없으면 누룽지. ☞ 군주줌버리. 주줌버리. 주줌부리.

군지렁거리다 동 구시렁거리다. ¶즈그 시어마이 앞에서는 꼼짝도 몬하고서 디에서 **군지렁거리고** 있다. ▶ 저의 시어머니 앞에서는 꼼짝도 못하고서 뒤에서 **구시렁거리고** 있다. ☞ 구싱거리다. 구지렁거리다.

군지렁군지렁 뷔 구시렁구시렁. ☞ 구싱구싱. 구지렁구지렁.

굴: 몡 굴. 배수공(排水孔). 터널. '속마음'을 비유하여 이르는 말. ¶날이 너무 가물어서 못에 **굴**을 앤 빼고는 앤 대겠다. ▶ 날씨가 너무 가물어서 저수지 **배수공**을 안 빼고는 안 되겠다./저눔으 컴컴한 **굴** 속을 누가 아노? ▶ 저놈의 컴컴한 **속마음**을 누가 아나?

굴단:하다 혱 굵직하다. ¶**굴단한** 팔띠기에 심줄을 보머 저 사나가 심꼴이나 씨게 생갰네. ▶ **굵직한** 팔뚝에 힘줄을 보면 저 사내가 힘꼴이나 쓰게 생겼네.

굴:따 혱 굵다. 【굴거 ▶ 굵어/굴그이 ▶ 굵으니】 ¶감자 알이 **굴거서** 멫 개 앤 까묵고도 배가 부리다. ▶ 감자 알이 **굵어서** 몇 개 안 까먹고도 배가 부르다./저 칭구는 통이 **굴그이** 시언하기도 하지마는 우태우태할 때도 있다. ▶ 저 친구는 통이 **굵으니** 시원하기도 하지만 위태위태할 때도 있다.

굴찍:하다 혱 굵직하다. ¶**굴찍한** 목소리로 한판 소리를 하이 손임들도 따라서 부리고 춤추는 사람도 있었다. ▶ **굵직한** 목소리로 한판 소리를 하니 손님들도 따라서 부르고 춤추는 사람도 있었다.

굼:따 동 굶다. 【굴머 ▶ 굶어/굴무이 ▶ 굶으니】 ¶해무꼬 트집 고마 해라. **굴머** 보머 된장 한 등거리하고 묵어도 밥이 꿀맛이다. ▶ 반찬 트집 그만 해라. **굶어** 보면 된장 한 덩어리하고 먹어도 밥이 꿀맛이다./사할을 **굴머서** 도독질 애 할 사람이 없다. ▶ 사흘을 **굶어서** 도둑질 안 할 사람이 없다.

굼:불 몡 군불. '전희(前戱)' 또는 '담배를 피우는 것'의 변말. ¶저임묵고 저녁에 **굼불** 땔 나무를 한 짐 해 와야겠다. ▶ 오후에 저녁에 **군불** 땔 나무를 한 짐 해 와야겠다./여자는 실굼실굼 **굼불** 때 가매 다라야지 왈기머 앤 댄다. ▶ 여자는

슬금슬금 군불 때 가며 다루어야지 욱대기면 안 된다./나도 한 대 말어서 **굼불**을 좀 때 보자. ▶ 나도 한 대 말아서 **군불**을 좀 때 보자.

굼:비이 명 구더기. ¶**굼비이** 맨대로 저래 꿈질대서 언제 저 일을 다 마치겠노? ▶ 구더기 같이 저렇게 굼실대서 언제 저 일을 다 마치겠나?/간고디이 절어 논 거를 아직에 열어 보이 **굼비이**가 생갰드라. ▶ 간고등어 절여 놓은 것을 아침에 열어 보니 **구더기**가 생겼더라. ☞ 구더리. 구디기.

굽 명 각(角). 방바닥과 벽의 각이 진 둘레. '굽도리'의 준말. ¶방 모때기에 **굽**이 진 데로 영기가 샌다. ▶ 방 모서리에 **각**이 진 데로 연기가 샌다.

굽도'리 명 방안 벽의 아랫도리. ¶방 도배할 때는 제리 먼첨 초배지를 바리고 그 담에 백지를 바린 다음 장판지를 바리고 마지막에 **굽도리**와 졸대를 댄다. ▶ 도배할 때는 제일 먼저 초배지를 바르고 그 다음에 벽지를 바른 다음 장판지를 바르고 마지막에 **굽도리**와 졸대를 댄다. ☞ 굽.

궁개:다 동 굶기다. '굼다'의 사동. 【궁개 ▶ 굶겨/궁개이 ▶ 굶기니】¶지 이미으 젖을 물고 해그러샀는 거 바라. 얼매나 **궁갰으머** 저라노? ▶ 제 어미의 젖을 물고 애달아 설치는 것 봐라. 얼마나 **굶겼으면** 저러나? ☞ 궁기다.

궁구 명 구멍. 【궁기(궁구가) ▶ 구멍이/궁게(궁구에) ▶ 구멍에/궁굴(궁구를) ▶ 구멍을】¶답답하머 뚤꼬 갈 **궁기** 생긴다. ▶ 답답하면 뚫고 갈 **구멍**이 생긴다./쥐도 도망 갈 **궁기** 없으머 대든다. ▶ 쥐도 도망 갈 **구멍**이 없으면 대든다./**궁게** 든 배미 발이 싯인지 닛인지 우애 아노? ▶ **구멍**에 든 뱀 발이 셋인지 넷인지 어떻게 아나?/**궁굴** 바 가매 말띠기를 깎는다. ▶ **구멍**을 보아 가며 말뚝을 깎는다. ☞ 구무. 구영.

궁구~이 명 단옷날 창포에 머리를 감고 댕기와 함께 머리끝에 땋아 다는 창포잎 사귀. ☞ 궁기이.

궁굼:하다 형 궁금하다. ¶목마린 사람이 새미 판다 캤다. **궁굼하며** 니가 물어바라. ▶ 목마른 사람이 샘 판다 했다. **궁굼하면** 네가 물어봐라. ☞ 궁금다.

궁'금다 형 궁금하다. ¶소문에 들으이 일선에서 그리 시끄럽다 카든데, 니가 가고 하도 오래 핀지가 없으이 애비는 하리하리가 **궁굼다**. ▶ 소문에 들으니 일선에서 그렇게 시끄럽다 하던데, 네가 가고 하도 오래 편지가 없으니 애비는 하루하루가 **궁금하다**. ☞ 궁굼하다.

궁급'증 명 궁금증(--症). ¶말을 애 하이 무신 꿍심을 가주고 있는지 **궁급증**이 더 한다. ▶ 말을 안 하니 무슨 꿍꿍이속을 가지고 있는지 **궁금증**이 더 한다.

궁기:다

궁기:다 동 굶기다. '굶다'의 사동. 【궁가▶ 굶겨/궁기이▶ 굶기니】 ¶걱정을 하지 마라. 내가 설마 느그들 **궁가** 죽이기야 할라꼬. ▶ 걱정을 하지 마라. 내가 설마 너희들 **굶겨** 죽이기야 하려고. ☞ 궁개다.

궁기~이 명 단옷날 창포에 머리를 감고 댕기와 함께 머리끝에 땋아 다는 창포 잎사귀. ☞ 궁구이.

궁:디~이 명 궁둥이. ¶아이고 이 가시나야. **궁디이**가 그래 무겁어서야 시집살이 우애 할라카노? ▶ 아이고 이 계집애야. **궁둥이**가 그렇게 무거워서야 시집살이 어떻게 하려느냐?/농사철에는 너무 바빠서 잠시도 **궁디이** 붙칠 여가가 없다. ▶ 농사철에는 너무 바빠서 잠시도 **궁둥이** 붙일 여가가 없다.

궁'이 명 궁리(窮理). ¶이분 일은 암만 **궁이**를 해바도 빼쪽한 대책이 앤 나온다. ▶ 이번 일은 아무리 **궁리**를 해봐도 뾰쪽한 대책이 안 나온다.

귀: 명 궤(櫃). 궤짝. '귀째기'의 준말.

귀:경 명 구경. ¶장태에 말시바이가 들어와서 **귀경**하는 사람들 때민에 발패 죽겠드라. ▶ 장터에 서커스가 들어와서 **구경**하는 사람들 때문에 밟혀 죽겠더라.

귀기'베 명 귀이개. ¶**귀기베** 이리 조바라. 귀채이 소지 해 주꺼. ▶ **귀이개** 이리 줘 봐라. 귀지 소제 해 줄게. ☞ 귀히비개.

귀꼬마리 명 귓구멍. '귀'의 속된말. ¶**귀꼬마리**가 바리 뜰팼으머 사람으 말도 바리 쫌 알아들어라. ▶ **귓구멍**이 바로 뚫렸으면 사람의 말도 바로 좀 알아들어라./**귀꼬마리**는 어덥어도 눈치는 빨라서 지 말하는 거는 핏떡 알어채린다. ▶ **귓구멍**은 어두워도 눈치는 빨라서 제 말하는 것은 단번에 알아차린다. ☞ 귓구영.

귀담어듣다 동 귀담아듣다. ¶아무따나 주깨는 그 사람 말 중에도 **귀담어들어** 보머 씰 마한 말도 더러 있니라. ▶ 아무렇게나 지껄이는 그 사람 말 중에도 **귀담아들어** 보면 쓸 만한 말도 더러 있느니라.

귀도리 명 귀덮개. 토끼 털가죽으로 만든 고리모양의 귀 덮개로, 고무줄을 달아 머리에 두르게 했다.

귀띠'기 명 귀때기. ¶시상이 우애 댈라꼬 **귀띠기**가 새파란 눔들이 담배를 뿌꿈뿌꿈 피이 대이 이거 말세다. ▶ 세상이 어찌 되려고 **귀때기**가 새파란 놈들이 담배를 뻐끔뻐끔 피워 대니 이것 말세다. ☞ 귀싸대기.

귀띠미 명 귀띔. ¶이 일은 아무한테나 말하머 앤 대는 건데 자네한테만 **귀띠미**를 해 주이 말조심해라. ▶ 이 일은 아무한테나 말하면 안 되는 건데 자네한테만 **귀띔**을 해 주니 말조심해라.

귀머'리 뗑 물레의 가락을 장치하는 바탕목인 괴물.《괴머리. 괴미리》☞ 물레.

귀머'리기동 뗑 물레의 가락을 장치하는 괴물기동. 물레의 괴물 앞뒤로 두 개의 기둥을 세웠고 앞의 기둥이 뒷기둥보다 낮다. ☞ 물레.

귀먹쩌거리 뗑 '귀머거리'의 센말. ¶그 사람을 귀먹쩌거리라꼬 말 잘 몬하다가는 킬 난다. ▶ 그 사람을 귀머거리라고 말 잘 못하다가는 큰일 난다.

귀'목나무 뗑 괴목(槐木). 느티나무. ¶가구 맨드는 데는 단단하고 무니가 좋기로 귀목나무마한 기이 없지. ▶ 가구 만드는 데는 단단하고 무늬가 좋기로 괴목만한 것이 없지.

귀:문 뗑 궤문(櫃門). ¶"느그 집 귀문이 머지?" 카이, 이 실랑이 펏떡 하는 대답이 "우리 귀문은 솔나무로 맨든 문(門)이니더." 카는 거 아이가. 그라이 다루는 사람들이 "야 이눔 바라, 귀문도 모리는 거 보이 상눔 그튼데, 상눔 집에 우리 양반 딸네 앤 보낼란다. 이놈 패서 쫒어 뿌리자. 시상아 문중인지 귀문인지도 분간 몬하는 눔이 어디 있겠노?" ▶ "너희 집 귀문이 무엇이지?" 하니, 이 신랑이 얼른 하는 대답이 "우리 귀문(櫃門)은 소나무로 맨든 문입니다." 하는 것 아닌가. 그러니 다루는 사람들이 "야 이놈 보아라, 귀문(貴門)도 모르는 것 보니 상놈 같은데, 상놈 집에 우리 양반 딸네 안 보내련다. 이놈 패서 쫒아 버리자. 세상에 문중(門中)인지 궤문인지도 분간 못하는 놈이 어디 있나?" ☞ 동상예.

귀'밀 뗑 귀리. ¶귀밀은 임재 없는 거랑가 모래밭 그튼 데다 아무나나 헡처 나도 키가 육척 글치 잘 크는 곡석이다. ▶ 귀리는 임자 없는 시냇가 모래밭 같은 데다 아무렇게나 흩쳐 놓아도 키가 아주 잘 크는 곡식이다. ☞ 괴밀.

귀빱 뗑 귓밥. ¶저 처자는 남자들이 히야까시하며 귀빱부터 뻘개진다. ▶ 저 처녀는 남자들이 놀리면 귓밥부터 뻘개진다.

귀싸대'기 뗑 귀때기. '귀띠기'의 센말. ¶고눔으 자석, 귀싸대기를 때래서라도 버리재이를 곤처 나야겠다. ▶ 그놈의 자식, 귀때기를 때려서라도 버르장이를 고처 놔야겠다.

귀:쑥 뗑 산에 자생하는 쑥의 일종. 잎 모양이 작은 타원형으로 생겼고 하얀 털이 나 있다. 뜯어서 떡을 만들면 쑥으로 만든 떡보다 부드럽고 찰기가 있다.

귀'이 뗑 구유(飼料槽). 여물통. ☞ 소귀이.

귀재비 뗑 귀잡이. 귀퉁이. 모서리. ¶귀재비가 떨어저나간 판에다 보리밥 한 그럭하고 이거저거 있는 대로 채래 좃디이 옆도 앤 돌아보고 뚝딱 묵어 뿌리드라. ▶ 귀잡이가 떨어져나간 상에다 보리밥 한 그릇하고 이것저것 있는 대로 차

귀주미~이

려 췄더니 옆도 안 돌아보고 뚝딱 먹어 버리더라. ☞ 귀티이.

귀주미~이 명 귀주머니. 부시나 주머니칼 따위의 소지품을 넣어서 차는 주머니. 붉은색이나 검은색 헝겊으로 만든 직사각형 모양의 주머니로 주둥이는 끈으로 죄게 되어 있다.

귀:째기 명 궤짝(櫃-). ¶그 영감재이 집 귀째기 안에 돈이 들어갔다 카머 썩어도 앤 나온다. ▶ 그 영감쟁이 집 궤짝 안에 돈이 들어갔다 하면 썩어도 안 나온다. ☞ 귀.

귀찮타 형 귀찮다. 【귀찬어 ▶ 귀찮아/귀찬으이 ▶ 귀찮으니】 ¶몸이 아파서 만사가 귀찬으이 내 쫌 가마 내뿌러 나도고. ▶ 몸이 아파서 만사가 귀찮으니 내 좀 가만히 내버려 놓아다오. ☞ 구찬타.

귀채~이 명 귀지. 귀청. ¶다황가치 가주고 귀채이 휘비다가 귀채이를 다쳤다. ▶ 성냥가치 가지고 귀지 후비다가 귀청을 다쳤다./얼매나 괌을 지리든지 귀채이가 떠러저 나갈 뿐했다. ▶ 얼마나 고함을 지르던지 귀청이 떨어져 나갈 뻔했다. ☞ 귓밥.

귀:타 형 '귀하다'의 준말. ¶요새 돈이 암만 귀타 캐도 씨는 사람은 물 씨드시 씨드라. ▶ 요사이 돈이 아무리 귀하다 해도 쓰는 사람은 물 쓰듯이 쓰더라.

귀티~이 명 귀퉁이. 귀잡이. 모서리. ¶이 촌 귀티이에 살아도 그 사람은 알부자다. ▶ 이 시골 귀퉁이에 살아도 그 사람은 알부자다. ☞ 귀재비. 기티이.

귀:해하다 통 귀여워하다. 【귀해해 ▶ 귀여워해/귀해하이 ▶ 귀여워하니】 ¶늦가 얻은 자석일수로 귀해하지마 말고 엄하게 키우라 캤다. ▶ 늦게 얻은 자식일수록 귀여워하지만 말고 엄하게 키우라 했다.

귀히'비개 명 귀이개. ¶빼다지 안에 귀히비개를 찾아서 내 귀채이 쫌 후배 도고. ▶ 서랍 안에 귀이개를 찾아서 내 귀지 좀 후벼 다오. ☞ 귀기베.

귓구영 명 귓구멍. ¶귓구영에 마늘 쪼가리 박았나, 와 그래 말을 몬 알어듣지? ▶ 귓구멍에 마늘 쪼가리 박았나, 왜 그렇게 말을 못 알아듣지? ☞ 귀꼬마리.

귓밥 명 귀지. ¶다왕가치 가주고 귓밥을 파다가 다치는 수가 있다. ▶ 성냥개비 가지고 귀지를 파다가 다치는 수가 있다. ☞ 귀채이.

그거 대 그것. 【그기이 ▶ 그것이】 ¶그거는 니 기이다. ▶ 그것은 네 것이다./그거 내 기이 맞나? ▶ 그것 내 것이 맞나?

그까:지 관형 그까짓. ¶그까지 꺼, 오늘 몬 하머 내리 하지. ▶ 그까짓 것, 오늘 못 하면 내일 하지. ☞ 그깐. 까지2.

그깐 관형 그까짓. '그까지'의 준말. ¶남자가 그깐 일을 가주고 그카머 사람 시덥잔어진다. ▶ 남자가 그까짓 일을 갖고 그러면 사람 시답잖아진다(우스워진다). ☞ 까지2.

그'눔 때 그놈. 그 새끼. 그 자식. ¶그눔 아가 한장을 애 했으머 그칼리 없는데, 와 그카는지 모리겠네. ▶ 그놈 애가 환장을 안 했으면 그렇게 할리 없는데, 왜 그러는지 모르겠네. ☞ 금마.

그'눔으꼐 깝 제기랄. 그 빌어먹을 것. 그놈의 것. 언짢을 때 하는 욕. ¶그눔으꼐, 댈 대로 대라 카지. ▶ 제기랄, 될 대로 되라지.

그단산: 뭐 그새. 그사이. ¶단발머리로 핵고 댕기든 기이 어제아래 그텄는데 그 단산에 시집가서 아가 둘이나 댄다 카네. ▶ 단발머리로 학교 다니던 것이 엊그저께 같았는데 그새 시집가서 애가 둘이나 된다 하네. ☞ 그단새.

그단새: 뭐 그새. 그사이. ¶이미가 잠시 동안 채진밭에 갔다가 왔는데, 그단새를 몬 참어서 또 야단이다. ▶ 어미가 잠시 동안 남새밭에 갔다가 왔는데, 그새를 못 참아서 또 야단이다. ☞ 그단산.

-그덜랑 미 -거든. ¶서월 가그덜랑 느그 아재도 찾어보고 온느라. ▶ 서울 가거든 너의 아저씨도 찾아보고 오너라./규수깜을 한분 마나 보고 좋그덜랑 혼사를 정하자. ▶ 신붓감을 한번 만나 보고 좋거든 혼사를 정하자./느그 처가아 가그덜랑 사돈한테 안부 전해라. ▶ 너의 처가에 가거든 사돈한테 안부 전해라. ☞ -거덩. -그덩. -커덩. -크덜랑. -크덩.

-그덩 미 -거든. ¶묵그덩 묵고 말머 마든지, 새기 묵고 수까락 나라, 설거지하구로. ▶ 먹거든 먹고 말면 말던지, 속히 먹고 숟가락 놓아라, 설거지하게./이녁히, 내 죽그덩 좋은 사람을 들라서 아들 잘 키와 주소. ▶ 이녁, 내 죽거든 좋은 사람을 들여서 애들 잘 키워 주세요. ☞ -거덩. -그덜랑. -커덩. -크덜랑. -크덩.

그따'구 때 그따위. ¶그따구 인간들하고 백날을 말해 바라 소귀에 갱 일기지. ▶ 그따위 인간들하고 백날을 말해 보아라 소귀에 경 읽기지./그따구 물건은 어디에 가도 빼까리로 있다. ▶ 그따위 물건은 어디에 가도 무더기로 있다.

-그라 미 -거라. -아라. -어라. 어간에 붙어 명령을 나타내는 말이지만, '그래' 또는 '그래이'로 말투를 바꾸면 청유형의 말이 되어 정감을 준다. ¶바리 서그라(서라. 서그래. 서그래이). ▶ 바로 서거라./어여 가그라(가라. 가그래. 가그래이). ▶ 어서 가거라./인자 자그라(자라. 자그래. 자그래이). ▶ 이제 자거라./잘 놀그라(놀어라. 놀그래. 놀그래이). ▶ 잘 놀아라./잘 살그라(살어라. 살그래. 살그래이). ▶ 잘 살아라.//이리 눕그라(눕어라. 눕그래. 눕그래이). ▶ 이리 누워라. ※'먹어

그라:다

라'는 '묵그라'가 아니라 '묵어라'로, '하여라'는 '하그라'가 아니라 '해라'로 말하는 것이 자연스럽다. ☞ -그래. -그래이.

그라:다 통 그러다. 【그라머▶ 그러면/그라이▶ 그러니】 ¶느그 집하고 우리 집은 캐 보머 아주 넘이 아인데 우리 새 그라머 앤 댄대이. ▶ 너의 집하고 우리 집은 캐 보면 아주 남이 아닌데 우리 사이에 그러면 안 된다./니가 그라이 그라지 앤 그라머 내가 말라꼬 그라겠노? ▶ 네가 그러니 그러지 안 그러면 내가 뭣하러 그러겠나? ☞ 별표 '하다(카다. 라다) 동사'의 활용.

그라이머 준 그렇게 하지 않으면. '그라지 안으머'의 준말. ¶줄라카머 시방 주든지 그라이머 고마 나도라. ▶ 주려면 지금 주던지 그렇게 하지 않으면 그만 놔둬라.

그'래1 튀 그리. 그렇게. ¶사는 기이 그래 애럽다맨서도 사람 도리는 다 하고 산다. ▶ 사는 것이 그리(그렇게) 어렵다면서도 사람 도리는 다 하고 산다.

-그래2 미 -거라. 명령을 나타내는 종결의미. '그라'보다 어감이 은근하다. ☞ -그라. -그래이.

그래가 튀 그래서. 그래가지고. '그래가주고'의 준말. ¶할매, 그래가 그 담에는 우째 댔노? ▶ 할머니, 그래서 그 다음에는 어찌 됐나? ※ 할머니가 손자를 앞에 앉히고, '인날잇적 간날갓적에 지푼 산꼴짝에 영감할마이 두리서 살었는데…'로 시작하여 이야기를 하다가 잠시 멈추면 손자는 그 새를 못 참고 이렇게 다그쳐 묻는다.

그래가'주고 튀 그래서. 그래가지고. ☞ 그래가.

-그래이 미 -거라. 명령을 나타내는 종결의미. '그래'보다 어감이 은근하다. ☞ -그라. -그래.

그러찬'타 준 그렇잖다. '그러치 안타'의 준말. ¶갱우가 그러찬으이 자네는 욕심을 더 부리지 마고 저 사람한테 양보하게. ▶ 경우가 그렇잖으니 자네는 욕심을 더 부리지 말고 저 사람한테 양보하게. ☞ 글찬타.

그러:쿠럼 튀 그럭저럭. ¶할 일은 없고 그러쿠럼 하다가 보이 배우는 기이라꼬는 그거 발키는 거하고 노룸하는 거뻮에 더 있겠나? ▶ 할 일은 없고 그럭저럭 하다가 보니 배운 것이라고는 그것 밝히는 것하고 노룸하는 것밖에 더 있겠나?

그'럭 명 그릇. ¶밥 그럭 들고 누물을 흘리매 사는 사람들이 있고, 죽 그럭을 들고도 위심 내매 사는 사람들이 있다. ▶ 밥 그릇 들고 눈물을 흘리며 사는 사람들이 있고, 죽 그릇을 들고도 웃음 내며 사는 사람들이 있다. ※ 가난해도 마을

그'양그양: 하다

이 편한 것이 좋다는 말./사람은 쪼맨해도 마암 그럭은(그럭슨) 크다. ▶ 사람은 조그마해도 마음 그릇은(도량은) 크다.

그'럭재이 명 그릇장수. ☞ 성기재이.

그'르글 튀 그래저래. 그만치. ¶사람이 쫌 모자래기는 해도 아들 놓고 딸 놓고 그르글 사다가 보머 낙도 생긴다. ▶ 사람이 좀 모자라기는 해도 아들 낳고 딸 낳고 그래저래 살다가 보면 낙도 생긴다./그르글 내가 조심하라 캤는데도 고마 일을 저래 맨들어 뿌렀다. ▶ 그만치 내가 조심하라 했는데도 그만 일을 저렇게 만들어 버렸다.

그름지게 명 똥오줌을 퍼 나르는 데 쓰는 지게. 물지게와 마찬가지로 등태에 긴 막대기를 대고 그 양 끝에 똥통을 거는 고리를 달았다.

그리'다 형 그르다. 나쁘다. 【글러 ▶ 글러/그리이 ▶ 그르니】 ¶니가 그리이 내가 그리이 하지 마고 주자소 가서 시비를 갈래 보자. ▶ 네가 그르니 내가 그르니 하지 말고 주재소(파출소) 가서 시비를 가려 보자.

그마: 튀 그만. '그 정도까지만'의 뜻. ☞ 마1.

그마:이 튀 그만큼. 그만치. ¶호성도 그마이 지극하머 하늘도 감동했을 끼이다. ▶ 효성도 그만큼 지극하면 하늘도 감동했을 것이다./축구등시이 긑치, 그마이 말해도 몬 알아들었나? ▶ 바보등신 같이, 그만치 말해도 못 알아들었나? ☞ 그칠.

그'모레 명 글피. 모레의 다음 날. ¶그모레 돌어오는 즈그 시어런 지사 장 보로 가는 질이니더. ▶ 글피 돌아오는 저희 시어른 제사 장 보로 가는 길입니다.

그뭄 명 그믐. ¶스무 하리날이 상강이라, 보통 구월 그뭄께머 첫서리가 내랬는데, 금연은 절후가 빠린 거 같다. ▶ 스무 하룻날이 상강(霜降)이라, 보통 구월 그믐께면 첫서리가 내렸는데, 금년은 절후(節侯)가 빠른 것 같다.

그뭄날 명 그믐날. ¶섣달 그뭄날에 잠을 자머 눈썹이 신단다. ▶ 섣달 그믐날에 잠을 자면 눈썹이 센단다.

그아:레 명 그끄저께. 아래의 전 날. ¶그 사람을 그아레 안강 장어서 만냈다. ▶ 그 사람을 그끄저께 안강 장에서 만났다.

그'양(-樣) 튀 그냥. '그 모양'의 준말. ¶니는 살결이 곱어서 화장 애하고 그양도 좋다. ▶ 너는 살결이 고와서 화장 안하고 그냥도 좋다.

그'양그양:하다 형 적당(適當)하다. 무난(無難)하다. ¶만토 적도(질도 짤도. 굴또 가늘도. 널또 쫍도. 좋토 실토. 크도 작도) 안코 그양그양하다. ▶ 많지도 적지도

그여ː히

(길지도 짧지도. 굵지도 가늘지도. 넓지도 좁지도. 좋지도 싫지도. 크지도 작지도) 않고 적당하다.

그여ː히 [부] 기어이. ¶그 처자 디를 따러댕기매 자꼬 찝쩍거러 샂티이 그여히 오단내고 말었네. ▶ 그 처자 뒤를 따라다니며 자꾸 집적거려 대더니 기어이 결딴내고 말았네.

그'연 [대] 그년. ¶그연으 가시나, 지 아이머 어디 여자가 없다 카드나? ▶ 그년의 계집애, 제 아니면 어디 여자가 없다 하더냐?

그'연들께 [감] 제기랄. 그 빌어먹을 것. ¶그연들께, 죽든지 사든지 한분 붙어 보자. ▶ 제기랄, 죽든지 살든지 한번 붙어 보자. ☞ 근들꺼.

그연들아 [대] 그 새끼. 그 자식. '그년들 아이'의 뜻. ¶그연들아, 남자가 그거도 몬하머 꼬치 띠서 개나 조 뿌러라 캐라. ▶ 그 새끼, 남자가 그것도 못하면 고추 떼어서 개나 줘 버려라 해라. ☞ 근들아.

그연아 [대] 그놈. 그 새끼. 그 자식. '그년의 아이'의 뜻.

그'연으께 [감] 제기랄. 그 빌어먹을 것. 언짢아하는 말로, '그년의 것'의 뜻. ¶그연으께, 지가 앤 죽으머 내 죽기로 해볼 때꺼정 해보자. ▶ 그 빌어먹을 것, 제가 안 죽으면 내 죽기로 해볼 때까지 해보자.

그적'새야 [부] 그제야. ¶그 어런을 만나서 이 말 저 말을 해도 몰라보디이 우라부지 함자를 대이 그적새야 알어보드라. ▶ 그 어른을 만나서 이 말 저 말을 해도 몰라보더니 우리 아버지 함자(銜字)를 대니 그제야 알아보더라.

그제ː [감] 그렇지. 상대방에게 사물을 재확인하거나 동의를 구하는 말. ¶내 말이 맞지, 그제? ▶ 내 말이 맞지, 그렇지?/니가 도디케 갔지, 그제? ▶ 네가 훔쳐갔지, 그렇지?

그'칠 [부] 그만큼. 그만치. ¶빙원에서 하는 수술이 그칠 아푼 줄을 몰랬대이. ▶ 병원에서 하는 수술이 그만치 아픈 줄을 몰랐다./돈도 그칠 벌었으머 인자 씰 데는 써야지. ▶ 돈도 그만큼 벌었으면 이제 쓸 데는 써야지. ☞ 그마이.

그카ː다 [동] 그러다. 그렇게 하다. 그렇게 말하다.【그캐 ▶ 그래(그렇게 해)/그카이 ▶ 그러니(그렇게 하니)】¶그 사람이 내보고 그카이 그카지 앤 그캤으머 내가 머 때민에 그캤는데. ▶ 그 사람이 나보고 그러니(그렇게 하니) 그러지(그렇게 하지) 안 그랬으면(그렇게 했으면) 내가 뭣 때문에 그랬는데(그렇게 했는데). ☞ 별표 '하다(카다. 라다) 동사'의 활용.

그'캐 [감] 그러게. '그것 봐'의 뜻. 자신의 말이 옳았음을 강조할 때 쓰는 말. ¶그캐 말이다. 내 말을 그래 앤 듣디이 그마이 손해를 본 거 아이가? ▶ 그러게 말이다. 내 말을 그렇게 안 듣더니 그만치 손해를 본 것 아닌가?

그'캐 말이다 관 그러게 말이다. 아무렴. '그렇고 말고'의 뜻으로, 상대방의 말에 맞장구칠 때 쓰는 말. ¶그캐 말이다, 지가 그카이 내가 그캤지. ▶ 그래 말이다, 제가 그러니 내가 그랬지. ☞ 하기로.

그'트다 형 같다. 비슷하다. 같은 것 같다. 【그터 ▶ 같아/그트이 ▶ 같으니/그튼 ▶ 같은】¶얼골 씪고 나이 인자사 사람 그트게(긑게) 빈다. ▶ 얼굴을 씻고 나니 이제야 사람 같게 보인다./사람 그터야 말 대접을 하지. ▶ 사람 같아야 말 대접을 하지./밥이 많은 거 그트이 쫌 덜어 내라. ▶ 밥이 많은 것 같으니 좀 덜어 내라./여기가 갱기도 어디 쯤 그튼데? ▶ 여기가 경기도 어디 쯤 같은데? ☞ 긑다.

근:그이 부 근근이(僅僅-). 겨우. ¶몸이 아푼데 근그이 나와서 일을 한다. ▶ 몸이 아픈데 근근이 나와서 일을 한다.

근'나전나 부 그러나저러나. 좌우간(左右間). ¶근나전나 여기 걱정은 하지 마고 느그나 잘 살어라. ▶ 그러나저러나 여기 걱정은 하지 말고 너희나 잘 살아라.

근대 명 근수(斤數). 무게. 주로 육질(肉質)인 물건의 무게를 말할 때 쓰임. ¶그 소 딧다리는 눈대중으로 바도 근대 깨나 나가겠다. ▶ 그 소 뒷다리는 눈대중으로 봐도 근수 꾀나 나가겠다./아이고, 저 여자 몸피를 보이 근대 깨나 나가겠네. ▶ 아이고, 저 여자 몸피를 보니 무게 꾀나 나가겠네.

근:들꺼 감 제기랄. 빌어먹을 것. '그연들꺼'의 준말. 언짢아하는 말투.

근들아: 대 그 자식. 그 새끼. '그연들 아이'의 준말. ¶근들아, 지가 그칼라 카머 그캐라 캐라 내가 가마이 나두나. ▶ 그 자식, 제가 그렇게 하려면 그래라 해라 내가 가만히 놓아두나.

근'시 명 건시(乾柿). 곶감. ¶근시나 꼬깜이나 둘러치나 미치나. ▶ 건시나 곶감이나 둘러치나 메어치나.

글'때 명 그때. 그럴 때. ¶글때 잘마 했으머 나도 한분 부자가 댈 뿐했다. ▶ 그때 잘만 했으면 나도 한번 부자가 될 뻔했다./글때는 참는 기이 약이다. ▶ 그럴 때는 참는 것이 약이다./글때 보머 니가 철이 덜 든 거 그텄다. ▶ 그럴 때 보면 네가 철이 덜 든 것 같았다.

글'역 명 근력(筋力). 기력(氣力). ¶자네 어런이 팬찬타 카디이 근간에는 글역이 어떠신가? ▶ 자네 어른이 편찮다 하더니 근간에는 근력이 어떠신가?/저 할배가 나락가매이 드는 거를 보이 글역이 대단하시다. ▶ 저 할아버지가 볏가마니 드

글이 좋:다

는 것을 보니 기력이 대단하시다.

글이 좋:다 관 문필이 좋다. 유식하다. ¶그 어른은 글이 좋기로 이 골에서 따라갈 사람이 없다. ▶ 그 어른은 문필이 좋기로 이 고을에서 따라갈 사람이 없다.

글찮'타 준 그렇잖다. '그러찮다'의 준말.【글찮어 ▶ 그렇잖아/글찮으이 ▶ 그렇잖으니】¶글찮어도 지가 그리로 갈라 캤는데 아부지가 먼저 이리로 오셨네요. ▶ 그렇잖아도 제가 그리로 가려고 했는데 아버지가 먼저 이리로 오셨네요.

글'코 준 그러고. 그렇고. '그렇게 하고'의 준말. ¶니가 글코 하이 그 사람이 오해를 애 했겠나. ▶ 네가 그러고 하니 그 사람이 오해를 안 했겠나./글코 말고, 자네 하는 말이 한 치도 앤 틀랬다. ▶ 그렇고 말고, 자네 하는 말이 한 치도 안 틀렸다./글코 가고는 종무소식이다. ▶ 그렇게 하고 가고는 종무소식이다.

금계'랍 명 금계랍(金鷄蠟). 염산키니네. ¶도독눔빙에는 금계랍뱆에 약이 없다. ▶ 말라리아에는 금계랍밖에 약이 없다. ☞ 도독눔빙.

금:날 명 그믐날. '그뭄날'의 준말. ¶금날께머 돈이 쫌 댈시더. ▶ 그믐날께면 돈이 좀 되겠어요.

금마: 준 그 자식. 그 새끼. '그눔으 아'의 준말. '그 사람'의 속된말. 다른 지방에서 흔히 쓰는 '새끼'나 '자식' 따위의 비속어는 원래 방언 영역에서는 쓰지 않았는데, 6·25전쟁 이후 다른 지방과 인적교류가 빈번해지기 시작하면서부터 쓰이기 시작했다. ¶금마 아이 정신을 앤 채리고 있는 거를 보이 사람 앤 댈 따. ▶ 그 자식 아직 정신을 안 차리고 있는 것을 보니 사람 안 되겠다.

금:방 명 근방(近方). ¶인날에는 이 금방에도 사람이 살았다. ▶ 옛날에는 이 근방에도 사람이 살았다. ☞ 가금방.

금'실 명 금슬(琴瑟). ¶그 집 내외간은 금실이 좋기로 소문이 났다. ▶ 그 집 부부간은 금슬이 좋기로 소문이 났다.

긍:그렇고 준 '그건 그렇고'의 준말. ¶긍그렇고, 내가 카는 거를 시방부터 잘 들어 바래이. ▶ 그것은 그렇고, 내가 말하는 것을 지금부터 잘 들어 보아라.

긍'기 명 근기(根氣). ¶보리밥이나 죄밥은 긍기가 없어 묵고 돌아서머 배가 꺼진다. ▶ 보리밥이나 조밥은 근기가 없어 먹고 돌아서면 배가 꺼진다.

긑'다 형 같다. 비슷하다. 같은 것 같다. '그트다'의 준말. 비교, 추측, 느낌 따위를 말할 때 쓰임. 단, '형태나 모양이 다르지 않다'거나, '다름이 아니라 바로 그것이다'의 뜻으로 쓰일 때는 표준어와 마찬가지로 '같다'로 씀.【긑어 ▶ 같아/긑치 ▶ 같이/그트이 ▶ 같으니】¶니가 신을 삼어 논 거를 보이, 꼭 니 꼬라지

글다(비교). ▶ 네가 신을 삼아 놓은 것을 보니, 꼭 너 꼴 같다./태산 그튼(비교) 그 은혜를 우애 이자뿌리노? ▶ 태산 같은 그 은혜를 어떻게 잊어버리냐?//하늘을 치다보이 내리는 비가 올 꺼 글다(추측). ▶ 하늘을 쳐다보니 내일은 비가 올 것 같다./설치는 거를 보이 무신 일이라도 낼 꺼 글다(추측). ▶ 설치는 것을 보니 무슨 일이라도 낼 것 같다.//니가 잘 몬 들은 거 그트이(느낌) 다시 한분 물어바라. ▶ 너가 잘 못 들은 것 같으니 다시 한번 물어봐라./너무 뜻뺵의 일이라 내가 꿈이라도 꾸는 거 글다(느낌). ▶ 너무 뜻밖의 일이라 내가 꿈이라도 꾸는 것 같다. ☞ 그트다.

기1 명(의) 것. 사물, 현상, 성질 따위를 추상적으로 나타내는 말. 사람, 생물, 물건 따위를 얕잡아 이르는 말. 【기이 ▶ 것이/기이까 ▶ 것이니까/기이지마 ▶ 것이지만/긴데 ▶ 것인데】¶가마 보이 니는 시상아 모리는 기이 없네. ▶ 가만히 보니 너는 세상에 모르는 것이 없네./재수 없게, 더러분 기이 붙어서 사람을 이래 고롭게 하네. ▶ 재수 없게, 더러운 것이(귀신) 붙어서 사람을 이렇게 괴롭게 하네./벨 기이 아이지마는 맴으로 주는 기이까 받어 놓게. ▶ 별 것이 아니지만 마음으로 주는 것이니까 받어 놓게./지가 먼저 인사 디리러 가야할 긴데 먼저 찾어 조서 미안하니더. ▶ 제가 먼저 인사 드리러 가야할 것인데 먼저 찾아 줘서 미안합니다. ☞ 거. 꺼. 끼1.

기:2 명 게(蟹). ¶기는 까재 팬든다 카디이 저눔이 그 쪼다. ▶ 게는 가재 편든다 하더니 저놈이 그 조다./기보고 암만 바리 가라 캐바라 대능강. ▶ 게보고 아무리 바로 가라 해보아라 되는가.

기:3 명 계(契). '기중'의 준말. 계에는 동낙기, 동학기, 상포기, 수기, 화수기 따위의 전통 계가 있고, 적은 돈을 모아서 목돈을 만들기 위한 상호부금형의 계가 있다. 【기꾼 ▶ 계꾼/기돈 ▶ 계돈/기모임 ▶ 계모임/기오야 ▶ 계오야/기원 ▶ 계원/깃날 ▶ 곗날】¶기에 들다. ▶ 계에 들다./기를 모두다. ▶ 계를 모으다./기가 깨지다. ▶ 계가 깨지다./기가 터지다. ▶ 계가 터지다. ☞ 기중3.

기: 눈 감추다 판 게 눈 감추다. '기 눈 감추드시' 꼴로 쓰여 '눈 깜짝할 사이'의 뜻을 나타냄. ¶밥 한 상을 채래 좃디이 기 눈 감추드시 씰어 여 뿌린다. ▶ 밥 한 상을 차려 줬더니 게 눈 감추듯이 쓸어 넣어 버린다.

기가 차고 매가 차다 판 기가 차고 억이 차다. '기가 차다'의 센말로, 어떤 일의 결과를 보고 '어이가 없다'는 뜻으로 쓰임. ¶기가 차고 매가 찰 일이지, 그 사람이 날 모함하고 댕길 줄을 누가 알었겠노? ▶ 기가 차고 억이 찰 일이지, 그 사

기거'리

람이 날 모함하고 다닐 줄을 누가 알았겠나?

기거'리 명 귀걸이. ¶기에 걸머 기거리고 코에 걸머 코거리지. ▶ 귀에 걸면 귀거리고 코에 걸면 코걸이지.

기게국'시 명 기계국수(機械--). 기계로 뺀 국수.

기:꾼 명 계꾼(契-). 계의 구성원. ☞ 기원.

-기나 미 -거나. -건. ¶남이사 전봇대로 이를 휘비기나 말기나. ▶ 남이야 전신주로 이를 후비거나 말거나./만키나 적기나 주는 대로 묵어라. ▶ 많거나 적거나 주는 대로 먹어라./넘이사 하기나 말기나 주디이를 다무고 있그라. ▶ 남이야 하거나 말거나 주둥이를 다물고 있어라./우애기나 그만하이 다행이다. ▶ 어떻게 했거나 그만하니 다행이다./우째기나 니가 잘못했다 캐라. ▶ 어쨌건 너가 잘못했다 해라. ☞ -키나.

-기내 미 -기에. 원인이나 근거를 나타내는 연결 어미. ¶머가 그래 좋기내 실성한 사람맨대로 싱글싱글 카고 댕기노? ▶ 뭐가 그렇게 좋기에 실성한 사람처럼 싱글싱글 하고 다니나?/집안에 들안저 있다가 뱆이 하도 시끄럽기내 나와 봤다. ▶ 집안에 들어앉아 있다가 밖이 하도 시끄럽기에 나와 봤다.

기:다 형 길다. 【길어▶길어/기이▶기니】¶머리가 너무 기다. ▶ 머리가 너무 길다. ☞ 지다. 질다.

기단:하다 형 기다랗다. 【기단해▶기다래/기단하이▶기다라니】¶배급소 앞으로 가이 사람들이 자리 하나씩을 들고 기단하이 줄을 서서 바락고 있드라. ▶ 배급소(配給所) 앞으로 가니 사람들이 자루 하나씩을 들고 기다라니 줄을 서서 기다리고 있더라. ※일제 때 배급제도가 있던 때의 이야기다. ☞ 길단하다. 지단하다. 질단하다. 질쭉하다. 질쭘하다.

기동¹ 명 기둥. ¶기동이 썩었는데 집따까리를 암만 곤치머 머하노? ▶ 기둥이 썩었는데 지붕을 아무리 고치면 뭐하나? ☞ 지동.

기럭'지 명 길이. ¶벌써 키가 그마이 커 가주고 처매 기럭지가 짤버졌다. ▶ 벌써 키가 그만큼 커 가지고 치마 길이가 짧아졌다. ☞ 기리기. 지럭지. 지리기.

기럽다 형 귀하다. 아쉽다. '그립다' 또는 '귀(貴)롭다'의 뜻. 【기럽어▶귀해/기럽으이▶귀하니】¶돈 기럽은 거는 없어도 사람이 기럽어 몬 사겠다. ▶ 돈 아쉬운 것은 없어도 사람이 그리워 못 살겠다.

기름떡 명 참깨나 들깨 따위로 기름을 짤 재료를 넣은 베주머니. ☞ 지름틀.

기름챗날 명 기름을 짤 때 떡판에 올려놓은 기름떡을 덮어 눌러서 기름을 짜는 길고 두꺼운 널판. 《눌》 ☞ 지름틀.

기리'기 뗑 길이. ¶바지 기리기를 쪼매 더 늘가야겠다. ▶ 바지 길이를 조금 더 늘려야겠다. ☞ 기럭지. 지럭지. 지리기.

기리다1 동 골다. 【기래 ▶ 골아/기리이 ▶ 고니/기리는 ▶ 고는】 ¶어이구, 코도 코도 밤새드록 얼매나 기리는지, 시끄럽어서 옆 사람이 잠을 몬 잤다. ▶ 어이구, 코도 코도 밤새도록 얼마나 고는지, 시끄러워서 옆 사람이 잠을 못 잤다.

기리다2 동 그리다. 【기래 ▶ 그려/기리이 ▶ 그리니】 ¶팽풍에 기린 호랭이가 금방 티나올 꺼 겉다. ▶ 병풍에 그린 호랑이가 금방 튀어나올 것 같다.

기리다3 동 긋다. 【기래 ▶ 그어/기리이 ▶ 그으니】 ¶이준 열사는 헤이그에서 배를 기래서 자살했다. ▶ 이준 열사는 헤이그에서 배를 그어서 자살했다./상애 배를 기리이 잡어묵은 괴기가 몇 마리나 들었드라. ▶ 상어 배를 그으니 잡아먹은 고기가 몇 마리나 들었더라.

기림 뗑 그림. 【기림재이 ▶ 그림쟁이】 ¶가매 타고 시집가는 거도 우리 그튼 사람한테는 기림에 떡이다. ▶ 가마 타고 시집가는 것도 우리 같은 사람한테는 그림에 떡이다.

기림재~이 뗑 그림쟁이. '화가(畫家)'의 낮춤말. ¶돈버리 대는 공부는 애하고 밥도 몬 묵는 기림재이 해서 어디다 써묵노? ▶ 돈벌이 되는 공부는 안하고 밥도 못 먹는 그림쟁이 해서 어디다 써먹나? ☞ 환재이.

기마'이 뗑 씀씀이 인심. 囲 'きまえ(氣前). ¶그 사람, 날라가는 새보고도 지 술 묵고 가라 카매 기마이 씨맨서도 즈그 안사람한테는 고무신 한 째기도 앤 사다 준단다. ▶ 그 사람, 날아가는 새보고도 제 술 먹고 가라 하며 인심 쓰면서도 저의 안사람한테는 고무신 한 짝도 안 사다 준단다.

기명물 뗑 설거지물. ¶이 부자집 할마씨는 인날, 기명물을 비우다가 밥띠기가 있으며 다 조 묵었단다. ▶ 이(李) 부잣집 할머니는 옛날, 설거지물을 비우다가 밥풀이 있으면 다 주워 먹었단다.

기명물통 뗑 설거지물통. ☞ 기물통.

기:모앰 뗑 계모임(契--). 계의 모임. ¶오늘이 기모앰이 있는 날이다. ▶ 오늘이 계모임이 있는 날이다.

기'물통 뗑 설거지물통. '기명물통' 준말.

기밑머'리 뗑 귀밑머리. 이마 한가운데를 중심으로 좌우로 갈라 귀 뒤로 넘겨 땋은 머리. 뺨에서 귀의 가까이에 난 머리털.

기'밸

기'밸 몡 기별(奇別). ¶죽었는지 살았는지, 한분 가고는 통 기밸이 없다. ▶ 죽었는지 살았는지, 한번 가고는 영 기별이 없다.

기빨 날리다 관 깃발 날리다. 명성을 날리다. ¶그 사람 소문으로 들으이, 요새 한 목 단디이 잡아서 기빨 날린다 카드라. ▶ 그 사람 소문으로 들으니, 요새 한 몫 단단히 잡아서 깃발 날린다 하더라.

기살시'럽다 혱 심술궂다. 【기살시럽어 ▶ 심술궂어/기살시럽으이 ▶ 심술궂으니】 ¶저 사람은 머리는 잘 돌아가는데, 성질이 기살시럽어서 인심을 몬 얻는다. ▶ 저 사람은 머리는 잘 돌아가는데, 성질이 심술궂어서 인심을 못 얻는다. ☞ 개살궂다. 개살시럽다.

기:상 몡 기생(妓生). ¶기상 항갑은 서른이라카지마는 저 여자 보머 아이 사나 맻은 더 녹후겠다. ▶ 기생 환갑은 서른이라지만 저 여자 보면 아직 사내 몇은 더 녹이겠다.

기'슬 몡 기슭. ¶비오는 날에 저 기슬 공동무지 옆을 지내오머 구신 나오까 바 겁난다. ▶ 비오는 날에 저 기슭 공동묘지 옆을 지나오면 귀신 나올까 봐 겁난다. ☞ 지슬.

기:시다 통 계시다. 【기서 ▶ 계셔/기시이 ▶ 계시니】 ¶시어런 기시는데 저임을 채래 디리고 글로 가께. ▶ 시어른 계시는데 점심을 차려 드리고 그리로 갈게./어런 기시는 집 아들은 머가 달라도 다리다. ▶ 어른 계시는 집 애들은 뭐가 달라도 다르다. ※가정교육이 되어 있는 집 아이들이 다르다는 말.

기암하다 통 기함(氣陷)하다. 놀라다. ¶저래 어굴한 소리를 해 대이 기암하고 나자빠지겠다. ▶ 저렇게 억울한 소리를 해 대니 기함하고 나자빠지겠다.

기'양 툰 그냥. 기양(其樣). ¶부시럼이 덧날라 건디리지 마고 기양 나도라. ▶ 부스럼이 덧날라 건드리지 말고 그냥 놓아둬라./요새는 쪼매 바뿌기는 해도 그대로 기양 지낸다. ▶ 요새는 조금 바쁘기는 해도 그대로 그냥 지낸다.

기:오야 몡 계오야(契--). '기(契)'+日'おや(親)'. 부금형의 계를 관리하는 사람으로, 곗돈을 맨 먼저 탄다. 보통 재력이 있고 신용이 있는 사람을 시킨다. ¶기오야가 일 번 타 묵고 다음 깃돈 거다서 도망가 뿌렀다. ▶ 계오야가 일 번 타 먹고 다음 곗돈 거둬서 도망가 버렸다.

기:원 몡 계원(契員). ☞ 기꾼.

기'이 툰 기위(旣爲). 이미. ¶기이 이래 댄 바에야 더 감직을 끼이 없다. ▶ 기위(이미) 이렇게 된 바에야 더 감출 것이 없다.

기적 몡 기척. 기색. ¶기적이 없는 거를 보이 이 집에 사람이 없는 모양이다. ▶ 기척이 없는 것을 보니 이 집에 사람이 없는 모양이다.

기정' 몡 기장. ¶기슬 밭에 기정 선나 숭가 논 거를 새들이 다 쪼저 묵는다. ▶ 기슭 밭에 기장 조금 심어 놓은 것을 새들이 다 쪼아 먹는다. ☞지정.

기중1 몡 그중. ¶그 골에 인물이 만치마는 기중에도 박 진사 댁이 제리다. ▶ 그 고을에 인물이 많지만 그중에도 박 진사 댁이 제일이다.

기중2 閉 가장. 제일. ¶넘들은 우리를 동네서 기중 부자라 칸다. ▶ 남들은 우리를 이 동네에서 가장 부자라 한다./지사에 썰 넝굼은 기중 크고 차만 거를 갈래서 나도라. ▶ 제사에 쓸 사과는 제일 크고 참한 것을 가려서 놔둬라.

기:중3 몡 계중(契中). ¶옆집 윤 씨도 우리 기중에 기원이다. ▶ 옆집 윤 씨도 우리 계중에 계원이다. ☞ 기3.

기'지 몡 천. ⓓ 'きち(着地)'. ¶양복 한 불을 마추는 데 기지가 맻 마가 들어가재? ▶ 양복 한 벌을 맞추는 데 천이 몇 마(碼)가 들어가지?

기지:게 몡 기저귀. ¶가가 맻 살인데 아이 기지게를 차고 댕기노? ▶ 걔가 몇 살인데 아직 기저귀를 차고 다니냐?

기질거리다 동 시부렁거리다. 주절거리다. 【기질거래 ▶ 시부렁거려/기질거리이 ▶ 시부렁거리니】 ¶말도 앤 대는 소리를 기질거리매 돌아댕기는 거, 몬 본 칙하고 내뿌러 도라. ▶ 말도 안 되는 소리를 시부렁거리며 돌아다니는 것, 못 본 척하고 내버려 둬라.

기:집 몡 계집. 【기집아 ▶ 계집애/기집연 ▶ 계집년】 ¶기집죽고 자석죽고 망근팔어 장사하고, 뻐꾹뻐꾹 뻐꾹새야 숲에숨은 뻐꾹영감, 짚신팔어 술사묵고 목이말러 몬따우나, 뻐꾹소리 와끈치노. ▶ 계집죽고 자식죽고 망건팔아 장사하고, 뻐꾹뻐꾹 뻐꾹새야 숲에숨은 뻐꾹영감, 짚신팔아 술사먹고 목이말라 못다우나, 뻐꾹소리 왜그치나. 〈경북지방 민요〉 ☞ 지집.

기집아: 몡 계집애. ☞가시나. 딸아. 여식아. 인아. 지집아.

기:집연 몡 계집년. ¶그 기집연도 내 돈주미이를 보고 따리지 머를 보고 따리겠노? ▶ 그 계집년도 내 돈주머니를 보고 따르지 뭘 보고 따르겠나? ☞지집연.

기티~이 몡 귀퉁이. ¶판 기티이가 떨어저 나갔다. ▶ 상(床) 귀퉁이가 떨어져 나갔다./방 귀티이에서 찬바람이 들어온다. ▶ 방 귀퉁이에서 찬바람이 들어온다. ☞ 귀티이.

기푸'다 혱 깊다. 【기퍼 ▶ 깊어/기푸이 ▶ 깊으니】 ¶비가 와서 물이 기푸이 조심해

길굼

서 건내라. ▶ 비가 와서 물이 깊으니 조심해서 건너라. ☞ 지푸다.

길굼 몡 엿기름. ¶지사날에 씰 식혜를 당굴라카머 대중해서 **길굼**을 댓 사바리는 갈어야 할 끼이다. ▶ 제삿날에 쓸 단술을 담그려면 대중해서 **엿기름**을 댓 사발은 갈아야 할 것이다. ※ 설탕이 귀했던 때 당원은 오직 엿기름에서 추출하는 맥아당(麥芽糖)뿐이었다. 엿기름을 만드는 방법은 먼저 보리를 24시간정도 물에 담갔다가 건져서 밭여서 그늘에 둔다. 싹이 날 때까지 하루 한 번씩 물에 담갔다 건지고, 싹이 나기 시작하면 그대로 말려서 저장한다. ☞ 엿. 엿길굼. 엿질굼. 질굼.

길단:하다 혱 기다랗다. 【길단해▶기다래/길단하이▶기다라니】 ☞ 기단하다. 지단하다. 질단하다. 질쭉하다. 질쭘하다.

-길래 미 -기에. ¶니가 그카**길래** 나도 그랬다 아이가? ▶ 네가 **그러기에**(그렇게 하기에) 나도 그랬다 아닌가?/이 사나야. 니가 내한테 머**길래** 이연 저연 하노? ▶ 이 사내야. 네가 나한테 **뭐기에** 이년 저년 하나? ☞ -킬래.

길래:다 동 긁히다. 【길래▶긁혀/길래이▶긁히니】 ¶서월에서 전차 타고 가다가 수리꾼한테 맨도칼로 가방을 **길랬다**. ▶ 서울에서 전차 타고 가다가 스리꾼한테 면도칼로 가방을 **긁혔다**./연장을 만치다가 손이 **길랬다**. ▶ 연장을 만지다가 손이 **긁혔다**.

길모티~이 몡 길모퉁이. ¶저기 **길모티이** 돌어가는데 콩하고 수끼를 숭가 논 데가 우리 밭이다. ▶ 저기 **길모퉁이** 돌아가는데 콩하고 수수를 심어 놓은 데가 우리 밭이다.

길숨:하다 혱 길쭘하다. ¶무시는 **길숨한** 왜무시보다 통통한 조선무시가 짐치를 당가도 맛이 난다. ▶ 무는 **길쯤한** 왜무보다 통통한 조선무가 김치를 담가도 맛이 난다.

김마까 몡 노랑참외. 日 'きんまが(金眞瓜)'.

김성 몡 짐승. 금수(禽獸). ¶**김성**들도 은혜를 안다 카는데 사람이고서 은공 모린다카머 대나? ▶ **짐승**들도 은혜를 안다 하는데 사람이고서 은공 모른다면 되나? ☞ 짐성.

깃 몡 저고리나 두루마기의 옷깃. ☞ 저구리. 짓.

깃:날 몡 곗날(契-). 계모임이 있는 날.

깃:돈 몡 곗돈(契-). 계모임에서 내는 돈 또는 타는 돈. 한때 유행하던 부금형의 계는 순번이 빠를수록 내는 돈이 많고 순번이 늦을수록 내는 돈이 적다.

깅:구줄 명 금줄(禁-). 금기줄(禁忌繩). ¶저 집 사랃에 걸어논 깅구줄에 꼬치가 달랜 거를 보이 꼬치 낳었는가베. ▶ 저 집 사립문에 걸어놓은 금줄에 고추가 달린 것을 보니 아들 낳았는가 봐. ※출산을 했을 때 치는 금줄은 부정한 것이나 잡귀가 근접하지 못하게 대문에 치는 줄로, 남아를 낳았을 때는 왼새끼줄에 청솔가지와 빨간 고추를, 여아를 낳으면 청솔가지와 숯을 꿰어 단다. 이 경우 보통 첫 칠(7일) 동안 대문에 친다. 장을 담그면 장독에도 금줄을 건다.

-까 마까 판 -까 말까. ¶가까 마까 하맨서 배루다가 석 달 여럴을 지냈다. ▶ 갈까 말까 하면서 벼르다가 석 달 열흘을 지냈다.

까꾸래~이 명 갈고랑이. 여물이나 부스러기 따위를 긁어모을 때 사용하는 ㄱ자 모양의 연장. △자모양의 사병 계급장의 속된말. ¶소죽 풀라카는데 바가치는 여기 있고 까꾸래이가 앤 빈다. ▶ 소죽 푸려는데 바가지는 여기 있고 갈고랑이가 안 보인다. ☞ 아꾸래이. 야마가다.

까꾸'리1 명 갈퀴. 대쪽 끝을 갈고리 모양으로 구부려서 부채 살처럼 펼쳐서 묶은 농기구로, 흐트러진 북데기 따위를 긁어모으는 데 쓰임. ¶까꾸리가 없으므 손 까꾸리로 끌거라. ▶ 갈퀴가 없으면 손 갈퀴(손가락)로 긁어라. ※'이가 없으면 잇몸으로'라는 말과 같다.

까꾸'리2 부 거꾸로. ¶사람이 까꾸리 대 가주고 하는 짓마다 대통시럽다. ▶ 사람이 거꾸로 되어 가지고 하는 짓마다 뒤퉁스럽다. ☞ 꺼꿀재비로.

까꾸'리손 명 갈퀴손. 의수(義手). 육이오 사변 때 손을 부상한 상이군인들이 갈퀴손을 하고 다녔다.

까끄랍다 형 껄끄럽다. 【까끄랍어 ▶ 껄끄러워/까끄랍으이 ▶ 껄끄러우니】¶바지 가래이 속으로 보리 까끄래기가 들어가서 까끄랍어 죽겠다. ▶ 바짓가랑이 속으로 보리 까끄라기가 들어가서 껄끄러워 죽겠다./우리 두리 새에 까끄랍은 거는 다 털어 내고 깨빈하게 지내자. ▶ 우리 둘 사이에 껄끄러운 것은 다 털어 내고 개운하게 지내자. ※화해를 하자는 말.

까끄랑곡'석 명 겉곡식(-穀食). 껍데기 곡식. ¶올개 경사지 논에 모 숭가서 까끄랑곡석을 서너 가마이 거댔다. ▶ 올해 경사지(傾斜地) 논에 모 심어서 겉곡식을 서너 가마니 거뒀다. ☞ 껍띠기곡석.

까끄래'기 명 까끄라기. 가시랭이. 거스러미. ¶꼬장주우 가래이에 보리 까끄래기가 들어갔나, 와 저래 설치노? ▶ 고쟁이 가랑이에 보리 까끄라기가 들어갔나, 왜 저렇게 설치나? ※보리타작마당에서 삼베 고쟁이 속으로 보리까끄라기가

까끄래~이

들어갔으니 야단이 났다. 긁으려니 민망하고 참으려니 미치겠다. 바람이 나서 들뜬 여자를 두고 비유하여 하는 말. ☞ 까끄래이. 까락. 까시래기. 꺼끄래기.

까끄래~이 몡 까끄라기. 가시랭이. 거스러미. ☞ 까끄래기. 까락. 까시래기. 꺼끄래기.

까끌밪다 혱 깔끔하다. 깨끗하다. 【가끌바저 ▶ 깔끔하여/까끌바즈이 ▶ 깔끔하니】 ¶그 집으 새딕이는 살림 사는 거 하나는 **까끌밪다**. ▶ 그 집의 새댁은 살림 사는 것 하나는 깔끔하다./성질이 너무 **까끌바저**도 복이 앤 붙는다. ▶ 성질이 너무 깔끔하여도 복이 안 붙는다.

까등거리 몡 나무그루터기. '발로 까서 뽑는 등거리(장작)'라는 뜻. ¶병골 양달에 도치 가주고 가머 **까등거리** 한 바소구리 하기는 호리뺑빼이다. ▶ 범골 양달에 도끼 가지고 가면 **나무그루터기** 한 발채 하기는 식은 죽 먹기다. ☞ 까디이. 끌티기.

까디~이 몡 나무그루터기. '발로 까서 뽑은 덩이'라는 뜻. ¶산에 가도 해 올 나무가 없으이 **까디이꺼정** 다 캐 가서 흘문지가 푹석푹석 난다. ▶ 산에 가도 해 올 나무가 없으니 **나무그루터기**까지 다 캐 가서 흙먼지가 푸석푸석 난다. ※산에 나무는 땔감으로 다 잘려 나가고 나중에는 뿌리까지 캐다 땠다. ☞ 까등거리. 끌티기.

까딱 閈 끄떡. 움직이는 모양. ¶니가 암만 그캐도 내가 **까딱도** 하는강 바라. ▶ 네가 아무리 그래도 내가 끄떡도 하는가 봐라./모가지에 풀을 묵앴나, 인사를 하는데 태가리마 **까딱한다**. ▶ 모가지에 풀을 먹였나, 인사를 하는데 턱만 끄떡한다. ※인사를 하는 척만 한다는 말.

까딱하머 閈 자칫하면. 걸핏하면. ¶오늘 야바우꾼한테 걸래서 **까딱하머** 다 털랠 뿐했다. ▶ 오늘 야바위꾼한테 걸려서 자칫하면 다 털릴 뻔했다./**까딱하머** 술을 처묵고 저래 지랄발광을 한다. ▶ 걸핏하면 술을 처먹고 저렇게 지랄발광을 한다.

까라안따 동 가라앉다. 【까라안저 ▶ 가라앉아/까라안즈이 ▶ 가라앉으니】 ¶시상 시끄럽을 때는 잠주꼬 집에 틀어박해 있다가 쪼매 **까라안즈머** 나댕개라. ▶ 세상 시끄러울 때는 잠자고 집에 틀어박혀 있다가 조금 가라앉으면 나다녀라.

까락 몡 까끄라기. 가시랭이. '까끄래기'의 준말. ☞ 까끄래이. 까시래기. 꺼끄래기.

까랍때기 몡 가랑잎. ¶가실에 꿀밤나무 밑에 가서 **까랍때기** 속을 히지끄머 꿀밤을 얼매든지 줄 수 있다. ▶ 가을에 도토리나무 밑에 가서 가랑잎 속을 헤적이면 도토리를 얼마든지 주울 수 있다.

까무술래:다

까래'비다 동 긁다. 할퀴다. 해코지하다. 【까래배▶긁어/까래비이▶긁으니】¶아이고 등더리에 머가 들었지 쫌 **까래배** 도고. ▶아이고 등에 뭐가 들었는지 좀 긁어 다오./니가 남을 살살 **까래비고** 댕기는 거를 모릴 줄 아나? ▶네가 남을 살금살금 할퀴고 다니는 것을 모를 줄 아나? ※몰래 해코지를 하고 다닌다는 말.

까마:구 명 까마귀. ¶좋은 거도 한두 분이지, 밤마 대머 남핀한테 시달래 죽을 지갱이라, 친정어마이한테 가서 양밥을 해 돌라 카이, **까마구** 괴기를 한분 묵애 보라 캐서 묵앴는데, 인자는 밤인동 낮인동도 모리고 설치드란다. ▶좋은 것도 한두 번이지, 밤만 되면 남편한테 시달려 죽을 지경이라, 친정어미한테 가서 양법을 해 달라고 하니, 까마귀 고기를 한번 먹여 보라 해서 먹였는데, 이제는 밤인지 낮인지도 모르고 설치더란다. ※건망증이 있는 사람을 보고 '까마귀 고기 먹었다'고 한다. ☞까마기.

까마:구머리 명 남자바지의 앞 허리와 큰사폭의 맨 윗부분이 이어진 부분. ㅅ자 모양으로 마름질한 큰사폭의 위쪽이 까마귀 머리와 비슷하다 해서 붙은 이름. ☞까막머리.

까마:기 명 까마귀. ¶까마기 날자 배 떨어진다. ▶까마귀 날자 배 떨어진다./발을 언제 씩겄는지 **까마기** 발 같다. ▶발을 언제 씻었는지 까마귀 발 같다. ※양말다운 야말이나 신다운 신 한 번 못 신어 본 발이라 과장 없이 까마귀 발과 같아서 물에다 불려서 돌멩이로 문지르면 거북등을 긁는 것 같았다. ☞까마구.

까막머리1 명 남자바지의 앞 허리와 큰사폭의 맨 윗부분이 이어진 부분. ☞까마구머리.

까막머리2 명 쟁기의 술의 맨 위의 뾰쪽한 부분. ☞훌찌이.

까막사'리 명 지게의 새고자리. 지게의 좁아진 맨 윗부분. 《새두머리. 새머리. 까묵도리. 꼬장. 코작. 뿔. 새뿔》 ☞지게.

까망눈 명 까막눈. 무식꾼. ¶시방 내 행핀에 핵고 더 보내고 할 심이 없다. 국민핵고머 **까망눈**은 민했으이 일찌감치 농사일이나 배우고 장개나 가그라(질쌈이나 배우고 시집이나 가그라). ▶지금 내 형편에 학교 더 보내고 할 힘이 없다. 국민학교면 **무식꾼**은 면했으니 일찌감치 농사일이나 배우고 장가나 가거라(길쌈이나 배우고 시집이나 가거라)./선상임, 아를 **까망눈**은 앤 맨들라꼬 핵고는 여 났지마는 아가 멍치라 지대로 하는지 몰시더. ▶선생님, 애를 **무식꾼**은 안 만들려고 학교는 넣어 놨지만 애가 멍청이라 제대로 하는지 모르겠습니다.

까무술래:다 동 까무러치다. 기절하다. 【까무술래▶까무러쳐/까무술래이▶까

까ˈ문딱지

무러치니】¶죽은 즈거매 옆에서 엎어져서 얼매나 울다가 나종에는 **까무술래 뿌리드라**. ▶ 죽은 제 어머니 옆에서 엎어져서 얼마나 울다가 나중에는 까무러쳐 버리더라. ☞ 자무술래다.

까ˈ문딱지 몡 주근깨. ¶**까문딱지** 없이는 데 좋다 카는 약은 다 구해다 써 바도 앤 대드라. ▶ 주근깨 없애는 데 좋다 하는 약은 다 구해다 써 봐도 안 되더라.

까문때ː다 동 지우다. 문지르다. '까서 문지르다'의 뜻. 【까문때 ▶ 지워/까문때이 ▶ 지우니】¶잘 몬 쓴 데는 개시고무로 **까문때고** 다시 써라. ▶ 잘 못 쓴 데는 지우개로 **지우고** 다시 써라. ☞ 문때다.

-까바 미 -ㄹ까봐. ¶암만 그캐도 내가 지보다야 몬 **하까바** 걱정이가? ▶ 아무리 그래도 내가 제보다야 못 할까봐 걱정인가?/인명은 재천인데 설마 하며 사람 생목심이 어애 댈**까바**. ▶ 인명은 재천인데 설마 하면 사람 생목숨이 어떻게 될까봐.

까배~이 몡 나무의 잔가지. ¶밥갑할라카머 저임묵고 굼불 땔 **까베이** 한 짐이라도 해 와야지. ▶ 밥값하려면 오후에 군불 땔 **나무잔가지** 한 짐이라도 해 와야지.

까부다 동 까불다. '까부리다'의 준말. 【까부러 ▶ 까불어/까부이 ▶ 까부니】.

까부던지 몡 소의 몸에 기생하는 진드기 종류. 청색을 띠고 크기는 팥알만하다. ☞ 부던지.

까부ˈ리다 동 까부르다. 【까부러 ▶ 까불러/까부리이 ▶ 까부르니】¶출랑출랑 **까부리매** 댕기다가 나자빠질라. ▶ 출랑출랑 **까부르며** 다니다가 나자빠질라./콩 털어 논 거 **까부러서** 단지에 채와 나라. ▶ 콩 털어놓은 것 **까불러서** 단지에 채워 놓아라. ☞ 까부다.

까시 몡 가시. ¶내가 니한테는 눈에 **까시로** 비나? ▶ 내가 네한테는 눈에 가시로 보이나?/부모 눈에 **까시** 대머 넘으 눈에 꽃이 댄다. ▶ 부모 눈에 가시 되면 남의 눈에 꽃이 된다. ※부모로부터 꾸중을 많이 들으면서 자란 사람이 남의 눈에 곱게 보이게 된다는 말.

까시래ˈ기 몡 까끄라기. 가시랭이. 거스러미. ☞ 까끄래기. 까끄래이. 까락. 꺼끄래기.

까ː연들꺼 갑 그까짓 것. 빌어먹을. '그까짓 년들의 것'의 준말. ¶**까연들꺼**, 죽기 아이머 살기지 겁날 꺼 없다. ▶ 그까짓 것, 죽기 아니면 살기지 겁날 것 없다./**까연들꺼**, 애 할라카머 일찌감치 치아 뿌러라 캐라. ▶ 빌어먹을, 안 가지려면 일찌감치 치워 버려라 해라.

까자 몡 과자. ¶배도 앤 부리는 그까지 까자를 사 묵지 마고 저기 가서 국시나 한 그럭씩 사 묵자. ▶ 배도 안 부르는 그까짓 과자를 사 먹지 말고 저기 가서 국수나 한 그릇씩 사 먹자.

까:재 몡 가재. ¶까재는 기 팬이라 카는 말이나 매는 솔개이 팬이라 카는 말과 일반이다. ▶ 가재는 게 편이라 하는 말이나 매는 솔개 편이라고 하는 말과 같다. ☞ 까지1.

까재:미 몡 가자미. ¶까재미 눈까리를 해 가주고 와 그래 사람을 치다 보고 있노? ▶ 가자미 눈깔을 해 가지고 왜 그렇게 사람을 쳐다보고 있나? ※ 곁눈질을 한다는 말.

까죽'신 몡 가죽신. ¶신방돌 위에 까죽신 벗어 논 거 보이 우리 위할매 와섰는갑다. ▶ 댓돌 위에 가죽신 벗어 놓은 것 보니 우리 외할머니 오셨는가 보다.

까:지1 몡 가재. ¶도랑 치고 까지 잡꼬, 꽁 묵고 알 묵고, 임도 보고 뽕도 따고. ▶ 도랑 치고 가재 잡고, 꿩 먹고 알 먹고, 님도 보고 뽕도 따고. 〈전래동요〉 ☞ 까재.

까:지2 관형 까짓. '그까지', '그깐', '고까지', '고깐', '이까지', '이깐', '요까지', '요깐', '저까지', '저깐', '조까지', '조깐'의 준말. ¶까지 꺼 그거쭘이야 아침 조전(朝前) 꺼리다. ▶ 까짓 것 그것쯤이야 아침 식전 꺼리다. ※ 대수롭지 않은 일거리라는 말.

까치래'기 몡 거스러미. ¶한 사날 들에서 나락단을 무깠다이 손에 까치래기가 생개서 따갑어 죽겠다. ▶ 한 사나흘 들에서 볏단을 묶었더니 손에 거스러미가 생겨서 따가워 죽겠다. ☞ 꺼치래기.

까푸'리 몡 꺼풀. 껍데기. ¶사람 까푸리를 씨고 우째 그런 짓을 다 했을꼬? ▶ 사람 꺼풀을 쓰고 어찌 그런 짓을 다 했을까? ☞ 까풀.

까풀 몡 꺼풀, 껍데기. '까푸리'의 준말. ¶고상을 얼매나 했는지 까풀마 남었다. ▶ 고생을 얼마나 했는지 꺼풀만 남았다./지나 내나 한 까풀 배끼머 몸띠이 하나밲에 더 있나. ▶ 저나 나나 한 꺼풀 벗기면 몸뚱이 하나밖에 더 있나.

깍개:다 동 깎이다. '깎다'의 피동.【깍개 ▶ 깎여/깍개이 ▶ 깎이니】¶머리를 홀딱 깍개다. ▶ 머리를 홀랑 깎이다./양반으 채민을 깍갰다. ▶ 양반의 채면을 깎였다./잘 몬하머 느그 어런 얼골 깍개이 행동을 조심해라. ▶ 잘 못하면 너희 어른 얼굴 깎이니 행동을 조심해라.

깍대'기 몡 깍지. 매밀, 콩 따위의 두꺼운 껍질. 벼, 보리, 조 따위의 엷은 껍질은

깍띠'기

'등개(등겨)'라고 이른다. ¶소죽(소물) 끼릴 때 콩 깍대기 맻 바가치 퍼 여서 끼래라. ▶ 소죽(소먹이) 끓일 때 콩 깍지 몇 바가지 퍼 넣어서 끓여라. ☞ 깍띠기.

깍띠'기 명 깎지. ☞ 깍대기.

깍재~이 명 깍쟁이. ¶서월 깍재이들이 촌눔 빼께 묵는 데는 소문이 났다. ▶ 서울 깍쟁이들이 촌놈 벗겨 먹는 데는 소문이 났다.

깍짜구리 명 통가리. '깍지 우리'라는 뜻. 수수대비 따위로 뒤주처럼 둥글게 엮어 소먹이 콩깍지 따위를 저장한다.

깐: 명의 딴. 대명사 뒤에서 '깐에' 또는 '깐으로'의 꼴로 쓰여 '자기 나름대로'의 생각이나 기준을 말함. ¶지 깐에는 잘 한다꼬 하는 기이 그 모양이다. ▶ 제 딴에는 잘 한다고 하는 것이 그 모양이다./니 깐에는 그런 줄 알고 그랬겠지마 내 생각은 쫌 다리다. ▶ 네 딴에는 그런 줄 알고 그랬겠지만 내 생각은 좀 다르다./그 사람 지 깐에는 무신 큰 공이라도 세운 거로 생각한다. ▶ 그 사람 제 딴으로는 무슨 큰 공이라도 세운 것으로 생각한다.

깐:돌이 명 까진 사람. 인색하고 약삭빠른 사람. ¶그 깐돌이인데는 돈 말은 붙치지도 마소. ▶ 그 까진 사람한테는 돈 말은 붙이지도 마시오.

깐디'기 명 깜부기. '보리깐디기'의 준말. 《맥노(麥奴). 보리에 깜보기》 ¶깐디기를 훑어 묵었나 입이 와 그래 시커멓노? ▶ 깜부기를 훑어 먹었나 입이 왜 그렇게 시커멓나? ※아이들은 아무런 맛도 없는 깜부기도 훑어 먹기도 한다. ☞ 깜배기. 깜비기. 보리깜비기.

깐:채이 명 까치. ¶아칙부터 살구나무 우에 깐채이가 울어 샃는 거 보이 반가분 사람이 올랑갑다. ▶ 아침부터 살구나무 위에 까치가 울어 대는 것 보니 반가운 사람이 오려는가 보다. ☞ 깐치.

깐충:하다 형 가지런하다. 단정하다. ¶채진밭에 가지가지 채소를 깐충하게 숭가 났네. ▶ 남새밭에 갖가지 채소를 가지런하게 심어 놓았네./사람 모숩이 깐충한 기이 양반시럽게 생갰다. ▶ 사람 모습이 단정한 것이 양반스럽게 생겼다.

깐:치 명 까치. ☞ 깐채이.

깐치보름 명 음력 정월 열나흘 날.

깔따'구 명 각다귀. ¶저 패들은 깔따구 긑치 장태 돌어댕기매 넘으 꺼나 뜯어묵고 사는 치들이다. ▶ 저 패들은 각다귀 같이 장터 돌아다니며 남의 거나 뜯어 먹고 사는 치들이다.

깔딱'질 명 딸꾹질. ¶머를 도디캐 묵었길래 깔딱질을 하노? ▶ 무엇을 훔쳐 먹었기에 딸꾹질을 하나? ※남의 눈을 피해서 다급하게 먹어서 딸꾹질을 한다는 조로 놀리는 말./깔딱이 나머 코 우에 티끄래기 하나 붙처 바라. ▶ 딸꾹질이 나면 코 위에 티끌 하나 붙여 보아라.

깔래¹:다 동 깔리다. 흩어져 퍼지다. '깔다'의 피동. 【깔래 ▶ 깔려/깔리이 ▶ 깔리니】¶앗따, 오늘 장아 가보이 사람들이 어찌나 만튼지 깔래 죽겠드라. ▶ 아따, 오늘 장에 가보니 사람들이 어찌나 많던지 깔려 죽겠더라.//유치장아서 도망간 사람을 찾는다꼬 순사들이 마실에 쫙 깨래서 디배고 있단다. ▶ 유치장에서 도망간 사람을 찾는다고 순사들이 마을에 쫙 깔려서 뒤지고 있단다./구인들이 공비 잡을라꼬 산에 쫙 깔래서 디배매 올러가드라. ▶ 군인들이 공비(共匪) 잡으려고 산에 쫙 깔려서 뒤지며 올라가더라.

깔바놓다 동 긁어놓다. 닭이나 새가 무엇을 긁어서 흘으려 놓거나 갈고리로 무엇을 긁어서 헤쳐 놓는 것.

깔보 명 갈보. 매춘부. 日 'ガール(girl)'+'보(겁보, 느림보, 뚱보 따위의 말)'. ☞ 똥깔보. 양깔보.

깔비 명 소나무낙엽. 갈비. 땔감으로 소나무낙엽을 갈퀴로 긁어모아 두부모처럼 반듯하게 다져서 지게에 높이 쟁여서 지는 것도 일솜씨가 좋아야 할 수 있다. ¶보리밥 한 그럭 묵고 깔비 한 짐 하고 나이 배가 등더리에 붙어 뿌리네. ▶ 보리밥 한 그릇 먹고 갈비 한 짐 하고 나니 배가 등에 붙어 버리네.

깔안따 동 갈앉다. 【깔안저 ▶ 갈앉아/깔안즈이 ▶ 갈앉으니】¶봄에 모자리 할라꼬 씨나락을 염수선 하는데, 그거는 도깡에다 소굼물을 붓고 나락을 당가서 뜨는 쭉디기는 갈래내고 깔안는 거로 모자리 씨로 씬다. ▶ 봄에 못자리 하려고 볍씨를 염수선(鹽水選) 하는데, 그것은 도관에다 소금물을 붓고 볍씨를 담가서 뜨는 쭉정이는 가려내고 갈앉은 것으로 못자리 씨로 쓴다.

깔쥐:뜯다 동 꼬집어 뜯다. 쥐어뜯다. '쥐뜯다'의 센말. ¶가심이 깔쥐뜯는 거매로 아프다. ▶ 가슴이 꼬집어 뜯는 것처럼 아프다./서리 머리채를 잡고 깔쥐뜯으매 싸암을 하드라. ▶ 서로 머리채를 잡고 쥐어뜯으며 싸움을 하더라.

깔:치 명 여자친구. 日 'ガール(girl)'+'치(그 치, 저 치, 따위의 말). ¶니 깔치 보고 내한테도 하나 소개해 돌라 캐라. ▶ 네 여자친구 보고 나한테도 하나 소개해 달라 해라.

깜개:다1 동 감기다. '깜다1'의 사동. 【깜개 ▶ 감겨/깜개이 ▶ 감기니】¶알라 땀띠 났는데 머리 깜개 조라. ▶ 아기 땀띠 났는데 머리 감겨 줘라. ☞ 깜기다1.

깜개:다2 동 감기다. '깜따2'의 피동. 【깜개 ▶ 감겨/깜개이 ▶ 감기니】¶눈이 깜개사 앤 대겠다. 눈 쫌 붙이고 하자. ▶ 눈이 감겨서 안 되겠다. 눈 좀 붙이고 하자.

깜기:다1 동 감기다. '깜따1'의 사동. 【깜개 ▶ 감겨/깜개이 ▶ 감기니】¶머리를 깜기다. ▶ 머리를 감기다. ☞ 깜개다1.

깜기:다2 동 감기다. '깜따2'의 사동. 【깜개 ▶ 감겨/깜기이 ▶ 감기니】¶눈 깜개라. 지낸 시상 한 낭구지 마고 팬이 눈 깜꼬 가이소. ▶ 눈 감겨라. 지난 세상 한(恨) 남기지 말고 편히 눈 감고 가세요.

깜디~이 명 깜둥이. '흑인'의 속된말. ☞ 껌디이.

깜따1 동 감다(洗). 【깜어 ▶ 감아/깜으이 ▶ 감으니】¶단오 날에 쟁피물에 머리를 깜고 댕기에 궁구이를 달머 머리에 향기가 났다. ▶ 단오 날에 창포물에 머리를 감고 댕기에 잎사귀를 달면 머리에 향기가 났다.

깜따2 동 감다. 【깜어 ▶ 감아/깜으이 ▶ 감으니】¶눈을 깜고 있어도 니 속을 휘이 본다. ▶ 눈을 감고 있어도 네 속을 훤히 본다.

깜배'기 명 깜부기. ☞ 깐디기. 깜비기. 보리깐디기. 보리깜비기.

깜비'기 명 깜부기. '보리깜비기'의 준말. ☞ 깐디기. 깜배기. 보리깐디기.

깜양 명 바탕. 자격(資格). '감(바탕) 양(樣)'의 뜻. ¶그 사람, 지 깜양이 그거 밖에 앤 대는 거를 우럭으로 갈챈다고 대나? ▶ 그 사람, 제 바탕이 그것 밖에 안 되는 것을 억지로 가르친다고 되나?

깜짝 부 깜빡. ¶그럭을 가주고 올라 캤는데 깜짝 이자뿌리고 왔다. ▶ 그릇을 가지고 오려 했는데 깜빡 잊어버리고 왔다.

깜짝거리다 동 깜빡거리다. ¶머를 생각한다꼬 눈을 깜짝거리고 혼차 앉젔노? ▶ 뭣을 생각한다고 눈을 깜빡거리고 혼자 앉았나?

깝깝:하다 형 갑갑하다. ¶심바람 간 사람이 늦가꺼정 애 오이 속이 깝깝해서 죽겠다. ▶ 심부름 간 사람이 늦게까지 안 오니 속이 갑갑해서 죽겠다.

깝띠'기 명 껍데기. 껍질. '옷'의 속된말. ¶서월깍재이한테 걸래서 깝띠기꺼정 홀딱 배꼈다. ▶ 서울깍쟁이한테 걸려서 껍데기까지 홀랑 벗었다. ☞ 껍띠기.

깝채:다 동 졸리다. 재촉 받다. '깝치다'의 피동. 【깝채 ▶ 졸려/깝채이 ▶ 졸리니】¶하리라도 돈 앤 깝채 보고 살어 봤으머 좋겠다. ▶ 하루라도 돈 안 졸려 보고 살아 보았으면 좋겠다.

깝치다 동 재촉(催促)하다. 조르다. 【깝처 ▶ 조라/깝치이 ▶ 조르니】¶깝친다꼬 없는 기이 화늘에서 떨어지나 땅아서 솟어나나? ▶ 조른다고 없는 것이 하늘에서 떨어지나 땅에서 솟아나나?/아칙마중 빚재이들이 찾아와서 깝처 사서 사람으 간이 마린다. ▶아침마다 빚쟁이들이 찾아와서 조라 대서 사람의 간이 마른다. ☞ 짭치다.

깟딱깟딱 몡 끄떡끄떡. 아기를 어르면서 가르치는 몸놀림의 하나. 고개를 끄떡거리게 하는 말 또는 그 동작. ☞ 곤지곤지. 따리따리. 도레도레. 불매불매. 서마서마. 짝짝꿍. 잠잠. 쪼막쪼막. 진진. 헐래헐래.

깟딱하'머 뮈 여차하면. 삐거덕하면. ¶깟딱하머 그때 한분 부자가 댈 뻔 했다. ▶여차하면 그때 한번 부자가 될 뻔 했다./깟딱하머 보따리 들고 나갈라 칸다. ▶삐거덕하면 보따리 들고 나가려 한다. ☞ 껏떡하머.

깨 뮈 꽤. 일부 명사의 뒤에 쓰여 '상당한 수준' 또는 '제법'의 뜻. ¶나살 깨나 묵었다. ▶나잇살 꽤나 먹었다./일 깨나 잘한다. ▶일 꽤나 잘한다./사람 깨나 모댔다. ▶사람 꽤나 모였다./돈 깨나 벌었다. ▶돈 꽤나 벌었다./심꼴 깨나 씬다. ▶힘꼴 꽤나 쓴다.

깨곰 몡 개암. ¶돈 쪼매 모다 났든 거 깨곰 까묵드시 다 까묵어 간다. ▶돈 조금 모아 놓았던 것 개암 까먹듯이 다 까먹어 간다.

깨구리 몡 개구리. ¶깨구리 올채이 쩍을 모린다 카디이 지가 언제부터 부자질 했는데. ▶개구리 올챙이 적을 모른다 하더니 제가 언제부터 부자노릇 했는데./깨구리가 안으로 들어오는 거 보이 장마가 올 모앵이지. ▶개구리가 안으로 들어오는 것 보니 장마가 올 모양이지.

깨굼1 몡 깻묵. ¶깨굼에도 씨가 있다. ▶깻묵에도 씨가 있다. ※ 기름을 짜낸 깻묵에도 깨 씨가 남아있을 수 있다는 말로, 일을 함에 소홀함이 없어야 한다는 말.

깨굼2 몡 앙감질. ¶발로 돌을 차고 아푸다꼬 깨굼을 띠매 죽을라 칸다. ▶발로 돌을 차고 아프다고 앙감질을 하며 죽으려 한다.

깨굼돌 몡 돌차기 놀이에 쓰는 납작한 돌. ☞ 이시거리.

깨꾸:다 통 깨우다. '깨다'의 사동. 【깨까 ▶깨워/깨꾸이 ▶깨우니】 ¶자는 사람을 깨꾸지 마고 그대로 나도라. ▶자는 사람을 깨우지 말고 그대로 놓아둬라./핵고 늦을라 아 깨까 밥 묵애라. ▶학교 늦을라 애 깨워 밥 먹여라. ☞ 깨배다.

깨끌막지다 톙 가파르다. 【깨끌막저 ▶가팔라/깨끌막지이 ▶가파르니】 ¶깨끌막진 데다 빙판이 저서 그 질로는 몬 간다. ▶가파른 데다 빙판이 져서 그 길로는 못 간다. ☞ 깨끌밫다.

깨끌밫다 톙 가파르다. 【깨끌바저 ▶가팔라/깨끌바즈이 ▶가파르니】 ¶산질이 너

깨끼:다

무 깨끌바저서 짐을 지고는 몬 올러간다. ▶ 산길이 너무 가팔라서 짐을 지고는 못 올라간다. ☞ 깨끌막지다.

깨끼:다 동 깎이다. '깎다'의 피동. 【깨깨 ▶ 깎여/깨끼이 ▶ 깎이니】¶부모 채민 깨끼는 짓 하지 마라. ▶ 부모 채면 깎이는 짓 하지 마라./가막소 들어가서 머리를 깨깨 돌아왔다. ▶ 감옥에 들어가서 머리를 깎여 돌아왔다./산이 깨깨 니러와서 집채를 덮쳤다. ▶ 산이 깎여 내려와서 집채를 덮쳤다.

깨:똥나무 명 나무의 일종. 나이 태가 조밀해서 도장을 새기는 재료로 이용된다.

깨:름배~이 명 게으름뱅이. ¶깨름배이는 지 코앞에 내밀어 조도 못 묵는다. ▶ 개으름뱅이는 제 코앞에 내밀어 줘도 못 먹는다.

깨배'다 동 깨우다. '깨다'의 사동 【깨배 ▶ 깨워/깨배이 ▶ 깨우니】 ☞ 깨꾸다.

깨분:하다 형 개운하다. 깨끗하다. 【깨분해 ▶ 개운해/깨분하이 ▶ 개운하니】¶일을 하그덜랑 깨분하게 하든지 앤 그러머 가마이 나두는 기이 낫다. ▶ 일을 하거든 개운하게 하던지 안 그러면 가만히 놓아두는 것이 낫다. ☞ 깨빈하다.

깨빈:하다 형 개운하다. 깨끗하다. 【깨빈해 ▶ 개운해/깨빈하이 ▶ 개운하니】¶빚을 다 갚고 나이 십 연 묵은 체증이 니러 간 거 끝치 깨빈하다. ▶ 빚을 다 갚고 나니 십 년 먹은 체증이 내려 간 것 같이 개운하다. ☞ 깨분하다.

깨소굼 맛이다 관 깨소금 맛이다. 음식 맛이 고소하다. 남이 못 되는 것을 보고 '고것 봐라' 또는 '내가 뭐라더냐' 따위의 빈정거리는 투로 쓰이는 말. ¶아이고 고거 바라 깨소굼 맛이다. 그캐 내가 머라 카드노? ▶ 아이고 고것 봐라 깨소금 맛이다. 그래 내가 뭐라 하더냐?

깨암 명 고욤. ¶깨암이 감 보고 떨따꼬 나무랜다. ▶ 고욤이 감 보고 떫다고 나무란다. ☞ 꾀양.

깨을다 형 개으르다. 【깨을러 ▶ 개을러/깨을으이 ▶ 개으르니】¶지 깨을러 몬 사는 거를 모리고 넘 탓마 한다. ▶ 제 개을러 못 사는 것을 모르고 남 탓만 한다.

깨을밧다 형 개을러빠지다. '개으르다'의 센말. 【깨을밧어 ▶ 개을러빠져/깨을밧으이 ▶ 개을러빠지니】¶인물 좀 몬한 거는 큰 승이 아이지만도 사람 개을밧으머 공구들 고상 시긴다. ▶ 인물 좀 못한 것은 큰 허물이 아니지만 사람 개을러빠지면 식구들 고생 시킨다. ☞ 개알밧다. 깰밧다.

깨주매기 명 발효된 보리등겨 덩어리. 보리를 대낄 때 나오는 고운 등겨(당가리)를 덩어리로 만들어 잿불에 그슬어서 볏짚 용기에 보관하면 발효된다. 이것을 바수어서 시굼장을 담근다. ☞ 당가리. 시굼장.

꺼꿀재'비로

깨춤을 추다 관 철없이 날뛰다. 함부로 날뛰다. 깨를 볶을 때 난잡하게 튀는 모양에 비유한 말. ¶하리 강새이 범 무섭은 줄 모린다 카디이 저 인간이 천지를 모리고 깨춤을 춘다. ▶ 하루 강아지 범 무서운 줄 모른다더니 저 인간이 천지를 모르고 철없이 날뛴다.

깔끔:하다 형 깔끔하다. ¶일을 해논 거도 지 얼골을 달머서 깔끔하게 댔다. ▶ 일을 해놓은 것도 제 얼굴을 닮아서 깔끔하게 되었다.

깔:밧다 형 개을러빠지다. '깨을밧다'의 준말. 【깔밧어 ▶ 개을러빠져/깔밧으이 ▶ 개을러빠지니】¶담은 깔밧은 눔이 처야 하고 바아는 미친연이 찧어야 한다. ▶ 담은 개을러빠진 놈이 처야 하고 방아는 미친년이 찧어야 한다./깔밧다 깔밧다 캐도 저마이 깔밧은 눔은 화늘 밑에 또 없을 끼이다. ▶ 개을러빠졌다 개을러빠졌다 해도 저만큼 개을러빠진 놈은 하늘 밑에 또 없을 게다. ☞ 개알밧다.

깔:배~이 명 개으름뱅이. ¶낮 깔배이가 밤 부지런을 떠는 데는 넘들이 몬 따러간다. ▶ 낮 개으름뱅이가 밤 부지런을 떠는 데는 남들이 못 따라간다.

깻'단 명 깨를 묶은 단. '깻단만하다' 또는 '깻단보다 작다'로 쓰여, 곡식이나 풀 따위의 묶음이 작음을 나타냄.

꺼 명의 것. ¶소문 난 잔채에 묵을 꺼 없다. ▶ 소문 난 잔치에 먹을 것 없다./절대로 가는 그 일을 해낼 꺼다. ▶ 절대 걔는 그 일을 해낼 것이다. ☞ 거. 기1. 끼1.

꺼:깨이 명 회충(蛔蟲). 지렁이. ¶보리죽 한 그럭 묵고 돌아서이 배 안에서 꺼깨이가 또 밥 돌라칸다. ▶ 보리죽 한 그릇 먹고 돌아서니 배 안에서 회충이 또 밥 달라한다. ※ 위생환경이 나빴던 시절에 회충이나 촌충 따위의 기생충으로 인하여 배앓이를 하는 사람이 흔했는데, 어떤 사람은 회충이 많아서 입으로 토해 낼 정도였다. 구충제로 산토닌이라는 약이 있었지만 그것을 사 먹을 돈이 없어서 숯가루를 먹고 진정시키기도 하고 석유나 휘발유를 마시고 구충을 하는 사람도 있었다. 학교에서 해초를 삶아 그 물을 먹여 구충을 하기도 했다. ☞ 꺼시이.

꺼꾸룸:하다 형 꺼림칙하다. ¶일을 해 놓고 오기는 해도 디가 꺼꾸룸하다. ▶ 일을 해 놓고 오기는 해도 뒤가 꺼림칙하다.

꺼꾸정:하다 형 꾸부정하다. ¶절물 때 심꼴이나 씨든 그 사람도 나를 묵으이 허리를 꺼꾸정해 가주고 돌아댕긴다. ▶ 젊을 때 힘꼴이나 쓰던 그 사람도 나이를 먹으니 허리를 꾸부정해 가지고 돌아다닌다. ☞ 꾸꾸당하다.

꺼꿀재'비로 부 거꾸로. 반대로. '거꾸로 재비(잡이)'의 뜻. ¶꺼꿀재비로 가는 눔

105

꺼끄래'기

은 때래죽애도 꺼꿀재비로 간다. ▶ 거꾸로 가는 놈은 때려죽여도 거꾸로 간다. ☞ 까꾸리2.

꺼끄래'기 몡 까끄라기. 가시랭이. 거스러미. ☞ 까끄래기. 까끄래이. 까락. 까시래기.

꺼끄렁 괜휑 허튼. 껍데기. ¶사람은 지 분수를 알어야 괜시리 꺼끄렁 욕심을 부리다가 손해를 보고 만다. ▶ 사람은 제 분수를 알아야 공연스레 허튼 욕심을 부리다가 손해를 보고 만다.

꺼끄렁쭉디기 몡 쭉정이. '깔끄러운 쭉디기(쭉정이)'의 뜻. ¶금연에는 후재가 들어서 봉답 논에서 꺼끄렁쭉디기 도 가매이 거다들랐다. ▶ 금년에는 병충해가 들어서 봉답 논에서 쭉정이 두어 가마니 거둬들였다.

꺼내'끼 몡 끄나풀. 끈의 토막. 끈 나부랭이. ☞ 끄나까리. 끄내끼. 끈가리. 끈타리.

꺼러매다 동 꿰매다. 【꺼러매 ▶ 꿰매/꺼러매이 ▶ 꿰매니】 ¶여기 걸처 꺼러매고 저기 걸처 꺼러매다가 인자 걸치고 꺼러맬 자리도 없다. ▶ 여기 걸처 꿰매고 저기 걸처 꿰매다가 이제 걸치고 꿰맬 자리도 없다. ☞ 꾀매다.

꺼리 몡 재산(財産). 살림 형편(形便). 음식재료(飮食材料). '살림꺼리'의 준말. ¶꺼리가 없다. ▶ 재산이 없다./꺼리가 좋다. ▶ 살림형편이 좋다./꺼리가 갠찬타. ▶ 살림형편이 괜찮다./꺼리가 좋으며 임석 맛도 좋다. ▶ 재료가 좋으면 음식 맛도 좋다.

꺼림직:하다 휑 꺼림칙하다. ¶기분이 꺼림직하머 그 일에는 손을 대지 마라. ▶ 기분이 꺼림칙하면 그 일에는 손을 대지 마라.

꺼문체:이 몡 검은자위. ¶그 사람 인자 눈 꺼문체이가 히멀굼하이 대서 사람도 몬 알어보드라. ▶ 그 사람 이제 눈 검은자위가 희멀거니 되어서 사람도 못 알아보더라.

꺼부지지 몡 검불. ¶까꾸리로 꺼부지지를 끌거모다서 불에 태와 뿌러라. ▶ 갈퀴로 검불을 긁어모아서 불에 태워 버려라.

꺼'불 몡 꺼풀. 껍데기. 겹. ¶한 꺼불 배끼머 지나 내나 부랄 두 쪼가리뺵에 더 있나? ▶ 한 꺼풀 벗기면 제나 나나 불알 두 조각밖에 더 있나? ☞ 거풀.

꺼시름 몡 그을음. ☞ 꺼심. 끄름. 끄시럼. 끄지럼.

꺼:시이 몡 지렁이. 회충. ¶글씨라꼬 써 논 기이 꼭 꺼시이가 기 댕기는 거 글다. ▶ 글씨라고 써 놓은 것이 꼭 지렁이가 기어 다니는 것 같다. ☞ 꺼깨이.

꺼심 몡 그을음. 그슬음. 시신(屍身)을 입관(入棺)하기 전에 관을 볏짚 따위로 한 차례 그을리는 일. ☞ 꺼시름. 끄름. 끄시럼. 끄지럼.

꺼적 몡 거적. 【꺼적문▶거적문/꺼적자리▶거적자리】¶날이 춥다. 소 삼장 우에 꺼적 한 장 더 덮어 조라.▶날이 춥다. 소 등덮개 위에 거적 한 장 더 덮어 줘라. ☞꺼지기.

꺼적거리다 동 끼적거리다. ¶공부하기 실부이 공책에다 아무 꺼나 꺼적거리고 앉젔다.▶공부하기 싫으니 공책에다 아무 거나 끼적거리고 앉았다. ☞끄적거리다.

꺼적띠기 몡 거적때기. ¶사는 집이라 카는 기이 꺼적띠기 및 장 덮어서 비나 개와 피할 정도다.▶사는 집이라 하는 것이 거적때기 몇 장 덮어서 비나 겨우 피할 정도다.

꺼적문 몡 거적문. ¶꺼적문을 들서 보이 보리밥 한 바가치에 짐치쪼가리 맻 개나 놓고 아들하고 둘러안저서 묵고 있드라.▶거적문을 들쳐 보니 보리밥 한 바가지에 김치조각 몇 개 놔 놓고 애들하고 둘러앉아서 먹고 있더라.

꺼적자리 몡 거적자리. 누추한 자리. ¶해가 아이 멀었는데 꺼적자리지마는 여기 들어와서 다리나 쉬고 가이소.▶해가 아직 멀었는데 거적자리지만 여기 들어와서 다리나 쉬고 가세요. ※몇 십리 길도 걸어 다니던 시절이라 길을 가다가 보면 이런 인사는 예사로 듣는다.

꺼정 조 까지. 끼리. ¶오늘 이바구는 여기꺼정 하고 나무지기는 내리 하자.▶오늘 이야기는 여기까지 하고 나머지는 내일 하자./자들은 여기 나두고 우리꺼정 가 보자.▶쟤들은 여기 놓아두고 우리끼리 가 보자.

꺼죽 몡 거죽. 겉 부분. ¶이불 꺼죽 씩근 거를 풀 묵애서 널어나라.▶이불 거죽 씻은 것을 풀 먹여서 널어놔라.

꺼죽띠기 몡 거죽때기. '옷 나부랭이'의 속된말. ¶낯 꺼죽은 밸 꺼 아인데 꺼죽띠기는 좋은 거 걸치고 댕기네.▶낯 거죽은 별 것 아닌데 거죽때기(옷 나부랭이)는 좋은 것 걸치고 다니네./말이 옷이지 다 히이진 꺼죽띠기 하나 걸치고 댕기는 거 보머 불쌍해서 몬 본다.▶말이 옷이지 다 헤어진 거죽때기(옷 나부랭이) 하나 걸치고 다니는 것 보면 불쌍해서 못 본다.

꺼지기 몡 거적. ¶겨실이머 저 과수원 빈집에서 걸배이들이 꺼지기를 덮어씨고 불무디기 앞에 앉젔니라.▶겨울이면 저 과수원 빈집에서 거지들이 거적을 덮어쓰고 불무더기 앞에 앉았느니라. ☞꺼적.

꺼치래기 몡 거스러미. ¶한 이틀 나락을 거댔디이 손까락마다 꺼치래기가 일었다.▶한 이틀 벼를 거뒀더니 손가락마다 거스러미가 일었다. ☞까치래기.

껙'곡

껙'곡 명 껍데기 곡식. 도정하지 않은 곡식. ¶껙곡 한 섬을 찧으머 보통 알곡이 한 가매이 쪼매 더 나온다. ▶ 껍데기곡식 한 섬을 찧으면 보통 알곡이 한 가마니 조금 더 나온다.

껙저'구 명 껙지. 껙저기. ¶껙저구 잡어서 잘 몬 쥐다가 손 찔랜다. ▶ 껙지 잡아서 잘 못 쥐다가 손 찔린다.

껄 명 거리. 곁. 부근. ¶장아 갔다가 오는 질에 다리 껄 주막에서 달 개장국 한 그럭 사 묵고 왔다. ▶ 장에 갔다가 오는 길에 다리(교량) 거리 주막에서 닭 개장국 한 그릇 사 먹고 왔다.

껄띠'기 명 그루터기. ¶아이고 날이 와 이래 춥노, 나무 껄띠기라도 모다서 불 쫌 지피자. ▶ 아이고 날이 왜 이렇게 춥나, 나무 그루터기라도 모아서 불 좀 지피자.

껄죽:하다 형 걸쭉하다. ¶아이고, 이럴 때 껄죽한 탁주나 한 사바리 마셨으머 속이 풀리겠는데. ▶ 아이고, 이럴 때 걸쭉한 탁주나 한 사발 마셨으면 속이 풀리겠는데.

껌디~이 명 껌둥이. '흑인'의 속된말. 해방 후 신작로 위로 달리는 군용트럭 위에 뽀얗게 먼지를 뒤집어쓰고 앉아있는 미군들 중에 눈 흰자위와 이빨을 빼고는 칠흑 같이 검은 사람들이 처음에는 사람처럼 보이지 않았다. ☞ 깜디이.

껍띠'기 명 껍데기. 껍질. '옷'의 속된말. ¶껍띠기마 뻔질뻔질하지 속은 온통 빘다. ▶ 껍데기만 뻔질뻔질하지 속은 온통 비었다. ☞ 깝띠기.

껍띠'기곡석 명 겉곡식. 껍데기 곡식. 까끄라기 곡식. ☞ 까끄랑곡석.

껏:떡 부 끄떡. ¶말 탄 눔도 껏떡 소 탄 눔도 껏떡. ▶ 말 탄 놈도 끄떡 손 탄 놈도 끄떡. ※아기를 등에다 태우고 어르는 말.

껏떡거리다 동 끄덕하다. 거들먹거리다. 흔들거리다. ¶인자사 내 말을 알아채리고 고개를 껏떡거린다. ▶ 이제야 내 말을 알아차리고 고개를 끄덕한다./상전 배실하는데 종눔이 껏떡거리네. ▶ 상전 벼슬하는데 종놈이 거들먹거리네.

껏떡하'머 부 여차하면. 삐꺼덕하면. ¶껏떡하머 술 처묵고 쌈이나 하고 댕기이 하리도 팬할 날이 없다. ▶ 여차하면 술 처먹고 싸움이나 하고 다니니 하루도 편할 날이 없다. ☞ 깟딱하머.

께 준 것이. 게. '꺼(것)이'의 준말. ¶근간 한분 그리로 갈 께다. ▶ 근간 한번 그리로 갈 것이다./마카 잘 댈 께다. ▶ 모두 잘 될 것이다./내 일은 내가 해낼 께다. ▶ 내 일은 내가 해낼 게다./이거는 내 께 아이고 자네 께다. ▶ 이것은 내 게 아니고 자네 게다. ☞ 꺼. 끼. 기.

껭게'미 圄 꽹과리. ¶껭게미 소리가 가까버 오는 거 보이 지신발끼 패들이 우리 집 쪽으로 몰래오는 모앵이다. ▶ 꽹과리 소리가 가까워 오는 것 보니 지신밟기 패들이 우리 집 쪽으로 몰려오는 모양이다.

-꼬1 囲 -렇게. '이', '저', '그' 따위의 대명사에 붙어서 '이렇게', '저렇게', '그렇게'의 뜻을 나타냄. ¶이꼬 저꼬 할 꺼 없이 고마 치아 뿌러라. ▶ 이렇게 저렇게 할 것 없이 그만 치워 버려라./저꼬 하고도 뻔뻔시럽게 얼굴을 들고 댕기나? ▶ 저렇게 하고도 뻔뻔스럽게 얼굴을 들고 다니나?/나를 만나기마 하머 그꼬 해 사이 머리가 아푸다. ▶ 나를 만나기만 하면 그렇게 해 대니 머리가 아프다./사람을 그꼬 보이 내가 머라 카겠노? ▶ 사람을 그렇게 보니 내가 뭐라 하겠나?

-꼬2 囲 -ㄹ까. 물음이나 추측을 나타내는 종결 어미. ¶이기이 머꼬(멀꼬)? ▶ 이것이 무얼까?/머를 주꼬(줄꼬)? ▶ 뭣을 줄까?/어디를 쥐꼬(쥘꼬)? ▶ 어디를 쥘까?/와 이래 좋으꼬(좋을꼬)! ▶ 왜 이렇게 좋을까! ☞ -ㄹ꼬.

꼬:개~이 圄 고갱이. 풀이나 곡식 줄기 속에 있는 연한 심. ¶마늘 꼬개이 연한 거 꼬치장아 묻어 났다가 아들 밴또 바찬 하자. ▶ 마늘 고갱이 연한 거 고추장에 묻어 놓았다가 아이들 도시락 반찬 하자. ☞ 속꼬개이.

꼬:까지 圄 골마지. 된장이나 고추장 따위에 낀 곰팡이. ¶된장독에 꼬까지가 꼈다. 장단지 뚜끼이 열어서 바람 쐬애라. ▶ 된장독에 골마지가 끼었다. 장독 뚜껑 열어서 바람 쏘여라./장독에 꼬까지가 낀 거는 조로로 걷어 내야 한다. ▶ 장독에 골마지가 낀 것은 조리로 걷어 내야 한다.

꼬'깔 圄 고깔. ¶꼬깔 씨고 장개간다. ▶ 고깔 쓰고 장가간다. ※갓 대신 고깔 쓰고 양반흉내를 낸다는 말.

꼬:깜 圄 곶감. ¶고상하매 모다는 돈 꼬깜 빼묵드시 야굼야굼 다 빼묵고 인자부텀 흘 파묵고 사까? ▶ 고생하며 모아놓은 돈 곶감 빼먹듯이 야금야금 다 빼먹고 이제부터 흙 파먹고 살까?

꼬:깨~이 圄 곡괭이. 굳고 단단한 땅을 파는 데 쓰이는 농기구. ¶내리 파래웅디이 팔 때 그 방구를 파낼라카머 꼬깨이 없이는 앤 댈 께다. ▶ 내일 두레웅덩이 팔 때 그 바위를 파내려면 곡괭이 없이는 안 될 게다. ☞ 목개이.

꼬꼬재:배(――再拜) 圄 '결혼식(結婚式)'의 유아어. 닭(꼬꼬) 한 쌍을 상 위에다 올려놓고 신랑신부가 마주 서서 교배례(交拜禮)하는 장면을 묘사해서 하는 말. ¶할매 어부바 하고, 꼬꼬재배 하는 집에 귀경하로 가 보자. ▶ 할머니 어부바 하고, 결혼식 하는 집에 구경하러 가 보자. ※손자에게 이웃집 결혼식을 구경하

꼬:꾸랍다

러 가자고 하는 말.

꼬:꾸랍다 혱 까다롭다. 어렵다. 【꼬꾸랍어 ▶ 까다로워/꼬꾸랍으이 ▶ 까다로우니】 ¶웽캉 꼬꾸랍은 사람이라서 말 붙치기도 어렵다. ▶ 워낙 까다로운 사람이라서 말 붙이기도 어렵다.

꼬끄랑 명 꼬부랑. ¶인날 꼬끄랑 할마이가 꼬끄랑 질로 꼬끄랑 꼬끄랑 가다가 똥이 누럽어서 꼬끄랑 나무에 올라가서 똥을 누고서 꼬끄랑 짝대기로 옆에 있는 개를 때리이, 개가 "니 똥 묵고 만연 살어라. 내 똥 묵고 천연 살어라." 하드란다. ▶ 옛날 꼬부랑 할머니가 꼬부랑 길로 꼬부랑 꼬부랑 가다가 똥이 마렵어서 꼬부랑 나무에 올라가서 똥을 누고서 꼬부랑 작대기로 옆에 있는 개를 때리니, 개가 "네 똥 먹고 만년 살아라. 내 똥 먹고 천년 살아라." 하더란다.

꼬끄랑글 명 꼬부랑 글. '알파벳'의 속된말. ¶꼬끄랑글이라도 배운 사람이 머가 달라도 다리다. ▶ 꼬부랑글이라도 배운 사람이 뭣이 달라도 다르다. ※'꼬끄랑글을 배운 사람'이라면 '고등교육을 받은 사람' 또는 '신식교육을 받은 사람'이라는 뜻을 내포하고 있다.

꼬나:물다 판 다그쳐 물다. 담배 따위를 야무지게 물다. ¶담배를 꼬나 물고 째래보고 있다. ▶ 담배를 다그쳐 물고 째려보고 있다.

꼬:내기 명 고양이. 괭이. ¶가시나가 밤 꼬내기맨대로 저녁만 묵으머 어디매로 살살거리매 돌어댕기노? ▶ 계집애가 밤 고양이처럼 저녁만 먹으면 어디로 살살거리며 돌아다니냐? ☞ 패이1.

꼬:다1 동 꾀다. 유혹하다. 【꼬아(꽈) ▶ 꾀어/꼬이 ▶ 꾀니】 ¶머심아 지가 암만 꼬아 바라 나는 앤 꼬애 넘어간다. ▶ 머슴애 제가 아무리 꾀어 보아라 나는 안 꼬여 넘어간다. ☞ 꼬시다2.

꼬:다2 동 고다. 【꼬아(꽈) ▶ 고아/꼬으이 ▶ 고니】 ¶소 빽다구는 약한 불에 오래 꽈서 빼를 울가야 지푼 맛이 난다. ▶ 소 뼈다귀는 약한 불에 오래 고아서 뼈를 우려야 깊은 맛이 난다.

꼬다리 명 꼬투리. 꼬리. 가닥. 실마리. ¶그 행사한테 꼬다리가 잽히머 아무라도 토설 애한고는 몬 배긴다. ▶ 그 형사한테 꼬투리가 잡히면 아무라도 토설 안하고는 못 배긴다. ☞ 꼬타리.

꼬두'밥 명 고두밥. 된밥. ¶탁주 당구는 거는 먼첨 꼬두밥에 누럭가리를 옇고 버무러서 단지에 담고 뜨뜨무리한 물을 알맞게 붓고 아래목에 이불을 씨우고 하리마 나두머 뽀글뽀글 괴는 소리가 들랜다. ▶ 탁주 담그는 것은 먼저 고두밥에

꼬'리다

누룩가루를 넣고 버무려서 단지에 담고 뜨뜻미지근한 물을 알맞게 붓고 아랫목에다 이불을 씌우고 하루만 놓아두면 보글보글 괴는 소리가 들린다.

꼬들빼기 몡 고들빼기. ¶봄에 꼬들빼기 어린 거 캐다가 살짝 데쳐서 초장에 찍어 묵어 바라 입맛이 돌아오지. ▶ 봄에 **고들빼기** 어린 것 캐다가 살짝 데쳐서 초고추장에 찍어 먹어 봐라 입맛이 돌아오지.

꼬라박다 동 망치다. 곤두박질하다. ¶한 해는 가물이 들고 한 해는 큰물이 지고 이래저래 거퍼 두 해 농사를 꼬라박고 나이 댓정이 없다. ▶ 한 해는 가뭄이 들고 한 해는 홍수가 나고 이래저래 거푸 두 해 농사를 **망치고** 나니 덧정이 없다. ☞ 꼴박다. 조박다.

꼬라보다 동 쌔려보다. 노려보다. 【꼬라바 ▶ 쌔려봐/꼬라보이 ▶ 쌔려보니】 ¶야, 내 낯째기에 머 묻었나 와 꼬라보노? ▶ 얘, 내 낯짝에 뭐 묻었나 왜 **쌔려보나**? ※깡패들이 지나가는 사람을 잡고 시비를 거는 말. ☞ 쌔래보다.

꼬라:지 몡 꼬락서니. ¶아이고 꼬라지 꼬라지 캐도 저래 더러분 꼬라지가 시상에 또 어디 있을라꼬. ▶ 아이고 꼬락서니 꼬락서니 해도 저렇게 더러운 **꼬락서니**가 세상에 또 어디 있으려고.

꼬랑'내 몡 구린내. ¶아이고 꼬랑내야, 똥 뀐 사람 자수해라. ▶ 아이고 **구린내야**, 방귀 뀐 사람 자수해라. ☞ 꼬린내. 꾸렁내.

꼬랑대기 몡 꼬랑지. 꼬리. ¶꼬랑대기를 헌든다. ▶ 꼬랑지를 흔든다(아첨을 한다)./꼬랑대기를 니린다. ▶ 꼬랑지를 내린다(움츠린다)./꼬랑대기를 감춘다. ▶ 꼬랑지를 감춘다(자취를 감춘다)./꼬랑대기를 단다. ▶ 꼬랑지를 단다(이의를 단다)./꼬랑대기를 물고 늘어진다. ▶ 꼬랑지를 물고 늘어진다(꼬투리를 잡고 늘어진다)./꼬랑대기를 잡는다. ▶ 꼬랑지를 잡는다(약점을 잡는다). ☞ 꼬랑대이. 꼬래이. 꽁다리. 꽁대기.

꼬랑대~이 몡 꼬리. ☞ 꼬랑대기. 꼬래이. 꽁다리. 꽁대기.

꼬래~이 몡 끄트머리. 꼬리. ¶돈 있는 눔 밑에 붙어서 꼬래이를 살살 헌들어 댄다. ▶ 돈 있는 놈 밑에 붙어서 **꼬리를** 살살 흔들어 댄다. ☞ 꼬랑대기. 꼬랑대이. 꽁다리. 꽁대기.

꼬:리 몡 꼴등. 꼴찌. 끄트머리. 끈또.

꼬'리다 형 구리다. 【꼬래 ▶ 구려/꼬리이 ▶ 구리니】 ¶가마있어도 대는데 지 디가 꼬래서 자꼬 저칸다. ▶ 가만있어도 되는데 제 뒤가 **구려서** 자꾸 저런다. ☞ 꾸리다2.

꼬린내 [명] 구린내. ¶머가 **꼬린내**가 나기는 나는데 꼭 잽히는 기이 있어야지. ▶뭐가 **구린내**가 나기는 나는데 꼭 잡히는 것이 있어야지. ☞ 꼬랑내. 꾸렁내.

꼬'뿌 [명] 잔. 컵. [日] 'コップ(cup)'. ¶우리 저기 들어가서 한 **꼬뿌** 하매 이바구나 하자. ▶ 우리 저기 들어가서 한 **잔** 하며 이야기나 하자.

꼬시'다1 [형] 고소하다. '고시다'의 센말. ¶아이고 내 손자 꼬치 와 이래 **꼬시지!** ▶ 아이고 내 손자 고추 왜 이렇게 **고소하지!** ※ 애기 자지를 따먹는 시늉을 하며 어르는 말. ☞ 고시다. 구시다. 구시하다. 꼬시하다.

꼬'시다2 [동] 꾀다. 【꼬새(꼬시어) ▶ 꾀어/꼬시이 ▶ 꾀니】 ¶열 분 찍어서 앤 너머가는 나무가 없다 캤는데, **꼬시머** 다 넘어가게 대 있다. ▶ 열 번 찍어서 안 넘어가는 나무가 없다 했는데, **꾀면** 다 넘어가게 되어 있다./그 가시나는 어지간한 사람이 **꼬새서는** 눈도 꼼짝 애 한다. ▶ 그 계집애는 어지간한 사람이 **꾀어서는** 눈도 끔뻑 안 한다. ☞ 꼬다1.

꼬시매머'리 [명] 고수머리. ¶**꼬시매머리에다** 눈은 쪼맨한 기이 깐지게 앤 생갰나 바라. ▶ **고수머리에다** 눈은 조그마한 것이 깐지게 안 생겼나 봐라.

꼬시매재~이 [명] 고수머리인 사람. '고수머리 쟁이'의 뜻.

꼬시ː하다 [형] 고소하다. '고시다'의 센말. ☞ 구시다. 구시하다. 꼬시다1.

꼬싸'리 [명] 고사리. ¶고죽국 왕자 백이숙제 행제는 서리 잉금 애 할라꼬 미루다가 주나라 무왕이 나라를 빼뜨는 거를 보고, 즈그 곡석 앤 묵겠다 카매 수양산에 들어가서 **꼬싸리** 뜯어묵고 지내다가 굴머죽었단다. ▶ 고죽국(孤竹國) 왕자 백이숙제(伯夷叔齊) 형제는 서로 임금 안 하려고 미루다가 주(周)나라 무왕(武王)이 나라를 빼앗는 것을 보고, 저희 곡식 안 먹겠다며 수양산(首陽山)에 들어가서 **고사리** 뜯어먹고 지내다가 굶어죽었단다.

꼬애ː다 [동] 꾀이다. '꼬다'의 피동. 【꼬애 ▶ 꼬여/꼬애이 ▶ 꼬이니】 ¶내가 꼭 구신한테 **꼬애서** 여기꺼정 온 거 긑다. ▶ 내가 꼭 귀신한테 **꼬여서** 여기까지 온 것 같다./장아서 야바우꾼들한테 **꼬애서** 살 한 가매이 낸 거 다 털랬다. ▶ 장에서 야바위꾼들한테 **꼬여서** 쌀 한 가마니 낸 거 다 털렸다./그 단단한 사람이 여자한테 한분 **꼬애이** 넉 나간 거 긑치 대 뿌리드라. ▶ 그 단단한 사람이 여자한테 한번 **꼬이니** 넋 나간 것 같이 되어 버리더라.

꼬'ː장 [명] 고추장. '꼬치장'의 준말. ¶우리 클 곱에사 어디 밸 해무꼬 있었나, 거저 보리밥에다 열무짐치하고 **꼬장** 한 수까락 떠 옇고 아무따나 비배 묵고 그랬지. ▶ 우리 클 적에야 어디 별 반찬 있었나, 그저 보리밥에다 열무김치하고 고추장 한 숟가락 떠 넣고 아무렇게나 비벼 먹고 그랬지. ☞ 꼬치장.

꼬장주~우 圐 고쟁이. 가랑이가 앞뒤로 터져서 허리춤을 내리지 않고도 볼일을 보게 되어 있다. ¶암만 집 안이라도 **꼬장주우** 바람에 돌아댕기다가 누가 불쑥 들오머 우얄라 카노? ▶ 아무리 집 안이라도 **고쟁이** 바람에 돌아다니다가 누가 불쑥 들어오면 어떻게 하려나? ☞ 고재이.

꼬재~이 圐 꼬챙이. 막대기 토막. 【대꼬재이 ▶ 대꼬챙이/산적꼬재이 ▶ 산적꼬챙이/쇠꼬재이 ▶ 쇠꼬챙이】¶객지에서 얼매나 고상을 했는지 몸이 **꼬재이** 긑치 말렀다. ▶ 객지에서 얼마나 고생을 했는지 몸이 **꼬챙이** 처럼 말랐다./꼬재이 가주고 노다가 눈 찔랠라. ▶ **꼬챙이** 가지고 놀다가 눈 찔릴라. ☞ 꼬징개이.

꼬저 圐 뒷모. 윷놀이에서, 윷판의 둘레를 따라 처음부터 열째 되는 밭. ☞ 윷판.

꼬지래'기 圐 소나기. 뙤약볕이 쪼이다가 별안간 쏟아지는 소나기. ¶아이고 이래 덥을 때는 **꼬지래기** 한 자래기라도 쏟아졌으머 좋겠다. ▶ 아이고 이렇게 더울 때는 소나기 한 자락이라도 쏟아졌으면 좋겠다. ☞ 소내기.

꼬징개~이 圐 꼬챙이. 막대기 토막. ¶청명한식에는 지기가 살어서 **꼬징개이**를 까꾸리 꼽어 나도 산단다. ▶ 청명한식(淸明寒食)에는 지기(地氣)가 살아서 **꼬챙이**를 꺼꾸로 꽂아 놓아도 산단다. ☞ 꼬재이.

꼬치1 圐 고추. '아기 자지'를 예쁘게 이르는 말. 할머니가 손자를 어르면서 "꼬치 따묵자."며 입을 벌리면, 손자는 제 고추를 따서 할머니의 입에다 넣어주면서 생색을 낸다. 그러면 할머니는 이를 받아먹는 시늉을 하며 "아이고 꼬치 마싯다."고 한다.

꼬'치2 圐 누에고치. 고치. 누에가 실을 토하여 제 몸을 싸서 만든 집. 물레로 실을 잣기 위해 고칫대로 말아서 뺀 떡가래모양의 무명 솜 가래. ¶누배꼬치 풀 때, 첨에 **꼬치**를 끌는 솥에 옇고 끼리다가 저까치로 휘휘 젓어서 실가대기를 잡고, 이거를 쇠고리에 뀌서 대롱에 건다. ▶ 누에고치 풀 때, 처음에 **고치**를 끓는 솥에 넣고 끓이다가 젓가락으로 휘휘 저어서 실가닥을 잡고, 이것을 쇠고리에 꿰어서 대롱에 건다. ☞ 꼰치. 명주길쌈.

꼬치감 圐 재래종 감의 일종. 모양이 고추처럼 생겼다 해서 붙은 이름.

꼬치 긑치 칩다 팬 매섭게 춥다. ¶배낕 날씨가 **꼬치 긑치 칩다**. ▶ 바깥 날씨가 매섭게 춥다.

꼬'치말기 圐 무명베길쌈을 할 때 고치말기 작업. 물레로 실을 잣기 위하여 활로 탄 솜을 적당한 분량으로 떼어서 널판에다 펴고 고칫대(가는 대나무 꼬챙이)

꼬치모종

로 말아서 **뺀다**. 크기가 **떡가래**만 하다. ☞ 물레. 꼬치2. 꼰치.

꼬치모종 몡 고추모종. ¶오늘 글치 비가 촉촉이 오는 날은 **꼬치모종** 옹기기가 좋다. ▶ 오늘 같이 비가 촉촉이 오는 날은 **고추모종** 옮기기가 좋다.

꼬치´장 몡 고추장. ¶**꼬치장**은 가실에 당구는데, 먼저 질굼 물에다 찹쌀가리하고 밀가리를 섞어서 풀을 쑤고, 거기다 조청을 쪼매 풀고, 이거를 꼬치가리하고 매주가리하고 소굼을 섞은 데다 붓고 치대서 단지에 담어서 익훈다. ▶ **고추장**은 가을에 담그는데, 먼저 길금 물에다 찹쌀가루하고 밀가루를 섞어서 풀을 쑤고, 거기다 조청을 조금 풀고, 이것을 고춧가루하고 메주가루하고 소금을 섞은 데다 붓고 치대어 단지에 담어서 익힌다. ☞ 꼬장.

꼬´치풀기 몡 명주길쌈에서 고치 풀기. 무쇠 솥에 고치를 넣고 끓인다. 젓가락으로 떠있는 고치를 휘저어 실의 가닥을 잡는다. 실 가닥을 쇠고리에 건 다음 윗대롱과 아랫대롱 사이로 넣어 너덧 차례 감은 다음 광치에 걸어서 감는다. 이 작업을 여러 번 반복하여 여러 개의 실타래를 만든다. ☞ 명주길쌈.

꼬타´리 몡 꼬투리. ¶그 사람들이 와이로 씨라꼬 그카는 거지, **꼬타리** 잡을라카머 머를 몬 잡겠노. ▶ 그 사람들이 뇌물 쓰라고 그러는 거지, **꼬투리** 잡으려면 뭣을 못 잡겠나. ☞ 꼬다리.

꼭다´리 몡 꼭지. ¶**꼭다리**부텀 썩었는데 밑에야 말 할 꺼 있나. ▶ **꼭지**부터 썩었는데 밑에야 말 할 것 있나./냄비 꼭다리 떨어진 거 붙처 나라. ▶ 냄비 꼭지 떨어진 것 붙여 놓아라.

꼭대배기 몡 꼭대기. 정상. ¶육이오 사변 전까지도 빨개이들이 이 산 **꼭대배기**에서 봉화를 올리머 저 건너 큰산 **꼭대배기**에도 번쩍하매 올러오고 날리였지. ▶ 육이오 사변 전까지도 빨갱이들이 이 산 **꼭대기**에서 봉화를 올리면 저 건너 큰산 꼭대기에도 번쩍하며 올라오고 난리였지. ☞ 대박. 대배기1.

꼭두마리 몡 물레의 꼭지마리. 손잡이로 돌리는 동력을 받아서 굴통에 전달한다. ☞ 물레.

꼭두새복 몡 꼭두새벽. ¶우리 집 아 아부지는 **꼭두새복**에 일 나가서 한밤중이 대서 들어와도 돈은 쥐꼬리만치 뻒에 몬 들룬다. ▶ 우리 집 애 아버지는 **꼭두새벽**에 일 나가서 한밤중이 되어서 들어와도 돈은 쥐꼬리만큼 밖에 못 들인다.

꼰 몡 고누. ¶산에 소를 올러놓고, 꼴 한 자대기씩 걸고 내기 **꼰**을 한분 뜨자. ▶ 산에 소를 올려놓고 꼴 한 아름씩 걸고 내기 **고누**를 한번 두자. ＊모심기를 끝내고 소 부릴 일이 없으면 목동들은 소를 골짜기로 몰아넣고, 꼴 한 지게씩 베어다 받쳐 놓고서 소들이 내려올 때까지 목욕을 하거나 고누를 뜨거나 돌차기 따위를 하며 논다.

끈두박찔 몡 곤두박질. ¶이 사람아, 그거 한분 손해 봤다꼬 고개를 탈어 미고 댕기나, 시상 살어갈라카머 **끈두박찔**도 맻 분은 친다. ▶ 이 사람아, 그것 한번 손해 봤다고 고개를 틀어 메고 다니나, 세상 살아가려면 곤두박질도 몇 번은 친다.

끈:또 몡 꼴찌. 꼴등. '끈(꼴찌)'+⑪'と う(等)'. ☞ 끈뜽. 꼼바래이. 끝등. 꼬리.

끈:뜽 몡 꼴찌. 꼴등. ¶오늘 핵고 운동회서 학부모들이 쪼치바리하는 데 나가서 자빠러져서 **끈뜽**하고 말었다. ▶ 오늘 학교 운동회서 학부모들이 달리기하는 데 나갔다가 넘어져서 꼴찌하고 말았다. ☞ 끈또. 꼼바래이. 끝등.

끈치 몡 누에고치. 물레로 실을 잣기 위해 솜을 고칫대에 말아서 만든 떡가래모양의 솜 가래. ☞ 꼬치2. 명주길쌈.

꼴1 몡 골. 형틀. 미투리를 삼아서 모양새를 잡는 골. ¶미신은 삼아서 **꼴**을 박아 방매이로 뚜디러 손질해야 모앵이 난다. ▶ 미투리는 삼아서 골을 박고 방망이로 두들겨 손질해야 모양이 난다.

−꼴2 젭 −골. 특수한 지형지물을 나타내는 말에 붙어 지명이 되는 접미사. 【가마꼴/감나무꼴/갓꼴/강당꼴/개발꼴/당꼴/대죽꼴/대추꼴/덕꼴/모시밭꼴/배꼴/성좃꼴/솟꼴/신당꼴/오릿꼴/짓꼴/차당꼴】 ☞ −실.

꼴나다 톙 '꼴난'으로 쓰여, '보잘것없는' 또는 '형편없는' 따위의 뜻이 됨. '꼴보기 싫다'를 '잘났네!'라며 빈정거리는 말과 흡사하다. ¶그 **꼴난** 거를 주고도 좃다 칼라머 고마 나도라. ▶ 그 보잘것없는 것을 주고도 줬다 하려면(생색을 내려면) 그만 놔둬라.

꼴대 몡 도리깨의 꼭지(고두머리). 도리깨의 자루머리에 꿰어 열을 걸어 돌게 한 비녀 모양의 나무토막. 《꼴또바리. 꼴뚜바리. 꼭뚜바리》 ☞ 꼴띠. 도리깨.

꼴때'기 몡 되받아치기로 하는 도리깨질. '꼴대냉기기'의 준말. ¶도리깨 이리 내바라. **꼴때기**도 몬 하매 새갱 받을 때는 상머섬 행사하나? ▶ 도리깨 이리 내봐라. 되받아치기도 못 하며 새경 받을 때는 상머슴 행세하나? ☞ 꼴때냉기기.

꼴때냉'기기 몡 되받아치기로 하는 도리깨질. '꼴(북데기) 대(되받다) 냉기기(넘기기)'의 뜻. 한 방향으로 도리깨질을 하다가 북데기가 한편으로 모이게 되면 가끔씩 역방향으로 되받아쳐서 북데기를 뒤집어 주는 것과 동시에 북데기에 걸려 있는 알갱이를 털어 준다. 힘이 세고 도리깨질에 숙달된 일꾼이라야 할 수 있다. ☞ 꼴때기.

꼴띠

꼴띠 몡 도리깨의 꼭지(고두머리). 도리깨의 자루머리에 꿰어 열을 걸어 돌게 한 비녀 모양의 나무토막.《꼴또바리. 꼴뚜바리. 꼭뚜바리》☞ 꼴대. 도리깨.

꼴리는 대로 하다 관 '꼴리는 대로 해라' 꼴로 쓰여, '멋대로 해라' 또는 '마음 내키는 대로 해라'는 뜻의 빈정거리거나 체념하는 투의 말이 됨. ¶니 맴 꼴리는 대로 해라. ▶ 네 마음 내키는 대로 해라./지 꺼 지 꼴리는 대로 하는데 누가 머러칼 꺼고? ▶ 제 것 제 멋대로 하는데 누가 뭐라 할 건가? ☞ 좆대로 하다. 쪼대로 하다.

꼴머섬 몡 꼴머슴. 꼴을 벨 정도의 잔일을 하는 어린 머슴. ¶농사철 바뿔 때는 머섬 하나로는 심드이 밥이나 묵애 주고 잔일이라 시기구로 꼴머섬 하나 더 데래야겠다. ▶ 농사철 바쁠 때는 머슴 하나로는 힘드니 밥이나 먹여 주고 잔일이라도 시키게 꼴머슴 하나 더 데려야겠다. ☞ 머섬.

꼴박다 동 처박다. 실패하다. '꼬라박다'의 준말. 【꼴박어 ▶ 처박아/꼴박으이 ▶ 처박으니】¶나무짐을 지고 오다가 개골창에 꼴박었다. ▶ 나뭇짐을 지고 오다가 개골창에 처박았다./살장사하매 두 분을 꼴박고 나이 댓적이 없다. ▶ 쌀장사하며 두 번을 실패하고 나니 덧정이 없다. ☞ 조박다.

꼴조디~이 몡 우스꽝스러운 꼴. 쥐새끼 같은 꼴. ¶꼴조디이 긑치 생긴 기이 혼차 잘 난 체하네. ▶ 우스꽝스럽게 생긴 것이 혼자 잘 난 체(척)하네.

꼴짝 몡 골짝. ¶꼴짝에 있는 서 마지기 논, 그기이 가문사리를 덜 타서 장연 가물에도 우리를 살래 좃다. ▶ 골짝에 있는 서 마지기 논, 그것이 가뭄을 덜 타서 작년 가뭄에도 우리를 살려 줬다. ☞ 꼴째기.

꼴째'기 몡 골짝. ¶저녁 때가 대머 여기는 꼴째기 바람이 차갑다. ▶ 저녁 때가 되면 여기는 골짝 바람이 차갑다. ☞ 꼴짝.

꼼바래~이 몡 꼴찌. 꼴등. ¶그래 공부해서 언제 꼼바래이를 민할래? ▶ 그렇게 공부해서 언제 꼴찌를 면할래? ☞ 꼰또. 꼰등. 끝등.

꼽'다 동 꽂다. 【꼽어 ▶ 꽂아/꼽으이 ▶ 꽂으니】¶칼을 칼집에 꼽고 돌아섰다. ▶ 칼을 칼집에 꽂고 돌아섰다./책장아 책을 깐충하게 꼽었다. ▶ 책장에 책을 가지런하게 꽂았다./그래 차래 입고 옥비내 꼽으이 새각시 긑다. ▶ 그렇게 차려 입고 옥비녀 꽂으니 새색시 같다.

꼽다'시 뷔 곱다시. 꼼짝없이. ¶일사후퇴 때 중공군한테 포이대서 나할 동안 눈구디이 속에 숨어있을 때 나는 꼽다시 죽는 줄 알었다. ▶ 1·4후퇴 때 중공군한테 포위되어서 나흘 동안 눈구덩이 속에 숨어있을 때 나는 곱다시 죽는 줄 알

왔다.

꼽박 [부] 깜박. ¶암자구 재미도 없는 이바구 들으매 꼽박 자부다가 왔다.▶아무 재미도 없는 이야기 들으며 깜박 졸다가 왔다./중신재이 달싹한 말에 꼽박 속을 뿐했다.▶중매쟁이 달콤한 말에 깜박 속을 뻔했다.

꼽배'기 [명] 곱빼기. ¶반품을 받고 일은 꼽배기로 했다.▶반품을 받고 일은 곱빼기로 했다.

꼽ː빡 [부] 꼬박. 빠지지 않고. 어김없이. ¶눈이 푹 들어간 기이 꼽빡 사할은 굴문 사람 긑다.▶눈이 푹 들어간 것이 꼬박 사흘은 굶은 사람 같다.

꼽새 [명] 곱사등이. ¶꼽새가 짐 지나 마나다.▶곱사등이가 짐 지나 마나다.

꼽장예 [명] 곱장여(-長與). 이듬해 곱으로 갚기로 하고 곡식을 빌리는 것. ☞장예.

꽁 [명] 꿩. 【꽁괴기▶꿩고기/꽁약▶꿩약/꽁장▶꿩장】 ¶꽁 묵고 알 묵고 둥지 뜯어 불 때고.▶꿩 먹고 알 먹고 둥지 뜯어 불 때고. 〈전래동요 일부〉./꽁아 꽁아 장꽁아, 보리를 한 대 팔어서 찍어 노이 만코, 덖어 노이 적고, 밥을 해 노이 만코, 묵으이 좋코, 똥을 뀌이 시언코, 뽕 뽕 뽕.▶꿩아 꿩아 장꿩아, 보리를 한 되 팔아서 찧어 놓으니 많고, 대껴 놓으니 적고, 밥을 해 놓으니 많고, 먹으니 좋고, 똥을 뀌니 시원하고, 뿡 뿡 뿡. 〈전래동요. 김종필〉.

꽁괴'기 [명] 꿩고기. ¶꽁괴기 묵고 달다리 니민다.▶꿩고기 먹고 닭다리 내민다.

꽁다'리 [명] 꼬리. 끝 토막. 끄트머리. ¶즈그끼리 다 묵고 뱁추 꽁다리 하나 앤 낭갔드라.▶저희들끼리 다 먹고 배추 꼬리 하나 안 남겼더라./푸든 담배 꽁다리라도 있으머 하나 내바라.▶피우던 담배 끝 토막(꽁초)이라도 있으면 하나 내봐라. ☞꼬랑대기. 꼬랑대이. 꼬래이. 꽁대기.

꽁대'기 [명] 꼬리. ¶머를 도디키다가 다들캤는지 꽁대기가 빠지드록 내빼드라.▶뭐를 훔치다가 들켰는지 꼬리가 빠지도록 내빼더라. ☞꼬랑대기. 꼬랑대이. 꼬래이. 꽁다리.

꽁삐가'리 [명] 꿩의 병아리.

꽁'약 [명] 꿩약(-藥). ¶꽁약은 콩알에 구영을 내서 거기다 비상을 옇고 초로 막은 거로, 눈 온 날 꽁이 잘 내래오는 데다 이거를 헐처 놓는다.▶꿩약은 콩알맹이에 구멍을 내서 거기다 비상을 넣고 초로 막은 것으로, 눈 온 날 꿩이 잘 내려오는 데다 이것을 흩쳐 놓는다.

꽁'장 [명] 꿩장(-醬). ¶꽁장은 된장에 꽁괴기를 빼가치 채로 다저 옇고 끼린 거다.▶꿩장은 된장에 꿩고기를 뼈 채로 다져 넣고 끓인 것이다.

꽃댕애

꽃댕애 명 꽃신. 주로 여자어린이나 여자들이 신는다. ¶**꽃댕애** 신고 가매 타고 시집간다. ▶ **꽃신** 신고 가마 타고 시집간다.

꽃봉아리 명 꽃봉오리. ¶이팔청춘이라 카다이, **꽃봉아리** 긑치 피이나는 저 얼골 바라. ▶ 이팔청춘이라더니, **꽃봉오리** 같이 피어나는 저 얼굴 보아라.

꽃'불 명 불잉걸. 불덩어리. ¶다황이 없으며 부적아구리 가서 **꽃불** 하나 집어 들고 와서 등잔에 붙처라. ▶ 성냥이 없으면 아궁이에 가서 **불잉걸** 하나 집어 들고 와서 등잔에 붙여라.

꽉: 부 꼭. 빈틈없이. 틀림없이. ¶짐장 버무러 논 거 단지에 담고 그 우에 돌로 **꽉** 눌라 나라. ▶ 김장 버무려 놓은 것 단지에 담고 그 위에 돌로 꼭 눌려 놓아라./물이 짚으이 내 손을 **꽉** 잡고 따러오느라. ▶ 물이 깊으니 내 손을 꼭 잡고 따라오너라.

꽝'처리 명 강철이(强鐵-). 용이 되다만 상상의 동물로 생김새가 험상궂어 이 동물이 나타나면 한발(旱魃)이 든다고 한다. ¶문디이 **꽝처리** 긑치 생긴데다 성질도 저 모앵이라, 누가 저거를 데불고 갈 꺼고? ▶ 문둥이 **강철이** 같이 생긴데다 성질도 저 모양이라, 누가 저것을 데리고 갈 건가?/**꽝처리**가 나오머 가문사리가 든단다. ▶ **강철이**가 나오면 가뭄이 든단다.

꽤~이1 명 고양이. ¶밲에서는 저래 기가 나다가도 즈가부지 앞에마 가머 **꽤이** 앞에 쥐가 댄다. ▶ 밖에서는 저렇게 기가 나다가도 제 아버지 앞에만 가면 **고양이** 앞에 쥐가 된다. ☞ 꼬내기.

꽤~이2 명 괭이. 땅을 파거나 제초(除草) 작업에 쓰이는 농기구. ¶이 방구를 캐낼라카머 **꽤이**로는 앤 대고, 꼬께이가 있어야겠다. ▶ 이 바위를 캐내려면 **괭이**로는 안 되고, 곡괭이가 있어야겠다.

꾀배기 명 꾀보. 꾀쟁이. ¶저 **꾀배기**는 일을 하기로 하머 휘잡고 잘하는데 어떤 때는 술 앤 받어 주머 꾀를 부래서 머 할 때가 있다. ▶ 저 **꾀보**는 일을 하기로 하면 휘어잡고 잘하는데 어떤 때는 술 안 받아 주면 꾀를 부려서 뭣 할 때가 있다. ※술도가(양조장)에서 술을 사 가는 것을 '받는다'고 하고, 가게나 술집에서 한턱을 내는 것을 '산다'고 한다.

꾀약질 명 구역질. ¶그 여자가 해 댕기는 꼬라지마 바도 **꾀약질**이 난다. ▶ 그 여자가 해 다니는 꼴만 보아도 **구역질**이 난다.

꾀양 명 고욤. ¶떫분 **꾀양**도 단지에 옇고 사카 노머 시굼하맨서도 달짝지근해서 묵을 만하니라. ▶ 떫은 **고욤**도 단지에 넣고 삭혀 놓으면 시금하면서도 달짝지근해서 먹을 만하니라./꾀양 일흔이 감 하나만도 못하다. ▶ **고욤 일흔이 감 하나만도 못하다.** ☞ 깨암.

꾸개'다 동 구기다. 【꾸개 ▶ 구겨/꾸개이 ▶ 구기니】¶사돈, 둘막 꾸개니더 고마 벗고 팬이 안즈시이소. ▶ **사돈, 두루마기 꾸깁니다 그만 벗고 편히 앉으십시오.**

꾸개:지다 동 구겨지다. 【꾸개저 ▶ 구겨져/꾸개지이 ▶ 구겨지니】¶어디서 얼매나 구불었는지 아칙에 다래 입고 나간 옷이 다 꾸개졌다. ▶ **어디서 얼마나 뒹굴었는지 아침에 다려 입고 나간 옷이 다 구겨졌다.**

꾸꾸당:하다 형 꾸부정하다. ¶허리가 꾸꾸당하다. ▶ **허리가 꾸부정하다.** ☞ 꺼꾸정하다.

꾸다1 동 꼬다. 【꽈 ▶ 꼬아/꾸이 ▶ 꾸니】¶나줄로는 들에 나가 일하고 밤에는 새끼 꽈서 가매이 짜고 했다. ▶ **낮으로는 들에 나가 일하고 밤에는 새끼 꼬아서 가마니 짜곤 했다.**

꾸다2 동 꾸다. 빌리다. 【꼬 ▶ 꿔/꾸이 ▶ 꾸니】¶그래 만은 돈을 꼬다가 어디다 썰라카노? ▶ **그렇게 많은 돈을 꿔다가 어디다 쓰려하나?**/살 한 대배기마 꼬 주소 내리 바아 찍어서 갚으끼요. ▶ **쌀 한 됫박만 꿔 주세요 내일 방아 찧어서 갚을게요.** ☞ 최다1.

꾸다3 동 꾸다. 【꼬 ▶ 꿔/꾸이 ▶ 꾸니】¶그런 거 꿈이라도 꼬 보이 절물 때가 좋지. ▶ **그런 것 꿈이라도 꿔 보니 젊을 때가 좋지.**

꾸덕'살 명 굳은살. 군살. ☞꾸덩살.

꾸덩'살 명 굳은살. 군살. ¶지끼미, 손빠닥에 꾸덩살이 배기드록 일 해 봤자 넘 좋은 일마 시기지. ▶ **재기랄, 손바닥에 굳은살이 박이도록 일 해 보았자 남 좋은 일만 시키지.** ☞ 꾸덕살.

꾸렁'내 명 구린내. ¶보리밥 묵고 쫍은 방아 모대서 똥만 뀌대이 꾸렁내가 용천(涌泉)을 친다. ▶ **보리밥 먹고 좁은 방에 모여서 방귀만 뀌어대니 구린내가 소용돌이를 친다.** ☞ 꼬랑내. 꼰내.

꾸'리 명 베를 짤 때 북에 넣어 씨실을 공급하는 실꾸리. 꾸리는 부대(비대)에 감아서(비서) 물에 삶는다. 무명베의 경우, 꾸리 큰 것 하나로 3자반정도의 베를 짤 수 있다.

꾸리다1 동 꿇다. 【꾸러 ▶ 꿇어/꾸리이 ▶ 꿇으니】¶무릎을 꾸리고 비는 데는 더 말을 몬 하겠드라. ▶ **무릎을 꿇고 비는 데는 더 말을 못 하겠더라.**

꾸리다2 형 구리다. 【꾸래 ▶ 구려/꾸리이 ▶ 구리니】¶디 꾸린 눔이 먼저 성낸다.

꾸리미

▸뒤 구린 놈이 먼저 화낸다./너무 꾸래서 코를 막고 들어갔다. ▸너무 구려서 코를 막고 들어갔다. ☞ 꼬리다.

꾸리미 몡 꾸러미. ¶과실 한 꾸리미를 들고 왔다. ▸과일 한 꾸러미를 들고 왔다./엽전 한 꾸리미를 미고 갔다. ▸엽전 한 꾸러미를 메고 갔다./달알 한 꾸리미를 팔어서 고디이 한 손을 사 왔다. ▸달걀 한 꾸러미를 팔아서 고등어 한 손을 사 왔다.

-꾸'마 몡 -ㄹ게. ¶내리 글로 가꾸마. ▸내일 그리로 갈게./인자 고마 묵으꾸마. ▸이제 그만 먹을게./먼첨 가 보꾸마. ▸먼저 가 볼게./이거 니한테마 주꾸마. ▸이것 너한테만 줄게.

꾸무리:하다 혱 흐릿하다. ¶날씨가 꾸무리해저 가는 거 보이 소내기 한 줄기 올라는가베. ▸날씨가 흐릿해져 가는 것 보니 소나기 한 줄기 오려는가 봐.

꾸미 몡 고명. 음식의 맛과 모양을 내는 양념. ¶국시 맛이 좋다 캐도 다 꾸미 맛이지. ▸국수 맛이 좋다 해도 다 고명 맛이지. ☞ 뀌미.

꾸정'물 몡 구정물. 개숫물. ¶꾸정물은 나가고 말강물은 들오고. ▸구정물은 나가고 맑은물은 들오고. ※야외에서 샘을 파 놓고 흙탕물이나 티끌 따위를 걷어내면서 부르는 동요./미꾸리 한 마리가 꾸정물을 일군다 캤다. ▸미꾸라지 한 마리가 구정물을 일으킨다 했다./나뿐 눔 젙에 가머 꾸정물 덮어씬다. ▸나쁜 놈 옆에 가면 구정물 덮어쓴다.

꾸정'물도가지 몡 구정물독. ¶물에 빠저 죽을라카머 꾸정물도가지에도 빠저 죽는다. ▸물에 빠져 죽으려면 구정물독에도 빠져 죽는다.

꾸지럼 몡 꾸지람. ¶어디 가든지 행실 바리 하고, 할배한테 꾸지럼 들을 일일랑 하지 마라. ▸어디 가던지 행실 바로 하고, 할아버지한테 꾸지람 들을 일일랑 하지 마라.

꾸'피다 동 굽히다. 【꾸패 ▸ 굽혀/꾸피이 ▸ 굽히니】 ¶거저 꾹 참꼬 꾸피고 살머 밸 탈 없이 지내간다. ▸그저 꾹 참고 굽히고 살면 별 탈 없이 지나간다.

꿀뚝 몡 굴뚝. ¶저 집 꿀뚝에 영기가 앤 나는 거 보이 양식 떨어졌는강? ▸저 집 굴뚝에 연기가 안 나는 것 보니 양식 떨어졌는가? ※남들은 죽을 먹기도 어려운데 자기들만 밥 지어먹기가 불편해서 대문을 잠그고 불을 땔 때도 있다.

꿀래:다1 동 꿀리다. 【꿀래 ▸ 꿀려/꿀래이 ▸ 꿇리니】 ¶내가 즈그한테 꿀랠 꺼는 하나도 없다. ▸내가 저희한테 꿀릴 것은 하나도 없다./지한테 머가 꿀래서 할 말을 몬하나? ▸제한테 무엇이 꿀려서 할 말을 못하나?

꿀래:다2 [동] 꿇리다. '꾸리다1'의 피동//사동.【꿀래▶꿇려/꿀래이▶꿇리니】¶땅바닥에 무릎을 꿀래서 뚜디리 맞았다.▶땅바닥에 무릎을 꿇려서 두들겨 맞았다.//범인을 사무실 바닥에 꿀래 놓고 추달을 했다.▶범인을 사무실 바닥에 꿇려 놓고(꿇게 하고) 닦달을 했다.

꿀'밤 [명] 도토리. 알밤. 주먹으로 남의 머리를 쥐어박는 일. 떫은 도토리도 배고플 때 먹으면 꿀맛이라고 '꿀밤'으로 이름이 붙은 것인지도 모른다. ¶칭구끼리 욕하다가 선상임한테 다들캐서 꿀밤 한 대 묵었다.▶친구끼리 욕하다가 선생님한테 들켜서 알밤 한 대 먹었다.

꿀'밤나무 [명] 떡갈나무. ¶가실에 꿀밤나무 밑에 가머 널린 기이 꿀밤이다.▶가을에 떡갈나무 밑에 가면 널린 것이 도토리다.

꿀'밤묵 [명] 도토리묵. 도토리묵은 먼저 도토리의 껍질을 까서 잘 말린 후 절구로 빻아서 물에 담가 떫은맛을 우려낸다. 앙금과 물이 분리되면 웃물만 따라내는 과정을 여러 번 거친 후 가라앉은 앙금을 잘 말려 가루로 만든다. 이 가루를 물에 풀어 풀을 쑤듯이 끓이다가 끈적끈적하게 엉길 때 그릇에 부어 식히면 묵이 된다. ¶요새는 꿀밤묵을 밸미로 치지마는 인날에 살았든 사람들은 그거 보고 배고팠든 때 생각한다.▶요사이는 도토리묵을 별미로 치지만 옛날에 살았던 사람들은 그것 보고 배고팠던 때 생각한다.

꿀아재'비 [명] 사카린. '꿀의 아재비', 즉 '달기로 꿀보다 더한 것'이라는 뜻. ¶그때는 사탕가리는 귀경도 몬하고, 단 기이 묵고 시푸머 밤물장사한테 보리 퍼주고 꿀아재비 사서 물에 타 묵었다.▶그때는 설탕가루는 구경도 못하고, 단 것이 먹고 싶으면 방물장수한테 보리 퍼주고 사카린 사서 물에 타 먹었다. ☞삭가리.

꿈절 [명] 꿈결. ¶그마이 살라꼬 설첬는데 저래 훗딱 가 뿌리고 나이 사람 한팽상이 꿈절 같다.▶그만큼 살려고 설쳤는데 저렇게 훌쩍 가 버리고 나니 사람 한평생이 꿈결 같다.

꿈질대:다 [동] 굼실거리다. ¶거기서 꿈질대지 마고 새기 와 바라.▶거기서 굼실거리지 말고 속히 와 보아라.

꿉:다 [동] 굽다. 윷놀이할 때 먼저 쓴 말에다 또 다른 말을 겹쳐 얹다. 학년을 유급(留級)하다.【꿉어▶구워/꿉으이▶구우니】¶괴기 꿉는 내미만 맡아도 창지가 틀랜다.▶고기 굽는 냄새만 맡아도 창자가 틀린다./여기 두 동사이 가는데

꿉신거리다

또 한 동 꿉어서 석 동 간다. ▶ 여기 두 동 가는데 또 한 동 엎어서(엎어서) 석 동 간다./공부가 모지래서 삼 학연에서 한 해를 꿉었다. ▶ 공부가 모자라서 삼 학년에서 한 해를 유급했다.

꿉신거리다 동 굽실거리다. ¶목구영이 포도청이라 꿉신거리지, 머 빨라꼬 꿉신거리까바. ▶ 목구멍이 포도청이라 굽실거리지, 뭘 빨려고 굽실거릴까.

꿍'심 명 꿍꿍이속. 속셈. ¶서리 지 꿍심이 다리이 같이 댈 일이 없다. ▶ 서로 제 꿍꿍이속이 다르니 같이 될 일이 없다.

꿰뜨레'기 명 코뚜레. 소의 코청을 꿰뚫어 박은 나무로 된 고리. 여기에 소고삐의 한쪽 끝 가닥을 맨다. ¶저눔은 소 긑치 꿰뜨레기를 꿰고 땡개도 앤 대는 눔이다. ▶ 저놈은 소처럼 코뚜레를 꿰고 당겨도 안 되는 놈이다. ☞소꿰뜨레기. 소코뜨레기. 코꾼지. 코꿰뜨레기.

뀌:다 동 꿰다. 【뀌어 ▶ 꿰어/뀌이 ▶ 꿰니】¶등잔 회 돋가 바라. 인자 돕배기 없이는 바늘 실 하나도 몬 뀌겠다. ▶ 등잔심지 돋우어 보아라. 이제 돋보기 없이는 바늘 실 하나도 못 꿰겠다.

뀌:마추:다 동 꿰맞추다. 【뀌마차 ▶ 꿰맞춰/뀌마추이 ▶ 꿰맞추니】¶보리 날 때 꺼정 양식 하고, 작은 아 입학금 맨들어 내고 할라카머 암만 뀌마차 바도 쇠지 앤 팔고는 앤 대겠네. ▶ 보리 날 때까지 양식 하고, 작은 애 입학금 만들어 내고 하려면 아무리 꿰맞춰 보아도 송아지 안 팔고는 안 되겠네.

뀌:매다 동 꿰매다. 【뀌매 ▶ 꿰매/뀌매이 ▶ 꿰매니】¶던지던지 뀌매 입다가 보이 인자 헝겊 댈 데도 없다. ▶ 더덕더덕 꿰매 입다가 보니 이제 헝겊 댈 데도 없다. ※백결(百結) 선생만 그런 것이 아니라 그 때 우리도 옷이 닳아 헤어져도 바늘 박을 데만 남았으면 걸쳐 꿰매 입었다. ☞ 꺼러매다.

뀌미 명 고명. 음식의 맛과 모양을 내는 양념. ¶무신 임석이든지 그렇지마는 국시는 뀌미가 좋아야 빛도 나고 맛도 난다. ▶ 무슨 음식이든지 그렇지만 국수는 고명이 좋아야 빛도 나고 맛도 난다. ☞ 꾸미.

뀌역질 명 구역질. ¶저 더러분 눔은 보기마 해도 뀌역질이 나올라 칸다. ▶ 저 더러운 놈은 보기만 해도 구역질이 나오려 한다./새딕이가 애 하든 꾸역질을 하는 거 보이 몸이 달러진 거 아이가? ▶ 새댁이 안 하던 구역질을 하는 것 보니 몸이 달라진 것 아닌가?

뀐:다리 명 어깨에 걸쳐 메게 꾸린 엽전 꾸러미.

끄나까리 명 끄나풀. 끈의 토막. 끈 나부랭이. ¶그 짐, 어설푸개 언저서 앤 대겠다. 끄나까리 하나 조가 한 분 더 무꾸자. ▶ 그 짐, 어설프게 얹어서 안 되겠다. 끄나풀 하나 줘서 한 번 더 묶자. ☞ 꺼내끼. 끄내끼. 끈가리. 끈타리.

끄내'끼 명 끄나풀. 끈의 토막. 끈 나부랭이. ¶대핵고 나와도 끄내끼 잡아 줄 사람이 없으며 출세하기 심든 시상이다. ▶ 대학교 나와도 끄나풀 잡아 줄 사람이 없으면 출세하기 힘든 세상이다. ☞ 꺼내끼. 끄나까리. 끈가리. 끈타리.

끄'너지다 동 끊어지다. 【끄너저 ▶ 끊어져/끄너지이 ▶ 끊어지니】¶내가 돈이 없으이 시상인심도 끄너지드라. ▶ 내가 돈이 없으니 세상인심도 끊어지더라./그 사람은 장연에 충청도 가고는 소식이 뚝 끄너젔다. ▶ 그 사람은 작년에 충청도 가고는 소식이 뚝 끊어졌다./일윤도덕이 끄너지이 이거 김성들하고 머가 다리노? ▶ 인륜도덕이 끊어지니 이거 짐승들하고 뭐가 다르냐?/오든 돈이 끄너지이 살질이 막막하다. ▶ 오던 돈이 끊어지니 살길이 막막하다.

-끄네 미 -니까. ¶그래 차겁든 사람이 돈을 손에 쥐개 주이끄네 그적새야 히히 카매 윗드라. ▶ 그렇게 차갑던 사람이 돈을 손에 쥐어 주니까 그제야 히히 하며 웃더라./지가 만날 그러이끄네 내가 그카지 와 그카겠노? ▶ 제가 만날 그러니까 내가 그러지 왜 그러겠나?/한참 가다가 돌아보이끄네 디따라오든 사람이 앤 보이드라. ▶ 한참 가다가 돌아다보니까 뒤따라오던 사람이 안 보이더라.

끄:다 동 끌다. 잡아당기다. 【꺼 ▶ 끌어/끄이 ▶ 끄니/끄고 ▶ 끌고】¶돈을 쫌 씨디이라도 일선에 있는 아를 후방 부대로 꺼 땡개 돌라 카소. ▶ 돈을 좀 쓰더라고 일선에 있는 애를 후방 부대로 끌어 당겨 달라고 하소./니아까에다 연탄을 실꼬 아부지는 앞에서 끄고 어매는 디에서 밀매 배달을 했다. ▶ 손수레에다 연탄을 싣고 아버지는 앞에서 끌고 엄마는 뒤에서 밀며 배달을 했다. ☞ 끄직다.

끄대~이 명 끄덩이. ☞ 끄디이.

끄디~이 명 끄덩이. ¶장판에서 여자 두리가 머리 끄디이를 서리 잡고 싸우니라 꼬 처매끈 풀어저 니리는 거도 모리드라. ▶ 장판에서 여자 둘이 머리 끄덩이를 서로 잡고 싸우느라고 치마끈 풀어져 내리는 것도 모르더라. ☞ 끄대이.

끄러땡'기다 동 끌어당기다. 【끄러땡개 ▶ 끌어당겨/끄러땡기이 ▶ 끌어당기니】¶저녁때 집으로 올라 카는데, 사돈이 소매를 끄러땡기매 앤 나조서 그양 거기서 유하고 왔다. ▶ 저녁때 집으로 오려고 하는데, 사돈이 소매를 끌어당기며 안 놓아주어서 그냥 거기서 묵고 왔다. ☞ 끄직어땡기다.

끄러피:다 동 긁히다. '끌따1'의 피동. 【끄러패 ▶ 긁혀/끄러피이 ▶ 긁히니】¶까시 덤풀 속으로 들어갔다가 다리고 팔이고 온 전신이 끄러패서 말이 아이다. ▶ 가

끄름

시 덩굴 속으로 들어갔다가 다리고 팔이고 온 전신이 **긁혀서** 말이 아니다.
끄름 몡 그을음. '끄시럼'의 준말. ¶어디서 콩사리를 해묵고 왔는지 주디이에 끄름 투시이를 하고 왔다. ▶ 어디서 콩서리를 해먹고 왔는지 주둥이에 **그을음** 투성이를 하고 왔다. ☞ 꺼시름. 꺼심. 끄지럼.
끄시럼 몡 그을음. ¶꿀뚝을 휘비니라꼬 끄시럼을 새카마이 디집어씼다. ▶ 굴뚝을 후비느라고 그을음을 새카맣게 뒤집어썼다. ☞ 꺼시름. 꺼심. 끄름. 끄지럼.
끄실다 동 그슬다. 【끄실어 ▶ 그슬어/끄시이 ▶ 그스니/끄신 ▶ 그슨】¶볕에 얼골 끄신다. 나댕기지 마라. ▶ 볕에 얼굴 **그슨다**. 나다니지 마라./누가 여기서 밀을 끄실어 묵었노? ▶ 누가 여기서 밀을 **그슬어** 먹었나?
끄적거리다 동 끼적거리다. ¶인날 선배들이 글씨라꼬 끄적거래 논 거를 보머 우리 눈에는 글씨도 아인데, 그거를 맹필이라나. ▶ 옛날 선비들이 글씨라고 끼적거려 놓은 것을 보면 우리 눈에는 글씨도 아닌데, 그것을 명필이라나. ※ 한문의 초서(抄書) 따위를 보고 하는 말. ☞ 꺼적거리다.
끄지럼 몡 그을음. ☞ 꺼시름. 꺼심. 끄름. 끄시럼.
끄지르다 동 그을다. 【끄질어 ▶ 그을어/끄지르이 ▶ 그으니】¶한 여름 내 농사 지매 끄질어 노이 완전 껌디이가 댔다. ▶ 한 여름 내 농사 지으며 **그을어** 놓으니 완전 검둥이가 되었다.
끄직개ː다 동 끌리다. '끄직다'의 피동. 【끄직개 ▶ 끌려/끄직개이 ▶ 끌리니】¶외따리집 망내이아들이 무신 죄를 졌는지 간밤에 주자소 순사한테 끄직개 갔단다. ▶ 외딴집 막내아들이 무슨 죄를 지었는지 간밤에 주재소 순사한테 **끌려** 갔단다.
끄직'다 동 끌다. 【끄직어 ▶ 끌어/끄직으이 ▶ 끄니】¶장고리 한 키 더 붙어서 끄직고 한 키는 디에서 밀어라. ▶ 장골 한 사람 더 붙어서 **끌고** 한 사람은 뒤에서 밀어라. ☞ 끄다.
끄직어땡기다 동 끌어당기다. 【끄직어땡개 ▶ 끌어당겨/끄직어땡기이 ▶ 끌어당기니】¶장아 갔다가 오든 질에 다리 껄 주막 앞을 지내오는데 그 집 할마씨가 끄직어땡기매 한 잔 묵고 가라캐서 얻어묵고 왔다. ▶ 장에 갔다가 오던 길에 다리 거리 주막 앞을 지나오는데 그 집 할머니(주모)가 **끌어당기며** 한 잔 먹고 가라해서 얻어먹고 왔다. ☞ 끄러땡기다.
끄징'게1 몡 끙게(끌개). 씨앗을 뿌리기 전에 밭의 흙을 부수어 고르거나, 보리씨를 뿌리고 흙을 덮을 때 소 멍에에 매달아 끈다. 무겁고 둥근 나무 3~4개로 뗏목처럼 자루를 박아서 무게를 주는 흙주머니 따위를 얹게 했다. ※이 때 흙주머니 대신 아이를 태워서 즐겁게 하기도 한다. ☞ 뻔디. 뻔디기1. 뻔지.

끄징'게2 명 끌개. 베매기 할 때 날실의 타래를 얹어 켕기는 도구. Y자모양의 나무 머리에 1개의 말뚝을 박았다. 날실을 정리하여 도투마리에 감을 때 적당한 장력(張力)을 유지하면서 끌려오게끔 여기에다 무게가 있는 맷돌 따위를 올리고 실타래를 얹는다. 《끄실쿠. 끄신개》 ☞ 베매기.

끄'치다 동 그치다. 【끄처 ▶ 그쳐/끄치이 ▶ 그치니】 ¶초상집에는 곡소리 끄치머앤 댄단다. ▶ 초상집에는 곡소리 그치면 안 된단다./그 집 공구들은 모애기마 하머 위심소리가 끄치지 안는다. ▶ 그 집 식구들은 모이기만 하면 웃음소리가 그치지 않는다. ☞ 끈치다

끄터리 명 끄트머리. 거스름. ¶일하든 끄터리 쪼매 남은 거 마자 하고 가자. ▶ 일하던 끄트머리 조금 남은 것 마저 하고 가자./비로 사고 끄터리가 남으머 알라 신이나 한 커리 사오소. ▶ 비료 사고 거스름이 남으면 아기 신이나 한 켤레 사오세요. ☞ 끝다리.

끈가리 명 끄나풀. 끈의 토막. 끈 나부랭이. ☞ 꺼내끼. 끄나까리. 끄내끼. 끈타리.

끈개:다 동 끊기다. '끈따'의 피동. 【끈개 ▶ 끊겨/끈개이 ▶ 끈기니】 ¶삼 연 전에 일분서 핀지가 딱 한분 오고 그 후로 소식이 끈개 뿌렸다. ▶ 삼 년 전에 일본서 편지가 딱 한번 오고 그 후로 소식이 끊겨 버렸다.

끈'따 동 끊다. 【끈어 ▶ 끊어/끈으이 ▶ 끊으니/끈는 ▶ 끊는】 ¶열락마자 끈어 뿌리머 우짜노? ▶ 연락마저 끊어 버리면 어쩌나?/술을 끈으이 정신이 말따. ▶ 술을 끊으니 정신이 맑다./사람 정을 끈는다고 새끼줄 끈드시 맴대로 대나? ▶ 사람 정을 끊는다고 새끼줄 끊듯이 마음대로 되나?

끈'치다 동 그치다. 【끈처 ▶ 그쳐/끈치이 ▶ 그치니】 ¶가지 만은 나무가 바람 잘 날 없다 카디이 공구가 만으이 근심걱정 끈칠 새가 없다. ▶ 가지 많은 나무가 바람 잘 날 없다 하더니 권구(식구)가 많으니 근심걱정 그칠 새가 없다. ☞ 끄치다.

끈타리 명 끄나풀. 끈의 토막. 끈 나부랭이. ¶새끼 끈타리 하나 조서 이거 무까라. ▶ 새끼 끄나풀 하나 줘서 이것 묶어라. ☞ 꺼내끼. 끄나까리. 끄내끼. 끈가리.

끈티~이 명 끝. 막내. ¶그 집도 인자 끈티이 하나 장개 보내고 나머 한 가지 걱정은 덜어 뿌린다. ▶ 그 집도 이제 막내 하나 장가 보내고 나면 한 가지 걱정은 덜어 버린다.

끌'따1 동 긁다. 【끌거 ▶ 긁어/끌그이 ▶ 긁으니】¶누렁지꺼정 다 끌거 묵고도 배가 앤 찬다 칸다. ▶ 누룽지까지 다 긁어 먹고도 배가 안 찬다 한다./누구누구 캐도 늘거서 등더리 끌거 줄 사람은 할마이 뿌이다. ▶ 누구누구 해도 늙어서 등 긁어 줄 사람은 할멈 뿐이다.

끌'따2 동 끓다. 【끌어 ▶ 끓어/끌으이 ▶ 끓으니】¶국이 끌꼬 있는 데 지렁 더 옇고 간 마차라. ▶ 국이 끓고 있는 데 간장 더 넣고 간 맞춰라./목에 가래가 끌꼬 지침이 나며 꿀물을 타서 묵애 바라. ▶ 목에 가래가 끓고 기침이 나면 꿀물을 타서 먹여 보아라.

끌래:가다 동 끌려가다. 【끄래가 ▶ 끌려가/끌래가이 ▶ 끌려가니】¶저 사람 어른은 육이오 때 피란질에 인민군에 끌래가고 그 후로는 종무소식이다. ▶ 저 사람 어른은 육이오 때 피난길에 인민군에 끌려가고 그 후로는 종무소식이다.

끌래:다 동 끌리다. '끌다'의 피동. 【끌래 ▶ 끌려/끌래이 ▶ 끌리니】¶그 사람한테는 먼지 몰래도 끌래는 기이 있다. ▶ 그 사람한테는 뭔지 몰라도 끌리는 것이 있다.

끌빨 명 끗발. ¶자네 간밤에 마누래한테 기를 받고 왔나 우째 그래 끌빨이 좋으노? ▶ 자네 간밤에 마누라한테 기를 받고 왔나 어찌 그렇게 끗발이 좋으냐?

끌아재'비올:조카 명 연하(年下)의 숙(叔)과 연상(年上)의 질(姪)의 관계. '끝(늦은) 아재비 올(올된) 조카'의 뜻. ¶끌아재비올조카라 캐도 삼촌이 어른은 어른이다. ▶ 연하의 아재비와 연상의 조카라 해도 삼촌이 어른은 어른이다.

끌안따 동 '끌어안다'의 준말. ¶누가 보는 지도 모리고 대낮에 실랑각시가 끌안꼬 시시덕거리고 있드라. ▶ 누가 보는 지도 모르고 대낮에 신랑각시가 끌어안고 시시덕거리고 있더라.

끌캐:다 동 긁히다. '끌따1'의 피동. 【끌캐 ▶ 긁혀 ▶ 끌캐이 ▶ 긁히니】¶어느 연으 손톱에 끌캤는지 당신 얼골 그기이 머고? ▶ 어느 년의 손톱에 긁혔는지 당신 얼굴 그것이 뭐야?

끌티'기 명 그루터기. ¶보리 비내고 난 데를 맨발로 댕기다가 끌티기에 찔랬다. ▶ 보리 베어내고 난 데를 맨발로 다니다가 그루터기에 찔렸다. ☞ 까등거리. 까디이.

끔 명 껌. ¶미국사람들은 배도 앤 부리는 끔인지 먼지를 말라꼬 짝짝 씹고 댕기는 지 우리는 모리겠드라. ▶ 미국사람들은 배도 안 부르는 껌인지 뭔지를 무엇 하러 쩝쩝 씹고 다니는지 우리는 모르겠더라. ※해방 후 미군들이 상륙을 했을 때, 시도 때도 없이 입을 우물거리며 돌아다니는 것이 이상하게 보였다. "중깡(chewing gum) 오케이, 중깡 오케이!", 손을 벌리며 따라다니는 아이들에게 던져 주던 껌, 마냥 씹어도 줄어들지 않는 음식 아닌 음식, 벽에 붙여 두었다가 다시 씹고 돌려 가며 씹던 껌, 빨간 입술의 여인들이 골목어귀에서 딱딱 씹어 대던 껌은 싸구려 서양 맛의 첨병이었다. ☞ 중깡.

-꿋 〖접〗 -껏. ¶여태꿋 자네마 그거를 모리고 있었나? ▶ 여태껏 자네만 그것을 모르고 있었나?/심꿋 살다가 보머 생광시럽은 일도 있지. ▶ 힘껏 살다가 보면 영광스러운 일도 있지./이넉이 논 자석보담 더 정성꿋 키와서 내보냈다. ▶ 자기가 (당신이) 낳은 자식보다 더 정성껏 키워서 내보냈다.

꿋다 〖동〗 긋다. 【꺼어 ▶ 그어/끄이 ▶ 그으니】 ¶미국하고 소련이 즈그 맘대로 삼팔선 꺼어 놓고 쌈 붙치고 훈수한다. ▶ 미국하고 소련이 저희 맘대로 삼팔선 그어 놓고 싸움 붙이고 훈수한다./그 사람은 지 앞에다 줄을 쪽바리 꺼어 놓고 옆도 앤 보고 사는 사람이다. ▶ 그 사람은 제 앞에다 줄을 똑바로 그어 놓고 옆도 안 보고 사는 사람이다.

끝 〖명〗 끝. 【끄틀 ▶ 끝을/끄테 ▶ 끝에/끄치 ▶ 끝이/끄츤 ▶ 끝은】 ¶일을 시작했으믄 끄틀 바야지. ▶ 일을 시작했으면 끝을 봐야지./고상 끄테 행복이 있다. ▶ 고생 끝에 행복이 있다./첨에 고상 해도 끄치 좋으머 댄다. ▶ 처음에 고생 해도 끝이 좋으면 된다./어지게 사머 끄츤 반다시 있다. ▶ 어질게 살면 끝은 반드시 있다.

끝다리 〖명〗 거스름. 끄트머리. ¶오늘 갚고 끝다리 얼매 남은 거는 마 감해 주이소. ▶ 오늘 갚고 거스름 얼마 남은 것은 그만 감(減)해 주세요. ☞ 끄터리.

끝동 〖명〗 여자 저고리의 소매 끝에 천을 덧붙인 부분. ☞ 저구리.

끝등(-等) 〖명〗 꼴등. 꼴찌. ☞ 꼰또. 꼰동. 꼼바래이.

끝막창 〖명〗 막장. 골목이나 산골짜기의 막다른 곳. ¶골목 끝막창에 감나무가 서있는 집이 거러실 띠기 집 아잉기요(?). ▶ 골목 막장에 감나무가 서있는 집이 거러실(--室) 댁 집 아닙니까(?). ※ '아잉기요'를 '아잉'기요?'로 억양을 높이면 물음을 나타내는 말이 된다. ☞ 막창. 안막창.

끼1 〖명〗〖의〗 것. 거. 사물, 현상 또는 성질 따위를 추상적으로 나타내거나, 확신이나 추측을 나타내는 말. 【끼이 ▶ 것이/끼이까 ▶ 것이니까/끼이지마는 ▶ 것이지만/낀데 ▶ 것인데/끼라 ▶ 거야】 ¶묵고 마실 끼이 만타. ▶ 먹고 마실 것이 많다./싸울 끼이 아인데 서리 으르렁대네. ▶ 싸울 것이 아닌데 서로 으르렁대네./그거는 내 끼이까 다리이는 손대지 마라. ▶ 그것은 내 것이니까 다른 사람은 손대지

끼2

마라./한분 해볼 끼이지마는 잘댈지 모리겠다. ▶ 한번 해볼 것이지만 잘될지 모르겠다./내가 글로 갈 낀데 말라꼬 올라 카노? ▶ 내가 그리로 갈 것인데 뭣 하러 오려 하나?/그 사람 오늘은 집에 없을 끼라. ▶ 그 사람 오늘은 집에 없을 거야. ☞ 거. 기1. 꺼.

끼2 명 금. 선(線). ¶땅바닥에다 끼를 끗고 이시거리 했다. ▶ 땅바닥에다 금을 긋고 돌차기 했다./끼 이쪽 내 땅으로 넘어오머 앤 댄다. ▶ 선 이쪽 내 땅으로 넘어오면 안 된다.

-끼3 접 -것. 일부 명사나 어근에 붙어 생물이나 물건 또는 사람을 나타냄. ¶방아 물끼이(꺼가) 만어서 밤을 새왔다. ▶ 방에 물것이 많아서 밤을 새웠다./망근 씨머 상끼이(꺼가) 양반 대나? ▶ 망건 쓰면 상것이 양반 되나?/임석에 잡끼이 들어서 그양은 몬 묵겠다. ▶ 음식에 잡것이 들어가서 그냥은 못 먹겠다.

-끼4 미 -ㄹ게. 약속을 나타내는 종결어미. ¶담 달에 돈 갚으끼. ▶ 다음 달에 돈 갚을게./내리 이만때 오끼. ▶ 내일 이맘때 올게./부지러이 공부 하끼. ▶ 부지런히 공부 할게. ☞ ㄹ끼.

끼꺼리 명 끼니때를 메울 먹을거리. '끼니 거리'의 준말. ¶지 처자식 묵일 끼꺼리도 없는 사람이 큰 소리마 치고 댕긴다. ▶ 제 처자식 먹일 끼니 거리도 없는 사람이 큰소리만 치고 다닌다. ☞ 때꺼리.

끼때 명 '끼니때'의 준말. ¶자는 끼때마중 해무꼬 트집이다. ▶ 쟤는 끼니때마다 반찬 트집이다.

끼뚜래'미 명 귀뚜라미. ¶논에 지심이 짓은 거를 보이 끼뚜래미가 풍유 하겠다. ▶ 논에 기심이 깃은 거를 보니 귀뚜라미가 풍류 하겠다. ※논에다 손을 대지 않아 김이 우거져 있음을 비유적으로 하는 말.

끼'리다 동 끓이다. 【끼래 ▶ 끓여/끼리이 ▶ 끓이니】 ¶시래기 살머서 매래치나 옇고 죽이나 끼래서 저임 때우자. ▶ 시래기 삶아서 멸치나 넣고 죽이나 끓여서 점심 때우자./자석 일이라 말도 몬하고 속 끼리는 거 누가 알겠노? ▶ 자식 일이라 말도 못하고 속 끓이는 거 누가 알겠나?

끼안:따 동 껴안다. 【끼안어 ▶ 껴안아/끼안으이 ▶ 껴안으니】 ¶사람을 끼안꼬 나자빠러지다. ▶ 사람을 껴안고 나자빠지다./즈그가 묵은 술갑을 내 혼차 끼안었다. ▶ 저희가 먹은 술값을 나 혼자 껴안았다.

-끼요1 미 -ㄹ까요. 물음을 나타내는 종결 어미. ¶내가 머를 하끼요? ▶ 내가 뭘 할까요?/언제 그리로 가끼요? ▶ 언제 그리로 갈까요?/이거를 우짜끼요? ▶ 이것

을 어쩔까요?/언제 또 오끼요? ▶ 언제 또 올까요?/돈을 마이 디리끼요? ▶ 돈을 많이 드릴까요? ☞ ㄴ기요. ㄹ기요.

-끼:요2 囲 -게요(-ㄹ게요). 약속을 나타내는 종결어미. ¶돈은 꼭 갚으끼요(갚을끼요). ▶ 돈을 꼭 갚을게요./내리 다시 오끼요(올끼요). ▶ 내일 다시 올게요./공부 고마 하끼요(할끼요). ▶ 공부 그만 할게요. ☞ -ㄹ끼요(끼이요).

끼'이다 동 슬다. 붙다. 【끼이 ▶ 슬어(붙어)/끼이이 ▶ 스니(붙으니)】 ¶머리에 녹이 끼이서 갈채 조도 금방 이자뿌린다. ▶ 머리에 녹이 슬어서 가르쳐 줘도 금방 잊어버린다./마가 끼이이 하는 일마다 대는 기이 없드라. ▶ 마(魔)가 붙으니 하는 일마다 되는 것이 없더라.

끼:입다 동 껴입다. 【끼입어 ▶ 껴입어/끼입으이 ▶ 껴입으니/끼입는 ▶ 껴입는】 ¶오늘은 내복을 두 개나 끼입어도 춥다. ▶ 오늘은 내복을 두 개나 껴입어도 춥다.

낄:밧다 형 게으르다. 【낄밧어 ▶ 게을러/낄밧으이 ▶ 게으르니】 ¶그 사람은 낄밧어서 즈그 사람 고상시기겠드라. ▶ 그 사람은 게을러서 저의 사람(부인) 고생시키겠더라.

ㄴ

-ㄴ가 囘 -냐. 물음을 나타내는 종결어미. ¶자네 여기서 머 하는(능)가? ▶ 자네 여기서 뭘 하느냐?/시방 만난 그 사람이 누군(궁)가? ▶ 지금 만난 그 사람이 누구냐?/자네 요새 지내기가 어뜬(뚱)가? ▶ 자네 요새 지내기가 어떠냐?

-ㄴ가베 囘 -가 봐. 추측이나 짐작의 뜻을 나타내는 종결어미. ¶마실에 그 소문이 확 돌어서 모리는 사람이 없는데, 니마 혼차 모리는가베. ▶ 마을에 그 소문이 확 돌어서 모르는 사람이 없는데, 너만 혼자 모르는가 봐./품을 그마이 조도 일하로 올 사람이 없는가베. ▶ 품삯을 그만큼 줘도 일하러 올 사람이 없는가 봐./아이 초저녁인데 벌써로 불을 끄고 자는가베. ▶ 아직 초저녁인데 벌써 불을 끄고 자는가 봐. ☞ -ㄴ갑다.

-ㄴ갑다 囘 -ㄴ가 보다. 추측이나 짐작의 뜻을 나타내는 종결어미. ¶저기이 너무 멀어서 앤 비는갑다. ▶ 저것이 너무 멀어서 안 보이는가 보다./요새 그 사람이 앤 비는 거를 보이 바뿐갑다. ▶ 요새 그 사람이 안 보이는 것을 보니 바쁜가 보다./방안이 조용한 거를 보이 아이 자는갑다. ▶ 방안이 조용한 것을 보니 아직 자는가 보다. ☞ -ㄴ가베.

-ㄴ강 囘 -ㄴ가. 물음을 나타내는 종결어미 또는 연결어미. ¶내가 누군지 자네가 알겠는강? ▶ 내가 누군지 자네가 알겠는가?/장개를 가이 얼매나 좋은강? ▶ 장가를 가니 얼마나 좋은가?/그 사람이 요새는 머를 하는강? ▶ 그 사람이 요새는 뭘 하는가?/그 사람이 누군강 몰랬지? ▶ 그 사람이 누군가 몰랐지?/이기이 어뜬강 살패보게. ▶ 이것이 어떤가 살펴보게./그 사람이 와 그카는강 모리겠네. ▶ 그 사람이 왜 그러는가 모르겠네./저 사람이 누군강 자네는 알겠나? ▶ 저 사람이 누군가 자네는 알겠나?/그 기이 어뜬강 다시 보자. ▶ 그 것이 어떤가 다시 보자./사람이 와 그런강 이상하다. ▶ 사람이 왜 그런가 이상하다./내가 머라 캤는강 생각해 바라. ▶ 내가 뭐라 했는가 생각해 봐라. ☞ -ㄴ공.

-ㄴ고 囘 -ㄴ가. 물음을 나타내는 종결어미 또는 연결어미. ¶자네는 요새 머를

하는고? ▶ 자네는 요사이 뭘 하는가?/시방 그 사람이 누군고? ▶ 지금 그 사람이 누군가?/이기이 어뜬고 물어보래. ▶ 이것이 어떤가 물어보아라./그 사람이 와 그런고 나도 모리겠네. ▶ 그 사람이 왜 그런가 나도 모르겠네. ☞ -고3.

-ㄴ공 [미] -ㄴ가. 해라할 자리에 물음이나 추측을 나타내는 종결어미 또는 연결어미. ¶자가 와 그카는공 모리겠다. ▶ 쟤가 왜 그러는가 모르겠다./거기서 머 하는공 물어바라. ▶ 거기서 뭘 하는가 물어보아라./나는 머시 좋은공 모리겠네. ▶ 나는 무엇이 좋은가 모리겠네./언제 그리로 갈라는공? ▶ 언제 그리로 가려는가? ☞ -ㄴ강.

-ㄴ기요 [미] -ㄴ가요. 물음을 나타내는 종결어미. ¶어르신 그간 팬하신기요? ▶ 어르신 그간 편하신가요?/아이고, 이기이 누군기요? ▶ 아이고, 이것이 누군가요?/무신 일이 이래 어러분기요? ▶ 무슨 일이 이렇게 어려운가요?/해도 해도 앤대는 거를 우야닌기요? ▶ 해도 해도 안 되는 것을 어떻게 하는가요?/이래 만나이 와 이래 좋은기요? ▶ 이렇게 만나니 왜 이렇게 좋은가요?/누구를 볼라꼬 여기 왔닌기요? ▶ 누구를 보려고 여기 왔는가요?/그 인간이 어디 사람인기요? ▶ 그 인간이 어디 사람인가요? ☞ -끼요1. -ㄹ기요.

-ㄴ동 [미] -ㄴ지. ¶요새 즈그는 잘 있는동 모리겠다. ▶ 요새 저희는 잘 있는지 모르겠다./넘모리게 호작질을 하는동 모리겠다. ▶ 남모르게 장난질을 하는지 모르겠다./거기 날씨가 춥은동 따신동 앤 가보고 모린다. ▶ 거기 날씨가 추운지 따스한지 안 가보고 모른다./내가 요새 와 이래 정신이 없는동. ▶ 내가 요새 왜 이렇게 정신이 없는지.

나 [명][의] 낱. 셀 수 있는 물건의 하나하나. ¶이기이 마카 몇 개인지 시알러 보자. 하나, 두 나, 시 나, 니 나, 다섯 나, 여섯 나, 일곱 나, 여덜 나, 아홉 나, 열 나, 마카 열 나다. ▶ 이것이 모두 몇 개인지 헤아려 보자. 한낱, 두 낱, 세 낱, 네 낱, 다섯 낱, 여섯 낱, 일곱 낱, 여덟 낱, 아홉 낱, 열 낱, 모두 열 낱이다.

나까오'리 [명] 중절모(中折帽). '귀두(龜頭)'의 변말. [日] '中折れ'. ¶저 사람은 이 마실에서 머섬 사다가 일분 갔는데, 멫 연 만에 나까오리 씨고 신사가 대서 돌어왔다. ▶ 저 사람은 이 마을에서 머슴 살다가 일본 갔는데, 몇 년 만에 중절모를 쓰고 신사가 되어서 돌아왔다.

나:놓다 [동] 내버려두다. '놓아놓다'의 준말. 【나나 ▶ 내버려두어(놓아놓아)/나노이 ▶ 내버려두니(놓아놓으니)】¶자꼬 건디리지 마고 그양 나나라. ▶ 자꾸 건드리

나다리묵'기

지 말고 그냥 내버려두어라./그양 나노이 버리재이가 나뻐진다. ▶ 그냥 내버려두니 버릇이 나빠진다.

나다리묵'기 명 호미씻이. 세벌 논매기를 마치고 일꾼들이 모여서 노는 것. 이때 주인들은 술이나 안주 따위를 장만하여 준다.

나댕'기다 동 나다니다. 【나댕개 ▶ 나다녀/나댕기이 ▶ 나다니니】 ¶밲으로 나댕기지 말고 집에서 질쌈하는 거나 배와라. ▶ 밖으로 나다니지 말고 집에서 길쌈하는 거나 배워라./씰데없이 나댕개 바야 돈마 축내지. ▶ 쓸데없이 나다녀 보아야 돈만 축내지.

나:두다 동 놓아두다. 그만두다. 【나도 ▶ 놓아두어(그만둬)/나두이 ▶ 놓아두니(그만두니)】 ¶아들 클 때는 원채 그렇다. 가마 나두머 지절로 알어서 한다. ▶ 애들 클 때는 원래 그렇다. 가만 놓아두면 저절로 알아서 한다./고마 나도라. 그거 하나 없어도 우리는 산다. ▶ 그만 놓아두어라. 그 것 하나 없어도 우리는 산다./지가 우야는강 나도라 보자. ▶ 제가 어떻게 하는지 그만둬라 보자.

나'드다 동 나들다. 출입하다. 【나들어 ▶ 나들어/나드이 ▶ 나드니】 ¶요 매칠 새로 웬 나신 사람 하나가 저 집에 나드고 있는데 누군지 모리겠네. ▶ 요 며칠 새로 웬 낯선 사람 하나가 저 집에 나들고 있는데 누군지 모르겠네.

나라'비 명 열(列). 줄. 日 '並び'. ¶운동장아서 구인들이 쪽 나라비를 서서 연설을 듣고 있다. ▶ 운동장에서 군인들이 쭉 열을 서서 연설을 듣고 있다.

나'락 명 벼. 【나락가마이 ▶ 볏가마니/나락논 ▶ 벼논/나락빼까리 ▶ 볏가리/씨나락 ▶ 볍씨/나락단 ▶ 볏단】.

나락가'매이 명 볏가마니. ¶그 사람이사 집 도장아 나락가매이를 항그 처재놓고 장예 나 가매 사는데, 배 씨다듬고 댕길 만도 하지. ▶ 그 사람이야 집 고방에 볏가마니를 가득 처쟁여놓고 장여 놓아 가며 사는데, 배 쓰다듬고 다닐 만도 하지.

나락논 명 벼논. ¶천하아 제리 보기 좋은 거가 나락논에 물 들어가는 거하고 자석 입에 밥 들어가는 거다. ▶ 천하에 제일 보기 좋은 것이 벼논에 물 들어가는 것하고 자식 입에 밥 들어가는 것이다.

나락단 명 볏단. ¶일을 새기 마칠라 카머 너이는 나락을 거두고 한 키는 나락단 날러서 재고 해야 한다. ▶ 일을 빨리 마치려면 넷은 벼를 걷고 한 사람은 볏단 날라서 쟁이고 해야 한다.

나락두지 명 나락뒤주. 바닥으로 물이 스며들지 않게 굵은 나무로 바탕을 높이고 그 위로 짚이나 가마니 따위를 깐다. 수수대비나 나뭇가지 따위로 뼈대를 엮어 세우고 바깥으로 이엉을 두르고 그 위에 이엉으로 지붕을 씌운다. 만들기에 따라 몇 십 석을 갈무리할 수 있다. ☞ 두지.

나락등'게 뗑 나락등겨. ¶넝쿰을 하꼬에 열 때는 나락등게하고 같이 옇어야 실치 지안코 빈하지도 안는다. ▶ 능금을 상자에 넣을 때는 나락등겨하고 같이 넣어야 스치지 않고 변하지도 않는다.

나락빼까'리 뗑 볏가리. ¶금연에는 풍연이 들어서 들에 여기저기 처재 논 **나락빼까리**마 보고 있어도 배가 부린 거 같다. ▶ 금년에는 풍년이 들어서 들에 여기저기 처쟁어 놓은 **볏가리**만 보고 있어도 배가 부른 것 같다./장날에 머를 쫌 살라꼬 **나락빼까리** 속에 살 맻 대 감직어 났다가 어매한테 말을 들었다. ▶ 장날에 뭘 좀 사려고 **볏가리** 속에 쌀 몇 되 감춰 놓았다가 어머니한테 꾸중을 들었다.

나락쭉띠'기 뗑 벼쭉정이. ¶**나락쭉띠기** 그거 털어서 찍어 바야 싸래기 맻 말이나 나오겠노? ▶ **벼쭉정이** 그것 털어서 찧어 보아야 싸라기 몇 말이나 나오겠나?

나래 뗑 날개. ¶지가 용빼는 재주라도 있으며 모리지마는 즈가재 아이머 **나래** 끈어진 새지. ▶ 제가 용빼는 재주라도 있으면 모르지만 제 아저씨 아니면 **날개** 끊어진 새지.

나래'끼 뗑 벼나 보리 포기의 낱 줄기. ¶금연에는 나락 **나래끼**가 실한 거를 보이 제법 곡수가 나겠드라. ▶ 금년에는 벼 **낱 줄기**가 충실한 것을 보니 제법 수확이 나겠더라.

나리'다 동 나르다. 옮기다. 【날러 ▶ 날라/나리이 ▶ 나르니】 ¶이사짐을 소발에 실꼬 날렀다. ▶ 이삿짐을 소바리에 싣고 날랐다./자동차로 이래 숩게 **나리이** 얼매나 휴월노? ▶ 자동차로 이렇게 쉽게 **나르니** 얼마나 수월하나?

나무 뗑 나무. '땔나무'의 준말. ¶**나무**를 해다 들루다. ▶ 땔나무를 해다 들이다. ☞ 낭구.

나무껄띠'기 뗑 나무그루터기. ¶자네가 어제 산에서 꼴을 비다가 **나무껄띠기**에 걸래서 진을 밨다매? ▶ 자네가 어제 산에서 꼴을 베다가 **나무그루터기**에 걸려서 다쳤다며?

나무래':다 동 나무라다. 【나무래 ▶ 나무라/나무래이 ▶ 나무라니】 ¶사람이이까 실수도 하는 거지, 너무 **나무래**지 마라. ▶ 사람이니까 실수도 하는 거지, 너무 **나무라**지 마라.

나무'신 뗑 나막신. 나무로 깎아 만든 신으로 앞뒤로 굽이 붙어 있어 비오는 날

나무장:사

이나 땅이 진 곳에서 신는다.

나무장:사 명 나무장수. 장이 서는 날이면 나무전에는 장작을 싣고 몰려드는 사람들로 시끌벅적하다. 나무장수는 이것을 도매금으로 받아서 소매가게로 넘기기도 한다. 그 시절 군부대에서도 소위 '후생사업'이라는 핑계로 산림을 남벌하여 부대의 취사나 난방에 사용하고 일부는 나무장수에게 넘겨 사복을 채우는 경우도 있었다.

나무전: 명 나무가게. 땔감가게. ¶장날 **나무전**에 가며 등거리를 산대미매로 처재 놓고 팔었다. ▶ 장날 나무가게에 가면 장작을 산더미처럼 쟁여 놓고 팔았다.

나무'지 명 나머지. '나무지기'의 준말. ¶시간이 없는데, 밥을 새로 할 꺼 없이 아칙밥 묵든 **나무지** 한 수까락 국에 말어 묵고 나가자. ▶ 시간이 없는데, 밥을 새로 할 것 없이 아침밥 먹던 **나머지** 한 숟가락 국에 말아 먹고 나가자. ☞ 나무지기. 남저지. 남지기.

나무지'기 명 나머지. ☞ 나무지. 남저지. 남지기.

나박짐'치 명 나박김치. ¶짐장하는 날이며 인날 우리 어매가 디딜바아에다 무시를 쿵쿵 찍어서 대강대강 양염해서 맨들어 주든 **나박짐치**, 그 시언한 맛이 생각캔다. ▶ 김장하는 날이면 옛날 우리 어머니가 디딜방아에다 무를 쿵쿵 찧어서 대강대강 양념해서 만들어 주던 **나박김치**, 그 시원한 맛이 생각난다.

나부락 명의 바람. 【**나부락**에 ▶ 바람에】 ¶그 사람은 사변 **나부락**에 갱원도 앵군가 어디로 가서 탄피 장사해서 돈을 노다지로 끌었단다. ▶ 그 사람은 사변 **바람**에 강원도 양군가 어디로 가서 탄피 장사해서 돈을 노다지로 끌었단다./당신은 술 **나부락**에 몸을 망쳤다. ▶ 당신은 술 **바람**에 몸을 망쳤다./그 집은 자석을 잘 둔 **나부락**에 지금은 호강한다. ▶ 그 집은 자식을 잘 둔 **바람**에 지금은 호강한다.

나'부손 명 베틀의 나부산대. 용두머리 앞으로 박혀있는 2개의 막대기. 눈썹끈을 달아 잉앗대를 잡아 준다. ¶나풀나풀 **나부손**은 우리어매 날오라고 손치는양 흡사하다. ▶ 나풀나풀 **나부산대**는 우리엄마 날오라고 손치는양 흡사하다. 〈베틀노래 중에서〉《나비손. 눈썹대》 ☞ 베틀.

나'부손끄내끼 명 베틀의 눈썹끈. 나부산대 끝에 달려서 잉앗대를 잡아 준다. 《눈썹대》 ☞ 베틀.

나뿌다 형 나쁘다. 【나빼 ▶ 나빼/나뿌이 ▶ 나쁘니】 ¶나무래는 시어마이보담 말리는 시너부가 더 **나뿌다**. ▶ 나무라는 시어머니보다 말리는 시누이가 더 **나쁘다**.

나'살 명 나잇살. ¶**나살** 깨나 묵은 사람이라 절문 사람보다 구구가 다리다. ▶ 나잇살 꽤나 먹은 사람이라 젊은 사람보다 궁리가 다르다. ☞ 나살빼기.

나'살빼기 명 나잇살. '나살'의 낮춤말. ¶나살빼기나 묵은 사람이 그기이 무신 위사고? ▶ 나잇살이나 먹은 사람이 그것이 무슨 우세(창피)인고?

나새~이 명 냉이. ¶초봄에 올라오는 나새이는 부드럽고 달달해서 된장 풀고 국 끼래 묵으머 입맛이 돌아온다. ▶ 초봄에 올라오는 냉이는 부드럽고 달달해서 된장 풀고 국 끓려 먹으면 입맛이 돌아온다.

나수:다 동 고치다. '낫다'의 사동. 【나사 ▶ 고쳐/나수이 ▶ 고치니】¶밤눈 어덥은 거 나수는 데는 쥐 괴기가 약이다. ▶ 밤눈 어두운 것 고치는 데는 쥐 고기가 약이다. ※특별한 약효가 있다기보다 영양부족으로 생기는 병이라 쥐 고기를 먹고 단백질을 보충하여 효험을 보았을 것이다. ☞ 곤치다.

나'시다 형 낯설다. 【나신 ▶ 낯선/나시이 ▶ 낯서니】¶나신 사람이 지내가매 머를 물어 보그덩 모린다 캐라. ▶ 낯선 사람이 지나가며 뭘 물어 보거든 모른다 해라.

나와도비 명 줄넘기. 日 '繩跳び'.

나이롱다'배 명 나일론양말. '나일론'+日 'たび(足袋)'. 50년대 초 일본으로 드나들던 선원들의 손을 거쳐서 들어온 소가죽보다 질긴 나일론양발은 금방 헤어지는 면양말만 신던 우리에게는 경이로운 물건이었다.

나:종 부 나중. ¶그 일은 나종으로 미라서 해도 늦지 안타. ▶ 그 일은 나중으로 미루어서 해도 늦지 않다./나종에 난 뿔이 더 우뚝하다. ▶ 나중에 난 뿔이 더 우뚝하다. ☞ 내종. 냉자.

나주깨:다 동 마구 지껄이다. '주깨다'의 센말. ¶저 이편네는 나설 데나 앤 나설 데나 다 나서서 나주깨사 성가서 죽겠다. ▶ 저 여편네는 나설 데나 안 나설 데나 다 나서서 마구 지껄여서 성가셔 죽겠다. ☞ 처주깨다.

나'틀 명 베를 날 때 올을 걸어주는 틀. 나틀을 대신하여 높이 40cm 정도의 말뚝을 마당에다 박아서 베를 날기도 한다. ☞ 베날기(무명).

나'할 명 나흘. ¶새일이 섣달 시무 나할이머 설분 나다. ▶ 생일이 섣달 스무 나흘이면 서러운 나이다.

낙개:다 동 낚이다. '낙따'의 피동. 【낙개 ▶ 낚여/낙개이 ▶ 낚이니】¶물때를 잘 만나서 낚시를 떤지머 떤지는 대로 낙개 올러온다. ▶ 물때를 잘 만나서 낚시를 던지면 던지는 대로 낚여 올라온다.

낙'따 동 낚다. 【낙꺼 ▶ 낚아/낙끄이 ▶ 낚으니】¶어제 차당실 못에 낚시하로 가서 잉애 큰 거 열 마리도 더 낙꺼 올랬다. ▶ 어제 차당실(次堂室) 못에 낚시하러

낙(落)이다

가서 잉어 큰 것 열 마리도 더 낚아 올렸다.
낙(落)이다 판 떨어졌다. 일수불퇴(一手不退)다. 윷놀이나 화투놀이에서 윷가락이나 화투장이 손에서 벗어나면 무르지 못한다는 말. ¶낙이머 앤 물래준다. ▶ 떨어지면 안 물려준다.
낙철주:사(落-主事) 명 실의(失意)한 사람. 입신출세에 실패하여 낙향해있는 사람. ¶낙철주사 글치 고개를 탈어 미고 댕기지 마고 심내라. ▶ 실의한 사람 같이 고개를 틀어 메고 다니지 말고 힘내라.
난:두질 명 난도질(亂刀-). ¶꽁괴기는 하나도 내뿌는 거 없이 빼가치꺼정 난두질을 해서 묵는다. ▶ 꿩고기는 하나도 내버리는 것 없이 뼈까지 난도질을 해서 먹는다./일분사람들은 잉애 대가리를 다다끼라 카매 난두질을 해서 지름에 티개 묵는다. ▶ 일본사람들은 잉어 대가리를 다다끼라며 난도질을 해서 기름에 튀겨 먹는다. ☞ 다다끼.
난:재~이 명 난쟁이. ¶난재이가 가매꾼 참여하드시 한다. ▶ 난쟁이가 가마꾼 참여하듯이 한다. ※격에 맞지 않는 일에 나선다는 말./난재이가 키 자랑하기다. ▶ 난쟁이가 키 자랑하기다.
난초 명 난초(蘭草). 화투짝 중에서 5월이나 다섯 끗을 상징하는 난초 그림의 패.
난초사'리 명 화투놀이에서 난초 패 넷 짝을 맞춘 등급. ☞ 난초시마.
난초시'마 명 화투놀이에서 난초 패 넷 짝을 맞춘 등급. ☞ 난초사리.
날 명 쟁기의 보습. ☞ 훌찌이. 훌쩡쇠.
날개' 명 날개. 윷판의 끝에서 셋째 자리. 곧 쨀밭에서 날밭 쪽으로 둘째 밭. ☞ 윷판.
날개를 치다 판 활개를 치다. ¶그 사람은 요새 좋은 일이 생갰는지 부랄에 요롱소리가 나드룩 날개를 치고 댕긴다. ▶ 그 사람은 요새 좋은 일이 생겼는지 불알에 요령소리가 나도록 활개를 치고 다닌다.
날걸 명 날걸. 윷판의 끝에서 둘째 자리. 곧 날윷과 날개의 사이의 밭. ☞ 윷판.
날고르기 명 삼베길쌈에서 날고르기 작업. 삼가락을 돌것(돌곳)에 올려서(감아서) 실타래(실젓)를 만들어 올이 엉키지 않게 노끈(노나깨이)으로 묶는다. ☞ 삼베길쌈.
날도' 명 날도. 윷판의 끝에서 넷째 자리. 곧 쨀밭에서 날밭 쪽으로 첫째 밭. ☞ 윷판.
날래':다 동 날리다. '경박(輕薄)하다'의 뜻. 【날래 ▶ 날려/날래이 ▶ 날리니】¶사람이 너무 날래서 듬직한 구적이 없다. ▶ 사람이 너무 날려서 듬직한 구석이 없다.

날러가다 图 날아가다. 【날러가 ▶ 날아가/날러가이 ▶ 날아가니】¶**날러가는** 저 기러기야, 고양 하늘 날거들랑 우리 부모인데 안부나 전해도고. ▶ 날아가는 저 기러기야, 고향 하늘 날거든 우리 부모한테 안부나 전해다오.

날:리 图 난리(亂離). ¶**날리가** 처들어온다 카이 보따리를 이고지고 피난 가는 사람들이 질을 메왔다. ▶ 난리가 처들어온다 하니 보따리를 이고지고 피란 가는 사람들이 길을 메웠다. ※ '난리가 나다'라고 하면 혼란이 일어나는 것을 뜻하고, 폭동이나 전쟁이 일어나서 그 위험이 가까워 올 때는 '난리가 처들어오다'라고 한다.

날:리벅구통 图 난장판. '날리'의 센말. 농악놀이에서 북치고 쟁과리치고 버꾸(벅구)통을 치며 소란스럽게 노는 데다 비유한 말. ¶아들이 모애서 **날리벅구통**을 지기매 온 집안을 난장판으로 맨들어 났다. ▶ 애들이 모여서 난리를 치며 온 집안을 난장판으로 만들어 놓았다.

날:리적지 图 큰 난리(亂離). 세상이 뒤집어질 정도의 난리. '날리'의 센말. ¶어제 니러온 구인한테 들었는데, 서울에는 벌써로 인민군이 들어오고 **날리적지**가 났다 카드라. ▶ 어제 내려온 군인한테 들었는데, 서울에는 벌써 인민군이 들어오고 큰 난리가 났다 하더라. ☞ 적지.

날배락 图 날벼락. ¶저 사람이 환장을 했나, **날배락**을 맞을 짓을 하고 있네. ▶ 저 사람이 환장을 했나, 날벼락을 맞을 짓을 하고 있네. ☞ 생배락.

날상 图 명주베 날기를 할 때 실을 뽑는(合絲) 도구. 통나무 바탕 위에 박힌 2개의 기둥 위로 10개의 구멍이 있는 길고 납작한 대나무 대가 가로 얹혀있다. 무명베길쌈에서 나틀과 같은 역할을 한다. ☞ 명주길쌈.

날새 图 날씨. ¶요새 **날새**는 와 이라는지 만날 꾸무리하이 햇빛 한 분 몬 보겠네. ▶ 요사이 날씨는 왜 이러는지 매일 흐릿하게 햇볕 한 번 못 보겠네.

날수갯도 图 날 스케이트. '날'+日 'スケート(skate)'. 스케이트에는 나막신모양으로 나무를 깎아 만든 발판 바닥에다 한 줄 또는 두 줄의 철사 날을 붙이고 앞쪽에다 두세 개의 못대가리를 박아 얼음을 찍게 해서 스케이트처럼 타는 날 스케이트가 있고, 넓은 판자로 바탕을 만들고 그 바닥에다 두 개의 철사 날을 나란히 붙여, 그 위에 사람이 앉아서 송곳이 박힌 막대기로 얼음을 찍으면서 타는 스케이트가 있다. ☞ 칼수갯도.

날짜 图 써레의 나루채. 써레의 몸뚱이 앞으로 박은 두 개의 막대기. 이 끝에 봇

날참여

줄을 매어서 소 멍에와 연결한다. 《날장. 날채》 ☞ 써리.

날참여 몡 이사를 갈 때 이웃 사람들을 초대하여 대접하는 일. ☞ 들참여.

날'틀 몡 베를 뽑을 때 사용하는 날틀. 단단한 바탕 위에 2개의 기둥을 세우고 그 위에 10개의 구멍이 뚫려있는 약 80cm 정도의 가로대를 걸쳤다. 베를 뽑을 때 10개의 솝대(날꼬챙이)로부터 풀어낸 실 가닥을 각각의 구멍에 꿰어 뽑아서 모숨(合絲)을 지운다. 《날상이. 고무레》.

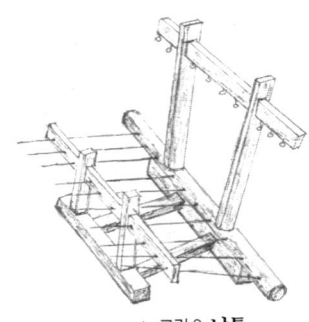

▲ 그림3 **날틀**

남:다 동 남다. 【나머 ▶ 남아/나무이 ▶ 남으니】 ¶아이고 그 갑세는 앤 대니더. 나도 이거 지고 댕기매 다리품이라도 나머야 앤 대닝기요? ▶ 아이고 그 값에는 안 됩니다. 나도 이것 지고 다니며 다리품이라도 남아야 안 됩니까? ※행상(行商)이 물건 값을 깎으려는 사람에게 하는 말.

남사시럽다 형 남우세스럽다. 창피스럽다. '남위사시럽다'의 준말. ¶자석이 저렁게 대 노이 남사시럽어서 고개를 몬 들고 댕기겠다. ▶ 자식이 저렇게 되어 놓으니 남우세스러워서 고개를 못 들고 다니겠다. ☞ 넘사시럽다. 넘우사시럽다.

남선(南鮮) 몡 남한(南韓). '남조선(南朝鮮)'의 준말. 1948년 대한민국으로 독립하기 전에 38도선 남쪽을 이르던 말.

남위사시럽다 형 남우세스럽다. 창피스럽다. 【남위사시럽어 ▶ 남우세스러워/남위사시럽으이 ▶ 남우세스러우니】 ☞ 남사시럽다. 넘사시럽다. 넘우사시럽다.

남저'지 몡 나머지. ¶누렁지 묵든 남저지는 개사바리에 버 조라. ▶ 누룽지 먹던 나머지는 개밥그릇에 부어(쏟아) 주어라. ☞ 나무지. 나무지기. 남지기.

138

낭구:다

남저'지돈 图 잔금(殘金). ¶남저지돈은 낼모래 나락 맻 가매이 내서 갚으끼요. ▶ 잔금은 내일모래 벼 몇 가마니 내서 갚을게요.

남정'네 图 남정(男丁). 남자분(男子-). ¶남정네들이 하는 일에 우리 안사람들이 끼이들 꺼 없다. ▶ 남자분들이 하는 일에 우리 안사람들이 끼어들 것 없다.

남지'기 图 나머지. '나무지기'의 준말. ☞ 나무지. 남저지.

남'포 图 옥외등(屋外燈). 램프(lamp).

남'핀 图 남편(男便). ¶지 남핀이 속을 쫌 터주기로서이 알라를 업고 친정으로 가 뿌리머 우짜노? ▶ 제 남편이 속을 좀 터뜨리기로서니 아기를 업고 친정으로 가 버리면 어쩌나?

낫까'락 图 낫. ¶내리부터 나락을 빌라카머 팬수깐에 가서 낫까락을 배라 와야 댄다. ▶ 내일부터 나락을 베려면 대장간에 가서 낫을 별러 와야 된다.

낫:다 图 낫다. 【낫어 ▶ 나아/낫으이 ▶ 나으니/낫는 ▶ 낫는】 ¶다리 아푼 기이 낫었다. ▶ 다리 아픈 것이 나았다.

낭간 图 난간(欄干). 낭떠러지. 층계, 다리, 마루 따위의 가장자리에 새운 손잡이.

낭감:하다 图 난감(難堪)하다. ¶누부 핀을 들어야할지 매부 핀을 들어야할지, 이 거 참 낭감하다. ▶ 누이 편을 들어야 할지 매부 편을 들어야 할지, 이것 참 난감하다.

낭구 图 나무. 【낭근 ▶ 나무는/낭글 ▶ 나무를/낭기 ▶ 나무가/낭게(낭구에) ▶ 나무에】 ¶저임묵고 산에 가서 소를 올래놓고 낭구 한 짐을 하고 나이 해가 저마이 가 뿌렀다. ▶ 오후에 산에 가서 소를 올려놓고 나무 한 짐을 하고 나니 해가 저만큼 가 버렸다./저 낭근 나가 오백 살이나 댄단다. ▶ 저 나무는 나이가 오백 살이나 된단다./쭉다리 놀라카머 쫌 굵은 낭글 비 와야 할께다. ▶ 걸친 다리 놓 으려면 좀 굵은 나무를 베어 와야 할게다./낭기 너무 가늘어서 암작에도 몬 씨 겠다. ▶ 나무가 너무 가늘어서 아무짝에도 못 쓰겠다./새는새는 낭게 자고 쥐는 쥐는 궁게자고, 미끌미끌 미꾸라지 국개밑에 잠을자고, 넙떡넙떡 송애새끼 방 구틈에 잠을자고, 어제왔는 새각시는 실랑품에 잠을자고, 우리그튼 아가씨는 어매품에 잠을잔다. ▶ 새는새는 나무에 자고 쥐는쥐는 구멍에자고, 미끌미끌 미꾸라지 개흙밑에 잠을자고, 넓적넓적 송어새끼 바위틈에 잠을자고, 어제왔 는 새각시는 신랑품에 잠을자고, 우리같은 아가씨는 엄마품에 잠을잔다. 〈아 기를 업고 잠을 재우면서 부르는 동요〉.

낭구:다 图 남기다. 【낭가 ▶ 남겨/낭구이 ▶ 남기니】 ¶찬은 없지만도 밥을 낭구지

낭기다

마시고 다 잡수시이소. ▶ 찬은 없지만 밥을 남기지 마시고 다 잡수세요. ※ 집에서 모시는 손님이 밥을 남기려고 하면 체면으로 그러는 것이라 생각하여 숟가락을 도로 쥐어 주기도 하고 밥그릇에다 숭늉을 부어 주면서 마저 들기를 권하기도 한다. ☞ 낭기다. 냉기다1.

낭기다 동 남기다. 【낭가 ▶ 남겨/낭기이 ▶ 남기니】¶너무 깍지 마시더. 이거도 장산데 나도 쫌 낭가 묵어야 댈 꺼 아인기요? ▶ 너무 깎지 맙시다. 이것도 장산데 나도 좀 남겨 먹어야 될 것 아닌가요? ☞ 낭구다. 냉기다1.

낮 명 낮. 【나줄로 ▶ 낮으로/나제 ▶ 낮에】¶나줄로는 공장아 나가고 밤으로는 야핵고 댕기매 공부해서 성공했다. ▶ 낮으로는 공장에 나가고 밤으로는 야학교 다니며 공부해서 성공했다./밤에는 머하고 나줄로 방아 처박개 자기마 하노? ▶ 밤에는 뭐하고 낮으로 방에 처박혀 자기만 하나?/주경야독이라, 나제는 밭을 갈고 밤에는 글을 일거서 과개를 봤단다. ▶ 주경야독(晝耕夜讀)이라, 낮에는 밭을 갈고 밤에는 글을 읽어서 과거를 보았단다.

낮:잔타 형 적잖다. '낮지 않다'의 뜻. 【낮잔어 ▶ 적잖아/낮잔으이 ▶ 적잖으니】¶요분 잔채 지내는데 낮잔어 돈이 들었다. ▶ 이번 잔치 치르는데 적잖아 돈이 들었다./장사하는데 드는 돈이 낮잔어서 걱정이 댄다. ▶ 장사하는데 드는 돈이 적잖아서 걱정이 된다.

낯꺼죽 명 낯가죽. 상판대기. '낯'의 낮춤말. ☞ 낯빤때기. 낯째기. 얼골빤때기.

낯빤때기 명 상판대기. '낯'의 낮춤말. ¶낯빤때기가 얼매나 뚜껍으머 지 사촌 돈을 뻴개 묵고도 고개를 척 들고 댕기지? ▶ 상판대기가 얼마나 두꺼우면 제 사촌 돈을 발겨 먹고도 고개를 척 들고 다니지? ☞ 낯꺼죽. 낯째기. 얼골빤때기.

낯씻다 동 세수하다. 낯을 씻다. ¶아칙에 일어나서 낯씻고 나왔나? ▶ 아침에 일어나서 세수하고 나왔나?/꼬내기 낯씻는 거 겉치 물마 쪼매 바리고 말었다. ▶ 고양이 세수하는 것 같이 물만 조금 바르고 말았다.

낯째기 명 낯짝. '낯'의 낮춤말. ¶빈대도 낯째기가 있고 배래기도 코띠이가 있는데, 저런 위사를 하고도 나돌어 댕기는 거 보머 차말로 낯째기가 뚜껍다. ▶ 빈대도 낯짝이 있고 벼룩도 콧등이 있는데, 저런 우세를 하고도 나돌아 다니는 것 보면 참말로 낯짝이 두껍다. ☞ 낯꺼죽. 낯빤때기. 얼골빤때기.

낱나치 부 낱낱이. 하나 빠짐없이 모두. ¶그 사람은 이 마실 누구 집에 수까락 몽디이 맻 개가 있는 거꺼정 낱나치 알고 있다. ▶ 그 사람은 이 마을 누구 집에 숟가락몽둥이 몇 개가 있는 것까지 낱낱이 알고 있다.

내: 튀 내처. 늘. 항상. ¶내 잠자꼬 있다가 가로 늦가 일어나서 분산을 지기고 있다. ▶내처 잠잠하게 있다가 갓 늦게 일어나서 부산을 떨고 있다. ☞삼통. 내들.

내구랍'다 휑 맵다. 연기 따위가 눈이나 코를 아리게 하다. ☞내구럽다. 내부럽다. 내부럽다.

내구럽'다 휑 맵다.【내구럽어 ▶ 매워/내구럽으이 ▶ 매우니】¶너구리 잡을라 카나, 내구럽어 죽겠다. ▶너구리 잡으려하나, 매워 죽겠다. ☞내구랍다. 내부랍다. 내부럽다.

-내'끼 쩝 -가닥. 어근에 붙어 '끈 가닥' 따위의 말이 되는 접미사.【끄내끼 ▶ 끈 가닥/새끼내끼 ▶ 새끼가닥/짚내끼 ▶ 짚나라미】.

내:나 튀 여전히. 역시. ¶인자 고마 주깨라 내나 그 말이 그 말 아이가. ▶이제 그만 지껄여라 여전히 그 말이 그 말 아닌가.

내'놓다 통 내놓다.【내나 ▶ 내놓아/내노이 ▶ 내놓으니】¶그거 이리 내나 바라. ▶그것 이리 내놓아 보아라./돈을 내노이 맴이 팬타. ▶돈을 내놓으니 마음이 편하다.

내:다1 통 내다. 쌀, 콩, 팥 따위의 곡식을 팔다. '내다 팔다'의 뜻. ¶오늘 살재이가 왔길래 아들 공낙금을 줄라꼬 쌀 한 가마이 냈다. ▶오늘 쌀장수가 왔기에 애들 공납금을 주려고 쌀 한 가마니 내다 팔았다. ☞내다2. 팔다.

내:다2 통 내다. 쌀, 콩, 팥 따위의 곡식을 빌리다(얻다). ¶양식이 모지래서 장애를 냈다. ▶양식이 모자라서 장여를 빌렸다(얻었다)./양식이 모지래서 장애를 내다 묵어야겠다. ▶양식이 모자라서 장여를 얻어다(내어다가) 먹어야겠다. ☞내다1. 팔다.

내:들 튀 내처. 늘. 항상. '내처들'의 뜻. ¶새복에 집을 나와서 하리 내들 걸었디이 다리가 뻐지근하다. ▶새벽에 집을 나와서 하루 내처 걸었더니 다리가 뻐적지근하다./저임묵고 내들 한 일이 이거뺵에 앤 대나? ▶점심 먹고(오후) 내처 한 일이 이것밖에 안 되나?/버리재이가 없는 거를 내들 나도 났디이 인자 머리 우에 올러탈라 칸다. ▶버르장이가 없는 것을 늘 놓아두어 놓았더니 이제 머리 위에 올라타려 한다./내들 바야 그 얼골이 그 얼골인데 더 볼 꺼가 머 있다꼬. ▶항상 봐야 그 얼굴이 그 얼굴인데 더 볼 것이 뭣 있다고. ☞내. 삼통.

내라:주다 통 내려주다. 깎아주다.【내라조 ▶ 내려줘/내라주이 ▶ 내려주니】¶아주마씨요, 오 서방 소 구루마가 이리 지내가그덩 우리 장꺼리 내라주소. ▶아지매요, 오 서방 우차가 이리 지나가거든 우리 장거리 내려주세요./물건 값을 내

내'래다보다

　　라주머 또 내라 돌라 캐서 함부래 올래 불러야 한다. ▶ 물건 값을 내려주면(깎아주면) 또 내려 달라 해서 아예 올려 불러야 한다.
내'래다보다 동 내려다보다. 【내래다바▶내려다봐/내래다보이▶내려다보니】 ☞ 니리보다. 낼바더보다.
내'래다비:이다 동 내려다보이다. '내래다보다'의 피동. 【내래다비애▶내려다보여/내래다비이이▶내려다보이니】 ¶저기 내래다비이는 꿀째기 오른쪽 빈달에 도래솔 있는 데가 할배할매 미다. ▶ 저기 내려다보이는 골짜기 오른쪽 비탈에 도래솔 있는 데가 할아버지할머니 묘다. ☞ 니러다비다.
내'러가다 동 내려가다. 【내러가▶내려가/내러가이▶내려가니】 ¶나가 들고 아들을 다 내보내며 우리 촌으로 내러가서 사자. ▶ 나이가 들고 애들을 다 내보내면 우리 촌으로 내려가서 살자. ☞ 느러가다. 니러가다.
내'러오다 동 내려오다. 【내러와▶내려와/내러오이▶내려오니】 ¶이전에 여기가 선여들이 내러와서 목 깜꼬 하든 데란다. ▶ 예전에 여기가 선녀들이 내려와서 멱 감고 하던 데란다. ☞ 느러오다. 니러오다.
내'럭 명 내력(來歷). 경과(經過). ¶본대부터 그 집 내럭이 좋다. ▶ 원래부터 그 집 내력이 좋다./일으 내럭을 더 자시 알아보지. ▶ 일의 내력을 더 자세히 알아보지.
내루':다 동 내리다. 내리게 하다. 【내라▶내려/내루이▶내리니/내라라▶내려라】 ¶사람을 불러 내룬다. ▶ 사람을 불러 내린다./물건 갑슬 쫌 내라 바라. ▶ 물건 값을 좀 내려 보아라. ☞ 느루다. 니루다.
내'리1 부 냅다. ¶가는 간도 크지 배미 꼬랑대기를 검쥐고 휘휘 돌러서 내리 처 뿌리드라. ▶ 개는 간도 크지 뱀 꼬리를 거머쥐고 휘휘 돌려서 냅다 쳐 버리더라.
내'리2 부 연달아. 잇달아. ¶내리 사할을 찾아가서도 가를 만날 수가 없었다. ▶ 연달아 사흘을 찾아가서도 개를 만날 수가 없었다./우얘 댄 건지, 내리 두 해를 풍연이 들었다. ▶ 어떻게 된 건지, 잇달아 두 해를 풍년이 들었다.
내':리3 명 내일. ¶내리 장아 가서 시어런 반찬꺼리라도 쫌 사 와야 델 낀데. ▶ 내일 장에 가서 시어른 반찬거리라도 좀 사 와야 될 것인데./내리 돈 준다 카는 기이 벌써로 맻 내리로 미랐노? ▶ 내일 돈 준다 하는 것이 벌써 몇 내일로 미뤘나? ☞ 낼.
내리'기 명 내림. '내래오기(내려오기)'의 준말. ¶손 버리재이가 나쁜 거도 그 집으 내리기다. ▶ 손 버르장머리가 나쁜 것도 그 집의 내림이다. ※손 버르장머리라면 도둑질, 주먹질, 도박 따위의 손으로 하는 나쁜 버릇을 말함. ☞ 니리기.

내리대:기 똉 위쪽 논에서 아래쪽으로 내려가며 차례대로 물을 대기.

내ˈ리모레 똉 글피. '내일의 모레' 또는 '불원간(不遠間)'의 뜻. ¶내리모레가 설인데, 아들 고무신하고 다배 한 커리씩이라도 사 신겨야 하는데 머를 가주고 돈을 맨드노? ▶ 내일모레가 설인데, 애들 고무신하고 양말 한 결레씩이라도 사 신겨야 하는데 뭣을 가지고 돈을 만드나? ☞ 내모레.

내리보다 图 내려다보다. 【내리바 ▶ 내려다보아/내리보이 ▶ 내려다보니】 ¶치다보지 마고 내리보고 살아야 맴이 팬타. ▶ 쳐다보지 말고 내려다보고 살아야 마음이 편하다. ☞ 내래다보다. 낼바더보다.

내ˈ모레 똉 글피. '내리모레'의 준말. ¶내모레머 한 살을 더 묵는데 인자 철이 들어야지. ▶ 글피면 한 살을 더 먹는데 이제 철이 들어야지.

내:미1 똉 냄새. ¶아이고 이게 무신 내미고, 쿵쿰한 내미가 등천을 한다. ▶ 아이고 이게 무슨 냄새냐, 콤콤한 냄새가 진동을 한다./우리끼리 묵을라 캤는데, 저 사람이 내미 하나는 기차게 맡고 찾어오네. ▶ 우리끼리 먹으려 했는데, 저 사람이 냄새 하나는 기차게 맡고 찾아오네.

–내ˈ미2 쩝 일부 명사나 동사의 어근에 붙어서 특별한 성격이나 모습을 한 사람을 나타내는 접미사. 【딸내미 ▶ 딸/아들내미 ▶ 아들/새촐내미 ▶ 새줄랑이/울내미 ▶ 울보/뻘내미 ▶ 삐죽이】.

내:바더보다 图 내다보다. 【내바더바 ▶ 내다보아/내바더보이 ▶ 내다보니】 ¶일선에서 느그 오래비 핀지가 올 때가 댔는데, 체부(遞夫) 오는강 내바더보고 물어바라. ▶ 일선에서 너의 오빠 편지가 올 때가 되었는데, 우체부 오는가 내다보고 물어보아라.

내부랍다 혱 맵다. ☞ 내구랍다. 내구럽다. 내부럽다.

내부럽다 혱 맵다. 【내부럽어 ▶ 매워/내부럽으이 ▶ 매우니】 ¶쪽찌비 잡을라카나, 내부럽어 죽겠다. ▶ 족제비 잡으려고 하나, 매워 죽겠다. ※ 갈라진 방바닥 틈으로 연기가 샌다는 말. ☞ 내구랍다. 내구럽다. 내부랍다.

내뿌ˈ다 图 내버리다. '내뿌리다'의 준말.

내뿌ˈ러놓다 图 내버려놓다. 【내뿌러나 ▶ 내버려놓아/내뿌러노이 ▶ 내버려놓으니】 ¶지사 죽든지 사든지 지 맘대로 사구로 내뿌러나라. ▶ 제야 죽든지 살든지 제 마음대로 살게 내버려놓아라.

내뿌ˈ리다 图 내버리다. 【내뿌러 ▶ 내버려/내뿌리이 ▶ 내버리니】 ¶내 꺼 앤 댈 꺼는 내뿌리지 말라꼬 쥐고 있노? ▶ 내 것 안 될 것은 내버리지 뭣 하러 쥐고

내연

있나? ☞ 내뿌다.

내연 몡 내년(來年). 명년(明年). ☞ 냉연. 맹연.

내:우간 몡 내외간(內外間). ¶저 집 내우간은 천상연분이다. ▶ 저 집 내외간은 천생연분이다.

내:우하다 동 내외(內外)하다. ¶그 시절에는 와 그랬는지, 앞딧집에 살맨서도 내우하니이라꼬 말 한 마디를 몬 붙치고 지냈다. ▶ 그 시절에는 왜 그랬는지, 앞뒷집에 살면서도 내외하느라고 말 한 마디를 못 붙이고 지냈다.

내:이1 몡 내의(內衣). ¶내이를 두 불을 끼이입고도 춥다 칸다. ▶ 내의를 두 벌을 껴입고도 춥다 한다.

-내~이2 졉 일부 어간에 붙어 식물의 이름을 나타내는 접미사.【강내이 ▶ 강냉이/달내이 ▶ 달래/물내이 ▶ 물냉이/씬내이 ▶ 씀바귀】.

내:졸기다 동 내달리다. 내빼다.【내졸개 ▶ 내달려/내졸기이 ▶ 내달리니】¶도둑질하다가 동네 청연들한테 다들캐서 번개 글치 내졸기드라. ▶ 도둑질하다가 동네 청년들한테 들켜서 번개 같이 내달리더라. ☞ 해졸기다.

내:종 뷔 나중. ¶내종에 진수성찬보다 당장 허기라도 민하게 아무 꺼나 묵자. ▶ 나중에 진수성찬보다 당장 허기라도 면하게 아무 거나 먹자. ☞ 나종. 냉자.

내지'끼 몡 옷의 주름. ⑪ '敷き'. 일제 때 군인들이 군복의 주름을 잡기 위하여 담요에 깔아서 자는 데서 유래한 말. ¶구인들이 달비가 없어서 잠잘 때 담요에다 바지를 깔아서 내지끼를 세와 입었다. ▶ 군인들이 다리미가 없어서 잠잘 때 담요에다 바지를 깔아서 주름을 세워 입었다.

내:지리다 동 내지르다. '싸다' 또는 '낳다'의 속된말.【내지러 ▶ 내질러/내지리이 ▶ 내지르니/내지린 ▶ 내지른】¶아따 시끄럽다. 어디 왕바울을 살머 묵었나 와 괌은 꽥꽥 내지리노? ▶ 아따 시끄럽다. 어디 왕방울을 삶아 먹었나 왜 고함은 꽥꽥 내지르나?/밥이나 묵고 똥이나 내지렀지 니가 한 기이 머가 있다꼬. ▶ 밥이나 먹고 똥이나 쌌지 네가 한 것이 무엇이 있다고./새끼들마 저래 내지러 놓고서는 공부 하나도 몬 시긴다. ▶ 새끼들만 저렇게 낳아 놓고서는 공부 하나도 못 시킨다.

내:타 몡 찌모. 윷놀이에서, 윷판의 앞밭으로부터 꺾이지 않고 열다섯째 되는 밭. 또는 윷판의 앞밭(모밭)으로부터 꺾이어 여섯째 밭. ☞ 윷판.

낸:장 캄 젠장. '낸장마질'의 준말. ☞ 닌장. 진장.

낸:장마질 캄 젠장맞을. '난장(亂杖)을 맞을'의 뜻. ¶낸장마질 꺼 미치겠네. 암만

해바도 앤 대는데 우야지? ▶ 젠장맞을 것 미치겠네. 아무리 해봐도 안 되는데 어떻게 하지?/낸장마질 눔, 그래도 지도 사나라꼬 껍죽거리고 있네. ▶ 젠장맞을 놈, 그래도 저도 사내라고 껍죽거리고 있네. ☞ 닌장마질. 진장마질.

낼: 뎽 내일.(來日). '내리3'의 준말. ¶우리 그튼 백성들이 낼이 어디 있노, 오늘 당장이 급한데. ▶ 우리 같은 백성들이 내일이 어디 있나, 오늘 당장이 급한데.

낼바'더보다 동 내려다보다. 【낼바더바▶ 내려다봐/낼바더보이▶ 내려다보니】¶치다보지 마고 낼바더보고 살어야 맴이 핀타. ▶ 쳐다보지 말고 내려다보고 살아야 마음이 편하다. ☞ 내래다보다. 내리보다.

냉:골(冷−) 뎽 냉방(冷房). 차가운 방바닥. ¶나무 한 짐마 해오머 뜨뜻하게 잘 낀데, 그거 하기 실버서 냉골에서 자나? ▶ 나무 한 짐만 해오면 따뜻하게 잘 것인데, 그것 하기 싫어서 냉방에서 자나?

냉기다1 동 남기다. 【냉개▶ 남겨/냉기이▶ 남기니】¶아이고 저성사자도 무심하지, 저 냉개 논 것들을 우야라꼬 벌써로 데리고 가닌기요? ▶ 아이고 저승사자도 무심하지, 저 남겨 놓은 것들을 어떻게 하라고 벌써 데리고 가는가요? ☞ 낭구다. 낭기다.

냉기다2 동 넘기다. 삼키다. 【냉개▶ 넘겨/냉기이▶ 넘기니】¶팔다가 남은 물건은 저 사람한테 냉기고 가자. ▶ 팔다가 남은 물건은 저 사람한테 넘기고 가자./추석을 냉기고 나이 금방 날새가 추워진다. ▶ 추석을 넘기고 나니 금방 날씨가 추워진다./계약 기한을 냉가 뿌릿시이 우짜머 좋노? ▶ 계약 기한을 넘겨 버렸으니 어쩌면 좋아?/임석을 냉기이 목이 아푸다. ▶ 음식을 삼키니 목이 아프다. ☞ 넝구다. 넝기다.

냉꾸다이 뎽 넥타이. ¶요새 그 사람은 팔자 좋게 새비로 양복에다 냉꾸다이를 매고 건들거리매 댕긴다. ▶ 요새 그 사람은 팔자 좋게 새비로 양복에다 넥타이를 매고 건들거리며 다닌다.

냉연 뎽 내년(來年). 명년(明年). ¶냉연 농사저서 여기저기 빚 갚고 나머 후냉연 봄꺼정 양도 마주기 애럽겠다. ▶ 내년 농사지어서 여기저기 빚 갚고 나면 후명년 봄까지 양식 맞추기 어렵겠다. ☞ 내연. 맹연.

냉:자 튀 나중. 나중에. ¶냉자아 느그도 커서 어런이 대 보머 아부지 맴을 알 끼이다. ▶ 나중에 너희도 커서 어른이 되어 보면 아버지 마음을 알 것이다. ☞ 나종. 내종.

너가지 뎽 잔가지. 처진 나뭇가지. ¶너가지라도 처서 한 지게 맨들어서 마실로

너댓

니러가자. ▶ 잔가지라도 쳐서 한 지게 만들어서 마을로 내려가자.

너댓 ㊄ 너덧. ¶금연에 봉답 논에서 소출이 잘 나와야 너댓 가매이나 댈까 몰래? ▶ 금년에 봉답 논에서 소출이 잘 나와야 너덧 가마니나 될까 몰라?

너라':놓다 통 내려놓다. 【너라나 ▶ 내려놓아/너라노이 ▶ 내려놓으니】¶무거분 짐은 여기다 너라놓고 가자. ▶ 무거운 짐은 여기다 내려놓고 가자.

너루':다 통 내리다. 【너라 ▶ 내려/너루이 ▶ 내리니】¶저기 나무 거렁지에 등짐을 너루고 쉿다가 가자. ▶ 저 나무 그늘에 등짐을 내리고 쉬었다가 가자./오늘 밤은 추워서 핫이불 너라 덮어야겠다. ▶ 오늘 밤은 추워서 솜이불 내려 덮어야겠다.

너리'다 형 넓다. 【너린 ▶ 넓은/너리이 ▶ 넓으니】¶이 너린 시상아 피부치라는 기 이 니캉 나캉 밖에 없는데 니마자 가머 내 혼차 우째 사노? ▶ 이 넓은 세상에 피붙이라는 것이 너하고 나하고 밖에 없는데 너마저 가면 나 혼자 어찌 사나? ☞ 널따.

너'매 몡 너머. 너머에. ¶재 너매(넘에) 사는 영감할마이는 서월 아들네 집에 가고 없드란다. ▶ 재 너머에 사는 영감할미는 서울 아들네 집에 가고 없더란다.

너부적너부적 튀 뒤뚝뒤뚝. 뚱뚱한 사람이 걷는 모양. ¶너부적너부적 뚜끼비 걸음을 해서 해전에 거기 당도하겠나? ▶ 뒤뚝뒤뚝 두꺼비 걸음을 해서 해지기 전에 거기 당도하겠나?

너불'대 몡 율모기. 뱀의 일종. 등은 푸른빛이 도는 짙은 잿빛이거나 어두운 올리브빛이며, 크고 검은 얼룩점이 있으며, 옆은 누른 바탕에 불규칙한 붉은 무늬가 있다. 무논이나 냇가에 산다.

너붕'치 몡 넓적다리. ¶웅천주에 향득사지는 숭연에 부모가 굴머죽게 대자, 지 너붕치 살을 비서 봉양했단다. ▶ 웅천주에 향득사지(向得舍知)는 흉년에 부모가 굶어죽게 되자, 제 넓적다리 살을 베어 봉양했단다. 〈三國遺事〉 ☞ 넙떡다리.

너:삼대 몡 쓴너삼. 콩과의 여러해살이풀로, 뿌리는 '고삼(苦蔘)'이라 하여 약용으로 쓰임. ¶허리 다친 데는 너삼대 뿔거지로 술 당가 묵으머 좋단다. ▶ 허리 다친 데는 쓴너삼 뿌리로 술 담가 먹으면 좋단다.

너:이 ㊄ 넷. 넷이(네 사람). ¶가마있그라 보자, 하나, 둘, 서이, 너이, 내까지 열 키가 모앴는데, 우리들 팬을 갈라서 윷놀아서 묵기 내기 하자. ▶ 가만있어라 보자, 하나, 둘, 셋, 넷, 나까지 열 사람이 모였는데, 우리들 편을 갈라서 윷놀아서 먹기 내기 하자./수이, 눔이, 영자, 이래 나하고 너이가 한 마실에서 같이 크매 핵고도 댕깄다. ▶ 순이, 눔이, 영자, 이렇게 나하고 넷이 한 마을에서 같이

크며 학교도 다녔다. ☞ 니2.

너쭈:다 동 떨어뜨리다. 【너짜▶ 떨어뜨려/너쭈이▶ 떨어뜨리니】¶그럭 너쭐라 판을 조심해서 들고 가그라. ▶ 그릇 떨어뜨릴라 밥상을 조심해서 들고 가거라./물을 건내다가 보따리를 너짜 뿌렸다. ▶ 물을 건너다가 보따리를 떨어뜨려 버렸다. ☞ 널쭈다.

너':찌다 동 떨어지다. 【너쩌▶ 떨어져/너찌이▶ 떨어지니/너찔▶ 떨어질】¶딸 따 묵을라꼬 언뚝에 올러갔다가 한분 너찌고는 다시는 그런 데는 애 올라간다. ▶ 딸기 따먹으려고 언덕에 올라갔다가 한번 떨어지고는 다시는 그런 데는 안 올라간다./감나무 밑에 누워서 홍시 너찔까 입 벌리고 있어 바라. ▶ 감나무 밑에 누워서 홍시 떨어질까 입 벌리고 있어 보아라. ☞ 널찌다.

넉' 명 넋. ¶보소 이 무정한 양반아, 넉이라도 있으며 이럴 때 우리 공구들 쫌 살패 주소. ▶ 보소 이 무정한 양반아, 넋이라도 있으면 이럴 때 우리 식구들 좀 살펴 주세요.

넉:근하다 형 넉넉하다. ¶그만한 일이라머 혼차서도 넉근하게 할 수 있다. ▶ 그만한 일이라면 혼자서도 넉넉하게 할 수 있다.

널구':다 동 넓히다. 【널가▶ 넓혀/널구이▶ 넓히니】¶매물 씨를 헐기 전에 자갈을 조 내고 밭을 쫌 널구자. ▶ 매밀 씨를 뿌리기 전에 자갈을 주워 내고 밭을 좀 넓히자./몸피가 불어서 저구리 품을 널가야겠다. ▶ 몸피가 불어서 저고리 품을 넓혀야겠다./객지에서 이거저거 마이 보고 듣고 해서 견문을 널가 온느라. ▶ 객지에서 이것저것 많이 보고 듣고 해서 견문을 넓혀 오너라. ☞ 널피다.

널단:하다 형 널찍하다. ¶이 방이 널단하이 좋네요. 마카 이리 와서 노시더. ▶ 이 방이 널찍하니 좋으네요. 모두 이리 와서 놉시다./방이 널단하이 쫌 널단하게 안즈시더. ▶ 방이 널찍하니 좀 널찍하게 앉읍시다.

널'따 형 넓다. 【널러▶ 넓어/너르이▶ 넓으니/너른▶ 넓은】¶순사나리요, 거저 지가 잘 몬했니더. 우리 긑치 불상한 백성이 머를 아닌기요, 거저 바다 긑치 너른 맴으로 바 주이소. 지가 유치장아 가머 공구들을 다 궁개 죽이니더. ▶ 순사나리, 그저 저가 잘 못했습니다. 우리 같이 불상한 백성이 뭘 알겠습니까, 그저 바다 같이 넓은 마음으로 보아 주십시오. 저가 유치장에 가면 식구들을 다 굶겨 죽입니다. ☞ 너리다.

널:빤때기 명 널빤지. ¶칙간이라 카는 기이 도라무통 우에 널빤때기 두 개를 걸처논 거라, 컴컴한 밤에 들어가다가 빠지는 수도 있다. ▶ 변소라는 것이 드럼

널:빵

통 위에 널빤지 두 개를 걸쳐놓은 것이라, 컴컴한 밤에 들어가다가 빠지는 수도 있다.

널:빵 몡 마루방. 널판자로 바닥을 깐 방. ¶널빵 살독에 가서 살 시 바가치마 퍼다가 떡살을 당구자. ▶ 마루방 쌀독에 가서 쌀 세 바가지만 퍼다가 떡쌀을 담그자.

널쭈:다 동 떨어뜨리다. 【널짜 ▶ 떨어뜨려/널쭈이 ▶ 떨어뜨리니】 ¶물건 갑슬 쪼매 널쭈이 금방 다 나간다. ▶ 물건 값을 조금 떨어뜨리니 금방 다 나간다. ☞ 너쭈다.

널':찌다 동 떨어지다. 【널쩌 ▶ 떨어져/널찌이 ▶ 떨어지니】 ¶살깝이 더 널찌기 전에 맻 가마이 더 내다 팔어야겠다. ▶ 쌀값이 더 떨어지기 전에 몇 가마니 더 내다 팔아야겠다. ☞ 너찌다.

널'피다 동 넓히다. 【널패 ▶ 넓혀/널피이 ▶ 넓히니】 ☞ 널구다.

넘 몡 남. 【넘으 ▶ 남의/넘사(넘이사) ▶ 남이야】 ¶넘으 말을 하지 마고 지 오지랖이나 잘 가라라 캐라. ▶ 남의 말을 하지 말고 제 오지랖이나 잘 가뤄라 해라./넘으 곳으로 와서 고상도 마이 했는데 인자 자리를 잡었다. ▶ 남의 곳으로 와서 고생도 많이 했는데 이제 자리를 잡았다./넘사 전봇대로 이를 쑤시거나 마기나. ▶ 남이야 전봇대로 이를 쑤시거나 말거나./넘이사 그거로 밤시이를 까기나 마기나. ▶ 남이야 그것으로 밤송이를 까거나 말거나.

넘넘 몡 남남. 남과 남. ¶부분는 등 돌리머 철리말리나 넘넘이다. ▶ 부부는 등 돌리면 천리만리나 남남이다.

넘바더보다 동 넘겨다보다. 【넘바더바 ▶ 넘겨다봐/넘바더보이 ▶ 넘겨다보니】 ¶지 꺼를 두고 넘으 꺼를 넘바더보다가 지 꺼 마자 놓칠라. ▶ 제 것을 두고 남의 것을 넘겨다보다가 제 것 마저 놓칠라.

넘부꾸럽다 혱 남부끄럽다. 【넘부꾸럽어 ▶ 남부끄러워/넘부꾸럽으이 ▶ 남부끄러우니】 ¶몬난 자석 하나 때민에 넘부꾸럽어서 고개를 몬 들겠다. ▶ 못난 자식 하나 때문에 남부끄러워서 고개를 못 들겠다.

넘부럽다 혱 남부럽다. 【넘부럽어 ▶ 남부러워/넘부러우이 ▶ 남부러우니】 ¶딧집 아들은 서울에서 넘부럽지 안케 산단다. ▶ 뒷집 아들은 서울에서 남부럽지 않게 산단다.

넘사시럽다 혱 남우세스럽다. 창피스럽다. '넘우사시럽다'의 준말. ☞ 남사시럽다. 남위사시럽다.

넘우사시럽다 혱 남우세스럽다. 창피스럽다. 【넘우사시럽어 ▶ 남우세스러워/넘우사시럽으이 ▶ 남우세스러우니】 ☞ 남사시럽다. 남위사시럽다. 넘사시럽다.

넘'으 집 살다 괜 머슴 살다. ¶객지로 나가서 맻 해를 넘의 집 살고 돌아와서 논도 사고 집도 하나 장만했다. ▶ 객지로 나가서 몇 해를 머슴 살고 돌아와서 논도 사고 집도 하나 장만했다.

넘풀 명 넝쿨. ¶넘풀 속에 들어가지 마라 배미한테 물랜다. ▶ 넝쿨 속에 들어가지 마라 뱀한테 물린다. ☞ 덤풀.

넙떡다리 명 넓적다리. ☞ 너붕치.

넙떡:하다 형 넓적하다. ¶무시를 넙떡하게 숭숭 싸러 옇고 시언하게 국이나 끼래 바라. ▶ 무를 넓적하게 숭숭 썰어 넣고 시원하게 국이나 끓여 보아라./처자 얼골이 넙떡한 기이 후덕하게 생겼다. ▶ 처녀 얼굴이 넓적한 것이 후덕하게 생겼다.

넝'가짚다 동 넘겨짚다. 【넝가짚어 ▶ 넘겨짚어/넝가짚으이 ▶ 넘겨짚으니】 ¶순사가 왈기다가 앤 대이 살살 달래매 넝가짚으이 고마 고개를 떨구매 술술 불어대는 거 아이가. ▶ 순사가 윽박지르다가 안 되니 살살 달래며 넘겨짚으니 그만 고개를 떨어뜨리며 술술 불어대는 것 아닌가. ☞ 넝거짚다.

넝'거주다 동 넘겨주다. 【넝거조 ▶ 넘겨주어/넝거주이 ▶ 넘겨주니】 ¶인자 큰아인데 살림을 넝거조도 즈그가 잘 해 나갈 끼이다. ▶ 이제 큰애한테 살림을 넘겨주어도 저희가 잘 해 나갈 것이다.

넝'거짚다 동 넘겨짚다. 【넝거짚어 ▶ 넘겨짚어/넝거짚으이 ▶ 넘겨짚으니】 ☞ 넝가짚다.

넝구:다 동 넘기다. 삼키다. 【넝가 ▶ 넘겨/넝구이 ▶ 넘기니/넝굴 ▶ 넘길】 ¶빙이 짚어지이 하리하리를 넝구기가 심이 든다. ▶ 병이 깊어지니 하루하루를 넘기기가 힘이 든다./시상없어도 요분 일은 우물쭈물 몬 넝군다. ▶ 세상없어도 요번 일은 우물쭈물 못 넘긴다./시방은 행펜이 어렵지마는 한 해마 잘 넝가 보자. ▶ 지금은 형편이 어렵지만 한 해만 잘 넘겨 보자./약을 넝구이 자꼬 올러올라 칸다. ▶ 약을 삼키니 자꾸 올라오려 한다./이 일은 그양 넝굴 일이 절대로 아이다. ▶ 이 일은 그냥 넘길 일이 절대로 아니다. ☞ 냉기다2. 넝기다.

넝굼 명 능금(林檎). 사과. ¶이분 태풍에 밭에 넝굼이 떨어진 기이 부지기수다. ▶ 이번 태풍에 밭에 능금이 떨어진 것이 부지기수다.

넝굼하꼬 명 사과상자(--箱子). '넝굼'+日 'はこ(箱)'.

넝'기다 동 넘기다. 삼키다. 【넝개 ▶ 넘겨/넝기이 ▶ 넘기니/넝길 ▶ 넘길】 ¶인자는

-노

물도 몬 넝기시는 거를 보이 매칠을 몬 넝기겠다. 재 넘에 권 서방네하고 끈티이한테도 기밸해라. ▶ 이제는 물도 못 넘기시는 것을 보니 며칠을 못 넘기겠다. 재 너머에 권 서방네하고 막내한테도 기별해라./물을 쫌 넝개 바라. 속이 쫌 풀릴 끼이다. ▶ 물을 좀 넘겨 보아라. 속이 좀 풀릴 것이다./그 한 때를 몬 넝기고 시상풍파를 어얘 넝길래? ▶ 그 한 때를 못 넘기고 세상풍파를 어떻게 넘길래? ☞ 냉기다2. 넝구다.

-노 ⃞ -나(으나). 물음 나타내는 종결어미//연결어미. ¶자네 시방 머를 하고 사노? ▶ 자네 지금 뭘 하고 사나?/사람이 와 그라노? ▶ 사람이 왜 그러나?/나는 언제 장개를 가겠노? ▶ 나는 언제 장가를 가겠나?/가매 타고 시집가이 와 이래 좋노! ▶ 가마 타고 시집가니 왜 이리 좋으냐!/우째서 이마이 만노? ▶ 어찌해서 이만큼 많나(많으냐)?//이기이 어뜨노 보래. ▶ 이게 어떠하나 보아라.

노가다 ⃞ 막노동자. ⓙ 'ろうかた(勞肩)'. ¶저 사람이 도시로 나가서 노가다로 구불어댕기디이 사람 배랬네. ▶ 저 사람이 도시로 나가서 막노동자로 굴러다니더니 사람 버렸네.

노가리 ⃞ '노적가리(露積--)'의 준말. ¶노가리에 불 찌리고 박산 조 묵는다. ▶ 노적가리에 불 지르고 튀밥 주어 먹는다. ☞ 노적까리.

노구저리 ⃞ 노고지리. 종다리. ¶동창이 발갔느냐 노구저리 우지진다. ▶ 동창이 밝았느냐 노고지리 우지진다.

노나깨'이 ⃞ 노끈. ¶베를 날아서 새가 진 데를 노나깨이로 무꾸고 올 끄트머리 하나하나를 찾아서 바대 구영에다 뀐다. ▶ 베를 날아서 새가 진 데를 노끈으로 묶고 올 끝 하나하나를 찾아서 바디 구멍에다 꿴다.

노:다 ⃞ 놀다. 【놀어 ▶ 놀아/노이 ▶ 노니】¶방안에만 처박개 있지 마고 밖에 나가서 노다가 온나. ▶ 방안에만 처박혀 있지 말고 밖에 나가서 놀다가 오너라.

노란자 ⃞ 노른자. ¶배산임수라, 청용 백호가 차마게 둘러치고 물은 이짝으로 확 돌어 들어오는 거 바라. 이 산에서는 이 자리가 노란자다. ▶ 배산임수(背山臨水)라. 청룡 백호가 참하게 둘러치고 물은 이쪽으로 확 돌아 들어오는 것 보아라. 이 산에서는 이 자리가 노른자다. ☞ 노른자이.

노랑내 ⃞ 노린내. ¶누가 화리에 머리까락을 뻣어 옇나 노랑내가 이래 나노? ▶ 누가 화로에 머리카락을 빗어 넣나 노린내가 이렇게 나나? ☞ 누렁내.

노'래보다 ⃞ 노려보다. 【노래바 ▶ 노려봐/노래보이 ▶ 노려보니】¶그래, 니가 늘 그래 노래보머 우짤 끼이고? ▶ 그래, 네가 나를 그렇게 노려보면 어찌할 것인가?

노래~이 명 노랑이. 구두쇠. '서양사람'의 속된말. ¶노래이 노래이 캐도 저 사람 그튼 노래이는 시상아 첨 밨다. ▶ 노랑이 노랑이 해도 저 사람 같은 노랑이는 세상에 처음 보았다./서양 노래이들은 키는 장대지, 코는 유자 띠이만한 데다가 눈까리는 움푹 들어가고, 사나 지집이 만나머 아무데서나 홀꼬 빨고 하는데, 그 기이 짐성 대다가 만 거 아인지 모리겠다. ▶ 서양 노랑이들은 키는 장대지, 코는 유자 덩어리만한 데다가 눈깔은 움푹 들어가고, 사내 계집이 만나면 아무데서나 핥고 빨고 하는데, 그 것이 짐승 되다가 만 것 아닌지 모르겠다.

노'로 갑 마소를 모는 소리로, '오른쪽으로 돌아'라는 소리. '일로로(이리로)'의 준말. ☞ 물러. 워. 워디. 워미. 이라. 쯔쯔.

노룸 명 노름. 도박(賭博). 【노룸꾼▶도박꾼/노룸재이▶노름꾼】¶노룸 좋아하는 사람 치고 패가망신 애하는 사람을 몬 밨다. ▶ 도박 좋아하는 사람 치고 패가망신 안하는 사람을 못 보았다.

노룸꾼 명 노름꾼. 도박꾼(賭博-). ¶간밤에 외따리집에 있든 노룸꾼들이 지서로 다 잡해 갔단다. ▶ 간밤에 외딴집에 있던 노름꾼들이 지서로 다 잡혀 갔단다. ☞ 노룸재이.

노룸재~이 명 노름꾼. ¶마실에 노룸재이가 설치머 마실 망한다. ▶ 마을에 노름쟁이가 설치면 마을 망한다. ☞ 노룸꾼.

노룸판 명 노름판. 도박판. ¶요새는 일이 없으이 밤마 대머 절미이들이 모애서 노룸판을 벌인다. ▶ 요새는 일이 없으니 밤만 되면 젊은이들이 모여서 노름판을 벌인다.

노른자이 명 노른자위. ☞ 노란자.

노리 명 노루. ¶노리 때린 짝대기를 시 분이나 울가묵는다. ▶ 노루 때린 작대기를 세 번이나 우려먹는다. ※고기 맛을 볼 기회가 적은 서민들의 사정을 표현한 말./노리 보고서 그물을 찾는다. ▶ 노루 보고서 그물을 찾는다. ※준비성이 없어서 기회를 놓치는 사람을 두고 하는 말.

노박 부 노상. 언제나. ¶느가부지는 노박 마실 사람들하고 어불래서 화토를 처사 킬이다. ▶ 너의 아버지는 노상 마을 사람들하고 어울려서 화투를 쳐서 큰일이다.

노빼'다 동 쏙 빼다. '노다지로 빼다(닮다)'의 뜻. ¶가아는 즈거매 얼골을 노뺐다. ▶ 그 애는 제 어머니 얼굴을 쏙 뺐다.

노'약 명 농약(農藥). ¶노약이 든 비이는 아들 손이 앤 대는 데다 언저 나야 한다. ▶ 농약이 든 병은 애들 손이 안 대는 데다 얹어 놓아야 한다.

노적까리

노적까리 몡 볏가리. ¶논에 있는 **노적까리**를 한 이틀은 실어 들라야 할 끼이다. ▶논에 있는 **볏가리**를 한 이틀은 실어 들려야 할 게다. ☞노가리.

노푸다 혱 높다. 【노퍼▶ 높아/노푸이▶ 높으니】¶산이 **노푸머** 물이 지푸다. ▶산이 높으면 물이 깊다.

노푼뚝 몡 언덕. 제방(堤防). ¶짐을 지고 **노푼뚝**을 니러올 때를 조심해야지. ▶짐을 지고 언덕을 내려올 때를 조심해야지./장연 큰물 때는 저 **노푼뚝**이 넘쳤다. ▶작년 홍수 때는 저 제방이 넘쳤다. ☞언뚝.

녹그럭 몡 놋그릇. ¶대동아전장 중에는 왜놈들이 집에서 씨는 **녹그럭꺼정** 다 거다 갔다. ▶태평양전쟁 중에는 왜놈들이 집에서 쓰는 **놋그릇까지** 다 거둬 갔다.

녹띠 몡 녹두(綠豆). 【녹띠죽▶ 녹두죽/녹띠나물▶ 숙주나물】¶느그 시어런 밥맛없다 카시는데 **녹띠** 한 사바리 갈아서 죽을 끼래 디래 바라. ▶너의 시어른 밥맛없다 하시는데 녹두 한 사발 갈아서 죽을 끓여 드려 보아라./입이 심심한데 **녹띠** 갈아서 부칭개나 붙처 묵자. ▶입이 심심한데 녹두 갈아서 빈대떡이나 붙여 먹자.

녹띠나물 몡 숙주나물. ¶콩지럼은 비렁내가 나지마 **녹띠나물**은 부드럽고 비렁내가 없다. ▶콩나물은 비린내가 나지만 숙주나물은 부드럽고 비린내가 없다.

녹띠'죽 몡 녹두죽(綠豆-). ¶저 댁이는 남핀이 술 마시고 들어오머 그래 군지렁대다가도 아침이머 속 풀어 준다꼬 **녹띠죽**을 끼래다 바친단다. ▶저 댁은 남편이 술 마시고 들어오면 그렇게 구시렁대다가도 아침이면 속 풀어 준다고 녹두죽을 끓여다 바친단다.

녹후:다 동 녹이다. '녹다'의 사동. 【녹하▶ 녹여/녹후이▶ 녹이니】¶오리꼴 띠기 딸네 집에 갔다가 인자 오닌기요? 춥은데 이리 들어와서 몸 쫌 **녹후고** 가소. ▶오류골 댁이 딸네 집에 갔다가 이제 오세요? 추운데 이리 들어와서 몸 좀 녹이고 가세요./입이 여럿이머 금도 **녹훈다**. ▶입이 여럿이면 금도 녹인다. ※말에도 독이 있다는 말.

논두룸 몡 논두렁. 둑으로 물이 새지 않게 논흙으로 보완한 부분. '논둑 둘림'의 뜻. ¶**논두룸**을 치다. ▶논두렁을 치다./**논두룸콩**을 숭구다. ▶논두렁콩을 심다./**논두룸**을 비다. ▶논두렁 풀을 베다. ☞두룸2.

논들 몡 논이 있는 들. ¶날이 얼매나 가물었든지 그마이 물이 좋든 **논들**이 자래 등 글치 갈라진다. ▶날이 얼마나 가물었던지 그만큼 물이 좋던 들이 자라 등같이 갈라진다.

논뚝' 명 논둑. ¶그 마실로 갈라카머 저 **논뚝**으로 질러가머 가찹니더. ▶ 그 마을로 가려면 저 **논뚝**으로 질러가면 가깝습니다./오분 비에 **논뚝**이 다 뭉개지고 야단이 났다. ▶ 요번 비에 **논둑**이 다 무너지고 야단이 났다.

논밭전지(--田地) 명 논밭. 농토(農土). ¶**논밭전지** 팔어 가매 자석 공부를 시개 노이 디끝이 있다. ▶ **논밭** 팔아 가며 자식 공부를 시켜 놓으니 뒤끝이 있다.

논질 명 논길. ¶**논질**에 허재비 끝치 와 그래 정신없이 섰노? ▶ **논길**에 허수아비처럼 왜 그렇게 정신없이 서있나?

놀개~이 명 노루. ¶**놀개이** 꼬랑지 마한 결 해가 산 너머로 지고 있다. ▶ **노루** 꼬리 만한 겨울 해가 산 너머로 지고 있다.

놀:랍다 형 대단하다. 놀랍다. 【놀라분 ▶ 놀라운/놀라버 ▶ 놀라워】¶자네 참 **놀랍다**. 그마이 만은 일을 혼차서 우애 다 촛노? ▶ 자네 참 대단하다. 그만치 많은 일을 혼자서 어떻게 다 치렀나?

놀래:다1 동 놀리다. 놀게 하다. '노다'의 사동. 【놀래 ▶ 놀려/놀래이 ▶ 놀리니】¶일 고마 시기고 인자 놀래 조라. ▶ 일 그만 시키고 이제 놀려 주어라./한분 놀래이 또 놀래 돌라 칸다. ▶ 한번 놀리니 또 놀려 달라 한다.

놀:래다2 동 놀라다. 【놀래 ▶ 놀라/놀래이 ▶ 놀라니】¶컴컴한 밤질에서 머가 탁 티나오는데 얼매나 놀랬든지 아이 가심이 두근거린다. ▶ 컴컴한 밤길에서 뭣이 탁 튀어나오는데 얼마나 놀랐던지 아직 가슴이 두근거린다.

놀:래라 감 놀라워라. 깜짝이야. ¶아이고 **놀래라**! 우째 그런 일이 다 있었노? ▶ 아이고 놀라워라! 어찌 그런 일이 다 있었나?/아이고 **놀래라**. 사람 간 떨어지겠네. ▶ 아이고 깜짝이야. 사람 간 떨어지겠네.

놉꾼 명 날삯으로 시키는 품꾼. ¶농사철에는 **놉꾼** 데릴라 캐도 삯도 비싸지마는 사람 구하기가 심이 든다. ▶ 농번기에는 **품꾼** 데리려 해도 삯도 비싸지만 사람 구하기가 힘이 든다.

농갈리다 동 나누다. 나누어 가르다. 【농갈러 ▶ 나누어(갈라)/농갈리이 ▶ 나누니(가르니)】¶밥하기도 구찮은데 식은 밥 남은 거나 **농갈러** 묵자. ▶ 밥하기도 귀찮은데 식은 밥 남은 것이나 나누어 먹자./제사 지낸 임석을 여러 집에 **농갈러** 주고 찌끄래기마 얼매 남었다. ▶ 제사 지낸 음식을 여러 집에 나누어 주고 찌꺼기만 얼마 남았다. ☞ 농구다.

농'구다 동 나누다. 분배하다. 【농가 ▶ 나눠/농구이 ▶ 나누니】¶느그들은 좋은 일에나 궂진일에나 서리 정 **농구고** 살어야 한다. ▶ 너희들은 좋은 일에나 궂은일

농띠~이

에나 서로 정 나누고 살아야 한다./어렵은 일은 **농가** 하머 개갑어지고 좋은 일은 **농구머** 커진다./어려운 일은 나눠 하면 가벼워지고 좋은 일은 **나누면** 커진다. ☞ 농갈리다.

농띠~이 몡 농땡이. 빈둥거림. ¶일은 애하고 저렇게 **농띠이**마 지개 사이 속이 터진다. ▶ 일은 안하고 저렇게 **농땡이**만 부려 대니 속이 터진다./그래 **농띠이** 질 할라카머 내리부터 여기 나오지 마라. ▶ 그렇게 **농땡이** 짓 하려면 내일부터 여기 나오지 마라.

농사여름(農事--) 몡 여름 농번기(農繁期). 농기(農期). ¶**농사여름** 바뿔 때는 오줌 누고 꼬치 내래다볼 여가도 없다. ▶ **여름농번기** 바쁠 때는 오줌 누고 고추 내려다볼 틈도 없다.

농집 몡 장롱집(欌籠-). 장롱을 만드는 집.

농째기 몡 농짝. ¶암만 없다 캐도 매늘을 들룰라 카머 **농째기** 하나는 마차 조야 앤 대겠나? ▶ 아무리 없다 해도 며느리를 들이려면 **농짝** 하나는 맞추어 주어야 안 되겠나?

높단:하다 혱 높직하다. 【높단해 ▶ 높직해/높단하이 ▶ 높직하니】 ¶장꼬방은 정지 가찹고 뱁 잘 드는 **높단**한 자리라야 장이 잘 익는다. ▶ 장독대는 부엌 가깝고 볕 잘 드는 **높직**한 자리라야 장이 잘 익는다.

높은핵고 몡 상급학교(上級學校). ¶**높은핵고** 올러갈라 카머 공부를 그래 해 가주고는 어림도 없다. ▶ **상급학교** 진학하려면 공부를 그렇게 해 가지고는 어림도 없다.

놓'다1 통 놓다. 일 따위를 그만두다. 탄환을 쏘거나 폭발물을 터뜨리다. 【나 ▶ 놓아(놔)/노이 ▶ 놓으니/놀 ▶ 놓을】 ¶그 사람은 죄가 없으이 나 보내라. ▶ 그 사람은 죄가 없으니 **놓아** 보내라./그 일에서 손을 **노이** 맴이 개갑어졌다. ▶ 그 일에서 손을 **놓으니** 마음이 가벼워졌다./나도 그 일에서 손 **놀** 생각이이 니도 손 나라. ▶ 나도 그 일에서 손 **놓을** 생각이니 너도 손 **놓아라**./딋산에는 국군들이 콩 뽂드시 총을 **놓고** 갱빈에는 포탄이 쾅쾅 떨어지고 했다. ▶ 뒷산에는 국군들이 콩 볶듯이 총을 **쏘고** 강변에는 포탄이 쾅쾅 떨어지고 했다./저 우애 못 막는 데서 하리에도 몇 분씩 남포를 **놓는다**. ▶ 저 위에 저수지 막는 데서 하루에도 몇 번씩 다이너마이트를 **터뜨린다**.

놓'다2 통 낳다. 【나아 ▶ 낳아/노이 ▶ 낳으니/놀 ▶ 낳을】 ¶그래서 실랑각시 두리서 아들딸 마이 **놓고** 잘 살았단다. ▶ 그래서 신랑각시 둘서 아들딸 많이 **낳고** 잘 살았단다./떡뚜끼비 그튼 아들을 떠억 **나아** 노이 시어마이 입이 바소구리마이나 벌어지는 기이라. ▶ 떡두꺼비 같은 아들을 떡 낳아 놓으니 시어미 입이 발채만큼이나 벌어지는 것이라./아들을 **놀라꼬** 딸을 일곱이나 **놓고** 여덜 분째야 아들을 노이 온 집안에 잔채가 벌어졌지러. ▶ 아들을 낳으려고 딸을 일곱이나 낳고 여덟 번째야 아들을 낳으니 온 집안에 잔치가 벌어졌지.

누: 대 뉘. '누구'의 준말. 【눈 ▶ 누군】 ¶야가 누 집 안데, 와 이래 혼차서 울고 있노? ▶ 얘가 뉘 집 애인데, 왜 이렇게 혼자서 울고 있나?/**누는** 꽁 묵고 알 묵고 **눈** 껍띠기마 묵나? ▶ 누구는 꿩 먹고 알 먹고 누군 껍질만 먹나?

누갈나갈: 갑 누굴누굴. '누구를 누구를'의 뜻. 아이들 사이에 쓰이는 말로, 여럿이 앞에서 먹을 것이나 물건 따위를 들고 '누구 가질까?' 또는 '누가 좋을까?'라는 뜻으로 쓰이는 말. ¶이 엿 **누갈나갈**? ▶ 이 엿 누굴누굴?

누개:다 동 누이다. '누다'의 사동. 【누개 ▶ 누여/누개이 ▶ 누이니】 ¶알라 똥 누개서 재와라. ▶ 아기 똥 누여서 재워라.

누'다 동 누다. 【노 ▶ 누어/누이 ▶ 누니】 ¶상추밭에 똥을 **누다**. ▶ 상추밭에 똥을 누다. ※ 심술을 부린다는 말./누가 여기에다 똥을 **노 났노?** ▶ 누가 여기에다 똥을 누어 놓았나?

누'럭 명 누룩. 누룩은 먼저 맷돌에다 밀을 갈아서 부드러운 가루는 채로 대강 쳐낸다. 엉켜 붙을 정도로 적당한 량의 물을 붓고 골고루 치댄다. 틀(그릇 따위)에다 보자기를 깔고 적당한 량을 담고 밟아서 덩어리를 만든다. 바람이 잘 통하는 그늘에다 말려서 띄운다. ¶모숭기할 때 씨구로 **누럭** 도 등거리 빠직어서 술 당가 놓자. ▶ 모심기할 때 쓰게 누룩 두엇 덩어리 빻아서 술 담가 놓자.

누럽'다 형 마렵다. 누고 싶다. 【누럽어 ▶ 마려워/누럽으이 ▶ 마려우니】 ¶똥 누럽어 죽겠다. 정낭 어디고? ▶ 똥 마려워 죽겠다. 변소 어디지?/먼저 **누럽은** 사람이 요강 찾어 온다. ▶ 먼저 마려운 사람이 요강 찾아 온다. ☞ 마랍다. 매랍다.

누렁'내 명 누린내. ¶**누렁내가** 난다 캤는데, 화리불에 누가 멀까락을 뻣어 영구나. ▶ 누린내가 난다 했는데, 화롯불에 누가 머리카락을 빗어 넣었구나. ☞ 노랑내.

누렁디~이 명 누렁이. 노란 똥개. 누렁호박. ¶말복 날 우리, **누렁디이** 한 마리 어 불러서 잡어묵자. ▶ 말복(末伏) 날 우리, 누렁이 한 마리 어울러서 잡아먹자./저녁에는 **누렁디이** 끌거서 호박범벅이나 쏘 묵자. ▶ 저녁에는 누렁호박 긁어서 호박범벅이나 쑤어 먹자.

누렁'지 명 누룽지. ¶사랍 뱎에 얻어묵는 사람이 왔는갑다. **누렁지라도** 있으머 쫌

누루:다

조 보내지. 춥은데 알라 업고 섰는 거 보이 앤 댔다. ▶ 사립 밖에 얻어먹는 사람이 왔는가보다. 누룽지라도 있으면 좀 주어 보내지. 추운데 아기 업고 서있는 것 보니 안 되었다. ☞ 누룬밥.

누루:다 동 눌리다. '눋다'의 사동. 【누라▶눌려/누루이▶눌리니/누룰▶눌릴】¶보리밥을 누라서 보리숭영을 끼래 묵자. ▶ 보리밥을 눌려서 보리숭늉을 끓여 먹자./밥 누룰라 불을 대중해서 때라. ▶ 밥 눌릴라 불을 짐작해서 때라.

누룬밥 명 누룽지. 눌은 밥. ¶공구들 밥 다 푸고 나이 쪼매 모지래는데, 우리는 누룬밥이나 끼래서 묵어야겠다. ▶ 권구(식구)들 밥 다 푸고 나니 조금 모자라는데, 우리는 누룽지나 끓여서 먹어야겠다. ☞ 누렁지.

누리꾸리:하다 형 누르께하다. ¶몬 묵어서 얼골이 마카 누리꾸리하이 부황이 들었다. ▶ 못 먹어서 얼굴이 모두 누르께하니 부황(浮黃)이 들었다.

-누마 어미 -ㅂ니다. ¶민장어런이 시방 글로로 가누마. ▶ 면장어른이 지금 그리로 갑니다./누가 오누마. 위밭에 들어가지 마소. ▶ 누가 옵니다. 참외밭에 들어가지 마세요./때래주개도 나는 그거 몬 하누마. ▶ 때려죽여도 나는 그것 못 합니다./차가 오누마. 저리 비끼소. ▶ 차가 옵니다. 저리 비끼세요./알라는 우다가 혼차 자누마. ▶ 아기는 울다가 혼자 잡니다. ☞ -구마. -니더.

누물 명 눈물. ¶내 앞에서 달구똥 그튼 누물을 뚝뚝 힐리든데 보기 앤 댔드라. ▶ 내 앞에서 닭똥 같은 눈물을 뚝뚝 흘리던데 보기 안 되었더라./호양연으 머 글치 뺏떡하며 누물을 찔찔 짠다. ▶ 화냥년의 뭣 같이 여차하면 눈물을 질질 짠다. ※ 울기를 잘 하는 사람에게 핀잔을 주는 말.

누'배옷 명 누비옷. ¶그 누배옷을 입은 중공군들이 따발총을 쑤매 개미떼 글치 몰래 올라오는데, 우리는 총열이 뻘겋게 달드록 쑤고 쏘도 감당을 몬 하겠는 거라. ▶ 그 누비옷을 입은 중공군들이 따발총을 쏘며 개미떼 같이 몰려 올라오는데, 우리는 총열이 벌겋게 달도록 쏘고 쏘아도 감당을 못 하겠는 거라.

누'배이불 명 누비이불. ¶누배이불 하나 덮어서는 춥어서 앤 댄다. ▶ 누비이불 하나 덮어서는 추워서 안 된다.

누'베 명 누에. ¶누배 뽕 묵드시 야굼야굼 다 찾어 묵는다. ▶ 누에 뽕 먹듯이 야금야금 다 찾아 먹는다.

누'베씨 명 누에알. 잠종(蠶種). ¶금연에 우리는 손이 모지래서 누베씨 반 장마 칠라니더. ▶ 금년에 우리는 손이 모자라서 누에씨 반 장만 치렵니다. ※ 잠종 1장이 28등분(돌뱅이)으로 되어 있으니 반장이면 14돌뱅이다. ☞ 명주길쌈. 누베장. 돌뱅이. 씨돌뱅이.

누'베짱 몡 누에알을 깐 종이. ☞ 명주길쌈. 누베씨. 돌뱅이. 씨돌뱅이.

누'베체 몡 누에체. 누에알을 까는 짚으로 엮은 자리. 누베체(잠뱅이)에 누에알을 담아서 따뜻한 방에 일주일쯤 두면 누에가 알을 까고 나온다. 이때부터 뽕잎을 주기 시작한다.《잠뱅이》☞ 명주길쌈.

누부 몡 누나. 누이. ¶누부 좋고 매부 좋고 꽁 묵고 알 묵고지. ▶ 누이 좋고 매부 좋고 꿩 먹고 알 먹고지. ☞ 아개.

누:야 몡 '누이'의 유아어. ¶우리 누야는 내리모래 시집 간단다. ▶ 우리 누이는 내일모래 시집 간단다.

누패:다 동 눕히다. '눕다'의 사동.【누패 ▶ 눕혀/누패이 ▶ 눕히니】¶아를 요 깔고 누패 재와라. ▶ 애를 요 깔고 눕혀 재워라.

눈:가리 몡 눈가루. ¶바람이 치불어서 방안으로 눈가리가 날러든다. ▶ 바람이 치불어서 방안으로 눈가루가 날아든다.

눈까리 몡 눈깔. 눈꼴. '눈'의 낮춤말. ¶어런이 말하는데 고개 수구리고 듣고마 있지, 어디 눈까리 뿔시고 치다보노? ▶ 어른이 말하는데 고개 수그리고 듣고만 있지, 어디 눈깔 부라리고 쳐다보나?/돈 쫌 있다꼬 껏떡거리는 거를 보이 눈까리가 시럽다. ▶ 돈 좀 있다고 거들먹거리는 것을 보니 눈꼴이 시다.

눈까마~이 몡 까막눈. 무식꾼(無識-). ¶눈까마이들 앞에 책을 피놓고 죽인다꼬 써 났다 캐도 아겠나 살린다꼬 써 났다 캐도 아겠나? ▶ 까막눈들 앞에 책을 펴놓고 죽인다고 써 놓았다 해도 알겠나 살린다고 써 놓았다 해도 알겠나?

눈꺼죽 몡 눈꺼풀. ¶미영꼬치 한 광지리 잣고 나이 눈꺼죽이 처저서 앤 대겠다. 눈 쫌 붙치고 해야겠다. ▶ 무명고치 한 광주리 잣고 나니 눈꺼풀이 처져서 안 되겠다. 눈 좀 붙이고 해야겠다.

눈꼽째'기 몡 눈곱. ¶밤새들 어디서 무신 호작질을 하고 왔는지 코구영은 시커멓고 눈꼽째기를 더덕더덕 붙치고 들어왔다. ▶ 밤새도록 어디서 무슨 장난질을 하고 왔는지 콧구멍은 시커멓고 눈곱을 더덕더덕 붙이고 들어왔다. ※도박판에서 밤을 새운 모양이다. ☞ 눈초재기. 초. 초재기.

눈꾸영 몡 눈구멍. '눈'의 낮춤말. ¶안즉 내 눈꾸영이 시퍼렇게 살아 있는데 내 꺼를 띠묵는다꼬? 그거 앤 대지. ▶ 아직 내 눈구멍이 시퍼렇게 살아 있는데 내 것을 떼어먹는다고? 그것 안 되지.

눈따'물 몡 눈두덩. ¶밤새드록 얼매나 울었는지 눈따물이 통통 버었다. ▶ 밤새도

눈딱뿌리

록 얼마나 울었는지 눈두덩이 퉁퉁 부었다. ☞ 눈티이.
눈딱'뿌리 몡 눈딱부리. 눈알이 불거져 나온 사람. ¶겁이 얼매나 만은지 사람이 놀래머 **눈딱뿌리매로** 눈을 뜨고 꼼짝을 몬 한다. ▶ 겁이 얼마나 많은지 사람이 놀라면 **눈딱부리처럼** 눈을 뜨고 꼼짝을 못 한다. ☞ 딱뿌리.
눈살'미 몡 눈썰미. ¶니는 **눈살미가** 좋아서 그런 거는 금방 배울 끼이다. ▶ 너는 눈썰미가 좋아서 그런 것은 금방 배울 것이다.
눈새구랍다 혱 눈꼴사납다. 눈이 시다. 아니꼽다. 【눈새구랍어 ▶ 눈꼴사나워/눈새구랍으이 ▶ 눈꼴사나우니】¶아이고, 공사판에 십장 완장 하나 찬 거, 그거도 배실이라꼬 으쓱대고 있으니 **눈새구랍어** 몬 보겠다. ▶ 아이고, 공사판에 십장(什長) 완장(腕章) 하나 찬 것, 그것도 벼슬이라고 으쓱대고 있으니 **눈꼴사나워** 못 보겠다.
눈서'불 몡 눈시울. ¶가마있자, 얼골이 길숨하고 **눈서불에** 사마구가 있는 기이 어디서 마이 본 사람 겉다. ▶ 가만있자, 얼굴이 길쭘하고 **눈시울에** 사마귀가 있는 것이 어디서 많이 본 사람 같다. ☞ 서불.
눈썹노'리 몡 베틀의 눈썹대. 베를 짤 때 속대가 빠지지 않게끔 몇 가닥의 잉아실을 잡고 속대에다 구부려 박은 대꼬챙이. 눈썹대(나부산대)의 눈썹끈을 매는 끝 부분을 '눈썹노리'라고 하는 지방도 있다. ☞ 베틀. 눈썹대.
눈썹'대 몡 베틀의 눈썹대. 마디가 있는 두 개의 작은 나무토막을 속대에 박아서 대가 옆으로 빠지지 않게 했다. 눈썹노리와 같은 역할을 한다. ☞ 베틀. 눈썹노리.
눈질 몡 눈길. ¶저 가시나, 어떨 때 **눈질을** 살살 돌리는 거 보머 영낙없는 불예수 겉다. ▶ 저 계집애, 어떨 때 **눈길을** 살살 돌리는 것 보면 영락없는 불여우 같다.
눈찌불티~이 몡 사팔뜨기. '눈이 찌부러진 이'의 뜻. ¶**누찌불티이라도** 그 사람은 심지가 지퍼서 보는 눈은 온전한 사람보담 바리다. ▶ **사팔뜨기라도** 그 사람은 심지(心地)가 깊어서 보는 눈은 온전한 사람보다 바르다.
눈초재기 몡 눈곱. ¶잉굼이 주몽한테는 터래기가 숭숭 빠지고 **눈초재기가** 따닥따닥 낀 비리 오런 말을 주고 화살도 적게 좃는데, 내중에 보이 주몽이가 다른 왕자들보다 짐성 잡은 기이 더 만트란다. ▶ 임금이 주몽(朱蒙)한테는 털이 숭숭 빠지고 **눈곱이** 다닥다닥 낀 비리 오른 말을 주고 화살도 적게 줬는데, 나중에 보니 주몽이 다른 왕자들보다 짐승 잡은 것이 더 많더란다. ☞ 눈꼽째기.

초. 초재기.

눈티~이 몡 눈두덩. '눈따물'의 낮춤말. ¶즈그 서방하테 한 주목을 맞었는지 안들 눈티이가 시퍼렇게 버어 있드라. ▶ 제 서방한테 한 주먹을 맞았는지 여편네 눈두덩이 시퍼렇게 부어 있더라.

눈:다 동 눈다. 【누러▶ 눌어/누르이▶ 눌으니】 ¶밥이 누러서 화근내가 난다. ▶ 밥이 눌어서 탄내가 난다./밥이 누르이 불 고마 때라. ▶ 밥이 눌으니 불 그만 때라.

눌래:다 동 눌리다. '눌루다'의 피동. 【눌래▶ 눌려/눌래이▶ 눌리니】 ¶시어마씨한테 하두 눌래 살어 볼실해 노이 인자는 머라 캐도 니 그캐라 카매 콧똥만 뀐다. ▶ 시어머니한테 하도 눌려 살아 보아 놓아서 이제는 뭐라 해도 너 그래라 하며 콧방귀만 뀐다.

눌루:다 동 누르다. 【눌라▶ 눌러/눌루이▶ 누르니】 ¶높은 사람이 눌루머 우리 그튼 쫄빙들이야 따러가는 수뺶에 더 있나? ▶ 높은 사람이 누르면 우리 같은 졸병들이야 따라가는 수밖에 더 있나?/시어런 밥은 일구고 지 서방 밥은 눌라 푼다 카드라. ▶ 시어른 밥은 일구고 제 서방 밥은 눌러 푼다 하더라.

눌림'끈 몡 베를 짤 때 눌림대를 잡아주는 끈으로 베틀의 누운다리에 맨다. ☞ 베틀.

눌림'대 몡 베를 짤 때 비거미와 잉앗대 사이에 걸쳐있는 대. 날실을 눌러서 잉아올과 사올이 교차될 때 잉앗대를 팽팽하게 당겨준다. ¶잉애대는 삼행제요 눌림대는 호부래비. ▶ 잉애대는 삼형제요 눌림대는 홀아비./눌림대라 호부래비 강태공으 낙숫댄가. ▶ 눌림대라 홀아비 강태공의 낚싯댄가./고다눈살 눌부대는 강태공어 낙숫댄가. ▶ □□□□ 눌림대는 강태공의 낚싯댄가.〈베틀노래의 일부〉《능글대. 눌룸대. 눌부대》 ☞ 베틀.

눔 몡⑨ 놈. ¶무신 눔의 팔짜가 이래도 험하노? ▶ 무슨 놈의 팔자가 이리도 험하나?/저런 짐성만도 몬한 눔이 어디 있겠노? ▶ 저런 짐승만도 못한 놈이 어디 있겠나?

눕'다 동 눕다. 【눕어▶ 누워/눕으이▶ 누우니】 ¶뜨끈한 방에 눕으이 정성 팔자가 앤 부럽다. ▶ 뜨끈한 방에 누우니 정승 팔자가 안 부럽다.

느가: 쥰 너의(너희) 아이. '느그 아'의 준말.

느가'바이 쥰 너의(너희) 애비. '느그 아바이'의 준말. 조부모가 손자손녀 앞에서 아들을 가리키는 말. ☞ 느가배. 느가범. 느가부지. 느개비.

느가'배 쥰 너의(너희) 아범. '느그 아배'의 준말. ☞ 느가바이. 느가범. 느가부지.

느가범:

느개비.

느가범: 준 너의(너희) 아범. '느그 아범'의 준말. ☞ 느가바이. 느가배. 느가부지. 느개비.

느가부'지 준 너의(너희) 아버지. '느그 아부지'의 준말. ☞ 느가바이. 느가배. 느가범. 느개비.

느가'재 준 너의(너희) 아재. '느그 아재'의 준말. ☞ 느가재비.

느가'재'비 준 너의(너희) 아재비. '느그 아재비'의 준말. ☞ 느가재.

느가'지매 준 너의(너희) 아주머니. '느그 아지매'의 준말.

느갈라: 준 너의(너희) 아기. '느그 알라'의 준말.

느개미 준 너의(너희) 어미. '느그 애미'의 준말. ☞ 느거마이. 느거매. 느거멈. 느거미. 느기미. 니기미.

느개'비 준 너의(너희) 아비. '느그 애비'의 준말. ☞ 느가바이. 느가배. 느가범. 느가부지.

느거마~이 준 너의(너희) 어멈. '느그 어마이'의 준말. ☞ 느개미. 느거매. 느거멈. 느거미. 느기미. 니기미.

느거'매 준 네(너희) 어머니. '느그 어매'의 준말. 조부모가 손자손녀 앞에서 며느리를 가리켜 이르는 말. ¶전뜰아, 지가 먼저 "**느거매** 머시기." 캐서 나도 "느거매 머시기." 앤 캤닝기요. ▶ 저 새끼, 제가 먼저 "네 어머니 거시기." 해서 나도 "네 어머니 거시기." 안 했습니까. ※친구와 놀다가 무엇에 틀어져서 서로 맞붙어서 욕 시합을 하다가, 어른에게 들켜서 "애끼 이놈들 그런 말 하머 몬 씬다." 하며 타이르자 이렇게 변명을 한다. 욕설은 흔히 개(犬), 소, 쥐, 여우 따위의 짐승들의 하는 짓이나 모습에 견주거나, 성행위나 신체의 결함 따위를 들추어내서 상대의 자존심을 깎아내리려는 언어폭력이라서 가능하면 피해야 할 것이지만, 욕설만큼 서민들의 정서가 깊이 밴 말도 없다. ☞ 느개미. 느거마이. 느거멈. 느거미. 느기미. 니기미.

느거멈: 준 너의(너희) 어멈. '느그 어멈'의 준말. ☞ 느개미. 느거마이. 느거매. 느거미. 느기미. 니기미.

느거미 준 너의(너희) 어미. '느그 어미'의 준말. ☞ 느개미. 느거마이. 느거매. 느거멈. 느기미. 니기미.

느그 대 너의. 너희. '니(너)'의 복수형.

느기미 준 너의(너희) 어미. '느그 이미'의 준말. ☞ 느개미. 느거마이. 느거매.

느거멈. 느거미. 니기미.

느까끼 몡 늦깎이. 나이가 들어서 어떤 일을 시작한 사람. ¶느까끼로 처자장개를 들어서 사는 기이 꿀맛이다. ▶ 늦깎이로 처녀장가를 들어서 사는 것이 꿀맛이다.

느'러가다 동 내려가다. 【느러가 ▶ 내려가/느러가이 ▶ 내려가니】 ¶이번 대목에 고양으로 느러가머 아들 위가에도 댕개오자. ▶ 이번 대목에 고향으로 내려가면 애들 외가에도 다녀오자. ☞ 내러가다. 니러가다.

느'러오다 동 내려오다. 【느러와 ▶ 내려와/느러오이 ▶ 내려오니】 ¶밤이 대머 산 놀개이들이 느러와서 양식 내 나라 카고, 나줄로는 순사들이 들어와서 양식 좆 다꼬 몽디이질 하고, 이거 약한 백성들마 죽어난다. ▶ 밤이 되면 공비(共匪)들이 내려와서 양식 내어 놓아라 하고, 낮으로는 순사들이 들어와서 양식 줬다고 몽둥이질 하고, 이것 약한 백성들만 죽어난다. ※ 해방 후 혼란스러울 때 어느 산골 마을에서 일어났던 이야기다. ☞ 내러오다. 니러오다.

느루:다 동 내리다. 내리게 하다. 【느라 ▶ 내려/느루이 ▶ 내리니/느라라 ▶ 내려라】 ¶짐을 먼첨 느루고 사람 느라라. ▶ 짐을 먼저 내리고 사람 내려라./갑슬 느루이 금방 팔래 나간다. ▶ 값을 내리니 금방 팔려 나간다. ☞ 내루다. 니루다.

느리다 동 내리다. 【느러 ▶ 내려/느리이 ▶ 내리니】 ¶그 사람, 아까 차에서 느리는 거를 봤다. ▶ 그 사람, 아까 차에서 내리는 것을 보았다./산에서 느러 오고는 첨 만난 사람이다. ▶ 산에서 내려 오고는 처음 만난 사람이다. ☞ 니리다.

-느이 미 -느니. -으니. 앞 절을 선택하기보다는 뒤 절의 사태를 선택함을 나타내거나, '이러하기도 하고 저러하기도 하다'의 뜻을 나타내는 연결어미. ¶이게 어디 사람 사는 거가, 이래 살라카머 죽느이 몬하다. ▶ 이게 어디 사람 사는 건가, 이렇게 살려면 죽느니 못하다./맛이 있느이 없느이 하맨서도 묵을 꺼는 다 묵네. ▶ 맛이 있느니 없느니 하면서도 먹을 것은 다 먹네./가느이 오느이 하맨서도 삼십 연을 같이 살었다. ▶ 가느니 오느니 하면서도 삼십 년을 같이 살았다. ☞ -니이.

느즈매:기 閂 느지막이. ¶우리 황 서방은 느즈매기 아들 하나 도 노이 인자 맴 잡고 사네. ▶ 우리 황 서방은 느지막이 아들 하나 둬 놓으니 이제 마음잡고 사네./느즈매기 배운 도독질이 날 새는 줄을 모린다. ▶ 느지막이 배운 도둑질이 날 새는 줄을 모른다.

늘구:다 동 늘리다. '늘다'의 사동. 【늘가 ▶ 늘려/늘구이 ▶ 늘리니】 ¶인자 남은 거라꼬는 나락 도 가매이하고 잡곡 쪼매뿎에 없는데 보리 날 때꺼정 늘가 묵

늘'기이

올라카머 죽을 더 묵어야겠다. ▶ 이제 남은 것이라고는 벼 두어 가마니하고 잡곡 조금밖에 없는데 보리 날 때까지 늘려 먹으려면 죽을 더 먹어야겠다.

늘'기이 몡 늙은이. ¶저 늘기이는 지굼도 영감사하고 한 이불을 씬다 카드라. ▶ 저 늙은이는 지금도 영감님하고 한 이불을 쓴다 하더라.

늘'따 동 늙다. 【늘거 ▶ 늘어/늘그이 ▶ 늘으니/늘근 ▶ 늘근】 ¶늘겄다꼬 괄새 마라. 늘근 호박은 늘근 대로 애호박은 애호박 대로 썰모가 있다. ▶ 늙었다고 괄시 마라. 늙은 호박은 늙은 대로 애호박은 애호박 대로 쓸모가 있다.

늘따'구 몡 늙다리. '늙은이'의 낮춤말. ¶우리 늘따구들이야 머를 아는 기이 있겠노, 느그 절미이들끼리 이논해서 해라. ▶ 우리 늙다리들이야 뭘 아는 것이 있겠나, 너희 젊은이들끼리 의논해서 해라. ☞ 늘따리.

늘따'리 몡 늙다리. '늙은이'의 낮춤말. 늙은 호박. ¶호박 늘따리는 범벅이라도 쏘묵지마는 사람 늘따리는 걸그채기마 한다. ▶ 호박 늙다리는 범벅이라도 쑤어 먹지만 사람 늙다리는 걸리기만 한다. ☞ 늘따구.

늘바탕 몡 늙바탕. ¶다 댄 늘바탕아 그양 사다가 죽지, 말라꼬 할마이는 조 들라서 집안을 시끄럽게 하노? ▶ 다 된 늙바탕에 그냥 살다가 죽지, 뭘 하려고 늙은 마누라는 쥐 들여서 집안을 시끄럽게 하나?

늘:상 뿐 늘. 자주. ¶여기서 그런 일은 늘상 있는 일이다. ▶ 여기서 그런 일은 늘 있는 일이다.

늘:푼수 몡 늘품. ¶사람이 좋기마 하지 늘푼수가 없어서 답답하지라. ▶ 사람이 좋기만 하지 늘품이 없어서 답답하지.

-능 미 -는. ¶있능 거 없능 거 다 해 묵애 보냈는데, 사람이 간 디로 소식 하나 없다. ▶ 있는 거 없는 거 다 해 먹여 보냈는데, 사람이 간 뒤로 소식 하나 없다./동지섣달 짤분 해, 하능 거도 없이 다 보냈다. ▶ 동지섣달 짧은 해, 하는 것도 없이 다 보냈다.

능'구리 몡 능구렁이. ☞ 능구리이.

능구리~이 몡 능구렁이. '능청스럽고 음침한 사람'을 비유하는 말. ¶저런 능구리이 보래. 지 꺼는 따리 다 챙개 놓고 눈마 깜짝거리고 있다. ▶ 저런 능구렁이 보아라. 제 것은 따로 다 챙겨 놓고 눈만 깜짝거리고 있다. ☞ 능구리.

능청궂'다 혱 능청맞다. 【능청궂어 ▶ 능청맞아/능청궂으이 ▶ 능청맞으니】 ¶구리이 긑치 능청궂은 짓마 찾어서 하네. ▶ 능구렁이 같이 능청맞은 짓만 찾아서 하네.

늦'다 혱 늦다. 【늦가 ▶ 늦게/늦으이 ▶ 늦으니】 ¶늦가 배운 도독질이 날 새는 줄을 모런다. ▶ 늦게 배운 도둑질이 날 새는 줄을 모른다./오늘은 소관 보고 늦으이 아들하고 먼저 밥 묵어라. ▶ 오늘은 볼일 보고 늦으니 애들하고 먼저 밥 먹어라.

니:1 団 너(汝). 네. ¶니 처, 살림 잘하지 새끼들 공부 잘하지, 니만치 복 만은 사람은 어디에도 없다. ▶ 네 처, 살림 잘하지 새끼들 공부 잘하지, 너만큼 복 많은 사람은 어디에도 없다.

니2 ㊅ 네. '넷'의 뜻. ¶니캉 나캉 니 나씩 농갈러 가주고 가자. ▶ 너랑 나랑 네 낱씩 나누어 가지고 가자./히이는 니 살이고 동상은 시 살로 한 살 터불이다. ▶ 형은 네 살이고 동생은 세 살로 한 살 터울이다./낮에 저임 묵을 사람이 마카 니 키다. ▶ 낮에 점심 먹을 사람이 모두 네 사람이다. ☞ 너이.

니'거리 ㊀ 빌어먹을. 네미. ¶이런 니거리, 내 정신 쫌 바라. ▶ 이런 빌어먹을, 내 정신 좀 보아라. ☞ 니끼미.

니기미 ㊉ 너의(너희) 어미. '니 이미'의 준말. ☞ 느개미. 느거마이. 느거매. 느거멈. 느거미. 느기미.

니'끼미 ㊀ 네미. 빌어먹을. '니 이미'의 준말. ¶애라 니끼미, 그눔 만나기마 해 바라 주개 뿌릴 끼이다. ▶ 애라 네미, 그놈 만나기만 해 보아라 죽여 버릴 것이다. ☞ 니거리.

니:다보다 ㊇ 내다보다. 【니다바 ▶ 내다봐/니다보이 ▶ 내다보니】¶밖에서 무신 소리가 났는데, 누가 왔는강 니다바라. ▶ 밖에서 무슨 소리가 났는데, 누가 왔는지 내다봐라.

-니:더 ㊁ -ㅂ니다. -어요. -아요. 합쇼할 자리에 자기의 생각을 말하는 종결어미. ¶우리 집에는 그런 거는 없더. ▶ 우리 집에는 그런 것은 없습니다(없어요)./점잖은 분이 그러머 앤 대니더. ▶ 점잖은 분이 그러면 안 됩니다(되어요)./지는 그런 기이 앤 좋으니더. ▶ 저는 그런 것이 안 좋습니다(좋아요)./내가 손끔은 쪼매 볼 줄 아니더. ▶ 내가 손금은 조금 볼 줄 압니다(알아요)./아이다 카머 아이니더. 지가 언제 거지말하딘기요? ▶ 아니다 하면 아닙니다(아니어요). 제가 언제 거짓말하던가요? ☞ -구마.

-니:라 ㊁ -느니라(-으니라). 해라할 자리에 경험을 바탕으로 젊잖게 타이르거나 일러주는 말. ¶아매도 그거보다는 이기이 좋으니라. ▶ 아마도 그것보다는 이것이 좋으니라./사람은 과시(果是) 덕을 쌓아야 하니라. ▶ 사람은 과연 덕을 쌓아야 하느니라./시상아 그 사람마한 사람은 암 데도 없니라. ▶ 세상에 그 사람만

-니:라꼬

한 사람은 아무 데도 없느니라./인날에는 가진 거는 없어도 인심은 좋았니라. ▶ 옛날에는 가진 것은 없어도 인심은 좋았느니라. ☞ -디이라.

-니:라꼬 ㉿ -느라고. ¶그런 연구를 하니라꼬 잠잘 시간도 모지래겠다. ▶ 그런 연구를 하느라고 잠잘 시간도 모자라겠다./재미있는 이바구를 듣니라꼬 솥에 밥 타는 거도 몰랬다. ▶ 재미있는 이야기를 듣느라고 솥에 밥 타는 것도 몰랐다.

니'러가다 ㉿ 내려가다. 【니러가 ▶ 내려가/니러가이 ▶ 내려가니/니러가그라 ▶ 내려가거라】¶집에 니러가머 느가부지한테 안부 전하고 여기 한분 댕개가시라 캐라. ▶ 집으로 내려가면 네 아버지한테 안부 전하고 여기 한번 다녀가시라 해라. ☞ 내러가다. 느러가다.

니'러다보다 ㉿ 내려다보다. 【니러다바 ▶ 내려다봐/니러다보이 ▶ 내려다보니】¶산꼭대기에서 니러다보이 내가 구름을 타고 가는 거로 생각대는구나. ▶ 산정에서 내려다보니 내가 구름을 타고 가는 것으로 생각되는구나.

니'러다비:다 ㉿ 내려다보이다. '내려다보다'의 피동. 【니러다보애 ▶ 내려다보여/니러다비이 ▶ 내려다보이니】¶유신으 큰 여동상 보희가 간밤에 꿈을 꾸기로, 서산에 올러가서 오줌을 누이 니러다비는 갱주 장안이 다 장개 뿌리는 거 아이가. ▶ 유신(庾信)의 큰 여동생 보희(寶姬)가 꿈을 꾸기를, 서산에 올라가서 오줌을 누니 내려다보이는 경주 장안이 다 잠겨 버리는 것 아닌가. 〈三國遺事 金春秋 편〉. ☞ 내래다비이다.

니'러오다 ㉿ 내려오다. 【니러와 ▶ 내려와/니러오이 ▶ 내려오니】¶아이 몰시더. 큰아 서울서 니러오머 지 이향이 어떤지 물어보시더. ▶ 아직 모르겠습니다. 큰애 서울서 내려오면 제 의향이 어떤지 물어봅시다. ※중매쟁이와 나누는 대화. ☞ 내러오다. 느러오다.

니루:다 ㉿ 내리다. 내리게 하다. 【니라 ▶ 내려/니루이 ▶ 내리니/니라라 ▶ 내려라】¶실건 우에 바구리를 니라 보머 묵을 끼이 있다. ▶ 시렁 위에 바구니를 내려 보면 먹을 것이 있다./속을 훌터 니루이 약을 사 묵어야겠다. ▶ 속을 훑어 내리니 약을 사 먹어야겠다. ☞ 내루다. 느루다.

니리'기 ㉿ 내림. '니러오기'의 준말. ¶술 마시고 취정하는 거도 그 집 남정들으 니리기다. ▶ 술 마시고 주정하는 것도 그 집 남자들의 내림이다. ☞ 내리기.

니'리다 ㉿ 내리다. 【니러 ▶ 내려/니리이 ▶ 내리니】¶차에서 니리다가 다쳤다. ▶ 차에서 내리다가 다쳤다./높은 데서 호출장이 니러 왔다. ▶ 높은 데서 호출장(呼出狀)이 내려 왔다. ☞ 느리다.

니리막 명 내리막. ¶이 니리막마 니러가머 큰질이 나온다. ▶ 이 내리막만 내려가면 큰길이 나온다.

니ː미다 동 내밀다. 【니밀어 ▶ 내밀어/니미이 ▶ 내미니】 ¶아이고 점마, 꽁 잡어 묵고 달다리 니미는 데는 기암하겠다. ▶ 아이고 저놈 애, 꿩 잡아먹고 닭다리 내미는 데는 기함하겠다./달다리 묵고 오리발 니민다 카디이 지가 저지러 놓고 넘한테 미룬다. ▶ 닭다리 먹고 오리발 내민다 하더니 제가 저질러 놓고 남한테 미룬다./자다가 홍디깨 니미는 소리하지 마라. ▶ 자다가 홍두깨 내미는 소리하지 마라.

니아'까 명 리어카(rear car). ¶그 사람 절물 때는 정기장 앞에서 니아까를 끄직었는데, 지굼은 도라꾸를 맻 대나 가주고 운수업을 한다. ▶ 그 사람 젊을 때는 역 앞에서 리어카를 끌었는데, 지금은 트럭을 몇 대나 가지고 운수업을 한다.

니아'까꾼 명 손수레꾼. ¶정기장 앞에서 우리 이삿짐을 실은 니아까꾼이 한눈을 판 새에 도망을 가 뿌렀다. ▶ 정거장 앞에서 우리 이삿짐을 실은 손수레꾼이 한눈을 판 사이에 도망을 가 버렸다.

니아까버ː리 명 손수레로 짐을 나르거나 체소 따위를 싣고 다니면서 하는 벌이.

-니이 미 -느니. ¶이래 살라 카머 죽니이마 몬하다. ▶ 이렇게 살려면 죽느니만 못하다./여직꺼정 시집을 가니이 마니이 하고 있다가 처자구신 대겠다. ▶ 아직까지 시집을 가느니 마느니 하고 있다가 처녀귀신 되겠다. ☞ -느이.

-닌기요 미 -ㄴ가요. -ㄹ까요. ¶자가 머라 카닌기요? ▶ 제가 뭐라 하는가요?/일 쫌 해 볼닌기요? ▶ 일 좀 해 볼까요?/이래도 앤 좋닌기요? ▶ 이래도 안 좋은가요?/바람이 쫌 불겠닌기요? ▶ 바람이 좀 불까요?/올 사람이 만을닌기요? ▶ 올 사람이 많을까요?/언제 일로 올닌기요? ▶ 언제 이리로 올까요? ☞ -기요.

닌ː장 감 젠장. '닌장마질'의 준말. ☞ 낸장. 낸장마질. 진장. 진장마질.

닌ː장마질 감 젠장맞을. ☞ 낸장. 낸장마질. 닌장. 진장. 진장마질.

닐다 동 늘다. 【닐어 ▶ 늘어/닐으이 ▶ 느니】 ¶공구가 하나 닐어 노이 방이 소잡다. ▶ 식구가 하나 늘어 놓으니 방이 비좁다./농토가 닐어서 일손이 모지랜다. ▶ 농토가 늘어서 일손이 모자란다.

닝닝ː하다 형 밍밍하다. ¶괴기국이라고 끼래 낸 기이, 지름 멫 개가 둥둥 떠 있고, 맛이라카는 기이 닝닝하이 니 맛도 내 맛도 없다. ▶ 고깃국이라고 끓여 낸 것이, 기름 몇 개가 둥둥 떠 있고, 맛이라는 것이 밍밍하니 네 맛도 내 맛도 없다.

ㄷ

다갈 몡 대갈. ¶양복입고 망건 씨고 개발에 다갈이다. ▶ 양복입고 망건 쓰고 개발에 대갈이다.

다'다 톙 달다(甘). 【달어 ▶ 달아/다이 ▶ 다니/단(다는) ▶ 단】 ¶씹다 다다 카지 마고 주는 대로 받어묵어라. ▶ 쓰다 달다 하지 말고 주는 대로 받아먹어라./섭섭할 꺼 없다. 다머 생키고 씹으머 밭어 뿌리는 기이 시상인심이다. ▶ 섭섭할 것 없다. 달면 삼키고 쓰면 뱉어 버리는 것이 세상인심이다./다는 임석은 내 입에 앤 맞다. ▶ 단 음식은 내 입에는 안 맞다.

다다까'이 몡 대납(代納). 囲 'たたかえ(立替)'. ¶자네가 다다까이 해준 돈은 이 담에 만날 때 주끼. ▶ 자네가 대납 해준 돈은 이 다음에 만날 때 줄게.

다다'끼 몡 고기나 생선 따위를 다진 것. 囲 '叩き'. ¶꽁괴기는 빼가치 채로 다다끼해서 된장에다 여서 꽁장을 맨들어 묵는다. ▶ 꿩고기는 뼈 채로 다져서 된장에다 넣어서 꿩장을 만들어 먹는다. ☞ 난두질.

다들'개들다 동 덤벼들다. 대들다. 【다들개들어 ▶ 덤벼들어/다들개드이 ▶ 덤벼드니】 ¶그눔 아 성질이 문디이 긆어서 거기 다들개들다가는 험한 꼬라지를 본다. ▶ 그놈 애 성질이 더러워서 거기 덤벼들다가는 험한 꼴을 본다.

다들캐:다 동 들키다. 탄로 나다. 【다들캐 ▶ 들켜/다들캐이 ▶ 들키니】 ¶요새 도독눔은 주인한테 다들캐도 도망도 앤 가고 다부 다들갠단다. ▶ 요사이 도둑놈은 주인한테 들켜도 도망도 안 가고 도로 덤벼든단다./마실에 녹그럭 추로 왔다는데 다들캐지 안케 소갑빼까리 속에 감차라. ▶ 마을에 놋그릇 뒤지러 왔다는데 들키지 않게 솔가리더미 속에 감춰라. ☞ 다딩캐다.

다디깨~이 몡 무명길쌈을 할 때 씨아로 자은 솜을 부드럽게 하기 위하여 두들길 때 쓰는 막대기. 囲 '다다끼(叩き)'+'깨이(부지깨이 따위)'. ¶쐐기로 미영을 잣어서 다디깨이로 뚜디리고, 이거를 활로 타서 다시 보드랍게 한다. ▶ 씨아로 목화를 자아서 막대기로 두들기고, 이것을 활로 타서 다시 부드럽게 한다.

다: 리다2

다딩캐:다 동 들키다. 발각되다. 【다딩캐 ▶ 들켜/다딩캐이 ▶ 들키니】¶어젯밤에 건네 위밭에 서리 갔다가 주인인데 다딩캐서 씩겁 묵고 도망 왔다. ▶ 어젯밤에 건너 참외밭에 서리 갔다가 주인한테 들켜서 혼나고 도망 왔다. ☞ 다들캐다.

다라:지 명 다리갱이. '다리'의 낮춤말. ¶인뜰아가 어디 다라지를 깟딱거리고 있노, 확 뿌라 뿌릴라. ▶ 이자식이 어디 다리갱이를 꺼덕거리고 있나, 확 부러 버릴라. ※싸움하는 상대가 발길질을 하는 것을 보고 하는 말. ☞ 달가지. 달구지.

다람'지 명 다람쥐. ¶다람지 꿀밤 까묵드시 잘도 조 묵는다. ▶ 다람쥐 도토리 까먹듯이 잘도 줘 먹는다. ※옆도 안보고 부지런히 먹는 것을 보고 하는 말.

다:랍다 형 감질(疳疾)나다. 잘다. 꾀죄죄하다. 【다랍어 ▶ 감질나/다랍으이 ▶ 감질나니/다랍게 ▶ 감질나게】¶밥도 다랍게 주네. ▶ 밥도 감질나게 주네./사람이 좁살 긑치 그래 다랍노? ▶ 사람이 좁쌀 같이 그렇게 자나? ☞ 다립다. 초잡다.

다랑복 명 남자바지의 앞 왼쪽 가랑이 안쪽의 큰사폭과 말랑폭에 붙어서 왼쪽 발목까지 내려간 역사다리 꼴로 이어진 부분.《살폭. 소살폭. 작은폭. 작은다리》☞ 주우. 작은사폭.

다래 명 목화열매. 모양이 다래와 비슷하고 익을 무렵이면 말랑말랑하고 맛이 달콤하다. ☞ 추래. 미영다래.

다래'끼 명 눈꺼풀 속에 생기는 종기. ☞ 대지비2.

다래몽디~이 명 다래의 순. 나물로 먹을 수 있다.

다:래미 명 다라운 사람. 쩨쩨한 사람. 깨작거리는 사람. ¶저 다래미 바라. 좁쌀도 시알러 묵겠다. ▶ 저 다라운 사람 보아라. 좁쌀도 헤아려 먹겠다.

다래'박 명 두레박. 우물물을 긷는 바가지로 줄이 길게 달렸다. ☞ 다리박.

다래'비 명 다리미. ☞ 달비1. 대리미.

다:럽다 형 추접하다. 꾀죄죄하다. ¶아이고, 그 다럽은 눔은 상종도 하지 마라. ▶ 아이고, 그 추접한 놈은 상종도 하지 마라. ☞ 다랍다. 초잡다.

다리꺼'리 명 다리거리. 다리부근. ¶기분도 그렇고 하이 우리 가다가 다리꺼리 집에서 개장국이나 한 그럭 묵고 가세. ▶ 기분도 그렇고 하니 우리 가다가 다리거리 집에서 개장국이나 한 그릇 먹고 가세.

다리'다1 형 다르다. 【달러 ▶ 달라/다리이 ▶ 다르니】¶니캉 나캉 친하다 캐도 요분 일에는 입장이 다리이 쫌 섭섭해도 이해해 도고. ▶ 너하고 나하고 친하다 해도 요번 일에는 입장이 다르니 좀 섭섭해도 이해해 다오.

다:리다2 동 달다. 【다러 ▶ 달아/다이 ▶ 다니】¶저울에 다리고 할 꺼 없이 믿고

다리몽다리

받어라. ▶ 저울에 달고 할 것 없이 믿고 받아라./저울로 다러 보이 쪼매 모지랜다. ▶ 저울로 달아 보니 조금 모자란다.

다리몽다리 몡 다리몽둥이. '다리'의 낮춤말. ¶다리몽다리 앤 뿌러질라카머 저리로 비꺼라. ▶ 다리몽둥이 안 부러지려면 저리로 비켜라. ☞ 다리몽디이.

다리몽디~이 몡 다리몽둥이. '다리'의 낮춤말. ☞ 다리몽다리.

다리'박 몡 두레박. 우물물을 긷는 바가지로, 줄이 길게 달렸다. ☞ 다래박.

다리~이 몡 다른 이. 다른 사람. ¶섭섭하구로 다리이도 아이고 해필 자네가 나한테 그카노? ▶ 섭섭하게 다른 사람도 아니고 하필 자네가 나한테 그러나?

다리'품 몡 심부름 값. 걸음 값. 행상(行商)이나 심부름꾼 따위의 걸어서 하는 일에 대한 품. ¶국밥 한 그럭마 달랑 사 묵애고 그양 보내서 어야노, 다리품이라도 쪼매 주개 줄 꺼로. ▶ 국밥 한 그릇만 달랑 사 먹이고 그냥 보내서 어떻게 하나, 심부름 값이라도 조금 쥐어 줄 것을.

다마 몡 구슬. 열매. 日 'たま(玉)'. 【다마내기▶양파/다마치기▶구슬치기】¶금연에는 볕이 좋아서 넝굼 다마가 차마다. ▶ 금년에는 볕이 좋아서 능금 열매가 참하다.

다마내'기 몡 양파. 日 'たまねぎ(玉葱)'.

다마'치기 몡 구슬치기. 日 'たま(玉)'+'치기'. ¶머심아들은 다마치기하고 딸아들은 나무 밑에서 짜구하고 논다. ▶ 머슴애들은 구슬치기하고 딸애들은 나무 밑에서 공기놀이하고 논다.

다무다 동 다물다. 【다마▶다물어/다무이▶다무니】¶입 다무고 마고 할 꺼 없이 할 말이 있으며 다 해라. ▶ 입 다물고 말고 할 것 없이 할 말이 있으면 다 해라./머를 말할라 카다가 고마 입을 다마 뿌리고 만다. ▶ 뭐를 말하려하다가 그만 입을 다물어 버리고 만다.

다:문(多問) 뮈 다소(多少)간에. '다소불문(多少不問)'의 준말. ¶이거 또 말씀 디리기가 머하니더마는 다문 얼매라도 보태 주시머 고맙겠니더. ▶ 이것 또 말씀 드리기가 뭣합니다만 다소간에 얼마라도 보태어 주시면 고맙겠습니다.

다바리 몡 다발. ¶콩 한 다바리 비 와서 살러 묵자. ▶ 콩 한 다발 베어 와서 살러 먹자./마구깐에 마꺼불 한 다바리를 더 여 조라. ▶ 외양간에 북데기 한 다발을 더 넣어 주어라.

다받다 동 다잡다. 다그치다. 【다받어▶다잡아/다받으이▶다잡으니】¶이리 보래이, 니한테 할 이바구가 있으이 이리 다받어 안저 바라. ▶ 이리 봐, 네한테 할 이야기가 있으니 이리 다잡아 앉아 보아라./해 넘어 간다. 일을 쪼매 다받어 하자. ▶ 해 넘어 간다. 일을 좀 다잡아 하자.

다'배 몡 양말(洋襪). 🗓 'たび(足袋)'. ¶다배 짜는 집에 가서 실꾸리 매끼고 온나. ▶ 양말 짜는 집에 가서 실꾸리 맡기고 오너라. ※ 명절이 돌아오면 다배집(양말짜는 집)에 실꾸리를 맡겨서 양말을 짜다 신는다.

다부 閈 도로. 도리어. ¶육이오 때 압녹강꺼정 국군이 올라갔다가 중공군한테 다부 밀래서 느러왔다. ▶ 육이오 때 압록강까지 국군이 올라갔다가 중공군한테 도로 밀려서 내려왔다. ☞ 도부. 드부.

다부'치다 됭 다그치다. 독촉하다. 【다부처 ▶ 다그쳐/다부치이 ▶ 다그치니】 ¶돈 받을라카머 다부치지 마고 살살 달래 바라. ▶ 돈을 받으려면 다그치지 말고 살살 달래 보아라.

다'붓대 몡 다올대. 베를 짤 때 도투마리를 밀어 넘기는 긴 막대기. 일으킬 때는 말귀(말코)를 잡고 당긴다. 《밀대. 다불대. 밀침대. 설침대》 ☞ 베틀.

-다~아 囗 -더냐. 언제, 누구, 어디, 머, 와, 우째 따위의 의문형의 말과 함께 쓰여, 지난 사실을 돌이켜 묻는 종결어미. ¶언제 그 사람을 봤다아? ▶ 언제 그 사람을 보았더냐?/누가 이거를 주다아? ▶ 누가 이것을 주더냐?/아부지가 어디 가시다아? ▶ 아버지가 어디 가시더냐?/아직밥을 머하고 묵다아? ▶ 아침밥을 뭐하고 먹더냐?/그 사람이 와 그카다아? ▶ 그 사람이 왜 그러더냐?/거기서는 우째 사다아? ▶ 거기서는 어찌 살더냐? ☞ -드나. -드노. -디이나.

-다이1 囗 -다. 해라체의 서술형 종결어미. '-대3'보다 불확실성을 지닌 말로, 듣는 사람에게 정감을 주는 말투다. ¶나는 갈라다이. 잘 이끄래이. ▶ 나는 가련다. 잘 있어라. ☞ -대3. -대이1.

-다이(타이)2 囗 -다니. -다느니. ¶니가 날 좋다이 나도 니가 좋다. ▶ 네가 나를 좋다니 나도 네가 좋다./니가 묵는다이 나도 묵어보자. ▶ 네가 먹는다니 나도 먹어보자./만타이 적다이 배부린 소리하지 마고 주는 대로 받어라. ▶ 많다니 적다니 배부른 소리하지 말고 주는 대로 받아라.

다'임1 몡 담임(擔任). ¶느그 다임 선상임은 바가치에 밥을 싸와서 밴또 몬 사온 아들하테 농갈러 묵인다매, 그런 분이 시상아 어디 있겠노? ▶ 너희 담임 선생님은 바가지에 밥을 싸와서 도시락 못 사온 애들한테 나누어 먹인다며, 그런 분이 세상에 어디 있겠나?

다'임2 몡 대님. ¶우리 대룸, 맹주 바지저구리에 버선 신고 옥색 다임 매고 나서

다'처오다

이 장개가는 새실랑 같다. ▶ 우리 도련님, 명주 바지저고리에 버선 신고 옥색 대님 매고 나서니 장가가는 새신랑 같다. ☞ 가불때이.

다'처오다 통 닥쳐오다. 【다처와 ▶ 닥쳐와/다처오이 ▶ 닥쳐오니】¶춥이가 다처오기 전에 나무 해 들롤 꺼는 해서 들라야지. ▶ 취위가 닥쳐오기 전에 땔나무 해 들일 것은 해서 들여야지./일이 코앞에 다처와야 정신을 채리겠나? ▶ 일이 코앞에 닥쳐와야 정신을 차리겠나?

다'치다 통 닥치다. 【다처 ▶ 닥쳐/다치이 ▶ 닥치니】¶미리부텀 걱정할 꺼는 없다. 다치머 다치는 대로 하지. ▶ 미리부터 걱정할 것은 없다. 닥치면 닥치는 대로 하지./일은 말마 듣고는 모리고 지 앞에 다처 바야 안다. ▶ 일은 말만 듣고는 모르고 제 앞에 닥쳐 보아야 안다./밸 걱정을 애 했는데, 막상 일이 앞에 다치이머부터 해야 댈지 모리겠드라. ▶ 별 걱정을 안 했는데, 막상 일이 앞에 닥치니 뭣부터 해야 될지 모르겠더라.

다투:다 통 다투다. 싸우다. 【다타 ▶ 다투어/다투이 ▶ 다투니】¶어는 집 상놈이 쪼맨한 일 가주고 행제끼리 다툰다 카드노? ▶ 어느 집 상놈이 조그마한 일 가지고 형제끼리 싸운다 하더냐?/두리 만나기마 하머 다타사 시끄럽어 죽겠다. ▶ 둘이 만나기만 하면 다투어서 시끄러워 죽겠다.

다황 명 성냥. 다황(多黃), 즉 '많은 황'이라는 뜻. ¶다황은 애께 놓고 마린 나무 쪼매 깎어서 황알개이를 맨들어 씨자. ▶ 성냥은 아껴 놓고 마른 나무 조금 깎아서 유황개비를 만들어 쓰자. ☞ 황알개이.

닥'달하다 통 다그치다. 【닥달해 ▶ 다그쳐/닥달하이 ▶ 다그치니】¶그 만은 일을 하리 안에 끝내라꼬 닦달하이 사람들이 숨을 돌릴 새도 없다. ▶ 그 많은 일을 하루 안에 끝내라고 다그치니 사람들이 숨을 돌릴 새도 없다.

닥똥 명 닭똥. ¶닥똥은 독해서 그양 주머 앤 대고 몰개하고 섞어서 거럼한다. ▶ 닭똥은 독해서 그냥 주면 안 되고 모래하고 섞어서 거름한다.

닥배'실 명 닭의 볏. ☞ 달구베실.

닥털' 명 닭의 털. ¶닥털이 날러댕긴다. ▶ 닭의 털이 날아다닌다. ☞ 달구터래기.

단: 명 치마의 아랫도리. ☞ 처매.

단다:이 부 단단히. 야무지게. ¶내리 아칙에 핵고 갈 때 월사금 단다이 챙개서 가그라. ▶ 내일 아침애 학교 갈 때 월사금 단단히 챙겨서 가거라. ☞ 단디이.

단도'리 명 채비(差備). 준비(準備). 日 'だんどり(段取り)'. ¶소발 싫고 산질을 갈라카머 질매 단도리 잘하고 가야 한다. ▶ 소바리 싣고 산길을 가려면 길마 채비

잘하고 가야 한다.

단디~이 튀 단단히. 야무지게. ¶이 사람아, 단도리 단디이 하고 가라 캤는데 일을 와 이래 맨들었노? ▶ 이 사람아, 준비 단단히 하고 가라 했는데 일을 왜 이렇게 만들었나? ☞ 단다이.

단분'에 튀 단번(單番)에. 단숨에. ¶어제 하든 남저지 일을 식전에 나가서 단분에 해치우고 왔다. ▶ 어제 하던 나머지 일을 식전에 나가서 단번에 해치우고 왔다. ☞ 고데2.

단'불 명 단벌(單-). ¶아칙에 일어나 보이 백에 걸어 논 단불 양복을 봉창구영으로 낚시질해 가 뿌렀으이 입고 나갈 옷이 있어야지. ▶ 아침에 일어나 보니 벽에 걸어 놓은 단벌 양복을 봉창구멍으로 낚시질해 가 버렸으니 입고 나갈 옷이 있어야지. ※봉창구멍을 통하여 막대기를 넣어서 걸어 둔 옷을 걸어 가거나 빨랫줄에 널어놓은 내복 따위를 걸어 가기도 했다.

단산: 명의 겨를. 사이. 동안. ¶저게 어느 단산에 돈을 벌어서 장개가고 아들 놓고 할꼬? ▶ 저것이 어느 겨를에 돈을 벌어서 장가가고 아들 낳고 할까? ☞ 단새. 산1.

단새: 명의 사이. 동안. 겨를. ¶자네는 그 단새 이마이 살림을 불가 사는 거를 보이 대단하네. ▶ 자네는 그 사이 이만큼 살림을 불려 사는 것을 보니 대단하네. ☞ 단산. 산1.

단:수 명 옷을 넣는 함. ¶애 입는 옷은 차곡차곡 개서 단수 안에 갈무리 해 놓자. ▶ 안 입는 옷은 차곡차곡 개어서 함 안에 갈무리 해 놓자.

–단:하다 미 -다랗다. '크다', '길다(질다)', '굵다(굴따)', '높다', '좁다(쫍다)', '넓다(널따)' 따위의 형용사의 어근에 붙어, '꾀 그러하다'는 뜻을 나타냄. 【-단하이 ▶ -다라니/-단한 ▶ -다란/-단해 ▶ -다래】¶물건이 크단하다. ▶ 물건이 커다랗다./키가 장대 긑치 지단하다. ▶ 키가 장대 같이 기다랗다./넝굼 알이 굴단하이 묶음직하게 빈다. ▶ 능금 알이 굵다라니 먹음직하게 보인다./저기 높단한 데로 올러가서 보자. ▶ 저기 높다란 데로 올라가서 보자./쫍단한 방이지만 찡개서 자자. ▶ 좁다란 방이지만 끼워서 자자./집이 널단해서 좋다. ▶ 집이 널따래서 좋다.

닫개:다 통 닫히다. '닫다'의 피동. 【닫개 ▶ 닫혀/닫개이 ▶ 닫히니】¶바람에 문이 닫개다. ▶ 바람에 문이 닫히다./대문이 닫개 있다. ▶ 대문이 닫혀 있다. ☞ 닫어지다.

닫'어지다 통 닫히다. '닫다'의 피동. 【닫어저 ▶ 닫혀/닫어지이 ▶ 닫히니】¶바람에 문이 닫어저서 손까락을 다쳤다. ▶ 바람에 문이 닫혀서 손가락을 다쳤다. ☞

달¹

닫개다.

달' 몡 닭. 【달알▶달걀/암달▶암탉/장달▶수탉】¶옆집 거르실 떡에서는 사돈 손임이 온신다꼬 달 잡고 술 사오고 바쁜 모앵이드라. ▶ 옆집 거르실 댁에서는 사돈 소님이 온신다고 닭 잡고 술 사오고 바쁜 모양이더라.

달가두'리 몡 어리. '닭 가두는 우리'의 뜻.

달가'지 몡 다리갱이. '다리'의 낮춤말. '다리 가지(肢)'의 뜻.¶이 가시나야, 달가지 성할라카머 돌어댕기지 마고 집에 백해 있그라. ▶ 이 계집애야, 다리갱이 온전하려면 돌아다니지 말고 집안에 박혀 있어라. ☞ 다라지. 달구지.

달개 몡 달구. 땅을 다지는 데 쓰는 둥근 나무토막.

달개장 몡 닭개장. ¶이미야, 오늘 장태 소전에서 사돈 만나서 주막에서 달개장 한 그럭씩 했는데, 히이질 때 사돈이 니 믹이라 카매 약 몇 첩 저 주든데 잘 딸개 묵어라. ▶ 어미야, 오늘 장터 쇠전에서 사돈 만나서 주막에서 닭개장 한 그릇씩 했는데, 헤어질 때 사돈이 너 먹이라며 약 몇 첩 지어 주던데 잘 달여 먹어라. ※ 며느리가 임신을 한 모양이다.

달개'질 몡 달구질. 장례식에서 하관(下棺)하여 성분(成墳)을 할 때 땅을 다지는 일. ¶어허 달개여 달개꾼아 꾼아꾼아, 어디가고 애오시노, 앞소리는 하지마고, 딧소리마 하여주게, 먼데사람 듣기좋게, 젙에사람 보기좋게, 나는간다 나는간대이, 황천질이 머다캐도, 대궐그튼 저집을라, 큰절글치 비와놓고, 황천질이 머다드이, 한분아차 죽어지며, 황천질에 나는가네, 시가늦고 때가늦어, 이내가 이를줄은, 일팽상에 내몬사고, 백연을야 몬살인생, 한분아차 죽어지며, 겉매끼도 일곱매끼, 속매끼도 일곱매끼, 이칠십사 열니매끼, 각진장판 둘러치고, 시물너이 상두꾼애이, 서른여서 호상꾼이, 너흐넘차(어화넘차) 나는왔네, 좌우산천 둘러보이, 천하명산 여기로대이, 앞산을야 내다보이, 노적봉이 분명하고, 옆에도 체다보이, 손자봉은 분명하대이, 간다간다 나는간대이, 오분질이 막질인데, 불상한야 이내인생, 저승에야 나는가네, 때딴지미 이불삼고, 송침을라 체를삼고, 간다간다 나는간대이, 우루집이 나는왔네, 어허 달개여. ▶ 어허 달구여 달구꾼아 꾼아꾼아, 어디가고 안오시노, 앞소리는 하지말고, 뒷소리만 하여주게, 먼데사람 듣기좋게, 곁에사람 보기좋게, 나는간다 나는간다, 황천길이 멀다해도, 대궐같은 저집이랑, 큰절같이 비워놓고, 황천길이 멀다더니, 한번아차 죽어지면, 황천길이 나는가네, 시가늦고 때가늦어, 이내가 이럴줄은, 일평생에 내못살고, 백년을야 못살인생, 한분아차 죽어지면, 겉매듭도 일곱매듭, 속매듭도 일곱매듭 이칠십사

달′:나다

열네매듭, 각진장판 둘러치고, 스물넷이 상두꾼에, 서른여섯 호상꾼이, 너흐넘차(어화넘차) 나는왔네, 좌우산천 둘러보니, 천하명산 여기로다, 앞산을야 내다보니, 노적봉이 분명하고, 옆에도 쳐다보니, 손자봉은 분명하다, 간다간다 나는간다, 이번 길이 마지막길인데, 불상하다 이내인생, 저승에야 나는가네, 때잔디묘 이불삼고, 송침을라 채를삼고, 간다간다 나는간다, 우리집에 나는왔네, 어허 달개여. 〈韓國民俗綜合報告書 葬禮儀式謠 慶北篇 중에서〉※달구질을 할 때 선소리꾼이 앞소리를 한 절을 하면 다른 사람들이 '어허 달개여(달구여)' 하면서 뒷소리를 받는다. 내용 중에 매끼(매듭) 구절은 상여 줄에 묶은 매듭으로 상여를 메는 사람의 숫자를 뜻한다. 속매듭과 겉매듭에 각각 7사람씩 붙어서 한 쪽에 14명이 붙으니 좌우로 모두 합하여 28명의 상여꾼이 붙는다는 뜻이다.

달구:다 동 달구다.【달가▶달구어/달구이▶달구니】¶여자를 다룰라카머 팬수재이 연장 달구드시 달가서 뚜디릴 데는 뚜디러 가매 다라야 한다.▶여자를 다루려면 대장장이 연장 달구듯이 달구어서 두들길 데는 두들겨 가며 다루어야 한다.

달구둥'치 명 닭 둥지. ¶할배 쩌 드리구로 달구둥치에 가서 알 나 논 거 꺼내다 도고.▶할아버지 쩌 드리게 닭 둥지에 가서 알 낳아 놓은 것 꺼내다 다오.

달구똥 명 닭똥. ¶달구똥 그튼 누물을 뚜덕뚜덕 헐리매 얼매나 섧게 우는지 보기가 앤 댔드라.▶닭똥 같은 눈물을 뚝뚝 흘리며 얼마나 섧게 우는지 보기가 안 되었더라. ☞ 달똥.

달구베'실 명 닭의 볏. ☞ 닥베실.

달구새'끼 명 닭 새끼. 닭을 싸잡아 이르는 말. ¶후이, 저눔으 달구새끼들이 마당아 밀 널어논 거 다 히지꺼 놓는다.▶후여, 저놈의 닭 새끼들이 마당에 밀 널어놓은 것 다 헤적여 놓는다.

달구'지 명 다리갱이. '다리'의 낮춤말. ☞ 다라지. 달가지.

달구터래'기 명 닭의 털. ☞ 닥털.

달구'통 명 닭둥우리. 대나무나 싸리 대궁으로 엮어 만든 둥그렇게 생긴 닭장. 병아리를 가두어 옮길 수 있는 '어리'보다 크다. 모양이 불룩해서 '달구통 같다'로 쓰여 뚱뚱한 몸매에 비유한다. ¶건내 마실 아지매는 무신 빙이 거랬는지 몸이 달구통 긑치 버얼드라.▶건너 마을 아주머니는 무슨 병이 결렸는지 몸이 닭둥우리 같이 부었더라.

달′:나다 동 '달아나다'의 준말. ¶인날 말에, 삼십육계주위상계라, 삼십육계 중

달:다

에 안 되먼 달나는 기이 상책이라 캤다. ▶ 옛날 말에, 삼십육계주위상계(三十六計走爲上計)라, 삼십육계 중에 안 되면 달아나는 것이 상책이라 했다.

달:다 〖형〗 촘촘하다. 식물이나 베 올 따위의 간격이 좁다. 【달어 ▶ 촘촘해/다이 ▶ 촘촘하니/달게 ▶ 촘촘히】¶꼬치모종을 너무 달게 시무머 키마 크지 꼬치가 앤달랜다. ▶ 고추모종을 너무 **촘촘**히 심으면 키만 크지 고추가 안 달린다.

달다리 〖부〗 다달이. ¶달다리 아들 핵고로 들어가는 돈이 휴월찬타. ▶ 다달이 애들 학교로 들어가는 돈이 수월찮다.

달똥¹ 〖명〗 닭똥. ☞ 달구똥.

달띠~이 〖명〗 달덩이. ¶달띠이 긑은 얼골이 복시럽게 생갰다. ▶ 달덩이 같은 얼굴이 복스럽게 생겼다.

달라빼다 〖동〗 달아나다. 내빼다. '달아 내빼다'의 준말. 【달라빼 ▶ 달아나/달라빼이 ▶ 달아나니】¶달라빼야 삼철리지, 지가 어디꺼정 가겠노? ▶ 달아나야 삼천리지, 제가 어디까지 가겠냐? ☞ 달러가다. 달빼다.

달래:다 〖동〗 달리다. '달다'의 피동. 【달래 ▶ 달려/달래이 ▶ 달리니】¶요분 큰 바람에 넝굼이 달랜 거보다 널찐 기이 더 만타. ▶ 요번 큰 바람에 능금이 달린 것보다 떨어진 것이 더 많다./소구루마에는 동태가 두 개 달랬는데 말구루마에는 니 개가 달랬다. ▶ 우차에는 바퀴가 두 개 달렸는데 마차에는 네 개가 달렸다.

달래~이 〖명〗 달래. '단(甘)냉이'의 뜻. ¶인날 누부하고 동상이 산질을 가다가 소내기를 만나서 방구 아래로 들어갔는데, 옷이 젖은 누부를 보고 동상이 뱎으로 나가디이 앤 돌어오는 기이라. 누부가 나가 보이 동상은 지 그거를 돌삐이로 처서 죽어 뿌린 거 아이가. 그거를 보고 누부는 "아이고 불쌍한 내 동상아, 한분 달래나 해보지." 카매 지도 죽어 뿌랐는데, 거기 그 자리에 무신 풀이 났는데 그기이 달래이라. ▶ 옛날 누이하고 동생이 산길을 가다가 소나기를 만나서 바위 아래로 들어갔는데, 옷이 젖은 누이를 보고 동생이 밖으로 나가더니 안 돌아오는 것이라. 누이가 나가 보니 동생은 제 그것을 돌멩이로 쳐서 죽어 버린 거 아닌가. 그것을 보고 누이는 "아이고 불쌍한 내 동생아, 한번 달래나 해보지." 하며 저도 죽어 버렸는데, 거기 그 자리에 무슨 풀이 났는데 그게 달래라.

달러가다 〖동〗 달아나다. 【달러가 ▶ 달아나/달러가이 ▶ 달아나니】¶그 안들이 어제밤에 아 엎고 보따리 들고 달러가 뿌렀단다. ▶ 그 여편네가 어젯밤에 애 엎고 보따리 들고 달아나 버렸단다. ☞달라빼다. 달빼다.

달러들다 〖동〗 달려들다. 【달러들어 ▶ 달려들어/달러드이 ▶ 달려드니】¶겁도 없이 달러드는 놈을 죽이도 살리도 몬 하이 이거 사람 식겁하겠네. ▶ 겁도 없이 달려드는 놈을 죽이지도 살리지도 못 하니 이것 사람 기겁하겠네.

달머리 몡 달무리. ¶지낸밤에 달머리가 서디이 새복에 나와 보이 빗방울이 떨어지드라. ▶ 지난밤에 달무리가 서더니 새벽에 나와 보니 빗방울이 떨어지더라./달머리가 졌다. ▶ 달무리가 졌다./달머리가 생갰다. ▶ 달무리가 생겼다. ☞ 달문.

달문 몡 달무리. ¶달문이 진 거를 보이 머 잔어 비가 오겠네. ▶ 달무리가 진 것을 보니 멀지 않아 비가 오겠네. ☞ 달머리.

달바 몡 걸채 앞뒤 마구리 끝에 U자 모양으로 늘어뜨린 4가닥의 줄. 여기에 짐을 걸쳐 싣는다. ☞ 걸채1.

달비1 몡 다리미. 자루가 달린 양재기 모양의 무쇠그릇에 숯불을 담아서 두 사람이 옷을 잡고 다리미질을 한다. ¶달비질하구로 달비 불 피와 놓고 세답줄에 널어논 거 다 걷어 온나. ▶ 다리미질하게 다리미 불 피워 놓고 빨랫줄에 널어 놓은 것 다 걷어 오너라. ☞ 다래비. 대리미.

달비2 몡 다리. 머리카락 숱은 것. ¶이전에는 달비를 팔어서 부모를 봉양했다는 효여도 있었고, 숭연에 부모가 굴머죽게 대자 허벅지 살을 비서 봉양했다는 호자도 있었다. ▶ 예전는 다리를 팔아서 부모를 봉양했다는 효녀도 있었고, 흉년에 부모가 굶어죽게 되자 허벅지 살을 베어서 봉양했다는 효자도 있었다. ※머리털 하나도 부모가 물려준 것이라 해서 함부로 하지 못하던 시절에 머리칼을 잘라서 판다는 것은 쉬운 일이 아니었다.

달':빼다 통 달아나다. 내빼다. '달라빼다'의 준말. ☞ 달러가다.

달서:리 몡 닭서리. 여름에는 감자 서리, 밀 서리, 가을에는 콩서리, 능금서리, 겨울에는 닭서리도 한다. 요즘이라면 도둑질이라며 야단이 나겠지만 그때 이런 장난은 하나의 풍습으로 자리 잡혀서 심하지 않으면 모르는 척 하고 넘겼다.

달싹:하다 톙 달콤하다. 【달싹해 ▶ 달콤해/달싹하이 ▶ 달콤하니】 ¶맛이 달싹한 기이 입안에서 살살 녹는 거 글다. ▶ 맛이 달콤한 것이 입안에서 살살 녹는 것 같다.

달알 몡 달걀. 계란. "꼬꾸대 꼭꼭 꼬꾸대 꼭꼭…", 헛간 처마에 매달린 둥지에서 암탉이 울며 마당으로 날아 내리면 알을 낳았다는 신호다. 온기가 남아있는 달걀을 송곳니에 두들겨 빨아먹는 달걀, 밥솥에다 찐 노란 계란찜, 꽃송이처럼 예쁘게 모양을 내서 제사상에 올리는 그때 달걀 맛은 어디다 비할 데가

달옴:밥

없다. ☞ 계랄.
달옴:밥 몡 닭을 곤 물로 지은 밥.
달짜근:하다 혱 달착지근하다. ¶맛이 달짜근하이 묵을 만하다. ▶ 맛이 달착지근하니 먹을 만하다.
달피~이 몡 달팽이. ¶달피이가 바다를 건넸으며 건냈지 니는 그 일을 몬 해낸다. ▶ 달팽이가 바다를 건넜으면 건넜지 너는 그 일을 못 해낸다.
담:다 동 닮다. 【달머 ▶ 닮아/달무이 ▶ 닮으니/달물 ▶ 닮을/담지 ▶ 닮지】 ¶집안이 앤 댈라 카이 달물 꺼들 담지 안코 담지 마라 카는 거를 담는다. ▶ 집안이 안 되려니 닮을 것을 닮지 않고 닮지 마라 하는 것을 닮는다. ※좋은 것은 닮지 않고 나쁜 것을 닮는다는 말.
담배꼭다'리 몡 담배통. 담배설대에 끼워진 담배통. ¶월성 띠기 머섬은 지게를 받쳐 놓고 담배꼭다리를 쌈지에다 밀어 열고 담배 한 대를 눌라 담어서 입에 물고 부쇠를 끄집어낸다. ▶ 월성 댁 머슴은 지게를 받쳐 놓고 담배통을 쌈지에다 밀어 넣고 담배 한 대를 눌려 담아서 입에 물고 부시를 끄집어낸다. ☞ 대꼬바리. 대꼭지.
담배꽁다'리 몡 담배꽁초. ¶손까락이 뜨겁어질 때꺼정 담배꽁다리를 쥐고 쪽쪽 빨고 안젔다. ▶ 손가락이 뜨거워질 때까지 담배꽁초를 쥐고 쪽쪽 빨고 앉았다.
담부링 몡 평행봉(平行棒)의 돌리기 운동. 日 タンブリク(tumbling)'.
답다부리:하다 혱 답답하다. ¶내가 이기이 화삥이라 카는 거가? 가심이 답다부리한 기이 사람 죽겠네. ▶ 내가 이것이 화병이라 하는 건가? 가슴이 답답한 것이 사람 죽겠네.
당(唐)- 졉 일부 명사 앞에 붙어서 '중국에서 들어온' 혹은 '중국 통'의 사물임을 나타내는 접두사. 【당국화(唐菊花)/당목(唐木)/당사주(唐四柱)/당수도(唐手道)/당초(唐椒)】 ☞ 양(洋)-. 왜(倭)-. 호(胡)-.
당가리 몡 고운 보리등겨. '단(糖)가루', 즉 먹을 수 있는 가루라는 뜻. 깨주매기 원료로 쓰거나 수제비를 떠 먹기도 한다. ☞ 깨주매기. 시굼장.
당:계 몡 담계(擔契). 상여(喪輿) 메기 계.
당구:다 동 담그다. 【당가 ▶ 담가/당구이 ▶ 담그니】 ¶술을 당가 묵다. ▶ 술을 담가 먹다./차물에 손을 당구이 정신이 뻔쩍 든다. ▶ 찬물에 손을 담그니 정신이 번쩍 든다.
당구솥 몡 작은 솥. ☞ 동솥.

당나구 몡 당나귀. 정(鄭) 씨 성을 비유하여 이르는 말. ¶까재가 기 팬이라 카머 당나구는 말 팬 아이가. ▶ 가재가 게 편이라면 당나귀는 말 편 아닌가. ☞당나기.

당나기 몡 당나귀. ☞당나구.

당나무(堂--) 몡 당산나무. '당수나무'의 준말. ¶여름에는 당나무 밑에 사람들이 모애서 장구를 뜨기나 낮잠을 잔다. ▶ 여름에는 당산나무 밑에 사람들이 모여서 장기를 뜨거나 낮잠을 잔다.

당:수나무(堂樹--) 몡 당산나무. 마을 지킴이 나무. ☞당나무.

당시'기 몡 바느질고리. 바늘, 실, 가위, 골무 따위의 바느질 도구를 담는 그릇으로, 주로 고리나 대오리 또는 왕골로 엮었다.

당채: 冃 도무지. ¶당채 내 말을 들어조야 일을 해묵지. ▶ 도무지 내 말을 들어주어야 일을 해먹지./어얘 댄 건지 요새는 당채 대는 일이 없다. ▶ 어떻게 된 건지 요새는 도무지 되는 일이 없다./어디서 본 사람 끝기는 한데 당채 생각이 앤 나는구나. ▶ 어디서 본 사람 같기는 한데 도무지 생각이 안 나는구나.

대1 몡 되. ¶그 사람이야 국민핵교 나와서 민장꺼정 했시이 대로 주고 말로 받은 거지. ▶ 그 사람이야 초등학교 나와서 면장까지 했으니 되로 주고 말로 받은 것이지.

대2 몡 '담뱃대'의 준말. ¶대는 담배를 담는 대꼬바리하고 물쭈리를 통대로 이샀다. ▶ 담뱃대는 담배를 담는 담배통하고 물부리를 설대로 이었다.

-대3 미 -다. 어간에 붙어 해라체의 서술형이 되는 종결어미. '-다'보다 불확실성을 지니고, '-대이1'보다 확실성을 지닌 말로 듣는 사람에게 정감을 주는 말투다. ¶나는 잘 묵고 이마 갈란대. ▶ 나는 잘 먹고 이만 가련다./내한테서 인자는 돈이 나올 데가 없대. ▶ 내게서 이제는 돈이 나올 데가 없다. ☞-다이1. -대이1.

대갈빼'기 몡 대가리. '머리'의 속된말. ¶대갈빼기를 살무머 귀꺼정 익는다. ▶ 대가리를 삶으면 귀까지 익는다./대갈빼기에 피도 앤 마린 기이 담배를 물고 댕긴다. ▶ 대가리에 피도 안 마른 것이 담배를 물고 다닌다. ☞ 대갈티이. 댁빠리.

대갈티~이 몡 대갈통. '머리'의 속된말. ¶황소 끝치 대갈티이가 큰 거를 보머 심꼴이나 앤 씨겠나. ▶ 황소같이 대갈통이 큰 것을 보면 힘꼴이나 안 쓰겠나. ☞ 대갈빼기. 댁빠리.

대개~이 몡 대. 수수나 옥수수 따위의 마디가 있는 식물의 줄기. ¶이 실한 강내이 대개이 바라. 똥거럼이 좋기는 좋다. ▶ 이 실한 강냉이 대 보아라. 똥거름이

대구~이

좋기는 좋다. ☞ 대구이. 대비.

대구~이 명 대. 수수나 옥수수 따위의 마디가 있는 식물의 줄기. ☞ 대개이. 대비.

대`기 명 댁(宅). 부인. '댁(宅)의 이(사람)'의 뜻. '대기'와 '띠기'는 같은 말이지만 '대기'는 그 집의 '부인'이나 '안주인'을 이르고, '띠기'는 택호를 부를 때 의존 명사로 쓰임. ¶저 집 대기는 살림 잘 사지, 바늘질 솜씨 좋지, 거다가 시부모 잘 모시지, 어디 하나 나무랠 데가 없는 사람이다. ▶ 저 집 댁(부인)은 살림 잘 살지, 바느질 솜씨 좋지, 거기다가 시부모 잘 모시지, 어디 하나 나무랄 데가 없는 사람이다. ☞ 띠기3. 떡.

대꼬바리 명 담배통. 설대에 맞추어 끼운 담배를 담는 통. ¶양반이라꼬 대꼬바리를 탕탕 뚜디리매 큰소리치고 있다. ▶ 양반이라고 담배통을 탕탕 두들기며 큰소리치고 있다. ※담배는 성인들이 즐기는 기호품이긴 해도 아무 앞에서나 피우지 않고 자리를 가린다. 담뱃대의 길이 역시 권위의 상징처럼 인식되어 연령이나 위계가 높을수록 장죽(長竹)을 쓰고, 아래로 내려가면 곰방대(쪼대)라 해서 짧고 작은 것을 쓴다. ☞ 담배꼭다리. 대꼭지.

대꼬재~이 명 대꼬챙이. ¶가실이 대머 집집마줌 감을 깎어서 대꼬재이에 꿰서 첨마 밑에 걸어 말룬다. ▶ 가을이 되면 집집마다 감을 깎아서 대꼬챙이에 꿰어서 처마 밑에 걸어 말린다./성질이 대꼬재이 그터서 넘한테 앤 질라 칸다. ▶ 성질이 대꼬챙이 같아서 남에게 지지 않으려 한다.

대꼭지 명 담배통. 담배설대에 맞추어 끼운 담배를 담는 통. ☞ 담배꼭다리. 대꼬바리.

대느림 명 대내림. 대나무(竹) 가지를 통하여 신을 내리(降)는 무속. 무당이 일반인에게 대(神竿)를 잡히고 하는 것이 일반적이다. 이 의례는 마을의 수호신인 서낭신이나 집안의 성주신을 모실 때 또는 병이 났거나 죽은 이를 장사 지내고 자리걷이를 할 때 행한다. 대내림은 대잡이가 대를 양 손바닥으로 잡고 있으면 무당이 축원이나 주언(呪言)을 한다. 그러면 대가 전율하듯이 흔들리기 시작하는데 이를 신이 내린 표징이라 믿고, 이것으로 신의(神意)를 점친다. 무당의 물음에 따라 대가 흔들리는 모양이나 가리키는 방향을 보고 신의 답변을 삼는다. 때로는 대잡이가 대를 쥐고 연유가 있는 곳을 지적하기도 한다. 대잡이는 기를 잘 받아드리는 사람을 선택하여 행하는데, 보통 개성이 강한 사람은 기를 잘 받아드리지 못하고 기질이 부드러운 사람이 잘 받는다.〈韓國民族

文化大百科辭典 韓國精神文化硏究院. 古鏡 李春澤〉.

대'다1 동 되다. 【대▶되어/대이▶되니/댈▶될】¶대고 앤 대는 기이 지 팔자에 달랬다. ▶ 되고 안 되는 것이 제 팔자에 달렸다./내가 언제 다 댄다 캤나, 댈 꺼는 대고 앤 댈 꺼는 앤 댄다 캤지? ▶ 내가 언제 다 된다 했나, 될 것은 되고 안 될 것은 안 된다 했지?

대다2 동 되다. 【대▶되/대이▶되니】¶대서 주고 대서 받는다. ▶ 되어 주고 되어 받는다. ※정확하게 주고받는다는 말.

대뚱시럽다 형 되통스럽다.【대뚱시럽어▶되통스러워/대뚱시럽으이▶되통스러우니】¶가아는 하는 짓마다 대뚱시럽어서 도통 맴을 몬 놓겠다. ▶ 개는 하는 짓마다 되통스러워서 도무지 마음을 못 놓겠다.

대런 명 저고리나 두루마기의 앞섶에서 안섶까지의 아랫도리의 둘레.《도련. 도련. 도론》☞ 저구리.

대롱 명 자위의 대롱. 누에고치를 푸는 자위의 기둥에 2개의 대롱이 쇠막대기에 꿰어져서 평행으로 설치되었는데, 꼬치를 풀 때 같이 돌면서 실을 꼬아준다. ☞ 명주길쌈. 자새2.

대'룸 명 도령. 도련님. '대림이'의 준말.¶대룸요, 대룸 쟁인하고 자형 쟁인하고 같이 물에 빠졌다 카머 누구 먼저 건질 낀기요? ▶ 도련님, 도련님 장인하고 매형 장인하고 같이 물에 빠졌다면 누구 먼저 건질 건가요? ※대부분 사람의 대답은 '내 장인 먼저'이기 쉽다.

대'리다 동 다리다. 【대래▶다려/대리이▶다리니】¶점잔은 자리에 나갈 때는 옷을 마뜩게 대래 입고 나가그라. ▶ 점잖은 자리에 나갈 때는 옷을 깨끗하게 다려 입고 나가거라.

대리'미 명 다리미. ¶대리미에 수껑을 담아서 불을 피와라. ▶ 다리미에 숯을 담아서 불을 피워라. ☞ 다래비. 달비1.

대리'미질 명 다리미질. ¶조선옷은 대리미질하기 전에 우선어 옷에다 물을 뿜어 축이고 손질해서 밟었다가 대리미질을 한다. ▶ 한복은 다리미질하기 전에 우선 옷에다 물을 뿜어 축이고, 손질해서 밟았다가 다리미질을 한다. ☞ 대림질.

대림'이 명 도령. 도련님. ¶우리 대림이는 이분에 차만 처자한테 장개가게 댔네요. ▶ 우리 도련님은 이번에 참한 처녀한테 장가가게 되었네요. ☞ 대룸.

대림'질 명 다리미질. '대리미질'의 준말.

대:맹천지 명 대명천지(大明天地). 하늘아래. 말을 그대로 풀어서 '크게 밝은 세

상'이라는 뜻으로 보아도 무방하나, '넓은 천지'를 강조할 때 흔히 '조선천지(朝鮮天地)'라는 말을 쓰는 것으로 보아서 '대명(大明)'은 그보다 한층 더 강조한 말로, 명(明)나라에 비유한 말인 듯하다. ¶대맹천지에 질을 막고 물어바라 내가 그리다 카는강. ▶ 대명천지에 길을 막고 물어봐라 내가 그르다 하는가./대맹천지에 그런 거지말을 하는 사람이 어디 있는강 바라. ▶ 하늘아래에 그런 거짓말을 하는 사람이 있는가 보아라.

대무쭈'리 몡 물부리. 담뱃대의 입에 무는 부분.

대:민 몡 대면(對面). ¶첫 대민에 이끌래서 혼사를 맺기로 했다. ▶ 첫 대면에 이끌려 혼사를 맺기로 했다./그 사람은 대민하기도 싫분 사람이다. ▶ 그 사람은 대면하기도 싫은 사람이다.

대바구'리 몡 대바구니. 대로 엮은 바구니. ¶멀방아 가서 사추 뜨든 거 담어 논 대바구리 가주고 온나./작은방에 가서 내의 뜨던 것 담아 놓은 대바구니 가지고 오너라.

대바'라지다 혱 되바라지다. 【대바라저 ▶ 되바라져/대바라지이 ▶ 되바라지니】 ¶절문 사람이 쪼꿈 어수룩한 데도 있어야지 너무 대바라졌다. ▶ 젊은 사람이 조금 어수룩한 데도 있어야지 너무 되바라졌다. ☞ 되라지다.

대박 몡 꼭대기. 정상. '대배기1'의 준말. 【산대박 ▶ 산꼭대기/집대박 ▶ 지붕꼭대기】 ¶삼지산 대박에 보름달이 올러오머 달불 놓든 아들이 "달 바래이!" 카매 고암을 지리다가 시재마꿈 절을 하매 소원 풀어 돌라꼬 빌었다. ▶ 삼지산 꼭대기에 보름달이 올라오면 달불 놓던 애들이 "달 봐라!" 하며 고함을 지르다가 제각기 절을 하며 소원 풀어 달라고 빌었다. ※정월 대보름날의 풍경이다. ☞ 꼭대배기.

대반1 뮈 대번. 당장. ¶내 말도 자시 앤 들어보고 대반에 도분마 내이, 머 그런 사람이 다 있노? ▶ 내 말도 자세히 안 들어보고 대번에 화만 내니, 뭐 그런 사람이 다 있나? ☞ 대분.

대:반2 몡 대반(對盤). 전통 혼례에서 신랑이나 신부 또는 후행(後行) 온 사람의 곁에서 도우는 사람.

대배'기1 몡 꼭대기. 정상. ¶벌써 뒷산 대배기에 달이 뜨는 거를 보이 보름이 다 대 가는갑다. ▶ 벌써 뒷산 꼭대기에 달이 뜨는 것을 보니 보름이 다 되어 가는가봐. ☞ 꼭대배기. 대박.

대배기2 몡 됫박. ¶살독 들바더보이 도 대배기는 줄어든 거 그튼데 누가 후배

간 건지 모리겠다. ▶ 쌀독 들여다보니 두어 뒷박은 줄어든 것 같은데 누가 빼내 간 것인지 모르겠다. ※아마 그 집 딸이 구라분(크림)이라도 사려고 몰래 퍼낸 모양이다.

대분 튀 대번. 당장(當場). ¶저짝 집 사람이 중신재이하고 와서 아를 보디이 더 볼 꺼도 없다 카매 대분 사돈하자 카드라. ▶ 저쪽 집 사람이 중매쟁이하고 와서 애를 보더니 더 볼 것도 없다면서 대번 사돈하자더라. ☞ 대반1.

대'비 명 대. 수수나 옥수수 따위의 마디가 있는 식물의 줄기. ¶금연에는 수끼 대비가 휠 정도로 이시기가 실하다. ▶ 금년에는 수수 대가 휠 정도로 이삭이 실하다. ☞ 대개이. 대구이.

대빗'대 명 뱁댕이. 베매기에서 도투마리에 날실을 감을 때 올이 엉키지 않게끔 사이마다 끼우는 가는 꼬챙이. ☞ 배비. 뱁대. 베매기.

대설'때 명 담뱃대의 설대. 물부리와 담배통 사이에 맞추는 가느다란 대롱.

대소구'리 명 대소쿠리. '대나무소구리'의 준말. ¶채진밭에 나가서 상추 한 대소구리 추래 와서 저임 때 쌈이나 싸 묵자. ▶ 텃밭에 나가서 상추 한 대소쿠리 추려 와서 점심 때 쌈이나 싸 먹자.

-대이1 미 -다. 해라체의 서술형 종결어미. '-대3'보다 불확실성을 지닌 말로 듣는 사람에게 정감을 주는 말투다. ¶나는 니가 좋대이. ▶ 나는 네가 좋다./나는 이마 갈란대이. ▶ 나는 이만 갈란다. ☞ -다이1. -대3.

-대이2 접 명사가 되는 일부 말의 어근에 붙여서 길고 감기는 물건의 이름이 되는 접미사. 【가대이 ▶ 가닥/가불대이 ▶ 대님/꼬랑대이 ▶ 꼬리/끄대이 ▶ 끄덩이/댕대이 ▶ 댕댕이덩굴/새끼대이 ▶ 새끼】.

대'이눔 감 에끼 이놈. ¶대이눔, 어런한테 버르쟁이가 그기이 머고? ▶ 에끼 이놈, 어른한테 버르장머리가 그것이 뭐야?/대이눔들 그런 욕하며 상눔 댄다. ▶ 에끼 이놈들 그런 욕하면 상놈 된다. ※그때 어른들은 남의 자식이라도 잘못하는 것을 보면 자식처럼 타일러 주었고 아이들도 그런 충고를 당연하게 받아들였다.

대:지 명 돼지. ¶대지 끝치 밥마 축내고 있다. ▶ 돼지 같이 밥만 축내고 있다./대지 목따는 소리를 낸다. ▶ 돼지 먹따는 소리를 낸다./대지 끝치 지 욕심마 채린다. ▶ 돼지 같이 제 욕심만 차린다.

대:지감자 명 돼지감자. 뚱딴지.

대지'비1 명 대접. ¶시래기국 한 대지비에다가 보리밥 한 그럭 엎어서 끌어옇코 새빠지게 왔다. ▶ 시래기국 한 대접에다 보리밥 한 그릇 엎어서 끌어넣고 허겁

지접 왔다./탁주 한 **대지비** 마시고 소금 찍어 묵고 쇠미 한분 씨다듬으며 대지, 안주는 무신 안주? ▶ 탁주 한 대접 마시고 소금 찍어 먹고 수염 한번 쓰다듬으면 되지, 안주는 무슨 안주?

대지'비2 명 눈시울에 생기는 종기. ☞ 다래끼.

대지우'리 명 돼지우리. ¶**대지우리**에 주석 자물통이다. ▶ 돼지우리에 주석 자물통이다.

대짝'지 명 대작대기. 상주가 짚는 작대기. ¶상주가 **대짝지**를 짚었다. ▶ 상주가 대작대기를 짚었다.

대쭈가부'또 명 철모. '귀두(龜頭)'의 변말. 日 'てつかぶと(鐵帽)'. ¶아이 **대쭈가부또**도 안 씬 눔이 어런 행사 할라 칸다. ▶ 아직 포경도 못 면한 놈이 어른 행세 하려고 한다.

대통시럽다 형 뒤퉁스럽다. 엉뚱하고 당돌하다. 【**대통시럽어** ▶ 뒤퉁스러워/**대통시럽으이** ▶ 뒤퉁스러우니】 ¶하도 **대통시럽**은 사람이라서 무신 일을 또 터줄지 모리겠다. ▶ 하도 뒤퉁스러운 사람이라서 무슨 일을 또 터뜨릴지 모르겠다. ☞ 객광시럽다.

대:핵고 명 대학교(大學校). ¶여기는 촌구적이라도 **대핵고** 나온 사람이 서이나 있다. ▶ 여기는 촌구석이라도 대학교 나온 사람이 셋이나 있다.

댁빠'리 명 대가리. '머리'의 낮춤말. ¶**댁빠리**에 소똥도 앤 마린 기이 까부고 있다. ▶ 대가리에 쇠딱지도 안 마른 것이 까불고 있다. ☞ 대갈빼기. 대갈티이.

댁'조눔 감 에끼 조놈. ¶**댁조눔**들, 느그들 거기서 무신 호작질을 하고 있노? ▶ 에끼 조놈들, 너희들 거기서 무슨 장난질을 하고 있나? ※ 불장난 따위의 위험한 장난질을 하고 있는 아이들을 보고 꾸짖는 말. ☞ 엑조눔.

댄:장 명 된장. ☞ 된장.

댐대'미 명 됨됨이. ¶사람 **댐대미**는 알라 때부터 안다 캣다. ▶ 사람 됨됨이는 애기 때부터 안다 했다./그 사람 **댐대미**를 보면 양반은 머가 달러도 달라./그 사람 됨됨이를 보면 양반은 뭐가 달라도 달라.

댓정 명 덧정. 정나미. 주로 '없다'와 함께 쓰여 '끌리는 마음이 없다' 또는 '정나미가 떨어지다'의 뜻을 나타냄. ¶아이고, 니 무대뽀로 생떼를 씨는 데는 **댓정**이 없다. ▶ 아이고, 너 덮어놓고 생떼를 쓰는 데는 덧정이 없다./인날 갱원도 살 때 조밥을 하도 묵어서 조마 바도 **댓정**이 없다. ▶ 옛날 강원도 살 때 조밥을 하도 먹어서 조만 보아도 덧정이 없다.

댕'기다1 [동] 다니다. 【댕개 ▸ 다녀/댕기이 ▸ 다니니】 ¶인날에 이 질은 수풀이 지푸고 짐성들이 나와서 혼차서는 몬 **댕갰단다.** ▸ 옛날에 이 길은 수풀이 깊고 짐승들이 나와서 혼자서는 못 **다녔단다.**/느그 친정 어런이 팬찬으시다이 매칠 **댕개** 온느라. ▸ 너의 친정 어른이 편찮으시다니 며칠 **다녀** 오너라.

댕'기다2 [동] 땋다. 【댕개 ▸ 땋아/댕기이 ▸ 따으니】 ¶머리를 곱게 **댕기고** 갑사댕기를 달었다. ▸ 머리를 곱게 **땋고** 갑사댕기를 달았다./단발머리를 지라서 머리를 **댕갰다.** ▸ 단발머리를 길러서 머리를 **땋았다.**

댕'대이 [명] 댕댕이덩굴. ¶**댕대이로** 종다래끼를 차마게 맹글었네. ▸ **댕댕이덩굴로** 종다래끼를 참하게 만들었네./이전 어런들은 대설때가 맥히머 **댕대이로** 뜰벘다. ▸ 예전 어른들은 설대가 막히면 **댕댕이덩굴로** 뚫었다.

더더'치 [명] 길마의 걸언치. 길마의 안쪽에 대는 짚으로 엮은 등받이. 《싸래치. 싸라치. 언치》 ☞ 질매.

더듬수 [명] 어리석은 척하는 술수(術數). '더듬는 수'의 뜻. ¶저 사람으 **더듬수에** 넘어가다가는 큰 손해를 본대이. ▸ 저 사람의 **술수에** 넘어가다가는 큰 손해를 본다.

더'로1 [부] 더러. 이따금. 얼마간. ¶**더로는** 내가 모지래는 게 있다 캐도 자네가 이해해 도고. ▸ **더러는** 내가 모자라는 게 있다 해도 자네가 이해해 다오./그런 사람들 중에도 **더로는** 씰 만한 사람이 있다. ▸ 그런 사람들 중에도 **이따금은** 쓸 만한 사람이 있다.

더로2 [조] 더러. 에게. ¶그 사람이 **니더로** 머라 카드노? ▸ 그 사람이 **너더러** 무엇이라고 하더냐?/니는 와 자꼬 **내더로** 짜증을 내노? ▸ 너는 왜 자꾸 **나더러** 짜증을 내나?/니가 묵고 와 **가아더로** 돈을 내라 카노? ▸ 네가 먹고 왜 **걔에게** 돈을 내라 하나? ☞ 또로.

더리 [부] 덜. ¶일도 **더리하고** 가 놓고서 푸마시 들었다 카나? ▸ 일도 **덜하고** 가 놓고서 품앗이 들었다 하나?

더'부 [명] 더위. ¶칠월 중순마 대머 **더부도** 쫌 수그러질 끼이다. ▸ 칠월 중순만 되면 **더위도** 좀 수그러질 것이다./**더부를** 묵었는지 밥맛이 떨어지고 기운이 없다. ▸ **더위를** 먹었는지 밥맛이 떨어지고 기운이 없다. ☞ 더우.

더불'개 [명] 길마의 둥어리막대. 길마 가지 앞뒤를 아울러 걸친 2개의 막대기. 여기에 껑거리끈과 뜸새끼를 맨다. 《둥얼막대. 욍이막대. 송이낭구. 가락싱이》 ☞ 질매.

더'우 [명] 더위. ¶초산 띠기 어디 갔다가 오닌기요? 이리 잠시 들어와서 **더우나**

쫌 시쿠고 가이소. ▸ 초산 댁이 어디 갔다가 오는가요? 이리 잠시 들어와서 더위나 좀 식히고 가세요. ☞ 더부.

-더이 [미] -더니. ¶한분 가더이 다시는 애 온다. ▸ 한번 가더니 다시는 안 온다./한분 보더이 대뜸 좋다 카드라. ▸ 한번 보더니 대뜸 좋다 하더라. ☞ -드이. -디이 2.

-더이라 [미] -더니라. ¶인날에 이 고장만치 인심 좋은 데가 없었더이라. ▸ 옛날에 이 고장만큼 인심 좋은 데가 없었더니라. ☞ -드이라. -디이라.

-더이마는 [미] -더니만. '-더이'의 힘줌말. ¶인즉 고상을 하더이마는 인자 갠찬타. ▸ 지금까지 고생을 하더니만 이제 괜찮다. ☞ -드이마는. -디이마는.

더패':다 [동] 덮이다. '덮다'의 피동. 【더패 ▸ 덮여/더패이 ▸ 덮이니】 ¶온 시상이 하얀 눈으로 더팼다. ▸ 온 세상이 하얀 눈으로 덮였다. ☞ 더피다.

더피':다 [동] 덮이다. '덮다'의 피동. 【더패 ▸ 덮여/더피이 ▸ 덮이니】 ¶갱주 장안으 집들은 온통 개와로 더팼다. ▸ 경주 장안의 집들은 온통 기와로 덮였다./온 들이 안개로 더패서 아무 꺼도 앤 빈다. ▸ 온 들이 안개로 덮여서 아무 것도 안 보인다. ☞ 더패다.

덕 [명] 득(得). 이득(利得). ¶사람이 와 그래 답답하노? 내가 카는 거는 니한테 덕 대라고 카는 기이지 해 대라꼬 카는 기이 아이다. ▸ 사람이 왜 그리 답답하나? 내가 말하는 것은 네게 득 되라고 하는 것이지 해 되라고 하는 것이 아니다.

덕시'기 [명] 덕석. 소의 등을 덮어 주는 멍석 따위. ¶오늘 밤에 춥겠다. 소 덕시기 잘 덮어 조라. ▸ 오늘 밤에 춥겠다. 소 덕석 잘 덮어 주어라.

덖'다 [동] 대끼다. 디딜방아로 벼나 보리를 찧을 때 마무리 도정작업. 【덖어 ▸ 대껴/덖으이 ▸ 대끼니】 ¶보리바아는 첨에 물로 축애서 아시 찍고, 그 담에 널어 말랐다가 덖기 때문에 나락 찍는 거보담 손이 마이 간다. ▸ 보리방아는 처음에 물을 축여서 아시 찧고, 그 다음에 널어 말렸다가 대끼기 때문에 벼 찧는 것보다 손이 많이 간다. ☞ 띠끼다.

던:다 [동] 실이나 노끈, 동아줄(索) 따위를 여러 겹으로 드리다. 【던어 ▸ 드려/던으이 ▸ 드리니】 ¶물레 가락에 재랍대를 찌우고, 삼어 논 삼 오리를 거기에 걸어 던어서 실가래기를 맨든다. ▸ 물레 가락에 겨릅대를 끼우고, 삼아 놓은 삼 올을 거기에 걸고 드려서 실가락을 만든다. ※줄다리기할 때 쓰는 굵은 동아줄은 두 가닥이면 두 사람이 마주하여 각 가닥을 잡고 틀어서 손을 맞추어 던고(꼬고), 다른 한 사람은 옆에서 짚 모숨을 댄다.

-던지 囲 -든지. 나열된 동작이나 상태, 대상들 중에서 어느 것이든 선택될 수 있음을 나타내는 연결어미. 방언에서는 '-던지'와 '-든지'를 가려서 쓰지 않음. ¶씹던지 달던지 묵어 보기나 해라. ▶ 쓰든지 달든지 먹어 보기나 해라.

던지던지 閉 더덕더덕. ¶보기 실쿠로 얼골에 때꾹지를 던지던지 붙처 가주고 댕긴다. ▶ 보기 싫게 얼굴에 땟국을 더덕더덕 붙여 가지고 다닌다.

덤: 명 절벽. 낭떠러지. ¶여름철에 모숭기 할 때쭘이머 저 덤에서 능구리가 황소 우는 소리를 내매 운다. ▶ 여름철에 모심기 할 때쯤이면 저 절벽에서 능구렁이가 황소 우는 소리를 내며 운다.

덤배기 명 더버기. ¶옷이 지름 덤배기가 댔다. ▶ 옷이 기름 더버기가 되었다./짐치가 용 소굼 덤배기다. ▶ 김치가 영 소금 더버기다./머리가 깨져서 피 덤배기가 댔다. ▶ 머리가 터져서 피 더버기가 되었다. ☞ 덤비기.

덤비'기 명 더버기. ☞ 덤배기.

덤풀 명 덩굴. ¶그 사람으 속은 덤풀 속 그터서 젙으로 바서 알 수가 있어야지. ▶ 그 사람의 속은 덩굴 속 같아서 곁으로 보아서 알 수가 있어야지./꽁, 저눔은 휘빠람을 불매 따라가머 매가 오는 줄 알고 덤풀 속에 대가리를 박고 숨는다. ▶ 꿩, 저놈은 휘파람을 불며 따라가면 매가 오는 줄 알고 덩굴 속에 대가리를 박고 숨는다. ☞ 넘풀.

덥:다 형 덥다. 【덥어 ▶ 더워/덥으이 ▶ 더우니】¶날씨는 가물어서 이래 덥은데다 밤이머 빈대 모개이가 설처서 잠을 몬 잔다. ▶ 날씨는 가물어서 이렇게 더운데다 밤이면 빈대 모기가 설쳐서 잠을 못 잔다.

덩'기다 동 댕기다. 【덩개 ▶ 댕겨/덩기이 ▶ 댕기니】¶저 새파란 놈이 글쎄, 내가 남으 집 머섬이나 산다꼬 위섭게보고 담배불 덩기자 카는 거 아이가. ▶ 저 새파란 놈이 글쎄, 내가 남의 집 머섬이나 산다고 우습게보고 담뱃불 댕기자 하는 것 아닌가./야야, 내 담뱃불 쪼매 덩개 도고./애야, 내 담뱃불 좀 댕겨 다오. ※부모가 늙으면 자식들도 자리를 피한다. 그 이유는 어른 앞에서 담배를 가리는 까닭도 있다. 그래서 아버지는 담배 한 모금이라도 빨려서 곁에 머무르게 하려고 담뱃불 심부름을 시키는 것이다. ☞ 딩기다.

데:다 형 되다. 피곤하다. 【데 ▶ 되어/데이 ▶ 되니】¶밥이 너무 데다. ▶ 밥이 너무 되다./일이 데서 쫌 쉬야겠다. ▶ 일이 되어서 좀 쉬어야겠다./일이 데이 할라꼬 나서는 사람이 없다. ▶ 일이 되니 하려고 나서는 사람이 없다. ☞ 디다2.

데'래가다 동 데려가다. 【데래가 ▶ 데려가/데래가이 ▶ 데려가니】¶저성사자는

데'래다주다

눈이 빠졌나, 저런 왈패를 앤 데래가고 누구를 데래갈라 카노? ▶ 저승사자는 눈이 빠졌나, 저런 왈패를 안 데려가고 누구를 데려가려 하나?

데'래다주다 동 데려다주다. ¶숙이 이미는 재 너머 즈그 시집으로 데래다주로 가고 집에 없니더. ▶ 숙이 어미는 재 너머 저의 시집으로 데려다주러 가고 집에 없어요. ☞ 데불어다주다.

데'리다 동 들이다. 거느리다. 데리다. 【데래 ▶ 들여/데리이 ▶ 들이니】 ¶잔채 준비 할라 카머 동네 아낙들 맻 앤 데리고는 일을 다 몬 초 낸다. ▶ 잔치 준비 하려면 동네 아낙들 몇 안 들이고는 일을 다 못 치러 낸다./자아는 그 집 후실이 들어올 때 데리고 들어온 아다. ▶ 쟤는 그 집 후실이 들어올 때 거느리고 들어온 애다./머섬을 두리나 데래 놓고 농사를 저도 바뿔 때는 나도 거들어야 댄다. ▶ 머슴을 둘이나 들여 놓고 농사를 지어도 바쁠 때는 나도 거들어야 된다. ☞ 델다.

데릴사'우 명 데릴사위. ¶가는 데릴사우로 들어가서 처가 재산을 다 물러 받었다. ▶ 걔는 데릴사위로 들어가서 처가 재산을 다 물려 받았다.

데'불다 동 데리다. 【데불어 ▶ 데려/데불으이 ▶ 데리니/데불고 ▶ 데리고】 ¶데불고 살 때는 잘 몰랬는데 보내고 나이 고만한 사람도 없었구나 시푸다. ▶ 데리고 살 때는 잘 몰랐는데 보내고 나니 고만한 사람도 없었구나 싶다.

데불어다주'다 동 데려다주다. ¶밉다 곱다 카매 키와서 남으 집에 대불어다주고 돌아서머 끈 떨가 뿌고 오는 거 글지. ▶ 밉다 곱다 하며 키워서 남의 집에 대려다주고 돌아서면 끈 떨어뜨려 버리고 오는 것 같지. ☞ 데래다주다.

데비 명 도배(塗褙). 종이로 벽, 반자, 장지 같은 것을 바르는 일.

데'비다 동 데우다. 덥히다. 【데배 ▶ 데워(덥혀)/데비이 ▶ 데우니(덥히니)】 ¶오래만에 박 서방 온다카는데 물 데배서 달이나 한 마리 잡자. ▶ 오랜만에 박 서방 온다는데 물 데워서 닭이나 한 마리 잡자. ☞ 데피다. 뜨실구다.

데'피다 동 덥히다. 데우다. 【데패 ▶ 덮혀(데워)/데피이 ▶ 덥히니(데우니)】 ¶잠시라도 들어가서 몸을 쫌 데피고 가시더. ▶ 잠시라도 들어가서 몸을 좀 덥히고 갑시다./아 어마이야, 사랑아 손님 왔는데 술 쫌 데패 들라라. ▶ 애 어미(며느리)야, 사랑에 손님 왔는데 술 좀 덥혀 들려라./국에다 지렁을 더 옇코 다시 데피이 맛이 다리다. ▶ 국에다 간장을 더 넣고 다시 덥히니 맛이 다르다. ☞ 데비다. 뜨실구다.

델:다 동 들이다. 거느리다. '데리다'의 준말. 【델다 ▶ 데려다/델고 ▶ 데리고/데

래▶데려】¶혼차서 고상하지 마고 사람 하나 델다가 씨게.▶혼자서 고생하지 말고 사람 하나 데려다가 쓰게./저 사람은 본대 내가 델고 있든 사람이다.▶저 사람은 본래 내가 데리고 있던 사람이다./일꾼을 하나 더 데레 와야 오늘 안으로 일을 마치겠다.▶일꾼을 하나 더 데려 와야 오늘 안으로 일을 마치겠다.

도:1 ㈜ 두어. 두엇. 둘의 어림수. ¶넝굼을 묵고 도 개가 남었다.▶사과를 먹고 두어 개가 남았다./여기저기 도 군데 살패보고 왔다.▶여기저기 두어 군데 살펴보고 왔다./나무지 도 나는 낭가 도라.▶나머지 두엇 낱은 남겨 둬라./일할 사람을 도 키(시) 더 구해 바라.▶일할 사람을 두엇 사람(이) 더 구해 봐라./기차가 올라카머 아이 도 시간 남었다.▶기차가 오려면 아직 두엇 시간 남았다.

도'2 ㈜ 어지간히. 너무. '하도'의 준말. ¶껍띠기가 도도 찔기다.▶껍질이 어지간히도 질기다./말썽도말썽도 도도 만었지.▶말썽도 어쩌면 너무도 많았지./사람이 도 여물어서 대침도 앤 들어간다.▶사람이 하도 여물어서 대침도 안 들어 간다.

도':3 ㈜ 달라. 다오. '도고'의 준말. 해라할 자리에 무엇을 주기를 요구하는 말. 하오할 자리나 합쇼할 자리에는 '주소', '주이소' 또는 '주시이소'로 말한다. 【돌라▶달라/돌라이▶달라니】¶아이고 이 양반 바라. 술 한 잔 돌라 캐서 좃디이 안주 도 카고, 안주 좃디이 인자는 꼬장주우 벗어 도 칸다.▶아이고 이 양반 보아라. 술 한 잔 달라 해서 줬더니 안주 다오 하고, 안주 줬더니 이제는 고쟁이 벗어 다오 한다./가마 안저서 담배 도, 불 도, 재떠리꺼정 갖다 돌라이, 니는 어디 입만 째고 댕기나?▶가만히 앉아서 담배 다오, 불 다오, 재떨이까지 갖다 달라니, 너는 어디 입만 째고 다니냐?/니는 손이 없나 발이 없나, 가마이 안저서 이거 도 저거 도 카구로.▶너는 손이 없나 발이 없나, 가만히 앉아서 이것 다오 저것 다오 하게. ☞ 돌다.

도'4 ㈐ 도. 윷놀이에서, 윷의 세 짝은 엎어지고 한 짝이 젖혀진 경우를 이르는 말. 끗수는 한 끗으로 친다. ☞ 윷판.

도5 ㈜ 도. 이미 어떤 것이 포함되고 그 위에 더함의 뜻을 나타내는 보조사. '-도 -도'의 꼴로 쓰여, '-도 어쩌면'의 뜻이 됨. 뒤에 오는 형용사나 동사를 강조하기 위하여 목적명사를 수선스럽게 반복하여 말하는 경우는 다른 지방에 없는 독특한 언어습관의 하나다. ¶아이고, 질도질도 와 그래 머재?▶어이구, 길도 어쩌면 그렇게 멀지?/아이고, 배도배도 우째 그래 고팠지?▶어이구, 배도 어쩌면 그렇게 고팠지?/아이고, 사람도사람도 와 그래 무정하지?▶어이구, 사람도 어쩌

도가리

면 그렇게 무정하지?/아이고, 비도비도 와 그래 퍼붓지? ▶ 어이구, 비도 어쩌면 왜 그렇게 퍼붓지?

도가'리 명 뙈기. 경작하기 쉽게 구획한 논밭의 단위. ¶논 한 **도가리**에 모를 숭구고 밭 두 도가리에는 콩을 숭갔다. ▶ 논 한 뙈기에 모를 심고 밭 두 뙈기에는 콩을 심었다. ☞ 띠기1.

도가'지 명 독. 동이. 단지. 【꾸정물도가지 ▶ 구정물독/물도가지 ▶ 물독/술도가지 ▶ 술독】 ¶이넉요, 짐치 **도가지** 묻구로 구디이 쫌 파 주소. ▶ 이녁 보세요, 김치 독 묻게 구덩이 좀 파 주세요. ☞ 동오.

도'고 통 다오. 달라. 해라할 자리에 무엇을 주기를 요구하는 말. 하오랄 자리에는 '주소', '주이소' 또는 '주시이소'로 말한다. 【돌라 ▶ 달라/돌라이 ▶ 달라니】 ¶채민도 없이 주머 또 **도고** 카매 손을 니민다. ▶ 채면도 없이 주면 또 다오 하며 손을 내민다./이거 돌라 캐서 좃꼬 저거 돌라이 좃는데 머를 또 바래노? ▶ 이것 달라 해서 줬고 저거 달라니 줬는데 뭘 또 바라나? ☞ 도3. 돌다.

도:구 명 도랑. 물곬. ¶**도구** 치고 미꾸리 잡고 두룸 치고 콩 숭구이 꽁 묵고 알 묵고지. ▶ 도랑 치고 미구라지 잡고 두렁 치고 콩 심으니 꽁 먹고 알 먹고지.

도굿대 명 절굿공이. ¶요새도 달에서 토깨이가 **도굿대**를 잡고 절구질을 하는지 몰래? ▶ 요사이도 달에서 토끼가 **절굿공이**를 잡고 절구질을 하는지 몰라?

도:깡 명 도관(陶管). 日 'とうかん(陶管)'. ¶**도깡**을 여기에 묻어서 물이 잘 빠지게 해야 한다. ▶ 도관을 여기에 묻어서 물이 잘 빠지게 해야 한다.

도단집 명 양철지붕 집. 日 'トタン(tutanaga)'+'집'.

도독꼬:내기 명 도둑고양이. ¶**도독꼬내기**가 밤눈 어덥은 줄을 모린다. ▶ 도둑고양이가 밤눈 어두운 줄을 모른다.

도독'눔 명 도둑놈. ¶앞에 가머 상눔 디에 가머 양반, 앞에 가머 **도독눔** 디에 가머 순사. ▶ 앞에 가면 상놈 뒤에 가면 양반, 앞에 가면 도둑놈 뒤에 가면 순사. ※일행 중에 앞에 먼저 가려는 아이를 보고 놀리며 부르는 동요./**도독눔**이 지 발 소리에 놀랜다. ▶ 도둑놈이 제 발 소리에 놀란다.

도독눔딧:전 명 도둑놈뒷전. 장물(贓物)을 파는 전(廛). '아주 값이 싼 전(廛)'의 뜻. ¶**도독눔딧전**에 가도 그거보담 더 헐케는 몬 산다. ▶ 도둑놈뒷전에 가도 그것보다 더 싸게는 못 산다.

도독'눔빙: 명 학질(-疾). '말라리아'의 속된말. 한여름에도 도둑질한 사람처럼 벌벌 떠는 병이라 해서 생긴 말. ¶**도독눔빙**에 결래서 오뉴월 이 더우에도 소캐이불을 디집어씨고 벌벌 떨고 있다. ▶ 말라리아에 걸려서 오뉴월 이 더위에도 솜이불을 뒤집어쓰고 벌벌 떨고 있다. ☞ 금계랄. 초질. 초학. 하리거리.

도독'질 몡 도둑질. ¶**도독질** 한 사람은 오구리고 자고 도독맞은 사람은 피고 잔다. ▶ 도둑질 한 사람은 오그리고 자고 도둑맞은 사람은 펴고 잔다./**도둑질도** 손발이 맞어야 한다. ▶ 도둑질도 손발이 맞아야 한다.

도두':다 동 돋우다. 【도다 ▶ 돋우어/도두이 ▶ 돋우니】¶불이 와 이래 가물가물 하노, 호롱 따깨이에 불똥 띠 내고 회 **도다라**. ▶ 불이 왜 이렇게 가물가물 하나, 호롱 뚜껑에 불똥 떼어 내고 회 돋우어라.

도디'캐보다 동 훔쳐보다. 몰래보다. 【도디캐바 ▶ 훔쳐보아/도디캐보이 ▶ 훔쳐보니】¶처자 디꼭지를 **도디캐보고** 장개를 갔는데 절하매 보이 꼼보드란다. ▶ 처자 뒤통수를 훔쳐보고 장가를 갔는데 절하며 보니 곰보더란다./저 총각들 아낙네들 몽물하는 거 **도디캐보는** 꼬라지 쫌 보래! ▶ 저 총각들 아낙네들 목욕하는 것 훔쳐보는 꼴 좀 봐!

도디'키다 동 훔치다. 도둑질하다. '도독질 하다'가 줄어, '도독하다(도둑하다)→도디키다'로 변한 말임. 【도디캐 ▶ 훔쳐/도디키이 ▶ 훔치니】¶지키는 사람이 열이라도 **도디키는** 한 사람을 몬 당한다. ▶ 지키는 사람이 열이라도 훔치는 한 사람을 못 당한다./**도디캐** 묵을 꺼를 **도디캐** 묵지 남으 씨암달을 **도디캐** 가노? ▶ 훔쳐 먹을 것을 훔쳐 먹지 남의 씨암탉을 훔쳐 가나?

도'딴배 몡 돛단배. ¶이전에는 **도딴배가** 물 너머로 가고 앤 비머 물 언뚝에 널쩌 뿌린 거로 알었다. ▶ 예전에는 돛단배가 물 너머로 가고 안 보이면 물 언덕에 떨어져 버린 거로 알았다.

도'띠기시:장 몡 도떼기시장. ¶그 아지매는 첨에 **도띠기시장**아서 떡장사하매 자석 공부도 시기고 했는데 지굼은 큰 밥집을 한단다. ▶ 그 아주머니는 처음에 도떼기시장에서 떡장수하며 자식 공부도 시키고 했는데 지금은 큰 식당을 한단다./도띠기시장 긑치 와 이래 시끄럽노? ▶ 도떼기시장 같이 왜 이렇게 시끄럽나? ※ 비슷한 말로 '매래치 배가 들어왔나'라는 말도 있다.

도라'꾸1 몡 트럭. 日 'トラック(truck)'. ¶그때사 빼수 댕기는 거는 없었고 맻 십리는 보통 걸어 댕갰는데 우짜다가 지서 순경한테 부탁해서 **도라꾸** 짐 우에라도 타머 천행이었지. ▶ 그때야 버스 다니는 것은 없었고 몇 십리는 보통 걸어 다녔는데 어쩌다가 지서 순경한테 부탁해서 트럭 짐 위에라도 타면 천행이었지.

도라'꾸2

도라'꾸2 명 트랙. 일 'トラック(track)'. ¶운동장 **도라꾸**를 열 바꾸 더 돌었다. ▶ 운동장 **트랙**을 열 바퀴 더 돌았다.

도라'이바 명 드라이버(driver). 일 ドライバ-.

도래도래 명 도리도리. 아기를 어르면서 가르치는 몸놀림의 하나로, 머리를 옆으로 설레설레 흔들게 하는 말 또는 그 동작. ☞ 깟딱깟딱. 곤지곤지. 따리따리. 불매불매. 서마서마. 짝짝꿍. 잠잠. 쪼막쪼막. 진진. 헐래헐래.

도래방시'기 명 짚으로 짠 둥근 방석. 고추, 깨, 팥, 녹두 따위의 소량의 농작물을 널어 말릴 때 쓴다. ☞ 돌방시기. 매똘방시기. 매빵시기.

도'러보다 동 돌아보다. 【도러바 ▶ 돌아보아/도러보이 ▶ 돌아보니】 ¶그 화상은 다시 **도러보기**도 싫분 사람이다. ▶ 그 인간은 다시 **돌아보기**도 싫은 사람이다./**도러바도** 내 디를 따러오는 사람이 없다. ▶ **돌아보아도** 내 뒤를 따라오는 사람이 없다.

도리구'찌 명 빵모자(-帽子). ¶삿갓 씨고 댕기든 그 양반은 어제 밤에 **도리구찌** 씬 행사한테 뺄개이라 카매 잡해 갔단다. ▶ 삿갓 쓰고 다니던 그 양반은 어제 밤에 **빵모자** 쓴 형사한테 빨갱이라면서 잡혀 갔단다.

도리'깨 명 도리깨. 곡식의 이삭을 두드려서 알갱이를 떠는 데 쓰는 농기구. ☞ 도리채. 꼴대. 꼴띠. 도리깨대. 열.

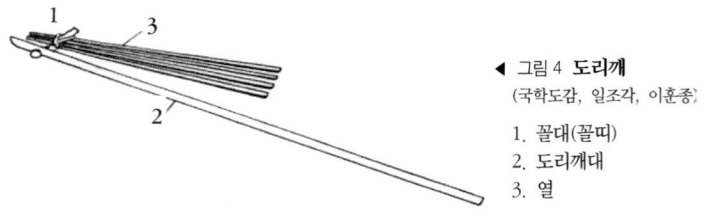

◀ 그림 4 **도리깨**
(국학도감, 일조각, 이훈종)
1. 꼴대(꼴띠)
2. 도리깨대
3. 열

도리'깨대 명 도리깨의 장부(장치). 도리깨의 자루. 《찍시. 장치. 찍지》 ☞ 도리깨.

도리주미~이 명 두루주머니. 여성들이나 아기들이 차는 꽃주머니. 빨강, 노랑, 파랑 따위의 조각헝겊으로 만든 주머니로, 주둥이를 다섯 칸이나 여섯 칸으로 접어 매듭 끈으로 꿰었다. ¶시집 올 때 차고 온 **도리주미이**를 꺼내 보고 내가 벌써로 이마이 늘었나 카매 생각했다. ▶ 시집 올 때 차고 온 **꽃주머니**를 꺼내 보고 내가 벌써 이만큼 늙었나 하며 생각했다.

도리지동 명 두리기둥. ¶**도리지동**에다 개와집을 풀 날러가드록 저 놓고 살매 호

도'지(賭地)

강한다. ▶ 두리기둥에다 기와집을 푸르르 날아가도록 지어 놓고 살며 호강한다.

도리채 몡 도리깨. ¶어제 실어다 들룬 콩을 장고리 두리가 **도리채**를 들고 붙어서 금방 다 털어 뿌렸다. ▶ 어제 실어다 들인 콩을 장골 둘이 도리깨를 들고 붙어서 금방 다 털어 버렸다. ☞ 도리깨.

도리판 몡 두레상. ¶오래만에 온 공구들이 모애서 **도리판**에 둘러안즈이 사람이 사는 집 귙다. ▶ 오랜만에 온 식구들이 모여서 두레상에 둘러앉으니 사람이 사는 집 같다.

도'매 몡 도마. ¶**도매** 우에 있는 괴기야 이판사판이지 머. ▶ 도마 위에 있는 고기야 이판사판이지 뭐.

도'매뱀 몡 도마뱀. ¶**도매뱀**이 지 꼬랑지를 짤러 묵는다. ▶ 도마뱀이 제 꼬리를 잘라 먹는다.

도:복(道服) 몡 도포(道袍). ¶**도복** 입고 상각 간다. ▶ 도포 입고 상객(上客) 간다.

도부 閈 도로. 도리어. ¶일은 지가 저지리고 지가 **도부** 도분낸다. ▶ 일은 제가 저지르고 제가 도로 화낸다. ☞ 다부. 드부.

도'분내:다 동 화내다. 【도분내 ▶ 화내어/도분내이 ▶ 화내니】 ¶지가 저지러 놓고 **도분내** 바야 지 발로 방구 차기지. ▶ 저가 저질러 놓고 화내어 보아야 제 발로 바위 차기지.

도양 몡 동양(東洋). ¶훈도시를 차고 개다 신고 댕기든 눔들이 **도양** 삼국을 다 묵을라꼬 전장 일받었다가 망했지. ▶ 기저귀를 차고 나막신 신고 다니던 놈들이 동양 삼국을 다 먹으려고 전쟁 일으켰다가 망했지.

도장' 몡 곳간. 곡식이나 농기구 따위를 넣어두는 고방(庫房). 큰 창고라는 뜻의 '도장(都藏)'. ¶시어마이가 매느리한테 **도장** 쇳대 냉개주는 기이 잉굼이 옥새 넝거주는 거나 같다. ▶ 시어머니가 며느리에게 고방 열쇠 넘겨주는 것이 임금이 옥새 넘겨주는 것이나 같다.

도장나무 몡 나무(상록수)의 일종. 결이 조밀해서 도장(圖章)을 파는 재료로 적합하다 해서 붙은 이름.

도'죽 몡 도적(都炙). 제사에 쓰는 산적(散炙). ¶천 서방요, **도죽** 뀌구로 싸사리나무나 대꼬재이 여나무 개 따담어 줄넌기요? ▶ 천(千) 서방, 산적 꿰게 싸리나무나 대나무꼬치 여남은 개 다듬어 주겠어요? ※안주인이 머슴에게 부탁하는 말.

도'지(賭地) 몡 임대료를 주고 빌리는 땅. ¶논 몇 마지기 **도지**해서 재와 묵고 사는데 아들 공부 시길 행핀이 대나? ▶ 논 몇 마지기 임대해서 겨우 먹고 사는데

도채':다

애들 공부 시킬 형편이 되나?

도채':다 통 치밀다. 불끈하다. 【도채 ▶ 치밀어/도채이 ▶ 치미니】 ¶기분이 도채머 지캉 한판 붙을 끼이다. ▶ 기분 **치밀면**(화나면) 저랑 한판 붙을 것이다./기분이 **도채머** 논밭전지 팔어서 소부를 볼 끼이다. ▶ 기분이 **치밀면**(화나면) 논밭전지 팔어서 승부를 볼 것이다. ※속된말로 '기분이 꼴리다'라고도 한다. ☞ 도치다.

도:치 명 도끼. ¶**도치** 지 자리를 몬 찍는다. ▶ 도끼 제 자루를 못 찍는다./도치 가 진 눔이 바늘 가진 눔을 몬 당한다. ▶ 도끼 가진 놈이 바늘 가진 놈을 못 당한다.

도치':다 통 치밀다. 불끈하다. 【도채 ▶ 치밀어/도치이 ▶ 치미니】 ¶기분이 **도치는** 데 술이나 실컨 마시자. ▶ 기분이 **치미는데** 술이나 실컷 마시자. ☞ 도채다.

도투마리 명 베틀의 도투마리. 베매기 할 때 손질된 날실을 감고, 베틀 짤 때 앞다리 너머 누운다리 위에 얹어 놓고 풀어 가면서 짠다. 풀 때는 다붓대로 밀어서 눕히고 일으킬 때는 말코를 잡고 당긴다. ¶**도투마리** 업친양은 억만군 사를 엎친듯고 ▶ **도투마리** 엎어진양(樣)은 억만군사 엎친듯고/**도투마리** 눕는양 은 하늘에다 청용황용 굽이치는 지생일세 ▶ **도투마리** 눕는양은 하늘에다 청룡 황룡 굽이치는 지상(之像)일세/쿵덕궁 **도투마리** 정즉꿈 돌어눕네 ▶ 쿵덕궁 **도투 마리** 정직꿈(정확하게꿈) 돌아눕네. 〈베틀노래들 중에서 도투말이 구절〉 ☞ 베 매기.

독'구리사추 명 군복 스웨터의 하나. 日 'とっくり(德利)'+'사추(셔츠)'. 해방 후 독구리사추를 비롯한 미군 군복은 질기고 실용적인 면에서 인기가 있었다.

독새' 명 독사(毒蛇). ¶**독새** 그튼 연한테 걸래서 인자 지는 죽었다. ▶ 독사 같은 년 한테 걸려서 이제 저는 죽었다.

돈'내기 명 도거리. ¶날품으로 할 꺼 없이 **돈내기로** 띠 주머 우리가 알아서 하끼 요. ▶ 날품으로 할 것 없이 **도거리로** 떼어 주면 우리가 알아서 할게요. ☞ 돈내 띠기.

돈'내띠기 명 도거리로 떼기. ¶조선 사람은 날품으로 주머 일을 미근덕미근덕 시간마 채울라 카고, **돈내띠기머** 하리 일도 한나절이머 해치운다. ▶ 조선 사람 은 날품으로 주면 일을 미적미적 시간만 채우려 하고 **도거리떼기면** 하루 일도 한나절이면 해치운다. ☞ 돈내기.

돈버':리 명 돈벌이. ¶약빠린 도시 사람들 새 찡개서 **돈버리하는** 기이 그리 숩지 가 안타. ▶ 약삭빠른 도시 사람들 사이에 끼어서 **돈벌이하는** 것이 그렇게 쉽지 가 않다./사동 띠기 맏아들은 만주로 **돈버리하로** 갔다 카데. ▶ 사동 댁 맏아들

돌넝굼

은 만주로 **돈벌이**하러 갔다던데.

돋구':다 图 돋우다. '돋다'의 사동. 【돋가▶돋우어/돋구이▶돋우니】¶가마이 있는 사람을 괜시리 화를 **돋구지** 마라. ▶ 가만히 있는 사람을 공연스레 화를 돋우지 마라./봄에 나는 씬내이를 살짝 데채서 초장에 문치머 그거 입맛 **돋군** 다. ▶ 봄에 나는 씀바귀를 살짝 데쳐서 초고추장에 무치면 그것 입맛 돋운다./ 당신 약 몇 첩 저 묵고 심 쫌 **돋가야** 댈따. ▶ 당신 약 몇 첩 저 먹고 힘 좀 돋우 어야 되겠다./호롱 심지를 너무 **돋구이** ㄲ시럼이 난다. ▶ 호롱 심지를 너무 돋우 니 그을음이 난다.

돋'다 图 돋다. 【돋어▶돋아/돋으이▶돋으니】¶새복에 그래 춥든 날씨가 해가 **돋으이** 쫌 풀랜다. ▶ 새벽에 그렇게 춥던 날씨가 해가 돋으니 좀 풀린다.

돌- 图 일부 명사 앞에 붙어 '야생의' 또는 '근본이 잡히지 않은' 따위의 뜻을 나타내는 접두사.【**돌넝굼**▶야생 능금/**돌배**▶야생 배/**돌복성**▶야생 복숭아/ **돌눔**▶돌놈/**돌상눔**▶개상놈】.

돌가'지 图 도라지. ☞ 돌개.

돌개 图 도라지. ¶지사상에 올리는 나물에는 콩지럼, 시굼치, 무시, 고사리 그라 고 **돌개**도 들어간다. ▶ 제사상에 올리는 나물에는 콩나물, 시금치, 무, 고사리 그리고 도라지도 들어간다. ☞ 돌가지.

돌:고지 图 베를 뽑아서 실타래(실젓)를 만들 때 쓰는 돌겻. 단단한 나무 바탕 에 세운 기둥 위에 십자모양의 물레 살이 교차되어 회전체를 이루고, 회전체 의 네 귀에 꼬챙이를 박아 실을 걸어서 감게 되어 있다. ☞ 돌곳. 삼베길쌈.

돌:곳 图 베를 뽑아서 실타래(실젓)를 만들 때 쓰는 돌겻. ☞ 돌고지. 삼베길쌈.

돌까리 图 시멘트. 양회(洋灰)가루. ¶**돌까리** 한 대 사다가 뿌뚜막을 곤쳐야겠다. ▶ 시멘트 한 되 사다가 부뚜막을 고쳐야겠다. ☞ 세맨또.

돌까리조'~오 图 돌가루종이. 시멘트포대종이. ¶장판은 머이머이 캐도 **돌까리조 오** 발러서 들지럼 입해고 콩대이 해 노머 만연 좋다. ▶ 장판은 뭐니뭐니 해도 시멘트포대종이 발러서 들기름 입히고 콩댐 해 놓으면 만년(오래) 좋다.

돌내'~이 图 돌나물. 바위나 건조한 토질에 자생하는 돌나물과에 속하는 다년생 식물. ¶입맛 없을 때는 **돌내이** 뜯어다가 물짐치 당가 묵어 바라 시언하이 좋 지. ▶ 입맛 없을 때는 돌나물 뜯어다가 물김치 담가 먹어 보아라 시원하니 좋 지. ☞ 돌찌이.

돌넝굼 图 돌능금. ¶입이 심심해서 **돌넝굼** 한 개 따묵어 보이 시구럽어 몬 묵겠

193

돌눔

　　다. ▶ 입이 심심해서 **돌능금** 한 개 따먹어 보니 시어서 못 먹겠다.

돌눔 몡 돌놈. 막 굴러먹은 사람. ¶장바닥에 구불어댕기는 **돌눔들**하고 어불래 댕기머 사람 베린다. ▶ 장바닥에 굴러다니는 **돌놈들**하고 어울려 다니면 사람 버린다.

돌:다 동 달다. 표준말에서 '달다'를 '달라', '다오' 꼴로 쓰이는 것처럼, '돌다' 역시 본말로 쓰이지 않고 '돌라', '도고' 꼴로 쓰여, 어떤 것을 주도록 요구하는 말이 된다. 【돌라 ▶ 달라/도고 ▶ 다오】 ☞ 도3. 도고.

돌띠~이 몡 돌덩이. ¶가마이띠기 덮어논 거 바람에 날래 갈라 묵직한 **돌띠이**로 눌라 나라. ▶ 가마니때기 덮어놓은 것 바람에 날려 갈라 묵직한 **돌덩이**로 눌려 놓아라.

돌러대:다 동 둘러대다. 【돌러대 ▶ 둘러대어/돌러대이 ▶ 둘러대니】 ¶그 사람이 말을 **돌러대는** 데는 아무도 몬 따러간다. ▶ 그 사람이 말을 둘러대는 데는 아무도 못 따라간다./돈을 **돌러대서** 어렵은 고비는 재와 넝갰다. ▶ 돈을 둘러대서 어려운 고비는 겨우 넘겼다.

돌'러보다 동 둘러보다. 【돌러바 ▶ 둘러봐/돌러보이 ▶ 둘러보니】 ¶하도 외진 곳이라서 이리저리 **돌러바도** 개미 새끼 한 마리도 앤 빈다. ▶ 하도 외진 곳이라서 이리저리 **둘러봐도** 개미 새끼 한 마리도 안 보인다.

돌'러안따 동 둘러앉다. 【돌러안저 ▶ 둘러앉아/돌러안즈이 ▶ 둘러앉으니】 ¶감자 한 소구리를 살머 놓고 뺑 **돌러안저서** 까묵고 있다. ▶ 감자 한 소쿠리를 삶아 놓고 빙 둘러앉아서 까먹고 있다.

돌미~이 몡 돌멩이. ☞ 돌뺑구. 돌뻬이.

돌방시기 몡 맷방석. 짚으로 짠 둥근 방석. '도래방시기'의 준말. 고추, 깨, 팥, 녹두 따위의 소량의 농작물을 널어 말릴 때 쓴다. ☞ 매똘방시기. 매뺑시기.

돌방:하다 형 동그랗다. 동글다. 비교적 좁은 범위의 둥근 것을 표현하는 말. 【돌방해 ▶ 동그래/돌방하이 ▶ 동그라니】 ¶처자 얼골이 **돌방하고** 코는 오뚝하이 차마게 생갰드라. ▶ 처녀 얼굴이 동그랗고 코는 오뚝하니 참하게 생겼더라./칭구들 및이 **돌방하이** 안저서 화토를 치고 있드라. ▶ 친구들 몇이 동그라니 앉아서 화투를 치고 있더라. ☞ 둘벙하다.

돌뱅~이 몡의 누에씨(蠶種)의 분량을 나타낸 금. 잠종 뒷면에 28등분으로 금이 그어져있다. ¶요분에 우리는 뽕 따 대기가 버겁어서 온장은 다 몬 치고 일곱 **돌뱅이마** 칠라칸다. ▶ 요번에 우리는 뽕 따 대기가 버거워서 온장은 다 못 치고 반의반(1/4) 장만 치려한다. ☞ 명주길쌈. 누베씨. 누베장. 씨돌뱅이.

돌:보 몡 돌로 쌓은 보(洑). 개울에 돌이나 나무둥치 따위를 가로 질러 막아 일정하게 수위를 높여 물의 일부를 다른 수로로 흘러 들어가게 한다. 이때 하류 사람들을 배려하여 물의 흐름을 완전히 차단하지 않고 적당한 높이를 유지한다.

돌복성 몡 야생 복숭아. ¶**돌복성** 따묵으로 나무에 올라갔다가 떨어저서 진을 마이 밨다. ▶ 돌복숭아 따먹으러 나무에 올라갔다가 떨어져서 많이 다쳤다.

돌빵구 몡 돌. '돌 방구(바위)'의 뜻. ☞ 돌미이. 돌삐이.

돌삐~이 몡 돌멩이. ¶우리 어릴 때는 배가 아푸머 약쑥을 뜯다가 **돌삐이**로 찍어서 집을 내 묵었다. ▶ 우리 어릴 때는 배가 아프면 약쑥을 뜯다가 돌멩이로 찧어서 즙을 내어 먹었다. ☞ 돌미이. 돌빵구.

돌상눔 몡 돌 상놈. 지독한 상놈. ¶아 어런도 모리고 해그러샇는 거를 보이 영낙없는 **돌상눔**이다. ▶ 애 어른도 모르고 설치는 것을 보니 영락없는 돌 상놈이다. ☞ 생상눔. 쇠상눔.

돌:어매 몡 돌엄마. ¶내 어릴 때 몸이 약해서 우리 어매는 차당실 못 아래 덤밑에 있는 방구돌에다 나를 팔어서 **돌어매**로 정하고 이름도 '석방우'로 받어서, 내가 아푸기마 하머 어매는 하얀 밥을 해서 글로 가서 무병을 빌매 날보고 절을 시기도 했다. ▶ 내 어릴 때 몸이 약해서 우리 어머니는 차당실 못 아래 절벽 아래에 있는 바윗돌에다 나를 팔아서 돌엄마로 정하고 이름도 '석방우(石巖)'로 받아서, 내가 아프기만 하면 어머니는 하얀 밥을 지어서 그리로 가서 무병을 빌며 나보고도 절을 시키기도 했다.

돌:옷 몡 바위에 붙어있는 이끼류.

돌:짜구 몡 돌쩌귀. ¶문이 하도 오래 대서 **돌짜구**가 헌들거린다. ▶ 문이 하도 오래 되어서 돌쩌귀가 흔들거린다./돌쩌귀에 불이 나도록 처갓집에 드나든다. ▶ 돌쩌귀에 불이 나도록 처갓집에 드나든다. ☞ 돌짝.

돌:짝 몡 돌쩌귀. '돌짜구'의 준말.

돌찌~이 몡 돌나물. 바위나 건조한 토질에 자생하는 돌나물과에 속하는 다년생 식물. 날것으로 무쳐 먹거나 물김치를 담가 먹는다. ☞ 돌내이.

돌:차기 몡 돌차기 놀이. 땅바닥에다 여러 모양의 금을 그어 놓고, 먼저 임의의 칸에 돌을 던지고 앙감질로 가서 정해진 경로를 따라 돌을 차서 출구로 빠져 나간다. 던지거나 찬 돌이 금에 걸치거나 바깥으로 벗어나면 실격이 된다. 공기놀이나 땅따먹기 놀이가 앉아서 하는 여자아이들의 놀이라면 서서 하는 돌차기는 남자아이들의 놀이이다.

돌:치기

돌:치기 몡 돌치기 놀이. 넓적한 돌을 던지거나 차거나 또는 여러 가지 방법으로 돌을 옮겨 일정한 거리에 세워놓은 상대의 돌에 떨어뜨려 넘어뜨리는 놀이다. 돌을 옮기는 동작은 던져서 넘어뜨리기, 앙감질로 차기, 머리에 이고가기, 등에다 업고 뒷거름 치기, 두 발 사이에 끼우고 깡충깡충 뛰어가기, 발등에 얹어서 찔뚝찔뚝 걷기, 사타구니 사이에 끼워서 깡충깡충 뛰기, 어깨에다 얹어 옮기기, 턱 아래 걸고 멍청하게 걷기, 겨드랑이에 끼우고 가기, 가슴 위에 얹고 어기적어기적 걷기 따위가 있다. 돌을 옮기는 도중에 떨어뜨리거나 상대의 돌을 넘어뜨리지 못하면 실격이 된다.

돔배기 몡 상어의 몸통고기. 돔배기는 영천, 경주, 포항 지방 사람들이 제사 때 필수적으로 준비하는 산적감이다. 돔배기에는 '생돔배기'와 염장을 한 '간돔배기'가 있다. 상온에서도 저장성이 좋고 맛은 발효된 홍어처럼 매콤한 것이 특이하다. ¶장아 가그덜랑 지사상아 올릴 돔배기 마득은 거 한 등거리 사 오소 ▶ 장에 가거든 제사상에 올릴 상어 몸통고기 깨끗한 것 한 덩어리 사 오세요. ☞ 간돔배기. 곰배상애. 상애2. 생돔배기.

돋배기 몡 돋보기. ¶글씨가 잘어서 돋배기 앤 찌고는 하나도 몬 보겠다. ▶ 글씨가 잘어서 돋보기 안 끼고는 하나도 못 보겠다.

돗밭 몡 뒷도. 윷놀이에서, 윷판의 첫 밭으로부터 앞밭에 꺾이지 않은 여섯째 되는 밭. ☞ 윷판.

돗'틀 몡 돗틀. 자리틀. 돗자리를 짜는 틀.

동 몡의 둥. 무슨 일을 하는 듯도 하고 하지 않는 듯도 함을 나타내는 말. ¶하도 깝치는 바람에 묵는 동 마는 동하고 나왔다. ▶ 하도 재촉하는 바람에 먹는 둥 마는 둥하고 나왔다./모기 빈대 때민에 밤새드록 자는 동 마는 동했다. ▶ 모기 빈대 때문에 밤새도록 자는 둥 마는 둥했다.

동가리 몡 동강이. 토막. ¶머를 좀 무꿀라 캐도 새끼 동가리 하나도 앤 빈다. ▶ 뭐를 좀 묶으려 해도 새끼 토막 하나도 안 보인다./일은 몰쳐서 해야지 하리 일이 동가리 나머 앤 댄다. ▶ 일은 모아서 해야지 하루 일이 토막 나면 안 된다.

동개':다 동 포개다. 그릇이나 돌 따위의 딱딱한 물건을 포개어 올리다. 공기놀이에서 공깃돌을 올려놓는 것이나, 윷놀이에서 앞선 윷말에다 다른 말을 얹어 겹치는 것을 '동개다'라고 한다. 【동개 ▶ 포개/동개이 ▶ 포개니】¶설거지한 그럭을 찬장아 동개 여라. ▶ 설거지한 그릇을 찬장에 포개 넣어라./실랑각시가 서리 다리를 동개고 잔다. ▶ 신랑각시가 서로 다리를 포개고 잔다./또로 동개서 걸로 빼머 우리는 인자 석 동 난다. ▶ 도로 포개서 걸로 빼면 우리는 이제 석 동 난다.

동:경 몡 쌍고치. 두 마리의 누에가 들어간 고치. ☞무리꼬치. 쌍디이분디기.

동구수룸:하다 혱 둥그스름하다. ¶화그럭은 모앵이 **동구수룸**하고 개갑은 거라야 좋다. ▶ 사기그릇은 모양이 둥그스름하고 가벼운 거라야 좋다.

동'낙기 몡 동락계(同樂契). 집안 어른의 생일이나 회갑 또는 사후에 쓸 관(棺)이나 석물(石物) 따위를 마련하기 위하여 자식들과 사위들이 모으는 친목계. 관은 만들 재목은 미리 구해다 말려서 보관하고, 석물은 사망 날짜를 새겨 넣을 자리만 남겨두고 각자(刻字)까지 해두기도 한다. ☞ 기3.

동동구리무 몡 일제 때 시판하던 크림의 한 가지. 장터 바닥에서 북을 치면서 파는 '구리무'라해서 붙은 이름. 손에는 꽹과리를 들고, 등에는 북을 지고, 북채는 줄에 달아 발에다 걸어서 발걸음을 옮김에 따라 '둥둥' 소리를 낸다. 이처럼 혼자서 북치고 꽹과리 치며, '이 크림을 바르면 곰보도 양귀비가 된다'는 둥, 익살스러운 사설을 널어놓으면서 사람들을 끌어 모은다.

동'띠기 팀 엄청. 아주. ¶지철로왕으 음경이 1자 5치라, 여기 맞는 짝을 구하기가 어렵었는데, 하리는 사신이 모량부 동로수 아래로 가이 개 두 마리가 보통 사람 꺼보담 **동띠기** 큰 똥 모데기를 놓고 쌈을 하고 있는 기이라, 그래서 색시를 찾아보이 키가 7자 5치라, 그래서 그 처자를 맞어서 황후로 삼았단다. ▶ 지철로왕(智哲老王)의 음경이 1자 5치라, 여기 맞는 짝을 구하기가 어려웠는데, 하루는 사신이 모량부(牟梁部) 동로수(冬老樹) 아래로 가니 개 두 마리가 보통 사람 것보다 엄청 큰 똥 무더기를 놓고 싸움을 하고 있는 것이라, 그래서 색시를 찾아보니 키가 7자 5치라, 그래서 그 처자를 맞아서 황후로 삼았단다. 〈三國遺事〉/사람들이 **동띠기** 마이 모앴다. ▶ 사람들이 아주 많이 모였다./공부를 **동띠기** 잘한다. ▶ 공부를 아주 잘한다.

동사~아댁 몡 손아래 올케. '동생의 댁(宅)'의 뜻. 동생의 집(家屋)은 '동상댁'이라 이른다. ¶우리 **동사아댁**은 아들 쑤욱쑤욱 잘 뽑지, 살림 잘하지, 그러이 우리 친정 부모들은 매늘 구엽다고 야단이다. ▶ 우리 올케는 아들 쑥쑥 잘 낳지, 살림 잘하지, 그러니 우리 친정 부모들은 며느리 귀엽다고 야단이다.

동사~이 몡의 동무니. 윷놀이에서, 한 개의 말에 어우른 동을 세는 단위. ¶한 동 업어서 두 **동사이** 말이 간다. ▶ 한 동 업어서(동개서) 두 동무니 말이 간다./걸로 업고 석 **동사이** 말을 모로 빼머 우리는 석 동 났다. ▶ 걸로 업고(동개고)

석 **동무**니 말을 모로 빼면 우리는 석 동 났다.

동상 몡 동생(同生). ¶**동상**한테 줄 꺼는 없어도 도둑한테 줄 꺼는 있다. ▶ 동생한테 줄 것은 없어도 도둑한테 줄 것은 있다. ※ 써야할 자리에 쓰지 못하고 도둑의 손에 들어간다는 말.

동상'예 몡 동상례(東床禮). 옛날 풍습에 혼례를 끝내고 나면 동상례라는 일종의 신고식(申告式)을 치르는데, 일명 '신랑다루기'라고도 한다. 신랑과 신부 측 가족들 사이의 서먹한 분위기를 해소하기 위한 정들이기 행사라 할 수 있다. 신부 측 청년들이 신랑을 둘러싸고 앉아서 갖가지 까다로운 질문을 던져서 재치를 시험하는데, 이때 대답이 틀리거나 태만하면 이를 핑계로 신랑을 대들보에 거꾸로 매달고 올렸다 내렸다 하거나, 방바닥에다 넘어뜨려 놓고 발바닥에 장작개비나 빗자루 따위를 대고 곤장을 치기도 한다. 그러면 신랑은 사람 살리라고 엄살을 떨며 죽는 시늉을 하게 되고, 구경꾼들은 혼찌검을 더 내라느니, 잘 봐주라느니 하면서 훈수를 들기도 한다. 그러면 결국은 장모와 신부가 음식상을 차려 와서 "우리 사위, 우리 신랑을 살려 달라."며 애걸을 하게 되고, 장난꾼들은 신부가 술을 따라서 신랑에게 먹이라고도 하고 입을 맞추면 용서를 한다면서 버티기도 한다. ☞ 귀문.

동'세 몡 동서(同壻). ¶시어런 모시지, 그 만은 지사 다 치지, 그라맨서도 손수 질쌈해서 아들을 깨끌받게 입해 내놓는 거 보며 우리 **동세**마이 무던한 사람도 없니라. ▶ 시어른 모시지, 그 많은 제사(祭祀) 다 치르지, 그러면서도 손수 길쌈해서 아이들을 깔끔하게 입혀 내놓는 것 보면 우리 **동서만치** 무던한 사람도 없느니라.

동솥 몡 작은 솥. 농촌 부엌에는 밥을 짓는 큰솥과 반찬을 끓이는 동솥이 있고 외양간에 따로 소죽을 끓이는 '가마솥'이 있다. ¶보고야지고야 임으야얼골, 듣고야져라 임으야말씀, 날개좋은 학이라머 날아가야 볼른마는, 개천에야 개뼉다구 살붙거덩 올라난든가, **동솥**에 자잰밥이 싹나그던 올라든가. ▶ 보고야지고야 님의야얼굴, 듣고야져라 님의야말씀, 날개좋은 학이라면 날아가야 보련만은, 개천에야 개뼈다귀 살붙거든 오려는던가, **작은솥**에 잦힌밥이 싹나거든 오려는가. 〈구전민요〉 ☞ 당구솥.

동양 몡 동냥. ¶**동양** 왔니더. 밥 한 수까락 주이소. ▶ 동냥 왔습니다. 밥 한 술 주십시오. ※ 끼니때가 되면 대문 밖에서 늘 들리던 소리다.

동양자리 몡 동냥자루. ¶**동양자리**도 마주 벌래야 곡석이 들어간다. ▶ 동냥자루도 마주 벌려야 곡식이 들어간다./걸배이 동양자리 긑치 배가 푹 꺼졌다. ▶ 거지 동냥자루 같이 배가 푹 꺼졌다.

동~오 명 독. 동이. 단지. ¶쥐 잡을라 카다가 동오 깨겠다. ▶ 쥐 잡으려다가 독 깨겠다./가매솥에 물 도 동오 여다 대패서 몸 쫌 씩거야겠다. ▶ 가마솥에 물 두어 동이 이어다 데워서 몸 좀 씻어야겠다. ☞ 도가지.

동~오감 명 재래종 감의 일종으로, 모양이 동이처럼 생겼다 해서 붙은 이름. ☞ 고동시.

동'전 명 동정. 한복 저고리나 두루마기의 목이 닿는 부분에 붙이는 흰 헝겊. ¶동전을 달다. ▶ 동정을 달다./동전을 붙치다. ▶ 동정을 붙이다./동전을 바꾸다. ▶ 동정을 바꾸다. 《동장》 ☞ 저구리.

동테 명 바퀴. 굴렁쇠. '움직이는 테'라는 뜻. ☞ 동테바꾸. 바꾸. 발통.

동테바'꾸 명 바퀴. '동테'+'바꾸'. ☞ 동테. 바꾸. 발통.

동학기 명 동학계(同學契). 동문수학(同門修學)한 이들이 스승의 생일이나 환갑날에 모여서 친목을 도모하고 시회(詩會)도 갖는 친목계. 지금의 동창회와 비슷하다. ☞ 기3.

되'라지다 형 되바라지다. 【되라저 ▶ 되바라져/되라지이 ▶ 되바라지니】 ¶가시나가 되라진 기이 선 머심아 긑다. ▶ 계집아이가 되바라진 것이 선 머슴애 같다. ☞ 대바라지다.

두'다 동 두다. 【도 ▶ 두어/두이 ▶ 두니】 ¶여기다 숭가 도 났으이 내가 우애 찾어 내겠노? ▶ 여기다 숨겨 두어 놓았으니 내가 어떻게 찾아내겠나?/어제 씨든 낫가락을 어디 갖다 돗노? ▶ 어제 쓰던 낫을 어디 갖다 두었나?/일꾼 한 키를 더 두이 일이 훨씬 후월하다. ▶ 일꾼 한 사람을 더 두니 일이 훨씬 수월하다.

두데'기 명 걸레. 포대기. ☞ 두디기. 걸레기.

두드래'기 명 두드러기. ¶상한 아지 묵고 두드래기 난데는 탱주 살문 물을 바리머 호엄이 있단다. ▶ 상한 전갱이 먹고 두드러기 난데는 탱자 삶은 물을 바르면 효험이 있단다. ☞ 두드리기. 두디래기.

두드리'기 명 두드러기. ☞ 두드래기. 두디래기.

두디'기 명 걸레. 포대기. ¶두디기 빨어서 방 딲어라. ▶ 걸레 빨아서 방 닦아라./알라 춥다. 두디기 두리고 나가그라. ▶ 아기 춥다. 포대기 두르고 나가거라. ☞ 두데기. 걸레기.

두디래'기 명 두드러기. ☞ 두드래기. 두드리기.

두레

두레 몡 용두레. 기둥 셋을 얽매어 세우고 거기에 통나무로 배 모양으로 파서 만든 물통을 매달고 낮은 데 있는 물을 퍼 올린다. 물통은 가운데 구멍을 뚫어 가는 나무를 끼우고 여기에 끈을 매었다. 이 끈으로 물통의 높낮이를 조절할 수 있게 했다. ☞ 물가래.

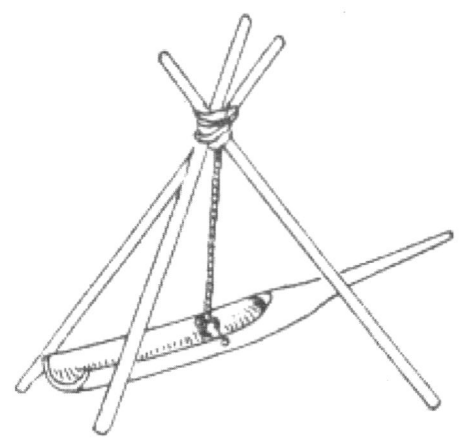

▲ 그림 5 **두레(용두레)**
(국학도감, 일조각, 이훈종)

두레상 몡 둥근상. ¶일 나가고 핵고 갔든 공구들이 저녁에 돌아와서 두레상에 둘러안저서 이바구 하매 밥 묵을 때가 제리 질겁은 시간이다. ▶ 일 나가고 학교 갔던 권구들이 저녁에 돌아와서 **둥근상**에 둘러앉아서 이야기 하며 밥 먹을 때가 제일 즐거운 시간이다.

두레저구'리 몡 옷고름을 등 뒤로 둘러 매는 유아저고리. ¶**두레저구리**를 입고 코를 서너 발이나 처자 댕기든 기이 어제 그튼데 벌써로 저래 컸다. ▶ **두레저고리**를 입고 코를 서넛 발이나 늘어뜨려 다니던 것이 어제 같은데 벌써 저렇게 컸다.

두루매기 몡 두루마기. ¶우리 영감이 지금은 늘거서 그렇지마는 절물 때 옥색 **두루매기**를 입고 나서는 거 보머 인물 좋았다. ▶ 우리 영감이 지금은 늙어서 그렇지만 젊을 때 옥색 **두루마기**를 입고 나서는 것 보면 인물 좋았다. ☞ 둘막. 둘매기. 무. 손집. 안섶. 후루매기. 그림 6.

두:리

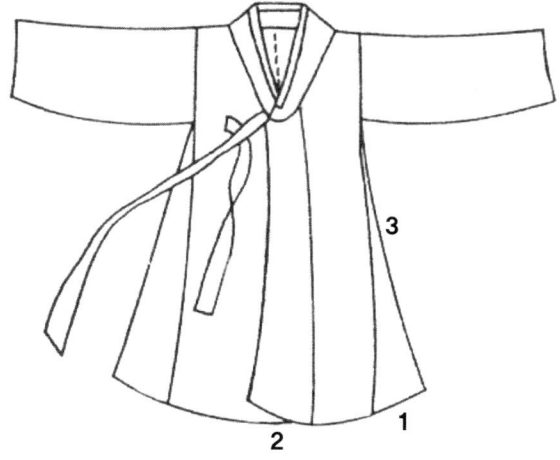

▲ 그림 6 **두루매기(둘막)**
1. 무
2. 안섶
3. 손집

두룸1 몡의 두름. 청어나 조기 따위의 생선 스무 마리를 엮은 것이나, 고사리나 두릅 따위의 산나물을 열 모숨씩을 엮은 줄. ¶장터 음물전에서 청애 한 **두룸**에 얼마 하딘기요? ▶ 장터 어물전에서 청어 한 두름에 얼마 하던가요?/내리 아범 생신인데 청애나 한 **두룸** 사 와서 시래기 옇고 찌저 묵으시더. ▶ 내일 아버님 생신인데 청어나 한 두름 사 와서 시래기 넣고 지져 먹읍시다.

두룸2 몡 두렁. '논두룸'의 준말. 논둑으로 물이 새지 않게끔 흙으로 보완한 부분. ¶모숭기하기 전에 논을 갈어 놓고 논흘을 떠서 논뚝에 붙치는 일을 **두룸**을 친다꼬 한다. ▶ 모심기하기 앞서 논을 갈아 놓고 논흙을 떠서 둑에 붙이는 일을 두렁을 친다고 한다./**두룸**을 빈다. ▶ 두렁풀을 벤다.

두룸콩 몡 두렁 콩. 두렁 콩은 막대기로 두렁을 찔러 구멍을 내고 거기다 콩 알갱이를 떨어뜨리고 흙으로 덮는다. ¶**두룸콩**을 숭군다. ▶ 두렁 콩을 심는다.

두:리 쥐 둘. 둘이. 두 사람. ¶이 너린 시상아 우리 **두리**가 만난 기이 여사 인연인가, 그래서 천상연분이라 카는 기이라. ▶ 이 넓은 세상에 우리 둘이 만난 것이 예사 인연인가, 그래서 천생연분(天生緣分)이라 하는 것이라.

두리'다 图 두르다.【둘러▶둘러/두리이▶두르니】¶머리에 수건을 두리고 매칠째 눕었다.▶머리에 수건을 두르고 며칠째 누웠다./금테 두린 모자를 씨고 마실로 들어오는 사람이 누구고?▶금테 두른 모자를 쓰고 마을로 들어오는 사람이 누군가?

두리뭉:시~이 图 두루뭉수리. 볼품없이 몽땅하게 생긴 모양. ¶두리뭉시이 긑치 생긴 기이 디게 미련시럽게 빈다.▶두루뭉수리 같이 생긴 것이 되게 미련스럽게 보인다./두리뭉시이 긑치 우물쭈물 넘어갈라 카지 마고 갱우 바리게 처리하자.▶두루뭉수리 같이 우물쭈물 넘어가려 하지 말고 경우 바르게 처리하자.

두리':미 图 두루미. ¶인날에는 논에 황새고디이가 만어서 두리미가 만었는데 노약을 치고부텀 앤 빈다.▶옛날에는 논에 우렁이가 많아서 두루미가 많았는데 농약을 치고부터 안 보인다.

두모' 图 속모. 윷놀이에서, 앞밭에서 꺾여서 다섯째에 있는 밭. ☞윷판.

두불논매'기 图 두벌논매기. 이듬. ¶두불논매기 하고 나서 우리 맻이 어불러 개 한 마리 잡어묵자.▶두벌논매기 하고 나서 우리 몇이 어울러서 개 한 마리 잡아먹자.

두불'일 图 두벌일. 중복된 일. ¶두불일을 애 하게 아초부터 여무게 해라.▶두벌일을 안 하게 애초부터 여물게 해라.

두시: ㊄ 두세. ¶재 너머 꼴짝에 집이 두시 채가 있는데 거기서 밥 쫌 얻어묵고 가자.▶재 너머 골짜기에 집이 두세 채가 있는데 거기서 밥 좀 얻어먹고 가자./귀가 묵었는지 내가 두시 분을 불러도 몬 듣고 간다.▶귀가 먹었는지 내가 두세 번을 불러도 못 듣고 간다./장대 그튼 비가 두시 시간을 쏟어 버 노이 마실이 온통 물바다가 댔다.▶장대 같은 비가 두세 시간을 쏟아 부어 놓으니 마을이 온통 물바다가 되었다./수박이 원창가 굴거서 두시 개머 잔채를 하겠다.▶수박이 워낙 굵어서 두세 개면 잔치를 하겠다. ☞두싯.

두싯 ㊄ 두셋. ¶이 정도 일은 사람 두싯이머 저임아래 해치우겠다.▶이 정도 일은 사람 두셋이면 오전에 해치우겠다. ☞두시.

두:잠 图 누에를 칠 때 두 번째 잠. 2령(-齡). ☞명주길쌈. 잠.

두지 图 뒤주. 나뭇가지나 수수대궁으로 뼈대를 엮어 세우고 이엉으로 밖을 두르고 지붕도 역시 이엉으로 덮은 원통형의 뒤주로, 만들기에 따라 수십 섬의 곡식을 저장할 수 있다. ¶두지에서 인심이 난다.▶뒤주에서 인심이 난다./불룩한 두지마 치다바도 배가 부린 거 긑다.▶불룩한 뒤주만 쳐다보아도 배가 부른 것 같다. ☞ 나락두지.

두:채이불 몡 두 사람이 덮는 이불. 부부가 함께 덮는 이불.

두:통비개 몡 부부가 함께 베는 베개. ¶저개가는 저선배요 우리선배 애오든가, 쌍가매는 어따두고 칠성판이 이웬말고, 공비단 감든몸에 숙베옷이 이웬말고, 은가락지 끼든손에 대짝지가 이웬말고, 꽃댕애라 신든발에 짚신이 이웬말고, 두리덮든 **두채이불** 혼자덥기 이웬말고, 두리비든 **두통비개** 혼차비기 이웬말고, 두리누든 질새요강 혼차누기 이웬말고. ▶ 저기가는 저선비요 우리선비 안오던가, 쌍가마는 어디두고 칠성판이 이웬말가, 공비단 감던몸에 숙베옷이 이웬말가, 은가락지 끼던손에 대작대기 이웬말가, 꽃신이라 신던발에 짚신이 이웬말가, 둘이덮던 두채이불 혼자덮기 이웬말가, 둘이베던 **두통베개** 혼자베기 이웬말가, 둘이누던 놋요강 혼자누기 이웬말가. ※과거를 보러 갔던 낭군이 비명 횡사하여 돌아오는 것을 보고 한탄하는 소리.〈고경 李春澤〉.

두'투머리 몡 상어의 머리고기. ¶상애 몸띠이는 돔배기로 지사상에 산적 감으로 씨고, **두투머리**는 탕수감으로 씬다. ▶ 상어 몸뚱이는 돔배기로 제사상에 산적 감으로 쓰고, 머리고기는 어탕(魚湯)감으로 쓴다. ☞ 곰배상애. 상애2.

둘막 몡 두루마기. ¶어런을 배로 갈 때는 동저구리 바람으로 가는 기이 아이고 **둘막**을 입고 가야 한다. ▶ 어른을 뵈러 갈 때는 동저고리 바람으로 가는 것이 아니고 **두루마기**를 입고 가야 한다. ☞ 두루매기. 둘매기. 무. 손집. 안섶. 후루매기.

둘매'기 몡 두루마기. ☞ 두루매기. 둘막. 후루매기.

둘벙:하다 톙 둥그렇다. 둥글다. 비교적 넓은 범위의 둥근 것을 표현하는 말. 【둘벙해▶ 둘그래/둘벙하이▶ 둥그러니】¶야바우 노름하는 데 사람들이 **둘벙하이** 둘러서 귀경하고 있드라. ▶ 야바위 놀음하는 데 사람들이 **둥그러니** 둘러서서 구경하고 있더라. ☞ 돌방하다.

둥구수룸:하다 톙 둥그스름하다. ¶알라 머리가 **둥구수룸한** 기이 즈거매를 꼭 달멌네. ▶ 아기 머리가 **둥그스름한** 것이 제 어머니를 꼭 닮았네./**둥구수룸한** 기이 얼마나 달랬는지 금연에는 수박 풍연이 들었드라. ▶ **둥그스름한** 것이 얼마나 달렸는지 금년에는 수박 풍년이 들었더라.

둥'굴다 톙 둥글다. 【둥굴어▶ 둥글어/둥구이▶ 둥그니】¶여기저기 모 나지 마고 **둥굴게** 살머 얼매나 좋겠노? ▶ 여기저기 모 나지 말고 **둥글게** 살면 얼마나 좋겠나?/달이 **둥굴어** 가는 거를 보이 보름이 다 대 가는 갑다. ▶ 달이 **둥글어** 가

둥지'리

는 것을 보니 보름이 다 되어 가는가 보다.
둥지'리 뗑 둥우리. 싸리나 대나무로 따위로 둥그렇게 엮은 그릇.
뒤':지다 동 뒈지다. 【뒤저▶뒈져/뒤지이▶뒈지니】¶저눔으 소상 이미 속 고마 쌔기고 뒤저 뿌러라.▶저놈의 자식 어미 속 그만 썩이고 그만 뒈져 버려라. ※ 감히 자식에게 할 말이 아닌데도 그 시절에는 예사로 듣던 말이다. 층층시하 시집살로 쌓인 불평을 풀 곳이라야 만만한 자식밖에 더 있나. 그러나 이처럼 악담 아닌 악담을 뒤집어쓰면서 자라난 세대들이 잡초처럼 생명력이 강했고 부모에 대한 사랑 또한 극진했다. ☞디지다.
뒤:치기 뗑 버선의 뒤축. ¶버선 **뒤치기**가 뜯버저서 발디치기가 삐죽이 나왔다. ▶버선 뒤축이 뚫어져서 발뒤축이 삐죽이 나왔다. 《디치기》 ☞버선.
뒤:치기꼬재~이 뗑 디딜방아의 쌀개. 몸체의 중간에 가로 꿰여 볼씨에 걸치는 나무. 《뒤기사》 ☞디딜바아.
뒤:치기돌 뗑 디딜방아의 볼씨. 몸체의 좌우에서 쌀개를 받쳐주는 돌. Y자모양의 가지가 진 나무 말뚝 2개를 박아서 쌀개를 걸친 것도 있다. ☞디딜바아.
된:장 뗑 된장. 매주는 음력 10월이나 동짓달에 쑤고, 된장은 정월에 담그는 것이 보통인데, 만약 때를 놓치면 이듬해 삼월에 담근다. 담그는 날도 택일을 하는데, 말(午) 날이나 돼지(亥) 날에 담그되, 병오(丙午) 일과 신해(辛亥) 일은 피한다. 담그는 순서는 먼저 매주를 씻어서 단지에 넣고 물을 붓는다. 이 때 독에다 금줄을 치기도 하지만 독 안에 고추와 숯 덩어리를 띄워서 금귀(禁鬼)를 하기도 한다. 간을 맞추는 첫 소금은 담그고 나서 3, 5, 7일, 즉 홀수 날에 넣고, 간장은 담근 날로부터 1개월 반이나 2개월 후에 떠서 따로 끓여서 식힌다. ¶우리 어릴 때야 약이 어디 있었노, 동무들하고 노다가 대가리 깨지머 **된장** 붙이고 배 아푸머 쑥물 짜 묵고 했지. ▶우리 어릴 때야 약이 어디 있었나, 동무들하고 놀다가 대가리 터지면 **된장** 붙이고 배 아프면 쑥물 짜 먹고 했지./저 우두디기는 똥인지 **된장**인지 분간을 몬하는 인간이다. ▶저 개차반은 똥인지 **된장**인지 분간을 못하는 인간이다. ☞댄장.
뒷:개 뗑 뒷모개. 윷놀이에서, 윷판의 뒷밭에서 안으로 꺾인 둘째 밭. ☞윷판.
뒷:다리 뗑 베틀의 뒤를 버티는 뒷다리. 앞다리보다 낮다. ☞베틀.
뒷:도 뗑 뒷모도. 윷놀이에서, 윷판의 뒷밭에서 안으로 꺾인 첫째 밭. ☞윷판.
드가'다 동 들어가다. 【드가▶들어가/드가이▶들어가니】¶저 사람 손으로 머든지 한분 **드가**기마 하머 나올 줄을 모린다. ▶저 사람 손으로 뭐든지 한번 들어

가기만 하면 나올 줄을 모른다.

-드나 回 -더냐. 지난 사실을 묻는 종결어미. 언제, 누구, 어디, 머, 와, 어얘 따위의 의문형 말과 함께 쓰임. ¶자네가 나를 언제 **봤드나**? ▶ 자네가 나를 언제 **봤더냐**?/누가 그거를 자네한테 **주드나**? ▶ 누가 그것을 자네한테 **주더냐**?/그 집에 지금 누가 **있드나**? ▶ 그 집에 지금 누구가 **있더냐**?/자네 어제 어대로 **갔드나**? ▶ 자네 어제 어디로 **갔더냐**?/그 사람이 어대로 **가드나**? ▶ 그 사람이 어디로 **가더냐**?/저임 때 머하고 **묵드나**? ▶ 점심 때 뭣하고 **먹더냐**?/전에는 앤 그랬는데 와 **그카드나**? ▶ 전에는 안 그랬는데 왜 **그라더냐**?/가가 요새 살림을 어얘 **사드나**? ▶ 걔가 요새 살림을 어떻게 **살더냐**? ☞ -다아. -드노. -디이나.

-드네 回 -던데. 과거의 어떤 일을 상기하여 상대방의 반응을 보는 서술형 종결어미. ¶그 사람은 어제 어디로 **가드네**. ▶ 그 사람은 어제 어디로 **가던데**./지굼 보이 그 사람이 집에 **있드네**. ▶ 지금 보니 그 사람이 집에 **있던데**./그 사람이 쪼치바리는 잘 **하드네**. ▶ 그 사람이 달리기는 잘 **하던데**./그 과수띠기는 아이 혼차 **사드네**. ▶ 그 과부댁은 아직 혼자 **살던데**./누가 머라 캐도 내사 가가 **좋드네**. ▶ 누가 뭐라 해도 내야 걔가 **좋던데**.

-드노 回 -더냐. 지난 사실을 묻는 종결어미. 언제, 누구, 어디, 머, 와, 어얘, 우째 따위의 의문형 말과 함께 쓰임. ¶언제 가머 그 사람을 만날 수 **있겠드노**? ▶ 언제 가면 그 사람을 만날 수 **있겠더냐**?/어제 날 찾어 온 사람이 **누구드노**? ▶ 어제 나를 찾아 온 사람이 **누구더냐**?/아칙에 온 편지 어디서 **왔드노**? ▶ 아침에 온 편지 어디서 **왔더냐**?/요새 논다 카든데 머를 하고 **사드노**? ▶ 요새 논다 하던데 뭘 하고 **살더냐**?/전에는 몸이 좋드이 와 그래 **댔드노**? ▶ 전에는 몸이 좋더니 왜 그렇게 **되었더냐**?/그 심 든 일을 우얘 혼차 **했드노**? ▶ 그 힘든 일을 어떻게 혼자 **했더냐**? ☞ -다아. -드나. -디이나.

-드라 回 -더라. 과거에 경험한 사실을 돌이켜 생각하여 전달하는 서술형 종결어미. ¶그 꼴짝에 들어가이 나물 뜰 기이 **수타드라**. ▶ 그 골짜기에 들어가니 나물 뜰 것이 **흔하더라**./어제 보이 선상임도 인자 마이 **늘겄드라**. ▶ 어제 보니 선생님도 이제 많이 **늙었더라**./못꼴 어런 아까 보이 모사 지내로 간다 **카시드라**. ▶ 못골 어른 아까 보니 묘사 지내러 간다 **하시더라**. ☞ -트라.

-드라도 回 -더라도. 가정이나 양보적인 뜻을 나타내는 연결어미. ¶그 사람이 철이 덜 들어서 **그카드라도** 니는 점잔케 대해라. ▶ 그 사람이 철이 덜 들어서 **그라더라도** 너는 점잖게 대해라. ☞ -디이라도. -디라도.

드러다'치다 图 들이닥치다.【드러다처▶들이닥쳐/드러다치이▶들이닥치니】¶간밤에 행사들이 그 집에 드러다처서 잠자고 있는 사람을 뿌잡어 갔다.▶간밤에 형사들이 그 집에 들이닥쳐서 잠자고 있는 사람을 붙잡아 갔다.

-드록 回 -도록.¶당신 동상한테 논 서너 마지기 조서 재기들끼리 사드록 해주시더.▶당신 동생한테 논 서너 마지기 줘서 자기들끼리 살도록 해줍시다./귀가 따겁드록 갈채 조도 몬 알어듣는데 내가 더 우야노?.▶귀가 따갑도록 가르쳐 주어도 못 알아듣는데 내가 더 어떻게 하나?/목이 빠지드록 바락고 있어도 종무소식이다.▶목이 빠지도록 기다리고 있어도 종무소식이다.

드무: 图 물두멍. '물드무'의 준말.【드마(드무에)▶두멍에】¶낮에 드마 삐가리가 빠졌는데 물을 퍼내고 맻 짐 저다가 채와 주소.▶낮에 물두멍에 병아리가 빠졌는데 물을 퍼내고 몇 짐 져다가 채워 주소. ☞ 등구. 물등구.

드부 图 도로. 도리어.¶지가 잘 몬 한 줄도 모리고 드부 지랄을 하고 있다.▶제가 잘 못 한 줄도 모르고 도로 지랄을 하고 있다. ☞ 다부. 도부.

드부냉기 图 격렬한 몸부림. 뒤집어 꿈틀거림.¶그 사람은 사업하매 드부냉기를 맻 분을 치다가 인자사 성공했다.▶그 사람은 사업하며 몸부림을 몇 번을 치다가 이제야 성공했다. ☞ 득수냉기.

드부리~이 图 뒤웅박. 박의 꼭지 부분을 따고 속을 파낸 둥근 그릇. 곡식의 종자 따위를 담아서 처마 아래에 매달아 놓는다.

드시1 图回 듯이. 짐작이나 추측의 뜻을 나타냄.¶맛이 없디이라도 있는 드시 마이 잡수시이소.▶맛이 없더라도 있는 듯이 많이 잡수십시오./동산에 달뜨거덩 날 본 드시 치다보소▶동산에 달뜨거든 날 본 듯이 쳐다보소. ☞ 디끼1.

-드시2 回 -듯이. '것처럼'의 뜻.¶땀이 비 오드시 흐린다.▶땀이 비 오듯이 흐른다./오늘 새복에 잠자드시 팬안하게 가셨다.▶오늘 새벽에 잠자듯이 편안하게 가셨다./사람마중 모숩이 다리드시 생각도 다리다.▶사람마다 모습이 다르듯이 생각도 다르다. ☞ -디끼2.

-드이 回 -더니.¶오래만에 운동을 했드이 온몸이 쒸신다.▶오랜만에 운동을 했더니 온몸이 쑤신다./즈그 히이한테 대들드이 한 대 맞었구나.▶저의 형한테 대들더니 한 대 맞았구나./어제는 덥드이 오늘은 시언하구나.▶어제는 덥더니 오늘은 시원하구나./선을 한분 딱 보드이 대분에 좋다 카드라.▶선을 한번 딱 보더니 대번에 좋다 하더라. ☞ -더이. -디이2.

-드이라 回 -더니라. 지난 사실을 돌이켜 알려 주는 뜻을 나타내는 서술형 종결

어미. ¶인날에 그 집안은 인심이 좋키로 소문났드이라. ▶ 옛날에 그 집안은 인심 좋기로 소문났더니라. ☞ -더이라. -디이라.

-드이마는 回 -더니마는. '-드이'의 힘줌말. ¶그 사람은 초연에 고상을 쫌 하드이마는 늘바탕아 호강하네. ▶ 그 사람은 초년에 고생을 좀 하더니마는 늘바탕에 호강하네. ☞ -더이마는. -디이마는.

득'수냉기 명 격렬한 몸부림. 뒤집어 꿈틀거림. ¶이전에 이 웅디이에서 용 한 마리가 득수냉기를 치다가 돌개바람을 일구매 화늘로 올러갔단다. ▶ 예전에 이 웅덩이에서 용 한 마리가 몸부림 치다가 회오리바람을 일으키며 하늘로 올라갔단다./천연 묵은 예수가 득수냉기를 치디이 차만 여자로 빈해서 앞에 서는 거 아이가. ▶ 천년 먹은 여우가 꿈틀거리더니 참한 여자로 변해서 앞에 서는 것 아닌가. ☞ 드부냉기.

득신득신하다 형 득실득실하다. ¶옷을 언제 빨어 입었는지 이가 득신득신한다. ▶ 옷을 언제 빨아 입었는지 이가 득실득실한다.

득'천하다 형 지독하게 풍기다. 냄새 따위가 '지독하다'는 뜻으로 쓰이는 말. ☞ 등천하다.

-든가 回 -던가. 과거의 사실에 대한 물음을 나타내는 종결어미. ¶아이, 그 어런이 돌아가신 기이 차말이든가? ▶ 아니, 그 어른이 돌아가신 것이 참말이던가?/혹여 내가 술이 과해서 실수나 애 했든가? ▶ 혹시 내가 술이 과해서 실수나 안 했던가?/자네 어런, 시방 집에 기시든가? ▶ 자네 어른, 시방 집에 계시던가?

-든'기요 回 -던가요. 과거의 사실에 대하여 물음을 나타내는 종결어미. ¶그 질로는 몬 가게 막든기요? ▶ 그 길로는 못 가게 막던가요?/그기이 이거보담 몬하든기요? ▶ 그것이 이것보다 못하던가요? ☞ -던기요.

-든데 回 -던데. ¶공부는 잘 하든데 시엄에는 와 떨어졌노? ▶ 공부는 잘 하던데 시험에는 왜 떨어졌나?

-든동 回 -던지. ¶내가 와 그 때는 그래 축구 그랬든동, 그래 당하고도 말 한 마디를 몬 했으이. ▶ 내가 왜 그 때는 그렇게 바보 같았던지, 그렇게 당하고도 말 한 마디를 못 했으니./그 날은 와 그래 춥었든동, 문고리에 손이 다 얼어붙었다. ▶ 그 날은 왜 그렇게 추웠던지, 문고리에 손이 다 얼어붙었다. ☞ -든지.

-든지 回 -던지. ¶그때는 서리 얼매나 좋았든지 하리도 떨어지며 몬 살았다. ▶ 그때는 서로 얼마나 좋았던지 하루도 떨어지면 못 살았다./밥을 얼매나 마이 묵었든지 배가 터질 뿐했다. ▶ 밥을 얼마나 많이 먹었던지 배가 터질 뻔했다. ☞ -든

듣개:다

동.

듣개:다 图 들리다. '듣다' 피동. 【듣개▶들려/드개이▶들리니】¶아가 일선으로 올라가고는 앤 좋은 소문마 짜꼬 듣개서 밤에 잼이 애 온다. ▶ 애가 일선으로 올라가고는 안 좋은 소문만 자꾸 들려서 밤에 잠이 안 온다. ☞ 듣기다. 들래다2.

듣기:다 图 들리다. '듣다'의 피동. 【듣개▶들려/드기이▶들리니】¶내 말이 듣기며 대답을 쫌 해바라. ▶ 내 말이 들리면 대답을 좀 해보아라./시월이 우애 돌아가는 건지 듣개 오는 소문은 앤 좋은 거뿌이다. ▶ 세월이 어떻게 돌아가는 건지 들려 오는 소문은 안 좋은 것뿐이다. ☞ 듣개다. 들래다2.

들개'다 图 겹치다. 포개다. 【들개▶겹쳐/들개이▶겹치니】¶밸로 춥지도 안는데 옷을 들개 들개 끼입고 댕긴다. ▶ 별로 춥지도 않는데 옷을 **겹쳐 겹쳐** 껴입고 다닌다./찬장아 그럭을 잘 들개 언저라. ▶ 찬장에 그릇을 잘 **포개** 얹어라.

들'개장(--葬) 图 시신을 가마니 따위로 만든 들것으로 옮겨서 지내는 장례. 가마니때기나 헌 자리 따위로 시신을 감아서 지게로 져다가 매장하는 방법도 있다.

들'고띠다 图 들고뛰다. 부리나케 내빼다. 【들고띠▶들고뛰어/들고띠이▶들고뛰니】¶거름아 날 살래라 카매 들고띠는 데는 당채 몬 뿌짭겠드라. ▶ 걸음아 날 살리라며 들고뛰는 데는 도저히 못 붙잡겠더라.

들'고차다 图 들이차다. 들입다 차다. 【들고차▶들이차/들고차이▶들이차니】¶머를 잘 몬했다고 그라는지 들고차고 때리고 사람을 반 죽이드라. ▶ 뭘 잘 못했다고 그러는지 들이차고 때리고 사람을 반 죽이더라.

들나들다 图 드나들다. 【들나들어▶드나들어/들나드이▶드나드니】¶한단에는 사람들이 문찌방이 딸도록 들나들디이, 끈 떨어지이 똥개 한 마리도 얼씬거리지 안는다. ▶ 한때는 사람들이 문지방이 닳도록 드나들더니, 끈 떨어지니 똥개 한 마리도 얼씬거리지 않는다.

들:따 뛰 들입다. ¶쉬지도 안코 들따 마서대디이 갤국에는 취해 자뻐지고 말었다. ▶ 쉬지도 않고 들입다 마셔대더니 결국에는 취해 자빠지고 말았다.

들래':다1 图 들리다. 병에 걸리다. 【들래▶들려/들래이▶들리니】¶개구신 들랜 여자를 건디리다가 감당 몬하머 우쩔래? ▶ 개귀신 들린 여자를 건드리다가 감당 못하면 어쩔래?/그 사람은 감기가 들래서 여기로 몬 나온단다. ▶ 그 사람은 감기가 들려서 여기로 못 나온단다.

들래':다2 图 들리다(聽聞). 들어지다. '듣다'의 피동. 【들래▶들려/드래이▶들리니】¶밤새드룩 포 쑤는 소리가 쾅쾅 들래디이 아척에 보이 국군들이 줄줄이 후태하고 있는 거 아이가. ▶ 밤새도록 포 쏘는 소리가 쾅쾅 들리더니 아침에 보니 국군들이 줄줄이 후퇴하고 있는 것 아닌가./귀가 잘 앤 들래이 말을 크게 해보게. ▶ 귀가 잘 안 들리니 말을 크게 해보게. ☞ 들개다. 들기다.

들래'：다3 동 들리다. 들려지다. '들다'의 피동//사동.【들래 ▶ 들려/들래이 ▶ 들리니】¶양손에 보따리가 들래서 알라는 업어야겠다. ▶ 양손에 보따리가 들려서 아기는 업어야겠다./영도다리가 껏떡껏떡 들래이 귀경꾼들이 구름 긑치 몰래 들드라. ▶ 영도다리가 꺼떡꺼떡 들리니 구경꾼들이 구름 같이 몰려들더라.//맻 개나 대는 보따리를 넘한테마 들래고 지는 빈손으로 간다. ▶ 몇 개나 되는 보따리를 남한테만 들리고 저는 빈손으로 간다./맹절에 니러온 아들 편에 묵을 꺼를 쫌 들래 보냈다. ▶ 명절에 내려온 애들 편에 먹을 것을 좀 들려 보냈다.

들래'：주다 동 들려주다.【들래조 ▶ 들려줘/들래주이 ▶ 들려주니】¶군대 간 재기 아들 소식을 들래좃디이 그래 반갑어할 수 없어 하드라. ▶ 군에 간 자기 아들 소식을 들려주었더니 그렇게 반가워할 수 없어 하더라. /유성기를 틀어서 유행가를 들래조도 탐탁한 기색이 없다. ▶ 축음기를 틀어서 유행가를 들려줘도 탐탁한 기색이 없다.

들루'：다 동 들이다. '들다'의 사동.【들라 ▶ 들여/들루이 ▶ 들이니】¶있는 사람을 갈채 가매 씨는 기이 낫지 새 사람을 들루머 일이 더 늦어진다. ▶ 있는 사람을 가르쳐 가며 쓰는 것이 낫지 새 사람을 들이면 일이 더 늦어진다./나락을 걷어 들라 놓고 타작을 마치머 그리로 한분 댕기로 가끼이. ▶ 벼를 걷어 들여 놓고 타작을 마치면 그리로 한번 다니러 갈게.

들'말 명 베매기 할 때 도투마리를 걸쳐 얹는 도구. Y자모양의 나무 가지 끝에 2개의 말뚝을 박았고 매기를 할 때 그 위에 무거운 돌 따위를 올려 무게를 준다. ☞ 베매기.

들받'다1 동 들이받다.【들받어 ▶ 들이받아/들받으이 ▶ 들이받으니】¶소가 사람을 들받었나 사람이 소를 들받었나 천처이 말 해바라. ▶ 소가 사람을 들이받았나 사람이 소를 들이받았나 천천히 말 해보아라.

들받'다2 동 들이다. 밀어 넣다.【들받어 ▶ 들여/들받으이 ▶ 들이니】¶고래 안으로 불을 들받어 여라. ▶ 고래 안으로 불을 들여 넣어라./웃목이 찹다. 이리 들받어 안끄라 보자. ▶ 윗목이 차다. 이리 들여 앉아 보게./문서를 들받어 여머 쫌 들받어보고 갤정하자. ▶ 서류를 들여 넣으면 좀 들여다보고 결정하자.

들받'어보다 동 들여다보다. 방문하다.【들받어바 ▶ 들여다봐/들받어보이 ▶ 들여

들받어비:다

다보니】¶사장어런이 팬찬으시다 카든데 여기꺼정 온 짐에 들받어보고 가자. ▶ 사장어른이 편찮으시다 하던데 여기까지 온 김에 들여다보고 가자.

들받어비:다 동 들여다보이다. '들받어보다' 피동.【들받어비 ▶ 들여다보여/들받어비이 ▶ 들여다보이니】¶속이 훠이 들받어비는 소리를 하지마라. ▶ 속이 훤히 들여다보이는 소리를 하지마라./물이 말거서 물밑에 괴기들이 민경 긑치 들받어빈다. ▶ 물이 맑아서 물밑에 고기들이 거울 같이 들여다보인다.

들'서보다 동 들추어보다.【들서바 ▶ 들추어보아/들서보이 ▶ 들추어보니】¶그 사람 디를 들서바야 험 잽힐 꺼는 하나도 없다. ▶ 그 사람 뒤를 들추어봐야 허물 잡힐 것은 하나도 없다./까망눈 주제에 문서를 암만 들서보이 머를 알아야지. ▶ 무식꾼 주제에 서류를 아무리 들추어보니 뭘 알아야지.

들'시다 동 들추다.【들서 ▶ 들춰/들시이 ▶ 들추니】¶머가 써 있는지 책을 들시지 마고 외와 바라. ▶ 무엇이 쓰여 있는지 책을 들추지 말고 외어 보아라./넘의 흘 묻은 거를 들서 낼라 카지 마고 지 얼골에 똥 묻은 거나 씩지. ▶ 남의 흙 묻은 것을 들춰 내려 하지 말고 제 얼굴에 똥 묻은 것이나 씻지.

들안'따 동 들어앉다.【들안저 ▶ 들어앉아/들안즈이 ▶ 들어앉으니】¶머를 쫌 한 다꼬 돌아댕개 바야 헛돈마 씨지, 들안저 있는 기이 버리는 거다. ▶ 뭘 좀 한다고 돌아다녀 봐야 헛돈만 쓰지, 들어앉아 있는 것이 버는 거다.

들지'럼 명 들기름. ¶장판 바린 데는 들지럼을 도 분은 묵애야 오래 간다. ▶ 장판 바른 데는 들기름을 두어 번은 먹여야 오래 간다.

들참여 명 이사를 와서 이웃 사람들을 초대하여 대접하는 일. ☞ 날참여.

등 너매 글 관 등 너머로 익힌 글. 어깨 너머 글. ¶서당 개 삼 연에 풍월 일는다 카디이, 저 사람은 등 너매 글 배와서 머 몬 하는 기이 없다. ▶ 서당 개 삼 년에 풍월 읽는다 하더니, 저 사람은 등 너머 글 배워서 뭘 못하는 것이 없다.

등거'리1 명 덩어리. ¶여름에사 식은 밥 한 등거리 물에다 말고 된장에다 풋꼬치 찍어 묵으머 한 끼는 땐다. ▶ 여름에야 식은 밥 한 덩어리 물에다 말고 된장에다 풋고추 찍어 먹으면 한 끼니는 땐다./이 몸 등거리 하나야 어디로 가도 지댈 데 없을라꼬. ▶ 이 몸 덩어리 하나야 어디로 가도 기댈 데 없으려고.

등거'리2 명 장작. 등걸. ¶저임아래는 등거리 한 무디기를 깨고 저임묵고 산에 가서 소깝 한 짐 해왔다. ▶ 오전에는 장작 한 무더기를 패고 오후에는 산에 가서 솔가리 한 짐 해왔다./시게전에서 살 한 말 팔고 나무전에서 등거리 한 짐 사 들랐다. ▶ 싸전에서 쌀 한 말 사고 나무전에서 장작 한 짐 사 들였다. ※곡

등더'리

식은 사(買)는 것을 '팔다'고 하고, 파(賣)는 것을 '내다'고 한다. ☞장잭.

등거'리빼까리 몡 장작가리. ¶등거리빼까리 수비기 처재 논 거를 보기마 해도 궁디이가 뜨뜻해지는 거 겉다. ▶장작가리 수북하게 처쟁여 놓은 것을 보기만 해도 궁둥이가 뜨뜻해지는 것 같다.

등거죽 몡 등가죽. ¶등거죽이 버꺼지드록 짐을 저 날랐다. ▶등가죽이 벗어지도록 짐을 져 날랐다./배가 등거죽에 붙어서 손까락도 깟딱하기 실타. ▶배가 등가죽에 붙어서 손가락도 까딱하기 싫다.

등'게 몡 등겨【나락등게 ▶ 나락등겨/등게수지비 ▶ 등겨수제비/보리등게 ▶ 보리등겨/등게떡 ▶ 개떡】.

등'게떡 몡 개떡. 보리등겨로 만든 떡. 보리방아를 찧고 마지막으로 나온 고운 등겨(당가리)를 소다와 소금 따위를 넣고 주물러서 밥 위에 얹어서 찐다. 익으면 부풀려지고 약간 붉은 색깔을 띤다.

등게수지'비 몡 등겨수제비. ¶가리 갈가마구야, 이눔으 팔자가 와 이러노, 다린 사람은 다아 진사급제하고 책을 피고 있구마는 내 팔자는 와 이러노, 후후야 가리 갈가마구야, 영감아 영감아 우리영감아, 갑오연 숭연에 메띠기 딋다리에 차애 죽은 우리 영감아, 등게수지비 열아호 그럭에 배 터저 죽은 우리 영감아. ▶ 가리 갈까마귀야, 이놈의 팔자가 왜 이러나, 다른 사람은 다 진사급제하고 책을 펴고 있건마는 내 팔자는 왜 이러나, 후후야 가리 갈까마귀야, 영감아 영감아 우리 영감아, 갑오년 흉년에 메뚜기 뒷다리에 차여 죽은 우리 영감아, 등겨수제비 열아홉 그릇에 배 터져 죽은 우리 영감아. ※나무꾼이 지게 목발을 두들기며 부르는 노래.〈어사요. 慶州風物地理誌〉/아가리 딱딱 벌래라 등게수지비 들어간다, 아가리 딱딱 벌래라 깐채이수지비 들어간다. ▶ 아가리 딱딱 벌려라 등겨수제비 들어간다, 아가리 딱딱 벌려라 까치수제비 들어간다. ※개울에서 몰이로 잡은 물고기 아가미를 지푸라기로 꿰면서 부르는 동요.

등'구 몡 물두멍. '물등구'의 준말.【등가 ▶ 두멍에】¶등구에서 물 맻 바가치 떠다가 동솥에 붓고 불 지패 나라. ▶물두멍에서 물 몇 바가지 떠다가 작은 솥에 붓고 불 지펴 놓아라. ☞드무. 물드무.

등'꼴 몡 등골. ¶대동아전장 때 남양군도로 보국대 나가서 살어난 거를 생각하머 지금도 등꼴에 식은땀이 다 난다. ▶대동아전쟁 때 남양군도로 보국대 나가서 살아난 것을 생각하면 지금도 등골에 식은땀이 다 난다.

등더'리 몡 등. ¶우리 할매도 소싯 쩍에는 머를 몬하는 일이 없었는데 인자 등더

등디~

리가 꾸부정하게 대서 알라도 몬 업는다. ▶ 우리 할머니도 젊을 적에는 뭘 못 하는 일이 없었는데 이제는 등이 꾸부정하게 되어서 아기도 못 업는다. ☞ 등디. 등어리.

등디~ 명 등. ¶시불논꺼정 다 매고나머 어깨고 등디고 온 전신이 나락피기에 실채서 성한 데가 없다. ▶ 세벌논까지 다 매고나면 어깨고 등이고 온 전신이 나락포기에 스쳐서 성한 데가 없다. ☞ 등더리. 등어리.

등'때 명 등성이. ¶우병골 등때에 밭을 띠져서 깨 선나 숭가 논 기이 가문살이가 들어서 다 말러죽었다. ▶ 우병골 등성이에 밭을 일궈서 깨 얼마 심어 놓은 것이 가뭄이 들어서 다 말라죽었다.

등'물 명 등목. 목물. ¶어멈요, 더부신데 이리 오이소. 등물 쳐드릴끼요. ▶ 어머님, 더우신데 이리 오세요. 등목 쳐드릴게요. ※여름날 우물가에서 아내가 남편을, 어머니가 아들을, 아들이 아버지를, 며느리가 시어머니에게 끼얹어 주는 등목은 정 나눔의 하나이다. ☞ 몽물.

등:시~이 명 등신(等神). 바보. ¶저런 등시이 그튼 기이 우째 넘인데 속고마 사노? ▶ 저런 등신 같은 것이 어찌 남한테 속고만 사나? ☞ 반피이. 축구.

등어'리 명 등. ¶아를 한 살 터불로 서이나 나서 하나는 등어리에 업고, 하나는 안고, 하나는 걸래고 가는 거를 보이 한참 고상하겠다. ▶ 애를 한 살 터울로 셋이나 낳아서 하나는 등에 업고, 하나는 안고, 하나는 걸리고 가는 것을 보니 한참 고생하겠다. ☞ 등더리. 등디.

등천하다 형 그득하다. 지독하게 풍기다. 용이 구름을 일으키며 등천(登天)할 때의 모양에 비유한 말. ¶보리밥을 묵고 여기저기서 터자 사이 온 방안에 꾸렁내가 등천한다. ▶ 보리밥을 먹고 여기저기서 터뜨려 대니 온 방안에 구린내가 그득하다. ☞ 득천하다.

등태'기 명 지게의 등태. 짚으로 엮은 등받이. ☞ 지게.

디:1 명 뒤. 배후(背後). 후손(後孫). '궁둥이' 또는 '똥'의 점잖은 말. 【디깐 ▶ 뒷간/디꼭지 ▶ 뒤통수/디꿈치 ▶ 뒤꿈치/디끝 ▶ 뒤끝/디늦가 ▶ 뒤늦게/디돌어보다 ▶ 뒤돌아보다/디따리다 ▶ 뒤따르다/디떨어지다 ▶ 뒤떨어지다/디로돌아 ▶ 뒤로돌아/디보다 ▶ 뒤보다/디산 ▶ 뒷산/디살피다 ▶ 뒤살피다/디서다 ▶ 뒤서다/디안 ▶ 뒤안/디안깐 ▶ 뒤꼍/디쪽 ▶ 뒤쪽/디쫓다 ▶ 뒤쫓다/디차 ▶ 뒤차/디채 ▶ 뒤채/디처리 ▶ 뒤처리/디축 ▶ 뒤축/디치거리 ▶ 뒤꿈치/디치기 ▶ 뒤축/디치닥거리 ▶ 뒤치다꺼리/디탈 ▶ 뒤탈/디통시 ▶ 뒤통수/디팬 ▶ 뒤편//딧감당 ▶ 뒷감당/딧거름 ▶ 뒷거름/

딧걸음▶ 뒷걸음/딧골목▶ 뒷골목/딧구영▶ 뒷구멍/딧글▶ 뒷글/딧목▶ 뒷목/딧질▶ 뒷길/딧다리▶ 뒷다리/딧담▶ 뒷담/딧대문▶ 뒷대문/딧도장▶ 뒷도장/딧돈▶ 뒷돈/딧들▶ 뒷들/딧등▶ 뒷등/딧마당▶ 뒷마당/딧소리▶ 뒷소리/딧마루▶ 뒷마루/딧말▶ 뒷말/딧맛▶ 뒷맛/딧맨도▶ 뒷면도/딧머리▶ 뒷머리/딧모양▶ 뒷모양/딧목▶ 뒷목/딧문▶ 뒷문/딧물▶ 뒷물/딧바꾸▶ 뒷바퀴/딧바라지▶ 뒷바라지/딧바람▶ 뒷바람/딧발질▶ 뒷발길/딧방▶ 뒷방/딧밭▶ 뒷밭/딧백▶ 뒷벽/딧북▶ 뒷북/딧사람▶ 뒷사람/딧생각▶ 뒷생각/딧설거지▶ 뒷설거지/딧소문▶ 뒷소문/딧손▶ 뒷손/딧손까락질▶ 뒷손가락질/딧손질▶ 뒷손질/딧시상▶ 뒷세상/딧시중▶ 뒷시중/딧심▶ 뒷심/딧일▶ 뒷일/딧자손▶ 뒷자손/딧장▶ 뒷장/딧전▶ 뒷전/딧조사▶ 뒷조사/딧주미이▶ 뒷주머니/딧짐▶ 뒷짐/딧집▶ 뒷집/딧청▶ 뒷마루】 ¶디에 숭가진 머가 있다.▶ 뒤에 숨겨진 무엇이 있다./내 디에도 사람이 있다▶ 내 배후에도 사람이 있다./미를 잘 써서 디가 잘 풀랜다.▶ 묘를 잘 써서 후손이 잘 풀린다./디가 평평한 기이 생산은 잘 하겠다.▶ 궁둥이가 펴짐한 것이 생산은 잘 하겠다./디가 누럽은데 어디서 보꼬?▶ 똥이 마려운데 어디서 볼까?

디-2 접 일부 동사 앞에 붙어서 '마구'. '몹시'. '뒤집어'. '온통'의 뜻을 나타냄. 【디까부다▶ 뒤까불다/디끌따▶ 뒤끓다/디넝기치다▶ 뒤넘기치다/디덮다▶ 뒤덮다/디바꾸다▶ 뒤바꾸다/디범벅▶ 뒤범벅/디석애다▶ 뒤섞이다/디엉캐다▶ 뒤엉키다/디집다▶ 뒤집다/디집어씨다▶ 뒤집어쓰다/디틀다▶ 뒤틀다/디헌드다▶ 뒤흔들다】.

디:게 부 되게. 매우. ¶그런 거를 가주고 디게 머라카네.▶ 그런 것을 가지고 되게 나무래네./니가 잡은 배미재이가 디게 크네.▶ 네가 잡은 뱀장어가 되게 크네./저 집은 돈 하나는 디게 만은 집이다.▶ 저 집은 돈 하나는 매우 많은 집이다.

디까부다 동 뒤까불다. 마구 까불다.【디까불어▶ 뒤까불어/디까부이▶ 뒤까부니】¶배가 바다에서 저래 디까부고 있는데 사람들이 우애 갠디노?▶ 배가 바다에서 저렇게 뒤까불고 있는데 사람들이 어떻게 견디나./화늘 무섭은 줄을 모리고 디까불어 대고 댕기디이 그거 아방신아.▶ 하늘 무서운 줄을 모르고 뒤까불어 대고 다니더니 그것 심통(샘통)이야.

디깐 명 뒷간(-間). 변소(便所). ¶디깐 갈 쩍에 맴 다리고 올 쩍에 다리다.▶ 뒷간 갈 적에 마음 다르고 올 적에 다르다./디깐 지둥이 물바아깐 지둥 보고 더럽다 칸다.▶ 뒷간 기둥이 물방앗간 기둥 보고 더럽다 한다. ☞ 정낭. 칙간. 통시이.

디:꼭지 명 뒤통수. ¶할 말이 있으며 앞에서 하지 디꼭지에다 수군거리지 마라.

디:꿈치

▶ 할 말이 있으면 앞에서 하지 뒤통수에다 수군거리지 마라./손임은 디꼭지를 바야 반갑다. ▶ 손님은 뒤통수를 봐야 반갑다. ※없는 살림에 손님 대접하기 힘들다는 말. ☞ 디짱배기.

디:꿈치 명 뒤꿈치. 뒤축. ¶버선 디꿈치가 딸거서 디치기가 티나왔다. ▶ 버선 뒤꿈치가 달아서 뒤축이 튀어나왔다. ☞ 디축. 디치거리. 디치기1.

디끌따 동 뒤끓다. 【디끌어 ▶ 뒤끓어/디끌으이 ▶ 뒤끓으니】 ¶그 사람이야 돈이 만키로 문디이 옷에 이가 디끌드시 많지. ▶ 그 사람이야 돈이 많기로 문둥이 옷에 이가 뒤끓듯이 많지./잘 몬 묵고 배가 디끌어서 밤새들 칙간에 드나들었다. ▶ 잘 못 먹고 배가 뒤끌어서 밤새도록 측간에 드나들었다.

디:끝 명 뒤끝. ¶그 사람은 성질이 불칼 그터도 디끝은 없다. ▶ 그 사람은 성질이 벼락 같아도 뒤끝은 없다./지가 내 돈 띠이묵고 디끝이 잘 대는강 바라. ▶ 제가 내 돈 떼어먹고 뒤끝이 잘 되는가 보아라.

디'끼1 명의 듯이. ¶고마 몬 이기는 디끼 물러 서그라. ▶ 그만 못 이기는 듯이 물러 서거라./동산에 달 발끄덩 내 본 디끼 치다보소. ▶ 동산에 달 밝거든 내 본 듯이 쳐다보소. ☞ 드시1.

-디'끼2 미 -듯이. ¶사람마다 모양이 다리디끼 생각도 다리다 ▶ 사람마다 모양이 다르듯이 생각도 다르다. ☞ -드시2.

디'끼다 동 넘기다. 젖히다. 【디깨 ▶ 넘겨/디끼이 ▶ 넘기니】 ¶그연들 꺼, 책장만 디끼고 안젔으머 돈이 나오나 밥이 나오나? ▶ 그년들 것, 책장만 넘기고 앉았으면 돈이 나오나 밥이 나오나?/느그 집 족보 디깨 보머 니가 맻 대 손인지 알끼이다. ▶ 너희 집 족보 넘겨 보면 네가 몇 대 손인지 알 것이다. ☞ 디비끼다.

디넝'기 명 뒤집기. 뒤집어 넘기. ¶사까스 귀경 가 보머 사람들이 디넝기를 치매 히얀한 재주를 다 부린다. ▶ 서커스 구경 가 보면 사람들이 뒤집기를 하며 희한한 재주를 다 부린다. ☞ 드부냉기. 득수냉기.

디:늦다 형 뒤늦다. 【디늦어 ▶ 뒤늦어/디늦으이 ▶ 뒤늦으니/디늦가 ▶ 뒤늦게】 ¶읍내서 볼일을 보고 잔채 집에 디늦가 갔다이 손임들도 다 가고, 묵든 남저지 쫌 얻어묵고 왔다. ▶ 읍내서 볼일을 보고 잔치 집에 뒤늦게 갔더니 손님들도 다 가고, 먹던 나머지 좀 얻어먹고 왔다.

디:다1 동 데다. 【디 ▶ 데어/디이 ▶ 데니】 ¶불에 딘 데는 수꺼가리를 들지름에 개서 붙이머 새살 돋어나는데 좋단다. ▶ 불에 덴 데는 숯가루를 들기름에 개어서 붙이면 새살 돋아나는데 좋단다./그 칭구한테 하도 디서 생각마 해도 머리

214

가 아푸다. ▶ 그 친구한테 하도 데어서 생각만 해도 머리가 아프다.

디:다2 형 되다. 팽팽하다. 힘들다. 【디▶되어/디이▶되니】¶밥이 디머 국에 말어서 묵어라. ▶ 밥이 **되면** 국에 말아서 먹어라./줄을 너무 디게 매서 터지겠다. ▶ 줄을 너무 **팽팽하게** 매어서 터지겠다./일이 디머 눈치끗 쉬 가매 해라. ▶ 일이 힘들면 눈치껏 쉬어 가며 해라. ☞ 데다.

-디:더 미 -ㅂ디다. ¶논실 어런 아까 보이 논에 물 대로 가디더. ▶ 논실(畓室) 어른 아까 보니 논에 물 대러 갑디다./아들 즈그끼리 모애서 공부 잘하고 있디더. ▶ 애들 저희끼리 모여서 공부 잘하고 있읍디다./즈그 외할배 요새는 근력이 그럭저럭 하디더. ▶ 저희 외할아버지 요새는 근력이 그냥저냥 합디다.

디덮다 동 뒤덮다. 온통 덮다. 【디덮어▶뒤덮어/디덮으이▶뒤덮으니】¶중공군이 온 산을 디덮고 올라오는데 인자 죽었다 카고 총구영이 뻘겋게 달드록 쏘고 쏘고 했다. ▶ 중공군이 온 산을 **뒤덮고** 올라오는데 이제 죽었다 하고 총구멍이 벌겋게 달도록 쏘고 쏘고 했다./산 우에서 내래다 비는 데가 구름으로 디덮고 있으이 온 시상이 적막강산이다. ▶ 산 위에서 내려다 보이는 데가 구름으로 뒤덮고 있으니 온 세상이 적막강산(寂寞江山)이다.

디덮해:다 동 뒤덮이다. '디덮다'의 피동. 【디덮해▶뒤덮여/디덮해이▶뒤덮이니】¶온 들에 앙개가 디덮해서 아무 꺼도 앤 빈다. ▶ 온 들에 안개가 뒤덮여서 아무 것도 안 보인다.

디:돌어보다 동 뒤돌아보다. 【디돌어바▶뒤돌아봐/디돌어보이▶뒤돌아보니】¶운다꼬 죽은 사람이 다부 살어날 끼이가, 인자 디돌어보지 마고 앞마 보고 살어라. ▶ 운다고 죽은 사람이 도로 살아날 것인가, 이제 뒤돌아보지 말고 앞만 보고 살아라.

디디:하다 형 데데하다. ¶일을 할라카머 디디하게 하지 마고 야무지게 해라. ▶ 일을 하려면 데데하게 하지 말고 야무지게 해라./디디한 눔들 하고 상대하지 마라. 사람 더럽어진다. ▶ 데데한 놈들 하고 상대하지 마라. 사람 더러워진다.

디딜바~아 명 디딜방아. Y자모양의 원체(몸체) 끝에 공이를 박고 갈래이(방아가래)를 밟아서 절구통(호박)에 들어있는 곡식을 찧는다. ☞고1. 괴. 뒤치기꼬재이. 뒤치기돌. 바아. 바아가리. 바아탕개. 손잽이. 원체. 호박. 그림 7.

디:따리다 동 뒤따르다. 【디따러▶뒤따라/디따르이▶뒤따르니】¶버리는 앤 대지, 디따린 공구는 만치, 그래서 지도 숨이 헉헉한다. ▶ 벌이는 안 되지, 뒤따른 식구는 많지, 그래서 저도 숨이 헉헉한다./저 집 아들은 글로 보나 인물로 보

디:떨어지다

나 즈그 어른 디따리기는 어림없다. ▶ 저 집 아들은 학식으로 보나 인품으로 보나 자기 어른 뒤따르기는 어림없다.

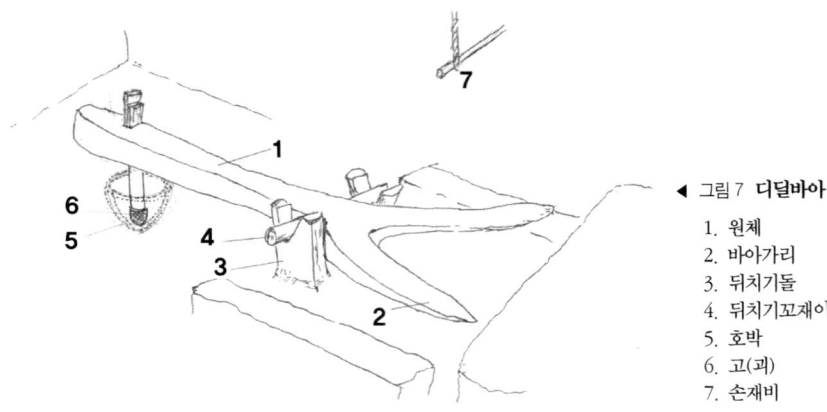

◀ 그림 7 **디딜바아**
1. 원체
2. 바아가리
3. 뒤치기돌
4. 뒤치기꼬재이
5. 호박
6. 고(괴)
7. 손재비

디:떨어지다 동 뒤떨어지다. 【디떨어저 ▶ 뒤떨어져/디떨어지이 ▶ 뒤떨어지니】 ¶니가 넘한테 **디떨어지지** 안을라 카머 시방부터라도 죽자꼬 공부해야 댄다. ▶ 네가 남한테 뒤떨어지지 않으려면 지금부터라도 죽자고 공부해야 된다.

디뚝거'리다 동 뒤뚝거리다. 건들거리다. 삐딱거리다. ¶성내 여자들이 삐딱구두 신꼬 **디뚝거리매** 댕기는 그거, 아칠아칠해서 몬 보겠드라. ▶ 성내(도시) 여자들이 하이힐 신고 뒤뚝거리며 다니는 그것, 아슬아슬해서 못 보겠더라. ☞ 디뚱거리다.

디뚱거리다 동 건들거리다. 뒤뚝거리다. 삐딱거리다. ¶그 사람이 요새는 돈을 쫌 버린다꼬 온 시상을 지 시상매로 **디뚱거리매** 돌어댕긴다. ▶ 그 사람이 요사이는 돈을 좀 번다고 온 세상을 제 세상처럼 건들거리며 돌아다닌다. ☞ 디뚝거리다.

디뚱디뚱 뮈 뒤뚝뒤뚝. 뒤뚝거리는 모양. ¶건내 마실 배불띠기가 외나무다리를 **디뚱디뚱** 건네가다가 발을 헛디서 물에 빠졌단다. ▶ 건너 마을 배불뚝이가 외나무다리로 뒤뚝뒤뚝 건너가다가 발을 헛디뎌서 물에 빠졌단다.

-디라도 미 -더라도. 가정이나 양보의 뜻을 나타내는 연결 어미. ¶보래 이 사람아, 내가 쫌 **잘몬하디라도** 자네가 쫌 이해해 도고. ▶ 보래 이 사람아, 내가 좀

잘못하더라도 자네가 좀 이해해 다오./자네가 한 일은 누가 보디라도 잘한 거는 없네. ▶ 자네가 한 일은 누가 보더라도 잘한 것은 없네. ☞ -드라도. -디이라도.

디:럽다 형 더럽다. '더럽다'의 빈정거리는 투의 말. 【디럽어 ▶ 더러워/디럽으이 ▶ 더러우니】 ¶아이고 디럽어라, 꼴난 그거 쪼매 주고도 인심을 썼다 카나? ▶ 아이고 더러워라, 보잘것없는 그것 조금 주고도 인심을 썼다 하나?

디:로돌아 명 뒤로돌아. 군대 제식훈련(制式訓練)에서 뒤로 돌게 하는 구령.

디리다1 동 드리다. 꼬다. 땋다. 【디래 ▶ 드려/디리이 ▶ 드리니】 ¶보름 날 줄 땡길라고 동네 장정들이 당수나무 아래 모대서 줄을 디리고 있드라. ▶ 보름 날 줄 당기려고 동네 장정들이 당산나무 아래 모여서 줄을 드리고 있더라./백옥 그튼 하얀 저구리에 밤물처매 바쳐 입고 갑사댕기 치렁치렁 디리고 나서이 인물이 환하다. ▶ 백옥 같은 하얀 저고리에 검정치마 바쳐 입고 갑사댕기 치렁치렁 드리고 나서니 인물이 훤하다.

디리다2 동 드리다. '주다'의 높임말. 【디래 ▶ 드려/디리이 ▶ 드리니/디릴 ▶ 드릴】 ¶어매 가시는데 디릴 꺼는 밸로 없고 해서 꼬치농사 한 거 쫌 싸 났는데 가실 때 들고 가시이소. ▶ 어머니 가시는데 드릴 것은 별로 없고 해서 고추농사 한 거 좀 싸 놓았는데 가실 때 들고 가세요./임석이든지 머든지 어런 먼저 디래야지 비리재이없이 느그 먼저 손대머 앤 댄다. ▶ 음식이던지 뭐든지 어른 먼저 드려야지 버릇없이 너희 먼저 손대면 안 된다.

디리다3 동 들이다. 들게 하다. '들다'의 사동. 【디래 ▶ 들여/디리이 ▶ 들이니】 ¶나쁜 버르재이를 디리머 몬 쓴다. ▶ 나쁜 버릇을 들이면 못 쓴다./손임을 안으로 모서 디래라. ▶ 손님을 안으로 모셔 들여라./옷에 때가 덜 타구로 물을 디래 입어라. ▶ 옷에 때가 덜 타게 물을 들여 입어라./몸치장하는데 돈을 엄시미 디랬구나. ▶ 몸치장하는데 돈을 제법 들였구나./개와 잠을 쫌 디리이 또 깨꾼다. ▶ 겨우 잠을 좀 들이니 또 깨운다.

디:미처 뛰 뒤미처. ¶어제는 내가 디미처 그거를 생각하지 몬하고 그랬다. ▶ 어제는 내가 뒤미처 그것을 생각하지 못하고 그랬다.

디바꾸:다 동 뒤바꾸다. 【디바까 ▶ 뒤바꾸어/디바꾸이 ▶ 뒤바꾸니】 ¶이거저거를 디바까 노이 머가 먼지 모리겠다. ▶ 이것저것을 뒤바꿔 놓으니 뭐가 뭔지 모르겠다./그 집은 히이하고 동상하고 장개를 디바까 보냈다. ▶ 그 집은 형하고 동생하고 장가를 뒤바꾸어 보냈다.

디배'다 동 뒤지다. 뒤집다. 【디배 ▶ 뒤져/디배이 ▶ 뒤지니】 ¶웃동네는 민에서

디배¹:지다

나와서 유기 **디배**고 댕긴다는데, 내리는 우리 마실에 드르다칠지도 모린다 카드라. ▶ 윗동네는 면에서 나와서 유기 뒤지고 다닌다는데, 내일은 우리 마을에 들이닥칠지도 모른다 하더라. ※ 태평양전쟁 말기 때 이야기다.

디배²:지다 동 뒤집어지다. 넘어지다. 자빠지다. '디집다'의 피동.【디배저▶뒤집어져/디배지이▶뒤집어지니】¶사빈 때, 하릿밤 새에 시상이 **디배지이** 멀쩡한 사람들이 한장을 해서 인민공화국 만세를 부리고 이붓사람도 고자질하고 그랬다. ▶ 사변 때, 하룻밤 사이에 세상이 **뒤집어지니** 멀쩡한 사람들이 환장을 해서 인민공화국 만세를 부르고 이웃사람도 고자질하고 그랬다. ☞ 디집어지다. 디집해다.

디범'벅 명 뒤범벅. ¶일이 **디범벅**이 대서 머가 먼지 모리겠다. ▶ 일이 **뒤범벅**이 되어서 뭐가 뭔지 모르겠다./알라 혼차서 얼매나 울었는지 누물 코물로 **디범벅**이 댔다. ▶ 아기 혼자서 얼마나 울었는지 눈물 콧물로 **뒤범벅**이 되었다.

디:보다 동 뒤보다. '똥을 누다'의 점잖은 말.【디바▶뒤봐/디보이▶뒤보니】¶어제 그 일을 어설푸게 해 놓고 와서 그런지, **디보고** 앤 딲은 거 같다. ▶ 어제 그 일을 어설프게 해 놓고 와서 그런지, **뒤보고** 안 닦은 것 같다.

디비'끼다 동 책이나 장부 따위를 넘기다.【디비깨▶넘겨/디비끼이▶넘기니】¶한문 모리는 거 있으며 옥편 **디비깨** 바라. ▶ 한문 모르는 것 있으면 옥편 **넘겨** 보아라. ☞ 디끼다.

디:산 명 뒷산. ¶**디산**에 소를 올래놓고 목 깜으로 거랑아 가자. ▶ **뒷산**에 소를 올려놓고 멱 감으러 개울에 가자.

디:살피다 동 뒤 살피다.【디살패▶뒤살펴/디살피이▶뒤살피니】¶어런 디살피지 아들 **디살패** 조야지 내 손이 열 개라도 모지랜다. ▶ 어른 뒤살피지 애들 **뒤살펴** 주어야지 내 손이 열 개라도 모자란다.

디:서다 동 뒤서다. ¶첨에는 두리 서리 앞서거이 **디서거이** 하디이 인자 저마치 처저 뿌렀다. ▶ 처음에는 둘이 서로 앞서거니 **뒤서거니** 하더니 이제 저만큼 처져 버렸다.

디섞'다 동 뒤섞다.【디섞어▶뒤섞어/디섞으이▶뒤섞으니】¶이거저거를 **디섞지** 마고 하나하나를 갈래서 따리 담어야 한다. ▶ 이것저것을 **뒤섞지** 말고 하나하나를 골라서 따로 담아야 한다.

디섞애:다 동 뒤섞이다. '디썪다'의 피동.【디섞애▶뒤섞여/디섞애이▶뒤섞이

니】¶이거저거 디셖애서 머가 먼지 모른다. ▶ 이것저것 뒤섞여서 뭐가 뭔지 모른다./여자 남자 디셖애서 소리하고 춤추고 신바람이 난다. ▶ 여자 남자 뒤섞여서 소리하고 춤추고 신바람이 난다.

디숭숭 : 하다 혱 뒤숭숭하다. ¶시상인심이 **디숭숭할** 찍에는 넘들 앞에 너무 나서지 마라. ▶ 세상인심이 **뒤숭숭할** 적에는 남들 앞에 너무 나서지 마라./맴이 **디숭숭하이** 일이 손에 앤 잽힌다. ▶ 마음이 **뒤숭숭하니** 일이 손에 안 잡힌다.

디 : 시상 몡 뒷세상(-世上). ¶우리 두리 **디시상아** 다시 만나서 고상 애 하고 살아 보자. ▶ 우리 둘이 뒷세상에 다시 만나서 고생 안 하고 살아 보자.

디안 몡 뒤꼍. ¶인아가 즈가부지한테 무신 꾸지럼을 들었는지 **디안에서** 훌쩍훌쩍 울고 있다. ▶ 계집애가 저의 아버지한테 무슨 꾸지람을 들었는지 뒤꼍에서 훌쩍훌쩍 울고 있다. ☞ 디안깐.

디안깐 몡 뒤꼍. ¶**디안깐에** 가서 삼태기 걸어 논 거 가주고 온느라. ▶ 뒤꼍에 가서 삼태기 걸어 놓은 것 가지고 오너라. ☞ 디안.

디엉캐 : 다 동 뒤엉키다. 마구 엉키다. 【**디엉캐** ▶ 뒤엉켜/**디엉캐이** ▶ 뒤엉키니】 ¶이거저거 **디엉캐서** 두서를 모리겠다. ▶ 이것저것 뒤엉켜서 두서(頭緖)를 모르겠다.

-디~이1 젭 -둥이. 일부 명사의 어근에 붙어 어떤 특징이나 성질을 가진 사람이나 사물을 나타내는 접미사. 【**문디이** ▶ 문둥이/**바람디이** ▶ 바람둥이/**재롱디이** ▶ 재롱둥이】.

-디~이2 몡 -더니. 지난 경험을 돌이켜 생각하여 나타내거나, 지금의 사실이 다름을 나타내는 연결어미. ¶색시 깜을 한분 딱 **보디이** 금방 좋다 카드라. ▶ 색시 감을 한번 딱 보더니 금방 좋다 하더라./장연에 한분 댕개가**디이** 다시는 애 온다. ▶ 작년에 한번 다녀가더니 다시는 안 온다. ☞ -더이. -드이.

-디이나 몡 -더냐. 지난 사실을 돌이켜 묻는 종결어미. ¶그래 꼬꾸랍어도 일을 하겠**디이나**? ▶ 그렇게 까다로워도 일을 하겠더냐? ☞ -다아. -드나. -드노.

-디이더 몡 -더이다. -ㅂ디다. '-니더'의 과거형. 합쇼할 자리에 지난 사실을 돌이켜 생각하여 일러주는 서술형 종결어미. ¶어제 사가아 댕개왔는데 사장어런이 어르신한테. 안부 **전하디이더**. ▶ 어제 사돈댁에 다녀왔는데 사장어른이 어르신께 안부 전하더이다./어디로 가**디이더**. ▶ 어디로 갑디다./머를 주**디이더**. ▶ 무엇을 주디이다.

-디~이라 몡 -더니라. 해라할 자리에 지난 사실을 돌이켜 생각하여 일러주는 서술형 종결어미. ¶인날에는 우리도 살만 **했디이라**. ▶ 옛날에는 우리도 살만 했

-디~이라도

더니라./가난해도 인물 하나는 잘났디이라. ▶ 가난해도 인물 하나는 잘났더니라./인날에는 인심 좋기로 소문났디이라. ▶ 옛날에는 인심 좋기로 소문났더니라. ☞ -더이라. -드이라.

-디~이라도 囲 -더라도. 가정이나 양보적인 뜻을 나타내는 연결어미. ¶죽을 때 **죽디이라도** 묵고 죽은 구신은 한이 없다 카드라. ▶ 죽을 때 **죽더라도** 먹고 죽은 귀신은 한이 없다 하더라. ☞ -드라도. -디라도.

-디~이마는 囲 -더니마는. '-디이'의 힘줌말. ¶소시 쩍에는 고상을 더러 **하디이마는** 인자는 자리를 잡었다. ▶ 소시 적에는 고생을 더러 **하더니마는** 이제는 자리를 잡았다. ☞ -더이마는. -드이마는.

디지'끼다 동 뒤지다. 【디지깨 ▶ 뒤져/디지끼이 ▶ 뒤지니】¶머를 이자뿌렸길래 거기를 **디지끼고** 있노? ▶ 뭣을 잊어버렸기에 거기를 **뒤지고** 있나?/모리는 거 있으며 옥편을 **디지깨** 바라. ▶ 모르는 것 있으면 옥편을 **뒤져** 보아라.

디':지다 동 뒈지다. 【디저 ▶ 뒈져/디지이 ▶ 뒈지니/디질 ▶ 뒈질】¶니가 디질라꼬 한장했나, 전에 애 하든 짓을 다 하노? ▶ 너가 뒈지려고 환장했나, 전에 안 하던 짓을 다 하나?/넘한테 몹쓸 짓을 그래 하디이 지가 **디질** 빙에 걸리네. ▶ 남한테 몹쓸 짓을 그렇게 하더니 제가 **뒈질** 병에 걸리네. ☞ 뒤지다.

디집'다 동 뒤집다. 【디집어 ▶ 뒤집어/디집으이 ▶ 뒤집으니】¶몸이 지그럽으며 내복을 **디집어서** 이 쫌 잡어라. ▶ 몸이 가려우면 내복을 **뒤집어서** 이 좀 잡아라./내 말이 이해가 앤 대머 한분 **디집어서** 생각해 바라. ▶ 내 말이 이해가 안 되면 한번 **뒤집어서** 생각해 보아라.

디집'어씨다 동 뒤집어쓰다. 【디집어써 ▶ 뒤집어써/디집어씨이 ▶ 뒤집어쓰니】¶김사깟이 어느 집 담 밑으로 지내가다가 수채 구영으로 쏟아지는 꾸정물을 디집어씨고는 "앗따, 마이도 내지리네." 카이, 담 안으 지집이 히끗 니다보디이 "금방 내지린 기이 벌써로 말 배왔네." 카드란. ▶ 김삿갓이 어느 집 담 밑으로 지나가다가 수채 구멍으로 쏟아지는 구정물을 **뒤집어쓰고는** "아따, 많이도 (오줌을)내지르네." 하니, 담 안의 계집이 힐끗 내다보더니 "금방 내지른 것이 벌써 말 배웠네." 하더란다./못댄 눔 곁에 있다가 배락 맞는다 카디이 고약한 눔 디따러 댕기다가 넘으 죄까지 **디집어썼다**. ▶ 못된 놈 곁에 있다가 벼락 맞는다더니 고약한 놈 뒤따라 다니다가 남의 죄까지 **뒤집어썼다**.

디집'어지다 동 뒤집히다. '디집다'의 피동. 【디집어저 ▶ 뒤집혀/디집어지이 ▶ 뒤집히니】☞ 디배지다. 디집해다.

디집해¹:다 [동] 뒤집히다. '디집다'의 피동.【디집해▶뒤집혀/디집해이▶뒤집히니】¶시상이 디집해이 사람들이 우아래도 모리고 서리 잡아묵을라꼬 설치드라.▶세상이 뒤집히니 사람들이 위아래도 모르고 서로 잡아먹으려고 설치더라. ☞디배지다. 디집어지다.

디:짱배기 [명] 뒤통수. ¶디짱배기가 티나온 거 보머 머리가 좋게 앤 생갰나 바라.▶뒤통수가 튀어나온 것 보면 머리가 좋게 안 생겼나 보아라./저 종내기, 심부름 갔다가 오라카이 디짱배기마 끌꼬 섰다.▶저 머슴애, 심부름 갔다가 오라니 뒤통수만 긁고 섰다. ☞디꼭지.

디:쪽 [명] 뒤쪽. ¶디쪽 사람들이 앤 들래머 이 앞으로 와서 안자 주이소.▶뒤쪽 사람들이 안 들리면 이 앞으로 와서 앉아 주세요.

디:쫓다 [동] 뒤쫓다.【디쫓어▶뒤쫓아/디쫓으니▶뒤쫓으이】¶나는 소관을 마자 보고 디쫓어 갈 터이니, 자네 먼첨 집으로 가세.▶나는 볼일을 마저 보고 뒤쫓아 갈 터이니, 자네 먼저 집으로 가세.

디:차 [명] 뒤차(-車). ¶지는 앞차로 먼저 가끼요, 아부지는 소관 보시고 디차로 오시이소.▶저는 앞차로 먼저 갈게요, 아버지는 볼일 보시고 뒤차로 오십시오.

디:채 [명] 뒤채. ¶디채 지붕 새는 데로 사다리 놓고 올라가서 가매이띠기로 덮어야겠다.▶뒤채 지붕 새는 데로 사다리 놓고 올라가서 가마니때기로 덮어야겠다.

디채¹:다 [동] 뒤채다.【디채▶뒤채어/디채이▶뒤채니】¶밤새드록 이 생각 저 생각하매 디채다가 새복에야 잠들었다.▶밤새도록 이 생각 저 생각하며 뒤채다가 새벽에야 잠들었다.

디:처리 [명] 뒤처리. ¶나는 먼처 가서 저녁 안칠끼, 자네는 여기서 디처리 마자 하고 오게.▶나는 먼저 가서 저녁 안칠게, 자네는 여기서 뒤처리 마저 하고 오게.

디:축 [명] 뒤축. 뒤꿈치. 발뒤축. 발뒤꿈치. ☞디꿈치. 디치거리. 디치기1.

디:치거리 [명] 뒤축. 뒤꿈치. 발뒤축. 발뒤꿈치. ¶디치거리를 들고 가마이 댕개라.▶뒤꿈치를 들고 가만히 다녀라./버선 디치거리에 더 집어 댈 데도 없는데 발목거리나 하지.▶버선 뒤축에 더 기워 댈 데도 없는데 발목거리나 하지. ☞디꿈치. 디축. 디치기1.

디:치기1 [명] 뒤축. 뒤꿈치. 발뒤축. 발뒤꿈치. ¶자는 즈그 히이 디치기도 몬 딸어 간다.▶쟤는 저의 형 뒤축도 못 딸아 간다. ☞디꿈치. 디축. 디치거리.

디:치기2 [명] 뒤치기. 뒤로 치기. '뒤로 하는 음행(淫行)'의 변말. ☞똥빠구리.

디'치다 [동] 데치다. 약간 삶아내다.【디처▶데쳐/디치이▶데치니】¶나새이 디처

디:치닥거리

서 된장에 문쳐서 밥 비베 묵자. ▶ 냉이 데쳐서 된장에 무쳐서 밥 비벼 먹자.

디:치닥거리 명 뒤치다꺼리. ¶층층시하 어런 모시고 아들 너이 **디치닥거리**하니라꼬 그 곱든 얼골이 다 늘거 뿌렀다. ▶ 층층시하 어른 모시고 아이들 넷 뒤치다꺼리하느라고 그 곱던 얼굴이 다 늙어 버렸다. ☞ 딧바라지.

디:탈 명 뒤탈. ¶제끼미, 넘 쇠개 묵고 **디탈** 없는가 보자. ▶ 제기랄, 남 속여 먹고 뒤탈 없는가 보자./아무리 그캐 바라, 내가 어디 **디탈**이 겁나서 묵을 거를 몬 묵을 줄 아나? ▶ 아무리 그래 봐라, 내가 어디 뒤탈이 겁나서 먹을 것을 못 먹을 줄 아나?

디:통시 명 뒤통수. ¶저눔 아는 남으 **디통시**를 치는 데는 재조가 있다. ▶ 저놈 애는 남의 뒤통수를 치는 데는 재주가 있다. ☞ 디꼭지.

디:트다 동 뒤틀다. 【디틀어 ▶ 뒤틀어/디트이 ▶ 뒤트니】 ¶심바람마 시기머 하기 실어서 저래 몸을 **디트고** 안젔다. ▶ 심부름만 시키면 하기 싫어서 저렇게 몸을 뒤틀고 앉았다.

디틀래':다 동 뒤틀리다. '디트다'의 피동. 【디틀래 ▶ 뒤틀려/디틀래이 ▶ 뒤틀리니】 ¶이적지 한 일이 한분 실수로 다 **디틀래** 뿌렀다. ▶ 이제까지 한 일이 한번 실수로 다 뒤틀려 버렸다.

디:팬 명 뒤편. ¶위선 이거마 보내고 남저지는 **디팬**에 보내머 댄다. ▶ 우선 이것만 보내고 나머지는 뒤편에 보내면 된다./핀지봉투지 **디팬**에 적해 있는 주소가 어디로 대 있노? ▶ 편지봉투 뒤편에 적혀 있는 주소가 어디로 되어 있나?

디헌드다 동 뒤흔들다. 마구 흔들다. 【디헌들어 ▶ 뒤흔들어/디헌드이 ▶ 뒤흔드니】 ¶아이고 그기이 한분 궁디이 **디헌드고** 댕기머 장태 사나들이 사죽을 몬 씬다. ▶ 아이고 그것이 한번 궁둥이 뒤흔들고 다니면 장터 사내들이 사족을 못 쓴다.

-딘기요 ㎝ -던가요. ¶노실띠기요, 두리꼴 시집 간 딸네 집도 다 팬**딘기요**? ▶ 노실댁, 두리골 시집 간 딸네 집도 다 편하던가요?/지난분에 사우 본다꼬 소문 들었는데 그래, 잔채는 잘 **했딘기요**? ▶ 지난번에 사위 본다고 소문 들었는데 그래, 잔치는 잘 했던가요? ☞ -든기요.

딘:지~이 명 등신(等神). '등시이(등신)'를 비꼬는 투로 하는 말. ¶일도 몬하매 **딘지이** 긑치 묵는 거는 넘으 배로 묵는다. ▶ 일도 못하며 등신 같이 먹는 것은 남의 배로 먹는다.

딧:감당 명 뒷감당. ¶**딧감당**은 우얄라꼬 저래 돈을 물 씨듯이 써 제끼노? ▶ 뒷감당은 어떻게 하려고 저렇게 돈을 물 쓰듯이 써 대나?/넘으 처자를 건디러 놓코

뒷감당을 우애 할라 카노? ▶ 남의 처녀를 건드려 놓고 뒷감당을 어떻게 하려고 하나?

딧:거름 명 뒷거름. 덧거름. ¶농사질 때 밑거름은 태비로 하고 딧거름은 금비(金肥)로 한다. ▶ 농사지을 때 밑거름은 퇴비(堆肥)로 하고 뒷거름은 화학비료(化學肥料)로 한다.

딧:걸음 명 뒷걸음. ¶저래 만날 딧걸음마 치다가 언제 넘들 따라갈라 카노? ▶ 저렇게 만날 뒷걸음만 치다가 언제 남들 따라가려고 하나?

딧:골목 명 뒷골목. ¶저 사람은 딧골목에서 빼가 굴근 사람이라 그 갈불 사람이 이 금방에는 없다. ▶ 저 사람은 뒷골목에서 뼈가 굵은 사람이라 그 가룰 사람이 이 근방에는 없다.

딧:구영 명 뒷구멍. ¶앞으로 버러들루고 딧구영으로 쇠 뿌리이 모애는 기이 없지. ▶ 앞으로 벌어들이고 뒷구멍으로 새어 버리니 모이는 것이 없지.

딧:글 명 뒷글. ¶가는 서당아서 심바람을 해 가매 딧글 배와도 보통핵고 나온 니보다 낫다. ▶ 개는 서당에서 심부름을 해 가며 뒷글 배워도 보통학교(普通學校) 나온 너보다 낫다.

딧:다리 명 뒷다리. '꼬투리'의 변말. ¶놀개이는 딧다리가 질어서 산을 오리기는 잘하는데 니러가기는 잘 몬한다. ▶ 노루는 뒷다리가 길어서 산을 오르기는 잘하는데 내려가기는 잘 못한다./그 사람한테 딧다리를 잽혔으이 지는 인자 몬 빠저나온다. ▶ 그 사람한테 꼬투리를 잡혔으니 저는 이제 못 빠져나온다.

딧:담 명 뒷담. ¶저임 묵고 흘 쫌 파다가 딧담 뭉개진 거를 곤처 놓자. ▶ 점심 먹고 흙 좀 파다가 뒷담 무너진 것 고쳐 놓자.

딧:대문 명 뒷대문(-大門). ¶대가리에 소똥도 앤 마른 기이 밤이머 딧대문 밲에서 휘빠람을 획획 불어 대고 있는 거 아이가. ▶ 대가리에 쇠딱지도 안 마른 것이 밤이면 뒷대문 밖에서 휘파람을 획획 불어 대고 있는 것 아닌가.

딧:도장 명 뒷도장(-圖章). '보증도장(保證圖章)'의 속된말. ¶사람을 믿고 딧도장 한분 잘 몬 찍었다가 생씩겁했다. ▶ 사람을 믿고 뒷도장 한번 잘 못 찍었다가 혼쭐났다.

딧:돈 명 뒷돈. 숨긴 돈. ¶노룸판에서 딧돈 대고 비싼 이자를 받어묵디이, 그거 아방신아! ▶ 놀음판에서 뒷돈 대고 비싼 이자를 받아먹더니, 그거 심통(샘통)이야!/당신 딧돈 모다는 거 이럴 때 씨지 언제 썰라 카노? ▶ 당신 숨긴 돈 모아놓은 것 이럴 때 쓰지 언제 쓰려고 하나?

딧:들

딧:들 명 뒷들. ¶그래도 딧들 논 닷 마지기 그기이 니 공부시기고 우리 공구들 묵애 살리는 택이다. ▶ 그래도 뒷들 논 다섯 마지기 그것이 너 공부시키고 우리 식구들 먹여 살리는 셈이다.

딧:등 명 뒷등. ¶이붓끼리 언제꺼정 딧등 돌리고 지낼래, 우리 한 잔하고 사우하자. ▶ 이웃끼리 언제까지 뒷등 돌리고 지날래, 우리 한 잔하고 화해하자.

딧:마당 명 뒷마당. ¶즈그는 아무 꺼도 없다고 엄살을 부래도 딧마당아 가머 나락섬을 산디미 끝치 처재 놓고 산다. ▶ 저희는 아무 것도 없다고 엄살을 부려도 뒷마당에 가면 볏섬을 산더미 같이 쟁여 놓고 산다.

딧:마루 명 뒷마루. ¶여기는 해가 들어서 덥니더. 시언한 딧마루에 가서 노시더. ▶ 여기는 해가 들어서 더워요. 시원한 뒷마루에 가서 놉시다. ☞ 딧청.

딧:말 명 뒷말. ¶손에 머를 쫌 쥐게 주디이라도 딧말이 없게 해라. ▶ 손에 뭣(뇌물 따위)을 좀 쥐여 주더라도 뒷말이 없게 해라.

딧:맛 명 뒷맛. ¶일을 해놓고 바도 딧맛이 떱떨하다. ▶ 일을 해놓고 보아도 뒷맛이 떨떠름하다./꾀양 삭훈 거, 새콤한 딧맛이 좋다. ▶ 고욤 삭힌 것, 새콤한 뒷맛이 좋다.

딧:맨도 명 뒷면도(-面刀). ¶이발소 가머 딧맨도를 잘해 돌라 캐라. ▶ 이발관에 가면 뒷면도를 잘해 달라 해라.

딧:머리 명 뒷머리. ¶딧머리 처렁처렁 땋고 댕길 때 놀로도 댕기지 시집가머 그럴 여가가 없다. ▶ 뒷머리 처렁처렁 땋고 다닐 때 놀러도 다니지 시집가면 그럴 여가가 없다./딧머리마 끌꼬 서있지 마고 할 말이 있으머 해바라. ▶ 뒷머리만 긁고 서있지 말고 할 말이 있으면 해보아라.

딧:모양 명 뒷모양(-模樣). ¶머라카기는 했지마는 고개를 탈어 미고 돌아서는 딧모양을 보머 한편으로는 앤 댔다. ▶ 나무라기는 했지만 고개를 틀어 메고 돌아서는 뒷모양을 보면 한편으로는 안 됐다.

딧:목 명 뒷목. ¶딧목에 종바리마한 혹뿔을 붙쳐 댕긴다. ▶ 뒷목에 종지만한 혹을 붙여 다닌다.

딧:문 명 뒷문(後門). ¶앞문으로 들어와서 딧문으로 빠저 나가 뿌렸시이 누가 알 꺼고? ▶ 앞문으로 들어와서 뒷문으로 빠져 나가 버렸으니 누가 알 건가?

딧:물 명 뒷물. ¶차물로 딧물하머 냉이 걸랜다. ▶ 찬물로 뒷물하면 냉이 걸린다.

딧:바꾸 명 뒷바퀴. ¶마차 딧바꾸에 덜컹덜컹 소리가 나는데 심보에 콩기름을 처야겠다. ▶ 마차 뒷바퀴에 덜컹덜컹 소리가 나는데 심보에 콜타르 기름을 처

야겠다.

딧:바라지 명 뒷바라지. ¶그 꼬꾸랍은 사람 딧바라지하는 기이 숩운 줄을 아나? ▶ 그 까다로운 사람 뒷바라지하는 것이 쉬운 줄을 아나? ☞ 디치닥거리.

딧:바람 명 뒤바람. 뒤에서 밀어주는 바람. ¶배가 딧바람을 받아서 잘도 나간다. ▶ 배가 뒷바람을 받아서 잘도 나간다.

딧:발질 명 뒷발길질. ¶당나구를 달몄나 딧발질을 와 하노? ▶ 당나귀를 닮았나 뒷발길질을 왜 하나?

딧:방 명 뒷방(-房). ¶늘그머 밸 수 있나, 딧방 차지하고 주는 대로 얻어묵고 잠이나 자지. ▶ 늙으면 별 수 있나, 뒷방 차지하고 주는 대로 얻어먹고 잠이나 자지.

딧:방틀 명 상여(喪輿)의 뒷방틀.

딧:밭 명 뒷밭. ¶올개 딧밭에 깨 숭군 거를 엄시미 털었다. ▶ 올해 뒷밭에 깨 심은 것을 제법 털었다.

딧:백 명 뒷벽(-壁). ¶여름에 샛바람 불머 딧백에 비가 치는데, 머로 가라야지. ▶ 여름에 동남풍 불면 뒷벽에 비가 치는데, 뭐로 가려야지.

딧:북 명 뒷북. ¶원임 지내가고 딧북을 치머 머하노? ▶ 원님 지나가고 뒷북을 치면 뭣하나?

딧:사람 명 뒷사람. 재취로 들어온 부인. ¶그 집에는 딧사람이 들어오고부텀 살림이 불 긑치 일었다. ▶ 그 집에는 뒷사람이 들어오고부터 살림이 불 같이 일었다.

딧:생각 명 뒷생각. ¶딧생각 해보머 느거매 살았을 때 더 잘 해줄 꺼를 카고 후해 댈 때가 있다. ▶ 뒷생각 해보면 너희 어머니 살았을 때 더 잘 해줄 것을 하고 후해 될 때가 있다.

딧:설거지 명 뒷설거지. ¶딧설거지는 내한테 매끼고 자네는 바아간에 보리 찍는데 가서 거들어라. ▶ 뒷설거지는 나한테 맡기고 자네는 방앗간에 보리 찧는데 가서 거들어라.

딧:소리 명 뒷소리. ¶사나가 할 말 있으머 아사리 하고 군지렁군지렁 딧소리를 하지 말어라. ▶ 사내가 할 말 있으면 솔직하게 하고 구시렁구시렁 뒷소리를 하지 마라.

딧:소문 명 뒷소문(-所聞). ¶딧소문을 들으이 그 양반은 여기 댕개가고 나서 신양으로 고상한다 카드라. ▶ 뒷소문을 들으니 그 양반은 여기 다녀가고 나서 신병으로 고생한다 하더라.

딧:손1 명 뒷손. 후손(後孫). ¶그 어런 딧손 중에는 정성판서가 둘이고 진사 참봉

딧:손2

만도 및이나 댄다. ▶ 그 어른 후손 중에는 정승판서가 둘이고 진사 참봉만도 몇이나 된다. ☞ 딧자손.
딧:손2 몡 뒷손(-手). ¶니캉 일하며 딧손이 맞어서 재미가 있다. ▶ 너랑 일하면 뒷손이 맞아서 재미가 있다.
딧:손3 몡 뒷손(-客). 뒤에 오는 손님. ¶딧손 대접할 임석을 따리 낭가 나야 한다. ▶ 뒷손님 대접할 음식을 따로 남겨 놓아야 한다.
딧:손까락질 몡 뒷손가락질. ¶넘한테 딧손까락질을 받을 일일랑 함부래 하지 마래이. ▶ 남한테 뒷손가락질을 받을 일일랑 아예 하지 마라.
딧:손질 몡 뒷손질. ¶하는 짐에 딧손질 쪼매마 더 하머 좋겠다. ▶ 하는 김에 뒷손질 조금만 더 하면 좋겠다.
딧:시중 몡 뒷시중. ¶시어런 딧시중 들어야지, 새참 해 대 야지, 아는 젖 돌라고 앙앙거리지, 농사철에는 손이 열 개라도 모지랜다. ▶ 시어른 뒷시중 들어야지, 새참 해 대야지, 애는 젖 달라고 앙앙거리지, 농사철에는 손이 열 개라도 모자란다.
딧:심 몡 뒷심. ¶딧심 좋기로 그 사람 당할 사람이 이 민에는 없다. ▶ 뒷심 좋기로 그 사람 당할 사람이 이 면(面)에는 없다.
딧:일 몡 뒷일(後事). ¶딧일 걱정을랑 하지 마고 잘 댕개온느라. ▶ 뒷일 걱정이랑 하지 말고 잘 다녀오너라.
딧:자손 몡 뒷자손(-子孫). 후손(後孫). ¶넘한테 마이 베풀머 딧자손들이 잘 풀랜다. ▶ 남한테 많이 베풀면 뒷자손들이 잘 풀린다. ☞ 딧손1.
딧:장 몡 뒷장. ¶책 딧장에 써논 거 잘 일거 보머 거기 다 적해 있다. ▶ 책 뒷장에 써놓은 것 잘 읽어 보면 거기 다 적혀 있다.
딧:전 몡 뒷전(-廛). ¶아이고 머라 카닌기요, 그 갑시머 도둑눔 딧전에 가도 그보다야 더 받니더. ▶ 아이고 뭣이라 합니까, 그 값이면 도둑놈 뒷전에 가도 그보다야 더 받아요.
딧:조사 몡 뒷조사(-調査). ¶그 사람 딧조사 해바야 문지 하나도 나올 꺼 없다. ▶ 그 사람 뒷조사 해봐야 먼지 하나도 나올 것 없다.
딧:주미~이 몡 뒷주머니. ¶당신은 내가 딧주미이 찬다 카지마는 어디 찰 돈이 있어야 차지. ▶ 당신은 내가 뒷주머니 찬다 하지만 어디 찰 돈이 있어야 차지.
딧:질 몡 뒷길. ¶딧질이 어더분데 빙판 조심해서 댕개라. ▶ 뒷길이 어두운데 빙판 조심해서 다녀라.

딧:짐 몡 뒷짐. ¶**딧짐** 지고 서있지 마고 팔 걷고 일을 거들어라. ▶ 뒷짐 지고 섰지 말고 팔 걷고 일을 거들어라.

딧:집 몡 뒷집. ¶**딧집** 마당 벌어진 데 솔뿔거지 걱정한다. ▶ 뒷집 마당 벌어진 데 솔뿌리 걱정한다.

딧:청 몡 뒷마루. ¶그 집 **딧청**에 걸터안저서 탁주 한 사바리 얻어 마시고 왔다. ▶ 그 집 뒷마루에 걸터앉아서 탁주 한 사발 얻어 마시고 왔다. ☞ 딧마루.

딩기다 동 댕기다. 【딩개 ▶ 댕겨/딩기이 ▶ 댕기니】¶부지깨이로 담뱃불 **딩기다**가 쇠미 끄실었다. ▶ 부지깽이로 담뱃불 댕기다가 수염 그슬었다./부쇠 이리 내나 바라, 담배불 **딩기구로**. ▶ 부시 이리 내놔 보아라, 담뱃불 댕기게./뿍띠기를 비배서 불을 딩개 바라. ▶ 북데기를 비벼서 불을 댕겨 보아라. ☞ 덩기다.

딩~이다 동 동이다. 【딩애 ▶ 동여/딩이이 ▶ 동이니】¶이 한 여름에 개좆대가리 들었는지 머리수건을 **딩애** 매고 꿍꿍 앓꼬 눕었드라. ▶ 이 한 여름에 감기 들었는지 머릿수건을 동여 매고 꿍꿍 앓고 누웠더라.

따가리 몡 딱지. 헌데가 말라붙은 조각. '처녀막(處女膜)'의 변말. ¶**따가리**가 진 데는 지절로 떨어질 때꺼정 가마이 나도야 한다. ▶ 딱지가 진 데는 저절로 떨어질 때까지 가만히 놔둬야 한다. ☞ 뜨꺼리.

따개'다 동 쪼개다. 【따개 ▶ 쪼개/따개이 ▶ 쪼개니】¶저임아래 등거리 한 평을 다 **따개고** 나이 어깨가 우리하다. ▶ 오전에 장작 한을 평을 다 쪼개고 나니 어깨가 얼얼하다. ※장작 쌓은 것 1평은 6자×6자이다. ☞ 또개다.

따겁다 혱 따갑다. 【따겁어 ▶ 따가워/따겁으이 ▶ 따가우니】¶목이 **따겁게** 주깨도 몬 알어듣는 거로 우야노? ▶ 목이 따갑게 지껄여도 못 알아듣는 것을 어떻게 하나?

따구 몡의 따위. ¶자네캉 나캉 한 마실에 사맨서 그 **따구** 일로 다타서야 대겠나? ▶ 자네랑 나랑 한 마을에 살면서 그 따위 일로 다퉈서야 되겠나?

따까'리 몡 뚜껑. '처녀막(處女膜)'의 변말. 【빙따까리 ▶ 병마개/집따까리 ▶ 지붕】¶오늘 날씨도 좋고 하이 장도가지 **따까리** 마카 열어 나라. ▶ 오늘 날씨도 좋고 하니 장독 뚜껑 모두 열어 놓아라./저 가시나 설치고 댕기는 거를 보머 **따까리** 띠진지 오래 댔을 끼이다. ▶ 저 계집애 설치고 다니는 것을 보면 뚜껑 떨어진 지 오래 되었을 것이다. ☞ 따깨이. 뚜께이. 뚜꾸바리. 뚜끼.

따깨~이 몡 뚜껑. ¶약빙 **따깨이**를 열어 노머 짐이 나간다. ▶ 약병 뚜껑을 열어 놓으며 김이 나간다. ☞ 따까리. 뚜께이. 뚜꾸바리. 뚜끼.

따ː나1

따ː나1 ㊡ 까지. 라도. 이라도. ¶내가 늙었다 캐도 아이따나 개안타. ▶ 내가 늙었다 해도 아직까지 괜찮다./시방꺼정 머 하고 아이따나 이라고 있노? ▶ 지금까지 뭘 하고 아직까지 이러고 있나?/나무지기 돈은 담에 받고 위선 이거따나 받을래? ▶ 나머지 돈은 다음에 받고 우선 이거라도(이것이라도) 받을래?

따나2 ㊡ 처럼. '마따나'의 준말. '말따나' 꼴로 쓰여 '말한바와 같이' 또는 '말한 것처럼'의 뜻이 됨. ¶니 말따나 심으로는 니 당할 사람이 없다. ▶ 너 말처럼 힘으로는 너 당할 사람이 없다./선상임 말씸따나 우리 아가 맴 하나는 착하니더. ▶ 선생님 말씀처럼 우리 애가 마음 하나는 착합니다.

따ː나3 ㊛ 딴은. '따나는'의 준말. ¶지 따나 잘 한다꼬 했는데 고마 실수를 했다. ▶ 제 딴은 잘 한다고 했는데 그만 실수를 했다./우리 따나 심대로 장만했는데 맴에 드실지 모리겠니더. ▶ 우리 딴은 힘대로 장만했는데 마음에 드실지 모르겠어요. ☞ 따나는.

따ː나는 ㊛ 딴은. ¶내 따나는 잘한다고 했는데 고마 잡쳤다. ▶ 내 딴은 잘한다고 했는데 그만 잡쳤다./지 따나는 잘났다 캐도 속을 들바더보먼 빈 양철통매로 소리마 요란하다. ▶ 제 딴은 잘났다 해도 속을 들여다보면 빈 깡통처럼 소리만 요란하다. ☞ 따나3.

따담ː다 ㊞ 다듬다. 【따담어 ▶ 다듬어/따담으이 ▶ 다듬으니】 ¶저임에는 치나물 따담어 삶어서 밥 싸 묵자. ▶ 점심에는 취나물 다듬어 삶아서 밥 싸 먹자./머리를 잘 따담어 노이 보기가 좋다. ▶ 머리를 잘 다듬어 놓으니 보기가 좋다. ☞ 따듬다.

따데ː미 ㊢ 다듬이. ¶집집마다 따데미 소리가 들래는 거 보이 맹절이 돌어오는 거 겉다. ▶ 집집마다 다듬이 소리가 들리는 것 보니 명절이 돌아오는 것 같다. ☞ 따디미.

따뜨무리ː하다 ㊟ 따스하다. ¶굼불을 땠디이 인자사 따뜨무리해지기 시작한다. ▶ 군불을 때었더니 이제야 따스해지기 시작한다.

따듬다 ㊞ 다듬다. 【따듬어 ▶ 다듬어/따듬으이 ▶ 다듬으니】 ¶한머러는 솥뚜비이를 디배 놓고 찌짐이를 붙치고 한머래는 대소구리에 콩지럼을 항그 뽑어 놓고 따듬고 있다. ▶ 한편에는 솥뚜껑을 뒤집어 놓고 부침개를 붙이고 한편에는 대소쿠리에 콩나물을 가득 뽑아 놓고 다듬고 있다. ☞ 따담다.

따디ː미 ㊢ 다듬이. 【따디미돌 ▶ 다듬잇돌/따디미방매이 ▶ 다듬잇방망이/따디미질 ▶ 다듬이질】 ¶요새는 천이 잘 꾸개지지 안코 전기달비가 있어서 팬치마는 인날 미영베나 삼베는 **따디미** 애하고는 몬 입었다. ▶ 요새는 천이 잘 구겨지지 않고 전기다리미가 있어서 편하지만 옛날 무명베나 삼베는 다듬이 안하고는 못 입었다. ☞ 따데미.

따디'미돌 몡 다듬잇돌. ¶횃대 굽은 거를 **따디미돌**로 한참 눌라 노머 반득어진 다. ▶ 횃대 굽은 것을 다듬잇돌로 한참 눌러 놓으면 반듯해진다.

따디'미방매~이 몡 다듬잇방망이. ¶**따디미방매이**를 들고 "저연, 죽애 뿌린다." 카매 설치이 그 등등하든 이펀네가 어디로 도망가서 숨어 뿐린 건지 얼골빤때 기도 앤 비드란다. ▶ 다듬잇방망이를 들고 "저년, 죽여 버린다." 하며 설치니 그 등등하던 여편네가 어디로 도망가서 숨어 버린 건지 얼굴짝도 안 보이더란다.

따디'미질 몡 다듬이질. ¶새답꺼리는 첨에 재물에 살머서 세답방매로 뚜디러 때를 빼고, 그 담에 말랐다가 풀을 묵애고 다시 말라서 **따디미질**을 해서 핀다. ▶ 빨랫감은 처음에 재물에 삶아서 빨래방망이로 두들겨 때를 빼고, 그 다음에 말렸다가 풀을 먹이고 다시 말려서 다듬이질을 해서 편다. ☞ 따딤질.

따딤질 몡 다듬이질. '따디미질'의 준말. ¶설 대목이 다처오머 집집이 똑딱거리 매 **따딤질**하는 소리가 들랜다. ▶ 설 대목이 닥쳐오면 집집이 똑딱거리며 다듬이 질하는 소리가 들린다.

따'러가다 동 따라가다. 【따러가 ▶ 따라가/따러가이 ▶ 따라가니】 ¶한참 가다가 쌍그랑길이 나오머 오른 쪽으로 **따러가**머 대니더. ▶ 한참 가다가 쌍갈랫길이나 오면 오른 쪽으로 **따러가**면 됩니다.

따'러붙다 동 따라붙다. 【따러붙어 ▶ 따라붙어/따러붙으이 ▶ 따라붙으니】 ¶행사가 범인으 디를 살굼살굼 **따러붙었**다. ▶ 형사가 범인의 뒤를 살금살금 **따라붙었**다.

따루:다 동 따르다. 【따러 ▶ 따라/따루이 ▶ 따르니】 ¶방촌네, 일로 와서 내 잔에 한 잔 **따루**고 자네도 한 잔 하게. ▶ 방촌네, 이리 와서 내 잔에 한 잔 **따르**고 자 네도 한 잔 하게. ※주막집에서 주모에게 하는 말.

따리 图 따로. ¶사돈집하고 정낭은 **따리** 떨어저 있어야 좋은 기이라. ▶ 사돈집과 변소는 **따로** 떨어져 있어야 좋은 것이라./몸은 같이 있어도 맴은 **따리** 있다. ▶ 몸은 같이 있어도 마음은 **따로** 있다.

따'리다1 동 달이다. 【따때 ▶ 달여/따리이 ▶ 달이니/따린 ▶ 달인】 ¶아범요 약 **따 린** 거 가저 왔니더. 마시고 주무시이소. ▶ 아버님 약 달인 것 가져 왔습니다. 마시고 주무십시오./우리 아범 약 한 재 **따때** 잡숫꼬 나디이 글역이 마이 좋아 지셨다. ▶ 우리 아버님 약 한 재 달여 잡수시고 나더니 근력이 많이 좋아지셨

따'리다2

다./그거 만은 거 같았는데 **따리**이 얼매 앤 대네. ▶ 그것 많은 것 같았는데 달이 얼마 안 되네. ☞ 딸기다.

따'리다2 동 따르다. 【따러 ▶ 따라/따리이 ▶ 따르니】 ¶내 모리게 디를 **따리**는 사람이 누군지 모리겠다. ▶ 나 모르게 뒤를 **따르**는 사람이 누군지 모르겠다./하도 나를 따려서 정이 들었다. ▶ 하도 나를 따라서 정이 들었다./사람을 저래 **따리**이 누가 앤 좋다 카겠노? ▶ 사람을 저렇게 **따르**니 누가 안 좋다 하겠나?

따리따리 명 따로따로. 아기를 어르면서 가르치는 몸놀림의 하나. 아기를 따로 세우며 하는 소리 또는 그 동작. ☞ 깟딱깟딱. 곤지곤지. 도레도레. 불매불매. 서마서마. 짝짝꿍. 잠잠. 쪼막쪼막. 진진. 헐래헐래.

따리살림 명 따로 살림. 따로 차려서 사는 살림.

따문 명의 때문. ¶니가 그캐도 누구 **따문**에 그마이 사는강 시상 사람이 다 아는 일인데. ▶ 네가 그렇게 말해도 누구 때문에 그만큼 사는가 세상 사람이 다 아는 일인데. ☞ 때민.

따배~이 명 똬리. ¶방구 밑에 독사 한 마리가 **따배이**를 틀고 치다보고 있다. ▶ 바위 밑에 독사 한 마리가 똬리를 틀고 쳐다보고 있다.

따배~이감 명 재래종 감의 일종. 똬리처럼 둥글넓적하게 생겼다 해서 붙은 이름.

따배~이굴 명 똬리굴. 중앙선 치악역과 반곡역 사이에 있는 나선상터널(1,975미터).

따베~이호:박 명 호박 종류의 하나. 생긴 모양이 똬리(따배이)처럼 둥글넓적하게 생겼다 해서 붙은 이름.

따불때'기 명 등교하는 도중에 옆길로 빠지는 행동. ¶자는 핵고 가다가 **따불때기** 해서 밴또마 까묵고 왔다가 즈가부지한테 디게 뚜디러 맞았단다. ▶ 쟤는 학교 가다가 옆길로 빠져서 도시락만 까먹고 왔다가 저의 아버지한테 되게 두들겨 맞았단다. ☞ 사부링.

따슬구:다 동 데우다. 따시게 하다. 【따슬가 ▶ 데워/따슬구이 ▶ 데우니】 ¶배탈 날라. 춥을 때는 술을 **따슬가** 묵어야 한다. ▶ 배탈 날라. 추울 때는 술을 데워 먹어야 한다./이 춥이에 찬밥 그대로 어애 묵노, 국이라도 **따슬가** 묵어야지. ▶ 이 추위에 찬밥 그대로 어떻게 먹나, 국이라도 데워 먹어야지. ☞ 뜨수다.

따:알 명 딸기. ¶**따알** 따묵으로 산에 갔다가 독새한테 물랠 뿐했다. ▶ 딸기 따먹으러 산에 갔다가 독사한테 물릴 뻔했다.

따재'비신 명 볏짚의 고갱이로 삼은 여자 짚신. 시집갈 때 꽃신은커녕 고무신도 신을 형편이 못되어 집신이지만 정성을 들여 삼아서 신기던 신이다. 보통 짚신은 네 날 박이인데 비하여 따재비신은 여섯 날 박이(날줄가닥)로 짜임새가 조밀하고 곱다.

딱나무 명 닥나무. 한지(韓紙)의 원료로 쓰임.

딱'분(-粉) 명 화장품의 일종으로 지금의 콤팩트 파우더와 비슷하다. 용기에 든 분가루를 솜에다 묻혀 딱딱 두들겨 발랐다 해서 붙은 이름. 일제 때 벽촌까지 들어간 서구식 화장품이라야 고작 딱분이나 동동구리무 따위였다. 화장품은 노점에서 팔기도 하지만 행상들이 지거나 이고 다니면서 팔았는데 주로 곡식과 바꿨다.

딱'뿌리 명 눈딱부리. '눈딱뿌리'의 준말. 눈알이 불거져 나온 사람.

딱조'~오 명 닥나무종이. ¶조오는 무신 조오 캐도 찔기기고 오래가기로 **딱조오** 마한 기이 없다. ▶ 종이는 무슨 종이 해도 질기기고 오래가기로 닥나무종이 만한 것이 없다.

딲다 동 닦다. 지우다. 씻다. 【딲어 ▶ 닦아/딲으이 ▶ 닦으니/딲는 ▶ 닦는】¶두디기 빨어 와서 방을 **딲어라**. ▶ 걸레 빨아 와서 방을 닦아라./고마 울고 누물을 딱어라. ▶ 그만 울고 눈물을 닦아라.

딸'기다 동 달이다. 【딸개 ▶ 달여/딸기이 ▶ 달이니】¶의원에 가서 약 맻 첩 저어서 **딸개** 묵애 바라 기운 채리지. ▶ 의원에 가서 약 몇 첩 지어서 달여 먹여 보아라 기운 차리지. ☞ 따리다1.

딸내'미 명 딸을 예쁘게 이르는 말. ¶배골 띠기 외동 **딸내미**는 인물 좋고 솜씨 좋다고 소문났드라. ▶ 배골(梨谷) 댁 외동 딸은 인물 좋고 솜씨 좋다고 소문났더라.

딸'따 동 닳다. 【딸거 ▶ 닳아/딸그이 ▶ 닳으니】¶지름 **딸는다**. 공부 고마하고 불 끄고 자그라. ▶ 기름 닳는다. 공부 그만하고 불 끄고 자거라./고무신 딸는다. 와라지 삼어서 신어라. ▶ 고무신 닳는다. 짚신 삼아서 신어라. ※지금 들으면 가당치도 않은 말이지만 그때 부모들 중 어떤 이들은 아이들 공부보다 기름 닳는 것과 고무신 닳는 것에 더 신경을 썼다./글때는 다 딸거 뿌린 몽땅연필을 춤을 문처 가매 씨다가 잡을 데가 없으며 심을 빼내서 대나무 꼬재이에 찌와서 썼다. ▶ 그때는 다 닳아 버린 몽당연필을 침을 묻혀 가며 쓰다가 잡을 데다 없으면 심을 빼내서 대나무 꼬챙이에 끼워서 썼다.

딸래'다 동 달리다. 힘이나 능력이 부치다. 【딸래 ▶ 달려/딸래이 ▶ 달리니】¶돈이 **딸래머** 돈에 마차서 사머 대지. ▶ 돈이 달리면 돈에 맞춰서 사면 되지./일손

딸리¹:다 이 딸래서 언제 끝낼지 모리겠다. ▶ 일손이 달려서 언제 끝낼지 모르겠다./금연에는 살림이 딸래이 혼사를 맹연으로 미루시더. ▶ 금년에는 살림이 달리니 혼사를 명년으로 미룹시다. ☞ 딸리다.

딸리²:다 图 달리다. 힘이나 능력이 부치다. 【딸래 ▶ 달려/딸리이 ▶ 달리니】¶대목에는 물건이 마이 딸린다. ▶ 대목에는 물건이 많이 달린다./심이 딸래서 상대가 앤 대겠다. ▶ 힘이 달려서 상대가 안 되겠다. /담 장날꺼정 지름이 딸리이 애께 써라. ▶ 다음 장날까지 기름이 달리니 아껴 써라./지 심이 딸리이 깡다구로 대든다. ▶ 제 힘이 부치니 깡다구로 대든다. ☞ 딸래다.

딸아: 图 딸아이. 딸애. 계집애. ¶자가 누구 집 딸아인지, 조런 아 매느리로 데래 가는 집은 복도 만켔다. ▶ 쟤가 누구 집 딸애인지, 조런 애 며느리로 데려가는 집은 복도 많겠다. ☞ 가시나. 기집아. 여식아. 인아. 지집아.

땀'떼기 图 땀띠. ☞ 땀띠기.

땀'띠기 图 땀띠. ¶알라 궁디이에 땀띠기 난 데다 머를 쫌 발러 조야겠다. ▶ 애기 궁둥이에 땀띠 난 데다 뭘 좀 발라 주어야겠다. ☞ 땀떼기.

땅따묵기 图 땅따먹기놀이. 사금파리(팅글레)를 손가락으로 퉁겨서 땅 따먹기를 하는 놀이로, 퉁기는 사금파리가 금에 걸치거나 밖으로 벗어나면 무효가 되고 금 안으로 들면 거기를 기준으로 하여 한 뼘 둘레의 범위의 땅을 얻는다. 돌차기가 서서 하는 남자애들의 놀이라면 앉아서 하는 땅따먹기놀이는 여자애들의 놀이이다.

때1 图 때. '끼니때'의 준말. ¶때는 밥 때가 댔는데 때꺼리가 있어야 때를 때우재. ▶ 때는 끼니때가 되었는데 뗏거리가 있어야 때를 때우지.

때2 图 잔디. '때딴지'의 준말. ¶내연 청명한식에는 어매 미에 때를 입해야겠는데 그때 행핀이 돌어갈지 모리겠다. ▶ 내년 청명한식에는 어머니 묘에 잔디를 입혀야겠는데 그때 형편이 돌아갈지 모르겠다.

때그랄 团 제기랄. 원망스럽거나 불평스러울 때 하는 말. ¶때그랄, 그눔이 넘으 일을 모지리 배래 났네. ▶ 제기랄, 그놈이 남의 일을 모조리 버려 놓았네. ☞ 때기랄. 지깨. 지꺼리. 지끼미.

때:기1 图 딱지. ¶보래이, 니캉 나캉 때기 처서 따묵기 하자. ▶ 봐라, 너랑 나랑 딱지 쳐서 따먹기 하자./자는 지 책장을 뜯어서 때기를 맨들었다가 선상임한테 씩겁했다. ▶ 쟤는 제 책장을 뜯어서 딱지를 만들었다가 선생님한테 혼났다. ※ 요즘처럼 예쁜 그림이 인쇄된 딱지가 아니라 헌책이나 공책 따위를 찢어서 접

어 만든 것이다. 놀이방법은 상대의 딱지에다 발을 붙이고 쳐서 뒤집어 먹는다. 꾀가 많은 애들은 저고리소매로 바람을 슬쩍 일으켜 상대의 딱지를 뒤집기도 한다. ☞ 때기장.

때:기2 몡 태. 벼논에 날아드는 참새를 폭음을 내어 쫓는 도구. ¶가실이며 들에 여기저기서 때기를 치매 새를 쫓는데, 때기는 짚을 댕기매로 댕기고 꼬랑지에 삼을 가늘게 꽈서 이섰다. 이거를 칠 때는 손잽이를 잡고 맻 분 휘돌리다가 단숨에 거꾸로 낚아채머 꼬리에서 '딱' 하는 소리가 난다. ▶ 가을이면 들에 여기저기서 태를 치며 참새를 쫓는데, 태는 짚을 댕기처럼 땋고 꼬리에 삼을 가늘게 꼬아서 이었다. 이것을 칠 때는 손잡이를 잡고 몇 번 휘돌리다가 단숨에 거꾸로 낚아채면 꼬리에서 '딱' 하는 소리가 난다.

때기랄 캄 제기랄. 원망스럽거나 불평을 할 때 하는 말. ☞ 때그랄. 지깨. 지꺼리. 지끼미.

때기'장 몡 딱지. ¶달러드는 눔을 **때기장**을 치드시 쳐 뿌렀다. ▶ 달려드는 놈을 딱지를 치듯이 쳐 버렸다. ☞ 때기1.

때기'장치다 동 메어치다. 【때기장처▶ 메어쳐/때기장치이▶ 메어치니】¶달러드는 거를 매가지를 잡고 "에라이 니끼미!" 카매 그대로 **때기장처** 뿌리이 개구리 긑치 퍼저 뿌리드라. ▶ 달려드는 것을 모가지를 잡고 "에라 빌어먹을!" 하며 그대로 메어쳐 버리니 개구리 같이 퍼져 버리더라.

때꾹'지 몡 땟국. ¶방바닥을 너무 오래동안 앤 딲어서 **때꾹지**가 더덕더덕한다. ▶ 방바닥을 너무 오랫동안 안 닦아서 **땟국**이 더덕더덕한다.

때:눔 몡 되놈. '인색한 사람'의 속된말. '중국인'의 낮춤말.

때딴'지 몡 잔디. ¶장연에 산소에 입핸 **때딴지**에 잡풀이 엄시미 났드라. ▶ 작년에 산소에 입힌 잔디에 잡풀이 제법 났더라. ☞ 때2.

때'래조지다 동 요절내다. 때려서 혼내다. '때리다'의 센말. ¶말을 잘 앤 듣는 눔은 **때래조저야** 정신을 채린다. ▶ 말을 잘 안 듣는 놈은 요절내야 정신을 차린다.

때'래죽이다 동 때려죽이다. 【때래죽애▶ 때려죽여/때래죽이이▶ 때려죽이니】¶아이고 이 **때래죽일** 눔 바라. 도독꼬내기 긑치 밤중에 나와서 우리 논 물꼬 막어 뿌리고 즈그 논에 끌어다 대 뿌렀다. ▶ 아이고 이 **때려죽일** 놈 봐라. 도둑고양이 같이 밤중에 나와서 우리 논 물꼬 막아 버리고 저희 논에 끌어다 대 버렸다. ☞ 물쌈.

때'래치우다 동 때려치우다. '치우다'의 센말. 【때래치와▶ 때려치워/때래치우이

때민

▶ 때려치우니】¶장사고 머고 때래치우고 고양 내래가서 양친부모 모시고 농사일이나 거드고 사자. ▶ 장사고 뭣이고 때려치우고 고향 내려가서 양친부모 모시고 농사일이나 거들고 살자.

때민 몡의 때문. ¶다 느그들 때민에 이런 고상도 참꼬 하는 거지 누구 때민에 이 고상하겠노? ▶ 다 너희들 때문에 이런 고생도 참고 하는 것이지 누구 때문에 이 고생하겠나? ☞ 따문.

때방정 몡 심한 방정. ¶저 칭구가 때방정을 떨 때는 아무도 몬 말린다. ▶ 저 친구가 심하게 방정을 떨 때는 아무도 못 말린다.

때ː죽이다 동 때려죽이다. '때래죽이다'의 준말. 【때죽애 ▶ 때려죽여/때죽이이 ▶ 때려죽이니】.

땐땐ː하다 혱 땡땡하다. 탄탄하다. ¶저 집 매느리으 배가 땐땐해진 거를 보이 달이 찼는갑다. ▶ 저 집 며느리의 배가 땡땡해진 것을 보니 달이 찼는가보다.

땡ː기다 동 당기다. 【땡개 ▶ 당겨/땡기이 ▶ 당기니】¶봉칠이 자지는 땡기머 늘어지는 고무자지, 노머 오구러지는 자래 자지다. ▶ 봉칠이 자지는 당기면 늘어지는 고무자지, 놓으면 오그라지는 자래 자지다. ※어린이 여럿이 합창을 하면서 동무를 놀리는 말./밀고 땡기고 할 꺼 없이 펏떡 오당가리 내 뿌러라. ▶ 밀고 당기고 할 것 없이 얼른 결단 내어 버려라./인물은 그래 없어도 우짠지 인연이 댈라 카이 맴이 땡개 가드라. ▶ 인물은 그렇게 없어도 어쩐지 인연이 되려니 마음이 당겨 가더라.

땡ː깡 몡 행패(行悖). 지랄병. 간질병(癎疾病). 囧'てんかん(癲癇)'. ¶저눔으 빙이 또 도졌나, 노룸하고 돈 꼴박기마 하머 집에 들어와서 땡깡을 지긴다. ▶ 저놈의 병이 또 도졌나, 노름하고 돈 잃기만 하면 집에 들어와서 행패를 부린다./하든 땡깡도 멍시기 깔어 주머 끈친다. ▶ 하던 지랄병도 멍석 깔아 주면 그친다.

땡ː깡재~이 몡 행패꾼(行悖-). ¶하리에도 몇 분씩 땡깡재이들이 찾어와서 담뱃갑 도고 술갑 도고 캐 사서 이 골목에서 장사도 몬 해 묵겠다. ▶ 하루에도 몇 번씩 행패꾼들이 찾아와서 담뱃값 다오 술값 다오 해 대서 이 골목에서 장사도 못 해 먹겠다.

땡뱉 몡 땡볕. ¶땡뱉에 얼골 끄실라, 보리짚 모자를 씨고 나가자. ▶ 땡볕에 얼굴 그슬라, 보릿짚 모자를 쓰고 나가자./바래는 비는 애 오고 쇠도 녹홀 드시 땡뱉마 내리쫀다. ▶ 바라는 비는 안 오고 쇠도 녹일 듯이 땡볕만 내리쪼인다.

땡삐ː 몡 땅벌. 몸집이 크고 독침이 강하여 성질이 표독한 사람을 여기에 비유한다. ¶그 땡삐하고 쌈해서 이 마실에는 당할 사람이 없다. ▶ 그 땅벌하고 싸움해서 이 마을에는 당할 사람이 없다./말을 해도 땡삐 글치 톡톡 쑤기마 한다. ▶ 말을 해도 땅벌 같이 톡톡 쏘기만 한다.

땡'전(-錢) 명 푼전(-錢). '별 가치 없는 돈'의 뜻. ¶내 주미에는 땡전 한 푼도 없다. ▶ 내 주머니에는 푼전 한 푼도 없다. ※무일푼이라는 말./땡전어치도 앤 댄다. ▶ 푼전값어치도 안 된다. ※아무런 가치가 없다는 말.

떠느러가다 동 떠내려가다. 【떠느러가 ▶ 떠내려가/떠느러가이 ▶ 떠내려가니】¶사라호 때는 마실 앞 방천 뚝이 터저서 넝굼밭이 물에 장기고 가축도 둥둥 떠느러가고 했다. ▶ 사라호 때는 마을 앞 방천 둑이 터져서 능금밭이 물에 잠기고 가축도 둥둥 떠내려가고 했다.

떠댕기다 동 떠다니다. 【떠댕개 ▶ 떠다녀/떠댕기이 ▶ 떠다니니】¶육이오 사변 때는 하늘에서 정찰기가 삐라를 뿌리매 떠댕기고 번개 그튼 호주비행기도 쌩쌩 날러댕갰다. ▶ 육이오 사변 때는 하늘에서 정찰기가 삐라를 뿌리며 떠다니고 번개 같은 제트기도 쌩쌩 날아다녔다.

떠돌어댕기다 동 떠돌아다니다. 【떠돌어댕개 ▶ 떠돌아다녀/떠돌어댕기이 ▶ 떠돌아다니니】¶절멌을 때는 조선팔도를 떠돌어댕기매 좋다카는 데는 다 가보고 했는데 인자 늘꼬 빙들어서 꼼짝도 몬하고 있다. ▶ 젊었을 때는 조선팔도를 떠돌아다니며 좋다하는 데는 다 가보고 했는데 이제 늙고 병들어서 꼼짝도 못하고 있다.

떠라':뿌리다 동 놓쳐버리다. 떨쳐버리다. 【떠라뿌러 ▶ 놓쳐버려/떠라뿌리이 ▶ 놓쳐버리니】¶늦잠이 들어서 고마 갱주 가는 첫 빠수를 떠라뿌렀다. ▶ 늦잠이 들어서 그만 경주 가는 첫 버스를 놓쳐버렸다. ☞ 떨가뿌리다.

떠리'미 명 떨이. 마지막으로 터는 물건. ¶해도 다 댔고 하이 남저지는 떠리미로 헐케 넝기고 가시더. ▶ 해도 다 되었고 하니 나머지는 떨이로 싸게 넘기고 갑시다.

떠물 명 뜨물. ¶떠물 마시고 주정한다. ▶ 뜨물 마시고 주정한다./떠물에도 알라가 든다. ▶ 뜨물에도 애기가 든다.

떠미:다 동 떠밀다. 【떠밀어 ▶ 떠밀어/떠미이 ▶ 떠미니】¶디에서 떠미지 마고 순번 올 때꺼정 바락고 있으이소. ▶ 뒤에서 떠밀지 말고 순번 올 때까지 기다리고 있으세요.

떠이불'키다 동 떠 일으키다. 노출(露出)시키다. 【떠이불캐 ▶ 떠일으켜/떠이불키이 ▶ 떠일으키니】¶지낸 일을 시삼시럽게 떠이불캐서 시끄럽게 맨드지 마고

떠지:다

덮어놓는 기이 좋다. ▶ 지난 일을 새삼스럽게 떠 일으켜서 시끄럽게 만들지 말고 덮어놓는 것이 좋다.

떠지:다 동 흙 따위를 퍼붓다. ¶우리 어릴 쩍에는 안덤 고개 넘어갈 때는 호가지가 나와서 흘을 떠지고 한다 캐서 살구나무 짝대기를 들고 댕겠다. ▶ 우리 어릴 적에는 안덤(지명) 고개 넘어갈 때는 개호주가 나와서 흙을 퍼붓고 한다 해서 살구나무 작대기를 들고 다녔다. ※개호주는 살구나무 작대기를 싫어하고 귀신은 복숭아 작대기를 피한다고 한다.

떡가래~이 명 떡가래. ¶군대 가서 전사한 재기가 나무짐 지고 장아 가는데 딸아 가서 갱찰서 담 밑에서 사주든 떡가래이 맛이 우애 그래 좋았든지. ▶ 군대 가서 전사한 재기(이름)가 나뭇짐 지고 장에 가는데 따라가서 경찰서 담 밑에서 사주던 떡가래 맛이 어떻게 그렇게 좋았던지.

떡'광(-狂) 명 광태(狂態). 미친 짓. ¶술이 쳐서 아까꺼정 떡광을 지기다가 인자사 잠이 들었는지 잠잠하다. ▶ 술이 취해서 아까까지 광태를 부리다가 이제야 잠이 들었는지 잠잠하다.

떡뚜끼'비 명 떡두꺼비. ¶저 이핀네가 아들을 몬 나아서 기가 죽어 있다가 떡뚜끼비 그튼 아들을 떡 놓고는 기가 살어서 즈그 남편 보고도 큰소리를 쾅쾅 친다. ▶ 저 여편네가 아들을 못 낳아서 기가 죽어 있다가 떡두꺼비 같은 아들을 떡 낳고는 기가 살아서 제 남편 보고도 큰소리를 쾅쾅 친다.

떡보리 명 설익은 보리 알갱이. 늦은 봄 양식이 달리기 시작하면 주부들은 초조해지기 시작한다. 몇 줌의 쌀에다 나물 나부랭이를 섞어 죽을 끓이며 버텨 보지만 어림도 없다. 이 때 설익은 보리를 베어다가 비벼 털어서 솥에다 덖고 말려서 디딜방아에 찧어서 양식에 보탠다. ☞ 찐보리. 풋바심이.

떡시리 명 떡시루. 떡이나 쌀을 찔 때 쓰는 둥근 오지그릇. 바닥으로 김이 스며들 게끔 예닐곱 개의 구멍이 뚫렸있다. ¶정지이 떡시리 올래논 거 익었는강 재까치로 찔러보고 익었으며 사랑아 한 접시기 갖다 드래라. ▶ 부엌에 떡시루 올려놓은 것 익었는지 젓가락으로 찔러보고 익었으면 사랑에 한 접시 갖다 드려라.

떡암반 명 떡판(-板). 안반. 떡을 치거나 국수를 밀 때 받히는 반(盤). ¶재수 좋은 눔은 엎어저도 떡암반에 엎어지는데, 재수가 없으며 디로 넘어저도 코가 깨진다. ▶ 재수 좋은 놈은 엎어져도 떡판에 엎어지는데, 재수가 없으면 뒤로 넘어져도 코가 깨진다. ☞ 암반.

떡판 [명] 기름틀의 떡판. 기름틀을 장치할 때 장나무 위에 걸친다. ☞ 지름틀.

떤'지다 [동] 던지다. 【떤저 ▶ 던져/떤지이 ▶ 던지니】 ¶얼매나 덥었든지 누가 보는 줄도 모리고 옷을 홀딱 벗어 떤지고 물에 풍덩 들어갔다. ▶ 얼마나 더웠던지 누가 보는 줄도 모르고 옷을 홀랑 벗어 던지고 물에 풍덩 들어갔다./감나무에 돌삐이 떤지는 눔이 어떤 눔이고, 지내가는 사람 다치머 우짤라 카노? ▶ 감나무에 돌멩이 던지는 놈이 어떤 놈이지, 지나가는 사람 다치면 어쩌려고 하나?

떨가':뿌리다 [동] 떨어뜨려버리다. 놓쳐버리다. 【떨가뿌러 ▶ 놓쳐버려/떨가뿌리이 ▶ 놓쳐버리니】 ¶디로 처지는 사람들은 그양 떨가리뿌리고 우리끼리 가자. ▶ 뒤로 처지는 사람들은 그냥 떨어뜨려버리고 우리끼리 가자. ☞ 떠라뿌리다.

떨구':다 [동] 떨어뜨리다. 놓치다. 【떨가 ▶ 떨어뜨려(놓쳐)/떨구이 ▶ 떨어뜨리니(놓치니)】 ¶손에 든 거 떨굴라 조심해라. ▶ 손에 든 것 떨어뜨릴라 조심해라./소 몰고 오다가 이까리를 떨가 뿌리고 식겁을 했다. ▶ 소 몰고 오다가 고삐를 놓쳐 버리고 혼이 났다.

떨:따 [형] 떫다. 【떨버 ▶ 떫어/떨분 ▶ 떫은/떨부이 ▶ 떫으니】 ¶요새는 입맛이 떨버 죽겠는데 머를 묵으머 입맛이 돌어오까? ▶ 요사이는 입맛이 떫어 죽겠는데 뭐를 먹으면 입맛이 돌아올까?/떨분 감은 삭하 묵으머 대지마는 사람 떨부이 앤 대겠드라. ▶ 떫은 감은 삭혀 먹으면 되지만 사람 떫으니 안 되겠더라.

떨주^다 [동] 떨어뜨리다. 빠뜨리다. 뒤처지다. 【떨자 ▶ 떨어뜨려/떨주이 ▶ 떨어뜨리니】 ¶보리 영글 때가 아이 멀었는데 벌써로 양식을 떨주머 우야노? ▶ 보리 영글 때가 아직 멀었는데 벌써 양식을 떨어뜨리면 어떻게 하나?/그 집에는 어런 때민에 괴기반찬 떨주머 앤 댄다. ▶ 그 집에는 어른 때문에 고기반찬 빠뜨리면 안 된다./디처지는 사람은 떨자 뿌리고 우리찌리마 가자. ▶ 뒤처지는 사람은 떨어뜨려 버리고 우리끼리만 가자.

떨지근:하다 [형] 떨떠름하다. 태도나 표정이 어색하다. ¶홍시가 덜 익어서 아이 떨지근하다. ▶ 홍시가 덜 익어서 아직 떨떠름하다./떨지근한 모양을 하고 서있지 마고 여기 안저 바라. ▶ 떨떠름한 표정을 하고 서있지 말고 여기 앉아 보아라. ☞ 떱떨하다.

떨주':다 [동] 떨어뜨리다. 빠뜨리다. 뒤처지다. 【떨자 ▶ 떨어뜨려/떨주이 ▶ 떨어뜨리니】 ¶보리 영글 때가 아이 멀었는데 벌써로 양식을 떨주머 우야노? ▶ 보리 영글 때가 아직 멀었는데 벌써 양식을 떨어뜨리면 어떻게 하나?/그 집에는 어런 때민에 괴기반찬 떨주머 앤 댄다. ▶ 그 집에는 어른 때문에 고기반찬 빠뜨리

떱떨:하다

면 안 된다./디처지는 사람은 떨자 뿌리고 우리찌리마 가자. ▶ 뒤처지는 사람은 떨어뜨려 버리고 우리끼리만 가자.

떱떨:하다 휑 떨떠름하다. 약간 떫다. ¶감 맛이 아이 떱떨하다. ▶ 감 맛이 아직 떨떠름하다. ☞ 떨지근하다.

또개'다 통 쪼개다. 가르다. 【또개 ▶ 쪼개어/또개이 ▶ 쪼개니】 ¶그거를 또개고 자시고 할 꺼 없이 한 집이나 지대로 묵구로 다 가주가그라. ▶ 그것을 쪼개고 자시고 할 것 없이 한 집이나 제대로 먹게끔 다 가져가거라./싸리나무 또개서 윷가락 맨들어서 술내기 윷이나 한 판 노지. ▶ 싸리나무 쪼개어서 윷가락 만들어서 술내기 윷이나 한 판 놀지. ☞ 따개다.

또'도 아이다 판 별것도 아니다(못되다). 아무것도 아니다(못되다). 윷놀이에서 최하위 점수인 '또(도)'도 아니라면 정말 아무 것도 아니다. ¶또도 아인 기이 까부고 있다. ▶ 별것도 아닌 것이 까불고 있다.

또로 조 더러. '에게' 또는 '보고'의 뜻을 나타내는 부사격조사. ¶가아또로 니가 그카머 몬씬다. ▶ 걔더러 너가 그러면 못쓴다./내가 속상하는 거를 누구또로 말을 다 하겠노? ▶ 내가 속상하는 것을 누구더러 말을 다 하겠나?/니또로 내가 맻 분이나 그캤는데 아이 모리겠나? ▶ 너에게 내가 몇 번이나 그랬는데 아직 모르겠나?/지또로 손대지 마라꼬 맻 분 캣는데 또 일을 조저 났네. ▶ 제보고 손대지 말라고 몇 번 말했는데 또 일을 망쳐 놓았네. ☞ 더로2.

똑똑자:반 명 모자반. 모자반의 꽃 부분을 씹을 때 똑똑 소리가 난다해서 붙은 이름. ¶똑똑자반은 갖가지 양염을 해서 문처 묵어야 맛이 난다. ▶ 모자반은 갖가지 양념을 해서 무쳐 먹어야 맛이 난다. ☞ 마자반.

똑:바리 閈 똑바로. ¶시상이 험할수로 지 앞을 똑바리 보고 살아야 한다. ▶ 세상이 험할수록 제 앞을 똑바로 보고 살아야 한다.

똑:바리다 휑 똑바르다. ¶돈은 없어도 자석 가정고육 하나는 똑바리게 시갰네. ▶ 돈은 없어도 자식 가정교육 하나는 똑바르게 시켰네.

똘:똘: 갑 돼지를 부르는 소리.

똥거럼 명 똥거름. 인분(人糞). ¶호박구디이에다 똥거럼을 한분 해 노머 가실이 대머 아 몸띠이마한 누렁디이 서너 등거리는 딴다. ▶ 호박구덩이에다 똥거름을 한번 해 놓으면 가을이 되면 애 몸뚱이만한 누렁호박 서너 덩어리는 딴다.

똥굴배~이 명 동그라미. ¶이분 시험에 똥굴배이를 맻 개 받았노? ▶ 이번 시험에 동그라미를 몇 개 받았나? ☞ 공똘배이.

똥'글 몡 한글을 낮잡아 이르는 말. 한문을 '진서(眞書)'라 이르고 한글은 '언문(諺文)'이라 했지만, '상눔글', '똥글', '정낭글'이라며 아주 낮추어 말하기도 했다. 어느 날 아침, 세종 임금이 측간에서 볼일을 보고 있는데, 그때 마침 삼각산 기슭에서 꿩 우는 소리가 들렸다. 호기심 많은 왕이 저 '꿩꿩' 하는 소리를 글로 어떻게 쓸 것인가 하고 궁리를 해보지만 한문으로는 불가능하다는 것을 깨달았다. 그래서 왕은 막대기 하나를 꺾어 들고 정낭 바닥에다 이래저래 끼적여 보고 28자를 만들어 "느그 불쌍한 백성들은 이 똥글이나 써묵어라."고 했단다.〈고경, 鄭敏載〉※ 정인지(鄭麟趾)의 훈민정음(訓民正音) 서문에서 '자운(字韻)은 청탁(淸濁)을 능히 분별할 수가 있고… 비록 바람소리와 학의 울음이든지, 닭울음소리나 개 짖는 소리까지도 모두 표현해 쓸 수가 있게 되었다'라고 했다. ☞ 어문. 정낭글.

똥'깔보 몡 매춘부. 내국인을 상대하는 여자. '똥'+日 'ヵ-ル(girl)'+'보(겁보, 느림보, 뚱보)'. ¶똥깔보 그튼 연이 아무 사나한테나 궁디이를 내린다. ▶ 매춘부 같은 년이 아무 사내한테나 궁둥이를 내린다. ☞ 깔보. 양깔보.

똥꾸렁'내 몡 구린내. ¶저 사람한테서 똥꾸렁내가 쪼매 나기는 나는 거 그튼데 학실하게 잽히는 기이 있어야지 아이. ▶ 저 사람한테서 구린내가 조금 나기는 나는 것 같은데 확실하게 잡히는 것이 있어야지 아직. ☞ 똥꿀래.

똥꾸무 몡 똥구멍. '항문'의 낮춤말. ¶똥 누고 똥꾸무 앤 딲은 거맨대로 찝찝하다. ▶ 똥 누고 똥구멍 안 닦은 것처럼 꺼림칙하다. ☞ 똥꾸영.

똥꾸바리 몡 엉덩이. '항문부분'의 낮춤말. ¶그눔으 자석이 자꼬 찾어와서 구찮케 하머 똥꾸바리를 들고차서 내쫓어 뿌러라. ▶ 그놈의 자식이 자꾸 찾아와서 귀찮게 하면 엉덩이를 들고차서 내쫓아 버려라. ☞ 똥짜바리. 미자바리.

똥꾸영 몡 똥구멍. '항문'의 낮춤말. ☞ 똥꾸무.

똥꿀래 몡 구린내. '똥꾸렁내'의 준말. ¶사람이 곱으머 그 사람 똥꿀래도 좋단다. ▶ 사람이 고우면 그 사람 구린내도 좋단다.

똥뀌:다 동 방귀를 뀌다. ¶앗따 저거 바라. 똥뀐 눔이 성낸다. ▶ 아따 저것 보아라. 방귀뀐 놈이 화낸다.

똥독(-毒) 몡 똥 속에 있는 독기(毒氣). 똥을 접촉한 부분이 가렵고 오돌오돌하게 부르튼다. ¶농사를 질라카머 일상 똥을 떡 주무리드시 하고 살기 때민에 똥독에 오리는 기이 드문 일이 아이다. ▶ 농사를 지으려면 일상 똥을 떡 주무르

똥때가'리

듯이 하고 살기 때문에 **똥독**에 오르는 것이 드문 일이 아니다.

똥때가'리 몡 똥처럼 더러운 것. ¶**똥때가리** 그튼 눔이 밸 지랄을 다 하고 있네. ▶ 더러운 놈이 별 지랄을 다 하고 있네.

똥'떡 몡 똥통에 빠졌을 때 양법으로 해 먹이는 떡. 똥떡은 보통 기장으로 밥을 지어 쩧어서 콩고물을 묻힌 것이다. 농촌 측간은 대개 구덩이를 파거나 큰 독을 묻고 그 위에 두 개의 통나무나 널판으로 된 발판을 걸쳤기 때문에 발을 헛디며 빠지는 경우가 종종 있다.

똥물바가이 몡 똥오줌을 푸거나 뿌릴 때 사용하는 바가지. ☞ 똥물바가치.

똥물바가치 몡 똥오줌을 푸거나 뿌릴 때 사용하는 바가지. ☞ 똥물바가이.

똥'물통 몡 똥통. ¶인날 **똥물통**에 빠지이 똥독을 빼는 양밥이라 카매 누런 지정 밥으로 똥떡을 만들어 주든데 와 그라는지 몰래. ▶ 옛날 **똥통**에 빠지니 똥독을 빼는 양법이라면서 누런 기장밥으로 똥떡을 만들어 주든데 왜 그러는지 몰라.

똥빠구리 몡 항문으로 하는 음행. ¶저눔은 **똥빠구리**해서 나왔는지 하는 짓마중 더럽다. ▶ 저놈은 항문으로 해서 나왔는지 하는 짓마다 더럽다. ☞ 디치기2.

똥'빠지다 혱 '힘겹다'의 속된말. ¶저 일을 혼차서 다 할라카머 **똥빠질** 끼이다. ▶ 저 일을 혼자서 다 하려면 **힘겨울** 것이다./**똥바지게** 일해서 자석 밑 대니라꼬 옷 해 입고 머하고 할 여력이 있었나? ▶ 힘겹게 일해서 자식 밑 대느라고 옷 해 입고 뭣하고 할 여력이 있었나? ☞ 좆빠지다.

똥장구 몡 똥오줌을 담는 장군. ¶**똥장구**를 지고 장아 간다. ▶ **똥장군**을 지고 장에 간다. ☞ 똥장분.

똥장분 몡 똥오줌을 담는 장군. ☞ 똥장구.

똥조~오 몡 '재생(再生) 종이'의 속된말. 해방 전후로 생산되던 재생 종이로, 질이 거칠고 색깔이 누르께하다고 해서 붙은 이름이다. 이 종이로 만든 공책도 다 쓰고 나면 붓글씨 연습을 하고, 새카맣게 글씨로 채워지면 맹물을 찍어서 글씨 연습을 한다. 그리고 그것도 버리지 않고 모아 두었다가 물에다 불려 찧어서 장판을 대신하여 방바닥을 바른다.

똥짜바'리 몡 '항문부분'의 낮춤말. ☞ 똥꾸바리. 미자바리.

똥'칼 몡 손바닥을 마주붙이고 남의 항문을 찌르는 장난. ¶디로 모리게 살살 가서 **똥칼**을 묵앴다. ▶ 뒤로 모르게 살금살금 가서 **똥칼**을 먹였다.

똥파래~이 몡 똥파리. '지프차'의 속된말. 해방이 되고 처음 미군이 상륙했을 때, 신작로 위로 '윙-', 소리를 내며 쏜살같이 달려가는 자그마한 자동차가 마치 똥파리가 날아가는 것처럼 보였다.

뙤양뱉 몡 뙤약볕. ¶여름 내 뙤양뱉에 끄실어서 얼골이 새카맣다. ▶ 여름 내 뙤약볕에 그슬어서 얼굴이 새카맣다.

뚜굴뚜굴 뷔 때굴때굴. ¶고심도치가 위밭에 들어가서 뚜굴뚜굴 구불어댕기맨서 위밭을 다 조진다. ▶ 고슴도치가 참외밭에 들어가서 때굴때굴 굴러다니면서 참외밭을 다 망친다.

뚜깨~이 몡 뚜껑. ¶비가 올라 카는데 장단지 뚜깨이 덮고 세답 걷어 들라라. ▶ 비가 오려 하는데 장독 뚜껑 덮고 빨래 걷어 들여라. ☞ 따까리. 따깨이. 뚜꾸바리. 뚜끼.

뚜껍'다 혱 두껍다. 【뚜꺼분 ▶ 두꺼운/뚜거부이 ▶ 두꺼우니】 ¶그 때는 요새매로 그런 내복이 어디 있었노, 거저 뚜꺼분 소캐옷 한 불마 걸치고 댕갰지. ▶ 그 때는 요즘처럼 그런 내복이 어디 있었나, 그저 두꺼운 솜옷 한 벌만 걸치고 다녔지.

뚜꾸바리 몡 뚜껑. ☞ 따까리. 따깨이. 뚜깨이. 뚜끼.

뚜끼' 몡 뚜껑. ¶왜지름 비이 내미 새 나갈라 뚜끼 잘 막아 나라. ▶ 석유 병 냄새 새어 나갈라 뚜껑 잘 막아 놓아라./그럭이 모지래머 밥을 뚜끼에 덜어서 묵으머 댄다. ▶ 그릇이 모자라면 밥을 뚜껑에 덜어서 먹으면 된다. ☞ 따까리. 따깨이. 뚜깨이. 뚜꾸바리.

뚜끼'비 몡 두꺼비. ¶뚜꺽뚜꺽 뚜끼비 걸음을 걷는 거도 즈가부지를 노 뺐다. ▶ 뚜벅뚜벅 두꺼비 걸음을 걷는 것도 저의 아버지를 쏙 뺐다.

뚜끼'비때 몡 도꼬마리. 국화과의 한해살이풀로, 줄기는 높이가 1.5미터 정도이고 온몸에 거친 털이 많으며, 잎은 삼각형으로 가장자리에 톱니가 있다. ☞ 뚜끼비찰밥. 찰밥때.

뚜끼'비찰밥 몡 도꼬마리. 열매에 거친 털이 많아서 찰밥처럼 잘 붙는다 해서 붙은 이름. ☞ 뚜끼비때. 찰밥때.

뚜디'리다 동 두들기다. 【뚜디러 ▶ 두들겨/뚜디리이 ▶ 두들기니】 ¶주자소에 뿔뜰래 가서 순사한테 실컨 뚜디러 맞고 나서야 지가 도디캤다꼬 불드란다. ▶ 주재소에 붙잡혀 가서 순사한테 실컷 두들겨 맞고 나서야 제가 훔쳤다고 불더란다./아이고 이 종내기, 니는 손이 없나 발이 없나 와 만날 뚜디러 맞고 들어오노? ▶ 아이고 이 머슴애, 너는 손이 없나 발이 없나 왜 매일 두들겨 맞고 들어오냐?/인날부터 지집하고 맹태는 뚜디러야 맛이 난다 캤다. ▶ 옛날부터 계집하고 명태는 두들겨야 맛이 난다 했다. ☞ 후디리다.

뚜리뚜리

뚜리뚜리 〖부〗 두리번두리번. ¶마실 앞에서 나신 사람 하나가 머를 뚜리뚜리 살피매 서 있는 기이 수상하게 빈다. ▶ 마을 앞에서 낯선 사람 하나가 뭣을 두리번두리번 살피며 서 있는 것이 수상하게 보인다.

뚜지'비 〖명〗 두더지. ¶고구마 밭에 뚜지비가 설친다. ▶ 고구마 밭에 두더지가 설친다. ☞ 띠지기.

뚝'바리 〖명〗 절뚝발이. 절름발이. '쩔뚝바리'의 준말. ¶쩔뚝쩔뚝 뚝바리, 뚝바리 간다. ▶ 절룩절룩 절뚝발이, 절뚝발이 간다. ※아이들이 따라다니며 놀리는 말이다. 눈찌불티이(사팔뜨기), 배불띠기(배불뚝이), 버버리(벙어리), 봉사(맹인), 문디이(나병환자), 폐빙재이(결핵환자), 쪼막손(조막손), 외팔재이(외팔이) 따위의 신체장애 상태를 욕설에 인용하기를 좋아했다. 이것은 몸의 장애나 질병을 어떤 죄업(罪業)의 결과로 보기 때문에 동정을 하기보다 허물로 보는 경향이 있어서이다. ☞ 쩔뚝바리. 쩔룩바리.

뚝시'기 〖명〗 뚝배기. ¶뚝시기야 아무 꺼머 어뜨노, 장맛마 좋으머 대지. ▶ 뚝배기야 아무 것이면 어떠냐, 장맛만 좋으면 되지.

뚤'박 〖명〗 두레박. ¶웅굴에서 물을 푸다가 뚤박 줄이 끈어졌다. ▶ 우물에서 물을 푸다가 두레박 줄이 끊어졌다.

뚱띠~이 〖명〗 뚱뚱이. 뚱뚱보. ¶저 뚱띠이 바라. 일은 애하고 묵기마 하이 대지 글치 살이나 찌지. ▶ 저 뚱뚱이 보아라. 일은 안하고 먹기만 하니 돼지 같이 살이나 찌지.

뛰'지다 〖동〗 뚜지다. 땅을 일구다. 【뛰저▶뚜져/뛰지이▶뚜지니】 ¶시상 등지고 산중에 들어와서 밭 뛰지고 나물 뜯어 묵고 살아도 맴 하나는 팬안하다. ▶ 세상 등지고 산중에 들어와서 밭 뚜지고 나물 뜯어 먹고 살아도 마음 하나는 편안하다. ☞ 띠지다.

뜨겁어지다 〖동〗 뜨거워지다. 【뜨겁어저▶뜨거워져/뜨겁어지이▶뜨거워지니】 ¶그 사람 앞에 서기마하머 얼골이 뜨겁어지는데 와 그런지 나도 모리겠다. ▶ 그 사람 앞에 서기만하면 얼굴이 뜨거워지는데 왜 그런지 나도 모르겠다.

뜨꺼'리 〖명〗 딱지. ¶아이 뜨꺼리도 덜 떨어진 아가 아는 칙하고 있다. ▶ 아직 딱지도 덜 떨어진 애가 아는 척하고 있다. ☞ 따가리.

뜨다 〖동〗 두다. 바둑이나 장기 따위의 놀이를 하다. 【떠▶두어/뜨이▶두니】 ¶나무 아래에서 바닥을 뜨다. ▶ 나무 아래에서 바둑을 두다./내기 장구를 떠서 이겠다. ▶ 내기 장기를 두어서 이겼다./꼰을 뜨이 옆에서 훈수를 한다. ▶ 고누를 두니 옆에서 훈수를 한다.

뜨뜨무리:하다 휑 뜨뜻미지근하다. ¶굼불을 그래 마이 땠는데도 아랫목이 개와 **뜨뜨무리하까** 마까다. ▶ 군불을 그렇게 많이 때었는데도 아랫목이 겨우 **뜨뜻미지근할까** 말까다.

뜨물 몡 진딧물. ¶장마가 질어서 뱁추 이퍼리에 **뜨물**이 꽉 꼈다. ▶ 장마가 길어서 배추 이파리에 진딧물이 꽉 끼었다. ☞ 진진물.

뜨물숭영 몡 뜨물숭늉. 보리밥 누른 데다 물을 붓고 나무주걱으로 으깨듯이 긁으면서 끓인 숭늉.

뜨비~이 몡 그릇뚜껑. 【밥뜨비 ▶ 밥그릇뚜껑/소드비이(솥뜨비이) ▶ 솥뚜껑】¶아부지 밥은 **뜨비이**로 덮어서 아랫목 이불 속에 묻어 나라. ▶ 아버지 밥은 뚜껑으로 덮어서 아랫목 이불 속에 묻어 놓아라. ☞ 뚜꾸바리. 뜨애. 띠비이. 밥따까리. 밥뜨비이.

뜨수:다 동 데우다. '뜨시다'의 사동. 【뜨사 ▶ 데워/뜨수이 ▶ 데우니】¶구둘목에 누워서 몸을 **뜨샀디이** 인자 생기가 돈다. ▶ 아랫목에 누워서 몸을 데웠더니 이제 생기가 돈다./우리 집 사람은 얻어묵는 사람이 와도 임석을 **뜨사** 내지 그양 내는 법이 없다. ▶ 우리 집 사람은 얻어먹는 사람이 와도 음식을 데워 내지 그냥 내는 법이 없다. ☞ 따슬구다.

뜨시'다 휑 따뜻하다. 뜨습다. 【뜨새 ▶ 따뜻해/뜨시이 ▶ 따뜻하니】¶굴뚝을 휘뱄디이 쪼매 땠는데도 **뜨시다**. ▶ 굴뚝을 후볐더니 조금 땠는데도 **따뜻하다**./소캐옷이 **뜨새서** 눈구디이 속에 구불어도 전디겠다. ▶ 솜옷이 **따뜻해서** 눈구덩이 속에 굴러도 견디겠다./방이 **뜨시이** 인자사 살 꺼 겉다. ▶ 방이 **따뜻하니** 이제야 살 것 같다.

뜨신밥 몡 더운밥. ¶**뜨신밥** 묵고 뜨신 방에 자고 하는 기이 오감어서 누물을 짜나? ▶ 더운밥 먹고 따뜻한 방에 자고 하는 것이 겨워서 눈물을 짜나?/**뜨신밥**이라도 대접해서 보내야 하는 긴데 이거 찬밥뿌이라 미안해서 우야노? ▶ 더운밥이라도 대접해서 보내야 하는 건데 이것 찬밥뿐이라 미안해서 어떻게 하나?

뜨실구:다 동 데우다. 따시게 하다. 【뜨실가 ▶ 데워/뜨실구이 ▶ 데우니】¶밥을 **뜨실가** 묵자. ▶ 밥을 데워 먹자./이불 속에서 들어가서 몸을 **뜨실구이** 몸이 풀래는 거 같다. ▶ 이불 속에서 들어가서 몸을 따시게 하니 몸이 풀리는 것 같다. ☞ 데비다. 데피다.

뜨'애 몡 그릇뚜껑. ¶어런하고 한자리에서 밥 묵을 때는 다 묵었다꼬 먼첨 수까

뜰:따

락을 느루는 기이 아이고, 어런이 다 잡술 때꺼정 수까락을 걸처 놓고 바락고 있다가 어런이 느루머 따라서 느루고 뜨애를 덮는다. ▶ 어른하고 한자리에서 밥 먹을 때는 다 먹었다고 먼저 숟가락을 내리는 것이 아니고, 어른이 다 잡술 때까지 숟가락을 걸쳐 놓고 기다리다가 어른이 내리면 따라서 내리고 그릇 뚜껑을 덮는다. ☞ 뚜꾸바리. 뜨비이. 띠비이. 밥따까리. 밥뜨비이.

뜰:따 동 뚫다.【뜰버 ▶ 뚫어/뜰부이 ▶ 뚫으니】¶맥히머 뜰꼬 넘치머 막으머 대지 미리부팀 겁낼 꺼는 없다. ▶ 막히면 뚫고 넘치면 막으면 되지 미리부터 겁낼 것은 없다./서월 있는 당신 칭구한테 찾어가서 일자리를 한분 뜰버 보소. ▶ 서울 있는 당신 친구한테 찾아가서 일자리를 한번 뚫어 보소.

뜰래':다 동 뚫리다. '뜰따'의 피동.【뜰래 ▶ 뚫려/뜰래이 ▶ 뚫리니】¶생소깝을 한 자대기 처질렀더니 맥힌 꿀뚝이 꽉 뜰랬다. ▶ 생솔가지를 한 아름 처질렀더니 막힌 굴뚝이 확 뚫렸다. ☞ 뜰리다. 뜰패다. 뜰피다.

뜰리':다 동 뚫리다. '뜰따'의 피동.【뜰래 ▶ 뚫려/뜰리이 ▶ 뚫리니】¶당신 혼자서는 암만 뜰버도 뜰릴 이가 없다. ▶ 당신 혼자서는 아무리 뚫어도 뚫릴 리가 없다. ☞ 뜰래다. 뜰패다. 뜰피다.

뜰'버지다 동 뚫어지다.【뜰버저 ▶ 뚫어져/뜰버지이 ▶ 뚫어지니】¶너무 치다보지 마라. 내 이매빼기 뜰버질라. ▶ 너무 쳐자보지 마라. 내 이마빡 뚫어질라./재 너머 마실로 갈라카머 하리질이 좋게 댔는데 굴이 뜰버저서 한참에 가진다. ▶ 재 너머 마을로 가려면 하룻길이 좋게 되었는데 터널이 뚫어져서 단숨에 가진다.

뜰패:다 동 뚫리다. '뜰따'의 피동.【뜰패 ▶ 뚫려/뜰패이 ▶ 뚫리니】¶돈줄이 뜰패이 인자사 한숨을 돌리겠다. ▶ 돈줄이 뚫리니 이제야 한숨을 돌리겠다. ☞ 뜰래다. 뜰리다. 뜰피다.

뜰피:다 동 뚫리다. '뜰따'의 피동.【뜰패 ▶ 뚫려/뜰피이 ▶ 뚫리니】¶사빈 때 서월 쪽이 뜰피고 나이 삼팔선 다른 쪽도 금방 뜰패 뿌리드라. ▶ 사변 때 서울 쪽이 뚫리고 나니 삼팔선 다른 쪽도 금방 뚫려 버리더라. ☞ 뜰래다. 뜰리다. 뜰패다.

뜸따리 명 뜸부기. ¶뜸따리가 논에서 운다. ▶ 뜸부기가 논에서 운다. ☞ 뜸딸.

뜸딸 명 뜸부기. ☞ 뜸따리.

뜸새끼 명 길마 위에 걸채나 옹구를 차릴(얹을) 때 아울러 매는 새끼. ☞ 질매.

띠'기1 명 뙈기. 쪼가리 땅. ¶논 한 띠기라도 붙처 묵고 살라카머 땅임자한테 고개 숙일 수밲에 없지.▶ 논 한 뙈기라도 붙여 먹고(小作) 살려면 지주(地主)한테 고개 숙일 수밖에 없지. ☞ 도가리.

-**띠기**2 젭 -떼기. '띠어서(떼어서) 하기'의 준말.【밭띠기 ▶ 밭떼기/차띠기 ▶ 차떼기】¶우리야 일을 하리 하든지 이틀을 하든지 **밭띠기**로 해서 품을 받기로 했다.▶ 우리야 일을 하루 하던지 이틀을 하던지 **밭떼기**로 해서 품을 받기로 했다./요새 구인들이 후생사업이라 카매 등거리를 **차띠기**로 실어다 판다.▶ 요새 군인들이 후생사업이라며 장작을 **차떼기**로 실어다 판다.

띠'기3 몡 댁(宅). 댁이(宅-). '띠기'와 '대기'는 같은 말이나, '띠기'는 택호를, '대기'는 그 집의 '부인'이나 '안주인'을 이르는 말이다. 사람의 이름을 아끼는 관습에 따라, 아이들은 아명(兒名)을, 지체 높은 이는 아호(雅號)나 자(字)를 따로 지어서 부르고, 서민들은 주로 택호(宅號)를 지어 부른다. 일반적으로 결혼을 한 여성은 이름이 없어지고 처음에는 시부모의 택호를 빌려 '모모 띠기 새디기(새댁)'이라거나 '모모 댁 매느리(며느리)' 따위로 이르다가, 자녀가 생기면 '모모 어매(어머니)' 따위로 아이의 이름을 빌려 간접적으로 호칭하고, 부모가 연로하여 살림살이를 물려받을 즈음이 되면 자연스럽게 택호가 붙는다, 택호는 친정 곳의 지명에 따라 남들에 의해서 불러지는데, 친정 곳이 '밤꼴(栗谷)'이라면 '밤꼴 띠기' 혹은 '율곡 띠기'로, 해라할 자리에는 '밤꼴네' 혹은 '율곡네'로, 남성은 '밤꼴 어른' 혹은 '율곡 어른'으로, 해라할 자리에는 '밤꼴이' 혹은 '율곡이'로 부르기도 한다.¶**밤꼴 띠기**요, 내 말 쫌 들어보이소 예.▶ 밤꼴 댁, 내 말 좀 들어보세요 네./**밤꼴네**야, 우리 내리 산에 나물 하로 앤 갈래?▶ 밤꼴네, 우리 내일 산에 나물 하러 안 갈래?/**밤꼴 어런**, 어디 댕개오시닌기요?▶ 밤꼴 어르신, 어디 다녀오십니까?/**밤꼴이** 자네, 일간 밸일 없는가?▶ 밤꼴이 자네, 일간 별일 없는가? ☞ 대기. 떡.

-**띠기**4 젭 -때기. 천이나 가마니 따위의 명사의 체언에 붙어 남루하거나 추루한 뜻을 풍기는 말이 됨.【가매이띠기 ▶ 가마니때기/거죽띠기 ▶ 거죽때기/마다리띠기 ▶ 마대나부랭이】.

띠'끼다 됭 대끼다. 벼나 보리를 찧을 때 마지막 도정.【띠께 ▶ 대껴/띠기이 ▶ 대끼니】 ☞ 덖다.

띠'다1 됭 뛰다.【띠 ▶ 뛰어/띠이 ▶ 뛰니】¶**띠**는 눔 우에 나는 눔이 있다.▶ 뛰는 놈 위에 나는 놈이 있다./지 눔이 **띠** 바야 삼철리 안이지.▶ 제 놈이 뛰어 봐야 삼천리 안이지.

띠:다2 통 떼다. 책 읽기를 마치다. 【띠▶떼어/띠이▶떼니】¶정 붙치기도 어렵지마는 띠는 기이 더 어렵다. ▶ 정 붙이기도 어렵지만 떼는 것이 더 어렵다./한 달 안에 천자문하고 동몽선습을 다 띠이 천재라 캤다. ▶ 한 달 안에 천자문하고 동몽선습(童蒙先習)을 다 떼니 천재라 했다.

띠띠'뽀뽀 명 뽕뽕. '자동차'의 유아어. ¶우리 돌이 어부바, **띠띠뽀뽀** 타고 위할매 위할배 보로가자. ▶ 우리 돌(乭)이 어부바, **뽕뽕** 타고 외할머니 외할아버지 뵈러가자. ※첫아기를 업고 친정나들이를 떠나는 아낙네의 말.

띠비~이 명 그릇뚜껑. ☞ 뚜꾸바리. 뜨비이. 뜨애. 밥따까리. 밥뜨비이.

띠'우다 통 띄우다. '뜨다'의 사동. 【띠와▶띄워/띠우이▶띄우니】¶방아서 매주 띠우는 내미가 마이 난다. ▶ 방에서 매주 띄우는 냄새가 많이 난다./누룩을 띠와서 술을 당가 묵는다. ▶ 누룩을 띄워서 술을 담가 먹는다.

-띠~이 접 -덩이. 일부 명사의 어근에 붙어, 그러한 특징을 가진 사람이나 대상을 나타내는 접미사. 【골치띠이▶골칫덩이/돌띠이▶돌덩이/매주띠이▶매주덩이/우환띠이▶우환덩이/호박띠이▶호박덩이】.

띠'이가다 통 뛰어가다. 【띠이가▶뛰어가/띠이가이▶뛰어가니/띠이가그라▶뛰어가거라】¶자빠러질라 띠이가지 마고 천처이 댕개온나. ▶ 자빠질라 뛰어가지 말고 천천히 다녀오너라.

띠'이나오다 통 뛰어나오다. 【띠이나와▶뛰어나와/띠이나오이▶뛰어나오니】¶아들 왔다카는 소리를 듣고 버선발로 띠이나오매 반갑어하드라. ▶ 아들 왔다는 소리를 듣고 버선발로 뛰어나오며 반가워하더라.

띠이:다1 통 떼이다. '띠다'의 피동. 【띠애▶떼여/띠이이▶떼이니】¶넘들은 말하기 숩어서 나를 심하다 캐도 지 돈 띠이고 가마 있을 사람이 누가 있노? ▶ 남들은 말하기 쉬워서 나를 심하다 해도 제 돈 떼이고 가만히 있을 사람이 누가 있나? ☞ 띠키다. 띠캐다.

띠이:다2 통 뜨이다. 보이다. '뜨다'의 피동. 【띠애▶뜨여/띠이이▶뜨이니/띨▶뜨일】¶그 만은 사람들 중에도 유독 눈에 띠이는 사람이 있다. ▶ 그 많은 사람들 중에도 유독 눈에 뜨이는 사람이 있다./저 사람은 시부적시부적 눈에 띠이지 안케 일해도 지 할 일은 다 한다. ▶ 저 사람은 시부적시부적 눈에 뜨이지 않게 일해도 제 할 일은 다 한다./숨어서 해도 넘의 눈에 띠이는 사람이 있고 나서도 앤 띠이는 사람이 있다. ▶ 숨어서 해도 남의 눈에 뜨이는 사람이 있고 나서도 안 뜨이는 사람이 있다./우짜다가 높은 사람 눈에 띠애서 그 질로 출세했

다. ▶ 어쩌다가 높은 사람 눈에 뜨여서 그 길로 출세했다./앤 볼라 캐도 눈에 띠이이 모리는 척도 할 수가 없다. ▶ 안 보려 해도 눈에 뜨이니 모르는 척도 할 수가 없다./넘으 눈에 띨 일은 하지 말아야 한다. ▶ 남의 눈에 뜨일 일은 하지 말아야 한다.

띠¹:이댕기다 툉 뛰어다니다. 【띠이댕개 ▶ 뛰어다녀/띠이댕기이 ▶ 뛰어다니니】 ¶정신없이 띠이댕기다가 보이 하리해가 언제 갔는지 모리겠다. ▶ 정신없이 뛰어다니다가 보니 하루해가 언제 갔는지 모르겠다./가마있는 거보담 띠이댕기이 머가 생개도 생기드라. ▶ 가만있는 것보다 뛰어다니니 뭐가 생겨도 생기더라.

띠이묵'다 툉 떼어먹다. 【띠이묵어 ▶ 떼어먹어/띠이묵으이 ▶ 떼어먹으니】 ¶그눔이 내 돈을 띠묵고 잘 사는강 지캐보자. ▶ 그놈이 내 돈을 떼어먹고 잘 사는가 지켜보자.

띠이:지다 툉 떨어지다. '띠다(떼다)'의 피동. 【띠이저 ▶ 떨어져/띠이지이 ▶ 떨어지니】 ¶여자가 겹처리 긑치 붙어서 띠이지지 안티이 요새는 앤 빈다. ▶ 여자가 거머리처럼 붙어서 떨어지지 않더니 요새는 안 보인다./어설푸게 붙처 논 기이 자꼬 띠이저서 앤 대겠네. ▶ 어설프게 붙여 놓은 것이 자꾸 떨어져서 안 되겠네.

띠지'기 명 두더지. ¶고구마 밭에 띠지기가 들어와서 밭을 배래 났다. ▶ 고구마 밭에 두더지가 들어와서 밭을 버려 놓았다. ☞ 뚜지비.

띠'지다 툉 일구다. 뚜지다. 【띠저 ▶ 일궈/띠지이 ▶ 일구니】 ¶산빈달에 손빠닥마 한 땅 맻 도가리 띠지고 사는 우리가 무신 큰 죄를 젔다꼬 오라이 가라이 카는지 모리겠다. ▶ 산비탈에 손바닥만한 땅 몇 뙈기 일구고 사는 우리가 무슨 큰 죄를 지었다고 오라느니 가라느니 하는지 모르겠다. ☞ 뛰지다.

띠캐:다 툉 떼이다. '띠다'의 피동. 【띠캐 ▶ 떼여/띠캐이 ▶ 떼이니】 ¶칭구인데 최 준 돈을 다 띠캤다. ▶ 친구한테 빌려 준 돈을 다 떼였다. ☞ 띠이다1. 띠키다.

띠키:다 툉 떼이다. '띠다'의 피동. 【띠캐 ▶ 떼여/띠키이 ▶ 떼이니】 ¶그 사람은 넘하테 돈을 한분 띠캐 보고는 다시는 돈을 앤 최 준다. ▶ 그 사람은 남한테 돈을 한번 떼여 보고는 다시는 돈을 안 빌려 준다. ☞ 띠이다1. 띠캐다.

띡 명 댁(宅). '띠기3'의 준말. ¶저 처자가 백수 띡 딸네다. ▶ 저 처녀가 백수 댁 딸네다./니가 남사골 띡 총각 아이가? ▶ 네가 남사골 댁 총각 아닌가? ☞ 대기.

띧기:다 툉 뜯기다. '뜯다'의 피동. 【띤개 ▶ 뜯겨/띧기이 ▶ 뜯기니】 ¶나락 한 가마이 내서 세금 내고 아 월사금 주고 이리저리 띧개 나가고 나이 담배 한 봉지 살 돈도 앤 남는다. ▶ 나락 한 가마니 내서 세금 내고 애 공납금 주고 이리

띵'보

저리 뜯겨 나가고 나니 담배 한 봉지 살 돈도 안 남는다.
띵'보 몡 구두쇠. 인색한 사람. ¶아이고 띵보 띵보 캐도 그마이 때눔 그튼 띵보는 시상 첨 밨다. ▶ 아이고 **구두쇠 구두쇠** 해도 그만큼 되놈 같은 **구두쇠**는 세상 처음 보았다.

-ㄹ강 圓 -ㄹ까. -ㄹ지. 물음을 나타내는 연결어미. ¶만을강 적을강 저울에 다러 바야 아지. ▶ 많을까(많을지) 적을까(적을지) 저울에 달아 보아야 알지./좋을강 나뿔강 두고 보머 안다. ▶ 좋을까(좋을지) 나쁠까(나쁠지) 두고 보면 안다./할강 말강 아이 모리겠다. ▶ 할까(할지) 말까(말지) 아직 모르겠다./줄강 말강 자재하고 있다. ▶ 줄까(줄지) 말까(말지) 주저하고 있다.

-ㄹ기요 圓 -ㄹ까요. 물음을 나타내는 종결어미. ¶나는 여기서 머를 할기요(하끼요)? ▶ 나는 여기서 뭘 할까요?/언제 그리로 갈기요(가끼요)? ▶ 언제 그리로 갈까요?/이거를 우짤기요(우짜끼요)? ▶ 이것을 어쩔까요?/언제 또 올기요(오끼요)? ▶ 언제 또 올까요?/돈을 마이 디릴기요(디리끼요)? ▶ 돈을 많이 드릴까요? ☞ -끼요1. -ㄴ기요.

-ㄹ까이 圓 -ㄹ까. 스스로 의문을 나타냄. ¶그거 묵고 죽을까이 설마. ▶ 그것 먹고 죽을까 설마./지가 감히 애하고 배개날까이? ▶ 제가 감히 안하고 배겨날까?

-ㄹ꼬 圓 -ㄹ까. 물음을 나타내는 종결어미. ¶나는 머를 할꼬(하꼬)? ▶ 나는 뭘 할까?/그 사람이 누굴꼬(누구꼬)? ▶ 그 사람이 누굴까?/이기이 어뜰꼬(어뜨꼬)? ▶ 이것이 어떨까?/사람이 와 그럴꼬(그라꼬)? ▶ 사람이 왜 그럴까?/머를 하머 좋을꼬(좋으꼬)? ▶ 뭘 하면 좋을까? ☞ -꼬2.

-ㄹ끼 圓 -ㄹ게. 약속을 나타내는 종결어미. ¶지가 잘사는지 볼끼(보끼). ▶ 제가 잘사는지 볼게./밥 묵고 일찌기 잘끼(자끼). ▶ 밥 먹고 일찍이 잘게./괴기 마이 줄끼(주끼). ▶ 고기 많이 줄게./내 혼차 공부할끼(하끼). ▶ 나 혼자 공부할게. ☞ -끼4.

-ㄹ끼요 圓 -ㄹ게요. 약속을 나타내는 종결어미. ¶돈을 고대 갚을끼요(갚으끼요). ▶ 돈을 곧 갚을게요./내리 일로 올끼요(오끼요). ▶ 내일 이리로 올게요./공부 부지러이 할끼요(하끼요). ▶ 공부 부지런히 할게요. ☞ -끼요2.

-ㄹ동 圓 -ㄹ지. ¶갈동 말동 내리 바야 알겠다. ▶ 갈지 말지 내일 보아야 알겠다./

-ㄹ라

댈동 앤 댈동 지굼은 모리겠다. ▶ 될지 안 될지 지금은 모르겠다./죽을동 살동 내리 일은 모린다. ▶ 죽을지 살지 내일 일은 모른다.

-**ㄹ라** 어 -려. ¶자리 뜨지 마라. 내가 고대 그리로 갈라 칸다. ▶ 자리 뜨지 마라. 내가 곧 그리로 가려 한다./묵고 죽을라 캐도 있어야 묵지. ▶ 먹고 죽으려 해도 있어야 먹지./그 집에 들어가 볼라 카다가 새갱이 적어서 치아 뿌렀다. ▶ 그 집에 들어가 보려 하다가 새경이 적어서 치워 버렸다./돈이 쫌 들어오나 카매 좋을라 카다가 말었다. ▶ 돈이 좀 들어오나 하며 좋으려 하다가 말았다./돈에 쪼들래 미칠라 칸다. ▶ 돈에 쪼들려 미치려 한다.

-**ㄹ라꼬** 어 -려고. ¶죽을라꼬 캐도 배고퍼서 몬 죽겠다. ▶ 죽으려고 해도 배고파서 못 죽겠다./우짤라꼬 이 지개이 대드룩 그양 나돗노? ▶ 어쩌려고 이 지경이 되도록 그냥 놓아두었나?/니한테 줄라꼬 여기다 따리 나돗다. ▶ 너에게 주려고 여기다 따로 놓아뒀다.

-**ㄹ라나** 어 -려냐(-ㄹ려냐). '-ㄹ라 카나'의 준말. 상대방의 의도를 물어보거나 스스로 추정하여 의문을 나타내는 종결어미 또는 연결어미. ¶언제 그리로 갈라나(갈라 카나) 알래 도고. ▶ 언제 그리로 가려냐(가려 하나) 알려 다오./내 돈을 줄라나(줄라 카나) 말라나(말라 카나) 지금 말해 도고. ▶ 내 돈을 주려나(주려 하나) 말려나(말려 하나) 지금 말해 다오./비가 올라나(올라 카나) 바람이 불라나(불라 카나)? ▶ 비가 오려나(오려 하나) 바람이 불려나(불려 하나)?

-**ㄹ라는강** 어 -려는가. -ㄹ지. -(ㄹ)는지. 앞으로의 일의 가능성에 대하여 의문을 나타내는 연결어미. ¶무대뽀로 가지 마고 거기서 머를 할라는강 생각부터 해바라. ▶ 덮어놓고 가지 말고 거기서 뭣을 하려는가(할지. 할는지) 생각부터 해보아라. ☞ -ㄹ 란강.

-**ㄹ라닌기요** 어 -렵니까. '-ㄹ 라카닌기요'의 준말. ¶머를 줄라닌기요? ▶ 무엇을 주렵니까?/이리로 올라닌기요? ▶ 이리로 오렵니까?/혼차서 잘라닌기요? ▶ 혼자서 자렵니까? ☞ -ㄹ 란기요.

-**ㄹ라다가** 어 -려다가. -려 하다가. '-ㄹ라 카다가'의 준말. ¶거기서 자고 올라다가(올라 카다가) 말았다. ▶ 거기서 자고 오려다가(오려 하다가) 말았다./저 사람캉 호인 할라다가(할라 카다가) 깨졌다. ▶ 저 사람이랑 혼인 하려다가(하려 하다가) 깨어졌다.

-**ㄹ라머** 어 -려면. '-ㄹ라 카머'의 준말. ¶묵을라머(묵을라 카머) 묵고 실부머 수까락 나라. ▶ 먹으려면(먹으려 하면) 먹고 싫으면 숟가락 놓아라./첫차를 탈라

머(탈라 카머) 새복밥을 해 묵고 나가야한다. ▶ 첫차를 타려면(타려 하면) 새벽밥을 해 먹고 나가야한다.

-ㄹ라이 画 -려니. -려 하니. '-ㄹ라 카이'의 준말. ¶이 웬수등거리하고 살라이(살라 카이) 고상이고 도망을 갈라이(갈라 카이) 자석이 발패고, 아이고 이연의 팔자야. ▶ 이 원수덩어리하고 살려니(살려 하니) 고생이고 도망을 가려니(가려 하니) 자식이 밟히고, 아이고 이년의 팔자야./죽을라이(죽을라 카이) 청춘이요 살라이(살라 카이) 고상이다. ▶ 죽으려니(죽으려 하니) 청춘이요 살려니(살려 하니) 고생이다.

-ㄹ라카닌기요 画 -렵니까. 상대편이 장차 어떤 행위를 할 것인지에 대한 의사를 묻는 종결 어미. ¶언제 그리로 갈라카닌기요? ▶ 언제 그리로 가렵니까?/점재이한테 한분 물어볼라카닌기요? ▶ 점쟁이한테 한번 물어보렵니까? ☞ -ㄹ라닌기요. -ㄹ란기요.

-ㄹ란강 画 -ㄹ지. '-ㄹ라는강'의 준말. 앞으로 할 일의 가능성에 대하여 의문을 나타내는 연결어미. ¶부탁해보기는 해보지마는 댈란강(댈라는강) 앤 댈란강(댈라는강)은 아이는 모리겠네. ▶ 부탁해보기는 해보지만 될지 안 될지는 아직은 모르겠네./내리 비가 올란강(올라는강) 애 올란강(올라는강) 구신이 아인데 우애 아노? ▶ 내일 비가 올지 안 올지 귀신이 아닌데 어떻게 아나?/이기이 돈이 댈란강(댈라는강) 앤 댈란강(댈라는강) 모리겠다. ▶ 이것이 돈이 될지 안 될지 모르겠다./그 사람한테 부탁하머 들어 줄란강(줄라는강) 물어바야 아지. ▶ 그 사람한테 부탁하면 들어 줄지 물어봐야 알지.

-ㄹ란기요 画 -렵니까. '-ㄹ라카닌기요' 또는 '-ㄹ라닌기요'의 준말. ¶언제 그리로 갈란기요? ▶ 언제 그리로 가렵니까?/이거 한분 볼란기요? ▶ 이것 한번 보렵니까?/머를 줄란기요? ▶ 무얼 주렵니까?

-ㄹ란다 画 -련다. -려 한다. '-ㄹ라 칸다'의 준말. ¶내가 글로 갈란다(갈라 칸다). ▶ 내가 그리로 가련다(가려 한다)./죽어도 그거는 앤 줄란다(줄라 칸다). ▶ 죽어도 그것은 안 주련다(주려 한다).

-ㄹ로 画 -ㄹ지. 앞으로 할 일의 가능성에 대하여 의문을 나타내는 종결어미. ¶저 기이 언제 돈을 벌어서 날 핀케 해줄로? ▶ 저 것이 언제 돈을 벌어서 날 편케 해줄지?/해는 서산에 떨어지는데 어덥어서 우애 갈로? ▶ 해는 서산에 떨어지는데 어두워서 어떻게 갈지?/내 나이 벌써로 항갑을 지냈는데 언제 손자를 볼로? ▶ 내 나이 벌써 환갑을 지났는데 언제 손자를 볼지?

-ㄹ세

-ㄹ세 ㉠ -ㅁ세. 기꺼이 하겠다는 뜻을 나타내는 종결어미. ¶자네 뜻이 정 그렇다머 내가 해 볼세. ▶ 자네 뜻이 정 그렇다면 내가 해 봄세./질도 머고 하이 나는 이만 갈세. ▶ 길도 멀고 하니 나는 이만 감세./오늘은 바빠서 이만 하고 내리 다시 올세. ▶ 오늘은 바빠서 이만 하고 내일 다시 옴세.

-ㄹ수로 ㉠ -ㄹ수록. ¶시월이 갈수로 점점 시상이 좋아진다. ▶ 세월이 갈수록 점점 세상이 좋아진다./만나머 만날수로 정이 든다. ▶ 만나면 만날수록 정이 든다.

-ㄹ시더 ㉠ -겠어요. -겠습니다. ¶지는 그런 거는 몰시더. ▶ 저는 그런 것은 모르겠어요(모르겠습니다)./말 애 하서도 그만하머 알시더. ▶ 말 안 하셔도 그만하면 알겠어요(알겠습니다)./딸을 시집보내고 나이 섭섭할시더. ▶ 딸을 시집보내고 나니 섭섭하겠어요(섭섭하겠습니다)./새 매느리를 데래 온다 카이 좋을시더. ▶ 새 며느리를 데려 온다니 좋겠어요(좋겠습니다)./어러분 행편에 큰일을 칠라카머 심들시더. ▶ 어려운 형편에 큰일을 치르려면 힘들겠어요(힘들겠습니다)./초가라도 이만하머 살만할시더. ▶ 초가(草家)라도 이만하면 살만하겠어요(살만하겠습니다).

-라 ㉠ -라. 명령을 나타내는 종결어미. ¶저기 바라, 새복이 온다. ▶ 저기 보아라, 새벽이 온다./니가 먼데 밤 나라 대추 나라 카노? ▶ 네가 뭔데 밤 놓아라 대추 놓아라 하나? ☞ -라이1. -래1. -래이.

-라꼬 ㉠ -라고. ¶공부 하라꼬 그마이 그캐도 지가 애 하는데 내가 우야노? ▶ 공부 하라고 그만큼 그래도 제가 안 하는데 내가 어떻게 하나?/내 혼차 저 아들하고 우애 사라꼬 임자 혼차 가넌기요? ▶ 나 혼자 저 애들하고 어떻게 살라고 임자 혼자 가는가요?/사람 괄세하지 마라. 나라꼬 만날 이라라꼬. ▶ 사람 괄시하지 마라. 나라고 매양 이러라고.

-라노이 ㉠ -라서. 모음으로 끝난 체언에 붙어 이유나 근거를 나타내는 연결어미. ¶넘으 꺼라노이 내 맘대로 하기가 무섭다. ▶ 남의 거라서 내 마음대로 하기가 무섭다./요새 장마 때라노이 모개이가 득실득실한다. ▶ 요새 장마 때라서 모기가 득실득실한다. ☞ -이라노이.

-라니~이 ㉠ -라느니. -라니. ¶하머 몇 매칠째 갱찰서서 오라니이 가라니이 불래 댕기이 일하다가 떤저 논 거는 언제 할지 모리겠다. ▶ 벌써 몇 며칠째 경찰서서 오라느니(오라니) 가라느니(가라니) 불려 다니니 일하다가 던져놓은 것은 언제 할지 모르겠다.

-라머 ㉠ -라면. -라 하면. '-라 카머'의 준말. ¶니가 어디 죽으라머(죽으라 카머) 죽고 살어라머(살어라 카머) 사나? ▶ 네가 어디 죽으라면(죽으라 하면) 죽고 살

252

라면(살아라 하면) 사나?/그기이 사실이라머(사실이라 카머) 이거 보통 일이 아인데. ▶ 그게 사실이라면(사실이라 하면) 이거 보통 일이 아닌데./나도 이럴 때는 우얄지 모리겠다. 니가 나라머(나라 카머) 우야겠노? ▶ 나도 이럴 때는 어떻게 해야 할지 모르겠다. 네가 나라면(나라 하면) 어떻게 하겠나?

-라이1 〔미〕 -라. 명령을 나타내는 종결어미로 청유형에 가깝다. ¶아무 탈 없이 오래오래 잘 살어라이. ▶ 아무 탈 없이 오래오래 잘 살아라. ☞ -라. -래1. -래이.

-라이2 〔미〕 -라니. -라 하니. '-라 카이'의 준말. ¶안즈라이(안즈라 카이) 안졌고 서라이(서라 카이) 섰고 니가 하라는 대로 했다. ▶ 앉으라니(앉으라 하니) 앉았고 서라니(서라 하니) 섰고 네가 하라는 대로 했다.

라이3 〔조〕 로서. 로서 겨우. ¶지라이 나를 우짤라꼬. ▶ 저로서 나를 어쩌려고./내가 징긴 기라이 꼴난 집따까리 하나 뿌인데. ▶ 내가 지닌 거로서 겨우 보잘것없는 집 하나 뿐인데. ☞ 이라이.

-랍다 〔접〕 일부 어간에 붙어 형용사형의 말을 만들어 주는 접미사. 표준어에서 '가렵다', '간지럽다, '놀랍다', '마렵다' 따위의 말에서 '(스)럽다'와 유사함. ¶영기가 내구랍다. ▶ 연기가 맵다./똥이 누럽다. ▶ 똥이 마렵다./목이 마랍다. ▶ 목이 마르다./넝쿰이 새구랍다. ▶ 능금이 시다./초가 시구랍다. ▶ 식초가 시다./손이 시랍다. ▶ 손이 시리다./눈이 새부랍다. ▶ 눈이 부시다./팔이 재랍다. ▶ 팔이 저리다./등더리가 지그랍다. ▶ 등이 가렵다. ☞ -립다.

-래1 〔미〕 -라. -아라. 명령을 나타내는 종결어미. ¶폇떡 갔다 오래. ▶ 냉큼 갔다 오라./이 사람아 이리 보래. ▶ 이 사람아 이리 보아라./하지 말라카는 거는 하지 마래. ▶ 하지 말라는 것은 하지 마라. ☞ -라. -라이1. -래이.

-래2 〔미〕 -려느냐. -련. 상대방의 의향을 묻는 종결어미. ¶더 앤 놀고 벌써로 갈래? ▶ 더 안 놀고 벌써 가려느냐?/우리 두리서 한잔 할래? ▶ 우리 둘이서 한잔 하련?

-래~이 〔미〕 -라. -거라. 명령을 나타내는 종결어미로 어감이 청유형에 가깝다. ¶폇떡 갔다 온느래이. ▶ 냉큼 갔다 오너라./이 사람 이리 보래이. ▶ 이 사람 이리 보아라./하지 말라카는 거는 하지 마래이. ▶ 하지 말라하는 것은 하지 마라./어더분데 살패 가래이. ▶ 어두운데 조심해서 가거라. ☞ -라. -라이1. -래1.

-러이 〔미〕 -러니. -러느니. ¶니가 그러이 내가 섭섭하지. ▶ 네가 그러니 내가 섭섭하지./이러이 저러이 여러 말 마고 똑 바리 말해 바라. ▶ 이러느니 저러느니 여러 말 말고 똑 바로 말해 보아라.

-럽다

-**럽다** 〖접〗 일부 어간에 붙어 형용사형의 말을 만들어 주는 접미사. 표준어에서 '가렵다', '간지럽다', '마렵다' 따위의 말에서 '(스)럽다'와 유사함. ☞ -랍다.
로1 〖조〗 를. ¶나로 믿고 자네는 잠주꼬 있그라. ▶ 나를 믿고 자네는 조용히 있어라./내가 지로 믿고 인자까지 살었다. ▶ 내가 저를 믿고 이제까지 살았다./애로 묵고 재와 맨들었다. ▶ 애를 먹고 겨우 만들었다.
-**로2** 〖미〗 -러. 행동과 목적을 나타내는 연결어미. ¶대목에 쓸 지사장 보로 갔다가 왔다. ▶ 대목에 쓸 제사장 보러 갔다가 왔다./니를 보로 철리 질도 머다 안코 왔다. ▶ 너를 보러 천리 길도 멀다 않고 왔다./머를 하로 여기꺼정 왔노? ▶ 뭣을 하러 여기까지 왔나? ☞ -으로.

마~1 뮈 그만. 고만. '그마', '고마', '이마'의 준말. '그(고. 이) 정도까지만'의 뜻. ¶지 혼차 춤을 추든지 벅구를 치든지 맘대로 하구로 마 나도라. ▶ 제 혼자 춤을 추든지 버꾸를 치든지 마음대로 하게 그만 놔둬라./마 알었으이 고마 주깨라. ▶ 그만 알았으니 고만 지껄여라./마 댔다. 이거마 해도 내한테는 홍감타. ▶ 그만 되었다. 이것만 해도 나한테는 홍감하다.

마2 조 만. 한정함을 나타내는 보조사. ¶그쪽마 좋다 카머 마 사돈 맺으시더. ▶ 그쪽만 좋다 하면 그만 사돈 맺읍시다./나마 좋으머 대나, 서리 좋다 캐야지. ▶ 나만 좋으면 되나, 서로 좋다 해야지.

마가리 뗑 마개. ¶마가리 잘 닫어 나라 내미 나간다. ▶ 마개 잘 닫아 놓아라 냄새 나간다.

마ː구 뗑 외양간. ¶마구를 치고 마꺼불 새로 깔어 조야겠다. ▶ 외양간을 치고 북데기를 새로 깔아 주어야겠다.

마구리 뗑 걸채나 발채의 앞뒤 마구리. 여기에 달바(짐 걸치는 바)를 매단다. ☞ 걸채1.

마구잽이 뗑 마구잡이. ¶그연들아, 겁도 없이 마구잽이로 대드는 데는 생씩겁을 하겠드라. ▶ 그 새끼, 겁도 없이 마구잡이로 대드는 데는 질겁을 하겠더라.

마ː굼대 뗑 바디집비녀. 바디집 아래위를 잡아주는 마구리. 《마감지》 ☞ 바대집비내. 베틀.

마꺼'불 뗑 외양간에 깔아 주는 북데기. '소마꺼불'의 준말. ¶마구깐에 마꺼불 젖은 거는 거름태에다 처내고 뿍디기를 새로 깔어 조야 대겠다. ▶ 외양간에 북데기 젖은 것은 거름 터에다 처내고 북데기를 새로 깔아 주어야 되겠다.

마꼬 뗑 궐련(卷煙). 印 '마끼(卷き)'. ¶키가 훤칠하고 잘 생긴 어떤 영감이 마꼬 빨뿌리를 삐딱하게 물고 지내가는데, 어디서 온 사람인지 모리겠드라. ▶ 키가 훤칠하고 잘 생긴 어떤 영감이 궐련 파이프를 삐딱하게 물고 지나가던데, 어

마꾸'리

디서 온 사람인지 모르겠더라. ※잎담배를 썰어서 곰방대나 종잇조각에 말아 피우던 시절, 한얀 은갑(銀匣) 속에서 궐련을 빼물고 구두바닥에다 성냥개비를 문질러 불을 붙이는 사람이 마치 요술쟁이처럼 보였다.

마꾸'리 몡 걸이. 옷이나 수건 따위를 걸게끔 벽에 박아 놓은 고리. ¶얼신, 두루막 벗어서 마꾸리에 걸고 팬이 안즈시이소. ▶ 어르신, 두루마기 벗어서 걸이에 걸고 편히 앉으십시오.

마:누래 몡 마누라. ¶저 양반, 나줄로는 큰 지침하매 저래도 마누래 처매폭에 들어가머 쪽을 몬 씬단다. ▶ 저 양반, 낮으로는 큰 기침하며 저래도 마누라 치마폭에 들어가면 쪽을 못 쓴단다.

마늘꼬:개~이 몡 마늘고갱이. ¶연한 마늘꼬개이를 갈래서 꼬치장아 묻어 돗다가 아들 밴또 반찬 하자. ▶ 연한 마늘고갱이를 가려서 고추장에 묻어 뒀다가 애들 도시락 반찬 하자.

마늘쪼가리 몡 쟁기의 보습이 빠지지 않게 태쇠에다 박는 나무쐐기. ☞ 홀찌이.

마:다 동 말다. 그만두다. 【말어▶말아/마이▶마니/마고▶말고】 ¶좋키나 실키나 마다 카지 마고 주는 대로 받어 나라. ▶ 좋거나 싫거나 말다 하지 말고 주는 대로 받아 놓아라./넘이 실타카는 짓은 하지 말어라. ▶ 남이 싫다는 짓은 하지 말아라./내가 일손을 놓고 마이 지 혼차서는 몬하드라. ▶ 내가 일손을 놓고 마니 제 혼자서는 못하더라./그거 마고 이기이 맞다. ▶ 그것 말고 이것이 맞다.

마:다리 몡 마대(麻袋). ¶옷을 입었는지 마다리를 걸쳤는지 행색이 와 그렇지? ▶ 옷을 입었는지 마대를 걸쳤는지 형색이 왜 그렇지?

마:다리띠기 몡 마대(麻袋) 나부랭이. ¶거기 맨바닥에 그양 안지 마고 마다리띠기라도 깔고 안저라. ▶ 거기 맨바닥에 그냥 앉지 말고 마대 나부랭이라도 깔고 앉아라.

마:다리자리 몡 마대자루. ¶나락은 가매이에 퍼 담고 콩 턴 거는 마다리자리에 담아 놓자. ▶ 벼는 가마니에 퍼 담고 콩 턴 것은 마대자루에 담아 놓자.

마따:나 조 처럼. '말마따나'의 형태로 쓰여 '말한바와 같이' 또는 '말한 것처럼'의 뜻이 됨. ¶누 말마따나 내가 이래 비도 한 시절에는 기빨 날랬다. ▶ 누구 말처럼 내가 이래 보여도 한 시절에는 깃발 날렸다./니 말마따나 장사를 할라 캐도 밑천이 있어야 하지. ▶ 네 말처럼 장사를 하려해도 밑천이 있어야 하지./우리 어매 말마따나 내가 이래서는 앤 대는데. ▶ 우리 어머니 말처럼 내가 이래서는 안 되는데./인날 사람들 말마따나 사람을 너무 믿지를 마라 캤다 ▶ 옛날

사람들 말처럼 사람을 너무 믿지를 마라 했다. ☞ 따나2.

마때치기 몡 자치기. 땅바닥에 금을 긋거나 홈을 파서 집을 정하고, 편을 갈라서 공격편은 집에서 긴자(5, 60cm)로 짧은 막대기(한 뼘 정도)를 쳐서 되도록 멀리 날려 보내고, 다른 한 편은 방어를 한다. 이때 쳐 낸 짧은 막대기를 받으면 실격하고, 받지 못하면 떨어진 자리에서 집으로 던진다. 그러면 공격편은 그것이 원 안으로 들어오지 못하게 쳐서 방어하려고 하고 방어를 하지 못하면 실격되어 자리를 바꾼다. 〈민속놀이 지도자료. 대광문화사〉.

마뚝'다 혱 말끔하다. 깔끔하다. 정갈하다. ¶그 집 살림이 얼매나 마뚝게 사는강 볼라카머 장꼬방을 보머 안다. ▶ 그 집 살림이 얼마나 말끔하게 사는가 보려면 장독대를 보면 안다./옷을 마뚝게 입고 댕개야지 앤 그러머 즈그 부모 욕 묵앤다. ▶ 옷을 깔끔하게 입고 다녀야지 안 그러면 저희 부모 욕 먹인다. ☞ 마뚝밧다.

마뚝밧'다 혱 말끔하다. 깔끔하다. 정갈하다. ¶그 집은 얼매나 마뚝밧게 사는지 파래이가 미끄러저 자빠질 정도다. ▶ 그 집은 얼마나 말끔하게 사는지 파리가 미끄러져 자빠질 정도다. ☞ 마뚝다.

마랍다 혱 마렵다. 목마르다. 【마랍어 ▶ 마려워/마랍으이 ▶ 마려우니】 ¶목 마랍어 죽겠다. 저 집에 들어가서 탁주 한 사바리 마시고 가자. ▶ 목 마려워 죽겠다. 저 집에 들어가서 탁주 한 사발 마시고 가자. ☞ 누럽다. 매랍다.

마래~이 몡 꼭대기. 마루. ¶삼척산 마래이에 올라가머 동해바다가 훠이 니러다 빈다. ▶ 삼척산 마루에 올라가면 동해바다가 훤히 내려다보인다.

마리'다 동 마르다. 【말러 ▶ 말라/마리이 ▶ 마르니】 ¶주인 기시닌기요? 질 가다가 목이 말러서 들어왔닌더. 물이나 한 그럭 얻어 마시더. ▶ 주인 계십니까? 길 가다가 목이 말라서 들어왔습니다. 물이나 한 그릇 얻어 마십시다.

마빠람 몡 마파람. 남풍(南風). 맞바람. ¶마빠람에 대지 붕알 노드시 헌들헌들 한다. ▶ 마파람에 돼지 불알 놀듯이 흔들흔들 한다.

마:상(馬上)하다 관 말에 올라타다. '벼슬을 하다'의 뜻. ¶과개 보고 마상해서 돌아왔다. ▶ 과거 보고 벼슬해서 돌아왔다.

마:상팔자(馬上八字) 몡 떠돌이 팔자. ¶당신 신수를 보머 마상팔자라 카는데, 어디라도 허대야지 한군데 붙어있으머 빙이 난단다. ▶ 당신 신수(身數)를 보면 떠돌이 팔자라 하는데, 어디라도 나다녀야지 한군데 붙어있으면 병이 난단다.

마수거'리 몡 첫 거래. 日 '先ず'+'거래'. ¶어르신요, 이리 와서 초장 마수거리로 하나 팔어 주고 가소. ▶ 어르신, 이리 와서 초장 첫 거래로 하나 팔아 주고 가

세요./여자하고 초장 마수거리하머 그 날 장사 망군다 칸다. ▶ 여자하고 첫 거래 하면 그 날 장사 망친다 한다.

마실(-室) 명 마을. ¶자석이 저래노이 마실 사람들 부끄럽어서 어디 나댕기겠나? ▶ 자식이 저러니 마을 사람들 부끄러워서 어디 나다니겠나?/마실 사람들 누가 없닌기요? 내 맞어 죽니더 말래 주소. ▶ 마을 사람들 누가 없는가요? 내 맞어 죽어요 말려 줘요. ※ 밥상이 마당으로 날아 가고 두들겨 패는 소리가 들리면 곧 마을사람들에게 구원을 요청하는 소리가 들린다. 그러면 뒷담 너머로 아낙네들이 머리를 쑥쑥 내밀고 "저 집에 구라파전장이 났는가배." 하면서 수군거린다. ☞ 마알.

마싯'다 형 맛있다. ¶암만 마싯는 거도 자주 묵으머 물랜다. ▶ 아무리 맛있는 것도 자주 먹으면 물린다.

마~아지 명 망아지. ¶못난 마아지 뿔부텀 먼첨 난다. ▶ 못난 망아지 뿔부터 먼저 난다. ☞ 망새이.

마알 명 마을. ¶엊저녁에 등 너머 마알에서는 늑대가 니러와서 아 물어 갔단다. ▶ 엊저녁에 산등성이 너머 마을에서는 늑대가 내려와서 애 물어 갔단다. ☞ 마실.

마암:새 명 마음성. 마음쓰임새. ¶그 아낙은 마암새가 비단절 그터서 법 없이도 살 사람이다. ▶ 그 아낙은 마음성이 비단결 같아서 법 없이도 살 사람이다./돈 씨임새가 암만 좋다 캐도 마암새를 몬 따러간다. ▶ 돈 쓰임새가 아무리 좋다 해도 마음쓰임새를 못 따라간다. ☞ 맴새.

마암:씨 명 마음씨. ¶걸배이가 와도 그양은 몬 보내는 그런 마암씨라 언제든지 복을 받을 끼이다. ▶ 거지가 와도 그냥은 못 보내는 그런 마음씨라 언제든지 복을 받을 것이다. ☞ 맴씨.

마:양1 부 마냥. 줄곧. ¶해는 저무는데 마양 거기서 꿈질대고마 있을래? ▶ 해는 저무는데 마냥 거기서 꿈질대고만 있을래?

마양2 조 마냥. 처럼. ¶꿀 묵은 버버리마양 눈마 말똥말똥하고 안젔다. ▶ 꿀 먹은 벙어리마냥 눈만 말똥말똥하고 앉았다./글공부는 애하고 느가부지마양 팽상 농사나 저 묵고 살라카나? ▶ 글공부는 안하고 네 아버지처럼 평생 농사나 지어 먹고 살려나? ☞ 매로. 맨대로. 맨치로. 맹그로.

마이 조 만치. 만큼. ¶이마이 하면 댔지 얼매나 더 잘 하라꼬. ▶ 이만치 하면 되었지 얼마나 더 잘 하라고./저마이 부지런하머 머가 대도 댄다. ▶ 저만치 부지

마추¹:다

런하면 뭐가 되도 된다./그마이 그캐도 넘으 말을 듣지 안는다. ▶ **그만큼** 그래도 남의 말을 듣지 않는다.

마자1 튀 마저. 나머지 모두. ¶남은 밥 마자 끌거묵고 상을 내나라. ▶ 남은 밥 마저 긁어먹고 상을 내놓아라./이왕지사 하던 일은 마자 끝내고 가자. ▶ 이왕지사(已往之事) 하던 일은 마저 끝내고 가자. ☞ 마차1.

마자2 조 마저. ¶니마자 그카머 내가 누구를 믿고 사노? ▶ 너마저 그렇게 하면 내가 누구를 믿고 사나?/이거마자 앤 대머 나는 살림 다 살었다. ▶ 이것마저 안 되면 나는 살림 다 살았다. ☞ 마차2.

마자:반 명 모자반. ☞ 똑똑자반.

마종 명 마중. ¶아부지 장아 갔다가 오시는데 다리 껄에 마종 나가 바라. ▶ 아버지 장에 갔다가 오시는데 다리 거리로 마중 나가 보아라. ☞ 마지미.

마중 조 마다. ¶사람마중 성질이 다리이 누구 비우를 마차야 할지 모리겠다. ▶ 사람마다 성질이 다르니 누구 비위를 맞춰야 할지 모르겠다./해마중 하는 일이라도 금연 농사마이 힘들 때가 없었다. ▶ 해마다 하는 일이라도 금년 농사만치 힘들 때가 없었다.

마지 명 맏이. 형제자매 중에서 맨 먼저 태어난 사람.

마지미 명 마중. ¶니 히이가 오늘 후가 온다 캤는데 빼수 정기장꺼정 마지미 나가 바라. ▶ 네 형이 오늘 휴가 온다 했는데 버스 정거장까지 마중 나가 보아라. ☞ 마종.

마차1 튀 마저. 나머지 모두. ¶남은 일을 마차 하고 저임 묵으로 가자. ▶ 남은 일을 마저 하고 점심 먹으로 가자./망내이 마차 시집보내고 나이 빈집 겉다. ▶ 막내 마저 시집보내고 나니 빈집 같다. ☞ 마자1.

마차2 조 마저. ¶누렁지마차 다 끌거묵고도 또 더 없나 카는 눈치다. ▶ **누룽지마저** 다 긁어먹고도 또 더 없나 하는 눈치다./그 돈마차 다 써 뿌리머 아 공낙금은 우얄라 카노? ▶ 그 **돈마저** 다 써 버리면 애 공납금은 어떻게 하나? ☞ 마자2.

마채¹:다 동 마치다. 결리다. 【마채 ▶ 마쳐/마채이 ▶ 마치니】¶어제 살가마이를 들어 올리매 삐끗하디이 담이 생겠는지 허리가 마채네. ▶ 어제 쌀가마니를 들어 올리며 삐끗하더니 담이 생겼는지 허리가 마치네.

마추¹:다 동 맞추다. 【마차 ▶ 맞춰/마추이 ▶ 맞추니】¶틀집에서 옷을 마차 입었다. ▶ 재봉틀집에서 옷을 **맞춰** 입었다./농집에서 농을 마추이 헐케 친다. ▶ 장롱집에서 농을 **맞추니** 헐하게 친다.

마추맞다

마추맞다 혱 마침맞다. ¶오늘 우리 사돈딕에서 세찬이 왔는데 **맞추맞게** 잘 오셨니더. 이리 와서 잡사 보이소. ▶ 오늘 우리 사돈댁에서 세찬이 왔는데 **마침맞게** 잘 왔습니다. 이리 와서 잡숴 보세요. ☞ 마치맞다.

마치맞다 혱 마침맞다. ¶처매가 지지도 짤지도 안코 **마치맞게** 댔다. ▶ 치마가 길지도 짧지도 않고 **마침맞게** 되었다. ☞ 마추맞다.

마카 튀 모두. 전부(全部). ¶이래 살라카머 우리 **마카** 같이 죽자. ▶ 이렇게 살려면 우리 **모두** 함께 죽자. ※ 가난과 병마 그리고 예고 없이 찾아오는 재앙을 감당키 힘들 때 이런 넋두리도 하면서 용케 견뎌 낸다.

마카오신:사 몡 '멋쟁이신사'의 속된말. ¶핫바지 벗어 떤지고 양복을 빼입어 노이 **마카오신사다**. ▶ 핫바지 벗어 던지고 양복을 빼입어 놓으니 멋쟁이신사다. ※ 광복 후, 마카오양복지로 새비로(正裝)를 해 입은 사람은 최고의 멋쟁이였다. 이밖에 멋쟁이를 상징하는 물건으로, 중절모, 가죽구두, 회중시계, 상아 물부리, 스틱 따위가 있다.

막내~이 몡 막내둥이. ¶**막내이머** 느그 집에서 막내이지 뱎에 나와서도 응정 부리나? ▶ **막내둥이면** 네 집에서 막내둥이지 밖에 나와서도 응석 부리나? ※ 유치한 소리를 그만두라는 말.

막바리 튀 똑바로. 숨김없이. ¶남이사 우애 사든지 느그나 **막바리** 살어라. ▶ 남이야 어떻게 살던지 너희나 **똑바로** 살아라./실실 돌러대지 말고 **막바리** 말해라. ▶ 슬슬 둘러대지 말고 **숨김없이** 말해라.

막창 몡 막장. 골목이나 굴의 막다른 곳. ¶더 갈 데가 없는 인생 **막창인데** 천없는 눔이 와도 무섭을 기이 없다. ▶ 더 갈 데가 없는 인생 **막장인데** 세상없는 놈이 와도 무서울 것이 없다. ☞ 끝막창. 안막창.

막해:다 동 막히다. '막후다'의 피동. 【막해▶막혀/막해이▶막히니】¶질이 **막해서** 이짝으로는 몬 가이 저리로 둘러 가시더. ▶ 길이 **막혀서** 이쪽으로는 못 가니 저리로 둘러 갑시다. ☞ 맥히다.

막후:다 동 막다. 【막하▶막아/막후이▶막으니】¶위선 비싼 이자 나가는 거부텀 **막하** 놓고 보자. ▶ 우선 비싼 이자 나가는 것부터 **막아** 놓고 보자.

만 조 보다. 비교격조사의 하나. ¶사람이 사람 행실 몬하며 김성**만** 몬하다. ▶ 사람이 사람 행실 못하면 짐승**보다** 못하다. ☞ 만도.

만:고 몡 만고(萬古). 【만괴▶만고에】¶**만고** 충신 포은 선상은 백골이 문지가 대도 맴이 앤 빈한다 캤다. ▶ **만고** 충신 포은 선생은 백골이 먼지가 되어도 마

음이 안 변한다 했다./이충무공 그 어른마한 인물은 만괴 없다. ▶ 이충무공 그 어른만한 인물은 만고에 없다./하늘도 알아 주든 손순마한 호자도 만괴 다시없다. ▶ 하늘도 알아주던 손순(孫順)만한 효자도 만고에 다시없다.

만:고강산(萬古江山)**이다** 관 유유자적(悠悠自適)하다. 여유만만(餘裕滿滿)하다. 단가, '만고강산 유람할 제 삼신산이 어디매뇨…'에서 인용한 말. ¶그 사람 농사짓든 거 넘 조서 곡수나 받어묵고 사이 인자는 만고강산이지. ▶ 그 사람 농사짓던 것 남 줘서 곡수나 받아먹고 사니 이제는 유유자적하지.

만:괴 부 만분(萬分). 전혀. '만고(萬古)에'의 뜻. ¶그 사람이야 글이 없나 돈이 없나 만괴 아숩을 끼이 없는 사람이다. ▶ 그 사람이야 글(공부)이 없나 돈(재산)이 없나 만분 아쉬울 것이 없는 사람이다./그 어른은 이 고장서도 알어주는 분인데 만괴 넘한테 거지말을 할 분이 아이다. ▶ 그 어른은 이 고장에서도 알아주는 분인데 전혀 남한테 거짓말을 할 분이 아니다.

만:날(萬-) 부 매양(每樣). 한결같이. 늘. ¶니는 손이 없나 발이 없나 가아 때리머 니도 때리지 와 만날 맞고마 오노? ▶ 너는 손이 없나 발이 없나 걔가 때리면 너도 때리지 왜 매양 맞고만 오냐?/만날 만나고도 히이지머 또 보구 접다. ▶ 한결같이 만나고도 헤어지면 또 보고 싶다. ☞ 맨날. 천날만날.

만:다꼬 준 무엇 한다고. 무엇 때문에. '머 한다꼬'의 준말. '어떤 이유로'의 뜻. ¶내가 만다꼬 이 고상을 하노? ▶ 내가 무엇 한다고 이 고생을 하나?/만다꼬 이거를 여기 나 났능공? ▶ 무엇 때문에 이것을 여기다 놓아 놨는가?

만대'기 명 산마루. 지붕꼭대기나 산의 등성이. ¶지게에다 짐을 지고 만대기를 넘어오는데 바람이 얼매나 신지 자빠러질 뿐했다. ▶ 지게에다 짐을 지고 산마루를 넘어오는데 바람이 얼마나 센지 자빠질 뻔했다. ☞ 만대이. 만디기. 만디이.

만대'이 명 산마루. 지붕꼭대기나 산의 등성이. ☞ 만대기. 만디기. 만디이.

만도 조 만. 보다도. 만으로도. ¶사람 도리를 못하며 짐성만도 못하다. ▶ 사람 도리를 못하면 짐승만 못하다./먹물이라도 쫌 들었다 카는 눔이 하는 행실은 무식꾼만도 못하다. ▶ 좀 배웠다 하는 놈이 하는 행실은 무식꾼보다도 못하다./그 판에 앤 죽고 살아있는 거만도 고맙다 캐라. ▶ 그 판에 안 죽고 살아있는 것만으로도 고맙다 해라. ☞ 만.

만디'기 명 산마루. 지붕꼭대기나 산의 등성이. ☞ 만대기. 만대이. 만디이.

만디~이 명 산마루. 지붕꼭대기나 산의 등성이. ☞ 만대기. 만대이. 만디기.

만:무 부 만분(萬分). ¶그래 우태롭은 데 들어가서 앤 다쳤으이 만무 다행이다.

만'치다

　　▶ 그렇게 위험한 데 들어가서 안 다쳤으니 만분 다행이다./버리지는 몬 해도 큰 손해는 앤 봤으이 만무 다행이다. ▶ 벌지는 못 해도 큰 손해는 안 보았으니 만분 다행이다.

만'치다 동 만지다. 【만쳐 ▶ 만져/만치이 ▶ 만지니】 ¶종기하고 그거는 만치머 커진단다. ▶ 종기하고 그것은 만지면 커진단다./가마 나두머 대는데 자꼬 만쳐서 배린다. ▶ 가만 놓아두면 되는데 자꾸 만져서 버린다.

만:침1 명의 만치. ¶비싸다 캐도 비싼 만침 가치가 있는 물건이다. ▶ 비싸다 해도 비싼 만치 가치가 있는 물건이다./니도 그 사람한테는 할 만침은 했다. ▶ 너도 그 사람한테는 할 만치는 했다./거기서 씰 만침마 가주고 가그라. ▶ 거기서 쓸 만치만 가지고 가거라. ☞ 만쿰1.

만:침2 조 만치. ¶자네가 도와조서 내가 이만침이라도 사는 거 아이가. ▶ 자네가 도와주어서 내가 이만치라도 사는 것 아닌가./당신이 그만침 사는 거도 다 조상임들 은덕이다. ▶ 당신이 그만치 사는 것도 다 조상님들 은덕이다. ☞ 만쿰2.

만:쿰1 명의 만큼. ¶산이 높은 만쿰 꼴째기도 지푸다. ▶ 산이 높은 만큼 골짜기도 깊다./하늘도 사람이 일한 만쿰 내래 준다. ▶ 하늘도 사람이 일한 만큼 내려 준다. ☞ 만침1.

만:쿰2 조 만큼. ¶저기 가는 저 처자 알통 그튼 저 젖 보소, 더도 말고 덜도 말고 담배씨만쿰 보애 주소. ▶ 저기 가는 저 처녀 알통 같은 저 젖 보소, 더도 말고 덜도 말고 담배씨만큼 보여 주소./사람 맴만쿰 간사한 기이 없다. ▶ 사람 마음만큼 간사한 것이 없다. ☞ 만침2.

만:타 형 많다. 【만어 ▶ 많아/만으이 ▶ 많으이/마이 ▶ 많이】 ¶여기는 일꺼리가 항정없이 만타. ▶ 여기는 일거리가 한정없이 많다./자석이 만어서 이럴 때가 좋다. ▶ 자식이 많아서 이럴 때가 좋다./말이 만으이 실수도 만타. ▶ 말이 많으니 실수도 많다./마이 베풀수로 마이 돌어온다. ▶ 많이 베풀수록 많이 돌아온다.

만:포장이다 관 아주 풍성하다. 아주 많다. 온갖 물자가 산더미처럼 쌓인 만포(萬浦) 장터에 비유하여 생긴 말. ¶오늘 잔채 집에 갔다이 술이매 떡이매 만포장이드라. ▶ 오늘 잔치 집에 갔더니 술이며 떡이며 풍성하더라. ☞ 새고샜다. 새빌었다. 샜다. 천지다. 천지빼까리다.

만:풍연(萬豊年) 명 대풍년(大豊年). ¶금연에는 농사가 얼매나 잘 댔든지 어디 가도 묵을 끼이 만풍연이드라. ▶ 금년에는 농사가 얼마나 잘 되었던지 어디 가도 먹을 것이 대풍년이더라./묵을 꺼고 입을 꺼고 하나 기럽은 거 없이 만풍연

으로 산다. ▶ 먹을 것이고 입을 것이고 하나 귀한 것 없이 풍성하게 산다.

맏아¹ 명 맏이. '맏아이'의 준말. ¶지차보담 맏아는 머가 달러도 다리다. ▶ 지차보다 맏이는 뭐가 달라도 다르다. ☞ 큰아.

말:1 명 치마의 허리. 《말기. 허리. 마정》 ☞ 처매.

말:2 명 마을. '마알'의 준말. ¶이 말 저 말로 그 고약한 소문이 쫙 퍼졌다. ▶ 이 마을 저 마을로 그 고약한 소문이 쫙 퍼졌다.

말구루마 명 마차(馬車). '말(馬)'+⑪'くるま(車)'.

말귀 명 말코. 베를 짤 때 짠 베를 감는 대. 부테허리에 연결되어있다. ¶말귀에 감은양은 삼대독자 외동아들 명복을 감은듯고. ▶ 말코에 감은양은 삼대독자 외동아들 명복(命服)을 감은듯고./말코라 찼는양은 화늘에다 청룡황룡 야광주를 물은듯네. ▶ 말코라 찼는양은 하늘에다 청룡황룡 야광주를 문것같네./말코라 차인양은 우빙사 자빙사에 패동개나 차인듯고. ▶ 말코라 찬양은 우병사(右兵使) 좌병사(左兵使)에 □□□나 찬듯하고. 〈베틀노래에서〉 ☞ 베틀.

말:기 명 가래톳. 올이 거친 베옷이나 풀 먹인 옷을 속옷이 없이 입으면 가래톳이 생긴다. ¶가래이에 말기가 선 데다 춤을 발라 바라. ▶ 가랑이에 가래톳이 선 데다 침을 발라 보아라. ☞ 몽오래이.

말깔끼 명 말갈기. 말이나 사자 같은 동물의 목덜미에 난 긴 털.

말:꼬다리 명 말꼬투리. ¶밉살시럽게 넘으 말꼬다리나 잡고 늘어지지 마라. ▶ 밉살스럽게 남의 말꼬투리나 잡고 늘어지지 마라. ☞ 말꼬랑대기. 말꼬타리. 말꽁다리. 말꽁대기. 말꼬래이.

말:꼬랑대기 명 말꼬투리. ☞ 말꼬다리. 말꼬래이. 말꼬타리. 말꽁다리. 말꽁대기.

말:꼬래~이 명 말꼬투리. ☞ 말꼬다리. 말꼬랑대기. 말꼬타리. 말꽁다리. 말꽁대기.

말:꼬타리 명 말꼬투리. ☞ 말꼬다리. 말꼬랑대기. 말꼬래이. 말꽁다리. 말꽁대기.

말:꽁다리 명 말꼬투리. ☞ 말꼬다리. 말꼬랑대기. 말꼬래이. 말꼬타리. 말꽁대기.

말:꽁대기 명 말꼬투리. ☞ 말꼬다리. 말꼬랑대기. 말꼬래이. 말꼬타리. 말꽁다리.

말:따¹ 형 맑다. 【말거 ▶ 맑아/말그이 ▶ 맑으니】 ¶웃물이 말거야 아래물도 말지. ▶ 윗물이 맑아야 아랫물도 맑지./맴이 말그이 만괴에 걸그챌 끼 없다. ▶ 마음이 맑으니 만고에 걸릴 것이 없다.

말:따² 동 마르다. 마름질하다. 재단하다. 【말거 ▶ 말라/말그이 ▶ 마르니】 ¶옥양목을 떠다가 이불 한 채를 맨들고 나무지기로 처매저구리 한 불를 말따가 보이 감이 쪼매 모지랜다. ▶ 옥양목을 떠다가 이불 한 채를 만들고 나머지로 치

말더더'미

마저고리 한 벌을 마르다가 보니 감이 조금 모자란다.

말더더'미 똉 말더듬이. ¶말더더미 잉 내머 지도 말을 더덤게 댄다. ▶ 말더듬이 흉내 내면 저도 말을 더듬게 된다.

말띠'기1 똉 말뚝. ¶말띠기를 치다. ▶ 말뚝을 치다(경계(境界)를 정하다)./말띠기를 박다. ▶ 말뚝을 박다(직업군인이 되다)./말띠기를 뽑다. ▶ 말뚝을 뽑다. ☞ 말목.

말띠기2 똉 말(斗)로 떼기. ¶구찬쿠로 한 대 두 대 할 꺼 없이 말띠기로 심하자. ▶ 귀찮게 한 되 두 되 할 것 없이 말 떼기로 셈하자.

말:라꼬 囹 무엇하려고. 왜. '머 할라꼬'의 준말. ¶아이고 내 눈이 썩었지, 말라꼬 저 사나를 따라와서 이런 고상을 하지? ▶ 아이고 내 눈이 썩었지, 무엇하려고 저 사내를 따라와서 이런 고생을 하지?

말랑폭 똉 남자 바지의 좌우 허리 바깥으로 가랑이까지 내려간 온폭 부분. 《마루폭. 원폭. 폭》 ☞ 주우.

말래'다 똥 말리다. '말다'의 피동. 【말래 ▶ 말려/말래이 ▶ 말리니】 ¶종오가 똘똘 말래 있다. ▶ 종이가 똘똘 말려 있다./사기꾼한테 말래서 살림을 다 털래 뿌렀다. ▶ 사기꾼한테 말려서 살림을 다 털려 버렸다.

말루'다 똥 말리다. '마리다'의 사동. 【말라 ▶ 말려/말루이 ▶ 말리니】 ¶오늘은 나락 말루기는 좋은 날씨다. ▶ 오늘은 벼 말리기는 좋은 날씨다./돈을 처넣고 장사는 저래 앤 대이 사람으 피를 말라 죽인다. ▶ 돈을 처넣고 장사는 저렇게 안 되니 사람의 피를 말려 죽인다.

말:리 똉 만리(萬里). ¶그 점재이가 얼매나 용한지, 안저서도 말리 빽을 니다본다 카드라. ▶ 그 점쟁이가 얼마나 용한지, 앉아서도 만리 밖을 내다본다 하더라.

말목 똉 말뚝. ¶채진밭에 달이 히지꺼사 앤 대겠다. 물거리 쩌다가 말목 치고 울 맨들어 막아야겠다. ▶ 남새밭에 닭이 헤적여서 안 되겠다. 잡목가지 쩌다가 말뚝 박고 울타리 만들어 막아야겠다. ☞ 말띠기1.

말밤 똉 마름. 연못이나 늪에 나는 수초로, 여기 열리는 마름모꼴의 열매는 도토리나 칡뿌리처럼 구황(救荒)에 도움을 주기도 했다. 일제 말기에 부족한 양식에 보태려고 사람들은 산이나 들 뿐만 아니라 물속에도 들어가서 먹을 것을 구했다. 어느 날 저수지에서 마름을 따던 한 여인이 발을 헛디뎌 물속에서 허우적거리고 있었다. 이 때 한 사람이 구조를 하러 들어가는 것을 보고 "양식도 없는데 그냥 놔두라."며 소리를 지르는 사람도 있었다.

말버:리 똉 말벌. ¶말버리한테 쑤캐서 죽은 사람도 있다 카드라. ▶ 말벌한테 쏘

여서 죽은 사람도 있다 하더라.

말시마'이 圑 마술(馬術). 서커스. '말(馬)'+㊐ 'しばい(芝居)'. ¶핵고 운동장아서 말시마이하는 데, 귀경 오라꼬 나발 불고 북치고 야단이다. ▶ 학교 운동장에서 마술하는 데, 구경 오라고 나팔 불고 북치고 야단이다. ☞ 말시바이. 사까스.

말시바'이 圑 마술(馬術). ☞ 말시마이. 사까스.

말:씸 圑 말씀. ¶할배 말씸하시는 거를 잘 들었다가 담부터 그라지 말어야지. ▶ 할아버지 말씀하시는 것을 잘 들었다가 다음부터 그러지 말아야지./어르신, 지가 젊다꼬 말씸이 쫌 지나치시니더. ▶ 어르신, 제가 젊다고 말씀이 좀 지나치십니다.

말연 圑 말년(末年). ¶실라 때 최 고운 선상은 말연에 가야산에 들어가 사다가 내중에 신선이 댔다 카드라. ▶ 신라 때 최(崔) 고운(孤雲) 선생은 말년에 가야산에 들어가 살다가 나중에 신선(神仙)이 되었다 하더라./당신 신수에 초연에 고상을 해도 말연이 좋다 카드라. ▶ 당신 신수에 초년에 고생을 해도 말년이 좋다 하더라.

말:이사 말:이지 圂 정말이지. 바로 말하자면. '말이야 정말이지'의 뜻. ¶말이사 말이지 우리 갱상도 문디이들만치 갱우 바린 사람이 어디 있노? ▶ 정말이지 우리 경상도 문둥이들만큼 경우 바른 사람이 어디 있나? ☞ 아인기이 아이라.

말:짱 圂 말끔. ¶하로 죄일 새빠지게 일 해놓은 기이 말짱 헛일이 댔다. ▶ 하루 종일 힘겹게 일 해놓은 것이 말끔 헛일이 됐다./그 사람 말은 말짱 거짓말이라 들을 끼이 없다. ▶ 그 사람 말은 말끔 거짓말이라 들을 것이 없다.

맘만:하다 圐 만만하다. ¶모타리가 작다꼬 맘만하게 보머 큰 코 탱긴다. ▶ 체구가 작다고 만만하게 보면 큰 코 다친다./맘만한 데다 말띠기를 박는다. ▶ 만만한 데다 말뚝을 박는다.

망구':다 圐 망치다. 망하게 하다. 【망가 ▶ 망쳐/망구이 ▶ 망치니】 ¶천석꾼 재산도 자석 잘몬 두머 하리 아적에 망가 뿌린다. ▶ 천석꾼 재산도 자식 잘못 두면 하리 아침에 망쳐 버린다.

망근 圑 망건(網巾). ¶망근 씨고 낯 씩는다. ▶ 망건 쓰고 낯 씻는다. /망근 씨자 파장이다. ▶ 망건 쓰자 파장이다. ※ 체면치레 하려다가 실익을 놓친다는 말.

망깨 圑 토목공사를 할 때 흙이나 자갈 따위를 다지는 기구. 굵고 무거운 통나무 토막을 도르래에 매달아서 당겼다 놓았다 하면서 땅을 다짐.

망디~이 圑 망둥이. 세상모르고 날뛰는 사람. ¶갱상도 망디이가 띠이 절라도 비짜리도 띤다. ▶ 경상도 망둥이가 뛰니 전라도 빗자루도 뛴다. ☞ 개망디이.

망새~이 명 망아지. ¶아(我) 태조가 차사로 온 박순을 보고 "와 저래 **망새이**가 울고 있는공?" 카이, 차사가 하는 말이 "저런 짐성도 지 이미 떨어지이 저래 울고 있는데 하물며 사람이…" 카매 말을 더 몬하자, 이 말을 들은 태조가 크게 한숨을 쉬드란다. ▶ 우리 태조(太祖)가 차사로 온 박순(朴淳)을 보고 "왜 저렇게 **망아지**가 울고 있는고?" 하니, 차사가 하는 말이 "저런 짐승도 제 어미 떨어지니 저렇게 울고 있는데 하물며 사람이…" 하며 말을 더 못하자, 이 말을 들은 태조가 크게 한숨을 쉬더란다. ※ 왕위를 두고 골육상쟁(骨肉相爭)하는 것을 보고 함흥으로 물러가 있던 태조(李成桂)와 태종이 보낸 사자 사이에 있었던 함흥차사(咸興差使)의 고사.

망:월이(望月-) 명 정월 대보름날 달맞이. 산에 올라가서 달불을 피우고 달이 올라오면 절을 하며 소원을 빈다.

망칙시럽다 형 망측스럽다. 【**망칙시럽어** ▶ 망측스러워/**망칙시럽으이** ▶ 망측스러우니】 ¶요새 부녀들 중에 쪽찐 머리를 풀고 뽂어서 산발을 해 가주고 댕기는 거 보머, 그거 아 어런도 모리겠고, **망칙시럽**어서 몬 보겠드라. ▶ 요새 부녀들 중에 쪽찐 머리를 풀고 볶아서 산발(散髮)을 해 가지고 다니는 것 보면, 그것 애 어른도 모르겠고, **망측스러워서** 못 보겠더라. ※ 여자는 미혼일 때는 댕기머리를 하고 혼인을 하면 쪽을 찌는데, 단정하게 쪽진 머리를 풀고 파마를 한 여인들이 고루한 노인네들 눈에는 망측스럽게 보였다.

망티'기 명 망태. 망태기. ¶사나가 붕알 **망티기** 두 쪼가리를 차고도 그거 하나도 몬하머 한 쪼가리는 띠 내뿌러라. ▶ 사내가 불알 **망태** 두 쪽을 차고도 그것 하나도 못하면 한 조각은 떼어 내버려라./도암 영감 개똥 **망티기마양** 붕알을 덜렁덜렁 차고 어디로 가노? ▶ 도암(택호) 영감 개똥 **망태기마냥** 불알을 덜렁덜렁 차고 어디로 가나? ※ 벌거벗고 돌아다니는 아기를 보고 놀리는 말. 여름에 애기들에게 아랫도리를 입히지 않은 것이 예사였다.

맞다드'리다 동 맞닥뜨리다. 【**맞다드래** ▶ 맞닥뜨려/**맞다드리이** ▶ 맞닥뜨리니】 ¶두리서 **맞다드래** 바야 쌈밖에 더 하겠나, 고마 그 집 사랖 앞을 피해 가자. ▶ 둘서 **맞닥뜨려** 봐야 싸움밖에 더 하겠나, 그만 그 집 사립 앞을 피해 가자.

맞배기 명 맞보기. 평면경(平面鏡).

맞버:리 명 맞벌이. ¶아들은 할매한테 매끼고 지는 식모로 나가고, 남편은 역전에서 니아까 끌고, 이래 **맞버리하매** 사니더. ▶ 애들은 할머니한테 맡기고 저는 식모(食母)로 나가고, 남편은 역전에서 손수레 끌고, 이렇게 **맞벌이하며** 삽니다.

맞잽이 몡 맞잡이. ¶술갑이 없으머 그 맞잽이 댈 마한 물건이라도 매끼고 가야지 외상은 앤 대니더. ▶ 술값이 없으면 그 맞잡이 될 만한 물건이라도 맡기고 가야지 외상은 안 됩니다.

매1 조 며. 모음으로 끝난 체언에 붙어 둘 이상의 사물을 나란히 늘어놓음을 나타내는 접속조사. ¶오늘 장태에 가이 **채소매 실과매** 산띠이 긑치 처재 놓고 팔드라. ▶ 오늘 장터에 가니 **채소며 실과며** 산더미 같이 쟁여 놓고 팔더라. ☞ 이매2.

-매2 回 -며. -면서. '-맨서'의 준말. ¶빙신 긑치 잘난 **칙하매(맨서)** 돌아댕기드라. ▶ 병신 같이 잘난 **척하며(면서)** 돌아다니더라./돈은 **많으매(맨서)** 넘한테는 띵보 짓을 한다. ▶ 돈은 **많으며(면서)** 남한테는 구두쇠 짓을 한다./사람 꺼풀을 씨고 **있으매(맨서)** 우애 그런 짓을 할꼬? ▶ 사람의 꺼풀을 쓰고 **있으며(면서)** 어떻게 그런 짓을 할까? ☞ -맨서. -이맨서.

매3 몡 곰팡이. 일반적으로 음식물이 발효되면서 끼는 유익한 곰팡이를 이름. ¶메주에 매가 낄라 칸다. ▶ 메주에 곰팡이가 끼려 한다./누럭에 매가 피기 시작한다. ▶ 누룩에 곰팡이가 피기 시작한다.

매가지 몡 모가지. '목'의 속된말. ¶이눔으 새끼, 매가지를 비틀어 죽애 뿌릴라고마. ▶ 이놈의 새끼, 모가지를 비틀어 죽여 버릴라 그만./달 매가지를 틀어도 새복은 온다. ▶ 닭 모가지를 틀어도 새벽은 온다. ☞ 맥당가지. 목가지.

매꽈리시럽다 혱 밉살스럽다. '미꽈리시럽다'를 꼬아서 하는 말. ¶호양연의 가시나가 매꽈리시럽게 요리 붙었다 조리 붙었다 칸다. ▶ 화냥년의 계집애가 **밉살스럽게** 요리 붙었다 조리 붙었다 한다. ☞ 매꽐시럽다. 미꽐시럽다.

매꽐시럽다 혱 밉살스럽다. '미꽐시럽다'의 센말. '매꽈리시럽다'의 준말. ☞ 미꽈리시럽다.

매끼 몡 매듭. 줄의 매듭. ¶매끼를 지우다. ▶ 매듭을 지우다./매끼를 풀어라. ▶ 매듭을 풀어라.

매끼다 동 맡기다. 【매깨 ▶ 맡겨/매끼이 ▶ 맡기니】¶할마씨는 인자 집에서 주장하지 마고 매느리한테 도장열쇠 매끼고 놀로나 댕기이소. ▶ 할머니는 이제 집에서 주장(主張)하지 말고 며느리한테 도장열쇠(곳간열쇠. 살림) 맡기고 놀러나 다니세요.

매느리 몡 며느리. 자부(子婦). ¶감 꽃 필 때 과부 매느리 감나무 아래로 보내지 마라 캤다. ▶ 감 꽃 필 때 과부 며느리 감나무 아래로 보내지 마라 했다. ※ 감

매'늘

꽃 향기가 정액 냄새와 비슷하다 해서 생긴 말이다. 시부모가 며느리를 부르기를 '야야(애야)'라고 부르고 남들 앞에서는 '우리 매느리'라거나 '매늘 아' 또는 '들온(들어온) 아'라고 이르고 '애기(아기)'라는 말은 쓰지 않는다. 아이가 있으면 '이미야', '아 이미야'로 부르고, 남들 앞에서는 '우리 매느리', '우리 아 이미' 또는 '아무것의 애미'라고 이른다. 부모 잘 모시고, 아들 잘 낳고, 길쌈 잘하는 것이 며느리의 기본조건이라지만, 칠거지악(七去之惡)이라는 굴레가 또 있어, 그것에 해당하면 소박을 당할 수도 있는데, 그것은 시부모에게 불손한 것, 자식 못 낳는 것, 행실이 음탕한 것, 질투하는 것, 나쁜 병이 있는 것, 말썽이 많은 것, 도둑질을 하는 것 따위다. 며느리 시집살이는 혹독하다 할 정도였다. 길쌈을 해서 식구들을 입혀야 하고, 시부모 모시기와 아이들 돌보기, 일 년에 몇 차례 돌아오는 조상 제사는 물론 친인척의 경조사까지 챙기면서도 식량을 절약하여 보릿고개를 지혜롭게 넘겨야 한다. ☞ 매늘.

매'늘 몡 며느리. '매느리'의 준말.

매달래:다 동 매달리다. '매달다'의 피동. 【매달래▶매달려/매달래이▶매달리니】¶매달랜 개가 눕은 개 비웃는다. ▶ 매달린 개가 누운 개 비웃는다./돈에 매달래 꼼짝을 몬한다. ▶ 돈에 매달려 꼼짝을 못한다.

매때:지 몡 멧돼지. ☞ 산대지.

매똘 몡 맷돌. ☞매똘가락지. 매똘손재비. 매똘숙짝. 매똘심. 매똘심보. 매똘암짝. 매똘좆.

매똘가락지 몡. 맷돌의 가락지. 곡식을 거칠게 갈 때 맷돌의 위짝과 아래짝 사이의 간격을 벌려 주기 위하여 맷돌 심에다 끼우는 짚 가닥으로 감쳐 만든 고리. ☞ 매똘.

매똘방시기 몡 맷방석. 맷돌질을 할 때 까는 방석. ☞도래방시기. 돌방시기. 매빵시기.

매똘손잽이 몡 맷돌의 위짝에 붙어있는 나무 손잡이. ☞매똘.

매똘숙짝 몡 맷돌의 아래짝. 가운데에 맷돌심이 고정되어있다. ☞매똘.

매똘심 몡 맷돌의 아래짝(숙짝) 가운데에 고정시켜서 박은 쇠로 된 꼬챙이(心). ☞ 매똘.

매똘심보 몡 맷돌의 심을 고정시키기 위하여 아래짝 가운데 파인 돌구멍에 박은 나무토막. ☞ 매똘.

매똘암짝 몡 맷돌의 위짝. 가운데에 심이 끼워지는 구멍이 뚫려있다. ☞ 매똘.

매똘좆 몡 '맷돌심'의 속된말. ☞매똘.

매랍다 혱 마렵다. 마르다. 【매랍어 ▶ 마려워/매랍으이 ▶ 마려우니】 ¶홍디깨도 띠이댕긴다는 농사여름에는 똥오줌이 매랍어도 칙간 갈 새가 없다. ▶ 홍두깨도 뛰어다닌다는 농번기에는 똥오줌이 마려워도 측간 갈 새가 없다./목이 매랍은 사람이 새미를 판다 캤다. ▶ 목이 마른 사람이 샘을 판다 했다. ☞누럽다. 마랍다.

매래 몡 여수로(餘水路). 저수지의 수량을 일정하게 유지하기 위하여 터놓은 물길. ¶딱실 못에 매래가 넘치드록 비가 마이 왔다. ▶ 닥실 못에 여수로가 넘치도록 비가 많이 왔다.

매래~이 몡 매미. ¶아들이 얼매나 번지럽은지 매래이 잡으로 저 백양나무 꼭대기꺼정 올라가고 야단이다. ▶ 애들이 얼마나 난잡스러운지 매미 잡으러 저 미루나무 꼭대기까지 올라가고 야단이다.

매래'치 몡 멸치. ¶매래치 배가 들어왔나 와 이래 시끄럽노? ▶ 멸치 배가 들어왔나 왜 이렇게 시끄럽나?/매래치 한 포머 우리 공구 반연은 묵는다. ▶ 멸치 한 부대면 우리 식구 반년은 먹는다. ☞이리꾸.

매래'치식캐 몡 멸치젓갈. 경상도 지방에서는 젓갈이라면 거의 멸치젓갈이 주를 이룬다. ☞식캐.

매'로 조 처럼. 같이. '맨대로'의 준말. ¶니매로 사다가는 내중에는 처자석들을 궁개 죽이기 십생이다. ▶ 너처럼 살다가는 나중에 처자식들을 굶겨 죽이기 십상이다. ☞마양2. 맨대로. 맨치로. 맹그로.

매를 타다 괜 삼을 삼을 때 삼 가닥의 꼬리 쪽을 부드럽게 해서 손톱으로 가르는 것을 이름. ¶삼가대기 끄트머리에 매를 타고 거기다 다린 가대기으 대가리를 찌와서 너붕치에다 대고 비배서 이순다. ▶ 삼가닥 끝을 가르고 거기다 다른 가닥의 머리를 끼워서 허벅지에다 대고 비벼서 잇는다. ☞삼베길쌈.

매빵'시기 몡 맷방석. 맷돌질을 할 때 까는 둥근 짚방석. ☞도래방시기. 돌방시기. 매똘방시기.

매'약(媒約)하다 괜 중매로 혼약(婚約)하다. ¶창영 조 씨네 집안하고 우리는 서리 매약한 새다. ▶ 창녕 조(曺) 씨네 집안하고 우리는 서로 혼약한 사이다.

매:연 몡 매년(每年). ¶매연 돌아오는 지사지마는 인자 나이가 그래서 그런지 혼차 초 낼라카이 심이 든다. ▶ 매년 돌아오는 제사지만 이제 나이가 그래서 그런지 혼자 치러 내려니 힘이 든다.

매조

매조 몡 매조(梅鳥). 화투짝 중에서 2월이나 두 끗을 상징하는 매화 그림의 패.

매치∶다 동 맺히다. '맺다'의 피동. 【매채▶맺혀/매치이▶맺히니】¶벌써로 꽃봉우리가 매치기 시작했다.▶벌써 꽃봉오리가 맺히기 시작했다./절절이 매친 한을 우째 다 풀꼬?▶절절이 맺힌 한을 어찌 다 풀까?/공부 몬한 기이 한에 매챘다.▶공부 못한 것이 한에 맺혔다.

매'칠 몡 며칠. ¶만날 때마중 내리 내리라 캐 놓고도 맻 매칠이 대드록 약조(約條)를 앤 지킨다.▶만날 때마다 내일 내일이라 해 놓고도 몇 며칠이 되도록 약속을 안 지킨다.

맥당가'지 몡 모가지. '목'의 속된말. '매가지'의 센말. ¶그눔으 자석 맥당가지가 그양 붙어 있을라 카머 가마 있그라 캐라.▶그놈의 자식 모가지가 그냥 붙어 있으려면 가만히 있어라 해라./그 눔으 맥당가지를 휘잡고 헌들어 대이 그적새야 항복하드라.▶그 놈의 모가지를 휘어잡고 흔들어 대니 그제야 항복하더라. ☞목당가지.

맥살 몡 멱살. ¶두리 서리 맥살을 잡고 니 죽고 내 죽자 카매 붙어 있으이 당채 말릴 재간이 없드라.▶두 사람이 서로 멱살을 잡고 너 죽고 내 죽자 하며 붙어 있으니 도무지 말릴 재간이 없더라.

맥이∶다 동 먹이다. '묵다'의 사동. 【매애▶먹여/맥이이▶먹이니】¶야야, 알라한테 젖을 맥애 재와 놓고 일해라.▶얘야, 아기한테 젖을 먹여 재워 놓고 일해라./아래우로 맥애 살릴라 카이 허리가 후겠지.▶아래위로 먹여 살리려니 허리가 휘겠지. ☞묵애다. 묵이다. 믹이다.

맥∶재 뷔 공연스레. ¶맥재 시간만 빼끼지 마고 시방이라도 손을 털고 일어나도 늦지 안타.▶공연스레 시간만 빼앗기지 말고 지금이라도 손을 털고 일어나도 늦지 않다. ☞백재.

맥히∶다 동 막히다. '막다'의 피동. 【맥해▶막혀/맥히이▶막히니】¶그 때 삼팔선이 맥해서 오가지도 몬하다가 인자사 만났으이 기맥힌 일이 아이가.▶그 때 삼팔선이 막혀서 오가지도 못하다가 이제야 만났으니 기막힌 일이 아닌가. ☞막해다.

맨∶ 뷔 매양. ¶맨 그 사람이 그 사람이다.▶매양 그 사람이 그 사람이다./맨 그 일 때민에 싸운다.▶매양 그 일 때문에 싸운다.

맨꼬재~이 몡 맨 꼬챙이. ¶맨꼬재이를 가주고 노다가 눈 찔랠라.▶맨 꼬챙이를 갖고 놀다가 눈 찔릴라.

맨:날 튀 매양(每樣). 언제나. ¶아들 아부지 부지러이 일하고 아들도 탈 없이 잘 크지, 심은 쪼매 들어도 맨날 재미있다. ▶ 애들 아버지 부지런히 일하고 애들도 탈 없이 잘 크지, 힘은 조금 들어도 매양 재미있다. ☞ 만날. 천날만날.

맨대로 조 처럼. 같이. ¶저 사람이 소맨대로 와 저래 미련하노? ▶ 저 사람이 소처럼 왜 저렇게 미련하나?/느그맨대로 인심이 그래 야박해서야 시상을 살 재미가 어디 있겠노? ▶ 너희같이 인심이 그렇게 야박해서야 세상을 살 재미가 어디 있겠나? ☞ 마양2. 매로. 맨치로. 맹그로.

맨도 명 면도(面刀). 日 'めんどう(面刀)'. ¶가띠기나 얼골이 시커먼 사람이 몇 매칠을 맨도를 애했는지 꼬라지가 말이 아이다. ▶ 가뜩이나 얼굴이 시커먼 사람이 몇 며칠을 면도를 안했는지 꼬락서니가 말이 아니다.

맨드래미 명 맨드라미. ¶맨드래미 필 때 왔다가 가고는 소식이 없다. ▶ 맨드라미 필 때 왔다가 가고는 소식이 없다.

맨들다 동 만들다. 【맨들어 ▶ 만들어/맨드이 ▶ 만드니】 ¶앤 대는 거도 대드록 맨들어야 그기이 재조지. ▶ 안 되는 것도 되도록 만들어야 그것이 재주지. ☞ 맹글다.

맨:목 명 면목(面目). ¶그런 실수를 하고 내가 무신 맨목으로 그 어런을 찾아뵙노? ▶ 그런 실수를 하고 내가 무슨 면목으로 그 어른을 찾아뵙나?/그 사람이 잘 못한 거는 아지마는 내 맨목을 바서도 한분마 바주게. ▶ 그 사람이 잘 못한 것은 알지만 내 면목을 봐서도 한번만 봐주게.

-맨서 미 -면서. ¶공부도 잘 하맨서 소리도 잘 한다. ▶ 공부도 잘 하면서 소리도 잘 한다./우리 행수는 행수맨서 어매 겉었다. ▶ 우리 형수는 형수면서 어머니 같았다. ☞ -매2. -이맨서.

맨소리다마 명 멘톨(menthol). 연고의 한 가지. 日 'メンソール'. ¶겨실에 손 트는 데는 맨소리다마를 바리머 좋다. ▶ 겨울에 손 트는 데는 멘톨을 바르면 좋다.

맨재지밥 명 맨쌀밥. 잡곡을 섞지 않고 맨 쌀로 잦은(지은) 밥. ¶항갑잔채 집에 가서 맨재지밥 얻어묵고 와서도 또 밥 돌라 카나? ▶ 환갑잔치 집에 가서 맨쌀밥 얻어먹고 와서도 또 밥 달라 하나?/글때사 지사나 맹절 때가 아이머 맨재지밥을 어디서 얻어묵노? ▶ 그때야 제사나 명절 때가 아니면 맨쌀밥을 어디서 얻어먹나?

맨치로 조 처럼. ¶원시이맨치로 나무 타는 데는 비호 같다. ▶ 원숭이처럼 나무 타는 데는 비호 같다. ☞ 마양2. 매로. 맨대로. 맹그로.

맬몰

맬몰 명 멸몰(滅沒). ¶그 집은 그 산에다 미 한분 잘 몬 씨고 맻 연을 앤 가서 사람이 죽고 재산이 나가고 **맬몰** 지갱이 댔다. ▶ 그 집은 그 산에다 묘 한번 잘 못 쓰고 몇 년을 안 가서 사람이 죽고 재산이 나가고 **멸몰** 지경이 되었다.

맴: 명 마음. ¶**맴**을 잘 써야 복을 받지. ▶ 마음을 잘 써야 복을 받지.

맴:새 명 마음성. ¶그 처자야 얼골 곱지, **맴새** 착하지, 질쌈 솜씨 좋지, 규수 치고는 어디 하나 나무랠 데가 없다. ▶ 그 처녀야 얼굴 곱지, **마음성** 착하지, 길쌈 솜씨 좋지, 규수 치고는 어디 하나 나무랄 데가 없다. ☞ 마암새.

맴:씨 명 마음씨. ¶저래 **맴씨**를 쓰이 화늘임도 감복하지. ▶ 저렇게 **마음씨**를 쓰니 하느님도 감복하지. ☞ 마암씨.

맴:을 달리 묵다 관 개심(改心)하다. 마음을 바꾸어 먹다. ¶니는 **맴을 달리 묵고** 집을 맡어 가주고 똑 내 있일 때 긑치 이 집을 지캐라. ▶ 너는 **개심하고** 집을 맡아 가지고 꼭 내 있을 때 같이 이 집을 지켜라. ※허랑방탕(虛浪放蕩)한 손아랫사람을 타이르는 말.

맵'다 형 맵다. 【매분▶매운/매버▶매워】¶**맵분** 거는 과붓집 꿀뚝이라. ▶ **매운** 것은 과붓집 굴뚝이라. ※남자가 없어서 마른 땔감을 쌓아 둘 여유가 없어서 그때마다 생나무를 베어다 땐다는 말로, 과부 살림살이의 구차스러움을 나타내는 말.

맷돌 명 연자방아의 웃돌. 위쪽이 잘려나간 형태의 원추형 돌로, 여기에 방틀을 장치하여 마소의 힘으로 돌리게 하였다. ☞ 석매바아.

맷돌쇠 명 우차 바퀴가 빠지지 않게 심보의 끝에다 꽂는 비녀장. ☞ 메뚜기쇠. 우차.

맹그'로 조 처럼. 같이. ¶설거지 하라카머 지동뿌리이꺼정 뽑는다는 **곰맹그로** 사람이 그래 미련하노? ▶ 설거지 하라면 기둥뿌리까지 뽑는다는 **곰처럼** 사람이 그렇게 미련하나? ☞ 마양2. 매로. 매대로. 맨치로.

맹글'다 동 만들다. 【맹글어▶만들어/맹그이▶만드니】¶자석을 사람 긑치 **맹글**라 카머 묵을 꺼 묵고 입을 꺼 다 입어 가매 어얘 하노? ▶ 자식을 사람 같이 **만들**려면 먹을 것 먹고 입을 것 다 입어 가며 어떻게 하나?/용빼는 재주가 있다 캐도 대는강, 니가 한분 **맹글어** 바라. ▶ 용빼는 재주가 있다 해도 되는지, 너가 한번 **만들어** 보아라. ☞ 맨들다.

맹낭하다 형 맹랑(孟浪)하다. ¶저 절문 기이 하는 짓이 **맹낭하다**. ▶ 저 젊은 것이

하는 짓이 맹랑하다.

맹산 명 명산(名山). ¶저기로 보게 이 사람아, 좌청용 우백호가 이래 저래 둘러싸 애 있는 기이 과시 맹산일세. ▶ 저기로 보게 이 사람아, 좌청룡 우백호가 이렇게 저렇게 둘러싸여 있는 것이 과연 명산일세.

맹'서 동 맹세(盟誓)하다. ¶죽기로 맹서하고 싸우고 또 싸왔다. ▶ 죽기로 맹세하고 싸우고 또 싸웠다.

맹연 명 명년(明年). 내년(來年). ¶돈을 벌어서 고양 갈라 카머 아매 맹연 이만때는 대야 댈 끼이다. ▶ 돈을 벌어서 고향 가려면 아마 명년 이맘때는 되어야 될 것이다./맹연이머 맹연이머 카다가 열두 맹연을 보내겠다. ▶ 내년이면 내년이면 하다가 열두 내년을 보내겠다. ※미루기만 하다가 세월만 허비한다는 말. ☞ 내연. 냉연.

맹일 명 명절날(名節-). '명일(名日)'의 뜻. ¶맹일이 곧 돌아오는데 돈 씰 데는 만코 우짜노? ▶ 명일이 곧 돌아오는데 돈 쓸 데는 많고 어쩌냐?

맹'절 명 명절(名節). ¶갱원도 질이 머기는 하지마는 요분 맹절에는 느그 공구들 대불고 한분 댕개가그라. ▶ 강원도 길이 멀기는 하지만 요번 명절에는 너희 식구들 대리고 한번 다녀가거라.

맹주 명 명주(明紬). ¶맹연에 아범 항갑 때 입을 바지저구리 깜으로 수무 자하고, 도포 맨드는데 서른 자는 들 낀데, 맹주로 할라카머 누베 몇 돌뱅이머 댈랑강? ▶ 명년에 아버님 환갑 때 입을 바지저고리 감으로 스무 자하고, 도포 만드는데 서른 자는 들 건데, 명주로 하려면 누에 몇 돌뱅이면 될런가? ☞ 돌뱅이.

맹주질쌈 명 견직(絹織) 길쌈. 누에고치를 풀어서 베를 짜는 일. ☞ 명주길쌈.

맹주처매 명 명주치마. ¶분홍 저구리에 옥색 맹주처매 바처 입고 나서이 우짜머 하늘에서 니러온 선여 글다. ▶ 분홍 저고리에 옥색 명주치마 받쳐 입고 나서니 어쩌면 하늘에서 내려온 선녀 같다.

맹'태 명 명태(明太). ¶이전부터 지집하고 맹태는 뚜디러야 맛이 난다 캤다. ▶ 예전부터 계집하고 명태는 두들겨야 맛이 난다 했다.

맻 관 형 몇. ¶마 시끄럽다 고마 쫌 해라. 그거 맻 나 가주고 머를 그카노? ▶ 그만 시끄럽다 그만 좀 해라. 그것 몇 낱 가지고 뭘 그러냐?/오늘 핵고 사친회에 맻 사람이 모댔딘기요? ▶ 오늘 학교 사친회에 몇 사람이 모였던가요?/어매, 새 고무신 신을라 카머 맻 밤 자머 대재? ▶ 엄마, 새 고무신 신으려면 몇 밤 자면 되지? ※설에 신으려고 사다 둔 고무신을 꺼내보며 하는 말이다. ☞ 및.

머1 団 뭐. 무엇.【머고▶뭐야/머라▶뭐라/머이▶뭐니/머지▶뭐지/머하지마▶뭣하지만/먼▶무언/먼데▶뭔데/머시▶뭣이/머여▶뭐야】¶얼골이 그기이 머고?▶얼굴이 그것이 뭐냐?/할배가 머라 카시드노?▶할아버지가 뭐라 하시더냐?/머이 머이 캐도 두지에 인심난다.▶뭐니 뭐니 해도 뒤주에 인심난다./이기이 머지, 이기이 와 여기 있노?▶이것이 뭐지, 이것이 왜 여기 있나?/머하지마는 이거 잡사 볼실라는기요?▶뭣하지만(별 것 아니지만) 잡숴 보시겠습니까?/머가 먼지 하나도 모리겠다.▶뭐가 무언지 하나도 모르겠다./지가 먼데 밤 나라 대추 나라 카노?▶제가 뭔데 밤 놔라 대추 놓아라 하나?/그거 머시라 카드라, 그래, 차마 입에 담지도 몬할 욕을 하드라.▶그거 뭣이라 하더라, 그래, 차마 입에 담지도 못할 욕을 하더라./이기이 머여?▶이것이 뭐야?

머:2 団 뭐. ¶갈라카머 가라카지 머!▶가려면 가라지 뭐!/죽을라 카머 죽으라카지 머!▶죽으려면 죽으라지 뭐!/머, 내가 언제 그캤노?▶뭐, 내가 언제 그랬나?

-머3 미 -면. ¶아이고 참, 저 사람은 쩔뚝없어서 이래 해라 카머 저래 하고 저래 해라 카머 이래 한다.▶아이고 참, 저 사람은 주책없어서 이렇게 하라 하면 저리하고 저렇게 하라 하면 이렇게 한다.

머'라카다 图 나무라다. 뭐라고 하다.【머라캐▶나무래(뭐라 해)/머라카이▶나무라니(뭐라 하니)】¶번버이 머라캐도 돌아서머 이자뿌리고 엉뚱한 짓을 한다.▶번번이 나무래도 돌아서면 잊어버리고 엉뚱한 짓을 한다./살살 달래 바라. 머라카머 점점 더 엇난다.▶살살 달래 봐라. 나무라면 점점 더 어긋난다. ☞ 머러카다.

머래 명의 바람. 까닭이나 근거의 뜻을 나타냄. ¶사람들이 시끄럽게 떠드는 머래 나는 한 마디도 몬 알어들었다.▶사람들이 시끄럽게 떠드는 바람에 나는 한 마디도 못 알아들었다./마침 서울에 볼일이 있어서 가는 머래 칭구도 찾어 봤다.▶마침 서울에 볼일이 있어서 가는 바람에 친구도 찾아보았다./자석이 저 카는 머래 넘들 앞에 얼골을 들고 댕길 수가 없다.▶자식이 저러는 까닭에 남들 앞에 얼굴을 들고 다닐 수가 없다.

머'러카다 图 나무라다. 뭐라고 하다.【머러캐▶나무래(뭐라 해)/머러카이▶나무라니(뭐라 하니)】☞ 머라카다.

머리가대'기 명 머리가닥. ¶머리가대기를 차마게 따아서 댕기를 매 노이 일등 처자다.▶머리가닥을 곱게 땋아서 댕기를 매 놓으니 일등 처녀다.

머리끄디~이 명 머리끄덩이. ¶저 처자 머리끄디이가 궁디이꺼정 철렁철렁 내래

왔다. ▶ 저 처녀 머리끄덩이가 궁둥이까지 철렁철렁 내려왔다. ☞ 멀꺼디이. 멀끄디이.

머'리틀 명 기름틀의 머리틀. 기름을 짤 때 장나무와 떡판과 기름챗날을 장치하는 사다리모양의 나무 틀.《머릿골. 괴물》☞ 지름틀.

머섬 명 머슴. 【꼴머섬 ▶ 작은 머슴/장머섬 ▶ 장골 머슴/큰머섬 ▶ 큰 머슴】¶저 사람은 첨에 머섬을 살로 이 마실에 들어와서 장개가고 자석 놓고 눌러 안졌는데, 지금은 알부자다. ▶ 저 사람은 처음에 머슴을 살러 이 마을에 들어와서 장가가고 자식 놓고 눌러 앉았는데, 지금은 알부자다. ☞ 머슴.

머섬방 명 머슴방. 머슴이 거처하는 방. ☞ 초당.

머섬사'리 명 머슴살이. ¶이 부자는 어릴 쩍부텀 머섬사리로 시작해서 당대에 만석꾼이 댄 사람인데, 그 사람은 질을 가다가 짚신째기나 개똥을 보머 보는 쪽쪽 질가 논에 밀어 여매 "이 논도 내 논이 댈 낀데." 카매 미리부터 걸갔단다. ▶ 이(李) 부자는 어릴 적부터 머슴살이로 시작해서 당대에 만석(萬石)꾼이 된 사람인데, 그 사람은 길을 가다가 짚신짝이나 개똥을 보면 보는 족족 길가 논에 밀어 넣으며 "이 논도 내 논이 될 건데." 하며 미리부터 걸우었단다.

머숨 명 머슴. ¶머숨이 일을 잘하고 몬하는 거는 쥔네 하거개 달랬다. ▶ 머슴이 일을 잘하고 못하는 것은 주인네 하기에 달렸다. ☞ 머섬.

머'시기 대 거시기. 말하려는 사물의 이름이 떠오르지 않거나 바로 말하기 거북스러울 때 적당히 둘러서 하는 말. ¶그 머시기 머라 카드라, 그 집 남편 머시기가 머해서 알라를 몬 놓는단다. ▶ 그 거시기 뭐라 하더라, 그 집 남편 거시기가 뭣해서 아기를 못 낳는단다.

머심아: 명 머슴애. '머슴아이' 준말. ¶가시나는 가시나들끼리 놀어야지 머심아들 하고 어불래 노머 빵구 난다. ▶ 계집아이는 계집애들끼리 놀아야지 머슴애들 하고 어울려 놀면 펑크(puncture) 난다. ☞ 종내기.

머여 부 먼저. ¶머여 본 사람이 임재다. ▶ 먼저 본 사람이 임자다./서리 머여 갈라 칸다. ▶ 서로 먼저 가려고 한다./머여 달에 알라 낳다. ▶ 먼저 달에 아이 낳다./머여 일은 잘몬댔다. ▶ 먼저 일은 잘못됐다./머여 뿐에 왔다가 갔다. ▶ 먼저 번에 왔다가 갔다. ☞ 먼첨.

머하다 관 뭣하다. 단정하여 말하기 거북한 것을 말할 때 암시적으로 전제하는 말. '머시기 하다'는 말과 비슷하다. 【머해도 ▶ 뭣해도/머하이 ▶ 뭣하니/머하머 ▶ 뭣하면】¶사람이 쫌 머해도(부족하더라도) 심덕은 좋으니라. ▶ 사람이 좀 뭣

먹구

해도 심덕은 좋으니라./기분이 머하이(별로 좋지 않으니) 오늘은 만나지 마자. ▶ 기분이 뭣하니 오늘은 만나지 말자./그런 사람하고 머하머(시비하면) 머하노? ▶ 그런 사람하고 뭣하면 뭣하나?/기분이 쫌 머하디이라도(나쁘더라도) 눈감어 조라. ▶ 기분이 좀 뭣하더라도 눈감아 줘라.

먹구 몡 귀머거리. '먹은 귀(먹귀)'의 준말. ¶이 사람아, 자네 먹구가 아인 바에야 내 말을 그마이 몬 알어듣겠나? ▶ 이 사람아, 자네 귀머거리가 아닌 바에야 내 말을 그만치 못 알아듣겠나?

먹물 몡 먹(墨)의 물. '글' 또는 '지식'의 변말. ¶머리속에 먹물이 쫌 들었다 카는 사람이 저 따구 행동을 하지? ▶ 머릿속에 글이 좀 들었다는 사람이 저 따위 행동을 하지?/먹물이라도 쪼매 든 사람이 머가 달라도 다리다. ▶ 글이라도 좀 든 사람이 뭐가 달라도 다르다.

먹상 몡 먹성. 【먹새이 ▶ 먹성이】¶가야 먹상이(먹새이) 좋아서 아무 꺼나 조도 잘 묵는다. ▶ 개야 먹성이 좋아서 아무 거나 줘도 잘 먹는다.

먹주 몡 민물고기의 종류의 하나. 몸에 여렀 색깔의 줄무늬가 있고 주둥이가 검은 색을 띈다. '먹 주디이(주둥이)'의 뜻.

먼첨 뷔 먼저. ¶먼첨 난 머리보담 디에 난 뿔이 더 무섭다. ▶ 먼저 난 머리보다 뒤에 난 뿔이 더 무섭다./매도 먼첨 맞는 기이 낫다. ▶ 매도 먼저 맞는 것이 낫다. ☞ 머여.

멀구 몡 머루. ¶인날 도인들은 산에 들어가서 움집 저어 놓고 멀구 다래 따묵고 도를 딲었단다. ▶ 옛날 도인(道人)들은 산에 들어가서 움집 지어 놓고 머루 다래 따먹고 도를 닦았단다.

멀까'락 몡 머리카락. '머리까락'의 준말. ¶인날 사람들은 멀까락 한 오리도 부모가 물래준 기이라서 지 마음대로 몬 했다. ▶ 옛날 사람들은 머리카락 한 올도 부모가 물려준 것이라서 제 마음대로 못 했다./그 사람 상판을 보이 멀까락에도 홈을 파겠네. ▶ 그 사람 상판을 보니 머리카락에도 홈을 파겠네.

멀꺼디~이 몡 머리끄덩이. 머리카락. ¶멀꺼디이를 서리 잡고 쌈을 하고 있다. ▶ 머리끄덩이를 서로 잡고 싸움을 하고 있다./머리를 뺏으매 멀꺼디이가 여기저기에 떨어졌다. ▶ 머리를 빗으며 머리카락이 여기저기에 떨어졌다. ☞ 머리끄디이. 멀끄디이.

멀끄디~이 몡 머리끄덩이. '머리끄디이'의 준말. ☞ 멀꺼디이.

멀:대 몡 장대(長-). '멀대 긑치 크다' 꼴로 쓰여, 실속 없이 키만 멀쑥하게 큰

276

사람을 말 할 때 비유하는 말. 키가 크면서도 위풍이 당당한 사람은 '사천왕(四天王) 같다'라고 한다. ¶멀대 긑치 홀쩍 키마 커 가주고 싱거분 짓은 다 하매 댕긴다. ▶ 장대 같이 훌쩍 키만 커 가지고 싱거운 짓은 다 하며 다닌다.

멀빵 명 머릿방. 안채의 갓방.

멀찌:기 부 멀찌감치. 멀찌가니. ¶처가하고 칙간은 멀찌기 있어야 좋다 칸다. ▶ 처가하고 측간은 멀찌감치 있어야 좋다고 한다.

멍시'기 명 멍석(網席). 새끼로 날줄을 삼아서 짚으로 한 눈씩 틀어 짠 큰 자리. 곡식을 말리거나 자리로 쓰임. ¶하든 지랄도 멍시기를 깔어 노머 애한다. ▶ 하던 지랄도 멍석을 깔아 놓으면 안한다./밥 묵구로, 마당 씰고 멍시기 피라. ▶ 밥 먹게, 마당 쓸고 멍석 펴라. ※여름밤, 마당에 멍석 깔고 모깃불을 피우면 거기가 식당이자 거실이 된다.

멍치'~이 명 멍청이. ¶멍치이매로 그거도 몬하매 밥을 묵을라 카나? ▶ 멍청이처럼 그것도 못하며 밥을 먹으려 하나?

메 명 메. 말뚝을 박거나 떡을 치거나, 짚 뭉치 따위를 두드려서 부드럽게 만드는 데 쓰는 연장. ☞ 울메.

메:구 명 여우. 꼬리가 길어서 '미구(尾狗. 九尾狐)'라거나, 묘를 파헤치는 짐승이라 '미구(墓狗)' 또는 '미(뫼)구(山狗)'라 하는 듯. ¶메구 그튼 연이 꼬랑대기를 헌드는 데 홀래서 그 숙매기 총각이 쑥 빠져 뿌렀다. ▶ 여우 같은 년이 꼬리를 흔드는 데 홀려서 그 숙맥 총각이 쑥 빠져 버렸다. ☞ 미구. 야수. 여수2. 예수. 미뻔대.

메꾸:다 동 메우다. 채우다. 【메까 ▶ 메워/메꾸이 ▶ 메우니】¶여기를 메까 노머 저기서 터지고 저기를 메꾸머 여기서 터지고, 정신을 채릴 수가 없었다. ▶ 여기를 메워 놓으면 저기서 터지고 저기를 메우면 여기서 터지고, 정신을 차릴 수가 없었다./오늘 장아서 나락 한 가마이 내서 아 공낙금 내고 또 머를 메꾸고 나이, 쌈지 안에 잔돈 맻 장만 남었다. ▶ 오늘 장에서 벼 한 가마니 내서 애 공납금 내고 또 뭘 메우고 나니, 쌈지 안에 잔돈 몇 장만 남았다. ☞ 미우다.

메뚜'기쇠 명 우차의 바퀴가 빠지지 않게 심보의 끝에다 꽂는 비녀장. ☞ 맷돌쇠. 우차.

메띠'기 명 메뚜기. ¶어뜬 여자가 아를 몬 낳아서 한장 지갱이 대서 점재이한테 가이끄네, 점바치 하는 말이 "니는 천연 몬 놓는다, 그기이 말이다, 밑천이 아퍼서 몬 놓는다." 집에 오다가 오줌을 보는데 때때 메띠기가 달러드이, 아이고

메물

그 점바치 용하구나. 오늘 대분에 아들 낳네. 뽈들어 보이 메띠기네. 그거를 들고 질겁어서 하는 말이 "이매 훌럭 버거진 건 징조부를 달멋든가, 셈셈이 좋은 거는 고조부를야 달멋든가, 알종아리 휘출한 거는 위삼촌을 달멋든가, 울굿둑둑한 거는 장태거리 아자씨를 달멋든가, 포항 고모가 알었다며 울산미역이나 가올 낀데, 부산 이모가 알었다며 저구리 낫이나 해 올 낀데, 즈그 위조모 알었다며 헌 두디기 낱이나 해 올 낀데." 카드란다. ▶ 어떤 여자가 애를 못 낳아서 환장할 지경이 되어서 점쟁이한테 가니까, 점바치 하는 말이 "너는 천년 못 낳는다, 그것이 말이다, 밑천이 아파서 못 낳는다." 집에 오다가 오줌을 보는데 때때 메뚜기가 달려드니, 아이고 그 점바치 용하구나, 오늘 대변에 아들 낳네. 붙들어 보니 메뚜기네. 그것을 들고 즐거워서 하는 말이 "이마 홀렁 벗겨진 건 증조부를 닮았던가, □□이 좋은 거는 고조부를 닮았던가, 알종아리 흰칠한 건 외삼촌을 닮았던가, 울긋통통한 것은 장터거리 아저씨를 닮았던가, 포항 고모가 알았다면 울산미역이나 갖고 올 건데, 부산 이모가 알았다면 저고리 낱이나 해 올 건데, 제 외조모 알았다면 헌 포대기 낱이나 해 올 건데." 하더란다. 〈韓國民俗綜合報告書 慶北編. 文化公報部〉.

메물 명 메밀. ¶화늘마 치다보고 있다가 때 놓칠라, 논에다 메물하고 좁씨나 헡처 나야겠다. ▶ 하늘만 쳐다보고 있다가 때 놓칠라, 논에다 메밀하고 조씨나 흩어 놓아야겠다. ※ 한발로 모심기 때를 놓치면 가뭄을 덜 타는 메밀이나 조 따위로 대파(代播)한다.

메물묵 명 메밀묵. 메밀묵은 메밀을 물에 담가 떫은맛을 우려낸 후, 통째로 맷돌에 갈아 물을 부어가며 체로 걸러낸 다음 웃물을 따라내고, 가라앉은 앙금으로 풀을 쑤듯이 끓이는데 이 때 묽기를 잘 맞추는 것이 중요하다. 물을 조절해가면서 주걱으로 계속 저으며 끓이다가 그릇에 담아 식힌다. ¶메물묵은 짐치를 잘게 싸린 거를 얹어서 묵기나 양염장을 맨들어 끼언저서 묵는다. ▶ 메밀묵은 김치를 잘게 썬 것을 얹어서 먹거나 양념장을 끼얹어서 먹는다.

메주띠~이 명 매주덩이. ¶메주띠이 매달아 논 기이 벌써로 새파랗게 곰박사이가 피기 시작했다. ▶ 메주덩이 매달아 놓은 것이 벌써 새파랗게 곰팡이가 피기 시작했다.

메초'리 명 메추라기. ¶오늘 보리를 비다가 메초리 알 시 개나 좃다. ▶ 오늘 보리를 베다가 메추라기 알을 세 개나 주웠다.

멧밥 명 메. 제사상에 올리는 밥. ¶추석 때는 햇곡석으로 멧밥을 짓고, 대추, 밤,

감, 배 그튼 옹가 햇과일을 올리고 지사를 지낸다. ▶ 추석 때는 햇곡식으로 메를 짓고, 대추, 밤, 감, 배 같은 온갖 햇과일을 올리고 제사를 지낸다.

명주길쌈 몡 견직(絹織). 누에고치를 풀어서 베를 짜는 일. ☞광치. 꼬치2. 꼬치풀기. 꼰치. 날상. 누베씨. 누베장. 누베체. 대롱. 돌뱅이. 두잠. 맹주질쌈. 방구래기. 석잠. 솔대. 쇠고리. 실내리기. 씨돌뱅이. 애기잠. 자새2. 잠. 첫잠. 한잠.

모 몡 모. 윷놀이에서, 윷짝의 네 짝이 모두 엎어진 경우를 이르는 말. 끗수는 다섯 끗으로 친다. ☞윷판.

모'치 몡 몫. ¶살림 나갈 때는 몽땅수까락이나 바가치 하나라도 지 **모가치를** 챙긴다. ▶ 살림 나갈 때는 몽당숟가락이나 바가지 하나라도 제 **몫을** 챙긴다.

모:개1 몡 모과. ¶꼬라지는 모개 글치 울퉁불퉁하게 생개도 맴은 비단절 긑다. ▶ 꼬락서니는 모과 같이 울퉁불퉁하게 생겨도 마음은 비단결 같다.

모:개2 몡 앞모개. 모개. 윷판의 앞밭에서 안으로 꺾인 둘째 밭. ☞윷판.

모개~이 몡 모기. ¶밤새들 모개이한테 뜯기매 잠을 설쳤다. ▶ 밤새도록 모기한테 뜯기며 잠을 설쳤다./모개이들이 얼매나 뱰난지 방장꺼정 뜰꼬 들어온다. ▶ 모기들이 얼마나 별난지 방장(房帳)까지 뚫고 들어온다.

모개~이불 몡 모깃불. 모기를 쫓기 위하여 풀 따위를 태워 연기를 내는 불.

모개~이장 몡 모기장(--帳). 망사를 사각형으로 잘라 입방형으로 잇고, 네 귀퉁이에 고리를 달아 방안 네 귀퉁이에 걸게 했다.

모대기 몡 무더기. ¶봄에 마실 디산에는 참꽃이 모대기 모대기로 피 있다. ▶ 봄에 마을 뒷산에는 진달래꽃이 무더기 무더기로 피어 있다.

모대:다 동 모이다. '모두다'의 피동. 【모대 ▶ 모여/모대이 ▶ 모이니】 ¶오늘이 말복이라꼬 동네 사람들이 당수나무 밑에 모대서 솥을 걸어 놓고 개 잡고 술 받어 오고 야단이드라. ▶ 오늘이 말복이라고 동네 사람들이 당산나무 아래에 모여서 솥을 걸어 놓고 개 잡고 술 받어 오고 야단이더라. ☞모애다.

모도 몡 앞모도. 모도. 윷판의 앞밭에서 안으로 꺾인 첫 밭. ☞윷판.

모두':다 동 모으다. 【모다 ▶ 모아/모두이 ▶ 모으니】 ¶헡처 논 잔돈도 **모두머** 큰돈이 댄다. ▶ 흩어 놓은 잔돈도 **모으면** 큰돈이 된다. ☞모루다.

모두백'이 몡 갖가지 콩이나 밤 따위를 박아서 찐 시루떡. '모두(갖가지)를 백이(박이)'의 뜻. ☞모두시리.

모두시리 몡 갖가지 콩이나 밤 따위를 박아서 찐 시루떡. '모두(갖가지)를 박은

모때'기

시리(시루)'의 뜻. ☞ 모두백이.

모때'기 몡 모서리. ¶책상 모때기에 머리를 박어서 다쳤다. ▶ 책상 모서리에 머리를 박아서 다쳤다./모때기가 삐딱하게 댄 기이 보실타. ▶ 모서리가 비딱하게 된 것이 보기 싫다.

모래'~이 몡 모롱이. ¶저기 모래이를 돌아가며 외따리집 하나가 있는데 거기 가서 다시 물어보이소. ▶ 저기 모롱이를 돌아가면 외딴집 하나가 있는데 거기 가서 다시 물어보세요. ☞ 모티이.

모루':다 동 모으다. 【모라 ▶ 모아/모루이 ▶ 모으니】 ¶암만 무겁은 거도 심을 모루머 개갑어진다. ▶ 아무리 무거운 것도 힘을 모으면 가벼워진다./핵고 운동장아 사람들을 모라 놓고 연설을 한다 카드라. ▶ 학교 운동장에 사람들을 모아 놓고 연설을 한다더라. ☞ 모두다.

모리다 동 모르다. 【모릴(몰) ▶ 모를/모릴래(몰래) ▶ 몰라/모릴다(몰따) ▶ 모르겠다/모릴세(몰세) ▶ 모를세/모릴시더(몰시더) ▶ 모르겠습니다/모리니더 ▶ 모릅니다/모리이 ▶ 모르니】 ¶그래 말해도 모린다이 기가 차지. ▶ 그렇게 말해도 모른다니 기가 차지./암만캐도 그거는 모릴(몰) 일이라. ▶ 아무래도 그것은 모를 일이라./암만 생각해도 나는 모릴래(몰래). ▶ 아무리 생각해도 나는 몰라./그 사람이 와 자꼬 그카는지 모릴다(몰따). ▶ 그 사람이 왜 자꾸 그러는지 모르겠다./그쪽이 뉘신지 잘 모릴세(몰세). ▶ 그쪽이 누구신지 잘 모를세./지는 그거는 모릴시더(몰시더). ▶ 저는 그것을 모르겠습니다./언요, 그 일은 지가 모리니더. ▶ 아니요, 그 일은 제가 모릅니다./차라리 앤 보고 모리이 팬하지. ▶ 차라리 안 보고 모르니 편하지. ☞ 몰.

모리'미 몡 전내기. 객물을 타지 않은 술. ¶술도가에서 나오는 모리미 한 잔에다 물을 타머 막걸리 한 주전자는 댄다. ▶ 술도가(-都家)에서 나오는 전내기 한 잔에다 물을 타면 막걸리 한 주전자는 된다. ☞ 전배기.

모:사 몡 묘사(墓祀). 묘제(墓祭). ¶가실에 미뿌리이에서 소란 떡에서 모사를 지내머 동네 아들이 다 모애들었다. ▶ 가을에 뫼 뿌리에서 소란 댁에서 묘사를 지내면 동네 애들이 다 모여들었다.

모'숩 몡 모습. ¶여기 댕개 간지도 하도 오래 대서 니 모숩이 가물가물하다. ▶ 여기 다녀 간지도 하도 오래 돼서 네 모습이 가물가물하다./자시 보이 인날 어릴 때 모숩이 떠오른다. ▶ 자세히 보니 옛날 어릴 때 모습이 떠오른다.

모숭'기 몡 모심기. ¶모래 모숭기할 때는 놉을 서너 키 더 데래야 할끼이다. ▶ 모래 모심기할 때는 놉을 서넛 사람 더 데려야 할게다./저 사람 한창때는 **모숭기**하로 가며 소리도 구성지게 잘했니라. ▶ 저 사람 한창때는 모심기하러 가면 소리도 구성지게 잘했느니라.

모'시 명 모이. ¶마당 대강 쓸고 달 **모시**로 쫌 낭가 나도 댄다. ▶ 마당 대강 쓸고 닭 모이로 좀 남겨 놔도 된다.

모애:다 동 모이다. '모두다'의 피동. 【모애 ▶ 모여/모애이 ▶ 모이니】 ¶결에도 가매이 짜고 새끼 꾸고, 할일이 태산 그튼데 절미들이 **모애기마** 하머 화토장이나 만치고 술이나 마시고 한다. ▶ 겨울에도 가마니 짜고 새끼 꼬고, 할일이 태산 같은데 젊은이들이 모이기만 하면 화토나 만지고 술이나 마시고 한다. ☞ 모대다.

모'앵 명 모양(模樣). ¶동새 간에 한집에서 화목하게 사는 거를 보머 참 **모앵**이 좋아 빈다. ▶ 동서 간에 한집에서 화목하게 사는 것을 보면 참 모양이 좋아 보인다./**모앵**이 좋으머 맛도 좋다. ▶ 모양이 좋으면 맛도 좋다.

모~에 명 소의 멍에. 마소의 목에 얹는 구부러진 막대로, 여기에 봇줄이 달려있어 소의 끄는 힘을 쟁기나 써레 또는 수레로 전달한다.

모자래':다 동 모자라다. 【모자래 ▶ 모자라/모자래이 ▶ 모자라니】 ¶저 사람은 어뜬 때 보면 **모자래는** 건지 순진한 건지 당채 종잡을 수가 없다. ▶ 저 사람은 어떤 때 보면 모자라는 건지 순진한 건지 도무지 종잡을 수가 없다./부부라 카는 거는 서리 **모자래는** 거를 보태 가매 사는 거다. ▶ 부부라 하는 것은 서로 모자라는 것을 보태 가며 사는 것이다. ☞ 모지래다.

모자'리 명 못자리. 묘판(苗板). ¶**이모자리** 이와내세, 이와내세 저성차사, **이모자리** 훔처가세. ▶ **이못자리** 이어내세, 이어내세 저승차사, 이못자리 훔쳐가세. 〈모찌는 소리〉 ※모찌기가 지겨워서 저승차사에게 모를 훔쳐 가 달라고 부탁을 한다. ☞ 모자리깡. 모판.

모자'리깡 명 못자리. 모판. ☞ 모자리. 모판.

모주'리 부 모조리. ¶농 안에 들어있는 옷을 **모주리** 꺼내 바도 입고 나갈마한 기이 없다. ▶ 농 안에 들어있는 옷을 모조리 꺼내 보아도 입고 나갈만한 것이 없다./사변이 나서 한창 밀래 니러올 때는 절미이들을 **모주리** 끄직고 갔다. ▶ 사변이 나서 한창 밀려 내려올 때는 젊은이들을 모조리 끌고 갔다. ☞ 모지리.

모지래':다 동 모자라다. 부족하다. 【모지래 ▶ 모자라/모지래이 ▶ 모자라니】 ¶돈이 쪼매 **모지래는** 거를 재와 마차서 샀다. ▶ 돈이 조금 모자라는 것을 겨우 맞

모지'리

춰서 샀다. ☞ 모자래다.

모지'리 🖫 모조리. 몽땅. ¶우리 살림은 사라호 태풍 때 **모지리** 떠느러 보냈다. ▶ 우리 살림은 사라호 태풍 때 **모조리** 떠내려 보냈다./누렁지꺼정 **모지리** 끌거 담어도 한 그럭이 앤 댄다. ▶ 누룽지까지 **몽땅** 긁어 담아도 한 그릇이 안 된다. ☞ 모주리.

모'찌기 🖫 모판에서 모를 뽑는 일. 손아귀에 들어갈 정도로 뽑아서 단을 만든다.

모찌방 🖫 시계의 문자판. '얼굴'의 속된말. 🗓 'もぢばん(文字板)'. ¶**모찌방**이 빤빤한 가시나들은 도시로 나가서 다방아 나가고 앤 그러머 방직공장아 댕갰다. ▶ 얼굴이 반반한 계집애들은 도시로 나가서 다방에 나가고 안 그러면 방직공장에 다녔다.

모타'리 🖫 고기나 생선 따위의 토막. '몸뚱이'의 속된말. ¶괴기 **모타리** 하나 더 얻어묵을라고 아들이 저래 해글거린다. ▶ 고기 **토막** 하나 더 얻어먹으려고 애들이 저렇게 감질낸다./저 사람, **모타리는** 쪼맨한데 간띠이는 배 뺙에 나왔다. ▶ 저 사람, **몸뚱이**는 조그마한데 간 덩어리는 배 밖에 나왔다.

모티~이 🖫 모퉁이. 【질모티이 ▶ 길모퉁이/산모티이 ▶ 산모퉁이】¶동지섣달 춥이에 저 **모티이**를 돌어가머 귀가 떨어저 나갈라 칸다. ▶ 동지섣달 추위에 저 **모퉁이**를 돌아가면 귀가 떨어져 나가려 한다. ☞ 모래이.

모'판 🖫 못자리. 묘판(苗板). ☞ 모자리. 모자리깡.

모:하다1 🖫 못하다. '정도가 덜하거나 낮다'는 뜻. ¶장연 농사보담 **모하다** 캐도 금연 농사가 이마이 **모한** 줄을 몰랬다. ▶ 작년 농사보다 **못하다** 해도 금년 농사가 이만큼 **못한** 줄을 몰랐다. ☞ 몬하다1.

모:하다2 🖫 못하다. '행동을 할 수 없다'는 뜻. ¶인날에는 시집가서 질쌈 **모하**머 소박 맞었다. ▶ 옛날에는 시집가서 길쌈 **못하면** 소박 맞았다. ☞ 몬하다2.

목'1 🖫 버선의 목. 《매기. 목따가치. 모가치》 ☞ 버선.

목2 🖫 미역. 멱. 목(沐). ¶달은 쭉지 털매 모래에 **목**을 감꼬, 까마구는 날아올라가 바람에 **목**을 감꼬, 사람은 인정과 사랑아 **목**을 감는갑다. ▶ 닭은 쭉지 털며 모래에 **멱**을 감고, 까마귀는 날아올라 가 바람에 **멱**을 감고, 사람은 인정과 사랑에 **멱**을 감는가보다. 〈이은상〉.

목개~이 🖫 곡괭이. ¶뿌러진 **목개이** 자리 맨들어 박을 나무 하나 찾어바라. ▶ 부러진 **곡괭이** 자루 만들어 박을 나무 하나 찾아봐라./그 사람 여기서 몬 살고 갱원도 어디로 가서 **목개이** 들고 석탄 캔다 카드라. ▶ 그 사람 여기서 못 살고 강원도 어디로 가서 곡괭이 들고 석탄 캔다더라. ☞ 꼬깨이.

목까그래기 명 야생식물의 하나로 한방재료에 들어간다. ¶옥황상제가 꿍 보고 땅아 니러가서 맛 좋다꼬 소문난 **목까끄래기**를 구해 오라캤는데, 꿍이 그거를 보고 춤을 꿀떡 넝구매, 쪼매마 카매 맛을 보다가 고마 다 묵어 뿌린 거 아이가. 이거를 내래다보든 옥황상제가 배락 긑치 화를 내매 '껄끄덩 껄끄덩' 천동을 치드란다. ▶ 옥황상제가 꿩 보고 땅에 내려가서 맛 좋다고 소문난 **목까끄래기**를 구해 오라고 했는데, 꿩이 그것을 보고 침을 꿀컥 넘기며, 조금만 하며 맛을 보다가 그만 다 먹어 버린 것 아닌가. 이것을 내려다보던 옥황상제가 벼락 같이 화를 내며 '껄끄덩 껄끄덩' 천둥을 치더란다. 〈고경, 정정희〉.

목깜다 동 멱감다. ¶날은 덥고 모기는 만은데 홑이불 들고 갱빈에 가서 **목깜고** 거기서 자고 오자. ▶ 날은 덥고 모기는 많은데 홑이불 들고 강변에 가서 **멱감고** 거기서 자고 오자.

목노: 명 올가미로 된 덫. 노나 철사 따위를 옭아서 고를 내어 짐승을 잡는 장치. ☞ 혹가지. 혹다래끼. 혹당가지.

목단 명 목단(牧丹). 화투짝 중에서 6월이나 여섯 끝을 상징하는 목단꽃 그림의 패.

목당가지 명 모가지. '목'의 속된말. ¶사나가 **목당가지**가 뿌러저도 할 말은 해야지. ▶ 사내가 **모가지**가 부러져도 할 말은 해야지. ☞ 매가지. 맥당가지.

목두'리 명 목도리. ¶맹주 옷고룸만 매도 뜨시다 카는데 맹주 **목두리꺼정** 둘렀으이 얼어 죽지는 않겠다. ▶ 명주 옷고름만 매도 따뜻하다는데 명주 **목도리까지** 둘렀으니 얼어 죽지는 않겠다. ☞ 목태.

목마랍'다 형 목마르다. 【목마랍어 ▶ 목말라/목마랍으이 ▶ 목마르니】¶**목마랍은** 사람이 새미를 판다. ▶ **목마른** 사람이 샘을 판다. ☞ 목마리다.

목마리'다 형 목마르다. 【목말러 ▶ 목말라/목마리이 ▶ 목마르니】¶**목마린데** 탁주 한 주전자하고 대지 재육 한 쟁반 내오소. ▶ **목마른데** 탁주 한 주전자하고 돼지 수육 한 쟁반 내오소. ☞ 목마랍다.

목매(木-) 명 매통. 벼의 껍질을 벗겨 현미를 만들 때 쓰는 정미도구. 굵은 통나무 두 짝 마구리에 톱니를 파고, 위짝에는 벼를 담을 수 있도록 홈을 파고 양쪽에 자루를 박아 그것을 이리지 돌리면서 갈게 했다. 아래짝 가운데에다 막대 축을 박아 위짝을 끼웠다. ☞ 그림 8.

목모'기

◀ 그림 8 **목매(매통)**
(국학도감, 일조각, 이훈종)

목모'기 凰 목목이. 길목마다. ¶갱찰들이 **목모기** 지캐 서서 수상한 사람을 찾는다꼬 도민증 조사한단다. ▶ 경찰들이 목목이 지켜 서서 수상한 사람을 찾는다고 도민증(道民證) 조사한단다.

목목'시 凰 몫몫이. ¶여기 온 사람들한테 묵을 꺼를 **목목시** 농갈러주고 찌끄래기마 쪼매 남었다. ▶ 여기 온 사람들한테 먹을 것을 몫몫이 나눠주고 찌꺼기만 조금 남았다.

목발 명 지게의 목발. 지게 가지의 맨 아래 땅에 닿는 부분. ☞ 지게.

목사추 명 면내의(綿內衣). 무명셔츠. ¶**목사추**는 두 장을 끼입어도 개사추 한 장 입은 거만도 몬하다. ▶ 면내의는 두 장을 껴입어도 털내의 한 장 입은 것만 못하다.

목'심 명 목숨. ¶날리 때는 사람 **목심**이 파래이 **목심**만도 모(몬)했다. ▶ 난리 때는 사람 목숨이 파리 목숨보다 못했다./목심이 붙어있으이 사는 거지 이기이 어디 사람 사는 기이가? ▶ 목숨이 붙어있으니 사는 거지 이것이 어디 사람 사는 것인가?

목줄:대 명 목줄띠. ¶넘으 일에 공연히 **목줄대**에 심주매 나설 필요가 없다. ▶ 남의 일에 공연히 목줄띠에 힘주며 나설 필요가 없다.

목찌'깨 명 소의 목에 걸린 멍에가 벗어나지 않게 잡아주는 노끈.

목찌'깨틀 명 올가미. 홀치기. ¶뒷산 비알에 **목찌깨틀** 논 데로 아척에 가보이 토깨이 한 마리가 걸랬드라. ▶ 뒷산 비탈에 올가미 놓은 데로 아침에 가보니 토끼 한 마리가 걸렸더라.

목치미 명 목침(木枕). ¶**목치미**만한 돔배기 한 등거리머 산적 서너 꼬재이는 나올 끼이다. ▶ 목침만한 상어 몸통고기 한 덩어리면 산적 서넛 꼬쟁이는 나올게다.

목태 명 목도리. ¶우리 아개가 올 결에 목태 하나 짜 줄라 캤다. ▶ 우리 누나가 올 겨울에 목도리 하나 짜 주려 했다. ☞ 목두리.

몬: 부 못. 행동을 부정하거나 말리는 뜻을 나타냄. ¶그 사람 얼골을 아이 몬 봤다. ▶ 그 사람 얼굴을 아직 못 보았다./이 옷은 너무 더럽어서 몬 입겠다. ▶ 이 옷은 너무 더러워서 못 입겠다./나는 바뻐서 글로 몬 간다. ▶ 나는 바빠서 그리로 못 간다.

몬:나다 형 못나다. 【몬나 ▶ 못나/몬나이 ▶ 못나니】 ¶넘들은 몬났다 캐도 지 눈에는 꽃이다. ▶ 남들은 못났다 해도 제 눈에는 꽃이다./몬난 눔 잡어들라라 캤다는데 없는 눔 잡어간다. ▶ 못난 놈 잡아들여라 했다는데 없는 놈 잡아간다.

몬:나이 명 못난이. ¶이 사람, 몬나이 글치 그런 거를 가주고 낙담하노? ▶ 이 사람, 못난이 같이 그런 것을 가지고 낙담하나?

몬:대다 형 못되다. 고약하다. 【몬대 ▶ 못되어/몬대이 ▶ 못되니/몬댄 ▶ 못된(나쁜)】 ¶넘 몬대는 거를 지 잘대는 거보담 좋아한다. ▶ 남 못되는 것을 제 잘되는 것보다 좋아한다./저 몬댄 눔은 초상난 데 춤추고, 불붙는 데 부채질하고, 애호박에 말띠기 박는다. ▶ 저 못된 놈은 초상난 데 춤추고, 불붙는 데 부채질하고, 애호박에 말뚝 박는다./몬댄 쇠지는 궁디이 뿔부텀 먼저 난다 캤다. ▶ 못된 송아지는 궁둥이 뿔부터 먼저 난다 했다./이눔들, 몬댄 말을 하며 상눔 댄다. ▶ 이놈들, 못된(나쁜) 말을 하면 상놈 된다.

몬따' 부 못다. ¶다른 데서 볼일이 있다 카매, 하던 일을 몬따 하고 갔다. ▶ 다른 데서 볼일이 있다 하며, 하던 일을 못다 하고 갔다./이분에사 젂어 보이 그 사람이 한참 몬따 댔드라. ▶ 이번에야 겪어 보니 그 사람이 한참 못다 되었더라./시간이 늦어서 그 좋은 귀경을 몬따 보고 왔다. ▶ 시간이 늦어서 그 좋은 구경을 못다 보고 왔다.

몬:씨다 동 못쓰다. ¶개똥도 약에 씬다 캤는데, 시상아 몬씨는 거는 하나도 없다. ▶ 개똥도 약에 쓴다 했는데, 세상에 못쓰는 것은 하나도 없다.

몬:하다1 형 못하다. '정도가 덜하거나 낮다'는 뜻. ¶백분 듣는 기이 한분 보는 거보담 몬하다. ▶ 백번 듣는 것이 한번 보는 것보다 못하다. ☞ 모하다1.

몬:하다2 동 못하다. '행동을 할 수 없다'는 뜻. ¶그것도 몬하며 집에 가서 알라나 바라. ▶ 그것도 못하면 집에 가서 아기나 보아라. ☞ 모하다2.

몰: 준 모를. '모릴'의 준말. 【몰 ▶ 모를/몰래 ▶ 몰라/몰따 ▶ 모르겠다/몰세 ▶ 모를세/몰시더 ▶ 모르겠습니더】 ¶그거는 내가 몰 일이다. ▶ 그것은 내가 모를 일이

다./내사 몰래. 나는 바뻐서 갈란다. ▶ 나는 몰라. 나는 바빠서 가련다./그기이 먼지 나는 몰따. ▶ 그것이 뭔지 나는 모르겠다./눈을 씩고 바도 나는 몰세. ▶ 눈을 씻고 보아도 나는 모를세./그 분이 뉘신지 몰시더. ▶ 그 분이 누구신지 모르겠습니다. ☞ 모리다.

몰'개 명 모래. 【몰기 ▶ 모래가/몰개밭 ▶ 모래밭】¶몰개로 방천 막는다. ▶ 모래로 방천 막는다./눈에 몰기 들어갔다. ▶ 눈에 모래가 들어갔다.

몰'개밭 명 모래밭. ¶사상누각이라, 몰개밭에 정자 세우기지. ▶ 사상누각(砂上樓閣)이라, 모래밭에 정자 세우기지./몰개밭에 노다가 눈에 몰기 들어갔다. ▶ 모래밭에 놀다가 눈에 모래가 들어갔다.

몰래':다 동 몰리다. '몰다'의 피동. 【몰래 ▶ 모려/몰래이 ▶ 몰리니】¶돈도 사람을 보고 몰랜다. ▶ 돈도 사람을 보고 몰린다./꼽다시 도둑눔으로 몰랠 뻔했다. ▶ 꼼짝없이 도둑놈으로 몰릴 뻔했다./어지이떠지이들이 거기 몰래서 머를 하는지 모리겠다. ▶ 어중이떠중이들이 거기 몰려서 머를 하는지 모르겠다.

몰래':댕기다 동 몰려다니다. 【몰래댕개 ▶ 몰려다녀/몰래댕기이 ▶ 몰려다니니】¶정월 대보름이머 풍물패들이 집집이 몰래댕기매 지신밟끼를 한다. ▶ 정월 대보름이면 농악패들이 집집으로 몰려다니며 지신밟기를 한다./고약한 사람들하고 모래댕기머 같이 물든다. ▶ 고약한 사람들하고 몰려다니면 같이 물든다.

몰래:들다 동 몰려들다. 【몰래들어 ▶ 몰려들어/몰래드이 ▶ 몰려드니】¶밤에 민소 마당아서 활동사진을 빈다카이 귀경꾼들이 몰래들어서 안질 자리가 없었다. ▶ 밤에 면사무소 마당에서 영화를 보인다니 구경꾼들이 몰려들어서 앉을 자리가 없었다.

몰치다 동 아울러 치다. 한꺼번에 셈하다. 【몰처 ▶ 아울러/몰치니 ▶ 아우르니】¶복상, 해도 넘어가고 하이 이거저거 팔든 거를 몰처서 떠리미하고 술이나 한잔 하로 가시더. ▶ 박씨, 해도 넘어가고 하니 이것저것 팔던 것을 아울러서 떨이하고 술이나 한잔 하러 갑시다./일은 찔꿈찔꿈하지 마고 맘묵고 몰처서 해뿌러야 팬타. ▶ 일은 찔끔찔끔하지 말고 마음먹고 아울러서 해버려야 편하다.

몸뚱아리 명 몸뚱이. ¶몸뚱아리가 너무 커도 양식 축내고 옷깜마 마이 들지. ▶ 몸뚱이가 너무 커도 양식 축내고 옷감만 많이 들지. ☞ 몸띠이. 몸티이.

몸띠~이 명 몸뚱이. ¶설마 이 너른 천지에 작은 몸띠이 하나 지댈 데가 없을라꼬. ▶ 설마 이 넓은 천지에 작은 몸뚱이 하나 기댈 데가 없으려고. ☞ 몸뚱아리. 몸티이.

몸부럼 명 몸부림. ¶몸부럼을 치매 울어도 죽은 사람이 우애 살어 오나? ▶ 몸부림을 치며 울어도 죽은 사람이 어떻게 살아 오나?/살라카머 **몸부럼**이라도 처 바야지, 가마 안저서 죽을래? ▶ 살려면 **몸부림**이라도 처 보아야지, 가만 앉아서 죽을래?

몸빼'이 명 허리와 단에 고무줄을 넣어 만든 여성의 간이 바지. 日 'もんぺ'. 일제 말기, 하늘에 B-29 폭격기가 하얀 꼬리를 달고 날아다닐 즈음, 관리들이 나와서 방공훈련을 한다면서 부녀자들까지 모아놓고 소회(消火) 훈련을 시키는데, 평생 치마만 입던 부인들이 **몸빼**이라는 것을 입고, 물동이를 들고 이리 뛰고 저리 뛰다가 사이렌이 울리자 방공호로 몰려 들어가서 궁둥이를 쳐들고 엎드려 있는 꼴이 우스꽝스러웠다.

몸체 명 베틀의 누운다리. ☞ 베틀.

몸티~이 명 몸통. ☞ 몸뚱아리. 몸띠이.

몸풀다 동 해산(解産)하다. 몸을 풀다. ¶저 집 매느리, 배가 불룩하이 올라온 거 보이 **몸풀** 때가 거진 대 가는갑다. ▶ 저 집 며느리, 배가 불룩하게 올라온 것 보니 해산할 때가 거의 되어 가는가보다.

몹:씰 관형 몹쓸. ¶아이고 이눔으 팔자. 전생에 무신 죄를 졌길래 자석이 저런 **몹씰** 빙에 걸리노? ▶ 아이고 이놈의 팔자. 전생에 무슨 죄를 지었기에 자식이 저런 **몹쓸** 병에 걸리나?/아이고 이 **몹씰** 자석아. 이미 가심에 대못을 박고 니 먼저 가노? ▶ 아이고 이 **몹쓸** 자식아. 어미 가슴에 대못을 박고 너 먼저 가나?/아이고 바라. 넘한테 그마이 **몹씰** 짓을 하고도 니가 천연만연을 살 줄 알았나? ▶ 아이고 보아라. 남한테 그만큼 **몹쓸** 짓을 하고도 네가 천년만년을 살 줄 알았나? ※ 몹쓸 병이라면 주로 천형(天刑)이라는 나병이나 폐병 따위의 불치병을 이른다.

못'단 명 모를 쪄서 묶은 단. 두 손아귀에 들어갈 정도로 묶은 단으로, 모심을 때 논바닥 여기저기에다 던져 놓는다.

못'줄 명 줄모를 심을 때 심는 간격을 일정하게 맞추기 위하여 쓰는 줄. 헝겊조각 따위를 줄에 끼워서 간격을 표시한다.

못'줄대기 명 못줄 옮기기. 모를 심을 때 좌우에서 적당한 간격으로 못줄을 옮겨 대는 일.

몽'꾸 명 핀잔. 日 'もんく(文句)'. ¶어제는 저거 따문에 **몽꾸**, 오늘은 이거 따문에 **몽꾸**, 하리도 **몽꾸** 앤 듣는 날이 없다. ▶ 어제는 저것 때문에 **핀잔**, 오늘은

몽:다리구:신

이것 때문에 핀잔, 하루도 핀잔 안 듣는 날이 없다.

몽:다리구:신 몡 몽달귀신(--鬼神). 총각귀신(總角鬼神). ¶그 처자, 시낭고낭 카는 거 보이 **몽다리구신** 덮어씬 거 그튼데, 무당을 불러다 푸닥거리를 한분 해야겠다. ▶ 그 처녀, 시난고난 하는 것 보니 **몽달귀신** 덮어쓴 것 같은데 무당을 불러다 푸닥거리를 한번 해야겠다.

몽대'기 몡 몽둥이. ¶미친개한테는 **몽대기**가 약이다. ▶ 미친개한테는 **몽둥이**가 약이다. ☞ 몽두리. 몽디이.

몽두'리 몡 몽둥이. ¶십일사건 때 뺄개이들이 일어나서 **몽두리**를 들고 몰래댕기매 지서매 맨소매 다 때래 뿌수고 사람도 때래 죽이고 할 때 시상 마이 시끄럽었다. ▶ 10·1사건 때 빨갱이들이 일어나서 **몽둥이**를 들고 몰려다니면서 지서며 면사무소며 다 때려 부수고 사람도 때려죽이고 할 때 세상이 많이 시끄러웠다. ☞ 몽대기. 몽디이.

몽디~이 몡 몽둥이. ¶단체 기합으로 엎드러 뻐쳐 해 놓고 **몽디이**로 개 패듯이 패드라. ▶ 단체 기합으로 엎드려 뻗쳐 해 놓고 **몽둥이**로 개 패듯이 패더라. ☞ 몽대기. 몽두리.

몽디~이찜질 몡 몽둥이찜질. ¶십일사건 때 충청도 순사들이 니러와서 동네 청년들을 뿉잡어다 놓고 뺄개이 찾어내라꼬 **몽디이찜질**을 해 대이 여기저기서 살래 돌라꼬 소리 소리를 지르고 했다. ▶ 10·1사건 때 충청도 순사들이 내려와서 동네 청년들을 붙잡아다 놓고 빨갱이 찾아내라고 **몽둥이찜질**을 해 대니 여기저기서 살려 달라고 소리 소리를 지르곤 했다.

몽땅비짜'리 몡 몽탕 빗자루. ¶비오는 날 밤늦가 공동무지 옆으로 지내오는데 토재비가 나와서 가자 카매 호리는데, 간다 앤 간다 카매 밤새들 씨름을 하고 있다가 "꼬꼬-" 카매 첫 달이 우자, 이기이 탁 나자빠지는데, 자시 보이 피 묻은 **몽땅비짜리**가 아이가. ▶ 비오는 날 밤늦게 공동묘지 옆으로 지나오는데 도깨비가 나와서 가자며 호리는데, 간다 안 간다 하며 밤새도록 씨름을 하고 있다가 "꼬끼오-" 하며 첫 닭이 울자, 이것이 탁 나자빠지는데, 자세히 보니 피 묻은 **몽탕 빗자루**가 아닌가.

몽땅수까'락 몡 몽탕 숟가락. ¶**몽땅수까락**으로 엿 사묵지 마고 나돗다가 밴또 수까락 해라. ▶ **몽탕 숟가락**으로 엿 사먹지 말고 놔두었다가 도시락 숟가락 해라./이거저거 살림 있는 거 다 팔어 묵고 찌그러진 양지기 몇 개하고 **몽땅수까락** 서너 개뿎에 앤 남었다. ▶ 이것저것 살림 있는 것 다 팔아 먹고 찌그러진 양재기 몇 개하고 **몽탕** 숟가락 서너 개밖에 안 남았다.

몽땅연'필 명 몽당연필(--鉛筆). ¶**몽땅연필**에 춤 문처 가매 책 한 곤을 다 베껬다. ▶ 몽당연필에 침 묻혀 가며 책 한 권을 다 베꼈다.

몽땅처매 명 몽당치마. 미니스커트. ¶요새 인아들은 우얘 댄 긴지 미니 머라 카등강, **몽땅처매**를 궁디에 걸치고 나댕기든데 얼골 뜨겁어 몬 보겠드라. ▶ 요새 계집애들은 어떻게 된 것인지 미니(mini) 뭐라 하던가, 몽당치마를 궁둥이에 걸치고 나다니던데, 얼굴 뜨거워 못 보겠더라. ☞ 반동가리처매.

몽'물 명 목욕. 미역. 목물(沐-). ¶**몽물**을 시작한다 **몽물**을 시작한다. 상하이복을 자개로 벗어 놓고 물을 한줌 덥퍽 쥐어 머리 우에도 문질 문질, 또 한줌 덥퍽 쥐어 가슴에도 문질 문질, 또 한줌 덥퍽 쥐어 만첩산중 썩 드러가매 말 몬하던 버버리도 양추질 시개 보고, 또 한줌 덥퍽 쥐어 만신을 내놓고 이리 문질 저리 문질 떠드렁거리고 넘어 간다. ▶ **목욕**을 시작한다 **목욕**을 시작한다, 상하의복을 자개로 벗어 놓고 물을 한줌 덥퍽 쥐어 머리 위에도 문질 문질, 또 한줌 덥퍽 쥐어 가슴에도 문질 문질, 또 한줌 덥퍽 쥐어 만첩산중(萬疊山中) 썩 들어가며 말 못하던 벙어리도 양치질도 시켜 보고, 또 한줌 덥퍽 쥐어 만신을 내놓고 이리 문질 저리 문질 떠드렁거리고 넘어 간다. ※중이 남의 집 별당(別堂) 안으로 숨어 들어가서 규중(閨中) 처녀가 목욕을 하는 것을 훔쳐보고 하는 타령.〈중 타령 중 일부. 한국민속종합보고서 문화공보부〉☞ 등물.

몽오래~이 명 망울. 가래톳. ☞ 몽우리.

몽우리 명 망울. ¶살구꽃이 하며 **몽우리**를 지우네. ▶ 살구꽃이 벌써 **망울**을 지우네./걸음을 마이 걸었디이 오굼재이에 **몽우리**가 섰다. ▶ 걸음을 많이 걸었더니 오금팽이에 망울이 섰다. ☞ 몽오래이.

몽창시'럽다 형 참혹(慘酷)하다. 끔찍하다. ¶그래 잘 사든 집안이 망해도 그래 **몽창시럽게** 망할 수가 있노? ▶ 그렇게 잘 살던 집안이 망해도 그렇게 **참혹하게** 망할 수가 있나?

무: 명 두루마기의 옆구리의 아래로 역삼각형으로 덧붙여 아랫도리(대련)를 넓힌 부분. ☞ 두루매기. 둘막.

무군디~이 명 묵은 덩이. '고참(古參)'의 속된말. ¶**무군디이** 호박을 끌거서 살가리 실실 문처서 밥 우에다 얹었다가 묵어 바라. 그기이 또 밸미대이. ▶ 묵은 덩이 호박을 긁어서 쌀가루 슬슬 무쳐서 밥 위에다 얹었다가 먹어 보아라. 그것이 또 별미다./민에는 그 **무군디이**가 나가 뿌리머 그 일을 감당할마한 사람이

무:꼬랑대기

없다. ▶ 면에는 그 고참이 나가 버리면 그 일을 감당할만한 사람이 없다.

무:꼬랑대기 명 무 꼬리. '감질나게 먹다가 남겨 둔 음식'을 비유하여 하는 말. ☞ 무꼬랑대이.

무:꼬랑대~이 명 무 꼬리. '감질나게 먹다가 남겨 둔 음식'을 비유하여 하는 말. ¶구둘목에 무꼬랑대이 묻어 났나, 와 집에만 들어갈라 카노? ▶ 아랫목에 무 꼬리 묻어 놓았나, 왜 집에만 들어가려고 하나? ☞ 무꼬랑대기.

무꾸:다 동 묶다. 【무까 ▶ 묶어/무꾸이 ▶ 묶으니】 ¶해 떨어지기 전에 나락단 무 꾼 거 거다서 재 놓고 들어가자. ▶ 해 떨어지기 전에 볏단 묶은 것 거둬서 쟁여 놓고 들어가자./짐이 만으이 지게꼬리를 단디이 무까야 댄다. ▶ 짐이 많으니 지 게 줄을 단단히 묶어야 된다.

무끼:다 동 묶이다. '무꾸다'의 피동. 【무깨 ▶ 묶여/무끼이 ▶ 묶이니】 ¶서월서 니러온 사람한테 들으이, 인민군들이 후태할 때 수도 없는 사람들이 청애두룸 엮드시 무깨 갔단다. ▶ 서울서 내려온 사람한테 들으니, 인민군들이 후퇴할 때 수도 없는 사람들이 청어두름 엮듯이 묶여 갔단다.

무다:이 부 무단히(無斷-). 공연히(公然-). 까닭 없이. ¶그 절문 사람이 무다이 시 낭고낭 하다가 대목 전에 죽었다. ▶ 그 젊은 사람이 무단히 시난고난 하다가 대목 전에 죽었다./가마 있는 사람을 무다이 찝쩍애서 일을 맨드네. ▶ 가만히 있는 사람을 공연히 집적여서 일을 만드네.

무대뽀 부 덮어놓고. 다짜고짜. '日 むてっぽう(無鐵砲)'. ¶말도 앤 들어보고 무대뽀로 돈 내나라 카이, 돈이 각중에 화늘에서 떨어지나 땅아서 솟아나나? ▶ 말도 안 들어보고 덮어놓고 돈 내놔라 하니, 돈이 별안간 하늘에서 떨어지나 땅에서 솟아나나?/도시에 가머 부랑패들이 골목에 지캐 서서 지내가는 사람을 뿥들고 무대뽀로 돈 내나라 칸단다. ▶ 도시에 가면 부랑배(깡패)들이 골목에 지 켜 서서 지나가는 사람을 붙들고 다짜고짜로 돈 내놔라 한단다.

무댕기단 명 덜 여문 벼를 베어서 묶은 큰 볏단. ¶찐살이라도 맨들어 보탤라꼬 무댕기단 도 단 비 와서 훑터 쩌서 널어났다. ▶ 찐쌀이라도 만들어 보태려고 무 댕기단 두어 단 베어 와서 훑어 쪄서 널어놓았다.

무디:기 명 무더기. ¶금연에는 무시뱁추가 얼매나 잘 댔든지 장바닥에 무디기 무 디기로 처재 났드라. ▶ 금년에는 무배추가 얼마나 잘 되었던지 장바닥에 무더 기 무더기로 처쟁여 났더라. ☞ 모대기.

무디:기불 명 모닥불. ¶무디기불을 피와 놓고 몸을 쫌 녹후자. ▶ 모닥불을 피워

놓고 몸을 좀 녹이자. ☞ 웃불.

무'래 몡 오이. '물이 많은 외'의 뜻. ¶무래는 쌀어서 문처 묵기도 하고 채꾹을 맨들어 묵기도 한다. ▶ 오이는 썰어서 무쳐 먹기도 하고 냉국을 만들어 먹기도 한다.

무루:다 동 무르다. 원래 상태로 돌리다. 【무라 ▶ 물러/무루이 ▶ 무르니】 ¶물건이 나뿌머 **무루기라도** 하지마는 입에서 티이나온 말은 **무루지도** 모한다. ▶ 물건이 나쁘면 **무르기라도** 하지만 입에서 튀어나온 말은 **무르지도** 못한다./물건 잘 몬 사온 거는 다시 가서 **무라** 온나. ▶ 물건 잘못 사온 것은 다시 가서 **물러** 오너라. ☞ 물리다.

무륶 몡 무릎. ¶그 껏떡거리고 댕기든 눔이 우짠 일인지 내 앞에 **무륶**을 꾸리고 손이야 발이야 카매 빌고 갔다. ▶ 그 거들먹거리고 다니던 놈이 어쩐 일인지 내 앞에 **무릎**을 꿇고 손이야 발이야 하며 빌고 갔다./**무륶** 우에 안차서 키왔는데 즈그는 지 심으로 컸는 줄 아지. ▶ 무릎 위에 앉혀서 키웠는데 저희는 제 힘으로 큰 줄 알지. ☞ 물팍.

무리꼬'치 몡 쌍고치. 누에 두 마리가 들어간 고치. ☞ 동경. 쌍디이분디기.

무명길쌈 몡 면직(綿織). 목화로 실을 뽑아서 베를 짜는 일. ☞ 물레. 미영베. 베날기(무명). 베매기(무명). 베뽑기(무명). 베틀. 쐐기. 활.

무'서라 감 무서워라. '무섭어라'의 준말. ¶아이고 **무서라**. 시상 인심도 참. ▶ 아이고 **무서워라**. 세상 인심도 참./아이고 **무서라**. 물가도 와 이래 올렀지. ▶ 아이고 **무서워라**. 물가도 왜 이렇게 올랐지. ☞ 무시라.

무섭다 형 무섭다. 【무섭어 ▶ 무서워/무섭으이 ▶ 무서우니】 ¶구디기가 **무섭어서** 장 몬 당군다 카드나? ▶ 구더기가 **무서워서** 장 못 담근다 하더냐?

무'섭어라 감 무서워라. 방언에서 '무섭어라' 또는 '무서라'라고 하면 말투와 어감이 '괴이해라' 또는 '더러워라' 따위의 감탄형의 말에 가깝다. ¶시상인심 **무섭어라**. 그까지 돈 맻 푼 가주고 저래 숭악하게 칸다. ▶ 세상인심 괴이해라. 그까짓 돈 몇 푼 가지고 저렇게 지독하게 한다. ☞ 무서라. 무시라.

무시 몡 무. ¶알라가 고뿔이 들었으며 **무시**를 꿉어서 집을 짜 묵애 바라. ▶ 아기가 감기가 들었으면 **무**를 구워서 즙을 짜 먹여 보아라.

무시구디~이 몡 무구덩이. 무구덩이는 먼저 땅을 파서 가마니나 짚 따위를 바닥에 깐다. 저장할 무나 배추뿌리 따위를 무더기로 쌓고 나뭇가지나 수수대비 따위로 뼈대를 엮어 걸친 다음 그 위로 가마니때기 따위를 덮고 다시 흙과 이

엉을 덮는다. 그리고 옆으로 손이 들어갈 정도의 구멍을 낸다. ¶입이 심심한데 무시구디이에 가서 뱁추뿌리나 꺼내다 깎어 묵자. ▶ 입이 심심한데 무구덩이에 가서 배추뿌리나 꺼내다 깎아 먹자.

무'시라 [감] 무서워라. ¶아이고 시상인심 무시라. 내가 즈그 돈 띠묵는 도독눔으로 비치나? ▶ 아이고 세상인심 무서워라. 내가 저의 돈 떼어먹는 도둑놈으로 비춰나? ☞ 무서라. 무섭어라.

무시오구락'지 [명] 무말랭이. 오가리. ¶밸 반찬 없는데 무시오구락지나 맵싸하이 문처서 묵자. ▶ 별 반찬 없는데 무말랭이나 맵싸하게 무쳐서 먹자. ☞ 오구락지. 오르랑지.

무'신 [관][형] 무슨. 불확실한 일이나 물건 따위를 물을 때 가리키는 말. ¶자네, 무신 말을 그렇게 섭섭하게 하노? ▶ 자네, 무슨 말을 그렇게 섭섭하게 하나?/무신 무신 약이라 캐도 밥 우에 더 좋은 약이 없다. ▶ 무슨 무슨 약이라 해도 밥 위에 더 좋은 약이 없다./자네, 무신 바람이 불어서 여기꺼정 왔드노? ▶ 자네, 무슨 바람이 불어서 여기까지 왔더냐?

무재주 [명] 뱀의 일종. 껍질이 파랑 빨강 등의 얼룩이 있으며 독이 없다. 늪에서 개구리 따위를 잡아먹고 산다.

무지래'기 [명] 무지렁이. ¶사람 팔자 알 수 없다 카디이, 촌 무지래기가 저래 출세할 줄을 누군들 알었겠노. ▶ 사람 팔자 알 수 없다 하더니, 시골 무지렁이가 저렇게 출세할 줄을 누군들 알았겠나.

무직:하다 [형] 묵직하다. ¶보따리가 무직한 거를 보이 속에 머가 들어도 좋은 기이 들어있는 모앵이다. ▶ 보따리가 묵직한 것을 보니 속에 뭣이 들어도 좋은 것이 들어있는 모양이다.

무채:다 [동] 묻히다. '묻다'의 피동. 【무채 ▶ 묻혀/무채이 ▶ 묻히니】 ¶무채 뿌린 과거를 부질없이 인자 들차서 머하노? ▶ 묻혀 버린 과거를 부질없이 이제 들춰서 뭣하나?/촌에 무채서 흘이나 파묵고 사는 우리 그튼 무지래기가 머를 알겠닌기요? ▶ 시골에 묻혀서 흙이나 파먹고 사는 우리 같은 무지렁이가 뭐를 알겠어요? ☞ 무치다.

무치:다 [동] 묻히다. '묻다'의 피동. 【무채 ▶ 묻혀/무치이 ▶ 묻히니】 ¶생전에 가구 접어 카든 고양도 한분 몬 가고 여기 공동무지에 외롭게 무치고 말었다. ▶ 생전에 가고 싶어 하던 고향도 한번 못 가고 여기 공동묘지에 외롭게 묻히고 말았다. ☞ 무채다.

묵'다 동 먹다. 【묵어▶먹어/묵으이▶먹으니】¶말 한 마리 다 **묵고서** 말 보지 내미가 난다 칸다. ▶ 말 한 마리 다 먹고서 말 보지 냄새가 난다고 한다. ※제 챙길 것 챙기고서 엉뚱한 말을 한다는 말./사돈요, 술 **묵는** 데는 떡이 좋다 카디더. ▶ 사돈, 술 먹는 데는 떡이 좋다 합디다. ※사돈댁에 갔더니 달랑 막걸리 한 사발을 내놓기에 무엇을 더 달라고는 못하고 이렇게 떡 핑계를 대며 내심을 보인다.

묵덕초군(--樵軍) 명 무지렁이 초부(樵夫). 순박한 나무꾼. ¶지게목발이나 뚜디리고 사는 **묵덕초군** 신세를 날라가는 저 갈가마구나 알랑강? ▶ 지게목발이나 두들기고 사는 무지렁이 초부 신세를 날아가는 저 갈까마귀나 알까?

묵애:다 동 먹이다. 가축을 기르다. '묵다'의 사동. 【묵애▶먹여/묵애이▶먹이니】¶낼 아칙에 달비질하구로 느그 시어런 둘막에 풀을 **묵애** 나라. ▶ 내일 아침에 다리미질하게 너희 시어른 두루마기에 풀을 먹여 놓아라./그 어런은 내가 요고마할 때부텀 **묵애** 주고 입해 주고 갈채 주든 은인이다. ▶ 그 어른은 내가 요것만할 때부터 먹여 주고 입혀 주고 가르쳐 주던 은인이다. ☞ 맥이다. 묵이다. 믹이다.

묵이:다 동 먹이다. 가축을 기르다. '묵다'의 사동. 【묵애▶먹여/묵이이▶먹이니】¶소를 묵애서 쇠지 놓고 쇠지 키와서 논을 샀다. ▶ 소를 먹여서 송아지 낳고 송아지 키워서 논을 샀다. ☞ 맥이다. 묵애다. 믹이다.

묵해':다 동 먹히다. '묵다'의 피동. 【묵해▶먹혀/묵해이▶먹히니】¶우리 조선이 일분한테 **묵했다가** 대동아전장 나부락에 해방이 댔다. ▶ 우리 조선이 일본한테 먹혔다가 대동아전쟁 바람에 해방되었다./그거를 한분 장만하는 데는 돈이 너무 **묵해서** 염두를 몬 내겠다. ▶ 그것을 한번 장만하는 데는 돈이 너무 먹혀서 염두를 못 내겠다.

문꾸영 명 문구멍. ¶뺵에 인기척이 나길래 **문꾸영으로** 내다보이 나신 사람 하나가 서있는 거 아이가. ▶ 밖에 인기척이 나기에 문구멍으로 내다보니 낯선 사람 하나가 서있는 것 아닌가./새색시 방에 실랑이 들어가며 **문꾸영에** 춤 발라서 뜰버 놓고 들받어보매 장난을 했다. ▶ 새색시 방에 신랑이 들어가면 문구멍에 침 발라서 뚫어 놓고 들여다보며 장난을 했다.

문:디~이 명 문둥이. '경상도 사람'의 속된말. 어근에 '같이' 또는 '같은' 따위의 말이 붙어서, '제기랄 것' 또는 '빌어먹을 것' 따위의 감탄형의 말이 됨. ¶어디서는 **문디이가** 빙 곤칠라꼬 아 간을 빼묵는다 카드라. ▶ 어디서는 문둥이가 병

문때'다

고치려고 애 간을 빼먹는단다./갱상도 문디이들 서이마 모애머 매래치 배 들어 온 거매로 시끄럽다. ▶ 경상도 **문둥이들** 셋만 모이면 멸치 배 들어온 것처럼 시끄럽다./**문디이** 글치, 나는 하는 거마중 대는 기이 없다. ▶ 제기랄 것, 나는 하는 것마다 되는 것이 없다./**문디이** 그튼 거, 지가 먼데 까부고 있노? ▶ 빌어먹을 것, 제가 뭔데 까불고 있나?

문때'다 〖동〗 문대다. 문지르다. 비비다. 【문때 ▶ 문대어/문때이 ▶ 문대니】¶그 돈이 얼매나 무섭은 돈인데 우물쭈물 **문때**고 넘어갈라 카노? ▶ 그 돈이 얼마나 무서운(소중한) 돈인데 우물쭈물 **문대**고 넘어가려 하나?/매칠이 가도 얼골 한분 앤 씻고, 코가 나오머 소매로 한분 **문때** 뿌리고 하이 옷소매가 빤질빤질했다. ▶ 며칠이 가도 얼굴 한번 안 씻고, 코가 나오면 옷소매로 한번 **문대어** 버리고 하니 옷소매가 빤질빤질했다. ☞ 까문때다.

문'뜩 〖부〗 문득. ¶**문뜩** 눈을 떠보이 오매불망 심처이가 내 앞에 있는 기이 아이가. ▶ **문득** 눈을 떠보니 오매불망(寤寐不忘) 심청이가 내 앞에 있는 것이 아닌가.

문서(文書) 〖명〗 서류(書類). '땅문서' 또는 '집문서'의 준말. 일제 때부터 '서류'라는 말은 잘 쓰지 않고 일반적으로 '문서'라는 말을 썼다. ¶**문서** 재피고 한 판 붙어 보자. ▶ **땅문서** 맡기고 한 판 붙어 보자. ※노름판에서 하는 말./**문서**를 재피고 돈을 처 갔다. ▶ **집문서**를 맡기고 돈을 빌려 갔다.

문'짜 씨다 〖관〗 문자(文字)를 쓰다. '아는 척하다.' 또는 '유식한 척하다'는 뜻으로 비꼬아서 하는 말. ¶앗따, 그 꼬라지에 **문짜 씨네**! ▶ 앗따, 그 꼴에 아는 척 하네/이 사람아, 고마 **문짜 써라**. ▶ 이 사람아, 그만 유식한 척해라.

문종~오 〖명〗 문종이. ¶**문종오** 남은 거를 쌜어서 문풍지를 발러야겠다. ▶ **문종이** 남은 것을 썰어서 문풍지를 발라야겠다.

문지 〖명〗 먼지. ¶저녁에 **문지** 털고 비짜리 질 하머 복 털래 나간단다. ▶ 저녁에 먼지 털고 빗자루 질 하면 복 털려 나간다./사람이 산지 몇 연이 댔는지 방바닥에 **문지**가 한 치나 싸앴다. ▶ 사람이 산지 몇 년이 됐는지 방바닥에 먼지가 한 치나 쌓였다.

문지구디'기 〖명〗 먼지구덩이. ¶이 **문지구디기** 그튼 촌집에도 찾아 주시이 얼매나 고맙은기요? ▶ 이 **먼지구덩이** 같은 시골집에도 찾아 주시니 얼마나 고마운가요?

문지투시~이 〖명〗 먼지투성이. ¶아이고 이 **문지투시이** 바라. 어디서 이렇게 문처 왔노? ▶ 아이고 이 **먼지투성이** 보아라. 어디서 이렇게 묻혀 왔나?

문째'기 〖명〗 문짝. ¶집이라 카는 기이 **문째기** 하나도 지대로 붙은 기이 없으이 얼매나 손을 바야 댈지 모리겠다. ▶ 집이라는 것이 문짝 하나도 제대로 붙은 것이 없으니 얼마나 손을 봐야 될지 모르겠다.

문천 몡 문지방(門地枋). ¶지가 아숩을 때는 **문천**이 딸드록 드나들다가도 지 볼일 다 보고 나디이 코빼기도 앤 니민다. ▶ 제가 아쉬울 때는 **문지방**이 닳도록 드나들다가도 제 볼일 다 보고 나더니 코빼기도 안 내민다.

문'치다1 통 묻히다. '묻다'의 사동. 【문처 ▶ 묻혀/문치이 ▶ 묻히니】 ¶손에 흘 한 분 앤 **문처** 보고 살은 사람이라 농촌 시정을 알 이 없지. ▶ 손에 흙 한번 안 **묻혀** 보고 산 사람이라 농촌 사정을 알 리 없지./똥 **문처** 온 눔이 흘 **문처** 온 눔을 보고 눈 뿔신다. ▶ 똥 **묻혀** 온 놈이 흙 **묻혀** 온 놈을 보고 눈 부라린다.

문'치다2 통 무치다. 【문처 ▶ 무쳐/문치이 ▶ 무치니】 ¶비름나물 살머 논 거를 된장하고 참지럼에 삼삼하이 **문처서** 판에 올래 바라. ▶ 비름나물 삶아 놓은 거를 된장하고 참기름에 삼삼하게 **무쳐서** 상에 올려 보아라.

문택 몡 문턱(門-). ¶**문택** 노푼 데마 사머 다 양반이가? ▶ **문턱** 높은 데만 살면 다 양반인가?/고자가 처갓집 **문택**이 딸드록 드나들어 바야 그거지. ▶ 고자가 처갓집 **문턱**이 닳도록 드나들어 보아야 그거지.

물: 몡의 무렵. ¶우리 집 줜은 요새 해 뜰 **물**에 나가머 달 뜰 **물**이 대야 들오기 때민에 밤 느즈매기 와야 만날 수 있니더. ▶ 우리 집 주인은 요새 해 뜰 **무렵**에 나가면 달 뜰 **무렵**이 되어야 들어오기 때문에 밤 느지막이 와야 만날 수 있습니다.

물가래 몡 용두레. 기둥을 셋이나 넷을 얽매어 작사리를 지어서 세우고 물홈을 매달아 그 자루를 쥐고 밀면서 물을 푼다. 물홈은 통나무를 파서 만든 것도 있고, 기다란 자루 끝에 양철을 꾸부려 만든 것도 있다. ☞ 두래.

물강'구 몡 수리감독(水利監督). 물간수(-看守). 수리시설을 관리하는 사람. ☞ 분수지기.

물거리 몡 자잘한 생나무가지. '물 밴 땔 거리'의 뜻. ¶어제 소를 몰고 큰 산에 가서 **물거리** 한 발 처 오이 하리 해가 다 가드라. ▶ 어제 소를 몰고 큰 산(먼산)에 가서 **생나무가지** 한 바리 쳐 오니 하루해가 다 가더라. ☞ 물티이. 세차리.

물고래 몡 물 골창. 물이 고이는 땅. ¶금연에 **물고래** 논 한 도가리에 숭가 논 그 기이 제법 곡수가 났드라. ▶ 금년에 **물 골창** 논 한 뙈기에 심어 놓은 그 것이 제법 곡수가 났더라.

물곤지서기 몡 물구나무서기. ¶니캉 나캉 **물곤지서기** 해서 얼마나 가는강 내기

물구디~이

하자. ▶ 너랑 나랑 물구나무서기 해서 얼마나 가는지 내기하자.

물구디~이 몡 물구덩이. ¶어덥은데 통발 노로 나갔다가 물구디이에 빠저서 물구신이 대서 들어왔다. ▶ 어두운데 통발 놓으러 나갔다가 물구덩이에 빠져서 물귀신이 되어서 들어왔다.

물구:신 몡 물귀신(-鬼神). ¶저 웅디이에는 물구신이 일 연에 한 키 씩 잡어묵는단다. ▶ 저 웅덩이에는 물귀신이 일 년에 한 사람씩 잡아먹는단다.

물'끼 몡 물꼬. ¶이 물끼 저 물끼 다헐어놓고 쿤네양반은 어디갔노, 장태꺼래다 소첩을두고 첩으집으로 놀로갔네. ▶ 이 물꼬 저 물꼬 다헐어놓고 쿤네양반은 어디갔나, 장터거리다 소첩을두고 첩의집에로 놀러갔네. 〈모숭기소리의 일부〉/비가 마이 올 꺼 그튼데, 논에 물끼를 터나야겠다. ▶ 비가 많이 올 것 같은데, 논에 물꼬를 터놓아야겠다.

물나'불 몡 물너울. ¶물나불이 찰랑찰랑 이는 데다 그물을 떤저 보머 괴기들이 잽히느이라. ▶ 물너울이 찰랑찰랑 이는 데다 그물을 던져 보면 고기들이 잡히느니라. ☞ 나불.

물내~이 몡 무릇. ¶숭연에는 산천에 흔해 빠진 물내이 저거도 없어서 몬 캐 묵었다. ▶ 흉년에는 산천에 흔해 빠진 무릇 저것도 없어서 못 캐 먹었다.

물도가'지 몡 물독. ¶물 이로 갔다가 빙판에 미끄러저서 물도가지를 깼다. ▶ 물 이러 갔다가 빙판에 미끄러져서 물독을 깼다.

물동~오 몡 물동이. ¶저녁때가 대머 동네 여자들이 물동오를 머리에 이고 새미가로 모애든다. ▶ 저녁때가 되면 동네 여자들이 물동이를 머리에 이고 샘가로 모여든다.

물드무 몡 물두멍. '물 듬이(담이)'의 뜻.【물드마 ▶ 물두멍에】¶물드마 쥐 빠진 거 건저 내고 새로 물을 저다가 채와야 한다. ▶ 물두멍에 쥐 빠진 것 건저 내고 새로 물을 져다가 채워야 한다. ☞ 드무. 등구. 물등구.

물등'구 몡 물두멍.【물등가 ▶ 물두멍에】☞ 드무. 등구. 물드무.

물래:다 동 물리다. '물다'의 피동.【물래 ▶ 물려/물이이 ▶ 물리니】¶그, 사람 끝지 안은 거, 고마 미친개헌테 물랜 택 대고 참어라. ▶ 그, 사람 같지 않은 거, 그만 미친개한테 물린 턱 대고 참아라./빈대배래기헌테 물래서 온몸이 뻘겋다. ▶ 빈대벼룩한테 물려서 온몸이 벌겋다.

물'러 깜 마소를 뒤로 물러나게 하는 소리. ☞ 노로. 워. 워디. 워미. 이라. 쯔쯔.

물레 몡 솜이나 털 따위를 자아서 실을 뽑는 틀. ☞ 가락2. 가락고동. 가리새1.

거무줄. 골구사리. 귀머리. 귀머리기동. 꼬치말기. 꼭두마리. 물레기동. 물레기름. 물레돌. 물레바탕. 물레살. 물레줄. 방구물레. 방구통물레. 살물레. 회젓. 회주지.

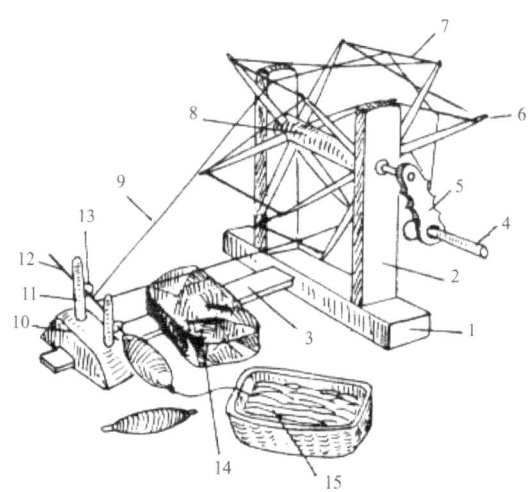

◀ 그림 9 **물레**
(국학도감, 일조각, 이훈종)
1. 물레바탕
2. 물레기동
3. 가리새1
4. 회젓
5. 꼭두마리
6. 물레살
7. 거무줄
8. 회주지
9. 물레줄
10. 귀머리
11. 귀머리기동
12. 가락2
13. 골구사리
14. 물레돌
15. 꼬치2

물레기동 몡 물레의 바탕 위에 세운 두 개의 설다리.《설주》☞ 물레.

물레기름 몡 물레의 가락고동에 치는 윤활유. 주로 피마자기름이나 참기름을 쓴다. ☞ 물레.

물레돌 몡 물레가 움직이지 않게 가롯대에 걸쳐 얹는 돌. ☞ 물레.

물레바~아 몡 물레방아. ☞ 물방아.

물레바탕 몡 물레의 설다리를 지탱하는 바탕. ☞ 물레.

물레살 몡 물레의 굴통을 축으로 하여 방사상으로 연결된 여러 개의 살로 물레바퀴의 형체를 이룬다. ☞ 물레.

물레줄 몡 물레바퀴와 가락에 걸쳐서 맨 줄(벨트). 물레바퀴의 회전동력을 가락에 전달한다. ☞ 물레.

물레질 몡 무명베길쌈에서 물레로 실을 뽑는 일. 삼베길쌈에서 삼 올을 꼬아서 (던어서) 가락(가래기)에 감는 일. ☞ 삼베길쌈. 꼬치. 꼰치.

물'리다 동 무르다. 원상태로 돌리다. 취소하다. 【물러 ▶ 물러/물리이 ▶ 무르니】

물무'리

¶잘 몬 사온 물건을 점방아 가서 물리머 댄다. ▶ 잘 못 사온 물건을 점방에 가서 무르면 된다./산지 오래 댄 거를 인자 들고 가서 물릴 수도 없고 그양 곤쳐서 씨자. ▶ 산지 오래 된 것을 이제 들고 가서 무를 수도 없고 그냥 고쳐서 쓰자. ☞ 무루다.

물무'리 분 일일이. 그때마다. ¶우리 집에 무신 일이 있을 때머 물무리 찾어와서 거들어 주이 얼매나 고맙은기요. ▶ 우리 집에 무슨 일이 있을 때면 일일이 찾아와서 거들어 주니 얼마나 고마운가요./물무리 디살패 줄라카이 그거도 여간 구찬은 일이 아이다. ▶ 그때마다 뒤살펴 주려니 그것도 여간 귀찮은 일이 아니다.

물바~아 명 물방아. 물의 힘으로 바퀴를 돌려 곡식을 찧거나 빻는 기구. 작동원리는 바퀴를 가로지른 방아굴대(굴통) 양쪽에 달린 눌림대(놀림대)가 바퀴가 돌아감에 따라 집 안에 장치된 방아의 한쪽 끝인 살개목(방아채)을 눌러 방아공이를 들어올린다. 따라서 1바퀴 돌 때 방앗간의 방아공이가 1번 찧게 되는데 방아 2개를 나란히 놓으면 2개의 방아공이가 번갈아 오르내리게 된다. ☞ 물레바아.

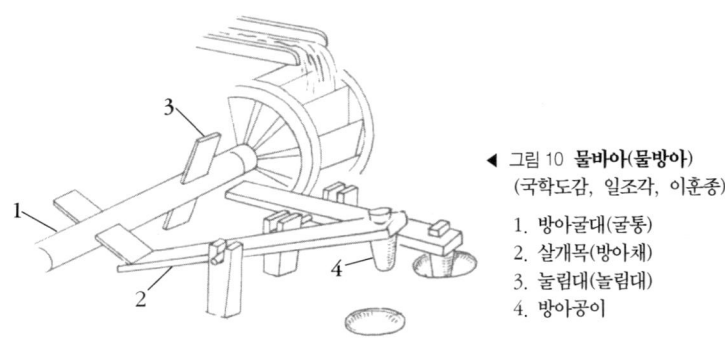

◀ 그림 10 **물바아(물방아)**
(국학도감, 일조각, 이훈종)

1. 방아굴대(굴통)
2. 살개목(방아채)
3. 눌림대(놀림대)
4. 방아공이

물반티'~이 명 쌍두레질에 쓰는 물 함지박. 두 장의 반달모양의 판자에 양철을 감아 붙여 물을 담게 했고, 함지박 네 귀퉁이에 끈을 달아서 손잡이와 연결했다. ☞ 파래반티이.

물버리 명 물독. ¶물버리에 물을 항그 채와 나라. ▶ 물독에 물을 가득 채워 놓아라.

물빵개 명 물방개.

물빵'구 명 물거품. '물빵구리'의 준말. ¶첨마 물이 떨어지는 데 물빵구가 생기더

비가 마이 올 조짐이란다. ▶ 처마 물이 떨어지는 데 **물거품**이 생기면 비가 많이 올 조짐이란다.

물빵구'리 명 물거품. ☞ 물빵구.

물뿌'리 명 담뱃대의 물부리. ☞ 물쪼리. 물쭈리.

물쌈: 명 물싸움놀이. 물싸움. 날이 가물어서 한 방울의 물도 아쉬울 때 물꼬 앞에서 벌어지는 물싸움은 사생결단의 싸움이다. 논바닥은 자라 등처럼 터지고 저수지는 바닥이 보이기 시작하는데 하늘을 쳐다보아도 비 올 기미가 없다. 밤늦게까지 물꼬를 지키다가 집으로 들어와 잠시 눈을 붙이고 다시 나가 보니 아래 논으로 물꼬를 돌려 버렸다. 평소에 친하던 이웃과도 여기서는 양보가 없다. 위의 논 주인이 물꼬를 막으면 아래 논 주인이 다시 헐고, 이렇게 가래를 들고 서로 삿대질을 하다가 급기야는 진창으로 미끄러져 뒤엉켜서 엎치락뒤치락하기도 하고, 해결이 안 되면 서로 멱살을 잡고 주자소(파출소)까지 가서 시비를 하기도 한다. 그 뿐 아니라 가물로 시냇물 까지 마르기 시작하면 상류 쪽에서 보를 막게 되고 이렇게 되면 하류 쪽 사람들이 몰려와서 패싸움에 이르는 경우도 있다.

물쪼'리 명 물부리. ☞ 물뿌리. 물쭈리.

물쪽빼'기 명 표주박. 물을 뜨는 작은 바가지. ¶하리는 탈해가 동악에 올랐다가 백이를 보고 물을 떠오라 캤는데, 백이가 오다가 지 먼첨 맛을 보고 바칠라카이 **물쪽배기**가 입에 붙어서 앤 떨어지는 기이라, 탈해가 이거를 알고 머라카이, 백이가 잘 몬했다카매 손을 비배매 비이, 그적새야 **물쪽배기**가 떨어지드란다. ▶ 하루는 탈해(脫解)가 동악(東岳)에 올랐다가 백의(白衣)를 보고 물을 떠오라했는데, 백의가 오다가 제 먼저 맛을 보고 바치려니 **표주박**이 입에 붙어서 안 떨어지는 거라. 탈해가 이것을 알고 나무라니, 백의가 잘 못했다며 손을 비비며 비니, 그제야 **표주박**이 떨어지더란다. 〈삼국유사〉.

물쭈'리 명 담뱃대의 물부리. ¶담뱃대는 백동으로 맨든 대꼬바리하고 입에 무는 **물쭈리**를 대로 이샀다. ▶ 담뱃대는 백동으로 만든 담배통하고 입에 무는 **물부리**를 설대로 이었다. ☞ 물뿌리. 물쪼리.

물티~이 명 물통이. 덜 영근 곡식이나 생나무. ¶내리 배급 살이 앤 나오머 당장 내리 끼꺼리가 걱정이라 **물티이**라도 비다가 풋바시미 해서 묵어야겠다. ▶ 내일 배급(配給) 쌀이 안 나오면 당장 내일 끼니거리가 걱정이라 **물통이**라도 베어다가 풋바심 해서 먹어야겠다.

물파래'질

물파래'질 명 쌍두레질. 함지박(파래반티이) 네 귀퉁이에 줄을 달아서 두 사람이 마주잡고 물을 퍼 올리는 일. ☞ 파래질.

물팍' 명 무릎. ¶우리 **물팍**을 맞대고 안저서 수이 해보자. ▶ 우리 **무릎**을 맞대고 앉아서 의논 해보자. ☞ 무릎.

물편(-便) 명 물가 마을. 포구(浦口). '물편 사람' 또는 '물편 눔' 따위로 쓰여 '떠돌이' 또는 '막사는 놈'의 뜻이 됨. 옛날 해안이나 낙동강이나 한강 등 수로를 따라 소금이나 해산물 또는 곡물 따위를 실어 나르던 배, 즉 주운(舟運)에 종사하던 사람들을 이르는 말임. ¶**물편** 사람 그튼 그런 사람을 우째 믿고 내 딸을 주노? ▶ **떠돌이** 같은 그런 사람을 어찌 믿고 내 딸을 주나?

물포구 명 산머루 종류의 하나. ☞ 개포구.

물홈: 명 물길을 내는 홈. 다른 편의 물을 끌어 들이기 위하여 골을 가로질러 걸치는 길게 된 홈. ☞ 홈.

뭉개':지다 동 무너지다. 지워지다. 【뭉개저 ▶ 무너져/뭉개지이 ▶ 무너지니】 ¶요분 비바람에 담 한쪽 귀티이가 **뭉개저** 뿌렀다. ▶ 요번 비바람에 담 한쪽 귀퉁이가 무너져 버렸다./시상이 빈하이 아어런도 없어지고 남여 분별도 없이 일윤 도덕이 다 **뭉개진다**. ▶ 세상이 변하니 애어른도 없어지고 남녀 분별도 없이 인륜도덕이 다 무너진다.

뭉깨'다 동 뭉개다. 눌러 짓이기다. 【뭉깨 ▶ 뭉개어/뭉깨이 ▶ 뭉개니】 ¶어디 가서 싸왔나, 얼골은 와 그렇게 **뭉깨고** 왔노? ▶ 어디 가서 싸웠나, 얼굴은 왜 그렇게 뭉개고 왔나?/구둘목 **뭉깨고** 안저 있지 마고 얼렁 일어서서 나가자. ▶ 구들바닥 뭉개고 앉아 있지 말고 얼른 일어서서 나가자.

뭉깨':지다 동 문드러지다. 뭉개지다. 【뭉깨저 ▶ 문드러져/뭉깨지이 ▶ 문드러지니】 ¶괴기를 너무 살머서 다 **뭉깨졌다**. ▶ 고기를 너무 삶아서 다 문드러졌다./썩어 **뭉깨진** 거를 어디다 씰라카노? ▶ 썩어 문드러진 것을 어디다 쓰려나?

뭉티'기 명 뭉치. ¶노룸방아서 **뭉티기** 돈이 왔다가 갔다가 했단다. ▶ 노름방에서 뭉치 돈이 왔다가 갔다가 했단다.

미:1 명 뉘. 쌀에 섞인 벗겨지지 않은 낱알. ¶방간에서 살을 덜 씰겄나 미가 와 이래 만노? ▶ 방앗간에서 쌀을 덜 쓿었나 뉘가 왜 이렇게 많으냐?/간혹가다가 저런 사람 하나씩은 살에 미 섞개드시 섞개니라. ▶ 간혹 저런 사람 하나씩은 쌀에 뉘 섞이듯이 섞이느니라.

미:2 명 묘(墓). ¶그 집은 미 자리 하나 잘 써서 손자 대에는 한 인물이 날 끼기

다. ▶ 그 집은 묘 자리 하나 잘 써서 손자 대에는 큰 인물이 날 것이다.

미~3 튀 매. 몹시. ¶요새 임석은 미 익해서 앤 묵으머 배탈이 나기 숩다. ▶ 요사이 음식은 매 익혀서 먹지 않으면 배탈이 나기 쉽다./살을 미 씩거야 밥맛이 좋다. ▶ 쌀을 매 씻어야 밥맛이 좋다./세답꺼리 씩글 때, 때가 쫌 빠지구로 미미 치대라. ▶ 빨래 할 때, 때가 좀 빠지게 매 매 치대라./이불홑청 찌든 때는 재물에다 미 살머야 빠진다. ▶ 이불홑청 찌든 때는 재물에다 매 삶아야 빠진다.

미겨 몡 참먹이. 윷놀이 판의 윷말의 출입구. ☞ 윷판.

미:구 몡 여우. 꼬리가 긴 짐승이라는 뜻으로 '미구(尾狗. 九尾狐)'. 묘를 파헤치는 짐승이라는 뜻으로 '미(묘)구(墓狗)' 또는 '미(뫼)구(山狗)'. ¶그 지집연이 얼매나 미구 그텄든지, 거기에 걸래머 앤 빠지는 사나가 없었단다. ▶ 그 계집년이 얼마나 여우 같았던지, 거기에 걸리면 안 빠지는 사내가 없었단다. ☞ 메구. 야수. 여수2. 예수. 미뻰대.

미근덕거리다 동 미적거리다. ¶밭 맻 고랑을 가주고 그렇게 미근덕거리고 있다가 어느 천연에 다 맬로? ▶ 밭 몇 고랑을 가지고 그렇게 미적거리고 있다가 언제 다 매겠나?

미근덕미근덕 튀 미적미적. ¶노는 거 긑치 미근덕미근덕 캐도 내중 보머 넘 먼저 손을 털고 일어난다. ▶ 노는 것 같이 미적미적 해도 나중 보면 남 먼저 손을 털고 일어난다.

미:기 몡 메기. ¶머가 심통이 났는데 미기 주디이 긑치 입을 서 발이나 빼 댕기노? ▶ 뭣이 심통이 났는데 메기 주둥이 같이 입을 쑥(기다랗게) 빼 다니나?

미꽈'리시럽다 혱 밉살스럽다. '밉다'의 센말. ¶하는 짓이 마카 미구 그태서 미꽈리시럽다. ▶ 하는 짓이 모두 여우 같아서 밉살스럽다. ☞ 매꽐시럽다. 매꽈리시럽다. 미꽐시럽다.

미꽐시'럽다 혱 밉살스럽다. '밉다'의 센말. '미꽈리시럽다'의 준말. ☞ 매꽈리시럽다. 매꽐시럽다.

미꾸'리 몡 '미꾸라지'의 준말. ¶인날 노약을 씨지 않을 때 가실에 봇도랑을 막고 물을 퍼내고 국개를 디배머 미꾸리가 우굴우굴했다. ▶ 옛날 농약을 쓰지 않았을 때 가을에 봇도랑을 막고 물을 퍼내고 개흙을 뒤집으면 미꾸라지가 우글우글했다.

미꿈:하다 혱 미끈하다. ¶미꿈하게 생긴 사람이 꼬라지갑을 쫌 하고 댕기지, 그기이 머재? ▶ 미끈하게 생긴 사람이 꼴값을 좀 하고 다니지, 그것이 뭐지?

미:끈1

미:끈1 圑 미투리 끈. ¶질을 가다가 미끈이 끊어지머 칠개이덤풀을 뜯어서 옹처 매고 했다. ▶ 길을 가다가 미투리 끈이 끊어지면 칡넝쿨을 뜯어서 동여매고 했다.

미:끈2 圑 지게의 밀삐. 짚으로 땋은 지게의 멜빵. '미는(메는) 끈'의 뜻.《밀빵. 뜰삐. 띠빵. 미빵. 발목뎅이메삐》☞ 지게.

미나'리깡 圑 미나리꽝. ¶미나리깡에 가보고 보드랍은 거를 쫌 비다가 시쿰하게 문처서 묵자. ▶ 미나리꽝에 가보고 부드러운 것을 좀 베어다가 시큼하게 무쳐서 먹자.

미:다1 圄 밀다.【밀어 ▶ 밀어/미이 ▶ 미니】¶미지 마라. 앞에 사람들이 찡개 죽겠다. ▶ 밀지 마라. 앞에 사람들이 찡겨 죽겠다./누가 밀어 주기마 바래지 마고 니도 심을 써야지 ▶ 누가 밀어 주기만 바라지 말고 너도 힘을 써야지.

미:다2 圄 메다. ¶큰집 머섬은 심이 얼매나 장산지 나락 한 가마이를 미고 거뿐하게 옹긴다. ▶ 큰댁 머슴은 힘이 얼마나 장사인지 벼 한 가마니를 메고 거뿐하게 옮긴다.

미':다3 圄 메다. '미우다'의 준말.【미 ▶ 메어/미이 ▶ 메니】¶부모 잘몬 마나서 팽상 고상마 시기다가 저래 훌쩍 보내이 목이 미서 말이 앤 나온다. ▶ 부모 잘못 만나서 평생 고생만 시키다가 저렇게 훌쩍 보내니 목이 메서 말이 안 나온다./잔채집 마당아 사람들이 미 터지게 만타. ▶ 잔칫집 마당에 사람들이 메어 터지게 많다./큰 산에 나물이 얼매나 만은지 한 광지리 미 터지게 뜯어 왔다. ▶ 큰 산에 나물이 얼마나 많은지 한 광주리 메어 터지게 뜯어 왔다./손빠닥마한 방아 사람들이 미 터질 지갱으로 안젔다. ▶ 손바닥만한 방에 사람들이 메어 터질 지경으로 앉았다.

미'런하다 [형] 미련하다. ¶저 미런한 쇠지가 백정을 몬 알어본다. ▶ 저 미련한 송아지가 백정을 못 알아본다.

미뿌랑 圑 뫼의 뿌리. 산의 끝자락. ☞ 미뿌리이.

미뿌리~이 圑 뫼의 뿌리. 산의 끝자락. ¶내리 미뿌리이 밭에 콩 숭굴라카머 오늘 훌찌이질해서 고라 나야 한다. ▶ 내일 뫼 뿌리 밭에 콩 심으려면 오늘 쟁기질해서 골라 놓아야 한다. ☞ 미뿌랑.

미:삔대 圑 여우. ¶장태 술집 그 미삔대 긑치 생긴 여자, 그기이 여간내기 아이겠드라. ▶ 장터 술집 그 여우 같이 생긴 여자, 그것이 여간내기 아니겠더라. ☞ 미구.

미:성전(未成前) 몡 미혼(未婚). 성인이 되기 전. '미성(未成)'+'성전(成前)'의 겹말. ¶아이 미성전이머 내 자네한테 말을 놓겠네. ▶ 아직 미혼이면 내 자네한테 말을 놓겠네.

미'수까리 몡 미숫가루. ¶육이오사빈이 나서 피란들을 갈 때 아어런 할 꺼 없이 마카 보따리 속에 옷가지하고 **미수까리를** 챙개 옇고 댕갰다. ▶ 6·25사변이 나서 피란들을 갈 때 애어른 할 것 없이 모두 보따리 속에 옷가지하고 **미숫가루**를 챙겨 넣고 다녔다.

미식미식:하다 톙 매슥매슥하다. ¶묵기 실분 거를 억지로 묵었디이 속이 **미식미식하이** 토할 꺼 같다. ▶ 먹기 싫은 것을 억지로 먹었더니 속이 **매슥매슥하니** 토할 것 같다.

미:신 몡 짚신. 노동할 때 신는 막 짚신. ¶소를 몰고 삼십 이 질을 댕개올라카머 **미신** 한 커리는 여불로 가주고 가야 한다. ▶ 소를 몰고 삼십 리 길을 다녀오려면 **짚신** 한 켤레는 여별로 가지고 가야 한다.

미애':다1 동 매이다. '매다'의 사동. 【미애 ▶ 매여/미애이 ▶ 매이니】 ¶일에 **미애서** 큰아인데 면해 한 분도 몬 가 보고 있다. ▶ 일에 **매여서** 큰애한테 면회 한 번도 못 가 보고 있다.

미애':다2 동 메이다. '미다2'의 사동. 【미애 ▶ 메여/미애이 ▶ 메이니】 ¶그 집 새디기는 알라를 업고 고리짝 하나 머섬한테 **미애서** 친정 간다꼬 고개를 넘어가드라. ▶ 그 집 새댁은 아기를 업고 고리짝 하나 머슴한테 **메여서** 친정 간다고 고개를 넘어가더라.

미영 몡 무명. 목화(木花). ¶지끼미, 짜린 밤에 **미영마** 잣을래, 인자 고마 불 끄고 자자. ▶ 제기랄, 짧은 밤에 **무명만** 자을래, 이제 그만 불 끄고 자자. ※갓방 시어머니의 낌새를 살피면서 밤늦게까지 물레를 돌리던 아낙이 잠이 깨어 칭얼거리는 아기에게 젖 물려 재우고 나니, 이번에는 코를 골던 서방님이 눈을 뜨더니 투정을 부린다. 그래서 아낙은 못 이기는 척 "아이고 시끄럽니더, 어멈 잠깰라." 하면서 일손을 멈춘다. ☞ 미영베.

미영'다레 몡 목화(木花). 무명다래. 목화는 꽃이 피었다가 열매를 맺고, 열매가 성숙하면 하얀 솜털을 터뜨리는데, 이때 털은 모아서 솜을 만들고, 종자는 기름을 짠다. 열매, 즉 삭과(蒴果)의 생김새가 다래와 비슷하고, 말랑말랑하게 익기 시작하면 맛이 달콤해서 먹기도 한다. ☞ 미영. 다래. 초래. 무명길쌈.

미영'베 몡 무명베. ☞ 미영. 무명길쌈.

미영'씨 [명] 목화씨. 기름을 짜서 불을 켜는 데 쓰기도 하고 장판에 먹이기도 한다.

미'우다 [동] 메우다. 채우다. 【미와▶메워/미우이▶메우니】 ¶파진 구디이는 흘 저다가 **미우머** 대지마 내 가슴 뜰버진 데는 머로 **미우꼬?**▶패인 구덩이는 흙 져다가 **메우면** 되지만 내 가슴 뚫어진 데는 뭐로 **메울까?**/장연 큰물에 파진 구디이를 흘을 저다가 **미왔다.**▶작년 홍수에 파진 구덩이를 흙을 져다가 **메웠다.** ☞ 미다3.

미자바'리 [명] 그릇의 밑바닥. 옷의 궁둥이가 닿는 부분. '궁둥이'의 낮춤말. ¶물도가지 **미자바리**에 금이 가서 물이 샌다.▶물동이 **밑바닥**에 금이 가서 물이 샌다./주우를 너무 오래 입어서 **미자바리**가 터졌다.▶바지를 너무 오래 입어서 **궁둥이**가 터졌다./똥 누고 **미자바리** 앤 딲은 거 긑치 찝찝하다.▶똥 누고 **궁둥이** 안 닦은 것 같이 꺼림칙하다. ☞ 똥꾸바리. 똥짜바리.

미:재이 [명] 미장이. ¶**미재이** 일은 건너 마실 덕칠이가 제리 잘 한다.▶**미장이** 일은 건너 마을 덕칠이가 제일 잘 한다.

미:지기 [명] 묘지기(墓--). ¶**미지기**는 보통 문중 재실에 살맨서 위토를 붙치고 벌추하고 모사 때는 제수 준비를 한다.▶**묘지기**는 보통 문중(門中) 재실에 살면서 위토(位土)를 붙이고 벌초하고 묘사 때는 제수 준비를 한다.

미'쳤나 걸쳤나 [관] '미쳤나'의 센말. 황당한 꼴을 보고 '제 정신이 아니구먼' 또는 '환장했구먼' 따위의 뜻으로 쓰임. ¶니가 **미쳤나 걸쳤나**, 그 어런이 누군데 니가 함부로 대들재?▶네가 **제 정신이 아니구먼**, 그 어른이 누군데 네가 함부로 대들지?/**미쳤나 걸쳤나**, 차라리 지름을 지고 불로 들어가는 기이 낫지, 거기를 건디러?.▶**환장했구먼**, 차라리 기름을 지고 불로 들어가는 것이 낫지, 거기를 건드려?

미':치다 [동] 메치다. '메어치다'의 준말. 【미처▶메쳐/미치이▶메치니】 ¶달러드는 눔으 매가지를 탁 잡고 들따 **미치이** 깨구리 긑치 퍼저 뿌리드라.▶달려드는 놈의 모가지를 탁 잡고 들입다 **메치니** 개구리 같이 퍼져 버리더라.

미'친지랄 [명] 개지랄. 이성을 잃고 마구 행동하는 짓거리. 어근에 '하다' 또는 '떨다'가 붙어서 '개지랄하다' 또는 '개지랄 떨다' 따위의 뜻이 됨. ¶저기이 **미친지랄**을 하네.▶저것이 **개지랄**을 하네./**미친지랄하지** 마라.▶**개지랄하지** 마라./**미친지랄**을 떠네.▶**개지랄**을 떠네./**미친지랄** 떠지 마라.▶**개지랄** 떨지 마라. ☞ 생지랄. 요디지랄. 용천지랄. 지랄발광. 지랄용천.

미칭개~이 圕 미치광이. ¶하도 미칭개이 짓을 하고 댕기는 사람이라 콩으로 메주를 쑨다 캐도 앤 믿는다. ▶ 하도 미치광이 짓을 하고 다니는 사람이라 콩으로 메주를 쑨다 해도 안 믿는다.

미:터 圕 묏자리. ¶요새 미터야 양지바리고 물 앤 들며 대지 뱉 데가 있나? ▶ 요새 묏자리야 양지바르고 물 안 들면 되지 별 데가 있나? ☞미테.

미:테 圕 묏자리. ¶조런 딸연 꿍심 보지, 친정 산에 물 여다 버어 놓고 미테 나쁘다 카매 즈그 시집 뒷생각한다. ▶ 조런 딸년 꿍꿍이셈 보지, 저희 친정 산에 물 이어다 부어 놓고 묏자리 나쁘다며 저희 시집 뒷생각한다. ☞미터.

미:틀 圕 미투리(麻鞋). 닥 껍질로 삼은 신. ¶보통 미신은 니 날 백이로 짜임새가 거치고 미틀은 여섯 날 백이에 총이 달고 곱어서 좋은 신으로 친다. ▶ 보통 짚신은 네 날 박이로 짜임새가 거칠고 미투리는 여섯 날 박이에 총이 촘촘하고 고와서 고급 신으로 친다.

믹이:다 图 먹이다. 가축을 기르다. '묵다'의 사동. 【믹애 ▶ 먹여/믹이이 ▶ 먹이니】¶자아들 먼 질로 보낼라 카머 밥을 마이 믹애 보내라. ▶ 쟤들 먼 길로 보내려면 밥을 많이 먹여 보내라./괘종시계가 섰다. 밥 믹애라. ▶ 벽시계가 섰다. 태엽 감아 주어라. ※시계태엽을 감는 것을 '밥을 먹이다'라고 한다. ☞ 맥이다. 묵애다. 묵이다.

믹'히다 图 묵히다. 【믹해 ▶ 묵혀/믹히이 ▶ 묵히니】¶딧산 치거리 밭을 두 해나 믹해 났디이 지심이 사람 키마이나 짓었드라. ▶ 뒷산 자락 밭을 두 해나 묵혀 놓았더니 기심이 사람 키만큼이나 깃었더라.

민:경 圕 면경(面鏡). 거울. ¶그 점재이가 얼매나 용한지, 사람으 속을 민경 겉치 들바더보드라. ▶ 그 점쟁이가 얼마나 용한지, 사람의 속을 거울 같이 들여다보더라.

민:사무소 圕 면사무소(面事務所). ¶민사무소 김 서기한테 머 쪼매 부탁할라꼬 찾아갔디이 오늘은 군청에 볼일 보로 가고 없드라. ▶ 면사무소 김(金) 서기(書記)한테 머 좀 부탁하려고 찾아갔더니 오늘은 군청에 볼일 보러 가고 없더라. ☞ 민소.

민:서기 圕 면서기(面書記). 면사무소 직원. ¶그 사람 보통핵고 나와서 민서기로 들어가서 부민장꺼정 했으머 대단허지. ▶ 그 사람 보통학교 나와서 면서기로 들어가서 부면장까지 했으면 대단하지.

민:소 圕 면소(面所). '민사무소'의 준말. ¶민소 사람들한테 술잔이라도 받어 묵

애 노머 공출 배당 나올 때 보머 쪼매 다리니라. ▶ 면소 사람들한테 술잔이라도 받아 먹여 놓으면 공출 배당 나올 때 보면 조금 다르니라. ※ 술 따위를 사 먹이는 것을 '받어 묵애다'라고 한다.

민'적 몡 민적(民籍). 호적(戶籍). ¶집으 나로 아홉 살이라도 **민적**에 두 해 늦가 올러서 일곱 살로 대 있다. ▶ 집의 나이로 아홉 살이라도 **호적**에 두 해 늦게 올라서 일곱 살로 되어 있다.

민:하다 동 면(免)하다. ¶정신댄가 망신댄가 그거 **민할라꼬** 개와 열다서, 아무꺼도 모리는 그 나에 중신애비 앞세와서 시집왔다. ▶ 정신대(挺身隊)인가 망신대(亡身隊)인가 그거 **면하려고** 겨우 열다섯, 아무 것도 모르는 그 나이에 중신아비 앞세워서 시집왔다.

민화토 몡 화투놀이 방법의 하나.

밀가리 몡 밀가루. ¶돈복 없을라카이 **밀가리** 장사를 나가머 바람이 부고 소굼장사 나가머 비가 쏟어진다. ▶ 돈복 없으려니 **밀가루** 장사를 나가면 바람이 불고 소금장사 나가면 비가 쏟아진다.

밀개 몡 고무래. 곡식을 널거나 땅을 고를 때나 아궁이 재를 긁어 낼 때 쓰는 연장. 네모진 널조각에 긴 자루를 달았다. ¶마당아 나락 널어논 거를 **밀개로** 한분 더 디배 나라. ▶ 마당에 나락 널어놓은 것을 **고무래로** 한번 더 뒤집어 놓아라.

밀래:다 동 밀리다. '미다'의 피동. 【밀래 ▶ 밀려/밀래이 ▶ 밀리니】 ¶내가 그 사람한테 심이 **밀래는** 거를 우야노?. ▶ 내가 그 사람한테 힘이 **밀리는** 것을 어떻게 하나./일은 지 때에 하고 말어야지 한분 **밀래** 뿌리머 또 **밀랜다**. ▶ 일은 제 때에 하고 말아야지 한번 **밀려** 버리면 자꾸 **밀린다**.

밀사리 몡 밀 이삭을 그슬어 먹기. 밀서리. '밀 살기(사르기)'의 뜻.

밀찌'불 몡 기울. 밀을 갈아서 채로 가루를 내고 남은 찌꺼기. ¶**밀찌불**에다 소굼이나 꿀아재비 그튼 거를 옇고 밥 위에 찐 거를 밀찌불떡이라 칸다. ▶ **밀기울**에다 소금이나 사카린 같은 것을 넣고 밥 위에 찐 것을 밀기울떡이라 한다.

밉'다 혱 밉다. 【미분 ▶ 미운/밉어 ▶ 미워/밉으이 ▶ 미우니】 ¶**미부나** 곱으나 캐도 살 비배매 사는 사람 아이가? ▶ **미우나** 고우나 해도 살 비비며 사는 사람 아닌가?/**미분** 사람한테 밥 한 수까락 더 조라 캤다. ▶ **미운** 사람에게 밥 한 숟가락 더 줘라 했다.

밉'사~이 몡 밉상(-相). 미운 사람. 친근감을 나타낼 때, '아이고 이 웬수야' 또는

'이 문디이야' 따위로 말하는 것처럼 귀여워 할 때 반어법을 써 '밉사이다' 라고 말하기도 한다. ¶아이고 이 **밉사이야**. 니 아이머 내가 무신 재미로 사노! ▶ 아이고 이 밉상아. 너 아니면 내가 무슨 재미로 사나!/**밉사이** 짓마 갈래 가매 하네. ▶ 미운(예쁜) 짓만 골라 가며 하네.

밉'살시럽다 휑 밉살스럽다. 【밉살시럽어 ▶ 밉상스러워/밉살시럽으이 ▶ 밉상스러우니】¶곱은 짓을 해도 머한데 **밉살시럽은** 짓마 갈래 가매 한다. ▶ 고운 짓을 해도 뭣한데 **밉살스러운** 짓만 가려 가며 한다.

밉'상시럽다 휑 밉상스럽다. 【밉상시럽어 ▶ 밉살스러워/밉살시럽으이 ▶ 밉살스러우니】¶그 생긴 꼬라지하고는 **밉상시럽게** 앤 생갰나 바라. ▶ 그 생긴 꼴하고는 **밉상스럽게** 안 생겼나 보아라.

밍: 명 명(命). ¶니 **밍**대로 고이 살라카머 잠주꼬 있그라. ▶ 네 명대로 곱게 살려면 잠잠히 있거라./지 **밍**이 그거뿐인데 일역으로 우야노? ▶ 제 명이 그것뿐인데 인력으로 어떻게 하나?

및 관형 몇. ¶오늘 우리 집으로 **및** 사람이 올지 모리겠네. ▶ 오늘 우리 집으로 몇 사람이 올지 모르겠네./**및** 개를 더 주머 니도 좋겠노? ▶ 몇 개를 더 주면 너도 좋겠나? ☞ 맻.

ㅂ

-ㅂ시더 囝 -ㅂ시다. 무엇을 권유함을 나타내는 종결어미로, '-시더'보다 공손한 말투임. ¶우리 고마 사돈 맺으입시더. ▶ 우리 그만 사돈 맺으십시다./고마 싸우고 우리 사오하입시더. ▶ 그만 싸우고 우리 화해하십시다./황 주사 집 잔채에 같이 가입시더. ▶ 황 주사 집 잔치에 같이 가십시다./아부지, 일 고마하고 집에 가입시더. ▶ 아버지, 일 그만하고 집으로 가십시다. ☞ -시더.

바가'이 圑 바가지. ¶일을 그래 해가주고는 허리에 바가이(쪽배기) 차기가 십생이다. ▶ 일을 그렇게 해 가지고는 허리에 바가지(쪽박. 깡통) 차기가 십상이다. ☞ 바가치. 쪽배기.

바가'치 圑 바가지. '철모'의 속된말. 박으로 만든 그릇으로는 곡식 따위를 담는 큰 '함배기', 물바가지로 쓰는 중간 크기의 '바가치' 또는 '쪽배기'가 있고, 간장 따위를 뜨거나 표주박으로 쓰는 아주 작은 '쫑구래기'가 있다. ¶바가치 장단에 춤을 춘다. ▶ 바가지 장단에 춤을 춘다./바가치에 살을 담어서 조리로 일고 있다. ▶ 바가지에 쌀을 담아서 조리로 일고 있다. ☞ 바가이. 쪽배기.

바:고리 圑 우차에 짐을 실을 때 바를 거는 구부러진 고리. 좌우 챗대에 각각 2개와 쇠방에 각각 1개씩 모두 6개가 붙어있다. ☞ 우차.

바구'리 圑 바구니. 【대바구리 ▶ 대바구니/사리바구리 ▶ 사리바구니】 ¶감자밭 디배 논 데로 바구리 하나씩 들고 가서 조오 담아 모두시더. ▶ 감자밭 뒤집어 놓은 데로 바구니 하나씩 들고 가서 주워 담아 모읍시다./개령김산 살매물에 상추씩는 저처자야, 이퍼리홀터 바구리담꼬 속에속대길랑 나를도고. ▶ 개령김산 살매물에 상추씻는 저처녀야, 잎은훑어 바구니담고 속에속대길랑 나를다오. 〈모숭기소리의 일부〉.

바깥어:런 圑 바깥어른. 바깥주인. 바깥양반. ¶댁으 바깥어런이 팬찬으시다 카디이 일간 갱가가 어뜨신기요? ▶ 댁의 바깥어른이 편찮으시다 하더니 일간 경과가 어떠하신가요? ☞ 배낕어런.

바깨:다 图 바뀌다. 【바깨 ▶ 바뀌어/바깨이 ▶ 바깨니】¶저 사람이 전에는 앤 그 랬는데 맻 연 새 사람이 바깼네. ▶ 저 사람이 전에는 안 그랬는데 몇 년 새 사람이 바뀌었네./각중에 시상이 바깨이 인심도 바깨지드라. ▶ 갑자기 세상이 바뀌니 인심도 바뀌어지더라. ☞ 배끼다.

바꾸 图 바퀴. ¶우차 바꾸가 도랑에 빠저서 빠저 나오는데 생씩겂했다. ▶ 우차 바퀴가 도랑에 빠져서 빠져 나오는데 혼쭐났다. ☞ 동테바꾸. 동테. 발통.

바꾸:다 图 바꾸다. 【바까 ▶ 바꾸어/바꾸이 ▶ 바꾸니】¶오늘 장아 가머 지가다배 쪼꿈 큰 문수로 바까다 주이소. ▶ 오늘 장에 가면 지가다배(노동화) 조금 큰 문수로 바꿔다 주세요./사람을 바꾸이 분이기도 바까진다. ▶ 사람을 바꾸니 분위기도 바꾸어진다.

바'늘질 图 바느질. ¶저 아낙은 바늘질 솜씨가 꼼꼼하맨서도 재바리기로 소문났다. ▶ 저 아낙은 바느질 솜씨가 꼼꼼하면서도 재바르기로 소문났다.

바'닥 图 바둑. ¶당수나무 밑에 가머 사람들이 한펜에서는 바닥을 뜨고 한펜에서는 장구를 뜨고 있다. ▶ 당산나무 밑에 가면 사람들이 한편에서는 바둑을 두고 한편에서는 장기를 두고 있다.

바닥돌 图 연자방아의 바닥돌. 고줏대가 박힌 안쪽이 볼록하고 가장자리에 전을 둘렀다. ☞ 석매바아.

바'대 图 바디. 가늘고 엷은 작은 대오리를 참빗처럼 새워서 양쪽으로 기다란 대오리를 대고 실로 얽어 만든 것으로, 베를 날 때 날실 가닥을 꿰어서 베의 새를 정하고, 베틀을 놓을 때 여기에 바디집을 물려 씨실을 짠다. 바디의 새는 세로대에다 칼로 7새면 'ⅢⅠⅢ'로, 8새면 '八'자로, 10새면 '十'자 따위의 기호를 새겨서 표시했다. 《바두》 ☞ 마굼대. 바대집. 바대집비내. 베날기. 새.

바대기 图 바닥. ¶이 바대기서는 모모 카머 모리는 사람이 없다. ▶ 이 바닥에서는 누구누구 하면 모르는 사람이 없다./이 바대기는 쫍아서 누가 똥마 뀌도 소문이 대분에 퍼진다. ▶ 이 바닥은 좁아서 누가 똥만 뀌어도 소문이 대번에 퍼진다.

바'대집 图 바디집. 바디를 끼우는 테. 홈이 있는 두 짝의 나무에 바디를 끼우고 양편 마구리에 바디집비녀를 꽂아서 고정시킨다. ¶딸깍딸깍 바대집은 우리나라 금자임이 장구바닥 뜨는소리. ▶ 딸깍딸깍 바대집은 우리나라 금상님이 장기 바둑 두는소리./북바대집 치는소리 화늘에다 한가운데 배락치는 지생이네. ▶ 북바디집 치는소리 하늘에다 한가운데 벼락치는 지상이네./바대집 치는양은 우리

바'대집비내

나라 신선임이 장구바당 뜨는덧다. ▶ 바디집 치는양은 우리나라 신선님이 장기 바둑 두는듯다./바대집 치는소리 백오산 깊은골에 벽력으로 우린듯고. ▶ 바디집 치는소리 백오산 깊은골에 벽력으로 울리는듯고.〈베틀노래에서〉☞ 베틀. 바대. 바대집비내.

바'대집비내 몡 바디집비녀. 바디집에다 바디를 고정시키는 쇠나 나무꼬챙이. ☞ 바대. 바대집.

바두':다 동 다잡다. 열성(熱誠)을 내다.【바다▶다잡아/바두이▶다잡으니】¶애비매로 농사나 짓고 앤 살라 카머 공부를 더 **바두지** 안코서는 앤 댄다. ▶ 애비처럼 농사나 짓고 살지 않으려면 공부를 더 다잡지 않고는 안 된다./일을 더 바다 하지 안으머 해 안에 몬 끝낸다. ▶ 일을 더 다잡아 하지 않으면 해 안에 끝내지 못한다.

바:라카이 깜 거봐. 그것 보라니까. ¶그거 **바라카이**, 사람 속은 앤 젂어 보고는 모린다 앤 카드나? ▶ 거봐, 사람 속은 안 겪어 보고는 모른다 하지 않더냐?/**바라카이**, 내가 우산을 들고 오자 앤 카드나? ▶ 그것 보라니까, 내가 우산을 들고 오자 안 하더냐?

바락'고있다 동 기다리다. '바라고 있다'의 뜻. ¶맻 연을 **바락고있어도** 소식이 없는 사람을 언제꺼정 이라고 있을 수도 없고 하이 방상한 사람을 찾어서 보내자. ▶ 몇 년을 기다려도 소식이 없는 사람을 언제까지 이러고 있을 수도 없고 하니 적당한 사람을 찾아서 보내자. ☞ 지두리다.

바람디~이 몡 바람둥이. ¶**바람디이** 바람디이 그캐도 인날 바람디이지, 그 사람 인자 딴 사람이 댔다. ▶ 바람둥이 바람둥이 그래도 옛날 바람둥이지, 그 사람 이제 딴 사람이 되었다.

바람모'지 몡 바람받이. ¶똥 뀐 연 **바람모지에** 서고 내미나는 연 문 앞에 안꼬. ▶ 똥 뀐 년 **바람받이에** 서고 냄새나는 년 문 앞에 앉고. ※방귀를 뀌거나 냄새를 피우는 사람을 윗목으로 밀어내면서 부르는 동요.

바래':다 동 바라다. ¶하머하머 좋은 시상이 오까꼬 **바래고** 있다가 주름살마 늘었다. ▶ 이제나저제나 좋은 세상이 올까 하고 **바라고** 있다가 주름살만 늘었다./바래는 기이 만으머 낙망도 만타. ▶ 바라는 것이 많으면 실망도 많다.

바래':다주다 동 전송(餞送)하다. ¶손임을 **바래다주로** 정기장아 갔다가 인자 오는 질이다. ▶ 손님을 전송하러 정거장에 갔다가 이제 오는 길이다./빼수 정기장꺼정 **바래다주머** 좋을다마는 내가 바뻐서 고마 여기서 히시더. ▶ 버스 정류소까지 **전송했으면** 좋겠다만 내가 바빠서 그만 여기서 헤어집시다.

바루¹:다 동 바루다. 【바라 ▶ 바뤄/바루이 ▶ 바루니】¶소발이 찌불어진 거를 **바라 바라**. ▶ 소바리가 기울어진 것을 **바뤄** 봐라./그거 바라. 이래 **바루이** 쪽바리 서는 거를. ▶ 그것 보아라. 이렇게 **바루니** 똑바로 서는 것을.

바리1 부 바로. 곧장. ¶심이 들디라도 사람은 **바리** 살어야 한다. ▶ 힘이 들더라도 사람은 **바로** 살아야 한다./잘몬댄 거는 미루지 마고 **바리** 곤처라. ▶ 잘못된 것은 미루지 말고 **곧장** 고쳐라.

바리2 명의 마리. ¶새복에 우리 집 개가 강새이를 시 **바리**를 나왔다. ▶ 새벽에 우리 집 개가 강아지를 세 **마리**를 낳았다./손임을 대접할라카머 달을 시 **바리**는 잡어야 할 끼이다. ▶ 손님을 대접하려면 닭을 세 마리는 잡아야 할 게다.

-바리3 접 일부 어간에 붙어 그릇 따위를 나타내는 접미사. '발우(鉢盂)', 즉 '바리때'에서 유래. 【사바리 ▶ 사발/종바리 ▶ 종지/추바리 ▶ 주발】.

바리¹다1 형 바르다(直). 【발러 ▶ 발라/바리이 ▶ 바르니】¶내가 암만 **바리게** 살어 볼라 캐도 시상이 나를 가마이 앤 나둔다. ▶ 내가 아무리 **바르게** 살아 보려 해도 세상이 나를 가만히 놓아두지 않는다./그 사람은 맴이 **발러서** 죽어도 거짓말을 몬한다. ▶ 그 사람은 마음이 **발라서** 죽어도 거짓말을 못한다.

바리다2 동 바르다(塗). 【발러 ▶ 발라/바리이 ▶ 바르니】¶이 사람아, 입에 춤이나 **바리고** 말해라. ▶ 이 사람아, 입에 침이나 **바르고** 말해라./문종오 사다가 문을 새로 **발러야** 한다. ▶ 문종이 사다가 문을 새로 **발라야** 한다.

바뿌¹다 형 바쁘다. 【바빠 ▶ 바빠/바뿌이 ▶ 바쁘니】¶**바뿐** 사람을 뿔잡고 와 이라노? ▶ **바쁜** 사람을 붙잡고 왜 이러나?/사람 **바빠** 죽겠는 거를 모리고 옆에서 딴소리마 한다. ▶ 사람 **바빠** 죽겠는 것을 모르고 옆에서 딴소리만 한다./내 일이 원창가 **바뿌이** 다린 데로 고개를 돌릴 여가가 없다. ▶ 내 일이 워낙 **바쁘니** 다른 데로 고개를 돌릴 여가가 없다.

바뿌¹재 명 보자기. ¶느가부지 밥상에 파리 달러드는 데 **바뿌재로** 덮어나라. ▶ 네 아버지 밥상에 파리 덤비는 데 **보자기로** 덮어놓아라. ☞ 보재기.

바:소구리 명 발채. 싸리로 엮은 부채꼴의 그릇으로, 지게에 얹어 볏단이나 보릿단 등을 옮길 때 사용한다. ¶밭에 감자 캐 논 거를 **바소구리** 채래서 저 들루자. ▶ 밭에 감자 캐 놓은 것을 **발채** 차려서 저 들이자./매칠 전에 싸리 쩌다 논 거로 **바소구리** 하나 맸다. ▶ 며칠 전에 싸리 쩌다 놓은 것으로 발채 하나 맸다. ※ 싸리나무나 대나무로 소쿠리 따위를 만드는 것을 '**맨다**'고 하고, 베, 멍석,

바~아

둥구미, 가마니 따위는 '짠다'고 하고, 쌈장(소등 덥개), 섬, 이엉 따위를 짚을 대서 만드는 것을 '엮는다'고 하고, 짚신 따위는 '삼는다'고 한다.

바~아 몡 방아. 사람은 처음 곡식의 낱알 하나하나를 이빨로 까먹다가, 더 많은 곡식의 알맹이를 넓적한 돌에 얹어 놓고 다른 돌멩이로 비벼서 까는 원시적인 수단에서 출발하여, 돌을 회전시켜 까는 맷돌과 공이로 찧는 절구로 발달하고, 그 다음은 발로 밟는 디딜방아나 손으로 돌리는 통나무 매통으로 찧게 되었다. 그 다음은 마소의 힘을 이용하는 연자매나 물의 힘을 이용하는 물방아를 공동으로 차려 놓고 이용하게 됨에 따라 사람의 힘을 덜게 되었다. 그러다가 마침내 발동기(엔진)와 정미기가 발명되고부터 방앗간(精米所)이 생기고, 소형의 발동기와 정미기, 풍구 따위를 수레에다 싣고 현장으로 옮겨 다니며 곡식을 찧는 '방아쟁이'라는 직업도 생겼다. ¶이내몸 **바아**대고 주장군이 고가대어, 각시님네 보지호박 밤낮으로 찍었으며, 다린물은 아니쳐도 보리바아 절로찍지. ▶ 이내몸 **방아**되고 주장군이 공이되어, 각시님네 보지확을 밤낮으로 찧었으면, 다른물은 아니쳐도 보리방아 절로찧지. 〈디딜방아연구 김광원〉 ※ 보리는 찧을 때 물을 쳐서 찧는다. ☞ 디딜바아. 목매. 물바아. 석매바아.

바~아가'리 몡 방아다리. 디딜방아의 밟는 부분. 몸체의 끝에 Y자 모양으로 갈라진 끝을 한 사람이나 두 사람이 발로 밟아서 방아를 찧는다. 《갈램이. 가랑이. 방아가래》 ☞ 디딜바아.

바~아깐 몡 방앗간. ¶참새가 어얘 **바아깐** 지내칠까 캤는데, 자네, 묵는 자리는 용케도 알고 오네. ▶ 참새가 어떻게 **방앗간** 지나칠까 했는데, 자네, 먹는 자리는 용케 알고 오네.

바~아탕'개 몡 디딜방아의 괴밑대. 방아확에서 곡식을 꺼낼 때 공이를 들어 버티는 짧은 막대기. 또는 방아다리와 방앗간 처마 사이를 괴어 공이를 들어 버티는 긴 막대기. 《빗대. 곰대. 방아고음》 ☞ 디딜바아.

바:지게 몡 발채를 차린 지게. ¶꼴이라도 한 **바지게** 해 와야 밥갑을 하지. ▶ 꼴이라도 한 **지게** 해 와야 밥값을 하지. ☞ 바지기.

바:지기 몡 발채를 차린 지게. ☞ 바지게.

바채:다 동 밭이다. 【바채 ▶ 밭여/바채이 ▶ 밭이니】¶여자가 저래 **바채머** 남자가 고상한다. ▶ 여자가 저렇게 **밭이면** 남자가 고생한다.

바'치다 동 밭이다. 술이나 잿물 따위를 거르다. '밭다1'의 사동. 【바처 ▶ 밭여/바치이 ▶ 밭이니】¶체로 탁주를 **바친다**. ▶ 체로 탁주를 **밭인다**./짚불을 때서 재물 바처서 세답을 삼는다. ▶ 짚불을 때서 재물 밭여서 빨래를 삶는다. ☞ 바투다.

바'탕 몡 씨아의 바탕. 씨아기둥을 지탱하는 바탕목. 널판이 세로로 붙어있다. ☞ 쐐기.

바투:다 동 밭이다. 술이나 잿물 따위를 거르다. '밭다1'의 사동. 【바타 ▶ 밭여/바투이 ▶ 밭이니】¶체로 바타 낸 막걸리에 물을 쪼매 타서 마시자. ▶ 체로 밭여 낸 막걸리에 물을 조금 타서 마시자. ☞ 바치다.

바팅'개 몡 버팀목. ¶소갑빼까리 찌불어지는 데를 바팅게로 공가야겠다. ▶ 솔가리 기울어지는 데를 버팀목으로 괴어야겠다.

박산 몡 튀밥. ¶엿콩 맨들구로 쌀 한 대를 들고 박산 티기는 데로 가서 티개 온느라. ▶ 강정 만들게 쌀 한 되를 들고 튀밥 튀기는 데로 가서 튀겨 오너라. ☞ 티밥.

반다'시 閉 바드시. ¶넘으 은공을 입으며 반다시 갚을 줄 알어야 한다. ▶ 남의 은혜를 입으면 반드시 갚을 줄 알아야 한다.

반대 몡 반두. 반두는 얕은 개울에서 물고기를 잡는 도구로, 직사각형의 그물에 두 개의 기다란 자루를 달았고, 그물 언저리에 납추를 촘촘히 달아 그물이 땅바닥에 깔리게 했다. ¶반대 떨어진 거 꺼러매서 거랑아 괴기 잡으로 가자. ▶ 반두 터진 것 꿰매서 개울에 물고기 잡으러 가자.

반동가'리처매 몡 반 토막 치마. '미니스커트'의 속된말. ¶아이고 남사시럽구로, 그 반동가리처맨가 먼가 그거를 걸치고 어디로 나댕길라 카노? ▶ 아이고 창피스럽게, 그 반 토막 치만가 뭔가 그것을 걸치고 어디로 나다니려 하나? ☞ 몽땅처매.

반두:다 동 바루다. 바르게 고치다. 【반다 ▶ 바루어/반두이 ▶ 바루니】¶찌불어진 짚빼까리는 반두머 대지마는 사람 찌불어진 거는 아무나 몬 곤친다. ▶ 기울어진 짚가리는 바루면 되지만 사람 기울어진 것은 아무나 못 고친다./새마을 사업하는 데서 꾸뿌러진 질을 잘 반다 노이 댕기기가 팬타. ▶ 새마을 사업하는 데서 구부러진 길을 잘 바루어 놓으니 다니기가 편하다. ☞ 반들구다.

반득'다 혱 반듯하다. '반득하다'의 준말. ¶그 색시는 이목구비가 반득은데다 행실도 반득다. ▶ 그 색시는 이목구비가 반듯한데다 행실도 반듯하다. ☞ 빤뜻하다.

반득:하다 혱 반듯하다. ☞ 반득다.

반들구:다

반들구:다 동 바루다. 바르게 고치다.【반들가▶바뤄/반들구이▶바루니】¶줄을 **반들굴라** 카머 올케 **반들가야지** 이게 머고?▶줄을 **바루려면** 옳게 **바뤄야지** 이게 뭐냐?/맴을 **반들가야** 일하는 거도 반듯지.▶마음을 **바뤄야** 일하는 것도 반듯하지. ☞ 반두다.

반생기 명 반상기(飯床器). 격식을 갖추어 밥상 하나를 차리도록 만든 한 벌의 그릇. 사기나 놋쇠 그릇으로, 주발, 대접, 쟁반, 탕기, 조칫보, 보시기, 종지 따위를 기본으로 하고 쟁첩의 수에 따라 3첩, 5첩, 7첩, 9첩 등으로 구별하고, 대접과 쟁반 외에는 모두 뚜껑이 있다. 〈표준국어대사전〉.

반여 명 방. 윷판의 한가운데에 있는 밭. ☞ 윷판.

반지당시'기 명 바느질고리. 바늘, 실, 가위, 골무 따위의 바느질 도구를 담는 그릇으로, 주로 고리나 대오리 혹은 왕골로 엮어 만든다. ☞ 당시기.

반:튼 명 절반(折半). 반절(半切). ¶니 혼차서 다 묵지 마고 니 동상 묵을 꺼로 **반튼**은 낭가 나라.▶너 혼자서 다 먹지 말고 네 동생 먹을 것으로 **절반**은 남겨 놓아라./니는 손이 재발라서 다린 사람이 하는 **반튼** 시간이머 넉근하게 해낼 수 있다.▶너는 손이 재발라서 다른 사람이 하는 **절반** 시간이면 넉넉하게 해 낼 수 있다.

반티:이 명 함지. ¶그 아지매는 인날에 **반티이**에다 이거저거를 담아서 이고 댕기매 밤물장사를 했는데, 어느 역에 돈을 벌어서 장태에다 도매점을 벌래 놓고 있다.▶그 아주머니는 옛날에 **함지**에다 이것저것을 담아서 이고 다니며 방물장수를 했는데, 어느 새 돈을 벌어서 장터에다 도매점을 벌려 놓고 있다.

반티'이장:사 명 함지장수. 함지에다 일용품이나 생선 따위를 담아 이고 다니면서 파는 행상. ☞ 함지장사.

반:피이 명 반편이(半偏). 바보. ¶전분에도 넘한테 속어서 고랑태를 묵었는데 **반피이** 긑치 또 속었구나.▶전번에도 남한테 속아서 골탕을 먹었는데 **반편이** 같이 또 속았구나. ☞ 등시이. 축구.

받'다1 동 사다. 받다.【받어▶사/받으이▶사니】¶장태 가서 살 도 말 **받어** 들라라.▶장터에 가서 쌀 두엇 말 사 들여라./술도가에 가서 탁주 한 말을 받어 온나.▶술도가에 가서 탁주 한 말을 사 오너라.

받'다2 동 받다. 부딪치다.【받어▶받아/받으이▶받으니】¶아무 때나 예 예 카지 마고 갱우에 틀리머 **받어** 뿌러라.▶아무 때나 예 예 하지 말고 경우에 틀리면 **받아** 버려라./죄나 은공이나 준만침 **받는다**.▶죄나 은공이나 준만큼 **받는다**.

받채:다 동 받히다. 부딪히다. '받다2'의 피동. 【바채▶받혀/바채이▶받히니】¶사람이 모가 나머 이리 **받채**고 저리 **받챈**다. ▶사람이 모가 나면 이리 받히고 저리 받힌다./문을 여다가 이매를 **받챘**다. ▶문을 열다가 이마를 받혔다(부딪쳤다). ☞ 받치다.

받치:다 동 받히다. 부딪히다. '받다2'의 피동. 【받채▶받혀/바치이▶받히니】¶일하는데 **받채**서 앤 대겠다, 이거 저리 치와라. ▶일하는데 받혀서 안 되겠다, 이것 저리 치워라./황소 뿔에 **받채**서 허리를 다쳤다. ▶황소 뿔에 받혀서 허리를 다쳤다. ☞ 받채다.

받침나무 명 씨아의 가락받침대. 가락 아래로 나란히 고정된 나무. ☞ 쐐기.

발:1 명 물고기를 잡는 발. 싸리나무나 대나무로 엮은 직사각형의 발로, 주로 물이 떨어져 흐르는 데다 놓아서 물고기를 잡는다. ☞ 통발.

발2 명의 바리. 마소의 등에 잔뜩 실은 짐을 세는 단위. ¶저임아래 소깝 한 **발**을 하고 나이 맥이 풀랜다. ▶점심아래(오전)에 솔가리 한 바리를 하고 나니 맥이 풀린다./그 집 사돈 쪽이 얼매나 부잔지 혼수가 몇 **발**이나 실래 왔다. ▶그 집 사돈 쪽이 얼마나 부자인지 혼수가 몇 바리나 실려 왔다. ☞ 소발.

발가리단 명 한 아름정도로 묶은 볏단.

발:끈 뷔 바로. 말짱. ¶올치, 니 말이 **발끈** 맞었다. ▶옳지, 네 말이 바로 맞았다./그 사람이 하는 말은 **발끈** 거지말이다. ▶그 사람이 하는 말은 말짱 거짓말이다.

발디:꿈치 명 발뒤꿈치. 발뒤축. ☞ 발디축. 발디치거리. 발디치기.

발디:축 명 발뒤꿈치. 발뒤축. ☞ 발디꿈치. 발디치거리. 발디치기.

발디:치거리 명 발뒤꿈치. 발뒤축. ☞ 발디꿈치. 발디축. 발디치기.

발디:치기 명 발뒤꿈치. 발뒤축. ☞ 발디꿈치. 발디축. 발디치거리.

발:따1 동 밟다. 【발버▶밟아/발부이▶밟으니】¶메주콩을 찍어서 메주를 **발벘**다. ▶메주콩을 찧어서 메주를 밟았다./세답을 손질해서 **발버** 널어라. ▶빨래를 손질해서 밟아 널어라./사람을 업수이보고 **발부머** 다부 틴다. ▶사람을 깔보고 밟으면 도리어 튄다.

발'따2 동 바르다. 【발거▶발라/발그이▶바르니】¶그 괴기는 까시를 잘 **발거** 내고 묵어야 한다. ▶그 생선은 가시를 잘 발라 내고 먹어야 한다./빼가치를 다 **발그이** 살은 얼매 앤 대네. ▶뼈를 다 바르니 살은 얼마 안 되네.

발'따3 형 밝다. 【발거▶밝아/발그이▶밝으니】¶호롱불을 시다가 전기불이 들어오이 이래 **발거**서 좋으네. ▶호롱불을 켜다가 전깃불이 들어오니 이렇게 밝

발띠~이

아서 좋으네./가는 도시로 시집가서 수돗물 마시고 대잦 긑치 **발근** 전기불 밑에 살고 하이 좋겠다. ▶ 걔는 도시로 시집가서 수돗물 마시고 대낮 같이 밝은 전깃불 밑에 살고 하니 좋겠다.

발띠~이 몡 발등. ¶**발띠이**에 불이 떨어져야 정신을 채릴라 카나? ▶ **발등**에 불이 떨어져야 정신을 차리려나?/지 도치로 지 **발띠이**를 찍는 꼬라지다. ▶ 제 도끼로 제 **발등**을 찍는 꼴이다.

발매가'지 몡 발모가지. '발목'의 낮춤말. ¶**발매가지**가 성할라카머 나돌어 댕기지 마고 집에 처박해 있그라. ▶ **발모가지**가 온전하려면 나돌아 다니지 말고 집에 처박혀 있어라. ☞ 발목당가지.

발목거'리 몡 발목 걸이. 바닥이 닳아서 목 부분만 너덜하게 남은 버선이나 양말짝. 일꾼들이 짚신을 신을 때 발을 감싼다.

발목당가지 몡 발모가지. '발목'의 낮춤말. ☞ 발매가지.

발바'리 閈 바리바리. 여러 바리. ¶추곡 수매하는 날이머 곡석을 **발바리** 실고 가서 창고에 처재고 한머러는 도락구에 실어서 읍내 창고로 보낸다. ▶ 추곡 수매하는 날이면 곡식을 **바리바리** 싣고 가서 창고에 처쟁이고 한편으로는 트럭에 실어서 읍내 창고로 보낸다.

발자죽 몡 발자국. ¶눈밭에 놀개이 **발자죽**이 빈다. ▶ 눈밭에 노루 **발자국**이 보인다./양쪽에서 서리 한 **발자죽**도 앤 물러서고 뻐대고 있다. ▶ 양쪽에서 서로 한 **발자국**도 안 물러서고 버티고 있다.

발질 몡 발길. ¶당나구 옆에 가지 마라 **발질**에 챌라. ▶ 당나귀 옆에 가지 마라 발길에 차일라. ※정(鄭) 씨 성을 가진 사람을 놀리는 말./그 사람은 여기 한분 댕개간 이후로 한 삼연 동안 **발질**이 끈어졌다. ▶ 그 사람은 여기 한번 다녀간 이후로 한 삼년 동안 발길이 끊어졌다.

발치거리 몡 발치. ¶공부를 그래 해 가주고는 넘으 **발치거리**에도 몬 따러가겠다. ▶ 공부를 그렇게 해 가지고 남의 발치에도 못 따라가겠다.

발키다 동 밝히다. 【발캐 ▶ 밝혀/발키이 ▶ 밝히니】¶여자를 너무 **발키다**가 오신맹하기 숩다. ▶ 여자를 너무 밝히다가 오신명(誤信命)하기 쉽다./불부리 다 **발킬**라 카머 한도 없고 끝도 없다. ▶ 일일이 다 밝히려 하면 한도 없고 끝도 없다./그 죄상을 하나도 낭구지 마고 **발캐서** 만인에게 갱계쿠로 해라. ▶ 그 죄상을 하나도 남기지 말고 밝혀서 만인에게 경계케 하라.

발통 몡 바퀴. 발동기 회전축의 양쪽에 달린 무거운 쇠바퀴. ¶겨실에 바아재이

밤새: 드록

가 마실로 들어오머 **발통** 돌어가는 소리가 요란했다. ▶ 겨울에 방아쟁이가 마을로 들어오면 **발동기** 돌아가는 소리가 요란했다. ☞ 동테바꾸. 동테. 바꾸.

발톱¹ 몡 발톱. ¶그 사람은 만주 가서 춥이에 얼매나 고상을 했는지 **발톱**이 다 얼어 빠저서 왔단다. ▶ 그 사람은 만주(滿洲) 가서 추위에 얼마나 고생을 했는지 **발톱**이 다 얼어 빠져서 왔단다. ☞ 발톨.

발톨¹ 몡 발톱. ¶암만 친척이라도 우리가 잘 살 때뿌이지, 몬 살어 바라, **발톨**에 때만도 애 이기지. ▶ 아무리 친척이라도 우리가 잘 살 때뿐이지, 못 살아 보아라, **발톨**에 때만큼도 안 여기지./당시기 안에 가시게 찾어서 **발톨** 깎어라. ▶ 반지고리 안에 가위 찾아서 **발톨**을 깎아라. ☞ 발톱.

발판 몡 우차의 사장. 우차의 뼈대 바닥에 마룻장처럼 세로로 깐 널판. 보통 6장 정도의 널판을 깔았다. ☞ 우차.

발패¹: 다 동 밟히다. '발따¹'의 피동. 【발패 ▶ 밟혀/발패이 ▶ 밟히니】 ¶장판에 사람이 얼매나 만튼지 **발패** 죽겠드라. ▶ 장판에 사람이 얼마나 많던지 **밟혀** 죽겠더라. ☞ 발피다.

발피¹: 다 동 밟히다. '발따¹'의 피동. 【발패 ▶ 밟혀/발피이 ▶ 밟히니】 ☞ 발패다.

밤:물 몡 반물. 일반적으로 검정색을 띤 물감을 말함. ¶촌 아낙들은 때가 타지 마라꼬 미영처매에 **밤물**을 디래 입는다. ▶ 촌 아낙들은 때가 타지 말라고 무명 치마에 **검정 물**을 들여 입는다. ※농촌 여인의 평상 의복은 보통 흰 저고리에 검정치마 차림이다. 5일장이 서면 장터 한 구석에 가마솥을 걸어 놓고 검정물감을 들여 주는 밤물장이도 있었다.

밤:물장사 몡 방물장수. ¶**밤물장사**가 마실에 들어오머 옷빈침하고 얼개빗하고 치분하고 맻 가지를 살 끼이 있다. ▶ **방물장수**가 마을에 들어오면 옷핀하고 얼레빗하고 치마분하고 몇 가지를 살 것이 있다. ※방물장수가 갖고 다니는 물품은 주로 바늘, 실, 가위, 단추, 핀, 머리핀, 빗, 염료, 분, 연지, 크림, 비누, 치분(齒紛), 고무줄, 사카린, 알사탕 따위이다. 거래는 보통 곡식이나 다리 따위로 하는 경우가 많다.

밤:물처매 몡 반물치마. 검정치마. ¶내리 아칙에 달비질 하구로 **밤물처매** 풀 묵애 논 거를 손질해서 따딤이질 해 나라. ▶ 내일 아침에 다리미질 하게 **반물치마** 풀 먹여 놓은 것을 손질해서 다듬이질 해 놓아라.

밤새:드록 円 밤새껏. ¶**밤새드록** 잠을 자고도 또 잠이 오나? ▶ **밤새껏** 잠을 자고도 또 잠이 오나? ☞ 밤새들.

밤새:들

밤새:들 튄 밤새껏. '밤새드록'의 준말. ¶아이고 저저, **밤새들** 어디서 머를 했길래 코꾸무를 시커머이 해가 들어왔노? ▶ 아이고 저것, **밤새껏** 어디서 무얼 했기에 콧구멍을 시커멓게 해가지고 들어왔나? ※ 밤새 놀음을 했는지, 호롱불 그을음에 그슬린 코를 보고 하는 말.

밤시~이 뗑 밤송이. ¶**밤시이**가 주렁주렁 마이도 열랬네. ▶ **밤송이**가 주렁주렁 많이도 열렸네./그거 머, 머시기로 **밤시이**를 까라 카머 까야지 머가 말이 만노? ▶ 그것 뭐, 거시기로 **밤송이**를 까라 하면 까야지 머가 말이 많으냐?

밤중이다 관 먹통이다. 캄캄한 상태다. 물정에 어둡거나 소식이 끊긴 것을 비유하여 하는 말. ¶그거도 아이 모리는 거를 보이 저 사람이 아이 **밤중이다**. ▶ 그것도 아직 모르는 것을 보니 저 사람이 아직 **먹통이다**.

밤질 뗑 밤길. ¶컴컴한 **밤질**을 혼차 가다가 깜짝깜짝 불이 비치는 데를 보고 들어가이 소복을 입은 여자가 호롱불 밑에서 바늘질을 하고 있는 거 아이가. ▶ 컴컴한 **밤길**을 혼자 가다가 깜박깜박 불이 비치는 데를 보고 들어가니 소복을 입은 여자가 호롱불 밑에서 바느질을 하고 있는 것 아닌가.

밥국 뗑 김치국밥. 밥국은 식은 밥에다 김치를 넣어서 간단하게 끓이지만, 멸치나 고등어 따위의 생선의 살을 발라 넣어 끓이기도 한다. ¶밸반 묵을 찬이 없는데 저임은 **밥국**이나 끼래서 때우자. ▶ 별반 먹을 반찬이 없는데 점심은 **김치국밥**이나 끓여서 때우자.

밥따까리 뗑 밥그릇 뚜껑. ☞ 밥뜨비이. 뚜꾸바리. 뜨비이. 뜨애. 띠비이.

밥뜨거리 뗑 밥알. ¶뽈때기에 붙은 **밥뜨거리**는 저녁에 묵을라 카나? ▶ 뺨따귀에 붙은 **밥알**은 저녁에 먹으려고 하나? ※ 입 언저리에 밥알을 붙이고 다니는 것을 보고 놀리는 말. ☞ 밥띠기. 밥풀1. 밥풀띠기.

밥뜨비~이 뗑 밥그릇뚜껑. ¶느가부지 밥 식을라, **밥뜨비이** 덮어서 이불 밑에 묻어 나라. ▶ 너의 아버지 밥 식을라, **밥그릇뚜껑** 덮어서 이불 밑에 묻어 놓아라. ☞ 밥따까리. 뚜꾸바리. 뜨비이. 뜨애. 띠비이.

밥띠'기 뗑 밥알. ¶밥주개로 왼짝 뽈때기 맞고 붙은 **밥띠기** 띠 묵고 오른짝 뽈때기도 니민다. ▶ 밥주걱으로 왼쪽 볼때기 맞고 붙은 **밥알** 떼어 먹고 오른쪽 볼때기도 내민다. ※ 뺨을 맞아도 밥주걱으로 맞으면 남는 것이 있다는 말. ☞ 밥뜨거리. 밥풀1. 밥풀띠기.

밥숭'영 뗑 숭늉. ¶입맛이 떨어저서 **밥숭영**에 밥 한 수까락 나 묵고 왔다. ▶ 입맛이 떨어져서 **숭늉**에 밥 한 숟가락 놓아(말아) 먹고 왔다. ☞ 숭영.

밥자'리 몡 일자리. '밥벌이 자리'의 준말. ¶요새는 밥자리 하나 얻을라 캐도 숨지가 안타. ▶ 요새는 일자리 하나 얻으려 해도 쉽지가 않다.

밥주개 몡 밥주걱. ¶밥주개가 오줄없이 수굼포질꺼정 할라 칸다. ▶ 밥주걱이 주책없이 삽질까지 하려 한다. ※주제넘은 짓을 한다는 말./뽈때기를 맞아도 밥주개로 맞으머 남는 기이라도 있지 ▶ 뺨을 맞아도 밥주걱으로 맞으면 남는 것이라도 있지.

밥풀1 몡 밥알. ¶밥풀 하나도 앤 붙처 놓고 다 끌거묵었다. ▶ 밥알 하나도 안 붙여 놓고 다 긁어먹었다./밥풀 하나라도 내뿌머 조상이 니러다본다. ▶ 밥알 하나라도 내버리면 조상이 내려다본다. ☞ 밥뜨거리. 밥띠기. 밥풀띠기.

밥풀2 몡 밥을 으깨어 만든 풀. ¶가리 맨들기가 구찮어서 밥풀을 맨들어서 치매에 풀을 묵앴디이 티가 만타. ▶ 가루 만들기가 귀찮아서 밥풀을 만들어서 치마에 풀을 먹었더니 티가 많다.

밥풀띠'기 몡 밥알. '위관(尉官) 장교(將校) 계급장의 직사각형의 표지'의 속된말. 지금의 다이아몬드 표지와 동일함. ¶밥풀띠기 하나도 농사꾼들 땀이 앤 밴 기이 어디 있노? ▶ 밥알 하나도 농사꾼들 땀이 안 배인 것이 아디 있냐?/딧집 아들은 군대에 가서 밥풀띠기 시 개를 달었드라. ▶ 뒷집 아들은 군대에 가서 대위 계급장을 달았더라. ☞ 밥뜨거리. 밥띠기. 밥풀1.

밧지 몡 날윷. 윷판의 끝에서 첫째 자리. 날밭의 넷째 밭. ☞ 윷판.

방가위'지(方可謂之) 閉 모름지기. 마땅히. ¶사람이란 방가위지 이리가 있어야 한다. ▶ 사람이란 모름지기 의리가 있어야 한다./방가위지 사람이란 덕이 있어야 하느이라. ▶ 마땅히 사람이란 덕이 있어야 하느니라.

방갑다 동 반갑다. 【방갑어 ▶ 반가워/방갑으이 ▶ 반가우니/방갑은 ▶ 반가운】 ¶우리가 처음 호인했을 때는 오래만에 만나도 어런들 앞이라 방갑은 얼골 한분 몬 비추고 거저 "왔닝기요?" 한 분 하는 거 뿌이지. ▶ 우리가 처음 혼인했을 때는 오랜만에 만나도 어른들 앞이라 반가운 표정 한번 못 비추고 그저 "왔어요?" 한 번 하는 것 뿐이지./방가분 사람이 오머 잡어 줄라꼬 씨암달을 키우나? ▶ 반가운 사람이 오면 잡아 주려고 씨암탉을 키우나?

방구1 몡 바위. ¶커단한 방구가 뚜굴뚜굴 구불어 니러오는데 잘몬했으머 칭개 죽을 뿐했다. ▶ 커다란 바위가 떼굴떼굴 굴러 내려오는데 잘못했으면 치어 죽을 뻔했다.

방:구2 몡 방귀. 방언에서는 원래 '방구를 뀌다'라고 하지 않고 '똥을 뀌다'로

방구래기

말한다. ¶방구 뀐 눔이 성낸다. ▶ 똥 뀐 놈이 성낸다.

방구래기 몡 명주가락. 돌겻에서 내려서 감은 실의 뭉치. ☞ 명주길쌈. 꼬치풀기. 방구리.

방구'리 몡 실을 감아 놓은 뭉치. '실빵구리'의 준말. ☞ 방구래기.

방구'물레 몡 육각물레. 굴통의 양쪽 끝을 축으로 하여 여섯 개의 살을 방사상으로 박고 살의 끝 부분에 거미줄처럼 줄을 팽팽하게 연결하여 물렛줄을 걸게 했다. ☞ 방구통물레.

방구적 몡 방구석. '방안'의 낮춤말. ¶다른 아들은 밖에서 노는데 니는 방구적에 트러박해 책마 보네. ▶ 다른 애들은 밖에서 노는데 너는 방구석에 틀어박혀 책만 보네.

방구'통물레 몡 육각물레(六角--). ☞ 방구물레.

방까이 몡 만회. 회복(回復). 日 'ばんかい(挽回)'. ¶장연에 노름해서 일가뿌린 거를 방까이할라카마 아이 멀었다. ▶ 작년에 노름해서 잃어버린 것을 만회하려면 아직 멀었다./금연에 앤 대머 맹연에 방까이하머 대지. ▶ 금년에 안 되면 명년에 회복하면 되지.

방:깐 몡 방앗간. '바아깐'의 준말. ¶방깐에서 곡을 해도 그 집에 문상한 거지. ▶ 방앗간에서 곡을 해도 그 집에 문상(問喪)한 것이지.

방낮 몡 대낮. ¶방낮에 내가 토재비한테 홀랬나 와 이래 정신없는 짓을 했노? ▶ 대낮에 내가 도깨비한테 홀렸나 왜 이렇게 정신없는 짓을 했나?/방낮에는 머를 하고 밤중에 일한다꼬 야단이고? ▶ 대낮에는 뭘 하고 밤중에 일한다고 야단인가?

방매~이찜질 몡 방망이찜질. ¶지집 질디리는 데는 머이 머이 캐도 방매이찜질 우에 더 없다. ▶ 계집 길들이는 데는 뭐니 뭐니 해도 방망이찜질 위에 더 없다.

방'법 몡 방법(方法). ¶이 문제를 해갤할 빼쪽한 방법이 없다. ▶ 이 문제를 해결할 뾰쪽한 방법이 없다.

방상:하다 혱 적당(適當)하다. 웬만하다. 근사(近似)하다. ¶서리 더 가고 덜 간 거 없이 방상하게 댔다. ▶ 서로 더 가고 덜 간 것 없이 적당하게 되었다. ☞ 앵간하다. 엉간하다.

방수겨 몡 사려. 윷판에서, 방에서 날밭 쪽으로의 첫째 밭. ☞ 윷판.

방시'기 몡 방석(方席). ¶방바닥이 찹은데 방시기를 깔고 안즈시이소. ▶ 방바닥이 차가운데 방석을 깔고 앉으십시오.

방우: 명 방위(方位). ¶방우 보고 똥 눈다 카드시, 인날 사람들은 미 씨는 거, 집 태 잡는 거, 장꼬방 자리 잡는 거꺼정도 **방우를** 보고, 질을 떠날 때도 재기 띠 하고 **방우가** 맞는 날을 갈랬다. ▶ 방위 보고 똥 눈다 하듯이, 옛날 사람들은 묘 쓰는 것, 집터 잡는 것, 장독대 자리 잡는 것까지도 **방위를** 보고, 길을 떠날 때 도 자기 띠(地支)하고 **방위가** 맞는 날을 골랐다.

방입 명 방립(方笠). 방갓. 상제가 외출할 때 쓰는 대오리로 엮은 관(冠).

방장 명 방장(房帳). 바깥으로부터 모기가 들어오지 못하게 방문이나 창문에 드 리우는 장(帳). 직사각형의 망사에다 가는 막대기를 달았다. 방장은 방에다 연 기를 피우거나 약을 쳐서 모기를 몰아낸 다음에 친다.

방틀 명 연자방아의 웃돌(맷돌)을 장치한 나무틀. ☞ 석매바아.

밭'다1 동 밭다. 술이나 잿물 따위를 거르다. 【바터 ▶ 밭아/바트이 ▶ 밭으니】¶채 반에다 재물을 **바터서** 세답을 삼는다. ▶ 채반에다 재물을 **밭아서** 빨래를 삶는 다.

밭'다2 동 뱉다. 【밭어 ▶ 뱉어/밭으이 ▶ 뱉으니】¶에이 더러분 인간, 그눔으 낯빤 대기에 춤을 탁 **밭어** 뿌리지. ▶ 에이 더러운 인간, 그놈의 낯짝에 침을 탁 **뱉어** 버리지./공돈인 줄 알고 좋다 캤는데 매칠도 앤 가서 다 **밭어** 냈다. ▶ 공돈인 줄 알고 좋다 했는데 며칠도 안 가서 다 **뱉어** 냈다.

밭'띠기1 명 밭떼기. 밭 채로 떼기. ¶뱁추 숭가 논 거를 일일이 뽑아서 팔라카이 구찬코 해서 **밭띠기로** 냉개줏다. ▶ 배추 심어 놓은 것을 일일이 뽑아서 팔려니 귀찮고 해서 **밭떼기로** 넘겨줬다.

밭'띠기2 명 밭뙈기. ¶산 밑에 **밭띠기** 띠저서 고구마를 쫌 숭가 났디이 그눔으 산대지가 니러와서 날리를 지개 났다. ▶ 산 밑에 **밭뙈기** 일구어서 고구마를 좀 심어 놓았더니 그놈의 산돼지가 내려와서 난리를 부려 놓았다.

밭치거'리 명 밭 자락. ¶아이고 디 죽겠다. **밭치거리** 나무 거렁지 밑에 가서 한 대 말고 하자. ▶ 아이고 되 죽겠다. 밭 자락 나무 그늘 밑에 가서 한 대 피우고 하자.

배기:다1 동 박히다. 【배개 ▶ 박혀/배긴 ▶ 박힌/배기이 ▶ 박히니】¶저 양반은 하 늘에 해 **배긴** 날 술 앤 마시는 날이 없다. ▶ 저 양반은 하늘에 해 **박힌** 날 술 안 마시는 날이 없다./눈이 올케 **배갰으며** 사람 분간할 줄을 알어라. ▶ 눈이 옳 게 **박혔으면** 사람 분간할 줄을 알아라.

배기다2 툉 배기다. 【배개 ▶ 배겨/배기이 ▶ 배기니】¶다린데 찾어바야 밸 자리 없다. 심이 쫌 들디이라도 거기서 배개 바라. ▶ 다른데 찾아보아야 별 자리 없다. 힘이 좀 들더라도 거기서 배겨 보아라./간밤에 잠자리가 배개서 불팬했겠다. ▶ 간밤에 잠자리가 배겨서 불편했겠다.

배꾸무 몡 배꼽. '배의 구무(구멍)'의 뜻. ¶그런 말을 누가 들으며 배꾸무가 윗을 일이다. ▶ 그런 말을 누가 들으면 배꼽이 웃을 일이다. ☞ 배꿈.

배꿈 몡 배꼽. ¶큰물이 져서 거랑물이 배꿈 아래꺼정 왔다. ▶ 홍수가 져서 개울 물이 배꼽 아래까지 왔다./배꿈 밑에 터래기가 난 지가 언젠데 아이 알라 짓을 하노? ▶ 배꼽 밑에 털이 난 지가 언제인데 아직도 애기 짓을 하나? ☞ 배꾸무.

배끼:다 툉 바뀌다. 【배깨 ▶ 바뀌어/배끼이 ▶ 바뀌니】¶물건이 배끼게 하지 마고 조심해라. ▶ 물건이 바뀌게 하지 말고 조심해라./날리가 나이 인심꺼정 배깨지드라. ▶ 난리가 나니 인심까지 바뀌어지더라./사람이 배끼이이 분이기가 배낀다. ▶ 사람이 바뀌니 분위기가 바뀐다. ☞ 바깨다.

배낕 몡 바깥. 밖이 되는 곳. 접두사처럼 쓰여 '남자' 또는 '외부'라는 뜻이 됨. 【배낕사돈 ▶ 바깥사돈/배낕양반 ▶ 바깥양반/배낕어런 ▶ 바깥어른/배낕일 ▶ 바깥일/배낕주인 ▶ 바깥주인】¶배낕에 무신 소리가 나는 거 그튼데, 정재(정지에) 도둑꼬내기가 들어와서 호작질을 하는갑다. ▶ 바깥에 무슨 소리가 나는 것 같은데, 부엌에 도둑고양이가 들어와서 장난질을 하는가 보다. ☞ 밲.

배낕'날씨 몡 바깥 날씨. ¶배낕날씨가 너무 춥다. 옷을 두껍게 입고 나가그라. ▶ 바깥 날씨가 너무 춥다. 옷을 두껍게 입고 나가거라.

배낕바람 몡 바깥바람. 바깥세상의 기운이나 흐름. ¶홍진을 하는 아들은 배낕바람이 왈개다. ▶ 홍역을 하는 애들은 바깥바람이 질색이다./저 사람이 배낕바람을 쫌 쉬고 오디이 사람이 달러졌네. ▶ 저 사람이 바깥바람을 좀 쉬고 오더니 사람이 달라졌네.

배낕사'돈 몡 바깥사돈. ¶우리 배낕어런하고 배낕사돈하고는 인날 한 서당아서 동문수학하든 새다. ▶ 우리 바깥어른하고 바깥사돈하고는 옛날 한 서당에서 동문수학(同門修學)하던 사이다.

배낕양:반 몡 바깥양반. '남편(男便)'을 높여 이르는 말. ¶우리 배낕양반은 팽상 넘한테 실분 소리 한분 할 줄 모리는 사람인데 무신 일로 순사가 찾어왔는공? ▶ 우리 바깥양반은 평생 남한테 싫은 소리 한번 할 줄 모르는 사람인데 무슨 일로 경찰관이 찾아왔는가?/우리 배낕양반이 안강 띠기 배낕양반을 한분 만나

볼라 카디더. ▶ 우리 바깥양반이 안강 댁 바깥양반을 한번 만나 보려고 합니다. ☞ 배낕주인.

배낕어:런 몡 바깥어른. '시어른(媤--)'을 이르는 말. ¶즈그 배낕어런은 오늘 군청어 소관을 보로 갔니더. ▶ 저희 바깥어른은 오늘 군청에 볼일을 보러 갔습니다. ☞ 바깥어런.

배낕'일 몡 바깥일. 남자들이 하는 일. ¶배낕일에는 본대 안사람들이 끼이드는 기이 아이다. ▶ 바깥일에는 본래 안사람들이 끼어드는 것이 아니다.

배낕'주인 몡 바깥주인(--主人). '남편(男便)'을 높여 이르는 말. ¶지는 배낕일은 잘 모르이 배낕주인이 오머 물어보이소. ▶ 저는 바깥일은 잘 모르니 바깥주인이 오면 물어보세요. ☞ 배낕양반.

배내'기소 몡 송아지를 삯으로 받기로 하고 먹이는 소 또는 그 일. 보통 24개월 동안 먹여서 송아지를 낳으면 송아지로 받고, 아니면 거기에 상당한 현금을 받는다. ☞ 배미기.

배:다1 동 배다. 곡식을 빌려주었다가 돌려받을 때 붙이는 이식(利殖)을 새끼를 배는 것에 비유하여 생긴 말. 【배▶배어/배이▶배니】 ¶그 집은 논을 소작으로 조서 곡수를 배서 들어오는 거마 해도 상당하다. ▶ 그 집은 논을 소작으로 줘서 곡수 배어서 들어오는 것만 해도 상당하다.

배:다2 동 뵈다. 웃어른을 대하여 보다. 【배▶뵈어/배이▶뵈니/배라▶뵈어라】 ¶일 연 만에 고양아 기신 어런들을 배로 니러간다. ▶ 일 년 만에 고향에 계신 어른들을 뵈러 내려간다./위할배를 매칠 전에 뱄는데 글력이 여전하시드라. ▶ 외할아버지를 며칠 전에 뵈었는데 근력이 여전하시더라./어르신을 이래 배이 얼매나 반갑닌기요. ▶ 어르신을 이렇게 뵈니 얼마나 반갑습니까./느그 처가아 가머 인근에 사는 종숙도 배라. ▶ 네 처가에 가면 인근에 사는 종숙(從叔)도 뵈어라. ☞ 배옵다. 뱁다.

배때:지 몡 배때기. '배'의 낮춤말. ¶대지 끝치 배때지에 살이 탕탕 붙어 노이 눈에 비는 기이 없는갑다. ▶ 돼지 같이 배때기에 살이 통통 붙어 놓으니 눈에 보이는 것이 없는가 보다. ☞ 배띠기. 배지.

배띠'기 몡 배때기. '배'의 낮춤말. ¶배실을 하는 사람들이라 카는 기이 백성이 암만 죽는다 캐도 즈그들 배띠기마 채울라 칸다. ▶ 벼슬을 하는 사람들이라 하는 것이 백성이 아무리 죽는다 해도 저희들 배때기만 채우려 한다. ☞ 배때지. 배지.

배락

배락 명 벼락. ¶배락을 맞어 죽을 연이 나하고 무신 웬수가 졌다꼬 나마 보머 저 지랄이고? ▶ 벼락을 맞아 죽을 년이 나하고 무슨 원수가 졌다고 나만 보면 저 지랄이지?/모진 사람 옆에 가머 같이 배락 맞는다. ▶ 모진 사람 옆에 가면 같이 벼락 맞는다.

배락방매~이 명 벼락방망이. 혼쭐. ¶호래이 영감재이한테 다들캐서 배락방매이 를 맞기 전에 이거나 들고 내줄기자. ▶ 호랑이 영감한테 들켜서 벼락방망이를 맞기 전에 이것이나 들고 내빼자. ※아마 참외서리라도 하는 모양이다.

배'루 명 벼루. 【배룻돌▶벼룻돌】¶글도 몬 씨는 사람이 본대 배루 나무랜다. ▶ 글도 못 쓰는 사람이 본래 벼루 나무란다. ☞ 벼로.

배루:다1 통 벼르다. 【배라▶별려/배루이▶벼르니】¶두고두고 배루기마 하는 일이 대는 거를 몬 봤다. ▶ 두고두고 벼르기만 하는 일이 되는 것을 못 봤다./배 루고 배루다가 오늘 만나서 속맴을 털어났다. ▶ 벼르고 벼르다가 오늘 만나서 속마음을 털어놓았다.

배루:다2 통 벼리다. 【배라▶벼려/배루이▶벼리니】¶그 칭구 조심해라. 팬수재이 낫 배루드시 니를 배라 대고 있드라. ▶ 그 친구 조심해라. 대장장이 낫 벼 리듯이 너를 벼려 대고 있더라.

배'룻돌 명 벼룻돌. ¶인날부텀 배룻돌은 충청도 남포 오석으로 맨든 거 우에 더 없었다. ▶ 옛날부터 벼룻돌은 충청도 남포(藍浦) 오석(烏石)으로 만든 것 위에 더 없었다.

배리빡 명 벽(壁). ¶첨 이 동네로 와서 배리빡이라 카는 기이 다 떨어지고 문째기 하나도 성한 기이 없는 빈집을 곤처서 살었다. ▶ 처음 이 동네로 와서 벽이라 하는 것이 다 떨어지고 문짝 하나도 성한 것이 없는 빈집을 고쳐서 살았다. ☞ 백. 백박.

배막디~이(褒---) 명 바보. 돌대가리. ¶저런 천지축구 배막디이 바라. 지 성을 물으이 꼭다리는 빼묵고 공똘배이 하나를 떡 기래 내는 거 아이가. 그기이 공 가지 어디 배가가? ▶ 저런 천지멍텅구리 바보(배막둥이) 보아라. 제 성(姓)을 물 으니 꼭지는 빼먹고 동그라미 하나를 떡 그려 내는 것 아닌가. 그것이 공(孔) 가지 어디 배(褒)간가?/아이고 이 배막디이야. 그 나를 묵드록 이적지 머를 배 왔노? ▶ 아이고 이 돌대가리야. 그 나이를 먹도록 이제껏 무엇을 배웠나? ☞ 천 지축구지하배막디이.

배:묵다 통 배어먹다. 농지를 빌려주고 임대료 조로 곡식을 받아먹다. 【배묵어

▶ 배어먹어/배묵으이 ▶ 배어먹으니】 ¶일손이 없어서 논을 넘한테 조서 곡수를 배묵고 산다. ▶ 일손이 없어서 논을 남에게 주어서 곡수를 배어먹고 산다. ☞ 배다.

배:미 [명] 뱀. ¶궁개 든 배미가 진동 짜린동 우째 아노? ▶ 구멍에 든 뱀이 긴지 짧은지 어찌 아나?/배미 기래 놓고 발꺼정 차마게 다네. ▶ 뱀 그려 놓고 발(蛇足)까지 참하게 다네. ※잘하려다가 더 망친다는 말.

배미'기 [명] 송아지로 삯을 받기로 하고 먹이는 소 또는 그 일. 보통 24개월 동안 먹여서 송아지를 낳으면 송아지로 받고, 아니면 그에 상당한 현금을 받는다. ☞ 배내기소.

배미재'~이 [명] 뱀장어(-長魚). ¶눈이 작은 배미재이도 지 묵을 꺼는 다 본다. ▶ 눈이 작은 뱀장어도 제 먹을 것은 다 본다. ☞ 뱀재이.

배불띠'기 [명] 배불뚝이. ¶배불띠기가 배꿈 밑에 있는 지 물건은 몬 본다. ▶ 배불뚝이가 배꼽 밑에 있는 제 물건은 못 본다. ☞ 배불래기.

배불래'기 [명] 배불뚝이. ☞ 배불띠기.

배'비 [명] 뱁댕이. 베매기 할 때 도투마리에 날실을 감으면서 올이 서로 붙지 않게끔 사이에 끼우는 나무 꼬챙이. ☞ 대빗대. 뱁대. 베매기.

배'삐 [부] 바삐. ¶재 너머로 갈라카머 해 넘어가기 전에 배삐 떠나야 한다. ▶ 재 너머로 가려면 해 넘어가기 전에 바삐 떠나야 한다.

배'실 [명] 벼슬. ¶보 막는데 십장질하는 거, 그거도 배실이라꼬 껏떡거리매 댕기네. ▶ 보(洑) 막는데 십장(什長)질하는 것, 그것도 벼슬이라고 거들먹거리며 다니네. ☞ 비실.

배아리 [명] 저고리나 두루마기 소매 팔꿈치의 둥글게 처진 부분. 《배래기. 배알. 배아래기》 ☞ 저구리.

배옵다 [동] 뵈옵다. 웃어른을 대하여 보다. '배다2'보다 더 겸손한 말임. 【배옵고 ▶ 뵈옵고/배오러 ▶ 뵈오러/배오이 ▶ 뵈오니/배올 ▶ 뵈올】 ¶자시한 거는 이담에 배옵고 말씸을 디리겠니더. ▶ 자세한 것은 이다음에 뵈옵고 말씀을 드리겠습니다./다음 달 초순쭘에 한분 배오러 그리 갈시더. ▶ 다음 달 초순쯤에 한번 뵈오러 그리 가겠어요./어르신께서 일부로 오서서 배오이 미안하니더. ▶ 어르신께서 일부러 오셔서 뵈오니 미안합니다./그런 큰 실수를 하고서 어르신을 배올 맨목이 없니더. ▶ 그런 큰 실수를 하고서 어르신을 뵈올 면목이 없습니다. ☞ 배다2. 뱁다.

-배~이

-배~이 ㊇ -뱅이. 일부 어근에 붙어 특별한 외모나 성격 또는 직업을 가진 사람을 얕잡아 이르는 말이 됨. 【가난배이 ▶ 가난뱅이/깨름배이 ▶ 개으름뱅이/결배이 ▶ 거지/안진배이 ▶ 앉은뱅이/장똘배이 ▶ 장돌뱅이/주정배이 ▶ 주정뱅이】.

배:지 ㊄ 배때기. '배'의 낮춤말. ¶배지 부린 소리는 하지마라. 배고푸머 머를 몬 할까. ▶ 배때기 부른 소리는 하지마라. 배고프면 뭐를 못할까. ☞ 배때지. 배띠기.

배'창지 ㊄ 배창자. ¶돈 자랑을 어찌나 하든지 배창지가 틀래서 몬 듣겠드라. ▶ 돈 자랑을 어찌나 하던지 배창자가 틀려서 못 듣겠더라./여러시 앞에서 얼매나 싱기비를 떠는지 배창지를 고찼다. ▶ 여럿이 앞에서 얼마나 싱겁이를 떠는지 배창자를 곧추었다.

백 ㊄ 벽(壁). ¶백에도 귀가 있다 카는데 말조심해라. ▶ 벽에도 귀가 있다 하는데 말조심해라. ☞ 백박. 배리빡.

백구 ㊄ 민머리. 백두(白頭). ¶백구를 처 노이 시언하게 빈다. ▶ 민머리로 밀어 놓으니 시원하게 보인다.

백구칼 ㊄ 머리칼을 미는 칼. ¶할배가 시숫대에다 물을 떠다 놓고 백구칼로 손자 머리를 밀고 기시드라. ▶ 할아버지가 세숫대야에다 물을 떠다 놓고 머리 미는 칼로 손자 머리를 밀고 계시더라.

백노지 ㊄ 백로지(白露紙). 갱지(更紙). ¶우리들이 핵고 댕길 때는 백노지를 사다가 자끼장을 매서 썼다. ▶ 우리들이 학교 다닐 때는 배로지를 사다가 공책을 매어서 썼다.

백돌 ㊄ 벽돌(甓-). ¶우리 그튼 사람이 언제 성내로 들어가서 백돌로 진 집에 살어 보겠노? ▶ 우리 같은 사람이 언제 도시로 들어가서 벽돌로 지은 집에 살아 보겠나?

백박 ㊄ 벽(壁). ¶온 백박이 빈대 문땐 피로 얼룩이 저 있다. ▶ 온 벽이 빈대 문댄 피로 얼룩이 져 있다. ☞ 백. 배리빡.

백양나무(白楊--) ㊄ 포플러. 미루나무. ¶아들이 얼매나 번지럽은지, 매래이 잡을라꼬 그 높은 백양나무 꼭대기꺼정 올라간다. ▶ 애들이 얼마나 부산스러운지, 매미 잡으려고 그 높은 미루나무 꼭대기까지 올라간다. ☞ 뽀뿌라.

백장1 ㊄ 벽장(壁欌). 바람벽을 뚫어서 작은 문을 내고 그 안을 장처럼 꾸며 물건을 넣게 만든 곳. ☞ 장빵.

백'장2 ㊄ 백정(白丁). ¶인날에 백장을 해도 요새는 돈마 만으며 양반 아이가. ▶ 옛날에 백정을 해도 요새는 돈만 많으면 양반 아닌가.

백장질 명 백정질(白丁-). 소나 개, 돼지를 잡는 일.

백:재 뷔 공연히(公然-). ¶백제 씰대없는 걱정하지 마고 잠이나 푹 자그라. ▶ 공연히 쓸데없는 걱정하지 말고 잠이나 푹 자거라./숭굴 일도 아닌 거를 백재 숭가서 일을 더 벌래 났다. ▶ 숨길 일도 아닌 것을 공연히 숨겨서 일을 더 벌려 놓았다. ☞ 맥재.

백지 명 벽지(壁紙). ¶그 때는 백지라는 기이 따리 없었고 조선종오나 헌 책을 뜯어서 바리든지, 그거도 몬하며는 백에 새복을 했다. ▶ 그 때는 벽지라는 것이 따로 없었고 조선종이나 헌 책을 뜯어서 바르던지, 그것도 못하면 벽에 새벽을 했다.

백찌미 명 백설기. ☞ 백편. 백찜.

백찜 명 백설기. 아이의 백일이나 돌 또는 고사에 쓰는 떡으로, 만드는 방법은 먼저 솥에다 물을 붓고 채반을 얹어 바닥에다 베 보자기를 깐다. 쌀가루를 쏟아 넣고 적당한 두께로 고른 다음 칼로 적당한 크기로 금을 내 찐다. 간은 가루를 빻을 때 소금이나 설탕으로 정당하게 맞춘다. ☞ 백편. 백찌미.

백편 명 백설기. ☞ 백찜. 백찌미.

백히:다 동 박히다. 【백해 ▶ 박혀/백히이 ▶ 박히니】 ¶저기이 나를 눈에 백힌 까시를 보드시 본다. ▶ 저것이 나를 눈에 박힌 가시를 보듯이 본다./지 눈에 대들보가 백힌 기이 넘으 눈에 붙은 티끄래기 나무랜다. ▶ 제 눈에 대들보가 박힌 것이 남의 눈에 붙은 티 나무란다./촌구적에 백해 사이 시상이 어애 돌어가는지 도통 모리겠다. ▶ 촌구석에 박혀 사니 세상이 어떻게 돌아가는지 도무지 모르겠다.

뱃 명 밖. 【뱃에 ▶ 밖에/뱃으로 ▶ 밖으로】 ¶사람 뱃에 누가 왔는지 내다바라. ▶ 사립문 밖에 누가 왔는지 내다보아라./속처매가 뱃으로 삐저 나올라, 처매 말을 암사밧게 오마 입어라. ▶ 속치마가 밖으로 비쳐 나올라, 치마 말을 단정하게 오므려 입어라.

밴또 명 도시락통. 日 'べんとう(弁当)'. ¶우리 어릴 때야 양은 밴또도 없어서 초배기나 바가치에 밥하고 짐치 맻 쪼가리 담어 댕겠다. ▶ 우리 어릴 때야 양은(洋銀) 도시락통도 없어서 초박(草朴)이나 바가지에 밥하고 김치 몇 조각 담아 다녔다.

밴밴:하다 형 변변하다. ¶첨에 우리는 밴밴한 세간 하나도 없이 살림살이를 시작했다. ▶ 처음에 우리는 변변한 세간 하나도 없이 살림살이를 시작했다.

밴:하다

밴:하다 [동] 변(變)하다. 【밴해▶변해/밴하이▶변하니】¶무신 말을 들었는지 얼굴 색이 하얗게 밴한다. ▶ 무슨 말을 들었는지 얼굴 색이 하얗게 변한다./여름을 타는지 입맛이 밴해서 임석이 딱 보실타. ▶ 여름을 타는지 입맛이 변해서 음식이 딱 보기 싫다. ☞빈하다.

밸1 [관][형] 별(別). ¶이거 얼매 앤 대지마는 밸 생각하지 마고 받어 나라. ▶ 이것 얼마 안 되지만 별 생각하지 말고 받아 놓아라./오래 사다가 보이 밸 이상한 소리를 다 듣게 대네. ▶ 오래 살다가 보니 별 이상한 소리를 다 듣게 되네.

밸-2 [접] 별(別)-. 일부 명사 앞에 붙어서 '별난' 또는 '특별한' 것의 뜻을 나타내는 접두사. 【밸꺼▶별것/밸말▶별말/밸미▶별미/밸사람▶별사람/밸소리▶별소리/밸수▶별수/밸일▶별일/밸짓▶별짓/밸천지▶별천지】.

밸꺼 [명] 별것(別-). ¶사람이 사다가 보머 밸꺼를 다 본다. ▶ 사람이 살다가 보면 별것을 다 본다.

밸나다 [형] 별나다(別--). 까다롭다. ¶삼복도 지냈는데 오늘은 밸나게 덥다. ▶ 삼복도 지났는데 오늘은 별나게 덥다./사람이 사다가 보이 밸난 사람도 만나네. ▶ 사람이 살다가 보니 별난 사람도 만나네./밸난 그 성질을 우째 다 맞추노? ▶ 까다로운 그 성질을 어찌 다 맞추나?

밸:로 [부] 별로(別-). 그다지. ¶거기는 밸로 앤 가고 시푼 데다. ▶ 거기는 별로 안 가고 싶은 데다./여기는 인날이나 지금이나 밸로 빈한 기이 없다. ▶ 여기는 옛날이나 지금이나 그다지 변한 것이 없다.

밸말 [명] 별말(別-). ¶그 사람, 일간 소문에는 밸말이 다 돌드라. ▶ 그 사람, 요즈음 소문에는 별말이 다 돌더라./밸말을 다 보태서 넘으 숭을 보고 댕긴다. ▶ 별말을 다 보태서 남의 흉을 보고 다닌다.

밸맛 [명] 별맛(別-). 별미(別味). ¶그 집에서는 밸맛이라꼬 내놓는 임석인데 머 밸맛도 아이드라. ▶ 그 집에서는 별맛이라고 내놓는 음식인데 뭐 별맛도 아니더라. ☞밸미.

밸미 [명] 별미(別味). ¶인날에 아무따나 묵든 미꾸리국, 시굼장, 콩이퍼리 삭훈 거, 꿀밤묵, 이런 거를 요새는 밸미로 친다. ▶ 옛날에 아무렇게나 먹던 추어탕, 등겨장, 콩잎 삭힌 것, 도토리묵, 이런 것을 요새는 별미로 친다. ☞밸맛.

밸반 [부] 별반(別般). ¶그 일은 보기보담 밸반 어럽지 안타. ▶ 그 일은 보기보다 별반 어렵지 않다./내사 요새, 밥 묵고 잠자는 거뺌에 밸반 할일이 없다. ▶ 나야 요새, 밥 먹고 잠자는 것밖에 별반 할일이 없다.

밸사람 몡 별사람(別--). ¶집이 쫌 궁해서 그렇지 더 찾아바야 **밸사람**이 없을 끼이다. ▶ 집이 좀 궁해서 그렇지 더 찾아봐야 **별사람**이 없을 것이다.

밸소리 몡 별소리(別--). ¶고맙기는 머를, 칭구 간에 **밸소리**를 다 하네. ▶ 고맙기는 뭘, 친구 간에 **별소리**를 다 하네.

밸수 몡 별수(別數). ¶나도 사람 하나를 구할라꼬 **밸수**를 다 써 봤지마는 그 일을 감당할마한 사람이 없드라. ▶ 나도 사람 하나를 구하려고 **별수**를 다 써 보았지만 그 일을 감당할만한 사람이 없더라.

밸수없이 閈 별수(別數)없이. 부득불(不得不). ¶원캉 고집을 부래사 **밸수없이** 내가 양보했다. ▶ 워낙 고집을 부려서 **별수없이** 내가 양보했다./아들 하나 놀라꼬 밸수를 써도 앤 대서 **밸수없이** 여자 하나를 조 들랐다. ▶ 아들 하나 낳으려고 별수를 써도 안 되어서 **부득불** 여자 하나를 줘 들였다.

밸일 몡 별일(別-). 문제가 되는 일. ¶**밸일**이 아일세. 자네는 모리는 칙하고 있으머 내가 알아서 함세. ▶ **별일**이 아닐세. 자네는 모르는 척하고 있으면 내가 알아서 함세.

밸짓 몡 별짓(別-). ¶맻 연을 두고 약을 씨고 굿도 하매 **밸짓**을 해봤지마는 앤 대고, 갤국 그 빙으로 죽었다. ▶ 몇 년을 두고 약을 쓰고 굿도 하며 **별짓**을 해보았지만 안 되고, 결국 그 병으로 죽었다./남여칠세부동석이라꼬 인날에는 얼골도 마주 몬 치다봤는데, 요새 딸아 머심아들은 만나기마 하머 **밸짓**을 하고 댕긴단다. ▶ 남녀칠세부동석(男女七歲不同席)이라고 옛날에는 얼굴도 마주 못 쳐다봤는데, 요새 딸애 머슴애들은 만나기만 하면 **별짓**을 하고 다닌단다.

밸천지 몡 별천지(別天地). ¶고디이 창지 그튼 꼴짝으로 꾸불꾸불 돌어 들어가이, 여기가 도원경인가 시푸게 **밸천지**가 있는 기이 아이가. ▶ 고등 창자 같은 골짜기로 꾸불꾸불 돌아 들어가니, 여기가 도원경(桃源境)인가 싶게 **별천지**가 있는 것이 아닌가.

뱀재~이 몡 뱀장어. '배미재이'의 준말. ¶그것도 눈이라꼬 **뱀재이** 눈까리마한 거를 뜨고 치다보기는 와 치다보노? ▶ 그것도 눈이라고 **뱀장어** 눈깔만한 것을 뜨고 쳐다보기는 왜 쳐다보나?

뱁:다 동 뵙다. '배옵다'의 준말. 웃어른을 대하여 보다. 【**뱁고** ▶ 뵙고/**뱁지** ▶ 뵙지】¶정초에 한분 찾어가서 **뱁는다**는 거를 차일피일 미루다가 벌써로 맻 달이 지냈다. ▶ 정초에 한번 찾아가서 **뵙는다**는 것을 차일피일 미루다가 벌써 몇 달이 지났다./이래 **뱁고** 보이 인날 즈그 어릴 때 생각이 나니더. ▶ 이렇게 **뵙고**

뱁:대

보니 옛날 저희 어릴 때 생각이 납니다./거기꺼정 가서 그분을 **뱁지** 안코 오머 도리가 아이지. ▶ 거기까지 가서 그분을 뵙지 않고 오면 도리가 아니다. ☞ 배다2. 배옵다.

뱁:대 명 뱁댕이. 베매기할 때 도투마리에 날실을 감으면서 올이 서로 붙지 않게끔 사이에 끼우는 나무 꼬챙이. ¶**뱁대라** 흐린양은 구시월 시단풍에 낙엽글치 떨어지고. ▶ **뱁댕이라** 흐르는양은 구시월 시단풍에 낙엽같이 떨어지고./**뱁댕이** 소리는 구시월 시단풍에 왕가랑잎 소리글고. ▶ **뱁댕이** 소리는 구시월 시단풍에 왕가랑잎 소리같고./**배비라** 드는양은 구시월 시단풍에 떡가랑잎 드는듯고. ▶ **뱁댕이라** 드는양은 구시월 시단풍에 떡가랑잎 드는듯고./**배밍대라** 널찐소리 우리나라 정금님이 낙숯대놓는 소리로다. ▶ **뱁댕이라** 떨어지는 소리 우리나라 임금님이 낚싯대놓는 소리로다. 〈배틀가 중에서〉《배방. 배빗대. 배밍대》 ☞ 대빗대. 배비. 베매기.

뱁:추 명 배추. 【**뱁추꼬개이** ▶ 배추고갱이/**뱁추꼬래이** ▶ 배추뿌리/**뱁추꽁다리** ▶ 배추뿌리】¶**뱁추** 선나 숭가 논 기이 가무사리를 타서 반튼은 말러 죽어 뿌리고 짐장꺼리도 모지래겠다. ▶ 배추 조금 심어 놓은 것이 가뭄을 타서 절반은 말라 죽어 버리고 김장거리도 모자라겠다.

뱁:추꼬개~이 명 배추고갱이. ¶짐장할 때 **뱁추꼬개이** 노란 거는 그양 된장에 찍어 묵어도 좋고, 된장 풀고 매리치 옇고 국을 끼래도 좋다. ▶ 김장할 때 배추고갱이 노란 것은 그냥 된장에 찍어 먹어도 좋고, 된장 풀고 멸치 넣고 국을 끓여도 좋다.

뱁:추꼬래~이 명 배추뿌리. ¶**뱁추꼬래이는** 그양 깎어 묵기도 하고 밥 우에 쩌 묵기도 한다. ▶ 배추뿌리는 그냥 깎아 먹기도 하고 밥 위에 쪄 먹기도 한다. ☞ 뱁추꽁다리.

뱁:추꽁다'리 명 배추뿌리. ☞ 뱁추꼬래이.

뱉 명 볕. ¶가알 **뱉에** 세답 말루기 좋다. ▶ 가을 볕에 빨래 말리기 좋다./인자 **뱉이** 드이 첨마 고드럼이 녹기 시작한다. ▶ 이제 볕이 드니 처마 고드름이 녹기 시작한다.

버구':다 동 겨루다. 대항하다. 가루다. 【**버가** ▶ 겨뤄/**버구이** ▶ 겨루니】¶오야, 버굴라카머 버가 바라. 팔씨름은 내인데 어림없다. ▶ 오냐, 겨루려면 겨뤄 보아라. 팔씨름은 내게 어림없다./심으로는 니인데 **버가도** 머리 씨는 거는 앤 댄다. ▶ 힘으로는 너한테 **겨뤄도** 머리 쓰는 것은 안 된다. ☞ 갈따.

버'깨지다 [동] 벗겨지다. 【버깨저 ▶ 벗겨져/버깨지이 ▶ 벗겨지니】¶버선이 꽉 쬐서 잘 버깨지지 안는다. ▶ 버선이 꽉 쪼여서 잘 벗겨지지 않는다./바람에 모자가 버깨저서 날러갔다. ▶ 바람에 모자가 벗겨져서 날아갔다. ☞ 버꺼지다. 버어지다. 베께지다.

버'꺼지다 [동] 벗겨지다. 【버꺼저 ▶ 벗겨져/버꺼지이 ▶ 벗겨지니】¶장난을 치다가 헐끈이 풀어저서 주우가 버꺼저 니러와 뿌렀으이 우얘 댔겠노? ▶ 장난을 치다가 허리끈이 풀어져 바지가 벗겨져 내려와 버렸으니 어떻게 되었겠나? ☞ 버깨지다. 버어지다. 베께지다.

버들나무 [명] 버드나무. ¶버들나무는 개갑고 손질하기가 숩어서 채이, 채바꾸, 고리째기, 당시기 그튼 거를 맨드는 데 씨인다. ▶ 버드나무는 가볍고 손질하기가 쉬워서 키, 채바퀴, 고리짝, 바느질고리 같은 것을 만드는 데 쓰인다.

버:리1 [명] 벌. 【말버리 ▶ 말벌/버리집 ▶ 벌집】¶버리집을 건디리다가 버리한테 쏘애서 얼골이 퉁퉁 벘다. ▶ 벌집을 건드리다가 벌한테 쏘여서 얼굴이 퉁퉁 부었다.

버'리2 [명] 벌이. 【돈버리 ▶ 돈벌이/맞버리 ▶ 맞벌이/지게버리 ▶ 지게벌이/하리버리 ▶ 하루벌이】¶그때 아부지는 정기장아 나가서 지게버리 하고, 어매는 함지 반티이 이고 떡장사 하고, 누부는 방적공장아 나가고, 이래저래 웅가 버리를 다 하매 묵고살었다. ▶ 그때 아버지는 정거장에 나가서 지게벌이 하고, 어머니는 함지 이고 떡장수 하고, 누나는 방직공장에 나가고, 이래저래 온갖 벌이를 다 하며 먹고살았다.

버':리다 [동] 벌다. 【버러 ▶ 벌어/버리이 ▶ 버니】¶하리 버러 하리 사는데 다린 데로 눈 돌릴 여가가 어디 있닌기요? ▶ 하루 벌어 하루 사는데 다른 데로 눈 돌릴 여가가 어디 있어요?

버리재~이 [명] 버르장이. '버릇'의 낮춤말. ¶지 버리재이 개 몬 준다. ▶ 제 버르장이 개 못 준다.

버리재~이머리 [명] 버르장머리. ¶저눔 버리재이머리 바라. 어럴 앞에서 어디 눈을 뿔시고 말대답하노? ▶ 저놈 버르장머리 보아라. 어른 앞에서 어디 눈을 부라리고 말대답하나?

버리집 [명] 벌집. ¶버리집을 건디래 났으이 인자 키일 났다. ▶ 벌집을 건드려 놓았으니 이제 큰일 났다.

버버'리 [명] 벙어리. ¶인날부터 시집사리할라카머 버버리 삼 연 대고 귀머거리 삼

버선

연 대라 캤다. ▶ 옛날부터 시집살이하려면 벙어리 삼 년 되고 귀머거리 삼 년 되라 했다.

버'선 명 버선. ☞ 개미허리. 뒤치기. 목1. 벌. 수널. 코. 회목.

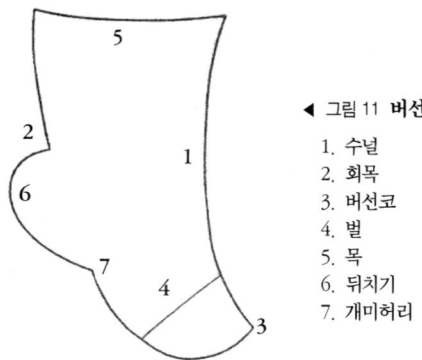

◀ 그림 11 **버선**
1. 수널
2. 회목
3. 버선코
4. 벌
5. 목
6. 뒤치기
7. 개미허리

버'선코 명 버선코. ¶걸음을 걸을 때마중 처매자래기 밑으로 버선코가 살째기 빈다. ▶ 걸음을 걸을 때마다 치맛자락 밑으로 버선코가 살짝 보인다. ☞ 버선.

버'어놓다 동 부어놓다. 따라놓다. 【버어나 ▶ 부어놓아/버어노이 ▶ 부어놓으니】 ¶사바리에 탁배기를 항그 버어놓고 안저서 담배를 뻐꿈뻐꿈 빨고 있다. ▶ 사발에 탁주를 가득 부어놓고 앉아서 담배를 뻑뻑 빨고 있다.

버'어뿌리다 동 부어버리다. 【버어뿌러 ▶ 부어버려/버어뿌리이 ▶ 부어버리니】 ¶꾸정물은 소물 솥에 버어뿌리고 웅굴에 가서 새물을 여다(이어다) 씨지. ▶ 구정물은 소여물 솥에 부어버리고 우물에 가서 새물을 여다 쓰지.

버'어지다 동 벗어지다. 【버어저 ▶ 벗어져/버어지이 ▶ 벗어지니】 ¶아이 그럴 나가 앤 댔는데 벌써 이매가 훌렁 버어졌다. ▶ 아직 그럴 나이가 안 되었는데 벌써 이마가 훌렁 벗어졌다. ☞ 버께지다. 버꺼지다. 베께지다.

버'엄버섯 명 마른버짐. ¶지름끼를 너무 몬 묵어서 얼골에 버엄버섯이 저래 나지. ▶ 기름기를 너무 못 먹어서 얼굴에 마른버짐이 저렇게 나지.

버'~역 명 소머리나 상어머리 따위를 고아 누른 것. ¶아지매요, 탁주 한 주전자하고 버역 한 접시기 내노소. ▶ 아주머니, 탁주 한 주전자하고 누른 고기 한 접시 내놓으세요.

버지'기 뗑 버치. 자배기. ¶이 금방 사람들이 씨는 **버지기**나 옹가 단지 그튼 거는 마카 독지이 옹기굴에서 나오는 기이다. ▶ 이 근방 사람들이 쓰는 버치나 온갖 단지 같은 것은 모두 독지이(독짓는 마을이라 해서 붙은 마을이름. 가수) 옹기 가마에서 나오는 것이다.

버징'게 뗑 쟁기의 물주리막대. 멍에에 봇줄을 맬 때 소의 뒷다리에 봇줄이 스치지 않게 벌려주는 막대기. 《가루나무. 버지게》 ☞ 훌찌이.

버팅'게 뗑 버팀목. ¶밖에 나가서 행사할라카머 돈이 **버팅게** 아이가. ▶ 밖에 나가서 행세하려면 돈이 **버팀목** 아닌가./나락빼까리 넘어질라 카는 데 **버팅게**로 받쳐야겠다. ▶ 벼가리 넘어지려는 데 **버팀목**으로 받쳐야겠다.

벅구 뗑 버꾸. 소고(小鼓). ☞ 소북.

번드리:하다 혱 번드레하다. ¶저 사람은 실속도 없이 겉마 **번드리하다**. ▶ 저 사람은 실속도 없이 겉만 번드레하다.

번버'이 뮈 번번이(番番). ¶일 하는 거마중 **번버이** 실패하고 인자는 집에 들안저 있다. ▶ 일 하는 것마다 번번이 실패하고 이제는 집에 들어앉아 있다. ☞ 불부리.

번'지럽다 혱 부산스럽다. 난잡스럽다. 【번지럽어 ▶ 부산스러워/번지럽으이 ▶ 부산스러우이】 ¶아가 하도 **번지럽어**서 한 시도 맴을 놀 수가 없다. ▶ 애가 하도 부산스러워서 한 시도 마음을 놓을 수가 없다. ☞ 번지시럽다.

번'지시럽다 혱 부산스럽다. 난잡스럽다. 【번지시럽어 ▶ 부산스러워/번지시럽으이 ▶ 부산스러우니】 ☞ 번지럽다.

벌 뗑 신이나 버선의 볼. ¶버선 **벌**이 쫍어서 발이 아푸다. ▶ 버선 볼이 좁아서 발이 아프다. ☞ 버선.

벌개~이 뗑 벌레. ¶복성 **벌개이**는 묵어도 갠찬단다. ▶ 복숭아 벌레는 먹어도 괜찮단다./살 단지에 **벌개이**가 생긴 거를 멍시기에 널어 말라서 까불어야 묵겠다. ▶ 쌀 단지에 벌레가 생긴 것을 멍석에 널어 말려서 까불러야 먹겠다. ☞ 벌거지. 벌기.

벌거'지 뗑 벌레. ¶시상아, **벌거지**만도 몬한 인간이지. 사람으 꺼풀을 씨고 우애 그런 몹쓸 짓을 다 하노? ▶ 세상에, 벌레보다 못한 인간이지. 사람의 꺼풀을 쓰고 어떻게 그런 몹쓸 짓을 다 하나?/된장단지에 웬 **벌거지**가 이래 마이 생겠나? ▶ 된장단지에 웬 벌레가 이렇게 많이 생겼나? ☞ 벌개이. 벌기.

벌'기 뗑 벌레. 【벌기 ▶ 벌래(벌레가)】 ¶**벌기**가 득실득실하다. ▶ 벌레가 득실득실

벌래':다

한다./벌기 우굴우굴한다. ▶ 벌레가 우글우글한다. ☞ 벌개이. 벌거지.

벌래':다 图 벌리다. '버리다'의 피동. 【벌래▶ 벌려/벌래이▶ 벌리니】 ¶돈이 잘 벌래서 요새는 사는 재미가 붙는다. ▶ 돈이 잘 벌려서 요새는 사는 재미가 붙는 다./돈이 좀 벌래이 사람이 차침 빈해 가드라. ▶ 돈이 좀 벌리니 사람이 차츰 변해 가더라.

벌:로 图 멋대로. 놓아서. ¶자아는 알라 때부텀 벌로 키와 나서 저래 버리재이 가 없다. ▶ 쟤는 아기 때부터 멋대로 키워 놓아서 저렇게 버르장머리가 없다.

벌모 图 못줄이 없이 눈대중으로 심는 모. ¶손빠닥마한 논에 못줄을 댈 꺼 없이 벌모로 숭구고 마지. ▶ 손바닥만한 논에 못줄을 댈 것 없이 벌모로 심고 말지.

벌:숲 图 숲이 우거진 평지(平地). ¶늑대가 니러왔다꼬 사람들이 짝대기 들고 벌 숲 쪽으로 몰래갔다. ▶ 늑대가 내려왔다고 사람들이 작대기 들고 숲 쪽으로 몰 려갔다.

벌써'로 图 벌써. ¶장개간다 카든 기이 어제아래 긑었는데 벌써로 아가 둘이가? ▶ 장가간다 하던 것이 엊그제 같았는데 벌써 애가 둘이냐? ☞ 하머.

벌추 图 벌초(伐草). ¶내리 벌추하로 갈라카머 낫 몇 자리 갈어 놓고 술하고 맹태 포라도 들고 가야 한다. ▶ 내일 벌초하러 가려면 낫 몇 자루 갈아 놓고 술하고 명태포(明太脯)라도 들고 가야 한다.

범부'리다 图 버무리다. 【범부러▶ 버무려/범부리이▶ 버무리니】 ¶부적 앞에 짚 단 깔고 안저서 바가치에다 밥그럭 엎어 엏고 이거저거 있는 거하고 꼬치장에 범부러 묵어 바라, 그래도 마싯다. ▶ 아궁이 앞에 짚단 깔고 앉아서 바가지에 밥그릇 엎어 넣고 이것저것 있는 것하고 고추장에 버무려 먹어 봐라, 그래도 맛있다.

베골배~이 图 베를 뽑을 때 날틀에서 뽑아(合絲) 낸 실타래. 실타래를 틀어 감 친 모양이 달팽이(골뱅이)처럼 생겼다 해서 붙은 이름.

베'깨묵다 图 벗겨먹다. 【베깨묵어▶ 벗겨먹어/베깨묵으이▶ 벗겨먹으니】 ¶배래 기으 간을 빼묵지 어디 그 몬 사는 사람으 꺼를 베깨묵노? ▶ 벼룩의 간을 빼먹 지 어디 그 못 사는 사람의 것을 벗겨먹나?

베'깨지다 图 벗겨지다. 【베깨저▶ 벗겨져/베깨지이▶ 벗겨지니】 ¶이분 바람에 지붕이 베깨졌다. ▶ 이번 바람에 지붕이 벗겨졌다./늦가라도 누명이 베깨저서 다행이다. ▶ 늦게라도 누명이 벗겨져서 다행이다. ☞ 버께지다. 버꺼지다. 버 어지다.

베'끼다 동 벗기다. '벗다'의 피동//사동. 피동사의 경우는 '베끼:다'로, 사동사의 경우는 '베'끼다'로 말함. 【베깨▶벗겨/베끼이▶벗기니】¶직장아서 옷을 베끼:고는 기가 죽어서 댕긴다. ▶ 직장에서 옷을 벗기고는(벗겨지고는) 기가 죽어 다닌다./이상한 술집에 들어가서 깝띠기를 홀딱 베깼:다. ▶ 이상한 술집에 들어가서 껍데기를 홀랑 벗겼다.//저 사람은 넘으 술 베깨 묵는 데는 이력이 났다. ▶ 저 사람은 남의 술 벗겨 먹는 데는 이력이 났다./복면을 베'끼이 한 동네 사람이 아이가. ▶ 복면을 벗기니(벗게 하니) 한 동네 사는 사람이 아닌가. ☞ 비끼다2.

베'날기(명주) 명 베매기에 앞서 날실을 준비하는 공정. 무명베 날기와 대체로 같다. ☞ 명주길쌈. 베날기(무명).

베'날기(무명) 명 베매기에 앞서 날실을 준비하는 공정. 베의 필(長)과 폭(廣)을 결정하고 새를 지운다. 베를 날 때 단단한 바탕 위에 2개의 기둥을 박은 나틀과 걸틀을 5.7m(1필분의 경우)의 거리를 두고 고정시킨다. 그리고 나틀 가까이에 새를 지우는 말뚝 4개를 세운다. 나는 과정은 실타래에서 풀어낸 10올의 날실 모숨을 나틀의 첫 말뚝에 걸고, 그 모숨을 잡은 채로 걸틀의 한 말뚝에 걸고, 다음에 나틀의 다른 말뚝과 걸틀의 다른 말뚝을 거쳐서 새 쫓는 말뚝에다 갈지(之)자로 걸어서 새를 지운다. 이번에는 날실을 잡고 반대방향으로 거슬러서 걸틀과 나틀의 말뚝에 걸어서 처음 걸기 시작한 나틀로 돌아온다. 이러한 왕복동작을 4번 반복됨으로써 한 새(80올)가 된다. 예를 들어, 8세의 무명을 날기 위해서 32회의 왕복동작이 필요하다. 이렇게 새를 쫓은 실을 헝클어지지 않게끔 노끈으로 묶어 실타래((베골배이)로 만들어 맹물에 삶아서 물을 뺀 다음 베매기로 들어간다. ☞ 베뽑기(무명). 베매기(무명).

베'날기(삼베) 명 베매기에 앞서 날실을 준비하는 공정. 무명베 날기와 대체로 같다. ☞ 베날기(무명). 삼베길쌈. 실젓. 실떡.

베래'기 명 벼룩. ¶이 추접은 사람아, 베래기 간을 내묵지 그 없는 사람으 돈을 따묵어? ▶ 이 추잡한 사람아, 벼룩 간을 내먹지 그 없는 사람의 돈을 떼어먹어?

베'리다 동 버리다. 못쓰게 되다. 【베래▶버려/베리이▶버리니】¶괴기도 몬 잡고 옷마 베리고 왔다. ▶ 고기도 못 잡고 옷만 버리고 왔다./그 어런은 재장연에 시상을 베랬다. ▶ 그 어른은 재작년에 세상을 버렸다.

베매'기(무명) 명 날실을 손질하여 도투마리에 감는 작업. 날기를 마친 실타래의 새가 진 날실의 끝 하나하나를 바디의 구멍에 꿰어 참톱대에 건다. 이 실

베매'기(삼베)

타래를 무거운 돌을 올려놓은 끌개(끄징개) 위에 얹는다. 실타래의 끝에 걸린 참톱대를 잡고 벳불(겻불)이 있는 데를 지나서 팽팽하게 끌어다가 들말에 얹혀 있는 도투마리에 매어 베매기 작업으로 들어간다. 실타래로부터 날실을 풀어 베솔로 풀칠을 하여 벳불에 말리면서 바디를 이리저리 움직여 베올을 매끄럽게 다듬는다. 이렇게 손질이 된 날실을 뱁댕이(뱁대)를 끼우면서 도투마리에 감는다. ☞ 개대. 끄징게2. 대빗대. 도투마리. 들말. 배비. 뱁대. 베날기. 베솔. 베풀. 벳불. 참톱대.

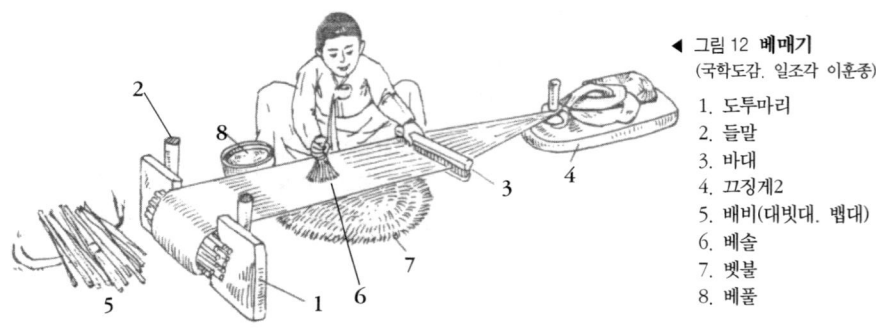

◀ 그림 12 **베매기**
(국학도감. 일조각 이훈종)
1. 도투마리
2. 들말
3. 바대
4. 끄징게2
5. 배비(대빗대. 뱁대)
6. 베솔
7. 벳불
8. 베풀

베매'기(삼베) 몡 무명베 매는 방법과 대체로 같지만, 삼베는 겻불을 피우지 않고 햇볕에 말리면서 맨다. ☞ 삼베길쌈.

베뽑기(무명) 몡 물레로 자은 무명실을 합사(合絲)하는 공정. 베뽑기에는 날상이(날틀)와 솝대(소비대)가 필요하다. 실을 뽑기 위하여 10개의 가락을 솝대로 꿰어서 날상이 아래 구멍에 건다. 10개의 가락에서 풀어 낸 실 끝 하나하나를 날상이 위에 달린 10개의 고리(또는 구멍)에 각각 걸어(메워서) 모숨(合絲)으로 뽑아서 광주리에 담는다. 다음은 베날기 작업으로 들어간다. ☞ 베날기(무명).

베뽑기(삼베) 몡 물레로 꼰(던은) 10개의 실젓을 바닥에다 놓고, 모래로 덮어 눌러서 실을 풀 때 엉켜서 따라 올라오지 않게 한다. 이 과정이 솝대를 쓰는 무명베 뽑기와 다르다. 각각의 올 끝을 고무레(나틀과 같은 역할)의 10개의 구멍에다 걸고 뽑아(合絲)서 광주리에 담는다.

베솔: 몡 베매기 할 때 풀을 칠하는 솔. 가는 풀뿌리를 나란히 하여 소나무뿌리로 단단하게 묶어 만든다. ☞ 베매기.

벳불

베틀 몡 베틀. 무명, 삼베, 명주 따위의 피륙을 짜는 틀. ☞ 가리새2. 나부손. 나부손끄내끼. 눈썹노리. 눈썹대. 눌림끈. 눌림대. 다봇대. 뒷다리. 마굼대. 말귀. 몸체. 바대. 부테끈. 부테허리. 북. 북따까리. 비게미. 사치미. 살대. 신대. 신대끈. 안치널. 앞다리. 용두머리. 원산. 잉애대. 잉애실. 저질개. 짚신. 최빨.

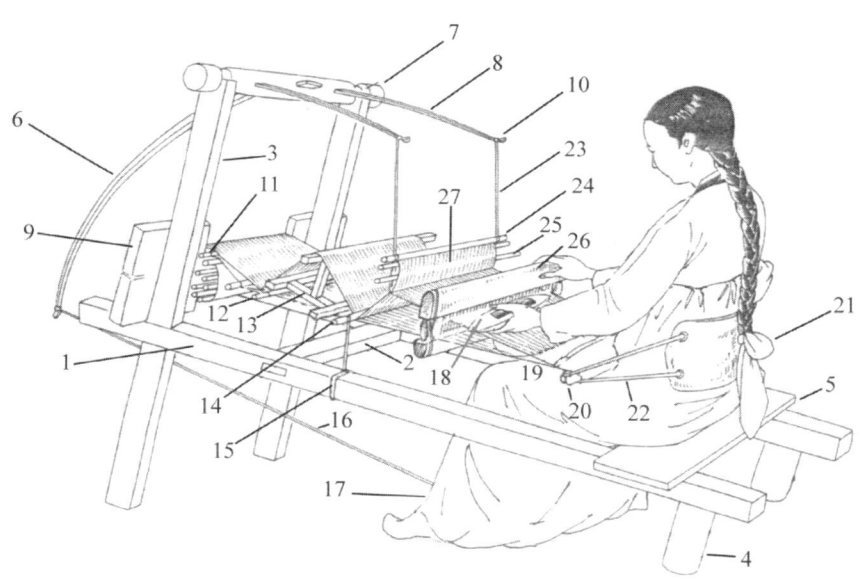

▲ 그림 13 **베틀**
 (국학도감, 일조각, 이훈종)
 1. 몸체(누운다리)
 2. 가리새(가로대)
 3. 앞다리(선다리)
 4. 뒷다리
 5. 안치널(앉을개)
 6. 신대(신나무)
 7. 용두머리
 8. 나부손(나부산대. 눈썹대)
 9. 도투마리(원산)
 10. 눈썹노리(눈썹대)
 11. 배비(뱁댕이)
 12. 사치미
 13. 비게미(비거미)
 14. 눌림대
 15. 눌림끈
 16. 신대끈(쇠꼬리)
 17. 짚신(끌신)
 18. 북. 북따까리(북닫개)
 19. **최빨**(최활)
 20. 말귀(말코)
 21. 부테허리(부테)
 22. 부테끈
 23. 나부손끄내끼(눈썹끈)
 24. 잉애대(잉앗대)
 25. 살대(속대)
 26. 바대(바디)
 27. 잉애실(잉앗실)

베:풀 몡 풀. 베매기 할 때 날실의 올에 칠하는 풀. ☞ 베매기.
벳불 몡 무명베 매기를 할 때 날실을 말리는 겻불. 겨나 생나무 따위를 태워 만든 불이 은근하게 오래간다. ☞ 베매기.

벼'로 [명] 벼루. ¶벼로으 먹을 가는 데를 연당이라 카고 간 먹물이 모대는 데를 연지라 칸다. ▶ 벼루의 먹을 가는 데를 연당(硯堂)이라 하고 먹물이 모이는 데를 연지(硯池)라 한다. ☞ 배루.

병:수 [명] 빈소(殯所). 영좌(靈座). 방 안에다 제상을 놓고 그 위에 망자의 위패(位牌)나 지방(紙榜)대를 놓고 그 앞에 촛대와 향로를 놓는다. 상제는 스스로 부모를 여윈 죄인이라 하여 삼년상(三年喪)을 치르는 동안 소찬(素饌)을 취하고 부부의 잠자리도 멀리한다. 그리고 상제는 빈소의 바깥으로 달아낸 여막(廬幕)에서 거처하는데, 여막은 왼새끼를 왼쪽으로 감은 기둥을 세우고 거적때기를 둘러 바람을 막고, 바닥은 멍석이나 짚자리를 따위를 깐다. 이렇게 만든 초막 안에 굴건제복과 대나무 지팡이나 새끼를 감은 목침 따위를 비치하여 두고 아침 저녁으로 상복으로 갈아입고 곡을 하며 상식을 올린다. 〈李洛宰〉 ¶장아 가머 모래 초하리 삭망에 **병수**에 올릴 괴기 맻 마리 사오소. ▶ 장에 가면 모래 초하루 삭망에 **빈소**에 올릴 고기 몇 마리 사오세요. ☞ 상석. 시묘사리.

보가'리 [명] 쟁기질을 할 때 쇠코뚜레에다 연결하는 긴 고삐. ☞ 홀찌이.

보갯도 [명] 호주머니. [日] 'ポケット(pocket)'.

보'게 [감] 여보게. 사람을 부를 때 쓰는 말. 말의 품격 순위는, 보시이소〉보입시더〉보시더〉보이소〉보소〉보세=보게〉보래이=보자=보래. ¶**보게**, 날 쫌 보게. ▶ **여보게**, 날 좀 보세./**보게**, 이기이 얼매마이고? ▶ **여보게**, 이것이 얼마만인가?

보:국대 [명] 보국대(保國隊). ¶글때 우리가 **보국대로** 끌래가서 저 사람은 북해도 석탄 캐는 데로 가고 나는 남양군도 비행장 딲는 데로 가는 머래 히이지고 나서 해방대고 인자 만난 거 아이가. ▶ 그때 우리가 **보국대로** 끌려가서 저 사람은 북해도 석탄 캐는 데로 가고 나는 남양군도(南太平洋 諸島) 비행장 닦는 데로 가는 바람에 헤어지고 나서 해방되고 이제 만난 것 아닌가.

보'다 [동] 보다. 지키다. 차리다. 【바 ▶ 보아/보이 ▶ 보니/보머 ▶ 보면】 ¶눕을 자리 바 가매 안지라 캤다. ▶ 누울 자리 **보아** 가며 앉으라 했다./오래만에 이래 **보이** 얼매나 반가분가. ▶ 오랜만에 이렇게 **보니** 얼마나 반가운가./인자 **보머** 언재 또 **볼꼬**? ▶ 이제 **보면** 언제 또 **볼까**?/어디 나가지 마고 집이나 **바라**. ▶ 어디 나가지 말고 집이나 **지켜라**./손임이 오섰는데 술상을 **바** 내라. ▶ 손님 오셨는데 술상을 **차려** 내어라.

보담': [조] 보다. ¶이전**보담** 살기는 좋아젔다 카는데 인심은 갈수로 와 어러노? ▶ 예전**보다** 살기는 좋아졌다 하는데 인심은 갈수록 왜 이러나?

보'도:감(洑都監) 몡 보를 관리하는 책임자.

보'래: 깝 봐라. 사람을 부를 때 쓰는 말. 말의 품격 순위는, 보시이소>보입시더>보시더>보이소>보소>보세=보게>보래이=보자=보래. ¶보래 칠성이 자네, 날 잠시 만나고 가게. ▶ 봐라 칠성이 자네, 날 잠시 만나고 가게.

보'래~이 깝 봐라. 사람을 부를 때 쓰는 말. 말의 품격 순위는, 보시이소>보입시더>보시더>보이소>보소>보세=보게>보래이=보자=보래. ¶보래이, 거기 잠시 서게. ▶ 봐라, 거기 잠시 서게.

보로꾸 몡 블록. ¶요새 보로꾸는 세맨또가 덜 들어가서 만치머 뿌직어진다. ▶ 요사이 블록은 시멘트가 덜 들어가서 만지면 부스러진다. ☞부로꾸.

보'룸 몡 보름. ¶이달 보룸에 그리로 한분 댕기로 갈 끼이다. ▶ 이달 보름에 그리로 한번 다니러 갈 것이다.

보리깐디'기 몡 보리깜부기. ☞ 깐디기. 깜배기. 깜비기. 보리깜비기.

보리깜비'기 몡 보리깜부기. ☞ 깐디기. 깜배기. 깜비기. 보리깐디기.

보리등'게 몡 보리등겨. ¶소죽 끼릴 때마중 보리등게 댓 바가치 섞어 여 조라. ▶ 소죽 끓일 때마다 보리등겨 댓 바가지 섞어 넣어 줘라.

보리문디'~이 몡 보리문둥이. '경상도 촌놈'의 뜻. ¶새카만 보리문디이가 서울 와서 때 배끼고 출세했다. ▶ 새카만 경상도 촌놈이 서울 와서 때 벗기고 출세했다.

보리바'~아 몡 보리방아. ¶가는 연이 보리바아 찍어 놓고 갈까? ▶ 가는 년이 보리방아 찧어 놓고 갈까? ※도망가는 년이 뒷걱정할까라는 말./골난 연이 보리바아 찍는다. ▶ 골난 년이 보리방아 찧는다. ※화가 치밀어도 불평 한번 못하고 방아가리나 밟으면서 분풀이나 하지./시어마이 죽어라꼬 빌었는데 보리바아 물 버 놓고 나이 생각난다. ▶ 시어머니 죽으라고 빌었는데 보리방아 물 부어 놓고 나니 생각난다. ※밉던 시어머니도 방아 찧을 때면 아쉬워진다는 말.

보리숭'영 몡 보리숭늉. 밥을 푼 다음 솥바닥에 붙어 있는 보리 누룽지에다 물을 붓고 나무주걱으로 천천히 긁으면서 끓인다. ¶보리밥 누라서 보리숭영을 끼래 묵자. ▶ 보리밥 눌려서 보리숭늉을 끓여 먹자.

보매'기 몡 보(洑)를 정비하는 일. 날씨가 가물면 몽리자들이 모여서 보 무너진 데를 돌이나 나무둥치 따위로 보수한다.

보'머 보머 꽌 보면 볼수록. 겪어볼수록. ¶그 사람을 첨에는 여사로 봤는데 보머 보머 정이 가는 사람이드라. ▶ 그 사람을 처음에는 예사로 보았는데 보면 볼수록 정이 가는 사람이더라.

보살

보살 몡 '보리쌀'의 준말. ¶해 거렁지가 앞 담 우에 걸친 거를 보이 보살 끼릴 때가 댔다. ▶ 해 그늘이 앞 담 위에 걸친 것을 보니 보리쌀 끓일 때가 되었다. ※ 보리쌀은 그대로 밥을 짓지 않고 애벌로 삶아서(끓여서) 쌀과 함께 밥을 짓는다. 여름이라면 보리쌀을 끓일 시간은 대략 오후 5시경이 된다. 시간은 산이나 건조물 따위의 그늘의 위치를 보고 가늠한다.

보살바구'리 몡 삶은 보리쌀을 담아 두는 바구니. 보리쌀 바구니는 바람이 잘 드는 뒤 처마에다 매달아 둔다.

보'세 깝 보게. 사람을 부를 때 쓰는 말. 말의 품격 순위는, 보시이소〉보입시더〉보시더〉보이소〉보소〉보세=보게〉보래이=보자=보래.

보소 깝 봐요. 사람을 부를 때 쓰는 말. 말의 품격 순위는, 보시이소〉보입시더〉보시더〉보이소〉보소〉보세=보게〉보래이=보자=보래. ¶보소, 그짝으로 가머 막다린 골목이라 앤 대니더. ▶ 봐요, 그쪽으로 가면 막다른 골목이라 안 됩니다.

보시'더 깝 봅시다. 사람을 부를 때 쓰는 말. 말의 품격 순위는, 보시이소〉보입시더〉보시더〉보이소〉보소〉보세=보게〉보래이=보자=보래. ¶이리 보시더, 말 쫌 물어보시더. ▶ 이리 봅시다, 말 좀 물어봅시다.

보시이소 깝 보십시오. 사람을 부를 때 쓰는 말. 말의 품격 순위는, 보시이소〉보입시더〉보시더〉보이소〉보소〉보세=보게〉보래이=보자=보래. ¶어르신 이거 보시이소. ▶ 어르신 이것 보십시오.

보'실타 준 보기 싫다. '보기 실타'의 준말. ¶아이고 보실타. 삐가리 우장 씬 거 글치 그기이 머고? ▶ 아이고 보기 싫다. 병아리 우비 쓴 것 같이 그게 뭐야? ※ 몸에 맞지 않은 옷을 입은 사람을 보고 하는 말.

보:십과 몡 보습과(補習科). 일제 때 정규교육을 받지 못하는 사람을 위하여 설치한 단기교육과정. ¶민에 댕기는 정 서기는 본대 보십과 나온 사람이다. ▶ 면에 다니는 정 서기(書記)는 본래 보습과 나온 사람이다.

보애:다 동 보이다. '보다'의 피동//사동. 【보애 ▶ 보여/보애이 ▶ 보이니】¶개 눈에는 똥 뺐에 앤 보앤다. ▶ 개 눈에는 똥 밖에 안 보인다./사장한테 잘 보애서 그 집 데릴사우로 들어갔다. ▶ 사장한테 잘 보여서 그 집 데릴사위로 들어갔다./눈치가 보애서 그 짓은 몬 하겠드라. ▶ 눈치가 보여서 그 짓은 못 하겠더라./속이 보애이 그런 소리는 다시 하지 마라. ▶ 속이 보이니 그런 소리는 다시 하지 마라./그 옷은 속살이 보애이 입지 마라. ▶ 그 옷은 속살이 보이니 입지 마라.//그까지 꺼 보애고 마고 할 꺼도 없다. ▶ 그까짓 것 보이고 말고 할 것도 없

다./첨부텀 속맴을 보애머 앤 댄다. ▶ 처음부터 속마음을 보이면 안 된다./눈앞에 돈을 보애 조야 믿는다. ▶ 눈앞에 돈을 보여 줘야 믿는다./내 꺼를 보애 조도 앤 믿는 눈치다. ▶ 내 것을 보여 주어도 안 믿는 눈치다./물건을 앞에 내놓고 보애이 믿어 주드라. ▶ 물건을 앞에 내놓고 보이니 믿어 주더라. ☞ 비다1.

보'이소 㲎 여보세요. 사람을 부를 때 쓰는 말. 말의 품격 순위는, 보시이소〉보입시더〉보시더〉보이소〉보소〉보세=보게〉보래이=보자=보래. ¶보이소, 거기 아무도 없넌기요? ▶ 여보세요, 거기 아무도 없는가요?

보입시더 㲎 보십시다. 사람을 부를 때 쓰는 말. 말의 품격 순위는, 보시이소〉보입시더〉보시더〉보이소〉보소〉보세=보게〉보래이=보자=보래. ¶미안하니더마는 이리 쫌 보입시더. ▶ 미안합니다만 이리 좀 보십시다.

보'자 㲎 보자. 사람을 부를 때 쓰는 말. 말의 품격 순위는, 보시이소〉보입시더〉보시더〉보이소〉보소〉보세=보게〉보래이=보자=보래. ¶여기 쫌 보자. ▶ 여기 좀 보자.

보재:기 몡 보자기. ¶타작할 때 문지를 앤 덮어쓸라카머 보재기라도 씨고 해야 댄다. ▶ 타작할 때 먼지를 안 덮어쓰려면 보자기라도 쓰고 해야 된다. ☞ 바뿌재.

보'족 몡 쐐기. 어떤 연장이나 도구의 한 부분을 움직이지 않게 하기 위하여 틈새에 박거나 틈새를 벌리는 데 쓰는 V자모양의 뽀족하고 넓적한 나뭇조각. ¶보족을 끼우다. ▶ 쐐기를 끼우다./보족을 박다. ▶ 쐐기를 박다. ☞ 홀찌이.

보:하다 혱 보얗다. 【보해 ▶ 보애/보하이 ▶ 보야니(보얗게)】¶손이 보한 기이 차마다. ▶ 손이 보얀 것이 참하다./눈앞이 보해 아무 꺼도 앤 빈다. ▶ 눈앞이 보얘 아무 것도 안 보인다./문지가 보하이 안졌다. ▶ 먼지가 보야니 앉았다./앙개가 보하이 꼈다. ▶ 안개가 보얗게 끼었다. ☞ 뽀하다.

복성 몡 복숭아. ¶본대부텀 지사상에는 복성을 올리지 안는단다. ▶ 본디부터 제사상에는 복숭아를 올리지 않는단다.

복성각씨 몡 노래기. ¶이월 초하리머 집안을 소지하고 복성각씨를 쫓을라꼬 지동에다 '향랑각씨속거철리'라꼬 부적을 써 붙친다. ▶ 이월 초하루면 집안을 청소하고 노래기를 쫓으려고 기둥에다 '향랑각씨속거천리(香娘閣氏速去千里)'라고 부적을 써 붙인다. ※ 냄새가 역겨운 노래기를 향기 나는 낭자로 치켜세워 달래는 뜻이 담겨져 있다.

복성나무 몡 복숭아나무. ¶무당이 구신을 쫓을 때는 복성나무 가재이를 씬단다. ▶ 무당이 귀신을 쫓을 때는 복숭아나무 가지를 쓴단다.

복성'빼 몡 복사뼈. 복성(복숭아)씨처럼 생겼다 해서 생긴 말. ☞복성씨.
복성'씨 몡 복숭아씨. 복사뼈. ☞복성빼.
복쟁 몡 복장(腹臟). '배짱'이라는 뜻으로 사용될 때도 있다. ¶말은 빤지르하지마 적어 보머 **복쟁이** 시커먼 사람이다. ▶ 말은 번지르르하지만 겪어 보면 복장이 시커먼 사람이다./죽을 때 죽더라도 큰 소리 치는 거를 보머 **복쟁이** 좋다. ▶ 죽을 때 죽더라도 큰 소리 치는 것을 보면 배짱이 좋다./어굴한 소리를 자꼬 하매 내 **복쟁을** 터줄래? ▶ 억울한 소리를 자꾸 하며 내 복장을 터뜨릴래?
복통살 몡 닭의 가슴살. ¶요새 양계장아서 나오는 달은 **복통살이** 허벅한 기이니 맛도 내 맛도 없다. ▶ 요새 양계장에서 나오는 닭은 가슴살이 퍼석한 것이 네 맛도 내 맛도 없다.
복판가리매 몡 앞가르마. ¶인날 저 할매 소싯쩍에 머리에 지름 바리고 **복판가리매** 타 붙치고 나서머 여사 인물이 아이었지라. ▶ 옛날 저 할머니 소싯적(少時)에 머리에 기름 바르고 앞가르마 타 붙이고 나서면 예사 인물이 아니었지. ☞앞가리매.
복판다리 몡 가운뎃다리. '자지'의 변말. ¶여름철에 어런들도 사리마다 없이 삼베바지 한 껍띠기마 입고 댕기머 **복판다리가** 덜렁덜렁하는 기이 다 빗다. ▶ 여름철에 어른들도 팬티 없이 삼베바지 한 껍질만 입고 다니면 가운뎃다리가 덜렁덜렁하는 것이 다 보였다./그 처자 궁디이 보고 **복판다리** 끌거 바야 지 그튼 거 가당키나 하나? ▶ 그 처녀 궁둥이 보고 가운뎃다리 긁어 봐야 제 같은 것 가당하기나 하나?
복판손까락 몡 가운뎃손가락. ¶그 사람 인날에 바아재이 할 때, 글 때 발동기에 **복판손까락이** 걸래서 날러간 거 아이가. ▶ 그 사람 옛날에 방아쟁이 할 때, 그때 발동기에 가운뎃손가락이 걸려서 날아간 것 아닌가.
본:대1 몡 보람. 공(功). ¶넘을 도와줄라 카머 말없이 도와주지 말이 만으머 **본대**가 없어진다. ▶ 남을 도와주려면 말없이 도와주지 말이 많으면 보람이 없어진다.
본대2 튀 본디(本-). 본래(本來). 본시(本是). ¶**본대부텀** 타고난 성질인데 각중에 어애 곤처지나? ▶ 본디부터 타고난 성질인데 갑자기 어떻게 고쳐지나?/**본대** 그 사람은 가진 기이 없었는데 우애서 저래 부자가 댔는공? ▶ 본시 그 사람은 가진 것이 없었는데 어떻게 해서 저렇게 부자가 되었는지? ☞볼래.
본채(本-) 몡 안채. ¶**본채는** 개와로 덮었고 가채는 초가다. ▶ 안채는 기와를 덮었고 바깥채는 초가다. ☞큰채.

본편(本-) 뗑 시루떡. '본(主) 떡'의 뜻.

불고수리:하다 혱 불그스레하다. ¶팔월이머 넝굼이 **불고수리**하게 익어 가기 시작할 때다. ▶ 팔월이면 능금이 불그스레하게 익어 가기 시작할 때다.

볼래 뷔 본래(本來). 본디(本-). 본시(本是). ☞ 본대2.

볼'실하다 동보 보기로 하다. 일부 동사의 뒤에 와서, '보는 습관이 들다'는 뜻을 나타내는 보조동사. ¶노룸도 자주 해 **볼실하머** 버르재이가 댄다. ▶ 노름도 자주 해 보기로 하면 버릇이 된다./욕도 해 **볼실하머** 아무한테나 하게 댄다. ▶ 욕도 해 보기로 하면 아무한테나 하게 된다./술도 자꼬 마서 **볼실하머** 또 마시게 댄다. ▶ 술도 자꾸 마셔 보기로 하면 또 마시게 된다./약도 묵어 **볼실하머** 앤 묵고는 앤 댄다. ▶ 약도 먹어 보기로 하면 안 먹고는 안 된다.

볼탕가'지 뗑 볼따구니. '뽈'의 낮춤말. ¶그눔의 자석, 말을 앤 들으머 **볼탕가지**를 때래 조 뿌리지 와. ▶ 그놈의 자식, 말을 안 들으면 볼따구니를 때려 줘 버리지 왜. ☞ 뽈따구. 뽈때기. 뽈때이.

봉다리 뗑 봉지(封紙).【조오봉다리 ▶ 종이봉지/비니루봉다리 ▶ 비닐봉지】¶잔채집에서 손자들 갖다 주라꼬 묵을 꺼를 한 **봉다리** 싸 주드라. ▶ 잔칫집에서 손자들 갖다 주라고 먹을 것을 한 봉지 싸 주더라.

봉:답 뗑 하늘바라기. 천수(天水・빗물)에 의존하는 농토. ¶비가 너무 애 와서 **봉답**에 모 숭갔든 거를 디배 뿌리고 메물을 선나 헡어 났다. ▶ 비가 너무 안 와서 하늘바라기에 모 심었던 것을 뒤집어 버리고 메밀을 조금 흩쳐 놓았다. ☞ 부림봉답. 천봉답. 천수봉답.

봉'밴 뗑 봉변(逢變). ¶이런 **봉밴**을 당하고도 내가 참어야 하나? ▶ 이런 봉변을 당하고도 내가 참아야 하나?

봉'순 뗑 이웃집에 돌리는 음식봉지. ¶조상한테 지사 지낸 임석은 음복이라 캐서 이붓하고 농갈러 묵는데, 연세가 많은 어런들은 집으로 모서 대접하고, 앤 그런 데는 **봉순**을 돌린다. ▶ 조상께 제사 지낸 음식은 음복(飲福)이라 해서 이웃과 나누어 먹는데, 연세가 많은 어른들은 집으로 모서 대접하고, 안 그런 데는 음식봉지를 돌린다.

봉:숭화 뗑 봉선화(鳳仙花). ¶비오자 장꼬방엔 **봉숭화** 반만 벌래, 해마다 피는 꽃을 나만 두고 볼 낀가. 세세한 사연 적어 누부한테 보내자. ▶ 비오자 장독대엔 봉선화 반만 벌려, 해마다 피는 꽃을 나만 두고 볼 것인가. 세세한 사연 적어 누님께로 보내자. 〈김상옥의 봉선화의 일부〉.

봉태'기 명 멱둥구미. 짚으로 멍석처럼 촘촘하게 엮었고 곡식 따위를 담아 들고 옮길 정도로 크다. ¶비가 올라칸다. 멍시기에 보리 널어논 거를 **봉태기**에 끌거 담어 허간에 들라라. ▶ 비가 오려한다. 멍석에 보리 널어놓은 것을 **멱둥구미**에 긁어 담아 헛간에 들여라. ☞ 봉티기.

봉투'지 명 봉투(封套). 【월급봉투지 ▶ 월급봉투/편지봉투지 ▶ 편지봉투】¶편지가 온들 내 눈까마이가 머를 알노, 체부 보고 **봉투지** 뜯어서 쫌 일거 돌라 캐라. ▶ 편지가 온들 내 까막눈이 뭐를 알겠나, 우체부 보고 **봉투** 뜯어서 좀 읽어 달라 해라. ☞ 조오봉다리.

봉티'기 명 멱둥구미. ¶밀 한 **봉티기**는 복날에 즈그들 국시나 해 묵으라꼬 툭툭 털어 조 뿌리고 왔다. ▶ 밀 한 **멱둥구미**는 복날(伏日)에 저희들 국수나 해 먹으라고 툭툭 털어 줘 버리고 왔다. ※경주, 영천, 영일 지방에서는 삼복(三伏)에 국수를 만들어 먹는 풍습이 있다. ☞ 봉태기.

부개 명 멱서리. 짚으로 촘촘하게 짠 볏섬 크기의 그릇.

부꾸럽다 형 부끄럽다. 【부꾸럽어 ▶ 부끄러워/부꾸럽으이 ▶ 부끄러우니】¶처자가 얼매나 숫댔는지 넘 앞에 서기마 하며 **부꾸럽**어서 얼골을 몬 치든다. ▶ 처녀가 얼마나 숫되었는지 남 앞에 서기만 하면 **부끄러워**서 얼굴을 못 쳐든다.

부:다 동 불다. 실토하다. 【부러 ▶ 불어/부이 ▶ 부니】¶바람이 너무 부러서 눈을 몬 뜨겠다. ▶ 바람이 너무 불어서 눈을 못 뜨겠다./그 사람이 갱찰서 뿔잡해 가서 다 부러 뿌렀으이 자네도 인자 피할 수가 없게 댔네. ▶ 그 사람이 경찰서 붙잡혀 가서 다 불어 버렸으니 자네도 이제 피할 수가 없게 되었네.

부대 명 베를 짤 때 북에 들어갈 씨실을 감는(비는) 가는 대나무 대롱. ¶저 사람은 속이 **부대** 구영 그터서 말 상대가 앤 댄다. ▶ 저 사람은 속이 **부대** 구멍 같아서(비좁아서) 말 상대가 안 된다. 《점대》 ☞ 비대.

부던'지 명 소의 몸에 기생하는 진드기 종류. 색깔이 청색을 띠고 크기는 팥알만하다. ¶소한테 **부던지**가 우째 저래 마이 붙었노? 빤때기 쪼가리 하나 가주고 쫌 띠 조야겠다. ▶ 소한테 **진드기**가 어찌 저렇게 많이 붙었나? 판자조각 하나 가지고 좀 떼어 줘야겠다. ☞ 까부던지.

부:들방매~이 명 부들방망이. 요술방망이. ¶토깨이가 호래이한테 자묵힐 꺼를 구해준 동네 사람한테 은해를 갚는다꼬, 부히이 집에서 **부들방매이**를 도둑해 와서 동네를 돌어댕기매 "밥 나온나 뚱땅뚱땅, 살 나온나 뚱땅뚱땅" 카매 뚜디러서, 죽도 몬 묵든 이 동네를 갑째기 부자 동네로 맨들어 뿌린 거 아이가.

▶ 토끼가 호랑이한테 잡아먹힐 것을 구해준 동네 사람들한테 은혜를 갚는다고, 부엉이 집에서 **요술방망이**를 훔쳐 와서 동네를 돌아다니며 "밥 나오라 뚱땅뚱땅, 쌀 나오라 뚱땅뚱땅" 하며 두들겨서, 죽도 못 먹던 이 동네를 갑자기 부자 동네로 만들어 버린 것 아닌가.

부디끼:다 동 부대끼다. 【부디깨 ▶ 부디껴/부디끼이 ▶ 부대끼니】¶우리 집 행편에 대핵고를 두리나 갈챌라카이 심에 **부디낀다**. ▶ 우리 집 형편에 대학교를 둘이나 가르치려니 힘에 **부대낀다**.

부'랄 명 불알. 고환(睾丸). ¶**부랄**을 잡고 늘어지며 지까지 꺼 돈을 앤 내놓고 우애 전딜 끼이고? ▶ **불알**을 잡고 늘어지면 제까짓 것 돈을 안 내놓고 어떻게 견딜 건가?/지나 내나 한 꺼풀을 베끼고 나머 **부랄** 두 쪼가리뿐에 더 있나. ▶ 저나 나나 한 꺼풀을 벗기고 나면 **불알** 두 쪽밖에 더 있나. ☞ 붕알.

부'랄망태기 명 불알망태. '**부랄**'의 속된말. ¶내 손자 **부랄망태기**에 감자가 몇 개 들었는강 보자. 배고푼데 하나 따묵어 보자. 아이고 고거 마싯다. ▶ 내 손자 불알망태에 감자가 몇 개 들었는가 보자. 배고픈데 하나 따먹어 보자. 아이고 고것 맛있다. ※ 할머니가 손자를 어르는 말. ☞ 붕알망태기.

부'랑재~이 명 깡패. 불량한 사람. ¶마실에서 그 **부랑재이**를 갈불 사람이 없다. ▶ 마을에서 그 **깡패**를 가룰 사람이 없다.

부'랑질 명 행패(行悖). 불량한 행동. ¶저눔이 **부랑질**을 하고 댕기머 누구 하나도 말릴 사람이 없다. ▶ 저놈이 **행패**를 부리고 다니면 누구 하나도 말릴 사람이 없다.

부'랑타 형 불량하다. 【부랑해 ▶ 불량해/부랑하이 ▶ 불량하니】¶저눔이 즈개비를 달머서 성질이 저래 **부랑타**. ▶ 저놈이 제 아비를 닮아서 성질이 저렇게 **불량하**다./띠는 눔 우에 나는 눔 있다 카더이, 저래 **부랑타** 캐도 독한 사람을 만나 노이 꼼짝을 몬하드라. ▶ 뛰는 놈 위에 나는 놈 있다더니, 저렇게 **불량하다** 해도 독한 사람을 만나 놓으니 꼼짝을 못하더라.

부'랑패 명 불량배(不良輩). ¶저 사람은 한때 읍내 장태 **부랑패**들하고 어불래 댕기다가 행무소 살이 하고 나왔다. ▶ 저 사람은 한때 읍내 장터 **불량배**들하고 어울려 다니다가 형무소 살이 하고 나왔다.

부래묵다 동 부려먹다. 【부래묵어 ▶ 부려먹어/부래묵으이 ▶ 부려먹으니】¶사람을 **부래묵**을 때꺼정 다 **부래묵고** 마지막에 차 뿌린다. ▶ 사람을 **부려먹**을 때까지 다 **부려먹고** 마지막에 차 버린다.

부'로 [부] 부러. 일부러. ¶내가 니를 만날라꼬 서울서 **부로** 애 왔나.▶내가 너를 만나려고 서울서 **부러** 오지 않았나./내 사정을 빠이 알고도 **부로** 말을 앤 듣는다.▶내 사정을 뻔히 알고도 **일부러** 말을 안 듣는다. ☞역부로. 일부로.

부로:꾸 [명] 블록. ¶피란 왔을 때 집이라 카는 기이 **부로꾸** 맺 장을 동개고 비나 개와 피할 정도로 깡통을 피서 덮은 기이 고작이었다.▶피난 왔을 때 집이라는 것이 **블록** 몇 장을 포개고 비나 겨우 피할 정도로 깡통을 펴서 덮은 것이 고작이었다. ☞보로꾸.

부루':다1 [동] 풀다. 내리다. 【부라▶풀어/부루이▶푸니】 ¶소발을 **부루고** 쌈장 덮어 주고 소죽을 묵애라.▶소바리를 **풀고** 등덮개 덮어 주고 소죽을 먹여라./**부라** 논 짐이 비를 맞을라, 건저실로 옹개 놓자.▶**풀어** 놓은 짐이 비를 맞을라, 건조실로 옮겨 놓자.

부루':다2 [동] 불리다. '붇다'의 사동. 【부라▶불려/부루이▶불리니】 ¶큰일에 씰 조피를 맨들라카머 콩을 서너 대는 **부라야** 할 끼이다.▶큰일에 쓸 두부를 만들려면 콩을 서너 되는 **불려야** 할 것이다./그 사람이 하는 말은 **부라서** 하는 거라 반튼은 깎어서 들어야 맞다.▶그 사람이 하는 말은 **불려서** 하는 거라 반절은 깎아서 들어야 맞다. ☞불구다.

부리'끼 [명] 새끼를 낳지 못하는 가축.

부리'다1 [동] 부르다(呼). 【불러▶불러/부리이▶부르니】 ¶망할 소상이 머가 삐졌는지, 내가 **부리는데도** 돌아보지도 안는다.▶망할 자식이 뭐가 삐쳤는지, 내가 **부르는데도** 돌아보지도 않는다./학상들이 핵고에서 유행가를 **부린다꼬** 선상임이 머라카드라.▶학생들이 학교에서 대중가요를 **부른다고** 선생님이 꾸중하시더라. ※유행가는 퇴폐적인 노래라 해서 학교에서 부르는 것을 금지했다.

부리'다2 [형] 부르다(飽). 【불러▶불러/부리이▶부르니】 ¶**부린** 배가 고푼 거를 누가 알어주노?▶**부른** 배가 고픈 것을 누가 알아주나? ※임신한 여자를 두고 하는 말로, 남의 속사정을 모른다는 말./등 따시고 배 **부리이** 만고강산(萬古江山)이다.▶등 따스하고 배 **부르니** 유유자적(悠悠自適)하다.

부:림봉답 [명] 빗물과 지하수를 함께 이용하는 농토. ☞봉답. 천봉답. 천수봉답.

부살'개 [명] 불쏘시개. ¶부쇠가 있으머 뿍디기 한 오쿰을 비배서 **부살개를** 맨들어 살리머 댄다.▶부시가 있으면 북데기 한 줌을 비벼서 **불쏘시개를** 만들어 살리면 된다. ☞부살기. 불쑤시개.

부살'기 [명] 불쏘시개. ☞부살개. 불쑤시개.

부솜 圕 부싯깃. ¶부솜으로는 소캐보다 쑥을 말라서 비배 씨머 불이 잘 덩개진다. ▶ 부싯깃으로는 솜보다 쑥을 말려서 비벼 쓰면 불이 잘 댕겨진다.
부쇠 圕 부시.《화둔도(火鈍刀). 화도(火刀)》☞ 불쇠.
부쇳돌 圕 부싯돌. ☞ 불똘.
부시:기 閅 부스스. 슬그머니. ¶오래동안 신양으로 눕었다가 해동대고부텀 부시기 일어나서 나돌어 댕긴다. ▶ 오랫동안 신병으로 누웠다가 해동(解冬)되고부터 부스스 일어나서 나돌아 다닌다./내 옆에서 자다가 부시기 일어나디이 말도 없이 사라졌다. ▶ 내 옆에서 자다가 슬그머니 일어나더니 말도 없이 사라졌다.
부시럼 圕 부스럼. ¶끍거서 부시럼 맨드지 마고 가마이 나도라. ▶ 긁어서 부스럼 만들지 말고 가만히 놔둬라.
부실비 圕 부슬비. 부슬부슬 내리는 비. ¶부실비에 옷 젖는다. ▶ 부슬비에 옷 젖는다.
부애 圕 부아. 약. ¶부애가 쫌 나디라도 꽉 참어라. ▶ 부아가 좀 나더라도 그만 참아라./니 자꼬 부애를 올리머 내가 더는 몬 참는다. ▶ 너 자꾸 약을 올리면 내가 더는 못 참는다.
부:자질 圕 부자노릇(富者--). ¶고상 끝에 영화라 카디이, 그 사람은 고상도 마이 했는데 인자는 떵떵거리매 부자질을 하고 산다. ▶ 고생 끝에 영화라 하더니, 그 사람은 고생도 많이 했는데 이제는 떵떵거리며 부자노릇을 하고 산다.
부재까치 圕 부젓가락. 화로의 숯불덩어리를 짚는 쇠 젓가락. ¶화리에 밤을 묻어 논 거는 부재까치로 집어내면 댄다. ▶ 화로에 밤을 묻어 놓은 것은 부젓가락으로 집어내면 된다./화리불을 부재까치로 자꼬 건디리머 불이 새기 삭어 뿌린다. ▶ 화롯불을 부젓가락으로 자꾸 건드리면 불이 속히 삭아 버린다.
부적 圕 아궁이. ¶부적 안으로 불을 쑥 밀어 여서 방을 뜨시게 해라. ▶ 아궁이 안으로 불을 쑥 밀어 넣어서 방을 따스하게 해라./부적에 불을 다 땠으며 화리에 불을 담어 들라라. ▶ 아궁이에 불을 다 땠으면 화로에 불을 담아 들려라. ☞ 부적아구리.
부적띠'기 圕 부엌데기. '부인(婦人)'의 낮춤말. ¶우리 집 부적띠기는 질쌈이고 임석 솜씨고 맥히는 기이 없다. ▶ 우리 집 부엌데기는 길쌈이고 음식 솜씨고 막히는 것이 없다.
부적아구리 圕 부엌아궁이. 불기운이 밖으로 새나가지 않게 쇠문을 단 개량 아궁이. ☞ 부적.

부지깨~이 몡 부지깽이. ¶개가 괴기동가리 하나를 도디케 묵다가 **부지깨이** 찜질을 당하고 깽깽거리매 도망갔다. ▶ 개가 생선토막 하나를 훔쳐 먹다가 부지깽이 찜질을 당하고 깽깽거리며 도망갔다.

부치:다 동 부치다. 【부채 ▶ 부쳐/부치이 ▶ 부치니】¶혼자서 하기가 심이 **부채서** 일을 미라 났다. ▶ 혼자서 하기가 힘이 **부쳐서** 일을 미뤄 놓았다.

부침개 몡 부침개. ¶한머러는 **부침개를** 붙치고, 한머러는 떡을 치고, 한머러는 괴기를 삶고, 잔채하는 집 그트네. ▶ 한편으로는 **부침개를** 붙이고, 한편으로는 떡을 치고, 하편으로는 고기를 삶고, 잔치하는 집 같네. ☞ 찌짐. 찌짐이. 찌징개.

부`텀 조 부터. ¶숩은 **거부텀** 먼첨 해 놓고 차참 다른 것을 해 나가자. ▶ 쉬운 것부터 먼저 해 놓고 차츰 다른 것을 해 나가자.

부:테끈 몡 부테허리에 달린 끈. 베를 짤 때 말코에 건다. ☞ 베틀.

부:테허리 몡 베를 짤 때 허리에 두르는 부테(띠). ¶부테허리 두린양은 절로생긴 산지절에 허리안개 두린듯고. ▶ 부테허리 두른양은 절로생긴 산허리에 허리안개 두른듯고./부테라 두린양은 허리안개 두린듯다. ▶ 부테라 두른양은 허리안개 두른듯다./부티라 두린양은 용문산에 실안개가 두린듯고. ▶ 부테라 두른양은 용문산에 실안개가 드른듯고. 《부티. 비테. 분태》 ☞ 베틀.

부풀구:다 동 부풀리다. '부풀다'의 사동. 【부풀가 ▶ 부풀려/부풀구이 ▶ 부풀리니】¶이전에 우리 처자 때는 가심이 불룩 나오는 기이 부끄럽어 처매끈으로 조루고 했는데, 요새 아들은 우야든지 **부풀가** 빌라꼬 약을 집어옇고 한단다. ▶ 예전에 우리 처녀 때는 가슴이 불룩 나오는 것이 부끄러워 치마끈으로 조르고 했는데, 요새 애들은 어떻게 하던지 **부풀려** 보이려고 약을 집어넣고 한단다./하는 말마다 **부풀구이** 콩으로 메주를 쑨다 캐도 어얘 믿겠노? ▶ 하는 말마다 **부풀리니** 콩으로 메주를 쑨다 해도 어떻게 믿겠나?

부히~이 몡 부엉이. ¶디산에 **부히이가** 울어 샀는 거를 보이 봄이 완연하다. ▶ 뒷산에 **부엉이가** 울어 대는 것을 보니 봄이 완연하다./부히이 눈까리를 하고 와 그래 사람을 치다보노? ▶ 부엉이 눈깔을 하고 왜 그렇게 사람을 쳐다보나?

북 몡 베를 짤 때 꾸리를 넣는 배 모양의 나무통. 버드나무로 만들었다. ¶**북이라** 하는양은 삼사월 양유파에 황금그튼 꾀꼬리가 알을품고 왕내하네. ▶ **북이라** 하는양은 삼사월 버들가지 황금같은 꾀꼬리가 알을품고 왕래하네./북이라고 나든양은 하월애기 알을품고 대동강에 넘나든다. ▶ 북이라고 나드는양은 해오라기 알을품고 대동강에 넘나든다./북이라 나돈양은 벽랑강에 금오리가 알을품고 나른듯고. ▶ 북이라 나드는양은 벼랑강에 금오리가 알을품고 나드는듯고. ☞ 베틀.

북따까'리 몡 베를 짤 때 북에 넣은 꾸리가 밖으로 나오지 않게 하는 북닫개. 《북바늘. 북딱지. 북따깨이》 ☞ 베틀.

북'띠 몡 배대끈(-帶). 길마를 차릴 때 소의 배에 매는 복대(腹帶). ¶북띠를 여무게 매라. 소발 넘어갈라. ▶ 복대를 여물게 매어라. 소바리 넘어갈라. ☞ 소북띠.

북띠아구래~이 몡 복대(腹帶) 고리. 배대끈에 달려 있는 구부러진 고리. ¶험한 일을 하도 마이 해서 손이라카는 기이 북띠아구래이 글치 댔다. ▶ 험한 일을 하도 많이 해서 손이라는 것이 복대고리 같이 되었다. ☞ 소북띠아구래이.

북선(北鮮) 몡 북한. '북조선(北朝鮮)'의 준말. 1948년 대한민국으로 독립하기 전에 38도선 북쪽을 이르는 말.

분1 몡의 번(番). ¶작은 도독질도 한 분 두 분 여사로 하다가 내중에는 큰 도독눔이 댄다. ▶ 작은 도둑질도 한 번 두 번 예사로 하다가 나중에는 큰 도둑놈이 된다.

-분2 젭 -운. 형용사가 되는 어간에 붙는 접미사. ¶가차분 친척이다. ▶ 가까운 친척이다./고분 얼골이다. ▶ 고운 얼굴이다./더분 날씨다. ▶ 더운 날씨다./더러분 내미가 난다. ▶ 더러운 냄새가 난다./매분 시집살이다. ▶ 매운 시집살이다./미분 정도 정이다. ▶ 미운 정도 정이다./싱거분 사람도 다 있다. ▶ 싱거운 사람도 다 있다.

분'답다 혱 번잡(煩雜)하다. 난잡(亂雜)하다. ¶아이고 정신없어라. 아가 와 저래 분답노? ▶ 아이고 정신없어라. 애가 왜 저렇게 번잡하나?/사람이 분답기만 하지 머 하나 지대로 해 놓는 거를 몬 밨다. ▶ 사람이 난잡하기만 하지 뭐 하나 제대로 해 놓는 것을 못 보았다. ☞ 분잡다.

분디'기1 몡 번데기. ¶이전, 누베 꼬치 풀 때 어매 옆에 안저서 분디기 조 묵든 생각이 난다. ▶ 예전, 누에 꼬치 풀 때 엄마 옆에 앉아서 번데기 줘 먹던 생각이 난다. ☞ 뻔디기.

분디'기2 몡 보늬. 밤이나 도토리의 떫은 속껍질. ¶밤 분디기가 떫기는 하지마는 그 속에 몸에 좋은 약이 들어있단다. ▶ 밤 보늬가 떫기는 하지만 그 속에 몸에 좋은 약이 들어있단다. ☞ 뽀늬.

분수지'기(分水--) 몡 수리감독(水利監督). 공공 수리시설을 관리하는 사람으로, 날이 가물 때 물을 분배하는 일도 한다. ☞ 물강구.

분이기 [명] 분위기(雰圍氣). ¶기분이 쪼매 머 하디이라도 **분이기**에 마차 놀어 조라. ▸ 기분이 조금 뭣 하더라도 **분위기**에 맞춰 놀아 줘라.

분'잡다 [형] 번잡(煩雜)하다. 난잡(亂雜)하다. ¶**분잡은** 일은 미라 놓고 숩은 거부텀 시작하자. ▸ **번잡한** 일은 미뤄 놓고 쉬운 것부터 시작하자. ☞ 분답다.

불1 [명][의] 벌. 몇 가지나 몇 개가 모여 전체를 이루는 옷이나 그릇 따위의 단위. ¶맹절을 쉬고 친정 갈 때 입을라꼬 처매저구리 한 **불** 했다. ▸ 명절을 쉬고 친정 갈 때 입으려고 치마저고리 한 **벌** 했다./손님 오머 씰라꼬 살을 펴 주고 녹그럭 두 **불**을 장만했다. ▸ 손님 오면 쓰려고 쌀을 펴 주고 놋그릇 두 **벌**을 장만했다.

불2 [명][의] 벌. 같은 일을 거듭 할 때 일의 하나하나를 세는 단위. ¶씰대없이 두 **불** 일을 하게 댔다. ▸ 쓸데없이 두 **벌** 일을 하게 되었다./어제사 시 **불** 논매를 마쳤다. ▸ 어제야 세 **벌** 논매기를 마쳤다./바아깐에서 보리를 두 **불** 뒦다가 매깨 놓고 왔다. ▸ 방아간에서 보리를 두 **벌** 대끼다가 맡겨 놓고 왔다.

불구'ː다 [동] 불리다. '붇다'의 사동. 【불가 ▸ 불려/불구이 ▸ 불리니】 ¶거랑아 발을 당가 놓고 때를 **불구고** 있다. ▸ 개울에 발을 담가 놓고 때를 **불리고** 있다./콩을 **불가서** 맷돌에 갈어 조피 맨들라 칸다. ▸ 콩을 **불려서** 맷돌에 갈아 두부 만들려 한다./묵을 꺼를 앤 묵고 입을 꺼를 앤 입으매 재산을 **불갔다**. ▸ 먹을 것을 안 먹고 입을 것을 안 입으며 재산을 **불렸다**. ☞ 부루다2.

불'따 [형] '부럽다'의 준말. 【불버 ▸ 부러워/불부이 ▸ 부러우니/불분 ▸ 부러운/불불 ▸ 부러울】 ¶느그가 재미있게 사는 거 보고 넘들이 다 **불버서** 치다본다. ▸ 너희가 재미있게 사는 것 보고 남들이 다 **부러워서** 쳐다본다./그 사람이야 등 따시고 배부리고 시상아 **불분** 기이 없지. ▸ 그 사람이야 등 따뜻하고 배부르고 세상에 **부러운** 것이 없지./**불불** 기이 따리 있지, 재와 넘들 입은 옷가지나 보고 **불버하나?** ▸ **부러울** 것이 따로 있지, 겨우 남들 입은 옷가지나 보고 **부러워하나?**

불똘 [명] 부싯돌. ☞ 부쇳돌.

불매 [명] 풀무. 바람을 불어넣는 기구. ☞ 풀매.

불매불매 [명] 아기를 어르면서 가르치는 몸놀림의 하나. 아기를 세우고 좌우로 흔들며 하는 말 또는 그 동작. ¶**불매불매** 불매야 이불매가 뉘불매고, 갱상드디불매 푸르르딱딱 불매야. ▸ **풀무풀무** 풀무야 이풀무가 뉘풀문가, 경상도 듸풀무 푸르르딱딱 풀무야. ※대장간이나 솥땜장이가 풀무질을 할 때 밀고 당기는 동작과 그 소리를 흉내 내어 부르는 동요. ☞ 깟딱깟딱. 곤지곤지. 따리따리. 도레도레. 서마서마. 짝짝꿍. 잠잠. 쪼막쪼막. 진진. 헐래헐래.

불매'질 뗑 풀무질. 잠 잘 때 숨을 내쉬면서 소리를 내는 짓. ¶팬수재이가 불아구리 앞에서 **불매질**을 하고 있다. ▶ 대장장이가 불아궁이 앞에서 **풀무질**을 하고 있다./불매질을 하매 곤하게 자디이 언제 깼노? ▶ 풀무질을 하며 곤하게 자더니 언제 깼나? ☞ 풀매질.

불부'리 뗑 번번이(番番-). ¶우리가 어렵을 때마중 **불부리** 찾어와서 도와 주이 얼매나 고맙은기요. ▶ 우리가 어려울 때마다 **번번이** 찾아와서 도와 주니 얼마나 고마운가요. ☞ 번버이.

불사리다 동 불사르다. 【불살러 ▶ 불살라/불사리이 ▶ 불사르니】 ¶옷가지고 사진이고 죽은 사람이 씨든 거는 다 **불살러** 없애라. ▶ 옷가지고 사진이고 죽은 사람이 쓰던 것은 다 **불살라** 없애라. ☞ 사리다.

불쇠 뗑 부시. ¶외할배가 **불쇠**를 쳐서 담뱃대에다 불을 불쳤다. ▶ 외할아버지가 **부시**를 쳐서 담뱃대에다 불을 붙였다. ☞ 부쇠.

불쑤시'개 뗑 불쏘시개. ☞ 부살개. 부살기.

불아구'리 뗑 아궁이. ☞ 아구래이. 아구리.

불예수 뗑 불여우. ¶**불예수** 그튼 연이 맥재 이 집 저 집으로 드나들매 넘의 숭이나 보고 쌈을 붙친다. ▶ **불여우** 같은 년이 공연히 이 집 저 집으로 드나들며 남의 흉이나 보고 싸움을 붙인다.

불칼 뗑 불벼락. ¶**불칼** 그튼 저 성질에 그양 보고 있을 택이 없다. ▶ **불벼락** 같은 저 성질에 그냥 보고 있을 턱이 없다./불칼이 떨어져도 할 말은 다 하는 사람이다. ▶ 불벼락이 떨어져도 할 말은 다 하는 사람이다.

불칼 긑다 관 불 같다. '불 긑다'의 센말. 성질, 신념, 감정 따위가 '뜨겁고 날카롭다'는 뜻. ¶성질이 **불칼 긑다**. ▶ 성질이 불 같다./불칼 그튼 고집이다. ▶ 불 같은 고집이다.

불툭:하다 형 불룩하다. ¶돈 그거 쫌 있다꼬 배를 **불툭하게** 니밀고 검방을 떠고 있다. ▶ 돈 그것 좀 있다고 배를 **불룩하게** 내밀고 건방을 떨고 있다./불툭한 지갑을 꺼내디이 지폐 몇 장을 빼 떤지고 나가 뿌린다. ▶ **불룩한** 지갑을 꺼내더니 지폐 몇 장을 빼 던지고 나가 버린다.

불퉁거'리다 동 투덜거리다. ¶머가 맴에 앤 차는지 내들 **불퉁거리고** 있다. ▶ 무엇이 마음에 안 차는지 내처 투덜거리고 있다.

불팬 뗑 불편(不便). ¶서리 대민하기 **불팬하이** 모리는 칙하고 지내치자. ▶ 서로

붓'다1

대면하기 불편하니 모르는 척하고 지나치자./코딱지마한 집에서 동새 간에 같이 살라며 불팬한 기이 한두 가지가 아이지. ▶ 코딱지만한 집에서 동서(同壻) 간에 같이 살려면 불편한 것이 한두 가지가 아니지.

붓'다1 동 붓다. 【버어 ▶ 부어/부으이 ▶ 부으니】¶나무하로 산에 갔다가 땡삐한테 쏘캐서 얼골이 짚동 긑치 버었다. ▶ 나무하러 산에 갔다가 땅벌한테 쏘여서 얼굴이 짚동 같이 부었다./얼골이 퉁퉁 버어서 처음에는 누군지를 몬 알어보겠드라. ▶ 얼굴이 퉁퉁 부어서 처음에는 누군지를 못 알아보겠더라.

붓'다2 동 붓다. 쏟다. 【버어(부어) ▶ 부어/부으이 ▶ 부으니/불 ▶ 부을/불라 ▶ 부으려】¶소죽솥에 물을 마이 버야 한다. ▶ 소죽솥에 물을 많이 부어야 한다./그마이 정을 쏟어 버어 가매 키왔는데 설마 그 정을 모릴라꼬. ▶ 그만큼 정을 쏟아 부어 가며 키웠는데 설마 그 정을 모르려고./솥에 물을 불라 캐도 불 물이 없다. ▶ 솥에 물을 부으려 해도 부을 물이 없다.

붓대롱 명 붓두껍. ¶연필동가리를 쥘 데가 없으며 붓대롱에 꼽어서 씨머 댄다. ▶ 연필토막을 잡을 데가 없으면 붓두껍에 꽂아서 쓰면 된다. ☞ 붓따깨비. 붓따깨이. 붓뚜깨이.

붓따깨'비 명 붓두껍. ¶그 때 우리는 몽땅연필을 씨다가 붓따깨비에 끼와서 씨고, 그거도 다 대머 대나무로 연필깍지를 맨들어 심을 끼와서 썼다. ▶ 그 때 우리는 몽당연필을 쓰다가 붓두껍에 끼워서 쓰고, 그것도 다 되면 대나무로 연필깍지를 만들어 심을 끼워서 썼다. ※그뿐만 아니라 버려진 고무신 창을 토막내어 석유에 담가 만든 지우개, 탄알 케이스를 갈아 만든 연필깎이 칼, 물감을 풀어 만든 잉크, 백로지를 잘라 맨 공책 따위도 썼다. ☞ 붓대롱. 붓따깨이. 붓뚜깨이.

붓따깨~이 명 붓두껍. ☞ 붓대롱. 붓따깨비. 붓뚜깨이.

붓뚜깨~이 명 붓두껍. ☞ 붓대롱. 붓따깨비. 붓따깨이.

붓술 명 화로의 불을 만지는 숟가락.

붕'알 명 불알. 고환(睾丸). ¶가진 거라꼬는 붕알 두 쪼가리밲에 없으맨서 장개는 갈라카네. ▶ 가진 것이라고는 불알 두 쪼가리밖에 없으면서 장가는 가려고하네. ☞ 부랄.

붕'알망태기 명 불알망태. '붕알'의 속된말. 매달린 모양이 망태 같다고 해서 생긴 말. ☞ 부랄망태기.

붕:애 명 붕어. ¶날이 가물어서 차당실 못에 물이 다 빠지이 붕애가 우글우글

한다 카드라. ▶ 날이 가물어서 차당실 못에 물이 다 빠지니 붕어가 우글우글 한다 하더라.

붙'치다 〖동〗 붙이다. 【붙쳐 ▶ 붙여/붙치이 ▶ 붙이니】 ¶서월 밑에 논이라도 붙쳤나 와 저래 검방을 떠노? ▶ 서울 아래(부근에) 논이라도 붙였나 왜 저렇게 건방을 떠나? ※세도가(勢道家)의 이웃에라도 살았나 하는 뜻으로, 거드름을 피우는 사람을 보고 비꼬는 말./코에다 붙쳐 놓고 댕기는 밥띠기는 저녁에 묵을라 카나? ▶ 코에다 붙여 놓고 다니는 밥풀은 저녁에 먹으려 하나?

비: 〖명〗 비. 화투짝 중에서 12월이나 열두 끗을 상징하는 비가 오는 풍경의 그림 패.

비:개 〖명〗 베개(枕). ¶한 비개를 비고 삼십 년을 산 사람이다. ▶ 한 베개를 베고 삼십 년을 산 사람이다. ※부부생활이 삼십 년이라는 말./비개 모서리가 다 젖드록 밤새 울었다. ▶ 베개 모서리가 다 젖도록 밤새 울었다.

비:개속통 〖명〗 베갯속. 베개주머니 속에 넣는 것. ¶비개속통으로는 메물 껍띠기, 등개, 달터래기 그튼 거를 씬다. ▶ 베갯속으로는 메밀 겉껍질, 왕겨, 닭털 같은 것을 쓴다.

비:게미 〖명〗 베를 짤 때 거는 비거미. 세 개의 막대기를 나란히 하여 삼각 구조로 조합된 도구로, 사치미를 거쳐서 넘어오는 잉애올과 사올을 팽팽하게 벌려준다. ¶비게미라 눕은양은 거우에 안즌임이 낭군에 자위하네. ▶ 비거미라 누운양은 □□에 앉은님이 □□에 □□하고./비게미 노는양은 홍문안 높이열고. ▶ 비거미 노는양은 홍문안 높이열고. 《비경이. 비기미. 뻥어리. 빙어리》 ☞ 베틀.

비:끼다1 〖동〗 비키다. 옆으로 물러서다. 【비깨 ▶ 비켜/비끼이 ▶ 비키니】 ¶자, 짐이요 짐, 짐 가니더 저리 비깨 보시더. ▶ 자, 짐이요 짐, 짐 가요 저리 비켜 봅시다. ※장터에서 지게꾼이 짐을 지고 가면서 하는 말./기중 어려운 고비는 비깨 나가기는 했는데 아이 한 고비가 남았네. ▶ 가장 어려운 고비는 비켜 나가기는 했는데 아직 한 고비가 남았네.

비'끼다2 〖동〗 벗기다. '벗다'의 사동. 【비깨 ▶ 벗겨/비끼이 ▶ 벗기니】 ¶저 미련한 실랑 쫌 바라. 쪽두리 비깨 주고 옷고름도 풀어 조야지, 짜린 밤에 안저서 밤새울라카나? ▶ 저 미련한 신랑 좀 보아라. 족두리 벗겨 주고 옷고름도 풀어 줘야지, 짧은 밤에 앉아서 밤새우려하나? ※첫날밤 신방으로 들어간 신랑의 서툰 거동을 문구멍으로 들여다보던 사람들이 장난으로 하는 말. ☞ 베끼다.

비내 [명] 비녀. 성인 여자의 쪽찐 머리에 꽂는 제구. 금, 은, 옥, 알루미늄 따위로 만들었다. ¶긴 머리 감처 틀고 옥비내로 쪽을 찌니 천상 선여가 따리 없다. ▶ 긴 머리 감쳐 틀고 옥비녀로 쪽을 찌니 천상 선녀가 따로 없다.

비내'뿔 [명] 소의 뿔이 비녀처럼 양쪽 옆으로 난 뿔.

비니:루 [명] 비닐. [日] 'ビニール(vinyl)'.

비니'루봉다리 [명] 비닐봉투. ¶요새사 흔해빠진 기이 비니루봉다리지마는 그 때사 점빵아 가머 시문지 조오봉다리뺌에 없었다. ▶ 요새야 흔해빠진 것이 비닐봉투지만 그 때야 상점에 가면 신문지 종이봉지밖에 없었다.

비':다1 [동] 보이다. '보다'의 피동//사동. 【비 ▶ 보여/비이 ▶ 보이니】 ¶내 눈에는 알라로 뺌에 앤 빈다. ▶ 내 눈에는 아기로 밖에 안 보인다./꿈에 물이 비머 좋은 일이 생긴다. ▶ 꿈에 물이 보이면 좋은 일이 생긴다./높은 사람하테 잘 비서 출세했다. ▶ 높은 사람한테 잘 보여서 출세했다./내 눈에 비이 우째 가마이 있노? ▶ 내 눈에 보이니 어찌 가만히 있나?//앤 비 줄 꺼를 비 주고 말었다. ▶ 안 보여 줄 것을 보여 주고 말았다./장 바 온 거를 느그 어런한테 먼저 비 디래라. ▶ 장 봐 온 것을 너희 어른한테 먼저 보여 드려라./도강증을 비이 통가시개 주드라. ▶ 도강증을 보이니 통과시켜 주더라. ※도강증(渡江證)은 9·28수복할 때 한강을 건너 서울에 들어가는 것을 허가하는 증명서. ☞ 보애다.

비:다2 [동] 베다. 【비 ▶ 베어/비이 ▶ 베니】 ¶산에서 꼴을 비다가 손까락을 빘다. ▶ 산에서 꼴을 베다가 손가락을 베었다./나무가 굴거서 거두 없이는 비기 애럽다. ▶ 나무가 굵어서 톱 없이는 베기 어렵다./앞에 걸래는 나무는 마카 비 내자. ▶ 앞에 걸리는 나무는 모두 베어 내자.

비:다3 [동] 감다. 실을 감는 데 세 가지 방법이 있는데, 공 모양으로 둥글게 감는 방법과, 대롱(막대기)에다 타원형으로 감되, 나란히 감는 방법이 있고, 대롱(부대. 비대)의 양쪽 끝을 오가면서 지그재그로 감는 방법이 있다. 베를 짤 때 북에 들어가는 씨실은 마지막 방법으로 감는데, 이렇게 감는 것을 '비다'고 한다. 【비 ▶ 감아/비이 ▶ 감으니/비서 ▶ 감아서/비고 ▶ 감고】 ☞ 부대. 비대.

비:단절 [명] 비단결. ¶저 처자는 맴씨가 비단절 글치 저래 곱을꼬? ▶ 저 처녀는 마음씨가 비단결 같이 저렇게 고울까?

비대 [명] 베를 짤 때 북에 들어가는 씨실을 감는(비는) 가느다란 대나무 대롱. 꾸리를 '비는 대'라는 뜻. 《점대》 ☞ 부대. 비다3.

비'러묵다 [동] 빌어먹다. 【비러묵어 ▶ 빌어먹어/비러묵으이 ▶ 빌어먹으니】 ¶비러

묵을 연이 지 좋다 캐서 보내 노이 인자는 산다 몬 산다 캐 사매 이미 속을 쌔긴다. ▶ 빌어먹을 년이 저 좋다 해서 보내 놓으니 이제는 산다 못 산다 해 대며 어미 속을 썩인다.

비렁'내 몡 비린내. ¶넘들이 실타는 비렁내 꾸렁내 다 맡어 가매 애 해본 일이 없었다. ▶ 남들이 싫다는 비린내 구린내 다 맡아 가며 안 해본 일이 없었다.

비:로 몡 비료(肥料). ¶비로라 카머 똥 비로카머 더 좋은 비로가 어디 있노? ▶ 비료라면 똥 비료보다 더 좋은 비료가 어디 있나?

비름배~이 몡 비렁뱅이. ¶비름배이 처지에 짭다 싱겁다 카지 마고 주는 대로 받어묵어라. ▶ 비렁뱅이 처지에 짜다 싱겁다 하지 말고 주는 대로 받아먹어라. ☞ 걸배이.

비리 몡 비루. 가축의 피부병. ¶비리 오린 개 한 마리가 골목에서 묵을 꺼를 찾어댕긴다. ▶ 비루 오른 개 한 마리가 골목에서 먹을 것을 찾아다닌다.

비:미 閈 어련히. ¶니가 앤 그캐도 가가 비미 알어서 할 낀데, 니는 신갱을 씨지 마고 다린 일이나 해라. ▶ 너가 안 그래도 개가 어련히 알아서 할 것인데, 너는 신경을 쓰지 말고 다른 일이나 해라.

비배'고 안따 관 비비고 앉다. 비집고 앉다. ¶자리가 비잡지마는 여기 비배고 안저 바라. ▶ 자리가 비좁지만 여기 비비고 앉아 보아라.

비배'다 동 비비다. 【비배 ▶ 비벼/비배이 ▶ 비비니】 ¶한 이불 밑에서 몸 비배머 사든 지 안들도 등 돌리머 넘다. ▶ 한 이불 밑에서 몸 비비며 살던 제 여편네도 등 돌리면 남이다./바가치에다 밥그럭을 엎어 옇고 이거저거 다 처옇고 비배서 입이 찌지도록 밀어 옇는다. ▶ 바가지에다 밥그릇을 엎어 넣고 이것저것 다 처넣고 비벼서 입이 째지도록 밀어 넣는다.

비뱀'밥 몡 비빔밥. 어떤 사물이 뒤죽박죽으로 된 상태. ¶그 집은 아어런도 없는 비뱀밥 집안이다. ▶ 그 집은 애어른도 없는 비빔밥 집안이다.

비사'리 몡 화투놀이에서 비 패 넷 짝을 모은 등급. ☞ 비시마.

비시'마 몡 화투놀이에서 비 패 넷 짝을 모은 등급. ☞ 비사리.

비'실 몡 벼슬. ¶곡석이 알이 차머 숙이드시 사람도 비실이 높을수록 머리는 숙이는 기이다. ▶ 곡식이 알이 차면 숙이듯이 사람도 벼슬이 높을수록 머리는 숙이는 것이다. ☞ 배실.

비'알 몡 비탈. 【산비알 ▶ 산비탈】 ¶산 아래 비알에 쉰댓 가구가 모애 사는 데가 우리 마실이다. ▶ 산 아래 비탈에 오십여 가구가 모여 사는 데가 우리 마을이

비ː우

다. ☞ 빈달.

비ː우 명 비위. ¶서양 임석은 노랑내가 나서 우리 비우에 앤 맞드라. ▶ 서양 음식은 노린내가 나서 우리 비위에 안 맞더라./저래 비우 좋은 사람 바라. 그마이 구박을 받고도 또 왔네. ▶ 저렇게 비위 좋은 사람 봐라. 그만큼 구박을 받고도 또 왔네.

비ˈ우다 동 비우다. '비다'의 사동. 【비와▶비워/비우이▶비우니】¶밥 한 그럭 눌라 담아 준 거를 다 비우고도 또 더 없나 카는 눈치다. ▶ 밥 한 그릇 눌러 담아 준 것을 다 비우고도 또 더 없나 하는 눈치다./맴을 비와 뿌리이 이래 개갑은 거를 내가 말라꼬 애를 태왔는지 몰따. ▶ 마음을 비워 버리니 이렇게 가벼운 것을 내가 무엇 하러 애를 태웠는지 몰라.

비ˇ이 명 병(甁). 【약비이▶약병/유리비이▶유리병/지름비이▶기름병】¶친정어무이가 마참 이리로 오는 인팬이 있어서 참지름을 시 비이나 보냈디더. ▶ 친정어머니가 마침 이리로 오는 인편이 있어서 참기름을 세 병이나 보냈습니다. ☞ 빙1.

비ː잡다 형 비좁다. 【비잡어▶비좁아/비잡으이▶비좁으니】¶방이 비잡어서 다 몬 자이 맻 키는 저 방아 가서 자자. ▶ 방이 비좁아서 다 못 자니 몇 사람은 저 방에 가서 자자. ☞ 소잡다.

비짜리 명 빗자루. 방에서 쓰는 빗자루는 보통 짚고갱이를 뽑아서 맨 것이나 개꼬리에 자루를 박은 것이 있고, 마당에 쓰는 것으로는 싸리나무나 대나무로 맨 것이 대부분이다. ¶방구적에 헡처저 있는 거를 비짜리로 쓸고 두디기 빨어서 딲어라. ▶ 방구석에 흩쳐져 있는 것을 빗자루로 쓸고 걸레 빨아서 닦아라./짚 회기를 뽑어서 비짜리를 매 노머 제리 오래 씬다. ▶ 짚 이삭목을 뽑아서 빗자루를 매 놓으면 제일 오래 쓴다.

비추ː다 동 비추다. 【비차▶비춰/비추이▶비추니】¶불 쫌 비차 도고. 여기 더 가 있는지 살패보자. ▶ 불 좀 비춰 다오. 여기 무엇이 있는지 살펴보자.

비캐ː다 동 베이다. '비다2'의 피동. 【비캐▶베여/비캐이▶베이니】¶누가 와서 이랬는지, 아름드리 솔나무가 비캐 넘어저 있다. ▶ 누가 와서 이랬는지, 아름드리 소나무가 베여 넘어저 있다.

빈ː걸 명 빈손. '빈 거름'의 준말. 【빙걸로▶빈손으로】¶여기로 오매 아무 꺼도 앤 가주고 빙걸로 와서 미안허이. ▶ 여기로 오며 아무 것도 안 가지고 빈손으로 와서 미안하이./빈걸로 왔다가 빈걸로 가는 기이 인생인데, 시 끼 밥 묵고 지내머 대지 머를 더 바래겠노? ▶ 빈 거름으로 왔다가 빈 거름으로 가는 것이 인생인데, 세 끼니 밥 먹고 지내면 되지 뭘 더 바라겠나?

빈:고 圐 변고(變故). ¶그래 잘 사든 집이 언 날 생각지도 안튼 빈고가 생개서 하리아직에 폭삭 망했다. ▶ 그렇게 잘 살던 집이 어느 날 생각지도 않던 변고가 생겨서 하루아침에 폭삭 망했다.

빈'달 圐 비탈. 【산빈달 ▶ 산비탈】¶거기는 빈달이 진 데라 물이 잘 빠진다. ▶ 거기는 비탈이 진 데라 물이 잘 빠진다. ☞ 비알.

빈디:기 凰 비스듬히. ¶내가 머러카는데도 빈디기 눕어서 날 잡어묵어라 카매 배짱을 부린다. ▶ 내가 뭐라 하는데도 비스듬히 누워서 날 잡아먹어라 하며 배짱을 부린다.

빈침 圐 옷핀. '핀(pin)'+'침(針)'. ¶단추 떨어진 데 우선어 빈침 꼽고 입고 있그라. ▶ 단추 떨어진 데 우선 옷핀 꽂고 입고 있어라. ☞ 옷빈침.

빈:하다 圄 변(變)하다. ¶시상 사람들이 다 빈해도 자네 맴은 앤 빈할 꺼로 믿었네. ▶ 세상 사람들이 다 변해도 자네 마음은 안 변할 것으로 믿었네./입맛이 빈했는지 밥맛이 소태 같다. ▶ 입맛이 변했는지 밥맛이 소태 같다. ☞ 밴하다.

빌: 圐 별. ¶하늘에는 빌도 만코 우리네 가심에 근심도 만타, 칭나칭나칭나네. ▶ 하늘에는 별도 많고 우리네 가슴에 근심도 많다, 쾌지나칭칭나네. 〈풍악놀이 가사의 일부〉/빌을 보고 일 나갔다가 빌을 보고 들온다. ▶ 별을 보고 일 나갔다가 별을 보고 들어온다.

빌:똥 圐 별똥. ¶한여름 밤에 마당아서 할매 무룹을 비고 눕어 있으며, 빌똥이 꼬랑지를 달고 떨어지는 거를 보고 할매는 "오늘은 누가 또 죽었는공?" 칸다. ▶ 한여름 밤에 마당에서 할머니 무릎을 베고 누워 있으면, 별똥이 꼬리를 달고 떨어지는 것을 보고 할머니는 "오늘은 누가 또 죽었나?" 한다.

빌'어처묵을 囝 빌어먹을. ¶빌어처묵을 팔자, 나이 삼십도 앤 대서 서방 자아묵고, 그거도 모자래서 자석꺼정 자아묵네. ▶ 빌어먹을 팔자, 나이 삼십도 안 되어서 서방 잡아먹고, 그것도 모자라서 자식까지 잡아먹네.

빕 圐 법(法). ¶사람으 도리로 그러는 빕이 없다. ▶ 사람의 도리로 그러는 법이 없다./어디 좋아서 사나, 빕으로 사는 기이지. ▶ 어디 좋아서 사나, 법으로 사는 것이지./나뿐 질을 하머 벌을 받는 빕이지. ▶ 나쁜 짓을 하면 벌을 받는 법이지./그 말을 들으이 그거도 좋을 빕하다. ▶ 그 말을 들으니 그것도 좋을 법하다.

빙¹ 圐 병(甁). ¶술이나 맻 빙 들고 가서 부탁해야지 말로마 해서는 앤 댈 끼이

빙:2

다. ▶ 술이나 몇 병 들고 가서 부탁해야지 말로만 해서는 안 될 것이다./한 빙마 더 한 빙마 더 카든 기이 열 빙도 넘어 마셨다. ▶ 한 병만 더 한 병만 더 하는 것이 열 병도 넘어 마셨다. ☞ 비이.

빙:2 명 병(病). ¶내가 잘 나갈 때는 문지방이 딸드록 드나들디이 늘꼬 빙이 드이 개미새끼 한 마리도 얼렁거리지 안는다./내가 잘 나갈 때는 문지방이 닳도록 드나들더니 늙고 병이 드니 개미새끼 한 마리도 어른거리지 않는다./빙 주고 약 준다. ▶ 병 주고 약 준다.

빙따까'리 명 병뚜껑(甁--). ☞ 빙뚜깨이.

빙뚜깨~이 명 병뚜껑(甁--). ☞ 빙따까리.

빙:시이 명 병신(病身). ¶빙시이 육갑 떤다. ▶ 병신 육갑 떤다./빙시이 을축 갑자 을푸네. ▶ 병신 을축(乙丑) 갑자(甲子) 읊네.

빙:원 명 병원(病院). ¶니가 알라 때는 몸이 약해서 빙원을 지집 드나들드시 했다. ▶ 네가 아기 때는 몸이 약해서 병원을 제집 드나들듯 했다.

빠리'다 형 빠르다. 【빨러 ▶ 빨라/빠리이 ▶ 빠르니】¶그 사람은 자리에서 일어섰다 카머 빠리기로 비호 같다. ▶ 그 사람은 자리에서 일어섰다면 빠르기로 비호(飛虎) 같다./그 사람은 나이가 내보다 시 살이나 빨러도 더 절머 빈다. ▶ 그 사람은 나이가 나보다 세 살이나 빨라도 더 젊어 보인다.

빠:수 명 버스. ¶장꾼들 때민에 오늘은 빠수가 미와 터지드라. ▶ 장꾼들 때문에 오늘은 버스가 메워 터지더라./빠수 보내고 손든다. ▶ 버스 보내고 손든다.

빠수:다 동 바수다. 【빠사 ▶ 바수어/빠수이 ▶ 바수니】¶내리모래 술을 당가야 하는데 누럭을 말라서 빠사 놓자. ▶ 내일모래 술을 담가야 하는데 누룩을 말려서 바숴 놓자./가실에 짐장할 때, 통무시를 디딜바아로 빠사서 소굼하고 꼬치가리로 버물어 맨든 그 물짐치가 우째 그래 시언하고 마싯었든지. ▶ 가을에 김장할 때, 통무를 디딜방아로 바수어서 소금하고 고춧가루로 버물려 만든 그 물김치가 어찌 그렇게 시원하고 맛있었던지.

빠'아뿌다 동 부수어 버리다. '빠아뿌리다'의 준말.

빠'아뿌리다 동 부수어 버리다. 【빠아뿌러 ▶ 부수어 버려/빠아뿌리이 ▶ 부수어 버리니】¶문째기 맨들어논 거가 이가 앤 맞는데 빠아뿌리고 다시 맨들어야겠다. ▶ 문짝 만들어놓은 것이 이가 안 맞는데 부수어 버리고 다시 만들어야겠다. ☞ 빠아뿌다.

빠:이 부 빤히. ¶시상 사람들이 빠이 알고 있는 일을 지 혼차마 아는 줄 안다. ▶

세상 사람들이 빤히 알고 있는 일을 제 혼자만 아는 줄 안다./빠이 거지말인 줄을 아지마는 모리는 척하고 넝갰다. ▶ 빤히 거짓말인 줄을 알지만 모르는 척하고 넘겼다.

빠이도'꾸 몡 매독. 日 'ばいどく(梅毒)'. ¶빠이도꾸 걸랜 거 긑치 어그적어그적 걸음이 와 그러노? ▶ 매독 걸린 것 같이 어기적어기적 걸음이 왜 그러나? ※ 가래톳이 생겨서 어기적거리며 걷는 사람을 놀리는 말이다./넘한테 몹씰 짓을 갈래 가매 하는 저눔, 빠이도꾸나 걸래 죽어라. ▶ 남한테 몹쓸 짓을 골라 가며 하는 저눔, 매독이나 거려 죽어라. ※ 페니실린이 발명되기 전에 매독에 걸리면 수은으로 훈(薰)을 뜨거나 606호라는 독한 약으로 다스리기도 했지만 완전한 치료는 어려웠다.

빠이롱 몡 바이올린. ¶빠이롱 시루네! ▶ 바이올린 타네(놀고 있네!)./빠이롱 고마 시라라. ▶ 바이올린 그만 타라(육갑 그만 떨어라). ※ 바이올린을 연주하는 사람의 비트는 몸짓에 비유하여 하는 말로, 못마땅한 행동을 보았을 때, '놀고 있네', '육갑 떠네', '지랄하네', '용천 떠네' 따위의 뜻으로 쓰이는 말.

빠자:묵다 동 빼먹다. 빠트려 먹다. 【빠자묵어 ▶ 빼먹어/빠자묵으이 ▶ 빼먹으니】¶오늘 지각해서 공부를 한 시간 빠자묵었다. ▶ 오늘 지각해서 공부를 한 시간 빼먹었다./강을 건낸 대지 대장이 지 빠자묵은 줄도 모리고 한 마리는 어디 갔노 카드란다. ▶ 강을 건넌 돼지 대장이 제 빠트려 먹은 줄도 모르고 한 마리는 어디 갔나 하더란다. ☞ 빼묵다.

빠자:뿌리다 동 빠트려 버리다. 빼 버리다. 탈락(脫落)시키다. ¶웅굴에서 물을 푸다가 뚜레박을 빠자뿌렀다. ▶ 우물에서 물을 푸다가 두레박을 빠트려 버렸다./기 장부에 그 사람 이름을 이자뿌리고 빠자뿌렀다. ▶ 계 장부에 그 사람 이름을 잊어버리고 빼 버렸다.

빠저뿌리다 동 빠져 버리다. 【빠저뿌래 ▶ 빠져 버려/빠저뿌리이 ▶ 빠져 버리니】 ¶이바구책에 정신이 빠저뿌리고 곁에 사람이 오는 거도 모리고 있었다. ▶ 이야기책에 정신이 빠져 버리고 곁에 사람이 오는 것도 모르고 있었다.

빠주:다 동 빠트리다. 빠지게 하다. 【빠자 ▶ 빠트려/빠주이 ▶ 빠트리니】¶달을 꼬는 데는 마늘 옇는 거를 빠주지 마래이. ▶ 닭을 고는 데는 마늘 넣는 것을 빠트리지 마라./돌다리 건낼 때 보따리 빠줄라 조심해라. ▶ 돌다리 건널 때 보따리 빠트릴라 조심해라.

빠직'다 동 빻다. 【빠직어 ▶ 빻아/빠직으이 ▶ 빻으니】¶떡살 당가 났든 거 빠직으로 방간에 가는 질이다. ▶ 떡쌀 담가 놓았던 것 빻으러 방앗간에 가는 길이다./해무꼬도 없는데 깨주매기 빠직어서 시굼장이나 맨들어 묵자. ▶ 반찬도 없는데 깨주매기 빻아서 등겨장이나 담가 먹자.

빤때기 몡 판자(板子). ¶마구간 문쨰기가 깨진 데 빤때기를 대서 곤처 나라. ▶ 외양간 문짝 깨진 데 판자를 대어서 고쳐 놓아라.

빤뜻:하다 형 반듯하다. ¶새마을 사업으로 경지정리를 해서 논질을 빤뜻하게 내노이 댕기기가 얼매나 수월노. ▶ 새마을 사업으로 경지정리를 해서 논길을 반듯하게 내어 놓으니 다니기가 얼마나 수월하나. ☞ 반득다.

빤쭈 몡 팬티. (日) 'パンツ(pants)'. ¶암만 덥지마는 사람들 보는데 빤쭈 바람으로 나댕기머 대나? ▶ 아무리 덥지만 사람들 보는데 팬티 바람으로 나다니면 되나? ☞ 사리마다.

빤찌 몡 펀치. (日) 'パンチ(punch)'. ¶그 둥치 큰 서양 선수가 박종팔이 빤찌를 한 방을 묵고는 저마이 나자빠지드라. ▶ 그 덩치 큰 서양 선수가 박종팔이 펀치를 한 방을 먹고는 저만큼 나자빠지더라.

빳지 몡 배지(badge). 휘장(徽章). ¶빳지를 달았다. ▶ 배지를 달았다.

빨뿌리 몡 파이프(pipe). '빠는 물뿌리'의 뜻. ☞ 빨쭈리.

빨쭈리 몡 파이프. '빠는 물쭈리'의 뜻. ☞ 빨뿌리.

뺨때기 몡 뺨따귀. '뺨'의 낮춤말. ¶다짜고짜로 뺨때기를 올러붙치는데 눈에 불이 번쩍 하드라. ▶ 다짜고짜로 뺨따귀를 올려붙이는데 눈에 불이 번쩍 하더라. ☞ 빼마리. 뺌때기.

빵:구 몡 펑크. '사달'의 속된말. (日) 'パンク(puncture)'. ¶일이 다 대 가는강 캤는데 생각지도 안튼 구적에 빵구가 나 뿌렀다. ▶ 일이 다 되어 가는가 했는데 생각지도 않던 구석에 펑크가 나 버렸다.

빵구:다 동 부수다. '뿌수다'의 속된말. 【빵가 ▶ 부수어/빵구이 ▶ 부수니】¶내리 떤지고 빵구매 그 집에 날리벅구통이 났다. ▶ 냅다 던지고 부수며 그 집에 난리가 났다.

빵:쇠 몡 고약이나 화장품 따위를 담는 둥글납작한 용기. ¶손 튼데 바리구로 이 빵쇠에다 맨소리다마 쫌 덜어 줄래? ▶ 손 튼데 바르게 이 용기에다 멘톨연고 좀 덜어 줄래?

빼 몡 뼈. ¶빼가 뿌사지드록 일을 해도 하리 시 끼 우에 더 묵겠나, 고마 쉬 가매 하지. ▶ 뼈가 부서지도록 일을 해도 하루 세 끼 위에 더 먹겠나, 그만 쉬어

가머 하지. ☞ 빼가지. 빼다구.

빼가지 명 뼈다귀. ¶아들이 담배를 피머 빼가지가 녹는다. ▶ 애들이 담배를 피우면 뼈다귀가 녹는다.

빼까'리 명 가리. 【나락빼까리 ▶ 볏가리/등거리빼까리 ▶ 장작가리/소깝빼까리 ▶ 솔가리/천지빼까리 ▶ 한없이 많은 것】¶올개는 풍연이 들어서 온 들에 나락이 빼까리 빼까리로 싸애 있다. ▶ 올해는 풍년이 들어서 온 들에 벼가 가리 가리로 쌓여 있다.

빼'꼴 명 뼛골. ¶빼꼴이 푹푹 쒸시는 기이 아매 몰살이 날라 카는갑다. ▶ 뼛골이 푹푹 쑤시는 것이 아마 몸살이 나려고 하는가 보다.

빼끼:다 동 빼앗기다. '빼뜰다'의 피동.【빼깨 ▶ 빼앗겨/빼끼이 ▶ 빼앗기니】¶그때 몬 살 때, 도시로 나간 촌 처자들이 취직 시개 준다 카매 역전앞에서 만난 사람을 디따라가서 몸 빼끼고 돈 빼깨서 신세 망구는 일이 흔했다. ▶ 그때 못 살 때, 도시로 나간 시골 처녀들이 취직 시켜 준다며 역전에서 만난 사람을 뒤따라가서 몸 빼앗기고 돈 빼앗겨서 신세 망치는 일이 흔했다. ☞ 빼뜰리다.

빼다구 명 뼈다귀. ¶모가지에 빼다구 걸랠라 잘 갈래내고 묵어라. ▶ 목에 뼈다귀 걸릴라 잘 가려내고 먹어라./지난분 여기서 까부든 놈들을 오늘 만나서 빼다구를 추리고 왔다. ▶ 지난번 여기서 까불던 놈들을 오늘 만나서 뼈다귀를 추리고 왔다. ※ 생선 뼈다귀를 추리듯이 혼쭐을 냈다는 말. ☞ 빼. 빼가지.

빼다지 명 서랍. '빼고 닫이'의 뜻. ¶빼다지 속에 큰아 핀지 온 거, 꺼내서 다시 일거 바라. ▶ 서랍 속에 큰애 편지 온 것, 꺼내어 다시 읽어 보아라.

빼대 명 뼈대. ¶빼대도 없는 눔이 감히 누구 앞이라꼬 뻐티고 질을 막노? ▶ 뼈대도 없는 놈이 감히 누구 앞이라고 버티고 길을 막나? ※ 몸뚱이가 작아도 뼈대 있는 멸치가 문어 앞에서 호통을 친다.

빼딱구두 명 뾰족구두. '하이힐'의 속된말. '빼딱거리는 구두'라는 뜻. ¶여기도 양바람이 불어와서 댕기머리 짤라서 뽁고 찌지고, 진 처매하고 고무신 벗어 떤지고 반동가리처매 걸치고, 서월로 어디로 나가서 빼딱구두 신꼬 삐딱거리다가 팔자꺼정 삐딱하게 댄 여자가 만었다. ▶ 여기도 서양바람이 불어와서 댕기머리 잘라서 복고 지지고, 긴 치마하고 고무신 벗어 던지고 미니스커트 걸치고, 서울로 어디로 나가서 뾰족구두 신고 삐딱거리다가 팔자까지 삐딱하게 된 여자가 많았다. ☞ 빼쪽구두. 삐딱구두.

빼뜰다 동 빼앗다.【빼뜰어 ▶ 빼앗아/빼뜨이 ▶ 빼앗으니】¶요새 강도는 돈 빼뜰

빼뜰리¹:다

고 사람 해친단다. ▶ 요즘 강도는 돈 빼앗고 사람 해친단다./요새는 남자 하나 잘 못 만나머 몸 빼뜰고 돈 빼뜰어 간단다. ▶ 요새는 남자 하나 잘 못 만나면 몸 빼앗고 돈 빼앗아 간단다.

빼뜰리¹:다 동 빼앗기다. '빼뜰다'의 피동. 【빼뜰래 ▶ 빼앗겨/빼뜰리이 ▶ 빼앗기니】¶서월정기장 지하도를 지내오다가 강도를 만나서 돈을 다 빼뜰리고 왔다. ▶ 서울역 지하도를 지나오다가 강도를 만나서 돈을 다 빼앗기고 왔다./야바우 노룸하는 거 귀경하는 데 정신을 빼뜰래 있는 새에 지갑을 쑤리 당했다. ▶ 야바위 노름하는 거 구경하는 데 정신이 빼앗겨 있는 사이에 지갑을 소매치기 당했다./지집한테 정신이 빼뜰리이 즈그 식구들도 안중에 없는 거 글드라. ▶ 계집한테 정신이 빼앗기니 제 식구들도 안중에 없는 것 같더라. ☞ 빼끼다.

빼마디 명 뼈마디. ¶날씨가 꾸무리하이 빼마디가 푹푹 쉬신다. ▶ 날씨가 흐릿하니 뼈마디가 푹푹 쑤신다./머섬으로 들어온 장정이 빼마디가 굵찍한 기이 밥갑은 하겠드라. ▶ 머슴으로 들어온 장정이 뼈마디가 굵직한 것이 밥값은 하겠더라.

빼마리 명 뺨따귀. '뺨'의 낮춤말. ¶자는 어디로 가나 빼마리 맞을 짓마 하고 댕긴다. ▶ 쟤는 어디로 가나 뺨따귀 맞을 짓만 하고 다닌다./빼마리 맞어 가매 좆 빨라꼬 거기 또 갈라 카나? ▶ 뺨따귀 맞아 가며 좆 빨려고 거기 또 가려고 하나? ☞ 뺨때기. 뺨때기.

빼:묵다 동 빼먹다. 【빼묵어 ▶ 빼먹어/빼묵으이 ▶ 빼먹으니】¶글짜를 맻 군데나 빼묵었으이 앞디로 문맥이 앤 통하지. ▶ 글자를 몇 군데나 빼먹었으니 앞뒤로 문맥이 안 통하지. ☞ 빠자묵다.

빼'우다 동 들이치다. 【빼워 ▶ 들이쳐/빼우이 ▶ 들이치니】¶샛바람에 비가 빼워서 쭉담이 다 젖었다. ▶ 샛바람에 비가 들이쳐서 죽담(址臺)이 다 젖었다.

빼:주 명 배갈. 고량주(高粱酒). ¶빼주는 소주카머 독해서 불이 붙는단다. ▶ 배갈은 소주보다 독해서 불이 붙는단다./빼주 한 독구리가 소주 두 빙 맞잽이다. ▶ 배갈 한 도기 병이 소주 두 병 맞잡이다.

빼쪽구두 명 뾰족구두. ☞ 빼딱구두. 삐딱구두.

빼쪽:하다 형 뾰쪽하다. ¶새 주디이가 빼쪽하다. ▶ 새 주둥이가 뾰쪽하다./송곳 끝이 빼쪽하다. ▶ 송곳 끝이 뾰쪽하다.

빼채 명 훑이. 벼나 기장 따위의 곡식 이삭을 훑는 대나무채. ☞ 호리게. 홀께. 홀게.

빼'치다 동 삐치다. 【빼쳐 ▶ 삐쳐/빼치이 ▶ 삐치니】¶정자도 잘 몬 씨맨서 빼치는 거부텀 배울라 칸다. ▶ 정자(正字)도 잘 못 쓰면서 삐치는 것부터 배우려 한다./빼처서 쓴 글씨라서 우리는 잘 몬 알아보겠다. ▶ 삐쳐서 쓴 글씨라서 우리는 잘 못 알아보겠다.

뺵다구 명 뼈다귀. ¶구신 뺵다구 그튼 소리 하지 마라. ▶ 귀신 뼈다귀 같은 소리 하지 마라. ※귀신이 뼈다귀가 있으랴, 되지도 않은 소리를 하지 말라는 말.

뺄가벗개:다 동 발가벗기다. '뺄가벗다'의 피동. 【뺄가벗개 ▶ 발가벗겨/빼가벗개이 ▶ 발가벗기니】¶넘들 앞에 완전히 뺄가벗개 뿌린 기이나 같이 대 뿌렀으이 내 채민이 머가 댔겠노? ▶ 남들 앞에서 완전히 발가벗겨 버린 것이나 같이 되어 버렸으니 내 채면이 뭣이 되었겠나?

뺄:가벗'다 동 발가벗다. 【뺄가벗어 ▶ 발가벗어/뺄가벗으이 ▶ 발가벗으니】¶그 사람하고는 뺄가벗고 댕길 때부텀 한 마실에 살어서 숭허물이 없다. ▶ 그 사람하고는 발가벗고 다닐 때부터 한 마을에 살어서 흉허물이 없다.

뺄:가베'끼다 동 발가벗기다. 빨가벗게 하다. '뺄가벗다'의 사동. 【뺄가베깨 ▶ 발가벗겨/뺄가베끼이 ▶ 발가벗기니】¶저거, 뺄가베깨 물에다 집어여서 정신 채리게 해 조라. ▶ 저것, 발가벗겨 물에다 집어넣어서 정신 차리게 해 주어라.

뺄:갛다 형 빨갛다. 【뺄개 ▶ 빨개/뺄가이 ▶ 빨가니】¶딸내미 보내 놓고 얼매나 울었는지 눈이 뺄갛구나. ▶ 딸내미 보내 놓고 얼마나 울었는지 눈이 빨갛구나.

뺄개~이 명 빨갱이. '공산당원(共産黨員)' 또는 '적색분자(赤色分子)'의 속된말. ¶밤만 대머 이 동네도 뺄개이들이 산에서 니러와서 청연들을 잡어가고 양식 털어 가고, 마이 시끄럽었다. ▶ 밤만 되면 이 동네도 빨갱이들이 산에서 내려와서 청년들을 잡아가고 양식 털어 가고, 많이 시끄러웠다.

뺄:개지다 동 빨개지다. 【뺄개저 ▶ 빨개져/뺄개지이 ▶ 빨개지니】¶얼매나 울었는지 눈이 뺄개졌다. ▶ 얼마나 울었는지 눈이 빨개졌다./생소깝을 때고 영기를 맡어서 눈이 뺄개졌다. ▶ 생솔가리를 때고 연기를 쏘여서 눈이 빨개졌다.

뺄기다 동 발기다. 까다. 【뺄개 ▶ 발겨/뺄기이 ▶ 발기니】¶눈꺼풀을 뺄기다. ▶ 눈꺼풀을 발기다./자지를 뺄기다. ▶ 자지를 까다./넘으 돈을 뺄개 묵다. ▶ 남의 돈을 발겨 먹다.

뺨 명 뺨. ¶절라도서 뺨을 맞고 와서 갱상도서 도분낸다. ▶ 전라도서 뺨을 맞고 와서 경상도서 화낸다./뺨 맞을 눔이 이리 때래라 저리 때래라 한다. ▶ 뺨 맞을 놈이 이리 때려라 저리 때려라 한다./머 주고 뺨 맞는다 카디이, 잘해주고 이 기이 머고? ▶ 뭣 주고 뺨 맞는다더니 잘해주고 이것이 뭔가?

뺨때'기

뺨때'기 몡 뺨따귀. '뺨'의 낮춤말. ¶말을 앤 듣는다고 **뺨때기**를 뻘겋드록 뚜디러 맞었다. ▶ 말을 안 듣는다고 **뺨따귀**를 벌겋도록 두들겨 맞았다. ☞ 뺨때기. 빼 마리.

뺍재~이 몡 질경이. ¶오줌이 잘 앤 나오는 데는 **뺍재이**를 살머 묵으머 좋단다. ▶ 오줌이 잘 안 나오는 데는 **질경이**를 삶어 먹으면 좋단다. ☞ 질개이.

뺏'골 몡 뼛골. ¶논 서너 마지기 가주고 **뺏골**이 빠지게 일해도 다섯 공구 입에 풀칠하기도 버겁다. ▶ 논 서너 마지기 가지고 **뼛골**이 빠지게 일해도 다섯 식구 입에 풀칠하기도 버겁다./인날에 설움 받은 일이 **뺏골**에 사무치지마 인자 다 지내간 일인데 이자뿌러야지. ▶ 옛날에 설움 받은 일이 **뼛골**에 사무치지만 이제 다 지나간 일인데 잊어버려야지.

뺑: 円 빙. 넓은 범위의 원을 두른 모양. ¶어런들이 한 방아 **뺑** 돌라앉어서 머를 수이하고 있드라. ▶ 어른들이 한 방에 **빙** 둘러앉아서 뭘 의논하고 있더라./**뺑** 둘러바도 아는 사람은 한 키도 앤 빈다. ▶ **빙** 둘러봐도 아는 사람은 한 명도 안 보인다. ☞ 삥.

뺑돌방:하다 혱 둥그스름하다. '돌방하다'의 센말. ¶고거 손재주도 좋지. **뺑돌방** 하이, 가주고 놀고 시푸드록 맨들었네. ▶ 고것 손재주도 좋지. **둥그스름하게**, 가지고 놀고 싶도록 만들었네. ☞ 삥돌방하다.

뻐:꿈 円 뻥. ¶매칠 동안 아퍼서 누어 있었디이 눈이 **뻐꿈** 들어갔다. ▶ 며칠 동안 아파서 누워 있었더니 눈이 **뻥** 들어갔다./살림 날 때 산 솥이 인자 구영이 **뻐꿈** 뜰버졌다. ▶ 살림 날 때 산 솥이 이제 구멍이 **뻥** 뚫어졌다.

뻐꿈'새 몡 뻐꾸기. ¶**뻐꿈새**도 유월이 한 철이다. ▶ **뻐꾸기**도 유월이 한 철이다. ☞ 뿌꿈새.

뻐대:다 동 버티다. 【뻐대 ▶ 버텨/뻐대이 ▶ 버티니】¶시상없는 사람도 저 사람이 **뻐대**고 있으며 앤 주고는 몬 **뻐대** 낸다. ▶ 세상없는 사람도 저 사람이 **버티**고 있으면 안 주고는 못 **버텨** 낸다.

뻐:이 円 뻔히. ¶넘들은 정신없이 일하는데 니는 와 **뻐이** 보고마 있노? ▶ 남들은 정신없이 일하는데 너는 왜 **뻔히** 보고만 있나?/**뻐이** 거짓말인 줄을 알고 있으맨서도 모리는 척한다. ▶ **뻔히** 거짓말인 줄을 알고 있으면서도 모르는 척한다.

뻐적잔'타 혱 겸연쩍다. 불편하다. '쑥스럽고 어설프다'는 뜻. ¶그 사람을 멀리서 보기는 했는데, **뻐적잔**은 새라 그양 모리는 척하고 지내쳤다. ▶ 그 사람을 멀리서 보기는 했는데, **겸연쩍**은 새라 그냥 모르는 척하고 지나쳤다.

뻐지근:하다 [형] 뻑적지근하다. ¶하리 죄일트록 나락을 저 들랐디이 어깨가 뻐지근하다. ▶ 하루 종일토록 나락을 져 들렸더니 어깨가 뻑적지근하다.

뻐질찬'타 [형] 떳떳하지 않다. 불편하다. ¶뻐질찬은 짓은 보지도 마고 하지도 마라. ▶ 떳떳하지 않은 짓은 보지도 말고 하지도 말라.

뻐'티다 [동] 버티다. 【뻐태 ▶ 버텨/뻐티이 ▶ 버티니】 ¶뻐태 볼대로 뻐티이 즈그도 할 수 없다 카매 돌어서드라. ▶ 버텨 볼대로 버티니 저희도 할 수 없다며 돌아서더라.

뻔드랍다 [형] 반드럽다. 약삭빠르다. 【뻔드랍어 ▶ 반드러워/뻔드랍으이 ▶ 반드러우니】 ¶사람이 너무 뻔드랍어서 미꽈리시럽게 빈다. ▶ 사람이 너무 반드러워서 밉상스럽게 보인다.

뻔'디 [명] 번지. 끙게(끌개). ☞ 끄징게1. 뻔디기1. 뻔지.

뻔디'기1 [명] 번지. 끙게(끌개). ☞ 끄징게1. 뻔디. 뻔지.

뻔디'기2 [명] 번데기. ☞ 분디기1.

뻔:떡 [부] 번쩍. ¶봉화불이 저 산만디이서 뻔떡하고 이쪽 산만디이서도 뻔떡하는 거 보이 내리 또 한판 날리가 나겠다. ▶ 봉홧불이 저 산마루에서 번쩍하고 이쪽 산마루에서도 번쩍하는 것 보니 내일 또 한판 난리가 나겠다. ※ 해방 후 공비들이 준동할 때 산에서 봉화가 오르는 것을 보고 곧 관공서에 대한 습격이 있지 않을까 하고 걱정하는 말이다.

뻔'지 [명] 번지. 끙게(끌개). 씨앗을 뿌리기 전에 논밭의 흙을 부수어 고르거나 보리씨를 뿌리고 흙을 덮을 때 쓰임. 무겁고 둥근 나무 3, 4개에 자루를 박은 바탕에 끈을 달아서 소 멍에에 연결하여 끌게 되었다. 무거운 모래주머니 따위를 얹어 끌지만 때로는 아이를 태워서 즐겁게 해주기도 한다. ☞ 끄징게1. 뻔디. 뻔디기1.

뻘:나이 [명] 엉뚱하고 싱거운 사람. '벌로 난(生) 사람'의 뜻. ¶뻘나이 끝치 니는 와 그래 썰대없는 짓을 하고 댕기노? ▶ 엉뚱한 사람 같이 너는 왜 그렇게 쓸데없는 짓을 하고 다니니? ☞ 벌로.

뻘쯤:하다 [형] 뻘쭉하다. 입이나 문이 약간 벌어진 모양. ¶안방 문이 뻘쯤하이 열래있는 거를 보이 방안에 사람이 있는 모양이다. ▶ 안방 문이 뻘쭉하니 열려 있는 것을 보니 방안에 사람이 있는 모양이다.

뻣'떡하머 [부] 여차하면. 자칫하면. ¶뻣떡하머 눈깔에 누물을 찔찔 짠다. ▶ 여차하면 눈깔에 눈물을 찔찔 짠다./뻣떡하머 키일이 생길 뿐했다. ▶ 자칫하면 큰일이 생길 뻔했다. ☞ 삐쭉하며. 펏떡하며.

삐:기 명 삘기. 띠의 어린 이삭. 먹을 수 있다.

뽀끔뽀끔 부 뻐끔뻐끔. ¶저거 보래. 대갈빼기에 소똥도 앤 마린 기이 담배를 **뽀끔뽀끔** 빨고 있다. ▶ 저것 봐라. 대가리에 쇠똥도 안 마른 것이 담배를 **뻐끔뻐끔** 빨고 있다.

뽀:꿈 부 볼끈. 단단히. 꼭. ¶이거 놓지 마고 **뽀꿈** 쥐고 있그라. ▶ 이것 놓지 말고 볼끈 쥐고(잡고) 있어라./끄내끼가 앤 풀리구로 **뽀꿈** 무까라. ▶ 끈이 안 풀리게 단단히 묶어라. ☞ 뽈꿈.

뽀:네 명 보늬. 밤이나 도토리의 속껍질. ☞ 분디기2.

뽀독뽀독 부 바득바득. ¶**뽀독뽀독** 때를 씩거라. ▶ 바득바득 때를 씻어라./이를 **뽀독뽀독** 간다. ▶ 이를 바득바득 간다./고집을 **뽀독뽀독** 부린다. ▶ 고집을 바득바득 부린다.

뽀:라 명 천(옷)의 일종. 50년대 전후로 시판하던 천으로 교복 따위를 맞추어 없었다. ¶넘들은 마카 광목에 물을 디린 옷을 입었는데, 저 친구는 **뽀라**로 마차 입고 댕긴다. ▶ 남들은 모두 광목에 물을 들인 옷을 입었는데, 저 친구는 **뽀라**로 맞춰 입고 다닌다.

뽀뿌라 명 포플러. 日 'ポプラ(poplar)'. ☞ 백양나무.

뽀:하다 형 뽀얗다. '보하다'의 센말. ¶신장노에 똥파래이가 문지를 **뽀하이** 일구매 포항 쪽으로 구불어 가드라. ▶ 신작로에 지프차가 먼지를 **뽀얗게** 일으키며 포항 쪽으로 굴러 가더라.

뽁지~이 명 복어(-魚). ¶아이고 불쌍하지, 괴기가 얼매나 묵고 집었으며 음물전에서 내뿌린 **뽁지이** 알을 모리고 조다 묵고 죽었노? ▶ 아이고 불쌍하지, 고기가 얼마나 먹고 싶었으면 어물전에서 내버린 복어 알을 모르고 줘다 먹고 죽었나?

뽂개:다 동 볶이다. '뽂다'의 피동. 【뽁개 ▶ 볶여/뽁개이 ▶ 볶이니】¶옷 해 돌라, 화장품 사 돌라 또 머를 해 돌라, 딸아들한테 **뽁개** 죽겠다. ▶ 옷 해 달라, 화장품 사 달라 또 뭘 해 달라, 딸애들한테 볶여 죽겠다./돈에 만날 **뽁개이** 사는 재미가 어디 있겠노? ▶ 돈에 만날 볶이니 사는 재미가 어디 있겠나? ☞ 뽂기다.

뽂기:다 동 볶이다. '뽂다'의 피동. 【뽁기 ▶ 볶여/뽁기이 ▶ 볶이니】¶이리 **뽁개**고 저리 **뽁개**서, 이기이 사람 사는 기이가 카고 한숨이 나올 때가 있다. ▶ 이리 볶이고 저리 볶여서, 이것이 사람 사는 것인가 하고 한숨이 나올 때가 있다. ☞

뽂개다.

뽂'다 동 볶다. 성가시게 조르다. 【뽂어 ▶ 볶아/뽂으이 ▶ 볶으니】 ¶디산 꼴짝에서 밤새드록 콩 뽂는 소리가 났는데 인자 쫌 잠잠한 거 같다. ▶ 뒷산 골짜기에서 밤새도록 콩 볶는 소리가 났는데 이제 좀 잠잠한 것 같다. ※공비토벌을 할 때 이야기다./아칙마중 느그들 돈 돌라꼬 뽂어사 몬살따. 차라리 내 몸띠이라도 팔어서 느그 하구 접은 거 다 해라. ▶ 아침마다 너희들 돈 달라고 볶아서 못 살겠다. 차라리 내 몸뚱이라도 팔어서 너희 하고 싶은 것 다 해라. ※아침마다 학교 갈 때면 월사금이니 책값이니 하며 졸라 대는 자식들에게 내뱉던 넋두리다.

뽄 명 본(本). 모양(模樣). ¶니는 느그 히이 뽄마 받으머 댄다. ▶ 너는 너의 형 본만 받으면 된다./대충하지 마고 먼첨 버선 뽄을 대보고 말거라. ▶ 대강하지 말고 먼저 버선 본을 대보고 말라라./그 얼골에 뽄을 내 바야 그기이 그기이지. ▶ 그 얼굴에 모양을 내 봐야 그것이 그것이지.

뽄받'다 동 본받다. 【뽄받어 ▶ 본받아/뽄받으이 ▶ 본받으니】 ¶뽄받을 끼이 따리 있지 어디 그 몬 댄 거를 뽄받노? ▶ 본받을 것이 따로 있지 어디 그 못 된 것을 본받나?

뽄보'다 동 본보다. 【뽄바 ▶ 본보아/뽄보는 ▶ 본보는/뽄보이 ▶ 본보니】 ¶아들은 어른들 뽄보고 큰다. ▶ 애들은 어른들 본보고 큰다./그런 행동을 뽄바서 득 댈 꺼 없다. ▶ 그런 행동을 본보아서 덕 된 것 없다.

뽄비이:다 동 본보이다. '뽄보다'의 사동. ¶아들 앞에서 물도 몬 마신다는데, 나뿐 거를 뽄비이지 마라. ▶ 애들 앞에서 물도 못 마신다는데, 나쁜 것을 본보이지 마라.

뽈 명 볼. ¶뽈이 축 처진 사람이 어지게 생갰다. ▶ 볼이 축 처진 사람이 어질게 생겼다./뽈이 빨개지매 말도 몬한다. ▶ 볼이 빨개지며 말도 못한다./색시 뽈이 볼고수리하이 갓 피이나는 연꽃 귙다. ▶ 색시 볼이 불그스레하니 갓 피어나는 연꽃 같다.

뽈:꿈 부 볼끈. 단단히. ¶그 손에 한분 들어가머 뽈꿈 거머쥐고 내놓지 안는다. ▶ 그 손에 한번 들어가면 볼끈 거머쥐고 내놓지 않는다. ☞ 뽀꿈.

뽈따'구 명 볼때기. '뽈'의 낮춤말. ¶뽈따구가 새파라이 마이 추워 빈다. ▶ 볼때기가 새파라니 많이 추워 보인다. ☞ 볼탕가지. 뽈때기. 뽈때이.

뽈때'기 명 볼때기. '뽈'의 낮춤말. ¶니는 뽈때기 맞을 짓마 갈래 가매 한다. ▶ 너

뽈때~이

는 볼때기 맞을 짓만 골라 가며 한다./저거 바라. 부끄럽어 가주고 **뽈때기**가 **뺄**개진다. ▶ 저것 보아라. 부끄러워 가지고 **볼때기**가 **뻴게진다**. ☞ 볼탕가지. 뽈따구. 뽈때이.

뽈때~이 명 볼때기. ☞ 볼탕가지. 뽈따구. 뽈때기.

뽈:지 명 쥐새끼. '뽈지(쥐새끼) 같다'로 쓰여 '깐깐하고 못된 사람'을 비유하여 하는 말. ¶저 **뽈지** 긑치 생긴 기이 사람을 고롭히고 댕긴다. ▶ 저 쥐새끼 같이 생긴 것이 사람을 괴롭히고 다닌다.

뽈치거'리 명 볼거리. ☞ 뽈치기.

뽈치기 명 볼거리. ¶알라가 **뽈치기**를 한다. ▶ 애기가 **볼거리**를 한다. ☞ 뽈치거리.

뽐'뿌 명 펌프(pump). 日 'ポンプ'. 물을 끌어올리는 기구. 파리약을 뿌리는 도구. 20cm 정도 길이의 빨대모양의 가늘고 긴 양철 관에 짧은 나팔관을 ㄱ자로 붙였다. 모기약 따위를 뿌릴 때 병 속에 관을 담그고 나팔관에 입을 대고 불면 병 속의 액체가 뿜어져 나온다.

뽕오디 명 오디. ☞ 뽕포두. 오두. 포구.

뽕포두 명 오디. ¶**뽕포두**를 얼매나 따 묵었든지 입이 시커멓다. ▶ 오디를 얼마나 따 먹었던지 입이 시커멓다. ☞ 뽕오디. 오두. 포구.

뿌:꿈 튀 불끈. ¶그 사람이 오늘, 주목을 **뿌꿈** 쥐고 담에 보자 카매 니를 배루고 있드라. ▶ 그 사람이 오늘, 주먹을 불끈 쥐고 다음에 보자 하며 너를 벼르고 있더라./넘으 꺼를 **뿌꿈** 쥐고 있다꼬 지 꺼가 대나 어디. ▶ 남의 것을 불끈 쥐고 있다고 제 것이 되나 어디. ☞ 뿔꿈.

뿌꿈뿌꿈 튀 뻐끔뻐끔. 뻐꾹뻐꾹. ¶밤새들 잠도 앤 자고 줄담배를 **뿌꿈뿌꿈** 피우고 안젔다. ▶ 밤새껏 잠도 안 자고 줄담배를 **뻐끔뻐끔** 피우고 앉았다./뿌꿈새가 즈거매를 찾니라꼬 **뿌꿈뿌꿈** 울제? ▶ 뻐꾸기가 제 어미를 찾느라고 **뻐꾹뻐꾹** 울지?

뿌꿈'새 명 뻐꾸기. ☞ 뻐꿈새.

뿌다 동보 버리다. '뿌리다'의 준말. 앞말이 나타내는 행동이 끝났음을 나타내는 보조동사. 【뿔래 ▶ 버릴래/뿌머 ▶ 버리면/뿌이 ▶ 버리니】¶좋은 거는 지가 다 해 **뿐다**. ▶ 좋은 것은 제가 다 해 **버린다**./가아는 여기 두고 혼차서 가 **뿔래**? ▶ 걔는 여기 두고 혼자서 가 **버릴래**?/차말로 죽어 **뿌머** 우야노? ▶ 참말로 죽어 버리면 어떻게 하나?/지가 가 **뿌이** 빈집 긑다. ▶ 제가 가 버리니 빈집 같다.

뿌뚜막 명 부뚜막. ¶뿌뚜막에 걸터안즈머 조앙각시가 노해서 부정을 탄단다. ▶ 부뚜막에 걸터앉으면 조왕이 노해서 부정을 탄단다./뿌뚜막에 있는 소굼도 집어여야 짭다. ▶ 부뚜막에 있는 소금도 집어넣어야 짜다./얌전은 꼬내기가 뿌뚜막에 먼저 올라간단다. ▶ 얌전한 고양이가 부뚜막에 먼저 올라간단다.

뿌라:지다 동 부러지다. 【뿌라저 ▶ 부러져/뿌라지이 ▶ 부러지니】¶오래만에 그 집에서 판다리가 뿌라지게 한 상 채래 냈드라. ▶ 오랜만에 그 집에서 상다리가 부러지게 한 상 차려 냈더라./그 성질은 뿌라지머 뿌라졌지 후지는 안는다. ▶ 그 성질은 부러지면 부러졌지 휘지는 않는다. ☞ 뿌러지다. 뿔거지다.

뿌러:지 명 뿌리. ¶산에 나무라 카는 나무는 다 비다 때고 인자는 뿌러지꺼정 캐다 때서 온 산이 빨갛다. ▶ 산에 나무라는 나무는 다 베어다 때고 이제는 뿌리까지 캐다 때서 온 산이 빨갛다. ☞ 뿌리이. 뿔거지. 뿔기이.

뿌'러지다 동 부러지다. 【뿌러저 ▶ 부러져/뿌러지이 ▶ 부러지니】¶논매기를 하리 하머 허리가 뿌러질 드시 아푸다 칸다. ▶ 논매기를 하루 하면 허리가 부러질 듯이 아프다 한다./빙판에 미끄러져서 팔빼가 뿌러졌다. ▶ 빙판에 미끄러져서 팔뼈가 부러졌다. ☞ 뿌라지다. 뿔거지다.

뿌리다 동 보 버리다. 앞말이 나타내는 행동이 끝났음을 나타내는 보조동사. 【뿌러 ▶ 버려/뿌리머 ▶ 버리면/뿌리이 ▶ 버리니/뿌린 ▶ 버린】¶내가 죽어 뿌리머 이녁은 할마이 하나 얻으머 댈 꺼 아이요. ▶ 내가 죽어 버리면 이녁은 마누라 하나 얻으면 될 것 아니오./씰데없는 소리 고마하고 저리 꺼져 뿌러라. ▶ 쓸데없는 소리 그만하고 저리 꺼져 버려라./그 착한 사람을 차 뿌리머 죄 받는다. ▶ 그 착한 사람을 차 버리면 죄 받는다./웬수 그튼 그 눔이 디저 뿌리이 인자 댔나? ▶ 원수 같은 그 놈이 뒈져 버리니 이제 됐나?/넘 내뿌러 뿌린 거를 말라꼬 조 가노? ▶ 남 내버려 버린 것을 무엇 하러 줘 가나? ☞ 뿌다.

뿌리~이 명 뿌리. ¶뿌리이가 잘 내래야 열매가 실하다. ▶ 뿌리가 잘 내려야 열매가 실하다./지 뿌리이 개 좃을라꼬 어디. ▶ 제 뿌리 개 주었으려고 어디. ※ 나쁜 근본은 자식 대에도 못 버린다는 말. ☞ 뿌러지. 뿔거지. 뿔기이.

뿌사:지다 동 부서지다. 【뿌사저 ▶ 부서져/뿌사지이 ▶ 부서지니】¶뿌사진 거를 손질을 쫌 하머 다시 씨겠다. ▶ 부서진 것을 손질을 좀 하면 다시 쓰겠다./이거는 뿌사저서 인자 더는 몬 씨겠다. ▶ 이것은 부서져서 이제 더는 못 쓰겠다.

뿌수:다 동 부수다. 【뿌사 ▶ 부숴/뿌수이 ▶ 부수니】¶십일사건 때 여기도 몽두리 패들이 몰래와서 뿌수고 불 찌리고 야단적지가 났다. ▶ 10·1사건 때 여기도

뿌시래'기

몽둥이 패(폭도)들이 몰려와서 부수고 불 지르고 야단이 났다./모지리 **뿌사** 뿌리고 첨부터 다시 시작하자. ▶ 모조리 **부숴** 버리고 처음부터 다시 시작하자. ☞ 뿌주다. 뿌직다.

뿌시래'기 몡 부스러기. ¶임석 농갈러 묵고 남은 **뿌시래기**는 광지리에 모다 나라. ▶ 음식 나누어 먹고 남은 **부스러기**는 광주리에 모아 놔라./저거, 인간 **뿌시래기**라도 댈라카머 아이 멀었다. ▶ 저거, 인간 **부스러기**라도 되려면 아직 멀었다. ☞ 뿌지래기.

뿌시'러지다 동 부스러지다. 【**뿌시러저** ▶ 부스러져/**뿌시러지이** ▶ 부스러지니】 ¶시래기 말린 거를 **뿌시러지지** 안케 조심해서 물에 당가 나라. ▶ 시래기 말린 것을 **부스러지지** 않게 조심해서 물에 담구어 놓아라.

뿌시럭거리다 동 부스럭거리다. ¶무신 근심이 있는지, 밤새들 잠을 몬 자고 **뿌시럭거리다가** 새복에야 잠들었다. ▶ 무슨 근심이 있는지, 밤새도록 잠을 못 자고 **부스럭거리다가** 새벽에야 잠들었다.

뿌주:다 동 부수다. 【**뿌자** ▶ 부수어/**뿌주이** ▶ 부수니】 ¶넘으 꺼를 빌래가서 **뿌잤으머** 곤처 조야 할 꺼 아이가? ▶ 남의 것을 빌려가서 **부수었으면** 고쳐 줘야 할 것 아닌가? ☞ 뿌수다. 뿌직다.

뿌지래'기 몡 부스러기. ¶우리야 묵든 **뿌지래기**라도 마이마 있으머 고맙지러. ▶ 우리야 먹던 **부스러기**라도 많이만 있으면 고맙지. ☞ 뿌시래기.

뿌직다 동 부수다. 꺾다. 【**뿌직어** ▶ 부수어/**뿌직으이** ▶ 부수니】 ¶빈집에 문을 **뿌직고** 들어가서 다 도덕해 갔다. ▶ 빈집에 문을 **부수고** 들어가서 다 훔쳐 갔다./말을 돌리매 시간 끄지 마고 딱 **뿌직어서** 말해라. ▶ 말을 돌리며 시간 끌지 말고 딱 꺾어서 말해라. ☞ 뿌수다. 뿌주다.

뿍띠'기 몡 북데기. 【짚**뿍디기** ▶ 짚북데기】 ¶후재가 들어서 가실농사 털어 보이 **뿍띠기**가 거지반이드라. ▶ 충해가 들어서 가을농사 털어(타작해) 보니 북데기가 거지반이더라. ※ 농사가 잘되지 않았다는 말.

뿍쭈구'리 몡 쭈그렁이. 쭈글쭈글하고 추하게 생긴 꼴. '**뿍띠기**(북데기)나 쭈구렁이(쭈그렁이)'처럼 너절너절한 것. ¶허 참, **뿍쭈구리** 글치 생긴 기이 꼬라지 갑을 허네. ▶ 허 참, **쭈그렁이** 같이 생긴 것이 꼴값을 하네.

뿐 몡의 뿐. 행동이나 상태가 일어나려고 하다가 그렇게 되지 않음을 나타냄. ¶나는 그 날리 통에 몇 분을 죽을 **뿐했다**. ▶ 나는 그 난리 통에 몇 번을 죽을 뻔했다./그 때 잘 했으머 큰 부자가 댈 **뿐했다**. ▶ 그 때 잘 했으면 큰 부자가 될 뻔했다.

뿔'거'지 圄 뿌리. ¶사람이고 곡석이고 뿔거지가 실해야 올케 큰다. ▶ 사람이나 곡식이나 뿌리가 실해야 옳게 큰다. ☞ 뿌러지. 뿌리이. 뿔기이.

뿔'거지다 图 부러지다. 【뿔거저 ▶ 부러져/뿔거지이 ▶ 부러지니】¶그 성질에 뿔거지머 뿔거젔지 굽어지지는 애 한다. ▶ 그 성질에 부러지면 부러졌지 굽어지지는 안 한다. ☞ 뿌라지다. 뿌러지다.

뿔기~이 圄 뿌리. ☞ 뿌러지. 뿌리이. 뿔거지.

뿔:꿈 튀 불끈. ¶주목을 뿔꿈 쥐고 눈을 뿔시고 처다보고 있다. ▶ 주먹을 불끈 쥐고 눈을 부라리며 처다보고 있다. ☞ 뿌꿈.

뿔따'구 圄 '뿔'의 낮춤말. '생고집' 또는 '화'의 속된말. ¶황소 뿔따구에 뜨개서 죽을 뿐했다. ▶ 황소 뿔에 뜨여서 죽을 뻔했다./그 사람 뿔따구는 아무도 꺾을 사람이 없다. ▶ 그 사람 생고집은 아무도 꺾을 사람이 없다./똥 뀐 눔이 성낸다 카디이 지가 뿔따구 내네. ▶ 방구 뀐 놈이 성낸다더니 제가 화를 내네.

뿔떡'고집 圄 불뚝 고집. ¶그 뿔떡고집에 그 말을 듣고 그냥 넘어갈 이가 없다. ▶ 그 불뚝 고집에 그 말을 듣고 그냥 넘어갈 리가 없다.

뿔'세 圄 노을. ¶서쪽 하늘에 뿔세가 서머 머잔어 비가 올 징조라 캤다. ▶ 서쪽 하늘에 노을이 서면 머지않아 비가 올 징조라 했다.

뿔'시다 图 부라리다. ¶저눔의 종내기가 애미가 머라카는 데 어디 눈을 뿔시고 치다보노? ▶ 저놈의 머슴애가 어미가 나무라는 데 어디 눈을 부라리고 처다보나?

뿔툭'골 圄 불끈하는 성질. ¶그 사람은 뿔툭골이 쫌 있어서 그렇지 정은 만으니라. ▶ 그 사람은 불끈하는 성질이 좀 있어서 그렇지 정은 많으니라.

뿥들'다 图 붙들다. 붙잡다. 【뿥들어 ▶ 붙들어/뿥드이 ▶ 붙드니】¶잘몬했다꼬 지 팔띠기를 뿥들고 빌어도 말 앤 듣는다. ▶ 잘못했다고 제 팔뚝을 붙들고 빌어도 말 안 듣는다./순사가 뿥들어 가서 앤 죽을 만치 뚜디러 패서 보냈단다. ▶ 순사가 붙들어 가서 안 죽을 만큼 두들겨 패서 보냈단다.

뿥들래:다 图 붙들리다. 붙잡히다. '뿥들다'의 피동. 【뿥들래 ▶ 붙들려/뿥들래이 ▶ 붙들리니】¶인자 통일이 댔으이 사빈 때 북으로 뿥들래 간 사람들이 다 돌어오겠네. ▶ 이제 통일이 되었으니 사변 때 북으로 붙들려 간 사람들이 다 돌아오겠네. ☞ 붙들리다.

뿥들리:다 图 붙들리다. 붙잡히다. '뿥들다'의 피동. 【뿥들래 ▶ 붙들려/뿥들리이

뿥잡다

▶ 붙들리니】¶자 아부지는 해방 전에 북해도 탄광으로 **뿥들**래 갔는데, 죽었는 강 살았는강 아이꺼정 모린다. ▶ 쟤 아버지는 해방 전에 북해도 탄광으로 **붙들**려 갔는데, 죽었는지 살았는지 아직까지 모른다. ☞ 붙들래다.

뿥잡다 图 붙잡다.【**뿥잡어** ▶ 붙잡아/**뿥잡으이** ▶ 붙잡으니】¶칼 찬 순사가 우는 아 **뿥잡으**로 온단다. ▶ 칼 찬 순사가 우는 애 **붙잡으**러 온단다. ※일제 때 칼 찬 순사라면 울던 아이도 울음을 멈췄다. 아이들에게 겁을 주는 비슷한 말로 '범 물어간다'거나 '문디이 데래간다'라는 말도 있다.

뿥잡해:다 图 붙잡히다. '뿥잡다'의 피동.【**뿥잡해** ▶ 붙잡혀/**뿥잡해이** ▶ 붙잡히 니】¶전장 때 이북으로 **뿥잡해** 간 사람들은 다 죽었다 카드라. ▶ 전쟁 때 이북 으로 **붙잡혀** 간 사람들은 다 죽었다 하더라.

삐 圐의 바. ¶경황 중에 당하는 일이라 나도 우쩔 **삐**를 모리겠다. ▶ 경황 중에 당하는 일이라 나도 어쩔 **바**를 모르겠다./해 줄라카머 그냥 해 주지 그칼 **삐야** 애 하는 거만도 몬하다. ▶ 해 주려면 그냥 해 주지 그렇게 할 **바에야** 안 하는 것만도 못하다./넘으 탓 댈 꺼 없이 내가 할 **삐**를 내가 하머 댄다. ▶ 남의 탓 댈 것 없이 내가 할 **바**를 내가 하면 된다.

삐가리 圐 병아리. ¶난재이 키에 새비로 양복을 입어 노이 **삐가리**가 갑바를 씬 거 긑지. ▶ 난쟁이 키에 새비로 양복을 입어 놓으니 **병아리**가 우장을 쓴 것 같 지./비가 온다는 기이 **삐가리** 누물만침 오고 그친다. ▶ 비가 온다는 것이 **병아** 리 눈물만치 오고 그친다. ☞ 삐개이.

삐개~이 圐 병아리. ¶칙간에 **삐개이** 빠질라 가매이띠기로 덮어 나라. ▶ 측간에 병아리 빠질라 가마니때기로 덮어 놓아라. ☞ 삐가리.

삐'꿈1 圐 '성교(性交)'의 속된말. 주로 어린이들 사이에서 욕으로 통용되는 말. ¶ 얼래 소문내보자, 자야하고 칠성이하고 보리밭에서 **삐꿈**했단다. ▶ 얼래 소문내 보자, 자야(子-)하고 칠성이하고 보리밭에서 거시기했단다.

삐:꿈2 图 빠끔. ¶구영이 **삐꿈** 뜰버졌다. ▶ 구멍이 **빠끔** 뚫어졌다./눈이 **삐꿈** 들 어갔다. ▶ 눈이 **빠끔** 들어갔다./문틈바구로 **삐꿈** 니다본다. ▶ 문틈으로 **빠끔** 내 다본다.

삐대다 图 밟다. 돌아다니다.【**삐대** ▶ 밟아/**삐대이** ▶ 밟으니】¶소가 넘으 밀밭 **삐댈**라 허거리 씨와서 댕개라. ▶ 소가 남의 밀밭 **밟을**라 부리망 씌워서 다녀 라./소가 **삐대**서 보리밭 다 망가 났다. ▶ 소가 **밟아**서 보리밭 다 망쳐 놓았다./ 맴이 앤 잡히그덩 매칠 어디로 **삐대다**가 온나. ▶ 마음이 안 잡히거든 며칠 어

372

디로 돌아다니다가 오너라.

삐딱가리매 몡 옆 가르마. '옆가리매'의 속된말. ※가운데 가르마로 갈라서 쪽을 찌다가 파마 바람이 불어오면서부터 옆 가르마를 타서 멋을 내기 시작했다.

삐딱구두 몡 '하이힐'의 속된말. ¶촌 여자들이 **삐딱구두**를 신꼬 궁디이를 실룩거리매 댕기는 거를 보머 시상이 와 이 지갱이 댔노 시푸다. ▶ 촌 여자들이 하이힐을 신고 궁둥이를 실룩거리며 다니는 것을 보면 세상이 왜 이 지경이 되었나 싶다. ☞ 빼딱구두. 빼쪽구두.

삐:뜨다 혱 삐뚤다. 【삐뜰어 ▶ 삐뚤어/삐뜨이 ▶ 삐뚜니】¶저 사람 성질에 한분 삐뜰어지머 용 앤 돌어온다. ▶ 저 사람 성질에 한번 삐뚤어지면 영 안 돌아온다.

삐:저나오다 동 삐죽이 나오다. ¶속살이 삐저나올라, 처매 말을 치개올리고 댕개라. ▶ 속살이 삐죽이 나올라, 치마허리를 추슬러 올리고 다녀라.

삐:지다 동 삐치다. 토라지다. 돌출하다. 【삐저 ▶ 삐쳐/삐지이 ▶ 삐치니】¶성질도 참, 밸일도 아인 거를 가주고 삐진다. ▶ 성질도 참, 별일도 아닌 것을 갖고 삐친다./쪼매마 건드리도 삐지이 무신 말을 하겠다. ▶ 조금만 건드려도 토라지니 무슨 말을 하겠다.

삐쭉하머 뮈 여차하면. 삐걱하면. '일이 제대로 되지 않으면' 또는 '뜻밖의 일이 생기면' 따위의 뜻. ¶저 집 내외는 **삐쭉하머** 쌈하고 **삐쭉하머** 해해 카고, 철 더 리 든 알라들 긑다. ▶ 저 집 부부는 여차하면 싸움하고 삐걱하면 해해 하고, 철 덜 든 아기들 같다. ☞ 뺏떡하머. 핏떡하머.

삘:내미 몡 울보. '울내미'와 함께 쓰여 울기를 잘하고 삐치기를 잘하는 아이를 비유할 때 쓰는 말. ¶삐쭉하머 삘삘 우는 울내미 **삘내미**! ▶ 여차하면 삘삘 우는 울보야 삐치기야!

삣'다 동 빗다. 【삣어 ▶ 빗어/뺏으이 ▶ 빗으니/뺏는 ▶ 빗는】¶떡본 짐에 지사라 캤는데, 머리 **삣고** 분단장 한 짐에 실랑감 구해서 시집가그라. ▶ 떡본 김에 제사라 했는데, 머리 빗고 분단장 한 김에 신랑감 구해서 시집가거라.

삥~ 뮈 빙. 넓은 범위의 원의 모양. ¶당수나무 아래서 논 매든 일꾼들이 **삥** 둘러 안저서 저임을 묵고 있다. ▶ 당산나무 아래서 논 매던 일꾼들이 빙 둘러앉아서 점심을 먹고 있다. ☞ 뺑.

삥돌방:하다 혱 둥글다. 둥그렇다. '돌방하다'의 센말. ☞ 뺑돌방하다.

ㅅ

사 조 야. 특별히 지정하거나 강조함을 나타내는 보조사. ¶내사 그런 거는 하나도 모린다. ▶ 나야 그런 것은 하나도 모른다./개우 오늘에사 부모임 은공을 알겠다. ▶ 겨우 오늘에야 부모님 은공을 알겠다./즈그들이사 부지러이 사이 걱정할 끼이 없다. ▶ 저희들이야 부지런히 사니 걱정할 것이 없다./즈그사 머라 캐사도 내 일은 내가 알어서 한다. ▶ 저희야 뭐라 해 대도 내 일은 내가 알아서 한다.

사가(查家) 명 사돈댁(查頓宅). ¶그 동네 사는 우리 사가도 밸 연고 없딩기요? ▶ 그 동네 사는 우리 사돈댁도 별 연고 없던가요?

사고디~이(沙---) 명 고둥. 다슬기. ☞ 고디이2.

사구:다 동 사귀다. 【사가 ▶ 사구어/사구이 ▶ 사구니】 ¶칭구 사구는 거를 보머 그 사람으 댐대미를 알 수 있다. ▶ 친구 사귀는 것을 보면 그 사람의 됨됨이를 알 수 있다./사람은 사가 보머 정도 들고 곱게도 빈다. ▶ 사람은 사귀어 보면 정도 들고 곱게도 보인다.

사까다찌 명 물구나무서기. 뒤집기. '하다'와 함께 쓰여 '처박다'는 뜻의 말이 됨. 日 '逆立つ'. ¶운동장아서 사까다찌 연습을 했다. ▶ 운동장에서 물구나무서기 연습을 했다./팽상 살아갈라 카머 몇 분은 사까다찌 한다. ▶ 평생 살아가려면 몇 번은 뒤집기 한다./그 사람은 사업을 하다가 한 분 사까다찌 했다. ▶ 그 사람은 사업을 하다가 한 번 처박았다.

사:까스 명 마술(魔術). 서커스. ¶핵고 운동장아 사까스 패들이 들어와서 천막을 치고 야단이드라. ▶ 학교 운동장에 서커스 패들이 들어와서 천막을 치고 야단이더라. ☞ 말시마이. 말시바이.

사'깟 명 삿갓. ¶넘한테 사깟을 씨우고는 먼 산마 치다본다. ▶ 남한테 삿갓을 씌우고는 먼 산만 쳐다본다. ※ 남에게 책임을 떠넘기고 시치미를 뗀다는 말.

사'꾸 명 콘돔(condom). 日 'サック(sack)'. ¶사꾸를 차다. ▶ 콘돔을 차다.

사꾸라 몡 벚나무. 囗 'さくら(櫻)'. 화투짝 중에서 3월이나 셋 끗을 상징하는 벚꽃 그림의 패.

사나: 몡 사내. ¶고마 치아 뿌라. 사나가 고까지 꺼를 가주고 누물을 짜내고 있노? ▶ 그만 치워 버려. 사내가 고까짓 것을 가지고 눈물을 짜내고 있나?/지집하고 사나가 한 패가 대서 퍼버 대이 내 혼차서 당해 낼 수가 있어야지. ▶ 계집하고 사내가 한 패가 되어서 퍼부어 대니 나 혼자서 당해 낼 수가 있어야지.

사:다 동 살다. 【살어 ▶ 살아/사이 ▶ 사니】 ¶까연들 꺼, 우리가 사머 얼매나 산다 꼬 묵을 꺼도 앤 묵고 씰 꺼도 앤 씨노? ▶ 그까짓 녀들 것, 우리가 살면 얼마나 산다고 먹을 것도 안 먹고 쓸 것도 안 쓰나?

사'답논 몡 사답(沙畓). 모랫논. ¶사답논에 곡수는 덜 나도 여기서 나는 살은 밥맛이 좋니라. ▶ 사답에 곡수는 덜 나도 여기서 나는 쌀은 밥맛이 좋으니라.

사'돈지(查頓紙) 몡 사돈끼리 교유하는 서한(書翰). ¶사돈지를 씰라카머 배골 띠기한테 가서 부탁해 보소. ▶ 사돈지를 쓰려면 배골 댁한테 가서 부탁해 보소. ※ 바깥사돈끼리의 사돈지는 한문으로 격식을 갖추어 쓰고, 안사돈끼리는 언문(한글)으로 쓴다. 문맹자가 대부분이었던 시절이라 편지 한 장을 읽고 쓰는 데도 남에게 부탁하는 경우가 많았다.

사드루:다 동 사들이다. 【사들라 ▶ 사들여/사들루이 ▶ 사들이니】 ¶봄이 대머 비로 갑이 오를지 모린다 카는데 가실부터 미리미리 사들라 나야겠드라. ▶ 봄이 되면 비료 값이 오를지 모른다는데 가을부터 미리미리 사들여 놓아야겠더라.

사라'시약 몡 표백제(漂白劑). 囗 '晒し'+'약'.

사랑 몡 사랑(舍廊). '사랑어런'의 준말. ¶지 혼차서 맘대로 모 하니더. 사랑아 쫌 물어보고 오끼:요(오'끼요?). ▶ 저 혼자서 맘대로 못 합니다. 사랑어른께 좀 물어보고 올게:요(올'까요?).

사맆 몡 사립. '사맆문'의 준말. ☞ 삽짝. 삽짝문. 삽째기. 삽째기문.

사맆문 몡 사립문. '살로 엮은 앞문'이란 뜻. ¶걸배이 들올라, 사맆문 닫고 밥 묵자. ▶ 거지 들어올라, 사립문 닫고 밥 먹자. ※ 식구들이 먹는 것도 부족한데 끼니때면 찾아오는 거지들이 거북스러웠다. ☞ 사맆. 삽짝. 삽짝문. 삽째기. 삽째기문.

사'리1 몡 사르기. 콩, 밀, 감자 따위를 그슬어 먹는 장난. '사리기(불로 사르기)'의 뜻. ¶여름에는 감자 사리하고 밀 사리, 가실에는 콩 사리를 해 묵고 입을 시커멓게 하고 댕겠다. ▶ 여름에는 감자 사리하고 밀 사리, 가을에는 콩 사리를 해 먹고 입을 시커멓게 하고 다녔다.

사리2 명 화투놀이에서 난초, 풍, 비 패 4장을 모은 등급. ☞ 시마.

사리다 동 사르다. 태우다. 【살러▶살라/사리이▶사르니】¶결에 벌개이를 죽일라꼬 논뚝을 사린다. ▶ 겨울에 벌레를 죽이려고 논둑을 사른다./향불을 살라 놓고 치성을 디린다. ▶ 향불을 살라 놓고 치성을 드린다. ☞ 불사리다.

사리마다 명 팬티(panties). 日 'さるまた(申又)'. ¶일본사람들은 얄궂구로 사리마다 채림으로 아무 곧에나 돌아 댕긴단다. ▶ 일본사람들은 망측하게 팬티 차림으로 아무 곳에나 돌아 다닌단다. ☞ 빤쭈.

사마ː구1 명 사마귀. ¶이매에 붙어 있는 사마구는 복 사마구라 캤다. ▶ 이마에 붙어 있는 사마귀는 복 사마귀라 했다.

사마ː구2 명 사마귀. 사마귓과의 곤충의 하나. ☞ 여무까시.

사매 명 옷소매. ¶이 지새끼마한 기이 사매를 둥둥 걷어붙치고 대들며 우짤 끼이고? ▶ 이 쥐새끼만한 것이 소매를 둥둥 걷어붙이고 대들면 어찌할 건가?

사매를 걷어붙치다 관 단단히 준비하다. 단단히 채비하다.

사ː모판 명 네모난 상(床). ¶그 집에는 오늘이 생일이라 카매 사모판에 이거저거 항그 채래 들랬드라. ▶ 그 집에는 오늘이 생일이라며 네모 상에 이것저것 가득히 차려 들렸더라.

사ː무 부 아직. 여태. ¶해가 중천에 떴는데 사무 자고 있나? ▶ 해가 중천에 떴는데 아직 자고 있나?/니는 사무 그 버리재이를 앤 곤치고 있나? ▶ 너는 여태 그 버르장머리를 안 고치고 있나? ☞ 상구3.

사바리 명 사발(沙鉢). ¶이가 빠진 사바리를 판 우에 올리머 앤 댄다. ▶ 이가 빠진 사발을 상 위에 올리면 안 된다./사바리에 밥띠기를 붙처 놓지 말고 마뜩게 끌거 묵어라. ▶ 사발에 밥풀을 붙여 놓지 말고 깨끗하게 긁어 먹어라.

사바사바 명 이면교섭(裏面交涉). 로비(lobby). 뇌물(賂物) 따위를 주고 일을 되게 하는 것. 日 'さばさば'. ¶그거 허가 낼라카머 말로마 앤 대고 사바사바를 쫌 해야 댄다. ▶ 그것 허가 내려면 말로만 안 되고 이면교섭을 좀 해야 된다.

사ː밴 명 사변(事變). ¶육이오 사밴 때 인민군이 여기꺼정 니러왔다가 다시 쫓개 올라갔다. ▶ 육이오 사변 때 인민군이 여기까지 내려왔다가 다시 쫓겨 올라갔다. ☞ 사빈.

사부링 명 등교(登校)하는 도중에 옆으로 빠지는 행동. 日 'サボル(sabotage)'. ¶자는 사부링해서 즈그 칭구하고 극장아 들어갔다 카드라. ▶ 쟤는 학교 빠져서

저의 친구하고 극장에 들어갔다 하더라. ☞ 따불때기.

사:분 몡 비누.【세답사분▶세탁비누/시수사분▶세수비누】¶우리 클 때사 세답 씩글 때 사분을 애끼니라꼬 짚을 떼서 재물을 맨들어서 살머서 씪고 했다. ▶ 우리 클 때야 빨래할 때 비누를 아끼느라고 짚을 때어 잿물을 만들어 삶아서 씻고 했다.

사:빈 몡 사변(事變). ¶육이오 사빈 때 생각하머 그 때 우리가 우애 살어났든강 시푸다. ▶ 육이오 사변 때 생각하면 그 때 우리가 어떻게 살아났던가 싶다./사빈 나부락에 이 바닥으로 피난 니러와서 그냥 눌러 살었다. ▶ 사변 바람에 이 바닥으로 피란 내려와서 그냥 눌러 살았다. ☞ 사밴.

사빠 몡 기저귀. ¶알라 업고 나갈라 카머 사빠 채와서 나가그라. ▶ 애기 업고 나가려면 기저귀 채워서 나가거라.

사:실 몡 사설(辭說). 응얼거리기. 넋두리. 푸넘. 잔소리. ¶시끄럽어라. 와 그래 사실도 만코 말도 만으노? ▶ 시끄러워라. 왜 그렇게 사설도 많고 말도 많으냐?/아이고 우리 알라 사실도 잘 한다. ▶ 아이고 우리 아기 응얼거리기도 잘 한다.

사알: 円 살짝. ¶사알 건디리기마 했는데 아퍼 죽겠다꼬 엄살을 떤다. ▶ 살짝 건드리기만 했는데 아파 죽겠다고 엄살을 떤다. ☞ 살째기.

사'애상 몡 사형(詞兄). 인척(姻戚)이나 사회에서 비슷한 나이나 지위에 있는 사람을 이르는 말. ¶사애상, 오래만에 만났는데 어디 들어가서 술이나 한 잔 하시더. ▶ 사형, 오랜만에 만났는데 어디 들어가서 술이나 한 잔 합시다.

사:열(-熱) 몡 번열(煩熱). ¶몸에 사열이 나는 기이 온 전신이 쒸신다. ▶ 몸에 번열이 나는 것이 온 전신이 쑤신다.

사오 몡 사우(四隅). 손발. ¶자네하고 내하고는 인연이 있어서 사오가 딱 맞다. ▶ 자네하고 나하고는 인연이 있어서 사우가 딱 맞다./일이라카는 기이 서리 사오가 맞어야 대는 기이라. ▶ 일이라는 것이 서로 손발이 맞아야 되는 것이라.

사오리 몡 베를 짤 때 잉애실에 걸치지 않고 바로 깔린 날실 올. ☞ 사올.

사올 몡 베를 짤 때 잉애실에 걸치지 않고 바로 깔린 날실 올. ☞ 사오리.

사요롱 몡 사이렌. ¶오정 사요롱이 불었다. ▶ 정오 사이렌이 불었다./사요롱 소리가 윙윙 울어 대는 거를 보이 어디서 불이 났는갑다. ▶ 사이렌 소리가 윙윙 울어 대는 것을 보니 어디서 불이 났는가 보다.

사'우 몡 사위(婿). ¶사우는 백 연 손임이고 매느리는 종신 곤식이다. ▶ 사위는 백 년 손님이고 며느리는 종신 식구다.

사우하다 동 화해(和解)하다. ¶인자 그마이 했으머 댔으이 서리 **사우하고** 말어라. ▶ 이제 그만큼 했으면 되었으니 서로 **화해하고** 말아라. ☞ 하후하다.

사장1 명 지게의 세장. 지게가지 두 짝을 가로질러 박은 나무. 보통 윗세장, 밀삐세장, 허리세장으로 4~6개를 박았다. 《쇠장. 새머리쇠. 서장. 소장》 ☞ 지게.

사장(師丈)2 명 훈장(訓長). ¶**사장** 똥은 개도 앤 묵는다. ▶ **훈장** 똥은 개도 안 먹는다. ※ 훈장 하는 것이 힘이 들어서 똥도 쓰다는 말.

사:죽 명 사족(四足). '사지(四肢)'의 속된말. ¶**사죽**이 멀쩡한 사람이 어디 가서 머섬이나 사지 참 히얀한 사람도 다 보겠다. ▶ **사지**가 멀쩡한 사람이 어디 가서 머슴이나 살지 참 희한한 사람도 다 보겠다.

사:지주봉 명 모직으로 된 미군 군복바지. ¶**사지주봉**을 곤색으로 물디래서 내지끼 세우고 입고 댕기머 멋재이로 봤다. ▶ **군복바지**를 감색(紺色)으로 물들여서 줄을 세우고 입고 다니면 멋쟁이로 보았다./**사지주봉**을 그양 입고 댕기다가 군복 단속에 걸랜다. ▶ **군복바지**를 그냥 입고 다니다가 군복 단속에 걸린다.

사'추 명 내의(內衣). 셔츠. 日 'シャツ(shirt)'. 【개사추 ▶ 털내의/목사추 ▶ 면내의/와이사추 ▶ 와이셔츠】¶오늘 그튼 춥이에는 **사추** 한 불마 끼입어서는 앤 댄다. ▶ 오늘 같은 추위에는 내의 한 벌만 껴입어서는 안 된다.

사치'미 명 베를 짤 때 도투마리에서 풀려나오는 잉애올과 사올 사이를 벌려 주는 두 가닥의 끈으로 연결된 두 개의 가는 막대기. ¶살굼살굼 **사치미**는 천명군사 거느리고 만명군사 헡어지네. ▶ 살금살금 **사치미**는 천명군사 거느리고 만명군사 흩어지네. 《참새. 사침대. 궁구리대》 ☞ 베틀.

사쿠:다 동 삭히다. 발효시키다. 【사카 ▶ 삭혀/사쿠이 ▶ 삭히니】¶여름에도 임석을 **사카** 묵으머 밸 탈이 없다. ▶ 여름에도 음식을 삭혀 먹으면 별 탈이 없다. ☞ 삭후다.

사타'구리 명 사타구니. ¶**사타구리** 새 요롱 소리가 나도록 바뿌다. ▶ **사타구니** 새 요령 소리가 나도록 바쁘다./**사타구리** 새 히빠람 소리가 나도록 바쁘다. ▶ **사타구니** 새 휘파람 소리가 나도록 바쁘다. ※ 요롱소리는 남자의 경우이고 휘파람소리는 여자의 경우이다. ☞ 사타리.

사타'리 명 사타구니. ¶호양연으 **사타리** 새 물 마릴 날이 없다. ▶ 화냥년의 **사타구니** 사이에 물 마를 날이 없다. ※ 색을 밝히는 여자를 비유하여 하는 말. ☞ 사타구리.

사탕가리 몡 사탕가루(砂糖--). 설탕(雪糖).
사태¹ 몡 사태(沙汰). 미끄럼. ¶미뿌라아 가서 사태나 타고 노자. ▶ 뫼 뿌리에 가서 미끄럼이나 타고 놀자.
사:파리 몡 사팔뜨기. 사시(斜視). ¶사파리가 먼 산마 보는 거 그태도 지 볼 꺼는 다 보고 있다. ▶ 사팔뜨기가 먼 산만 보는 것 같아도 제 볼 것은 다 보고 있다.
사'할 몡 사흘. ¶사할에 피죽 한 그럭도 몬 얻어묵었나, 와 그래 축 처졌노? ▶ 사흘에 피죽 한 그릇도 못 얻어먹었나, 왜 그렇게 축 처졌냐?/사할을 굶머서 도독질 애할 눔이 없단다. ▶ 사흘을 굶어서 도둑질 안할 놈이 없단다. ☞ 살3.
사'할드록 閉 사흘도록. 사흘이 멀다 하고. 번번히. ¶무신 눔으 책갑은 **사할드록** 돌라 카노? 핵고 때래치우고 집에서 나무나 해라. ▶ 무슨 놈의 책값은 **사흘도록** 달라 하나? 학교 때려치우고 집에서 나무나 해라.
사형(査兄) 몡 인척 중에서 동일한 위계의 사람.
삭가리 몡 '사카린(saccharine)'의 변음. '사(砂糖) 가리(가루)'의 뜻. ☞ 꿀아재비.
삭'일 몡 삯일. ¶남편 죽고 도시로 나가서 바늘질이고 머고 삭일이라 카머 애 해본 기이 없이 하매 아들 갈챘다. ▶ 남편 죽고 도시로 나가서 바느질이고 뭣이고 삯일이라면 안 해본 것이 없이 하며 애들 가르쳤다.
삭자'리 몡 삿자리. 갈대 대궁을 쪼개서 엮은 자리. 농가의 방바닥 자리로 가장 많이 쓰이는 자리. ☞ 죽석.
삭후:다 동 삭히다. '삭다'의 사동. 【삭하 ▶ 삭혀/삭후이 ▶ 삭히니】 ¶우리네가 묵는 된장, 꼬치장, 시굼장, 단술, 식혜, 술, 이런 거 마카 **삭훈** 임석이다. ▶ 우리네가 먹는 된장, 고추장, 등겨장, 감주, 젓갈, 술, 이런 것 모두 삭힌 음식이다. ☞ 사쿠다.
산':1 몡의 사이. 새. 겨를. '단산'의 준말. ¶알라 때 봤는데, 어느 산에 저마이 컸네. ▶ 아기 때 봤는데, 어느 사이에 저만치 컸네./이 마실에도 이 몇 해 산에 집들이 마이 들어섰다. ▶ 이 마을에도 이 몇 해 새에 집들이 많이 들어섰다. ☞ 단산. 단새.
산2 몡 산(山). 【산거렁지 ▶ 산그늘/산꼴짝 ▶ 산골짜기/산꼴째기 ▶ 산골짜기/산꼴짹 ▶ 산골짜기/산놀개이 ▶ 산노루/산딸 ▶ 산딸기/산대지 ▶ 멧돼지/산대박 ▶ 산꼭대기/산대배기 ▶ 산꼭대기/산등더리 ▶ 산등성이/산띠이 ▶ 산더미/산마래이 ▶ 산마루/산만대기 ▶ 산마루/산만대이 ▶ 산마루/산만디기 ▶ 산마루/산만디이 ▶ 산마루/산모래이 ▶ 산모롱이/산모티이 ▶ 산모퉁이/산빨개이 ▶ 산빨갱이/산비알 ▶ 산

산거렁지

비탈/산빈달 ▶ 산비탈/산자래기 ▶ 산자락/산치거리 ▶ 산자락/산토깨이 ▶ 산토끼/산판 ▶ 벌목장】.

산거렁지 몡 산그늘. ¶이 마실은 북향이라 겨실에는 산거렁지가 저서 다린 마실보담 엄청 춥다. ▶ 이 마을은 북향이라 겨울에는 산그늘이 져서 다른 마을보다 엄청 춥다.

산꼴짝 몡 산골짜기. ¶밤에는 하늘 치받어보며 빌마 비지, 일 연 열두 달을 가야 사람 거렁지도 앤 비는 이 산꼴짝에서 손빠닥만치 땅을 일가서 강내이 숭구고 감자 숭구고 나물 캐 묵고 열매 따묵고 산다. ▶ 밤에는 하늘 쳐다보면 별만 보이지, 일 년 열두 달을 가야 사람 그늘도 안 보이는 이 산골짜기에서 손바닥만치 땅을 일궈서 옥수수 심고 감자 심고 나물 캐 먹고 열매 따먹고 산다. ☞ 산꼴째기. 산꼴쨱.

산꼴째'기 몡 산골짜기. ¶이 산꼴째기에 찾어오는 기이라꼬는 산짐성빽에 더 있나. ▶ 이 산골짜기에 찾아오는 것이라고는 산짐승밖에 더 있나. ☞ 산꼴짝. 산꼴쨱.

산꼴쨱' 몡 산골짜기. '산꼴째기'의 준말. ☞ 산꼴짝.

산놀개~이 몡 산 노루. '공비(共匪)'의 속된말. 노루처럼 산을 잘 탄다고 해서 이르는 말. ¶어제밤에 오배 마실에는 산놀개이들이 니러와서 양식 털어 갔다 카드라. ▶ 어젯밤에 오배(五龍) 마을에는 공비들이 내려와서 양식 털어 갔다고 하더라. ☞ 산뺄개이.

산:다구 몡 야산에 자생하는 다년초로 뿌리는 먹을 수 있다.

산대'미1 몡 산더미. ¶방깐 앞에는 먼처 온 사람들이 나락을 산대미 끝치 처재 놓고 있는데, 우리 순번은 언제 올지 모리겠다. ▶ 방앗간 앞에는 먼저 온 사람들이 벼를 산더미 같이 처쟁여 놓고 있는데, 우리 순서는 언제 올지 모르겠다. ☞ 산띠미. 산띠이.

산대'미2 몡 삼태기. ¶밭에 퇴비를 할 때는 거럼을 산대미에 담어서 고랑을 따라서 헡는다. ▶ 밭에 퇴비를 할 때는 거름을 삼태기에 담아서 고랑을 따라서 흩는다. ☞ 짚소구리.

산대박 몡 산꼭대기. '산대배기'의 준말.

산대배'기 몡 산꼭대기. ¶대보름날, 산대배기에 달이 올라오는 거를 보고 마카 절을 했다. ▶ 대보름날, 산꼭대기에 달이 올라오는 것을 보고 모두 절을 했다. ☞ 산대박.

산대:지 [명] 멧돼지. ¶산대지 한 마리를 잡아다 놓고 잔채가 벌어졌다. ▶ 멧돼지 한 마리를 잡아다 놓고 잔치가 벌어졌다. ☞ 매때지.

산등더리 [명] 산등성이. ¶황 풍수가 어제 그카는데, 저 건내 산등더리에 미 한 자리를 안칠마한 자리가 있을 기이라 카드래. ▶ 황(黃) 풍수(風水)가 어제 그라는데, 저 건너 산등성이에 묘 한 자리를 앉힐만한 자리가 있을 것이라 하더라.

산'딸: [명] 산딸기. ¶봄에는 산에 가서 산나물을 뜯다가 산딸도 따 묵는다. ▶ 봄에는 산에 가서 산나물을 뜯다가 산딸기도 따 먹는다.

산띠'미 [명] 산더미. ¶간밤에 산띠미가 무너저 니리는 꿈을 꽂는데, 해몽 좀 해보소. ▶ 간밤에 산더미가 무너져 내리는 꿈을 꿨는데, 해몽(解夢) 좀 해보세요. ☞ 산대미1. 산띠이.

산띠~이 [명] 산더미. ¶금연에는 채소가 얼매나 잘 댔든지 장태에 가머 무시하고 뱁추하고 산띠이 긑치 처재 놓고 팔고 있다. ▶ 금년에는 채소가 얼마나 잘 되었던지 장터에 가면 무하고 배추하고 산더미 같이 처쟁여 놓고 팔고 있다. ☞ 산대미1. 산띠미.

산마래~이 [명] 산마루. ☞ 산만대기. 산만대이. 산만디기. 산만디이.

산만대'기 [명] 산마루. ☞ 산마래이. 산만대이. 산만디기. 산만디이.

산만대~이 [명] 산마루. ☞ 산마래이. 산만대기. 산만디기. 산만디이.

산만디'기 [명] 산마루. ☞ 산마래이. 산만대기. 산만대이. 산만디이.

산만디~이 [명] 산마루. ☞ 산마래이. 산만대기. 산만대이. 산만디기.

산멀구 [명] 산머루. ¶산멀구가 아이 덜 익었드라. ▶ 산머루가 아직 덜 익었더라.

산모래~이 [명] 산모롱이. ¶저 산모래이마 돌어가머 우리 위가 마실이다. ▶ 저 산모롱이만 돌아가면 우리 외가(外家) 마을이다. ☞ 산모티이.

산모티~이 [명] 산모퉁이. ☞ 산모래이.

산비'알 [명] 산비탈. ¶사븐 때 핵고는 미군들이 차지하고 우리는 산비알에서 흑판을 이리저리 옹개 가매 공부하고 했다. ▶ 사변 때 학교는 미군들이 차지하고 우리는 산비탈에서 칠판을 이리저리 옮겨 가며 공부하고 했다. ☞ 산빈달.

산빈'달 [명] 산비탈. ¶산빈달 밭에는 다린 작물보담 넝쿰나무 숭구는 기이 좋을 끼이다. ▶ 산비탈 밭에는 다른 작물보다 사과나무 심는 것이 좋을 것이다. ☞ 산비알.

산뺄개~이 [명] 산빨갱이. '공비(共匪)'의 속된말. ☞ 산놀개이.

산자래기 [명] 산자락. 산기슭. ☞ 산치거리.

산:적꼬재~이

산:적꼬재~이 명 산적꼬챙이. ¶싸리나무 쪼개서 산적꼬재이 여나무 개를 맨들어 주소. ▶ 싸리나무 쪼개서 산적꼬챙이 여남은 개를 만들어 주소.
산지'절 명 산 중허리. 산 중턱.
산치거'리 명 산자락. 산기슭. ☞ 산자래기.
산토깨~이 명 산토끼. ¶산토깨이 잡을라 카다가 집토깨이 떨군다. ▶ 산토끼 잡으려다가 집토끼 놓친다.
산판(山坂) 명 벌목장(伐木場). 산림업자나 여러 사람이 어울러서 벌목하는 일을 '산판(山坂)을 하다'거나 '갓을 치다'라고 한다. ¶산판에서 한 달포 간 푸마시 일을 하고 어제 왔다. ▶ 벌목장에서 한 달포 간 품앗이 일을 하고 어제 왔다. ☞ 갓.
살1 명 우차의 바퀴살. 장구통을 축으로 해서 빗등과 사이에 우산살처럼 끼워져 바퀴의 태를 버텨 준다. 보통 참나무로 만들어져 있으며 빗등과 같은 개수(個數)로 박았다. ☞ 우차.
살2 명 쌀. ¶살에도 미가 있다. ▶ 쌀에도 뉘가 있다. ※ 깨끗한 것에도 결점이 있다는 말.
살':3 명 사흘. '사할'의 준말. ¶공구들이 얼매나 묵어 대는지 살 한 말로 살을 몬 간다. ▶ 권구들이 얼마나 먹어 대는지 쌀 한 말로 사흘을 못 간다.
살개~이 명 살쾡이. ☞ 실개이1.
살구':다 동 살리다. 살게 하다. '살다'의 사동. 【살가 ▶ 살려/살구이 ▶ 살리니】 ¶조반석죽이 애럽다는 칭구를 우야든지 살가야 대겠다 캐서 골 사로 가는 아들한테 "아무 곧에 사는 칭구가 삼순구식을 몬하는데…." 카매 부탁을 한 기이라. ▶ 주반석죽(朝飯夕粥)이 어렵다는 친구를 어떻게 하던지 살려야 되겠다 해서 고을 살러 가는 아들한테 "아무 곳에 사는 친구가 삼순구식(三旬九食)을 못 하는데…." 하며 부탁을 한 것이라./아칙부텀 넘으 집으로 불 얻으로 가기도 머한데 뿍띠기 비배서 잘 살가 바라. ▶ 아침부터 남의 집으로 불 얻으러 가기도 뭐한데 북데기 비벼서 잘 살려 봐라. ※ 불씨를 꺼뜨리면 시집에서 쫓겨난다는 말이 있을 정도로 불씨를 소중하게 여겼다.
살귀: 명 뒤주. '쌀 궤'의 뜻. ¶살귀를 밑바닥꺼정 다 끌거도 살이 개와 몇 사바리 뺑에 앤 댄다. ▶ 뒤주를 밑바닥까지 다 긁어도 쌀이 겨우 몇 사발밖에 안 된다.
살대 명 베를 짤 때. 잉앗대 아래에서 잉아실을 살짝 벌려 주는 속대. ☞ 베틀.
살림나다 관 분가(分家)하다. ¶시집와서 삼 연 만에 살림났다. ▶ 시집와서 삼 년

만에 분가했다.

살무:시 뭐 살며시. ¶그 여핀네가 도독꼬내기 긑치 넘으 집으로 **살무시** 들어와서 살피고 가드라. ▶ 그 여편네가 도둑고양이 같이 남의 집으로 **살며시** 들어와서 살피고 가더라.

살물레 명 살을 박은 물레. 굴통의 양쪽 끝으로 두 개의 나무를 십(十)자로 박고, 그 끝 부분을 따라 둥글게 태(주로 다래나무)를 두르고, 나란히 두른 태를 따라 대나무 살을 촘촘하게 박아 물레줄을 걸게 했다. ☞ 물레.

살밧대 명 손이 닿지 않은 도랑이나 물고 따위를 손보는 연장. 가래처럼 긴 자루를 달았다.

살빵 명 '사랑방'의 준말. ¶**살빵**아 가서 할배또로 큰방아 와서 진지 잡수시라 캐라. ▶ 사랑방에 가서 할아버지더러 큰방에 와서 진지 잡수시라고 해라.

살:살: 뭐 살금살금. ¶꼬내기가 쥐구영인데로 **살살** 기이간다. ▶ 고양이가 쥐구멍한테로 **살금살금** 기어간다./알라를 울래지 마고 **살살** 달래 가매 놀어라. ▶ 아기를 울리지 말고 **살금살금** 달래 가며 놀아라.

살째:기 뭐 살짝. ¶**살째기** 건디리기마 했는데 죽는다꼬 소리를 지른다. ▶ **살짝** 건드리기만 했는데 죽는다고 소리를 지른다./내인데마 **살째기** 귀띠미 해 주머 나는 모리는 칙 하끼. ▶ 나한테만 **살짝** 귀띔 해 주면 나는 모리는 척 할게. ☞ 사알.

살쩌미 명 살점. 고기. ¶무시국 끼리는 데는 **살쩌미**가 쪼꿈이라도 들어가야 맛이 난다. ▶ 무국 끓이는 데는 **살점이(고기가)** 조금이라도 들어가야 맛이 난다.

살찌~이 명 '고양이'를 예쁘게 이르는 말. 부를 때는 '살찐아'라고 함. ¶아나 **살찐아**, 괴기 해 가 밥 주끼. ▶ 아나 **살찐아**, 고기 해 가지고 밥 줄게./우리집 **살찌이**는 쥐를 구신 긑치 잡는다. ▶ 우리집 **고양이**는 쥐를 귀신 같이 잡는다.

살'피다 동 살피다. 【살패 ▶ 살펴/살피이 ▶ 살피니】¶멀리 몬 나가니더. 밤질 어덥은데 **살패** 가시이소. ▶ 멀리 못 나갑니다. 밤길 어두운데 **살펴** 가세요./우태롭은 일을 할 때는 디를 **살패** 주는 사람이 있어야 한다. ▶ 위험한 일을 할 때는 뒤를 **살펴** 주는 사람이 있어야 한다.

삼:따 동 삶다. 【살머 ▶ 삶아/살물 ▶ 삶을/살무이 ▶ 삶으니】¶날이 와 이래 **삼노**? 소내기 한 자래기라도 쏟아지머 좋겠다. ▶ 날이 왜 이렇게 **삶나**? 소나기 한 자락이라도 쏟아지면 좋겠다./모래 동내에서 삼을 삼기로 했는데, 우리 꺼 **살물**라머 소깝 댓 단은 들어간다. ▶ 모래 동내에서 삼(麻)을 삶기로 했는데, 우리 것

삼바대기

삶으려면 솔가리 댓 단은 들어간다.

삼바대'기 몡 삼을 삼아서 광주리에 사려 놓은 무더기.《삼바대》☞ 삼베길쌈.

삼베길쌈 몡 마직(麻織). 삼을 삼아서 베를 짜는 일. ☞ 가래2. 가래기. 날고르기. 돌고지. 돌곳. 실떡. 매를 타다. 물레질. 베날기(삼베). 베매기(삼베). 베뽑기(삼베). 삼바대기. 삼베끼기. 삼삼기. 삼솥. 삼째기. 삼칼. 삼톱. 상구2. 실젓. 쑥베. 재포. 징개. 황포.

삼베'끼기 몡 삼 껍질 벗기기. 삶은 삼은 금방 마르기 때문에 삼을 벗길 때는 온 식구들이 매달려 벗긴다. 일손이 모자라면 삼단을 우선 물에다 담가 둔다. ☞ 삼베길쌈.

삼삼:기 몡 삼 올 삼기(잇기). 삼삼기는 먼저 쨈 삼 모숨을 징개다리에다 걸치고 한 가닥씩을 빼서, 삼 꼬리에 침칠을 해 가며 갈라서(매를 타서) 다른 가닥의 머리를 끼우고 허벅지에다 대고 비벼 삼아서 광주리에 사린다. 이것을 삼바대기라고 한다. ☞ 삼베길쌈. 매를 타다.

삼솥 몡 삼굿. 바닥이 철판으로 되어 있고 굽도리는 나무판자로 짜서 여러 단의 삼을 한꺼번에 안칠 수 있게 했다. 삼굿은 마을에서 공동으로 관리하고, 찔 때도 날을 잡아서 불을 지핀다. ¶동네서 모래 **삼솥**에 불을 붙치기로 했는데 아직 일찌가이 삼을 비야 댄다. ▶ 동네서 모래 **삼굿**에 불을 붙이기로 했는데 아침 일찍이 삼을 베어야 된다. ☞ 삼베길쌈.

삼째기 몡 삼 껍질을 째는 일. 삼 올은 째기에 따라 베의 곱기(새)가 결정되는데, 굵게 째면 삼이 많이 들어가면서 베올이 거칠고, 가늘수록 삼은 적게 들고 베올은 곱다. ☞ 삼베길쌈.

삼철'리강산 몡 삼천리강산(三千里江山). 한반도(韓半島)를 가리키는 말. ¶**삼철리강산**에 새봄이 왔구나 농부는 밭을 갈고 씨를 뿌린다. ▶ 삼천리강산에 새봄이 왔구나 농부는 밭을 갈고 씨를 뿌린다. ※일제의 억압에서 벗어난 감격으로 신민요 곡에 붙여 부르던 노랫말의 일부이다.

삼칼 몡 삼 잎을 따는 대나무 칼. 삼을 베어서 한 줌씩을 쥐고 삼칼로 내려쳐서 잎을 딴다. ☞ 삼베길쌈.

삼톱 몡 삼의 겉껍질을 벗기는 삼톱. 널빤지 위에 껍질을 펴 놓고 삼톱으로 누르면서 껍질을 잡아당긴다. ☞ 삼베길쌈.

삼:통 뮈 늘. 항상(恒常). 죽. ¶전에도 **삼통** 그래 살아와서 그런지 인자는 이력이 들었다. ▶ 전에도 늘 그렇게 살아와서 그런지 이제는 이력이 들었다./이 질로 삼

통 들어가머 바리 그 집이니더. ▶ 이 길로 죽 들어가면 바로 그 집입니다. ☞ 내.

삼티기 〖명〗 삼태기. 짚으로 소쿠리모양으로 짠 그릇. 곡식이나 소여물 따위를 담아 옮기는 데 쓴다.

삽짝(挿-) 〖명〗 사립짝. '삽짝문'의 준말. '밀어서 여닫는 문짝'이란 뜻. ☞ 사랖. 사랖문. 삽째기. 삽째기문.

삽짝껄 〖명〗 집 바깥. 대문 바깥 거리. ¶삽짝껄에 무신 일이 났나, 와 저래 시끄럽노? ▶ 대문 바깥에 무슨 일이 났나, 왜 저렇게 시끄럽나?

삽짝문 〖명〗 사립짝문. ☞ 사랖. 사랖문. 삽짝. 삽째기. 삽째기문.

삽째'기 〖명〗 사립짝. '삽째기문'의 준말. ☞ 사랖. 사랖문. 삽짝. 삽짝문.

삽째'기문 〖명〗 사립문. ☞ 사랖. 사랖문. 삽짝. 삽짝문. 삽째기.

샀다 〖동〗〖보〗대다. 일부 동사의 뒤에 쓰여 그 행동의 정도가 심함이나 되풀이됨을 나타내는 보조동사. 【사▶대서/사도▶대도/사매▶대며/사머▶대면/사서▶대서/사이▶대니/샀노▶대나/샀다▶댔다】¶저기서 시끄럽게 주깨 샀는 사람이 누구재? ▶ 저기서 시끄럽게 지껄여 대는 사람이 누구지?/마카 도시로 나가 사서 촌에는 농사 질 사람이 없다. ▶ 모두 도시로 나가 대서 촌에는 농사 지을 사람이 없다./암만 그캐 사도 앤 대는 거는 앤 댄다. ▶ 아무리 그렇게 해 대도 안 되는 것은 안 된다./동네를 돌매 니 숭을 바 사매 댕기드라. ▶ 동네를 돌며 네 흉을 보아 대며 다니더라./거기로마 몰래가 사머 여기는 누가 지키노? ▶ 거기로만 몰려가 대면 여기는 누가 지키나?/돈 쪼매 최 주고 깝처 사서 사람이 미치겠다. ▶ 돈 조금 빌려 주고 재촉해 대서 사람이 미치겠다./저래 만날 아퍼 사이 약값 대기가 심든다. ▶ 저렇게 매일 아파 대니 약값 대기가 힘든다./구찬어 죽겠는데 머로 자꼬 주깨 샀노? ▶ 귀찮아 죽겠는데 무엇을 자꾸 지껄여 대나?/전에는 좋아해 샀는데 요새는 와 그라노? ▶ 전에는 좋아해 댔는데 요새는 왜 그러나?

샀댄말 〖명〗 샀된 말. 음담(淫談). ¶이눔들, 그런 샀댄말 자꼬 하머 상눔 댄다. ▶ 이놈들, 그런 샀된 말 자꾸 하면 상놈 된다.

상 〖명〗〖의〗씨(氏). 〖日〗'さん'. 성씨 다음에 깍듯이 '씨(氏)'를 붙이기도 어색하고 그렇다고 하게할 상대도 아닌 자리에 어물쩍하게 붙이는 의존명사. ¶어제꺼정 긴 상 복 상 카매 서리 좋다 카디이 우짜다가 김가 눔 박가 눔 카는 새가 댔노? ▶ 어제까지 김(金) 씨 박(朴) 씨 하며 서로 좋다 하더니 어쩌다가 김가 놈 박가 놈 하는 새가 됐나? ☞ 주사.

상:각

상:각 몡 상객(上客). 초행이나 신행을 갈 때 신랑이나 신부를 데리고 가는 웃어른. ¶**상각**으로 오시는 그 어런은 범절이 대단한 분이라 카든데, 정성을 디대서 모셔야 한다. ▶ 상객으로 오시는 그 어른은 범절이 대단한 분이라 하던데, 정성을 드려서 모셔야 한다.

상:걸배~이 몡 상거지(上--). ¶머를 한다꼬 객지로 돌어댕기매 부모 물래준 거를 다 털어 묵고 **상걸배이**가 대서 돌아왔다. ▶ 뭘 한다고 객지로 돌아다니며 부모 물려준 것을 다 털어 먹고 상거지가 되어서 돌아왔다.

상구1 몡의 기(基). 무덤(묘)의 수를 세는 단위. ¶요새는 어느 산에 가 바도 미 한 **상구**를 쓸 마한 자리를 찾기 애럽다. ▶ 요새는 어느 산에 가 봐도 묘 한 기를 쓸 만한 자리를 찾기 어렵다./저 못 건너팬에 도래솔 있는 데 비는 미 시 **상구**가 월성 최 씨네 산소다. ▶ 저 못 건너편에 도래솔 있는 데 보이는 묘 세 기가 월성 최 씨네 산소다.

상구2 몡 표백(漂白). 상괴. 삼이나 무명실 따위를 잿물에 삶아 때를 빼고 햇볕에 말리기를 반복하여 색깔을 내는 작업. 삼베길쌈을 할 때 표백하기는 먼저 실타래(실젓)를 잿물(짚을 태워 바툰 물)에 담가서 우린다. 건져서 콩깍지를 태운 재를 고루 뿌려서 따뜻한 온돌에 묻어서 띄웠다가 솥에 삶는다. 물에 담가서 잿물을 우려낸 다음 건져서 고운 등겨(당가리)를 골고루 뿌려서 물을 빨아낸다. 실젓을 막대기에 걸어 두 사람이 마주 잡고 물기를 턴다. 이것을 다시 돌곳에 걸고 풀어 내린다. ☞ 삼베길쌈.

상구3 閈 아직. 상기. ¶**상구** 밥을 안 묵었으머 여기서 나캉 한 술 같이 뜨자. ▶ 아직 밥을 안 먹었으면 여기서 나랑 한 술 같이 뜨자./벌써부터 시작한 일이 **상구** 밀래 있나? ▶ 벌써부터 시작한 일이 상기 밀려 있나? ☞ 사무.

상두꾼 몡 상여꾼(喪輿-). ¶**상두꾼**들 발 붙어 뿌렀다. 북망산천 가는 행자(行資) 깔어라. ▶ 상여꾼들 발 붙어 버렸다. 북망산천 가는 노자(路資) 깔아라. ※ 상여꾼들이 상여를 메고 가다가 가끔씩 제자리걸음을 하면서 이렇게 장난을 걸면 상가 쪽 사람들이 길 앞에다 돈을 깔아 준다. 상여가 개울을 건너야 할 때는 '저승 다리(橋) 나라(놓아라)'라고 하는 등, 고비마다 무슨 핑계를 대고 돈을 우려낸다. ☞ 상애1. 어홍어홍 어화넘차 어홍.

상망 몡 삭망전(朔望奠). ¶이전에는 부모상 중에는 삼연꺼정 병수에 상석을 올리고 초하리 보름에는 **상망**을 따리 지냈다. ▶ 예전에는 부모상 중에는 삼년까지 빈소에 상식을 올리고 초하루 보름에는 삭망전을 따로 지냈다.

상포기

상:머섬(上--) 몡 힘이 세고 농사일에 숙련된 머슴. ☞ 머섬.
상 보'다 콴 상(床)을 차리다. '상을 보살피다'는 뜻. ¶야들아, 손임 오셨는데 상을 바서 들라라. ▶ 예들아, 손님 오셨는데 상을 차려서 들려라./손임 상을 볼라 캐도 채릴마한 찬이 없니더. ▶ 손님 상을 차리려고 해도 차릴만한 반찬이 없습니다.
상:석 몡 상식(上食). 빈소의 영좌(靈座)에 아침저녁으로 올리는 음식. 부모의 경우 삼년상(三年喪)이 끝날 때까지 아침저녁으로 올리고 초하루보름 삭망전(朔望奠)에는 상복을 갖추어 입고 곡(哭)을 하며 제사를 지낸다. ☞ 병수.
상~애1 몡 상여(喪輿). ☞ 상두꾼. 어홍어홍 어화넘차 어홍.
상~애2 몡 상어. ¶우리 고장아는 지사 지낼 때 상애 괴기를 씨는데, 돔배기는 산적으로, 두투머리는 탕 깜으로 씨고, 간은 지름을 짜서 불 서는데 씬다. ▶ 우리 고장에는 제사 지낼 때 상어 고기를 쓰는데, 몸통고기는 산적으로, 머리고기는 탕 감으로 쓰고, 간은 기름을 짜서 불 켜는데 쓴다. ☞ 간돔배기. 곰배상애. 돔배기. 두투머리. 생돔배기.
상~애기: 몡 상여계(喪輿契). 초상이 났을 때 상여를 메거나 묘역(墓役)을 도우기 위한 친목계.
상~애술 몡 성애술. 농토나 가옥 따위의 매매를 성사시키고 내는 술. ¶오늘 그 집에 논 사는 데 홍정을 붙처 주고 상애술 한 잔 얻어먹었다. ▶ 오늘 그 집에서 논 사는 데 홍정을 붙여 주고 성애술 한 잔 얻어먹었다.
상~애지'름 몡 상어기름. 상어의 간 따위의 내장을 냄비에다 지져서 추출한 기름을 접시에 담아서 불을 켠다. 그을음이 많고 냄새가 역한 것이 결점이다. ☞ 지름접시기.
상~애집 몡 상여집(喪輿-). 상여 틀을 보관하는 집. 상여 집은 보통 마을에서 외진 장소에 있는 것이 보통이다. 그 곳은 공동묘지나 마찬가지로 도깨비나 귀신들이 서성거리는 곳이라 해서 접근을 꺼리는 경향이 있다. ¶비 오는 날 상애집 앞을 지내가머 구신이 나온다 칸다. ▶ 비 오는 날 상여집 앞을 지나가면 귀신이 나온다 한다.
상판띠'기 몡 상판대기. ¶그 험상궂은 상판띠기를 보머 구신도 고개를 돌릴 끼이다. ▶ 그 험상궂은 상판때기를 보면 귀신도 고개를 돌릴 것이다.
상포'기 몡 상포계(喪布契). 초상이 났을 때 상복 짓기, 부고(訃告) 돌리기, 음식준비하기, 상여메기 따위의 일을 도우기 위하여 모으는 친목계. ☞ 기3.

새1

새1 몡 혀(舌). ¶재 너머 장아 갔다가 **새**가 빠지게 왔는데도 이래 저물었니더. ▶ 재 너머 장에 갔다가 **혀**가 빠지게 왔는데도 이렇게 저물었어요./열기마 하머 넘으 숭이나 날름거리는 그연으 **새**를 조 빼 뿌릴라. ▶ 열기만 하면 남의 흉이나 날름거리는 그년의 **혀**를 냅다 빼어 버릴라./시 치 **새**가 사람을 죽이고 살린다. ▶ 세 치 **혀**가 사람을 죽이고 살린다. ☞ 해.

새ː2 몡 '사이'의 준말. 방언 영역에서는 '사이'라는 말을 잘 쓰지 않고 '새'로 쓰임. ¶우리 **새**에 어렵어할 꺼 없이 터놓고 지내세. ▶ 우리 **사이**에 어려워할 것 없이 터놓고 지내세.

새(升)3 몡 새. 베를 짤 때 잉아올과 사올(삳오리)이 교차되는 부분. 피륙의 날을 세는 단위. 바디로 40구멍이 한 새가 되는데, 한 구멍에 두 올이 들어가기 때문에 80올이 한 새가 된다. 삼베는 보통 5~7새, 무명베는 7~15새, 명주는 15(보름새)가 보통인데 드물기는 하지만 20새도 있다. 새가 많을수록 가늘고 고우며 재료가 적게 든다. ¶질쌈 솜씨 없는 매느리가 시아부지한테 삼 한 단 마 돌라 캐서 주이, 그거를 훑고 톱질하고 째고 삼어서 재와 석 **새**를 여서 열 댓 자를 짜 가주고, 그거도 베라꼬 시아바이또로 장아 가서 팔어 오라 카이, 시아부지가 그거를 들고 장아 갔는데, 마침 부자집 오대 외동이 죽은 집 사람이 이거를 보고, 이거로 염포를 하머 다시 살어날랑강 카매 돈을 있는 대로 다 주고 사 가드란다. ▶ 길쌈 솜씨 없는 며느리가 시아버지한테 삼 한 단만 달라고 해서 주니, 그것을 훑고 톱질하고 째고 삼어서 겨우 석 **새**를 넣어서 열댓 자를 짜 가지고, 그것도 베라고 시아비더러 장에 가서 팔아 오라 하니, 시아버지가 그것을 들고 장에 갔는데, 마침 부잣집 오대(五代) 외동이 죽은 집 사람이 이것을 보고, 이것으로 염포(殮布)를 하면 다시 살아날까 하며 돈을 있는 대로 다 주고 사 가더란다./베를 날 때 **새**를 지운다. ▶ 베를 날 때 **새**를 쫓는다. ☞ 바대. 베날기(무명).

새가리 몡 서캐. 이의 알. ¶해방 대고 디디티라 카는 거 나오기 전꺼정은 남자들은 화리 앞에 안즈머 바지를 풀어 니루고 이를 잡고 손톱으로 **새가리**를 눌러 터주고 했다. ▶ 해방 되고 디디티(DDT)라는 것 나오기 전까지는 남자들은 화로 앞에 앉으면 바지를 풀어 내리고 이를 잡고 손톱으로 **서캐**를 눌러 터뜨리고 했다. ☞ 해기.

새갱 몡 새경. 머슴에게 한 해 단위로 주는 품삯. ¶머슴 **새갱**은 큰머섬이라카는 장머섬이 일 연에 대엿 섬이고, 중머섬이 두석 섬이고, 꼴머섬은 한 섬 가량이다. ▶ 머슴 새경은 큰머슴이라는 장머슴이 일 년에 대여섯 섬이고, 중머슴이 두 석 섬이고, 꼴머슴은 한 섬 가량이다.

새:고샜다 〖형〗 흔해 빠졌다. 많다. '샜다'의 센말. ¶아이고 이런 거는 장태 가머 새고샜다. ▶ 아이고 이런 것은 장터에 가면 흔해 빠졌다. ☞새빌었다. 샜다. 천 지다. 천지빼까리다.

새구랍'다 〖형〗 시다(酸味). 아니꼽다. 【새구랍어 ▶ 셔(시어)/새구랍으이 ▶ 시니】 ☞ 새구랍다. 새부랍다. 새부럽다. 시구랍다. 시구럽다.

새구럽'다 〖형〗 시다(酸味). 아니꼽다. 【새구럽어 ▶ 셔(시어)/새구럽으이 ▶ 시니】 ¶ 술 단지를 너무 뜨신 데다 나 돗디이 술이 새구럽어졌다. ▶ 술 단지를 너무 따 뜻한 데다 놓아 두었더니 술이 시어졌다./밸 꺼도 아인 눔이 잘난 체하이 눈이 새구럽어 몬 보겠다. ▶ 별 것도 아닌 놈이 잘난 체하니 눈이 시어 못 보겠다. ☞새구랍다. 새부랍다. 새부럽다. 시구랍다. 시구럽다.

새굼파리 〖명〗 사금파리. ¶새굼파리로 밥솥하고 밥그럭을 따담아서 몰개 밥 담고, 풀이퍼리 해무꼬 해서, 나는 아부지하고 니는 어매가 대서 "여보 밥 묵자, 얌 얌." 카매 손꼼장난하고 놀었다. ▶ 사금파리로 밥솥하고 밥그릇을 다듬어서 모 래 밥 담고, 풀잎 반찬 해서, 나는 아빠하고 너는 엄마가 되어서 "여보 밥 먹 자, 냠냠." 하며 소꿉장난하고 놀았다. ☞새금차리.

새금'내: 〖명〗 개흙냄새. ¶미꾸리 잡어 온 거는 소굼물에 당가서 새금내를 빼고 살 머야 한다. ▶ 미꾸라지 잡아 온 것은 소금물에 담가서 개흙냄새를 빼고 삶아야 한다. ※추어탕은 먼저 미꾸라지를 소금물에 담가서 개흙을 토하게 한 다음 삶아서 채에다 으깨어 밭여서 우거지 따위를 넣고 끓인다.

새금'질 〖명〗 새김질. ¶미국사람들은 머를 묵길래 소가 새금질하드시 노상 입을 우 물거리매 댕기노? ▶ 미국사람들은 뭐를 먹기에 소가 새김질하듯이 노상 입을 우물거리며 다니나? ※우리네 예절에 음식을 서서 먹는 법이 없는데, 미군들 이 들어와서 껌이나 과자 따위를 아무데서나 씹으며 돌아다니는 것이 마치 소 가 새김질을 하는 것처럼 보였다.

새금차'리 〖명〗 사금파리. ¶새금차리에 손 빌라 조심해서 만처라. ▶ 사금파리에 손 벨라 조심해서 만져라. ☞새굼파리.

새기:다 〖동〗 고이다. 【새개 ▶ 고여/새기이 ▶ 고이니】 ¶거기는 땅이 꺼저서 물이 늘상 새개 있다. ▶ 거기는 땅이 꺼져서 물이 늘 고여 있다.

새까래 〖명〗 서까래. ¶우리 갓에 숭가 논 솔나무가 인자 새까래 깜은 대겠드라. ▶

새끼가대기

우리 산에 심어 놓은 소나무가 이제 서까래 감은 되겠더라.
새끼가대기 명 새끼가닥. ¶새끼가대기를 하나 조서 자리 주디이를 무까 가그라. ▶ 새끼가닥을 하나 주어서 자루 주둥이를 묶어 가거라. ☞ 새끼내끼.
새끼내'끼 명 새끼가닥. ¶그 사람은 얼매나 알뜰하게 사는지 새끼내끼 한 동가리도 앤 내뿌리는 사람이다. ▶ 그 사람은 얼마나 알뜰하게 사는지 새끼가닥 한 토막도 안 내버리는 사람이다. ☞ 새끼가대기.
새끼대~이 명 새끼. ¶주임임 내말 쫌 들어 보이소. 시상아 이래 어굴한 일이 하늘 밑에 어디 있닌기요? 질에 오다가 썩은 새끼대이 동가리 하나를 조 왔는데 와서 보이 소 한 마리가 따러온 거 아인기요. 이기이 우째 소도독이 댄닌기요? ▶ 주임님(경찰 지서장) 내말 좀 들어 보세요. 세상에 이렇게 억울한 일이 하늘 밑에 어디 있습니까? 길에 오다가 썩은 새끼 토막 하나를 줘 왔는데 와서 보니 소 한 마리가 따라온 것 아닙니까. 이것이 어찌 소도둑이 됩니까? ※소도둑이 경찰지서에 잡혀 와서 변명을 하는 말.
새'끼독 명 작은 독. ¶옹기전에 가그덩 꼬치장 단지 하구로 새끼독 하나 사다 주소. ▶ 옹기전에 가거든 고추장 단지 하게 작은 독 하나 사다 주세요.
새:들 뷔 밤새껏. '밤새드록'의 준말. ¶일 그거 선나 앞에 나두고 새들 주무리고 안젔다. ▶ 일 그것 서넛 낱(조금) 앞에 놔두고 밤새도록 주무르고 앉았다./옆방에서 지집사나가 새들 시시덕거래사 잠을 몬 잤다. ▶ 옆방에서 계집사내가 밤새도록 시시덕거려서 잠을 못 잤다.
새디기 명 새댁. 갓 시집온 아낙. 손위 여자 동서가 손아래 동서를, 또는 남의 집 새댁을 이르는 말. ¶우리 새디기가 저 집 새디기보담 인물로 보나 질쌈 솜씨로 보나 빠질 꺼 없다. ▶ 우리 새댁이 저 집 새댁보다 인물로 보나 길쌈 솜씨로 보나 빠질 것 없다.
새마실 명 새마을. ☞ 새말.
새말: 명 새마을. '새마실' 또는 '새마을'의 준말. ¶내리 새말 떡에서 매늘 데래 오는 날이라 카든데, 아침 묵고 같이 가 보시더. ▶ 내일 새마을 댁에서 며느리 데려오는 날이라던데, 아침 먹고 같이 가 봅시다.
새목' 명 생목. ¶가리임석 묵고 새목이 개머 소굼 쫌 찍어 묵어 바라. ▶ 가루음식 먹고 생목이 괴면(오르면) 소금 좀 찍어 먹어 봐라. ※'생목이 오르다'를 '새목이 개다(괴다)'로 말한다.
새:미 명 샘. 【새마 ▶ 샘에/새매 ▶ 샘에】¶새미 치고 까재 잡고. ▶ 샘 치고 가재

잡고/새마 삐가리 빠졌다. ▶ 샘에 병아리 빠졌다./목동 띠기 매느리가 새매(새마) 물 이로 왔다가 빙판에 미끄러저 버지기 깨고 진났다. ▶ 목동 댁 며느리가 샘에 물 이러(길러) 왔다가 빙판에 미끄러져 자배기 깨고 다쳤다.

새복1 명 새벽. 【새복달▶새벽달/새복달▶새벽닭/새복밥▶새벽밥/새복일▶새벽일/새복잠▶새벽잠/새복질▶새벽길/새복화늘▶새벽하늘】¶달 두 홰 칠 때 새복밥 해 묵고 나갔다가 팔십 이 질을 걸어서 캄캄해서나 돌아왔다. ▶ 닭 두 홰 칠 때 새벽밥 지어 먹고 나갔다가 팔십 리 길을 걸어서 캄캄해서 돌아왔다. ※'홰'는 수탉이 울면서 홰를 치는 것으로, 시간개념의 단위로도 쓴다. 첫 홰가 대략 오전 1~3시경, 두 홰가 3~5시경이 된다.

새복2 명 새벽. 벽이나 방바닥 갈라진 틈을 메우거나 빈대 집 따위를 메우기 위하여 새벽을 한다. ¶빈대가 물어서 잠을 잘 수가 있어야지, 고분 흘 한 지게 저다가 새복을 한분 해야겠다. ▶ 빈대가 물어서 잠을 잘 수가 있어야지, 고운 흙 한 지게 져다가 새벽을 한번 해야겠다.

새복달1 명 새벽달. ¶유월이라 새복달에 처자둘이가 도망가네, 석자수건 목에다 걸고 총각둘이가 디따르네, 살굼살굼 얼근곰보 보순아고개로 넘나든다, 오매가매 빛마비고 대장부 간장마 다녹훈다. ▶ 유월이라 새벽달에 처자둘이가 도망가네, 석자수건 목에다걸고 총각둘이가 뒤따르네. 살금살금 얽은곰보 □□□ 고개로 넘나든다, 오며가며 빛만뵈고 대장부 간장만 다녹인다. 〈전래민요〉.

새복달2 명 새벽닭. ¶새복달이 울었다 질 떠날 차비하자. ▶ 새벽닭이 울었다 길 떠날 채비하자.

새복밥 명 새벽밥. ¶날리 때는 새복밥 묵고 사십 이, 그러이 왕복 팔십 이 질을 걸어서 핵고를 댕갰다. ▶ 난리 때는 새벽밥 먹고 사십 리, 그러니 왕복 팔십 리 길을 걸어서 학교를 다녔다.

새복일 명 새벽일. ¶새복일을 하니라꼬 만날 잠이 모지랜다. ▶ 새벽일을 하느라고 매일 잠이 모자란다.

새복잠 명 새벽잠. ¶새복잠에 취해서 고마 늦어 뿌렀다. ▶ 새벽잠에 취해서 그만 늦어 버렸다./새복잠이 달다. ▶ 새벽잠이 달다.

새복질 명 새벽길. ¶새복질을 떠날라카머 일찌감치 자 나야 한다. ▶ 새벽길을 떠나려면 일찌감치 자 놓아야 한다.

새복화늘 명 새벽하늘. ¶새복화늘이 뿌옇게 발거 오는데 인자 일어나야지. ▶ 새벽하늘이 뿌옇게 밝아 오는데 이제 일어나야지.

새부랍다

새부랍'다 휑 시다(酸味). 부시다. 아니꼽다. 【새부랍어▶시어/새부랍으이▶시니】¶애추가 마이 새부랍다. ▶ 오얏이 많이 시다./해가 뜨이 눈이 새부랍다. ▶ 해가 뜨니 눈이 부시다./또도 아인 기이 새부랍어 몬 보겠다. ▶ 아무 것도 아닌 것이 시어서 못 보겠다. ☞ 새구랍다. 새구럽다. 새부럽다. 시구랍다. 시구럽다.

새부럽'다 휑 시다(酸味). 아니꼽다. 【새부럽어▶시어/새부럽으이▶시니】 ☞ 새구랍다. 새구럽다. 새부랍다. 시구랍다. 시구럽다.

새:비 圐 새우. ¶새비, 그거 맹물에 나는 거는 맹물 새비고, 바다에 나는 건 바다 새비고, 큰 거는 대하 아잉기요. ▶ 새우, 그건 민물에 나는 것은 민물 새우고, 바다에 나는 건 바다 새우고, 큰 것은 대하(大蝦) 아닙니까. ☞ 쇠비.

새'비다 图 훔치다. 몰래 챙기다. 【새배▶훔쳐/새비이▶훔치니】¶이 골목에서 파는 물건은 마카 미군부대에서 새배 온 기이라 아무따나 내놓고 몬 판다. ▶ 이 골목에서 파는 물건은 모두 미군부대에서 훔쳐 온 것이라 아무렇게나 내놓고 못 판다.

새비로양복 圐 신사복(紳士服). 日 'せびろ(背廣. civil clothes)'+'양복'. ¶새비로양복에 나까오리를 씬 신사 한 키가 마실로 들어오든데 뉜지 모리겠다. ▶ 신사복에 중절모를 쓴 신사 한 사람이 마을로 들어오던데 누군지 모르겠다.

새':빌었다 휑 흔해 빠졌다. 많다. '샛다'의 센말. ¶금연에는 시절이 좋아서 시장아 가도 과실이고 채소고 새빌었드라. ▶ 금년에는 절후가 좋아서 시장에 가도 과일이며 채소가 흔해 빠졌더라. ☞ 새고샜다. 샜다. 천지다. 천지빼까리다.

새빠지다 팬 혀가 빠지다. '새빠지게' 꼴로 쓰여 '몹시 힘을 들여'의 뜻을 나타냄. ¶새 빠지게 일했다. ▶ 혀 빠지게 일했다./새 빠지게 도망갔다. ▶ 혀 빠지게 도망갔다.

새:삼시럽다 휑 새삼스럽다. 【새삼시럽어▶새삼스러워/새삼시럽으이▶새삼스러우니】¶오늘 자네를 만나이 인날 고양아서 놀든 일이 새삼시럽게 생각난다. ▶ 오늘 자네를 만나니 옛날 고향에서 놀던 일이 새삼스럽게 생각난다. ☞ 시삼시럽다.

새:삼시리 閉 새삼스레. ¶새삼시리 지낸 일을 꺼내머 머하노? ▶ 새삼스레 지난 일을 꺼내면 뭣하나?

새아부지 圐 의붓아버지. ¶어매가 내 보고 새아부지인데 인자 아부지라 캐라 칸다. ▶ 어머니가 나 보고 의붓아버지한테 이제 아버지라 해라 한다.

새아재 圐 새 아저씨. 처조카가 이모부를, 처제가 형부를 불러 이르는 말.

새'알 명 사레. 음식을 잘 못 삼켜 숨구멍 쪽으로 들어가서 재채기처럼 뿜어 나오는 기운. ¶새알이 들었구나 뜨신 구물 마시고 몸을 뜨뜻하게 해라. ▶ 사레가 들었구나 따뜻한 국물 마시고 몸을 따뜻하게 해라.

새앙지 명 생쥐. ¶새앙지가 꼬내기한테 대드는 기이지, 어림없는 짓 하지 마라. ▶ 생쥐가 고양이한테 대드는 것이지, 어림없는 짓 하지 마라.

새옴:밥 명 새 고은 밥. 겨울밤 늦게까지 어울려 놀다가 시장기가 들면 초롱불을 들고 참새를 잡으러 나간다. 초가집 처마 밑으로 불을 비추고 참새를 잡아서 새끼줄에 꿰어 달고 와서 털을 뜯고 쌀과 함께 끓인다.

새'운 명 쇠운(衰運). ¶새운이 들라카이 사람이 죽고, 머 손대는 거마다 터지고 깨지고 하드라. ▶ 쇠운이 들려니 사람이 죽고, 뭐 손대는 것마다 터지고 깨지고 하더라.

-새'이 집 일부 어간에 붙어서 동물의 이름이나 그 새끼를 뜻하는 말이 되는 접미사. 【강새이 ▶ 강아지/망새이 ▶ 망아지/얌새이 ▶ 염소】.

새˜이손 명 생인손. ¶새이손을 알거서 일도 몬 거든다. ▶ 생인손을 앓아서 일도 못 거든다.

새˜일 명 생일(生日). ¶새일 때 잘 묵을라꼬 석 달 여럴을 굴멌다. ▶ 생일 때 잘 먹으려고 석 달 열흘을 굶었다.

새장 명 우차의 쇠장. 우차의 쳇대를 가로로 고정시켜 쇠장을 받친다. ☞ 우차.

새지붕 명 억새로 인 지붕. ¶새로 인 새지붕은 짚으로 인 지붕보담 맻 배나 오래 간다. ▶ 억새로 인 억새지붕은 짚으로 인 지붕보다 몇 배나 오래 간다.

새집구영 명 새집구멍. 초가집 처마 밑에 튼 참새 집.

새:참때 명 새참 무렵. 시계에 의한 시간개념이 희박했던 시절, 계시(計時)는 격식을 갖추거나 기록을 할 경우는 12지(十二支)에 의하지만, 일반 서민들은 낮에는 새벽(새복), 아침식사 전(식전), 아침먹고(아칙묵고), 점심아래(저임아래), 점심때(저임때), 점심먹고(저임묵고), 새참때, 저녁때(저녁답), 저녁먹고(저녁묵고) 따위로, 일몰 후에는 초저녁(초저녁), 밤중, 첫달울고, 두회치고 따위로 시간을 이른다. 그리고 시간을 가늠하는 것은 해나 달 또는 별자리와 산, 집, 나무 따위의 고정된 물체의 그늘의 변화와 새벽에 회를 치는 닭 울음에 의존한다.

새출내'미 명 새줄랑이. 촐랑이. 참새처럼 경망스럽게(촐랑거리며) 행동하거나 토라지기를 잘 하는 사람을 비유하여 이르는 말. ¶새출내미 긑치 촐랑촐랑 까불어 대는 사람이라 어디 그 말을 믿을 수가 있어야지. ▶ 새줄랑이 같이 촐랑

샛바람

출랑 까불어 대는 사람이라 어디 그 말을 믿을 수가 있어야지./저 새출내미는 어디로 가도 가마있지를 몬하고 사불사불 주깨 댄다. ▶ 저 새줄랑이는 어디로 가도 가만있지를 못하고 시벌시벌 지껄여 댄다.

샛바람 圐 동풍(東風). 동남풍(東南風). ¶샛바람 부는 거를 보이 비가 오겠다. 세답하고 멍시기에(멍시게) 널어논 밀을 거다 들라라. ▶ 동풍 부는 것을 보니 비가 오겠다. 빨래하고 멍석에 널어놓은 밀을 거둬 들려라.

샣ː다 혱 흔하다. 많다. ☞ 새고샜다. 새빌었다. 천지다. 천지빼까리다.

생- 졉 생(生-). 일부 명사의 앞에 붙어 '지독한' 또는 '억지스러운'의 뜻을 더하는 접두사. 【생가부▶ 생과부/생고상 ▶ 생고생/생각재이 ▶ 생각쟁이/생무식재이 ▶ 생판무식쟁이/생배락 ▶ 생벼락/생상눔 ▶ 새파란 상놈/생씩겁 ▶ 혼겁/생이밸 ▶ 생이별/생죽엄 ▶ 생죽음/생지랄 ▶ 개지랄/생티집 ▶ 생트집】.

생가ː부 圐 생과부(生寡婦). ¶남자가 도시로 나가서 공부하여 신식여자를 만나서 사는 바람에 이 촌에도 생가부가 댄 여자도 맻 있었다. ▶ 남자가 도시로 나가서 공부하여 현대여성을 만나서 사는 바람에 이 시골에도 생과부가 된 여자도 몇 있었다.

생각지다 图 생각나다. 기억(記憶)나다. 상기(想起)하다. '생각해지다'의 준말. 【생각저 ▶ 생각나/생각지이 ▶ 색각나지니】¶그때 그 일이 어제 일 겉치 생각진다. ▶그때 그 일이 어제 일 같이 생각난다./이전 일이 생각저서 저래 울고 애 있나. ▶ 예전 일이 생각나서 저렇게 울고 안 있나./이자뿌릴라 캐도 밤마 대머 생각지이 우야머 좋노? ▶ 잊어버리려 해도 밤만 되면 생각나니 어떻게 하면 좋으냐?/이거저거 생각저도 참고 살어야지. ▶ 이것저것 생각나도 참고 살아야지. ☞ 생각캐다.

생각캐ː다 图 생각나다. 기억(記憶)나다. 상기(想起)하다. 【생각캐 ▶ 생각나/생각캐이 ▶ 생각나니】¶인날 일이 생각캐서 누물이 난다. ▶ 옛날 일이 생각나서 눈물이 난다./그때 일이 생각캐이 분을 몬 참겠다. ▶ 그때 일이 생각나니 분을 못 참겠다./좋왔든 시절이 문뜩 생각캐도 지낸 일을 우짤 꺼고. ▶ 좋았던 시절이 문득 생각나도 지난 일을 어쩔 건가. ☞ 생각지다.

생ː고상 圐 생고생(生苦生). ¶가마 있어도 묵고 사는 데 굔시리 장사한다 카다가 생고상을 했다. ▶ 가만히 있어도 먹고 사는 데 공연스레 장사한다 하다가 생고생을 했다.

생광시ː럽다 혱 영광스럽다. 자랑스럽다. 보람이 있다. ¶칠 남매를 다 치송하고 친외손만 해도 한 마당이지, 이런 환갑잔채야 얼매나 **생광시럽은기요**. ▶ 칠 남매를 다 짝지어 주고 친외손(親外孫)만 해도 한 마당이지, 이런 환갑잔치야 얼마나 영광스러운가요.

생:긴 閉 생전(生前). 생판. 도무지. ¶저 사람 같으며 **생긴**에 법이 없어도 산다. ▶ 저 사람 같으면 생전에 법이 없어도 산다./**생긴** 첨으로 양복을 입어 노이 와 이래 어설푸지? ▶ **생판** 처음으로 양복을 입어 놓으니 왜 이렇게 어설프지?/**생긴** 첨으로 가 보는 데라 어딘지 모리겠드라. ▶ **생판** 처음으로 가 보는 데라 어딘지 모르겠더라./그 사람은 **생긴**에 돈이라고는 모리는 사람이다. ▶ 그 사람은 **도무지** 돈이라고는 모르는 사람이다.

생깍재~이 똅 지독한 깍쟁이. ¶아이고 그 **생깍재이**, 생각마 해도 치가 떨린다. ▶ 아이고 그 지독한 깍쟁이, 생각만 해도 치가 떨린다.

생꾀역'질 똅 '구역질'의 센말. ¶아이고 **생꾀역질** 나게, 그거 가주고 그래 세도를 부리나? ▶ 아이고 **구역질** 나게, 그것 가지고 그렇게 세도를 부리나?

생돔배기 똅 간을 하지 않은 상어 몸통고기. 맛이 발효된 홍어 맛과 비슷하다. ☞ 곰배상애. 돔배기. 상애2.

생똥을 싸다 趑 혼겁을 먹다. 혼이 빠지다. ¶아이고, 그 일을 하는데 **생똥을 쌌다**. ▶ 아이고, 그 일을 하는데 혼겁을 먹었다.

생무식재~이 똅 생판무식쟁이. '무식재이'의 센말. ¶그 **생무식재이**하고 말해 밧자 소귀에 갱 읽기지. ▶ 그 생판무식쟁이하고 말해 봐야 쇠귀에 경 읽기지.

생'배락 똅 생벼락(生--). ¶애꾸진 사람을 모함하다가 **생배락**을 맞는다. ▶ 애꿎은 사람을 모함하다가 생벼락을 맞는다. ☞ 날배락.

생상눔 똅 새파란 상놈. '상눔'의 센말. ¶그눔이 어디서 구불어댕기다가 이 마실로 들어온 눔인지 행사하는 거를 보며 **생상눔이다**. ▶ 그놈이 어디서 굴러다니다가 이 마을로 들어온 놈인지 행세하는 것을 보면 새파란 상놈이다. ☞ 돌상눔. 쇠상눔.

생소깝 똅 생솔가지. ¶해마다 우리 고향아는 정월대보름날, 달이 뜰 때머 아들이 마실 디산에 올러가서 **생소깝**을 무디기로 처재놓고 불을 피우매 달 뜰 때를 바락고 있다가, 삼척산 만디이에 달이 올라오며 시재마꿈 절을 하매 소원을 빌었다. ▶ 해마다 우리 고향에는 정월대보름날, 달이 뜰 때면 애들이 마을 뒷산에 올라가서 **생솔가지**를 무더기로 처쟁여놓고 불을 피우며 달 뜰 대를 기다리고 있다가, 삼척산 마루에 달이 올라오면 제각기 절을 하며 소원을 빌었

생'씩겁

다./그 집에는 **생소깝을** 쩌다가 처재 났다가 살림 가가리한테 다들캐서 벌금을 냈다. ▶ 그 집에는 **생솔가지를** 쩌다가 처쟁여 놓았다가 산림 담당한테 들켜서 벌금을 냈다.

생'씩겁 명 기겁(氣怯). 혼겁(魂怯). 혼쭐. '씩겁'의 센말. ¶저눔은 나갔다가 오기마 하며 애비한테 무대뽀로 돈을 내나라 카이 **생씩겁하겠다.** ▶ 저놈은 나갔다가 오기만하면 애비한테 다짜고짜로 돈을 내놔라고 하니 기겁하겠다./새복에 물 대로 들에 나갔다가 늑대를 만나서 **생씩겁을** 묵었다. ▶ 새벽에 물 대러 들에 나갔다가 늑대를 만나서 **혼겁을** 했다.

생이'밸 명 생이별(生離別). ¶신행 오고 한 달 만에 전장이 터지는 바람에 실랑하고 **생이밸하고** 혼차 앤 사나. ▶ 신행 오고 한 달 만에 전쟁이 터지는 바람에 신랑하고 생이별하고 혼자 안 사나.

생이손까락 명 새끼손가락. ¶내 이 자리에서 **생이손까락을** 걸고 맹서하지러. ▶ 내 이 자리에서 새끼손가락을 걸고 맹세하지. ☞ 앵지손까락.

생죽'엄 명 생죽음(生--). ¶전장 때는 **생죽엄을** 당한 사람이 부지기수였지. ▶ 전쟁 때는 **생죽음을** 당한 사람이 부지기수(不知其數)였지.

생:지랄 명 개지랄. 이성을 잃고 마구 행동하는 짓거리. 어근에 '하다' 또는 '떨다'가 붙어서 '개지랄하다' 또는 '개지랄 떨다' 따위의 뜻을 나타냄. ¶아이고 저거, 골치 아푸게 또 **생지랄** 시작하네. ▶ 아이고 저거, 골치 아푸게 개지랄 시작하네./**생지랄** 인자 고마 해라. ▶ 개지랄 이제 그만 해라./빙신 글치 대낮에 **생지랄** 떠네. ▶ 병신 같이 대낮에 개지랄 떠네./술만 처묵으며 찾아와서 **생지랄** 해서 생씩겁하겠다. ▶ 술만 처먹으면 찾아와서 개지랄해서 기겁하겠다. ☞ 미친지랄. 요디지랄. 용천지랄. 지랄발광. 지랄용천.

생키다 동 삼키다. 【생캐▶삼켜/생키이▶삼키니】 ¶목이 아퍼서 물도 **생키기** 심든다. ▶ 목 아파서 물도 삼키기 힘든다./넘으 돈을 생으로 **생키고** 니가 잘 대는강 보자. ▶ 남의 돈을 생으로 삼키고 네가 잘 되는가 보자./약이 쫌 씹지마는 눈 딱 감꼬 **생캐** 바라. ▶ 약이 좀 쓰지만 눈 딱 감고 **삼켜** 봐라.

생티집 명 생트집(生--). ¶아무튼 저 사람이 **생티집을** 부릴 때는 거기에 당할 사람이 없지러 ▶ 아무튼 저 사람이 **생트집을** 부릴 때는 거기에 당할 사람이 없고 말고.

생피 명 생피(生血). 동성(同姓)이나 근친(近親)끼리 결합하여 태어난 사람을 비유하여 이르는 말. ¶같은 성바지 끼리 붙었으이 **생피** 나겠네. ▶ 같은 성바지 끼리 붙었으니 생피 나겠네.

서'다 동 켜다. 【서▶켜/서이▶커니】¶어더분데 등잔에 지름을 붓고 불 서고 찾어보자.▶어두운데 등잔에 기름을 붓고 불 켜고 찾아보자./얼매나 궁겠는지 묵을 꺼를 보디이 눈에 불을 서서 설친다.▶얼마나 굶겼는지 먹을 것을 보더니 눈에 불을 켜서 설친다. ☞시다2.

서답 명 빨래.¶저임아래 서답 한 자대기 씩거 놓고 저임묵고 방깐에 갔다가 오이 하리 해가 언제 갔는지 모리겠네요.▶오전에 빨래 한 아름 씻어 놓고 오후에 방앗간에 갔다가 오니 하루해가 언제 갔는지 모르겠네요. ☞세답.

서답'돌 명 빨랫돌. 빨랫돌은 보통 크고 넓적한 자연석을 이용한다. ☞세답돌.

서:떡 부 얼른. 빨리.¶볼일도 다 봤으이 서떡 일어서서 집으로 가자.▶볼일도 다 보았으니 얼른 일어서서 집으로 가자./자가 팔을 둥둥 걷고 딱 서 있으며 그 앞에 서떡 나서는 사람이 없다.▶재가 팔을 둥둥 걷고 딱 서 있으면 그 앞에 얼른 나서는 사람이 없다. ☞싸게. 쌔기. 어떡. 어여. 얼럭. 얼렁. 펏떡.

서러 조 서. 에서.¶심바람을 시갰으머 얼렁 앤 가고 거기서러 머하고 섰노?▶심부름을 시켰으면 얼른 안 가고 거기서 뭣하고 섰나?/소문을 들으이 얼매 전에 서월서러 큰일이 터졌다 카드라.▶소문을 들으니 얼마 전에 서울에서 큰일(큰 사건)이 터졌다 하더라.

서리1 부 서로.¶넘사시럽구로 이래 두리 싸와서는 앤 댄다. 서리 쪼매씩 뒤로 물러 서그라.▶남세스럽게 이렇게 둘이 싸워서는 안 된다. 서로 조금씩 뒤로 물러 서거라.

서:리2 명 서리. 여럿이서 주인 몰래 훔쳐 먹는 장난.¶요새 보머 그기이 도독질인데 그때 인심은 좋았지러, 위, 넝굼, 복성, 이런 **서리를** 쫌 하다가 다들캐도 "댁조놈들!", 한분 그카고 끝냈다.▶요사이 보면 그것이 도둑질인데 그때 인심은 좋았지, 참외, 사과, 복숭아, 이런 **서리를** 좀 하다가 들켜도 "예끼 이놈들!", 한번 그러고 끝냈다.

서마서마 명 아기를 어르면서 가르치는 몸놀림의 하나. 아기의 손을 잡고 서게 하는 말 또는 그 동작. ☞깟딱깟딱. 곤지곤지. 따리따리. 도레도레. 불매불매. 짝짝꿍. 잠잠. 쪼막쪼막. 진진. 헐래헐래.

서:발 명 세 발. 혀나 입이 길게 처지거나 빠진 상태. 토라지거나 힘 드는 일을 했을 때의 표정을 나타내는 말에 쓰임.¶무슨 심통이 났는데 주디이가 서발이나 나왔노?▶무슨 심통이 났는데 주둥이가 세 발이나 나왔나?/얼매나 심이 들

었든지 새가 서발이나 빠졌다. ▶ 얼마나 힘이 들었던지 혀가 세 발이나 빠졌다.

서¹불 명 시울. '눈서불(눈시울)' 또는 '입서불(입시울)'의 준말. ¶날이 춥어서 서불이 시퍼렇다. ▶ 날씨가 추워서 입시울이 시퍼렇다./너무 울어서 서불이 퉁퉁 버었다. ▶ 너무 울어서 눈시울이 퉁퉁 부었다.

서:숙 명 서속(黍粟). 기장과 조. ¶하늘을 치다보이 모숭기하기는 틀랬다. 때 놓치기 전에 서숙이나 헅칠 채비를 해야겠다. ▶ 하늘을 쳐다보니 모심기하기는 틀렸다. 때 놓치기 전에 서속이나 흩칠 채비를 해야겠다. ※ 가뭄으로 모심기철을 놓치면 가뭄에 강한 기장이나 조로 대파(代播)한다.

서원:하다1 형 시원하다. 【서원은 ▶ 시원한/서원으이 ▶ 시원하니】 ¶탁주 맛있게 익었니더. 여기 서원한 데 들어와서 쉬 가이소. ▶ 탁주 맛있게 익었어요. 여기 시원한 데 들어와서 쉬어 가세요. ※ 목로술집 주모가 행인을 부르며 하는 말.

서원:하다2 형 서운하다. ¶그 사람을 보내고 나이 서원한 맴이야 말할 수 없지마는, 화늘이 데래가는 거를 우야넌기요? ▶ 그 사람을 보내고 나니 서운한 마음이야 말할 수 없지만, 하늘이 데려가는 것을 어떻게 합니까? ☞ 시언하다.

서:월 명 서울. ¶서월 남산 밑에 김 서방 찾기다. ▶ 서울 남산 밑에 김 서방 찾기다./서월 사람들은 비마 오머 풍연이라 칸단다. ▶ 서울 사람들은 비만 오면 풍년이라 한단다. ※ 서울 사람들은 시골 사정을 모른다는 말.

서:월깍재~이 명 서울깍쟁이. ¶송치이는 솔이퍼리를 묵고 살어야지, 촌눔이 서월깍재이들 틈새 찡개서 우째 사노? ▶ 송충이는 솔잎을 먹고 살아야지, 촌놈이 서울깍쟁이들 틈새 끼여서 어찌 사나?

서:이 주 셋. ¶하나하고 둘에다가 서이라, 그래, 우리 시 사람씩 팬을 갈라서 놀어 보자. ▶ 하나하고 둘에다가 셋이라, 그래, 우리 세 사람씩 편을 갈라서 놀아 보자.

석개:다 동 섞이다. '석구다'의 피동. 【석개 ▶ 섞여/석구이 ▶ 섞이니】 ¶수만은 사람들이 석개서 주깨 사이 하나도 몬 알아듣겠다. ▶ 수많은 사람들이 섞여서 지껄여 대니 하나도 못 알아듣겠다. ☞ 석기다.

석구:다 동 섞다. 【석가 ▶ 섞어/석구이 ▶ 석으니】 ¶한 이불 속에서 몸 석구매 사는 지 사람도 몬 믿는 시상인데, 그 떠돌이를 우째 믿노? ▶ 한 이불 속에서 몸 섞으며 사는 제 사람도 못 믿는 세상인데, 그 떠돌이를 어찌 믿나?/살을 애끼고 보리살하고 좁살을 석가서 밥을 안쳐라. ▶ 쌀을 아끼고 보리쌀하고 좁쌀을 섞어서 밥을 안쳐라.

선:몽

석기:다 동 섞이다. '석구다'의 피동. 【석개 ▶ 섞여/석기이 ▶ 섞이니】 ¶까마구 노는 곧에 백노가 석개 들어갔다. ▶ 가마귀 노는 곳에 백로(白鷺)가 섞여 들어 갔다. ☞ 석개다.

석매 명 연자매(研子-). ¶보리 찧구로 석매 있는 데로 소를 몰고 온느라. ▶ 보리 찧게 연자매 있는 데로 소를 몰고 오너라. ☞ 석매바아.

석매바~아 명 연자방아(研子--). 둥글고 넓적한 바닥돌 위에 위쪽이 잘린 형태의 원추형 맷돌(웃돌)을 눕혀서 고줏대(줏대)를 축으로 하여 마소가 끌고 돌린다. 연자방아는 두 사람이 붙어서 찧는데 한 사람은 소를 몰고 한 사람은 밀려 나오는 곡식을 고무나 빗자루로 밀어 넣거나 뒤집어 준다. 보리의 도정과정은 먼저 물을 뿌려서 애벌 찧기를 하고, 이것을 말려서 다시 돌려 껍질을 벗겨 내고 까불고, 마지막으로 다시 물을 축이고 돌려서 말리고 까분다. 〈한국민속문화대사전 창솔. 두산백과사전 기타〉 ☞ 석매. 바닥돌. 맷돌. 고줏대. 고줏대구멍. 방틀. 후릿대.

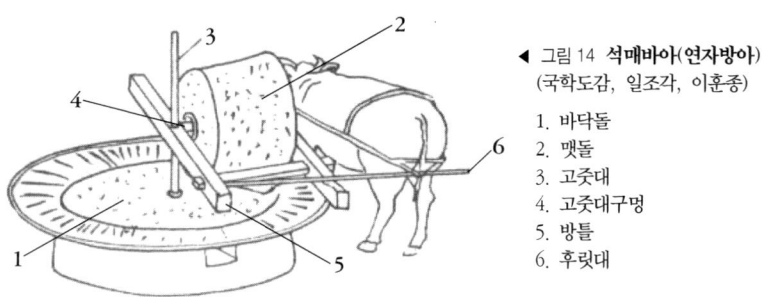

◀ 그림 14 **석매바아(연자방아)**
(국학도감, 일조각, 이훈종)

1. 바닥돌
2. 맷돌
3. 고줏대
4. 고줏대구멍
5. 방틀
6. 후릿대

석:잠 명 누에를 칠 때 3번째 잠. 3령(-齡). ☞ 명주길쌈. 잠.

선'나 튀 조금. 다소(多少). 서넛 낱. '얼마 되지 않은 수량'의 뜻. ¶사람이 추접구로 그거 선나를 갖고 머를 그카노? ▶ 사람이 추접스럽게 그것 **조금**을 갖고 뭘 그라나?/오늘 채진밭에 꼬치하고 상추를 선나 숭갔다. ▶ 오늘 텃밭에 고추하고 상추를 얼마 심었다.

선:몽 명 현몽(現夢). ¶시집와서 사할 만에 그 집 신막을 태와 뿌린 색시가 잠이 들었는데, 머리가 허연 영감이 나타나서 **선몽**하기로 "니가 내 신막을 다부 앤 세우머 니가 자석을 노머 놓는 쪽쪽 죽을 끼이라 카는 기이라. ▶ 시집와서 사

선상'임

흘 만에 그 집 신막(神幕)을 태워 버린 색시가 잠이 들었는데, 머리가 하얀 영감이 나타나서 **현몽하기를** "네가 내 신막을 도로 안 세우면 네가 자식을 낳으면 낳는 족족 죽을 것이라 하는 것이라. ※시아버지가 며느릿감을 찾다가, 하루는 덩치가 크고 고집이 센 처녀를 보고, 저런 규수라면 큰 사람을 낳을 것이라며 며느리로 들였다. 신막을 태우고 귀신에게 원한을 산 색시가 자식 셋에 남편까지 앗기고도 고집을 꺾지 않고 또 아들을 낳으니, 이번에는 귀신이 보고 범상한 인물이 아니라며 물러났는데, 그 아들이 나중에 해월(海月) 선생이었다는 야화(野話)이다.

선상'임 몡 선생님(先生任). ¶부모하고 선상임은 거렁지도 앤 밟는다 캤다. ▶ 부모하고 선생님은 그늘도 안 밟는다 했다.
선상'질 몡 선생질(先生-) 훈장질(訓長-) '선생 노릇'의 낮춤말.
설:디~이 몡 서러운 나이의 사람(童). 동지섣달에 난 사람. 됀 오분디이. ¶가는 섣달 새일이라 설디이지. ▶ 걔는 섣달 생일이라 서러운 나이지. ☞애만살.
설:따 혱 섧다. '서럽다'의 준말. 【설버▶ 설워/설부이▶ 설우니/설분▶ 서러운】 ¶설따 설따 캐도 밥 굶는 거마이 설분 기이 어디 있노? ▶ 섧다 섧다 해도 밥 굶는 거만치 설은 것이 어디 있나?/섣달 시무나흘 새일이머 설분 나지. ▶ 섣달 스무나흘 생일이면 서러운 나이지.
설'이 몡 멧돼지의 이빨처럼 밖으로 튀어 나온 이빨.
설:치래 몡 설빔. ¶공구들 설치래를 장만할라카머 돈이 엄시미 들어간다. ▶ 식구들 설빔을 장만하려면 돈이 제법 들어간다.
설풋:하다 혱 설핏하다. ¶점들 산 너머서 콩 뽂드시 총을 쏘 대다가 해가 설풋할 때 쭘 대서 인민군이 밀래드는데 온 마실이 야단벅구가 났지. ▶ 종일 산 너머서 콩 볶듯이 총을 쏴 대다가 해가 설핏할 때 쯤 되어서 인민군이 밀려드는데 온 마을이 난리가 났지./설풋하게 잠이 들라 캤는데 시끄럽어서 다시 깼다. ▶ 설핏하게 잠이 들려 했는데 시끄러워서 다시 깼다.
섬찍:하다 혱 섬뜩하다. ¶이 꼴짝에 들어오머 기분이 섬찍하다. ▶ 이 골짜기에 들어오면 기분이 섬뜩하다.
섭하다 혱 유감(遺憾)이다. '섭섭하다'의 준말. ¶자네 섭하게, 내 맴을 그래 몰라주노? ▶ 자네 섭섭하게, 내 마음을 그렇게 몰라주나?
성그럽다 혱 불편(不便)하다. 번거롭다. ¶그 자리는 쭙어서 일하기 성그럽으이 이

짝으로 와서 해라. ▶ 그 자리는 좁아서 일하기 **불편**하니 이쪽으로 와서 해라./자네가 바쁜데 굔시리 찾어와서 **성그럽게** 해서 미안하네. ▶ 자네가 바쁜데 공연히 찾아와서 **번거롭게** 해서 미안하네./댕기는데 **성그럽게** 해서 마이 앤 댔니더. ▶ 다니는데 **불편**을 드려서 대단히 죄송합니다.

성'기다 동 섬기다. 【성개 ▶ 섬겨/성기이 ▶ 섬기니】 ¶어라농청아 비랑 끝에, 무정할손 저오라배, 나도죽어 후생가서 낭군임 **성길소냐**. ▶ 어라□□아 벼랑 끝에, 무정할손 저오라비, 나도죽어 후생가서 낭군님 **섬길소냐**. 〈모숭기 소리의 일부〉/부모 잘 **성기는** 호자는 화늘도 알어 준다. ▶ 부모 잘 **섬기는** 효자는 하늘도 알어 준다.

성'기재~이 명 유기장수(鍮器--). ☞그럭재이.

성'내 명 성내(城內). '도시(都市)'라는 뜻으로 쓰임. ¶**성내** 여자들이사 물 앤 여 나리고 수도물 받어묵고 사는 거마 해도 호강이지. ▶ **도시** 여자들이야 물 안 여 나르고 수돗물 받아먹고 사는 것만 해도 호강이지./성내 사는 사람 말도 마라. 그거 빼질빼질하기로 돈이라카머 문디이 콧구영 꺼도 빼묵을라 칸다. ▶ **도시** 사는 사람 말도 마라. 그거 빤질빤질하기로 돈이라면 문둥이 콧구멍 것도 빼먹으려 한다.

성노 명 석류(石榴). ¶**성노**는 기림마 바도 춤이 괸다. ▶ **석류**는 그림만 보아도 침이 고인다. ☞성유.

성~애 명 쟁기의 성애. 한 끝이 술의 윗부분에 연결되어 앞으로 길게 뻗어 나간 나무. 허리에 한마루 구멍이 있고 끝에 호부래비꼬재이가 꽂혀 있다. ☞홀찌이.

성유 명 석류(石榴). ¶떨어진 **성유**가 앤 떨어진 유자 앤 불따 칸다. ▶ 떨어진 **석류**가 안 떨어진 유자 안 부럽다 한다. ※맛이 시기로 지지 않는다는 말. ☞성노.

성'임 명 형님(兄-). ¶**성임성임 사촌성임** 시집살이 어떱디까, 아이고야야 말도마라 고초당초 맵다캐도 시집보다 맵을소냐. ▶ **형님형님 사촌형님** 시집살이 어떱디까, 아이고얘야 말도마라 고초당초 맵다해도 시집보다 매울소냐. 〈시집살이 노래 중에서〉 ☞행임. 형임.

성주동~오 명 성주동이. ¶그 해 농사를 저서 첨으로 거두는 곡식을 먼첨 **성주동오**에 담어서 터주대감인데 바친다. ▶ 그 해 농사를 지어서 처음 거두는 곡식을 먼저 **성주동이**에 담아서 터줏대감한테 바친다.

성'찬타 형 성하지 않다. 온전하지 않다. '아프다'의 부드러운 말. ¶몸이 **성찬으**이 백만사가 다 구찬타. ▶ 몸이 **성하지** 않으니 백만사가 다 귀찮다./성찬은 몸으

섶1

로 우애 먼 질을 갈노? ▶ 온전하지 않은 몸으로 어떻게 먼 길을 가겠나?

섶1 몡 갓방. 건물의 섶. ¶넘으 집 섶에 살아도 맴이 팬하머 댄다. ▶ 남의 집 갓방에 살아도 마음이 편하면 된다.

섶2 몡 저고리나 두루마기의 옷섶. ☞ 저구리.

세답 몡 빨래. 【세답꺼리 ▶ 빨랫감/세답돌 ▶ 빨랫돌/세답방매이 ▶ 빨래방망이/세답사분 ▶ 빨래비누】 ¶시어마씨 임종을 지키든 매느리가 시어마이또로 "어멈요, 어멈이 씩근 **세답**은 백옥 긑치 하얗든데, 우야머 대는지 한 수마 갈채 주시고 가이소." 카이, 시어마이가 재와 눈을 뜨디이 모개이마한 소리로 "야야, 내 죽기 전에 그거는 말 애 할라 캤는데, 후유, 그거 말이지 **세답**은 뽀올…" 그카다가 고마 숨이 꼴딱 넘어가 뿌렀단다. ▶ 시어머니 임종을 지키던 며느리가 시어머니더러 "어머님, 어머님이 빤 **빨래**는 백옥 같이 하얗던데, 어떻게 하면 되는지 그것 한 수만 가르쳐 주시고 가세요." 하니, 시어머니가 겨우 눈을 뜨더니 모기만한 소리로 "애야, 내 죽기 전에 그것은 말 안 하려했는데, 후유, 그것 말이지 **빨래**는 뽀올…" 그러다가 그만 숨이 꼴깍 넘어가 버렸단다. ※그러고 나서 며느리는 며칠을 두고 '뽈, 뽈…'을 되뇌며 수수께끼를 풀어 보려다가 사흘 만에야 무릎을 탁 치면서 '올치! 뽈올…끈', 볼끈 매 짜라는 것이라고 깨달았다. 〈고경 曺昌秀〉 ☞ 서답.

세답꺼리 몡 빨랫감. ¶새딕이 혼차서 한 자대기나 대는 **세답꺼리**를 다 해 치우니라꼬 고상했다. ▶ 새댁이 혼자서 한 아름이나 되는 **빨랫감**을 다 해 치우느라고 고생했다.

세답돌 몡 빨랫돌. ¶옷이 얼매나 더럽은지 **세답돌** 우에 언저 놓고 어지가이 뚜디러도 때가 다 앤 빠진다. ▶ 옷이 얼마나 더러운지 **빨랫돌** 위에 얹어 놓고 어지간히 두들겨도 때가 다 안 빠진다. ☞ 서답돌.

세답방매~이 몡 빨랫방망이. 다듬잇방망이는 둥글고 빨랫방망이는 두들겨 닿는 부분이 넓적하다.

세답사:분 몡 빨래비누. ¶요새 그트머 흔해 빠진 **세답사분**도 그때사 곱은 옷을 씩글 때나 씨고, 막 입는 옷은 재물에 살머서 뚜디러서 때를 뺐다. ▶ 요사이 같으면 흔해 빠진 **빨래비누**도 그때야 고운 옷을 씻을 때나 쓰고, 막 입는 옷은 재물에 삶아서 두들겨서 때를 뺐다.

세답줄 몡 빨랫줄. 농가의 어느 집이고 마당에는 장대(바지랑대)로 떠받힌 빨랫줄이 걸려 있다. ¶비가 올라 카이 **세답줄**에 널어논 거 다 거다들라라. ▶ 비가

소깝¹

오려 하니 **빨랫줄**에 널어놓은 것 다 거두어들여라.
세맨'또 명 시멘트. 田 'セメント(cement)'. ☞ 돌까리.
세수사:분 명 화장비누(化粧--). ☞ 시수사분.
세숫대 명 세숫대야. ☞ 시숫대.
세차리 명 회초리. 자잘한 나뭇가지 따위. ☞ 물거리. 회차리. 회추리.
-소 미 -시오. 명령하는 말의 종결어미로 말 높임의 순서는, 시이소〉이소〉소. ¶저리 가소. ▶ 저리 가시오./이리 주소. ▶ 이리 주시오./좋게 하소. ▶ 좋게 하시오.
소개재'~이 명 거간꾼(居間-). 중개인(仲介人). ¶그 논을 살라카마 내력을 잘 알어 보고 사야지 소개재이 말마 믿으머 앤 대지러. ▶ 그 논을 사려면 내력을 잘 알아보고 사야지 **거간꾼** 말만 믿으면 안 되고말고.
소:관(所管) 명 볼일. ¶얼신 지는 소 몰고 먼저 갈라카니더. 천처이 소관 보고 오시이소. ▶ 어르신 저는 소 몰고 먼저 가렵니다. 천천히 볼일 보고 오십시오.
소:괴기 명 소고기. ¶그때사 어디 소괴기를 귀경이나 했나, 대목이나 대야 마실에서 가부해서 한 마리씩 잡어서 농갈러 묵었지. ▶ 그때야 어디 소고기를 구경이나 했나, 대목이나 되어야 마을에서 합작해서 한 마리씩 잡아서 나누어 먹었지.
소구루'마 명 우차(牛車). '소(牛)'+田 'くるま(車)'. ☞ 우차.
소구'리 명 소쿠리. ¶고븐 싸리 한 지게를 쩌다가 바소리 한 장하고 소구리 두 개를 맸다. ▶ 고운 싸리 한 지게를 쪄다가 발채 한 장하고 소쿠리 두 개를 맸다.
소굼 명 소금. ¶소굼을 지고 물로 들어간다. ▶ 소금을 지고 물로 들어간다./소굼도 없이 넘으 간을 내 묵을 놈이다. ▶ 소금도 없이 남의 간(肝)을 내 먹을 놈이다./소굼 묵은 사람이 물을 찾게 댄다. ▶ 소금 먹은 사람이 물을 찾게 된다.
소굼재'~이 명 소금장수. 소금쟁이(곤충). ¶소굼재이가 소금 섬을 지고 질을 나서이 비가 온다. ▶ 소금장수가 소금 섬을 지고 길을 나서니 비가 온다.
소귀':이 명 소구유. 여물통. 통나무 가운데를 파서 소죽을 담게 했다. ¶소죽을 다 묵그덜랑 소귀이에 꾸정물을 서너 바가치 버어 조라. ▶ 소죽을 다 먹거든 소구유에 구정물을 서너 바가지 부어 주어라. ☞ 귀이.
소까지 명 솔가지. ¶소까지 선나 찍어 왔다꼬 벌금이 나왔는데, 우리는 머로 밥 해 묵고 굼불 때노?. ▶ 솔가지 몇 개 찍어 왔다고 벌금이 나왔는데, 우리는 뭐로 밥해 먹고 군불 때나? ☞ 소깝.
소깝¹ 명 솔가지. ¶농촌에서 가실거지를 마치머 소를 몰고 산으로 가서 소깝을

소깝빼까'리

해다가 처재매 겨실 날 차비를 한다. ▶ 농촌에서 가을걷이를 마치면 소를 몰고 산으로 가서 **솔가지**를 해다가 처쟁이며 겨울 날 채비를 한다. ☞ 소까지.

소깝빼까'리 뗑 솔가리더미. ¶저눔의 집 **소깝빼까리**에 불을 콱 찔러 뿌릴라. ▶ 저 놈의 집 솔가리더미에 불을 확 질러 버릴라. ※이웃끼리 싸움이 벌어지면 이런 악담이 오갈 때도 있다.

소꿰뜨래'기 뗑 쇠코뚜레. 소의 코청을 꿰뚫어 박은 나무 고리. 여기에 소고삐의 끝 가닥을 맨다. ¶말 앤 듣는 눔은 **소꿰뜨레기**를 뀌서 땡개도 앤 댄다. ▶ 말 안 듣는 놈은 **쇠코뚜레**를 꿰어서 당겨도 안 된다. ☞ 꿰뜨레기. 소코뜨레기. 코꾼지. 코꿰뜨레기.

소끄트래'기 뗑 소고삐. ☞ 소이까리. 이까리.

소내'기 뗑 소나기. ¶이럴 때 시원하이 **소내기** 한 자래기라도 쏟아졌으면 좋겠다. ▶ 이럴 때 시원하게 소나기 한 자락이라도 쏟아졌으면 좋겠다. ☞ 꼬지래기.

소대:지 뗑 쇠돼지. 행실이 나쁜 사람을 비유하여 이르는 말. ¶그눔의 행실이 **소대지지** 어디 사람 새끼가. ▶ 그놈의 행실이 쇠돼지지 어디 사람 새끼인가.

소드비~이 뗑 솥뚜껑. ¶넘으 지집 열이라도 우리 집 **소드비이** 운전수 하나보담 몬하다. ▶ 남의 계집 열이라도 우리 집 **솥뚜껑** 운전수 하나보다 못하다. ※'소드비이 운전수' 또는 '밥장사(밥장수)'란 말은 부인을 낮잡아 이르는 말이지만 때에 따라 친근함을 나타낼 때도 쓴다.

소:똥 뗑 쇠똥. 쇠딱지. ¶대가리에 **소똥**도 앤 버어진 눔이 벌써로 담배를 뿌꿈뿌꿈 피매 돌아댕긴다. ▶ 대가리에 **쇠딱지**도 안 벗어진 놈이 벌써 담배를 빼끔빼끔 피우며 돌아다닌다.

소:똥벌레 뗑 풍뎅이. ¶여름 낮에는 **소똥벌레**를 잡어서 놀고 밤에는 개똥벌거지를 잡고 했다. ▶ 여름 낮에는 **풍뎅이**를 잡아서 놀고 밤에는 반딧불을 잡고 했다. ☞ 풍디이.

소':랑 뗑 쇠스랑. 땅을 일구거나 두엄을 뒤집는 데 쓰는 농기구. ¶**소랑**을 찾어서 소마구깐 거름을 쫌 처내자. ▶ **쇠스랑**을 찾아서 외양간 거름을 좀 처내자.

소마꺼'불 뗑 외양간에 깔아 주는 북데기. ☞ 마꺼불.

소마꾸깐 뗑 외양간. 마소를 매 두는 칸. 여기에 소죽을 끓이는 소죽솥이 걸려 있고 구유와 소죽을 다루는 소죽바가지, 소죽아꾸래이, 삼태기 따위가 갖춰져 있다.

소말띠'기 뗑 소를 매는 말뚝. ¶암내 맡은 황소가 **소말띠기**를 빼 가주고 도망가서 암소하고 조갈 붙었다. ▶ 암내 맡은 황소가 소 말뚝을 빼 가지고 도망가서 암소하고 교미 붙었다.

소머거'리 명 부리망(--網). 소를 부릴 때 곡식이나 풀을 뜯어먹지 못하게끔 주둥이에 씌우는 망(網). ¶밭 갈 때 넘으 보리밭을 해칠라, 소머거리 잘 채와서 부래라. ▶ 밭 갈 때 남의 보리밭을 해칠라, 부리망 잘 채워서 부려라. 《머구리. 꺼럭지. 머거리》☞ 소허거리. 허거리.

소묵이기 명 소먹이기. 목우(牧牛). 모심기 철이 지나면 소먹이는 일은 아이들의 몫이다. 소의 목에다 고삐를 감아서 골짜기 안으로 몰아넣으면 소들은 몰려다니면서 풀을 뜯다가 해거름 무렵이면 스스로 물이 있는 아래 골짜기로 내려온다.

소'물 명 '소여물'의 준말. ¶소물을 쑨다. ▶ 소여물을 쑨다./소물을 끼린다. ▶ 소여물을 끓인다. ☞ 소죽.

소물거리다 형 근질거리다. 이 따위의 기생충이 몸에 붙어서 기어 다니는 현상. ¶사타구리 새가 소물거래 죽겠다. ▶ 사타구니 사이가 근질거려 죽겠다. ※이가 가장 잘 번식하는 데가 사타구니 사이다.

소:바이 명 흥정. ㉰'しょうばい(商賣)'. ¶저기서 소바이해 보고 앤대머 다린 데로 가 보자. ▶ 저기서 흥정해 보고 안되면 다른 데로 가 보자.

소'발 명 소바리. 마소의 등에 싣는 짐. ¶우리 집에는 부적아구리가 만어서 나무를 사할에 한 소발씩은 해 들라야 한다. ▶ 우리 집에는 부엌아궁이가 많아서 나무를 사흘에 한 소바리씩은 해 들여야 한다. ☞ 발2.

소버'섯 명 소 버짐. 피부병의 하나.

소:부 명 승부. 담판(談判). ㉰'しょうぶ(勝負)'. ¶질게 끌 꺼 없이 단판에 소부를 보고 마자. ▶ 길게 끌 것 없이 단판에 승부를 보고 말자./누가 이기능강 두리서 한분 소부 붙어 보자. ▶ 누가 이기는지 둘서 한번 단판 붙어 보자.

소:북(小鼓) 명 매구북. 버꾸. ☞ 벅구.

소북'띠 명 배대끈(-帶-). 소 복대(腹帶). 길마가 움직이지 않게 소 배에 매는 띠. 섬유를 혼합된 고무벨트나 가죽으로 만들었다. ¶짐이 넘어질라 소북띠를 잘 매고 가그라. ▶ 짐이 넘어질라 배대끈을 잘 매고 가거라. 《배때》 ☞ 북띠.

소북띠아구래~이 명 배대끈을 거는 고리. 꾸부러진 나무나 쇠로 만들었음. ☞ 북띠아구래이.

소비'대 명 베뽑기를 할 때 실꾸리에 꿰는 가는 대나무 꼬챙이. 《솝대. 날꼬챙이》☞ 베뽑기.

소뿔따'구 몡 '소뿔'의 낮춤말. 우직하고 고집이 센 사람을 비유하여 이르는 말. ¶저래 건디래 났으이 **소뿔따구** 그튼 성질에 가마이 있겠나? ▶ 저렇게 건드려 놓았으니 **소뿔** 같은 성질에 가만히 있겠나?

소:사(小使) 몡 사환(使喚). ¶핵고 소사가 군청에 심바람을 가고 없다. ▶ 학교 급사가 군청에 심부름을 가고 없다. ☞ 고찌까이.

소:상 몡 소생(所生). 녀석. ¶자네 소상이나 내 소상이나 내 남 없이 잘 한 기이 아무 꺼도 없다. ▶ 자네 소생이나 내 소생이나 내 남 없이 잘 한 것이 아무 것도 없다. ☞ 소상머리. 손1.

소:상머리 몡 소생(所生). 녀석. '소상'의 속된말. ☞ 손1.

소새'끼 몡 송아지. '미련한 사람'을 비유하여 이르는 말. ¶저 소새끼 그튼 눔을 누가 갈채노? ▶ 저 미련한 놈을 누가 가르치나?

소:신 몡 소짚신. 힘이 드는 일을 할 때나 먼 길을 갈 때 짚으로 엮은 신을 신기는데, 이때 "워 워, 발 들어!" 하면서 발톱 사이에 끼운다.

소:양 몡 소용(所用). 쓸데. ¶이거는 소양 있을 때가 있으이 내뿌리지 마고 챙개 나라. ▶ 이것은 소용 있을 때가 있으니 내버리지 말고 챙겨 놓아라./지금은 소양이 없는 거 그태도 이담에 소양이 있다. ▶ 지금은 쓸데가 없는 것 같아도 이 다음에 쓸데가 있다.

소:유간장 몡 왜간장(倭--) 囧 'しょうゆ(醬油)'+'간장'.

소이까'리 몡 소고삐. '소(牛)'+囧 'いかり(錨)'. ¶소가 도망갈라 소이까리를 단디이 잡어라. ▶ 소가 도망갈라 소고삐를 단단히 잡아라. ※ 소에다 길마 따위의 도구를 차릴 때 하는 말. ☞ 소끄트래기. 이까리.

소:잡다 혱 비좁다. '솔고 좁다'는 뜻. ¶방이 소잡어서 불팬할시더마는 하리밤 쩡개서 같이 고상하시더. ▶ 방이 비좁아서 불편하시겠지만 하룻밤 쩡겨서 같이 고생합시다./저구리 품이 소잡다. ▶ 저고리 품이 비좁다. ☞ 비잡다.

소:전 몡 쇠전(-廛). 쇠장(-場). 우시장(牛市場). ¶촌 장태서 큰 돈이 왔다 갔다 하는 데가 소전이다. ▶ 시골 장터에서 큰 돈이 왔다 갔다 하는 데가 쇠장이다.

소주꼬:기 몡 소주(燒酒) 고기. 소주는 먼저 솥바닥에다 짚으로 똬리를 틀어서 용기를 놓을 자리를 만들고, 그 위에다 증류주를 받을 용기를 놓는다. 전내기 술을 솥에다 부어 넣고 솥뚜껑을 뒤집어 덮은 다음, 김이 새지 않게 한지로 번을 바른다. 뒤집어 덮은 솥뚜껑에다 찬물(냉각수)을 붓고 약하게 불을 때기 시작하면 술이 더워지면서 증기가 오른다. 차가운 솥뚜껑에 증기가 닿아서 액

화한 증류주가 솥뚜껑 손잡이를 따라 흘러 내려서 단지로 모이게 된다. 냉각수가 더워지면 다시 찬물로 교환하기를 세 번 정도 하면 술의 수분은 거의 증발하고 찌꺼기만 남게 된다. 〈고경 李春澤〉.

소'죽 몡 쇠죽. ¶**소죽**을 끼리다. ▶ **쇠죽**을 끓이다. ☞ 소물.

소죽까꾸래~이 몡 소죽바가지에 여물을 긁어 담을 때 쓰는 도구. 'ㄱ'자모양의 꾸부러진 나무로 만들었다. ☞ 소죽아꾸래이.

소'죽바가치 몡 소죽바가지. 소죽을 퍼 옮기는 데 쓰는 자루 달린 나무바가지.

소죽아꾸래~이 몡 소죽바가지를 대고 여물을 긁어 담을 때 쓰는 도구. 'ㄱ'자 모양의 꾸부러진 나무로 되었다. ☞ 소죽까꾸래이.

소:지 몡 소제. 청소(淸掃). 日 'そうじ(掃除)'. ¶오늘 손임들이 오시는데 청도 딲고 마당도 씰고 집안 **소지**를 쫌 해야겠다. ▶ 오늘 손님들이 오시는데 마루도 닦고 마당도 쓸고 집안 **청소**를 좀 해야겠다.

소채:다 동 솟치다. 기분이 치밀다. 【소채 ▶ 치밀어/소채이 ▶ 치미니】 ☞ 소치다.

소치:다 동 솟치다. 【소채 ▶ 솟쳐/소치이 ▶ 솟치니】¶에라이 지끼미, 기분이 **소치**머 땅문서 재피고 한분 붙어 보자. ▶ 에라 제기랄, 기분이 **솟치면** 땅문서 잡히고 한번 붙어 보자./그눔이 얼마나 지랄을 하는지 기분이 **소채서** 개와 참았다. ▶ 그놈이 얼마나 지랄을 하는지 기분이 **솟쳐서** 겨우 참았다./기분이 **소치이** 눈앞에 비는 기이 없드라. ▶ 기분이 **솟치니** 눈앞에 보이는 것이 없더라. ☞ 소채다.

소캐 몡 솜. 【소캐옷 ▶ 솜옷/소캐이불 ▶ 솜이불】¶사랑어런 이불에는 **소캐**를 뚜껍게 여야 한다. ▶ 사랑어른 이불에는 **솜**을 두껍게 넣어야 한다.

소캐옷 몡 솜옷. 핫옷. ¶인자 춥이도 다 갔는데 **소캐옷**은 벗어 뿌리고 접옷으로 갈어입을 때가 댔다. ▶ 이제 추위도 다 갔는데 **솜옷**은 벗어 버리고 겹옷으로 갈아입을 때가 되었다.

소캐이불 몡 솜이불. ¶**소캐이불**을 뜯어서 홑창은 빨고 소캐는 소캐집에 가서 다시 타 와야겠다. ▶ **솜이불**을 뜯어서 홑청은 빨고 솜은 솜틀집에 가서 다시 타 와야겠다.

소캐주~우저구리 몡 솜바지저고리. ¶넘들은 지굼 접옷을 입고 댕기는데 **소캐주우저구리**를 입고도 춥다 칸다. ▶ 남들은 지금 겹옷을 입고 다니는데 **솜바지저고리**를 입고도 춥다 한다.

소캐틀

소캐틀 명 솜틀. ¶미영은 쐐기로 씨를 발가 내고 활로 타기나 **소캐틀**에 타서 꼬치로 말어서 물레로 실을 뽑는다. ▶ 목화는 씨아로 씨를 발겨 내고 활로 타거나 솜틀에 타서 고치로 말아서 물레로 실을 뽑는다. ※ 솜틀을 차려놓고 솜을 타주는 소캐틀집(솜틀집)이 있었다.

소코뜨레'기 명 쇠코뚜레. 소의 코청에 꿰는 나무 고리. 여기에 소고삐의 한쪽 끝 가닥을 맨다. ☞ 꿰뜨레기. 소꿰뜨레기. 코꾼지. 코꿰뜨레기.

소:풀 명 소먹이 풀. 꼴. ¶낫으로 **소풀**을 빈다. ▶ 낫으로 **소먹이 풀**을 벤다./망티기를 미고 소풀을 하로 간다. ▶ 망태를 메고 꼴을 하러 간다.

소:풀망티기 명 꼴망태. 새끼로 망처럼 엮어 만든 그릇으로, 어깨에 메는 끈을 달았다.

소:피 명 소의 피. 선지. ¶**소피**를 싸러서 초장에 찍어 묵는다. ▶ 선지를 썰어서 초고추장에 찍어 먹는다.

소학대:학 명 소학(小學)과 대학(大學). '소학대학을 띠다(떼다)' 꼴로 쓰여 '웬만큼 공부를 하다' 또는 '지식이 있다'는 뜻이 됨. ¶**소학대학** 다 띠고 논어 맹자로 들어갔다. ▶ **소학대학** 다 떼고 논어(論語) 맹자(孟子)로 들어갔다./머리 속에 소학대학이 들어갔다는 사람이 행실은 전 무식재이마 몬하다. ▶ 웬만큼 공부를 했다는 사람이 행실은 전 무식쟁이만 못하다.

소허거'리 명 부리망(--網). 소를 부릴 때 곡식이나 풀을 뜯어먹지 못하게 주둥이에 씌우는 새끼 망. 《머구리. 꺼럭지. 머거리》 ☞ 소머거리. 허거리.

속:곳 명 속옷. ¶칠팔월에 들어온 머섬이 쥔네 마누래 **속곳** 걱정을 한다. ▶ 칠팔월에 들어온 머슴이 주인네 마누라 속옷 걱정을 한다./옷을 단디이 입어야지 속곳이 드러나며 보실타. ▶ 옷을 야무지게 입어야지 속옷이 드러나면 보기 싫다.

속:꼬개~이 명 속고갱이. ¶가실 짐장할 때 뱁추 **속꼬개이**는 된장을 풀고 국을 끼래도 좋고 그양 된장에 찍어 묵어도 좋다. ▶ 가을 김장할 때 배추 속고갱이는 된장을 풀고 국을 끓여도 좋고 그냥 된장에 찍어 먹어도 좋다. ☞ 꼬개이.

속닥:하다 형 호젓하고 단출하다. ¶오늘 비도 출출 와 사이 일 나가기는 틀랬고, 우리 어디에 가서 **속닥하이** 한잔하매 내기 화토나 치까? ▶ 오늘 비도 출출 와 대니 일 나가기는 틀렸고, 우리 어디에 가서 호젓하게 한잔하며 내기 화투나 칠까?

속:알머리 명 소갈머리. 소견머리(所見--). ¶저 사람은 아는 거는 만은데 속알머

리가 쫍아서 늘 인심을 일거뿌린다. ▶ 저 사람은 아는 것은 많은데 소갈머리가 좁아서 늘 인심을 잃어버린다.

속:주~우적삼 몡 속바지저고리. ¶소캐바지저구리에다 속주우적삼꺼정 입었으이 눈 속에 구불어도 애 얼어 죽겠다. ▶ 솜바지저고리에다 속지저고리까지 입었으니 눈 속에 굴러도 안 얼어 죽겠다.

속:처매 몡 속치마. ¶여자가 칠칠찬케 속처매를 삐죽이 내놓고 댕긴다. ▶ 여자가 칠칠찮게 속치마를 삐죽이 내놓고 다닌다.

손¹ 1 몡 녀석. 소생(所生). '아이'의 낮춤말. ¶이놈의 손들 와 이래 장난이 심하노? ▶ 이놈의 녀석들 왜 이렇게 장난이 심하나? ☞ 소상. 소상머리.

손² 몡 천연두(天然痘). 마마. ¶손에 죽은 건지 홍진(紅疹)에 죽은 건지 당채 알 수가 있어야지. ▶ 천연두에 죽은 건지 홍역(紅疫)에 죽은 건지 도무지 알 수가 있어야지. ※어떤 일의 원인을 몰라서 답답해 할 때 쓰는 말./사람들 팔띠기에 남아 있는 저거는 손에 걸래지 마라꼬 맞은 우두(牛痘) 자죽이다. ▶ 사람들 팔뚝에 남아 있는 저것은 마마에 거리지 말라고 맞은 종두(種痘) 자국이다.

손국시 몡 손으로 만든 국수. 삼복(三伏)에 손국수를 해 먹는 풍습이 있다. 국수는 먼저 밀을 맷돌에 갈아서 채로 쳐서 반죽한다. 홍두깨로 반죽을 엷게 밀어서 가늘게 썬다. 끓는 물에 설레설레 흩어 넣어 익힌다. 건져서 차가운 물에 담갔다가 다시 건져서 대소쿠리에다 사려 담아 몿을 지운다. 육수는 닭을 고아서 만들거나 멸치를 끓여서 만든다. 고명(꾸미)은 닭고기나 꿩고기 다진 것이면 좋고 그렇지 못하면 잔멸치 볶은 것으로 대신하고, 거기다 애호박이나 부추나물 따위를 맵싸하게 무쳐서 곁들인다. ¶요새 기계국시는 인날 우리 어매들이 홍디깨로 밀어서 맨들어 주든 손국시 맛이 앤 난다. ▶ 요사이 기계국수는 옛날 우리 어머니들이 홍두깨로 밀어서 만들어 주던 손국수 맛이 안 난다.

손까'락 몡 손가락. ¶그 사람은 돈 가진 거로 말하며 이 지방아서 열 손까락 안에 드는 사람이다. ▶ 그 사람은 돈 가진 거로 말하면 이 지방에서 열 손가락 안에 드는 사람이다.

손까시래'기 몡 손거스러미. ¶밭일을 매칠 동안 거들었디이 손톱에 손까시래기가 일어났다. ▶ 밭일을 며칠 동안 거들었더니 손톱에 손거스러미가 일어났다.

손꼽장난 몡 소꿉장난. ¶일을 아들 손꼽장난하드시 시지부지하게 할라카머 고마치아 뿌러라. ▶ 일을 애들 소꿉장난하듯이 흐지부지하게 하려면 그만 치워 버러라(그만두어라).

손등더'리 圐 손등. ¶그 때 아들을 코가 나오머 딲을 여가가 어디 있노, 그양 혓바닥으로 할터서 훌쩍 마서 뿌리기나 **손등더리**로 한분 문때 뿌리머 고마이지. ▶ 그 때 애들은 콧물이 나오면 닦을 여가가 어디 있나, 그냥 혓바닥으로 핥아서 훌쩍 마셔 버리거나 **손등**으로 한번 문대 버리면 그만이지.

손버르장머리 圐 '손버릇'의 낮춤말. 훔치거나 남몰래 하는 손장난 따위의 버릇. ¶저 **손버르장머리**가 나쁜 눔은 고마 손모가지를 짤러 뿌러야 한다. ▶ 저 **손버릇**이 나쁜 놈은 그만 손목을 잘라 버려야 한다. ☞ 손버르재이.

손버르재~이 圐 '손버릇'의 낮춤말. 훔치거나 남몰래 하는 손장난 따위의 버릇. ☞ 손버르장머리.

손씨다 圐 손쓰다. 조치(措置)하다. 【손써 ▶ 손써/손씨이 ▶ 손쓰니】¶하도 각중에 일어난 일이라 **손씰** 여가가 없었다. ▶ 하도 별안간 일어난 일이라 **손쓸** 여가가 없었다.

손아'구 圐 손아귀. ¶저 **손아구**에 한분 잽히기마 하머 누구도 몬 빠져나온다. ▶ 저 **손아귀**에 한번 잡히기만 하면 누구도 못 빠져나온다. ☞ 손아구리.

손아구'리 圐 '손아구'의 낮춤말. ¶그 사람은 **손아구리** 심이 장사라 누구나 한분 잽히기마 하머 꼼짝을 모 한다. ▶ 그 사람은 **손아귀** 힘이 장사라 누구나 한번 잡히기만 하면 꼼짝을 못 한다.

손우: 圐 손위. 나이나 촌수가 위인 관계. ¶**손아래보담 손우** 사람 짓하기가 더 어렵다. ▶ 손아래보다 손위 사람 짓하기가 더 어렵다.

손이야발이야카다 圐 '애걸복걸(哀乞伏乞)하다'의 속된말. 손을 비비며 비는 것에 비유하여 생긴 말. ¶**손이야발이야카매** 빌어도 곁들어 보지도 애하는 거를 우야노? ▶ 애걸복걸하며 빌어도 거들떠보지도 안하는 것을 어떻게 하나?

손재비 圐 손잡이. 디딜방아의 경우 방아다리의 위쪽 천장에 매달린 두 가닥의 손잡이 끈. 다래나무 따위를 가로로 매달아 두 사람이 잡게 된 것도 있다. ¶풍구 **손재비**를 꼭 쥐고 돌래라. ▶ 풍구 **손잡이**를 꼭 쥐고 돌려라./버지기 **손재비**가 떨어저 나갔다. ▶ 자배기 **손잡이**가 떨어져 나갔다. ☞ 디딜바아.

손질 圐 손짓. 잘 못된 것을 수리(修理)하기. 폭행(暴行) 따위의 손으로 저지르는 행위. ¶우리를 저기로 오라고 **손질하네**. ▶ 우리를 저기로 오라고 **손짓하네**./뿌사진 거는 손질을 쫌 하머 대겠다. ▶ 부서진 것은 수리를 좀 하면 되겠다./말로 하지 함부래 **손질**은 하지 마래이. ▶ 말로 하지 절대로 폭행은 하지 마라.

손집 圐 두루마기 옆구리의 손 넣는 부분. ☞ 두루매기. 둘막.

손처뿌리다 통 셈 쳐버리다. ¶아초부터 그 물건은 내게 없었다 **손처뿌리고** 더 미런을 가지지 말어라. ▶ 애초부터 그 물건은 내게 없었다 **셈처버리고** 더 미련을 가지지 마라.

손치다 통 셈 치다. 셈 대다. ¶그눔의 소상은 암만 갈채도 앤 대이 없는 **손치고** 내뿌러 나라. ▶ 그놈의 자식은 아무리 가르쳐도 안 되니 없는 셈 치고 내버려 놓아라./내가 쫌 잘 못했드라도 앤 본 **손치고** 눈 깜어 도고. ▶ 내가 좀 잘 못했더라도 안 본 셈 대고 눈 감아 다오.

손톱 명 손톱. ¶내가 그 인간을 다시 보며 **소톱**에 장을 찌지겠다. ▶ 내가 그 인간을 다시 보면 **손톱**에 장을 지지겠다./거기에 부탁해 바야 **손톱도** 앤 들어갈 끼이다. ▶ 거기에 부탁해 보아야 **손톱도** 안 들어갈 것이다.

솔:1 명 솔기. 옷이나 이부자리 따위의 천과 천을 이어서 꿰맨 줄. '솔대기'의 준말.

솔2 명 송편에 들어가는 속 고물. ¶송팬에 들어가는 **솔**은 콩 살문 거나 팥이나 밤을 씬다. ▶ 송편에 들어가는 속 고물은 콩 삶은 거나 팥이나 밤을 쓴다.

솔3 명 화투 패 중에서 1월이나 한 끗을 상징하는 솔(松) 그림의 패.

솔개~이 명 솔개. ¶인날 청송 꼴째기에 곰 키우는 집이 있었는데, 어느 날 곰이 새끼를 업고 있다가 **솔개이한테** 빼앗개 뿌리고는 밥도 앤 묵고 울기마 하고 있다가, 하리는 곰이 쥐 한 마리를 잡어서 껍띠기를 베끼고 지 새끼매로 업고 있는데, 또 **솔개이가** 와서 다들개드는 거를 보고 탁 잡어서 갈기갈기 째 죽이드란다. ▶ 옛날 청송(青松) 골짜기에 곰 키우는 집이 있었는데, 어느 날 곰이 새끼를 업고 있다가 **솔개한테** 빼앗겨 버리고는 밥도 안 먹고 울기만 하고 있다가, 하루는 곰이 쥐 한 마리를 잡아서 껍데기를 벗기고 제 새끼처럼 업고 있는데, 또 **솔개가** 와서 덤벼드는 것을 보고 탁 잡아서 갈기갈기 찢어 죽이더란다. 〈고경 金錫鼎〉/**솔개이가** 음물전 돌듯, 똥개 정낭 밖 돌듯 한다 카디이, 저 사람은 공술 묵는 자리는 용케 내미를 맡고 찾어온다. ▶ **솔개가** 어물전 돌듯, 똥개 변소 밖 돌듯 한다더니, 저 사람은 공술 먹는 자리는 용케 냄새를 맡고 찾아온다. ☞ 솔뱅이.

솔곤 명 솔권(率眷). 전 식구를 거느리는 것. ¶그 사람은 몇 연 전에 **솔곤하고** 갱원도 어디 산으로 들어가서 화전을 하매 산다카드라. ▶ 그 사람은 몇 년 전에 **솔권하고** 강원도 어디 산으로 들어가서 화전(火田)을 하며 산다더라.

솔:곱다 형 불안하다. 조바심이 나다. 가렵다. 【솔곱어 ▶ 불안해/솔곱으이 ▶ 불

솔:기증

안하니】¶나간 사람이 늦가꺼정 애 오이 무신 일이 생긴 건지 당채 **솔곱어** 죽겄다. ▶ 나간 사람이 늦게까지 안 오니 무슨 일이 생긴 건지 도무지 **불안해** 죽겠다.

솔:기증 몡 조바심. 짜증. 갑갑증. ¶언제 올지도 모리는 사람을 바락고 있을라카이 **솔기증**이 나서 몬 전디겄다. ▶ 언제 올지도 모르는 사람을 기다리고 있으려니 **조바심**이 나서 못 견디겠다. ☞ 간조증.

솔대 몡 누에고치를 푸는 자위에 세운 막대(솝대). 대롱에서 꼬여 나오는 실을 왕쳉이(광치)로 넘어가게 하는 역할을 한다. ☞ 명주길쌈. 자새.

솔대'기 몡 솔기. 옷이나 이부자리 따위의 천을 이어서 꿰맨 줄. ¶처매 폭 **솔대기** 터진 데를 다시 박어 입어라. ▶ 치마 폭 솔기 터진 데를 다시 박아 입어라. ☞ 솔1.

솔리:다 통 기울다. 【솔래 ▶ 기울어/솔리이 ▶ 기우니】¶소발이 한쪽으로 **솔리고** 있다. ▶ 소바리가 한쪽으로 기울고 있다./그 어런이 돌어가시고부텀 가세가 솔래 가기 시작했다. ▶ 그 어른이 돌아가시고부터 가세(家勢)가 기울어 가기 시작했다.

솔뺑~이 몡 솔개. ¶**솔배이**가 활늘에서 빙빙 돌고 있으며 달이 뻬가리를 데리고 헛간으로 들어간다. ▶ 솔개가 하늘에서 빙빙 돌고 있으면 닭이 병아리를 데리고 헛간으로 들어간다. ☞ 솔개이.

솔:부다 혱 솔다. 공간이 좁다. 【솔버 ▶ 솔아/솔부이 ▶ 소니】¶저구리 품이 **솔버**서 더는 몬 입겠으이 인자 동상 주자. ▶ 저고리 품이 솔아서 더는 못 입겠으니 이제 동생 주자./방이 너무 **솔부이** 우리는 큰방으로 가자. ▶ 방이 너무 소니 우리는 큰방으로 가자. ☞ 솜다.

솔:빡 튀 홀딱. 완전히(完全-). ¶어제밤 외따리집에서 쪼이해서 주미이 돈을 **솔빡** 털랬다. ▶ 어젯밤 외딴집에서 화투놀음해서 주머니 돈을 **홀딱** 털렸다.

솔빡:하다 혱 오붓하다. ¶우리 오늘 기분도 그렇고 하이 어디 가서 **솔빡하게** 한 잔하세. ▶ 우리 오늘 기분도 그렇고 하니 어디 가서 **오붓하게** 한잔하세.

솔빵'구 몡 솔방울. '솔빵구리'의 준말.

솔빵구'리 몡 솔방울. ¶춥은데 **솔빵구리**라도 모다서 불을 쫌 피우자. ▶ 추운데 솔방울이라도 모아서 불을 좀 피우자./어름 우에서 **솔빵구리** 가주고 장치기 하자. ▶ 얼음 위에서 솔방울 가지고 장치기 하자. ☞ 솔빵구.

솜:다 혱 솔다. 공간이 좁다. 【솜어 ▶ 솔아/솜으이 ▶ 소니/솜게 ▶ 솔게】¶저구리

사매가 솜어서 더는 몬 입겠다. ▶ 저고리 소매가 솔아서 더는 못 입겠다./꼬치 모종을 너무 솜게 숭구지 마라. ▶ 고추 모종을 너무 솔게 심지 마라. ☞ 솔부다.

송기: 몡 송계(松契). 공유림(公有林)을 관리하고 이용하기 위한 계(契).

송:윷 몡 속윷. 윷놀이에서, 앞밭에서 꺾어서 네 번째에 있는 밭. ☞ 윷판.

송치¹~이 몡 송충이(松蟲-). ¶송치이는 솔잎을 묵어야 산다. ▶ 송충이는 솔잎을 먹어야 산다.

솥땜재~이 몡 솥땜장이. 솥땜장이는 풀무, 도가니, 석탄, 쇳조각 따위의 도구를 담은 나무 상자를 지고 다니면서 "솥 때우소!" 하면서 외치고 다닌다. ¶저 솥땜재이는 솥마 때우고 우리 임 정 떨어진 거를 때와 주는 재조는 없는강? ▶ 저 솥땜장이는 솥만 때우고 우리 님 정 떨어진 것을 때워 주는 재주는 없는가?

쇠~지 몡 송아지. ¶재수가 없을라 카이 쇠지 팔로 가는 아칙에 해필 궁디이에 뿔이 난다. ▶ 재수가 없으려니 송아지 팔러 가는 아침에 하필 궁둥이에 뿔이 난다.

쇠¹ 몡 지남철(指南鐵). 나침반(羅針盤). ¶선 풍수가 쇠를 들고 아는 칙하다가 넘의 집안 망군다. ▶ 선 풍수가 지남철을 들고 아는 척하다가 남의 집안 망친다.

-쇠:² 몜 -세요. 명령하는 말의 종결어미로 '소'와 같은 뜻으로 쓰이나 청유형에 가까운 말투임. ¶금연에 실물수가 있다 카든데, 장판에 가머 지갑 조심하쇠. ▶ 금년에 실물수(失物數)가 있다 하던데, 장판에 가면 지갑 조심하세요./이 달에 당신이 낙상수가 있다 카든데 산질을 조심해서 댕기쇠. ▶ 이 달에 당신이 낙상수(落傷數)가 있다 하던데 산길을 조심해서 다니세요.

쇠고리 몡 누에고치를 풀 때 실을 거는 쇠고리. 고치에서 실이 풀려 올라갈 때 고치가 붙어 올라오는 것을 막아 준다. 고리 대신 구멍 뚫린 엽전을 끼운 것도 있다. ☞ 명주길쌈. 자새.

쇠'기다 통 속이다. '속다'의 사동. 【쇠개 ▶ 속여/쇠기이 ▶ 속이니】¶지가 날 쇠기고도 시집가지나 바라. ▶ 제가 날 속이고도 시집가지나 봐라./약빠린 꼬내기 밤눈 어덥다 캤다. 넘 쇠개 묵을라 카지 마고 지나 속지 마라 캐라. ▶ 약삭빠른 고양이 밤눈 어둡다 했다. 남 속여 먹으려 하지 말고 저나 속지 마라 해라.

쇠꼬재~이 몡 쇠꼬챙이. ¶저 영감재이 성질이 쇠꼬재이 그터서 꾸부러진 거는 몬 보니라. ▶ 저 영감쟁이 성질이 쇠꼬챙이 같아서 구부러진 것은 못 보느니라.

쇠다 통 새다. 【쇠 ▶ 새어/쇠서 ▶ 새서/쇠이 ▶ 새니】¶앞으로 들루고 디고 쇠 나가이 모대는 기이 있나? ▶ 앞으로 들이고 뒤로 새어 나가니 모이는 것이 있나?

쇠:미 명 수염. ¶손자 귀타 카머 할배 **쇠미**가 앤 남어난다. ▶ 손자 귀하다 하면 할아버지 **수염**이 안 남아난다./탁주 한 사바리 마시고 **쇠미** 한분 씨다듬으머 댔지, 안주는 무신? ▶ 탁주 한 사발 마시고 **수염** 한번 쓰다듬으면 되었지, 안주는 무슨?

쇠바꾸 명 우차바퀴의 텟쇠. 바퀴를 보호하기 위하여 두른 쇠테. ☞ 우차.

쇠방 명 우차에 싣는 짐이 바퀴에 닿지 않게 우차의 챗대의 바깥으로 덧붙인 나무 방틀. ☞ 우차.

쇠:비 명 새우. ¶고래들 쌈에 **쇠비** 등더리 터진다. ▶ 고래들 싸움에 새우 등 터진다. ☞새비.

쇠상'눔 명 상놈. '상눔'의 센말. '소 같은 상놈'의 뜻. ☞ 돌상눔. 생상눔.

쇠양철 명 생철(-鐵). 양철판(洋鐵板). ¶그 집은 영기를 걷어 내고 **쇠양철**로 덮었다. ▶ 그 집은 이엉을 걷어 내고 **생철**로 덮었다. ※양철집은 여름에 덥고 비가 올 때 시끄러운 것이 결점이지만 이엉 덮는 일을 덜어 주기 때문에 기와집 다음으로 세련된 가옥으로 알았다.

쇠짐성 명 짐승. 금수(禽獸). ¶얼골마 사람이지 행실을 보머 **쇠짐성만도** 몬 한 눔이다. ▶ 얼굴만 사람이지 행실을 보면 **짐승만** 못 한 놈이다.

쇠파래~이 명 쇠파리. ¶소가 눈을 깜고 자맨서도 **쇠파래이**를 쫓을라꼬 꼬랑대기는 늘 헌들어 댄다. ▶ 소가 눈을 감고 자면서도 **쇠파리**를 쫓으려고 꼬리는 늘 흔들어 댄다. ☞ 쉬파리.

쇳대 명 열쇠. ¶당수집 아지매는 그 집 도장 **쇳대**를 처매끈에다 늘 매달고 댕긴다. ▶ 당나무집 아주머니는 그 집 고방 **열쇠**를 치마끈에다 늘 매달고 다닌다. ☞ 열대.

수'곡(收穀) 명 현물세(現物稅)를 징수하거나 곡물을 수매(收買)하는 일. ¶모래 장날, 민에서 **수곡한다** 카는데 우리가 낼 꺼는 미리 작근해 나야겠다. ▶ 모래 장날, 면에서 **수매한다** 하는데 우리가 낼 것은 미리 계량해 놓아야겠다.

수구'리다 동 수그리다. 【수구래 ▶ 수그려/수구리이 ▶ 수그리니】 ¶넘하고 버구지 마고 거저 머리 **수구리고** 살머 아무 탈이 없다. ▶ 남하고 겨루지 말고 그저 머리 **수그리고** 살면 아무 탈이 없다./나락도 익을수로 고개를 **수구린다**. ▶ 벼도 익을수록 고개를 수그린다.

수굼'포 명 삽. 흙 따위를 파 옮기는 데 사용하는 농기구. ¶일을 애 해바서 **수굼포** 쥐는 기이 어설푸다. ▶ 일을 안 해봐서 **삽** 쥐는 것이 어설프다./개살재이, 넘으

수무:다

밥솥에 **수굼포**로 재 퍼 옇는다. ▶ 심술쟁이, 남의 밥솥에 **삽**으로 재 퍼 넣는다.

수기:1 몡 수계(修契). 학문을 수련하기 위한 유생들의 계모임. ☞ 기3.

수기2 몡 저고리나 두루마기의 소매 끝. 《사매끈티이》 ☞ 저구리.

수까'락 몡 숟가락. ¶**수까락** 하나마 더 노머 대이, 가지 마고 여기서 같이 한 술을 뜨자. ▶ **숟가락** 하나만 더 놓으면 되니, 가지 말고 여기서 같이 한 술을 뜨자.

수까락몽디~이 몡 숟가락 몽당. '수까락'의 낮춤말. ¶우리가 일로 살로 올 때는 양지기하고 **수까락몽디이** 맻 개를 덜렁 들고 왔는데, 인자는 비 피할 집도 있고 논띠기도 맻 마지기 있으이 팔부자 댔지. ▶ 우리가 이리로 살러 올 때는 양재기하고 **숟가락** 몇 개를 달랑 들고 왔는데, 이제는 비 피할 집도 있고 논뙈기도 몇 마지기 있으니 부자 되었지.

수껑 몡 숯. ¶그 집 댁은 얼매나 알뜰한지 밥할 때 살알은 시알리고 **수껑**은 다러서 불을 피운다. ▶ 그 집 댁은 얼마나 알뜰한지 밥할 때 쌀알은 세고 **숯은** 달아서 불을 피운다.

수끼 몡 수수. 【수끼깡 ▶ 수수대궁이/수끼대개이 ▶ 수수대궁이/수끼떡 ▶ 수수떡】.

수끼깡 몡 수수대궁. ☞ 수끼때. 수끼대개이.

수끼대개~이 몡 수수대궁. ¶우리 어릴 때는 **수끼대개이** 껍띠기를 배끼고 그거로 사람도 맨들고 말도 맨들고 우차도 맨들매 놀았다. ▶ 우리 어릴 때는 **수수대궁** 껍질을 벗기고 그거로 사람도 만들고 말도 만들고 우차도 만들며 놀았다. ☞ 수끼깡. 수끼때.

수끼'때 몡 수숫대. ☞ 수끼깡. 수끼대개이.

수끼'떡 몡 수수떡. ¶**수끼떡**을 할 때는 먼처 수끼를 물에 오래 당가서 떫분맛을 우라 빼야한다. ▶ **수수떡**을 할 때는 먼저 수수를 물에 오래 담가서 떫은맛을 우려 빼야한다.

수널 몡 버선의 버선목의 앞쪽에서 코까지 완만하게 곡선이 진 부분. 《소녹. 수눅. 수넘. 수이. 수너리》 ☞ 버선.

수대(水袋) 몡 화초에 물을 뿌리는 그릇. 나팔모양의 주둥이에 여러 개의 작은 구멍을 뚫었다. ¶저녁때 **수대** 들고 가서 상추밭에 물을 조라. ▶ 저녁때 **수대** 들고 가서 상추밭에 물을 줘라.

수무:다 동 심다. 【수마 ▶ 심어/수무이 ▶ 심으니】 ¶콩 수문 데는 콩 나고 팥 수문 데는 팥이 난다. ▶ 콩 심은 데는 콩 나고 팥 심은 데는 팥이 난다./손바닥마

수물

한 채진밭에 꼬치, 상추, 정구지 그튼 거를 쪼매씩 **수마** 났다. ▶ 손바닥만한 텃밭에 고추, 상추, 부추 같은 것을 조금씩 심어 놓았다. ☞ 숨다. 숭구다1. 시무다.

수물 ㈜ 스물. ¶이전 그트머 나이 **수물**이머 아가 있어도 있을 나인데 아이 아 짓을 하노? ▶ 예전 같으면 나이 **스물**이면 애가 있어도 있을 나이인데 아직 애 짓을 하나? ☞ 시무.

수물거'리다 图 사물거리다. 근질거리다. 【수물거래 ▶ 사물거려/수물거리이 ▶ 사물거리니】¶등더리에 이가 기 댕기는지 **수물거래** 죽겠네. ▶ 등에 이가 기어 다니는지 사물거려 죽겠네.

수물수물 閅 사물사물. 근질근질.

수비:기 閅 수북이. 가득히. ¶보리밥 한 바가치를 **수비기** 담어 좃는데도 게 눈 감직드시 금세 퍼 여 뿌린다. ▶ 보리밥 한 바가지를 **수북이** 담아 줬는데도 게 눈 감추듯이 금세 퍼 넣어 버린다.

수:삼연 囝 여러 해. ¶내가 그 사람을 만나본지가 벌써 수 삼연이 댔지 아매? ▶ 내가 그 사람을 만나본지가 벌써 여러 해가 되었지 아마?/그 사람은 수 삼 연을 아퍼 눕었다가 인자 개와 출입한다. ▶ 그 사람은 **여러 해를** 아파 누웠다가 이제 겨우 출입한다.

수'세 몡 수세미. ¶**수세로** 냄비 바대기에 붙은 끄시럼 쫌 딲어라. ▶ **수세미로** 냄비 바닥에 붙은 그을음 좀 닦아라. ☞ 수시미. 수제.

수시':미 몡 수세미. ☞ 수세. 수제.

수'이하다 图 의논(議論)하다. 수의((收議)하다. ¶서리 지 고집만 부리지 마고 잘 **수이해서** 갤정해라. ▶ 서로 제 고집만 부리지 말고 잘 **의논**해서 결정해라.

수적거'리다 图 숙덕거리다. ¶즈그끼리 여기서 **수적거리다가** 저짝 골목 안으로 들어갔는데 어디로 갔는지 나도 모리겠다. ▶ 저희끼리 여기서 **숙덕거리다가** 저쪽 골목 안으로 들어갔는데 어디로 갔는지 나도 모르겠다.

수'제 몡 수세미. ☞ 수세. 수시미.

수'제나무 몡 수세미외. ¶**수제나무** 덤풀이 지붕꺼정 올라갔다. ▶ **수세미외** 덩굴이 지붕까지 올라갔다.

수지'비 몡 수제비. ¶아가리 딱딱 버래라 깐채(깐채이) **수지비** 들어간다, 아가리 딱딱 벌래라 염나대왕 들어간다, 아가리 딱딱 벌래라 열무짐치 들어간다. ▶ 아가리 딱딱 벌려라 까치 **수제비** 들어간다, 아가리 딱딱 벌려라 염라대왕 들어간다, 아가리 딱딱 벌려라 열무김치 들어간다. ※짚 가닥으로 물고기의 아가미를 꿰면서 부르는 동요.

수채구디~이 명 수채구덩이. 구정물구덩이.

수타'다 형 허다(許多)하다. 많다.【**수태** ▶ 허다해(많아)/**수타게** ▶ 허다하게(많이)】¶**수탄** 사람을 다 나두고 내한테마 손을 벌리노? ▶ 허다한 사람을 다 놔두고 내한테만 손을 벌리나?/어지이떠지이 나서는 사람이 **수태도** 썰 마한 사람이 없다. ▶ 어중이떠중이 나서는 사람이 허다해도 쓸 만한 사람이 없다./간밤 바람에 밭에 넝굼이 **수타게** 떨어졌드라. ▶ 간밤 바람에 밭에 사과가 **많이** 떨어졌더라.

수'학 명 수확(收穫). ¶금연에 나락 종자를 바까 숭가 봤디이 **수학이** 좋드라. ▶ 금년에 벼 종자를 바꾸어 심어 보았더니 수확이 좋더라.

숙 명 수(雄).【**숙개** ▶ 수캐/**숙눔** ▶ 수놈】.

숙가락 명 씨아의 수카락. 목화를 앗을 때 여기에 달린 가락자루를 잡고 돌리면 가락귀(쐐귀)를 통하여 회전력이 위의 암카락으로 연동되어 씨를 뺀다. ☞ 쐐기.

숙개 명 수캐. ¶앞집 **숙개하고** 덧집 암개가 아까재 조갈이 붙었든데 아이 앤 떨어지고 있다. ▶ 앞집 **수캐하고** 뒷집 암캐가 아까 교미를 하던데 아직 안 떨어지고 있다.

숙'기 명 숫기. 수줍어하지 않는 기색이나 태도. ¶그 사람은 **숙기가** 없어서 넘 앞에는 잘 몬 나선다. ▶ 그 사람은 **숫기가** 없어서 남 앞에는 잘 못 나선다./다린 처자하고 달리 **숙기가** 좋으네. ▶ 다른 처녀하고 달리 **숫기가** 좋으네.

숙눔 명 수놈. ¶그 꼬라지에 **숙놈** 짓은 할라 카네. ▶ 그 꼴에 **수놈** 짓은 하려 하네.

숙매기 명 숙맥이(菽麥). 어리석은 사람. ¶사람이 **숙매기라서** 머리 썰 일은 몬 매낀다. ▶ 사람이 **숙맥이라서** 머리 쓸 일은 못 맡긴다./구불어 들어온 복도 챙길 줄 모리는 저런 **숙매기가** 어디 있겠노? ▶ 굴러 들어온 복도 챙길 줄 모르는 저런 **숙맥이가** 어디 있겠나?

술 명 쟁기의 술(주추미). 쟁기의 몸 아래로 비스듬히 뻗어나간 나무. 끝에 보습을 맞추는 넓적하고 뾰쪽한 바닥이 있고 그 위에 네모진 한마루(한말리) 구멍이 있다.《소부술》☞ 훌찌이.

술도가지 명 술독. ¶저 웃동네는 술 조사 나왔다 카는데, **술도가지를** 짚빼까리 속으로 옹개 나야겠다. ▶ 저 윗동네는 밀주단속 나왔다 하는데, **술독을** 짚가리 속으로 옮겨 놓아야겠다. ※ 술은 양조장(술都家)에서 양조하여 공급하고 민가에서 담가 먹는 것을 밀주(密酒)라 하여 관계당국(專賣局)에서 단속을 했다.

술어마~이 명 술어미. 주모(酒母). ¶저 사람은 요새 외따리 주막에 새로 온 술어마이한테 반해서 그 집 문천이 딸도록 드나든다. ▶ 저 사람은 요사이 외딴 주막에 새로 온 술어미한테 반해서 그 집 문지방이 닳도록 드나든다. ☞ 술이미.

술'이미 명 술어미. 주모(酒母). ¶그 꼴난 농사를 쫌 저서 겨우내 못뚝 주막으로 드나드매 술이미 궁디이 밑에 다 처였다. ▶ 그 보잘것없는 농사를 좀 지어서 겨우내 못둑 주막으로 드나들며 술어미 궁둥이 밑에 다 처넣었다. ☞ 술어마이.

술조사(-調査) 명 밀주단속(密酒團束). ¶이전에 술조사 나와서 걸래머 벌금 앤 낼라꼬 마실에서 달 잡고, 그 술 걸러서 최드록 묵애 보내고 했지. ▶ 예전에 밀주단속 나와서 걸리면 벌금 안 내려고 마을에서 닭 잡고, 그 술 걸러서 취하도록 먹여 보내곤 했지.

술찌기¹ : 이 명 술지게미. 술찌끼. ¶술찌기이 묵고 취정한다. ▶ 술지게미 먹고 주정한다. ※변변찮은 것을 먹고서 먹은 체하는 사람을 보고 하는 말.

술태'배기 명 술고래. 술 좋아한 이태백(李太白)에 비유하여 생긴 말. ¶그 술태배기는 술 한 섬을 지고는 몬 가도 묵고는 간다. ▶ 그 술고래는 술 한 섬을 지고는 못 가도 먹고는 간다. ☞ 주태배기.

숨 : 꼴 명 숨구멍. ¶이거저거를 다 처리하고 인자 숨꼴이 쪼매 티나 캤는데, 생각지도 안튼 일이 또 터진다. ▶ 이것저것을 다 처리하고 이제 숨구멍이 조금 트이나 했는데, 생각지도 않던 일이 또 터진다.

숨 : 다 동 심다. '수무다'의 준말. 【수마 ▶ 심어/숨는 ▶ 심는/숨고 ▶ 심고/수무이 ▶ 심으니】¶울 밑에 꽃을 수마 놓는다. ▶ 울타리 밑에 꽃을 심어 놓는다./식목일에 나무를 숨는다. ▶ 식목일에 나무를 심는다./그거마 숨고 말어라. ▶ 그것만 심고 말아라. ☞ 숭구다1. 시무다.

숨바'꿈질 명 숨바꼭질. ¶이 사람아, 나는 이여꿈 자네를 찾니라꼬 장태를 돌매 숨바꿈질을 했네. ▶ 이 사람아, 나는 이제껏 자네를 찾느라고 장터를 돌며 숨바꼭질을 했네.

숩 : 다 형 쉽다. 【수분 ▶ 쉬운/수부이 ▶ 쉬우니】¶어러분 거는 미라 놓고 수분 거부텀 위선 해 나가자. ▶ 어려운 것은 미뤄 놓고 쉬운 것부터 우선 해 나가자.

숭 명 흉. 허물. ¶이 사람 보게. 괜시리 넘한테 숭을 잽힐 짓을 할 꺼 없네. ▶ 이 사람 보게. 공연스럽게 남한테 흉을 잡힐 짓을 할 것 없네.

숭구 : 다1 동 심다. 【숭가 ▶ 심어/숭구이 ▶ 심으니】¶우리는 거기서 화전을 일가

서 감자나 강내이를 **숭가** 묵고 산다. ▶ 우리는 거기서 화전(火田)을 일궈서 감자나 강냉이를 **심어** 먹고 산다. ☞ 수무다. 숨다. 시무다.

숭구:다2 동 숨기다. '숨다'의 사동. 【숭가▶숨겨/숭구이▶숨기니】¶그 일을 **숭군다꼬** 그양 넘어갈 일이가? 고마 다 털어 놓고 바라. ▶ 그 일을 **숨긴다고** 그냥 넘어갈 일인가? 그만 다 털어 놓고 보아라. ☞ 숨기다. 숭쿠다.

숭'기다 동 숨기다. '숨다'의 사동. 【숭가▶숨겨/숭기이▶숨기니】 ☞ 숭구다2. 숭쿠다.

숭'물 명 흉물(凶物). 흉하게 생긴 사람이나 동물. ¶니가 암만 그캐도 **숭물** 떠는 거를 내가 모리는 줄 아나? ▶ 네가 아무리 그래도 **흉물** 떠는 것을 내가 모르는 줄 아나?/그 **숭물**은 보기마 해도 밥맛이 떨어진다. ▶ 그 **흉물**은 보기만 해도 밥맛이 떨어진다.

숭'물시럽다 형 흉물스럽다. ¶저기 배미 죽은 기이 **숭물시럽다**. 저리 치아 뿌라. ▶ 저기 뱀 죽은 것이 **흉물스럽다**. 저리 치워 버려라.

숭숭:하다 형 흉흉(洶洶)하다. ¶시월이 이래서 인심이 점점 **숭숭해져** 가는 기이, 무신 일이 일어날 꺼 글다. ▶ 세월이 이래서 인심이 점점 **흉흉해져** 가는 것이, 무슨 일이 일어날 것 같다.

숭시'럽다 형 흉스럽다. ¶다 큰 가시나가 **숭시럽게** 종아리를 벌겋게 내놓고 댕긴다. ▶ 다 큰 계집애가 **흉스럽게** 종아리를 벌겋게 내놓고 다닌다.

숭'악하다 형 흉악(凶惡)하다. 지독하다. 사납다. ¶묵고살기는 이전보다 좋아졌는데도 인심은 점점 **숭악해져** 간다. ▶ 먹고살기는 예전보다 좋아졌는데도 인심은 점점 **흉악해져** 간다. ☞ 숭칙하다.

숭연 명 흉년(凶年). ¶갑오연 그 때는 거퍼 삼 연을 **숭년**이 들어서 산이나 들에 풀뿔거지도 남아 난 기이 없었다. ▶ 갑오년(甲午年) 그 때는 거푸 삼 년을 **흉년**이 들어서 산이나 들에 풀뿌리도 남아 난 것이 없었다./**숭연**이 들머 아들은 배 터저 죽고 어런들은 배가 고퍼 죽는단다. ▶ **흉년** 들면 애들은 배 터져 죽고 어른들은 배가 고파 죽는단다. ※ 제 밥그릇을 다 비우고도 맨 숟가락을 핥으며 엄마를 쳐다보는 아이를 외면할 수 없다. "양식 없는데 조금 먹어라."고 말은 하면서도 당신 밥그릇에서 몇 숟가락을 덜어 주는 시늉이라도 해야 한다.

숭'영 명 숭늉. ¶이 사람아, **숭영**이라도 마시고 정신 채래라. ▶ 이 사람아, **숭늉**이라도 마시고 정신 차려라. ※ 정신 나간 소리 하지 마라는 말.

숭잡'다 동 흉잡다. 【숭잡어▶흉잡아/숭잡으이▶흉잡으니】¶시상아 **숭잡을라**

숭잽히:다

캐도 숭잡어 낼 끼이 있어야 숭을 잡지. ▶ 세상에 **흉잡으려** 해도 **흉잡아** 낼 것이 있어야 흉을 잡지.

숭잽히:다 동 흉잡히다. '숭잡다'의 피동. 【숭잽해 ▶ 흉잡혀/숭잽히이 ▶ 흉잡히니】¶내중에 다 알게 댈 꺼를, 넘한테 **숭잽힐** 일은 하지 마라. ▶ 나중에 다 알게 될 것을, 남한테 **흉잡힐** 일은 하지 마라.

숭'칙하다 형 흉측(凶測)하다. 사납다. 지독(至毒)하다. ¶아이고 얄구저라. 인심이 이래 **숭칙해서** 어디 사람이 살겠나. ▶ 아이고 얄궂어라. 인심이 이렇게 **흉측해서** 어디 사람이 살겠나./도독눔 긑치 **숭칙하게** 생긴 기이 꿈에 비까 바 겁이 난다. ▶ 도둑놈 같이 **흉측하게** 생긴 것이 꿈에 보일까 봐 겁이 난다. ☞ 숭악하다.

숭쿠:다 동 숨기다. '숨다'의 사동. 【숭카 ▶ 숨겨/숭쿠이 ▶ 숨기니】¶**숭쿤다고** 그양 넘어갈 일이가? 좋게 말할 때 다 털어나라. ▶ **숨긴다고** 그냥 넘어갈 일인가? 좋게 말할 때 다 털어놓아라./얼매나 미구 그튼지 그 짚은 데 **숭카** 논 거도 다 찾어낸다. ▶ 얼마나 여우 같은지 그 깊은 데 **숨겨** 놓은 것도 다 찾아낸다. ☞ 숭구다2. 숭기다.

숭'태 명 흉터. ¶얼골에 **숭태** 자죽이 있는 기이 용 보 실타. ▶ 얼굴에 **흉터** 자욱이 있는 것이 영 보기 싫다.

숭하'다 형 흉하다. ¶가심때기 불룩하게 나온 기이 **숭하게** 빈다. 처매끈을 더 조라매고 댕개라. ▶ 가슴이 불룩하게 나온 것이 **흉하게** 보인다. 치마끈을 더 졸라매고 다녀라.

숭허'물 명 흉허물. ¶그만하머 사람이 댔다. 시상아 **숭허물** 하나도 없는 사람이 어디 있겠노? ▶ 그만하면 사람이 되었다. 세상에 **흉허물** 하나도 없는 사람이 어디 있겠나?

숭허'물 없다 관 흉허물 없다. ¶**숭허물 없는** 우리 새 할 말을 몬 할 끼이 어디 있노? ▶ **흉허물 없는** 우리 사이에 할 말을 못 할 것이 어디 있나?

쉬:견 명 소견(所見). 철. ¶**쉬견이** 바리 배개 있는 사람이라머 그런 엉뚱한 짓을 할 이가 없다. ▶ **소견이** 바로 박혀 있는 사람이라면 그런 엉뚱한 짓을 할 리가 없다./그눔으 자석은 **쉬견이** 들 때도 댔는데 아이 알라 짓을 하드나? ▶ 그놈의 자식은 **철이** 들 때도 되었는데 아직 애기 짓을 하더냐? ☞ 시견.

쉬:다 동 쇠다. 명절, 생일, 기념일 따위의 날을 맞아서 지내다. 【쉬어 ▶ 쇠어/쉬이 ▶ 쇠니】¶고양아 설 **쉬로** 갔다가 어제 돌아왔다. ▶ 고향에 설 **쇠러** 갔다가 어제 돌아왔다./양역설을 **쉬이** 설 긑지가 안타. ▶ 양력설을 **쇠니** 설 같지가 않다.

420

쉬:똥 몡 쇠똥. '긑다', '-도 없다', '-도 아이다' 따위의 말과 함께 쓰여 욕이나 부정적인 말이 됨. ¶쉬똥 긑다 치아 뿌라. ▶ 더럽다 치워 버려./쉬똥 그튼 소리 하지 마라. ▶ 되지도 않은 소리 하지 마라./쉬똥이나 빨어라. ▶ 헛물이나 빨아라(켜라)./쉬똥도 없다. ▶ 국물도 없다./쉬똥도 아이다. ▶ 똥도 아니다. ☞ 개똥. 개좆. 개코. 쉬좆. 쉬코.

쉬:좆 몡 쇠좆. 소의 좆. '긑다', '-도 없다', '-도 아이다' 따위의 말과 함께 쓰여 욕이나 부정적인 말이 됨. ¶쉬좆 긑다 치아 뿌라. ▶ 더럽다 치워 버려./쉬좆 그튼 소리 하지 마라. ▶ 되지도 않은 소리 하지 마라./쉬좆이나 빨어라. ▶ 헛물이나 빨아라./쉬좆도 없다. ▶ 국물도 없다./쉬좆도 아이다. ▶ 똥도 아니다. ☞ 개똥. 개좆. 개코. 쉬똥. 쉬코.

쉬:코 몡 쇠코. 소의 코. 말의 뒤에 '같다', '-도 없다', '-도 아이다' 따위의 말과 함께 쓰여 욕이나 부정적인 말이 됨. ¶쉬코 긑다 치아 뿌라. ▶ 더럽다 치워 버려./쉬코 그튼 소리 하지 마라. ▶ 되지도 않은 소리 하지 마라./쉬코나 빨어라. ▶ 헛물이나 빨아라(켜라)./쉬코도 없다. ▶ 국물도 없다./쉬코도 아이다. ▶ 똥도 아니다. ☞ 개똥. 개좆. 개코. 쉬똥. 쉬좆.

쉬'파리 몡 쇠파리. ¶쉬파리 긑치 어지가이도 따러댕기매 고롭게 하네. ▶ 쇠파리 같이 어지간히도 따라다니며 괴롭게 하네. ☞ 쇠파래이.

쉿돌 몡 숫돌. ¶정지이서 무신 소리가 나길래 봉창 구영으로 니다보이, 여자가 지를 자아묵을라꼬 쉿돌에다 정지칼을 싹싹 갈고 있는 거 아이가. 알고 보이 이기이 천 연 묵은 백예수라. ▶ 부엌에서 무슨 소리가 나기에 봉창 구멍으로 내다보니, 여자가 저를 잡아먹으려고 숫돌에다 칼을 싹싹 갈고 있는 게 아닌가. 알고 보니 이것이 천 년 먹은 백여우라.

스데:끼 몡 단장(短杖). 지팡이. 囲 'ステッキ(stick)'. ¶질에서 스데끼를 짚고 가는 노신사를 만났다. ▶ 길에서 단장을 짚고 가는 노신사를 만났다.

시 괸형 세. '셋'의 뜻. ¶시 살 때 버리재이가 여든꺼정 간다 캤다. ▶ 세 살 때 버르장이가 여든까지 간다 했다./쪼꿈 전에 시 사람이 이 산질로 올러갔다. ▶ 조금 전에 세 사람이 이 산길로 올라갔다./시 살 묵은 아 말도 귀담어 들을 끼이 있다 캤다. ▶ 세 살 먹은 애 말도 귀담아 들을 것이 있다 했다.

시:건 몡 소견(所見). 철. ¶니는 시건이 들라카머 아이 멀었다. ▶ 너는 소견이 들려면 아직 멀었다. ☞ 쉬건.

시계 밥을 묵애:다 괸 시계태엽(時計胎葉)을 감다.

시'곡(時穀)

시'곡(時穀) 명 동리를 대표하는 구장(區長)에게 거두어 주는 곡식. 가구마다 보통 봄에는 보리, 가을에는 벼 한 말씩을 모아서 준다.

시:공구 명 시집 식구(食口). ¶우리 시공구들은 정들이 만어서 넘 불쌍한 거를 몬 본다. ▶ 우리 시집 식구들은 정들이 많아서 남 불쌍한 것을 못 본다.

시구랍다 형 시다. 아니꼽다. ☞ 새구랍다. 새구럽다. 새부랍다. 새부럽다. 시구럽다.

시구럽'다 형 시다. 아니꼽다. ¶넝굼이 시구럽으머 앤 묵으머 대지마는 사람 시구럽은 거는 몬 본다. ▶ 능금이 시면 안 먹으면 되지만 사람 신 것은 못 본다. ☞ 새구랍다. 새구럽다. 새부랍다. 새부럽다. 시구랍다.

시'구차다 형 어마하다. 엄청나다. 대단하다. ¶이렇게 시구차게 큰 배미는 첨 본다. ▶ 이렇게 어마하게 큰 뱀은 처음 본다./묵을 기이 시구차게 만타. ▶ 먹을 것이 엄청나게 많다./산이 시구차게 노푸다. ▶ 산이 대단하게 높다.

시굼'장 명 등겨장. 깨주매기 가루로 조리한 장(醬). ¶시굼장은 깨주매기 가리에다 메주나 콩 가리를 섞고, 거기다 무시하고 풋꼬치를 싸러 옇고 소굼으로 간을 마차 묵는데, 그 맛이 시쿰하맨서도 달짜근하다. ▶ 등겨장은 보리등겨 가루에다 메주나 콩 가루를 섞고, 거기다 무하고 풋고추를 썰어 넣고 소금으로 간을 맞춰 먹는데, 그 맛이 시큼하면서도 달착지근하다. ☞ 깨주매기. 당가리.

-시기 접 -석(席). 일부 어간에 붙어 '자리'의 이름이 되는 접미사. 【덕시기 ▶ 덕석/멍시기 ▶ 멍석/방시기 ▶ 방석/초시기 ▶ 초석/최시기 ▶ 초석】.

시'기다 동 시키다. 주문하다. 【시개 ▶ 시켜/시기이 ▶ 시키니】 ¶넘한테 시기지 마고 니 할 일은 니가 해라. ▶ 남한테 시키지 말고 네 할 일은 네가 해라./밥집에서 밥을 시개 묵고 있다. ▶ 식당에서 밥을 시켜(주문해서) 먹고 있다./내가 심바람을 시기이 말을 앤 듣는다. ▶ 내가 심부름을 시키니 말을 안 듣는다.

시낭:고낭: 부 시난고난(辛難苦難). ¶우리 형임은 수 삼 연 동안 시낭고낭 고상하시다가 두 달 전에 돌아가셨다. ▶ 우리 형님은 몇 해 동안 시난고난 고생하시다가 두 달 전에 돌아가셨다.

시너부 명 시누이. '시가(媤家)의 누부(누이)'라는 뜻. 손아래 시누이는 '애기씨' 혹은 '액씨'로, 손위 시누이는 '형님'으로 이른다. ¶구박하는 시어마이보담 말리는 시너부가 더 매짤시럽다. ▶ 구박하는 시어머니보다 말리는 시누이가 더 밉상스럽다. ☞ 애기씨. 액씨.

-시는기요 미 -신가요. -십니까. ¶얼신, 요새는 어디 기시는기요? ▶ 어르신, 요새

는 어디 계신가요?/할매, 요새 어디 팬찬으시는기요? ▶ 할머니, 요새 어디 편찮으신가요? ☞ -신기요.

시ˊ:다1 동 세다(算). 셈하다. 헤아리다. '시아리다'의 준말. 【시어 ▶ 세어/시이 ▶ 세니】 ¶밭에서 따 온 위가 몇 갠지 시어 바라. ▶ 밭에서 따 온 참외가 몇 개인지 세어 봐라./모댄 사람을 시이 한 키가 더리 왔다. ▶ 모인 사람을 세니 한 사람이 덜 왔다. ☞ 히다2. 히아리다.

시다2 동 켜다. 【서 ▶ 켜/시이 ▶ 켜니】 ¶눈에 불을 시고 설친다. ▶ 눈에 불을 켜고 설친다./어더분데 불을 시고 밥 묵자. ▶ 어두운데 불을 켜고 밥 먹자./호롱에 지름을 더 붓고 불을 서라. ▶ 호롱에 기름을 더 붓고 불을 켜라./전기불을 서이 이래 발꼬 좋은 거로. ▶ 전깃불을 켜니 이렇게 밝고 좋은 걸. ☞ 서다.

시:다3 형 세다. 강(强)하다. ¶심이 얼매나 신지 천 없는 장사라도 그 손에 검쥐 캐머(잽히머) 몬 빠저나온다. ▶ 힘이 얼마나 센지 천 없는 장사라도 그 손에 검쥐어지면(잡히면) 못 빠져나온다.

시:다4 형 쇠다. 채소 따위가 억세다. 【시어 ▶ 쇠어/시이 ▶ 쇠니】 ¶쪼매마 더 있으며 봄나물도 시어서 몬 묵는다. ▶ 조금만 더 있으면 봄나물도 쇠어서 못 먹는다.

시:다5 동 세다. 【시어 ▶ 세어/시이 ▶ 세니】 ¶머리가 하얗게 시었다. ▶ 머리가 하얗게 세었다.

-시더 미 -ㅂ시다. 권유함을 나타내는 종결어미. ¶우리 고마 서리 사돈으 인연을 맺으시더. ▶ 우리 그만 서로 사돈의 인연을 맺읍시다./넘사시럽구로, 우리 고마 싸우고 사오하시더. ▶ 남우세스럽게, 우리 그만 싸우고 화해합시다./사람 글치 몬 살라카머 우리 마카 죽으시더. ▶ 사람답게 못 살리면 우리 모두 죽읍시다./모레 재 너매 김 주사 집 잔채하는 데 같이 가시더. ▶ 모레 재 너머에 김 주사 집 잔치하는 데 같이 갑시다./언재요, 그거는 그런 기이 아일시더. ▶ 아니요, 그것은 그런 것이 아닙니다. ☞ -ㅂ시더.

시덥다 형 시답다. 마음에 든다. 반어법으로 '시답지 않다'는 뜻으로 쓰임. 못난 것을 '아이고 잘났다' 하거나, 좋지 않은 것을 '아이고 좋겠다'로 비꼬는 투로 말하는 언어습관과 비슷하다. 【시덥어 ▶ 시답어/시더부이 ▶ 시답으니】 ¶아이고 **시덥어라**! 그거 일 쪼매 했다고 허리가 아푸다 카노? ▶ 아이고 시답어라(시답잖아라)! 그것 일 조금 했다고 허리가 아프다 하나?/시덥은 소리 고마하고 저리 가서 니 볼일이나 바라. ▶ 시답은(시답잖은) 소리 그만하고 저리 가서 네

시덥잔타

볼일이나 봐라. ☞ 시덥잔타.
시덥잔타 혱 시답잖다. 대수롭지 않다. 시시하다. 우습다. 모양이 우습다. ☞ 시덥다.
시:동상 몡 시동생(媤同生). ¶미성전이머 시동상을 대룜이라 카고 어런이 대머 아줌이라 칸다. ▶ 미혼이면 시동생을 도련님이라 하고 어른이 되면 아주버님이라 한다.
시'들다 동 시들다. 시간이나 일을 오래 끌다. 【시들어 ▶ 끌어/시드니 ▶ 끄니】 ¶서리가 와서 무시 이퍼리가 시들었다. ▶ 서리가 와서 무 잎이 시들었다./징용 가서 빙을 얻어 와서 한 삼 연 시들다가 금연 여름에 죽었다. ▶ 징용 가서 병을 얻어 와서 한 삼 년 끌다가 금년 여름에 죽었다./저 사람은 돈을 나두고서도 시들어서 갚는다. ▶ 저 사람은 돈을 놓아두고서도 끌어서 갚는다.
시락국 몡 시래기국. ¶당신은 살림 잘하재, 아들은 공부 잘하재, 보리밥에 시락국을 묵어도 넘 괴기 국 묵는 기이 앤 부럽다. ▶ 당신은 살림 잘하지, 애들은 공부 잘하지, 보리밥에 시래기국을 먹어도 남 고기 국 먹는 것이 안 부럽다.
시락죽 몡 시래기죽. ¶살알이 드문드문 떠있는 시락죽 한 그럭 그거 얻어묵고 심이 나야 일을 하지. ▶ 쌀알이 드문드문 떠있는 시래기죽 한 그릇 그것 얻어먹고 힘이 나야 일을 하지.
시랍다 혱 시리다. 시다. 차다. 【시랍어 ▶ 시려/시랍으이 ▶ 시리니】 ¶눈꼴이 시랍어도 더 참고 전대 바라. ▶ 눈꼴이 시려도 더 참고 견뎌 보아라./손이 시랍어서 장갑을 찌고 가야겠다. ▶ 손이 시려서 장갑을 끼고 가야겠다. ☞ 시럽다1.
시럼:시럼: 뷔 시름시름. ¶그 사람은 신양으로 수 삼 년을 시럼시럼하다가 요새사 개와 일어나서 나댕긴다. ▶ 그 사람은 신병으로 몇 년을 시름시름하다가 요새야 겨우 일어나서 나다닌다.
시럽다1 혱 시리다. 시다. 차다. ¶손 시럽다. 이리 와서 불 쪼라. ▶ 손 시리다. 이리 와서 불 쬐어라./눈꼴이 시럽다. 저리 비깨라. ▶ 눈꼴이 시다. 저리 비켜라. ☞ 시랍다.
-시럽다2 졉 -스럽다. 일부 어근에 붙어 '그러한 성질이 있음'을 나타내는 접미사. ¶사람이 객광시럽다. ▶ 사람이 엉뚱스럽다./사람이 개살시럽다. ▶ 사람이 심술스럽다.
시렁거무 몡 그리마. '시렁에 있는 거미'의 뜻.
-시레 졉 -스레. (-스럽게). 어근의 뒤에 '시럽다(스럽다)'가 붙는 형용사를 부사

형으로 만드는 접미사. ¶꽃이 탐시레 피었네. ▶ 꽃이 탐스레(탐스럽게) 피었네./뿔이 통통하이 복시레 생겼다. ▶ 볼이 통통하게 복스레(복스럽게) 생겼다./밉상시레노지 마고 점잔어저라. ▶ 밉상스레(밉상스럽게) 놀지 말고 점잖아져라.

시루:다 동 돌리다. 자전거, 인력거, 발동기 따위를 돌리는 것이나, 바이올린 연주, 또는 성행위 따위의 반복적인 운동을 하는 것을 빗대어 이르는 말. 【시라 ▶ 돌려/시루이 ▶ 돌리니】 ¶약장사가 빠이롱을 시룬다. ▶ 약장수가 바이올린을 탄다./자잉거 동태바꾸를 시라 바라. ▶ 자전거 바퀴를 돌려 보아라.

시리 명 떡시루. '떡시리'의 준말.

시리다 동 슬다. 【실어 ▶ 슬어/시리이 ▶ 스니】 ¶정지칼에 녹이 실었는데 팬수깐에 가서 배라 와야겠다. ▶ 부엌칼에 녹이 슬었는데 대장간에 가서 벼려 와야겠다.

시리'떡 명 시루떡. ¶시리떡이 마치맞게 익었다. ▶ 시루떡이 마침맞게 익었다.

시리뽄 명 시룻번. 시루떡을 찔 때 김이 새지 않게 솥뚜껑 틈새에 바르는 쌀가루 따위의 반죽. ¶시리뽄을 바리다. ▶ 시룻번을 바르다.

시'마 명 화투놀이에서 난초, 풍, 비 패 4장을 모은 등급. ☞ 사리.

시마이하다 동 끝내다. 마치다. (日) 'しまい'+'하다'. ¶자, 오늘 일은 이거로 시마이하고 한잔하로 가자. ▶ 자, 오늘 일은 이것으로 끝내고 한잔하러 가자.

시:묘사리 명 시묘(侍墓) 살이. 부모가 돌아가면 일반적으로 집안에다 빈소를 차려 놓고 모시지만 드물기는 해도 산소 곁에 여막(廬幕)을 짓고 삼 년 동안 시묘를 사는 사람도 있다. 이런 사람은 효자로 소문이 나서 관가에도 알려져 나라에서 상이 내리고, 죽으면 '효자각(孝子閣)'을 세워서 효친사상을 선양하기도 했다. 옛날에 호랑이 따위의 산짐승들도 이런 효자를 알아보고 보호했다는 설화가 있다. ¶시묘사리 하다. ▶ 시묘 살이 하다.

시무 주 스무. ¶금연에 니가 시무 한 살가 두 살가? ▶ 금년에 네가 스물 한 살인가 두 살인가? ☞ 수물.

시무:다 동 심다. 【시마 ▶ 심어/시무이 ▶ 심으니】 ¶오늘은 비가 촉촉하이 와서 꼬치모종 시무기가 좋겠다. ▶ 오늘은 비가 촉촉하게 와서 고추모종 심기가 좋겠다. ☞ 수무다. 숨다. 숭구다1.

시문'지 명 신문지(新聞紙). ¶시문지는 모다 났다가 백을 바린다. ▶ 신문지는 모아 놓았다가 벽을 바른다.

시버'리다 동 시부렁거리다. 【시버래 ▶ 시부렁거려/시버리이 ▶ 시부렁거리니】 ¶그래 오야, 시버리고 시푸머 밤새들 시버래 바라. ▶ 그래 오냐, 시부렁거리고 싶

시부'리다

으면 밤새껏 시부렁거려 보아라./씰데없이 시버리이 솔기증이 난다. ▶ 쓸데없이 시부렁거리니 짜증이 난다. ☞ 시부리다.

시부'리다 통 시부렁대다. 【시부래 ▶ 시부렁대/시부리이 ▶ 시부렁대니】¶입이 부지런한 사람, 지 혼차 시부리게 내뿌러 도라. ▶ 입이 부지런한 사람, 제 혼자 시부렁대게 내버려 둬라. ☞ 시버리다.

시불논매'기 명 세벌논매기. ¶여름 땡볕에 시불논매기 마치고 나머 나락피기에 실채서 문디이 팔다리가 대 뿌린다. ▶ 여름 땡볕에 세벌논매기 마치고 나면 나락포기에 스쳐서 문둥이 팔다리가 되어 버린다.

시불시불 부 시부렁시부렁. ¶자가 하라카머 그대로 하지, 머를 **시불시불**하고 서 있노? ▶ 제가 하라면 그대로 하지, 뭘 시부렁시부렁하고 서 있나?

시:삼시럽다 형 새삼스럽다. 【시삼시럽어 ▶ 새삼스러워/시삼시럽으이 ▶ 새삼스러우니】¶인자 와서 지난 일을 시삼시럽게 말 할 끼이 머가 있노? ▶ 이제 와서 지난 일을 새삼스럽게 말 할 것이 뭣이 있나? ☞ 새삼시랍다.

시:상 명 세상(世上). 【시상아 ▶ 세상에】¶지금 시상이 이래서 그렇지, 나로 말할 꺼 그트머 판서공 이십육 대 손인데다, 웃대로 골 사시든 분이 둘이고, 진사참봉만 해도 수비기 있는데, 어디 감히 즈그가 내한테 하게를 해? ▶ 지금 세상이 이래서 그렇지, 나를 말할 것 같으면 판서공 26대 손인데다, 윗대로 고을 사시던 분이 둘이고, 진사참봉만 해도 수두룩한데, 어디 감히 저희가 나한테 하게를 해? ※ 이런 사람을 보고 조상 팔아 산다면서 비웃곤 한다./시상 인심이 와 이래 숭악해졌노? ▶ 세상 인심이 왜 이래 흉악해졌나?/요새 시상아 양반상놈이 없다 캐도 본데 있는 사람은 머가 달러도 다리다. ▶ 요즘 세상에 양반상놈이 없다 해도 본데 있는 사람은 뭐가 달라도 다르다.

시:상 배리다 관 세상(世上) 버리다. '죽다'의 점잖은 말. ¶사돈요, 내 조부 시상 배린 일은 지금 생각해도 어이없습니다. 그양 살아도 백수는 넉근이 하실 어런인데, 그기이 그래, 하리는 술을 드시다가 고마 술잔 채로 목으로 넘어가 뿌러서 돌아가신 거 아잉기요. ▶ 사돈, 내 조부 세상 버린 일은 지금 생각해도 어이없습니다. 그냥 살아도 백수는 넉넉히 하실 어른인데, 그것이 그래, 하루는 술을 드시다가 그만 술잔 채로 목으로 넘어가 버려서 돌아가신 거 아닙니까. ※ 술 욕심이 많은 사람이 사돈댁으로 갔는데, 차려내는 술상이란 것이 자뜨랍게도 조그마한 주전자에 잔은 코딱지 만해서, 이것으로는 간에 기별도 오지 않을 것 같았다. 그래서 넌지시 이렇게 말을 했더니, 그 인색한 사돈이 금방 알

아차리고 큰 주전자에다 큰 술잔으로 바꾸어 오더란다. 〈李正二〉.

시상~아 閻 세상에. ¶이런 시상아, 이래 좋은 거를 와 진작 몰랬든공? ▶ 이런 세상에, 이렇게 좋은 것을 왜 진작 몰랐던가?/시상아, 그 세도를 부리든 집안이 이래 몽창시럽게 망했지? ▶ 세상에, 그 세도를 부리던 집안이 이렇게 몽창스럽게 망했지?

시:상없다 圈 세상없다. 어림없다. ¶지름통을 지고 불구디이 속으로 들어가라 카머 갔지 시상없어도 그거는 앤 댄다. ▶ 기름통을 지고 불구덩이 속으로 들어가라 하면 갔지 세상없어도 그것은 안 된다. ☞ 천없다.

시:수 囝 세수(洗手). ¶아직에 일어나머 시수부텀 해야 밥을 묵지. ▶ 아침에 일어나면 세수부터 해야 밥을 먹지.

시수'물 囝 세숫물(洗手-). ¶소죽솥에 소죽을 퍼내고 거기다 시수물을 데배라. ▶ 쇠죽솥에 쇠죽을 퍼내고 거기다 세숫물을 데워라.

시수사:분 囝 화장비누(化粧--). ☞ 세수사분.

시숫대: 囝 세숫대야(洗手--). ¶시숫대 뚤버진 데는 고무쪼가리를 녹해서 때우머 댄다. ▶ 세숫대야 뚫어진 데는 고무조각을 녹여서 때우면 된다. ☞ 세숫대.

시아리다 图 헤아리다. 세다. 셈하다.【시아래 ▶ 헤아려/시아리이 ▶ 헤아리니】 ☞ 시다1. 히다2. 히아리다. 시알리다.

시아바씨 囝 시아버지(媤---). 비슷한 말의 품격 순위는, 시아바임〉시아부지〉시아바씨〉시아배〉시아바이〉시애비. ¶논실 띠기 시아바씨 항갑이 이 달 초아흐렛 날인데, 우리는 그 때 묵 반티이나 부조를 해야 댈 끼이다. ▶ 논실(畓谷) 댁 시아버지 환갑이 이 달 초아흐렛날인데, 우리는 그 때 묵 함지 정도는 부조해야 할 것이다. ※ 이웃집에 경조사가 있으면 상호간에 품을 드는데, 이 때 몸으로 품을 들거나 갚기도 하지만, 술, 감주, 묵, 두부 따위의 음식을 장만하여 부조를 하기도 한다. 예문에서 '묵 반티이'라는 말은 '묵을 담는 함지'라는 명사가 아니고, 어림잡아서 말하는 언어습관에 따라 '얼마 정도의 묵'이라는 뜻을 나타냄.

시아바~이 囝 시아비(媤--). '시아부지'의 낮춤말. 비슷한 말의 품격 순위는, 시아바임〉시아부지〉시아바씨〉시아배〉시아바이〉시애비.

시아바임 囝 시아버님(媤---). 비슷한 말의 품격 순위는, 시아바임〉시아부지〉시아바씨〉시아배〉시아바이〉시애비.

시아배 囝 시아비(媤--). '시아부지'의 낮춤말. 비슷한 말의 품격 순위는, 시아바

시아부지

임〉시아부지〉시아바씨〉시아배〉시아바이〉시애비.

시아부지 몡 시아버지(媤---). 비슷한 말의 품격 순위는, 시아바임〉시아부지〉시아바씨〉시아배〉시아바이〉시애비.

시알리다 동 헤아리다. 세다. 셈하다. 【시알러▶ 헤아려/시알리이▶ 헤아리니】¶돈을 받을 때는 그 자리서 **시알러서** 받아야 한다.▶ 돈을 받을 때는 그 자리에서 헤아려서 받아야 한다./무신 재미로 사노 캤나? 요새 나는 돈 **시알리는** 재미로 산다 아이가.▶ 무슨 재미로 사나 했나? 요새 나는 돈 세는 재미로 산다 아닌가. ☞ 시다1. 히다2. 히아리다. 시아리다.

시압하다 동 시합(試合)하다. ¶동무들하고 목 깜을 때 코를 잡고 물속에서 오래 있기를 **시압한다**.▶ 친구들하고 멱 감을 때 코를 잡고 물속에서 오래 있기를 시합한다.

시애미 몡 시어미(媤--). '시어매'의 낮춤말. 비슷한 말의 품격 순위는, 시어마임〉시어마씨〉시어매〉시어마이〉시어미〉시애미〉시이미.

시애비 몡 시아비(媤--). '시아부지'의 낮춤말. 비슷한 말의 품격 순위는, 시아바임〉시아부지〉시아바씨〉시아배〉시아바이〉시애비.

시어:런 몡 시어른(媤--). 시부모(媤父母).

시어마씨 몡 시어머니(媤---). 비슷한 말의 품격 순위는, 시어마임〉시어마씨〉시어매〉시어마이〉시어미〉시애미〉시이미.

시어마씨요: 깜 아이고머니. 어마나. 뜻밖의 상황을 만나서 놀라거나 감격하여 나오는 말. ¶(아이고) **시어마씨요**, 이거를 우짜노!▶ 어마나, 이를 어쩌나!/(아이고) **시어마씨요**, 이기이 얼매마이고!▶ 어마나, 이게 얼마만인가! ☞ 시어마이요.

시어마~이 몡 시어미(媤--). '시어머니'의 낮춤말. 비슷한 말의 품격 순위는, 시어마임〉시어마씨〉시어매〉시어마이〉시어미〉시애미〉시이미.

시어마이요: 깜 아이고머니. 어마나. 뜻밖의 상황을 만나서 놀라거나 감격하여 나오는 말. ☞ 시어마씨요.

시어마임 몡 시어머님(媤---). 비슷한 말의 품격 순위는, 시어마임〉시어마씨〉시어매〉시어마이〉시어미〉시애미〉시이미.

시어매 몡 시어머니(媤---). 비슷한 말의 품격 순위는, 시어마임〉시어마씨〉시어매〉시어마이〉시어미〉시애미〉시이미.

시어미 몡 시어미(媤--). '시어머니'의 낮춤말. 비슷한 말의 품격 순위는, 시어마임〉시어마씨〉시어매〉시어마이〉시어미〉시애미〉시이미.

시언찬'타 혱 시원찮다. ¶시언찬은 기이 본대 큰소리를 친다. ▶ 시원찮은 것이 본래 큰소리를 친다.

시언:하다 혱 시원하다. ¶어이고 시언하다. 더부가 단분에 가신다. ▶ 아이고 시원하다. 더위가 단번에 가신다. ※더울 때 누가 등물을 쳐주는 모양이다. ☞ 시원하다2.

시엄 몡 시험(試驗). ¶그 사람은 소핵고 나와서도 보통고시고 고동고시고 시엄마 치머 다 합객했다. ▶ 그 사람은 소학교 나와서도 보통고시고 고등고시고 시험만 치면 다 합격했다. ※방언 영역에서는 시험을 '붙다'라고 하지 않고 '합격하다'라고 한다.

시'우다 동 우기다. 고집을 세우다. 【시워 ▶ 우겨(세워)/시우이 ▶ 우기니(세우니)】¶저거 바라. 다른 사람 말은 들어 보지도 안코 지 혼차서 시우고 있다. ▶ 저것 봐라. 다른 사람 말은 들어 보지도 않고 저 혼자서 우기고 있다./서월 앤 가본 사람이 이긴다 카디이 저 사람 시우머 당할 내기가 없다. ▶ 서울 안 가본 사람이 이긴다더니 저 사람 세우면 당할 사람이 없다./시워도 엄만한 거를 시워야지, 대도 안 는 말로 시운다. ▶ 우겨도 어지간한 것을 우겨야지, 되지도 않는 말로 우긴다.

시`~이 몡 형(兄). ¶니 시이하고 같이 이거를 들고 위할배 따라갔다가 위할매 모시고 온느라. ▶ 너 형하고 같이 이것을 들고 외할아버지 따라갔다가 외할머니 모시고 오너라. ☞ 히이.

시이미 몡 시어미(媤--). '시어매'의 낮춤말. 비슷한 말의 품격 순위는, 시어마임〉시어마씨〉시어매〉시어마이〉시어미〉시애미〉시이미.

-시이소 매 -ㅂ십시오. 명령형의 종결어미로 말 높임의 순서는, 시이소〉이소〉소. ¶먼 질에 팬이 가시이소. ▶ 먼 길에 편히 가십시오./그거 이리 주시이소. ▶ 그것 이리 주십시오./자시 말씸 해보시이소. ▶ 자세히 말씀 해보십시오.

시재끼'리 囝 끼리끼리. ¶건디기는 시재끼리 농갈러 묵고 내한테는 구물뺵에 앤 낭가 났다. ▶ 건더기는 끼리끼리 나눠 먹고 내한테는 국물밖에 안 남겨 놓았다./시재끼리 팬을 갈라서 장치기 시압했다. ▶ 끼리끼리 편을 갈라서 장치기 시합했다.

시재마'꿈 囝 제각기. 제가끔. ¶시재마꿈 성질이 다리고 이해강계가 다리이 수이가 앤 댄다. ▶ 제각기 성질이 다르고 이해관계가 다르니 의논이 안 된다.

시재시재 囝 각각이(各各-). ¶요새 거기서 짐성이 자주 나온다는데 산치거리 주막꺼정은 시재시재 가디이라도 재 넘을 때는 모대서 같이 넘어가시더. ▶ 요새

시'절(時節)

거기서 짐승이 자주 나온다는데 산기슭 주막까지는 **각각이** 가더라도 재 넘을 때는 모여서 같이 넘어갑시다. ※호랑이나 산도적이 잘 나타난다는 험한 고개를 넘어갈 때는 사람들이 몰려서 함께 넘는다.

시'절(時節) 몡 절후(節候). 계절(季節). 방언에는 '계절'이라는 말을 쓰지 않고 '시절'이나 '절후'라는 말을 쓴다.

시:정 몡 사정(事情). 형편(形便). ¶우리 집 **시정**을 누구보담 잘 안다는 사람이 저 카이 더 섭섭하다. ▶ 우리 집 **사정**을 누구보다 잘 안다는 사람이 저러니 더 섭섭하다.

시죽시죽 뮈 히죽히죽. ¶간밤에 몬 볼 꺼를 봤나 와 **시죽시죽** 윗고 댕기노? ▶ 간밤에 못 볼 것을 보았나 왜 **히죽히죽** 웃고 다니나?

시:준단지 몡 세존단지. 첫 수확을 한 쌀을 단지에 담아서 안방의 선반 위에 모신다. ¶그게 먼데, **시준단지** 모시드시 모시구로. ▶ 그게 뭔데, **세존단지** 모시듯이 모시게.

시지부적:하다 혱 흐지부지하다. ¶첨 일을 시작할 때는 열을 바짝 내다가 마지막에 **시지부적**하고 말았다. ▶ 처음 일을 시작할 때는 열을 바짝 내다가 마지막에 **흐지부지**하고 말았다. ☞ 시지부지하다.

시지부지:하다 혱 흐지부지하다. ¶다린 할일도 있고 해서 **시지부지**하게 일을 해치우고 왔다. ▶ 다른 할일도 있고 해서 **흐지부지**하게 일을 해치우고 왔다./그 사람은 넘으 일을 그렇게 **시지부지**하게 할 사람이 아이다. ▶ 그 사람은 남의 일을 그렇게 **흐지부지**하게 할 사람이 아니다. ☞ 시지부적하다.

시체(時體) 몡 현대(現代). 요즈음. ¶미국말을 섞어서 하는 **시체** 말은 우리 늘기이들은 당채 알아들을 수가 있어야지. ▶ 영어를 섞어서 하는 **현대** 말은 우리 늙은이들은 도무지 알아들을 수가 있어야지.

시'키다 동 식히다. '식다'의 사동. 【시카 ▶ 식혀/시키이 ▶ 식히니】¶잠시 일손을 놓고 몸을 좀 **시키자**. ▶ 잠시 일손을 놓고 몸을 좀 **식히자**./단술은 **시카** 묵어야지 맛이 난다. ▶ 감주는 **식혀** 먹어야 제 맛이 난다.

시푸'다 혱보 싶다. 【시퍼 ▶ 싶어/시푸이 ▶ 싶으니】¶돈은 없으맨서 가주고 **시푸**고 묵고 **시푸**고 하고 **시푼** 거이 만어서 걱정이다. ▶ 돈은 없으면서 가지고 **싶**고 먹고 **싶**고 하고 **싶**은 것이 많아서 걱정이다. ☞ 접다. 집다1.

시'험타 혱 굉장하다. 엄청나다. 대단하다. ¶앗다 **시험타**. 가무치가 이마이 큰 거는 내가 나고는 첨 보겠다. ▶ 아따 **굉장하다**. 가물치가 이만큼 큰 것은 내가 나고는 처음 보겠다.

식전 몡 식전(食前). '조식전(朝食前)'의 준말. 아침식사 전 시간. ☞ 조전.

식티~이 몡 식충이(食蟲). ¶일은 애 하고 식티이 긑치 밥마 축내이 팅팅하게 살마 지지. ▶ 일은 안 하고 식충이 같이 밥만 축내니 탱탱하게 살만 지지./밥 마이 묵으머 공부도 몬하고 시티이 댄다. ▶ 밥 많이 먹으면 공부도 못하고 식충이 된다.

식캐 몡 식혜(食醯). 감주(甘酒). 생선(멸치)의 젓갈. 영남 동남부지방에서 젓갈이라면 멸치젓갈이 주를 이루지만 가정에서 대구(大口)의 살이나 알, 또는 가자미를 무와 함께 갖은 양념을 섞어서 삭혀 만든 식혜도 있다. 먹을 때는 그냥 먹기도 하고 밥 위에 쩌서 먹기도 한다. ¶식캐 맨든 거를 맛 쫌 볼란기요? ▶ 감주 만든 것을 맛 좀 보렵니까?/맛좋은 매래치 식캐 사이소! ▶ 맛좋은 멸치 젓갈 사세요! ※젓갈 동이를 머리에 이거나 지고 다니면서 외치는 소리이다. ☞ 엿. 매래치식캐.

식후:다 동 식히다. '식다'의 사동. 【식하▶식혀/식후이▶식히니】¶땀을 쫌 식후고 일을 시작하자. ▶ 땀을 좀 식히고 일을 시작하자./호박범벅은 식하 묵어야 맛이 더 난다. ▶ 호박범벅은 식혀 먹어야 맛이 더 난다.

-신기요 미 -신가요. -십니까. '-시는기요'의 준말. ¶얼신 어디에 기신기요? ▶ 어르신 어디에 계신가요(계십니까)?/요새 어디가 팬찬으신기요? ▶ 요새 어디가 편찮으신가요(편찮으십니까)?

신다리뻬 몡 장딴지 뼈.

신대 몡 베틀의 신나무. 용두머리(원산) 뒤로 박은 한 개의 꾸부정한 막대기. 여기에 쇠꼬리(신대끈)가 연결된다. ¶신대라 하는양은 헌신짝에 목을매고 올러가매 굴복하고 느로오매 굴복하고. ▶ 신나무라 하는양은 헌신짝에 목을매고 올라가며 굴복하고 내려오며 굴복하고./아주굽은 신낭구는 헌신짝에 목을매고 눕었으락 안젔으락. ▶ 아주굽은 신나무는 헌신짝에 목을매고 누웠으락 앉았으락. 《신낭게. 끄실쿠. 꿍게. 신낭구》 ☞ 베틀.

신대끈 몡 베틀의 쇠꼬리. 신나무와 끝신을 이은 끈. 《신끈》 ☞ 베틀.

신방돌 몡 댓돌. 집채의 낙숫물이 떨어지는 안쪽, 문지방 바깥에 놓인 발판 돌. ¶임부가 알라 놀라꼬 방에 들어갈 때 신방돌 우에 신을 벗으맨서 맴속으로 "내가 다시 이 신을 신고 나올 수 있을랑강?" 카매 생각을 하게 댄단다. ▶ 임산부가 애기 낳으려고 방에 들어갈 때 댓돌 위에 신을 벗으면서 마음속으로

"내가 다시 이 신을 신고 나올 수 있을지?" 하며 생각을 하게 된단다. ※ 의료 환경이 열악했던 시절, 해산을 하는 일은 사생을 걸어야 하는 힘든 일이었다.

신방돌꺼지기 圀 댓돌 위에 까는 거적. 멍석처럼 짚으로 엮어서 만들었다.

신삐~이 圀 신품(新品). '숫처녀'의 속된말. 囧 '新品(しんぴん)'. ¶포로수용소에서 나온 거라 카는 신삐이 군복오바를 사서 물을 디래 입었다. ▶ 포로수용소에서 나온 것이라는 신품 군복외투를 사서 물을 드려 입었다. ※ 포로수용소 철조망 밖으로 새 나온 'PW'라고 글씨가 찍힌 군복이 거래되기도 했다./요새 처자들 중에 신삐이가 어디 있겠노? ▶ 요즈음 처녀들 중에 숫처녀가 어디 있겠나? ☞ 아다라시이.

신'식여자(新式女子) 圀 현대여성(現代女性). '촌여자(村--)'와 대비되는 말로, 신교육(新敎育)을 받은 세련된 여성을 이른다. ¶신식여자를 매느리로 들랐디이 보리밥을 묵으머 창지가 상한다꼬 맨재지밥마 묵을라 카는 기이라. ▶ 현대여성을 며느리로 들였더니 보리밥을 먹으면 창자가 상한다고 맨쌀밥만 먹으려 하는 것이 아닌가.

신'양(身恙) 圀 신병(身病). ¶삼 연 신양에 호자가 없다 캤다. ▶ 삼 년 신병에 효자가 없다 했다.

신장노 圀 신작로(新作路). 도로(道路). ¶신장노 복판에는 하이야가 놀고요 이 내 품에는 우리 임이 논다. ▶ 신작로 복판에는 하이어(hire)가 놀고요 이 내 품에는 우리 님이 논다. 〈노랫가락의 일부〉. ☞ 치도.

신재~이 圀 신장수. ¶갓재이 헌 갓 씨고 신재이 헌 신 신는다. ▶ 갓장수 헌 갓 쓰고 신장수 헌 신 신는다.

신행(新行) 圀 혼행(婚行). 혼인식은 처음 초행(醮行)이라 하여 신랑이 신부 댁으로 가서 초례(醮禮)를 치르고, 그로부터 대략 일 년 뒤에 신부가 시집으로 신행을 간다.

-실(室) 쥅 독특한 지형지물 따위를 나타내는 말에 붙어 지명(地名)이 되는 접미사. 손윗사람이 결혼한 여성(딸네)의 격을 높여 부르거나 이를 때 그 시댁(媤宅)의 성씨(姓氏) 뒤에 붙이는 접미사. 【차당실(-次堂室)/차거실(-次巨室)/덕실(德室)/논실(畓谷)】 여성의 경우 이름은 어릴 때 친가에서 불리다가 장성하면 남들에 의하여 '모(某) 씨 댁(宅) 딸'이라거나 '모 씨 댁 몇 째'라고 불리고, 과년(過年)하면 '모 씨 댁 규수(閨秀)'라거나 '모 씨 댁 처자(處子)'라고 이른다. 결혼을 하게 되면 이름이 없어지고 시가(媤家)의 성씨(姓氏)를 빌려 '박실(朴室)', '이실

(李(室)' 따위로 이르고, 통상으로 '박(朴) 서방네', '이(李) 서방네' 따위로도 이르게 된다. 그리고 속되게 '박가(朴家)네', '이가(李家)네'라거나 '박가(朴家)년', '이가(李家)년' 따위로 이르기도 한다. 자녀를 두게 되면 자녀의 이름을 빌려 '모모의 어마이(어미)' 따위로 이르고, 자녀가 성장하게 되면 친가의 지명이나 드물기는 하지만 본관(本貫)을 빌려 택호(宅號)를 지어 이르게 된다. 족보(族譜) 에도 물론 이름을 쓰지 않고 친가(親家)의 경우 사위의 성명으로 대신하고, 시가의 경우 친가의 성을 따라 '박씨(朴氏)', '이씨(李氏)' 따위로 등재하게 된다. ☞ 꼴2.

실개~이1 뗑 살쾡이. ☞ 살개이.

실개~이2 뗑 승강이. 실랑이. ¶내가 올으이 니가 그르이 하고 입 **실개이**하지 마고 마 사오해라. ▶ 내가 옳으니 네가 그르니 하고 입 **승강이**하지 말고 그만 화해해라. ☞ 실래이. 싱강. 싱강이. 싱개이.

실'건 뗑 시렁. 살강. ¶할매, **실건** 우에 시준단지 안에 구신 들어있재? ▶ 할머니, 시렁 위에 세존단지 안에 귀신 들어있지? ※아이들의 눈에는 정성스럽게 모시는 세존단지 안에 필시 신령한 귀신이 들어앉아 있는 것으로 비춰었다. ☞ 실기이.

실굼:실굼: 뛰 슬금슬금. ¶**실굼실굼** 넘으 눈치마 보지 마고 할 말이 있으며 해 바라. ▶ 슬금슬금 남의 눈치만 보지 말고 할 말이 있으면 해보아라.

실기~이 뗑 시렁. 살강. ¶아칙에 자고 일어났으며 이불을 개서 **실기이** 우에 언저라. ▶ 아침에 자고 일어났으면 이불을 개서 시렁 위에 얹어라. ☞ 실건.

실:내리기 뗑 명주길쌈에서 실내리기(解絲). 베를 날기에 앞서 타래의 실을 돌겻에 걸고 물레로 대롱에 감는 작업. ☞ 명주길쌈.

실다 동 슬다. 벌레나 물고기 따위가 알을 깔기어 놓다. 【실어 ▶ 슬어/시이 ▶ 스니】¶딘장에 티가 **실었다**. ▶ 된장에 구더기가 슬었다./뱁추 이퍼리에 뜨물이 **실었다**. ▶ 배추 잎사귀에 진딧물이 슬었다.

실:따 동 싣다. 【실어 ▶ 실어/실으이 ▶ 실으니】¶저임묵고 논 갈아 디밸라꼬 저 임아래 거럼(퇴비) 두 발 **실어다** 헡처 놓고 왔다. ▶ 오후에 논 갈아 뒤집으려고 오전에 거름 두 발 실어다 흩어 놓고 왔다.

실:떡 뗑 삼베길쌈을 할 때 돌겻에 올려서 광주리에다 사려놓은 실젓을 뽑기 위하여 마룻바닥에 놓고 모래나 곡식 따위로 눌러 둔 실무더기. ☞ 삼베길쌈.

실랑 뗑 신랑(新郎). ¶시집가기 전에 그리도 부끄럼을 타든 아가 즈그 **실랑** 앞에

실랑각시

서기마 하며 입이 바소구마이나 벌어진다. ▶ 시집가기 전에 그렇게도 부끄럼을 타던 애가 제 **신랑** 앞에 서기만 하면 입이 발채만큼이나 벌어진다.

실랑각시 명 신랑각시(新郞--). ¶**실랑각시** 끌안꼬 하도 좋으이, 색시가 "아이고 여보, 이래 좋은 법을 누가 맹글었는공?" 그카이, 실랑이 "옥황상제가 맨들었지렁." 카이끄네, 색시가 "아이고 옥황상제한테 가는 인편이 있으며 버선 한 커리라도 집어 보내지렁." 카드란다. ▶ 신랑각시 끌어안고 하도 좋으니, 색시가 "아이고 여보, 이렇게 좋은 법을 누가 만들었는고?" 그러니, 신랑이 "옥황상제가 만들었지." 하니까, 색시가 "아이고 옥황상제한테 가는 인편이 있으면 버선 한 켤레라도 기워 보내지." 하더란다. ※ 아침에 시동생이 지게를 지고 대문 밖으로 나서려는데, 형수가 "대룜요(도련님) 어디 가닝기용?" 하며 묻자, 시동생이 퉁명스럽게 "옥황상제한테 가는데 버선이나 이리 주송." 하더란다.

실랑다루:기 명 신랑다루기. ☞ 동상예.

실래:다 동 실리다. '실따'의 피동. 【실래 ▶ 실려/실래이 ▶ 실리니】¶제주도 훌연소에서 총 쑤는 거마 갈채 주고 우리가 **실래** 간 데는 전투가 한창 벌어지고 있는 포항 어디라. ▶ 제주도 훈련소에서 총 쏘는 것만 가르쳐 주고 우리가 실려 간 데는 전투가 한창 벌어지고 있는 포항 어디라.

실래~이 명 실랑이. 승강이. ☞ 실개이2. 싱강. 싱강이. 싱개이.

실렁실렁 부 어슬렁어슬렁. ¶해도 넘어갈라는데 더 어덥어지기 전에 **실렁실렁** 마실로 니러가 보자. ▶ 해도 넘어가려는데 더 어두워지기 전에 어슬렁어슬렁 마을로 내려가 보자.

실빵구리 명 둥글게 감은 실꾸리. ¶가날라 머리가 **실빵구리** 겉치 동구수룸하이 차마게 생갰다. ▶ 갓난애 머리가 실꾸리 같이 동그랗게 참하게 생겼다. ☞ 방구리.

실:실: 부 슬슬. ¶그마이 쉤으며 인자 **실실** 일을 시작해 보까. ▶ 그만큼 쉬었으면 이제 슬슬 일을 시작해 볼까.

실젓 명 삼베길쌈을 할 때 물레로 꼰 삼가락(삼올)을 돌곗에 걸어서 감은 실타래. 또는 상구를 마친 실젓을 다시 돌곳에 걸고 풀어 내린 것. 이렇게 하는 것을 '실젓을 내린다'라고 한다. ☞ 삼베길쌈.

실:쩍 부 슬쩍. ¶그 사람은 일을 **실쩍** 대강 하는 거 겉어도 일은 야무지게 했네. ▶ 그 사람은 일을 슬쩍 대강 하는 것 같아도 일은 야무지게 했네.

실채:다 동 스치다. 【실채 ▶ 스쳐/실채이 ▶ 스치니】 ☞ 실치다.

실치:다 동 스치다. 【실채▶ 스쳐/실치이▶ 스치니】¶풀 묵앤 주우를 입고 가래이가 실채서 말기가 섰다. ▶ 풀 먹인 바지를 입고 가랑이가 스쳐서 가래톳이 섰다. ☞ 실채다.

실:컨 부 실컷. ¶내리는 우애 댈 갑세 오늘은 실컨 마시고 노자. ▶ 내일은 어떻게 될 값에 오늘은 실컷 마시고 놀자./메띠기도 한철이라 캤는데, 절물 때 실컨 묵고 실컨 놀어라. ▶ 메뚜기도 한철이라 했는데, 젊을 때 실컷 먹고 실컷 놀아라.

실타 형 싫다. 【실버▶ 싫어/실부이▶ 싫으니/실분▶ 싫은】¶임석 실분 거는 앤 묵으머 대지마는 사람이 실분 거는 대책이 없다. ▶ 음식 싫은 것은 안 먹으면 되지만 사람이 싫은 것은 대책이 없다.

실패꾸리 명 실꾸리. '실패+실꾸리'의 준말. ¶인날 이 웅디이가 얼매나 짚었든지 맹주 실패꾸리 하나가 다 풀래 니러가고도 모지랬다 카드라. ▶ 옛날 이 웅덩이가 얼마나 깊었던지 명주 실꾸리 하나가 다 풀려 내려가고도 모자랐다 하더라.

심:1 명 셈. 계산(計算). ¶그 때 나는 죽었다 심치고 무신 고상이라도 갠대 냈다. ▶ 그 때 나는 죽었다 셈치고 무슨 고생이라도 견뎌 냈다./장사를 할라 카머 심이 발거야 댄다. ▶ 장사를 하려면 계산이 밝아야 된다. ☞ 쩜1.

심2 명 힘. ¶심이 모지래머 꾀로 하라 캤다. ▶ 힘이 모자라면 꾀로 하라 했다.

심'꼴 명 힘꼴. ¶오늘 씨름판에 이 지방아서 심꼴이나 씨는 장고리들이 다 모댔드라. ▶ 오늘 씨름판에 이 지방에서 힘꼴이나 쓰는 장골들이 다 모였더라.

심:바람 명 심부름. ¶먼데 사는 연비연사 간에꺼정 부고를 다 돌릴라 카머 심바람하는 사람 하나를 사야겠다. ▶ 먼데 사는 연비연사 간에까지 부고(訃告)를 다 돌리려면 심부름하는 사람 하나를 사야겠다.

심'보 명 우차바퀴가 걸리는 철봉(鐵棒). 가운데 새장에 붙이는 부분은 네모로 각이 져서 걸쇠로 고정되고 양쪽으로 바퀴를 끼우는 데는 둥글다. ☞ 우차.

심'보하다 동 견디다. 참다. 日 'しんぽう(辛抱)'. ¶거기서 일하기가 쫌 심이 들디라도 잘 심보하고 있어 바라. ▶ 거기서 일하기가 좀 힘이 들더라도 잘 견디고 있어 봐라.

심장이 상하다 관 속이 상하다. ¶더러분 꼬라지를 참꼬 볼라카이 심장이 상한다. ▶ 더러운 꼴을 참고 보려니 속이 상한다.

심:줄 명 힘줄. ¶그 사람은 팔띠기에 심줄이 툭 티이나온 기이 심꼴이나 씨게

심'지뽑기

생겼다. ▶ 그 사람은 팔뚝에 **힘줄**이 툭 튀어나온 것이 힘꼴이나 쓰게 생겼다.
심'지뽑기 몡 제비뽑기. ¶아무도 거기로 심바람을 앤 갈라 캐서 **심지뽑기**를 해서 걸랜 사람을 보냈다. ▶ 아무도 거기로 심부름을 안 가려 해서 **제비뽑기**를 해서 걸린 사람을 보냈다.
심통을 박다 괸 저수지 둑이나 제방을 쌓을 때 일정한 간격마다 찰흙으로 심(心)을 만들어 넣어서 단단하게 하는 것. 철근과 비슷한 역할을 한다.
심패때'리기 몡 손가락으로 팔목 때리기. ¶어제 밤에 처자들하고 **심패때리기** 화토 처서 보들보들한 홀목을 콱 잡고 시 차례나 쌔리 때래 났다이 아퍼 죽는다 카드라. ▶ 어제 밤에 처녀들하고 **팔목 때리기** 화투 쳐서 보들보들한 팔목을 콱 잡고 세 차례나 마구 때려 놓았더니 아파 죽는다 하더라. ※ 심패때리기도 몇 개의 손가락으로 몇 번 때릴 것인지를 약속하고 게임을 시작한다. 남녀가 한 자리에 모이기 어려운 시대였지만 때로는 처녀총각들이 어른들의 눈을 피해서 화투놀이 따위를 하며 어울릴 때가 있다. 내기에 진 처녀가 수줍어하며 팔목을 내밀지 못하고 머뭇거릴 때, 짓궂은 총각은 때를 놓칠세라 팔뚝을 낚아채어 은근슬쩍 어르며 겁을 주다가 팔이 벌게지도록 때린다. 그러면 처녀는 아프다고 죽는 시늉을 하지만 내심은 꼭 그렇지만은 않은 표정이다.
십생 몡 십상(十成). 알맞음. 안성맞춤. ¶양지바리고 앞이 시언하게 티인 게 미 한 자리 씰 자리로는 **십생**이다. ▶ 양지바르고 앞이 시원하게 트인 게 묘 한 자리 쓸 자리로는 **십상**이다./그렇게 깰밧어 가주고는 굴머죽기 **십생**이다. ▶ 그렇게 개을러 가지고는 굶어죽기 **알맞다**./아이고, 이 저구리 니가 입으이 **십생**이다. ▶ 아이고, 이 저고리 네가 입으니 **안성맞춤**이다.
-십시더 미 -ㅂ시다. 권유함을 나타내는 종결어미. ¶그 일은 즈그가 알아서 할 낀데, 우리는 모리는 **척합십시더**. ▶ 그 일은 저희가 알아서 할 것인데, 우리는 모르는 **척합시다**. ☞ 시더1.
십연대:한 몡 십년대한(十年大旱). 오랜 가뭄. ¶**십연대한** 가물어도 여자 거기는 앤 가문단다. ▶ **십년대한** 가물어도 여자 거기는 안 가문단다.
싱'강 몡 승강이. 실랑이. ☞ 실개이2. 실래이. 싱강이. 싱개이.
싱강~이 몡 승강이. 실랑이. ☞ 실개이2. 실래이. 싱강. 싱개이.
싱개~이 몡 승강이. 실랑이. ☞ 실개이2. 실래이. 싱강. 싱강이.
싱:거름 몡 풀이나 겨, 재, 그을음 따위에다 인분을 썩어서 썩힌 거름.
싱겁'다 혱 싱겁다. 【싱거분 ▶ 싱거운/싱거부이 ▶ 싱거우니】 ¶저 **싱거분** 사람이

처자 꼬치라도 봤나, 와 저래 시죽시죽 윗고 섰노? ▶ 저 싱거운 사람이 처녀 고추라도 보았나, 왜 저렇게 히죽히죽 웃고 섰나?

싱고'이 閈 끝끝내. 기어이. '신고(辛苦)히'의 뜻. ¶지가 잘모해 놓고도 싱고이 잘 했다고 고집을 시운다. ▶ 제가 잘못해 놓고도 끝끝내 잘했다고 고집을 세운다./하리밤 더 유하고 가시라 캐도 일이 바뿌다 카매 싱고이 가실라 칸다. ▶ 하룻밤 더 머물고 가시라 해도 일이 바쁘다며 기어이 가시려 한다.

싱기'비 名 싱겁이. ¶그 싱기비가 얼매나 곡깨이를 지기는지 모댄 사람들 마카 배창지를 고챘다. ▶ 그 싱겁이가 얼마나 익살을 떠는지 모인 사람들 모두 배창자를 곤추었다.

싱:미(食味) 名 식성(食性). ¶우리 공구들은 마카 싱미가 꼬꾸랍어서 맞추기 심이 든다. ▶ 우리 식구들은 모두 식성이 까다로워서 맞추기 힘이 든다./이 집 임석이 내 싱미에 딱 맞다. ▶ 이 집 음식이 내 식성에 딱 맞다.

싸게 閈 속히. 빨리. ¶황급하다는 기밸을 받고 하든 일손을 놓고 싸게 왔니더. ▶ 황급하다는 기별을 받고 하던 일손을 놓고 속히 왔습니다. ☞ 서떡. 쌔기. 어떡. 어여. 얼럭. 얼렁. 풋떡.

싸답다 形 재빠르다. 말이 헤프다. '싸(싸다)답다(스럽다)'의 뜻. ¶말은 더듬더듬해도 움적거리는 거는 싸답다. ▶ 말은 더듬더듬해도 움직이는 것은 재빠르다./자는 입이 싸답어서 귓속말을 해도 금방 소문이 퍼진다. ▶ 쟤는 입이 헤퍼서 귓속말을 해도 금방 소문이 퍼진다.

싸댕기다 動 쏘다니다. 【싸댕개 ▶ 쏘다녀/싸댕기이 ▶ 쏘다니】 ¶요새는 하리 죄일 지게를 지고 장태를 싸댕개도 밥갑 버리기도 어럽다. ▶ 요새는 하루 종일 지게를 지고 장터를 쏘다녀도 밥값 벌기도 어렵다./그 사람은 만날 어디로 싸댕기는지 당채 만날 수가 없다. ▶ 그 사람은 만날 어디로 쏘다니는지 도무지 만날 수가 없다.

싸래:기 名 싸라기. ¶나락 한 섬을 찍어도 반튼은 싸래기다. ▶ 벼 한 섬을 찧어도 반은 싸라기다.

싸래:기눈 名 싸라기눈. ¶아직에 싸래기눈이 오기 시작하다가 나종에는 앞이 앤 비게 함박눈이 내랬다. ▶ 아침에 싸라기눈이 오기 시작하다가 나중에는 앞이 안 보이게 함박눈이 내렸다. ☞ 쌀눈.

싸:리다 動 썰다. 자르다. 【싸러 ▶ 썰어/싸리이 ▶ 써니】 ¶무시를 싸리다가 손가락꺼정 싸러 뿌렀다. ▶ 무우를 썰다가 손가락까지 썰어 버렸다./신문지를 싸러

싸리바구'리

서 치깐에 걸어 나라. ▶ 신문지를 썰어서 측간에 걸어 놓아라. ☞ 써리다1.

싸리바구'리 몡 싸리바구니. ¶오늘 감자를 캐서 싸리바구리로 맻 바구리 들라서 쫌 살멌는데 맛이나 보소. ▶ 오늘 감자를 캐서 싸리바구니로 몇 바구니 들여서 조금 삶았는데 맛이나 보소.

싸리소구'리 몡 싸리 소쿠리. 거름을 흩거나 감자 고구마 따위를 담아 옮기는데 쓰는 소쿠리. ¶내가 괴기를 후리끼 니는 거기서 싸리소구리를 대고 있그라. ▶ 내가 물고기를 후릴게 너는 거기서 싸리 소쿠리를 대고 있어라. ※ 개울에서 물고기를 잡을 때 한 사람은 반두나 소쿠리를 대고 또 한 사람은 막대기로 바닥을 수시며 고기를 후린다(몬다).

싸'암 몡 싸움. 【싸암꾼 ▶ 싸움꾼/싸암재이 ▶ 싸움쟁이/싸암질 ▶ 싸움질】¶싸암은 말리고 홍정은 붙치라 캤다. ▶ 싸움은 말리고 홍정은 붙이라 했다./싸암을 붙처 놓고 덧짐을 지고 귀경마 하고 섰다. ▶ 싸움을 붙여 놓고 뒷짐을 지고 구경만 하고 섰다. ☞ 쌈2.

싸:암꾼 몡 싸움꾼. ☞ 쌈꾼.

싸:암재~이 몡 싸움쟁이. ¶저 싸암재이가 부랑지기매 돌어댕기머 아무도 말릴 사람이 없다. ▶ 저 싸움쟁이가 행패부리며 돌아다니면 아무도 말릴 사람이 없다. ☞ 쌈재이.

싸:암질 몡 싸움질. ☞ 쌈질.

싸:암패 몡 싸움패. ¶싸암패들이 몰래와서 뚜디러 뿌수고 떤지고 야단이 났지. ▶ 싸움패들이 몰려와서 두들겨 부수고 던지고 야단이 났지. ☞ 쌈패.

싹싹 갑 개에게 똥이나 음식을 핥게 하는 소리. ☞ 오요오요. 워리. 유가.

쌀눈: 몡 싸락눈. '싸래기눈'의 준말.

쌀무'리 몡 쌀물. 쌀을 불려서 풀돌로 간 물. ¶배가 아푸다 카머 풀돌로 쌀무리를 갈어서 묵애 바라. ▶ 배가 아프다면 풀매로 쌀물을 갈아서 먹여 보아라. ☞ 풀돌.

쌀쌀밪다 혱 냉정하다. 싸늘하다. 【쌀쌀밪어 ▶ 냉정하여/쌀쌀밪으이 ▶ 냉정하니】¶ 젙으로는 쌀쌀밪어 비도 속은 얼매나 인정이 만은데. ▶ 겉으로는 냉정하여 보여도 속은 얼마나 인정이 많은데./날씨가 쌀쌀밪으이 옷을 뜨시게 입고 댕개라. ▶ 날씨가 싸늘하니 옷을 따스하게 입고 다녀라.

쌈1 몡 땀. 바느질할 때 실을 꿴 바늘로 한 번 뜬 자국. ☞ 쌈싸미.

쌈':2 몡 싸움. '싸암'의 준말. ¶아 쌈이 어런 쌈이 댄다. ▶ 애 싸움이 어른 싸움이 된다.

쌈`:꾼 명 싸움꾼. '싸암꾼'의 준말.

쌈싸'미 부 땀땀이. 바느질을 할 때 실을 꿴 바늘로 계속해서 뜬 자국마다. ¶시집 올 때 입었든 처매저구리를 요새 꺼내 보머 우리 어매 정성이 **쌈싸미** 배었드라. ▶ 시집 올 때 입었던 치마저고리를 요사이 꺼내 보면 우리 어머니 정성이 **땀땀이** 배었더라.

쌈장 명 소등덮개. '등을 감싸는 장(張)'의 뜻. ¶밤에 춥겠다. 마구간에 마꺼불을 더 집어옇고 **쌈장**을 덮어라. ▶ 밤에 춥겠다. 외양간에 북데기를 더 집어넣고 **소등덮개**를 덮어라.

쌈`:재이 명 싸움쟁이. '싸암재이'의 준말.

쌈`지 명 쌈지. 담배나 부시 따위를 담는 주머니. 기름먹인 천이나 종이 또는 가죽 따위로 만든다. ¶주미이 돈이 **쌈지** 돈이다. ▶ 주머니 돈이 **쌈지** 돈이다.

쌈`:질 명 싸움질. '싸암질'의 준말. ¶어디로 가도 **쌈질**하고 댕기는 사람은 따리 있다. ▶ 어디로 가도 **싸움질**하고 다니는 사람은 따로 있다.

쌈`:패 명 싸움패. '싸암패'의 준말. ¶그 **쌈패**들하고 몰래댕기지 마고 집에 들안저 글이나 일거라. ▶ 그 **싸움패**들하고 몰려다니지 말고 집에 들어앉아 글이나 읽어라.

쌍가'매 명 쌍선모(雙旋毛). ¶**쌍가매**는 앤 좋다꼬 위삼촌한테 팔어 뿌린단다. ▶ **쌍선모**는 안 좋다고 외삼촌한테 팔아 버린단다./우리 집안 사람들은 **쌍가매**가 니리기다. ▶ 우리 집안 사람들은 **쌍선모**가 내림이다.

쌍그랑'길 명 쌍갈랫길. ¶여기서 한참 가다가 **쌍그랑길**이 나오는데 거기서 오른짝으로 니러가머 그 마실로 가는 질이 있더. ▶ 여기서 한참 가다가 **쌍갈랫길**이 나오는데 거기서 오른쪽으로 내려가면 그 마을로 가는 길이 있습니다.

쌍두~이 명 쌍둥이. ☞ 쌍디이.

쌍디~이 명 쌍둥이. ¶우리는 먼저 나온 **쌍디이**를 히이라 카는데, 미국 사람들은 디에 나온 아를 히이라 칸다 카드라. ▶ 우리는 먼저 나온 **쌍둥이**를 형이라 하는데, 미국 사람들은 뒤에 나온 애를 형이라 한다더라. ☞ 쌍두이.

쌍디~이밤 명 쌍둥밤. 하나의 밤톨 안에 두 쪽이 들어 있는 밤.

쌍디~이분디기 명 쌍고치. 두 마리의 누에가 들어간 고치. ☞ 동경. 무리꼬치.

쌔기 부 속히. 빨리. ¶느그 집에 무신 일이 난 모앵이드라. **쌔기** 가 바라. ▶ 네 집

쌔'리

에 무슨 일이 난 모양이더라. 속히 가 보아라. ☞ 서떡. 싸게. 어떡. 어여. 얼럭. 얼렁. 풋떡.

쌔'리 튀 마구. 정신없이. ¶숨을 쉴 여개도 없이 쌔리 때리이 사람 죽는다 카매 소리를 지리드라. ▶ 숨을 쉴 여가도 없이 마구 때리니 사람 죽는다 하며 소리를 지르더라./도둑질을 하다가 다들캐서 쌔리 도망치는데 따라갈 재주가 있어야지./도둑질을 하다가 들켜서 정신없이 도망치는데 따라갈 재주가 있어야지.

쌔'리다 동 때리다. 【쌔래▶때려/쌔리이▶때리니】¶그 화적 그튼 눔이 오머 한 대 쌔래서 쫓어 보내 뿌러라. ▶그 화적(火賊) 같은 놈이 오면 한 대 때려서 쫓아 보내 버려라.

써:리 명 써레. 모심기하기 전에 갈아 놓은 무논 바닥을 고르는 데에 쓰는 농기구. 긴 토막나무에 둥글고 끝이 뾰족한 이(齒) 6~7개를 빗살처럼 나란히 박았고, 위에는 손잡이를 가로 대었다. ☞ 날짜. 써리바꾸. 써리이. 장리. 집장. 탕개.

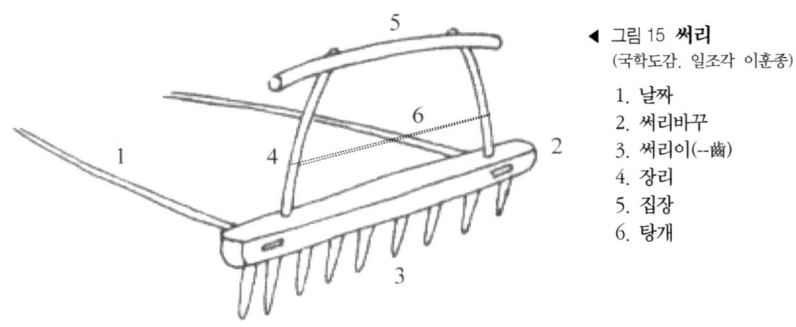

◀ 그림 15 **써리**
(국학도감. 일조각 이훈종)

1. 날짜
2. 써리바꾸
3. 써리이(--齒)
4. 장리
5. 집장
6. 탕개

써:리다1 동 썰다. 【써러▶썰어/써리이▶써니】¶한석봉이가 즈그 어마씨를 보구 접어서 십 연 공부를 다 몬 채우고 집에 오이, 어마씨가 등잔불을 탁 끄매 "니는 글을 씨고 나는 떡을 써러 보자." 카매 시개 보고는, "니는 아이 멀었다." 카매, 십 연 공부를 마자 채와서 오라꼬 내쫓어 뿌렀단다. ▶ 한석봉이 저의 어머니를 보고 싶어서 십 년 공부를 다 못 채우고 집에 오니, 어머니가 등잔불을 탁 끄며 "너는 글을 쓰고 나는 떡을 썰어 보자." 하며 시켜 보고는, "너는 아직 멀었다." 하며, 십 년 공부를 마저 채워서 오라고 내쫓아 버렸단다. ☞ 싸리다.

써:리다2 图 켜다. 엿을 다루어 희게 만들다.【써래▶켜/써리이▶켜니】¶엿을 써리다. ▶엿을 켜다./엿을 써래서 엿가락을 맨든다. ▶엿을 켜서 엿가락을 만든다.

써:리바꾸 图 써레의 몸통. ☞ 써리.

써:리비행기 图 써레비행기(--飛行機). 써레모양으로 동체가 나란히 둘인 쌍발비행기.

써:리이(--齒) 图 써레의 발. 써레의 몸통에 빗살처럼 박은 6~7개의 끝이 뾰쪽한 나무.《날. 좋이》☞ 써리.

써:리질 图 써레질. ¶써리질을 하는 거를 보이 일솜씨가 보통이 아이다. ▶써레질을 하는 것을 보니 일솜씨가 보통이 아니다.

써제'끼다 图 써대다. 마구 쓰다.【써제개▶써대/써제끼이▶써대니】¶붓을 잡고 글을 써제끼는 기이 보통 솜씨가 아이드라. ▶붓을 잡고 글을 써대는 것이 보통 솜씨가 아니더라./돈을 저래 써제끼이 뒷감당을 우째 하겠노? ▶돈을 저렇게 써대니 뒷감당을 어찌 하겠나?

썩'빼기 图 썩은 나무그루터기. 나무둥치를 자르고 난 뿌리 부분. ¶요새는 산에 가서 썩빼기 한 짐을 캘라 캐도 숩지 안트라. ▶요새는 산에 가서 썩은 그루터기 한 짐을 캐려 해도 쉽지 않더라. ☞ 까디이.

썩후:다 图 썩히다. '썩다'의 사동.【썩하▶썩혀/썩후이▶썩히니】¶디를 몬 대서 저래 아까분 머리를 촌에서 썩후고 있다. ▶뒤를 못 대서 저렇게 아까운 머리를 시골에서 썩히고 있다./내 인생 절반을 가막소서 썩하 뿌렀다. ▶내 인생 절반을 감옥에서 썩혀 버렸다./하두 속을 썩후이 심장이 상해서 집에 들오지 마라 캤다. ▶하도 속을 썩히니 심장이 상해서 집에 들어오지 마라 했다. ☞ 쎄기다.

쎄'기다 图 썩이다. 썩히다. '썩다'의 사동.【쎄개▶썩여/쎄기이▶썩이니】¶넘도 모리게 내 속을 쎄기는 거는 말도 몬한다. ▶남도 모르게 내 속을 썩이는 것은 말도 못한다./그렇게 속을 쎄기든 아가 군대에 갔다가 오디이 달러졌다. ▶그렇게 속을 썩이던 애가 군대에 갔다가 오더니 달라졌다./들어온 일꾼이 속을 하두 쎄개 사서 내쫓아 뿌렀다. ▶들어온 일꾼이 속을 하도 썩여 대서 내쫓아 버렸다./저래 사람으 속을 쎄기이 우야머 좋노? ▶저렇게 사람의 속을 썩이니 어떻게 하면 좋으나? ☞ 썩후다.

쐐:귀 图 씨아의 가락 귀. 수카락의 회전을 암카락으로 전달하는 역할을 하는 톱니바퀴처럼 물린 부분. ☞ 쐐기.

쐐:기1

쐐:기1 圐 씨아. 목화씨를 발기는 길쌈 기구. ¶쐐기하고 사우는 묵어도 앤 묵는 거 글다. ▶ 씨아하고 사위는 먹어도 안 먹는 것 같다. ※ 씨아는 목화를 많이 먹을수록 좋고, 사위는 음식을 많이 먹을수록 즐겁다는 말이다./노송은 틀고 백은 뚝뚝 떨어지고 구름은 뭉게뭉게 나가는 것은 쐐기. ▶ 노송(老松)은 틀고 벽은 뚝뚝 떨어지고 구름은 뭉게뭉게 나가는 것은 씨아. ※ 씨아로 목화를 앗을 때 가락(노송)이 돌면서 씨가 떨어지고, 하얀 솜은 구름처럼 피어 나가는 형상을 표현한 수수께끼 말. ☞ 바탕. 받침나무. 숙가락. 쐐귀. 쐐기2. 쐐기지동. 쐐기처매. 암가락. 짭주재.

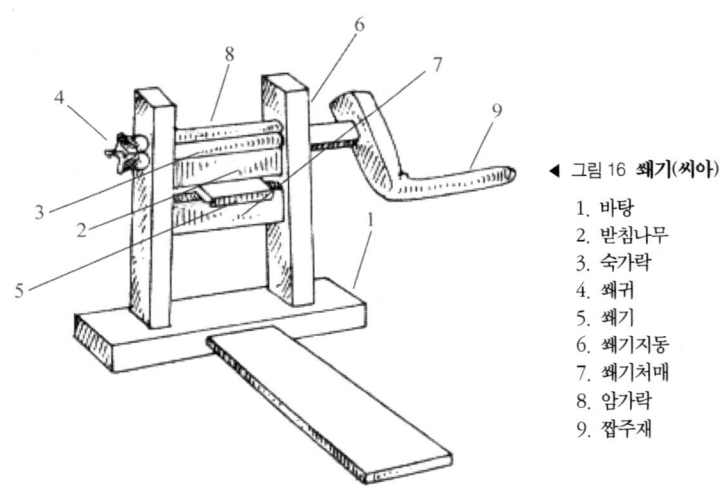

◀ 그림 16 **쐐기(씨아)**

1. 바탕
2. 받침나무
3. 숙가락
4. 쐐귀
5. 쐐기
6. 쐐기지동
7. 쐐기처매
8. 암가락
9. 짭주재

쐐:기2 圐 씨아의 쐐기. 가락과 그 받침대 사이에 박은 V자모양의 나무쐐기로, 가락의 간격을 조절한다. ☞ 쐐기.

쐐:기지동 圐 씨아의 기둥. 바탕에다 나란히 박은 두 개의 기둥. ☞ 쐐기1.

쐐:기처매 圐 씨아의 천. 가락받침대 아래로 드리운 천. 목화를 앗을 때 앞으로 떨어지는 씨와 뒤로 빠져 나가는 솜을 분리 시키는 역할을 한다. ☞ 쐐기1.

쐬:다 동 쏘이다. '쑤다2'의 피동. 【쐬 ▶ 쏘여/쐬서 ▶ 쏘여서/쐬이 ▶ 쏘이니】¶갓집 머섬은 나무하로 산에 갔다가 땡삐한테 쐬서 얼골이 짚동 글치 버었드라. ▶ 갓집 머섬은 나무하러 산에 갔다가 땅벌한데 쏘여서 얼굴이 짚 둥치처럼 부

었더라. ☞ 쑤애다. 쑤캐다.

쑤다1 图 쑤다. 끓이다. 【쏘(쑈)▶쑤어/쑤이▶쑤니】¶아직에 죽 쏘(쑈) 묵고 왔나 와 기운이 없어 비노?▶아침에 죽 쑤어 먹고 왔나 왜 기운이 없어 보이나?

쑤다2 图 쏘다. 【쏘▶쏴/쑤이▶쏘니】¶이짝저짝에서 총을 쏘 대서 고개를 치들 수 없었다.▶이쪽저쪽에서 총을 쏴 대서 고개를 쳐들 수 없었다.

쑤'리 图 소매치기. 쓰리. 旧 'すり(掏摸)'. 【쑤리꾼▶쓰리꾼】¶쑤리 당하고 소리를 지리다가 맨도칼로 얼골을 길랜 사람도 있단다.▶소매치기 당하고 소리를 지르다가 면도칼로 얼굴을 긁힌 사람도 있단다./쑤리꾼들은 겉으로 보머 신사 긑치 채래 댕긴단다.▶쓰리꾼들은 겉으로 보면 신사 같이 차려 다닌단다. ☞ 얌새이꾼.

쑤애':다 图 쏘이다. '쑤다2'의 피동. 【쑤애▶쏘여/쑤애이▶쏘이니】¶산에서 꿀을 비다가 풀쇄비한테 쑤앴다.▶산에서 꿀을 베다가 풀쐐기한테 쏘였다. ☞ 쐬다. 쑤캐다.

쑤캐':다 图 쏘이다. '쑤다2'의 피동. 【쑤캐▶쏘여/쑤캐이▶쏘이니】¶버리한테 쑤캔 데가 퉁퉁 버어 오린다.▶벌한테 쏘인 데가 퉁퉁 부어 오른다. ☞ 쐬다. 쑤애다.

쑥베 图 삼을 겉껍질 채로 째고 삼아서 짠 베. 베올과 색깔이 거칠다. ☞ 삼베 길쌈.

쑥털터리 图 쑥버무리. ¶살가리에다 쑥을 버무래서 털털 털어 뿌리고 밥에다 찐다고 해서 쑥털터리라꼬 하니더.▶쌀가루에다 쑥을 버무려서 툴툴 털어 버리고 밥에다 찐다고 해서 쑥버무리라고 합니다.

쒸:다 图 쐬다. 쏘이다. 【쒸어▶쐬어/쒸이▶쐬니】¶배껕바람을 쒸어 보고 온 사람이 머가 달라도 다리다.▶바깥바람을 쐬어 보고 온 사람이 뭐가 달라도 다르다./생소갑을 때매 영기 쫌 쒸었디이 골치가 띵하다.▶생솔가지를 때며 연기 좀 쐬었더니 골치가 띵하다./산으로 와서 말근 공기를 쒸이 이래 좋은 거로.▶산으로 와서 맑은 공기를 쐬니 이렇게 좋은 것을.

쒸'시다 图 쑤시다. 【쒸서▶쑤셔/쒸시이▶쑤시니】¶벌집을 쒸신 거 긑치 날리가 났다.▶벌집을 쑤신 것 같이 난리가 났다./꿀뚝을 쒸시다.▶굴뚝을 쑤시다./암만 쒸서 바도 인자 더 나올 꺼는 없다.▶아무리 쑤셔 봐도 이제 더 나올 것은 없다.

씨개':다1 图 쓰이다. 사용되다. 이용되다. '씨다1'의 피동. 【씨개▶쓰여/씨개

씨개¹:다2

이▶쓰이니】¶그 일을 할라카머 꼬깨이가 씨앤다.▶그 일을 하려면 곡괭이가 쓰인다./돈이 씨개서 그 자리에 몬 나가겠다.▶돈이 쓰여서 그 자리에 못 나가겠다.

씨개¹:다2 图 쓰이다. '씨다2'의 피동//사동.【씨개▶쓰여/씨개이▶쓰이니】¶모자가 작아서 머리에 씨개지 안는다.▶모자가 작아서 머리에 쓰이지 않는다.//알라 업고 나갈라카머 모자를 시개 나가그라.▶아기 업고 나가려면 모자를 쓰여 나가거라.

씨개¹:다3 图 쓰이다. '씨다3'의 피동//사동.【씨애▶쓰여/씨개이▶쓰이니】¶간판 글이 차마케 씨갰다.▶간판 글이 참하게 쓰였다./글씨를 씨개 바도 신통치 안을 끼이다.▶글씨를 쓰여 보아도 신통하지 않을 것이다. ☞ 씨애다.

씨나'락 圀 볍씨.¶구신 씨나락 까묵는 소리를 또 한다.▶귀신 볍씨 까먹는 소리를 또 한다. ※황당한 소리를 한다는 말.

씨다1 图 쓰다.【써▶써/씨이▶쓰니】¶그 물건은 인자 더는 몬 씨겠다.▶그 물건은 이제 더는 못 쓰겠다./사람을 한 키 더 씨이 일이 휴월하다.▶사람을 하나 더 쓰니 일이 수월하다./붓을 오래 씨이 글씨가 앤 댄다.▶붓을 오래 쓰니 글씨가 안 된다.

씨다2 图 쓰다.【써▶써/씨이▶쓰니】¶인날에는 부모상을 입으머 하늘 보기가 부끄럽다꼬 사깟을 씨고 댕갰다.▶옛날에는 부모상을 입으면 하늘 보기가 부끄럽다고 삿갓을 쓰고 다녔다./타작할 때는 수건을 씨고 일해라.▶타작할 때는 수건을 쓰고 일해라./이 모자를 써 보머 니 머리에 맞을 끼이다.▶이 모자를 써 보면 네 머리에 맞을 것이다./모자를 씨이 따시게 빈다.▶모자를 쓰니 따스하게 보인다.

씨다3 图 쓰다.【써▶써/씨이▶쓰니】¶지 성명 삼 자도 몬 씨는 전 무식꾼이다.▶제 성명(姓名) 삼 자도 못 쓰는 전 무식쟁이다./글을 씨는 거를 쪼매 더 배와야겠다.▶글을 쓰는 것을 좀 더 배워야겠다.

씨다듬'다 图 쓰다듬다.【씨다듬어▶쓰다듬어/씨다듬으이▶쓰다듬으니】¶태가리에 터래기 맻 개 난 그거도 쇠미라꼬 씨다듬으매 점잔을 빼고 있다.▶턱에 털 몇 개 난 그것도 수염이라고 쓰다듬으며 점잔을 빼고 있다.

씨돌뱅~이 圀 누에씨(蠶種) 종이의 뒷면에 분량을 나타내는 금. 잠종 1장이 28등분으로 되어있다. ☞ 명주길쌈. 누베씨. 누베장. 돌뱅이.

씨래 圀 쓸개.¶오나라 잉굼 부차가 구천에게 웬수를 가풀라꼬 등거리 우에서 잠을 자고, 쌈에 진 구천이 다부 웬수를 갚을 끼이라꼬 씨래를 핥트매 맹새했다카는 거를 와신상담이라 카는 기이라. ▶ 오나라 임금 부차(夫差)가 구천에게 원수를 갚으려고 장작 위에서 잠을 자고, 싸움에 진 구천(句踐)이 도로 원수를 갚을 것이라고 쓸개를 핥으며 맹서했다하는 것을 와신상담(臥薪嘗膽)이라 하는 것이라. ☞ 씰개.

씨래:기 몡 쓰레기. ¶마당아서 나온 씨래기는 씰어 모다서 아구리에 불 때 뿌러라. ▶ 마당에서 나온 쓰레기는 쓸어 모아서 아궁이에 불 때 버려라.

씨발 깝 씹할. 욕으로 하는 말. ¶씨발 꺼, 내사 모리겠다. ▶ 씹할 것, 내야 모르겠다./씨발 눔, 지랄한다. ▶ 씹할 놈, 지랄한다./씨발 연, 가래이를 째 뿌릴라. ▶ 씹할 년, 가랑이를 째 버릴라./씨발 눔, 내 손에 죽어 볼래? ▶ 씹할 놈, 내 손에 죽어 볼래?/지기미 씨발, 와 이래 재수가 없노? ▶ 제미 씹할, 왜 이래 재수가 없나? ※욕설은 언어로 행하는 폭력이지만 언어학적으로 보면 방언 중에 방언이라 할 수 있다. 기분이 나쁠 때 뿐 아니라 희열(喜悅)의 절정에서도 뱉어 내는 것이 욕설이다. 욕설은 희로애락(喜怒哀樂)의 감정 중에 주로 노(怒)의 표현수단으로 상대방의 자존심에 상처를 주는 것이 목적이기 때문에 함부로 쓸 것이 못되지만, 뱉어 버리면 체한 것을 토해낸 것처럼 시원한 기분을 맛 볼 수 있어 긍정적인 면도 없지 않다. 욕설에 인용되는 말은 주로 사람이나 짐승의 성행위, 상대의 부모에 대한 모욕, 악질(惡疾)이나 기타 신체적 결함, 소나 개 쥐 따위 동물의 특성이나 그 행위에 비유하여 하는 말이 대부분이다. ☞ 씨부랄.

씨부랄 깝 씹할. 욕으로 하는 말. ¶알라 놓는 기이 얼매나 심이 들었으며 지도 모리게 즈그 남팬 그거를 휘잡고 "아이고 씨부랄, 와 이래 날 죽게 맨들어노!" 카매 고래고래 소리를 질러 놓고도, 놓고 나서는 언제 그랬등강 시푸게 "이넉히 일하고 딘데 집에서 쉬지, 말라꼬 여기꺼정 왔닌기요?" 카매 다부 남편을 챙긴단다. ▶ 아기 낳는 것이 얼마나 힘이 들었으면 저도 모르게 저의 남편 그것을 휘어잡고 "아이고 씹할, 왜 이렇게 날 죽게 만들었나!" 하며 고래고래 소리를 질러 놓고도, 낳고 나서는 언제 그랬던가 싶게 "이넉 일하고 된데 집에서 쉬지, 무엇 하러 여기까지 왔는가요?" 하며 도리어 남편을 챙긴단다. ☞ 씨발.

씨아리:다 혱 쓰라리다. 【씨아래 ▶ 쓰려러/씨아리이 ▶ 쓰라리니】 ¶차물을 마셨디이 이가 씨아린다. ▶ 찬물을 마셨더니 이가 쓰라린다./자석이 저래 고상하는 거를 보머 마음이 씨아래서 몬 보겠다. ▶ 자식이 저렇게 고생하는 것을 보면

씨애:다

　　마음이 쓰라려서 못 보겠다.
씨애:다 동 쓰이다. '씨다3'의 사동. 【씨애▶쓰여/씨애이▶쓰이니】¶글씨를 씨애 보이 공부는 마이 한 사람 겉다. ▶ 글씨를 쓰여 보니 공부는 많이 한 사람 같다. ☞ 씨개다3.
씨'우다 동 씌우다. '씨다2'의 사동. 【씨와▶씌워/씨우이▶씌우니】¶알라가 춥다. 모자를 씨와서 나가그라. ▶ 아기가 춥다. 모자를 씌워서 나가거라./비가 올라카는데, 나락 빼까리를 머로 씨와야겠다. ▶ 비가 오려하는데, 볏가리를 뭐로 씌워야겠다./그 친구한테 술갑을 씨와 뿌리고 나왔다. ▶ 그 친구한테 술값을 씌워 버리고 나왔다.
씨이:다1 동 쓰이다. 필요하다. '씨다1'의 피동. 【씨애▶쓰여/씨이이▶쓰이니/씨일▶쓰일】¶가마 있을라 카이 신갱이 씨애서 앤 대겠다. ▶ 가만히 있으려니 신경이 쓰여서 안 되겠다./사람이나 물건이나 생긴 기이 달라도 지즘 지대로 씨일 데가 따리 있다. ▶ 사람이나 물건이나 생긴 것이 달라도 제 나름대로 쓰일 데가 따로 있다.
씨이:다2 동 쓰이다. 물이나 술 따위가 먹고 싶어지다. ¶임석을 짭게 묵었디이 물이 짜꼬 씨인다. ▶ 음식을 짜게 먹었더니 물이 자꾸 쓰인다.
씩개:다 동 씻기다. '씩다'의 피동//사동. 【씩개▶씻겨/씩개이▶씻기니】¶마당아 널어논 기이 비에 다 씩개 니러갔다. ▶ 마당에 널어놓은 것이 비에 다 씻겨 내려갔다.//알라 몸을 마뜩게 씩개 조라. ▶ 아기 몸을 깨끗하게 씻겨 주어라. ☞ 씩기다.
씩겁 명 혼겁(魂怯). 기겁(氣怯). ☞ 생씩겁.
씩겁묵'다 동 혼나다. 질겁하다. 기겁하다. 【씩겁묵어▶혼나/씩겁묵으이▶혼나니】¶어제 목간하다가 웅디이에 빠져서 씩겁묵었다. ▶ 어제 목간하다가 웅덩이에 빠져서 혼났다./니도 한분 씩겁묵어 바야 내가 얼매나 심들었능강 안다. ▶ 너도 한번 혼나 보아야 내가 얼마나 힘들었는지 안다./한번 씩겁묵고는 다시는 여기 앤 나타난다. ▶ 한번 혼나고는 다시는 여기 안 나타난다. ☞ 씩겁하다.
씩겁주다 동 혼내다. 【씩겁조▶혼내/씩겁주이▶혼내니】¶그 인간은 그양 나두지 마고 한분 씩겁조라. ▶ 그 인간은 그냥 놔두지 말고 한번 혼내라.
씩겁하다 동 혼나다. 기겁하다. 질겁하다. 【씩겁해▶혼나/씩겁하이▶혼나니】¶그 호래이 영감재이한테 걸래서 씩겁했다. ▶ 그 호랑이 영감쟁이한테 결려서 혼났다./이거 사람 씩겁하겠네. ▶ 이것 사람 기겁하겠네. ☞ 씩겁묵다.

씩기:다 [동] 씻기다. '씩다'의 피동//사동. 【씩개 ▸ 씻겨/씩기이 ▸ 씻기니】 ¶그 한 마디 말에 찌부둥한 맴이 다 **씩개** 나갔다. ▸ 그 한 마디 말에 찌뿌드드한 마음이 다 **씻겨** 나갔다.//아를 **씩개** 놓이 인자 사람으 새끼 긑치 빈다. ▸ 애를 **씻겨** 놓으니 이제 사람의 새끼 같이 보인다. ☞ 씩개다.

씩다 [동] 씻다. 【씩거 ▸ 씻어/씩그이 ▸ 씻으니/씩글 ▸ 씻을】 ¶낯 **씩고** 밥 묵어라. ▸ 얼굴 **씻고**(세수하고) 밥 먹어라./더럽어진 거를 **씩거** 내고 잘 말라라. ▸ 더러워진 것을 **씻어** 내고 잘 말려라./그 많은 세답을 다 **씩그이** 저넉답이 다 댔다. ▸ 그 많은 빨래를 다 **씻으니** 저녁때가 다 되었다. ※일반적으로 세수를 하는 것을 '낯을 씩는다'고 하고 세숫물은 '낯 씩글 물'이라고 한다.

씬내~이 [명] 씀바귀. '씹은(쓴) 냉이'의 뜻. ¶봄에 **씬내이**를 대처서 초집에 문처 노머 그기이 입맛을 도꾼다. ▸ 봄에 **씀바귀**를 데쳐서 초고추장에 무쳐 놓으면 그것이 입맛을 돋운다.

씰개 [명] 쓸개. '빠지다' 또는 '없다'와 함께 쓰여, '줏대가 없다'는 뜻이 됨. ¶**씰개** 빠진 눔 긑치 이짝저짝으로 왔다 갔다 하지 마고 줏대 있게 놀어라. ▸ **쓸개** 빠진 놈 같이 이쪽저쪽으로 왔다 갔다 하지 말고 줏대 있게 놀아라. ☞ 씨래.

씰다 [동] 쓸다. 【씰어 ▸ 쓸어/씨이 ▸ 쓰니】 ¶너무 **씰고** 딲으머 복이 나간단다. 마 대강 해 나라. ▸ 너무 **쓸고** 닦으면 복이 나간단다. 그만 대강 해 놓아라.

씰데없다 [형] 쓸데없다. 【씰데없어 ▸ 쓸데없어/씰데없으이 ▸ 쓸데없으니/씰데없고 ▸ 쓸데없고】 ¶**씰데없는** 소리 하지 마고 저리 비깨라. ▸ **쓸데없는** 소리 하지 말고 저리 비켜라./암작에도 **씰데없는** 이런 거를 말라꼬 조 왔노? ▸ 아무짝에도 **쓸데없는** 이런 것을 뭣 하러 주워 왔나?

씰'따1 [동] 쓿다. 【씰거 ▸ 쓿어/씰그이 ▸ 쓿으니】 ¶아시 보리 찍어서 말라 논 거를 채이로 까부러서 **씰거라**. ▸ 초벌 보리 찧어서 말려 놓은 것을 키로 까불어서 **쓿어라**. ※보리는 처음 물로 축여서 찧고, 말려 까불러서 쓿고, 마지막으로 대껴서 까부른다. 이때 나오는 고운 등겨가 '당가리'이다.

씰'따2 [동] 쓸다. 줄 따위로 문지르다. 【씰거 ▸ 쓸어/씰그이 ▸ 쓰니】 ¶내리 산판에 가는데 줄을 찾어서 거두 날을 **씰거** 나라. ▸ 내일 산판(山坂)에 가는데 줄을 찾아서 거도(톱) 날을 **쓸어** 놓아라.

씰모 [명] 쓸모. 쓸데. ¶다 내뿌리지 마고 **씰모** 있는 거는 갈래 나라. ▸ 다 내버리지 말고 **쓸모** 있는 것은 가려 놓아라.

씹구무: [명] 씹구멍. '음문(陰門)'의 속된말. ¶호양연으 **씹구무** 긑치 눈에 물이 마

씹다

릴 날이 없다. ▶ 화냥년의 **씹구멍** 같이 눈에 물이 마를 날이 없다. ※울기를 잘 하는 사람을 비유하여 하는 말.

씹다 형 쓰다(苦味). ¶조은 약이 입에 씹고 조은 말은 귀에 따겁다. ▶ 좋은 약이 입에 쓰고 좋은 말은 귀에 따갑다.

씹씰:하다 형 씁쓸하다. 약간 쓰다. ¶씹씰한 기이 밸맛이 앤 난다. ▶ 씁쓸한 것이 별맛이 안 난다./그 사람을 만나고 돌어서고 나이 기분이 **씹씰하다**. ▶ 그 사람을 만나고 돌아서고 나니 기분이 **씁쓸**하다.

씹해:다 동 씹히다. '씹다'의 피동. 【씹해 ▶ 씹혀/씨해이 ▶ 씹히니】¶밥에 돌이 씹해서 몬 묵겠드라. ▶ 밥에 돌이 씹혀서 먹지 못하겠더라.

아(兒)¹ 몡 애. 아이. ¶그 아가 와 그라노? ▶ 그 애가 왜 그러나?/느그 아 쫌 갈채 보내라. ▶ 너희 애 좀 가르쳐 보내라./우리 아가 오머 같이 가자. ▶ 우리 애가 오면 같이 가자./아 이미가 집에서 머를 하노? ▶ 애 어미가 집에서 뭘 하나?

아² 뛰 안. 아니. '아이²'의 준말. ¶죽어도 아 한다. ▶ 죽어도 안 한다./아 하머 고마 나도라. ▶ 안 하면 그만 놓아둬라. ☞ 아이². 애. 앤.

아~³ 깜 응. 오냐. ¶아 그래, 그거 좋지. ▶ 응 그래, 그것 좋지./아, 인자 알었다. ▶ 오냐, 이제 알았다.

아⁴ 조 에. ¶강아 가서 괴기를 잡어 왔다. ▶ 강에 가서 고기를 잡아 왔다./방아 들어가서 글이나 일거라. ▶ 방(房)에 들어가서 글이나 읽어라./이 반찬을 밥상아 나라. ▶ 이 반찬을 밥상(-床)에 놓아라./서당아 갔다가 시방 왔다. ▶ 서당에 갔다가 지금 왔다./시상아 이게 무신 빈고고? ▶ 세상에 이게 무슨 변고(變故)인가?/죽어서 천당아 갔다. ▶ 죽어서 천당에 갔다.

아개 몡 누나. 손위 누이를 어릴 때는 '아개'로, 청소년이면 '누부'로, 성인이면 '누님'으로 이른다. ¶아개야, 어디 가노? ▶ 누나야, 어디 가나?/우리 아개가 제리 좋다. ▶ 우리 누나가 제일 좋다.

아구래~이 몡 아궁이. 아가리. '입'의 속된말. ¶아구래이에 굼불을 좀 때라. ▶ 아궁이에 군불을 좀 때어라./시끄럽다, 아구래이 닫어라. ▶ 시끄럽다, 아가리 닫아라. ☞ 불아구리. 아구리.

아구'리 몡 아궁이. 아가리. '입'의 속된말. ¶정지 아구리 닫어라. 방 식는다. ▶ 부엌 아궁이 닫아라. 방 식는다. ☞ 불아구리. 아구래이.

아까시나무 몡 아카시아. ¶인날에 사방도 하고 땔나무도 한다 카매 숭가 논 아까시나무가 요새는 암작에도 씰 데가 없는 나무가 대 뿌렀다. ▶ 옛날에 사방(砂防)도 하고 땔나무도 한다며 심어 놓은 아카시아가 요새는 아무짝에도 쓸 데가 없는 나무가 되어 버렸다.

아까:재

아까:재 閉 아까. ¶아까재 내가 말한 거를 이자뿌리지 마고 손질해 나라. ▶ 아까 내가 말한 것을 잊어버리지 말고 손질해 놓아라. ☞ 아까정에. 아께.

아까정에 閉 아까. '아까에'의 뜻. ☞ 아까재. 아께.

아깝'다 혱 아깝다. 【아깝어 ▶ 아까워/아깝분 ▶ 아까운/아깝으이 ▶ 아까우니】 ¶이 골에서는 아깝분 사람인데 벌써로 가 뿌렀다. ▶ 이 고을에서는 아까운 사람인데 벌써 가 버렸다.

아께: 閉 조금 전. '아까에'의 뜻. ☞아까재. 아까정에.

아꾸래~이 몡 갈퀴. 여물이나 부스러기 따위를 긁어모을 때 사용하는 'ㄱ'자모양으로 꼬부라진 연장. '∧'자모양의 사병계급장의 속된말. ☞ 까꾸래이. 야마가다.

아나 囼 아나. 하게할 자리에 무엇을 주거나 보게 할 때 주의를 환기 시키는 말. ¶ 아나, 이거나 묵고 떨어저라. ▶ 아나, 이것이나 먹고 떨어져라./아나 바라, 요거 몰랬지? ▶ 아나 보아라, 요것 몰랐지?

아:다 동 알다. 【알어 ▶ 알아/아이 ▶ 아니/알세 ▶ 알걸세(알겠네)】 ¶자네가 알어서 해보시게. ▶ 자네가 알아서 해보시게./그 일은 내가 아이 걱정하지 말게. ▶ 그 일은 내가 아니 걱정하지 말게./거기 가서 자네 눈으로 보머 알세. ▶ 거기 가서 자네 눈으로 보면 알걸세./인자사 자네 하는 말이 먼 말인강 알세. ▶ 이제야 자네 하는 말이 무슨 말인지 알겠네.

아다라시이 몡 신품(新品). '숫처녀'의 속된말. 日 '新しい'. ☞ 신삐이.

아다'리하다 판 걸리다. 체하다. 日 '當たり'+'하다'. ¶복권을 사서 일등 아다리 했다. ▶ 복권을 사서 일등 걸렸다./저녁 묵은 기이 아다리했다. ▶ 저녁 먹은 것이 체했다.

아들내'미 몡 '아들'을 예쁘게 이르는 말. ¶새말 띠기 아들내미는 담 달에 장개든다 카드라. ▶ 새마을 댁 아들은 다음 달에 장가든다 하더라./아들내미를 앞세우고 어디로 가닌기요?. ▶ 아들을 앞세우고 어디로 가는가요?

아:따 차말로 판 아따 참말로. 아따 정말로. 안타까워하거나 놀라워할 때 쓰는 말. ¶아따 차말로, 그마이 말해도 몬 알어듣겠나? ▶ 아따 참말로, 그만큼 말해도 못 알아듣겠나?/아따 차말로, 그거도 몬하맨서 밥 묵을라 카나? ▶ 아따 참말로, 그것도 못하면서 밥 먹으려 하나? ☞ 차말로.

아:래 몡 그저께. '어제의 아랫날'이라는 뜻. ¶아래 처가아 갔다 카디이 느그 오감사도 아래우로 화통하드나? ▶ 그저께 처가에 갔다더니 너의 마누라도 아래위로 화통하더냐? ※ 하게할 자리에 '편안하더냐' 하는 안부 말을 농담조로 하는

아무'리다

말.

아래:다 〔형〕 아리다. 【아래▶아려/아래이▶아리니】 ¶꾀양을 삭후머 달달하맨서도 약간 아래는 맛이 난다. ▶ 고욤을 삭히면 달짝지근하면서도 약간 아리는 맛이 난다./감자 맛이 아랠 때는 꼬치장아 찍어 묵어 보머 갠찮다. ▶ 감자 맛이 아릴 때는 고추장에 찍어 먹어 보면 괜찮다. ☞ 애리다2.

아래뚜'리 〔명〕 아랫도리. ¶얼매나 걸었든지 아래뚜리가 후청후청한다. ▶ 얼마나 걸었던지 아랫도리가 휘청휘청한다.

아:래뿐 〔명〕 그저께. 저번. ¶아래뿐에는 자네가 돈을 썼으이 오늘 저임갑은 내가 내겠네. ▶ 그저께는 자네가 돈을 썼으니 오늘 점심값은 내가 내겠네.

아:래아:래 〔명〕 엊그저께. ¶아래아래 영천장아서 만났든 사람을 오늘 갱주장아서 또 만났네. ▶ 엊그저께 영천장에서 만났던 사람을 오늘 경주장에서 또 만났네. ☞ 어제아래.

아랫가'리 〔명〕 남자바지의 아래가랑이. 《가랭이. 가래이끝》 ☞ 주우.

아리눈썹' 〔명〕 아랫눈썹. ¶웃눈썹에 나는 종기를 다래끼라 카고 아리눈썹에 나는 거를 갱상도 말로 대지비라 칸다. ▶ 윗눈썹에 나는 종기를 다래끼라 하고 아랫눈썹에 나는 것을 경상도 말로 대지비라 한다.

아릿'대 〔명〕 아랫대(--代). 후대(後代). ¶그 어런으 아릿대로 백여 가호가 댄다. ▶ 그 어른의 아랫대로 일백여(一百餘)여 가호(家戶)가 된다.

아:매도 〔부〕 아마도. ¶아매도 이분 일은 가망이 없어 빈다. ▶ 아마도 이번 일은 가망이 없어 보인다.

아무:다 〔동〕 아물다. 여미다. '아무리다'의 준말. 【아마▶아물어(여며)/아무이▶아무니(여미니)】 ¶입을 아무다. ▶ 입을 아물다./옷섶을 아마라. ▶ 옷섶을 여며라./상처가 본대 대로 아무이 천행이다. ▶ 상처가 원래 대로 아무니 다행이다.

아무따'나 〔부〕 아무렇게나. 함부로. ¶그 사람은 겉은 아무따나 생개 비도 속은 비단절 같이 곱다. ▶ 그 사람은 겉은 아무렇거나 생겨 보여도 속은 비단결 같이 곱다./내 꺼 댈 꺼도 아인데 그깐 꺼, 아무따나 해 놓고 가자. ▶ 내 것 될 것도 아닌데 그까짓 것, 아무렇거나 해 놓고 가자./아무따나 생각하지 마고 잘 생각해 보고 일을 시작해야 한다. ▶ 함부로 생각하지 말고 잘 생각해 보고 일을 시작해야 한다.

아무'리다 〔동〕 아물다. 여미다. 열려지거나 흩어진 상태를 수습하다. 【아무러▶아물어/아무리이▶아무니】 ☞ 아무다.

아:무치도 안타

아:무치도 안타 판 아무렇지도 않다. ¶니가 암만 그캐도 나는 아무치도 안타. ▶ 네가 아무리 그래도 나는 아무렇지도 않다./어제는 그마이 도분을 내디이 오늘은 아무치도 안케 빈다. ▶ 어제는 그만큼 화를 내더니 오늘은 아무렇지도 않게 보인다.

아'바씨 명 아버지. 남의 아버지를 높여서 이르는 말. 비슷한 말의 품격 순위는, 아바임=아범1〉아바씨〉아부지〉아배〉아범2〉아바이=애비=아비.

아'바이 명 애비. '아부지'의 낮춤말. 비슷한 말의 품격 순위는, 아바임=아범1〉아바씨〉아부지〉아배〉아범2〉아바이=애비=아비.

아바:임 명 아버님. '아부지'의 높임말. 비슷한 말의 품격 순위는, 아바임=아범1〉아바씨〉아부지〉아배〉아범2〉아바이=애비=아비.

아방신'아 판 심통(샘통)이야. 바보야. 하지 말아야 할 일을 해서 실패한 것을 보고, '이 바보야' 또는 '그것 보라니까' 따위의 뜻으로 핀잔을 줄 때 이르는 말. '이 병신아'의 뜻. ¶아방신아, 그거 보라이까. ▶ 심통이야, 그것 보라니까./아이고 아방신아, 잘 했다 잘했어. ▶ 아이고 바보야, 잘 했다 잘했어.

아'배 명 '아버지'의 교양이 없는 말. 유아들이나 천민들 사이에서 쓰임. 비슷한 말의 품격 순위는, 아바임=아범1〉아바씨〉아부지〉아배〉아범2〉아바이=애비=아비. ¶아배요, 밥 묵으소. ▶ 아버지, 밥 먹어요./아배, 오늘 어디 가요? ▶ 아버지, 오늘 어디 가요?

아'범1 명 '아버님'의 준말. '아부지'의 높임말. 며느리가 시아버지를 이르는 말르 '아범2'와 어감이 다르다. 비슷한 말의 품격 순위는, 아바임=아범1〉아바씨〉아부지〉아배〉아범2〉아바이=애비=아비. ¶아범, 팬이 주무섰는기요? ▶ 아버님, 편히 주무셨습니까?/아범요, 밥상 들랐니다. ▶ 아버님, 밥상 들렸습니다./아범, 팬이 댕개오시이소. ▶ 아버님, 편히 다녀오십시오./아범, 인자 댕개오시닌기요? ▶ 아버님, 이제 다녀오십니까?/아범, 팬이 주무시이소. ▶ 아버님, 편히 주무십시오.

아범:2 명 아범. '아부지'의 낮춤말. 부모가 자녀가 있는 아들을, 부인이 남편을 이르는 말. 비슷한 말의 품격 순위는, 아바임=아범1〉아바씨〉아부지〉아배〉아범2〉아바이=애비=아비.

아부'지 명 아버지. 비슷한 말의 품격 순위는, 아바임=아범1〉아바씨〉아부지〉아배〉아범2〉아바이=애비=아비.

아'비 명 아비. '아부지'의 낮춤말. 비슷한 말의 품격 순위는, 아바임=아범1〉아바씨〉아부지〉아배〉아범2〉아바이=애비=아비.

아사리하다 형 솔직(率直)하다. 담백(淡白)하다. 田 'あっさり'+'하다'. ¶이런 말 저런 말을 하지 마고 아사리하게 깨 뿌러라. ▶ 이런 말 저런 말을 하지 말고 솔직하게 깨 버려라./일분 사람들은 성질이 아사리하다. ▶ 일본 사람들은 성질이 담백하다./임석 맞이 아사리하다. ▶ 음식 맛이 담백하다.

아숩다 형 아쉽다. 【아숩어▶아쉬워/아숩으이▶아쉬우니】 ¶곁에 있을 때는 구찮코 했는데 막상 없으며 아숩다. ▶ 곁에 있을 때는 귀찮고 했는데 막상 없으면 아쉽다./머시 아숩어서 거기 가서 꿉신거리겠노?. ▶ 무엇이 아쉬워서 거기 가서 굽신거리겠나?

아시 명 애벌. 초벌. 같은 일을 거듭하여야 할 일에서 처음 하는 일의 차례. 일부 명사 앞에 붙어 '처음', '첫', '초(初)', '예(豫)' 따위의 뜻을 나타냄. ¶아시 빨래해서 재물에 살머야 때가 빠진다. ▶ 애벌 빨래해서 잿물에 삶아야 때가 빠진다./보리바아 아시로 찍을 때는 물을 뿌린다. ▶ 보리방아 초벌로 찧을 때는 물을 뿌린다./우리는 어제 아시 논매기를 시작했다. ▶ 우리는 어제 초벌 논매기를 시작했다. ☞ 아이4.

아시논매기 명 초벌논매기. 애벌논매기. ☞ 어영차 에헤오, 어영차 헤헤여, 니는 죽어서 꽃이대고, 어영차 헤헤여, 나는죽어서 나비댄다, 어영차 헤헤여, 간다간다 나는간다, 어영차 헤헤여, 니를두고 나는간다, 어영차 헤헤여, 일본동경이 얼매나멀어, 어영차 헤헤여, 꽃겉은 나를두고 당신만가나, 어영차 헤헤여, 임아임아 우리임아, 어영차 헤헤여, 언제다시 올란기요, 어영차 헤헤여. 〈선후창으로 부르는 아시논매기 소리〉. 아이논매기. 초불논매기.

아ː애미 명 애 어미. 부모가 아이 있는 며느리나 딸을 이르는 말. ☞ 아이미.

아ː애비 명 애 아비. 부모가 아이가 있는 아들을 이르는 말.

아연타 형 측은하다. 애처롭다. 애련(哀憐)하다. 표준말에서 '아연(啞然)하다'는 말과 다른 말임. ¶할마이가 살았을 때는 기세가 등등하든 영감재이가 할마이가 죽고 나이 아연케 비네. ▶ 할머니가 살았을 때는 기세가 등등하던 영감쟁이가 할머니가 죽고 나니 측은하게 보이네.

아웅거리다 동 아옹거리다. ¶쥐꼬랑지마한 거 가주고 서리 아웅거리는 거를 보머 쉬견 앤 든 얼라들 겉다. ▶ 쥐꼬리만한 것 가지고 서로 아옹거리는 것을 보면 소견 안 든 아기들 같다.

아ː이1 부 아직. 여태. ¶아이 여기서 앤 가고 있나? ▶ 아직 여기서 안 가고 있나?/아이 그라고 있나? ▶ 아직 그러고 있나?/장개갈 때가 아이 멀었다. ▶ 장가갈 때

아:이2

가 아직 멀었다. ☞ 아이따나.
아:이2 튀 아니. 부정하는 말. ¶아이 밥을 아이 묵었다. ▶ 아직 밥을 아니 먹었다./그기이 아이고 저기이 맞다. ▶ 그것이 아니고 저것이 맞다. ☞ 아2. 애. 앤.
아:이3 캅 아니. 묻는 말에 부정하거나 뜻밖이라는 뜻으로 쓰이는 말. ¶아이, 그기 아이라 내 말을 잠시 들어 보게. ▶ 아니, 그것이 아니라 내 말을 잠시 들어보게./아이, 이 사람이 와 이 지갱이 댔노? ▶ 아니, 이 사람이 왜 이 지경이 되었나?/아이, 자네가 대단한 일을 했네. ▶ 아니, 자네가 대단한 일을 했네. ☞ 어대2. 어디. 어어. 언재. 언지.
아이4 명 애벌. 초벌. 같은 일을 거듭하여야 할 일에서 처음 하는 일의 차례. 일부 동사 앞에 붙어 '처음', '첫', '초(初)', '예(豫)' 따위의 뜻을 나타냄. ☞ 아시.
아:이고야꼬 캅 아이고 어쩌나. 아이고머니. 어머나. '아이고 우야꼬'의 준말. 뜻밖의 상황을 만났을 때 나오는 소리. ¶아이고야꼬, 이 일을 우짜머 좋채! ▶ 아이고 어쩌나, 이 일을 어쩌면 좋지!/아이고야꼬, 사다가 보이 이런 홍재도 있네. ▶ 어머나, 살다가 보니 이런 횡재도 있네! ☞ 아이고야꼬라.
아:이고야꼬라 캅 아이고 어쩌나. 아이고머니. 어머나. '아이고 우야꼬'의 준말. 뜻밖의 상황을 만났을 때 나오는 소리. ¶아이고야꼬라, 얄궂은 일도 다 보겠네! ▶ 아이고머니, 얄궂은 일도 다 보겠네!/아이고 야꼬라, 밸일도 다 보겠네! ▶ 어머나, 별일도 다 보겠네! ☞ 아이고야꼬.
아:이과야 캅 '아야'의 센말. '아이고 아야'의 준말. 갑자기 아픔을 느꼈을 때 나오는 소리. ¶아이과야, 이 사나가 사람 쥑이네! 누구 없넌기요? ▶ 아이고 아야, 이 사내가 사람 죽이네! 누구 없어요? ※사내에게 폭행을 다하면서 구원을 요청하는 말.
아이논매기 명 초벌논매기. 애벌논매기. ☞아시논매기. 초불논매기.
아이다 형 아니다. 【아인 ▶ 아닌/아이머 ▶ 아니면/아이이 ▶ 아니니】 ¶야야, 그기이 아이고 이기이다. ▶ 얘야, 그것이 아니고 이것이다./내 꺼이 아인 바에사 신갱을 씰 끼이 없다. ▶ 내 것이 아닌 바에야 신경을 쓸 것이 없다./죽기 아이머 살기지, 해볼라 카머 해바라 캐라. ▶ 죽기 아니면 살기지, 해보려면 해보아라 해라./나는 아이이 다린데 가 바라. ▶ 나는 아니니 다른데 가 봐라.
아'이따나 튀 아직. ¶울아는 아이따나 어래서 시집갈 때가 아이니더. ▶ 우리 애는 아직 어려서 시집갈 때가 아니어요./아이따나 거기서 꾸물대고 있나? ▶ 아직 거기서 꾸물대고 있나? ☞ 아이1.

아':이미 명 애 어미. ☞ 아애미.
아인 기이 아이라 관 정말이지. 바로 말하자면. '아닌 것이 아니라'의 뜻으로, 스스로의 말을 강조할때 쓰는 말. ¶아인 기이 아이라, 내가 나서머 그간 일이사 대분에 해갤할 수가 있다. ▶ 정말이지, 내가 나서면 그까짓 일이야 대번에 해결할 수가 있다./아인 기이 아이라, 절물 때 씨름판에 나가머 나를 당할 사람이 없었니라. ▶ 바로 말하자면, 젊을 때 씨름판에 나가면 나를 당할 사람이 없었느니라. ☞ 말이사 말이지.

아자바'임 명 아주버님. '아재'의 높임말. 친인척 중에 남편과 같은 항렬의 성인 또는 성인이 된 시동생(도련님)을 이르는 말. 비슷한 말의 품격 순위는, 아자바임=아줌=아주범〉아자씨〉아재〉아재비.

아자'씨 명 아저씨. '아재'의 높임말. 비슷한 말의 품격 순위는, 아자바임=아줌=아주범〉아자씨〉아재〉아재비.

아'재 명 아재. 아저씨. 비슷한 말의 품격 순위는, 아자바임〉아주움〉아주범〉아자씨〉아재〉아재비.

아재'비 명 아재비. '아재'의 낮춤말. 비슷한 말의 품격 순위는, 아자바임=아줌=아주범〉아자씨〉아재〉아재비. ¶몬난 아재비 조카 장짐 저 준다 캤다. ▶ 못난 아재비 조카 장짐(場-) 져 준다 했다./니 아재비 보고 내가 쫌 만나자 칸다 캐라. ▶ 네 아재비 보고 내가 좀 만나자 한다 해라.

아주마'씨 명 아줌마. 남의 부인을 이르는 말. '아줌마 씨(氏)'의 뜻. ¶그 집 아주마씨매로 자석 잘 갈채는 사람도 밸로 없다. ▶ 그 집 아줌마처럼 자식 잘 가르치는 사람도 별로 없다.

아주범: 명 '아주버님' 준말. '아재'의 높임말. 친인척 중에 남편과 같은 항렬의 성인 또는 성인이 된 시동생(도련님)을 이르는 말. 비슷한 말의 품격 순위는, 아자바임=아줌=아주범〉아자씨〉아재〉아재비.

아줌: 명 '아주버님'의 준말. '아재'의 높임말. 친인척 중에 남편과 같은 항렬의 성인 또는 성인이 된 시동생(도련님)을 이르는 말. 비슷한 말의 품격 순위는, 아자바임=아줌=아주범〉아자씨〉아재〉아재비.

아'즉 부 아직. ¶아즉은 우리 아가 어래서 아무꺼도 모리이 이해하이소. ▶ 아직은 우리 애가 어려서 아무것도 모르니 이해하십시오.

아'지매 명 아주머니. 숙모(叔母). 형수(兄嫂). 남편과 같은 항렬의 성인을 부를 때 숙항(叔行)의 호칭을 취하여 '시숙(媤叔)' 또는 '아줌(아주버님)'이라고 이르는

아직

것처럼, 형수 역시 그런 형식을 취하여 '아지매(아주머니)'로 이른다. 이것은 같은 항렬의 가족관계이지만, 이성(異姓)이면서 이성(異性)이라는 점에 유의하여, 은연중 남녀유별(男女有別)을 강조하려는 숨은 뜻이 담겨져 있다. ¶우리 아지매가 제리 좋다. ▶ 우리 아주머니가 제일 좋다. ☞아주범. 아줌.

아직 몡 아침. 아침밥. 아침 때. ¶아직에 한 말이 다리고 저녁에 하는 말이 다리다. ▶ 아침에 한 말이 다르고 저녁에 하는 말이 다르다./아직 묵었는기요? ▶ 아침 먹었는가요?/아직 잠샀는기요? ▶ 아침 잡수셨는가요? ☞아칙.

아직쩔 몡 아침결. 아침 때. ¶아직쩔에 읍내 갔다가 저녁답에 돌아왔다. ▶ 아침결에 읍내 갔다가 저녁 무렵에 돌아왔다. ☞아칙쩔.

아초: 몡 애초. 당초. 애당초. ¶그 일은 아초부터 앤 댈 일인데 괜시리 시작해서 저래 고상을 한다. ▶ 그 일은 애초부터 안 될 일인데 공연히 시작해서 저렇게 고생을 한다.

아치랍다 혱 아슬아슬하다. 조바심이 난다. ¶아치랍다, 나무꼭대기에 올러가지 마라. ▶ 아슬아슬하다, 나무꼭대기에 올라가지 마라./아치랍다, 칼 가주고 장난을 하지 마라. ▶ 조바심이 난다, 칼 가지고 장난을 하지 마라.

아칙 몡 아침. 아침밥. 아침 때. ¶아칙 아재비를 저녁에는 개아들이란다. ▶ 아침 아재비를 저녁에는 개아들이란다. ※아쉬울 때 말을 높이다가 제 볼일을 다 보고 나면 외면한다는 말. ☞아직.

아칙쩔 몡 아침결. 아침 때. ☞아직쩔.

아푸'다 동 아프다. 【아퍼 ▶ 아파/아푸이 ▶ 아프니】 ¶맴이 아퍼서 몬 보겠다. ▶ 마음이 아파서 못 보겠다./이래 아푸이 우애 사노? ▶ 이렇게 아프니 어떻게 사나?

악다구'리 몡 악다구니. ¶한참 동안 악다구리를 부리다가 지 찜에 처져서 인자 쫌 잠잠하다. ▶ 한참 동안 악다구니를 부리다가 제 바람에 처져서(지쳐서) 이제 좀 잠잠하다.

악다바리 몡 악바리. '악(惡)의 다바리, 즉 다받는(다그치는)이'의 뜻. ¶저런 악다바리하고는 말 상대가 대지 않는다. ▶ 저런 악바리하고는 말 상대가 되지 않는다./요새 시상은 여간 악다바리가 아이고는 몬 살어 남는다. ▶ 요새 세상은 여간 악바리가 아니고는 못 살아 남는다.

악다밧'다 혱 악지스럽다. 고집스럽다. '악(惡)이 다받다(다그치다)'의 뜻. 【악다밧어 ▶ 악지스러워/악다밧으이 ▶ 악지스러우니】 ¶악다밧다 악다밧다 캐도 저마이 악다밧은 눔은 첨 보겠다. ▶ 악지스럽다 악지스럽다 해도 저만큼 악지스러운 놈은 처음 보겠다.

악타'리 몡 삭정이. 썩은 나뭇가지. ☞ 알차리.

안들 몡 여편네. '안사람들'의 준말 또는 낮춤말. ¶저리 비께라. 안들이 머를 안다꼬 남정들 말하는 데 나서노? ▶ 저리 비켜라. 여편네가 뭘 안다고 남정들 말하는 데 나서나? ☞ 인네.

안'따 동 앉다. 【안저 ▶ 앉아/안즈이(안지이) ▶ 앉으니】 ¶안저 보머 철리 서서 보머 말리. ▶ 앉아 보면 천리 서서 보면 만리. ※아기를 따로 세우기를 하면서 어르는 말./여기 나무 밑에 안즈이(안지이) 이래 시언하다. ▶ 여기 나무 밑에 앉으니 이렇게 시원하다./다리 아푼데 이리 안지소. ▶ 다리 아픈데 이리 앉으세요.

안막창 몡 막장. 골목이나 골짜기의 막다른 곳. ¶저기 골목 안막창아 비는 개와집이 우리 집이다. ▶ 저기 골목 막장에 보이는 기와집이 우리 집이다. ☞ 끝막창. 막창.

안민 몡 안면(顔面). ¶지가 하는 행실을 보머 버르재이를 곤쳐 조야 하는데, 즈그 어런 안민을 바서 내가 참는다. ▶ 제가 하는 행실을 보면 버르장이를 고쳐 주어야 하는데, 저희 어른 안면을 보아서 내가 참는다.

안밖겉으로 관 부부 모두가. 안팎으로. ¶그집은 안밖겉으로 인심이 좋은 사람들이다. ▶ 그 집은 부부 모두가 인심이 좋은 사람들이다./그 옷은 안밖겉으로 비단을 댔다. ▶ 그 옷은 안팎으로 비단을 댔다. ☞ 안밭없이.

안밭없이 관 남녀불문(男女不問)하고. 안팎으로. 부부(夫婦) 모두가. '안 바깥 없이'의 준말. ¶요새는 잘 묵고 약도 좋으이 안밭없이 오래 산다. ▶ 요새는 잘 먹고 약도 좋으니 남녀불문하고 오래 산다. ☞ 안밖겉으로.

안복성'씨 몡 안쪽 복사뼈.

안섶 몡 저고리나 두루마기의 안으로 들어간 섶. ☞ 두루매기. 둘막. 저구리.

안어:런 몡 안어른. 시어머니(媤---). 어머니. 내당(內堂). ¶자네 안어런만침 인자하신 분은 이 고장아서는 없었다. ▶ 자네 안어른만치 인자하신 분은 이 고장에서는 없었다.

안주 부 아직. ¶추수를 다 할라카머 안주 멀었다. ▶ 추수를 다 하려면 아직 멀었다./어제부터 하던 일을 안주꺼정 몬다 했나? ▶ 어제부터 하던 일을 아직까지 못 다 했나? ☞ 안지1. 안직.

안'지1 부 아직. ☞ 안주. 안직.

안'지2 몡 안찌. 윷놀이에서, 말판의 방에서 꺾인 둘째 밭. ☞ 윷판.

안'직

안직 튀 아직. ¶자네가 시방 맻 살인데 안직 장개를 앤 갔노? ▶ 자네가 지금 몇 살인데 아직 장가를 안 갔나? ☞ 안주. 안지1.

안진배~이 명 앉은뱅이. ¶아따, 안진배이가 용씨네. 모리머 가마이나 있지. ▶ 아따, 앉은뱅이가 용쓰네. 모르면 가만히나 있지./안진배이가 서나 안지나. ▶ 앉은뱅이가 서나 앉으나.

안추:다 동 앉히다. '안따'의 사동. 【안차 ▶ 앉혀/안추이 ▶ 앉히니】 ¶저 영감재이, 가마 안차 놓고 밥마 묵애 노이 잔소리마 늘었다. ▶ 저 영감쟁이, 가만히 앉혀 놓고 밥만 먹여 놓으니 잔소리만 늘었다.

안치널 명 베틀의 앉을개. 베틀의 누운다리 앞쪽에 걸친 널판. ¶안치널에 안진양은 우리나라 금자임이 용산장에 안진듯고. ▶ 앉을개에 앉은양은 우리나라 금상님이 용상에 앉은듯고./안질개 안진양은 우리나라 금상임이 용상좌에 하신덧고. ▶ 앉을개 앉은양은 우리나라 금상님이 용상좌에 하신듯고./베틀다리 돋아놓고 안치널은 더져놓고 베올이라 가는양은 덧동산 왕거미가 줄을쳐서 터진듯고. ▶ 베틀다리 돋아놓고 앉을개는 더져놓고 베올이라 가는양은 뒷동산 왕거미가 줄을쳐서 터진듯고. 《앉짐널》 ☞ 베틀.

안타 동 않다. 【안어 ▶ 않아/안으이 ▶ 않으니/안코 ▶ 않고/안티이 ▶ 않더니】 ¶저래 밥을 묵지 안어서 걱정이다. ▶ 저렇게 밥을 먹지 않아서 걱정이다./시상 배꿑으로 나가지 안으이 웅굴 안 깨구리지. ▶ 세상 바깥으로 나가지 않으니 우물 안 개구리지./걷지도 안코 떨라 칸다. ▶ 걷지도 않고 뛰려 한다./내 말을 듣지 안티이 손해를 봤지. ▶ 내 말을 듣지 않더니 손해를 보았지.

안태'고양 명 잉태(孕胎)한 고향(故鄕). ¶내가 큰 데는 여기지마는 안태고양은 갱주다. ▶ 내가 큰 데는 여기지만 잉태고향은 경주다.

알: 명 '아래'의 준말. ¶알라가 혼차서 저 알로 니러가드라. ▶ 아기가 혼자서 저 아래로 내려가더라./저임 알로 일을 끝냈다. ▶ 점심 아래로(오전으로) 일을 끝냈다.

알개~이 명 알갱이. 낱알. 개비. ¶마린 나무를 삐저서 황 알개이를 맨들어 놓자. ▶ 마른 나무를 삐져서 유황(硫黃) 개비를 만들어 놓자. ※가늘게 삐진 나무개비에다 유황을 녹여 붙여 두었다가 불쏘시개로 쓴다./곡석 알개이 하나라도 알뜰하게 썰어라. ▶ 곡식 알갱이 하나라도 알뜰하게 쓿어라.

알구:다 동 알리다. 알게 하다. '알다'의 사동. 【알개 ▶ 알려/알구이 ▶ 알리니】 ¶이 일은 넘한테는 알구지 마고 느가부지한테마 알개 디래라. ▶ 이 일은 남한테는 알리지 말고 네 아버지한테만 알려 드려라. ☞ 알래다.

알꾸랭~이 명 지게작대기의 알구지. 작대기 맨 위의 갈라진 부분.《알쿠쟁이. 지게알큼이》☞ 지게.

알'따 통 앓다. 마음걱정하다.【알거▶앓아/알그이▶앓으니】¶얼매나 아푼지 밤새들 알거 대다가 새복에야 잠들었다.▶얼마나 아픈지 밤새도록 앓아 대다가 새벽에야 잠들었다./넘 앞에서 돈이 없다고 알거 바야 코똥마 뀐다.▶남 앞에서 돈이 없다고 마음걱정해 보아야 콧방귀만 뀐다.

알라: 명 아기.¶누분알라 젖돌란다 안진알라 밥돌란다 정지알라 살돌란다 꿀망새이 꿀돌란다.▶누운아기 젖달란다 앉은아기 밥달란다 부엌아기 쌀달란다 꿀망아지 꿀달란다.〈경북지방 동요〉☞ 얼라.

알람'미 명 안남미(安南米). 월남(越南) 쌀.¶배급 나오는 빨간 **알람미** 밥 그거 한 그럭 묵어야 돌아서머 배가 꺼진다.▶배급 나오는 빨간 안남미 밥 그것 한 그릇 먹어야 돌아서면 배가 꺼진다. ※해방 후 미국의 식량원조로 들여와서 배급하던 쌀로 색깔이 붉고 찰기가 없다.

알래':다 통 알리다. 알게 하다. '알다'의 사동.【알래▶알려/알래이▶알리니】¶이런 일은 다린 사람들한테 알매머 집안 위사 시기이 입조심해야 한다.▶이런 일은 다른 사람들한테 알리면 집안 우사 시키니 입조심해야 한다. ☞ 알구다.

알목' 명 '아랫목'의 준말.¶한기가 나머 약 마시고 **알목**에 눕어서 땀을 쫌 빼라.▶한기가 나면 약 마시고 아랫목에 누워서 땀을 좀 빼라. ☞ 구둘목.

알빵' 명 '아랫방'의 준말.¶**알빵**아서 할배 주무시는데 시끄럽게 하지 마라.▶아랫방에서 할아버지 주무시는데 시끄럽게 하지 마라./알빵아 기시는 손임한테 물 갖다 디래라.▶아랫방에 계시는 손님한테 물 갖다 드려라.

알송:하다 형 아리송하다.¶그 일은 하도 오래 댄 일이라서 **알송하**이 생각이 앤 나네.▶그 일은 하도 오래 된 일이라서 아리송하니 생각이 안 나네.

알차리 명 삭정이. 썩은 나뭇가지 땔감. ☞ 악타리.

암가락 명 씨아의 암카락. 수카락의 회전을 전달 받아 마주 돌아서 목화의 씨를 앗는다. ☞ 쐐기.

암개와 명 암키와.¶**암개와** 한 장이 깨저서 비가 샌다.▶암키와 한 장이 깨져서 비가 샌다.

암꽁 명 까투리.¶**암꽁**이 날러간 자리에 가 보머 꽁알이 있다.▶까투리가 날아간 자리에 가 보면 꿩알이 있다.

암:꾸도 관 아무 것도.¶**암꾸도** 아인 거를 가주고 쌈을 하고 있다.▶아무 것도 아

닌 것을 가지고 싸움을 하고 있다.

암눔 몡 암놈. ¶괴기는 암눔 괴기라야 부드럽다. ▶ 고기는 암놈 고기라야 부드럽다.

암달 몡 암탉. ¶인날부터 암달이 울머 집안이 망한다 캤다. ▶ 옛날부터 암탉이 울면 집안이 망한다 했다.

암:만 갬 아무렴. '그렇고 말고'의 뜻으로, 자기 말을 재확인하거나 상대방의 말에 맞장구칠 때 쓰는 말. ¶암만, 자네 말이 올키로! ▶ 아무렴, 자네 말이 옳고말고!/암만, 더 말하머 잔소리지. ▶ 아무렴, 더 말하면 잔소리지. ☞ 그캐 말이다. 하기로.

암:만캐:도 뷔 아무래도. ¶암만캐도 일이 바뻐서 오늘은 떠나야겠다. ▶ 아무래도 일이 바빠서 오늘은 떠나야겠다./암만캐도 그 일은 조만간 가망이 없다. ▶ 아무래도 그 일은 조만간 가망이 없다.

암:말 몡 '아무 말'의 준말. ¶암말 말고 어런이 시기는 대로 하머 댄다. ▶ 아무 말 말고 어른이 시키는 대로 하면 된다.

암반 몡 안반. 떡을 치거나 국수를 밀 때 받히는 반(盤). ☞ 떡암반.

암사밪다 혱 깔끔하다. 단정하다. 【암사밪어 ▶ 단정해/암사밪으이 ▶ 단정하니】 ¶그 집 매느리는 살림을 사는 기이 암사밪어서 시집 사람들한테 구염을 받는다. ▶ 그 집 며느리는 살림을 사는 것이 깔끔해서 시집 사람들한테 귀염을 받는다.

암새 붙다 괜 교배(交配) 붙다. ¶암새를 붙치다. ▶ 교배를 붙이다.

암:자구 몡 아무짝. ¶사람이 그래 깰밧어는 암자구에도 모 씬다. ▶ 사람이 그렇게 개을러서는 아무짝에도 못 쓴다./암자구도 씰 데도 없는 거를 모다 놓고 있다. ▶ 아무짝에도 쓸 데도 없는 것을 모아 놓고 있다. ☞ 암작.

암:작 몡 아무짝. ¶암작에도 몬 씰 물건들마 항그 모다 났다. ▶ 아무짝에도 못 쓸 물건들만 가득 모아 놓았다./그래 일해 가주고는 암작에도 모씨겠다. ▶ 그래 일해 가지고는 아무짝에도 못쓰겠다. ☞ 암자구.

앗불사 갬 아차. 이크. '아차 틀렸구나'의 뜻. 뜻밖의 실수를 하고 놀라는 소리. ¶앗불사, 이거를 우야머 좋노? ▶ 아차, 이것을 어쩌면 좋아?/앗불사, 그거를 몰랬구나. ▶ 아차, 그것을 몰랐구나./앗불사, 가마이 나둘 꺼를. ▶ 이크, 가만히 놓아 둘 것을.

앙:개 몡 안개. ¶온 들에 앙개가 뽀하이 덮했다. ▶ 온 들에 안개가 뽀얗게 덮혔다./앞일이 앙개 그터서 한 치 앞을 모리겠다. ▶ 앞일이 안개 같아서 한 치 앞을 모르겠다.

앙개다리 명 안짱다리. ¶땅땅한 키에 모가지는 있는지 마는지 한데다 **앙개다리** 걸음을 걷는 거를 보며 참 볼모앵 없니라. ▶ 땅땅한 키에 목은 있는지 마는지 한데다 안짱다리 걸음을 걷는 것을 보면 참 볼모양 없느니라.

앙:경 명 안경(眼鏡). ¶곰보도 째보도 지 눈에 **앙경**이다. ▶ 곰보도 째보도 제 눈에 안경이다. ※사람마다 제 눈에 들기 나름이라는 말 ☞ 앵경.

앙:경다리 명 안경다리(眼鏡--). ☞ 앵경다리.

앙:경집 명 안경집(眼鏡-). 한지를 겹쳐 발라서 만든 타원형의 통으로, 끈이 달려 있어 허리띠에 걸어 차게 되어 있다. ☞ 앵경집.

앙:경테 명 안경테(眼鏡-). ¶**앙경테**는 뿔로 만든 기이 개갑고 좋다. ▶ 안경테는 뿔로 만든 것이 가볍고 좋다. ☞ 앵경테.

앙지'다 형 앙칼지다. ¶여자가 너무 앙저서 엄만한 남자는 몬 당해 낸다. ▶ 여자가 너무 앙칼져서 웬만한 남자는 못 당해 낸다.

앞가리'매 명 앞가르마. ¶삐딱가리매를 하지 마고 암사밭게 **앞가리매**를 해라. ▶ 옆가르마를 하지 말고 깔끔하게 앞가르마를 해라. ☞ 복판가리매.

앞다리 명 베틀의 앞다리. 베틀을 조립할 때 두 개의 앞다리 위로 용두머리를 얹는다. ¶**앞다리**는 높이놓고 딧다리는 낮게놓고. ▶ 앞다리는 높이놓고 뒷다리는 낮게놓고./앞다릴랑 돋이놓고 뒷다릴랑 낮게놓고. ▶ 앞다릴랑 돋게놓고 뒷다릴랑 낮게놓고. 《선다리》 ☞ 베틀.

앞디: 명 앞뒤. 전후(前後). ¶이왕 내친 짐에 **앞디**를 갈랠 꺼 없이 밀어부쳐 바라. ▶ 이왕 내친 김에 앞뒤를 가릴 것 없이 밀어붙여 봐라./이눔, 니는 어디서 배왔길래 우아래 **앞디**도 모리나? ▶ 이놈, 너는 어디서 배웠기에 상하 전후도 모르나?

앞방틀 명 상여 틀의 앞에 가로로 댄 나무. 뒷방틀에 비해서 나무가 굵어서 상여를 메고 갈 때 앞에 걸리는 장애물을 밀고 나가기 용이하다.

앞이 명 앞니. ¶아래우로 몇 개 앤 남은 **앞이**를 내놓고 우서 대고 있는 거를 보머, 저 할마씨도 절물 때도 있었등강 시푸다. ▶ 아래위로 몇 개 안 남은 앞니를 내놓고 웃어 대고 있는 것을 보면, 저 할머니도 젊을 때도 있었던가 싶다.

앞처매 명 앞치마. ¶**앞처매** 두리고 정지이 가서 느거매 일하는 데 거들어라. ▶ 앞치마 두르고 부엌에 가서 네 어머니 일하는 데 거들어라.

애 무 안. 아니. ¶내가 죽어도 그 일은 **애** 한다. ▶ 내가 죽어도 그 일은 안 한다./애 하머 고마 나도라. ▶ 안 하면 그만 놓아둬라. ☞ 아2. 아이2. 앤.

애기씨 명 아가씨. 손아래 시누이(媤--)를 이르는 말로, 미혼일 때는 '애기씨' 또

애기잠

는 '액씨'로, 성인이 되면 아이의 이름을 빌려서 '모모 고모'라거나 '고모'라고 이르고, 손위 시누이는 '형님'이라고 이른다. ¶우리 애기씨는 동무들하고 같이 화전노리하는 데로 갔다. ▶ 우리 아가씨는 동무들하고 같이 화전(花煎)놀이하는 데로 갔다. ☞ 액씨. 시너부.

애기잠 몡 누에를 칠 때 첫잠. ☞ 명주길쌈. 잠. 첫잠.

애꼽다 혱 매스껍다. 아니꼽다. 【애꼽어 ▶ 매스꺼워/애꼽으이 ▶ 매스꺼우니】¶그 꼬라지를 보고, 그 손으로 맨든 임석을 애꼽어 우애 묵노? ▶ 그 꼴을 보고, 그 손으로 만든 음식을 매스꺼워 어떻게 먹나?/그도도 배실이라꼬 껏떡거리는 거를 애꼽어서 몬 보겠다. ▶ 그것도 벼슬이라고 거들먹거리는 것을 아니꼬워서 못 보겠다. ☞ 애이꼽다.

애:꾸지다 혱 애꿎다. ¶애꾸진 사람을 보고 시비하지 마라. ▶ 애꿎은 사람을 보고 시비하지 마라.

애'끼다 동 아끼다. 【애깨 ▶ 아껴/애끼이 ▶ 아끼니】¶애끼고 애끼다가 지대로 써 보지도 몬 하고 자석인데 좋은 일마 하고 죽었다. ▶ 아끼고 아끼다가 제대로 써 보지도 못하고 자식에게 좋은 일만 하고 죽었다.

애:다루다 동 놀리다. 애가 달게 하다. 【애다라 ▶ 놀려/애다루이 ▶ 놀리니】¶니도 가매로 오줌 싸고 똥 싸매 컸는데 넘 오줌싸개라꼬 애다루머 몬씬다. ▶ 너도 개처럼 오줌 싸고 똥 싸며 컸는데 남 오줌싸개라고 놀리면 못쓴다.

애'럽다 혱 어렵다. '애(隘)스럽다'의 뜻. 【애럽은 ▶ 어려운/애럽으이 ▶ 어려우니】¶대동아전장이다, 육이오다, 밸밸 애럽은 시월을 다 젂으매 살어남아서 요새 글치 좋은 시월도 앤 만나나. ▶ 대동아전쟁이다, 육이오다, 별별 어려운 세월을 다 겪으며 살아남아서 요새 같이 좋은 세월도 만나지 않나. ☞ 어렵다.

애'리 몡 옷깃. 间 'えり'. ¶단불신사 와이샤추 한 불 가주고 애리 떨어지머 디배서 달고, 그것도 떨어지머 애리마 따리 사서 곤처서 입었다. ▶ 단벌신사 와이셔츠 한 벌 가지고 옷깃 떨어지면 뒤집어 달고, 그것도 떨어지면 옷깃만 따로 사서 고쳐서 입었다.

애'리다1 혱 어리다. 【애래 ▶ 어려/애리이 ▶ 어리니】¶니는 아이 애래서 심 드는 일은 몬한다. ▶ 너는 아직 어려서 힘 드는 일을 못한다./니가 우리하고 놀라카머 아이 애리이 느거매 젖을 더 묵고 온나. ▶ 네가 우리하고 놀려면 아직 어리니 네 어미 젖을 더 먹고 오너라. ※ 유치하다고 놀리는 말.

애리:다2 혱 아리다. 【애래 ▶ 아려/애리이 ▶ 아리니】¶햇바늘이 돋어서 매분 거

를 묵으머 해가 애린다. ▶ 혓바늘이 돋아서 매운 것을 먹으면 혀가 아린다. ☞ 아래다.

애:만살 몡 애 많은 나이. 어굴한 나이. 동지섣달에 난 사람의 나이. ☞ 설디이.

애미 몡 어미. '어매'의 낮춤말. 비슷한 말의 품격 순위는, 어마임=어멈1>어무이>어마씨>어매>어마이=어멈2=어미=애미=이미.

애'법 円 제법. 꾀. ¶하는 말이 애법 늘었다. ▶ 하는 말이 제법 늘었다./글을 애법 일겄다. ▶ 글을 꾀 읽었다. ☞ 어북1.

애'비 몡 아비. '아부지'의 낮춤말. 비슷한 말의 품격 순위는, 아바임=아범1>아바씨>아부지>아배>아범2>아바이=애비=아비. ¶애비가 몬나서 느그가 이래 고상한다. ▶ 아비가 못나서 너희가 이렇게 고생한다./아 애비 니, 식전에 어디 갔다가 왔노? ▶ 애 아비 너, 식전에 어디 갔다가 왔나?/정욱아, 니 애비 쫌 오라 캐라. ▶ 정욱아, 네 아비 좀 오라 해라.

애'이꼽다 혱 매스껍다. 아니꼽다. '애꼽다'의 센말. ¶애이꼽은 눔, 니도 언제 내 앞에 손을 니밀 때가 있을 끼이다. ▶ 매스꺼운 놈, 너도 언제 내 앞에 손을 내밀 때가 있을 것이다.

애'이눔 깜 에끼 이놈. ¶애이눔들, 불내머 우얄라꼬 불장난을 하노? ▶ 에끼 이놈들, 불내면 어떻게 하려고 불장난을 하나? ☞ 대이눔.

애장 몡 아장(兒葬). 말을 할 때는 흔히 '아 애장'이라고 겹말을 쓴다. ¶애장을 해 논 데를 보이 예수가 구영을 뜰버 났드라. ▶ 아장을 해 놓은 데를 보니 여우가 구멍을 뚫어 놓았더라. ※성인이 되지 못하고 죽은 사람은 부모나 조상에게 죄를 지은 것으로 여겨서 시신을 관 속에 넣지 않고 거적으로 싸서 음지에다 묻고 돌무더기를 만들어 둔다. 물론 족보에도 오르지 못한다. 여기서 성인(成人)이라 함은 결혼을 한 사람을 이른다.

애지간:하다 혱 어지간하다. ¶인물도 애지간하고 글공부도 그만하머 밸로 빠지는 데가 없다. ▶ 인물도 어지간하고 글공부도 그만하면 별로 빠지는 데가 없다.

애:추나무 몡 자두나무. ¶애추나무 밑에서 갓끈 곤치지 마고 위밭 옆에서 미끈 곤처 매지 마라 캤다. ▶ 자두나무 밑에서 갓끈 고치지 말고 참외밭 옆에서 미투리 끈 고쳐 매지 마라 했다. ※의심 받을 행동을 하지 마라는 말.

애핀 몡 아편(阿片). ¶배 아푸머 애핀 대개이를 살머서 마시머 깔어안는다. ▶ 배 아프면 아편 대궁을 삶아서 마시면 가라앉는다.

애핀재~이 몡 아편쟁이(阿片--). ¶저 사람은 돈버리 하로 객지에 나가다이 애핀재이가 대서 돌아왔다. ▶ 저 사람은 돈벌이 하러 객지에 나가더니 아편쟁이가 되어서 돌아왔다.

액씨 몡 아가씨. 손아래 시누이(媤--). '애기씨'의 준말. ☞ 시녀부.

앤 튀 안. 아니. '앤'의 다음에 동사나 형용사가 되는 말이 와서, 과거의 일을 상기시켜 물음을 나타내거나, 반어법으로 과거의 일을 상기시키는 말이 됨. 다만 물음을 나타낼 때는 어미 '나'의 억양이 다름. ¶그 영감 장연 가실에 앤 죽었나 : ?(앤 죽었나) ▶ 그 영감 작년 가을에 안 죽었나 : ?(안 죽었나)/금연 여름은 내들 앤 덥었나 : ?(앤 덥었나) ▶ 금년 여름은 내쳐 안 더웠나 : ?(안 더웠나)/그 집 임석이 앤 맵었나 : ?(앤 맵었나) ▶ 그 집 음식이 안 매웠나 : ?(안 매웠나)/앤 그캐도 니가 앤 오머 내가 갈라 앤 캤나 : ?(갈라 앤 캤나) ▶ 안 그래도 네가 안 오면 내가 가려고 안 했나 : ?(가려고 안 했나) ☞ 아2. 아이2. 애.

앵간:하다 혱 어지간하다. 웬만하다. ¶아따, 가 설치는 거를 보이 성질이 앵간하다. ▶ 아따, 개 설치는 것을 보니 성질이 어지간하다./앵간하머 서리 도우고 살어라. ▶ 웬만하면 서로 도우고 살아라. ☞ 엉간하다. 방상하다.

앵:경 몡 안경(眼鏡). ¶그 좋든 눈이 인자 앵경 없이는 한 쌈도 몬 뜨겠다. ▶ 그 좋던 눈이 이제 안경 없이는 이제 한 땀(바느질)도 못 뜨겠다. ☞ 앙경.

앵:경다리 몡 안경다리(眼鏡--). ☞ 앙경다리.

앵:경집 몡 안경집(眼鏡-). ¶앵경을 앵경집에 여 나라. ▶ 안경을 안경집에 넣어 놓아라. ☞ 앙경집.

앵:경테 몡 안경테(眼鏡-). ☞ 앙경테.

앵기다1 동 옮기다. 【앵개 ▶ 옮겨/앵기이 ▶ 옮기니】 ¶여기저기로 돌어댕기매 말을 앵긴다. ▶ 여기저기로 돌아다니며 말을 옮긴다./저기 있는 짐을 이리로 앵개 나라. ▶ 저기 있는 짐을 이리로 옮겨 놓아라. ☞ 옹기다.

앵기:다2 동 안기다. '안다'의 피동//사동. 【앵개 ▶ 안겨/앵기이 ▶ 안기니】 ¶오래만에 실랑 품에 앵기매 누물이 글썽한다. ▶ 오랜만에 신랑 품에 안기며 눈물이 글썽한다./얼라가 지 이미한테 앵개서 젖 쫌 빨다가 잠들었다. ▶ 아기가 제 어디 한테 안겨서 젖 좀 빨다가 잠들었다.//선물 한 보따리를 앵기이 우짤 줄을 몰따 칸다. ▶ 선물 한 보따리를 안기니 어쩔 줄을 몰라 한다./얼라를 지 이미 품에 앵개 주이 저래 좋다 칸다. ▶ 아기를 제 어미 품에 안겨 주니 저렇게 좋다 한다.

앵도 몡 앵두. ¶처자의 뽈이 앵도 겉치 뺄갛게 익었다. ▶ 처녀의 뺨이 앵두 같이 빨갛게 익었다.

앵미'리 몡 양미리. ¶꼬내기가 입을 댈라, 앵미리 두름을 첨마 밑에 걸어 나라. ▶ 고양이가 입을 댈라, 양미리 두름을 처마 밑에 걸어 놓아라.

앵지손까'락 몡 새끼손가락. ¶막걸리 사바리를 들고 앵지손까락으로 휘 젓어서 단숨에 마시고 쇠미 한 분 훔치고서 쬐끼주머이에서 담배쌈지를 꺼내맨서 트름을 한다. ▶ 막걸리 사발을 들고 새끼손가락으로 휘 저어서 단숨에 마시고 수염 한 번 훔치고서 조끼주머니에서 담배쌈지를 끄집어내면서 트림을 한다. ☞ 생이손까락.

앵:치 몡 여치. 씨르래기. ¶보리짚으로 맨든 집 안에서 앵치가 운다. ▶ 보릿짚으로 만든 집 안에서 여치가 운다.

야:1 쥰 얘. '이 아'의 준말. 【야들▶얘들】 ¶임종을 지키든 자석들이 혹여나 어매가 돈 감차 논 거라도 말 할라능강 해서 어매 입에다 귀를 대고 있는데, "야들아 비올라, 마당 비설거지…" 카다가 숨이 꿀떡 넘어가 뿌리는 거라. ▶ 임종(臨終)을 지키던 자식들이 혹시나 어머니가 돈 감추어 놓은 것이라도 말 하려는가 해서 어머니 입에다 귀를 대고 있는데, "얘들아 비올라, 마당 비설거지…" 하다가 숨이 꿀컥 넘어가 버리는 거라./야사 팽상 남하테 싫분 소리 할 아가 아이다. ▶ 얘야 평생 남한테 싫은 소리 할 애가 아니다.

야:2 조 야. 손아랫사람이나 짐승을 부를 때 쓰는 호격조사. ¶옥히야, 이리 와 바라. ▶ 옥희야, 이리 와 봐라./누부야, 나캉 같이 가자. ▶ 누이야, 나하고(나랑) 같이 가자.

야굼:야굼: 曱 야금야금. ¶돈 쫌 벌어 논 거를 꼬깜 빼묵듯이 **야굼야굼** 다 빼묵고 인자 빈털터리가 댔다. ▶ 돈 좀 벌어 놓은 것을 곶감 빼먹듯이 **야금야금** 다 빼먹고 이제 빈털터리가 되었다.

야꼬 몡 기(氣). 冚 'やく (役)'. 주로 '죽다'와 함께 쓰여 '기가 죽다'라는 뜻을 나타냄. ¶니가 와 부모가 없나 집이 없나 **야꼬** 죽을 끼이 없다. ▶ 네가 왜 부모가 없나 집이 없나 기가 죽을 것이 없다./그 사람 **야꼬**를 죽이지 마라. ▶ 그 사람 기를 죽이지 마라.

야:단벅구 몡 야단법석(惹端--). 농악놀이에서 북, 징, 꽹과리 따위의 갖가지 소리에 어울려 야단스럽게 돌아가는 '버꾸 놀음'에 비유하여 생긴 말. ¶아 쌈이 어런 쌈이 대서 죽일 눔 살릴 눔 카매 **야단벅구**가 났디이라. ▶ 애 싸움이 어른 싸움이 되어서 죽일 놈 살릴 놈 하며 **야단법석**이 났더니라.

야마가다 명 '산(∧)'모양의 사병계급장의 속된말. 일 'やまかた(山形)'. ☞ 까꾸래이. 아꾸래이.

야마리 명 염치(廉恥). 얌치. '까지다' 또는 '없다' 와 함께 쓰여 '염치없다'는 뜻으로 쓰임. ¶그 야마리까진 소리 하지 마라. ▶ 그 염치없는 소리 하지 마라./그 사람 그거 야마리없게 앤 생갰나 바라. ▶ 그 사람 그것 염치없게 생기지 않았나 보아라.

야매 명 암거래(暗去來). 일 'やみ(闇)'. 거래를 통제하는 물품을 당국의 눈을 피하여 하는 거래. 【야매골목 ▶ 암거래골목/야매물건 ▶ 암거래물건/야매시장 ▶ 암시장/야매포 ▶ 암표】.

야매골:목 명 암거래골목(暗去來--). ¶서월 남대문 야매골목에는 없는 기이 없어, 돈마 주머 처자 부랄도 구해 온다 카드라. ▶ 서울 남대문 암거래골목에는 없는 것이 없어, 돈만 주면 처녀 불알도 구해 온다 하더라. ※양키물건이나 일제 밀수품을 암거래하는 대표적인 곳으로 서울의 남대문시장과 부산의 국제시장깡통골목이 유명하다.

야매물건 명 암거래물건(暗去來物件). ¶야매물건을 팔다가 걸래서 물건 빼끼고 벌금도 물고 했다. ▶ 암거래물건을 팔다가 걸려서 물건 빼앗기고 벌금도 물고 했다. ※소비재 생산이 빈약했던 때라 양담배, 양주, 군복, 군화, 담요를 비롯하여 껌, 비누, 치약에 이르기까지 거의 모든 외국산 물품이 암거래되었다. 이때 정부에서 내건 슬로건이 '국산품을 애용하자'는 것이고, 전매청 직원이 다방이나 요정으로 다니면서 연기 냄새를 맡아 가며 양담배를 단속하던 시절이었다.

야매시장 명 암거래시장(暗去來市場).

야매포 명 암표(暗票). 뒷거래하는 기차표(汽車票)나 극장표(劇場票) 따위. ¶설에 고양 갈라꼬 정기장아 나가이 차포는 다 팔래고 돈을 배로 주고 야매포 한 장을 재와 사 가 왔다. ▶ 설에 고향 가려고 정거장에 나가니 차표는 다 팔리고 돈을 배로 주고 암표 한 장을 겨우 사 가지고 왔다.

야무:다 동 여미다. 가다듬다. 【야마 ▶ 여며/야무이 ▶ 여미니】¶옷깃을 잘 야무고 댕개라. ▶ 옷깃을 잘 여미고 다녀라./바지춤을 올리고 헐끈을 야무지게 야마 마라. ▶ 바지춤을 올리고 허리띠를 야무지게 여며 매라. ☞ 여무다1.

야무딱지다 형 야물다. 단단하다. ¶일하는 것이 야무딱지다. ▶ 일하는 것이 야물다.

야:바우 명 야바위. ¶장아 나무 한 발을 실고 가서 팔어서 야바우꾼인데 다 털랫

다. ▶ 장에 나무 한 발을 싣고 가서 팔아서 야바위꾼한테 다 털렸다.

야불거'리다 동 나불거리다. 【야불거래▶나불거려/야불거리이▶나불거리니】¶촉새매로 죄일 야불거래 사서 귀가 간지럽어 죽겠다. ▶ 촉새처럼 종일 나불거려 대서 귀가 간지러워 죽겠다.

야불띠'기 명 옆. 옆구리. ¶이리 와서 내 야불띠기에 비배고 안저 바라. ▶ 이리 와서 내 옆에 비비고(비집고) 앉아 봐라./아직 묵고 나서 야불띠기가 아푼 기이 이상하다. ▶ 아침 먹고 나서 옆구리가 아픈 것이 이상하다./저구리 벗어 바라. 야불띠기 터진 거 꺼러매자. ▶ 저고리 벗어 보아라. 옆구리 터진 것 꿰매자. ☞ 여불띠기.

야불야불 부 나불나불. ¶대장부사나가 입이 무겁어야지, 야불야불 개갑게 주깨 사머 몬 씬다. ▶ 대장부사내가 입이 무거워야지, 나불나불 가볍게 지껄여 대면 못 쓴다.

야'수 명 여우. ☞ 여수2. 예수. 미구. 메구.

야푸'다 형 얕다. 【야퍼▶얕아/야푸이▶얕으니】¶야푼 물도 더듬어 건내라 캣다. ▶ 얕은 물도 더듬어 건너라 했다./함부래 야푼 꾀를 씰 생각을 하지 마라. ▶ 아예 얕은 꾀를 쓸 생각을 하지 마라.

야:핵고 명 야간학교(夜間學校). ¶저 사람은 어릴 때 새복에는 시문 돌리고 밤에는 야핵고 댕기매 공부해서 판검사가 댔다. ▶ 저 사람은 어릴 때 새벽에는 신문 돌리고 밤에는 야간학교 다니며 공부해서 판검사가 되었다.

약간'이나 부 어지간히. 웬만하게. ¶우리가 히이지고 나서 햇수가 약간이나 지냈재? ▶ 우리가 헤어지고 나서 햇수가 어지간히 지났지?/그 사람이 나가 약간이나 묵었어야 좋은 혼처가 나오지. ▶ 그 사람이 나이가 어지간히 먹었어야 좋은 혼처(婚處)가 나오지./약간이나 말을 잘 해야 내가 당하지. ▶ 웬만하게 말을 잘 해야 내가 당하지. ☞ 엉가이.

약비'~이 명 약병(藥甁). ¶약비이에 든 농약을 활명수로 알고 마시다가 빙원에 실래 갔단다. ▶ 약병에 든 농약을 활명수로 알고 마시다가 병원에 실려 갔단다.

약빠리'다 형 약삭빠르다. 【약빨러▶약삭빨라/약빠리이▶약삭빠르니】¶약빠린 사람이 지 꾀에 넘어간다. ▶ 약삭빠른 사람이 제 꾀에 넘어간다./약빠린 꼬내기 밤눈이 어덥다. ▶ 약삭빠른 고양이 밤눈이 어둡다.

약사약사하다 형 여사여사(如斯如斯)하다. 이러이러하다. ¶약사약사해서 일이 이래 댔다꼬 말했디이 오해가 풀래는갑드라. ▶ 여사여사해서 일이 이렇게 되었다

얄:궂어라

고 말했더니 오해가 풀리는가 보더라.

얄:궂어라 〖감〗 망측해라. 이상해라. 놀라워라. 좋음과 좋지 않음을 불문하고 뜻밖의 일을 당했을 때 여성들이 잘 쓰는 말이다. ¶아이고 **얄궂어라**, 내 나고 이런 꼬라지는 첨 본대이. ▶ 아이고 **망측해라**, 내 나고 이런 꼴은 첨 본다./얄궂어라, 사다가 보이 이래 좋은 일도 다 있네. ▶ 이상해라, 살다가 보니 이렇게 좋은 일도 다 있네./아이고 **얄궂어라**, 이 사람이 누구고? ▶ 아이고 놀라워라, 이 사람이 누군가? ※ 뜻밖의 사람을 만나서 반겨하는 말.

얄핀:하다 〖형〗 얄팍하다. ¶인심이 너무 **얄핀하다**. ▶ 인심이 너무 얄팍하다./거기 바람 들어오는 데를 **얄핀한** 빤때기를 대서 막어라. ▶ 거기 바람 들어오는 데를 얄팍한 판자를 대어서 막아라.

얌새~이 〖명〗 염소. '소매치기'의 속된말. '얌치없는 사람'의 뜻. ¶**얌새이** 물똥 누는 거 봤나? ▶ 염소 물똥 누는 것 봤나?/**얌새이** 짓을 하지 마라. ▶ 염치없는 짓을 하지 마라./어제 성내 나갔다가 지갑을 **얌새이** 당했다. ▶ 어제 읍내 나갔다가 지갑을 소매치기 당했다.

얌새~이꾼 〖명〗 쓰리꾼. '소매치기'의 속된 말. ¶서월에 가머 **얌새이꾼**들이 사람을 세와 놓고 눈 빼묵는다. ▶ 서울에 가면 소매치기들이 사람을 세워 놓고 눈 빼먹는다./얌새이꾼인데 지갑을 얌새이 당했다. ▶ 쓰리꾼한테 지갑을 소매치기 당했다. ☞ 쑤리.

얍사부리:하다 〖형〗 야비(野卑)하다. 교활(狡猾)하다. ¶사람이 **얍사부리한** 기이 용몬 씨겠드라. ▶ 사람이 야비한 것이 영 못 쓰겠더라. ☞ 얍삽하다.

얍삽:하다 〖형〗 야비하다. 교활하다. ¶사나가 **얍삽하이** 그게 머고. ▶ 사내가 야비하게 그게 뭐냐. ☞ 얍사부리하다.

양(洋)- 〖접〗 일부 명사 앞에 붙어 '서양에서 들어온' 혹은 '서양 통의' 사물임을 나타내는 접두사. 【**양**각씨 ▶ 서양여자/**양**갈보 ▶ **양**갈보/**양**대집이 ▶ **양**은대접/**양**동오 ▶ **양**동이/**양**뱁추 ▶ **양**배추/**양**코 ▶ 서양인】 ☞ 당(唐)-. 왜(倭)-. 호(胡)-.

양각시 〖명〗 서양각시(西洋--). 서양여자(西洋女子).

양깔보 〖명〗 양갈보. '양(洋)'+㊐'カル(girl)'+'보(겁보, 느림보, 뚱보 따위의 말)'. ¶**양깔보** 똥깔보 어디로 가느냐, 깡충깡충 띠맨서 양늄한테 가지요. ▶ 양갈보 똥갈보 어디로 가느냐, 깡충깡충 뛰면서 양놈한테 가지요. ※ 산토끼 동요에 붙여 부르는 아이들의 노랫말. ☞ 깔보. 똥깔보.

양대집'이 〖명〗 양은대접(洋銀--). ¶사기대집이가 놋대집이에 밀래고, 놋대집이가 양대집이한테 밀래고, 양대집이가 스텐대집이한테 밀래 나디이 인자는 다부 사기대집이가 좋단다. ▶ 사기대접이 놋대접에 밀리고, 놋대접이 양은대접한테 밀리고, 양은대접이 스테인리스대접한테 밀려 나더니 이제는 도로 사기대접이 좋단다.

양동~오 몡 양동이. 함석으로 만든 물동이. 양쪽으로 반달모양의 손잡이가 붙었다.

양바람 몡 서양풍(西洋風). '서양바람'의 준말. 의복, 말, 행동, 사고, 풍속 따위가 서양풍으로 닮는 경향.

양밥 몡 양법(禳法). 재액(災厄)을 면하거나 원한이 있는 사람에게 재액을 내리게 하기 위하여 행하는 주술적 비방. ¶재 너머 점재이한테 갔디이, 우리 곡석가매이 도디캐 간 사람이 동쪽에 사는 나무 목 자 성바지라 카매 **양밥**을 갈채 주드라. ▶ 재 너머 점쟁이한테 갔더니, 우리 곡식가마니 훔쳐 간 사람이 동쪽 동네 사는 나무 목(木) 자 성바지라며 양법을 가르쳐 주더라.

양뱁추 몡 양배추. 캐비지(cabbage).

양복재~이 몡 양복쟁이(洋服-). '현대적인 교육을 받은 사람' 또는 '세련된 사람'을 이르는 말. 이 말에 대칭되는 말은 '핫바지', 즉 '촌눔'이라는 말이다.

양복주~우 몡 양복바지(洋服-). ¶**양복주우** 궁디이 터진 거를 틀집에 가서 박어 돌라 캐라. ▶ 양복바지 궁둥이 터진 것을 바느질집에 가서 박아 달라 해라. ☞ 주봉.

양석' 몡 양식(糧食). ¶**양석** 걱정하다. ▶ 양식 걱정하다./양석이 모지랜다. ▶ 양식이 모자란다./양석이 자랜다. ▶ 양식이 자란다.

양염 몡 양념. ¶암만 좋은 꺼리가 있어도 **양염**이 없이 임석 맛이 나나? ▶ 아무리 좋은 거리가 있어도 양념이 없이 음식 맛이 나나?/**양염**을 치지 마고 말을 해바라. ▶ 양념을 치지 말고 말을 해보아라. ※꾸미지 말고 말을 하라는 말. ☞ 양임.

양염이다 괸 시작일 뿐이다. 어떤 일의 시작 단계에서 지레 겁을 내거나 좋아하는 것을 보고 '진짜는 아직 멀었다'는 뜻으로 쓰는 말. ¶그만한 거를 가주고 벌써 죽을상을 하지, 그 정도는 아이 **양염이다**. ▶ 그만한 것을 가지고 벌써 죽을상을 하지, 그 정도는 아직 시작일 뿐이다.

양임 몡 양념. ¶금연 짐장하는 데는 무 뱁추 갑보다 **양임**에 돈이 더 들어갔다. ▶ 금년 김장하는 데는 무 배추 값보다 양념에 돈이 더 들어갔다. ☞ 양염.

양장머'리(洋裝--) 몡 파마머리(parmanent). ¶촌에서 댕기머리에 검정고무신 신꼬

양:재

댕기든 아가 성내로 나가디이 **양장머리**에 삐딱구두 신꼬 신식 여자가 대서 왔다. ▶ 시골에서 댕기머리에 검정고무신 신고 다니던 애가 도시로 나가더니 파마머리에 하이힐 신고 신식 여자가 되어서 왔다.

양:재 〔명〕 양자(養子). ¶아들 아들 캤는데, 또 딸을 나았으이 인자는 천사아 조카 **양재**를 들룰라 카겠다. ▶ 아들 아들 했는데, 또 딸을 낳았으니 이제는 부득불 조카 양자를 들이려 하겠다.

양지'기 〔명〕 양재기. ¶지금은 쭈구러진 **양지기**나 뚜디리매 문전걸식하는 신세지만도 인날 한때는 좋을 때도 있었다. ▶ 지금은 쭈그러진 양재기나 두들기며 문전걸식하는 신세지만 옛날 한때는 좋을 때도 있었다.

양추'질 〔명〕 양치질(養齒-). ¶촌사람들이사 **양추질**이라 카는 기이 손까락에 소굼 문치고 비배는 기이지, 칫솔 치약이 어디 있었노. ▶ 시골사람들이야 양치질이라 하는 것이 손가락에 소금 묻히고 비비는 것이지, 칫솔 치약이 어디 있었나.

양코(洋-) 〔명〕 '서양인(西洋人)'의 속된말. ☞ 양코빼기. 양코재이.

양코빼'기 〔명〕 양코배기. '서양인(西洋人)'의 속된말. ¶**양코빼기**들이 들어오고서부터 일윤도덕이 무너지기 시작했다. ▶ 양코배기들이 들어오고서부터 인륜도덕이 무너지기 시작했다. ☞ 양코. 양코재이.

양코재'~이 〔명〕 양코쟁이. '서양인(西洋人)'의 속된말. ☞ 양코. 양코빼기.

양피~이 〔명〕 양푼. ¶우리 따리 묵을 꺼 없이 **양피이**에다 나물 옇고 비배서 같이 묵자./우리 따로 먹을 것 없이 **양푼**에다 나물 넣고 비벼서 같이 먹자.

얘'비다 〔동〕 여위다. 【얘배 ▶ 여위어/얘비이 ▶ 여위니】 ¶조요로 끌래가서 얼매나 고상하고 왔는지 사람이 **얘배** 비틀어졌다. ▶ 징용으로 끌려가서 얼마나 고생하고 왔는지 사람이 여위어 비틀어졌다.

어 〔조〕 의. 자음으로 끝나는 체언에 붙어서 '어'의 소리를 낸다. ¶사람**어** 약조라카는 거를 아무따나 하는 기이 아이다. ▶ 사람의 약속이라는 것을 아무렇게나 하는 것이 아니다./도둑눔**어** 심뽀가 아이고서야 우애 저래 낯 뚜껍은 소리를 할 수 있겠노? ▶ 도둑놈의 심보가 아니고서야 어떻게 저렇게 낯 두꺼운 소리를 할 수 있겠나?/무신 눔**어** 일을 그렇게 했노? ▶ 무슨 놈의 일을 그렇게 했나? ☞ 으.

어개'다 〔동〕 어기다. 【어개 ▶ 어겨/어개이 ▶ 어기니】 ¶즈그 부모으 말도 여사로 **어개**는 사람인데 넘하고야 오죽 할라꼬. ▶ 제 부모의 말도 예사로 어기는 사람인데 남하고야 여간 하려고./법을 **어개** 가매 와 그런 짓을 하노? ▶ 법을 어겨 가며 왜 그런 짓을 하나?

어검ː니 몡 어금니. ¶어검니가 없어서 몬 씹으이 임석을 묵어도 맛을 모리겠다. ▶ 어금니가 없어서 못 씹으니 음식을 먹어도 맛을 모르겠다.

어ː굴하다 혱 억울(抑鬱)하다. ¶박 주사요, 시상아 이런 어굴하고 원통한 일을 당하고도 내가 참어야 하닌기요? ▶ 박 주사(主事), 세상에 이런 억울하고 원통한 일을 당하고도 내가 참아야 하는가요?

어그정어그정 뷔 어기적어기적. ¶빠이도꾸 걸랬나, 와 어그정어그정 걸음을 그래 걷노? ▶ 매독(梅毒) 걸렸나, 왜 어기적어기적 걸음을 그렇게 걷나? ※가랑이에 가래톳이 생겨서 거북한 걸음을 걷는 사람을 보고 놀리는 말.

어느 산¹ː에 괜 어느 겨를에. '어느 단산에'의 준말. ¶어느 산에 거기를 갔다가 왔나? ▶ 어느 겨를에 거기를 갔다가 왔나?/어느 산에 이마이 컷노? ▶ 어느 겨를에 이만큼 컸나?

어느ː리 몡 에누리. ¶지사 장을 볼 때는 돌라카는 대로 주고 사야지 어느리하는 기이 아이란다. ▶ 제사(祭祀) 장을 볼 때는 달라하는 대로 주고 사야지 에누리하는 것이 아니란다.

어대¹ 떼 어디. ¶말이사 말이지, 조선천지에 어대 캐도 여기마이 살기 좋은 데가 어대 있는데. ▶ 말이야 말이지(정말이지), 하늘밑에 어디 해도 여기만큼 살기 좋은 데가 어디 있는데.

어ː대² 깜 어디. 아니. 손아랫사람에게 부정하거나 거절할 때 쓰는 말 ¶어대, 그 사람이 그럴 이가 없다. ▶ 어디, 그 사람이 그럴 리가 없다./어대, 그런 짓은 나는 몬한다. ▶ 아니, 그런 짓은 나는 못한다. ☞ 아이3. 어디. 어어. 언재. 언지.

어ː대요 깜 아닙니다. 아니요. 손윗사람에게 부정하거나 거절할 때 쓰는 말. ¶어대요, 천부당만부당 지가 어대 그럴 이가 없더. ▶ 아닙니다, 천부당만부당 제가 어디 그럴 리가 없습니다. ☞ 어뜬요. 어디요. 어어요. 언요. 언재요. 언지요.

어대 있다 괜 어디에 살다. '어대 있노?' 꼴로 쓰여, '어디에 사느냐?'라는 뜻의 말이 됨. ¶니는 시방 어대 있노? ▶ 너는 지금 어디에 사나?

어더부리ː하다 혱 어둑하다. ¶낮에는 그만치 덥디이 어더부리해지이 바람이 일기 시작하네. ▶ 낮에는 그만큼 덥더니 어둑해지니 바람이 일기 시작하네./어더부리해질 때쯤 대서 신장노를 따라서 구인들 차가 줄줄이 올라가드라. ▶ 어둑해질 때쯤 되어서 신작로를 따라서 군인들 차가 줄줄이 올라가더라. ☞ 어덥수리하다. 어덥어덥하다.

어덥¹다 혱 어둡다. 【어덥어 ▶ 어두워/어덥으이 ▶ 어두우니】¶심이 어덥은 사람하

어덥수리:하다

고는 거래하지 마라 캤다. ▶ 셈이 어두운 사람하고는 거래하지 마라 했다./너무 어덥어서 앞디 분간을 몬하겠다. ▶ 너무 어두워서 앞뒤 분간을 못하겠다.

어덥수리:하다 혱 어둑하다. ¶우리 집 양반은 **어덥수리**할 때 거름 한 짐 저다 내고 와서 시방 아직밥 드시니더. ▶ 우리 집 양반은 **어둑**할 때 거름 한 짐 져다내고 와서 지금 아침밥 드십니다. ☞ 어더부리하다. 어덥어덥하다.

어덥어덥하다 혱 어둑어둑하다. ¶겨실에는 해가 짤버서 대 시만 대도 **어덥어덥**해진다. ▶ 겨울에는 해가 짧아서 댓 시만 되어도 **어둑어둑해진다**. ☞ 어더부리하다. 어덥수리하다.

어둑가: 명 땅거미가 진 무렵. ¶그 소문 난 호자가 재 너머 갔다가 **어둑가** 집으로 돌아오머 저만치 수풀 속에서 범 한 마리가 불을 추적추적 헐리매 나와서 마실 앞꺼정 바래다 주고 간단다. ▶ 그 소문난 효자가 재 너머 갔다가 **땅거미가 진 무렵** 집으로 돌아오면 저만큼 수풀 속에서 범 한 마리가 불을 추적추적 흘리며 나와서 마을 앞까지 배웅해 주고 간단다. ☞ 저물가.

어들밧다 혱 우직(愚直)하다. 무모(無謀)하다. ¶보기는 **어들밧**게 생개도 젂어 보머 보기하고 다리다. ▶ 보기는 **우직하게** 생겨도 겪어 보면 보기하고 다르다./**어들밧**은 짓을 하머 다치기 숩다. ▶ **무모한** 짓을 하면 다치기 쉽다.

어들버들하다 혱 우락부락하다. ¶그 사람은 성질이 **어들버들**해서 꼼꼼한 일은 몬 매낀다. ▶ 그 사람은 성질이 **우락부락해서** 꼼꼼한 일은 못 맡긴다. ☞ 우둘부둘하다.

어:디 감 어디. 아니. 묻는 말에 부정하거나 뜻밖이라는 뜻으로 쓰이는 말. ¶**어디**, 나는 그런 일이 없었네. ▶ **어디**, 나는 그런 일이 없었네./**어디**, 그기이 말이 대기나 하나. ▶ **아니**, 그것이 말이 되기나 하나. ☞ 아이3. 어대2. 어어. 언재. 언지.

어디매 대 어드매. 어디쯤. ¶가마이 있자, 내가 인사를 받고도 이거 참, 자네가 **어디매** 누구 자제분이드라? ▶ 가만히 있자, 내가 인사를 받고도 이것 참, 자네가 **어드매** 누구 자제분이더라?

어:디요 감 아닙니다. 아니요. 부정하거나 사양할 때 쓰는 말. ¶**어디요**, 지는 시집 앤가고 아부지 모시고 살라니더. ▶ **아니요**, 저는 시집 안가고 아버지 모시고 살렵니다. ☞ 어대요. 어뜬요. 어어요. 언요. 언재요. 언지요.

어따 준 '어디다'의 준말. 【어따다 ▶ 어디다】¶**어따** 나두고 여기 와서 찾노? ▶ 어디다 놓아두고 여기 와서 찾나?/어대서 뽈때기 맞고 **어따** 분풀이를 할라 카노?

▶ 어디서 뺨 맞고 어디다 분풀이를 하려 하나?/달다리 묵고 어따 꽁 다리 니미 노? ▶ 닭다리 먹고 어디다 꿩 다리 내미나?

어떡' 뷔 어서. 얼른. ¶아들 외가아 임자 혼차 어떡 댕개오소. ▶ 애들 외가에 임자 혼자 어서 다녀오세요. ☞ 서떡. 싸게. 쌔기. 어여. 얼릉. 얼렁. 펏떡.

어:뜨머 뷔 어쩌면. ¶어뜨머 우리 매느리가 담 달에 알라 놓을지 모리겠다. ▶ 어쩌면 우리 며느리가 다음 달에 아기 낳을지 모르겠다.

어:뜨하다 혱 어떠하다. 어떻다. 【어뜨해 ▶ 어떠해(어때)/어뜨한 ▶ 어떠한(어떤)/어뜨할 ▶ 어떠할(어떨)/어뜨하이 ▶ 어떠하니(어떠니)】 ¶요새 자네 몸이 어뜨하노? ▶ 요새 자네 몸이 어떠하나?/가가 어뜨해서 니가 실타 카노? ▶ 걔가 어떠해서 너가 싫다 하나?/어뜨한 일이 있어도 돈을 받어 온나. ▶ 어떠한 일이 있어도 돈을 받아 오너라./어뜨할 때 보머 쫌 모지래는 사람 겉다. ▶ 어떠할 때 보면 좀 모자라는 사람 같다./넘들이야 어뜨하이 캐도 내게는 고맙은 사람이다. ▶ 남들이야 어떠하니 해도 내게는 고마운 사람이다. ☞ 어뚷타.

어:뜬요 뷥 아닙니다. 아니요. 손윗사람에게 부정하거나 사양할 때 쓰는 말. ¶어뜬요. 지는 실컨 묵었니더. 어르신 더 잡수이소. ▶ 아닙니다. 저는 실컷 먹었습니다. 어르신 더 잡수세요./어뜬요. 어르신은 안저서 쉬시이소. 지가 마자 할시더. ▶ 아닙니다. 어르신은 앉아서 쉬십시오. 제가 마저 하겠습니다. ☞ 어대요. 어디요. 어어요. 언요. 언재요. 언지요.

어:뚷타 혱 어떻다. '어뜨하다'의 준말. 【어때 ▶ 어때/어뜬 ▶ 어떤/어뜰 ▶ 어떨/어뜨이 ▶ 어떠니】 ¶이기이 어뚷다 저기이 어뜨이 말이 만타. ▶ 이것이 어떻다 저것이 어떠니 말이 많다./어뜬 기이든지 니가 좋은 대로 해라. ▶ 어떤 것이던지 네가 좋은 대로 해라./그거 말고 이기이 어뜰꼬? ▶ 그것 말고 이것이 어떨까?

어:런 몡 어른. 【배껕어런 ▶ 바깥어른/시어런 ▶ 시어른/안어런 ▶ 안어른】 ¶어런이 독 깨는 데는 말을 모하고 아들 쟁반 깨머 시끄럽다 칸다. ▶ 어른이 독 깨는 데는 말을 못하고 애들 쟁반 깨면 시끄럽다 한다./어런 만은 집이 잘대는 거를 몬 봤다. ▶ 어른 많은 집이 잘되는 것을 못 봤다. ※남의 일에 이러쿵저러쿵 말이 많은 사람들을 보고 하는 말.

어'럽다 혱 어렵다. 【어럽은 ▶ 어려운/어럽어 ▶ 어려워/어럽으이 ▶ 어려우니】 ¶사람은 어럽은 일도 젂어 바야 속맴을 아지, 겉껍띠기 보고는 모린다. ▶ 사람은 어려운 일도 겪어 보아야 속마음을 알지, 겉껍질만 보고는 모른다. ☞ 애럽다.

어루:다 동 어르다. 【어라 ▶ 얼러/어루이 ▶ 어르니】 ¶얼라를 어루고 있다. ▶ 아기

를 어르고 있다./꼬내기가 쥐를 어라 대드시 한다. ▶ 고양이가 쥐를 얼러 대듯이 한다. ☞ 얼리다.

어루숙'다 [형] 어리석다. 【어루숙어▶어리석어▶어루숙으이▶어리석으니】 ¶저 어루숙은 사람 바라. 넘으 말을 고지곧대로마 듣다가 저래 당한다. ▶ 저 어리석은 사람 봐라. 남의 말을 곧이곧대로 듣다가 저렇게 당한다./약간 어루숙한 기이 낫지 너무 대바라지며 인복이 떨어진다. ▶ 약간 어리석한 것이 낫지 너무 되바라지면 인복(人福)이 떨어진다. ☞ 어리밧다.

어'름1 [명] 얼음. ¶갱주 가머 석빙고라 카는 데가 있는데, 인날 거기다 어름을 떠다 여 놓고 여름에도 묵었단다. ▶ 경주 가면 석빙고(石氷庫)라 하는 데가 있는데, 옛날 거기다 얼음을 떠다 넣어 놓고 여름에도 먹었단다./어름 우에 나자빠진 소 눈까리 같다. ▶ 얼음 위에 나자빠진 쇠 눈깔 같다. ※ 황당한 표정을 짓고 있는 것을 비유하여 하는 말.

어름2 [명] 으름. 연복자(燕覆子).

어름잡'다 [동] 어림잡다. 【어름잡어▶어름잡아/어름잡으이▶어름잡으니】 ¶금연에는 시절이 좋아서 갈실게 털머 어름잡어도 쉰 섬은 넘어 앤 나오겠나? ▶ 금년에는 절후가 좋아서 가을에 털면 어림잡아도 쉰 섬은 넘어 안 나오겠나?

어름짱 [명] 얼음장. ¶한 겨실 내 불을 앤 때서 방바닥이 어름짱 같다. ▶ 한 겨울 내처 불을 안 때서 방바닥이 얼음장 같다.

어리미 [명] 어레미. 눈(구멍)이 성긴 체. ☞ 얼기미체.

어리밧'다 [형] 어리석다. 순진하다. ¶괴이 어리밧은 짓을 하고 댕기지 마고 가마이 집에 들안저 있그라. ▶ 공연히 어리석은 짓을 하고 다니지 말고 가만히 집에 들어앉아 있어라. ☞ 어루숙다.

어리비'기 [명] 어리보기. 머저리. ¶곰인데 설거지하라 카머 지동뿌리꺼정 뺀다 카든데, 저 어리비기하고 무신 일을 하겠노? ▶ 곰한테 설거지하라면 기둥뿌리까지 뺀다던데, 저 어리보기하고 무슨 일을 하겠나?

어림짱 [명] 으름장. ¶자네 그튼 사람이 어림짱 나 바야 그 사람은 콧똥마 뀐다. ▶ 자네 같은 사람이 으름장 놓아 보아야 그 사람은 콧방귀만 뀐다./그 사람을 잡어다 놓고 어림짱을 났디이 머가 질래는 기이 있는지 엉뚱한 거도 술술 부는 거 아이가. ▶ 그 사람을 잡아다 놓고 으름장을 놓았더니 뭐가 찔리는 것이 있는지 엉뚱한 것도 술술 부는 것 아닌가.

어'마씨 [명] 어머니. 남의 어머니에 대한 높임말. 비슷한 말의 품격 순위는, 어마임=어멈1〉어무이〉어마씨〉어매〉어마이=어멈2=어미=애미=이미.

어마야: ㉯ 어머나. '어매(어머니)야'의 뜻. ¶어마야, 이거를 우짜꼬? ▶ 어마나, 이것을 어쩌나?

어마~이 몡 어미. '어매'의 낮춤말. 비슷한 말의 품격 순위는, 어마임=어멈1〉어무이〉어마씨〉어매〉어마이=어멈2=어미=애미=이미.

어마임 몡 어머님. 며느리가 시어머니를 불러 이르는 말. '어매'의 높임말. 비슷한 말의 품격 순위는, 어마임=어멈1〉어무이〉어마씨〉어매〉어마이=어멈2=어미=애미=이미.

어매 몡 어머니. 비슷한 말의 품격 순위는, 어마임=어멈1〉어무이〉어마씨〉어매〉어마이=어멈2=어미=애미=이미. ¶어매요, 밥 잡수이소. ▶ 어머니, 밥 잡수세요.

어멈1 ㊚ 어머님. '어마임'의 준말. 며느리가 시어머니를 불러 이르는 말. 비슷한 말의 품격 순위는, 어마임=어멈1〉어무이〉어마씨〉어매〉어마이=어멈2=어미=애미=이미. ¶어멈요, 부디부디 오래 건강하시이소. ▶ 어머님, 부디부디 오래 건강하십시오./어멈 맘 씨시는 거를 보면 우리 자석들은 죽어도 몬 따라가니더. ▶ 어머님 마음 쓰시는 것을 보면 우리 자식들은 죽어도 못 따라갑니다.

어멈2 몡 어미. '어매'의 낮춤말. 비슷한 말의 품격 순위는, 어마임=어멈1〉어무이〉어마씨〉어매〉어마이=어멈2=어미=애미=이미.

어무다 혱 엉뚱하다. 방언에서는 '엉뚱하다'와 '어물다'의 뜻을 혼용함. 【어문▶엉뚱한/어물어▶엉뚱해/어무이▶엉뚱하니】 ¶사람이 와 그래 어무노? ▶ 사람이 왜 그렇게 엉뚱하나?/어문 짓을 하고 있다. ▶ 엉뚱한 짓을 하고 있다./곁에 나두고서 어문 데를 찾고 있었다. ▶ 곁에 놓아두고서 엉뚱한 데를 찾고 있었다./사람이 어물어서 어디로 내 보낼라 캐도 걱정이 댄다. ▶ 사람이 엉뚱하여 어디로 내 보내려 해도 걱정이 된다.

어무'이 몡 어머니. 비슷한 말의 품격 순위는, 어마임=어멈1〉어무이〉어마씨〉어매〉어마이=어멈2=어미=애미=이미.

어:문 몡 언문(諺文). 한글을 낮잡아 이르는 말. ¶서당아 가서 사장(師丈)한테 진서(眞書)나 배우지 핵고 가서 월사금 내 가매 어문 배와서 어디 써묵을라꼬? ▶ 서당에 가서 훈장(訓長)한테 한문이나 배우지 학교 가서 공납금 내면서 언문 배워서 어디 써먹으려고?/어문도 모리는 기이 진서(眞書) 배운다 칸다. ▶ 언문도 모르는 것이 한문 배운다 한다. ※쉬운 일도 배우지 않고 어려운 일을 하려고

어미

한다는 말. ☞ 똥글. 정낭글.

어미 몡 어미. '어매'의 낮춤말. 비슷한 말의 품격 순위는, 어마임=어멈1〉어무이〉어마씨〉어매〉어마이=어멈2=어미=애미=이미.

어바지 몡 응석받이. ¶어바지로 키와 낳디이 버리재이가 없다. ▶ 응석받이로 키워 놓았더니 버르장이가 없다. ☞ 엉석바지.

어법부리다 동 어물쩍하다. 어물쩍 뭉개다. ¶물에 물 탄 거 겉치 술에 술 탄 거 겉치 어법부리지 마고 학실하게 할 꺼는 하고 넘어가자. ▶ 물에 물 탄 것 같이 술에 술 탄 것 같이 어물쩍하지 말고 확실하게 할 것은 하고 넘어가자.

어'부인(御夫人) 몡 영부인(令夫人). 일본말에서 존댓말의 접두어로 쓰는 'お(御)'에서 유래. ☞ 학부인.

어'북1 閉 제법. 꽤. ¶잔채 한분 칠라 카머 돈이 어북 마이 든다. ▶ 잔치 한번 치르려면 돈이 제법 많이 든다./돌 지낸지 얼매 앤 대는데 말을 어북 할 줄 아네. ▶ 돌 지낸지 얼마 안 되는데 말을 꽤 할 줄 아네. ☞ 애법.

어북2 閉 여북. 오죽. 여간. ¶참다가 참다가 내가 어북하머 그랬겠나? ▶ 참다가 참다가 내가 여북하면 그랬겠나?/어북하머 그 부처임 그튼 사람이 도분을 낼까? ▶ 오죽하면 그 부처님 같은 사람이 화를 낼까?/어북했으머 도독질할 생각을 다 했을까? ▶ 오죽했으면 도둑질할 생각을 다 했을까?/어북 보고 싶었으머 이 먼 질을 왔겠노? ▶ 여간 보고 싶었으면 이 먼 길을 왔겠나?

어불래:다 동 어울리다. '어불리다'의 피동. 【어불래 ▶ 어울려/어불래이 ▶ 어울리니】 ¶자네한테는 그 옷이 맞춘 드시 어불랜다. ▶ 자네한테는 그 옷이 맞춘 듯이 어울린다./어불래 노디이라도 사람 그튼 사람하고 놀어라. ▶ 어울려 놀더라도 사람 같은 사람하고 놀아라./누구하고도 잘 어불래이 그 사람을 실타는 사람이 없다. ▶ 누구하고도 잘 어울리니 그 사람을 싫다는 사람이 없다.

어불'리다 동 어우르다. 【어불러 ▶ 어울러/어불리이 ▶ 어우르니】 ¶그런 사람들하고 어불리지 마라. ▶ 그런 사람들하고 어우르지 마라./칼치 고디이 따리 할 꺼 없이 마카 어불러 떠림이하소. ▶ 갈치 고등어 따로 할 것 없이 모두 어울러 떨이하세요./이거저거를 어불리이 짐이 한 도라구나 댄다. ▶ 이것저것을 어우르니 짐이 한 트럭이나 된다.

어:시 閉 엄청. 억세게. '어시기'의 준말. ¶오늘은 기분이 어시 좋은 날이다. ▶ 오늘은 기분이 엄청 좋은 날이다./그 사람은 돈이 어시 많은 사람이다. ▶ 그 사람은 돈이 억세게 많은 사람이다. ☞ 억수로. 억시기.

어:어

어:시기 튀 엄청. 억세게. ¶얼씨구 좋다 어시기 좋다! ▶ 얼씨구 좋다 엄청 좋다!/지 실랑을 보디이 어시기 좋은지 입이 바소구리마이 찌진다. ▶ 제 신랑을 보더니 억세게 좋은지 입이 발채만큼 째진다. ☞ 어시. 억수로. 억시기.

어'야 캅 응. 상대편의 대답을 재촉하거나 다짐을 둘 때 쓰는 소리. ¶거지말하머 앤 댄다. 어야! ▶ 거짓말하면 안 된다. 응!/혼차 집에 가그라. 어야! ▶ 혼자 집에 가거라. 응!/불장난하머 앤 댄다. 어야! ▶ 불장난하면 안 된다. 응! ☞ 어얘. 어이2. 엉.

어야다 동 어떻게 하다. 【어얘 ▶ 어떻게/어얄 ▶ 어떻게 할/어얀 ▶ 어떻게 된】¶내가 어야꼬? ▶ 내가 어떻게 할까?/이거를 어야노? ▶ 이것을 어떻게 하나?/어야는지 모리겠다. ▶ 어떻게 하는지 모르겠다./어야다가 이래 댔노? ▶ 어떻게 하다가 이렇게 되었나?/어야든지 잘해야지. ▶ 어떻게 하던지 잘해야지./어야디이라도 참어야 한다. ▶ 어떻게 하더라도 참아야 한다./어야라꼬 이 카노? ▶ 어떻게 하라고 이러나?/어야머 좋노? ▶ 어떻게 하면 좋으냐?/어야이 저래 착하노? ▶ 어떻게 하니(어떻게 하면) 저렇게 착하나?/이 일을 어야재? ▶ 이 일을 어떻게 하지?//어얘끼나 내가 잘 몬했다. ▶ 어떻게 했거나 내가 잘 못했다./날 쫌 어얘도고. ▶ 나를 좀 어떻게 해 다오./한분 만나서 어얘바라. ▶ 한번 만나서 어떻게 해보아라./어얘하머 잘 댈꼬? ▶ 어떻게 하면 잘 될까?/어얘대머 우야노? ▶ 어떻게 되면 어떻게 하나?/어얘보머 댈다 시푸다. ▶ 어떻게 보면 되겠다 싶다./어얘보이 이상하다. ▶ 어떻게 보니 이상하다.//어얄 생각인지 모리겠다. ▶ 어떻게 할 생각인지 모르겠다./이 일을 어얄꼬? ▶ 이 일을 어떻게 할까?/어얄라꼬 이랬노? ▶ 어떻게 하려고 이랬나?/그 사람은 어얄라나? ▶ 그 사람은 어떻게 하려나?/이거를 어얄래? ▶ 이것을 어떻게 할래?/어얄지 모리겠다. ▶ 어떻게 할지 모르겠다.//이기이 어얀 일고? ▶ 이것이 어떻게 된 일인가? ☞ 우야다. 별표, '어떻게 하다(어야다. 우야다)'의 활용.

어양구양:하다 동 어영부영하다. ¶일을 할라카머 어양구양하지 마고 다잡어서 해바라. ▶ 일을 하려면 어영부영하지 말고 다잡아서 해보아라. ☞ 어영구영하다.

어'얘 캅 응. 상대편의 대답을 재촉하거나 다짐을 둘 때 쓰는 말. ¶잠시 일손을 놓고 나하고 이바구나 쫌 하자, 어얘. ▶ 잠시 일손을 놓고 나하고 이야기나 좀 하자, 응./앞에서는 어얘 어얘 카매 꼬랑대기 헌드다가 돌어서머 언제 봤노 칸다. ▶ 앞에서는 응 응 하며 꼬리를 흔들다가 돌아서면 언제 보았나 한다. ☞ 어야. 어이2. 엉.

어:어 캅 아니. 묻는 말에 부정하거나 뜻밖이라는 뜻으로 쓰는 말. ¶어어, 그래

어:어요

하며 앤 댄다. ▶ 아니, 그렇게 하면 안 된다./어어, 그거는 자네가 모리는 소리다. ▶ 아니, 그것은 자네가 모르는 소리다./어어, 그거는 사람에 대한 도리가 아이다. ▶ 아니, 그것은 사람에 대한 도리가 아니다. ☞ 아이3. 어대2. 어디. 언재. 언지.

어:어요 갑 아니요. 아닙니다. '어어'의 존댓말. 손윗사람에게 부정하거나 거절할 때 쓰는 말. ¶어어요, 지는 그런 거는 모리니더. ▶ 아니요, 저는 그런 것은 모릅니다. ☞ 어대요. 어뜬요. 어디요. 언요. 언재요. 언지요.

어여 부 어서. 빨리. ¶느그 할배가 니를 찾든데, 집에 어여 들어 가 바라. ▶ 너희 할아버지가 너를 찾던데, 집에 어서 들어 가 보아라. ☞ 서떡. 싸게. 쌔기. 어떡. 얼럭. 얼렁. 펏떡.

어영구영:하다 동 어영부영하다. ¶어영구영하다가 절문 시절을 다 보냈다. ▶ 어영부영하다가 젊은 시절을 다 보냈다. ☞ 어양구양하다.

어~이1 갑 아니. 완곡하게 부정할 때 쓰는 말. ¶어이, 그거는 골란한데. ▶ 아니, 그것은 곤란한데./어이, 나는 실으이. ▶ 아니, 나는 싫으네./어이, 나는 앤 갈란다. ▶ 아니, 나는 안 갈란다.

어~이2 갑 응. 상대편의 대답을 재촉하거나 다짐을 둘 때 쓰는 소리. ¶어매, 배고푸다 밥 도고. 어이! ▶ 엄마, 배고프다 밥 다오. 응!/하리밤 더 자고 내리 가자. 어이! ▶ 하룻밤 더 자고 내일 가자. 응! ☞ 어야. 어얘. 엉.

어'이3 갑 어이. 손아랫사람을 부를 때 쓰는 소리. ⑪ '오이(おい)' ¶어이 이리 보래. 혼차 가지 마고 나캉 같치 가자. ▶ 어이 이리 보래. 혼자 가지 말고 나랑 같이 가자.

어~이요 갑 아니요. '어이1'의 존댓말. 손윗사람에게 완곡하게 부정할 때 쓰는 말. ¶어이요, 그거는 앤 대니더. ▶ 아니요, 그것은 안 됩니다.

어'제아:래 명 엊그저께. ¶우리 만난 지가 어제아래 그튼데 벌써로 삼 연이나 지냈나? ▶ 우리 만난 지가 엊그저께 같은데 벌써 삼 년이나 지냈나? ☞ 아래아래.

어지다 형 어질다. 【어질어 ▶ 어질어/어지이 ▶ 어지니】 ¶그 어런은 글 잘하고 어지기를 민에서 소문이 난 분이다. ▶ 그 어른은 글 잘하고 어질기를 면에서 소문이 난 분이다.

어지레'질 명 저지레. 어지르는 짓. ¶방아 어지레질 해 논 거를 한분 쓸고 두디기 빨어서 마뜩게 딲어라. ▶ 방에 저지레 해 놓은 것을 한번 쓸고 걸레 빨아서 말끔하게 닦아라. ☞ 허지레질.

어지리다 图 어지르다.【어지러▶어질러/어지리이▶어지르니】¶즈그가 어지러 놓고 간 거를 딧사람이 치울라 카이 부애가 앤 나겠다. ▶ 저희가 어질러 놓고 간 것을 뒷사람이 치우려니 부아가 안 나겠나.

어:지이떠:지이 图 어중이떠중이. ¶바아깐에 참새 몰래오드시 어지이떠지이들이 다 모애 든다. ▶ 방앗간에 참새 몰려오듯이 어중이떠중이들이 다 모여 든다.

어징거'리다 图 어정거리다. ¶수상한 사람 하나가 담 너머서 어징거리고 있든데 머 하는 사람인공 모리겠다. ▶ 수상한 사람 하나가 담 너머서 어정거리고 있던 데 뭐 하는 사람인지 모르겠다./초상집 개매로 여기서 어징거리지 마고 저리 비 깨 서그라. ▶ 초상집 개처럼 여기서 어정거리지 말고 저리 비켜 서거라.

어짜다 图 어쩌다. 어찌하다.【어째▶어찌/어짤▶어찌려(어쩔)/어짠▶어쩐(어찌 된)】¶저거를 어짜노? ▶ 저것을 어쩌나(어찌하나)?/어짜는지 보자. ▶ 어쩌는지(어 찌하는지) 보자./어짜다가 이래 댔노? ▶ 어쩌다가(어찌하다가) 이렇게 되었나?/어 짜든지 대드록 해바라. ▶ 어쩌던지(어찌하던지) 되도록 해보아라./어짜디이라도 참어 바라. ▶ 어쩌더라도(어찌하더라도) 참아 보아라./어짜라꼬 이카노? ▶ 어쩌라 고(어찌하라고) 이러나?/어쩌머 좋노? ▶ 어쩌면(어찌하면) 좋으냐?/어짜이 대드노? ▶ 어쩌니(어찌하니) 되더냐?/이거를 어짜재? ▶ 이것을 어쩌지(어찌하지)?//어째대 머 우야노? ▶ 어찌되면 어떻게 하나?/나를 어째도고. ▶ 나를 어찌해다오./가마 있 지 마고 어째바라. ▶ 가만히 있지 말고 어찌해보아라./어째하머 댈지? ▶ 어찌하면 될지?/어째끼나 가보자. ▶ 어찌했거나 가보자.//어짤라꼬 이카노? ▶ 어쩌려고(어찌 하려고) 이러나?/어짤라나 모리겠다. ▶ 어쩌려나(어찌하려나) 모르겠다./어짤라머 어째바라. ▶ 어쩌려면(어찌하려면) 어찌해보아라./니는 어짤래? ▶ 너는 어쩔래(어 찌할래)?/어짤지 모리겠다. ▶ 어쩔지(어찌할지) 모르겠다./이거를 어짤꼬? ▶ 이것 을 어쩔까(어찌할까)?//어짠 일로 여기꺼정 왔노? ▶ 어쩐(어찌된) 일로 여까지 왔 나? ☞우짜다. 별표, '어찌하다(어짜다. 우짜다)'의 활용.

어째 图 어찌. ¶어째 보머 댈 꺼도 같다. ▶ 어찌 보면 될 것도 같다./어째 보이 좋코. ▶ 어찌 보니 좋고. ☞ 우째.

어찐어찐:하다 图 어질어질하다. ¶어찐어찐할 정도로 험한 질을 더듬어 올라갔 다. ▶ 어질어질할 정도로 험한 길을 더듬어 올라갔다.

어푸'러지다 图 엎어지다.【어푸러저▶엎어져/어푸러지이▶엎어지니】¶칠전팔 기라 캤드시, 사람은 어푸러지고 자빠러지맨서도 살아가게 대있다. ▶ 칠전팔기 (七顚八起)라 했듯이, 사람은 엎어지고 자빠지면서도 살아가게 되어있다./자석이

어:홍어:홍 어:화넘차 어:홍

라 카는 기이 어푸러지머 코 대는 데 살맨서도 코빼기도 앤 니민다. ▶ 자식이라 하는 것이 엎어지면 코 닿는 데 살면서도 코빼기도 안 내민다./어푸러진 데다 더푸러진다 카디이 그 해는 숭연이 든 데다 빙까지 나돌어서 여기저기서 사람이 나자빠저 실레 가고 했다. ▶ 엎어진 데다 덮친다 하더니 그 해는 흉년이 든 데다 병까지 나돌아서 여기저기서 사람이 나자빠져 실려 가고 했다./일이 앤 댈 때는 어푸러저도 코가 깨지고 자빠러저도 코가 깨진다. ▶ 일이 안 될 때는 엎어져도 코가 깨지고 자빠져도 코가 깨진다.

어:홍어:홍 어:화넘차 어:홍 관 상여소리(상두소리)의 후렴. ¶북망산이 머다드이 문턱뱊이 북망일세, 어홍어홍 어화넘차 어홍, 황천이 어디라꼬 그래숩게 갈라카노, 어홍어홍 어화넘차 어홍, 인자가머 언제오노 내연이때 다시오나, 어홍어홍 어화넘차 어홍, 동솥안에 살문팥이 싹이나머 오실랑강, 어홍어홍 어화넘차 어홍, 팽풍에 기린달이 날개치머 오실랑강, 어홍어홍 어화넘차 어홍, 구름그튼 이 시상아 초로그튼 우리인생, 어홍어홍 어화넘차 어홍, 칠팔십을 사잣디이 일장춘몽 꿈이로다, 어홍어홍 어화넘차 어홍,⋯. ▶ 북망산이 멀다더니 문턱밖이 북망일세, 어홍어홍 어화넘차 어홍, 황천이 어디라고 그리쉽게 가려는가, 어홍어홍 어화넘차 어홍, 이제가면 언제오나 내년이때 다시오나, 어홍어홍 어화넘차 어홍, 동솥안에 삶은팥이 싹이나면 오시련가, 어홍어홍 어화넘차 어홍, 병풍에 그린닭이 날개치면 오시련가, 어홍어홍 어화넘차 어홍, 구름같은 이세상에 초로같은 우리인생, 어홍어홍 어화넘차 어홍, 칠팔십을 살자더니 일장춘몽 꿈이로다, 어홍어홍 어화넘차 어홍,⋯. ※ 상여의 앞방틀 위에 올라선 선소리꾼이 사설을 선창하면서 '땡그랑 땡그랑', 요령을 흔들면 상두꾼들은 발을 옮기면서 거기에 맞춰 '어홍어홍 어화넘차 어홍' 하며 후렴을 이어 받는다. 〈한국의 민요. 任東權〉 ☞ 상두꾼. 상애1.

억 명 기(氣). 억장(億丈). ¶차라리 소하고 말하지, 전 무식꾼하고 말할라카이 억이 맥해서 말이 앤 나온다. ▶ 차라리 소하고 말하지, 전 무식꾼하고 말하려니 기가 막혀서 말이 안 나온다./저눔 소상, 일하는 거 보머 억이 무너진다. ▶ 저놈의 자식, 일하는 것 보면 억장이 무너진다.

억간(-肝) 명 속(內臟). '오장육부(五臟六腑)'의 뜻. '무너지다', '디집어지다(뒤집어지다)', '상하다' 따위의 말과 함께 쓰여 '극도로 속이 상하다'는 뜻의 말이 됨. '억장(億丈)'과 혼돈하여 쓰는 경우가 많다. ¶억간이 디집어진다. ▶ 속이 뒤집어진다./억간이 상한다. ▶ 속이 상한다. ☞ 억간장. 억장.

억간장(-肝腸) 몡 억장(億丈). 속(內臟). '오장육부(五臟六腑)' 뜻. '억간'+'억장'. '억장(億丈)'과 혼돈해서 쓰는 경우가 많다. ¶아이고 원통해라. 내 억간장이 무너지는 거를 화늘이나 아까 땅이나 아까. ▶ 아이고 원통해라. 내 억장이 무너지는 것을 하늘이나 알까 땅이나 알까./어제꺼정 멀쩡하든 사람이 저래 실성을 했으이 이거 억간장이 무너질 일이 아이가? ▶ 어제까지 멀쩡하던 사람이 저렇게 실성(失性)을 했으니 이것 억장이 무너질 일이 아닌가? ☞ 억간. 억장.

억새 깜 에끼. 객귀를 물릴 때 귀신을 부르거나 겁을 주는 소리. ¶억새 고시네. 이거 받어묵고 썩 물러가그라! ▶ 에끼 고수레. 이것 받아먹고 썩 물러가거라! ☞ 객구.

억수로 뷔 엄청. 억세게. '억(億)의 수(數)로', 즉 '굉장히 많이'라는 뜻. ¶억수로 비가 만이 왔다. ▶ 엄청 비가 많이 왔다./억수로 재수 없다. ▶ 억세게 재수 없다./억수로 고상했다. ▶ 억세게 고생했다. ☞ 어시. 어시기. 억시기.

억'시기 뷔 억세게. 엄청. '억(億)으로 시기(세게. 算하기)', 즉 '굉장히 많이'라는 뜻. ¶억시기 재수 없다. ▶ 억세게 재수 없다./몸이 억시기 아푸다. ▶ 몸이 엄청 아프다. ☞ 어시. 어시기. 억수로.

억시:다 혱 억세다. 【억시 ▶ 억세어/억시이 ▶ 억세니】 ¶여자가 억시머 서방 자아묵는단다. ▶ 여자가 억세면 서방 잡아먹는단다./나물이 억시서 묵기 성그럽다. ▶ 나물이 억세어서 먹기 번거롭다.

억장 몡 억장(億丈). ☞ 억간. 억간장.

억척배 몡 억척 벼. 50년대에 재배하던 벼 품종의 하나. 낱알의 털이 자주색이다.

억척이 몡 억척꾸러기. ¶저 억척이는 맴을 묵으머 몬 해내는 일이 없다. ▶ 저 억척꾸러기는 마음을 먹으면 못 해내는 일이 없다.

언따 동 얹다. 【언저 ▶ 얹어/언즈이 ▶ 얹으니】 ¶날도 저무는데 쪼매 언저서 떠림이로 팔고 가자. ▶ 날도 저무는데 조금 얹어서 떨이로 팔고 가자.

언뚝 몡 언덕. ¶저기 솔나무 한 자리 서있는 언뚝 우에 올러가 보머 그 집이 보이니더. ▶ 저기 소나무 한 그루 서있는 언덕 위에 올라가 보면 그 집이 보입니다./소도 언뚝이 있어야 비배지. ▶ 소도 언덕이 있어야 비비지. ☞ 노푼뚝.

언선시'럽다 혱 지겹다. 지긋지긋하다. ¶시상 사는 기이 언선시럽다. ▶ 세상 사는 것이 지겹다./그눔으 상판띠기마 바도 언선시럽다. ▶ 그놈의 상판대기만 보아도 지긋지긋하다.

언:요 깜 아닙니다. 아니요. '언재요' 또는 '언지요'의 준말. 손윗사람의 말에 부

언:재

정하거나 사양할 때 쓰는 말. ¶언요, 아이니더. ▶ 아니요, 아닙니다. ☞ 어대요. 어뜬요. 어디요. 어어요.

언:재 갑 아니. 묻는 말에 부정하거나 거절할 때 쓰는 말. ¶언재, 나는 **바뿌이** 니 혼차 가그라. ▶ 아니, 나는 바쁘니 너 혼자 가거라. ☞ 아이3. 어대2. 어디. 어어. 언지.

언:재요 갑 아닙니다. 아니요. '언재'의 존댓말. 손윗사람이 하는 말에 부정하거나 사양할 때 쓰는 말. ¶언재요, 지는 그 일은 모리니더. ▶ 아닙니다, 저는 그 일은 모릅니다. ☞ 어대요. 어뜬요. 어디요. 어어요. 언요. 언지요.

언:지 갑 아니. 부정하거나 거절할 때 쓰는 말. ¶언지, 느그끼리 놀아라. 나는 잘란다. ▶ 아니, 너희끼리 놀아라. 나는 자련다. ☞ 아이3. 어대2. 어디. 어어. 언재.

언:지요 갑 아닙니다. 아니요. '언지'의 존댓말. 손윗사람이 하는 말에 부정하거나 사양할 때 쓰는 말. ¶언지요, 그 사람은 믿을 만하니더. ▶ 아닙니다, 그 사람은 믿을 만합니다. ☞ 어대요. 어뜬요. 어디요. 어어요. 언요. 언재요.

언채:다 동 얹히다. '언따'의 피동. 【언채 ▶ 얹혀/언치이 ▶ 얹히니】 ¶언챌라, 물을 마서 가매 천처이 묵어라. ▶ 얹힐라, 물을 마셔 가며 천천히 먹어라./언제꺼정 니가 부모한테 언채 살라 카노? ▶ 언제까지 네가 부모한테 얹혀 살려 하나? ☞ 언치다.

언치:다 동 얹히다. '언따'의 피동. 【언채 ▶ 얹혀/어치이 ▶ 얹히니】 ☞ 언채다.

얼개'다 동 무너뜨리다. 주로 벽돌이나 돌 따위의 딱딱한 물건을 포갠 것을 무너뜨리는 것을 말함. 반 동개다. 【얼개 ▶ 무너뜨려/얼개이 ▶ 무너뜨리니】 ¶어제 친 담을 다 얼개고 다시 쳤다. ▶ 어제 친 담을 다 무너뜨리고 다시 쳤다.

얼개'빗 명 얼레빗. 살이 굵고 성긴 빗. ☞ 얼기미빗. 얼기빗.

얼개얼개 부 얼기설기. ¶치간이라 카는 기이 짚하고 소깝가지로 얼개얼개 엮어 덮어서 비가 출출 샌다. ▶ 변소라는 것이 짚하고 솔가지로 얼기설기 엮어 덮어서 비가 줄줄 샌다.

얼'거지다 동 어지럽게 떨어지다. ¶요분 바람에 넝굼이 마이 얼거졌드라. ▶ 요번 바람에 능금이 많이 떨어졌더라.

얼골 명 얼굴. ¶저 인간 얼골 가죽이 뚜껍은 거는 시상이 다 아는데. ▶ 저 인간 얼굴 가죽이 두꺼운 것은 세상이 다 아는데./저런 거를 보머 얼골이 뜨겁어서 고개를 몬 들겠다. ▶ 저런 것을 보면 얼굴이 뜨거워서 고개를 못 들겠다.

얼골빤때기 명 얼굴짝. '얼굴'의 낮춤말. ¶넘으 서방 호래서 배꿈 마춘 연, 어디 얼골빤때기나 한분 보자. ▶ 남의 서방 호려서 배꼽 맞춘 년, 어디 얼굴짝이나 한번 보자./얼골빠때기 빤빤한 것들은 얼골 값 하니라꼬 성한 것들이 없다. ▶ 얼굴짝 빤빤한 것들은 얼굴 값 하느라고 성한 것들이 없다. ☞ 낯꺼죽. 낯빤때기. 낯째기.

얼구:다 동 얼리다. '얼다'의 사동. 【얼가 ▶ 얼려/얼구이 ▶ 얼리니】 ¶요분 춤이가 얼매나 뺄났든지 짐치단지 앤 묻어 논 거는 다 얼가 터자 뿌렸다. ▶ 요번 추위가 얼마나 별났던지 김치단지 안 묻어 놓은 것은 다 얼려 터져 버렸다.

얼기'미빗 명 얼레빗. 살이 굵고 성긴 빗. ¶얼기미빗하고 참빗마 품고 시집가도 지 복 있으이 잘 살게 대드라. ▶ 얼레빗하고 참빗만 품고 시집가도 제 복 있으니 잘 살게 되더라. ☞ 얼개빗. 얼기빗.

얼기'미체 명 어레미. 버드나무의 엷은 판을 둥글게 구부려 만든 쳇바퀴에다 철사나 대나무 올로 얽은 체 바닥을 깔았다. ¶얼기미체 뜰버진 데다 삼베 쪼가리로 집어 논 거 또 터저서 더는 몬 씨겠다. ▶ 어레미 뚫어진 데다 삼베 조각으로 기워 놓은 것 또 터져서 더는 못 쓰겠다, ☞ 어리미.

얼기'빗 명 얼레빗. 살이 굵고 성긴 빗. '얼기미빗'의 준말. ☞ 얼개빗.

얼'따 동 얽다. 【얼거 ▶ 얽어/얼그이 ▶ 얽으니】 ¶지붕이라 카는 기이 짚으로 이리저리 얼거 덮어서 비가 출출 쇤다. ▶ 지붕이라 하는 것이 짚으로 이리저리 얽어 덮어서 비가 출출 샌다.

얼라: 명 아기. ¶야야, 얼라 젖 물래서 잠재와라. ▶ 애야, 아기 젖 물려서 잠재워라./얼라 긑치 응정부리지 마라. ▶ 아기 같이 응석부리지 마라. ☞ 알라.

얼럭 부 얼른. 어서. 빨리. ¶마이 묵고 얼럭 크그라. ▶ 많이 먹고 얼른 커라. ☞ 서떡. 싸게. 쌔기. 어떡. 어여. 얼렁. 핏떡.

얼렁 부 얼른. 어서. 빨리. ¶얼렁 밥 묵고 설거지하자. ▶ 얼른 밥 먹고 설거지하자. ☞ 서떡. 싸게. 쌔기. 어떡. 어여. 얼럭. 핏떡.

얼렁거'리다 동 어른거리다. ¶저기 수풀 속에서 짐성 한 마리가 얼렁거린다. ▶ 저기 수풀 속에서 짐승 한 마리가 어른거린다./눈을 깜어도 그 사람 얼골이 앞에 얼렁거린다. ▶ 눈을 감아도 그 사람 얼굴이 앞에 어른거린다.

얼'리다 동 어르다. 으르다. 【얼러 ▶ 얼러/얼리이 ▶ 어르니】 ¶할마씨가 손자를 안고 얼리고 안젔드라. ▶ 할머니가 손자를 안고 어르고 앉았더라./꼬내기가 쥐를 잡어 놓고 얼리이 꼼짝을 몬한다. ▶ 고양이가 쥐를 잡아 놓고 으르니 꼼짝을 못한다. ☞ 어루다.

얼매

얼매 명 얼마. ¶이거 얼매 마이고, 시어마씨 죽고 첨 아이가? ▶ 이것 얼마 만인가, 시어머니 죽고 첨 아닌가?/새딕이, 얼매 만에 친정 왔넌기요? ▶ 새댁, 얼마 만에 친정 왔는가요?/요새 혼수로 이만하머 댔지, 얼매나 더 하노? ▶ 요새 혼수로 이만하면 됐지, 얼마나 더 하나?

얼수:하다 형 '어수룩하다'의 준말. ¶사람이 얼수한 데도 있어야지 너무 불거저도 정이 앤 붙는다. ▶ 사람이 어수룩한 데도 있어야지 너무 불거져도 정이 안 붙는다.

얼:신 명 '어르신'의 준말. ¶얼신, 아침 잡샀넌기요? ▶ 어르신, 아침 잡수었습니까?/얼신, 일간 팬안하신기요? ▶ 어르신, 일간(日間) 편안하십니까?

얼:찜에 부 엉겁결에. ¶얼찜에 그래 말하기는 했지마는 그기이 내 본심은 아닐세. ▶ 엉겁결에 그렇게 말하기는 했지만 그게 내 본심은 아닐세. ☞ 엉겁절에.

얼척'없다 형 어이없다. 황당하다. ¶니가 그래 얼척없는 말을 하이 기가 맥해 말이 앤 나온다. ▶ 네가 그렇게 어이없는 말을 하니 기가 막혀 말이 안 나온다.

얼:축 부 얼추. 대충. ¶수판을 때래 보이 심이 얼축 맞어 들어간다. ▶ 주판을 때려 보니 셈이 얼추 맞아 들어간다.

얼캐:다 동 얽히다. '얼따'의 피동. 【얼캐 ▶ 얽혀/얼캐이 ▶ 얽히니】 ¶사돈으 팔촌꺼정 꼽어 보머 서리 얼캐서 넘넘이라꼬 막말하머 실수한다. ▶ 사돈의 팔촌까지 꼽아 보면 서로 얽혀서 남남이라고 막말하면 실수한다. ☞ 얼키다.

얼크리:하다 형 얼큰하다. ¶허허 저 사람 보래. 한잔 얼크리하게 묵어 노이 앞에 비이는 사람이 없는 가배. ▶ 허허 저 사람 봐라. 한잔 얼큰하게 먹어 놓으니 앞에 보이는 사람이 없는 가봐.

얼키:다 동 얽히다. '얼따'의 피동. 【얼캐 ▶ 얽혀/얼키이 ▶ 얽히니】 ¶칠개이덤풀이 이래저래 얼캐서 더 올러가지 몬하겠네. ▶ 칡덩굴이 이리저리 얽혀서 더 올라가지 못하겠네. ☞ 얼캐다.

엄만:하다 형 웬만하다. 【엄마이 ▶ 웬만하게/엄만하머 ▶ 웬만하면/엄만침 ▶ 웬만치】 ¶인자 일이 엄마이 댔으이 미라 놓고 밥이나 묵자. ▶ 이제 일이 웬만하게 되었으니 미뤄 놓고 밥이나 먹자./이보래, 엄만하머 그냥 눈깜어 조라. ▶ 여보게, 웬만하면 그냥 눈감아 줘라./엄만침 해 좃으이 체민치레는 했다. ▶ 웬만치 해 줬었으니 체면치레는 했다. ☞ 자그나하다.

엄살궂'다 형 고집스럽고 못되다. ¶그 여자, 성질이 엄살궂어 엄만한 남정은 몬 당한다. ▶ 그 여자, 성질이 고집스러워 웬만한 남자는 못 당한다.

엄시'미 〖튄〗 엄청. 제법. 상당히. ¶고동핵교 하나 공부시기는 데도 돈이 엄시미 들어가드라. ▶ 고등학교 하나 공부시키는 데도 돈이 엄청 들어가더라./봉술이 그 사람은 수 삼연 쌀장사해서 돈을 엄시미 모았단다. ▶ 봉술이 그 사람은 한 삼년 쌀장사해서 돈을 제법 모았단다./그때 봤을 때는 쪼맨하디이, 맻 연 만에 보이 엄시미 컸다. ▶ 그때 보았을 때는 조그마하더니, 몇 년 만에 보니 상당히 컸다.

업사~이이기다 〖동〗 업신여기다. 【업사이이개 ▶ 업신여겨/업사이이기이 ▶ 업신여기니】¶지금 가진 기이 없다고 업사이이기지 마래이 사람팔자는 내리를 모린다. ▶ 지금 가진 것이 없다고 업신여기지 마라 사람팔자는 내일을 모른다. ☞ 업산이기다. 업수이이기다.

업:산이기다 〖동〗 업신여기다. 【업산이개 ▶ 업신여겨/업산이기이 ▶ 업신여기니】 ☞ 업사이이기다. 업수이이기다.

업:수이보다 〖동〗 깔보다. 얕보다. 【업수이바 ▶ 깔봐/업수이보이 ▶ 깔보니】¶저 사람이 촌에 처백해 있다고 업수이보다가 큰 코 다친다. ▶ 저 사람이 촌에 처박혀 있다고 깔보다가 큰 코 다친다.

업:수이비:다 〖동〗 깔보이다. '업수이보다'의 피동. 【업수이비애 ▶ 깔보여/업수이비애이 ▶ 깔보이니】¶내 자석을 넘한테 업수이비지 안케 할라꼬 무진 애를 썼다. ▶ 내 자식을 남한테 깔보이지 않게 하려고 무진 애를 썼다.

업:수이이기다 〖동〗 업신여기다. 【업수이이개 ▶ 업신여겨/업수이이기이 ▶ 업신여기니】 ☞ 업사이이기다. 업산이기다.

업해:다 〖동〗 업히다. '업다'의 피동//사동. 【업해 ▶ 업혀/업해이 ▶ 업히니】¶지는 손까락도 깟닥 애하고 넘인테 업해 갈라 칸다. ▶ 저는 손가락도 까딱 안하고 남에게 업혀 가려 한다.//알라를 업해 뺐으로 내보냈다. ▶ 아기를 업혀 밖으로 내보냈다.

엇나'다 〖동〗 어긋나다. 비뚤어지다. 【엇나 ▶ 어긋나/엇나이 ▶ 어긋나니】¶문째기가 엇나서 꼭 앤 닫어진다. ▶ 문짝이 어긋나서 꼭 안 닫힌다./사람이 한분 엇나이 돌리기 심들드라. ▶ 사람이 한번 비뚤어지니(어긋나니) 돌리기 힘들더라.

엇찌'다 〖형〗 말투가 어긋지다. 말투가 투박한 영남 사람은 서울을 비롯한 타지방의 말투를 '엇찌다(어긋지다)'라고 하고 '간지럽다'라고도 하며 거부감을 갖는 경향이 있다. 예를 들면 영남 말은 '어디 가노?', '어디 가닌기요?'라며 말의 억양이 고른데 비하여, 서울을 비롯한 타지방 사람들은 '어'디 가나?', '어'디 가세요:?'라며 말의 억양이 비교적 강한 편이다. ¶서울서 맻 연을 사다가 오디이 말을 엇

엉:

찌게 하네. ▶ 서울서 몇 년을 살다가 오더니 말을 어긋지게 하네. ☞ 경사.
엉: ㉠ 응. 상대방에게 무엇을 재촉하거나 다짐을 둘 때 쓰는 말. ¶이거 쫌 묵어 바라. 엉! ▶ 이것 좀 먹어 봐라. 응!/내가 그카드라꼬 카지 마래이. 엉! ▶ 내가 그러더라고 하지 마라. 응! ☞ 어야. 어얘. 어이2.
엉가:이 ㉯ 어지간히. 웬만하게. ¶가는 엉가이 머러캐서는 말을 앤 듣는다. ▶ 걔는 어지간히(웬만하게) 나무라서는 말을 안 듣는다./얼씨구 저거 바라. 엉가이도 좋은가배. ▶ 얼씨구 저것 보아라. 어지간히도 좋은가 봐. ☞ 약간이나.
엉간:하다 ㉭ 어지간하다. 웬만하다. 【엉간해 ▶ 어지간해/엉간하이 ▶ 어지간하게】¶엉간해서는 잔소리를 애 한다. ▶ 어지간해서는 잔소리를 안 한다./성질이 엉간해야 말을 붙치지. ▶ 성질이 어지간해야 말을 붙이지./엉간하이 하고 좋게 해라. ▶ 웬만하게 하고 좋게 해라. ☞ 앵간하다. 방상하다.
엉'겁절에 ㉯ 엉겁결에. ¶엉겁절에 오니라꼬 머 하나 들고 오지도 모했니더. ▶ 엉겁결에 오느라고 뭐 하나 들고 오지도 못했습니다. ☞ 얼찜에.
엉글:하다 ㉭ 엉성하다. 【엉글시 ▶ 엉성하게】¶나무가재이하고 짚으로 엉글시 맨들어 논 칙간에 안졌으머 궁디이가 시럽다. ▶ 나뭇가지하고 짚으로 엉성하게 만들어 놓은 뒷간에 앉았으면 궁둥이가 시리다.
엉'기나다 ㉭ 지긋지긋하다. 몸서리나다. ¶아이고 말 마라. 한 분 두 분도 아이고 인자 그런 일은 엉기난다. ▶ 아이고 말 마라. 한 번 두 번도 아니고 이제 그런 일은 지긋지긋하다. ☞ 엉기정나다.
엉'기정나다 ㉫ 몸서리나다. ¶아이고 그놈 엉기정난다. 한분 붙으머 검처리 글치 앤 떨어지는 그거, 말도 마라. ▶ 아이구 그놈 몸서리난다. 한번 붙으면 거머리같이 안 떨어지는 그것, 말도 마라. ☞ 엉기나다.
엉석 ㉫ 응석. ¶젖 띤 지가 언젠데 아이 엉석을 부리고 있노? ▶ 젖 뗀 지가 언젠데 아직 응석을 부리고 있나? ※유치한 말을 하는 사람에게 핀잔을 주는 말. ☞ 응정.
엉석바'지 ㉫ 응석받이. ☞ 어바지.
엉캐:다 ㉰ 엉키다. 【엉캐 ▶ 엉켜/엉캐이 ▶ 엉키니】¶줄이 엉캘 대로 엉캐서 가닥기를 찾을 수가 없다. ▶ 줄이 엉킬 대로 엉켜서 가닥을 찾을 수가 없다./생각이 엉캐서 머를 먼저 해야 댈지 모리겠다. ▶ 생각이 엉켜서 뭣을 먼저 해야 될지 모르겠다.

엑'조눔 갑 에끼 저놈. '에끼 조놈'의 준말. ¶엑조놈, 고얀 눔 그트이라꼬, 그기이 말이나 대는 소리가. ▶ 에끼 저놈, 고얀 놈 같으니라고, 그것이 말이나 되는 소린가. ☞ 댁조눔.

여'개1 대 여기. 여기에. ¶여개도 사람이고 저개도 사람이라, 사람 나부락에 발패 죽겠드라. ▶ 여기도 사람이고 저기도 사람이라, 사람 때문에 밟혀 죽겠더라./여개 사는 사람들이라꼬 머 밸난 사람들이가? ▶ 여기에 사는 사람들이라고 뭐 별난 사람들인가?

여'개2 명 여가(餘暇). ¶요새는 한 분이라도 맴을 놓고 쉴 여개가 없다. ▶ 요사이는 한 번이라도 마음을 놓고 쉴 여가가 없다./자네, 여개를 바서 한분 놀로 온느라. ▶ 자네, 여가를 보아서 한번 놀러 오느라.

여거'드매 준 '여기 어드매'의 준말. ¶여거드매쯤 미 한 상구가 있었는데 수풀이 차서 용 찾을 수가 없네. ▶ 여기 어드매쯤 묘 한 기가 있었는데 수풀이 차서 영 찾을 수가 없네.

여나:무 주 여남은. 열 남짓한 수. ¶개와 여나무 키 모애서 머를 한다꼬 그라노? ▶ 겨우 여남은 사람이 모여서 뭐를 한다고 그러나?

여'덜 주 여덟. ¶전장 때는 우리 마실 청연들 열 중에 일고 여덜은 군대에 끌래갔다. ▶ 전쟁 때는 우리 마을 청년들 열 중에 일곱 여덟은 군대에 끌려갔다.

여덜아'호 주 여덟아홉. ¶행방 대고 호열자가 돌 때는 그 빙에 걸랬다 카머 열에 여덜아호는 피똥을 싸고 죽었다. ▶ 해방 되고 콜레라가 유행할 때는 그 병에 걸렸다 하면 열에 여덟아홉은 피똥을 싸고 죽었다.

여'럴 명 열흘. ¶여럴 굴머서 군자 없다. ▶ 열흘 굶어서 군자(君子) 없다.

여무까'시 명 사마귀. 사마귓과의 곤충의 하나. ☞ 사마구2.

여무:다1 동 여미다. 가다듬다. 【여마 ▶ 여며/여무이 ▶ 여미니】 ¶그 댁 대문 앞에서 두루매기 자락을 한분 여무고 인기척을 냈다. ▶ 그 댁 대문 앞에서 두루마기 자락을 한번 여미고 인기척을 냈다. ☞ 야무다.

여'무다2 동 여물다. 【여물어 ▶ 여물어/여무이 ▶ 여무니】 ¶과일이 여무기도 전에 바람에 다 떨어졌다. ▶ 과일이 여물기도 전에 바람에 다 떨어졌다./보리이시기가 여물었다. ▶ 보리이삭이 여물었다.

여'무다3 형 여물다. 【여무게 ▶ 여물게/여무이 ▶ 여무니】 ¶자네는 일을 여무게 처리하네. ▶ 자네는 일을 여물게 처리하네./사람이 여무이 걱정할 꺼는 없다. ▶ 사람이 여무니 걱정할 것은 없다.

여'불

여'불 명 여벌. ¶선보로 간다꼬 여불로 애끼든 내 옷을 빌래 가고는 아이 앤 돌러주네. ▶ 선보러 간다고 여벌로 아끼던 내 옷을 빌려 가고는 아직 안 돌려주네.

여불띠'기 명 옆댕이. 옆구리. ¶내 여불띠기에 붙어서 눕어 자그라. ▶ 내 옆댕이에 붙어서 누워 자거라./장난치다가 바지 여불띠기가 터졌다. ▶ 장난치다가 바지 옆댕이가 터졌다./여불띠기가 자꼬 쒸신다. ▶ 옆구리가 자꾸 쑤신다. ☞ 야불띠기.

여:사 부 예사. ¶그런 말은 여사로 듣고 이자뿌러라. ▶ 그런 말은 예사로 듣고 잊어버려라./이거, 여사로 볼 일이 아이구나. ▶ 이거, 예사로 볼 일이 아니구나.

여수:1 명 셈. 여수(與受). ¶그 사람은 여수가 바린 사람이라 같이 일해도 갠찮을 끼이다. ▶ 그 사람은 셈이 바른 사람이라 같이 일해도 괜찮을 것이다.

여'수2 명 여우. ¶저런, 여수 그튼 연이 옆눈까리를 살살 돌러 대매 뭇 사나들을 호린다. ▶ 저런, 여우 같은 년이 곁눈을 살살 돌려 대며 뭇 사내들을 호린다. ☞ 야수. 예수. 미구. 메구.

여식아(女息兒)' : 명 딸애. 계집애. ¶여식아들 여럿이 모애머 밸 여수 짓을 다 한다. ▶ 딸애들 여럿이 모이면 별 여우 짓을 다 한다./여식아 서이머 집 뿔거지 들어내 간다 캤다. ▶ 계집애 셋이면 집 뿌리 들어내 간다 했다. ※딸이 많으면 돈이 많이 들어간다는 말. ☞ 가시나. 기집아. 딸아. 인아. 지집아.

여여'개 명 여기여기. '여개여개' 준말. ¶여보게 이 사람아, 거기 말고 여여개 자시 보게. 이기이 머지? ▶ 여보게 이 사람아, 거기 말고 여기여기로 자세히 보게. 이것이 뭐지?

여일'곱 주 예닐곱. ¶아매 여일곱 살은 대 비는 아 서이가 골목에서 놀드라. ▶ 아마 예닐곱 살은 되어 보이는 애 셋이 골목에서 놀더라.

여직 부 여태. ¶여직 집에 앤 들어가고 여기서 머하고 있었노? ▶ 여태 집에 안 들어가고 여기서 뭣하고 있었나?/그거도 몬하는 거를 보이 여직 묵은 나 걸 묵었구나. ▶ 그것도 못하는 것을 보니 여태 먹은 나이 걸 먹었구나.

여핀네 명 여편네. ¶여핀네가 히푸머 암만 버러들라도 시리에 물 붓기다. ▶ 여편네가 헤프면 아무리 벌어들여도 시루에 물 붓기다. ☞ 이핀네.

역 명의 틈. 새. '녘(무렵)'의 뜻. '어느 역에' 꼴로 쓰여 '어느 틈에' 또는 '어느 새'의 뜻이 됨. ¶그래 꿈질대다가 어느 역에 그 일을 다 마칠로? ▶ 그렇게 굼실거리다가 어느 틈에 그 일을 다 마치려나?/클 때는 저기이 언제 사람 맬로 캤는데 어느 역에 저렇게 컸다. ▶ 클 때는 저것이 언제 사람 되려나 했는데 어느 새 저렇게 컸다.

역부'로 튀 일부러. 역(逆)으로. 반대로. ¶나를 도와조도 시언찬을 사람이 역부로 해방을 놓는다. ▶ 나를 도와줘도 시원찮을 사람이 일부러 훼방을 놓는다.☞ 부로. 일부로.

역불 명 화딱지. ¶아이고 이눔으 꺼, 푸닥거리라도 한분 해야지. 손대는 거마다 터지고 고장 나고, 역불이 나서 몬해 묵겠다. ▶ 아이고 이놈의 것, 푸닥거리라도 한번 해야지. 손대는 것마다 터지고 고장 나고, 화딱지가 나서 못해 먹겠다.

역역'이 튀 역력히(歷歷-). ¶전에 지가 했든 일이 역역이 드러났는데, 지가 머 할 말이 더 있다꼬. ▶ 전에 제가 했던 일이 역력히 드러났는데, 저가 뭐 할 말이 더 있다고.

연1 명 년. ¶이 사나야. 말마다 연 연 그카는데, 내가 어디 니가 묵애 살린 지집이가 머고? ▶ 이 사내야. 말마다 년 년 그러는데, 내가 어디 네가 먹여 살린 계집인가 뭔가?

연2 명의 적. 동안. ¶우야드지 내가 살 연에 아들 치송은 다 시캐 조야 죽어도 눈을 깜지. ▶ 어떻게 하던지 내가 살 적에 애들 배필은 다 정해 줘야 죽어도 눈을 감지.

연'개 명 연기(煙氣). ¶온 꼴짝에 연갠지 앙갠지 자욱하게 꼈다. ▶ 온 골짜기에 연기인지 안갠지 자욱하게 끼었다. ☞ 영기1.

연:달래 명 철쭉. ¶참꽃은 묵어도 대지마는 연달래는 몬 묵는다. ▶ 진달래는 먹어도 되지만 철쭉은 못 먹는다.

연비연사 명 직간접적으로 연결된 친인척((親姻戚). ¶그 집하고는 연비연사 간이라 말을 갈래서 해야 한다. ▶ 그 집하고는 친인척 간이라 말을 가려서 해야 한다.

연:석 명 녀석. ¶이 연석이 젖 묵든 때가 어제아래 그튼데 벌써로 커서 중핵고 댕기나? ▶ 이 녀석이 젖 먹든 때가 엊그저께 같은데 벌써 커서 중학교 다니나?/이 연석은 즈가부지를 달머서 인물 맞잽이로 하는 짓도 착하다. ▶ 이 녀석은 저희 아버지를 닮아서 인물 맞잡이로 하는 짓도 착하다.

연'에1 튀 역시(亦是). ¶연에 그 사람이 내가 말하든 우리 위아재 아이가. ▶ 역시 그 사람이 내가 말하던 우리 외삼촌 아닌가./연에 그 말이 그 말인데 더 말 할 꺼 머 있노? ▶ 역시 그 말이 그 말인데 더 말 할 것 뭣 있나?/자네가 그 사람한테 받은 돈이지마 연에 내 주미이에서 나간 거다. ▶ 자네가 그 사람한테 받은 돈이지만 역시 내 주머니에서 나간 거다. ☞ 이내.

연'에2 📖 연달아. 곧. '연(連)해서'의 뜻. ¶해방대고 두 해 연에 가물어서 산이나 들에 묵는 거라꼬는 다 뜯어 묵으매 목심을 부지했다. ▶ 해방되고 두 해 연달아 가물어서 산이나 들에 먹는 것이라고는 다 뜯어 먹으며 목숨을 부지했다./술을 도 잔 마시디이 연에 녹아 떨어졌다. ▶ 술을 두어 잔 마시더니 곧 녹아 떨어졌다./배속에 걸배이가 들안졌나, 금방 묵고 연에 배고푸다 카네. ▶ 뱃속에 거지가 들어앉았나, 금방 먹고 곧 배고프다 하네.

연에 바라 📖 그것 보아라. 역시 보아라. ¶연에 바라, 내가 머라 카드노? ▶ 그것 보아라, 내가 뭐라 하더냐?/연에 바라, 듣기보담 좋은 사람이지. ▶ 역시 보아라, 듣기보다 좋은 사람이지.

연여'이 📖 연년이(年年-). ¶그때는 연여이 풍연이 들어서 어디로 가도 서리 내 꺼 묵고 가라 카매 인심이 좋았지러. ▶ 그때는 연년이 풍년이 들어서 어디로 가도 서로 내 것 먹고 가라며 인심이 좋았지.

열 📖 도리깨의 열. 도리깨의 때리는 부분으로 닥나무나 물푸레나무 가지 서너 가닥을 묶었다. 《아들. 노리》 ☞ 도리깨.

열ː대 📖 열쇠. ¶느거매가 도장 열대를 어디다 감차 놓고 나갔노? ▶ 네 어머니가 고방 열쇠를 어디다 감춰 놓고 나갔나?

열'씨 📖 삼씨(麻種). ¶열씨 있는 거이 모지랠 꺼 그튼데 장아 가머 한 대 더 사오소. ▶ 삼씨 있는 것이 모자랄 것 같은데 장에 가면 한 되 더 사오소.

염ː염 📖 점점(漸漸). ¶어릴 때는 저기이 언제 사람이 댈노 캤는데 나이가 묵어 가매 염염 사람이 달러지네. ▶ 어릴 때는 저것이 언제 사람이 되나 했는데 나이가 먹어 가며 점점 사람이 달라지네.

염'채 📖 염치(廉恥). ¶자네는 어런들 앞에서 염채도 없이 와 그 모앵이고? ▶ 자네는 어른들 앞에서 염치도 없이 왜 그 모양인가?/그 사람, 지낸 장날 그마이 위사를 하고도 염채도 좋게 또 여기로 왔네. ▶ 그 사람, 지난 장날 그만큼 우사를 하고도 염치도 좋게 또 여기로 왔네.

엿 📖 엿. 엿을 만드는 방법은 먼저 쌀을 불려 쪄서 고두밥을 준비한다. 엿기름을 맷돌에 갈아서 찬물에 불려서(사루다) 체로 찌꺼기를 밭아 낸다. 엿기름 물을 뜨겁게 느껴질 정도로 데운다. 그것을 고두밥에다 붓고 더운 방에다 6시간 정도 삭히면 **감주**(단술)가 된다. 이것을 다시 오재기(짚으로 엮어 만든 거르는 도구)에다 쏟아 붓고 판자 따위로 눌러서 밥찌꺼기(엿밥)를 밭아 내고 그 물을 다시 끓여서 졸이면 끈끈한 **조청**이 된다. 이것을 약간 더 졸여서 식혀서 엿판

위에 쏟아 편 것이 판엿(板-)이고, 수타(手打) 국수처럼 적당한 굵기로 켜서 한 뼘 정도의 길이로 자른 것이 엿가락이다.〈고경 李春澤〉¶에라이, 엿 묵어라. ▶에라, 엿(좆) 먹어라. ※두 팔로 그것을 까는 시늉을 하면서 욕으로 하는 말. ☞길굼. 엿길굼. 엿질굼. 질굼.

엿가래~이 몡 엿가락. ¶자아가 얼매나 엿이 묵고 싶었으며 즈그 할매 고무신째기를 갖다 주고 엿가래이로 바까 묵었을까. ▶쟤가 얼마나 엿이 먹고 싶었으면 저희 할머니 고무신짝을 갖다 주고 엿가락으로 바꾸어 먹었을까. ☞엿. 엿까치.

엿가시'게 몡 엿가위. ¶철걱철걱 엿가시게 소리마 들래머 동네 아들이 감차 났든 고무신째기나 찌그러진 양지기를 들고 나와서 엿까치하고 바까 묵었다. ▶철걱철걱 엿가위 소리만 들리면 동네 애들이 감춰 놓았던 고무신짝이나 찌그러진 양재기를 들고 나와서 엿가락하고 바꿔 먹었다.

엿길굼 몡 엿기름. ☞길굼. 엿. 엿질굼. 질굼.

엿까'치 몡 엿가락. ¶엿까치를 들고 아갑어서 단분에 몬 묵고 한분 빨고 꺼내 보고 한분 빨고 꺼내 보고 했다. ▶엿가락을 들고 아까워서 단번에 못 먹고 한번 빨고 꺼내 보고 한번 빨고 꺼내보고 했다. ☞엿. 엿가래이.

엿밥 몡 엿을 만들 때 감주가 된 단계에서 물을 짜내고 난 밥찌꺼기. ☞엿.

엿방(-房) 몡 엿집. 엿을 고는 집. ¶아짐마 대머 엿재이들이 엿방으로 모애들어서 엿판을 받어 지고 한머러는 웃마실로 한머러는 아래마실로 흩어저서 엿가시게를 찰각찰각 치매 "엿 사소!" 카매 외고 댕긴다. ▶아침만 되면 엿장수들이 엿집으로 모여들어서 엿판을 받아 지고 한편으로는 윗마을로 하편으로는 아랫마을로 흩어져서 엿가위를 찰각찰각 치며 "엿 사소!" 하며 외치고 다닌다. ☞엿.

엿장:사 몡 엿장수. '남성(男性)'의 변말. ☞엿재이.

엿재~이 몡 엿장수. '남성(男性)'의 변말. ¶엿재이 지 맘대로다. ▶엿장수 제 마음대로다. ※남존여비 시대의 남성의 독선을 비유하여 하는 말. ☞엿장사.

엿질굼 몡 엿기름. ¶항갑잔채 때 씰 엿을 꼴라카머 매칠 안에 엿질굼을 말라서 맷돌로 갈어 나야 한다. ▶환갑잔치 때 쓸 엿을 고려면 며칠 안에 엿기름을 말려서 맷돌로 갈아 놓아야 한다. ☞길굼. 엿. 엿길굼. 질굼.

엿치기 몡 엿 내기 장난. 두 사람이 엿가락 하나씩을 골라 들고 동시에 꺾어서 기포(구멍)의 크기를 비교하여 구멍이 작은 사람에게 엿 값을 내게 한다. 때로는 엿장수가 엿의 매상을 올리기 위하여 손님과 겨루어 엿치기를 하기도 한다.

엿칼 몡 판엿을 자르는 도구. 날 부분이 끝처럼 넙적하게 생긴 연장. 판엿에다 엿칼을 대고 망치로 쳐서 잘라 낸다. ☞ 엿.

엿콩 몡 강정. 콩, 쌀, 좁쌀 따위의 알곡을 튀기거나 볶은 것을 물엿으로 버무려 눌린 과자. ¶우리 고장아서는 다린 맹절과 달리 설 차례 상에는 떡국하고 엿콩을 올린다. ▶ 우리 고장에서는 다른 명절과 달리 설 차례 상에는 떡국하고 강정을 올린다.

엿판 몡 판엿을 깔아 놓는 넓적한 나무 그릇. ☞ 엿.

영: 몡 '명령(命令)'의 준말. 어른의 권위(權威). ¶아랫사람은 어른으 영에 따라 하머 댄다. ▶ 아랫사람은 어른의 명령에 따라 하면 된다./영이 서는 집안이라야 대는 집안이다. ▶ 어른의 권위가 서는 집안이라야 되는 집안이다.

영감사 몡 영감(令監). 영감씨. '늙은이'를 홀하게 이르는 말. '영감'+㊐ 'さん'. ¶저 집 영감사는 요새 새 할마이를 얻어서 신수가 환하게 빈다. ▶ 저 집 영감씨는 요새 새 할머니를 얻어서 신수가 훤하게 보인다.

영감재~이 몡 영감쟁이. '늙은이'를 홀하게 이르는 말. ¶늘거바라. 자석이이 머이 캐도 등더리 끌거 줄 사람은 지 영감재이 뱊에 없다. ▶ 늙어봐라. 자식이니 뭐니 해도 등 긁어 줄 사람은 제 영감쟁이 밖에 없지./혼차 사는 기이 낫지, 눈마 뜨머 우리 영감재이 잔소리 때믄에 몬 살겠다. ▶ 혼자 사는 것이 낫지, 눈만 뜨면 우리 영감쟁이 잔소리 때문에 못 살겠다.

영감할마'씨 몡 영감할멈. '노부부(老夫婦)'를 홀하게 이르는 말. ☞ 영감할마이.

영감할마~이 몡 영감할멈. '노부부(老夫婦)'를 홀하게 이르는 말. ¶그 집 영감할마이는 금실이 좋아서 나이 칠십이 넘은 지금도 한 이불을 덮고 잔단다. ▶ 그 집 영감할멈은 금슬이 좋아서 나이 칠십이 넘은 지금도 한 이불을 덮고 잔단다. ☞ 영감할마씨.

영'검 몡 혼쭐(魂). 꾸중. ¶한분 영검을 묵고(당하고)는 다시는 노룸에 손을 앤 댄다. ▶ 한번 혼쭐이 나고는 다시는 노름(賭博)에 손을 안 댄다./손버르재이가 나빠서 한분 영검을 당하고도 아이 그 버르재이를 몬 내뿌리고 있다. ▶ 손버릇장이 나빠서 한번 혼쭐을 당하고도 아직 그 버릇을 못 내버리고 있다./할배한테 영검 들을 일일랑 함부래 하지 마래. ▶ 할아버지한테 꾸중 들을 일일랑 아예 하지 마라.

영'개 몡 이엉. ¶영개 엮을 짚을 넉넉하게 추러 나야 한다. ▶ 이엉 엮을 짚을 넉넉하게 추려 놓아야 한다. ☞ 영기2.

영'기1 몡 연기(煙氣). ¶밥 몬해 묵는 옆집 나 두고 영기 내기가 미안해서 사랖문 닫고 불 땔 때도 있었다. ▶ 밥 못해 먹는 옆집 놓아 두고 연기 내기가 미안해서 사립문 닫고 불 땔 때도 있었다./초령아초령아 청사초령 임으방에 불밝캐라, 임도눕고요 난도눕고 저불끄리가 누길능가, 오늘이해가야 어찌댔노 골목마다 영기나네, 우리야임은 어디로가고 영기낼줄 모르시나. ▶ 초롱아초롱아 청사초롱 님의방에 불밝혀라, 님도눕고요 나도눕고 저불끌이가 누굴런가, 오늘이해가야 어찌됐나 골목마다 연기나네, 우리야님은 어디로가고 연기낼줄 모르시나. 〈모숭기소리의 일부〉 ☞ 연개.

영'기2 몡 이엉. ¶내리 지붕 일라카머 영기 엮는 일꾼이 도 사람은 더 있어야 대겠다. ▶ 내일 지붕 이려면 이엉 엮는 일꾼이 두엇 사람은 더 있어야 되겠다. ☞ 영개.

영'기를 맡다 관 연기를 쏘이다. ¶영기를 맡고 내부럽어 죽겠다 칸다. ▶ 연기를 쐬고 매워 죽겠다 한다.

영기마람 몡 이엉마름. 이엉을 말아 놓은 둥치. ¶썩은새를 다 걷어 냈으이 자, 인자부터 영기마람을 한 둥치씩 올래 바라. ▶ 썩은새를 다 걷어 냈으니 자, 이제부터 이엉마름을 한 둥치씩 올려 봐라.

영'낙없다 혱 영락없다. 【영낙없어 ▶ 영락없어/영낙없으이 ▶ 영락없으니】 ¶자는 생긴 거나 성질이고 영낙없는 즈가부지다. ▶ 쟤는 생긴 것이나 성질이고 영락없는 제 아버지다.

영동할마~이 몡 영등할머니. ¶잇날 느그 할매 살어 기실 때는 이 월 초하리머 오곡밥하고 나물 채래 놓고 공구들 빙 없고 그 해 농사 잘 대라꼬 **영동할마이한테** 빌매 소지했다. ▶ 옛날 너희 할머니 살아 계실 때는 이 월 초하루면 오곡밥하고 나물 차려 놓고 식구들 병 없고 그 해 농사 잘 되라고 **영등할머니한테** 빌며 소지(燒紙)했다. ※이월초하루면 어머니는 부엌에서 정갈하게 상을 차려놓고 소지를 한다. 소지는 웃어른에서 어린이에 이르기까지의 제각각의 소임에 따라, 농사면 농사, 장사면 장사, 학생이면 공부를 화두로 올려 그의 성취를 빌며 종이를 살라서 받들어 올린다. ☞ 이월.

영:장 몡 송장. ¶영장을 때리고 살인 누명을 씬다. ▶ 송장을 때리고 살인(殺人) 누명을 쓴다.

영천대말좆 몡 영천(永川) 대말(大馬) 좆. 길고 굵직한 물건을 비유하거나, 영천사람을 짓궂게 이르는 말. 다른 지방에서도 '영천'이라면 '응 그래, 그 대말좆' 하면서 반응을 보이는 말이다. 영천은 옛날부터 영남의 동서남북으로 통하는 교

영:판

통의 요지라, 말의 편자를 박아 주거나 먹이를 먹여 주었다는 '말죽거리'라는 지명이 남아 있다. ¶앗따, 영천대말좆마한 기이 시험케 생겠다. ▶ 앗다, 영천 뭐만한 것이 엄청나게 생겼다./오줄도 없는 기이 밥 묵고 영천대말좆마하게 그그마 키와서 사나구실은 할라 칸다. ▶ 오줄없는 것이 밥 먹고 영천 뭐만하게 그것만 키워서 사내구실은 하려 한다.

영:판 톈 쏙. 판에 박은 듯이. '영판이다' 또는 '영판 닮었다' 꼴로 쓰여 '쏙 닮았다' 또는 '판에 박은 듯이 닮았다'는 뜻이 됨. ¶자 어들버들한 성질 보머 즈가부지 절물 때하고 영판 달멌다. ▶ 제 우락부락한 성질 보면 제 아버지 젊을 때하고 쏙 닮았다(판에 박은 듯이 닮았다).

옆가리'매 몡 옆 가르마. ☞ 삐딱가리매.

옇'타 통 넣다. 【여어 ▶ 넣어/여이 ▶ 넣으니/열 ▶ 넣을】¶등거리 타는 거를 방고래 안으로 더 밀어 여어라. ▶ 장작 타는 것을 방고래 안으로 더 밀어 넣어라./나가 아홉이머 핵고 열 나이를 지냈다. ▶ 나이가 아홉이면 학교 넣을 나이를 지났다.

예'수 몡 여우. ¶어뜬 사람이 산질을 휠휠 가다가 해가 빠저 뿌렀그덩. 이거 어디서 하리밤 자고 가노 카매 뚜리뚜리 살피이 저 아래 꼴짝에 불이 빤짝빤짝하그덩, 이 첩첩산중에 누가 사는강 카매 가 보이, 소복 입은 색시가 혼차 살고 있는 거 아이가. 채래 온 밥을 다 묵고 잠을 잘라 카는데, 정지에서 무신 소리가 나길래 문꾸영으로 니다보이, 색시가 정지칼을 시퍼렇게 갈고 있는 거 아이가. 아이고 이거 킬 났구나 카매 거름아 날 살리라꼬 도망을 하는데, 돌아보이 디에서 천연 묵은 예수 한 마리가 따어오매 "이눔아 거 서그라, 내 니 잡어묵을란다." 카는 거 아이가. ▶ 어떤 사람이 산길을 휠휠 가다가 해가 빠저 버렸거든. 이거 어디서 하룻밤 자고 가나 하며 두리번두리번 살피니 저 아래 골짜기에 불이 반짝반짝하거든. 이 첩첩산중에 누가 사는가 하며 가 보니, 소복 입은 색시가 혼자 살고 있는 것 아닌가. 차려 온 밥을 다 먹고 잠을 자려고 하는데, 부엌에서 무슨 소리가 나기에 문구멍으로 내다보니, 색시가 부엌칼을 시퍼렇게 갈고 있는 것 아닌가. 아이구 이것 큰일 났구나 하며 걸음아 날 살리라고 도망을 하는데, 돌아보니 뒤에서 천년 묵은 여우 한 마리가 따라오며 "이놈아 거기 서거라, 내 너 잡아먹으려 한다." 하는 것 아닌가. ※이렇게 할머니의 옛날얘기를 들으면서 오금을 졸이고서도 다음날 다시 할머니의 무릎을 베고 눕기만 하면 "할매, 무섭은 이바구 하나 해 도고." 한다. 그러면 할머니는 어제 했던 그 이

바구에 각색을 달리 하여 다시 이야기를 늘어놓게 된다. ☞ 야수. 여수2. 미구. 메구.

오감사 명 '마누라'의 속된말. 일 'おかみさん'. ¶자네 오감사 궁디이에 꿀이 발랬나, 와 그래 꼼짝을 애하노? ▶ 자네 마누라 궁둥이에 꿀이 발렸나, 왜 그렇게 꼼짝을 안하나? ※ 집에만 박혀 있는 친구를 놀리는 말.

오:감타 형 과분(過分)하다. 겹다. ¶째보 마누래도 니한테는 오감타. ▶ 째보 마누라도 너한테는 과분하다./밥 한 그럭도 니하테는 오감타. ▶ 밥 한 그릇도 너한테는 과분하다./오감은 소리 하지 마라. 그거도 니 분수에 오감타. ▶ 겨운 소리 하지 마라. 그것도 네 분수에 겹다.

오강 명 요강. ¶오강 뚜끼로 물 퍼 묵은 거 같다. ▶ 요강 두껑으로 물 퍼 먹은 것 같다. ※ 기분이 꺼림칙하다는 말.

오구: 명 오귀(惡鬼). 오구물림. 객사(客死)하거나 수사(水死)한 망령(亡靈)이나 결혼을 못하고 죽은 처녀귀신이나 몽달귀신의 넋을 빌어 천도(遷度)하기 위하여 행하는 굿으로, 무당이 사람의 형상을 종이에다 그리거나 짚으로 만들어 놓고 굿을 하여 일으켜 신의 영험을 증거 한다. ¶구신 오구 일받는다. ▶ 귀신 오귀 일으킨다.

오구락지 명 오가리. 말랭이. '오그라든 (짠)지'라는 뜻. 【무시오구락지 ▶ 무말랭이】 ¶갈수로 살림이 오구락지매로 오구라들어서 사는 재미라꼬는 눈초재기만치도 없다. ▶ 갈수록 살림이 무말랭이처럼 오그라들어서 사는 재미라고는 눈곱만치도 없다. ☞ 무시오구락지. 오르랑지.

오구리다 동 오그리다. 【오구래 ▶ 오그려/오구리니 ▶ 오그리니】 ¶손을 오구리고 몬 피는 기이 쪼막손 아이가. ▶ 손을 오그리고 못 펴는 것이 조막손 아닌가.

오:굼 명 오금. ¶일을 해 놓고도 오굼이 저래서 가마이 몬 안젔다. ▶ 일을 해 놓고도 오금이 저려서 가만히 못 앉았다./돈이라카머 오굼을 몬 핀다. ▶ 돈이라면 오금을 못 편다. ☞ 오굼재이. 오굼재기.

오굼:오굼 부 야금야금. ¶즈가부지가 심들게 벌어 났든 거를 놀맨서 오굼오굼 다 까묵었다. ▶ 제 아버지가 힘들게 벌어 놓았던 것을 놀면서 야금야금 다 까먹었다.

오굼재기 명 오금팽이. ☞ 오굼. 오굼재이.

오굼재~이 명 오금팽이. '오금'의 속된말. ¶오래 조앉어 있었디이 오굼재이가 아푸다. ▶ 오래 주저앉아 있었더니 오금팽이가 아프다. ☞ 오굼. 오굼재기.

오'다1

오'다1 동 오다. 【온나 ▶ 오라/오이라 ▶ 오너라/온느라 ▶ 오너라/오이 ▶ 오니】 ¶옆 눈 팔지 마고 새기 따러 온나. ▶ 옆 눈 팔지 말고 속히 따라 오라./내가 그리로 몬 가머 니가 오이라. ▶ 내가 그리로 못 가면 네가 오너라./맹절을 쉬고 친정에 갔다가 온느라. ▶ 명절을 쉬고 친정에 갔다가 오너라./여기로 오이 이래 시언한 거로. ▶ 여기로 오니 이렇게 시원한 것을.

오':다2 동 외우다. 【오아 ▶ 외어/오이 ▶ 외우니】 ¶한 달 안에 천자책 한 곤을 다 오고 맹심보감으로 들어갔다. ▶ 한 달 안에 천자문(千字文) 한 권을 다 외우고 명심보감(明心寶鑑)으로 들어갔다./한분 훌터 보고 돌어서서 줄줄 오아 대이 과시 생이지지이지. ▶ 한번 훑어 보고 돌아서서 줄줄 외어 대니 과시(果是) 생이지지(生而知之)이지.

오단가'리나다 동 끝장나다. 결단 나다. 거덜 나다. ¶일하는 짐에 쪼꼼 더해 가주고 오단가리내 뿌리자. ▶ 일하는 김에 조금 더해 가지고 끝장내 버리자. ☞ 오단나다.

오'단나다 동 끝장나다. 결단 나다. 거덜 나다. '오단가리나다'의 준말. ¶그 처자 디를 따러댕기매 찝적거러 대디이 기어이 오단냈다. ▶ 그 처녀 뒤를 따라다니며 집적거려 대더니 기어이 끝장냈다./다부지게 하는 거를 보이 해전에 오단내고 말겠다. ▶ 다부지게 하는 것을 보니 해전에 끝장내고 말겠다./그 꼴난 살림을 하리밤 노룸으로 오단내고 말었다. ▶ 그 보잘것없는 살림을 하룻밤 도박으로 거덜 내고 말았다.

오동 명 오동(梧桐). 화투짝 중에서 11월이나 열한 끗을 상징하는 오동나무 그림의 패.

오동가'리 명 동강이. 동강. 긴 끈이나 시간 따위의 동강. ☞ 동가리.

오두: 명 오디. ☞ 뽕오디. 뽕포두. 포구.

오따:가 부 이따가. 나중에. ¶나는 바뻐서 머여 가이 자네는 오따가 따러오게. ▶ 나는 바빠서 먼저 가니 자네는 이따가 따라오게./급한 거부터 먼첨 하고 그거는 오따가 하시더. ▶ 급한 것부터 먼저 하고 그것은 나중에 합시다. ☞ 우따가.

오라배 명 오라버니. 오빠. '올(올된) 아배(아비)'의 뜻. 성인이 된 오빠를 부를 때는 호격조사, '요'를 붙인다. ¶오라배요 오라배요 날 시집보내 주소. 오라배 장갤랑 후연에 가시고요, 검둥쇠지 팔어 갖고 날 시집보내 주소. ▶ 오라버니 오라버니 날 시집보내 주소. 오라버니 장갈랑 후년에 가시고요, 검정송아지 팔아갖고 날 시집보내 주소. 〈사랑노래. 慶州風物地理誌〉/오라배요, 성내 나가머 구라분 한

통마 사다 주소. ▶ 오라버니, 읍내 나가면 크림 한 통만 사다 주소. ☞ 오래비.

오래비 명 오라비. 오빠. '오라배'의 낮춤말. '올(올된) 애비(아비)'의 뜻. ¶느가부지 말로는 니 오래비 신행하고 나머 니도 바리 시집 보낼라 카든데 인자는 나 댕기지 마고 살림이나 배와 나라. ▶ 네 아버지 말로는 네 오빠 신행(新行)하고 나면 너도 바로 시집 보내려 하던데 이제는 나다니지 말고 살림이나 배워 놓아라.

오르랑지 명 오가리. 무말랭이. ☞ 무시오구락지. 오구락지.

오른재기손 명 오른짝 손. ¶왼재기손을 씨지 마고 오른재기손을 써 볼실해라. ▶ 왼짝 손을 쓰지 말고 오른짝 손을 써 보기로 해라.

오리 명 올. 실의 가닥. ¶어런 바지저구리는 오리가 곱은 맹주로 하고 오리가 찔긴 미영베는 일꾼 입핼 바지저구리를 해 줄라 칸다. ▶ 어른 바지저고리는 올이 고운 명주로 하고 올이 질긴 무명베는 일꾼 입힐 바지저고리를 해 주려 한다.

오리막 명 오르막. ¶일이고 사람 사는 거고 오리막 올러갈 때보담 니러갈 때를 조심해야 한다. ▶ 일이고 사람 사는 것이고 오르막 올라갈 때보다 내려갈 때를 조심해야 한다.

오:리바꾸 명 머리를 뒤로 빗어 붙인 모양. 日 'オールバック(all back)'.

오:망 관형 온갖. ¶질바닥에다 오망 잡동사이를 벌래 놓고 팔고 있다. ▶ 길바닥에다 온갖 잡동사니를 벌려 놓고 팔고 있다./오망 약을 다 써 바도 그 빙에는 호엄이 없드라. ▶ 온갖 약을 다 써 보아도 그 병에는 효험이 없더라./오망 잡것들이 다 찾어와서 손을 벌린다. ▶ 온갖 잡것들이 다 찾아와서 손을 벌린다. ☞ 오망가지.

오:망가지 관형 온갖. ¶고물상 겉치 오망가지 물건을 다 조다 났네. ▶ 고물상 같이 온갖 물건을 다 줘다 놓았네./오망가지 고상을 애 해본 기 이 없다. ▶ 온갖 고생을 안 해본 것이 없다. ☞ 오망.

오:망군데 명 온갖 군데. ¶오망군데 다 가서 물어 바도 금연에는 삼재가 들었다 카매 북쪽에서 오는 목성 가진 사람을 조심하라 카드라. ▶ 온갖 군데 다 가서 물어 보아도 금년에는 삼재(三災)가 들었다면서 북쪽에서 오는 목성(木姓) 가진 사람을 조심하라더라.

오매:가매 관 오며가며. ¶오매가매 옷깃마 실채도 인연이라 카는데 우리가 이래 만난 거도 보통 인연이가 어디. ▶ 오며가며 옷깃만 스쳐도 인연이라 하는데 우리가 이렇게 만난 것도 보통 인연인가 어디.

오:무다

오무:다 图 오므리다. '오무리다'의 준말.【오마▶오므려/오무이▶오므리니】¶저구리 오지랍 벌어진 거를 잘 오마 입어라. ▶ 저고리 옷섶 벌어진 것을 잘 오므려 입어라. ☞ 오물시다.

오무'리다 图 오므리다. 벌려진 형태를 구부려 맞추다.【오무러▶오므려/오무리이▶오므리니】¶오무리고 안저서 머를 그래 생각하노? ▶ 오므리고 앉아서 뭘 그렇게 생각하나?/입을 벌리지 마고 오무러 바라. ▶ 입을 벌리지 말고 오므려 보아라. ☞ 오무다. 오물시다.

오물수:다 图 오므리게 하다. '오무다' 또는 '오무리다'의 사동.【오물사▶오므려/오물수이▶오므리니】¶알라 옷 입은 거를 잘 오물사 조라. ▶ 아기 옷 입은 것을 잘 오므려 주어라.

오물'시다 图 오므리다.【오물서▶우므려/오물시이▶오므리니】 ☞ 오무다. 오무리다.

오:방대틀 图 방틀의 규격이 큰 상여. 보통 상여에 비하여 앞방틀의 규격이 특히 굵어 나무 따위의 장애물이 많은 데를 극복하는데 힘을 발휘한다. 그래서 우직하면서도 고집이 센 사람을 오방대틀에 비유하기도 한다. 보통 상여를 메는데 상여꾼이 28명인데 비하여 오방대틀에는 32명이 붙는다. ¶저눔의 고집은 오방대틀이다. ▶ 저놈의 고집은 오방대틀이다.

오분 图 이번. 요번. ¶내가 늘거서 아매 오분이 마지막 거름이 댈지도 모리겠다. ▶ 내가 늙어서 아마 이번이 마지막 걸음이 될지도 모르겠다./오분 일마 잘대머 묵고 살 꺼리는 해갤댈 끼이다. ▶ 이번 일만 잘되면 먹고 살 거리는 해결될 것이다. ☞ 요분.

오분디~이 图 알짜 동(童)이. 정이(正二)월에 난 사람. '오분순은(알짜) 디이(동이)'의 뜻. 閏 설디이. ¶자는 정월달 오분디이 새일이다. ▶ 쟤는 정월 알짜동이 생일이다.

오분순'타 图 오붓하다. 짭짤하다. ¶우리 걱정은 하지 마고 느그나 온분순케 잘 살어라. ▶ 우리 걱정은 하지 말고 너희나 오붓하게 잘 살아라. ☞ 오지다.

오'수리 图 오소리. ¶오수리를 잡을라머 오수리 굴 앞에다 그물을 대 놓고 영기를 피우머 티나온다. ▶ 오소리를 잡으려면 오소리 굴 앞에다 그물을 대 놓고 연기를 피우면 튀어나온다./아이고, 오수리 잡을라 카나 와 이래 영기를 피우노? ▶ 아이고, 오소리 잡으려 하나 왜 이렇게 연기를 피우나?

오:신맹 图 오신명(誤信命). 몸과 목숨을 그르침. ¶절머서 노룸하고 지집 발키다

가는 오신맹하기 숩다. ▶ 젊어서 노름하고 계집 밝히다가는 오신명하기 쉽다.

오:야1 감 오냐. ¶이래도 오야 저래도 오야 카이 내가 속도 없는 줄 아나? ▶ 이래도 오냐 저래도 오냐 하니 내가 속도 없는 줄 아나?

오'야2 명 두목. 우두머리. '오야가다'의 준말. ☞ 가다2.

오야가'다 명 두목. 우두머리. 日 'おやかた(親肩)'. ☞ 오야2. 가다2.

오:야오:야카다 관 오냐오냐하다. 투정이나 응석을 다 받아 주다. ¶야가 바라. 오야오야카이 몬하는 말이 없네. ▶ 애가 보아라. 오냐오냐하니 못하는 말이 없네./오야오야카고 키와 노이 버리재이가 없다. ▶ 오냐오냐하고 키워 놓으니 버르장머리가 없다.

오요가'재 명 버들강아지. ¶봄이 대며 오요가재 꺾어서 호떼기 맨들어 불었다. ▶ 봄이 되면 버들강아지 꺾어서 호드기 만들어 불었다.

오요오요 감 '여기여기' 하면서 개를 달래는 소리. ¶오요오요 싹싹 홀터라. ▶ 여기여기 싹싹 핥아라. ※아기가 똥을 싸면 '워-리!' 하며 개를 부른다. 그러면 개는 부리나케 달려와서 방바닥뿐만 아니라 아기의 궁둥이까지 핥아 준다. 이 때 덜 치운 데가 있으면 '여기도 한 번 더'라는 뜻으로 '오요오요 싹싹' 하면서 개를 유도한다. ☞ 싹싹. 워리. 유가.

오재'기 명 엿을 골 때 엿밥을 밭이는 도구. 짚으로 자리처럼 엮었다. ☞ 엿.

오재~이 명 오쟁이. 짚을 추려서 양 끝을 묶고 그 가운데를 벌려서 음식 따위를 넣고 듬성듬성 묶는 간이 용기. 계란꾸러미, 작은 메주덩어리, 생선 따위도 이런 방법으로 포장한다. 정월보름이나 이월 명절에 오쟁이에다 음식을 싸서 당산나무나 서낭당 같은 데 걸어두고 지나가는 혼령들에게 먹인다.

오:종(午鐘) 명 오정(午正)을 알리는 종 또는 그 소리. ¶오종 때가 다 대 간다. 나는 들에 저임을 여다 주고 오끼, 니는 집에서 알라 잘 보고 있그라. ▶ 오정 때가 다 되어 간다. 나는 들에 점심을 여다 주고 올게, 너는 집에서 아기 잘 보고 있어라. ※일제 때, 매일 정오가 되면 주재소(파출소)에서 종을 치거나 사이렌을 울려서 시간을 알린다. ☞ 오포.

오:줄 명 사리분별(事理分別). 사리판단(事理判斷). ¶오줄이 반득다. ▶ 사리분별이 바르다./오줄이 없다. ▶ 사리판단이 없다.

오:줄봉태기 명 주책바가지. ¶아이고, 저 오줄봉태기하고 같이 살라 카이 속이 다 썩어 뭉깨진다. ▶ 아이고, 저 주책바가지하고 같이 살려니 속이 다 썩어 문드러진다./아이고, 저마이 오줄봉태기는 조선천지에 없을 끼이다. ▶ 아이고, 저만

오줌바가치

큼 주책바가지는 하늘 밑에 없을 것이다.

오줌바가'치 명 똥오줌을 푸는 바가지. 바가지에 기다란 나무자루를 달았다.

오'즉 튀 여간. 얼마나. ¶아가 오즉 배고펐으며 저래 날리가? ▶ 애가 여간 배고팠으면 저렇게 난린가? ※ 허겁지겁 젖을 빨고 있는 아이를 두고 하는 말.

오:지다 형 알차다. 알짜다. 짭짤하다. 긍정적인 뜻의 말인데도, 때로는 반어적으로 쓰여 '고소하다'라는 뜻으로 쓰일 때가 있음. ¶그 사람은 사는 기이 오지다. ▶ 그 사람은 사는 것이 알차다./아이고, 내 말을 앤 듣디이 그거 오지다. ▶ 아이고, 내 말을 안 듣더니 그것 고소하다./하지 마라꼬 그마이 말랬는데도 고집을 부리디이 고거 오지다. ▶ 하지 마라고 그만치 말렸는데도 고집을 부리더니 고것 고소하다. ☞ 오분순타.

오지랖 명 옷섶. ¶지 오지랍도 몬 가루는 사람이 넘으 가래이 가라 줄라 카네. ▶ 제 옷섶도 못 가리는 사람이 남의 가랑이 가려 주려 하네.

오짐 명 오줌. ¶인날 개성 사람들은 오짐도 맛을 보고 샀단다. ▶ 옛날 개성(開城) 사람들은 오줌도 맛을 보고 샀단다.

오쿰 명의 줌. 한 주먹으로 쥘 만한 분량의 단위. ¶내 집에 온 걸배이도 그양 보내는 기이 아이고 쌀 한 오쿰이라도 조서 보내는 기이다. ▶ 내 집에 온 거지도 그냥 보내는 것이 아니고 쌀 한 줌이라도 줘서 보내는 것이다. ☞ 웅쿰.

오:포(午砲) 명 오정(午正)을 알리는 사이렌 또는 그 소리. ¶오포 불고 한참 댔는데 아이 저임을 앤 묵었나? ▶ 오정 사이렌 불고 한참 되었는데 아직 점심을 안 먹었나? ☞ 오종.

옥뿔 명 앞으로 난 소뿔.

옥'식기 명 유기밥사발. ¶임고 띠기요, 살 몇 옥식기마 최 주이소. 내리 바아 찍어서 갚으끼요. ▶ 임고 댁, 쌀 몇 사발만 빌려 주세요. 내일 방아 찧어서 갚을게요. ☞ 입식기.

온:나 명 통것. 온 낱. ¶수박 큰 거 온나는 다 몬 묵으이 작은 거 한 개마 따서 놀갈러 묵자. ▶ 수박 큰 것 통것은 다 못 먹으니 작은 것 한 개만 따서 나누어 먹자. ☞ 옹거.

온느라:간느라하다 관 오너라가너라 하다. 오라가라 하다. ¶답답으머 지가 오지, 가마 안저서 온느라간느라한다. ▶ 답답하면 제가 오지, 가만 앉아서 오너라가너라한다./지서서 머를 조사할 끼이 있다꼬 사할드룩 온느라간느라한다. ▶ 지서서 뭐를 조사할 것이 있다고 사흘이 멀다하고 오라가라한다.

온:데 ⓜ 도처(到處). 여기저기. '온갖 군데'의 준말. ¶봄이 대머 온데 산에 참꽃이 피서 꽃밭이 댄다. ▶ 봄이 되면 도처 산에 진달래가 피어서 꽃밭이 된다. ☞ 온데만데.

온:데만:데(--萬-) ⓜ 도처(到處). 여기저기. '온데'의 센말. '온갖 만(萬) 군데'의 뜻. ¶알라 혼차 방아 나 돗디이 온데만데 똥을 싸서 철갑을 해 났다. ▶ 아기 혼자 방에 놓아 두었더니 여기저기 똥을 싸서 칠갑을 해 놓았다.

온:돈 ⓜ 큰돈. 전액(全額). 쪼개지 않은 돈. '온전한 돈'의 뜻. ¶온돈을 주고 푼돈으로 받었다. ▶ 큰돈을 주고 푼돈으로 받았다./온돈은 쪼개지 마고 푼돈을 모다서 씨자. ▶ 큰돈은 쪼개지 말고 푼돈을 모아서 쓰자.

온:전신(-全身) ⓜ 온몸. 여기저기. ¶여름에 상한 아지를 묵고 온전신에 두디래기가 났다. ▶ 여름에 상한 전갱이를 먹고 온몸에 두드러기가 났다./온전신에 널린 기이 묵을 낀데 머가 또 모지래노? ▶ 여기저기 널린 것이 먹을 것인데 뭐가 또 모자라냐?

올'개 ⓜ 올해. 【올개 ▶ 올해에/올기 ▶ 올해가/올근 ▶ 올해는/올그로 ▶ 올해로/올마 ▶ 올해만】¶올개는 시상없어도 차만 색시를 만나서 장개 가그라. ▶ 올해에는 세상없어도 참한 색시를 만나서 장가 가거라./올기 병자연이머 쥐띠라. 부지러이 일하며 논 맻 마지기는 더 사겠다. ▶ 올해가 병자년이면 쥐띠라. 부지런히 일하면 논 몇 마지기는 더 사겠다./올근 우야든지 바래는 대로 잘 대그라. ▶ 올해는 어떻든지 바라는 대로 잘 되어라./올근 신수가 훤하이, 부지러이 설치머 머든지 댈끼이다. ▶ 올해는 신수(身數)가 훤하니, 부지런히 설치면 뭐든지 될게다./자네가 올그로 맻 살이 대노? ▶ 자네가 올해로 몇 살이 되냐?/어렵디이라도 올마 잘 참고 냉기머 머가 대도 댈끼다. ▶ 어렵더라도 올해만 잘 참고 넘기면 뭐가 되어도 될게다.

올:대다 ⓥ 올되다. 지레 되다. 【올대 ▶ 올되어/올대이 ▶ 올되니】¶아가 올대서 하는 짓이 맹낭하다. ▶ 아이가 올되어서 하는 짓이 맹랑하다.

올'러가다 ⓥ 올라가다. 【올러가 ▶ 올라가/올러가이 ▶ 올라가니】¶올러가지 모할 낭근 치다보지도 마라 캤다. ▶ 올라가지 못할 나무는 쳐다보지도 마라 했다.

올'러다보다 ⓥ 올라다보다. 【올러다바 ▶ 올라다보아/올러다보이 ▶ 올라다보니】¶넘 올러다보지 마고 니러다보고 살어야 맴이 팬타. ▶ 남 올라다보지 말고 내려다보고 살아야 마음이 편타.

올'러오다 ⓥ 올라오다. 【올러와 ▶ 올라와/올러오이 ▶ 올라오니】¶하구 접은 말

올믹졸믹

이 목구영꺼정 올러오는 데도 꾹 참었다. ▶ 하고 싶은 말이 목구멍까지 올라오는 데도 꾹 참았다.

올믹졸믹 兜 올망졸망. ¶올믹졸믹 칠 남매 잘 키와서 시집장개 보내고 나이 인자 죽는 일마 남었네. ▶ 올망졸망 칠 남매 잘 키와서 시집장가 보내고 나니 이제 죽는 일만 남았네.

올'비 명 논에 나는 잡초의 뿌리로 크기가 콩알 만하다. 맛이 달콤해서 논을 갈면 아이들이 뒤따라 다니며 주워 먹기도 한다. ¶논에 훌쩡질하는 데 디 따러 댕기매 올비 조 묵었다. ▶ 논에 쟁기질하는 데 뒤 따라 다니며 올비 주워 먹었다.

올오리 兜 올올이. ¶옷 한 불 해 입을라 카머 삼고 날고 매고 짜고 해서 올오리 사람 손이 앤 가는 구적이 없다. ▶ 옷 한 벌 해 입으려면 삼고 날고 매고 짜고 해서 올올이 사람 손이 안 가는 구석이 없다.

올채~이 명 올챙이. ¶개구리가 올채이 찍을 모린다. ▶ 개구리가 올챙이 적을 모른다.

올:치러 갑 옳지. ¶올치러, 그거는 니 말이 올타. ▶ 옳지, 그것은 네 말이 옳다./올치러, 그거 잘 댔다. ▶ 옳지, 그것 잘 되었다.

올타 형 옳다. 【올어 ▶ 옳아/올으이 ▶ 옳으니】 ¶올은 거는 올타 카고 그런 거는 그리다 캐야지, 아무 꺼나 올타 올타 카머 대나? ▶ 옳은 것은 옳다 하고 그른 것은 그르다 해야지, 아무 것이나 옳다 옳다 하면 되나?

옴:밥 명 고은 밥. 닭이나 참새 따위를 곤 국물로 지은 밥.

옷고'룸 명 옷고름. ¶옷고룸을 잘 매고 댕개라. ▶ 옷고름을 잘 매고 다녀라. ☞ 고룸.

옷빈침 명 옷핀. '옷'+'핀(pin)'+'침(針)'의 뜻. ☞ 빈침.

옷자래~이 명 옷자락. ¶옷자래이에 머가 묻었다. ▶ 옷자락에 무엇이 묻었다.

옹:가 관형 온갖. ¶옹가 고상을 다하매 자석을 키와서 인자는 댔다 캤는데, 내 팔자가 그거 밖에 앤 대는 거를 우야노? ▶ 온갖 고생을 다하며 자식을 키워서 이제는 됐다 했는데, 내 팔자가 그것 밖에 안 되는 것을 어떻게 하나?/부모 덕에 옹가 호강을 다 하고 살았는데 집안에 새운이 들라 카이 하리아직에 저래 대 뿌리네. ▶ 부모 덕에 온갖 호강을 다 하고 살았는데 집안에 쇠운(衰運)이 들려 하루아침에 저렇게 되어 버리네./옹가 정성을 디래서 키와 논 기이 보람이 있다. ▶ 온갖 정성을 들여서 키워 놓은 것이 보람이 있다./옹가 풍상을 다 적으매 살아와서 인자 엉간한 거는 겁도 앤 난다. ▶ 온갖 풍상을 다 겪으며 살아와서 이제 어지간한 것은 겁도 안 난다.

옹가'지(甕--) 몡 자배기. ¶쥐 잡을라다가 옹가지 깨 뿌리겠다. ▶ 쥐 잡으려다가 자배기 깨 버리겠다.

옹:거 몡 통것. 온 것. ¶옹거를 주고 반 거를 받어 오네. ▶ 통것을 주고 반 것을 받아 오네. ☞ 온나.

옹'기 몡 옹구. 짐을 실을 때 길마 위에 얹는 농기구로 모양은 걸채와 비슷하다. 틀의 좌우로 새끼로 엮은 망이 드리워져 있어 두엄, 무, 감자, 자갈 따위를 싣는다. ¶옹기 뿌사진 거를 곤쳐서 논에 걸음 실어 내야겠다. ▶ 옹구 부서진 것을 고쳐서 논에 두엄 실어 내야겠다.

옹'기다 동 옮기다. 【옹개 ▶ 옮겨/옹기이 ▶ 옮기니】¶조상 대대로 사든 여기를 나두고 이 나이에 어디로 옹개 가겠노? ▶ 조상 대대로 살던 여기를 놓아두고 이 나이에 어디로 옮겨 가겠나? ☞ 앵기다1.

옹'처매다 몡 동여매다. ¶밥도 앤 묵고 머리에 수건을 옹처매고 자리에 눕었다. ▶ 밥도 안 먹고 머리에 수건을 동여매고 자리에 누웠다.

옹'쿰 몡의 줌. 한 주먹으로 쥘 만한 분량의 단위. ¶찐살 한 옹쿰 갯주미이에 옇고 저리 가서 놀어라. ▶ 찐쌀 한 줌 주머니에 넣고 저리 가서 놀아라. ☞ 오쿰.

와1 뿐 왜. ¶내가 와 그카는지 아이 모리겠나? ▶ 내가 왜 그러는지 아직 모르겠나?/자네가 실성을 했나 와 이카노? ▶ 자네가 실성을 했나 왜 이러나?

와2 깜 왜. ¶그마한 일은 니가 해도 대지, 와. ▶ 그만한 일은 네가 해도 되지, 왜./밑지는 심을 대고 한분 말이나 해보지, 와. ▶ 밑지는 셈을 치고 한번 말이나 해보지, 왜.

와라:지 몡 짚으로 삼은 끌신. 日 'わらじ(草鞋)'. ¶고무신은 핵고에 갈 때 신고 집에서는 와라지나 삼어서 신어라. ▶ 고무신은 학교에 갈 때 신고 집에서는 끌신이나 삼아서 신어라. ☞ 조리.

와:롱와:롱 깜 와르릉와르릉. 탈곡기 돌아가는 소리. ¶와롱와롱, 회징게 소리가 들래는 데가 어느 집이재? ▶ 와르릉와르릉, 탁곡기가 들리는 데가 어느 집이지? ☞ 회징게.

와사풍(--風) 몡 구안와사. 구안괘사(口眼喎斜). 입과 눈이 삐뚤어지는 병. 여름에 옥외에서 자고 나면 이 병에 걸리는 경우가 있다.

와신'또 몡 운동화(運動靴). 日 'わじんと(和人履)'.

와이로 몡 뇌물(賂物). 日 'わいろ(賄)'. ¶이눔으 시상, 와이로 앤 무개머 대는 일이 없다. ▶ 이놈의 세상, 뇌물 안 먹이면 되는 일이 없다. ☞ 사바사바.

와이사추

와이사추 몡 와이셔츠(white shirts). ¶와이사추 애리가 시커먼 기이 호부래비 태가 줄줄 흐린다. ▶ 와이셔츠 깃이 시커먼 것이 홀아비 티가 줄줄 흐른다.

왈:개 몡 질색(窒塞). 상극(相剋). ¶감기에는 담배가 왈개다. ▶ 감기에는 담배가 질색이다./쥐한테는 꼬내기가 왈개다. ▶ 쥐한테는 고양이가 상극이다.

왈:기다 동 윽박다. 【왈개 ▶ 윽박아/왈기이 ▶ 윽박으니】¶너무 왈기지 마고 살살 달래 가매 일을 시개라. ▶ 너무 윽박지 말고 살살 달래 가며 일을 시켜라.

왕검:처리 몡 왕 거머리. ¶그 여자 조심해라. 왕검처리매로 달러붙어서 앤 떨어지며 우짤라카노? ▶ 그 여자 조심해라. 왕거머리처럼 달라붙어서 안 떨어지면 어쩌려나?

왕'글 몡 왕골. ¶여름에 대청 바닥에다 왕글 자리 깔고 눕었으며 정성판서가 앤 부럽다. ▶ 여름에 대청 바닥에다 왕골 자리 깔고 누웠으면 정승판서가 안 부럽다.

왕'처리 몡 왕잠자리. ¶인날에 그리 만튼 왕처리가 앤 빈다. ▶ 옛날에 그렇게 많던 왕잠자리가 안 보인다.

왜(倭)'- 접 일부 명사 앞에 붙어 '일본에서 들어온' 또는 '일본통의' 사물임을 나타내는 접두사. 【왜지럼 ▶ 석유/왜낫 ▶ 개량 낫/왜못 ▶ 나사못】 ☞ 당(唐)-. 양(洋)-. 호(胡)-.

왜'낫(倭-) 몡 개량 낫. ¶나무가지를 치는 데는 조선낫이 좋은데 나락 비고 꼴 비는 데는 왜낫이 개갑어서 좋다. ▶ 나뭇가지를 치는 데는 조선낫(朝鮮-)이 좋은데 벼 베고 꼴 베는 데는 개량(改良) 낫이 가벼워서 좋다. ※ 엷은 강철판으로 만들어서 다루기 쉽고 대장간에 갈 필요가 없는 것이 장점이지만 재질이 약해서 나뭇가지 따위를 치는 등 거친 일을 하는 데는 조선낫을 따르지 못한다.

왜'못 몡 나사못(螺絲-). 조선못은 장도리로 박고 빼고 왜못은 도라이바로 빼고 박는다. ▶ 조선못(朝鮮-)은 노루발장도리로 박고 빼고 나사못은 드라이버로 빼고 박는다.

왜지'럼 몡 등유(燈油). 석유(石油). '왜(倭) 기름'의 뜻. ¶고마 놓고 불 끄고 자그라. 장날마다 왜지럼 한 비이씩 사와도 담 장날꺼정 빠듯하다. ▶ 그만 놓고 불 끄고 자거라. 장날마다 등유 한 병씩 사와도 다음 장날까지 빠듯하다. ※ 값비싼 양초는 특별한 행사 때나 쓸 수 있고, 등유도 아끼려고 상어의 간이나 아주까리 따위의 동식물에서 추출한 기름을 쓴다.

외다 동 외치다. ¶엿장사가 엿 사라꼬 외고 댕긴다. ▶ 엿장수가 엿 사라고 외치고 다닌다.

외도가리 몡 외딴 농토, 외딴 배미. ¶어제는 큰들 서 마지기 갈어 엎어 놓고 오늘 외도가리 무논 한 도가리 갈로 가는 질이다. ▶ 어제는 큰들 서 마지기 갈아 엎어 놓고 오늘 외딴 무논 한 뙈기 갈러 가는 길이다.

외따리집 몡 외딴집. ¶밤마 대머 저 외따리집에서 절미이들이 모대서 노룸한다 카든데 순사들이 와 앤 잡어 가는강 모리겠다. ▶ 밤만 되면 저 외딴집에서 젊은 이들이 모여서 노름한다 하던데 순사들이 왜 안 잡아 가는가 몰라.

외매늘 몡 외며느리. 외아들 며느리. ¶과부 시어마이 투기 등쌀에 외매늘이 몬 살겠다 칸다. ▶ 과부 시어미 투기 등쌀에 외며느리가 못 살겠다 한다./과부 시어마이한테 외매늘 곱은 데가 없다. ▶ 과부 시어미한테 외며느리 고운 데가 없다.

외:민하다 동 외면(外面)하다. ¶요새야 처여총각이 만나서 즈그 맘대로 하지마는 우리 클 때야 말 한 마디를 몬 붙처 보고 외민하고 살었다. ▶ 요새야 처녀총각이 만나서 저희 마음대로 하지만 우리 클 때야 말 한 마디를 못 붙여 보고 외면하고 살았다.

외입재~이 몡 오입쟁이(誤入--). ¶외입재이 헌 갓 씨고 똥 누기가 여사다. ▶ 오입쟁이 헌 갓 쓰고 똥 누기가 예사다. ※측간에 들어갈 때나 길을 가다가 볼일을 볼 때는 의관을 벗는 것이 범절이다.

외째기눈 몡 애꾸. '외짝 눈'의 뜻. ☞외통배기.

외째기문 몡 외짝으로 된 문. ¶외째기문이 바람에 덜컹덜컹 하매 소리를 낸다. ▶ 외짝문이 바람에 덜컹덜컹 하며 소리를 낸다.

외투리 몡 외톨이. ¶저 사람은 이 동네서 인심을 일거서 완전 외투리가 댔다. ▶ 저 사람은 이 동네서 인심을 잃어서 완전 외톨이가 되었다.

외통배기 몡 애꾸. '외통으로 박이'의 뜻. ☞외째기눈.

외팔재~이 몡 외팔이. ¶저 사람은 절물 때 바아깐 발동기 줄에 걸래서 외팔재이가 댔다. ▶ 저 사람은 젊을 때 방앗간 발동기 줄(벨트)에 걸려서 외팔이가 되었다.

왼:재기손 몡 왼짝 손. ¶왼재기손으로 해도 다린 사람 오른재기손으로 하는 거보담 잘한다. ▶ 왼짝손으로 해도 다른 사람 오른짝손으로 하는 것보다 잘한다.

왼:짝재비 몡 왼손잡이. '왼쪽잡이'의 뜻.

요(療):1 몡 식량(食量). ¶우리 집은 요가 큰 장고리가 여럿이라 나락 한 가매이를 찍어도 얼매를 몬 묵는다. ▶ 우리 집은 식량(食量)이 큰 장골이 여럿이라 벼 한 가마니를 찧어도 얼마를 못 먹는다.

요:2 때 '요기'의 준말. ¶아푼 데가 고가 아이고 요다. ▶ 아픈 데가 고기가 아니

요:3

고 요기다./오늘은 요꺼정 공부하고 내리 또 하자. ▶ 오늘은 요기까지 공부하고 내일 또 하자./요 바라, 쥐새끼마한 기이 까분다. ▶ 요기 보아라, 쥐새끼만한 것이 까분다.

요:3 조 높임말의 호격조사의 하나. 방언 영역에서는 손윗사람이나 숭앙하는 대상을 부를 때 그 체언에 '요'를 붙여 말하는 습관이 있다. ¶실영임요, 지발 울아빙을 나사 주이소. ▶ 신령님, 제발 우리 애 병을 낫게 해 주세요./부처임요, 자비를 베풀어 주시이소. ▶ 부처님, 자비를 베풀어 주십시오./화늘임요, 지 죄를 용서해 주시이소. ▶ 하느님, 제 죄를 용서해 주십시오./선상임요, 다시는 앤 그랄니더. ▶ 선생님, 다시는 안 그러렵니다./과장임요, 이분 한 분마 눈깜어 주이소. ▶ 과장님, 이번 한 번만 눈감아 주세요./아부지요, 어디 가시닌기요. ▶ 아버지, 어디 가십니까./어르신요, 이리 쫌 보시더. ▶ 어르신, 이리 좀 봅시다./아재요, 거기서 아이 머하닌기요? ▶ 아저씨, 거기서 아직 뭣합니까?

요고'드매 준 여기 어디쯤. '요기 어드매'의 준말. ¶인날에 요고드매도 사람이 살었는지 밭을 갈머 개와 쪼가리가 나온다. ▶ 옛날 요기 어드매도 사람이 살았는지 밭을 갈면 기와 조각이 나온다.

요까:지 관 형 요까짓. ¶요까지 꺼 없어도 산다. ▶ 요까짓 것 없어도 산다. ☞ 요깐. 까지2.

요깐 관 형 요까짓. '요까지'의 준말. ☞ 까지2.

요디'지랄 명 개지랄. 이성을 잃고 마구 행동하는 짓거리. 체언에 '하다' 또는 '떨다'가 붙어서 '개지랄 하다' 또는 '개지랄 떨다' 따위의 뜻을 나타냄. ¶머도 모리매 요디지랄을 하고 있네. ▶ 뭣도 모르며 개지랄을 하고 있네./한장을 해서 요디지랄을 떠네. ▶ 환장을 해서 개지랄을 하네./비상을 처묵었나, 저 요디지랄을 떨구로. ▶ 비상(砒霜)을 처먹었나, 저 개지랄을 떨게. ☞ 미친지랄. 생지랄. 용천지랄. 지랄발광. 지랄용천.

요'랑 명 요량(料量). 생각. 계산(計算). ¶앤 받어도 받은 거로 요랑을 해라. ▶ 안 받아도 받은 것으로 요량을 해라./그거야 요량을 해보머 모리겠나? ▶ 그것이야 생각을 해보면 모르겠나?/넉넉하게 요랑을 잡어 바도 모지래겠다. ▶ 넉넉하게 계산을 잡아 보아도 모자라겠다.

요롱 명 요령(搖鈴). ¶문디이 요롱 헌드는 소리를 작작 해라. ▶ 문둥이 요령 흔드는 소리를 작작 해라. ※문둥이가 스님의 흉내를 내는 것처럼 되지도 않은 짓을 한다는 말.

요분 ® 요번(-番). '이분'의 작은말. ¶요분 한분마 고상하며 댄다. ▶ 요번 한번만 고생(수고)하면 된다. ☞ 오분.

욕대배기 ® 욕 더버기. '욕 대배기(뒷박)'의 뜻. ¶천날만날 오줄없는 짓을 하고 욕대배기를 얻어묵고도 그 버리재이를 몬 곤친다. ▶ 날마다 주책없는 짓을 하고 욕 더버기를 얻어먹고도 그 버르장이를 못 고친다. ☞ 욕태배기. 욕티비기.

욕보다 ⑧ 욕보다. 수고하다. 힘들다. '강간(強姦)을 당하다'의 점잖은 말. 【욕바 ▶ 수고해/욕보이 ▶ 수고하니】¶그 무지막지 한 눔한테 욕봤지요? ▶ 그 무지막지 한 놈한테 욕보았지요?/어르신, 여직껏 욕봤니더. ▶ 어르신, 여태껏 수고했습니더./쪼매마 더 욕보이소. ▶ 조금만 더 수고하십시오./내 팽상 그래 욕보기는 첨이다. ▶ 내 평생 그렇게 힘들기는 처음이다.

욕비:다 ⑧ 욕보이다. 수고하게 하다. 수치(羞恥)를 주다. '욕보다'의 사동. 【욕비애 ▶ 욕보여/욕비이이 ▶ 욕보이니】¶날 생각해 준다는 기이 다부 욕비네. ▶ 날 생각해 준다는 것이 도로 욕보이네./불부리 이래 욕비애서 미안하기 짝이 없네. ▶ 번번이 이렇게 욕보여서 미안하기 짝이 없네.

욕재~이 ® 욕쟁이. ¶저 욕재이 할마이가 저래도 속정이 만은 사람이다. ▶ 저 욕쟁이 할미가 저래도 속정이 많은 사람이다.

욕태배기 ® 욕 더버기. ¶일은 니가 잘몬하고 욕태배기는 내한테 돌아오네. ▶ 일은 네가 잘못하고 욕 더버기는 내게 돌아오네. ☞ 욕대배기. 욕티비기.

욕티비기 ® 욕 더버기. ¶저래 욕티비기를 디집어씨고도 곰 긑치 일마 한다. ▶ 저렇게 욕 더버기를 뒤집어쓰고도 곰 같이 일만 한다. ☞ 욕대배기. 욕태배기.

용: ⑤ 영. 도무지. 아주. ¶암만 생각해 바도 이거는 용 가망이 없어 빈다. ▶ 아무리 생각해 보아도 이것은 영 가망이 없어 보인다./용 말을 앤 듣는 눔은 뚜디러 패도 앤 댄다. ▶ 도무지 말을 안 듣는 놈은 두들겨 패도 안 듣는다.

용게치다 ⑧ 용두질하다. 지랄하다. '저속한 행동을 하다'의 뜻. ¶앗따 저거, 용게치고 있네. ▶ 앗다 저것, 용두질하고 있네./용게치는 소리 고마 해라. ▶ 지랄하는 소리 그만 해라.

용두머리 ® 베틀의 용두머리. 베틀을 차릴 때 앞다리 위에 걸치는 둥근 나무로, 뒤쪽으로 1개의 신나무(신대)가, 앞쪽으로 2개의 나부산대(눈썹대)가 붙어있다. 대부분 지방에서 이 부분을 통틀어 '용두머리'라고 하지만, 일부 지방에서는 앞다리 위에 걸친 양쪽 끝부분만을 '용두머리'로 이르고, 신나무 따위가 끼워진 몸통부분을 따로 '원산'이라 이르기도 한다. ¶찌구덕찌구덕 용두머리 화늘에

용마람

소우는 형상이요. ▶ 찌걱찌걱 용두머리 하늘에 소우는 형상이요./용두머리 우는 소리 구시월 시단풍에 쌍기러구 외기러구 쌍을일꼬 우는소리. ▶ 용두머리 우는 소리 구시월 시단풍에 쌍기러기 외기러기 쌍을잃고 우는소리.〈베틀노래의 일부〉《용두마리》☞ 베틀.

용마람 명 용마름. ¶일꾼들이 마당아서 용마람을 튼다. ▶ 일꾼들이 마당에서 용마름을 엮는다./사다리를 놓고 지붕 우로 용마람을 올린다. ▶ 사다리를 놓고 지붕 위로 용마름을 올린다.

용시 명 용수. ¶술 단지에 용시를 박고 말근 술을 따리 뜬 거를 청주라 칸다. ▶ 술 단지에 용수를 박고 맑은 술을 따로 뜬 것을 청주(淸酒)라 한다.

용천(湧泉) 명 소용돌이. '치다' 또는 '하다'와 함께 쓰여 물이나 구름 따위가 요동을 치는 상태를 이른다. ¶물살이 용천을 치매 흐리다가 봇도랑꺼정 뭉개고 넘어갔다. ▶ 물살이 소용돌이를 치며 흐르다가 봇도랑까지 뭉개고 넘어갔다./인날 여기서 용 한 마리가 용천을 치고 하늘로 올러갔다 캐서 용소라 칸단다. ▶ 옛날 여기서 용 한 마리가 요동을 치고 하늘로 올라갔다 해서 용소(龍沼)라 한단다.

용천떠:다 동 지랄하다. 미친 짓거리를 하다. ¶용천떠지 마고 점잔이 있그라. ▶ 지랄하지 말고 점잖게 있어라.

용천'지랄 명 개지랄. 이성을 잃고 마구 행동하는 짓거리. '하다' 또는 '떨다'와 함께 쓰여 '개지랄하다' 또는 '개지랄 떨다' 따위의 뜻을 나타냄. ¶저기이 용천지랄을 하고 있네. ▶ 저것이 개지랄을 하고 있네./용천지랄을 하지 마라. ▶ 개지랄을 하지 마라./용천지랄을 하지 마라. ▶ 개지랄을 하지 마라. ☞ 미친지랄. 생지랄. 요디지랄. 지랄발광. 지랄용천.

우1 명 위. ¶우로 올러갈수로 춥으이 옷을 뚜껍게 입고 가그라. ▶ 위로 올라갈수록 추우니 옷을 두껍게 입고 가거라./어디 가서 물어보이 규수보다 시 살 우머 궁합이 맞다 카드라. ▶ 어디 가서 물어보니 규수보다 세 살 위면 궁합이 맞다 하더라.

우:2 부 또(又). 일부 명사나 동사 앞에 붙어 '한층 더한'의 뜻. ¶순사가 아이라 우 순사가 와도 겁날 꺼 없다. ▶ 순사가 아니라 더한 순사가 와도 겁날 것 없다./재조가 아이라 우 재조가 있다 캐도 니는 거기를 몬 따러간다. ▶ 재주가 아니라 또 더한 재주가 있다 해도 너는 거기를 못 따라간다./쥑이는 기이 아이라 우 쥑애도 그 버리재이를 곤치는강 바라. ▶ 죽이는 것이 아니라 더해 죽여도 그 버릇

을 고치는가 보아라.

우둘부둘하다 휑 우락부락하다. ¶성질이 우둘부둘한 기이 꼭 지 아바이를 달멌다. ▶ 성질이 우락부락한 것이 꼭 제 애비를 닮았다. ☞ 어들버들하다.

우디디'기 몡 개차반. 분별없는 사람. ¶사람이 하도 우디디기 짓을 하이 맴 놓고 일을 매낄 수가 없다. ▶ 사람이 하도 개차반 짓을 하니 마음 놓고 일을 맡길 수가 없다.

우따:가 튀 이따가. 나중에. ¶우따가 우따가 카다가 석 달 여럴 디에나 할래? ▶ 이따가 이따가 하다가 석 달 열흘 후에나 할래?/우따가 우리 두리 따리 만나서 한 잔 하세. ▶ 이따가 우리 둘이 따로 만나서 한 잔 하세./나는 먼저 갈라 카이 니는 우따가 온나. ▶ 나는 먼저 가려고 하니 너는 나중에 오너라. ☞ 오따가.

우또'리 몡 윗도리. 웃옷. ¶당장 입고 나갈 우또리 하나 밴밴한 기이 없다. ▶ 당장 입고 나갈 윗도리 하나 변변한 것이 없다.

우라: 준 우리 애. '우리 아'의 준말.

우라바'임 준 우리 아버님. '우리 아바임'의 준말. ☞ 우라배. 우라부지.

우라'배 준 우리 아버지. '우리 아배'의 준말. ☞ 우라바임. 우라부지.

우라부'지 준 우리 아버지. '우리 아부지'의 준말. ☞ 우라바임. 우라배.

우라'재 준 우리 아저씨. '우리 아재'의 준말.

우라줌: 준 우리 아주버님. '우리 아주움'의 준말.

우라'지매 준 우리 아주머니. '우리 아지매'의 준말.

우랄라: 준 우리 아기. '우리 알라'의 준말.

우러마'임 준 우리 어머님. '우리 어마임'의 준말. ☞ 우러매. 우러무이.

우러'매 준 우리 어머니. '우리 어매'의 준말. ☞ 우러마임. 우러무이.

우러'매요 갑 애고머니. '우리 어머니요'의 뜻. ¶우러매요, 내가 우야다가 이런 신세가 댔노? ▶ 애고머니, 내가 어떻게 하다가 이런 신세가 되었나?

우러무'이 준 우리 어머니. '우리 어무이'의 준말. ☞ 우러마임. 우러매.

우'럭으로 튀 억지로. 무리해서. ¶무신 일이든지 순리로 해야지 우럭으로 하머 사달난다./무슨 일이던지 순리로 해야지 억지로 하면 탈난다. ☞ 우럭을.

우'럭을 튀 억지로. 무리해서. '우럭으로'의 준말.

우루:다 동 우리다. 【우라 ▶ 우려/우루이 ▶ 우리니】 ¶우루고 우라 내고 인자 찌끄래기밖에 나올 끼이 없다. ▶ 우리고 우려 내고 이제 찌꺼기밖에 나올 것이 없다. ☞ 울구다.

우리ː하다 [형] 얼얼하다. ¶나무 한 지게를 해 왔디이 어깨가 **우리하다**.▸나무 한 지게를 해 왔더니 어깨가 **얼얼하다**.

우ː맹연 [명] 내내년(來來年). 명년(明年)의 다음 해. '또(又) 명년'의 뜻.

우무까시래'기 [명] 우뭇가사리. ¶여름에 **우무까시래기**로 우무를 맨들어서 새미물을 떠다가 콩고물을 풀어서 마시머 시언하니라.▸여름에 **우뭇가사리**로 우무를 만들어서 샘물을 떠다가 콩가루를 풀어서 마시면 시원하니라.

우벙 [명] 우엉. ¶입맛이 없을 때는 밥 우에 **우벙**을 쩌서 뒨장하고 싸서 묵으머 씹실한 기이 밥맛이 돌어오니라.▸입맛이 없을 때는 밥 위에 **우엉**을 쪄서 된장하고 싸서 먹으면 씁쓸한 것이 밥맛이 돌아오느니라. ☞ 우봉.

우봉 [명] 우엉. ¶오줌이 앤 나오머 **우봉** 뿔거지를 살머 묵으머 좋단다.▸오줌이 안 나오면 **우엉** 뿌리를 삶아 먹으면 좋단다. ☞ 우벙.

우'사 [명] 우세. 망신(亡身). ¶시상아, 그래 **우사**를 하고도 고개를 꺼떡 들고 댕기는 거를 보머 얼매나 낯이 뚜껍으노?▸세상에, 그렇게 **우세**를 하고도 고개를 끄떡 들고 다니는 것을 보면 얼마나 낯 두꺼우냐? ☞ 위사.

우설지다 [형] 풀이나 넝쿨 따위가 우거져 음습하다. ¶**우설진** 데로 들어가다가 배미한테 물랬다.▸**음습한** 데로 들어가다가 뱀한테 물린다.

우수'리 [명] 거스름돈. 잔돈. [日] '移り'. ¶점방아 가서 어제 담배를 사고 **우수리** 남은 거를 받어 온나.▸점방에 가서 어제 담배를 사고 **거스름** 남은 것을 받아 오너라.

우아'래 [명] 위아래. ¶저런 **우아래**도 모리는 사람을 사람이라 카나? 다시는 그런 사람하고 상종하지 마라.▸저런 **위아래**도 모르는 사람을 사람이라 하나? 다시는 그런 사람하고 상종하지 마라.

우ː애 [명] 이외(以外). 덤. ¶**우애** 사람들은 여기서 나가그라.▸**이외** 사람들은 여기서 나가거라./이거, **우애** 끼이라꼬 공끼이 아이다.▸이것, **이외** 것이라고 공것이 아니다./떠림이라 카매 **우애**로 더 주드라.▸떨이라며 **덤**으로 더 주더라.

우야ː다 [동] 어떻게 하다. 【우애▸어떻게/우얄▸어떻게 할/우얀▸어떤(어떻게 된)】 ¶내가 **우야꼬**?▸내가 **어떻게 할까**?/아이고, 이거로 **우야노**?▸아이고, 이것을 **어떻게 하나**?/**우야는지** 나도 모리겠다.▸**어떻게 하는지** 나도 모르겠다./**우야다**가 이래 댔노?▸**어떻게 하다**가 이렇게 되었나?/**우야든지** 돈마 벌어라.▸**어떻게 하던지** 돈만 벌어라.//**우야든** 간에 앤 묵고는 몬 산다.▸**어떻게 하던** 간에 안 먹고는 못 산다./**우야디라도** 대드록 해라.▸**어떻게 하더라도** 되도록 해라./내 혼차서 우야라꼬 그카노? ▶ 나 혼자서 어떻게 하라고 그러나?/우야머 좋을지 모리겠다. ▶ 어떻게 하면 좋을지 모르겠다./우야이 대고 우야이 앤 댄다. ▶ 어떻게 하니 되고 어떻게 하니 안 된다./돈도 없이 우야지? ▶ 돈도 없이 어떻게 하지?//우얘끼나 한분 물어보끼. ▶ 어떻게 했거나(어떻게 했든) 한번 물어볼게./우얘대머 우야노? ▶ 어떻게 되면 어떻게 하나?/니가 알아서 우얘도고. ▶ 네가 알아서 어떻게 해다오./대는 대로 우얘바라. ▶ 되는 대로 어떻게 해봐라./우얘보머 축구 같다. ▶ 어떻게 보면 바보 같다./우얘보이 갠찬은 거 같다. ▶ 어떻게 보니 괜찮은 것 같다./우얘하머 잘 대겠노? ▶ 어떻게 하면 잘 되겠나?//이 일을 우얄꼬? ▶ 이 일을 어떻게 할까?/우얄라고 이래 맨들었노? ▶ 어떻게 하려고 이렇게 만들었나?/우얄라나 나도 모리겠다. ▶ 어떻게 하려나 나도 모르겠다./우얄라머 해보라 캐라. ▶ 어떻게 하려면 해보라 해라./자네 이 일을 우얄래? ▶ 자네 이 일을 어떻게 할래?/우얄지 모리겠다. ▶ 어떻게 할지 모르겠다.//우얀 일로 자네가 여기에 왔노? ▶ 어떤(어떻게 된) 일로 자네가 여기에 왔나? ☞ 어야다. 별표, '어떻게 하다(어야다. 우야다)'의 활용.

우야:든 간에 関 어떻든 간에. ¶우야든 간에 앤 묵고는 몬 사니 일은 해야지. ▶ 어떻든 간에 안 먹고는 못 사니 일은 해야지.

우와:기 冏 양복상의(洋服上衣). 田 'うわぎ(上着)'.

우:장(雨裝) 冏 도롱이. 비가 올 때 어깨에 걸쳐 둘러 덮는 짚으로 엮은 물건. ¶그때 갑바라 카는 기이 있었지마는 그런 거는 촌에는 없었고 비가 오머 머리에는 보리짚 모자나 사갓을 씨고 어깨에는 우장을 두리고 일했다. ▶ 그때 비옷이라 하는 것이 있었지만 그런 것은 촌에는 없었고 비가 오면 머리에는 보릿짚 모자나 삿갓을 쓰고 어깨에는 **도롱이**를 두르고 일했다.

우주불리다 图 어울러 맞추다. 【우주불러 ▶ 어울러/우주불리이 ▶ 어우르니】 ¶말을 이래저래 우주불리기는 잘 한다. ▶ 말을 이렇게 저렇게 어울러 맞추기는 잘 한다./그거 대강 우주불러 마차 나라. ▶ 그거 대강 어울러 맞춰 놓아라.

우짜다 图 어쩌다. 어찌하다. 【우째 ▶ 어찌/우짤 ▶ 어쩔(어쩌려)/우짠 ▶ 어쩐(어찌된)】 ¶이거를 우짤꼬? ▶ 이것을 어쩔까?/내 혼차서 우짜노? ▶ 나 혼자서 어쩌나?/우짜는지 물어 바라. ▶ 어쩌는지 물어 봐라./우짜다가 이래 댔노? ▶ 어쩌다가 이렇게 되었나?/우짜든지 해바야지. ▶ 어쩌든지 해보아야지./우짜디라도 대드록 해야지. ▶ 어쩌더라도 되도록 해야지./내가 우짜라고 그카노? ▶ 내가 어쩌라고 그러나?/우짜머 좋노? ▶ 어쩌면 좋으냐?/우짜이 대고 우짜이 앤 댄다. ▶ 어쩌니 되고 어쩌니 안 된다./이 일을 우짜재? ▶ 이 일을 어쩌지?//우째끼나 심써 바라. ▶ 어찌 했거나 힘써 봐라./우째대머 우짜노? ▶ 어찌되면 어쩌나?/대는 대로 우째도고. ▶ 되는 대로 어찌해다오./가마있지 마고 우째바라. ▶ 가만있지 말고 어찌해봐라./우째하머 좋을꼬? ▶ 어찌하면 좋을까?//이거를 우짤꼬? ▶ 이것을 어쩔까(어찌할까)?/내리 자네는 우짤래? ▶ 내일 자네는 어쩔래(어찌할래)?/우짤지 나도 모리겠네. ▶ 어쩔지(어찌할지) 나도 모르겠네./우짤라고 내뿌렀재? ▶ 어쩌려고(어찌하려고) 내버렸지?/우짤라나 지캐보자. ▶ 어쩌려나(어찌하려나) 지켜보자./우짤라머 지굼 우째보지. ▶ 어쩌려면(어찌하려면) 지금 어찌해보지.//이기이 우짠 일고? ▶ 이것이 어쩐(어찌된) 일인가? ☞ 어짜다. 별표, '어찌하다(어짜다. 우짜다)'의 활용.

우째 凰 어찌. ¶우째 보머 멍치이 긑다. ▶ 어찌 보면 멍청이 같다./우째 보이 댈 꺼도 긑다. ▶ 어찌 보니 될 것도 같다. ☞ 어째.

우쪽 圐 위쪽. 경상도 이북. 서울이 가까운 쪽. ¶우쪽 사람들이 하는 말은 좀 간지랍게 들랜다. ▶ 위쪽 사람들이 하는 말은 좀 간지럽게 들린다./우쪽으로는 벌써로 눈이 왔다 카드라. ▶ 위쪽으로는 벌써 눈이 왔다 하더라.

우차 圐 우차(牛車). 우차는 뼈대를 이루고 있는 두 가닥의 긴 세로대, 즉 쳇대와 이 쳇대를 여러 개의 쇠장(가로대)으로 가로 지른 기본 틀 위에 마루판처럼 사장(발판)을 깔았다. 그리고 가운데 쇠장 아래로 붙어 있는 심보의 양쪽 끝에 바퀴를 달았다. 경주나 영천 지방은 네 바퀴의 마차보다 두 바퀴의 우차를 쓰는 경우가 많다. ☞ 가락지. 개다바꾸. 걸п. 걸쇠2. 걸채2. 고리1. 공굼대. 구루마. 메뚜기쇠. 맷돌쇠. 바고리. 발판. 살1. 새장. 쇠바꾸. 쇠방. 심보. 우차원체. 콩기름. 행굼통. 그림 17.

우차원'체 圐 우차의 쳇대. 우차의 뼈대를 이루고 있는 2개의 세로대로 앞쪽 끝에 고리가 달려있다. ☞ 우차.

우:체다 图 재다. 잘난 체하다. 위세(威勢)를 부리다. ¶지나 내나 뺄꺼도 아인 기이 디게 우체고 댕긴다. ▶ 저나 나나 별것도 아닌 것이 되게 재고 다닌다. ☞ 유세하다.

우태롭'다 圐 위태(危殆)롭다. ¶우태롭은 고비는 넝겠으이 다행이다. ▶ 위태로운 고비는 넘겼으니 다행이다.

우태우태:하다 圐 위태위태하다. '우태하다'의 센말.

우태:하다 圐 위태(危殆)하다. ¶매칠 전에 일선에서 니러온 군인이 그카든데 우짜머 대구도 우태하다 카드라. ▶ 며칠 전에 일선에서 내려온 군인이 그러던데

어쩌면 대구도 위태하다 하더라.

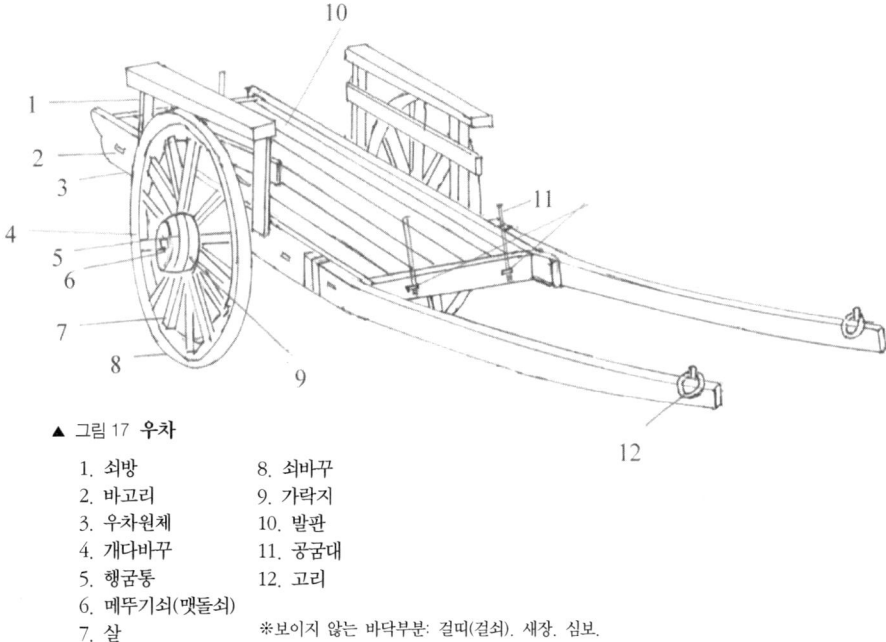

▲ 그림 17 **우차**

1. 쇠방
2. 바고리
3. 우차원체
4. 개다바꾸
5. 행굼통
6. 메뚜기쇠(맷돌쇠)
7. 살
8. 쇠바꾸
9. 가락지
10. 발판
11. 공굼대
12. 고리

※보이지 않는 바닥부분: 걸띠(걸쇠). 새장. 심보.

우편´국(郵便局) 명 우체국(郵遞局). ¶일선에 있는 아한테 보낼 편지는 읍에 가는 인팬에 부탁해서 우편국에 가서 쫌 붙처 돌라 캐라. ▶ 일선에 있는 애한테 보낼 편지는 읍에 가는 인편에 부탁해서 우체국에 가서 좀 붙여 달라 해라.

우:풍 명 외풍(外風). ¶문풍지가 째저서 우풍 때민에 불을 때도 방이 금방 식는다. ▶ 문풍지가 찢어져서 외풍 때문에 불을 때도 방이 금방 식는다.

우´한 명 우환(憂患). 걱정거리. ¶저 웃마실에 할마이한테 물어보로 가이, 금연에 우리 집에 우한이 있을 수라 카이 마카 몸조심해라. ▶ 저 윗마을에 할머니한테 물어보러 가니, 금년에 우리 집에 우환이 있을 수라 하니 모두 몸조심해라.

우한띠~이 명 우환덩어리(憂患---). 사고뭉치(事故--). ¶저 우한띠이가 없으며 만괴 집안에 시끄럽을 일이 없을 낀데. ▶ 저 우환덩어리(사고뭉치)가 없으면 도통 집안에 시끄러울 일이 없을 것인데.

운두막 명 원두막. ¶지난밤에 거랑서 몽물하고 운두막으로 가서 자고 있는데

운'짐

밑에서 머가 뿌시럭거리길래 니러다보이 큰 개마한 늑대 한 마리가 얼쩡거리고 있는 거 아이가. ▶ 지난밤에 개울에서 목욕하고 **원두막으로** 가서 자고 있는데 밑에서 뭣이 부스럭거리기에 내려다보니 큰 개만한 늑대 한 마리가 얼쩡거리고 있는 것 아닌가.

운'짐 명 애. 기운(氣運). 주로 '운짐이 달다' 꼴로 쓰여 '애가 달다' 또는 '마음이 달다'의 뜻이 됨. ¶팽상 애 올 꺼 긑디이 지가 **운짐이** 다이 찾아와서 돈 최 돌라 머 돌라 칸다. ▶ 평생 안 올 것 같더니 제가 **애가** 다니 찾아와서 돈 빌려 달라 뭘 달라 한다./답답은 사람이 우물 판다는데 **운짐이** 달머 와서 매달랠 끼이다. ▶ 답답한 사람이 우물 판다는데 **마음이** 달면 와서 매달릴 것이다.

울: 부 우르르. 사람이나 동물이 한꺼번에 몰려가거나 큰 무더기 따위가 무너지는 모양이나 소리. '울미기'의 준말. ¶잔채 집 사람들이 마실 입새로 울 몰래가는 거를 보이 새색시 가매가 오는 모앵이다. ▶ 잔치 집 사람들이 마을 입구로 **우르르** 몰려가는 것을 보니 새색시 가마가 오는 모양이다.

울구:다 동 우리다. 【울가 ▶ 우려/울구이 ▶ 우리니】¶꿀밤묵을 맨들라 카머 우선 어 꿀밤을 까서 물에 당가 떨분 맛을 **울가** 빼야 한다. ▶ 도토리묵을 만들려면 우선 도토리를 까서 물에 담가 떫은 맛을 **우려** 빼야 한다. ☞ 우루다.

울:내미 명 울보. ¶울어라 불어라 **울내미** 뻘내미! ▶ 울어라 불어라 **울보야** 뻘보야! ※ 걸핏 울기를 잘하는 아이를 놀리는 말. ☞ 뻘내미.

울래:다 동 울리다. '울다'의 사동. 【울래 ▶ 울려/울래이 ▶ 울리니】¶저래 착한 사람을 울래머 지는 내중에 피누물을 짠다. ▶ 저렇게 착한 사람을 **울리면** 저는 나중에 피눈물을 짠다.

울러미:다 동 둘러메다. ¶우리가 피난 보따리 **울러미고** 여기 왔을 때 젖을 묵든 아가 벌써로 장개간다 칸다. ▶ 우리가 피난 보따리 **둘러메고** 여기 왔을 때 젖을 먹던 애가 벌써 장가간다 한다.

울메 명 메. 묵직한 나무토막이나 쇠토막에 자루를 박아서 말뚝을 박거나 짚단 따위를 부드럽게 하기 위하여 두드릴 때 쓰는 도구.

울미:기 부 우르르. 사람이나 동물이 한꺼번에 몰려가는 모양이나 소리. ¶무신 귀경꺼리가 있는지 사람들이 저짝으로 **울미기** 몰래 가는데 우리도 가 보자. ▶ 무슨 구경거리가 있는지 사람들이 저쪽으로 **우르르** 몰려 가는데 우리도 가 보자. ☞ 울.

울아: 준 우리 아이. '우리 아'의 준말. ¶그 일은 즈가부지가 아지 **울아**는 모리니

더 ▶ 그 일은 저희 아버지가 알지 우리 애는 모릅니다.

울콩 몡 완두. 덩굴이 있는 콩으로, '울타리 곁에 심는 콩'의 뜻.

움적거'리다 동 움직거리다. ¶인자 나이가 들어서 쪼매 움적거리는 거도 심이 들어진다. ▶ 이제 나이가 들어서 조금 움직거리는 것도 힘이 들어진다.

웃- 젭 윗-. 일부 명사 앞에 붙어 '위'의 뜻을 나타내는 접두사.

웃마실 몡 윗마을. ¶웃마실 처자하고 아래마실 총각이 짝을 지었다. ▶ 윗마을 처녀하고 아랫마을 총각이 짝을 지었다.

웃목 몡 윗목. ¶굴뚝이 맥해서 웃목꺼정 불이 앤 들어간다. ▶ 굴뚝이 막혀서 윗목까지 불이 안 들어간다./웃목은 차거서 몬 안니더. 아래목으로 니러와서 안지소(안즈이소). ▶ 윗목은 차가워서 못 앉습니다. 아랫목으로 내려와서 앉으세요.

웃불 몡 모닥불. ¶문디이 웃불에 살찐다 카디이 뜨뜻한 기이 좋다. ▶ 문둥이 모닥불에 살찐다 하더니 따뜻한 것이 좋다. ☞ 무디기불.

웃사람 몡 윗사람. 손윗사람. ¶웃사람 눈치를 보지 마고 니 하구 접은 대로 해바라. ▶ 윗사람 눈치를 보지 말고 너 하고 싶은 대로 해보아라.

웅'굴 몡 우물. 방틀이 놓인 우물. ¶내 밍이 질라카이 시 살 때 멍시기 덮어 논 웅굴에 빠져서도 앤 죽고 살았다. ▶ 내 명이 길려니 세 살 때 멍석 덮어 놓은 우물에 빠져서도 안 죽고 살았다.

웅'디~이 몡 웅덩이. ¶저 웅디이에 빠지기마 하며 물구신이 다리를 뿔짭고 앤 나준단다. ▶ 저 웅덩이에 빠지기만 하면 물귀신이 다리를 붙잡고 안 놓아준단다.

워: 갑 마소를 서게 하는 소리. ☞ 물러. 노로. 워디. 워미. 이라. 쯔쯔.

워'디 갑 마소를 왼쪽으로 돌아가게 하는 소리. ☞ 물러. 노로. 워. 워미. 이라. 쯔쯔.

워:리 갑 개를 부르는 소리. ¶워리워리 싹싹, 싹싹 할터라. ▶ 워리워리 싹싹, 싹싹 핥아라. ※개는 집을 지키고 아기가 똥을 싸면 방바닥뿐만 아니라 밑까지 씻어주면서도 얻어먹는 것이라곤 깨진 옹기그릇에 쏟아 주는 음식찌꺼기가 고작이다. 그런데도 사람들은 걸핏하면 개새끼, 개상놈, 개썹 따위의 말로 모욕을 주다가 마지막으로 잡아서 보신까지 하고서 한다는 칭찬이 고작 '똥개 맛이 최고'라는 것이다. ☞ 싹싹. 오요오요. 유가.

워:미 갑 마소를 부르는 소리. ☞ 물러. 노로. 워. 워디. 이라. 쯔쯔.

원산' 몡 베틀 앞다리 위에 걸친 둥근 나무통. 뒤쪽으로 신나무(신대)가, 앞쪽으로 두 개의 나부산대(눈썹대)가 끼워져 있다. ※신나무와 나부산대가 끼워지는 부

원수'지(元--)

분만을 '원산'으로 따로 이르는 데도 있지만, 대부분 지방에서는 이들을 통틀어 '용두머리'로 이른다.《원삼》☞ 베틀.

원수'지(元--) 몡 알짜. 건더기. ¶소괴기국을 끼래서 **원수지**는 즈그들이 다 묵고 구물을 쪼매 낭가 주고는 괴기국 대접했다 칸다. ▶ 소고기국을 끓여서 **알짜**는 저희들이 다 먹고 국물을 조금 남겨 주고는 고깃국 대접했다 한다.

원:시~이 몡 원숭이. ¶**원시이**도 나무에서 떨어질 때가 있다 카는데 지 재조마 믿고 저카다가 아매도 다치지? ▶ **원숭이**도 나무에서 떨어질 때가 있다 하는데 제 재주만 믿고 저러다가 아마도 다치지?

원'창 뷘 워낙. ¶**원창** 돈이 만어 나서 팽상을 두고 써도 포토가 앤 날 끼이다. ▶ **워낙** 돈이 많아 놓아서 평생을 두고 써도 표가 안 날 것이다. ☞ 원창가. 원캉.

원창가 뷘 워낙. ¶**원창가** 욕심이 만어서 어지간한 거는 눈구적에도 앤 찬다 칸다. ▶ **워낙** 욕심이 많아서 어지간한 것은 눈구석에도 안 찬다 한다. ☞ 원창. 원캉.

원'채 뷘 원래(元來). 본래(本來). ¶**원채** 태성이 그런 거를 인자 시삼시럽게 곤치지도 모하고 우얄 끼고? ▶ **원래** 본성이 그런 것을 이제 새삼스럽게 고치지도 못하고 어떻게 할 건가?

원'체 몡 디딜방아의 몸체. 《곰대. 방아몸》 ☞ 디딜바아.

원'캉 뷘 워낙. ¶**원캉** 날새가 춥어서 뱊에 나댕기는 사람이 드물다. ▶ **워낙** 날씨가 추워서 밖에 나다니는 사람이 드물다./**원캉** 발이 커 노이 맞는 신이 없다. ▶ **워낙** 발이 커 놓아서 맞는 신발이 없다. ※방언권에서는 '신발'이란 말을 잘 쓰지 않고 '신'이라고 한다. ☞ 원창. 원창가.

원'통하다 동 원통(冤痛)하다. ¶**원통하고** 절통하다 가이업는 이 내 신세 누구한테 하소할꼬? ▶ **원통하고** 절통하다 가여운 이 내 신세 누구한테 하소연할까?

월급봉투지 몡 월급봉투(月給封套). ¶**월급봉투지**를 받아서 아들 월사금 주고 살 외상갑 갚고 나머 소주 한 잔을 마실 돈도 없다. ▶ **월급봉투**를 받아서 애들 월사금 주고 쌀 외상값 갚고 나면 소주 한 잔을 마실 돈도 없다.

웬수 몡 원수(怨讐). '원수'를 비꼬아서 하는 말. ¶아이고 저 **웬수야**. 지옥사자 있다카머 저런 인간 와 앤 잡어가노? ▶ 아이고 저 **원수야**. 지옥사자 있다면 저런 인간 왜 안 잡아가나?/아이고 이 **웬수야**. 니캉 나캉 마 물에 빠저 죽어 뿌리자. ▶ 아이고 이 **원수야**. 너랑 나랑 그만 물에 빠져 죽어 버리자. ※살림살이에 지치면 주부들은 이런 넋두리를 하면서 인고의 세월을 보낸다.

웬수등거'리 똉 원수덩어리(怨讐---). '원수'의 센말. ¶저 웬수등거리를 죽이도 살리도 몬하고 우짜머 좋노? ▶ 저 원수덩어리를 죽이지도 살리지도 못하고 어쩌면 좋아?

위: 똉 참외. ¶고슴도치가 위 갈래 묵드시 한다. ▶ 고슴도치가 참외 골라 먹듯이 한다.

위:가 똉 외가(外家). ¶위가 가머 위할매가 니 줄라꼬 감직어 났든 꼬깜 꺼내 주신다. ▶ 외가 가면 외할머니가 너 주려고 감춰 놓았던 곶감 꺼내 주신다.

위밭 똉 참외밭. ¶추석 때 쭘이 대머 위밭을 놓고 운두막을 비운다. ▶ 추석 때 쯤이 되면 참외밭을 놓고 원두막을 비운다. ※ 참외를 다 따고 나면 지키던 것을 그만두는데 이것을 '위밭을 놓다'라고 한다.

위'사 똉 우세. 망신(亡身). ¶동네 위사는 저 기이 다 하매 댕기는데, 내가 무신 얼골을 들고 댕기노? ▶ 동네 우세는 저 것이 다 하며 다니는데, 내가 무슨 얼굴 들고 다니나? ☞ 우사.

위사:촌 똉 외사촌(外四寸). ¶위가에 가머 위사촌들하고 노는 기이 재미있다. ▶ 외가에 가면 외사촌들하고 노는 것이 재미있다.

위선 뷔 우선(優先). 【위선어 ▶ 우선에】 ¶위선 묵기는 꼬깜이 달다. ▶ 우선 먹기는 곶감이 달다./배고푼데 인사는 냉자아 하고 위선어 묵는 일부텀 하자. ▶ 배고픈데 인사는 나중에 하고 우선에 먹는 일부터 하자./위선어 급한 불부텀 끄고 나서 천처이 생각해 보자. ▶ 우선에 급한 불부터 끄고 나서 천천히 생각해 보자.

위'섭다 혱 우습다. 【위섭어 ▶ 우스워/위섭으이 ▶ 우스우니】 ¶아이고 위섭어라, 그따구 꺼 주고도 인심을 썼다 카나? ▶ 아이고 우스워라. 그따위 것 주고도 인심을 썼다 하나?

위:손자 똉 외손자(外孫子). ¶위손자는 업고 친손자는 걸래맨서 업은 알라 발 시럽다 칸다. ▶ 외손자는 업고 친손자는 걸리면서 업은 아기 발 시리다 한다.

위시개 똉 우스개. ¶위시개도 심하머 쌈이 댄다. ▶ 우스개도 심하면 싸움이 된다.

위'심 똉 웃음. ¶위심이 히푸머 사람이 개갑어 빈다. ▶ 웃음이 헤프면 사람이 가벼워 보인다./그 집안에는 위심 꽃이 끈칠 새가 없다. ▶ 그 집안에는 웃음 꽃이 그칠 새가 없다.

위아재 똉 외아저씨. 외삼촌(外三寸). ¶즈그 위아재가 물에 빠졌나, 시죽시죽 윗기는 와 윗노? ▶ 저희 외삼촌이 물에 빠졌나, 히죽히죽 웃기는 왜 웃나? ※ 외삼촌 촌수는 가깝되 대수롭지 않다는 말.

위아지매 몡 외아주머니. 외숙모(外叔母). ¶아부지의 위아지매를 진외숙모라 칸다. ▶ 아버지의 외아주머니를 진외숙모(陳外叔母)라 한다.

위할매 몡 외할머니. 외조모(外祖母). ¶오월 초닷새 날이 우리 위할매 항갑이다. ▶ 오월 초닷새 날이 우리 외할머니 환갑이다.

위할배 몡 외할아버지. 외조부(外祖父). ¶즈그 위할배으 본관은 오천이고 함자는 민첩할 민 자, 실을 재 자 일시더. ▶ 저희 외할아버지의 본관은 오천(烏川)이고 함자(銜字)는 민첩할 민(敏) 자, 실을 재(載) 자입니다.

윈: 괜형 웬. '어찌된', '무슨', '어떤'의 뜻. ¶자네가 윈 일로 여기꺼정 왔노? ▶ 자네가 웬 일로 여기까지 왔나?/윈 사람이 이래 만채? ▶ 웬 사람이 이렇게 많지?/그기이 윈 돈이고? ▶ 그것이 웬 돈인가?/이기이 윈 떡이고? ▶ 이것이 웬 떡인가?

윗개:다 동 웃기다. '윗다'의 사동. 【윗개 ▶ 웃겨/윗개이 ▶ 웃기니】 ☞ 윗기다.

윗기:다 동 웃기다. '윗다'의 사동. 【윗개 ▶ 웃겨/윗기이 ▶ 웃기니】 ¶인자 고마 윗개라. 하도 위서서 허리가 끈어질라 칸다. ▶ 이제 그만 웃겨라. 하도 웃어서 허리가 끊어지려 한다. ☞ 윗개다.

윗:다 동 웃다. 【위서 ▶ 웃어/위시이 ▶ 웃으니】 ¶초롱초롱 청사초롱 임으방에 불 밝혀라, 임도눕고 나도눕어 저불끄이 누가드나, 방실방실 윗는임을 몬다보고 해가가네, 해야해야 가지마라 윗는임을 다시보자. ▶ 초롱초롱 청사초롱 님의방에 불밝혀라, 님도눕고 나도누워 저불끄니 누가드나, 방실방실 웃는님을 못다보고 해가가네, 해야해야 가지마라 웃는님을 다시보자. 〈전래 민요〉.

유가: 깜 개를 쫓는 소리. ☞ 싹싹. 오요오요. 워리.

유과 몡 유과(油果). 유과를 만드는 방법은, 먼저 찹쌀을 물에다 2일 정도 불려서 가루를 낸다. 가루를 반죽할 때 가끔 소주(쌀이 1되라면 2컵 정도)를 뿌려준다. 홍두깨로 반죽을 얇게 밀어서 손바닥 만하게 잘라서 따뜻한 방안에서 바싹하게 될 정도로 말린다. 이것을 아주까리기름에다 튀겨서 건지고 묻어 있는 기름을 뿌려서 제거한다. 여기다 조청을 바르고 찰벼를 그슬어 얻은 튀밥으로 옷을 입힌다. 〈고경 李春澤〉.

유룸 몡 혼수(婚需) 따위의 준비물. ¶하는 거는 없다 캐도 이거저거 혼수 유름을 할라 카머 욕보니라. ▶ 하는 것은 없다 해도 이것저것 혼수 준비물을 하려면 욕보느니라.

유리비~이 몡 유리병(琉璃甁). ¶소주 꼰 거를 유리비이에 담고 뚜끼이를 꼭 닫어

나라. ▶ 소주(燒酒) 곤 것을 유리병에 담고 뚜껑을 꼭 닫아 놓아라.

유:세하다 동 위세(威勢)를 떨다. 세력이나 능력 따위를 과시하다. ¶쪼매 있다꼬 유세하지 마라. 눈까리 시럽어 몬 보겠다. ▶ 조금 있다고 위세를 떨지 마라. 아니 꼬워서 못 보겠다. ☞ 우체다.

유:하다(留--) 동 주무시다. '머물다'의 점잖은 말. ¶날도 저물었고 하이 누추하지마는 그양 여기서 유하고 가이소. ▶ 날도 저물었고 하니 누추하지만 그냥 여기서 주무시고 가세요.

육땅(陸-) 명 육지(陸地). ¶아들은 육땅으로 내보내고 우리 두리 이 섬에서 산다. ▶ 애들은 육지로 내보내고 우리 두리 이 섬에서 산다.

육모초 명 익모초(益母草). ¶육모초가 산모에게 그래 좋단다. ▶ 익모초가 산모에게 그렇게 좋단다.

육소(肉-) 명 비육우(肥肉牛). ¶아 장개보낼라 카머 육소 한 마리 앤 팔고는 앤 대겠다. ▶ 애 장가보내려면 비육우 한 마리 안 팔고는 안 되겠다.

육척 귿다 관 육척(六尺) 같다. 키가 큰 것을 비유하여 하는 말. ¶그 어른 생전에는 육척 그튼 장신에 인물은 또 얼매나 좋았노! ▶ 그 어른 생전에는 육척 같은 장신(長身)에 인물은 또 얼마나 좋았나!

육척장신(六尺長身) 명 훤칠하게 큰 키. ¶육척장신에 헌헌대장부라, 그 어런이 나서며 골목이 꽉 찼니라. ▶ 훤칠하게 큰 키에 헌헌대장부(軒軒大丈夫)라, 그 어른이 나서면 골목이 꽉 찼느니라.

윤동초 명 인동초(忍冬草). 덩굴식물로 줄기와 잎사귀를 약에 쓴다. 일제 때 배급 나오는 담배가 부족하여 인동초 꽃이나 호박잎을 말려서 함께 섞어서 피우기도 했다.

윤두 명 인두. ¶윤두를 달가서 저구리 동전을 눌라서 입어라. ▶ 인두를 달구어서 저고리 동정을 눌러서 입어라. ☞ 윤디. 인도1.

윤두패:찰(輪頭牌札) 명 당번표(當番表). 일을 담당하는 사람의 순서를 적은 표.

윤디: 명 인두. ¶저구리에 동전을 달 때 주름 진 데는 윤디로 잘 눌라서 붙처야 반듯하게 댄다. ▶ 저고리에 동전을 달 때 주름 진 데는 인두로 잘 눌러서 붙여야 반듯하게 된다. ☞ 윤두. 인도1.

융'감 명 윤감(輪感). 돌림감기. ¶그 해 여름에는 융감이 돌아서 죽은 사람도 수탰다. ▶ 그 해 여름에는 돌림감기가 유행해서 죽은 사람도 허다했다.

윷¹ 명 윷. 윷놀이에서, 윷짝 네 개가 모두 젖혀진 경우를 이르는 말. ☞ 윷판.

윷가치

윷가치 몡 윷가락. ¶윷가치는 보통 싸리나무를 따개서 맨들며 개갑고 또 떨어저 바채는 소리도 좋다. ▶ 윷가락은 보통 싸리나무를 쪼개서 만들면 가볍고 또 떨어져 부딪치는 소리도 좋다. ☞ 종지기윷.

윷'판 몡 윷놀이판.〈고경 鄭南洛. 일요시사〉. ☞ 미겨(참먹이). 도4. 개3. 걸2. 윷. 모. 돗밭(뒷도). 개밭(뒷개). 걸밭(뒷걸). 지과(뒷윷). 꼬저(뒷모). 찔도(찌도). 찔개(찌개). 찔걸(찌걸). 집째(찌윷). 내타(찌모). 날도. 날개. 날걸. 밧지(날윷). 모도(앞모도). 모개2(앞모개). 반여(방). 송윷(속윷). 두모(속모). 뒷도(뒷모도). 뒷개(뒷모개). 방수겨(사려). 안지2(안찌).

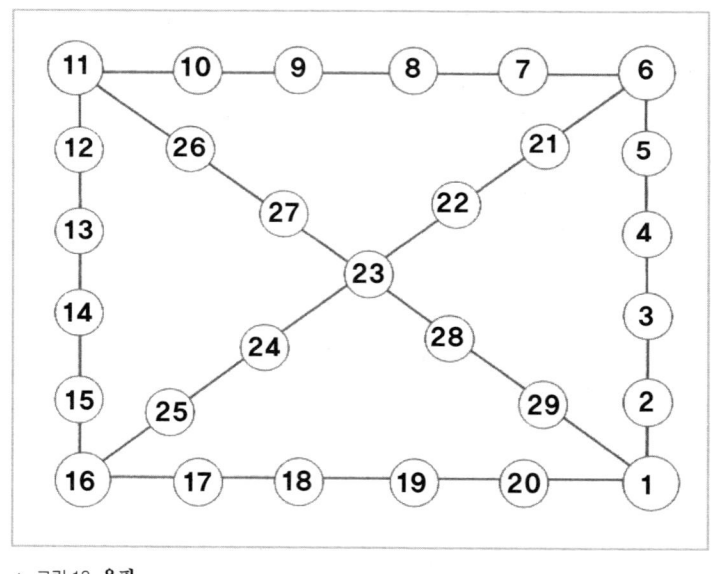

▲ 그림 18 **윷판**
(두산백과사전)

1. 미겨(참먹이)
2. 도
3. 개
4. 걸
5. 윷
6. 모
7. 돗밭(뒷도)
8. 개밭(뒷개)
9. 걸밭(뒷걸)
10. 지과(뒷윷)
11. 꼬저(뒷모)
12. 찔도(찌도)
13. 찔개(찌개)
14. 찔걸(찌걸)
15. 집째(찌윷)
16. 내타(찌모)
17. 날도
18. 날개
19. 날걸
20. 밧지(날윷)
21. 모도(앞모도)
22. 모개(앞모개)
23. 반여(방)
24. 송윷(속윷)
25. 두모(속모)
26. 뒷도(뒷모도)
27. 뒷개(뒷모개)
28. 방수겨(사려)
29. 안지(안찌)

으 조 의. 모음으로 끝나는 체언에 붙어 '으'의 소리를 낸다. ¶여자으 맴은 알 꺼 그튼데도 모리겠다. ▶ 여자의 마음은 알 것 같은데도 모르겠다./칭구으 이리로 생각해서 한 분마 도와 조야겠다. ▶ 친구의 의리를 생각해서 한 번만 도와 줘야 겠다. ☞ 어.

-으로 回 -으러. 행동의 목적을 나타내는 연결어미. ¶거랑아 괴기 잡으로 가자. ▶ 개울에 고기 잡으러 가자./우지 마라. 내가 어디 죽으로 가나? ▶ 울지 말아. 내가 어디 죽으러 가나? ☞ -로2.

으시러지다 동 으스러지다. 【으시러저 ▶ 으스러져/으시러지이 ▶ 으스러지니】 ¶빼가지가 으시러지드록 일했다. ▶ 뼈가 으스러지도록 일했다./허리가 으시러지드록 끼안는다. ▶ 허리가 으스러지도록 껴안는다.

으쌕대:다 동 으쓱대다. ¶어깨를 으쌕대매 춤을 추고 있다. ▶ 어깨를 으쓱대며 춤을 추고 있다./어깨를 으쌕대매 검방을 떨고 댕긴다. ▶ 어깨를 으쓱대며 건방을 떨고 다닌다.

-으이1 回 -으니. 자음으로 끝나는 어간에 붙어 까닭이나 근거를 나타냄. ¶내사 살만치 살었으이 무신 여한이 있겠노? ▶ 나야 살만큼 살았으니 무슨 여한이 있 겠나?/니를 믿으이 하나도 앤 감직고 말한다. ▶ 너를 믿으니 하나도 안 감추고 말한다. ☞ -이4.

-으이2 回 -네. 하게할 자리에 겸손하게 쓰는 서술형 종결어미. ¶자네들이 좋다 카머 나도 좋으이. ▶ 자네들이 좋다면 나도 좋네./자네나 마이 드시게. 나는 실으 이. ▶ 자네나 많이 드시게. 나는 싫네./자네들이 좋으머 나는 갠찬으이. ▶ 자네들 이 좋으면 나는 괜찮네.

은'헤 명 은혜(恩惠). ¶사람이 은혜를 모리머 짐성하고 다릴 끼이 없다. ▶ 사람이 은혜를 모르면 짐승하고 다를 것이 없다.

을랑 조 일랑. 일랑은. ¶가까분 사람끼리 돈을랑 거래하지 마라 캤다. ▶ 가까운 사람끼리 돈일랑 거래하지 마라 했다./집 걱정을랑 하지 마고 공부나 바다 해라. ▶ 집 걱정일랑 하지 말고 공부나 다잡아 해라.

을축갑자(乙丑甲子)하다 관 무식꾼 티를 내다. ¶니가 해바야 을축갑자하지, 대지 도 않은 소리는 고마 해라. ▶ 네가 해보아야 무식꾼 티내지, 되지도 않은 소리는 그만 해라.

을'푸다 동 읊다. 【을퍼 ▶ 읊어/을푸이 ▶ 읊으니/을풀 ▶ 읊을】 ¶빙신 풍월 을퍼 대 고 있네. ▶ 병신 풍월 읊어 대고 있네./이 좋은 풍광에 시 한 수 애 을풀 수가 있 나? ▶ 이 좋은 풍광(風光)에 시 한 수 안 읊을 수가 있나?

음'물전 명 어물전(魚物廛). ¶음물전 위사는 꼴뚜기가 시긴다. ▶ 어물전 우세는 꼴

음:석

뚜기가 시킨다.
음:석 명 음식(飮食). ¶음석 가꼬 사람 갈래는 기이 아이다. ▶ 음식 갖고 사람 가리는 것이 아니다. ☞ 임석.
응: 다리고 훙: 다리다 관 응 다르고 훙 다르다. 비슷한 것 같지만 숨은 뜻이 다르다는 말. ¶말이란 기이 응 다리고 훙 다리다. 말을 고이찌게 하지 마고 학실이 해바라. ▶ 말이란 것이 응 다르고 훙 다르다. 말을 괴이쩍게 하지 말고 확실히 해봐라.
응'정 명 응석. 어리광. ¶막내이라꼬 응정만 하매 커서 안직꺼정 저란다. ▶ 막내라고 응석만 하며 커서 아직까지 저런다. ☞ 엉석.
이:1 명 리(理). 이치(理致). 까닭. ¶그 사람이 그럴 이가 없다. 자네가 머를 잘 몬 들었을 끼이야. ▶ 그 사람이 그럴 리가 없다. 자네가 뭘 잘 못 들었을 것이야.
이2 명의 리(里). ¶대구 팔십 이머 잘 걸어서 하리 질이다. ▶ 대구 팔십 리면 잘 걸어서 하루 길이다.
이:3 명 의(誼). 정의(情誼). ¶저 집은 동기 간에 이가 좋기로 소문이 난 집이다. ▶ 저 집은 동기(同氣) 간에 의가 좋기로 소문이 난 집이다.
-이4 미 -니. 모음으로 끝나는 어간에 붙어 까닭이나 근거를 나타냄. ¶이래 와 주이 방갑기 그지없다. ▶ 이렇게 와 주니 반갑기 그지없다./밥을 묵고 보이 인자 정신이 돌어온다. ▶ 밥을 먹고 보니 이제 정신이 돌아온다. ☞ -으이1.
이5 조 에. ¶새미이 가서 물을 지고 온나. ▶ 샘에 가서 물을 지고 오너라./헐리지 안케 주미이 여서 가주 가그라. ▶ 흘리지 않게 주머니에 넣어서 가져 가거라./정지이 들어가서 등거리불을 지패라. ▶ 부엌에 들어가서 장작불을 지펴라.
-이6 접 -히. 일부 형용사 어근에 붙어 부사를 만드는 접미사. ¶천처이 해라. ▶ 천천히 해라./가마이 말해라. ▶ 가만히 말해라./조용이 있그라. ▶ 조용히 있어라.
이거 대 이것. ¶이거는 내 기이(끼이. 꺼)다. ▶ 이것은 내 것이다./이거이 내 기이(끼이. 꺼) 맞나? ▶ 이것이 내 것이 맞나?
이거리저거리 명 다리 짚기 놀이. 아이들 놀이의 한 가지로, 둘 이상의 사람이 다리를 엇갈아 앉아서 임의의 다리로부터 하나씩 짚기 시작하는 동시에 '이거리저거리 각거리, 정사맹건 도맹건 스무리바꾸 도빠꾸, 연지타가양 워리, 장 두 칼 침 포', 이렇게 동요를 합창하여 마지막 구절이 끝나는 시점에 짚인 다리의 주인공을 뽑아서 이야기나 노래 따위를 하게 한다. 〈金鍾弼〉.
이고 조 이거나. ¶이기이고 저기이고 아무 꺼나 도고. ▶ 이것이거나 저것이거나 아

이넉

무 거나 다오./사람이고 김성이고 묵어야 사지. ▶ 사람이거나 짐승이거나 먹어야 살지.

이관 몡 의관(衣冠). 옷차림. ¶이관을 정제하고 손임을 맞었다. ▶ 의관을 정제(整齊)하고 손님을 맞았다.

이'기다 동 여기다. 생각하다. 【이개 ▶ 여겨/이기이 ▶ 여기니】¶날랑날랑 죽그들랑 앞산에도 묻지마고 연꽃밭에 묻어주소, 연꽃하나 피거들랑 날만 이개 돌아보소. ▶ 나랑나랑 죽거들랑 앞산에도 묻지말고 연꽃밭에 묻어주소, 연꽃하나 피거들랑 날만 여겨 돌아보소. 〈전래동요〉/내가 그래 이기는 거는 그 때민이 아이다. ▶ 내가 그렇게 여기는 것은 그 때문이 아니다./나는 그기이 올타꼬 이긴다. ▶ 나는 그게 옳다고 생각한다.

이까¹ 몡 오징어. 日 'いか(烏賊)'. ¶건맹태 수무 마리를 뀐 거를 한 때라 카고, 마른 이까 수무 마리를 무꾼 거를 한 축이라 칸다. ▶ 건명태 스무 마리를 꿴 것을 한 때라 하고, 마른 오징어 스무 마리를 묶은 것을 한 축이라 한다.

-이까² 미 -니까. ¶사람이이까 실수도 한다. ▶ 사람이니까 실수도 한다./그리로 가이까 반갑어카드라. ▶ 그리로 가니까 반가워하더라./서리 친하이까 더 조심해야지. ▶ 서로 친하니까 더 조심해야지. ☞ -이까내.

-이까내 미 -니까. ¶머를 주이까내 조타 카지. ▶ 뭘 주니까 좋다 하지./춥으이까내 질에 댕기는 사람이 없다. ▶ 추우니까 길에 다니는 사람이 없다./늘그이까내 찾어오는 사람도 없다. ▶ 늙으니까 찾아오는 사람도 없다. ☞ -이까2.

이까리 몡 고삐. 마소를 잡아매는 밧줄. 日 'いかり(錨)'. ☞ 소끄트래기. 소이까리.

이까:지 관형 이까짓. ¶이까지 더러분 짓 애 하며 밥 몬 묵을까 설마. ▶ 이까짓 더러운 짓 안 하면 밥 못 먹을까 설마. ☞ 이깐. 까지2.

이깐: 관형 이까짓. '이까지'의 준말. ☞ 까지2.

이꼬 준 '이러고'의 준말. ¶이꼬 저꼬 카지 마고 똑 뿌러지게 말해 바라. ▶ 이러고 저러고 하지 말고 딱 부러지게 말해 보아라. ☞ 이코.

이'내 부 곧. 연달아. 잇달아. ¶금방 묵고 이내 젖 돌라꼬 칭칭거린다. ▶ 금방 먹고 곧 젖 달라고 칭얼거린다. ☞ 연에2.

이넉 대 이녁. 자기. '당신'이라는 말처럼 이야기 되는 제삼자를 점잖게 이르는 말. ¶이넉 생전에 소원 소원하든 손자도 봤는데, 그거를 몬 보고 죽었으이 다 팔자소관이지. ▶ 자기(당신) 생전에 소원 소원하던 손자도 보았는데, 그것을 못

523

이넉'히

보고 죽었으니 다 팔자소관이지. ☞ 이넉히. 이넉히.

이넉'히 団 이녁. 자기. '당신'이라는 말처럼 이야기 되는 제삼자를 점잖게 이르는 말. ¶보이소 이넉히, 이리 쫌 와 보이소. ▶ 보세요 이녁, 이리 좀 와 보세요. ※ 방언권에서는 남들 앞에서 남편을 부르기를 '이넉히'나 '보소' 또는 '즈가부지'로 부르고, 손윗사람이나 남들 앞에서 '여보'나 '당신'이라는 말을 쓰는 것을 쑥스러워하는 경향이 있다. ☞ 이녁. 이넉히.

이:논 명 의논(議論). ¶머든지 혼차 고집으로 하지 마고 서리 **이논해야** 한다. ▶ 뭐든지 혼자 고집으로 하지 말고 서로 **의논해야** 한다.

이눔 団 이놈. 이 새끼. 이 자식. ¶**이눔** 집 아이머 내가 밥 얻어묵을 데가 없는 줄 아나? ▶ **이놈의** 집 아니면 내가 밥 얻어먹을 데가 없는 줄 아나?

이눔아: 団 이놈 애. 이 새끼. 이 자식. ☞ 임마.

이눔으꺼 갑 제기랄. 이 빌어먹을 것. 언짢아 할 때에 불평하는 소리.

이넉'히 団 이녁. 자기. '당신'이라는 말처럼 이야기 되는 제삼자를 점잖게 이르는 말. ☞ 이녁. 이넉히.

이'드름 명 여드름. ¶얼굴에 **이드름이** 더덕더덕 돋아나는 거를 보이 장개갈 때가 댔다. ▶ 얼굴에 **여드름이** 더덕더덕 돋아나는 것을 보니 장가갈 때가 되었다.

이라: 갑 이랴. 마소를 모는 소리. ¶**이라** 말아, 어여 가자 살기 좋은 영해 영덕. ▶ **이랴** 말아, 어서 가자 살기 좋은 영해(寧海) 영덕(盈德). 〈전래동화〉 ※ 흉년에 가난한 부부가 입 하나라도 덜어 보려고 앞 못 보는 제 어미를 디딜방아에다 말 태워 두고서 살기 좋다는 영해 영덕으로 길을 떠났다. 불쌍한 그 어미는 쿵덕쿵덕 방아 말을 타고서 자식 뒤를 따르는 줄 알고 "이라 말아, 어여 가자."며 애달아 한다. ☞ 물러. 노로. 워. 워디. 워미. 쯔쯔.

이라노이 조 이라서. ¶지도 사람**이라노이** 그래 모질게는 몬하지. ▶ 저도 사람이라서 그렇게 모질게는 못하지./우리는 친척**이라노이** 우야지도 몬하고 속만 태우지. ▶ 우리는 친척이라서 어떻게 하지도 못하고 속만 태우지./그기이 소문**이라노이** 다행이지 차말이머 우애 댈 뿐했노? ▶ 그것이 소문이라서 다행이지 참말이면 어떻게 될 뻔했나? ☞ 라노이.

이라:뿌리다 동 잃어버리다. 【**이라뿌러** ▶ 잃어버려/**이라뿌리이** ▶ 잃어버리니】¶첩첩산중에서 질을 **이라뿌렀다**. ▶ 첩첩산중에서 길을 잃어버렸다./그 때 나는 정신을 **이라뿌러** 아무 꺼도 몰랬다. ▶ 그 때 나는 정신을 잃어버려 아무 것도 몰랐다. ☞ 일가뿌리다. 일거뿌리다.

이라이 조 으로서 '-이 되고서'의 뜻. ¶자석이라이 우애 부모를 홀대하겠노? ▶ 자식으로서 어떻게 부모를 홀대하겠나?/스승이라이 여불띠기로 빠지는 제자를 어애 그양 보고 있노? ▶ 스승으로서 옆으로 빠지는 제자를 어떻게 그냥 보고 있나? ☞ 라이3.

이래 준 이렇게. '이러하게'의 준말. ¶와 이래 좋노! ▶ 왜 이렇게 좋나!/이래도 한 시상 저래도 한 시상인데 박하게 살 끼이 머가 있노? ▶ 이렇게 해도 한 세상 저렇게 해도 한 세상인데 박하게 살 것이 무엇이 있나?

이러:쿠럼 부 이럭저럭. ¶이러쿠럼 사다가 보이 어느 산에 인생 칠십을 넝갰다. ▶ 이럭저럭 살다가 보니 어느 결에 인생 칠십을 넘겼다.

이'럭 명 이골. 길이 들어서 몸에 밴 버릇. ¶그 집 매느리는 시집 온지 얼매 대지도 안었는데 살림에 이럭이 났단다. ▶ 그 집 며느리는 시집 온지 얼마 되지도 않았는데 살림에 이골이 났단다.

이'럭서 명 이력서(履歷書). ¶이럭서를 들고 맻 군데나 찾아가도 빽이 없으이 앤 대드라. ▶ 이력서를 들고 몇 군데나 찾아가도 배경이 없으니 안 되더라.

이로 준 일로. '이리로'의 준말. ¶이로 와 보래이. 살 단지에 벌거지가 득실득실하대이. ▶ 일로 와 보아라. 쌀 단지에 벌레가 득실득실하다.

이:리 명 의리(義理). ¶남자라머 이리에 살고 이리에 죽는다. ▶ 남자라면 의리에 살고 의리에 죽는다.

이리'꾸 명 말린 멸치. 日 '煮り子'. ¶오늘 장아서 이리꾸 한 포에 얼매 하던기요? ▶ 오늘 장에서 멸치 한 포대에 얼마 하던가요? ☞ 매래치.

이리다 동 일다. 【이라 ▶ 일어/이리이 ▶ 이니】 ¶멈아멈아 저임멈아 저임참이 늦었구나, 맵살닷말 찹살닷말 이리다가도 늦었구나. ▶ 어멈아어멈아 점심어멈아 점심참이 늦었구나, 맵쌀닷말 찹쌀닷말 일다가도 늦었구나. 〈모숭기소리의 일부〉/몰개 논에서 난 살은 조래로 이라 보머 돌이 엄시미 나온다. ▶ 모래 논에서 난 쌀은 조리로 일어 보면 돌이 제법 나온다.

이마 부 이만. 이정도. '이 정도까지만'의 뜻. ¶볼일 볼 꺼는 다 밨으이 나는 이마가 볼란다. ▶ 볼일 볼 것은 다 봤으니 나는 이만 가 보련다./오늘 일은 이마 하고 남저지는 내리 하자. ▶ 오늘 일은 이정도 하고 나머지는 내일 하자. ☞ 마1.

이마~이 부 이만치. 이만큼. ¶아이고 답답해라. 이마이 말해도 니가 몬 알어듣나? ▶ 아이고 답답해라. 이만큼 말해도 너가 못 알아듣나?

이만때 명 이맘때. ¶장연 이만때는 비가 그리도 마이 왔다. ▶ 작년 이맘때는 비가

이'매1

그렇게도 많이 왔다.
이'매1 명 이마. ¶이매매 코매 반듯한 기이 어디 내나도 인물이 앤 빠지겠드라. ▶ 이마며 코며 반듯한 것이 어디 내놓아도 인물이 안 빠지겠더라.
이매2 조 이며. ¶어제 잔채 집에서 밥이매 떡이매 주는 대로 조 묵디이 배탈이 났구나. ▶ 어제 잔치 집에서 밥이며 떡이며 주는 대로 주어 먹더니 배탈이 났구나. ☞ 매1.
이'매바~아 명 이마방아. ¶서당아서 "화늘 천 따지 가매솥에 누룬밥…." 카매 자불매 책을 일따가 이매바아를 찧었다. ▶ 서당에서 "하늘 천 따지 가마솥에 눋은 밥…." 하며 졸며 책을 잃다가 이마방아를 찧었다. ※'하늘 천 따지 가매솥에 누룬밥'은 천자문(千字文)의 첫 구절인 '하늘 천(天) 따 지(地) 검을 현(玄) 누를 황(黃)'을 빗대어 이르는 말로 한문공부의 입문(入門)을 뜻함.
이매빼기 명 이마빡. '이매1'의 낮춤말. ¶이매빼기가 시언하이 버꺼진 기이 즈그 할배 모숩을 달멌다. ▶ 이마빡이 시원하게 벗어진 것이 제 할아버지 모습을 닮았다.
-이맨서 미 -이면서. ¶우리 어룬은 우리한테는 엄한 선상임이맨서 어진 아부지였지. ▶ 우리 어른은 우리한테는 엄한 선생님이면서 어진 아버지였지. ☞ -매2. -맨서.
이미 명 어미. '어매'의 낮춤말. 비슷한 말의 품격 순위는, 어마임=어멈1〉어무이〉어마씨〉어매〉어마이=어멈2=어미=애미=이미.
이:바구 명 이야기. 【이바구꾼 ▶ 이야기꾼/이바구재이 ▶ 이야기쟁이】 ¶재미있는 이바구 한 자리 해도고. ▶ 재미있는 이야기 한 가락 해다오./입담 좋게 이바구 한 자리 하고 가소. ▶ 입담 좋게 이야기 한 가락 하고 가소. ※라디오나 텔레비전의 안방극장도 등잔불 아래서 듣던 '이바구'에서 비롯된 것이다. 이불 밑에 발들을 밀어 넣고 둘러앉으면 입담 좋은 이야기꾼은 "잇날잇적 호래이 담배 묵을 때…"로 시작하여, "어떤 사람이 산질을 훨훨 가다가 해는 뚝 떨어지고 앞은 캄캄한데 잘 데는 없지, 그래서 사방을 빙 둘러보이 저 골짝 밑에 외따리집에서 불이 깜빡깜빡하그덩…" 하다가, 잠시 뜸을 들인다. 그러면 이야기꾼의 입만 쳐다보고 있던 사람들은 그새를 못 참고 "그래서 우애 댔노?" 하면서 재촉을 하게 되고, 이야기는 이어져서 천 년 묵은 여우가 나오고 호랑이가 등장하고 귀신이 나타나다가, 이야기꾼이 별안간 "애햄!" 하며 큰기침이라도 할라치면 "아이고 우야노?" 하면서 소스라치기도 한다. 그러다가 이야기꾼이 물고

있던 곰방대를 마지막 빨아들이고 화롯전에 재를 털 때쯤이면, 원수는 갚게 되고 은혜는 보답하게 되어 주인공들은 "아들딸 마이 놓고 오래오래 잘 살았단다."로 끝을 맺게 된다. 결과가 뻔해 보이는 요즈음의 드라마를 보면서 제 나름대로의 상상의 나래를 펼치면서 듣던 노변(爐邊)의 이야기를 다시 생각하게 된다.

이:바구꾼 명 이야기꾼. ¶입담 좋은 **이바구꾼**을 만나서 시간 가는 줄도 모리고 듣고 있다가 인자 왔다. ▶ 입담 좋은 이야기꾼을 만나서 시간 가는 줄도 모르고 듣고 있다가 이제 왔다. ☞ 이바구재이.

이:바구재~이 명 이야기쟁이. ☞ 이바구꾼.

이:바구책 명 이야기책. 소위 '신식소설(新式小說)'은 주로 신지식인들 사이에 읽어지고, 서민들은 춘향전, 심청전, 류충렬전, 장화홍련전 따위의 고전소설을 즐긴다. 이런 소설은 석쾨(書會) 또는 책쾨(冊會)라 이르는 민간 출판업자가 방간본(坊刊本), 즉 방각본(坊刻本)으로 발행하여 책방이나 노점을 통하여 유통되지만 때로는 부녀자들의 손에 의하여 베끼는 것을 거듭하여 보급되기도 한다. 언문을 익힌 부녀자들은 한지로 만든 공책에다 정성스럽게 붓으로 베껴서 콩기름이나 들기름을 먹여 놓고 돌려 가면서 읽기도 하고, 시집갈 때 혼수 함 속에 간직하였다가 식구들이나 이웃 사람들의 간청이 있을 때 읽어 주기도 한다. 책 읽기도 아무렇게나 읽는 것이 아니고 이야기의 내용에 따라서 목청의 높낮이를 조절하며 구성지게 읽는다. 그러면 듣는 사람들이 초성(목청) 좋다며 맞장구를 치기도 하고 때로는 찔끔 눈물을 짜기도 한다. ¶이전 부인들은 **이바구책**을 최다가 책을 매서 베끼고 들지름을 묵애서 돌래 가매 일꼬 했다. ▶ 예전 부인들은 이야기책을 빌려다가 책을 매어서 베끼고 들기름을 먹여서 돌려가며 읽고 했다.

이'복 명 의복(衣服). ¶**이복**이 날개다. ▶ 의복이 날개다./이복 잘 입은 걸배이한테는 동양도 마이 준다. ▶ 의복 잘 입은 거지한테는 동냥도 많이 준다.

이부'리다 동 일으키다. 【이부래 ▶ 일으켜/이부리이 ▶ 일으키니】 ¶문지 이부리지 마라./먼지 일으키지 마라./말썽 이부래 바야 지마 손해다. ▶ 말썽 일으켜 보아야 저만 손해다./어디 가나 말썽마 이부리이 골치가 아푸다. ▶ 어디 가나 말썽만 일으키니 골치가 아프다. ☞ 일받다.

이분 명 이번(-番). ¶**이분** 앞에 만난 사람이 머 하는 사람이고? ▶ 이번 앞에 만난 사람이 뭘 하는 사람인가?

이'불호창

이'불호창 몡 이불홑청. ¶이불호창꺼정 뜯어 노이 세답꺼리가 한 무디기다. ▶ 이불 홑청까지 뜯어 놓으니 빨랫감이 한 무더기다. ☞ 호창.

이'붓 몡 이웃. ¶먼 사촌보다 가까분 이붓이 더 낫다. ▶ 먼 사촌보다 가까운 이웃이 더 낫다. ※이웃이라면 공간적인 이웃뿐만 아니라 마음의 울타리를 헐고 사는 이웃이 참 이웃이다. 나지막한 울타리 하나를 사이에 두고 음식그릇과 정담이 넘나들고, 길흉사가 있을 때면 막걸리 한 동이나 매밀 묵 한 함지를 들고 와서 힘을 덜어주던 이웃, 남의 아이라도 내 아이처럼 꾸짖어 가르치던 그 이웃들이었는데 지금은 마음의 문을 걸어 잠근 체 입으로만 형님 아우를 쉽사리 부르는 엷은 세태라 더욱 그리워지는 옛날 이웃들이다.

이'사 몡 의사(醫師). ¶이사가 지 빙은 몬 곤친다. ▶ 의사가 제 병은 못 고친다.

이삼:저삼: 팬 이 생각 저 생각. 이 일 저 일. ¶이삼저삼 암만 생각해 바도 알쏭달쏭한 기이 앙개 속이네. ▶ 이 생각 저 생각 아무리 생각해 봐도 알쏭달쏭한 것이 안개 속이네.

-이소 미 -세요. 명령형의 종결 어미로, 말 높임의 순서는, 시이소〉이소〉소. ¶저리 가이소. ▶ 저리 가세요./이리 주이소. ▶ 이리 주세요./좋게 하이소. ▶ 좋게 하세요.

이수:다 동 잇다. 연결하다. 【이사 ▶ 이어/이수이 ▶ 이으니/이술라 ▶ 이으려】 ¶끄내끼 동가리 서너 개를 이사서 무까라. ▶ 끝 토막 서너 개를 이어서 묶어라./핏줄이라도 이술라꼬 델고 들어온 여자다. ▶ 핏줄이라도 이으려고 데리고 들어온 여자다.

이슬치기 몡 술에 취한 사람처럼 뒷다리를 감아 치면서 걷는 소걸음.

이시거'리 몡 돌차기 놀이. 비석차기. 日 '石 狩り'. 땅바닥에 여러 칸의 세모꼴 혹은 네모꼴의 놀이판 금을 그어놓고, 납작한 돌멩이를 어느 한 칸에 던져 넣고 앙감질 걸음으로 돌을 차서 상대방의 돌을 잡거나 출구로 먼저 빠져나가기를 하는 놀이이다. ☞ 깨굼돌.

이시'기 몡 이삭. ¶보리 이시기가 여물 때꺼정 연명할라카머 양식이 태부족이다. ▶ 보리 이삭이 여물 때까지 연명하려면 양식이 태부족이다./들에 나가서 이시기를 조 모다 났다가 자끼장을 살라칸다. ▶ 들에 나가서 이삭을 주어 모아 놓았다가 공책을 사려한다.

이'실 몡 이슬. ¶조전에 새 후치로 논에 나가머 이실 밭에 주우가 다 젖는다. ▶ 아침 전에 참새 쫓으러 논에 나가면 이슬 밭에 바지가 다 젖는다.

이실'비 명 이슬비 ¶이실비에 옷 젖는다. ▶ 이슬비에 옷 젖는다. ※대수롭지 않은 것이 문제를 일으킨다는 말. 작은 일도 소홀하게 하지 마라는 말.

이양(-樣)1 부 이냥. 이대로. '이 모양'의 준말. ¶이넉히, 우력으로 돈 버릴라꼬 애 씨지 마고 이양 이대로 맴 팬하게 사시더. ▶ 이녁, 억지로 돈 벌려고 애 쓰지 말고 이냥 이대로 마음 편하게 삽시다.

이'양2 부 이내. 즉시(卽時). ¶심바람을 갔다가 다린 데 가지 마고 이양 집으로 온나. ▶ 심부름을 갔다가 다른 데 가지 말고 이내 집으로 오너라.

이여:꿈 부 여태껏. 이제껏. ¶자네 이여꿈 머 하고 있었기내 아이꺼정 밭고랑에서 꾸물대고 있노? ▶ 자네 여태껏 뭘 하고 있었기에 아직까지 밭고랑에서 꾸물대고 있나?

이연 대 이년. 여자를 욕으로 이르는 말. ¶아이고 이연아, 서방 잡어묵고 또 누구를 더 잡어묵을라꼬 그카노? ▶ 아이고 이년아, 서방 잡아먹고 또 누구를 더 잡아먹으려고 그러나?

이연들꺼 감 제기랄. 이 빌어먹을 것. '이년들의 꺼(것)'의 뜻. 언짢아 할 때 불평하는 말. ¶이연들꺼, 허리가 후드룩 일해도 팽상 넘으 집 머섬살이를 몬 민하고 있다. ▶ 제기랄, 허리가 휘도록 일해도 평생 남의 집 머슴살이를 못 면하고 있다. ☞ 인들꺼.

이연뜰아: 대 이 새끼. 이 자식. '이연들으(이년들의) 아(애)'의 뜻. ☞ 인뜰아.

이연아: 대 이놈. 이 새끼. '이연으(이년의) 아(애)'의 준말. ¶이연아야, 니가 그래도 사람이가? ▶ 이놈아, 네가 그래도 사람이냐?

이연으꺼 감 제기랄. 이 빌어먹을 것. '이년의 꺼(것)'의 뜻. 언짢아 할 때에 불평하는 말.

이:월 명 이월. 이월 삭일(朔日). 세시기에 영남지방에서 2월 초하루면 풍신제(風神祭)를 지낸다고 했다. 이것을 '영등신(靈登神)을 모신다'고 하거나 '바람을 올린다'고도 한다. 이때 영등신이 내린 무당이 동네의 가가호호를 돌아다니면서 고사를 지내주고, 이 달 초하루부터 15일이나 20일이 지날 때까지 부정을 타는 사람을 만나지 않는다고 했다. ☞ 영동할마이.

-이이 미 -이니. 【이이까 ▶ 이니까】¶나도 사람이이 실수를 할 수도 애 있겠나. ▶ 나도 사람이니 실수를 할 수도 안 있겠나.

이자:묵다 동 잊어버리다. 【이자묵어 ▶ 잊어버려/이자묵으이 ▶ 잊어버리니】¶까마구 괴기를 묵었나, 금방 한 거를 이자묵구로. ▶ 까마귀 고기를 먹었나, 금방

이자:뿌리다

한 것을 잊어버리게. ☞ 이자뿌리다.
이자:뿌리다 동 잊어버리다. 【이자뿌러▶잊어버려/이자뿌리이▶잊어버리니】¶내가 우애 니를 이자뿌리겠노? 이자뿔라 캐도 앤 이자지는 기이 사람어 정인갑다. ▶ 내가 어떻게 너를 잊어버리겠냐? 잊어버리려 해도 안 잊어지는 것이 사람의 정인가보다./이라뿌린 거도 다 운수로 생각하고 이자뿌러라. ▶ 잃어버린 것도 다 운수로 생각하고 잊어버려라. ☞ 이자묵다.
이적 뮈 여태. 아직. ☞ 이태1. 저태.
이적:지 뮈 여태껏. 여태까지. '이적까지'의 준말. ¶이적지 어디서 머하고 있다가 인자사 얼골을 삐죽이 니미노? ▶ 여태껏 어디서 무엇하고 있다가 이제야 얼굴을 삐죽이 내미나?
이:전 몡 예전. ¶이전 그트머 여기는 수풀이 우거저서 산짐성이 들락거리든 데다. ▶ 예전 같으면 여기는 숲이 우거져서 산짐승이 들락거리던 데다.
이:정 몡 이질(痢疾). ¶배가 아푸고 피똥을 싸 샀는 거룰 보이 이정에 걸랬는갑다. ▶ 배가 아프고 피똥을 싸 대는 것을 보니 이질에 걸렸는가보다.
이지: 뮈 이제. 지금(只今). 시방(時方). ¶콩으로 메주를 쑨다 캐도 이지는 니 말을 믿을 사람이 없다. ▶ 콩으로 메주를 쑨다 해도 이제는 네 말을 믿을 사람이 없다.
이짝 몡 이쪽. ¶이짝에서 좋다 카머 저짝에서 실타 카고, 저짝에서 좋다 카머 이짝에서 실타 카이, 술 석 잔 얻어묵기도 심이 든다. ▶ 이쪽에서 좋다 하면 저쪽에서 싫다 하고, 저쪽에서 좋다 하면 이쪽에서 싫다 하니, 술 석 잔 얻어먹기도 힘이 든다. ※중신은 잘하면 술이 석 잔이요 못하면 뺨이 석 대라는 말에서 유래한 말./이짝 일은 내가 맡으끼. 저짝 일은 자네가 맡어 주게. ▶ 이쪽 일은 내가 맡을게. 저쪽 일은 자네가 맡아 주게.
이카고저카고 하다 관 이러고저러고 하다. '이렇게 (말)하고 저렇게 (말)하고'의 준말. ¶이카고저카고 하지 마고 학실하게 말해 바라. ▶ 이러고저러고 하지 말고 확실하게 말해 보아라. ☞ 이코저코 하다.
이카다 준 '이렇게 (말)하다'의 준말. ☞ 별표, '하다(카다. 라다) 동사'의 활용
이코 준 이러고. 이렇게 (말)하고. '이카고'의 준말. ¶이코 저코 할 꺼 없이 우리 그리로 가서 눈으로 보고 정하자. ▶ 이러고 저러고 할 것 없이 우리 그리로 가서 눈으로 보고 정하자. ☞ 이꼬.
이코저코 하다 관 이렇게 하고 저렇게 하다. ☞ 이카고저카고 하다.
이태1 뮈 여태. 아직. ☞ 이적. 저태.

이:태2 명 두 해. 이 년. ¶이태를 내리 풍연이 들어서 그 때 논도 사고 소도 샀다. ▶ 두 해를 내리 풍년이 들어서 그 때 논도 사고 소도 샀다.

이퍼'리 명 이파리. ¶갱상도 남쪽 지방아서는 가실에 누런 콩 이퍼리 부드럽은 거를 따서 삭하 놓고 매래치 식캐하고 양염해서 묵는 기이 밸미다. ▶ 경상도 남쪽 지방에서는 가을에 누런 콩 이파리 부드러운 것을 따서 삭혀 놓고 멸치 젓갈하고 양념해서 먹는 것이 별미이다. ☞ 잎사구.

이핀네 명 여편네. ¶넘으 여자 넘보지 마고 니 이핀네나 잘 해 조라. ▶ 남의 여자 넘보지 말고 네 여편네나 잘 해 줘라. ☞ 여핀네.

이:향 명 의향(意向). 생각. ¶동네 사람들 이향도 물어보지도 안코 즈그들 맘대로 해 뿌리머 대나? ▶ 동네 사람들 의향도 물어보지도 않고 저희들 맘대로 해 버리면 되나?

익후:다 동 익히다. '익다'의 사동. 【익하 ▶ 익혀/익후이 ▶ 익히니】 ¶대지괴기는 잘 익하 묵어야 한다. ▶ 돼지고기는 잘 익혀 먹어야 한다./짐치를 너무 익후이 시구럽어서 묵기 성그럽다. ▶ 김치를 너무 익히니 시어서 먹기가 불편하다.

인:날 명 옛날. ¶그거는 호래이 담배 피우든 인날 이바구다. ▶ 그것은 호랑이 담배 피우던 옛날 이야기다./인날 갑인날 콩 뽁어 묵든 이바구 고마 해라. ▶ 옛날 갑인날(甲寅-. 범날) 콩 볶아 먹던 이야기 그만 해라. ※ 황당한 이야기를 그만하라는 말.

인:날잇:찍 명 옛날 옛적. '오랜 옛날'의 뜻. 옛날이야기를 시작할 때 흔히 떼는 운(韻)이다. ¶인날잇찍에 팥하고 콩하고 시름을 했는데 팥은 젔다꼬 낯이 뻘갛코 콩은 이겠다꼬 하얗단다. ▶ 옛날 옛적에 팥하고 콩하고 씨름을 했는데 팥은 졌다고 낯이 빨갛고 콩은 이겼다고 하얗단다./인날잇찍에 첩첩 산꼴작에 영감할마이 단 두리가 살았그덩…. ▶ 옛날옛적에 첩첩 산골에 영감할미 단 둘이서 살았거든…. ☞ 간날갓찍.

인냉 명 시비(是非). 日 'いんねん(因緣)'. '인냉을 걸다' 꼴로 쓰여, '시비를 걸다'의 뜻 ¶지가 먼첨 인냉을 걸어오머 한분 띠이 주지 까지꺼. ▶ 저가 먼저 시비를 걸어오면 한번 뛰어 주지 까짓것. ※ 50년대 중고등학생들 사이에서 통용되던 말이다. 멀쩡한 교모(校帽)를 갈가리 찢어서 다시 박고, 거기다 뺀질뺀질하게 바셀린 따위를 발라서 쓰고, 저고리의 위 단추 몇 개는 풀어헤쳐서 깡패 티를 내며 지내가는 사람을 공연히 붙잡아 세우고 "와(왜) 째래보노(쳐다보느냐)?" 하며 시비(인냉)를 건다.

인:네

인:네 몡 여편네. '여인'의 낮춤말. '년 네(무리)'의 뜻. ¶남정들 하는 일에 인네들이 끼들어서 입을 놀리는 거 아이다. 저리 물러 서그라. ▶ 남정(男丁)들 하는 일에 여편네들이 끼어들어서 입을 놀리는 것 아니다. 저리 물러 서거라. ☞ 안들.

인'데 조 한테. 에게. 보고. 더러. ¶미친개인데 물랬다 생각하고 이자 뿌러라. ▶ 미친개한테 물렸다 생각하고 잊어 버려라./그 처자가 니인데 맴을 주고 있는 거 겉드라. ▶ 그 처자가 너에게 마음을 주고 있는 것 같더라./니가 넘인데 잘하머 넘도 니인데 잘한다. ▶ 너가 남보고 잘하면 남도 너보고 잘한다./지 할 일을 내인테 하라꼬 미라 놓고 가 뿌렀다. ▶ 제 할 일을 나더러 하라고 미뤄 놓고 가 버렸다.

인도1 몡 인두. ¶옷을 말기나 다릴 때 달비로 앤 대는 데는 화리에 인도를 달가 났다가 씬다. ▶ 옷을 마르거나 다릴 때 다리미로 안 되는 데는 화로에 인두를 달구어 놓았다가 쓴다. ☞ 윤두. 윤디.

인도:2 준 이리 다오. 이리 줘. '인도고'의 준말. ¶그거 인도. ▶ 그것 이리 다오./그거 인도 보래. ▶ 그것 이리 줘 봐.

인도'고 준 이리 다오. 이리 줘. '이리 도고'의 준말. ¶그거 인도고. ▶ 그것 이리 다오./그거 인도고 보래. ▶ 그것 이리 줘 봐. ☞ 인도2.

인도:징 몡 인도인(印度人). 껌둥이. 피부색이 검거나 얼굴을 씻지 않은 사람을 인도인에 비유하여 이르는 말. 日 'インド人'. ¶아이고 낯 씩거라. 인도징 글치 그게 머고? ▶ 아이고 낯 씻어라. 껌둥이 같이 그게 뭐니?

인:들꺼 감 제기랄. 이 빌어먹을 것. '이연들 꺼'의 준말. 언짢아 할 때에 불평하는 말. ¶인들꺼, 허리가 뿌사지드록 일하고도 피죽 한 그럭도 재와 묵는다. ▶ 제기랄, 허리가 부서지도록 일하고도 피죽 한 그릇도 겨우 먹는다.

인뜰아: 대 이 자식. 이 새끼. '이연뜰아'의 준말. '이년들 아이'의 뜻. ¶인뜰아들아, 내 말 쫌 들어 바라. ▶ 이 자식들아, 내 말 좀 들어 보아라./인뜰아가 미쳤나 걸쳤나 와 이카노? ▶ 이 새끼가 미쳤나 걸쳤나 왜 이러나?

인:말 몡 옛말. ¶인말에 사람이 나머 서월로 보내고 말이 나머 제주도로 보내라 캤다. ▶ 옛말에 사람이 나면 서울로 보내고 말이 나면 제주도로 보내라 했다./인말을 새개 들어 보머 하나도 앤 틀랜다. ▶ 옛말을 새겨 들어 보면 하나도 안 틀린다.

인'사 몡 인사(人事). 일상적인 인사말은 하게할 자리라면 '밸일(별일) 없는가', 므고한가', '잘 잤는가' 또는 '잘 지냈는가' 따위로 안위(安危)를 묻거나, '아직 묵었는가', '저임 묵었는가', 혹은 '저녁 묵었는가' 따위의 식사(食事) 여부를 묻는 형식을 빌리고, 다른 지방에서 보편적으로 쓰이는 '안녕하십니까(안녕한가)'라는 말은 잘 쓰는 편이 아니다. 편지로 안부를 전할 때는 '안녕(安寧)'이란 말보다 '강녕(康寧)'이란 말을 선호한다. ☞ 팬하다1.

인:아 몡 계집애. '넌 아이'의 뜻. ¶인아들은 살림 사는 기이나 배와서 시집이나 가머 대지 공부는 무식마 민하머 댄다. ▶ 계집애들은 살림 사는 것이나 배워서 시집이나 가면 되지 공부는 무식만 면하면 된다. ※지금 들으면 황당하기 짝이 없는 말이지만 그때는 먹고 사는 것에 쫓기던 시절이라, 돈 들이면서 공부하는 것보다 남자는 농사일, 여자는 길쌈하는 것이 생산적인 것으로 생각했다. ☞ 가시나. 기집아. 딸아. 여식아. 지집아.

인자: 분 인제. 【인자사 ▶ 이제야】¶인자사 자시 보이 안민이 있다. ▶ 인제야 자세히 보니 안면이 있다./그 일은 인자 시작해도 늦지 안타. ▶ 그 일은 인제 시작해도 늦지 않다. ☞ 인지.

인'작 분 진작. ¶얼신, 팬찬으신데 인작 와서 들받어바야 하는 긴데 가로 늦가 와서 미안하니더. ▶ 어르신, 편찮으신데 진작 와서 들여다보아야 하는 건데 갓 늦게 와서 미안합니다.

인지: 분 인제. 지금(只今). ¶인지 그리로 갔다가 언제 돌아올라 카노? ▶ 인제 그리로 갔다가 언제 돌아올라 하나?/인지 장개가서 언제 아를 보겠노? ▶ 지금 장가가서 언제 애를 보겠나? ☞ 인자.

인진'쑥 몡 쑥의 일종. 배앓이를 하면 즙을 내어 마시고 상처가 나면 비벼서 환부에 붙이기도 한다.

인팬 몡 인편(人便). ¶윤 서방한테 보낼 핀지는 미리 써 났다가 모래 그리로 가는 인팬으로 붙치면 댄다. ▶ 윤 서방한테 보낼 편지는 미리 써 놓았다가 모래 그리로 가는 인편으로 붙이면 댄다.

일가부치 몡 일가붙이(一家--). ¶일가부치 하나 없는 타관살이다. ▶ 일가붙이 하나 없는 타관살이다.

일가:뿌리다 동 잃어버리다. 【일가뿌러 ▶ 잃어버려/일가뿌리이 ▶ 잃어버리니】¶어제밤에 술을 너무 마셔서 정신을 일가뿌렀다. ▶ 어젯밤에 술을 너무 마셔서 정신을 잃어버렸다. ☞ 이라뿌리다. 일거뿌리다.

일간(日間) 몡 근일(近日). 요사이. ¶일간 한분 만나서 한잔 하시더. ▶ 근일 한번 만나서 한잔 합시다./일간 좀 바빠서 찾어 뱁지도 몯했니더. ▶ 요사이 좀 바빠서

일'거뿌리다

찾아뵙지도 못했습니다.
일'거뿌리다 图 잃어버리다.【일거뿌러▶잃어버려/일거뿌리이▶잃어버리니】☞ 이라뿌리다. 일가뿌리다.
일구:다 图 이루다. 일으키다.【일가▶이뤄(일으켜)/일구이▶이루니(일으키니)】¶요만할 때 부모 일꼬 넘으 집으로 댕기다가 원창가 착실해서 좋은 사람을 만나서 일가를 일구고 재미있게 산다. ▶ 요만할 때 부모 잃고 남의 집으로 다니다가 워낙 착실해서 좋은 사람을 만나서 일가(一家)를 이루고 재미있게 산다./말썽을 일가 바야 니인데 득 댈 꺼 없다. ▶ 말썽을 일으켜 봐야 너한테 이득 될 것 없다.
일등호:답(一等好畓) 图 일등상답(一等上畓). 위치, 토질, 수리 따위의 여건이 좋은 논. ¶일등호답 서른 마지기머 중농은 댄다. ▶ 일등상답 서른 마지기면 중농(中農)은 된다.
일'따1 图 읽다.【일거▶읽어/일그이▶읽으니/일께▶읽게】¶서당 개 삼 연에 풍월을 일는다. ▶ 서당 개 삼 년에 풍월을 읽는다./한 분마 일거 보머 이치를 깨치지. ▶ 한 번만 읽어 보면 이치를 깨치지.
일'따2 图 잃다.【일어▶잃어/일으이▶잃으니/일꼬▶잃고】¶일어 바야 본전이다. ▶ 잃어 보아야 본전이다./일꼬 말고가 어디 있노? 일을 끼이 있어야 일지. ▶ 잃고 말고가 어디 있나? 잃을 것이 있어야 잃지.
일반사:람 图 일반인(一般人). 평민(平民). 보통사람(普通--). ¶죽으라 카머 죽고 살어라 카머 사는 우리 그튼 **일반사람들**이 머를 알 끼이고? ▶ 죽으라면 죽고 살라면 사는 우리 같은 **보통사람들**이 뭘 알 것인가?
일받'다 图 일으키다.【일받어▶일으켜/일받으이▶일으키니】¶그 양반이 팽상 동안 고상하매 **일받어** 논 재산을 큰아들이 장사한다 카매 거진 꼬라박어 뿌렀지. ▶ 그 양반이 평생 동안 고생하며 **일으켜** 놓은 재산을 큰아들이 장사한다며 거의 처박아 버렸지. ☞ 이부리다.
일부'로 图 일부러. 고의로(故意-). ¶이 사람아, 오해를 말게 내가 실수로 그랬지 **일부로** 그럴 이가 있는가? ▶ 이 사람아, 오해를 말게 내가 실수로 그랬지 **일부러** 그럴 리가 있는가? ☞ 부로. 역부로.
일분 图 일본(日本). ¶미국 놈 믿지 마라, 소련 놈 속는다, **일분** 놈 일어난다. ▶ 미국 놈 믿지 마라, 소련 놈 속는다, **일본** 놈 일어난다. ※해방 후에 세간에 떠돌던 말.

일:성 뷔 일상(日常). 늘. 흔히. ¶여기서 그런 일은 일성 있는 일이이 놀랠 꺼 없다. ▶ 여기서 그런 일은 일상 있는 일이니 놀랠 것 없다.

일수 명 예사. 다반사(茶飯事). ¶요새는 머를 들어도 금방 이자뿌리기 일수다. ▶ 요새는 뭘 들어도 금방 잊어버리기 예사다.

일십 명 일습(一襲). 옷, 그릇, 기구 따위의 한 벌. 또는 그 전부. ¶제기 일십을 장만할라카머 나락 한 가매이는 내야 댈 끼이다. ▶ 제기(祭器) 일습을 장만하려면 벼 한 가마니는 내야 될 것이다.

일안저구리 명 배냇저고리. 깃저고리. '이레 안', 즉 '첫 칠 안에 입는 저고리'의 뜻.

일여'덜 ㈜ 일여덟. ¶어제밤에 일여덜 키가 우리 집에 모애서 보 막을 일을 수이했다. ▶ 어젯밤에 일여덟 사람이 우리 집에 모여서 보(洑, 堤防) 막을 일을 의논했다.

일'역 명 인력(人力). ¶일역으로 앤 대는 일을 우얄 꺼고? ▶ 인력으로 안 되는 일을 어떻게 할 건가?

일윤도:덕 명 인륜도덕(人倫道德). ¶일윤도덕이 다 무너지이 아 어른도 없고 남여 구뺄도 없다. ▶ 인륜도덕이 다 무너지니 아이 어른도 없고 남녀 구별도 없다.

일이'리 뷔 일일이(一一-). ¶지낸 이바구를 일이리 다 할라카머 밤을 지새와도 다 몬한다. ▶ 지난 이야기를 일일이 다 하려면 밤을 지새워도 다 못한다.

일찌가:이 뷔 일찌감치. 일찍이. ¶새복에 나캉 같이 질을 떠날라카머 일찌가이 자 도야 한다. ▶ 새벽에 나랑 같이 길을 떠나려면 일찌감치 자 두어야 한다. ☞ 일찌기.

일'찌기 뷔 일찍이. ¶우리 집 아 아바이는 아칙 일찌기 논에 물 대로 나갔니더. ▶ 우리 집 애 애비는 아침 일찍이 논에 물 대러 나갔어요. ☞ 일찌가이.

일태머 뷔 이를테면. ¶내가 느한테 잔소리하는 거는 일태머 넘한테 실수하지 안트록 하라는 기이다. ▶ 내가 너희한테 잔소리하는 것은 이를테면 남한테 실수하지 않도록 하라는 것이다.

임마: 때 이놈 애. 이 새끼. '이눔아'의 준말. '이 사람'의 속된말. 다른 지방에서 잘 쓰는 '이 새끼'나 '이 자식' 따위의 비칭은 원래 방언 영역에서는 생소한 말이었는데, 6·25사변 이후 타지방과 인적 교류가 빈번해지기 시작하면서부터 쓰이기 시작했다. 그전에는 비슷한 비칭으로 '임마', '인뜰아', '점마', '전뜰아', '금마', '근뜰아' 따위로 쓰였다. ¶임마야, 어제 니가 나한테 머라꼬 거지말해

임:석

놓고 또 거지말이가? ▶ 이놈 애야, 어제 네가 나한테 뭐라고 거짓말해 놓고 또 거짓말인가?

임:석 몡 음식(飮食). ¶임석 그럭에 정이 당긴다. ▶ 음식 그릇에 정이 담긴다./임석 앞에 안즈머 투정을 부린다. ▶ 음식 앞에 앉으면 투정을 부린다. ☞ 음석.

임:재 몡 임자. ¶보이소 최 주사요, 이 손 쫌 노소. 누가 보니더. 내가 이 장바닥에서 술 단지 안꼬 국자나 돌리는 술어마이지만도 임재 있는 몸이니더. ▶ 보세요 최 주사, 이 손 좀 놓으세요. 누가 보아요. 내가 이 장바닥에서 술 단지 안고 국자나 돌리는 술어미지만 임자 있는 몸입니다.

입구영 몡 입 구멍. '입'의 속된말. ¶입구영이 뜰버졌다고 나오는 대로 시부리나? ▶ 입구멍이 뚫어졌다고 나오는 대로 시부렁거리냐? ☞ 입뚜끼이.

입뚜끼~이 몡 입 뚜껑. '입'의 속된말. ¶니 입뚜끼이라꼬 아무따나 여지 마라 부정 탄다. ▶ 네 입뚜껑이라고 아무렇게나 열지 마라 부정 탄다. ☞ 입구영.

입마가리 몡 입마개. 마스크. ¶고뿔 들었으머 입마가리 씨고 나가그라. ▶ 감기 들었으면 입마개 쓰고 나가거라.

입바이1 몡 한잔. 日 'いっぱい(一杯)'. ¶오늘 장아서 소를 잘 팔었는데 입바이해도 댄다. ▶ 오늘 장에서 소를 잘(좋은 값으로) 팔았는데 한잔해도 된다.

입:바이2 閈 잔뜩. 가득히. 日 'いっぱい'. ¶소발 넘어갈라 소북띠 입바이 조라 매라. ▶ 소바리 넘어갈라 복대 잔뜩 졸라매라./보소 아주마씨, 술 한잔 입바이 채와 보소. ▶ 봐요 아주머니, 술 한잔 가득히 채워 보소.

입새1 몡 입은 모양새. ¶입새를 보머 그 사람어 사는 행핀을 알아본다. ▶ 입은 모양새를 보면 그 사람의 사는 형편을 알아본다.

입'새2 몡 입구(入口). 어귀. ¶마실 입새 들어가매 첫 집이 우리 집이다. ▶ 마을 입구 들어가며 첫 집이 우리 집이다./요분 비에 마실 입새꺼정 물이 차 올러서 그 앞에 논이 다 장개 뿌렀다. ▶ 요번 비에 마을 어귀까지 물이 차 올라서 그 앞에 논이 다 잠겨 버렸다.

입서'불 몡 입술. ¶입서불에 춤이나 바리고 말해라. ▶ 입술에 침이나 바르고 말해라./입서불 한분 잘 몬 놀리머 패가망신하는 수가 있다. ▶ 입술 한번 잘 못 놀리면 패가망신하는 수가 있다. ☞ 서불. 입수부리.

입수부리 몡 입술. ¶아이고 저 입수부리, 괴이 놀래서 화를 부린다. ▶ 아이고 저 입술, 공연히 놀려서 화(禍)를 부른다. ☞ 서불. 입서불.

입식기 몡 놋그릇. 잡곡에 대비하여 백미(白米)를 '입쌀'이라고 하는 것처럼, 허드레 그릇에 대비되는 그릇, 즉 격(格)을 갖춘 식기라는 뜻. ¶입식기에 하얀 쌀밥 항그 담어서 묵는 거도 오감어서 해무꼬 타령이가? ▶ 놋그릇에 하얀 쌀밥 가득 담아서 먹는 것도 겨워서 반찬 투정인가? ☞ 옥식기.

입칠 몡 연명할 정도의 먹는 일. '입 풀칠'의 준말. ¶남으 집에 품을 들어서 **입칠**이나 개우 한다. ▶ 남의 집에 품을 들어서 **입 풀칠**이나 겨우 한다./아이 도 달 입칠할 꺼리는 남어 있다. ▶ 아직 두어 달 먹을 거리는 남아 있다.

입해:다 동 입히다. '입다'의 사동. 【입해 ▶ 입혀/입해이 ▶ 입히니】 ¶베 몇 필 짜서 공구들 옷을 해 입해고 나이 내 해 입을 끼이 없다. ▶ 베 몇 필 짜서 식구들 옷을 해 입히고 나니 내 해 입을 것이 없다./돌아오는 청맹한식에는 산소에 때 딴지를 입해야겠다. ▶ 돌아오는 청명한식(淸明寒食)에는 산소에 잔디를 입혀야겠다./도와주지는 몬하고 다부 손해마 입해이 채민이 앤 선다. ▶ 도와주지는 못하고 도로 손해만 입히니 채면이 안 선다.

잇또: 몡 일등(一等). 日 'いっとう(一等)'. ¶오늘 핵고 운동회에서 쪼치바리해서 **잇또** 했다. ▶ 오늘 학교 운동회에서 달리기해서 **일등** 했다.

잇:적 몡 옛적. ¶잇적부터 여기 바아고개(지명) 어디매 금바아가 무채 있다는 말이 있는데, 지금도 밭을 갈머 그럭 쪼가리 그튼 기이 나온다. ▶ 옛적부터 여기 방아고개 어디에 금방아가 묻혀 있다는 말이 있는데, 지금도 밭을 갈면 그릇 조각 같은 것이 나온다.

잉' 몡 흉내. 【잉재이 ▶ 흉내쟁이】 ¶말 더듬는 사람 잉을 내머 지도 달머 뿐린다. ▶ 말 더듬는 사람 **흉내**를 내면 저도 닮아 버린다.

잉:굼 몡 임금. ¶나라 잉굼도 요새매로 이래 몬 묵었다. ▶ 나라 **임금**도 요새처럼 이렇게 못 먹었다./잉굼 팔자도 이 우에 더 좋았을라꼬. ▶ **임금** 팔자도 이 위에 더 좋았으려고.

잉끼 몡 잉크. 日 'インク(ink)'. 【잉끼비이 ▶ 잉크병】.

잉끼비~이 몡 잉크병. ¶사무실 안에서 쌈이 나서 잉끼비이매 재떨이매 다 날러가고 야단났다. ▶ 사무실 안에서 싸움이 나서 **잉크병**이며 재떨이며 다 날아가고 야단났다.

잉:애 몡 잉어. ¶잉애가 띠이 송애 새끼도 따라서 띤다. ▶ **잉어**가 뛰니 송어 새끼도 따라서 뛴다.

잉'애대 몡 잉앗대. 베를 짤 때 위로 눈썹끈을 잡고 아래로 잉아실을 걸고 있는 두 개의 대. ¶잉애대는 삼행제요 눌림대는 호부래비. ▶ **잉앗대**는 삼형제요 눌림

잉'애실:

대는 홀아비./잉예때라 샘행제는 팔십장군 손에들고 좌우로 섰는듯다. ▶ 잉앗대라 삼형제는 팔십장군 손에들고 좌우로 섰는든다./잉애대는 삼형제는 한일없이 올라갔다 내려갔다 세월보내기 주장이요. ▶ 잉앗대 삼형제는 한일없이 올라갔다 내려갔다 세월보내기 주장이요. 〈베틀노래의 일부〉 ☞ 베틀.

잉'애실: 圄 베를 짤 때 잉앗대에 거는 여러 올의 실 고리로, 날실(잉아올) 하나하나를 여기에 꿰어 걸친다. ☞ 베틀.

잉애오'리 圄 베를 짤 때 잉아실에 걸쳐지는 날실 올. 신대(끝신)를 당기고 놓음에 따라 잉아올과 사올이 아래위로 교차됨. ☞ 잉애올.

잉애올 圄 베를 짤 때 잉애실에 걸쳐지는 날실 올. 신대(끝신)를 당기고 놓음에 따라 잉아올과 사올이 아래위로 교차됨. ☞ 잉애오리.

잉:얼 圄 멍. '응혈(凝血)'의 뜻. ¶종아리가 시퍼렇게 잉얼이 들드록 회추리를 맞었다. ▶ 종아리가 시퍼렇게 멍이 들도록 회초리를 맞았다.

잉재~이 圄 흉내쟁이. 코미디언(comedian). 흉내를 내며 웃기기를 잘하는 사람.

잎사'구 圄 잎사귀. ¶우리 어매들은 짐장할 때 무시 뱁추 잎사구 하나도 앤 내뿌리고 엮어서 말라 놓고 국도 끼리고 문처도 묵고 했다. ▶ 우리 어머니들은 김장할 때 무 배추 잎사귀 하나도 안 내버리고 엮어서 말려 놓고 국도 끓이고 무쳐도 먹고 했다. ☞ 이퍼리.

자: ㉰ 쟤. 저 아이. '저 아'의 준말. 【자들▶쟤들】¶자가 즈가부지 일정 때 남양군도로 조요 가서 죽은 그 사람으 유복자가 아이가? ▶ 쟤가 저의 아버지 일정(日政) 때 남양군도(南洋群島)로 징용 가서 죽은 그 사람의 유복자(遺腹子)가 아닌가?

자갈 몡 재갈. ¶온 동네로 댕기매 넘으 험담이나 하는 저 안들 입에다 자갈 물랠 사람이 없나? ▶ 온 동네로 다니며 남의 험담이나 하는 저 여편네 입에다 재갈 물릴 사람이 없나?

자그나 ㉰ 웬만히. 어지간히. 【자그나머▶웬만하면(어지간하면)】¶처자가 굶고 안젔는 거를 보고 자그나 고롭았으며 도독질할 생각꺼정 했겠나? ▶ 처자(妻子)가 굶고 앉아 있는 것을 보고 웬만히 괴로웠으면 도둑질할 생각까지 했겠나?/자그나 머라카소. 아가 기를 몬 피겠다. ▶ 어지간히 꾸중하소. 애가 기를 못 펴겠다./자그나머 니가 손해를 보고 말어라. ▶ 웬만하면(어지간하면) 네가 손해를 보고 말아라.

자그나하다 혱 어지간하다. 웬만하다. ¶자그나하머 하나 있는 지 동상 쫌 돌바줄 꺼 아이가. ▶ 어지간하면 하나 있는 제 동생 좀 돌보아 줄 것 아닌가./작으나하머 짬을 내서 집에 한분 댕개가그라. ▶ 웬만하면 짬을 내서 집에 한번 다녀가거라./본대 사람이 고지이라 작으나해서 도분낼 사람이 아이다. ▶ 본래 사람이 점잖은 이라 웬만해서 화낼 사람이 아니다. ☞ 엄만하다.

자:꼬 ㉰ 자꾸. ¶입이 아푸도록 자꼬 주깨도 엉뚱한 소리마 하이 내가 속이 터지지. ▶ 입이 아프도록 자꾸 지껄여도 엉뚱한 소리만 하니 내가 속이 터지지.

자끼장 몡 잡기장(雜記帳). 공책. ¶자끼장에 깨알 긑치 머를 적어 났는데, 눈이 어덥어서 당채 일글 수가 있어야지. ▶ 잡기장에 깨알 같이 뭐를 적어 놓았는데, 눈이 어두워서 도무지 읽을 수가 있어야지.

자'다 혱 잘다. 【잘어▶잘아/자이▶자니】¶여름 가물 따문에 넝쿰 다마가 잘어

자대'기

서 돈이 댈똥 모리겠다. ▶ 여름 가뭄 때문에 사과 열매가 잘아서 돈이 될지 모르겠다./저 큰 몸뚱아리에 성질이 너무 자이 어불래지 안는다. ▶ 저 큰 몸뚱이에 성질이 너무 자니 어울리지 않는다.

자대'기 명 의 아름. ¶소깝빼까리에 가서 나무 한 자대기마 안어다 도고. ▶ 솔가리더미에 가서 나무 한 아름만 안아다 다오./마구깐에 마꺼불을 한 자대기 여조라. ▶ 마구간에 북데기를 한 아름 넣어 줘라.

자드래~이 명 겨드랑이. ¶콩밭을 매매 땀을 얼매나 흘랬든지 자드래이에 땀띠가 돋었다. ▶ 콩밭을 매며 땀을 얼마나 흘렸던지 겨드랑이에 땀띠가 돋았다.

자뜨랍'다 형 쩨쩨하다. 다랍다. 인색하다. ¶아이고, 앤 주머 앤 주지 자뜨랍게 그기이 머고? ▶ 아이고, 안 주면 안 주지 쩨쩨하게 그것이 뭔가?

자래' 명 자라. ¶자래야 금자래야 어느눔이 양반앞에서 방구통통 뀌었노. ▶ 자라야 금자라야 어느놈이 양반앞에서 방귀통통 뀌었나./언제는 지가 잘 났다꼬 나서디이 오늘은 우째 자래 모가지매로 쑥 들어가 뿌리노? ▶ 언제는 제가 잘 났다고 나서더니 오늘은 어찌 자라 모가지처럼 쑥 들어가 버리나?/날이 얼마나 가물었든지 논바닥이 자래 등 글치 터졌다. ▶ 날이 얼마나 가물었던지 논바닥이 자라 등 같이 터졌다.

자래'기1 명 자락. 【옷자래기 ▶ 옷자락/처매자래기 ▶ 치맛자락/산자래기 ▶ 산자락】¶모숭기를 거들라꼬 바지 자래기를 둥둥 걷어 올리고 무논으로 들어갔다. ▶ 모심기를 거들려고 바지 자락을 둥둥 걷어 올리고 무논으로 들어갔다.

자래기2 명 의 자락. ¶이래 무덥은 거 보이 소내기 한 자래기를 쏟어 불라나? ▶ 이렇게 무더운 것을 보니 소나기 한 자락을 쏟아 부으려나?

자래:다1 동 자라다. 미치다. 【자래 ▶ 자라/자래이 ▶ 자라니】¶낭게 손이 재와 자랜다. ▶ 나무에 손이 겨우 자란다./내 심이 자래는 데꺼정 도와주끼. ▶ 내 힘이 미치는 데까지 도와줄게.

자래:다2 형 자라다. 모자람이 없다. ¶생각보담 손임이 마이 오는데 해 논 임석이 자랠지 모리겠다. ▶ 생각보다 손님이 많이 오는데 해 놓은 음식이 자랄지 모르겠다./돈이 자래이 걱정 말고 사고 시푼 거는 다 사그라. ▶ 돈이 자라니 걱정 말고 사고 싶은 것은 다 사거라.

자리1 명 자루. 포대(包袋). ¶그 무겁은 자리를 우애 이고 갈라카닌기요? 여기 우차 우에 언저 놓고 따러오소. ▶ 그 무거운 자루를 어떻게 이고 가렵니까? 여기 우차 위에 얹어 놓고 따라오세요.

자리2 명 자루. ¶그 호매이 자리 빠진 거를 팬수간에 가서 다시 박어 돌라 캐라. ▶ 그 호미 자루 빠진 것을 대장간에 가서 다시 박아 달라 해라.

자리3 명의 자루. 곡(曲). 편(編). 그루. 곡괭이, 괭이, 낫, 삽, 쇠스랑, 호미 따위의 나무자루가 달린 연장의 낱개를 세는 단위 ¶연필 한 자리 가주고 석 달 동안 씬다. ▶ 연필 한 자루 가지고 석 달 동안 쓴다./기분 좋은데, 소리 한 자리 뽑어 바라. ▶ 기분 좋은데, 소리 한 곡 뽑아 보아라./심심한데 재미있는 이바구나 한 자리 해바라. ▶ 심심한데 재미있는 이야기나 한 편 해보아라./저기 솔나무 한 자리 서있는 그 옆집이 가징개 띠기니더. ▶ 저기 소나무 한 그루 서있는 그 옆집이 가수(택호) 댁입니더./흘일을 할라카머 꼬깨이하고 수굼포 도 자리는 바지게에다 언저 가야할 끼이다. ▶ 흙일을 하려면 곡괭이하고 삽 두어 자루는 발채에다 얹어 가야할 것이다.

자리바가'치 명 자루바가지. 통나무로 깎아 만든 자루바가지로, 곡식이나 쇠죽 따위의 거친 것을 긁어 담는 데 쓰임.

자'리틀 명 왕골자리를 짜는 틀.

자매'다 동 잡아매다. 【자매 ▶ 잡아매어/자매이 ▶ 잡아매니】 ¶바지 춤이 니러간다. 헐끈을 단디이 자매고 댕개라. ▶ 바지 춤이 내려간다. 허리띠를 단단히 잡아매고 다녀라.

자무술래:다 동 까무러지다. 기절하다. 【자무술래 ▶ 까무러져/자무술래이 ▶ 까무러지니】 ¶그 개 보드랍은 사람이 원창가 놀래 노이 고마 콱 자무술래 뿌리드라. ▶ 그 기 부드러운 사람이 워낙 놀래 놓으니 그만 콱 까무러져 버리더라. ☞ 까무술래다.

자바리 명 그릇 따위의 밑바닥. '똥짜바리' 또는 '미자바리'의 준말.

자:반 명 마른 미역. ¶이닉히, 내리 알라 돌인데 장아 가그덩 자반 한 가대기 하고 대구나 광애로 국꺼리 쫌 사오소. ▶ 이녁, 내일 아기 돌인데 장에 가거든 미역 한 가닥 하고 대구나 광어로 국거리 좀 사오세요.

자부동 명 방석(方席). 日 'ざふとん(座布団)'. ¶손임 안즈시구로 자부동 꺼내 디래라. ▶ 손님 앉으시게 방석 꺼내 드려라.

자부랍'다 형 졸리다. 【자부랍어 ▶ 졸려/자부랍으이 ▶ 졸리니】 ¶밥을 한 때 굴머도 자부랍을 때 잠 앤 자고는 앤 댄다. ▶ 밥을 한 끼니 굶어도 졸릴 때 잠 안 자고는 안 된다. ☞ 자부럽다.

자부럼 명 졸음. ¶지사날 밤에 살밤 묵을라꼬 바락고 있다가 자부럼은 자꼬 오

자부럽'다

지, 쪼매마 자고 깨야지 카다가 고마 몬 참고 자 뿌렀다 아이가. 그래 한참 자다가 잠절에 들으이 벌써로 음복을 농갈러 묵고 있는데, 마침 누가 "아 깨까 밥 묵애라." 카는데, 미꽈리시럽구로 다린 사람이 나서서 "곤하게 자는데 깨꾸지 마라." 카는 거 아이가. ▶ 제삿날 밤에 쌀밥 먹으려고 기다리고 있다가 졸음은 자꾸 오지, 조금만 자고 깨야지 하다가 그만 못 참고 자 버렸다 아닌가. 그래 한참 자다가 잠결에 들으니 벌써 음복을 나눠 먹고 있는데, 마침 누가 "애 깨워서 밥 먹여라." 하는데, 밉살스럽게 다른 사람이 나서서 "곤하게 자는데 깨우지 마라." 하는 것 아닌가.

자부럽'다 동 졸리다.【자부럽어▶졸려/자부럽으이▶졸리니】☞자부랍다.

자부록:하다 형 자욱하다. 가득하다. ¶인날 갱주 도성에는 개와집들마 자부록하게 서있었는데, 집 끄신다꼬 수껑 피와서 밥했다 앤 카나. ▶ 옛날 경주 도성에는 기와집들만 **자욱하게** 서있었는데, 집 그슨다고 숯 피워서 밥했다 안 하나. ☞ 자북하다.

자북:하다 형 자욱하다. 가득하다. ¶저녁때가 대머 꼴짝에 밥 하는 영기가 **자북하다**. ▶ 저녁때가 되면 골짜기에 밥 짓는 연기가 **자욱하다**./앙개가 **자북하게** 낀 거를 보이 오늘은 날씨가 좋겠다. ▶ 안개가 **자욱하게** 낀 것을 보니 오늘은 날씨가 좋겠다. ☞ 자부록하다.

자불거'리다 동 종알거리다.【자불거래▶종알거려/자불거리이▶종알거리니】¶한분 말하머 댔지 옆에서 **자불거래** 사이 귀가 솔곱어 죽겠다. ▶ 한번 말하면 되었지 옆에서 **종알거려** 대니 귀가 간지러워 죽겠다. ☞ 자불대다.

자불'다 동 졸다.【자불어▶졸아/자부이▶조니】¶전에 서당아 댕길 때 사장(師丈) 앞에서 글을 일다가 **자불기마** 하며 "요놈!" 카매 회초리 한 대썩이 올러갔다. ▶ 전에 서당에 다닐 때 훈장(訓長) 앞에서 글을 읽다가 **졸기만** 하면 "요놈!" 하며 회초리 한 대썩이 올라갔다.

자불대:다 동 종알대다.【자불대▶종알대/자불대이▶종알대니】¶이편네가 옆에서 내들 **자불대사** 듣기 실버 죽겠다. ▶ 여편네가 옆에서 내쳐 **종알대서** 듣기 싫어 죽겠다. ☞ 자불거리다.

자불자불 부 종알종알. ¶즈그 어런한테 무신 꾸지럼을 들었는지 혼자 **자불자불** 시부리매 가든데. ▶ 저희 어른한테 무슨 꾸지람을 들었는지 혼자 **종알종알** 시부렁거리며 가던데.

자빠'러지다 동 자빠지다. 넘어지다.【자빠러저▶자빠져/자빠러지이▶자빠지니】¶엎어지고 자빠러지매 띠이가는 거를 보이 다급한 일이 생긴 모앵이드라. ▶ 엎어지고 자빠지며 뛰어가는 것을 보니 다급한 일이 생긴 모양이더라.

자빨추:다 图 넘어뜨리다. '자빠지다'의 사동.【자빨차▶넘어뜨려/자빨추이▶넘어뜨리니】¶사람을 자빨추고 그양 도망을 갔다. ▶ 사람을 넘어뜨리고 그냥 도망을 갔다./저 방구를 밀어서 **자빨차야** 댄다. ▶ 저 바위를 밀어서 넘어뜨려야 된다.

자새1 图 두세 겹의 새끼를 아울러 바를 꼴 때 쓰는 도구. 소나무판 구멍에 자루를 끼우고 막대기 끝에 새끼를 묶어 돌리며 꼰다.《밥망태》.

자새2 图 자위. 누에고치를 풀 때 생사를 여러 겹으로 꼬아주는 역할을 한다. 목판 바탕의 한쪽에 두 개의 작은 기둥이 서있고, 이 기둥 사이에 두 개의 쇠막대기에 꿰어진 대롱이 평행으로 설치되어 있다. 중심부에 숩대가 수직으로 꽂혀 있고, 숩대(솔대)의 반대쪽 자위 바탕에 쇠고리가 달려 있다. ☞ 명주길쌈. 쇠고리. 대롱. 솔대.

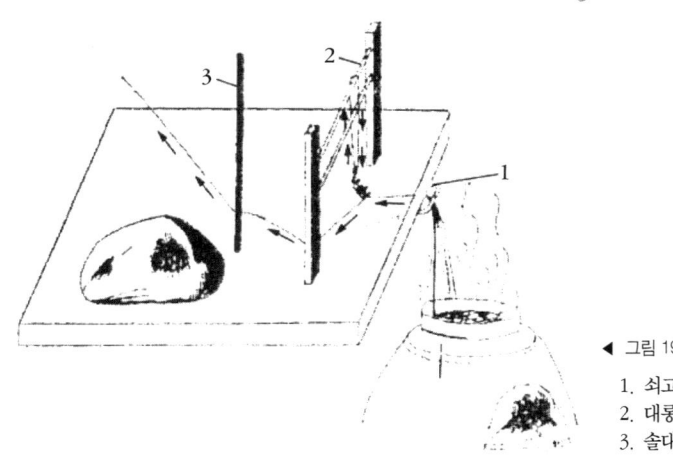

◀ 그림 19 **자새2**
1. 쇠고리
2. 대롱
3. 솔대

자석 图 자식(子息). ¶팔피이 글치 지 **자석** 자랑은 어지가이 하네. ▶ 팔푼이 같이 제 **자식** 자랑은 어지간히 하네./지도 지 **자석**을 키와 바야 부모 맴을 알지. ▶ 저도 제 **자식**을 키워 보아야 부모 마음을 알지./무신 농사 무신 농사 그캐도 **자석** 농사가 제리다. ▶ 무슨 농사 무슨 농사 그래도 **자식** 농사가 제일이다.

자시: 图 자세히(仔細-). ¶**자시** 보이 안민이 약간 있는 거도 그튼데, 내가 어디서 밧드라? ▶ **자세히** 보니 안면이 약간 있는 것도 같은데, 내가 어디서 보았더라?/

자'아묵다

여차여차해서 이래 댔다꼬 자시 말하며 알어들을 끼이다. ▶ 이러이러해서 이렇게 되었다고 자세히 말하면 알아들을 것이다.

자'아묵다 [동] 잡아먹다.【자아묵어▶잡아먹어/자아묵으이▶잡아먹으니】¶저 호양연이 지 서방 자아묵고 누구를 또 자아묵을라꼬 방정을 떠노? ▶ 저 화냥년이 제 서방 잡아먹고 누구를 또 잡아먹으려고 방정을 떠나?

자양거 [명] 자전거(自轉車). '자양거(自揚車)'의 뜻. ¶나신 양복재이 하나가 자양거를 타고 마실로 들어왔다 카든데, 술조사 나온 거 아인지 모리겠다. ▶ 낯선 양복쟁이 하나가 자전거를 타고 마을로 들어왔다 하던데, 술 단속 나온 것 아닌지 모르겠다. ※세무소(稅務所)에서 밀주단속(술조사)하러 나왔다는 말이 들리면 집집마다 술동이를 거름무더기나 솔가리더미 속에다 감추느라고 한바탕 소동이 벌어진다. ☞ 자잉거.

자:이 [부] 여북. 어련히. 감히. '장(壯)히'의 뜻 ¶그래 만은 돈을 디대서 꾸맸는데 보기가 자이 좋을라꼬. ▶ 그렇게 많은 돈을 들여서 꾸몄는데 보기가 여북 좋으려고./그래 부지리이 일했는데 자이 잘 살겠나. ▶ 그렇게 부지런히 일했는데 어련히 잘 살겠나./큰소리는 치지마는 지가 자이 감당해 낼 수 있을랑강? ▶ 장담은 하지만 제가 감히 감당해 낼 수 있을지?

자잉거 [명] 자전거(自轉車). '자인거(自引車)'의 뜻. ¶민소 옆에서 자잉거방 채래 놓고 자석들 공부시게 성공시긴 사람도 있다. ▶ 면소(面所) 옆에서 자전거방(自轉車房) 차려 놓고 자식들 공부시켜 성공시킨 사람도 있다. ☞ 자양거.

자잘구레:하다 [형] 자질구레하다. ¶큰일은 아이라도 자잘구레한 일이 원캉 만어서 죄일 움적거래야 한다. ▶ 큰일은 아니라도 자질구레한 일이 워낙 많아서 종일 움직거려야 한다.

자재:다 [동] 잦히다.【자재▶잦혀/자재이▶잦히니】¶저 심술을 보머 자재 논 밥에 흘 퍼 옇 눔이다. ▶ 저 심술을 보면 잦혀 놓은 밥에 흙 퍼 넣을 놈이다.

자재자재 [부] 주저주저. ¶이라까 저라까 자재자재하고 있는 참이다. ▶ 이럴까 저럴까 주저주저하고 있는 참이다.

자재하다 [동] 주저(躊躇)하다. ¶그연들 꺼, 자재하다가 일은 어느 천연에 하겠노? ▶ 빌어먹을 것, 주저하다가 일은 어느 천년에 하겠나?

자죽 [명] 자국. ¶내 살어온 디를 돌어보머 자죽마다 피누물이 고앴다 캐도 밸반 틀래는 말이 아이다. ▶ 내 살아온 뒤를 돌아보면 자국마다 피눈물이 고였다 해도 별반 틀리는 말이 아니다.

자`지감자 몡 자주감자(紫朱--). ¶자지감자는 타박감자보담 쫌 아래는 기이 다리다. ▶ 자주감자는 허벅감자보다 좀 아리는 것이 다르다.

자토리 몡 자투리. ¶그때는 옷 맨들고 남은 자토리 헝겊 하나도 앤 내뿌리고 모다 났다가 바뿌재도 맨들고 주미이도 맨들고 했다. ▶ 그때는 옷 만들고 남은 자투리 헝겊 하나도 안 내버리고 모아 놓았다가 보자기도 만들고 주머니도 만들고 했다.

작근(作斤)하다 동 계량(計量)하다. ¶내리 공출 댈 꺼를 작근해서 무까 놓자. ▶ 내일 공출 댈 것을 계량해서 묶어 놓자.

작:은사폭 몡 남자바지의 앞 오른쪽 큰사폭의 부분과 왼쪽 말랑폭으로 이어져서 왼쪽 가랑이까지 내려간 역사다리꼴로 댄 부분.《살폭. 소살폭. 작은폭. 작은다리》 ☞ 주우. 다랑복.

잔반 몡 선반. ¶잔반 우에 고리째기를 니라 보머 그 안에 논문서가 들어있다. ▶ 선반 위에 고리짝을 내려 보면 그 안에 논문서(登記書類)가 들어있다.

잔비 몡 가랑비. 가늘게 내리는 비. 이슬비보다는 좀 굵다. ¶꽃씨를 뿌린 그날 밤도 아, 잔비만 니린다. ▶ 꽃씨를 뿌린 그날 밤도 아, 가랑비만 내린다.

잔채 몡 잔치. ¶그때 어뜬 할마씨들은 잔채 집에 갈 때는 손자 하나를 달고 가서 입버리를 시기기도 하고, 갈 때는 떡 나부래이를 처매 밑에 쩡가 가는 사람도 있었다. ▶ 그때 어떤 할머니들은 잔치 집에 갈 때 손자 하나를 달고 가서 입벌이를 시키기도 하고, 갈 때는 떡 나부랭이를 치마 밑에 끼워 가는 사람도 있었다.

잔채~이 몡 잔챙이. 송사리. ¶큰눔들은 다 빠저나가고 밸꺼 아인 잔채이들마 잡해 가네. ▶ 큰놈들은 다 빠져나가고 별것 아닌 잔챙이들만 잡혀 가네./큰물이 다 빠저 나가고 나이 웅디이 안에 잔채이가 우굴우굴한다. ▶ 큰물이 다 빠져나가고 나니 웅덩이 안에 송사리가 우글우글한다. ☞ 쫀채이.

잘`개`돌 몡 개상. 보리이삭을 털 때 쓰는 바닥 돌.

잘`개`타:작 몡 개상에다 태질로 터는 타작. 보릿단을 노끈으로 감아 쳐들고 개상에다 두들겨 턴다. ¶보리타작은 먼저 잘개타작으로 이시기를 털고 나서 다시 도리깨로 마자 턴다. ▶ 보리타작은 먼저 태질타작으로 이삭을 털고 나서 다시 도리깨로 마저 턴다.

잘몬하`머 円 하마터면. 어쩌면. ¶잘몬하머 킬 날 뿐 했다. ▶ 하마터면 큰일 날 뻔 했다./잘몬하며 나는 내리 거기로 몬 갈지 모리겠다. ▶ 어쩌면 나는 내일 거기로

잘문하'다

못 갈지 모르겠다.

잘문하'다 동 잘못하다. 그르치다. ¶어르신, 지가 마이 **잘문했니더**. ▶ 어르신, 제가 많이 **잘못했습니다**.

잠 명 누에를 칠 때 탈피(脫皮)하는 동안. 누에는 알을 까고 4번 잠을 자는데, 한 번 잠은 대략 30시간 정도다. 첫잠(애기잠), 두잠, 석잠, 그리고 넉잠(한잠)을 자고나서 5~7일 만에 잠실(蠶室)에 올린다. 누에는 여기서 약 1주일 동안 꼬치를 짓는다. ☞ 명주길쌈.

잠자: 꼬 부 조용히. 말없이. ¶내가 하는데 니는 **잠자꼬** 보고마 있으머 댄다. ▶ 내가 하는데 너는 **조용히** 보고만 있으면 된다./니는 입이 없나 와 **잠자꼬** 듣고마 있노? ▶ 너는 입이 없나 왜 **말없이** 듣고만 있나? ☞ 잠주꼬.

잠:잠 명 아기를 어르면서 가르치는 몸놀림의 하나. 손바닥을 폈다 오므렸다하는 동작을 하게 하는 말 또는 그 동작. ☞ 깟딱깟딱. 곤지곤지. 따리따리. 도레도레. 불매불매. 서마서마. 짝짝꿍. 쪼막쪼막. 진진. 헐래헐래.

잠절 명 잠결. ¶지집사나가 옆방에서 수군수군하는 소리가 **잠절에도** 들래드라. ▶ 계집사내가 옆방에서 수군수군하는 소리가 **잠결에도** 들리더라.

잠주'꼬 부 잠잠히. 조용히. ¶**잠주꼬** 있어도 내가 알 꺼는 다 알고 있다. ▶ **잠잠히** 있어도 내가 알 것은 다 알고 있다. ☞ 잠자꼬.

잠치~이 명 잠꾸러기. 잠보. '잠 충(蟲)'의 뜻. ¶저 **잠치이가** 일찍이 일어난 거를 보이 오늘은 해가 서짝에서 뜨겠다. ▶ 저 **잠꾸러기가** 일찍이 일어난 것을 보니 오늘은 해가 서쪽에서 뜨겠다.

잡동사~이 명 잡동사니. ¶씰 마한 물건은 즈그들이 다 가주고 가고 **잡동사이마** 낭가 났네. ▶ 쓸 만한 물건은 저희들이 다 가지고 가고 **잡동사니만** 남겨 놓았네.

잡수:다 동 잡수다. 【잡사 ▶ 잡수어/잡수이 ▶ 잡수니】¶**잡사** 보소 **잡사** 보소 칼 때는 앤 묵고 처묵어라 카이 묵네. ▶ **잡숴** 보세요 **잡숴** 보세요 할 때는 안 먹고 처먹어라 하니 먹네.

잡주'지 명 쟁기의 자부지(손잡이). 술의 중간에 가로로 끼운 손잡이 막대. ☞ 훌찌이. 탁주꼬재이.

잡질(雜-) 명 잡스러운 짓거리. 외입(外入)이나 도박(賭博) 따위의 행동.

잡책(雜册) 명 수첩(手帖). 공책(空冊). ¶외상 준 거를 **잡책에다** 빽빽하게 적어 놓고 일일이 받으로 댕기드라. ▶ 외상 준 것을 **수첩에다** 빽빽하게 적어 놓고 일일이 받으러 다니더라./아주마씨, 외상 술 묵은 거 **잡책에다** 올래노머 다음 장아 올 때 갚으끼요. ▶ 아주머니, 외상 술 먹은 것 공책에다 올려놓으면 다음 장에 올 때 갚을게요.

잡'치다 동 삐다. 접질리다. 망치다. 【잡처 ▶ 삐어/잡치이 ▶ 삐니】 ¶팔을 잡치다. ▶ 팔을 삐다(접질리다)./기분을 잡치다. ▶ 기분을 망치다./일을 잡치다. ▶ 일을 망치다.

잡해:다 동 잡히다. '잡다'의 피동. 【잡해 ▶ 잡혀/잡해이 ▶ 잡히니】 ¶뻴개이들한테 밥 해 좃다꼬 지서에 잡해 가서 앤 죽을 만치 뚜디러 맞고 왔다. ▶ 빨갱이들한테 밥 해 주었다고 지서에 잡혀 가서 안 죽을 만큼 두들겨 맞고 왔다.

장: 부 늘. 항상(恒常). ¶그때 시절에는 끼때머 어런들 판을 들라 디리고 우리는 장 부적아구리 앞에서 짚단을 깔고 안저서 밥 묵고 그랬다. ▶ 그때 시절에는 끼니때면 어른들 밥상을 들려 드리고 우리는 늘 부엌아궁이 앞에서 짚단 깔고 앉아서 밥 먹고 그랬다./장 보든 그 얼골인데 머를 더 볼 꺼 있노? ▶ 항상 보던 그 얼굴인데 뭘 더 볼 것 있나?

장:개 명 장가. ¶이 사람아, 장개가매 머를 앤 가주고 간다 카디이 일하로 오매 연장도 앤 챙개 왔노? ▶ 이 사람아, 장가가며 뭘 안 가지고 간다 하더니 일하러 오며 연장도 안 챙겨 왔나?

장개:다1 동 잠기다(閉). '장구다1'의 피동. 【장개 ▶ 잠겨/장개이 ▶ 잠기니】 ¶문이 장개서 몬 들어가겠다. ▶ 문이 잠겨서 못 들어가겠다. ☞ 장기다1.

장개:다2 동 잠기다(潛). '장구다2'의 피동. 【장개 ▶ 잠겨/장개이 ▶ 잠기니】 ¶장마에 나락이 물에 장개서 수학이 마이 줄었다. ▶ 장마에 벼가 물에 잠겨서 수확이 많이 줄었다./근심에 장개서 할 말을 이자뿌리고 있다. ▶ 근심에 잠겨서 할 말을 잊어버리고 있다./생각에 장개이 옆에 누가 와도 모린다. ▶ 생각에 잠기니 옆에 누가 와도 모른다. ☞ 장기다2.

장개~이 명 정강이. ¶처매 지럭지를 늘가서 장개이는 더피구로 맨들어라. ▶ 치마 길이를 늘려서 정강이는 덮이게 만들어라. ☞ 정개이.

장갬보시 명 가위바위보. 日 'じゃん拳'+'보(보시기)'. ¶심바람 보낼 사람을 장갬보시 해서 갤정하자. ▶ 심부름 보낼 사람을 가위바위보 해서 결정하자.

장:고리 명 장골(壯骨). '장골 이(사람)'의 뜻. ¶자아들 서이 일한 기이 장고리 한 키가 일한 거를 몬 따라간다. ▶ 쟤들 셋이 일한 것이 장골 한 사람이 일한 것을 못 따라간다.

장:구 명 장기(將棋). ¶장구 뜨는 데 둘러서서 훈수를 한다. ▶ 장기 두는 데 둘러

장구:다1

서서 훈수를 한다. ※장기나 바둑은 '두다'라고 하지 않고 '뜨다'라고 한다.
장구:다1 동 잠그다(鎖). 【장가 ▶ 잠가/장구이 ▶ 잠그니】 ¶이 촌에서 머를 도딕해 갈 끼이 있어야 **장구지**, 문 앤 **장가도** 댄다. ▶ 이 촌에서 뭘 훔쳐 갈 것이 있어야 **잠그지**, 문 안 **잠가도** 된다./그래도 혹시 모르이 **장가** 놓고 나가는 기이 좋다. ▶ 그래도 혹시 모르니 **잠가** 놓고 나가는 것이 좋다.
장구:다2 동 잠그다(潛). 【장가 ▶ 잠가/장구이 ▶ 잠그니】 ¶거랑물에 몸을 **장구고** 쉬고 있었다. ▶ 개울물에 몸을 **잠그고** 쉬고 있었다.
장기:다1 동 잠기다(鎖). '장구다1'의 피동. 【장개 ▶ 잠겨/장기이 ▶ 잠기니】 ¶문이 **장개** 있는 거를 보이 주인장이 어디 나갔는갑다. ▶ 문이 **잠겨** 있는 것을 보니 주인장이 어디 나갔는가 보다. ☞ 장개다1.
장기:다2 동 잠기다(潛). '장구다2'의 피동. 【장개 ▶ 잠겨/장기이 ▶ 잠기니】 ¶그 해에 큰물이 저서 이 앞들도 다 **장개서** 바다 긑었다. ▶ 그해에 홍수가 져서 이 앞들도 다 **잠겨서** 바다 같았다. ☞ 장개다2.
장꺼'리 명 장거리. 장에서 팔거나 사는 물건. ¶장마당으로 장꾼들이 **장꺼리를** 이고 지고 아칙부터 몰래 든다. ▶ 장마당으로 장꾼들이 **장거리를** 이고 지고 아침부터 몰려 든다.
장:꼬방(醬庫房) 명 장독대. ¶빤질빤질하게 딲어 논 **장꼬방마** 바도 그 집 안주인으 살림살이를 알 수 있다. ▶ 빤질빤질하게 닦아 놓은 **장독대만** 보아도 그 집 안주인의 살림살이를 알 수 있다. ☞ 장독깐.
장꽁 명 장끼. 수꿩. ¶꽁아꽁아 **장꽁아**, 보리한대 팔어서 찍어노이 적고 밥해 놓이 만코 방구뀌이 시원코 붕 붕 붕. ▶ 꿩아꿩아 **장끼야**, 보리한되 팔아서 찧어 놓으니 적고 밥해 놓으니 많고 방귀뀌니 시원코 붕 붕 붕. 〈전래동요 金鍾弼〉.
장나무 명 기름틀의 바탕나무. 기름틀을 장치할 때 아랫세장에 걸친다. ☞ 지름틀.
장내' 명 장래(將來). ¶처자요, 이왕 이래 댄 거를 우야넌기요? 우리 **장내를** 약조하고 재미있게 사시더. ▶ 처녀, 이왕 이렇게 된 것을 어떻게 합니까? 우리 **장래**를 약속하고 재미있게 삽시다./외국서 살 들오지, 소괴기 들오지, 우리 농촌으 **장내가** 캄캄하다. ▶ 외국서 쌀 들어오지, 소고기 들어오지, 우리 농촌의 **장래가** 캄캄하다.
장다리 명 장딴지. ¶어제 큰 산에 나무 하로 갔다가 왔디이 **장다리가** 땡긴다. ▶ 어제 큰 산에 나무 하러 갔다가 왔더니 **장딴지가** 당긴다.

장ː단지 [명] 장독(醬-). ¶비가 올 꺼 그트이 **장단지** 뚜끼를 덮고 나가자. ▸ 비가 올 것 같으니 **장독** 뚜껑을 덮고 나가자. ☞ 장도가지.

장달 [명] 수탉. ¶**장달**이 울어야 날이 샌다. ▸ **수탉**이 울어야 날이 샌다. ※ 남자가 들어야 일이 된다는 말.

장ː도가지 [명] 장독(醬---). ¶**장도가지**를 깨머 우짤라꼬 돌삐이를 떤지노? ▸ **장독**을 깨면 어쩌려고 돌멩이를 던지나?/**장도가지**를 윤끼가 나드록 딱어 났다. ▸ **장독**을 윤기가 나도록 닦아 놓았다. ☞ 장단지.

장두'칼 [명] 장도(粧刀). 주머니 속에 넣거나 옷고름에 늘 차고 다니는 칼집이 있는 작은 칼.

장디~이 [명] 잔등. ¶머 묵고 언챘는갑다. **장디이**를 쫌 뚜디러 조라. ▸ 뭘 먹고 얹혔는가 보다. **잔등**을 좀 두드려 줘라./이 산 **장디이**를 타고 쪼매마 더 가머 마실로 니러가는 질이 빌 끼이다. ▸ 이 산 **잔등**을 타고 조금만 더 내려가면 마을로 내려가는 길이 보일 게다./지 도끼로 지 발 **장디이** 찍어 놓고 누구 보고 눈을 뿔시노? ▸ 제 도끼로 제 발 **잔등** 찍어 놓고 누구 보고 눈을 부라리나?

장똘배'~이 [명] 장돌뱅이. ¶**장똘배이** 긑치 뺀질뺀질하게 생긴 기이 찔러도 피 한 방울도 앤 나오겠다. ▸ **장돌뱅이** 같이 뺀질뺀질하게 생긴 것이 찔러도 피 한 방울도 안 나오겠다.

장ː띠~이 [명] 장땡. 화투노름에서 열(단풍 그림) 끗짜리 두 장을 잡은 제일 높은 끗수. '행운(幸運)' 또는 '최고(最高)'의 뜻. ¶나도 한분 **장띠이**를 잡었다. ▸ 나도 한번 **장땡**(행운)을 잡았다./말 백 마디보담 심이 **장띠이**다. ▸ 말 백 마디보다 힘이 **최고**다./요새는 머이 캐도 돈이 **장띠이**다. ▸ 요새는 뭐니 해도 돈이 **최고**다.

장'리 [명] 써레의 찍게발. 손잡이를 가로 대기 위하여 몸뚱이에 Ⅱ 모양으로 박은 2개의 나무. 나루채를 따로 달지 않은 써레는 여기에다 봇줄을 맨다. ☞ 써리.

장ː머섬 [명] 농사일에 숙달된 장골(壯骨)머슴. ☞ 큰머섬.

장ː빵(欌房) [명] 벽장(壁欌). 방의 바람벽 위쪽을 뚫어 작은 문을 내고 그 안을 장처럼 꾸며 물건을 넣게 만든 곳. ☞ 백장1.

장ː사1 [명] 장수. '장사를 하는 사람'을 낮추어 '재이(쟁이)'로 이르기도 한다. ¶닷새 만에 돌어오는 장날마 대머 손바닥만한 촌 장바닥은 각지에서 몰래든 **장사들하고** 장꾼들로 시끌시끌하다. 시게전에 쌀장사, 소전에 소장사, 음물전에 괴기장사, 나무전에 나무장사, 옹기전에 도가지 장사, 신전에 고무신장사, 포목전에 베장사, 그라고 동동구리무 구리분장사, 찰각찰각 엿장사, 짜라빠진 식

장:사

헤장사, 한 무디기 소굼장사, 영감재이 갓장사, 문종오 파는 종오장사, 잡동사이 밤물장사, 그래 머 없는 **장사**가 없어 돌어댕기매 귀경마 해도 재미있었다. ▶ 닷새 만에 돌아오는 장날만 되면 손바닥만한 시골 장바닥은 각지에서 몰려든 **장사들하고** 장꾼들로 시끌시끌하다. 싸전에 쌀장수, 소전에 소장수, 어물전에 생선장수, 나무전에 나무장수, 옹기전에 독장수, 신전에 고무신장수, 포목전에 옷감장수, 그리고 동동구리무 화장품장수, 찰각찰각 엿장수, 절어빠진 젓갈장수, 한 무더기 소금장수, 영감쟁이 갓장수, 문종이 파는 종이장수, 잡동사니 방물장수, 그래 뭐 없는 **장수**가 없어서 돌아다니며 구경만 해도 재미있었다.

장:사(葬事)2 몡 장례(葬禮).

장수연(長壽煙) 몡 일제 때 시판하던 봉지담배의 이름. 종이로 말거나 담뱃대에 담아서 피운다. ☞ 히연.

장:연 몡 작년(昨年). ¶얼씨구씨구 들어간다, 장연에 왔든 각설이 죽지도 안코 또 왔네, 일짜한장 들고보이 일월송송 해송송 밤중새복 여전하다, 이짜한장 들고보이 팔도기생 이암이는 진주남강 떨어졌네. ▶ 얼씨구씨구 들어간다, 작년에 왔던 각설이 죽지도 않고 또왔네, 일자한장 돌고보니 일월송송 해송송 밤중새벽 여전하다, 이자한장 들고보니 팔도기생 의암이는 진주남강 떨어졌네.〈각설이 타령의 일부〉☞ 거연.

장예¹ 몡 장여(長輿). '장기대여(長期貸輿)'의 준말. 장여는 곡식을 빌리고 빌려주는 민간에서 성행하던 풍습으로, 빌려주는 쪽에서 '장예를 주다'라고 하고 빌리는 쪽에서 '장예를 내다(얻다)'라고 한다. 이식은 보통 다음해 수확할 때 원리를 합쳐서 돌려받는데, 한 가마니에 반 가마니를 붙이는 5활 장예가 있고, 한 가마니를 붙이는 고리(高利)의 '꼽장예'도 있다. ¶**장예** 준 거를 맹연 가실에 거다들루머 수리 좋은 논을 도 마지기는 사들룰 수 있겠네. ▶ 장여 준 것을 명년 가을에 거둬들이면 수리(水利) 좋은 논을 두어 마지기는 사들일 수 있겠다./ 맹연 봄보리 여물 때꺼정 갈라카머 **장예** 도 가매이는 더 내야겠다. ▶ 명년 봄보리 여물 때까지 가려면 **장여** 두어 가마니는 더 내야겠다.

장'잭 몡 장작. ¶**장잭**을 짜개서 깐충하이 재논 거마 바도 등더리가 뜨끈해지는 거 글지. ▶ **장작**을 쪼개서(패서) 가지런하게 쟁여 놓은 것만 보아도 등이 뜨끈해지는 것 같지. ☞등거리2.

장:쫑지 몡 간장종지. ¶옆집에서 소주 꽜다 카매 **장쫑지로** 하나 주는 거를 받어 마셨디이 얼골이 화끈거린다. ▶ 옆집에서 소주 고았다면서 **간장종지로** 하나 주

는 것을 받아 마셨더니 얼굴이 화끈거린다.

장:추바리 몡 장을 담는 주발. ¶장꼬방아서 장 떠 오다가 미끄러저 **장추바리를** 깨 뿌렀다. ▶ 장독대에서 장 떠 오다가 미끄러져 **장 주발을** 깨 버렸다.

장:치기 몡 장치기 놀이. 땅바닥이나 얼음 위에서 나무로 깎은 공이나 솔방울을 놓고 지게 작대기로 쳐서 상대방 문전으로 보내기를 하는 놀이로 하키와 비슷하다.

장태: 몡 장터(場). 5일 장이 서는 날이면 읍으로 가는 신작로는 보따리를 지거나 이고 가는 장꾼들과 볏가마니나 장작을 실은 소달구지와 소바리들이 길을 잇는다. 싸전에서 곡물을, 나무전에서 장작을 팔아 아이에게 신길 고무신 한 켤레를 흥정하고, 농사일을 거들며 거칠어진 마누라 얼굴이 떠올라 큰마음 먹고 크림 한 통도 산다. 이 전 저 전을 기웃거리며 돌아다니다가 오랜만에 친지라도 만나면 손을 맞잡고 주막으로 들어간다. 닭 개장국 한 주발씩을 앞에다 놓고 막걸리 몇 사발을 주고받으며 농사 이야기, 자식 이야기, 세상 돌아가는 이야기들을 늘어놓다가 보면 찌들었던 마음도 누그러지는 것 같다. 이런 날은 새끼줄에 자반고등어 한 손 달랑 매달고 삼십 리 자갈길을 걸어도 콧노래가 저절로 나오지.

장판(場板) 몡 장바닥(場--). '시장판'의 준말.

잩 몡 곁. 이웃. 【잩에 ▶ 곁에/잩으로 ▶ 곁으로】 ¶아무 데도 가지 마고 아푼 사람 **잩에** 있그라. ▶ 아무 데도 가지 말고 아픈 사람 곁에 있어라./인자 객지 살림은 고마 하고 솔곤해서 내 **잩으로** 온느라. ▶ 이제 객지 살림은 그만 하고 솔권해서 내 **곁으로** 오너라./우리 할마이 요새는 구찬타꼬 **잩에도** 몬 오게 한다. ▶ 우리 할미 요새는 귀찮다고 곁에도 못 오게 한다. ☞ 젙.

잩에집 몡 이웃집. 옆집. ¶서리 **잩에집에** 살맨서 눈이 맞어서 호인 애 했나. ▶ 서로 이웃집에 살면서 눈이 맞아서 혼인 안 했나. ☞ 젙에집.

-재:1 囗 -지. 어떤 사실을 묻는 뜻의 종결어미. ¶요새 마이 **바뿌재?** ▶ 요사이 많이 바쁘지?/니는 내 맴을 알재? ▶ 너는 내 마음을 알지?/자네 올개 나이가 얼매 **대재?** ▶ 자네 올해 나이가 얼마 되지?/인자 가머 언제 또 올 꺼재? ▶ 이제 가면 언제 또 올 거지? ☞ -채.

-재:2 囗 -자. 어떤 행동을 은근하게 권유하는 뜻의 종결어미. ¶모래 귀경 갈 때 나캉 같이 가재. ▶ 모래 구경 갈 때 나랑 같이 가자./찬은 없지만도 낭구지 마고 마이 묵재. ▶ 반찬은 없지만 남기지 말고 많이 먹자./인자 쌈 고마하고 재

재구디~이

미있게 노재. ▶ 이제 싸움 그만하고 재미있게 놀자. ☞ -재이2.
재구디~이 몡 재(灰) 구덩이. 부엌에 불씨를 묻어 두는 구덩이.
재기 몡 자기(自己). ¶재기 배부리며 넘이 배고푼 줄을 모린다. ▶ 자기 배부르면 남이 배고픈 줄을 모른다./재기 보고 시집왔지 누구 보고 왔겠노? ▶ 자기 보고 시집왔지 누구 보고 왔겠나?
재까'락 몡 젓가락. 저(箸). ¶판 앞에 안저서 재까락을 들고 살패바야 머를 집을 끼이 있어야지. ▶ 상 앞에 앉아서 젓가락을 들고 살펴보아야 뭘 집을 것이 있어야지./재까락 장단에 양산도 가락이 지절로 나온다. ▶ 젓가락 장단에 양산도 가락이 저절로 나온다. ☞ 재까치. 저까치. 저분2.
재까'치 몡 젓가락. 저(箸). ☞ 재까락. 저까치. 저분2.
재간' 몡 잿간. 재(灰)를 모아 두는 헛간.
재끼 몡 조끼. ¶맹주 바지저구리에 옥색 재끼를 입어 노이 새실랑 모앵이 난다. ▶ 명주 바지저고리에 옥색 조끼를 업어 놓으니 새신랑 모양이 난다. ☞ 쬐끼.
재끼:칼 몡 주머니칼. '조끼 칼'의 뜻. ¶이전에 우리 동네 호래이 할배가 골목에서 우는 아를 보고 주미이를 만지작거리매 재끼칼을 꺼내는 칙하매 "이눔, 우는 아 붕알 까자." 카머 아가 질겁하고 울음을 끈찼다. ▶ 예전에 우리 동네 호랑이 할아버지가 골목에서 우는 애를 보고 주머니를 만지작거리며 주머니칼을 꺼내는 척하며 "이놈, 우는 애 불알 까자." 하면 애가 질겁하고 울음을 그쳤다. ☞ 쬐끼칼. 주미이칼.
재:다 동 쟁이다. 쌓다. 【재 ▶ 쟁여/재이 ▶ 쟁이니】 ¶내가 어디 돈을 재 놓고 사나, 각중에 돈을 내노라 카머 우야노? ▶ 내가 어디 돈을 쟁여 놓고 사나, 갑자기 돈을 내놓으라면 어떻게 하나?/괴기를 양임에다 재 났다가 꿉어 묵자. ▶ 고기를 양념에다 쟁여 났다가 구워 먹자.
재떠'리 몡 재떨이. ¶"니눔이 감히 뉘 앞에서 이래라저래라 카매 말을 놓노?" 카매 시비가 붙어서 나중에는 재떠리꺼정 조 떤지매 쌈이 났다. ▶ "네놈이 감히 누구 앞에서 이래라저래라 하며 말을 놓나?" 하며 시비가 붙어서 나중에는 재떨이까지 집어 던지며 싸움이 났다.
재'랍 몡 겨릅. 껍질을 벗긴 삼(麻)의 대. ¶그연으, 재랍 한 단을 굼불 때 나도 니 불 땠나 카지도 안는다. ▶ 제기랄, 겨릅 한 단을 군불 때 놓아도 너 불 땠나 하지도 않는다. ※겨릅은 원래 불기운이 약하다. ☞ 재랍대.
재랍'다 혱 저리다. 저릿하다. 【재랍어 ▶ 저려/재랍으이 ▶ 저리니】 ¶인자 늘그이 손이 재랍어서 바늘질하기가 심이 든다. ▶ 이제 늙으니 손이 저려서 바느질하기가 힘이 든다. ☞ 재리다.

재'랍대 뗑 겨릅대. ☞ 재랍.

재롱디~이 뗑 재롱둥이. ¶우리 집 **재롱디이** 일로 온나 보자. ▶ 우리 집 **재롱둥이** 이리로 오너라 보자.

재'리다 혱 저리다. 저릿하다. 【재래 ▶ 저려/재리이 ▶ 저리니】¶바늘로 콕콕 찌르는 거매로 어깨가 **재린다**. ▶ 바늘로 콕콕 찌르는 것처럼 어깨가 **저린다**./어깨가 재래서 침재이한테 가서 침을 맞고 오는 질이다. ▶ 어깨가 저려서 침쟁이한테 가서 침을 맞고 오는 길이다. ☞ 재랍다.

재만디~이 뗑 잿마루. ¶**재만디이**에 올러가머 앞바다가 훠이 빈다. ▶ **잿마루**에 올라가면 앞바다가 훤하게 보인다. ☞ 고개만디이.

재물 뗑 잿물. 짚을 태워서 밭인 물. ¶인날 촌에는 양재물이 없으머 짚을 태와서 바쳐 낸 **재물**로 세답깜을 살머서 때를 뺐다. ▶ 옛날 촌에는 양잿물이 없으면 짚을 태워서 밭쳐 낸 **잿물**로 빨랫감을 삶아서 때를 뺐다.

재바리'다 혱 재빠르다. 【재발러 ▶ 재빨라/재바르이 ▶ 재빠르니】¶그 **재바린** 걸음으로 걸으머 해전에 거기에 당도한다. ▶ 그 **재빠른** 걸음으로 걸으면 해안에 거기에 당도한다./일하는 기이 **재발러서** 넘으 두 목은 한다. ▶ 일하는 것이 재빨라서 남의 두 몫은 한다.

재:와 閉 겨우. ¶봉답 서너 마지기 띠지매 입에 풀칠이나 **재와** 하고 사는 사람을 보고 돈 내라 곡석 내라 칸다. ▶ 봉답 서너 마지기 일구며 입에 풀칠이나 **겨우** 하고 사는 사람을 보고 돈 내라 곡식 내라 한다. ☞ 개와2. 개우.

재'육 뗑 수육(-肉). ¶선화야, 손님 판에 대지 **재육** 한 접시기하고 술 한 주전자 올래 들라라. ▶ 선화(善花)야, 손님 상에 돼지 **수육** 한 접시하고 술 한 주전자 올려 들여라.

-재~이1 쩝 -장이. -쟁이. -장수. 일부 명사의 어근에 붙어, 어떤 행동을 잘하거나 특성을 가진 사람을 홀하게 이르는 말이 되는 접미사. 【깍**재이** ▶ 깍쟁이/갓**재이** ▶ 갓쟁이/그럭**재이** ▶ 그릇장수/나무**재이** ▶ 나무장수/소굼**재이** ▶ 소금장수/신**재이** ▶ 신장수/엿**재이** ▶ 엿장수/외입**재이** ▶ 오입쟁이/욕**재이** ▶ 욕쟁이/째빈**재이** ▶ 심술쟁이/점**재이** ▶ 점쟁이/짚신**재이** ▶ 짚신장수/팬수**재이** ▶ 대장장이】.

-재이2 回 -자. 어떤 행동을 은근하게 권유하는 뜻의 종결어미로, '재2'에 비하여 정겨운 말투다. ¶있다가 내하고 같이 **가재이**. ▶ 있다가 나하고 같이 가자./반

재장~연

찬이 없디라도 마이 묵재이. ▶ 반찬이 없더라도 많이 먹자./밤이 늦었다 인자 고마 자재이. ▶ 밤이 늦었다 이제 그만 자자. ☞ -재2.

재장~연 몡 재작년(再昨年). ¶나락농사가 잘 대기로는 재장연마 해도 드물었다. ▶ 벼농사가 잘 되기로는 재작년만한 해도 드물었다.

재조 몡 재주. ¶재조는 곰이 넘꼬 돈은 때눔이 챙긴다. ▶ 재주는 곰이 넘고 돈은 되놈이 챙긴다./재조를 믿고 공부 애 하며 재조가 없는 거만도 몬하다. ▶ 재주를 믿고 공부를 안 하면 재주가 없는 것만도 못하다.

재'채기 몡 재화(災禍). 재앙(災殃). ¶집태가 시서 그런지 그 집에 들어가 사는 사람은 한 분썩은 재채기를 입는다. ▶ 집터가 세어서 그런지 그 집에 들어가 사는 사람은 한 번씩은 재화를 입는다.

재'치기 몡 재채기. ¶재치기를 자꼬 하는 거를 보이 고뿔이 들었구나. ▶ 재채기를 자꾸 하는 것을 보니 감기가 들었구나./꼬치가리를 빠직으매 재치기가 나와서 혼났다. ▶ 고춧가루를 빻으며 재채기가 나와서 혼났다.

재포(-布) 몡 삼의 겉껍질을 벗겨서 삼고 짠 베. 베올이 가늘고 색깔이 곱다. ☞ 삼베길쌈. 황포.

재'피다 동 잡히다. 담보(擔保)하다. 【재패 ▶ 잡혀/재피이 ▶ 잡히니】 ¶그눔은 지 지집을 재피고도 노름할 눔이다. ▶ 그놈은 제 계집을 잡히고도 놀음할 놈이다./논문서를 재패 놓고 돈을 꼬 왔다. ▶ 논문서를 잡혀(담보해) 놓고 돈을 꿔 왔다.

잼 몡 잠. ¶아이고 고마 주깨라. 인자 고마 잼이나 쫌 자자. ▶ 아이고 그만 지껄여라. 이제 그만 잠이나 좀 자자.

잽히:다 동 잡히다. '잡다'의 피동. 【잽해 ▶ 잡혀/잽히이 ▶ 잡히니】 ¶돈이 벌어질라이 손에 잽히는 쪽쪽 돈이 대드라. ▶ 돈이 벌어지려니 손에 잡히는 족족 돈이 되더라./처자가 손목을 잽히고서 얼골이 뺄개진다. ▶ 처녀가 손목을 잡히고서 얼굴이 벌게진다./인자 불질이 잽히기 시작했다. ▶ 이제 불길이 잡히기 시작했다./약점을 잽해서 질질 끌래 댕긴다. ▶ 약점을 잡혀서 질질 끌려 다닌다./도독질하다가 순사한테 잽해 갔다. ▶ 도둑질하다가 순사한테 잡혀 갔다.

잿봉치기 몡 결혼식 때 신랑이 신부 집 대문에 들어올 때 잡귀가 따라오지 못하게 재 봉지를 신랑얼굴에 던지는 것. ☞ 짚불.

쟁피1 몡 창포(菖蒲). ¶단오날이며 여자들은 쟁피를 살문 물로 머리를 깜는다. ▶ 단옷날이면 여자들은 창포를 삶은 물로 머리를 감는다.

쟁피2 몡 피. 제패(稊稗). ¶논밭전지 다 묵해 놓고 과개공부에 정신이 팔랜 남편이 **쟁피**를 홀터다 마당아 널어논 기이 비에 다 떠니러가도 모리고 있는 거를 보고, 저 사나를 믿고 우얘 사꼬 카매 고마 보따리를 쌌는데, 그 남편 마상해서 진개만개 들을 지내오매 보이 도망갔든 그 마누래는 거기서도 **쟁피**를 홀꼬 있는 거 아이가. "진개만개 너른들에 **쟁피** **훑는** 저마누래 날마다꼬 도망가서 간데쪽쪽 **쟁피로세**." 카매 한탄을 하자, 마누래 이 말을 듣고 후해하매 다시 사자 카이, 실랑이 땅바닥에다가 물 한 동오를 쏟어 붓고 "이거 다부 다 퍼 담으며 다시 살겠노라."고 한다. 그 마누래 어푸러지매 자빠러지매 퍼 담은들 어푸러진 물을 우얄꺼고. "올러가는 행인들아 니러가는 행인들아, 모지래는 이 동오에 춤이라도 받어 주소." 카매 울고불고 하드란다. ▶ 논밭전지 다 묵혀 놓고 과거공부에 정신이 팔린 남편이 **피**를 훑어다 마당에 널어놓은 것이 비에 다 떠내려가도 모르고 있는 것을 보고, 저 사내를 믿고 어떻게 살까 하며 그만 보따리를 쌌는데, 그 남편 과거해서 김제만경 들을 지나오며 보니 도망갔던 그 마누라는 거기서도 **피**를 훑고 있는 것 아닌가. "김제만경 넓은들에 **제패** **훑는** 저마누라 날마다고 도망가서 간데족족 제패로세." 하면서 한탄을 하자, 마누라 이 말을 듣고 후회하며 다시 살자 하니, 신랑이 땅바닥에다가 물 한 동이를 쏟아 붓고 "이것 도로 다 퍼 담으면 다시 살겠노라."고 한다. 그 마누라 엎어지며 자빠지며 퍼 담은들 엎어진 물을 어떻게 할 건가. "올라가는 행인들아 내려가는 행인들아, 모자라는 이 동이에 침이라도 뱉어 주소." 하면서 울고불고 하더란다. 〈고경 李春澤〉.

저'개 ㈑ 저기. 저기에. ¶**저개** 가머 저 말하고 여개 오머 이 말하매 넘을 이간질 시긴다. ▶ 저기 가면 저 말하고 여기 오면 이 말하며 남을 이간질 시킨다./**저개**가 바도 그렇고 여개 와 바도 그렇고, 당채 재미있는 일이 없다. ▶ 저기에 가 보아도 그렇고 여기에 와 보아도 그렇고, 도무지 재미있는 일이 없다.

저거'드매 ㈜ 저기 어디쯤. '저기 어드매'의 준말. ¶**저거드매** 방구 옆에 안저서 담배나 한 대 피우고 가자. ▶ 저기 어드매 바위 옆에 앉아서 담배나 한 대 피우고 가자. ☞ 조고드매.

저구'리 ㈐ 저고리. ¶가슴을 풀어히처 댕기지 마고 **저구리** 고름을 잘 매고 댕개라. ▶ 가슴을 풀어헤쳐 다니지 말고 **저고리** 고름을 잘 매고 다녀라. ☞ 고데1. 고름. 깃. 끝동. 대런. 동전. 배아리. 섶2. 수기2. 안섶. 적새미. 지리. 진동. 화장.

저까ˈ:지

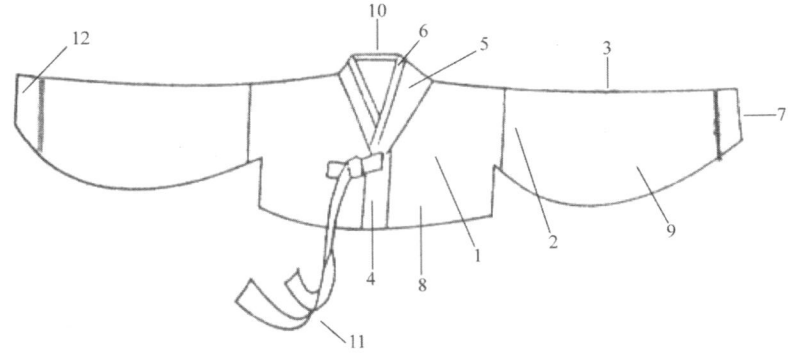

▲ 그림 20 **저구리**
1. 지리
2. 진동
3. 화장
4. 섶
5. 짓(깃)
6. 동전
7. 수기
8. 대련
9. 배아리
10. 고데
11. 고룸
12. 끝동

저까ˈ:지 관형 저까짓. ☞ 저깐. 까지2.
저까치 명 젓가락. 저(箸). '저의 가치(개비)'의 뜻. ☞ 재까락. 재까치. 저분2.
저깐ˈ: 관형 저까짓. '저까지'의 준말. ☞ 까지2.
저꼬 준 '저러고'의 준말. ¶저꼬 하고도 얼골을 들고 댕기이 저거를 사람이라 카나? ▶ 저러고도 얼굴을 들고 다니니 저거를 사람이라고 하나?/천날만날 저꼬 해 사이 내가 미쳐 뿌리겠다. ▶ 날마다 저러고 해 대니 내가 미쳐 버리겠다.
저녁 명 저녁. ¶저녁 묵을 꺼리는 없어도 도독맞을 꺼는 있다. ▶ 저녁 먹을 거리는 없어도 도둑맞을 것은 있다.
저녁답 명 저녁때. 저녁 무렵. ¶낮에 바쁠 때는 코끈티이도 앤 비다가 저녁답이 대이 실굼실굼 기 들어온다. ▶ 낮에 바쁠 때는 코끝도 안 보이다가 저녁때가 되니 슬금슬금 기어 들어온다.
저눔 대 저놈. 저 새끼. 저 자식.
저눔아: 대 저놈 애. 저 새끼. '저눔으 아'의 준말. ☞ 점마.
저눔으꺼 갑 제기랄. 저 빌어먹을. 언짢아 할 때에 욕으로 하는 말.
저드랑 명 겨드랑. ¶옥황 선여가 천이를 입꼬 양짝 저드랑아 지 새끼를 하나씩 찌고 하늘로 올라 가 뿌렀단다. ▶ 옥황(玉皇) 선녀(仙女)가 천의(天衣)를 입고 양쪽 겨드랑에 제 새끼를 하나씩 끼고 하늘로 올라 가 버렸단다. ☞ 개드랑. 개드래이. 저드래이.

저드래~이 몡 겨드랑이. ☞ 개드랑. 개드래이. 저드랑.

저래 준 '저렇게'의 준말. 저만치. ¶저래 못 댄 거를 봤나, 즈그 마당으로 넘어간 가재이라꼬 즈그 감이라 칸다. ▶ 저렇게 못 된 것을 보았나, 저희 마당으로 넘어간 가지라고 저희 감(柿)이라 한다.

저러쿠름하다 관 저렇게끔 하다. 저리 하다. ¶넘으 일이라꼬 지 맴대로 저러쿠름하고 만다. ▶ 남의 일이라고 제 마음대로 저렇게끔 하고 만다.

저런 지'깨 관 저런 제기랄. 저런 망할. ☞ 저런 지꺼리. 저런 지끼미.

저런 지'꺼리 관 저런 제기랄. 저런 망할. ☞ 저런 지깨. 저런 지끼미.

저런 지'끼미 관 저런 제기랄. 저런 망할. '저런 제 이미(어미)'의 뜻. ¶저런 지끼미, 생사람 잡네. ▶ 저런 제기랄, 생사람 잡네. ☞ 저런 지깨. 저런 지꺼리.

저'를 몡의 겨를. 짬. ¶내 앞이 바뻐서 다린 데로 고개를 돌릴 저를이 없다. ▶ 내 앞이 바빠서 다른 데로 고개를 돌릴 겨를이 없다./허허 손발이 빠리기는 참, 어느 저를에 이거를 다 해났노? ▶ 허허 손발이 빠르기는 참, 어느 짬에 이것을 다 해놓았나? ☞ 절2.

저'리다 동 절이다.【저래▶절여/저리이▶절이니】¶너무 오래 저리머 뱁추가 찔개진다. ▶ 너무 오래 절이면 배추가 질겨진다.

저마~이 부 저만치. 저만큼. ¶요새 절미이 치고 저마이 무던한 사람도 밸로 없다. ▶ 요새 젊은이 치고 저만치 무던한 사람도 별로 없다.

저'모래 몡 글피. ¶저모래 장을 보고 나서 돈이 대머 논을 계약하시더. ▶ 글피 장을 보고 나서 돈이 되면 논을 계약합시다.

저물가': 몡 저물녘. ¶대목 전이라서 장태에 저물가꺼정 사람들이 북적거리드라. ▶ 대목 전이라서 장터에 저물녘까지 사람들이 북적거리더라.

저:분1 몡 저번(-番). 지난번. ¶저분에 민사무소에서 만난 사람이 우리 사돈 대는 사람일세. ▶ 저번에 면사무소에서 만난 사람이 우리 사돈 되는 사람일세. ☞ 전분.

저'분2 몡 젓가락. 저(箸). ☞ 재까락. 재까치. 저까치.

저성 몡 저승. ¶이 시상아서 다시 몬 만나머 저성에 가서라도 만나시더. ▶ 이 세상에서 다시 못 만나면 저승에 가서라도 만납시다.

저성사:자 몡 저승사자(--使者). ¶니 더러분 꼬라지를 보머 저성사자도 앤 데래갈라 카겠다. ▶ 네 더러운 꼴을 보면 저승사자도 안 데려가려 하겠다.

저아:래

저아:래 명 그끄저께. 그저께의 전날. ¶허허, 우리 **저아래** 만나고 오늘 또 여기서 만나네 그래. ▶ 허허, 우리 그끄저께 만나고 오늘 또 여기서 만나네 그려.

저양(-樣) 부 저냥(-樣). 저대로. '저 모양'의 준말. ¶곤칠 꺼도 없이 **저양** 저대로 나두는 기이 낫다. ▶ 고칠 것도 없이 저냥 저대로 놓아두는 것이 낫다.

저어:묵다 동 지어먹다. ¶돈 씰 데도 만치마는 농사를 **저어묵을라** 카머 천없어도 소는 있어야 한다. ▶ 돈 쓸 데도 많지만 농사를 지어먹으려면 세상없어도 소는 있어야 한다. ☞ 지이묵다1.

저연 대 저년. ¶**저연이** 가마있으며 대지 지 밑이 꾸래서 지레 저카는 거 아이가. ▶ 저년이 가만있으면 되지 제 밑이 구려서 지레 저러는 것 아닌가.

저연들꺼 감 제기랄. 빌어먹을. 언짢아 할 때 욕으로 하는 말. '저 연들(년들)의 꺼(것)'의 뜻. ¶**저연들꺼**, 디지든지 마든지 즈그끼리 구불드록 나 도라. ▶ 제기랄, 뒈지든지 말든지 저희끼리 뒹굴도록 놓아 둬라. ☞ 전들꺼.

저연뜰아: 대 저 새끼. 저 자식. '저연들으(저년들의) 아(애)'의 준말. ☞ 전뜰아.

저연아: 대 저 새끼. 저 자식. '저연으(저년의) 아(애)'의 준말. ¶**저연아** 저래도 이리는 있는 눔이다. ▶ 저 새끼 저래도 의리는 있는 놈이다.

저연으꺼 감 제기랄. 저 빌어먹을. 언짢아 할 때 욕으로 하는 말. '저연으(저년의) 꺼(것)'의 뜻.

저임 명 점심. ¶멈아멈아 **저임어마이 저임참이** 늦어간다 아흔아홉간 정지밭바 돌고도니 늦었구나. ▶ 어멈아어멈아 점심어미 점심참이 늦어간다 아흔아홉간 부엌밭아 돌고도니 늦었구나.〈모숭기소리의 일부〉/**저임** 전이머 여기 나하고 같이 한 술 뜨자. ▶ 점심 전이면 여기 나하고 같이 한 술 뜨자.

저임때 명 점심때. ¶아칙 묵고 돌아서이 **저임때가** 대네. ▶ 아침 먹고 돌아서니 점심때가 되네.

저임묵'고 명 오후(午後). 점심 후. ¶**저임아래** 민소 갔다가 **저임묵고** 나무 한 짐을 하고 나이 하리해가 다 간다. ▶ 오전에 면사무소 갔다가 오후에 나무 한 짐을 하고 나니 하루해가 다 간다.

저임아래 명 오전(午前). 점심 전. ☞ 저임알.

저임알: 명 오전(午前). 점심 전. '저임아래'의 준말. ¶**저임알** 일로 시작했는데, 앤 대머 나무지기는 저임묵고 새참 때꺼정 해야겠다. ▶ 오전 일로 시작했는데, 안 되면 나머지는 오후 새참 때까지 해야겠다.

저저'기 대 저 저기. '저기'를 강조하는 말.

저지'리다 동 저지르다. 【저지러 ▶ 저질러/저지리이 ▶ 저지르니】¶저 사람이 설치는 거를 보머 꼭 무신 일을 **저지러** 놀 꺼 같다. ▶ 저 사람이 설치는 것을 보면 꼭 무슨 일을 저질러 놓을 것 같다.

저질'개 명 베를 짤 때 날실에 물을 축이는 도구. 먼지떨이처럼 막대기 끝에 헝겊조각을 달았다. ¶**저질개**가 하는양은 강태공의 곧은낚시 유수강에 떤진겉고. ▶ 저질개가 하는양은 강태공의 곧은낚시 유수강에 던진같고./**저질개**라 치는양은 하늘에 나돌아 비오는날 시월이라. ▶ 저질개라 치는양은 하늘에 나돌아 비오는날 세월이라.《물줄개》☞ 베틀.

저짝 명 저쪽. ¶**저짝**으로 가머 저 말이 올코 이짝으로 오머 이 말이 올타 칸다. ▶ 저쪽으로 가면 저 말이 옳고 이쪽으로 오면 이 말이 옳다 한다.

저카다 준 저러다. '저렇게 (말)하다'의 준말. ☞ 별표, '하다(카다. 라다) 동사'의 활용.

저코 준 저러고. 저렇게 (말)하고. '저카고'의 준말. ¶**저코** 해 샀는 거를 보머 지도 할 말이 만은 모앵이다. ▶ 저러고 해 대는 것을 보면 저도 할 말이 많은 모양이다.

저태 부 여태. 아직. ¶일은 애 하고 **저태** 저기서 머를 하고 있었는지 모리겠다. ▶ 일은 안 하고 여태 저기서 뭘 하고 있었는지 모르겠다. ☞ 이적. 이태1.

적새'미 명 적삼. ¶모시야 반 **적새미**에 빌락 말락 저 젖 보소, 마이 보머 빙이 대고 담배씨만침만 보고 가소. ▶ 모시야 반 적삼에 보일 듯 말 듯 저 젖 봐요, 많이 보면 병이 되고 담배씨만큼만 보고 가소.〈모숭기소리의 일부〉/**적새미** 섶이 짤버서 가심이 그양 드러난다. ▶ 적삼 섶이 짧아서 가슴이 그냥 드러난다. ☞ 저구리.

적쇠 명 석쇠. 적철(炙鐵). '적쇠(炙-)'의 뜻. ¶소괴기는 수경을 피와서 **적쇠**에 꿉어야 지 맛이 난다. ▶ 소고기는 숯을 피워서 석쇠에 구워야 제 맛이 난다.

적은아' 명 작은애. ¶다린 거는 몰래도 공부하는 거는 **적은아**가 낫다. ▶ 다른 것은 몰라도 공부하는 것은 작은애가 낫다.

적지 명 야단. 난리(亂離). '날리적지'의 준말. ¶어제밤에 그마이 **적지**를 지게 놓고도 아칙에 보이 언제 그랬등강 시푸게 천연덕스럽다. ▶ 어젯밤에 그만치 야단을 부려 놓고도 아침에 보니 언제 그랬던가 싶게 천연덕스럽다. ☞ 날리적지.

적해:다 동 적히다. '적다'의 피동. 【적해 ▶ 적혀/적해이 ▶ 적히니】¶옥황상제가 저성사자를 앞에 안추고 장부에 **적해** 있는 이름에다 점을 한 분 찍어 뿌리머

적다

돈도 빽도 소용없단다. ▶ 옥황상제가 저승사자를 앞에 앉히고 장부에 적혀 있는 이름에다 낙점(落點)을 한 번 해 버리면 돈도 백도 소용없단다./술어마이 외상장부에 빽빽하게 적해 있는 술갑을 언제 다 갚을지 모리겠다. ▶ 술어미 외상장부에 빽빽하게 적혀 있는 술값을 언제 다 갚을지 모르겠다.

적'다 통 겪다(驗). 【적어 ▶ 겪어/적으이 ▶ 겪으니】¶열 질 물속은 알아도 한 치 사람 심중은 앤 적어 보머 모린다. ▶ 열 길 물속은 알아도 한 치 사람 심중은 안 겪어 보면 모른다.

전:들꺼 갑 제기랄. 저 빌어먹을 것. 언짢아 할 때 욕으로 하는 말. '저연들꺼(저년들의 것)'의 뜻.

전'디다 통 견디다(耐). 【전대 ▶ 견뎌/전디이 ▶ 견디니】¶전딜 대로 전대 바라. 하늘이 무너저도 솟어날 구영이 애 있겠나. ▶ 견딜 대로 견뎌 보아라. 하늘이 무너져도 솟아날 구멍이 안 있겠나.

전뜰아: 대 저 자식. 저 새끼. '저연뜰아(저년들 애)'의 준말. ¶전뜰아들이 저기서 머하고 있는지 가 바라. ▶ 저 자식들이 저기서 뭣하고 있는지 가 보아라.

전배기 명 전내기. 물에 희석되지 않은 술 따위의 액체. ¶구둘목에서 부굴부굴 끌꼬 있는 전배기 한 양지기를 빈속에다 마셨디이 얼얼하다. ▶ 아랫목에서 부글부글 끓고 있는 전내기 한 양재기를 빈속에다 마셨더니 얼얼하다. ☞ 모리미.

전분' 명 전번(前番). 지난번. ¶새 사람을 찾어바도 전분마한 사람 만나기가 조매 어렵지러. ▶ 새 사람을 찾아보아도 전번만한 사람 만나기가 좀처럼 어렵고말고. ☞ 저분1.

전상사'리(前上--) 관 - 앞으로 삼가 사뢰나이다. '전상서'와 같은 뜻으로 쓰는 말로, 주로 여성들이 웃어른에게 올리는 언문(한글)편지의 서두에 붙임. '어마임 전상사리'로 시작하여 편지의 마지막에 딸의 경우 '불초(不肖) 여식(女息)'으로, 며느리의 경우 '불초 자부(子婦)'라고 끝을 맺는다.

전상서(前上書) 관 - 앞으로 올리는 글. '웃어른께 올리는 글'이라는 뜻. ¶부주전상서(父主前上書), 시하존체(時下尊體) 만안(萬安)하시며 가내제절(家內諸節)도 무고(無故)하신지요?…. 불초소식(不肖小息) 모모(某某) 상백시(上白是). ▶ 아버님께 올리는 글, 요즈음 옥체 편안하시며 집안도 두루 무고하신지요?…. 못난 자식 아무개 올림. ☞ 전상사리.

전'수 부 전혀. 전연(全然). 모두. ¶요새 문서는 꼬끄랑글씨로 써 노이 우리 늘이들은 전수 모리겠드라. ▶ 요새 서류는 꼬부랑글씨로 써 놓으니 우리 늙은이들은 전혀 모르겠더라./그 사람으 말은 전수 거지말이라 해도 가언이 아이다. ▶ 그 사람의 말은 전연 거짓말이라 해도 과언이 아니다.

전:장 명 전쟁(戰爭). ¶저 집 아들은 대동아 전장아 끌래가서 남양군도에서 죽었다. ▶ 저 집 아들은 대동아 전쟁에 끌려가서 남양군도에서 죽었다./우리 글때 중핵고 일 항언 때 육이오 전장이 났다. ▶ 우리 그때 중학교 일 학년 때 육이오 전쟁이 났다.

전주:다1 동 견주다(比較). 【전자 ▶ 견주어/전주이 ▶ 견주니】¶높은데 전주지 마고 낮은데 전주매 사자. ▶ 높은데 견주지 말고 낮은데 견주며 살자./일을 전주기 마 하다가 시월을 다 보내겠다. ▶ 일을 견주기만 하다가 세월을 다 보내겠다.

전주:다2 동 겨누다(照準). 【전자 ▶ 겨누어/전주이 ▶ 겨누니】¶포수가 방구 디에 숨어서 범을 전주고 있었다. ▶ 포수가 바위 뒤에 숨어서 범을 겨누고 있었다./총알 아까분데 잘 전자서 쏴라. ▶ 총알 아까운데 잘 겨누어서 쏴라.

전체바꿈 부 전체(全體). 모조리. ¶우리 전체바꿈 돌아가매 유행가 한 자리씩 부리기로 하자. ▶ 우리 전체 돌아가며 유행가(流行歌) 한 곡씩 부르기로 하자.

절1 명 결. ¶농 마추는 데는 개갑고 절이 좋은 오동나무마한 기이 없다. ▶ 장롱(欌籠) 맞추는 데는 가볍고 결이 좋은 오동나무만한 것이 없다.

-절2 접 -결. 일부 명사 뒤에 붙어 '때', '사이', '짬'의 뜻을 나타내는 접미사. ¶아칙절에 논에 가서 물을 대고 와서 거름을 폈다. ▶ 아침결에 논에 가서 물을 대고 와서 거름(똥오줌)을 폈다(쳤다)./내가 너무 놀래서 엉겁절에 소리를 질렀다. ▶ 내가 너무 놀라서 엉겁결에 소리를 질렀다./잠절에 사람 소리가 들리기는 했는데 누가 왔는지 모리겠다. ▶ 잠결에 사람 소리가 들리기는 했는데 누가 왔는지 모르겠다.

절고 명 절구. ¶얼매 앤 대는 꼬치를 디딜바아에 갈 꺼 없이 절고에다 빠직고 말어라. ▶ 얼마 안 되는 고추를 디딜방아에 갈 것 없이 절구에다 빻고 말아라.

절단나다 동 끝장나다. 망하다. 【절단나 ▶ 끝장나/절단나이 ▶ 끝장나니】¶아이고 이거 절단났다. 우야머 좋지? ▶ 아이고 이거 끝장났다. 어떻게 하면 좋지?/남쪽에는 태풍이 불어서 농사 진 기이 절단났단다. ▶ 남쪽에는 태풍이 불어서 농사 지은 것이 망했단다.

절단내:다 동 끝장내다. '절단나다'의 사동. 【절단내 ▶ 끝장내/절단내이 ▶ 끝장내니】¶그 사람은 절물 때 노룸으로 살림을 한분 절단내고 다시는 화토장을

절라'도

앤 만친다. ▶ 그 사람은 젊을 때 도박으로 살림을 한번 끝장내고 다시는 화투장을 안 만진다.

절라'도 몡 전라도(全羅道). ¶여자하고 임석은 어디이 캐도 **절라도를** 몬 따러간다. ▶ 여자하고 음식은 어디니 해도 **전라도를** 못 따라간다.

절래:다 통 결리다. 【절래▶ 결려/절래이▶ 결리니】 ☞ 절리다.

절리:다 통 결리다. 【절래▶ 결려/절리이▶ 결리니】¶어깨도 절리고 다리도 절래서 인자 나돌어 댕기기가 심이 든다. ▶ 어깨도 결리고 다리도 결려서 이제 나돌아 다니기가 힘이 든다. ☞ 절래다.

절물디점:다 혱 젊디젊다. ¶절물디절문 사람이 머시 할 끼이 없어서 술이미 딋심바람이나 하고 있노? ▶ **젊디젊은** 사람이 뭣이 할 것이 없어서 술어미 뒤 심부름이나 하고 있나?/절물디절머 과수가 대서 자석 하나 있는 거 치다보고 한 팽상 수절하고 산다. ▶ **젊디젊어** 과수(寡守)가 되어서 자식 하나 있는 것 쳐다보고 한 평생 수절하고 산다. ☞ 점디점다.

절'미~이 몡 젊은이. ¶넘이사 머라 캐도 우리 집 **절미이마한** 사람이 없다. ▶ 남이야 뭐라 해도 우리 집 **젊은이만한**(며느리만한) 사람이 없다./그 집 **절미이** 배를 보이 해산할 때가 대 가는 거 겉다. ▶ 그 집 **젊은이** 배를 보니 해산할 때가 되어 가는 것 같다.

점:다 혱 젊다. 【절머▶ 젊어/절무이▶ 젊으니】¶절머 고상은 사서도 한다. ▶ **젊어** 고생은 사서도 한다./저래 **절무이** 나 만은 그 사람한테 시집을 갈라 카겠나? ▶ 저렇게 **젊으니** 나이 많은 그 사람한테 시집을 가려고 하겠나?

점:드록 円 종일토록. 온종일. '저물드록'의 준말. ¶밭 한 띠기 매는 거를 가주고 우리 집사람하고 하리 **점드록** 매달랬다. ▶ 밭 한 떼기 매는 것을 가지고 우리 집사람하고 하루 **종일토록** 매달렸다. ☞ 점들.

점:들 円 종일토록. 온종일. '점드록'의 준말.

점:디점:다 혱 젊디젊다. ¶요새 시상아 점디절문 그 나에 수절하는 사람이 누가 있겠노? ▶ 요새 세상에 **젊디젊은** 그 나이에 수절하는 사람이 누가 있겠나? ☞ 절물디점다.

점마: 떼 저 새끼. 저 자식. '저눔아(저놈 애)'의 준말. 다른 지방에서 '새끼'나 '자식' 따위로 쓰이는 비칭은 원래 방언 영역에서는 거의 쓰이지 않고, 주로 '점마', '임마', '금마' 따위의 말로 쓰였는데, 6·25전쟁 이후 다른 지방과 교류가 빈번해지고부터 '새끼'라는 비칭을 쓰기 시작했다. ¶점마, 차라리 문디이

콧구영에서 콩을 빼묵지 그 애 찬 돈을 띠이묵어? ▶ 저 새끼, 차라리 문둥이 콧구멍에서 콩을 빼먹지 그 애 찬 돈을 떼어먹어?

점반 몡 겸상(兼床). ¶어런들은 각반으로 채래 디리고 절미이들은 **점반**으로 채래 조라. ▶ 어른들은 각상(各床)으로 차려 드리고 젊은이들은 **겸상**으로 차려 주어라. ☞ 점상.

점배기 몡 점박이. 몸이나 얼굴에 점이 있는 사람. ¶오늘 비도 오고 하는데 **점배기** 집에 가서 한잔하매 화토나 치자. ▶ 오늘 비도 오고 하는데 **점박이**(술어미의 별명) 집에 가서 한잔하며 화투나 치자.

점:빵 몡 점방(店房). ¶느가부지 장아 갔다가 바리 앤 들어오고 마실 앞 **점빵**아 처저 안저서 칭구하고 술 마시는갑다. ▶ 네 아버지 장에 갔다가 바로 안 들어오고 마을 앞 **점방**에 처져 앉아서 친구하고 술 마시는가 보다.

점상 몡 겸상(兼床). ¶할배하고 **점상**으로 처래 주끼, 살밥 낭구머 니가 묵어라. ▶ 할아버지하고 **겸상**으로 차려 줄게, 쌀밥 남기면 네가 먹어라. ※ 할아버지가 남겨 주시는 입쌀밥과 생선토막은 언제나 손자의 몫이다. ☞ 점반.

점재~이 몡 점쟁이. ¶**점재이**가 재기 신수는 몬 본다. ▶ **점쟁이**가 자기 신수는 못 본다.

접 몡 겹. 【**접사돈** ▶ 겹사돈/**접살림** ▶ 겹살림/**접옷** ▶ 겹옷/**접이불** ▶ 겹이불】.

접'다 동보 싶다. 【**접어** ▶ 싶어/**접으이** ▶ 싶으니/**접은** ▶ 싶은】 ¶하고 **접은** 거 다 해 가매 우애 사노, 그양 있는 대로 살아야지. ▶ 하고 **싶은** 것 다 해 가며 어떻게 사나, 그냥 있는 대로 살아야지./니가 보구 **접어** 그 먼 질을 찾아 애 왔나. ▶ 네가 보고 **싶어** 그 먼 길을 찾아 안 왔나. ☞ 시푸다. 집다1.

접문 몡 덧문. 겹으로 단 문. ¶이 집 주인장은 방낮에 **접문**꺼정 걸어 놓고 호박씨를 까나 밤시이를 까나? ▶ 이 집 주인장은 대낮에 **덧문**까지 걸어 놓고 호박씨를 까나 밤송이를 까나?

접사돈 몡 겹사돈. 이미 사돈 관계에 있는 사람끼리 겹쳐서 맺은 사돈.

접살림 몡 겹살림. 본처를 두고 소실(小室)을 얻어서 따로 차리는 살림.

접시'기 몡 접시. ¶물구신이 댈 팔자는 **접시기** 물에도 빠저 죽고, 호석할 팔자는 꼬내기한테도 물래 죽는다. ▶ 물귀신이 될 팔자는 **접시** 물에도 빠져 죽고, 호식(虎食)할 팔자는 고양이한테도 물려 죽는다.

접옷 몡 겹옷. ¶이 엄동설한에 **접옷** 한 불마 달랑 입고 댕긴다. ▶ 이 엄동설한(嚴冬雪寒)에 **겹옷** 한 벌만 달랑 입고 다닌다.

접이불

접이불 몡 겹이불. ¶요새 춥이에 접이불을 덥고 자는 사람이 어디에 있겠노? ▶ 요새 추위에 겹이불을 덥고 자는 사람이 어디에 있겠나?

접처매 몡 겹치마. ¶접처매 안을 맹주로 대 노머 눈밭에 안저도 갠찮다. ▶ 겹치마 안을 명주로 대 놓으면 눈밭에 앉아도 괜찮다.

젓:다 동 젓다. 【저서 ▶ 저어/저스이 ▶ 저으니/젓는 ▶ 젓는】 ¶인날에 이 절에는 중이 만어서 동지날에 팥죽을 쑬 때 배를 타고 저섰다 카드라. ▶ 옛날에 이 절에는 중이 많아서 동짓날에 팥죽을 쑬 때 배를 타고 저었다 하더라.

정'개~이 몡 정강이. ¶비가 온 뒤 걸물이 정개이꺼정 불었다. ▶ 비가 온 뒤 시냇물이 정강이까지 불었다. ☞장개이.

정구'지 몡 부추. ¶갱상도서 고디이 국은 정구지를 옇고 끼린다. ▶ 경상도서 다슬기 국은 부추를 넣고 끓인다.

정'기 몡 경기(驚氣). 경풍(驚風). ¶아이고 놀래라, 사람 정기 들겠다. ▶ 아이고 놀라라, 사람 경기 들겠다./바늘로 정기를 따다. ▶ 바늘로 경기를 따다. ※손가락 끝이나 기혈이 통하는 신체부위를 따서 기를 통하게 하는 치료행위.

정기장 몡 정거장(停車場). ¶오늘 정기장 앞에는 병대(兵隊)에 가는 사람들을 보내니라꼬 나발 불고 깃대 헌드고 야단이 났드라. ▶ 오늘 정거장 앞에는 군대에 가는 사람들을 보내느라고 나팔 불고 깃대 흔들고 야단이 났더라./후가 왔다가 돌어가는 우리 큰아를 정기장꺼정 바래다 주고 오는 질이다. ▶ 휴가 왔다가 돌아가는 우리 큰애를 정거장까지 전송(餞送)하고 오는 길이다.

정낭 몡 뒷간. 변소(便所). 농가의 뒷간은 가옥의 구석진 곳에 구덩이를 파고 축대를 쌓거나 큰 독을 묻고, 그 위에다 발판으로 널판자 두 개를 나란히 걸치고 문짝은 널판자나 사립을 엮어 단다. ☞ 디간. 칙간. 통시이.

정낭'글 몡 언문(諺文). '한글'의 속된말. ¶하리아칙이머 배우는 정낭글 그거도 글이라꼬 글 일겄다고 자랑이네. ▶ 하루아침이면 배우는 언문 그것도 글이라고 글 읽었다고 자랑이네. ☞ 똥글. 어문.

정내'미 몡 정나미(情--). ¶늘 갠찮타가도 술 묵고 개구신이 들래머 정내미가 딱 떨어진다. ▶ 늘 괜찮다가도 술 먹고 개 귀신(광증)이 들리면 정나미가 딱 떨어진다.

정:성 몡 정승(政丞). ¶정성 집 말 죽은 데는 문상을 가도 정성 죽은 데는 앤 간다. ▶ 정승 집 말 죽은 데는 문상(問喪)을 가도 정승 죽은 데는 안 간다./개 긑치 벌어서 정성 긑치 씨라 캤다. ▶ 개 같이 벌어서 정승 같이 쓰라 했다.

정지 명 부엌. 【정지문▶ 부엌문/정지칼▶ 부엌캄/정재▶ 부엌에】¶정지서 수까락 존 거, 그거도 자랑이라꼬 한다. ▶ 부엌에서 숟가락 주운 것, 그것도 자랑이라고 한다.

정지문 명 부엌문. ¶정지문을 열어라. 영기가 나가구로. ▶ 부엌문을 열어라. 연기가 나가게./정지문을 장가라. 꼬내기가 들어간다. ▶ 부엌문을 잠가라. 고양이가 들어간다.

정지'칼 명 부엌칼. ¶정지칼을 들고 설치는 거를 보이 차말로 사람 죽이겠드래. ▶ 부엌칼을 들고 설치는 것을 보니 참말로 사람 죽이겠더라./팬수깐에 가는 짐에 정지칼도 배라다 주이소. ▶ 대장간에 가는 김에 부엌칼도 벼려다 주어요.

젖이'종 명 젖유종(-乳腫). ¶젖이종을 알는 사람은 자재 논 밥도 몬 묵는다. ▶ 젖유종을 앓는 사람은 잦혀 놓은 밥도 못 먹는다. ※ 젖유종을 앓으면 밥도 못 먹을 정도로 아프다는 말.

젖티~이 명 젖통. ¶요새는 젖티이를 크게 빌라꼬 밸짓을 다 하지마는 우리 처자 때는 불룩한 기이 부끄럽어서 처매끈이 터지드록 조라매고 댕겠다. ▶ 요새는 젖통을 크게 보이려고 별짓을 다 하지만 우리 처녀 때는 불룩한 것이 부끄러워서 치마끈이 터지도록 졸라매고 다녔다.

젙 명 곁. 【젙으▶ 곁의/젙에▶ 곁에/젙으로▶ 곁으로】¶우리 젙을 떠난 사람을 생각하머 머 하노? ▶ 우리 곁을 떠난 사람을 생각하면 뭣 하나?/등잔 밑이 어덥다 카디이 젙으 끼이 앤 빌 때가 있다. ▶ 등잔 밑이 어둡다더니 곁의 것이 안 보일 때가 있다./젙에 있는 넘이 먼 친척보다 낫다. ▶ 곁에 있는 남이 먼 친척보다 낫다./나뿐 사람 젙으로 가머 같이 물든다. ▶ 나쁜 사람 곁으로 가면 같이 물든다. ☞ 잩.

젙'에집 명 옆집. 이웃집. ¶젙에집에서 머 하고 있는강 가 보고 온느라. ▶ 옆집에서 뭘 하고 있는지 가 보고 오너라. ☞ 잩에집.

제'끼다 동 젖히다. 【제깨▶ 젖혀/제끼이▶ 젖히니】¶문을 열어 제끼다. ▶ 문을 열어 젖히다./가심을 제끼매 대든다. ▶ 가슴을 젖히며 대든다./책장을 제깨 보다. ▶ 책장을 젖혀 보다. ☞ 지끼다.

제:리 부 제일(第一). ¶그래, 니가 제리 잘 났다. ▶ 그래, 네가 제일 잘 났다./우리 집이 이 금방아서 제리 부자다. ▶ 우리 집이 이 근방에서 제일 부자다./돈이 제리 만타는 사람이 제리 띵보다. ▶ 돈이 제일 많다는 사람이 제일 구두쇠다.

제찍:하다 형 거드름스럽다. ¶쫌 있다꼬 제찍하다가 넘어저 디짱배기 깰라. ▶ 좀

젠마~이

있다고 거드름스럽다가 넘어져 뒤통수 깰라.

젠마~이 명 시계태엽(時計胎葉). 일 'ぜんまい(全舞)'. ¶시계는 하리에 한 분썩은 젠마이를 감어 조야 한다. ▶ 시계는 하루에 한 번씩은 태엽을 감아 줘야 한다. ※시계태엽을 감는 것을 '시계밥을 묵애다(먹이다)'라고 한다.

조':1 부 부리나케. 마구. 단숨에. 냅다. 일부 동사 앞에 와서 그 행동이 민첩하고 당돌함을 나타냄. ¶걸음아 날 살리라카매 **조** 내빼드라. ▶ 걸음아 날 살리라며 **부리나케** 내빼더라./돌을 **조** 떤지매 따러오는데 혼이 났다. ▶ 돌을 마구 던지며 따라오는데 혼이 났다./삼팔선을 넘어서 압녹강꺼정 **조** 밀어붙쳤다. ▶ 삼팔선을 넘어서 압록강까지 **단숨에** 밀어붙였다./대드는 눔을 **조** 차 뿌리이 깨구리 글치 퍼져 자빠지드라. ▶ 대드는 놈을 **냅다** 차 버리니 개구리처럼 퍼져 자빠지더라.

조:2 관/형 저. ¶아부지 오시는지 **조** 앞에 천앙당꺼정 나가바라. ▶ 아버지 오시는지 저 앞에 서낭당까지 나가봐라.

조'갈 명 짐승의 교미(交尾). ¶**조갈** 붙은 개는 때리지 마라 캤다. ▶ 교미 붙은 개는 때리지 마라 했다.

조갑지 명 조개. '음문(陰門)' 또는 '계집애'의 변말. ¶그 집 새딕이 알라 낳았는데 깅구에 꼬치가 앤 달랜 거를 보이 또 **조갑지**를 낳네. ▶ 그 집 새댁 아기 낳았는데 금줄에 고추가 안 달린 것을 보니 또 **조개(여자)**를 낳았네./**조갑지**들이 머를 안다꼬 나서노? 저리 들어가그라. ▶ 계집애들이 뭘 안다고 나서나?, 저리 들어가거라. ☞ 조개비.

조개'비 명 조개. ¶가자가자 놀로가자 덧동산에 놀로가자, 꽃도따고 손꿉놀겸 겸사겸사 놀로가자, 복순이는 색시대고 이뿌이는 실랑삼아, 꽃과풀을 모다다가 **조개비**로 솥을걸고, 재미있게 놀어보자. ▶ 가자가자 놀러가자 뒷동산에 놀러가자, 꽃도따고 소꿉놀겸 겸사겸사 놀러가자, 복순이는 색시되고 이뿐이는 신랑삼아, 꽃과풀을 모아다가 **조개**로 솥을걸고, 재미있게 놀아보자. 〈대구지방 동요〉 ☞ 조갑지.

조고'드매 준 조기 어디쯤. '조기 어드매'의 준말. ☞ 저거드매.

조:고약 명 조고약(趙膏藥). 됴고약. 일제 때 시판하던 연고의 하나로 종기에 붙여서 고름의 근을 빼는 데 효험이 있다고 한다. 상처에 붙일 때는 기름종이 조각을 가위로 잘라서 고약 조각을 떼어 놓고 불에다 녹여서 붙인다.

조'구 명 조기. ¶**조구** 한 마리 천장아 매달어 놓고 밥 한 수까락을 떠 옇고 치다

보고 넝구다가, 그거도 딸글까 바 두 수까락 만에 치다본단다. ▶ 조기 한 마리 천장에 매달아 놓고 밥 한 숟가락을 떠 넣고 쳐다보고 넘기다가, 그것도 닳을까 봐 두 숟가락 만에 쳐다본단다.

조군 명 교군(轎軍). 가마꾼. ¶가는 질이 멀어서 바까 밀 **조군** 한 키를 더 데리고 가야 할 끼이다. ▶ 가는 길이 멀어서 바꿔 멜 **교군** 한 사람을 더 데리고 가야 할 것이다.

조까:지 관 형 조까짓. ¶**조까지** 일쭘이야 조전 일거리밲에 앤 댄다. ▶ **조까짓** 일쯤이야 조전(朝前) 일거리밖에 안 된다. ※잠시 동안에 할 수 있는 일거리라는 말. ☞ 조깐. 까지2.

조깐: 관 형 조까짓. '조까지'의 준말. ☞ 까지2.

조디~이 명 주둥이. '주디이'의 작은말. ¶째진 **조디이**라꼬 아무따나 놀리고 댕기머 그양 나두는가 바라. ▶ 째진 **주둥이**라고 아무렇게나 놀리고 다니면 그냥 놓아두는가 보아라./새촐내미매로 잠시도 앤 다무는 저 **조디이**를 꺼러매 줄 사람이 없나? ▶ 새줄랑이처럼 잠시도 안 다무는 저 **주둥이**를 꿰매 줄 사람이 없나?

조:래 명 조리(笊籬). ¶요분 살은 사답논에서 난 살이라 돌이 만아서 **조래**로 잘 일어야 한다. ▶ 요번 쌀은 사답논(沙畓-)에서 난 쌀이라 돌이 많아서 **조리**로 잘 일어야 한다.

조래:기 명 주루막. 가늘게 꼰 새끼줄로 주머니처럼 촘촘하게 엮어 만든 망태기로, 끈으로 주둥이를 조르게 되고 끈의 양쪽 끝을 망태의 아래 모서리에 걸어 어깨에 메게 했다. 길을 떠날 때 도시락(초배기)이나 소지품 따위를 담는다.

조롱바가치 명 작은 바가지. 표주박. 간장이나 곡식 따위를 뜨는 데 쓴다. ☞ 쪽찌기. 쫑구래기.

조루:다 동 조르다. 【조라 ▶ 졸라/조루이 ▶ 조르니】 ¶모가지를 잡고 **조루는데** 지가 손을 앤 드고 우얄 껀데. ▶ 목을 잡고 **조르는데** 제가 손을 안 들고 어떻게 할 건데./**조룬다꼬** 줄 줄 아나? 줄 때꺼정 가마 있그라. ▶ **조른다고** 줄 줄 아나? 줄 때까지 가만히 있어라./딸아가 동무들하고 놀로 간다꼬 옷 해 돌라 머 해 돌라매 **조라** 사서 시끄럽우 죽겠다. ▶ 딸애가 동무들하고 놀러 간다고 옷 해 달라 뭣 해 달라며 **졸라** 대서 시끄러워 죽겠다./헐끈을 **조라** 매고 다부지게 일을 시작한다. ▶ 허리띠를 **졸라** 매고 다부지게 일을 시작한다.

조:리 명 짚으로 삼은 샌들. 네 날 박이 바닥에다 'ㅅ'자형으로 끈을 꿰었다. ㈜ 'ぞうり(草履)'. ¶신이라야 그때는 개다 아이머 짚으로 삼은 **조리**지, 우짜다가

조막띠'~이

고무신이나 와신도가 생겠다 카머 그 기이 딸글까 바 들고 댕길 때도 있다. ▶ 신이라야 그때는 나막신 아니면 짚으로 삼은 샌들이지, 어쩌다가 고무신이나 운동화가 생겼다면 그 것이 닳을까 봐 들고 다닐 때도 있다. ☞ 와라지.

조막띠'~이 명 조막. 조막 덩이. '주목띠이'의 여린말. ¶객지에서 고상을 얼매나 했는지 얼골이 조막띠이마하게 대서 돌아왔다. ▶ 객지에서 고생을 얼마나 했는지 얼굴이 조막만하게 되어서 돌아왔다.

조:매 부 좀처럼. 좀체. ¶여기서 그 약은 조매 구하기 십들 끼이다. ▶ 여기서 그 약은 좀처럼 구하기 힘들 것이다./징병 민할라 카머 소 한 마리 갑 앤 씨고는 조매 어러불 끼이다. ▶ 징병 면하려면 소 한 마리 값 안 쓰고는 좀체 어려울 것이다. ☞ 좀1.

조':묵다 동 주어먹다. ¶이거저거를 조묵디이 기어이 배탈이 났구나. ▶ 이것저것을 줘먹더니 기어이 배탈이 났구나.

조물수~이 명 별자리의 하나. 별무리가 밤송이처럼 생겼다 해서 붙은 이름. ¶조물수이가 디산 꼭대기 우에 온 거를 보이 메 안칠 때가 댔다. ▶ 조물수이가 뒷산 꼭대기 위에 온 것을 보니 젯밥 안칠 때가 되었다. ※ 낮에는 해 그늘, 밤에는 달이나 별의 자리를 보고 시간을 가늠한다.

조':박다 동 쥐어박다. 넘어지다. 망치다. 【조박어 ▶ 쥐어박아(넘어져. 망쳐)/조박으이 ▶ 쥐어박으니(넘어지니. 망치니)】 ¶어린 아들이 머를 안다꼬 조박노? ▶ 어린 애들이 뭐를 안다고 쥐어박나?/나무지게를 지고 산에서 니러오다가 껄띠에 걸래서 조박었다. ▶ 나무지게를 지고 산에서 내려오다가 그루터기에 걸려서 넘어졌다./장사를 한분 조박고는 그 일에 손을 뗐다. ▶ 장사를 한번 망치고는 그 일에 손을 뗐다. ☞ 꼬라박다. 꼴박다.

조:석(朝夕) 명 아침저녁. 끼니때. ¶그래도 우리 집은 조석 걱정은 애한다. ▶ 그래도 우리 집은 끼니때 걱정은 안한다./초근목피로 조석을 때우는 행편이다./초근목피(草根木皮)로 끼니때를 때우는 형편이다.

조'석문안(朝夕問安) 명 아침저녁 인사(人事). ¶내가 처음 시집 와서는 아척에는 아척대로 시어런한테 가서 "밤새 패이 주무셨닌기요?" 카고, 저녁에는 이부자리 깔어 디리고 "패이 주무시소." 카매 조석문안을 앤 빠짰다. ▶ 내가 처음 시집 와서는 아침에는 아침대로 시어른한테 가서 "밤새 편히 주무셨습니까?" 하고, 저녁에는 이부자리 깔아 드리고 "편히 주무십시오." 하며 아침저녁 인사를 안 빠뜨렸다.

조선종이~오 몡 조선종이(朝鮮--). 조선종이는 닥나무(楮) 껍질을 원료로 하여 만드는데, 먼저 닥나무 다발을 가마솥에 세우고 가마니 따위로 감싸 삶아서 껍질을 벗겨 말린다. 말린 껍질을 다시 물에 불려서 발로 밟아 겉껍질을 씻어내고, 이것을 양잿물에 넣고 3시간 이상 삶아 건져서 물을 짜낸다. 여기에 닥풀뿌리를 으깨어 만든 끈적끈적한 물을 넣고 잘 혼합하여 고루 풀리게 한 다음, 발(簾)로 종이물(紙液)을 걸러 떠서 말린다. 〈두산백과〉.

조선천지(朝鮮天地)에 갑 이런 세상에. 이런 천지에. 몹시 당황하거나 황당할 때 나오는 말. ¶조선천지에, 이래 어굴한 일이 또 어디 있겠노? ▶ 이런 세상에, 이렇게 어굴한 일이 또 어디 있겠나?

조:시 몡 상태(狀態). 형편(形便). 日'ちょうし(調子)'. ¶오늘은 몸으 조시가 앤 좋다. ▶ 오늘은 몸의 상태가 안 좋다./요새 자네는 조시가 잘 나가는가배. ▶ 요새 자네는 형편이 잘 나가는가 봐. ☞ 쪼2.

조앙각시 몡 조왕(竈王). 부뚜막 신. 조리를 하거나 음식 그릇을 놓는 부뚜막은 신성한 장소로 여겨 항상 깨끗하게 하고 걸터앉거나 발로 디디는 것을 금한다. 부뚜막 벽에는 제비집 모양의 흙으로 만든 대(臺)가 붙어있어 그 위에 조왕종바리(조왕보시기)를 올려놓는다. 주부는 아침에 일어나서 부엌에 들어오면 먼저 샘물을 길러다가 중발에 떠 올려놓고, 가운(家運)이 일어나도록 기원하며 합장을 한다. 〈두산백과〉.

조:요 몡 징용. 日'ちょうよう(徵用)'. ¶그 집 남편은 북해도 탄광에 조요로 끌래갔다가 와서는 폐빙으로 몇 해 시들시들하다가 죽었다. ▶ 그 집 남편은 북해도 탄광에 징용으로 끌려갔다가 와서는 폐병으로 몇 해 시들시들하다가 죽었다.

조'이 몡 시비(是非). 마(魔). ¶씨발 눔이 아침부텀 조이 거나? ▶ 씹할 놈이 아침부터 시비를 거나?/이거 재수 없을라 카이 조이가 들었다. ▶ 이거 재수 없으려니 마(魔)가 들었다.

조잔'따 동 주저앉다. '주잔따'의 여린말. 【조잔저 ▶ 주저앉아/조잔즈이 ▶ 주저앉으니】¶조잔저서 있지 마고 팬하게 안저라. ▶ 주저앉아서 있지 말고 편하게 앉아라./요분 바람에 집이 폭삭 조잔저 뿌렀다. ▶ 요번 바람에 집이 폭삭 주저앉아 버렸다.

조전(朝前) 몡 '조식전(朝食前)'의 준말. ¶부지런은 사람은 조전에 하리 일으 반튼을 해치운다. ▶ 부지런한 사람은 조식전에 하루 일의 절반을 해치운다./니 그튼

조:짜(造-)

높은 조전 일꺼리도 앤 댄다. ▶ 너 같은 놈은 조식전 일거리도 안 된다. ※한 주먹거리도 안 된다는 말. ☞ 식전.

조:짜(造-) 몡 가짜(假-). ¶요새도 조짜 양주나 히발유가 나돈다 카지마는, 해방 후에는 톱밥 꼬치가리, 백회를 섞은 조피, 소굼물에 물감을 디린 조짜 왜간장도 맨들어 팔었다. ▶ 요새도 가짜 양주나 휘발유가 나돈다 하지만, 해방 후에는 톱밥 고춧가루, 백회(白灰)를 섞은 두부, 소금물에 물감을 들인 가짜 왜간장도 만들어 팔았다.

조:포 몡 두부. ¶재수가 없을라 카머 조포 묵다가도 이가 빠진다. ▶ 재수가 없으려면 두부 먹다가도 이가 빠진다. ☞ 조피1.

조:피1 몡 두부. ¶조피 맨드는 거는 먼저 불군 콩을 맷돌에 갈맨서 물을 보태고, 이거를 솥에 옇고 끼리고 난 담에 삼베자리에 여서 짜서 비지를 걸러 낸다. 짜낸 물에 간수를 타고 다시 끼리머 건디기가 엉캔다. 상자에다 삼베 바빽재를 깔고 이거를 버서 눌루머 조피모가 댄다. ▶ 두부 만드는 것은 먼저 불인 콩을 맷돌에 갈면서 물을 보태고, 이것을 솥에 넣고 끓이고 난 다음에 베자루에 넣어서 짜서 비지를 걸러 낸다. 짜낸 물에 간수를 타고 다시 끓이면 건더기가 엉킨다. 상자에다 삼베 보자기를 깔고 이것을 부어서 눌리면 두부모가 된다. ☞ 조포.

조:피'2 몡 산초(山椒). ¶갱상도서는 된장 끼리는 데도 조피 가리를 옇는 사람이 있다. ▶ 경상도서는 된장 끓이는 데도 산초 가루를 넣는 사람이 있다. ☞ 죄피.

졸: 🖫 족. '졸미기'의 준말. 한 줄로 고르게 이이지는 모양. '줄'의 여린말. ¶책을 딱 한 분 일거 보고 눈을 깜꼬서 졸 외와 대는 데는 감탄을 했다. ▶ 책을 딱 한 번 읽어 보고 눈을 감고 족 외워 대는 데는 감탄을 했다./비를 졸 맞고 들어왔다. ▶ 비를 족 맞고 들어왔다. ☞ 줄미기.

졸대(-帶) 몡 장판지의 이음 짬에 겹쳐서 바르는 길게 자른 종이 띠. ☞ 졸지.

졸래:다 통 졸리다. '조루다'의 피동. 【졸래▶졸려/졸래이▶졸리니】¶모가지가 졸래다. ▶ 목이 졸리다./돈이 졸래 죽겠다. ▶ 돈이 졸려 죽겠다./빚재이한테 만날 졸래이 사는 재미가 없다. ▶ 빚쟁이한테 매일 졸리니 사는 재미가 없다.

졸미:기 🖫 족. 한 줄로 고르게 이이지는 모양. '줄미기'의 여린말. ¶토깨이 새끼매로 아는 졸미기 나 놓고 가 뿌렀시이 우짜머 좋노? ▶ 토끼 새끼처럼 애는 족 낳아 놓고 가 버렸으니 어쩌면 좋으냐? ☞ 졸. 줄.

졸지(-紙) 몡 장판지의 이음 짬에 겹쳐서 바르는 길게 자른 종이. ☞ 졸대.

좀:1 🔲 좀처럼. 좀체. '조매'의 준말. ¶그 사람은 좀해서는 넘하고 실개이 할 사람이 아이다. ▶ 그 사람은 좀처럼 남하고 승강이 할 사람이 아니다.

좀:2 🔲 어지간히. 여간. ¶그 사람 고집이 좀 시야 말을 걸지. ▶ 그 사람 고집이 어지간히 세야 말을 걸지./장연 여름은 좀 덥었어야지. ▶ 작년 여름은 어지간히 더웠어야지./좀 시달랬으며 도망을 다 갔을라꼬. ▶ 여간 시달렸으면 도망을 다 갔으려고./논에 잡초가 좀 만어야지. ▶ 논에 잡초가 여간 많아야지.

좁'씨 🔲 조의 씨. ¶밭이라꼬 사고보이 보지둑이 싸앴구나. 좁씨서말 헐처노이 공알새가 다까묵고 빈좃대마 까딱까딱. ▶ 밭이라고 사고보니 보지둑이 쌓였구나. 조씨서말 흩쳐놓으니 공알새가 다까먹고 빈좃대만 까딱까딱.〈김윤출〉☞ 좁씨.

좃:다 🔲 줍다. 【조▶줘/조이▶주우니/좃는▶줍는/좃다▶주웠다/졸▶주울】 ¶밭고랑 디배 논 데로 가서 감자를 조 담자. ▶ 밭고랑 뒤집어 놓은 데로 가서 감자를 줘 담자./넘들이 내뿌린 거를 내가 조이 이상하게 치다보네. ▶ 남들이 내버린 것을 내가 주우니 이상하게 쳐다보네./꿀밤 좃는 사람 맻이 저 꼴째기로 올라가드라. ▶ 도토리 줍는 사람 몇이 저 골짝으로 올라가더라./할마이 하나를 좃다가 곧 내 보내 뿌렀다. ▶ 할머니 하나를 줬다가 곧 내 보내 버렸다. ※ 혼인의 절차를 밟지 않고 들이는 여자를 '좃다(줍다)', '들루다(들이다)' 또는 '조 들루다(주워 들이다)'라고 한다./나락을 하도 알뜰하게 거다 가서 이시기 졸끼이 밸로 없다. ▶ 나락을 하도 알뜰하게 거둬 가서 이삭 주울 것이 별로 없다.

종:내기 🔲 머슴애. '남자 아이'의 낮춤말. '종질하는 내기'의 뜻. ¶저 종내기는 나마 보머 따라 댕기매 심술부래 사서 넘사시럽어 죽겠다. ▶ 저 머슴애는 나만 보면 따라 다니며 심술부려 대서 남우세스러워 죽겠다. ☞ 머심아.

종다래'끼 🔲 곡식의 종자를 담는 다래끼. 짚이나 싸리 또는 댕댕이로 엮었다.

종바'리 🔲 종발(鐘鉢). 종지. ¶장꼬바아 가서 지렁 한 종바리 떠 온나. ▶ 장독대에 가서 간장 한 종발 떠 오너라. ☞ 종재기. 종지기.

종'~오 🔲 종이. 【문종오▶문종이/조선종오▶조선종이】 ¶이전에 종오가 기럽을 때는 백노지를 사다가 자끼장을 매고, 습자시간에는 시문지나 다 씬 종오에다 글씨 공부를 했는데, 그거도 다 채우고 더 씰 데가 없으며 맹물에 붓을 찍어서 글씨 공부를 했단다. ▶ 예전에 종이가 귀할 때는 백로지를 사다가 공책을 매고, 습자시간에는 신문지나 다 쓴 종이에다 글씨 공부를 했는데, 그것도 다 채우고 더 쓸 데가 없으면 맹물에 붓을 찍어서 글씨 공부를 했단다.

종'~오봉다리 [명] 종이봉지. ¶피란 가서 공구들이 모애 안즈머 시문지로 **종오봉다리**를 붙치고, 마꼬를 말어서 가게에다 내다 팔어서 살 한 봉다리씩 사다 묵고 했다. ▶ 피란 가서 식구들이 모여 앉으면 신문지로 **종이봉투**를 붙이고, 권련(卷煙)을 말아서 가게에다 내다 팔아서 쌀 한 봉지씩 사다 먹고 했다.

종'~오쪼가리 [명] 종이조각. '문서(文書)'의 속된말. ¶**종오쪼가리** 그거 하나 탈라꼬 온 공구들이 얼매나 고상했노? ▶ **종이조각** 그것 하나 타려고 온 식구들이 얼마나 고생했나? ※어렵사리 공부를 해서 졸업장을 들고 온 자식에게 하는 말이다.

종재'기 [명] 종지. ¶소주 꼰 거를 한 **종재기** 마시고 최 뿌랐다. ▶ 소주 곤 것을 한 **종지** 마시고 취해 버렸다. ☞ 종바리. 종지기.

종제'미 [명] 종기(腫氣). 부스럼. ¶**종제미가** 암만 커야 고롬백에 더 들었을라꼬. ▶ **종기가** 아무리 커야 고름밖에 더 들었으려고.

종지'기 [명] 종지. ¶중노릇을 파탈한다. 중 노룸을 파탈한다. 훨떡 벗었던 굴건을 앞 남산 중허리에 내떤지고, 목에 걸었던 염주를 똑똑 띠서 방천에다가 내떤지고, 손에 들었던 목탁을 두 짝 손으로 똑드락궁 따개이 지렁 **종지기도** 좋을시고 살림밑천을 장만했네. 입었던 장삼을 훨떡 벗어서 바랑에다가 집어옇고 하직이요 하직이요 부처임도 하직이요, 이별이요 이별이요 실영임도 이별이요. ▶ 중노릇을 파탈(擺脫)한다. 중 놀음을 파탈한다. 훌떡 벗었던 굴건을 앞 남산 중허리에 내던지고, 목에 걸었던 염주를 똑똑 떼어서 방천에다가 내던지고, 손에 들었던 목탁을 두 쪽 손으로 똑드락궁 쪼개니 간장 **종지도** 좋을시고 살림밑천을 장만했네. 입었던 장삼을 훌렁 벗어서 바랑에다가 집어넣고 하직이요 하직이요 부처님도 하직이요, 이별이요 이별이요 신령님도 이별이요. 〈속세의 사랑을 맛보고 파계하며 부르는 중타령의 일부. 한국민속종합보고서 문화공보부〉 ☞ 종바리. 종재기.

종지'기윷 [명] 종지윷. 가는 싸리나무 가지를 새끼손가락 마디만큼 토막을 내서 쪼갠 윷가락으로, 종지에 담아서 흔들어 던지며 노는 윷. 보통 성인 남자들이 멍석을 깔고 논다. ☞ 윷가치.

좆대로 하다 [관] '좆대로 해라' 꼴로 쓰여, '멋대로 해라' 또는 '마음 내키는 대로 해라'는 뜻의 빈정거리는 투의 말이 됨. ¶앗따 내사 모리겠다. 니 **좆대로 해라**. ▶ 아따 내야 모르겠다. 네 **멋대로 해라**. ☞ 꼴리는 대로 하다. 쪼대로 하다.

좆마개 [명] 자지의 마개. 일본 남성들이 기저귀처럼 차는 '훈도시'를 '입마개(마스크)'에다 비유하여 하는 말. '같다'와 함께 쓰여, '되지 못한' 또는 '더러운' 따위의 말이 됨. ¶**좃마개**(훈도시) 그튼 소리 하지마라. ▶ 되지 못한 소리 하지마라./**좃마개**(훈도시) 그튼 자석이 까부네. ▶ 더러운 자식이 까부네.

좃모타'리 명 '자지'의 속된말. '보잘것없이 작은 물건'을 비유하여 이르는 말. ¶**좃모타리**마한 기이 까부고 있다. ▶ 보잘것없는 것이 까불고 있다./임석이라꼬는 **좃모타리**마하게 내놓고 묵어라 칸다. ▶ 음식이라고는 보잘것없이 내놓고 먹어라 한다.

좃몽디~이 명 좃몽둥이. '자지'의 속된말. ¶저런 연은 **좃몽디이**에 죽드록 뚜디러 맞어 바야 순해진다. ▶ 저런 년은 **좃몽둥이**에 죽도록 두들겨 맞아 보아야 순해진다. ※표독한 여자를 보고 하는 말.

좃빠지다 형 '힘겹다'의 속된말. '자지의 뿌리가 빠져버릴 정도로 힘겹다'는 말. ¶**좃빠지게** 왔는데도 기차는 떠나 뿌렀네. ▶ 힘겹게 왔는데도 기차는 떠나 버렸네. ☞ 똥빠지다.

좃빨다 관 '쓸데없는 짓하다' 또는 '미친 짓하다'라는 뜻으로 빈정거리는 투의 욕설. ¶저거 **좃빨고** 있네. ▶ 저것 쓸데없는 짓하고 있네./**좃빨라꼬** 거기 가나? ▶ 미친 짓 하려고 거기 가나?

좋:타 형 좋다. 【좋이 ▶ 좋게/좋으이 ▶ 좋으니】 ¶그런 사람은 왈기지 마고 좋이 해서 보내라. ▶ 그런 사람은 윽박지르지 말고 좋게 해서 보내라.

죄 명 조. 서숙. 【**죄밥** ▶ 조밥/**죄밭** ▶ 조밭/**쵭씨** ▶ 조씨】.

죄'밥 명 조밥. ¶아칙에 **죄밥** 한 그륵을 물에 말어 묵고 나와서 밭 도 고랑을 갈고 나이 허리가 훈다. ▶ 아침에 **조밥** 한 그릇을 물에 말아 먹고 나와서 밭 두어 고랑을 갈고 나니 허리가 휜다./**죄밥**에도 큰 등거리 작은 등거리 있다. ▶ 조밥에도 큰 덩어리 작은 덩어리가 있다.

죄밭 명 조밭. ¶**조밭** 시 불 맬 때는 개미가 낙상하드록 돋가 준다. ▶ 조밭 세 벌 맬 째는 개미가 낙상하도록 돋워 준다. ※가뭄을 덜 타게끔 뿌리를 높게 북돋워 준다는 말.

죄'일 명 종일(終日). ¶**죄일** 자고도 또 자부럽다 카나? ▶ 종일 자고도 또 졸린다 하나?

죄'일드록 부 종일토록. ¶일 그거 선나 가주고 **죄일드록** 시들고 있다. ▶ 일 그것 서넛 날 가지고 종일토록 미적거리고 있다.

죄피 명 산초(山椒). ¶약방아 감초가 빠졌으머 빠졌지 미꾸리국에 **죄피**가 빠지머 미꾸라지국이 아이지. ▶ 약방에 감초가 빠졌으면 빠졌지 추어탕에 산초가 빠지면 추어탕이 아니지. ☞ 조피2.

좁'씨 몡 조의 씨. ¶산빈달 밭에 좁씨를 헡처 났디이 참새들이 다 쪼저 묵는다. ▶ 산비탈 밭에 조 씨를 훑쳐 놓았더니 참새들이 다 쪼아 먹는다. ☞ 좁씨.

주개 몡 주걱. 【밥주개 ▶ 밥주걱】 ¶마때치기하다가 누렁지 끌는 주개 소리를 듣고 즈그 집으로 갔다. ▶ 자치기하다가 누룽지 긁는 주걱 소리를 듣고 저의 집으로 갔다.

주깨:다 동 지껄이다. 떠들다. '말하다'의 낮춤말. ¶죄일 그렇게 주깨 대머 입도 아푸겠다. ▶ 종일 그렇게 지껄여 대면 입도 아프겠다./사나대장부가 아무데서나 야불야불 주깨는 거 아이다. ▶ 사내대장부가 아무데서나 나불나불 지껄이는 것 아니다. ☞ 주짓깨다.

주'다 동 주다. 【조 ▶ 줘/조서 ▶ 줘서/조라 ▶ 줘라/주로 ▶ 주러/줄라 ▶ 주려/주머 ▶ 주면/줏다 ▶ 줬다】 ¶앤 조도 좋고 주머 더 좋다. ▶ 안 줘도 좋고 주면 더 좋다./조서 실타 카는 사람이 없다. ▶ 줘서 싫다 하는 사람이 없다./자네가 조라 칸다꼬 그 사람이 줄 사람이가? ▶ 자네가 줘라 한다고 그 사람이 줄 사람인가?/이거 자네한테 주로 왔다. ▶ 이것 자네한테 주러 왔다./줄라 칼 때 앤 받고 실타 카이 돌라 카네. ▶ 주려 할 때 안 받고 싫다 하니 달라 하네./주머 줄수로 자꼬 돌라 칸다. ▶ 주면 줄수록 자꾸 달라 한다./춥다 캐서 내 목두리를 벗어 줏다. ▶ 춥다 해서 내 목도리를 벗어 줬다.

주디~이 몡 주둥이. ¶머 때민에 자가 주디이를 서 발이나 빼고 댕기노? ▶ 뭣 때문에 쟤가 주둥이를 세 발이나(쏙) 빼고 다니냐?/촉새매로 잠시도 주디이를 앤 붙치고 있다. ▶ 촉새처럼 잠시도 주둥이를 안 붙이고 있다./아이고, 저 더러분 주디이에다 똥이나 처발러 뿌리까? ▶ 아이고, 저 더러운 주둥이에다 똥이나 처발라 버릴까? ☞ 조디이.

주루:다 동 줄이다. '줄다'의 사동. 【주라 ▶ 줄여/주루이 ▶ 줄이니】 ¶히이 입든 옷을 주라 입으머 댄다. ▶ 형 입던 옷을 줄여 입으면 된다./들오는 돈이 줄머 나가는 돈도 주라야지. ▶ 들어오는 돈이 줄면 나가는 돈도 줄여야지. ☞ 주리다.

주룸 몡 주름. ¶옷에 주룸이 잽혔다. ▶ 옷에 주름이 잡혔다./얼골에 주룸이나 쫌 피고 댕개라. ▶ 얼굴에 주름이나 좀 펴고 다녀라. ※짜증을 내지 말라는 말.

주'리다 동 줄이다. '줄다'의 사동. 【주라 ▶ 줄여/주리이 ▶ 줄이니】 ¶저구리 품 큰 거를 틀방아 가서 쫌 주라 돌라 캐라. ▶ 저고리 품 큰 것을 재봉틀 집에 가서 좀 줄여 달라 해라./귀 앤 먹었다. 말소리를 쪼매 주라라. ▶ 귀 안 먹었다. 말소리를 조금 줄여라. ☞ 주루다.

주목 圐 주먹. ¶**주목** 밑고 설치는 사람은 주목에 맞어 죽게 대 있다. ▶ 주먹 믿고 설치는 사람은 주먹에 맞아 죽게 되어 있다./없는 사람은 **주목**이라도 있어야지.
▶ 없는 사람은 **주먹**이라도 있어야지.

주목띠~이 圐 주먹덩이. '주먹'의 센말. ¶**주목띠이마한** 넝굼이 주렁주렁 달랬다.
▶ **주먹덩이만한** 능금이 주렁주렁 달렸다.

주목'밥 圐 주먹밥. ¶산에서 싸우는 국군들한테 **주목밥**을 지고 올라갔다가 인민군한테 밀래 니러오는 바람에 도망 왔다. ▶ 산에서 싸우는 국군들한테 **주먹밥**을 지고 올라갔다가 인민군한테 밀려 내려오는 바람에 도망 왔다.

주무'리다 동 주무르다. 【주무러 ▶ 주물러/주무리이 ▶ 주무르니】 ¶할배요, 어깨 주무러 디릴끼요? ▶ 할아버지, 어깨 주물러 드릴가요?/그래, 내 손자가 주무리이 제리 시언하다. ▶ 그래, 내 손자가 주무르니 제일 시원하다.

주물래':다 동 주물리다. '주무리다'의 피동. 【주물래 ▶ 주물려/주물리이 ▶ 주물리니】 ¶저 칭구는 즈그 마누래한테 **주물래머** 꼼짝을 몬한다. ▶ 저 친구는 저의 마누라한테 **주물리면** 꼼짝을 못한다./정신이 나구로 내한테 한분 주물래 볼래?
▶ 정신이 나게 나한테 한번 주물려 볼래? ※팔뚝 따위를 휘어잡고 아프게 한다는 말.

주미~이 圐 주머니. 【주마아 ▶ 주머니에】 ¶내 **주미이**를 털어도 문지밲에 앤 나온다. ▶ 내 **주머니**를 털어도 먼지밖에 안 나온다./오늘은 주미이 끈을 풀고 한잔해 보자. ▶ 오늘은 주머니 끈을 풀고 한잔해 보자./돈은 주마아 옇고 댕개라.
▶ 돈은 주머니에 넣고 다녀라.

주미~이칼 圐 주머니칼. ¶할배가 **주미이칼**로 밤을 친다. ▶ 할아버지가 **주머니칼**로 밤을 친다. ※밤송이나 밤의 겉껍질은 '까다'라고 하고, 보늬는 '배끼다(벗기다)'라고 하고, 칼로 다듬는 것을 '치다'라고 한다. ☞ 쬐끼칼.

주봉 圐 양복바지(洋服--). 日 'ズボン(jubon)'. ¶키가 커저서 **주봉** 지리기가 짤버졌다. ▶ 키가 커져서 **양복바지** 길이가 짧아졌다. ☞ 양복주우.

주:사 圐 주사(主事). 하오할 자리에 마땅한 호칭이 없을 때 적당하게 붙이는 통상적인 호칭. ¶황 **주사**, 그 간 뱉고 없어요? ▶ 황 **주사**, 그 간 별고 없어요? ☞ 상.

주~우 圐 바지. 【꼬장주우 ▶ 고쟁이/양복주우 ▶ 양복바지/홑주우 ▶ 홑바지】 ¶주

주~우가래~이

우가 끌래는데 다임 단디이 매고 댕개라. ▶ 바지가 끌리는데 대님 야무지게 매고 다녀라. ☞ 다랑복. 말랑폭. 아랫가리. 작은사폭. 주우밑. 허리.

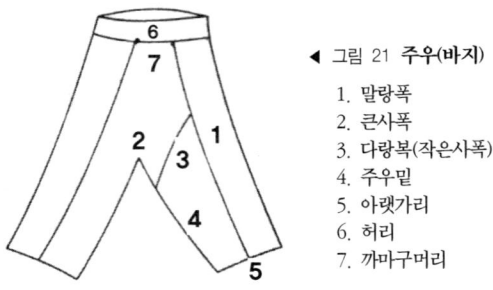

◀ 그림 21 **주우**(바지)
1. 말랑폭
2. 큰사폭
3. 다랑복(작은사폭)
4. 주우밑
5. 아랫가리
6. 허리
7. 까마구머리

주~우가래~이 명 바짓가랑이. ¶돌다리가 물에 장개서 **주우가래이**를 걸어야 건낼 수 있다. ▶ 돌다리가 물에 잠겨서 **바짓가랑이**를 걷어야 건널 수 있다./일하다가 급하머 한짝 **주우가래이**를 걷어 올리고 오줌을 눈다. ▶ 일하다가 급하면 한쪽 **바짓가랑이**를 걷어 올리고 오줌을 눈다.

주~우밑 명 바지 밑. 바지의 갈라진 부분. ¶부랄망태기 빠자 뿌릴라 **주우밑** 터진 데를 집어 입고 댕개라. ▶ 불알망태 빠트려 버릴라 **바지 밑 터진 데를** 기워 입고 다녀라. 《아랫가리. 가래이끝. 끝》 ☞ 주우.

주~우적삼 명 바지저고리. ☞ 주우적새미.

주~우적새'미 명 바지저고리. ¶어디 댕기로 갈라 캐도 입고 나갈 **주우적새미** 올은 거 하나도 없다. ▶ 어디 다니러 가려 해도 입고 나갈 **바지저고리** 옳은 것 하나도 없다. ☞ 주우적삼.

주:자소 명 주재소(駐在所). 일제 때 순사(巡査)나 헌병이 주둔하던 치안관서. ¶**주자소**서 껌정 제복에 칼 찬 순사가 나왔다 카머 울든 아도 울음을 끄쳤다. ▶ **주재소**서 검정 제복에 칼 찬 순사가 나왔다 하면 울던 애도 울음을 그쳤다.

주잔따 동 주저앉다. 【주잔저 ▶ 주저앉아/주잔즈이 ▶ 주저앉으니】¶일선에 있는 작은아들이 어얘 댔다 카는 소리를 듣고는 질바닥에 **주잔저서** 대성통곡을 하드라. ▶ 일선에 있는 작은아들이 어떻게 되었다 하는 소리를 듣고는 길바닥에 **주저앉아서** 대성통곡을 하더라. ※ 전사통지서(戰死通知書)를 받고 통곡을 하더라는 말. ☞ 조잔따.

죽을 똥 살 똥

주장 〖부〗 주로(主). ¶사람은 갠찮은데 주장 꺼리가 없는 기이 험이라. ▶ 사람은 괜찮은데 주로 거리(재산)가 없는 것이 험이라.

주재하다 〖동〗 주저(躊躇)하다. 머뭇거리다. ¶하까 마까 주재하다가 때를 놓처 뿌렸다. ▶ 할까 말까 주저하다가 때를 놓쳐 버렸다.

주정배~이 〖명〗 주정뱅이. ¶주정배이 소리를 들어 바야 했든 소리 또 하고 했든 소리 또 하고지. ▶ 주정뱅이 소리를 들어 보아야 했던 소리 또 하고 했던 소리 또 하고지.

주줌버'리 〖명〗 주전부리. ¶아들이 주줌버리 할 꺼도 없고 한데 썩은 감자 울가 논 거로 떡이나 해 묵자. ▶ 애들이 주전부리 할 것도 없고 한데 썩은 감자 우려 놓은 것으로 떡이나 해 먹자. ※장마철에 썩는 감자를 골라 내어 물에 담가서 독기를 울려내고 쌀가루와 함께 찧어서 쪄서 콩고물을 묻히면 독특한 맛이 난다. ☞ 군주줌버리. 군주줌부리. 주줌부리.

주줌부'리 〖명〗 주전부리. ☞ 군주줌버리. 군주줌부리. 주줌버리.

주짓깨:다 〖동〗 지껄이다. '주깨다'의 센말. ¶지 혼차서 주짓깨 삿지, 다린 사람들이사 "어디 개가 짓노?" 카매 듣는 척도 애한다. ▶ 제 혼자서 지껄여 대지, 다른 사람들이야 "어디 개가 짖나?" 하며 듣는 척도 안한다.

주착없다 〖형〗 주책없다. 【주착없어 ▶ 주책없어/주착없으이 ▶ 주책없으니】¶사람이 주착없어 상종해 주는 사람이 없다. ▶ 사람이 주책없어 상대해 주는 사람이 없다.

주천 〖명〗 그네. 추천(鞦韆). ¶오는 단오에 민 관내에서 주천 대회가 있다는데 우리 동네도 맻 사람을 내보내야 할 꺼다. ▶ 오는 단오에 면(面) 관내에서 그네뛰기 대회가 있다는데 우리 동네도 몇 사람을 내보내야 할 게다. ☞ 군대.

주칫돌 〖명〗 주춧돌(礎石). ¶집짓는데 주칫돌을 잘 나야 하드시 사람도 근본이 잘 대 있어야 한다. ▶ 집짓는데 주춧돌을 잘 놓아야 하듯이 사람도 근본이 잘 되어 있어야 한다. ☞ 지추똘.

주태배기 〖명〗 술꾼. 술을 즐기던 이태백에 비유하여 이르는 말로, '주태백(酒太白)'의 뜻. ☞ 술태배기.

죽삼(竹杉) 〖명〗 대나무로 짠 적삼. 더울 때 저고리 안에 받쳐 입는 대나무 오리로 짠 물건.

죽석 〖명〗 죽석(竹席). 방바닥에 까는 대나무 자리. ☞ 삭자리.

죽을 똥 살 똥 〖관〗 죽을 둥 살 둥. ¶절물 쩍에는 이일 저일을 앤 갈래고 죽을 똥 살 똥 일했다. ▶ 젊을 적에는 이일 저일을 안 가리고 죽을 둥 살 둥 일했다. ☞

죽을 판 살 판

죽을 판 살 판. 동.
죽을 판 살 판 관 죽을 둥 살 둥. ¶죽을 판 살 판 일하다가 보머 팔자가 필 때도 있겠지. ▶ 죽을 둥 살 둥 일하다가 보면 팔자가 펼 때도 있겠지. ☞ 죽을 똥 살 똥. 동.
줄: 부 죽. '줄미기'의 준말. 한 줄로 고르게 이이지는 모양. ¶장판에다 이거저거 잡동사이들을 줄 널어놓고 팔고 있다. ▶ 장바닥에다 이것저것 잡동사니들을 죽 널어놓고 팔고 있다./새끼 대지들이 지 이미 디를 줄 따라간다. ▶ 새끼 돼지들이 제 어미 뒤를 죽 따라간다. ☞ 졸. 졸미기.
줄대뿌'리 명 벽에 걸린 옷걸이 장대. 장대의 양쪽 끝에 끈으로 매달아서 옷 따위를 걸치게 했다.
줄땡'기기 명 줄다리기(索戰). ¶정월 대보름날이머 우쪽 아래쪽 마실들로 팬을 갈라서 줄땡기기를 하는데, 그 때는 남여노소 할 꺼 없이 수백 명이 붙어서 땡기고, 그기이 끝나머 서리 어불래서 술잔채를 벌래 놓고 풍물을 치고 논다. ▶ 정월 대보름날이면 위쪽 아래쪽 마을들로 편을 갈라서 줄다리기를 하는데, 그 때는 남녀노소 할 것 없이 수백 명이 붙어서 당기고, 그것이 끝나면 서로 어울려서 술잔치를 벌려 놓고 농악을 치고 논다.
줄미:기 부 죽. 한 줄로 고르게 이이지는 모양. ¶배급소 앞에 가 보이 시재마꿈 살자리 하나씩을 들고 줄미기 서 있드라. ▶ 배급소 앞에 가 보니 제각기 쌀자루 하나씩을 들고 죽 서 있더라. ☞ 졸. 졸미기. 줄.
줄주'리 부 줄줄이. ¶원창가 발이 널분 집이라, 잔채날이 대머 손임들이 줄주리 들어 다치는데 항정도 없다. ▶ 워낙 발이 넓은 집이라, 잔칫날이 되면 손님들이 줄줄이 들어 닥치는데 한정도 없다.
중'기 명 중구(重九). 음력 9월 9일 중양절(重陽節). 동국세시기에 이날은 국화꽃 잎을 따다가 떡을 만들어 먹는다고 했다. 불가피한 사정으로 추석 차례를 놓치거나, 객지로 나가서 돌아오지 않고 사망한 것으로 추정되는 혼령들은 이 날 모시고 제사를 지내는 관례가 있다.
중깡 명 껌. 추잉검(chewing gum). ¶중깡 오케. ▶ 껌 한 개만. ※해방 후에 애들이 미군들을 따라다니며 손을 내밀면서 하던 말. ☞ 끔.
중머섬 명 노동력이 중간쯤 되는 머슴. ¶아부지요, 설 쉬고 농사 시작할 때 중머섬 하나 데리시더. ▶ 아버지, 설 쇠고 농사 시작할 때 중간 머슴 하나 들입시다.
중신애'비 명 중매쟁이(仲媒--). 중신아비. ¶그 집 양주를 보머 알 일이지만도 그래도 모르이 중신애비 앞세와서 그 집 내럭을 더 자시 알어 주게. ▶ 그 집 양주(兩主)를 보면 알 일이지만 그래도 모르니 중매쟁이 앞세워서 그 집 내력을 더 자세히 알아 주게. ☞ 중신재이.

중신재~이 명 중매쟁이(仲媒--). 중신아비. ¶소개재이는 다 그런 거지마, 거지말 모리며 중신재이 몬해 묵는다. ▶ 거간꾼은 다 그런 거지만, 거짓말 모르면 중매쟁이 못해 먹는다. ☞ 중신애비.

중'핵고 명 중학교(中學校). ¶그 때는 중핵고마 나왔다 캐도 한문이고 머고 몬하는 기이 없었다. ▶ 그 때는 중학교만 나왔다 해도 한문이고 머고 못하는 것이 없었다.

쥐개:다 동 쥐이다. '쥐다'의 피동//사동. 【쥐개 ▶ 쥐여/쥐개이 ▶ 쥐이니】¶그 사람은 부인한테 쥐개서 꼼짝을 몬한다. ▶ 그 사람은 부인한테 쥐여서 꼼짝을 못한다.//지 손에 쥐개 조도 몬 징기는 저 축구 바라. ▶ 제 손에 쥐여 줘도 못 지니는 저 바보 봐라.

쥐':뜯다 동 쥐어뜯다. 【쥐뜯어 ▶ 쥐어뜯어/쥐뜯으이 ▶ 쥐어뜯으니】¶서리 머리채를 잡고 쥐뜯으매 니 죽고 내 죽자 카는데, 그거 띠니라꼬 식겁했다. ▶ 서로 머리채를 잡고 쥐어뜯으며 너 죽고 내 죽자 하는데, 그것 떼느라고 혼났다.

쥐':박다 동 쥐어박다. 【쥐박어 ▶ 쥐어박아/쥐박으이 ▶ 쥐어박으니】¶핵고가머 월사금 앤 가 왔다고 선상임이 쥐박고, 골목에 나가머 골목대장이 쥐박고, 집에 들어오머 "니는 축구 글치 와 맞고마 댕기노?" 카매 어매한테 쥐 박해매 컸다. ▶ 학교가면 공납금 안 가지고 왔다고 선생님이 쥐어박고, 골목에 나가면 골목대장이 쥐어박고, 집에 들어오면 "너는 바보 같이 왜 맞고만 다니나?" 하며 엄마한테 쥐어 박히며 컸다.

쥐':박해다 동 쥐어 박히다. '쥐박다'의 피동. 【쥐박해 ▶ 쥐어 박혀/쥐박히이 ▶ 쥐어 박히니】.

쥑'이다 동 죽이다. '죽다'의 사동. 【쥑애 ▶ 죽여/쥑이이 ▶ 죽이니】¶쥑일 사람은 다린 데 있는데 엉뚱한 사람을 잡고 그카노? ▶ 죽일 사람은 다른 데 있는데 엉뚱한 사람을 잡고 그러나?/그 맛이 햇바닥에 살살 녹는 기이 쥑애 준다. ▶ 그 맛이 혓바닥에 살살 녹는 것이 죽여 준다. ※끝내준다는 말.

즈가: 준 제(저희) 아이. '즈그 아'의 준말.

즈가바'이 준 제(저희) 아비. '즈그 아바이'의 준말. ☞ 즈가배. 즈가범. 즈가부지. 즈개비.

즈가배

즈가배 준 제(저희) 아버지. '즈그 아배'의 준말. ☞ 즈가바이. 즈가범. 즈가부지. 즈개비.

즈가범: 준 제(저희) 아범. '즈그 아범'의 준말. ☞ 즈가부지. 즈가배. 즈가바이. 즈개비.

즈가부지 준 제(저희) 아버지. '즈그 아부지'의 준말. ☞ 즈가바이. 즈가배. 즈가범. 즈개비.

즈가재 준 제(저희) 아재. '즈그 아재'의 준말. ☞ 즈가재비.

즈가재비 준 제(저희) 아재비. '즈그 아재비'의 준말. ☞ 즈가재.

즈가지매 준 제(저희) 아주머니. '즈그 아지매'의 준말.

즈갈라: 준 제(저희) 아기. '즈그 알라'의 준말.

즈개미 준 제(저희) 어미. '즈그 애미'의 준말. ☞ 즈거마이. 즈거매. 즈거멈. 즈거미. 즈기미. 지기미.

즈개비 준 제(저희) 아비. '즈그 애비'의 준말. ☞ 즈가바이. 즈가배. 즈가범. 즈가부지.

즈거마~이 준 제(저희) 어미. '즈그 어마이'의 준말. ☞ 즈개미. 즈거매. 즈거멈. 즈거미. 즈기미. 지기미.

즈거매 준 제(저희) 어머니. '즈그 어매'의 준말. ☞ 즈개미. 즈거마이. 즈거멈. 즈거미. 즈기미. 지기미.

즈거멈: 준 제(저희) 어멈. '즈그 어멈'의 준말. ☞ 즈개미. 즈거마이. 즈거매. 즈거미. 즈기미. 지기미.

즈거미 준 제(저희) 어미. '즈그 어미'의 준말. ☞ 즈개미. 즈거마이. 즈거매. 즈거멈. 즈기미. 지기미.

즈그 대 저희. '우리'의 낮춤말//'자기들'의 낮춤말. ¶아범요 오늘은 **즈그** 집에 가서 주무시고 가시이소. ▶ 아버님 오늘은 **저희** 집에 가서 주무시고 가십시오./**즈그**는 아이 그 집을 살 행편이 앤 대니더. ▶ **저희**는 아직 그 집을 살 형편이 안 됩니다.//**즈그**가 재미있게 사는 거 보는 기이 소원이다. ▶ **저희**가 재미있게 사는 거 보는 것이 소원이다./우리 영감 할마이 아즉은 **즈그한테** 앤 지대도 댄다. ▶ 우리 영감 할미 아직은 **저희한테** 안 기대도 된다.

즈기미: 준 제(저희) 어미. '즈그 이미'의 준말. ☞ 즈거매. 즈거마이. 즈거멈. 즈거미. 즈개미. 지기미.

즘: 명의 나름. ¶지 즘 지 즘으로 성질이 다 틀리이 넘이 이카고저카고 할 꺼는

없다. ▶ 제 나름 제 나름으로 성질이 다 틀리니 남이 이러고저러고 할 것은 없다./사람마다 지 즘 대로 지가 잘 났다고 이긴다. ▶ 사람마다 제 나름 대로 제가 잘 났다고 여긴다.

지 団 제. 저. '나'의 낮춤말//'자기'의 낮춤말. ¶그거는 지 잘못이 만었니더. ▶ 그것은 제 잘못이 많았습니다./지 집으로 같이 가시더. ▶ 제 집으로 같이 갑시다./지가 또 한분 잘몬했니더. ▶ 제가 또 한번 잘못했습니다.//지 사정마 아지 넘으 사정은 모린다. ▶ 제 사정만 알지 남의 사정은 모른다./지 잘못을 지가 모리고 있네요. ▶ 제 잘못을 제가 모르고 있네요./지가 내한테 무신 할 말이 있다고요? ▶ 제가 나한테 무슨 할 말이 있다고요?/임석은 간이 맞어야 지 맛이 난다. ▶ 음식은 간이 맞아야 제 맛이 난다.

지가다'배 圀 노동화의 일종. 농구화와 비슷하게 만든 것으로 엄지발가락 부분이 갈라졌다. 日 'ちかたび(地下足袋)'. ¶지가다배 십팔 문(신발의 치수) 내 발에 꼭 맞다. ▶ 지가다비 18문(文) 내 발에 꼭 맞다. ※ 짚신밖에 신어 본 적이 없는 사람이 18문(43.2cm) 신발이 얼마나 큰지도 모르면서 오로지 그것을 한번 신어 본다는 것이 좋아서 제 발에 맞다고 한다.

지개~이 圀 지경(地境). 사정(事情). ¶남사골 재마 넘으머 거기부텀 갱주 지개이다. ▶ 남사골 재만 넘으면 거기부터 경주 지경이다./죽을 지개이 아이머 넘한테 아숩은 소리를 하지 마라. ▶ 죽을 사정이 아니면 남한테 아쉬운 소리를 하지 마라.

지'객 圀 제격. ¶그 일을 추는 데는 누구누구 캐도 자네가 지객이지. ▶ 그 일을 치르는 데는 누구누구 해도 자네가 제격이지.

지'게 圀 지게. 짐을 져 나르는 기구. ☞ 가지1. 까막사리. 등태기. 목발. 미끈2. 사장1. 알꾸랭이. 지게꼬리. 지게짝대기. 팅개. 팅개꼬쟁이. 그림 22.

지게꼬리 圀 지게줄. 지게에 짐을 얹어 잡아매는 줄. ¶서 발 지게꼬리를 채우는 일꾼이 없다. ▶ 세 발 지게줄를 채우는 일꾼이 없다. ※ 세 발 길이의 지게줄로 잡아맬 만큼의 짐을 질 수 있는 사람이 없다는 말. ☞ 지게.

지게버:리 圀 지게벌이. 지게로 짐을 날라 주고 삯을 받은 일. ¶칠곡 떡에 머섬 사든 그 사람은 요새 정기장 앞에 나가서 지게버리 한다 카드라. ▶ 칠곡 댁에 머슴 살던 그 사람은 요사이 정거장 앞에 나가서 지게벌이 한다더라.

지게짝대기 圀 지게작대기. 지게를 세울 때 받치는 작대기. 작대기의 알구지(알꾸랭이)를 윗세장(사장)에 걸어서 받친다. ☞ 지게.

지:과

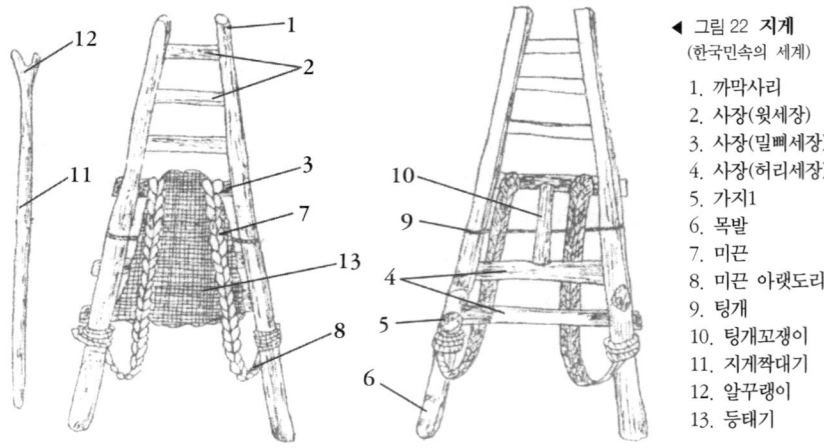

◀ 그림 22 **지게**
(한국민속의 세계)
1. 까막사리
2. 사장(윗세장)
3. 사장(밑뼤세장)
4. 사장(허리세장)
5. 가지1
6. 목발
7. 미끈
8. 미끈 아랫도리
9. 팅개
10. 팅개꼬쟁이
11. 지게짝대기
12. 알꾸랭이
13. 등태기

지:과 명 뒷윷. 윷놀이에서, 윷판의 첫 밭으로부터 앞밭에 꺾이지 않고 그대로 돌아서 아홉째 밭. ☞ 윷판.

지굼 명 지금(只今). 시방(時方). ¶엎어진 물을 다부 담을 수도 없고 **지굼**에야 우야노?▶ 엎어진 물을 도로 담을 수도 없고 지금에야 어떻게 하나?/**지굼**은 고상해도 어지게 살머 후째는 영화를 본다.▶ 시방은 고생해도 어질게 살면 후에는 영화(榮華)를 본다.

지그럽'다 형 가렵다. 【지그럽어 ▶ 가려워/지그럽으이 ▶ 가려우니】¶등더리에 보리 까시래기가 들어갔는지 **지그럽어** 죽겠다.▶ 등에 보리 까끄라기가 들어갔는지 가려워 죽겠다. ☞ 가랍다. 가렵다. 지럽다.

지글지글하다 형 근질근질하다. ¶저 양반, 천날만날 돌어댕기다가 매칠을 집안에 들안젔디이 몸이 **지글지글한** 모양이지?▶ 저 양반, 매일처럼 돌아다니다가 며칠을 집안에 들어앉았더니 몸이 **근질근질한** 모양이지.

-지'기 접 명사가 되는 어근에 붙어 그릇 따위의 이름이 되는 접미사. 【버지기 ▶ 버치/양지기 ▶ 양재기/종지기 ▶ 종지】.

지'기다 동 부리다. 피우다. 끼치다. 【지개 ▶ 부려(피워. 끼쳐)/지기이 ▶ 부리니(피우니. 끼치니).¶개살을 **지기머** 지한테 해롭지.▶ 심술을 부리면 저한테 해롭지./땡깡을 **지기지** 마고 일을 잘해라.▶ 행패를 부리지 말고 일을 잘해라./말썽을 지기지 마고 아재 말을 잘 들어라.▶ 말썽을 피우지 말고 아저씨 말을 잘 들어라./날리굿을 **지기다가** 인자사 잠잠하다.▶ 난리굿을 **피우다가** 이제야 조용하다./저 인간, 객꽝을 지개 사서 몸서리난다.▶저 인간, 광태를 부려 대서 몸서리난다./우리 아가 거기서 피를 너무 지개서 미안하니더.▶우리 애가 거기서 폐를 너무 끼쳐서 미안합니다.

지기미: [준] 제(저희) 어미. '지 이미(어미)'의 준말. ☞ 즈개미. 즈거마이. 즈거매. 즈거멈. 즈거미. 즈기미.

지'깨 [감] 제기랄. 빌어먹을. ¶이런 지깨!▶이런 제기랄!/저런 지깨!▶저런 제기랄!/저 지깨!▶저 빌어먹을! ☞ 때그랄. 때기랄. 지꺼리. 지끼미.

지'꺼리 [감] 제기랄. 빌어먹을. ¶이런 지꺼리!▶이런 제기랄!/저런 지꺼리!▶저런 제기랄!/저 지꺼리!▶저런 벌어먹을! ☞ 때그랄. 때기랄. 지깨. 지끼미.

지'끼다 [동] 젖히다. 【지깨▶젖혀/지끼이▶젖히니】 ¶산치거리 밭에 고구마 쫌 숭갔디이 산대지가 니러와서 파 지낀다.▶산자락 밭에 고구마 좀 심었더니 산돼지가 내려와서 파 젖힌다. ☞ 제끼다.

지'끼미 [감] 제기랄. 빌어먹을. '지(제) 이미(어미)'의 뜻. ¶이런 지끼미!▶이런 제기랄!/저런 지끼미!▶저런 제기랄!/저런 지끼미!▶저런 빌어먹을! ☞ 때그랄. 때기랄. 지깨. 지꺼리.

지나 [명] 지네. ¶지나 발에 신 신갠다.▶지네 발에 신 신긴다. ※발이 많은 지네에게 신발을 신기는 것처럼 쓸데없는 일을 한다는 말.

지난:분 [명] 지난번. ¶지난분에는 내가 실수를 마이 했네.▶지난번에는 내가 실수를 많이 했네.

지내가다 [동] 지나가다. 【지내가▶지나가/지내가이▶지나가니】 ¶내한테 머가 섭섭한 기이 있는지 내 집 앞을 지내가매 얼골도 앤 들받고 갔다.▶나한테 뭣이 섭섭한 것이 있는지 내 집 앞을 지나가며 얼굴도 안 들이고 갔다.

지내치다 [동] 지나치다. 【지내처▶지나쳐/지내치이▶지나치니】 ¶보약도 지내치머 애 한만도 모하다.▶보약도 지나치면 안 한만도 못하다.

지'눔 [대] 제놈. ¶지눔이 암만 껏떡거래도 부처임 손바닥 우에서 노는 기이지.▶제놈이 아무리 거들먹거려도 부처님 손바닥 위에서 노는 것이지.

지:다 [형] 길다. 【질어▶길어/지이▶기니】 ¶지고 짜린 거는 전자 바야 아지.▶길고 짧은 것은 견주어 보아야 알지. ☞ 기다. 질다.

지단:하다 [형] 길쭉하다. 【지단해▶길쭉해/지단하이▶길쭉하게】 ☞ 기단하다. 길단하다. 질단하다. 질쭉하다. 질쭘하다.

지대': [부] 제대로. 제 나름대로. '지대로'의 준말. ¶아들은 지대 크게 대있으이

지:대다

미리 걱정할 끼이 없다. ▶ 애들은 제대로 크게 되어있으니 미리 걱정할 것이 없다.

지:대다 동 기대다.【지대 ▶ 기대/지대이 ▶ 기대니】¶인자 그마이 돌바 좃스머 부모한테 더 **지대지** 마고 니 심으로 살어 바라. ▶ 이제 그만큼 돌보아 줬으면 부모한테 더 기대지 말고 네 힘으로 살아 보아라.

지대'로 부 제대로. 저 나름대로. ¶지는 **지대로** 그 일에 심을 썼다 칸다. ▶ 저는 저대로 그 일에 힘을 썼다 한다./지는 **지대로** 살어라 캐라. ▶ 저는 제 나름대로 살아라 해라. ☞ 지대.

지동 명 기둥. ¶니가 우리 집안으 **지동**이라 카는 거를 한시도 이자뿌리지 마라. ▶ 네가 우리 집안의 **기둥**이라 하는 것을 한시도 잊어버리지 마라. ☞기동.

지동뿌리 명 기둥뿌리. ¶한분 실패하이 **지동뿌리**가 헌들헌들한다. ▶ 한번 실패하니 **기둥뿌리**가 흔들흔들한다.

지두리다 동 기다리다.【지두러 ▶ 기다려/지두리이 ▶ 기다리니】¶멀리 간 사람을 **지두리고** 있어 바야 소용없으이 좋은 사람이 있으머 시집을 가그라. ▶ 멀리 간 사람을 기다리고 있어 보아야 소용없으니 좋은 사람이 있으면 시집을 가거라. ☞ 바락고있다.

지랄문디~이 감 제기랄. 빌어먹을. ¶**지랄문디이**, 이 지랄을 애 하머 내가 밥을 몬 묵나? ▶ 재기랄, 이 지랄을 안 하면 내가 밥을 못 먹나?/**지랄문디이**, 재수가 없을라카이 디로 넘어저도 코가 깨진다. ▶ 빌어먹을, 재수가 없으려니 뒤로 넘어져도 코가 깨진다.

지랄발광(--發狂) 명 개지랄. 이성을 잃고 마구 행동하는 짓거리. ¶**지랄발광**하지 마라. ▶ 개지랄하지 마라./**지랄발광**을 떠지 마라. ▶ 개지랄을 떨지 마라. ☞ 미친지랄. 생지랄. 요지지랄. 용천지랄. 지랄용천.

지랄용천 명 개지랄. 이성을 잃고 마구 행동하는 짓거리. ☞ 미친지랄. 생지랄. 요지지랄. 용천지랄. 지랄발광.

-지러 미 -지. -고말고. 어떻게 할 뜻이 있음을 나타내거나 상대방의 뜻에 동의하는 말. ¶니가 실부머 내가 **가지러**. ▶ 네가 싫으면 내가 가지(가고말고)./창가 한 자리, 그거 참 **좋지러**. ▶ 노래 한 가락, 그것 참 좋지(좋고말고)./니가 앤 묵으머 내가 **묵지러**. ▶ 네가 안 먹으면 내가 먹지(먹고말고)./니가 바뿌머 내가 그리 **가지러**. ▶ 네가 바쁘면 내가 그리 가지(가고말고)./누가 바도 그거야 **답답하지러**. ▶ 누가 보아도 그거야 답답하지(답답하고말고).

−**지러요** 미 -지요. 손윗사람에게 어떻게 할 뜻이 있음을 나타내거나 상대방의 뜻에 동의하는 말. ¶얼신 심드신데 지가 갔다 **오지러요**. ▶ 어르신 힘드신데 저가 갔다 오지요(오고말고요)./해무꼬 없으머 없는 대로 **묵지러요**. ▶ 반찬 없으면 없는 대로 먹지요(먹고말고요).

지럭'지 명 길이. ¶키가 더 커서도 입구로 주우 **지럭지**를 쫌 넉넉하게 해 주소. ▶ 키가 더 커서도 입게 바지 길이를 좀 넉넉하게 해 주세요. ☞ 기럭지. 기리기. 지리기.

지'럼 명 기름. 등유(燈油). 【들지럼 ▶ 들기름/왜지럼 ▶ 석유/참지럼 ▶ 참기름】¶어둑가 사돈집으로 갔는데, 저녁밥상을 들라놓고도 **지럼**을 애낄라꼬 불 실 생각을 애 하는 거라. 그래서 밥 한 수까락을 떠서 사돈 입으로 쑥 니미자, 주인이 깜짝 놀래매 "사돈 정신 채리시이소, 여기는 내 입이니더." 카는 거 아이가. "아이고 내 이런 실수를, 수까락이 누구 입으로 들어가는지를 몰래서 고마." 카드란다. ▶ 어두워서 사돈댁으로 갔는데, 저녁밥상을 들려놓고도 **기름**을 아끼려고 불 켤 생각을 안 하는 거라. 그래서 밥 한 숟가락을 떠서 사돈 입으로 쑥 내밀자, 주인이 깜짝 놀라며 "사돈 정신 차리십시오, 여기는 내입입니다." 하는 것 아닌가. "아이고 내 이런 실수를, 숟가락이 누구 입으로 들어가는지를 몰라서 고만." 하더란다. ※이 말을 들은 주인은 금방 눈치를 채고 호롱에 불을 켜더란다. 〈李正二〉 ☞ 지름.

지럽'다 형 가렵다. '지그럽다'의 준말. ☞ 가랍다. 가렵다.

지렁 명 간장(-醬). 【지렁단지 ▶ 간장단지/지렁종지기 ▶ 간장종지】¶대구 국 안처논 거이 끌으머 **지렁** 맻 종지기 떠 여서 간 마차라. ▶ 대구 국 안처 놓은 것이 끓으면 간장 몇 종지 떠 넣어서 간 맞춰라.

지렁'단지 명 간장단지. ¶비가 올지 모리겠다. **지렁단지**를 덮어놓고 나가자. ▶ 비가 올지 모르겠다. 간장단지를 덮어놓고 나가자.

지렁종지'기 명 간장종지. ¶형임 댁에서 오늘 소주를 꽂다카매 **지렁종지기**에 항그 따라 주는 거를 마셨디이 속이 찌리하다. ▶ 형님 댁에서 오늘 소주를 고았다며 간장종지에 가득 따라 주는 것을 마셨더니 속이 찌릿하다.

지루:다 동 기르다. 【지라 ▶ 길러/지루이 ▶ 기르니】¶콩지럼을 잘 **지룰라** 카머 시간을 마차서 물을 자주 조야 한다. ▶ 콩나물을 잘 기르려 하면 시간을 맞추어서 물을 자주 줘야 한다./핵고 졸업했다고 인자 단발머리 **지라서** 시집갈 채비하는가배. ▶ 학교 졸업했다고 이제 단발머리 길러서 시집갈 채비하는가 봐.

지'름

지'름 몡 기름. ¶지름을 지고 불로 들어간다. ▶ 기름을 지고 불로 들어간다./그 집은 살림 사는 거를 보며 구적구적이 지름이 쫄 흐른다. ▶ 그 집은 살림 사는 것을 보면 구석구석이 기름이 쫄 흐른다. ※살림 사는 것이 윤택하다는 말. ☞ 지럼.

지름비~이 몡 기름병(--甁). ¶호롱불이 까물거리는 거를 보이 지름이 다 댔다. 지름비이 찾아 온나. ▶ 호롱불이 까물거리는 것을 보니 기름이 다 됐다. 기름병 찾아오너라.

지름접시기 몡 기름접시. 접시에다 기름을 붓고 여기에 심지를 담가서 불을 켠다. 여기에 쓰는 기름은 주로 피마자유나 상어의 간에서 추출한 기름 따위이다. ☞ 상애지름.

지름틀 몡 기름틀. 깨, 피마자 따위의 기름을 짜는 데 쓰는 기구. 머리틀은 아래 위 두 개의 세장을 가로로 연결된 사다리 모양이다. 머리틀 아랫세장 위에 장나무 둘을 뉘어 이 위에 둥근 홈이 파이고 기름 받는 홈(또는 구멍)이 있는 떡판을 걸친다. 그리고 거기에 기름떡을 올려놓고 다시 그 위에 기름챗날을 끼우고 무거운 돌을 올려 기름을 짠다. 기름떡은 깨를 씻은 다음 잘 볶아서 절구에 찧는다. 이것을 체에 곱게 쳐서 주머니에 담아, 솥에 넣고 김을 쪼인다. 〈한국민속문화대사전 창솔〉 ☞ 머리틀. 장나무. 떡판. 기름떡. 기름챗날.

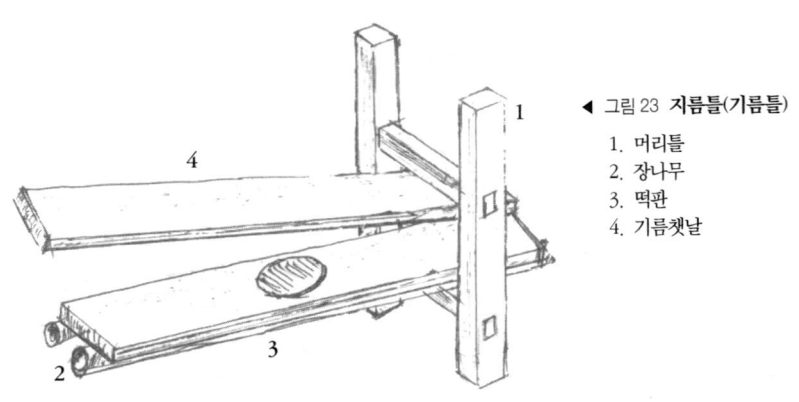

◀ 그림 23 **지름틀(기름틀)**
1. 머리틀
2. 장나무
3. 떡판
4. 기름챗날

지'리 몡 저고리나 두루마기의 길이. 어깨에서 앞섶까지의 길이. ☞ 저구리.

지리'기 뗑 길이. ¶저구리 소매 **지리기**를 더 늘가야 대겠다. ▶ 저고리 소매 길이를 더 늘려야 되겠다. ☞ 기럭지. 기리기. 지럭지.

지리'다 동 지르다. 【질러 ▶ 질러/지리이 ▶ 지르니】¶소리 **지리지** 마소. 여기 귀머거리는 한 키도 없니더. ▶ 소리 **지르지** 말아요. 여기 귀머거리는 한 사람도 없어요./저기서 괌을 질러 대는데 무신 일고? ▶ 저기서 고함을 질러 대는데 무슨 일인가?

지릿'대 뗑 가마니나 포대 속의 곡식을 빼서 검사할 때 쓰는 쇠나 대나무로 된 끝이 뾰쪽한 대롱. '찌리는(찌르는) 대롱'의 뜻.

-지만도 回 -지만. -지마는. ¶일이 쫌 심들**지만도** 재미는 있다. ▶ 일이 좀 힘들지만 재미는 있다.

지'밍: 뗑 제명(-命). 타고난 제 목숨. ¶넘한테 몹쓸 짓을 하도 해서 **지밍대로** 몬 살고 죽었다. ▶ 남한테 몹쓸 짓을 하도 해서 **제명대로** 못 살고 죽었다./사람이 자꼬 아푼 거는 이 집에 **지밍에** 몬 죽은 구신이 붙어서 글타. ▶ 사람이 자꾸 아픈 것은 이 집에 제명에 못 죽은 귀신이 붙어서 그렇다.

지:발 뛴 제발. ¶삼신할매요, 우리 손자 **지발** 거저, 무병장수하여 부귀영화 누리드록 해 주이소. ▶ 삼신할머니, 우리 손자 제발 그저, 무병장수하여 부귀영화 누리도록 해 주세요.

지불다 동 기울다. 【지불어 ▶ 기울어/지부이 ▶ 기우니】¶소발이 삐딱하게 **지불어**진 거를 미리 바라서 가그라. ▶ 소바리가 삐딱하게 기울어진 것을 미리 바둬서 가거라.

지붕지'슬 뗑 지붕처마. '지붕기슭'의 뜻. ¶소내기 따룬다. 저기 **지붕지슬** 밑으로 들어가서 비나 피하고 가자. ▶ 소나기 따른다. 저기 **지붕처마** 밑으로 들어가서 비나 피하고 가자.

지:사 뗑 제사(祭祀). ¶어매 **지사**를 지내고 지삿밥을 묵다가 마누래 보고 자자카이, 마누래가 지삿날에 무슨 망칙시럽은 짓이고 카이, "어매 생전에 손자도 몬 보고 돌아가신 거 포원이나 풀어 드리자." 카매 판을 밀어 놓고 합방을 했다. 그라고 열 달이 대서 아들을 낳었는데, 얼매나 흥감하고 좋은지 칙간에 안저서 똥을 누는데, 앞에 안즌 개를 보고 "아이고 개야, 나도 아들 낳었다." 카매 자랑을 하고, 이름을 지삿밥 묵다가 맨들었다고 제식이라고 했단다. ▶ 어머니 제사를 지내고 제삿밥을 먹다가 마누라 보고 자자하니, 마누라가 제삿날에 무슨 망측스러운 짓이냐고 하니, "어머니 생전에 손자도 못보고 돌아가신 것 소

지'섬

원이나 풀어 드리자."며 상(床)을 밀어 놓고 합방을 했다. 그리고 열 달이 되어서 아들을 낳았는데, 얼마나 흥감하고 좋은지 측간에 앉아서 똥을 누는데, 앞에 앉은 개를 보고 "아이고 개야, 나도 아들 낳았다." 하며 자랑을 하고, 이름을 제삿밥 먹다가 만들었다고 제식(祭食)이라고 했단다./머든지 마뜩게 해야지, 조상 **지사**는 정성이 들어가야 한다. ▶ 뭐든지 정갈하게 해야지, 조상 제사는 정성이 들어가야 한다.

지'섬 명 기심. ¶깨밭에 **지섬**이 깨보다 더 짓었다. ▶ 깨밭에 기심이 깨보다 더 깃었다. ☞지섬. 지심. 짐2.

지슬 명 기슭. 기스락. 산이나 처마의 비탈진 곳의 아랫 지대나 아랫부분. ☞기슬.

지신발:끼 명 지신밟기(地神--). ¶에어야루 지신아 **지신발자** 성주야, 성주본이 어드매요, 갱상도 안동땅에 제비원이 본일레라, 제비원에 솔씨받어 소평대평에 떤졌디이, 그솔이 점점자라 소부동이 대었구나 대부동이 대었구나, 모십시더 모십시더 성주임을 모십시더, 이집성주 모신후에 아들애기 놓거들랑 서울이라 도장원에 진사급제 대어주고, 딸애기 놓거들랑 바늘이라 옥황선여 큰매느리 점지하고, 일연이라 열두달에 삼백이라 육십일에 바래지글치마 점지하소, 잡구잡신은 물알로 만복은 이리로. ▶ 에어야루 지신아 **지신밟자** 성주야, 성주본이 어드매요 경상도 안동땅에 제비원이 본일레라, 제비원에 솔씨받아 소평대평(小坪大坪)에 던졌더니, 그솔이 점점자라 소부동(小富洞)이 되었구나 대부동(大富洞)이 되었구나, 모십시다 모십시다 성주님을 모십시다, 이집성주 모신후에 아들아기 낳거들랑 서울이라 도장원(都壯元)에 진사급제 되어주고, 딸아기 낳거들랑 바늘이라 옥황선녀 큰며느리 점지하고, 일년이라 열두달에 삼백이라 육십일에 바라는같이만 점지(點指)하소, 잡귀잡신(雜鬼雜神)은 물알로(무릎아래로, 빠지고) 만복(萬福)은 이리로.〈韓國의 民謠. 任東權〉※선창자가 사설 한 구절을 읊고 나서 '땡 땡 때그렁 땡', 꽹과리를 치면서 유도를 하면, 징치는 이가 '쿵!' 하면서 구절을 잘라 주고, 그러면 꽹과리와 버꾸가 '따닥 따닥 덩더쿵' 춤을 추면서 유도를 하면, 모두 함께 '지신 지신 발버라(밟아라)' 하며 합창하는 동시에 발로 땅을 다지면서 신바람을 낸다. 이렇게 한 마당 지신밟기를 끝내고 꽹과리를 난타하면서 발을 돌리면 주인은 "아이고, 고맙니더." 하면서 얼마의 돈이나 곡식으로 사례를 한다.

지'심 명 기심. ¶산소에 풀이 짓으며 자손 댐댐이를 알 수 있고, 논밭에 **지심**이 짓으며 주인 댐댐이를 알 수 있니라. ▶ 산소에 풀이 깃으면 자손 됨됨이를 알

수 있고, 논밭에 기심이 깃으면 주인 됨됨이를 알 수 있느니라. ☞ 지섬. 짐2.

지'아뿌다 동 지워버리다. 【지아뿌러 ▶ 지워버려/지아뿌리이 ▶ 지워버리니】¶앤 좋든 지난 일은 팔자로 치고, 다 **지아뿌고** 맘 곤쳐 묵어야 한다. ▶ 안 좋던 지난 일은 팔자로 치고, 다 **지워버리고** 마음 고쳐 먹어야 한다.

지'업다 형 지겹다. 지루하다. 늦다. 【지업어 ▶ 지겨워(늦어)/지업으이 ▶ 지겨우니/지업드록 ▶ 지겹도록(지루하도록. 늦도록)】¶사는 기이 재미가 없으이 **지업어서** 죽겠다. ▶ 사는 것이 재미가 없으니 **지겨워서** 죽겠다./똑 같은 거는 **지업으이** 다린 이바구 하나 해 도고. ▶ 똑 같은 것은 **지겨우니** 다른 이야기 하나 해 다오./한팽상 **지업드록** 살었는데 머로 더 살라꼬. ▶ 한평생 **지루하도록** 살았는데 뭘 더 살려고./갱주 장아 갔다가 **지업어서** 돌아왔다. ▶ 경주 장에 갔다가 **늦어서** 돌아왔다./**지업드록** 바락고 있다가 인자사 좋은 사람을 만났다. ▶ **늦도록** 기다리고 있다가 이제야 좋은 사람을 만났다.

지우'리다 동 기울이다. '지울다'의 사동. 【지우래 ▶ 기울여/지우리이 ▶ 기울이니】¶맴을 **지우리지** 마고 내뿌러 나라. ▶ 마음을 기울이지 말고 내버려 놓아라./신겡을 **지우래** 들받아보머 머가 비도 빌 끼이다. ▶ 신경을 기울여 들여다보면 뭣이 보여도 보일 것이다./정성을 **지우리이** 화늘도 감복하지. ▶ 정성을 기울이니 하늘도 감복하지.

지울'다 동 기울다. 【지울어 ▶ 기울어/지우이 ▶ 기우니】¶맴이 그리로 **지울어서** 다시 돌아오기는 글렀다. ▶ 마음이 그리로 기울어서 다시 돌아오기는 글렀다./달도 차머는 **지우는데** 사람 한 시상이 얼매나 댄다꼬. ▶ 달도 차면 기우는데 사람 한 세상이 얼마나 된다고.

지':이묵다1 동 지어먹다. 【지이묵어 ▶ 지어먹어/지이묵으이 ▶ 지어먹으니】¶사밴 때 중핵교 댕길 때 새복밥을 **지이묵고** 사십 이 질을 걸어서 댕겠다. ▶ 사변 때 중학교 다닐 때 새벽밥을 **지어먹고** 사십 리 길을 걸어서 다녔다./농사나 **지이묵고** 사는 우리 주인이 무신 죄가 있다꼬 뿔잡어 가닝기요? ▶ 농사나 **지어먹고** 사는 우리 주인이 무슨 죄가 있다고 붙잡아 갑니까? ☞ 저어묵다.

지':이묵다2 동 집어먹다. 【지이묵어 ▶ 집어먹어/지이묵으이 ▶ 집어먹으니】¶넘으 돈을 **지이묵고** 디끝이 잘 대는 사람을 몬 밨다. ▶ 남의 돈을 **집어먹고** 뒤끝이 잘 되는 사람을 못 봤다.

지절'로 튀 저절로. ¶머시든지 심을 앤들이고 **지절로** 대는 거는 하나도 없다. ▶ 무엇이던지 힘을 안들이고 **저절로** 되는 것은 하나도 없다./사람이 댈라카머 지

지정

절로 대는 거지 머라칸다꼬 대는 기이 아이대이. ▶ 사람이 되려면 저절로 되는 거지 나무란다고 되는 것이 아니다.

지정 명 기장. ¶화늘마 치다보고 있다가는 때를 놓치겠다. 논 고라서 **지정하고** 좁씨나 헐쳐 놓자. ▶ 하늘만 쳐다보고 있다가는 때를 놓치겠다. 논 골라서 기장하고 조 씨나 뿌려 놓자. ※ 가물어서 모심기 철을 놓치면 가뭄을 덜 타는 기장이나 조 또는 메밀 따위로 대파(代播)한다. ☞ 기정.

지정머'리 명 짓거리. 짓. ¶저런 바라. 자가 하는 **지정머리를** 보머 갓잖어서 몬 보겠다. ▶ 저런 봐라. 쟤가 하는 짓거리를 보면 가당찮아서 못 보겠다.

지즘:지대'로 관 제 나름대로. ¶**지즘 지대로** 지 할 일이 다리다. ▶ 제 나름대로 제 할 일이 다르다./지즘 지대로 지 갈 질이 따리 있다. ▶ 제 나름대로 제 갈 길이 따로 있다.

지지게 명 기지개. ¶어이쿠, **지지게를** 다 커고, 실컨 잤는갑다. ▶ 아이쿠, 기지개를 다 켜고, 실컷 잤는가 보다.

지지난:해 명 전전해(前前-). 지난해의 전해. ¶우리가 만난 기이 **지지난해** 그튼데 이기이 삼연마이가 사연마이가? ▶ 우리가 만난 것이 전전해 같은데 이것이 삼년만인가 사년만인가? ☞ 거거연.

지:집 명 계집. 【지집아 ▶ 계집애/지집연 ▶ 계집년】 ¶**지집이** 악담하머 오유월에도 서리가 니린다. ▶ 계집이 악담하면 오뉴월에도 서리가 내린다. ☞ 기집.

지집아' 명 계집애. ☞ 가시나. 기집아. 딸아. 여식아. 인아.

지:집연 명 계집년. ¶**지집연이** 사나보담 더 밸나게 설친다. ▶ 계집년이 사내보다 더 별나게 설친다. ☞ 기집연.

지'차 명 둘째 자녀. 지차(之次). ¶그 집은 마지카머 **지차가** 사는 행편이 낫다. ▶ 그 집은 맏이보다 둘째가 사는 형편이 낫다.

지추똘 명 주춧돌. 초석(礎石). ¶하리는 유리가 대청에 안젔는데 **지추똘** 새서 무신 소리가 나길래 가마이 들받어보이 **지추똘이** 일곱 모가 났기로, 곧 지동 밑을 더듬으이 뿌러진 칼 동가리 하나가 있는 기이 아인가. ▶ 하루는 유리(琉璃)가 대청에 앉았는데 **주춧돌** 새서 무슨 소리가 나기에 가만히 들여다보니 **주춧돌이** 일곱 모가 났기로, 곧 기둥 밑을 더듬으니 부러진 칼 토막 하나가 있는 것이 아닌가. 〈三國史記 琉璃王 편〉 ☞ 주칫돌.

지'침 명 기침. ¶동네 댁들이 도암(道岩) 어런 **지침** 소리를 듣고 아직밥을 하로 나간다. ▶ 동네 댁(부인)들이 도암 어른 기침 소리를 듣고 아침밥을 하러 나간다.

진:장마질

※ 뿌옇게 먼동이 트기 시작하면 뒷담 너머에서 도암 어른의 기침 소리가 들린다. 그는 일어나자 담뱃대에 불을 붙이고 외양간 바깥벽에 걸어 둔 개똥망태를 벗겨 메고서 개똥이나 소똥을 주우러 나간다. 이렇게 날마다 일어나서 나가는 때가 거의 일정하여 이웃 아낙들에게는 괘종시계(掛鐘時計) 구실을 하는 셈이다.

지팡~이 몡 지팡이. ¶늘그머 다리가 시 개 대는 기이 먼고 카이, **지팡**이 짚은 노인이라. ▶ 늙으면 다리가 세 개 되는 것이 뭣인가 하니, 지팡이 짚은 노인(老人)이라. ☞ 짝대기.

지푸'다 혱 깊다. 【지퍼▶깊어/지푸이▶깊으니】¶물이 너무 **지퍼서** 바지를 벗어야 건내겠다. ▶ 물이 너무 깊어서 바지를 벗어야 건너겠다./심지가 원캉 **지푼** 사람이라 속내를 알 수 있어야지. ▶ 심지(心地)가 워낙 깊은 사람이라 속내를 알 수 있어야지. ☞ 기푸다.

지'피 몡 깊이. ¶공부라 카는 거는 암만 해도 그 **지피**를 알 수 없니라. ▶ 공부라 하는 것은 아무리 해도 그 깊이를 알 수 없느니라.

지'피다1 동 지피다. 【지패▶지펴/지피이▶지피니】¶나무 끌떼기를 조 모다서 불을 쫌 **지패** 바라. ▶ 나무 그루터기를 주워 모아서 불을 좀 **지펴** 보아라.

지피:다2 동 집히다. '집다'의 피동. 【지패▶집혀/지피이▶집히니】¶그 사람 말을 들어 보머 머가 **지피는** 기이 있을 꺼 그튼데. ▶ 그 사람 말을 들어 보면 뭣이 집히는 것이 있을 것 같은데./구영 속에 손을 여이 물컹한 머가 **지팼는데** 먼지 모리겠네. ▶ 구멍 속에 손을 넣으니 물컹한 뭣이 집혔는데 뭔지 모르겠네.

진도'리 몡 진(陣) 빼앗기. 편을 갈라서 자기들 진을 방어하면서 상대방 진을 공격하는 놀이. ⓙ 'ちんとり(陳取)'.

진:동 몡 저고리나 두루마기의 어깨 끝에서 겨드랑까지의 이은 부분. 《짓고대》 ☞ 저구리.

진:버섯 몡 진버짐. ¶지름끼 있는 임석을 몬 묵어서 얼굴에 **진버섯**이 생긴다. ▶ 기름끼 있는 음식을 못 먹어서 얼굴에 진버짐이 생긴다.

진:보다 동 다치다. 【진바▶다쳐/진보이▶다치니】¶자네 어르신 산에 갔다가 **진봤다** 카디이 우짜다가 그래 댔노? ▶ 자네 어르신 산에 갔다가 **다쳤다** 하더니 어쩌다가 그렇게 되었나?

진:장 갑 젠장. '진장마질'의 준말. ☞ 낸장. 낸장마질. 닌장. 닌장마질.

진:장마질 갑 젠장맞을. ☞ 낸장. 낸장마질. 닌장. 닌장마질. 진장.

진저'리

진저'리 몡 우무가사리. 삶아서 식히면 우무묵이 된다.
진:진: 몡 아기를 어르면서 가르치는 몸놀림의 하나. 한 손바닥을 펴고 다른 손의 집게손가락으로 찌르게 하는 말 또는 그 동작. ☞ 깟딱깟딱. 곤지곤지. 따리따리. 도레도레. 불매불매. 서마서마. 짝짝꿍. 잠잠. 쪼막쪼막. 헐래헐래.
진진'물 몡 진딧물. ¶장마가 질어서 뱁추 이퍼리에 **진진물**이 꽉 꼈다. ▶ 장마가 길어서 배추 잎에 **지딧물**이 꽉 끼었다. ☞ 뜨물.
질1 몡 길. 걸음. ¶소는 꿰뜨레기를 뀔 때부텀 **질**을 잘 디래야 한다. ▶ 소는 코뚜레를 뀔 때부터 **길**을 잘 들여야 한다./저 사람은 **질**에다 돈을 깔고 댕긴다. ▶ 저 사람은 **길**에다 돈을 깔고 다닌다./연장이나 사람이나 **질** 내기 나름이다. ▶ 연장이나 사람이나 **길** 내기 나름이다./그 **질**로 가고는 삼통 소식이 없다. ▶ 그 **걸음**으로 가고는 계속 소식이 없다./읍내 장아 간 **질**에 빙원에 댕개온느라. ▶ 읍내 장에 간 **걸음**에 병원에 다녀오너라.
질2 몡의 길. 사람의 키 정도의 길이. ¶열 **질** 물속은 알아도 한 **질** 사람으 속은 모린다. ▶ 열 **길** 물속은 알아도 한 **길** 사람의 속은 모른다.
질3 몡 짓. 습관적인 행동. ¶나쁜 **질**을 하지 마라. ▶ 나쁜 **짓**을 하지 마라./미칭개이 **질** 고마 해라. ▶ 미치광이 **짓** 그만 해라.
질개~이 몡 질경이. 야생식물의 한 가지. ☞ 뺍재이.
질거' 뿐 지레. 미리. ¶아척마다 아들이 돈 돌라 캐사 **질거** 말라 죽겠다. ▶ 아침마다 애들이 돈 달라 해서 **지레** 말라 죽겠다./갱찰서에 끌객가서 **질거** 겁을 묵고 술술 다 불어 뿌렀다. ▶ 경찰서에 끌려가서 **미리** 겁을 먹고 술술 다 불어 버렸다.
질거'밥 몡 지레 밥. 뜸이 덜 든 밥. ¶밥이 뜸 들라카머 아이 멀었으이 니 혼차서 **질거밥** 묵고 질 떠나그라. ▶ 밥이 뜸 들려면 아직 멀었으니 너 혼자서 **지레** 밥 먹고 길 떠나거라.
질겁다 혱 즐겁다. 【질겁어 ▶ 즐거워/질겁으이 ▶ 즐거우니】 ¶사십 연 만에 고양 칭구들끼리 모애 노이 **질겁다**매. ▶ 사십 년 만에 고향 친구들끼리 모여 놓으니 **즐겁다**매.
질굼 몡 엿기름. '엿질굼'의 준말. ☞ 길굼. 엿. 엿길굼.
질기다 동 즐기다. 【질개 ▶ 즐겨/질기이 ▶ 즐기니】 ¶시상아 노룸 **질기고** 지집 질기는 인간 치고 말연에 고상을 애 하는 거를 몬 밨다. ▶ 세상에 도박 **즐기고** 계집 즐기는 인간 치고 말년에 고생을 안 하는 것을 못 봤다.

질:껀해야 閉 기껏해야. ¶띠는 눔 우에 나는 눔이 있다꼬 지가 도망을 가도 질껀해야 조선 땅 안이지. ▶ 뛰는 놈 위에 나는 놈이 있다고 제가 도망을 가도 기껏해야 조선 땅 안이지./손해를 바야 얼매나 보겠노, 질껀해야 도 푼 대겠제. ▶ 손해를 보아야 얼마나 보겠나, 기껏해야 두엇 푼 되겠지.

질나~이 圀 전문가. 어떤 일에 능숙한 사람. '질(길이)이 난 이(사람)'의 뜻. ¶그 사람은 장사에는 **질나이다**. ▶ 그 사람은 장사에는 **전문가다**./니는 여자 꼬시는 데는 **질나이다**. ▶ 너는 여자 꾀는 데는 **전문가다**.

질:다 閪 길다. 【**질어** ▶ 길어/**질게** ▶ 길게/**지이** ▶ 기니】¶**질고** 쨟분 거는 대 바야 안다. ▶ 길고 짧은 것은 대 보아야 안다./**질어도** 삼 연이머 자리를 잡을 수가 있다. ▶ 길어도 삼 년이면 자리를 잡을 수가 있다. ☞ 기다. 지다.

질단:하다 閪 길쭉하다. 【**질단해** ▶ 길쭉해/**질단하이** ▶ 길쭉하게】☞ 기단하다. 길단하다. 지단하다. 질쭉하다. 질쭘하다.

질래:다 图 질리다. 【**질래** ▶ 질려/**질래이** ▶ 질리니】¶그 아지매는 남자들한테 하두 **질래** 살어서 인자는 시상없는 사람을 보고도 실타 칸다. ▶ 그 아주머니는 남자들한테 하도 **질려** 살아서 이제는 세상없는 사람을 보고도 싫다 한다./괴기국도 인제는 **질래이** 인날에 촌에서 묵든 시래기 국이 생각난다. ▶ 고깃국도 이제는 **질리니** 옛날에 시골에서 먹던 시래기 국이 생각난다.

질'러묵다 图 길러먹다. ¶한 새미 물을 **질러묵고** 사는 처지에 우리 그럴 꺼이 있나? ▶ 한 샘 물을 **길러먹고** 사는 처지에 우리 그럴 것이 있나?

질마 圀 길마. ¶소 등에 **질마를** 얹고 그 우에 걸채를 채리고 들로 나갔다. ▶ 소 등에 **길마를** 얹고 그 위에 걸채를 차리고 들로 나갔다. ☞ 질매. 그림 24.

질매 圀 길마. 편자 모양의 구부러진 나무 2개를 앞뒤로 나란히 놓고 안쪽 양편에 2개의 막대기를 대어서 이들을 고정시키고, 안쪽에 짚으로 엮은 걸언치를 대어서 소의 등에 얹는다. 길마는 옹구나 발채 또는 거지게 따위를 올려놓기 위한 안장(받침대) 구실을 한다. ¶재 넘는 질이 험한데 **질매** 언고 북띠를 여무게 매고 가그라. ▶ 재 넘는 길이 험한데 **길마** 얹고 복대를 여물게 매고 가거라. ☞ 가잉거리. 더더치. 더불개. 뜸새끼. 질마. 질매가지. 철거지. 그림 24.

질매가지 圀 길마의 가지. 길마의 몸체를 이루는 2개의 편자모양의 나무. ¶**질매가지도** 떡잎 때부텀 굽어야 한다. ▶ **길마가지도** 떡잎 때부터 굽어야 한다. ☞ 질매.

질'머지다 图 짊어지다. 【**질머저** ▶ 짊어져/**질머지이** ▶ 짊어지니】¶인자사 말이지

질목¹

마는, 우리가 이불보따리 하나 덜렁 **질머지고** 처자석 대리고 저 재를 넘어갈 때는 누물도 마이 흘랬다. ▶ 이제야 말이지만, 우리가 이불보따리 하나 달랑 짚어지고 처자식 대리고 저 재를 넘어갈 때는 눈물도 많이 흘렸다.

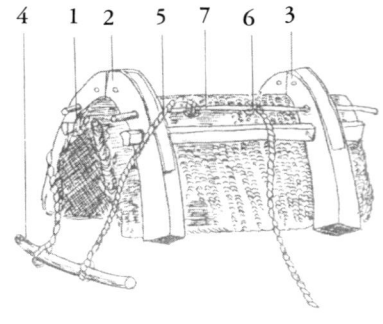

◀ 그림 24 **질매**(길마)
(한국민속의 세계)
1. 더더치
2. 질매가지(앞가지)
3. 질매가지(뒷가지)
4. 철거지
5. 철거지끈
6. 뜸새끼
7. 더불개

질목¹ 뗑 길목. ¶아부지 오시는 **질목**에 바라고 있다가 짐을 받아 온느라. ▶ 아버지 오시는 **길목**에 기다리고 있다가 짐을 받아 오너라.
질새요강 뗑 휴대용 놋요강. ¶이전에 점잖은 양반들이나 아낙들은 질을 떠나며 몸종한테 **질새요강**을 들래기나 가매 안에 징기고 댕겠다. ▶ 예전에 점잖은 양반들이나 아낙네들은 길을 떠나면 몸종한테 **놋요강**을 들리거나 가마 안에 지니고 다녔다.
질쌈 뗑 길쌈. ¶여자 얼골 갈랠 꺼 머가 있노, 아들 잘 놓고 **질쌈** 잘 하머 대지. ▶ 여자 얼굴 갈릴 것 뭣이 있나, 아들 잘 낳고 **길쌈** 잘 하면 되지.
질지'리 뛴 길길이. ¶내가 지 보고 날 쇠갰재 카이, **질지리** 날뛰는데 내가 다부 당했다 아이가. ▶ 내가 저 보고 날 속였지 하니, **길길이** 날뛰는데 내가 도로 당했다 아닌가.
질짐성 뗑 길짐승. 뱀, 거북 따위의 기어 다니는 짐승. ¶덤풀 속에 들어가머 **질짐성**한테 물랜다. ▶ 덩굴 속에 들어가면 **길짐승**한테 물린다.
질쭉:하다 혱 길쭉하다. 【질쭉해 ▶ 길쭉해/질쭉하이 ▶ 길쭉하니(길쭉하게)】 ☞ 기단하다. 길단하다. 지단하다. 질단하다. 질쭘하다.
질쭘:하다 혱 길쭉하다. 【질쭘해 ▶ 길쭘해/질쭘하이 ▶ 길쭘하게】 ¶얼골이 **질쭘**하고 콧날이 오뚝 선 기이 어디서 마이 본 사람 그튼데? ▶ 얼굴이 **길쭉**하고 콧날이 오뚝 선 것이 어디서 많이 본 사람 같은데? ☞ 기단하다. 길단하다. 지단

하다. 질단하다. 질쭉하다.

짐1 몡의 김. 기회(機會). ¶말이 나온 짐에 오단가리를 내 뿌리자. ▶ 말이 나온 김에 결말을 내 버리자./여기꺼정 온 짐에 사장어런을 뵙고 가자. ▶ 여기까지 온 김에 사장어른을 뵙고 가자./떡 본 짐에 지사를 지낸다. ▶ 떡 본 김에 제사를 지낸다.

짐:2 몡 김. 기심. '지섬' 또는 '지심'의 준말. ¶콩밭에 짐을 맬라카머 호매이 서너 자리를 가주고 가야 한다. ▶ 콩밭에 김을 매려면 호미 서너 자루를 가지고 가야 한다.

짐:3 몡 김. 증기(蒸氣). ¶짐이 나갈라 소드비이를 꽉 닫어 나라. ▶ 김이 나갈라 솥뚜껑을 꼭 닫아 놓아라./그 꼬라지 그튼 일하는 데도 사람으 짐이 빠진다. ▶ 그 꼴 같은 일하는 데도 사람의 김이 빠진다.

짐:4 몡 김. 해태(海苔). ¶떡국 그럭에 짐을 꿉어서 비배 여머 향기가 좋다. ▶ 떡국 그릇에 김을 구워서 비벼 넣으면 향기가 좋다.

짐빠: 몡 소발이나 달구지에 짐을 실을 때 매는 바.

짐성 몡 짐승. 금수(禽獸). ¶그 고개에는 요새도 간혹가다가 짐성이 나와서 사람을 해꾸지하기 따문에 혼자서는 몬 넘는단다. ▶ 그 고개에는 요새도 간혹 짐승이 나와서 사람을 해코지하기 때문에 호자서는 못 넘는단다. ☞ 김성.

짐장 몡 김장. 진장(陳臟). ¶나락 거다 들라 타작하고 나머 바리 짐장 해야지, 짐장철 지내머 남정들은 지붕 이야지, 나무해 들라야지, 촌 일은 밑도 끝도 없다. ▶ 벼 거둬 들려 타작 마치고 나면 바로 김장 해야지, 김장철 지나면 남정들은 지붕 이어야지, 나무해 들여야지, 촌 일은 밑도 끝도 없다.

짐장철 몡 김장철. ¶안사람들은 짐장철이 지내머 바리 질쌈할 준비를 해야 한다. ▶ 안사람들은 김장철이 지나면 바로 길쌈할 준비를 해야 한다.

짐'치 몡 김치(沈菜). ¶겨실에사 따리 찬이 머 소용 있노, 짐장 짐치 한 가지머 대지. ▶ 겨울에야 따로 반찬이 뭐 소용 있나, 김장 김치 한 가지면 되지.

짐치쪼가리 몡 김치조각. '김치'의 낮춤말. ¶반찬이라꼬는 짐치쪼가리빽에 없지만도 마이 드이소. ▶ 반찬이라고는 김치조각밖에 없지만 많이 드세요.

집 몡 즙(汁). ¶주독을 푸는 데는 칠개이뿌러지로 집을 내 묵고 고뿔 든 데는 무시 집에다 꿀을 타서 묵으머 좋다. ▶ 주독 푸는 데는 칡뿌리로 즙을 내 먹고 감기 들린 데는 무 즙에다 꿀을 타서 먹으면 좋다.

집구적

집구적 명 집구석. '집안'의 낮춤말. ¶집구적 꼬라지가 말이 아이다. ▶ 집구석 꼴이 말이 아니다./집구적에 트러백해 꼼짝을 애한다. ▶ 집구석에 틀어박혀 꼼짝을 안한다./집구적이 대고 앤 대고는 안들 거개 달랬다. ▶ 집안이 되고 안 되고는 여편네 하기에 달렸다.

집'다1 형보 싶다. 【집어▶싶어/집으이▶싶으니】¶살어 있을 때는 몰랬는데 가고 나이 보고 집다. ▶ 살아 있을 때는 몰랐는데 가고 나니 보고 싶다./묵고 집은 거를 우얘 다 묵고 사노? ▶ 먹고 싶은 것을 어떻게 다 먹고 사나?/혼차라도 가고 집으이 날 나 도고. ▶ 혼자라도 가고 싶으니 나를 놓아 다오. ☞ 시푸다. 접다.

집:다2 동 깁다. 【집어▶기워/집으이▶기우니】¶주우 찌진 데를 집어 입고 댕개라. ▶ 바지 째진 데를 기워 입고 다녀라./팔꾸머리하고 무릎을 맻 분을 집어 붙친지 모린다. ▶ 팔꿈치하고 무릎을 몇 번을 기워 붙인지 모른다.

집대박 명 지붕꼭대기. '집대배기'의 준말. ¶안 골목 끄트머리 집대박에 고두박 줄 올러간 집이 점치는 집일시더. ▶ 안 골목 끝자락 **지붕꼭대기**에 박 넝쿨 올라간 집이 점치는 집입니다.

집대배'기 명 지붕꼭대기. ¶**집대배기**로 소를 몰아 올리는 객이다. ▶ **지붕꼭대기**로 소를 몰아 올리는 격이다 ☞ 집대박.

집따까'리 명 '지붕'의 속된말. '집'을 얕잡아 이르는 말. ¶우리 행핀에 비를 피할 집따까리 하나 있는 거마 해도 고맙다 캐라. ▶ 우리 형편에 비를 피할 집 나부랭이 하나 있는 것만 해도 고맙다 해라.

집떠'리 명 집들이. ¶새집으로 들어갔으이 집떠리도 하고 지신도 한분 밟버야지. ▶ 새집으로 들어갔으니 집들이도 하고 지신도 한번 밟아야지.

집장 명 써레의 손잡이. ☞ 써리.

집째 명 찌웇. 윷놀이에서, 윷판의 첫 밭으로부터 앞밭, 뒷밭으로 꺾이지 아니한 열넷째의 밭. ☞ 윷판.

집찌끼'미 명 집지킴이. 집안에 나타나는 큰 구렁이나 백사(白蛇) 따위의 희귀한 동물을 집지킴이의 화신으로 보는 경향이 있다.

집청 명 조청(造淸). 즙청(汁淸). ¶찰떡은 **집청**에 찍어 묵어야 지 맛이 난다. ▶ 찰떡은 조청에 찍어 먹어야 제 맛이 난다.

집'태 명 집터(陽宅). ¶양지바리고 물 가찹고 **집태** 하나는 좋다. ▶ 양지바르고 물 가깝고 집터 하나는 좋다.

짓 명 저고리나 두루마기의 깃. ☞ 저구리. 깃.

짓:다1 동 짓다. 【저 ▶ 지어/지이 ▶ 지으니】 ¶깐채이가 살구나무 우에 집을 저 놓고 아칙마다 깍깍 울어 샀는다. ▶ 까치가 살구나무 위에 집을 지어 놓고 아침마다 깍깍 울어 댄다./십연 만에 집을 지이 그 해에 마누래가 또 아들을 쑥 뽑드란다. ▶ 십년 만에 집을 지으니 그 해에 마누라가 또 아들을 쑥 뽑더란다.

짓:다2 동 깃다. 우거지다. 【짓어 ▶ 깃어/짓으이 ▶ 깃으니】 ¶꼬치밭에 지심이 짓어서 꼬치는 얼매 앤 달래고 대개이마 멀쑥하게 크다. ▶ 고추밭에 김이 깃어서 고추는 얼마 안 달리고 대궁만 멀쑥하게 크다.

짓:다3 명 젓다. 휘젓다. 벼나 보리 따위에 섞인 먼지나 쭉정이를 바람에 날리는 것을 '나락을 짓는다' 또는 '보리를 짓는다'라고 한다. 【지어 ▶ 저어/지이 ▶ 저으니】.

징개 명 삼을 삼을 때 삼 모숨을 걸치는 징개다리. 통나무 바탕위에 끝이 V자 모양으로 갈라진 기둥을 세운 것으로, 삼을 삼을 때 징개다리 2개를 놓고 삼 모숨을 걸친다. 《전지. 견지다리》 ☞ 삼베길쌈.

징'기다 동 지니다. 【징개 ▶ 지녀/징기이 ▶ 지니니】 ¶돈은 버리는 거도 어렵지마는 징기고 잘 씨는 거도 어렵다. ▶ 돈은 버는 것도 어렵지만 지니고 잘 쓰는 것도 어렵다.

징기'미 명 징거미. ¶야이사람 그말말고 내돈석양 갚어라. 야이눔으 징기미야 암말도말고 눕었그라. 이내부랄 비어다가 망티기전에 팔어도 니돈석양 내갚으마. 야이사람 그말말고 내돈석양 갚어라. 야이눔으 징기미야 암말도말고 눕었그라. 이내꼬치 비어다가 홍디깨전에 팔어도 니돈석양 내갚으마. ▶ 야이사람 그말말고 내돈석냥 갚아라. 야이놈의 징거미야 아무말말고 누웠거라. 이내불알 베어다가 망태기전에 팔아도 네돈석냥 내갚으마. 야이사람 그말말고 내돈석냥 갚아라. 야이놈의 징거미야 아무말말고 누웠거라. 이내꼬치 베어다가 홍두깨전에 팔아도 네돈석냥 내갚으마. ※징거미를 손으로 잡았을 때 앞발로 물고 꼬집으면서 몸부림을 치는 것을 돈 갚으라고 떼를 쓰는 것으로 비유하여 부르는 타령. 〈징기미타령의 일부. 경주풍물지리지〉.

징이'미 명 도복처럼 생긴 성인의 외출복. ¶나풀나풀 나부손은 우리어매 날오라고 손치는양 흡사하다, 이베짜서 울오랍씨 도복비고 징이미비고 중치한감 남었구나. ▶ 나풀나풀 나부손은 우리엄마 날오라고 손치는듯 흡사하다, 이베짜서 우리오빠 도복베고 징님베고 중치한감 나왔구나. 〈베틀 노래의 일부〉 ☞ 징임.

징임

징임 명 도복처럼 생긴 성인의 외출복. ☞ 징이미.

징'조부 명 증조부(曾祖父). ¶고조부, 징조부, 할배, 아부지, 이렇게 사대봉사를 다 할라카머 뼛골이 빠졌다. ▶ 고조부, 증조부, 할아버지, 아버지, 이렇게 사대봉사(四代奉祀)를 다 하려면 뼛골이 빠졌다.

징'판 명 쓰레받기. '진판(塵板).'의 뜻. ¶콩 쓸어 모다 논 거를 징판으로 퍼 담어라. ▶ 콩 쓸어 모아 놓은 것을 쓰레받기로 퍼 담아라.

짚꼬개~이 명 짚의 고갱이. 짚의 속고갱이. ☞ 짚호깨이. 짚홰기.

짚나래'끼 명 짚나라미. 지푸라기. ¶마실에 음복 돌릴 봉순은 짚나래끼로 무꾸머 댄다. ▶ 마을에 음복(飮福) 돌릴 음식봉지는 짚나라미로 묶으면 된다. ☞ 짚내끼.

짚내'끼 명 짚나라미. 지푸라기. '짚나래끼'의 준말.

짚'다 형 깊다. '지푸다'의 준말. 【짚어 ▶ 깊어/짚으이 ▶ 깊으니】 ¶물도 건내 바야 알드시 사람 맴이 짚고 야푼 거도 젂어 바야 안다. ▶ 물도 건너 봐야 알듯이 사람 마음이 깊고 얕은 것도 겪어 보아야 안다.

짚빼까리 명 짚가리. ¶겨실 내 소 묵애고 마꺼불 여 주고 가매이 짜고 멍시기 짜고 새끼 꾸고 신 삼어 신고 하이 산디미 글든 짚빼까리도 반튼도 앤 남었다. ▶ 겨울 내 소 먹이고 북데기 넣어 주고 가마니 짜고 멍석 짜고 새끼 꼬고 신 삼아 신고 하니 산더미 같던 짚가리도 반도 안 남았다.

짚불 명 결혼식 때 신랑이 신부 집으로 들어올 때 잡귀가 따라 들어오지 못하게 놓는 불. 대문 앞에 짚단을 놓고 불을 붙인다. ☞ 잿봉치기.

짚뽁디'기 명 짚북데기. ¶마구깐에 짚뽁디기를 맻 자대기 더 여 조라. ▶ 외양간에 짚북데기를 몇 아름 더 넣어 줘라.

짚소구리 명 삼태기. ¶두엄을 소랑으로 끌어다 짚소구리에 담는다. ▶ 두엄들 쇠스랑으로 끌어다가 삼태기에 담는다. ☞ 산대미.

짚수시'개 명 짚수세미. ¶녹그럭은 개와가리를 짚수시개에 묻쳐서 딲어야 시퍼런 녹이 빠진다. ▶ 놋그릇은 기와가루를 짚수세미에 문혀서 닦아야 시퍼런 녹이 빠진다. ☞ 짚수제.

짚수'제 명 짚수세미. ☞ 짚수시개.

짚신 명 짚으로 삼은 신. 베를 짤 때 쇠꼬리 끝에 달린 외짝 끌신. 이것을 발에 걸고 당기고 놓음에 따라 용두머리가 아래위로 움직여서 잉애올과 사올이 교차한다. 짚신을 대신하여 노끈으로 고리를 지워 발뒤축에 걸게 한 것도 있다.

《베틀신. 지틀신. 골신. 끄실신》 ☞ 베틀.

짚신재~이 몡 짚신장수. 짚신장수는 짚신을 엽전 꿰듯이 포개어 꿰어 어깨에 메고 다니면서 판다.

짚티끄래기 몡 짚 티끌. ¶국그럭에 **짚티끄래기** 날러 들어갈라 바뿌재로 덮어나라. ▶ 국그릇에 짚 티끌 날아 들어갈라 보자기로 덮어놓아라. ☞ 짚티끼.

짚티끼 몡 짚 티끌. ¶타작하다가 **짚티끼**가 눈에 들어갔다. ▶ 타작하다가 짚 티끌이 눈에 들어갔다. ☞ 짚티끄래기.

짚풀 몡 짚. ¶**짚풀**로 하는 일을 꼽어 보자. 우선어 영기 엮어서 지붕 이지, 짚신 삼어서 신지, 멍시기 짜서 자리 하지, 소구리 망태기 엮지, 가매이 짜고 섬 맨들어서 곡식 담지, 또 소여물 묵애지, 그라고도 남은 뿍띠기는 모다서 거름 하지, 머 하나 내뿌리는 기이 없다. ▶ 짚으로 하는 일을 꼽아 보자. 우선 이엉 엮어서 지붕 이지, 짚신 삼아서 신지, 멍석 짜서 자리 하지, 소쿠리 망태 엮지, 가마니 짜고 섬 만들어서 곡식 담지, 또 소여물 먹이지, 그러고도 남은 북데기는 모아서 거름 하지, 뭣 하나 내버리는 것이 없다.

짚호:깨~이 몡 짚고갱이. 짚의 속고갱이. ¶**짚호깨이**를 뽑어서 곱은 따재비신도 삼고 방 비짜리도 맨다. ▶ 짚고갱이를 뽑아서 고운 짚신도 삼고 방 빗자루도 맨다. ☞ 짚꼬개이. 짚홰기.

짚홰:기 몡 짚고갱이. 짚의 속고갱이. ☞ 짚꼬개이. 짚호깨이.

짜개'다 동 쪼개다. 패다. 【**짜개** ▶ 쪼개/짜개이 ▶ 쪼개니】 ¶꼴난 그거를 **짜개**서 어디다 붙치노, 니나 다 하고 말어라. ▶ 보잘것없는 그것을 쪼개서 어디다 붙이나, 너나 다 하고 말아라./등거리를 **짜개**서 차곡차곡 보기 좋게 재 났다. ▶ 장작을 패서 차곡차곡 보기 좋게 쟁여 놓았다.

짜:구1 몡 자귀. 나무를 깎고 다듬는 데 쓰는 연장.

짜구2 몡 공기놀이. ¶집에 책보를 갖다 놓고 저 나무 거렁지 밑에서 우리 **짜구** 하자. ▶ 집에 책보를 갖다 놓고 저 나무 그늘 밑에서 우리 공기놀이 하자.

짜:드록 뭐 잔뜩. 한껏. ¶소문난 잔채에 밸꺼 없다 카디이 **짜드록** 채래 나도 묵을 만한 기이 밸로 없드라요. ▶ 소문난 잔치에 별것 없다 하더니 잔뜩 차려 놓아도 먹을 만한 것이 별로 없던데요./**짜드록** 일해 조도 삼 시 밥 묵애 주는 거 뱃에 더 있나? ▶ 한껏 일해 줘도 삼 시 밥 먹여 주는 것밖에 더 있나? ☞ 짜들.

짜:들 뭐 잔뜩. 한껏. '짜드록'의 준말. ¶**짜들** 지 자랑을 널어놓지마는 알고 보머 속은 빈 강정이지. ▶ 잔뜩 제 자랑을 널어놓지만 알고 보면 속은 빈 강정이지.

짜들래¹:다

짜들래¹:다 동 쪼들리다.【짜들래 ▶ 쪼들려/짜들래이 ▶ 쪼들리니】☞ 짜채다. 짜치다. 짭채다. 쪼채다. 쪼치다.

짜'라빠지다 형 절어빠지다. ¶짜라빠진 간고디이 한 동가리머 보리밥 두 그럭은 묵겠다. ▶ 절어빠진 자반고등어 한 토막이면 보리밥 두 그릇은 먹겠다./너무 짜라빠저서 짭다 몬해서 소태 긑치 씹다. ▶ 너무 절어빠져서 짜다 못해서 소태 같이 쓰다.

짜리'다1 동 자르다.【짤러 ▶ 잘라/짜리이 ▶ 자르니】¶칼로 조피를 짜리드시 빤뜻하다. ▶ 칼로 두부를 자르듯이 반듯하다./씰데없는 거는 짤러 내뿌리자. ▶ 쓸데없는 것은 잘라 내버리자.

짜리'다2 형 짧다.【짤러 ▶ 짧아/짜리이 ▶ 짧으니】¶짜린 문자 씨니라꼬 욕본다. ▶ 짧은 문자 쓰느라고 고생한다. ※유식한 척 하는 사람을 보고 비꼬는 말./이거는 짤러서 몬 씨겠다. ▶ 이것은 짧아서 못 쓰겠다./겔에는 해가 짜리이 일을 서둘러야 한다. ▶ 겨울에는 해가 짧으니 일을 서둘러야 한다. ☞ 짤따.

짜'정 명 짜증. ¶짜정을 부리지 마고 천처이 말해 바라. ▶ 짜증을 부리지 말고 천천히 말해 보아라.

짜채:다 동 쪼들리다. 달리다.【짜채 ▶ 쪼들려/짜채이 ▶ 쪼들리니】¶팽상 돈에 짜채매 살어 노이 인자 어지간한 일에는 여사다. ▶ 평생 돈에 쪼들리며 살아 놓으니 이제 어지간한 일에는 예사다./해마중 묵고 사는 데 짜채이 다린 데로 눈을 돌릴 여개가 없다. ▶ 해마다 먹고 사는 데 달리니 다른 데로 눈을 돌릴 여가가 없다. ☞ 짜들래다. 짜치다. 짭채다. 쪼채다. 쪼치다.

짜치:다 동 쪼들리다.【짜채 ▶ 쪼들려/짜치이 ▶ 쪼들리니】¶팽상 돈 한분 앤 짜채 보고 살었는데 요새는 짜채 죽겠다. ▶ 평생 돈 한번 안 쪼들려 보고 살았는데 요새는 쪼들려 죽겠다. ☞ 짜들래다. 짜채다. 짭채다. 쪼채다. 쪼치다.

짝 명의 쪽. ¶이짝저짝이 다 내 칭군데 어느 짝 손마 들어 줄 수 있겠노? ▶ 이쪽 저쪽이 다 내 친군인데 어느 쪽 손만 들어 줄 수 이겠나?

짝대'기 명 작대기. 지팡이. 일(一)자모양의 '사병계급장 표지'의 속된말. ¶사밴이 끝나고는 기차깐에서 짝대기 짚고 까꾸래이 손에 연필 들고 팔로 댕기는 사람이 만었다. ▶ 사변이 끝나고는 기차간에서 작대기 짚고 갈고리 손에 연필 들고 팔러 다니는 사람이 많았다. ※이들이 상이군인(傷痍軍人)들이다. ☞ 지평이.

짝대'기패 명 '폭도(暴徒)'의 속된말. ¶대구 폭동사건 때 짝대기패들이 몰래와서 집 뿌수고 사람 죽이고 했지. ▶ 대구 폭동사건(10·1사건) 때 폭도들이 몰려와서 집 부수고 사람 죽이고 했지.

짝두 몡 작두. 마소에 먹일 여물을 써는 연장. Y자모양의 통나무 바탕 위에 줄이 달린 작두날이 세로로 걸렸다. 여물을 썰 때는 한 사람은 발판 위에 서서 줄을 잡고 작두자루를 들었다 놓았다 하면서 밟고 한 사람은 앉아서 꼴을 댄다. ¶여물을 싸릴 때는 짝두에 손을 조심해야 한다. ▶ 여물을 썰 때는 작두에 손을 조심해야 한다.

짝두보리 몡 작두보리. ¶보리고개 넝구기가 얼매나 심들었으며 금새 올러오는 보리이시기를 비다가 짝두로 싸러 말라서 가리를 내서 살과 섞어서 죽을 끼리는 짝두보리라는 기이 다 있었을라꼬. ▶ 보릿고개를 넘기기가 얼마나 힘들었으면 금방 올라오는 보리이삭을 베어다가 작두로 썰어 말려서 가루를 내서 쌀과 섞어서 죽을 끓이는 작두보리라는 것이 있었으려고.

짝부'랄 몡 외짝불알. 크기가 다른 불알. ¶짝부랄을 차고도 사나구실마 잘하드라. ▶ 외짝불알을 차고도 사내구실만 잘하더라.

짝'지 몡 지팡이. 작대기. ¶초상집에 머 몰래오듯이 짝지 패들이 몰래오기 시작한다. ▶ 초상집에 뭐 몰려오듯이 지팡이 패들이 몰려오기 시작한다. ※ 잔칫집에 몰려오는 늙은 불청객들을 비꼬아 하는 말이다. 그들은 마치 어느 마을의 누구네 집의 환갑이 언제고 소대상(小大祥)이 언제라는 것을 일람표라도 만들어 둔 것처럼 알고 있다가, 그 날이면 의관을 정재하고 찾아가서 행사가 파하는 날까지 머물러 눈칫밥을 얻어먹는다.

짝짝'꿍 몡 아기를 어르면서 가르치는 몸놀림의 하나. 두 손바닥을 마주 치게 하는 말 또는 그 동작. ☞ 깟딱깟딱. 곤지곤지. 따리따리. 도레도레. 불매불매. 서마서마. 잠잠. 쪼막쪼막. 진진. 헐래헐래.

짝째'기1 몡 짝짝이. 다른 짝으로 이루어진 것. ¶눈은 짝째기라도 보는 거는 바리다. ▶ 눈은 짝짝이라도 보는 것은 바르다./누가 넘으 신을 짝째기로 신고 갔다. ▶ 누군가 남의 신을 짝짝이 신고 갔다. ☞ 짝찌기.

짝째'기2 뷔 짝짝이. 짝을 지어서. ¶내외끼리 짝째기 나와서 소리 한 자리씩 하기로 하시더. ▶ 부부끼리 짝짝이 나와서 소리 한 곡씩 하기로 합시다.

짝찌'기 몡 짝짝이. ¶짝찌기 장갑을 쪘다. ▶ 짝짝이 장갑을 꼈다 ☞ 짝째기1.

짠지: 몡 짠지. ¶짠지는 무시, 꼬치, 더덕, 돌개, 무래, 위, 수박껍띠기, 가중, 죄피 이퍼리, 건맹태, 깨이퍼리, 콩이퍼리, 마늘, 이런 거를 된장이나 꼬치장에 박아 났다가 찬으로 묵는 기이다. ▶ 짠지는 무, 고추, 더덕, 도라지, 오이, 참외,

짤:다 수박껍질, 가죽, 산초잎, 건명태, 깻잎, 콩잎, 마늘, 이런 거를 된장이나 고추장에 박아 두었다가 반찬으로 먹는 것이다.

짤:다 〖형〗 절다. 【짤아▶ 절어/짤으이▶ 저니】 ¶냅추가 소금에 너무 짤어서 소태맛이다.▶ 배추가 소금에 너무 절어서 소태맛이다./옷을 얼매나 앤 씩겄는지 때에 짤아 빠졌다.▶ 옷을 얼마나 안 씻었는지 때에 절어 빠졌다.

짤'따 〖형〗 짧다. 【짤버▶ 짧아/짤꼬▶ 짧고/짤분▶ 짧은】 ¶알라가 우는 기이 짤따.▶ 애기가 우는 것이 짧다./생각이 쫌 짤버서 실수했다.▶ 생각이 좀 짧아서 실수했다./여름에는 밤이 짤꼬 낮이 질다.▶ 여름에는 밤이 짧고 낮이 길다./그 짤분 글을 어디다 써 묵겠노?▶ 그 짧은 글(지식)을 어디다 써 먹겠나? ☞ 짜리다2.

짤딸막:하다 〖형〗 짤따랗다. 【짤딸막해▶ 짤따래/짤딸막하이▶ 짤따라니】 ¶키가 짤딸막하고 얼골이 쪼맨한 사람이 당차게 빈다.▶ 키가 짤따랗고 얼굴이 조그마한 사람이 당차게 보인다.

짤'버지다 〖동〗 짧아지다. 【짤버저▶ 짧아져/짤버지이▶ 짧아지니】 ¶동지가 지나머 낮이 질어지고 밤이 짤버진다.▶ 동지가 지나면 낮이 길어지고 밤이 짧아진다.

짤라뿌리다 〖동〗 잘라버리다. ¶몬 난 가재이는 일찌감치 짤라뿌리는 기이 낫다.▶ 못 난 가지는 일찌감치 잘라버리는 것이 낫다.

짤래:다 〖동〗 잘리다. '짜리다1'의 피동. 【짤래▶ 잘려/짤래이▶ 잘리니】 ¶지난 바람에 그 큰 고목 가재이가 다 짤래 나갔다.▶ 지난 바람에 그 큰 고목 가지가 다 잘려 나갔다./그 자리에서 짤래이 갈 데가 없다.▶ 그 자리(직장)에서 잘리니 갈 데가 없다.

짤쭘:하다 〖형〗 짤록하다. ¶얼골이 짤쭘한 사람이 밍이 그래 질 상이 아이다.▶ 얼굴이 짤록한 사람이 명이 그리 길 상이 아니다. ☞ 쨀쫌하다.

짭다 〖형〗 짜다. 【짭어▶ 짜/짭으이▶ 짜니】 ¶짭다 싱겁다 카지 마고 니 입을 거기다 마차라.▶ 짜다 싱겁다 하지 말고 네 입을 거기다 맞춰라.

짭주재 〖명〗 씨아의 손잡이. 《씨아손. 꼭지마리》 ☞ 쐐기.

짭찔밧다 〖형〗 짭짤하다. 깔끔하다. ¶그 집 매느리는 없는 집에 시집와서도 살림을 사는 기이 짭찔밧다꼬 소문이 났다.▶ 그 집 며느리는 없는 집에 시집와서도 살림을 사는 것이 짭짤하다고 소문이 났다.

짭찔:하다 〖형〗 짭짤하다. ¶여름에는 보리밥을 물에 말고 풋꼬치나 짭찔한 짠지맻 쪼가리머 한 끼 땐다.▶ 여름에는 보리밥을 물에 말고 풋고추나 짭찔한 짠

지 몇 조각이면 한 끼니 때운다.

짭:채다 동 쪼들리다. 【짭채▶쪼들려/짭채이▶쪼들리니】¶만날 짭채다가 보이 인자는 에라 모리겠다 카매 보통으로 생각한다. ▶ 매일 쪼들리다가 보니 이제는 에라 모르겠다며 보통으로 생각한다./요새는 돈에 짭채 죽겠다. ▶ 요새는 돈에 쪼들려 죽겠다. ☞ 짜들래다. 짜채다. 짜치다. 쪼채다. 쪼치다.

짭'치다 동 조르다. 독촉(督促)하다. 최촉(催促)하다. 【짭처▶졸라/짭치이▶조르니】¶지발 짭처 대지 마라. 내 언제 니 돈 띠 묵는다 카드나? ▶ 제발 졸라 대지 마라. 내 언제 네 돈 떼어 먹는다 하더냐?/심이 소가죽이라도 자꼬 짭치이 지도 돈을 내놓는다. ▶ 셈(계산)이 쇠가죽이라도 자꾸 조르니 저도 돈을 내놓는다. ☞ 깝치다.

짱배'기 명 정수리. ¶날씨가 어찌나 뜨겁든지 짱배기가 버꺼질라 칸다. ▶ 날씨가 어찌나 뜨겁던지 정수리가 벗어지려 한다.

째'기 명 짝. ¶한참 신을 앤 삼었디이 짚신 한 째기도 성한 기이 없다. ▶ 한참 신을 안 삼았더니 짚신 한 짝도 성한 것이 없다./재까치 한 째기가 뿌라졌다. ▶ 젓가락 한 짝이 부러졌다. ☞ 짹.

째'래보다 동 째려보다. 노려보다. 【째래바▶째려봐/째래보이▶째려보니】¶어이 임마야, 니 나하고 감정 있나 와 째래보노? ▶ 어이 이 새끼야, 너 나하고 감정 있나 왜 째려보나? ※청소년들 사이에 시비를 걸던 말이다./내가 딱 째래보이 고개를 푹 숙이드라. ▶ 내가 딱 째려보니 고개를 푹 숙이더라. ☞ 꼬라보다.

째'비다 동 꼬집다. 빈대나 벼룩 따위가 물다. 【째배▶꼬집어/째비이▶꼬집으니】¶간밤에는 무덥은데다 빈대 배래기는 얼매나 째비는지 잠을 설쳤다. ▶ 간밤에는 무더운데다 빈대 벼룩은 얼마나 꼬집는지 잠을 설쳤다./이기이 꿈인지 생신지 몰래서 내 살을 째배도 밨다. ▶ 이것이 꿈인지 생시인지 몰라서 내 살을 꼬집어도 보았다.

째빈재~이 명 심술쟁이. 남을 꼬집기를 잘 하는 사람. ¶째빈재이 글치 말끝마중 꼭꼭 찌리노? ▶ 심술쟁이 같이 말끝마다 꼭꼭 찌르나? ☞ 개살재이.

짹 명 짝. ¶헌 고무신도 짹이 있는데 내 팔자는 와 이러노?/헌 고무신도 짝이 있는데 내 팔자는 왜 이러나? ☞ 째기.

짹'이 없다 관 짝이 없다. 비할 데 없다. 이를 데 없다. ¶방갑기 짹이 없다. ▶ 반갑기 짝이 없다./미안하기 짹이 없다. ▶ 미안하기 비할 데 없다./고맙기 짹이 없다. ▶ 고맙기 이를 데 없다.

쨀:기다

쨀:기다 동 지리다. 【쨀개 ▶ 지려/쨀기이 ▶ 지리니】 ¶오줌을 짤짤 쨀길 만치 뚜디러 맞었다. ▶ 오줌을 잘잘 지릴 만큼 두들겨 맞았다./저 개새끼는 가는 데마중 똥오줌을 쨀개 놓는다. ▶ 저 개새끼는 가는 데마다 똥오줌을 지려 놓는다.

쨀쫌:하다 형 짤록하다. '짤막하고 홀쭉하다'의 뜻. ¶얼굴이 쨀쫌한 사람이 어디서 마이 본 거 같다. ▶ 얼굴이 짤록한 사람이 어디서 많이 본 것 같다. ☞ 짤쭘하다.

쨋불 명 잿불. 등겨나 콩깍지 따위를 태운 불. 불기운이 은근하게 오래 가서 무명베를 맬 때나 엿이나 곰 따위를 고을 때 피운다.

쩌:입다 동 껴입다. 【쩌입어 ▶ 껴입어/쩌입으니 ▶ 껴입으니】 ¶날씨가 쌀쌀한데 우또리 하나 더 쩌입고 나가그라. ▶ 날씨가 쌀쌀한데 윗도리 하나 더 껴입고 나가거라.

쩔뚝'바리 명 절뚝발이. 절름발이. ¶육이오 때는 전장아 나가서 다처서 목발 짚은 쩔뚝바리매 까꾸래이손을 한 외팔재이가 수두룩했다. ▶ 육이오 때는 전장에 나가 다쳐서 목발 짚은 절뚝발이며 갈퀴손을 한 외팔이가 수두룩했다./쩔뚝바리 밭고랑 발네. ▶ 절뚝발이 밭고랑 밟네./쩔뚝바리 콩 숭구매 댕기네. ▶ 절름발이 콩 심으며 다니네. ※콩 심을 때 발꿈치로 자국을 내어 콩 알을 떨어뜨리고, 발로 흙을 덮으면서 밭고랑을 따라가는 동작이 마치 절뚝발이 걸음과 비슷하여 생긴 말. ☞ 뚝바리. 쩔룩바리.

쩔룩'바리 명 절뚝발이. 절름발이. ☞ 뚝바리. 쩔뚝바리.

쪼1 명의 조(條). 조건.(條件) ¶지난분에 최 준 돈 쪼로 하리 일을 해 도고. ▶ 지난번에 빌려준 돈 조로 하루 일을 해 다오./자네가 차비를 낸 쪼로 밥은 내가 산다. ▶ 자네가 차비를 낸 조건으로 밥은 내가 산다.

쪼2 명 상태(狀態). 형편(形便). '조시'의 준말. ¶니가 하는 기이 개와 그 쪼다. ▶ 네가 하는 것이 겨우 그 상태다(조시다)./그런 쪼로 나가면 재미없을 줄 알어라. ▶ 그런 형편으로(조시로) 나가면 재미없을 줄 알아라. ☞ 조시.

쪼가'리 명 조각. ¶아칙에 떡 한 쪼가리 묵고 여직 아무 꺼도 몬 묵었다. ▶ 아침에 떡 한 조각 먹고 여태 아무 것도 못 먹었다. ☞ 쪼개이.

쪼개~이 명 조각. ¶아이 쪼매 덜 익은 복성이지마는 한 쪼개이 맛볼래? ▶ 아직 조금 덜 익은 복숭아지만 한 조각 맛볼래? ☞ 쪼가리.

쪼까:뿌리다 동 쫓아버리다. 【쪼까뿌러 ▶ 쫓아버려/쪼까뿌리이 ▶ 쫓아버리니】 ¶저 개새끼 아무데나 똥 노 사서 몸서리난다. 부지깨이로 쪼까뿌러라. ▶ 저 개

새끼 아무데나 똥 눠 대서 몸서리난다. 부지깽이로 **쫓**아버려라.

쪼깨: 튄 조금. ¶어애 댄 판인지 요새는 **쪼깨** 묵고도 배가 부리다. ▶ 어떻게 된 판인지 요사이는 **조금** 먹고도 배가 부르다./**쪼깨** 묵고도 배부리머 곧 부자 대겠네. ▶ **조금** 먹고도 배부르면 곧 부자 되겠네. ☞ 쪼깨이. 쪼꿈. 쪼매. 쪼매이. 쫌.

쪼깨:이 튄 조금. ¶꼴난 일 그거 **쪼깨이** 하고 몸살이 났다고 들어 눕었다. ▶ 보잘 것 없는 일 그것 **조금** 하고 몸살이 났다고 들어 누웠다. ☞ 쪼깨. 쪼꿈. 쪼매. 쪼매이. 쫌.

쪼꼬마:하다 혱 조그마하다. ¶**쪼꼬마는야** 샛갓집이 하잘난처자 들랑날랑, 낚숫대로야 낚어나낼까 물레줄에 잣아낼까. ▶ **조그마는야**(조그마한) 샛갓집에(사이갓집) 하잘난처녀(하도 잘난 처녀) 들랑날랑, 낚싯대로야 낚아나낼까 물레줄에 잣아낼까. 〈전래민요의 일부〉.

쪼꿈 튄 조금. 약간(若干). ¶**쪼꿈이라도** 손해를 볼 일은 애 할라 칸다. ▶ **조금이라도** 손해를 볼 일은 안 하려 한다./누가 도망을 가는 거도 아인데 **쪼꿈도** 몬 참고 저래 짭친다. ▶ 누가 도망을 가는 것도 아닌데 **조금도** 못 참고 저렇게 재촉한다. ☞ 쪼깨. 쪼깨이. 쪼매. 쪼매이. 쫌.

쪼:다1 동 쬐다. 【**쪼아**▶ 쬐어/**쪼이**▶ 쬐니】¶무디기불에 불 **쪼다가** 부랄 익을라. ▶ 모닥불에 불 **쬐다가** 불알 익을라./젖은 옷은 아구리 불에 **쪼아** 말라라. ▶ 젖은 옷은 아궁이 불에 **쬐어** 말려라./죄일 햇볕을 **쪼이** 얼골이 뻘겋게 익었다. ▶ 종일 햇볕을 **쬐니** 얼굴이 벌겋게 익었다.

쪼:다2 동 죄다. 【**쪼아**▶ 죄어/**쪼이**▶ 죄니】¶소발 실은 기이 넘어질라 북대를 더 **쪼아** 가그라. ▶ 소바리 실은 것이 넘어질라 복대를 더 **죄어** 가거라./처매끈을 너무 **쪼아서** 허리가 끄너질라 칸다 ▶ 치마끈을 너무 **죄어서** 허리가 끊어지려 한다./모가지를 잡고 **쪼이** 칵칵 카매 손을 들드라. ▶ 모가지를 잡고 **죄니** 칵칵 하며 손을 들더라.

쪼달래:다 동 쪼들리다. 【**쪼달래**▶ 쪼들려/**쪼달래이**▶ 쪼들리니】¶살림에 **쪼달래다가** 보이 자석 공부 하나 지대로 몬 시겠다. ▶ 살림에 **쪼들리다가** 보니 자식 공부 하나 제대로 못 시켰다. ☞ 쪼달리다.

쪼달리:다 동 쪼들리다. 【**쪼달래**▶ 쪼들려/**쪼달리이**▶ 쪼들리니】☞ 쪼달래다.

쪼:대1 몡 곰방대. ¶지게짝대기를 받쳐 놓고 쌈지에다 **쪼대를** 밀어 옇고 담배 한 대를 눌라 담어서 물고 부쇳돌을 탁탁 치고 있다. ▶ 지게작대기를 받쳐 놓

쪼:대2

고 쌈지에다 **곰방대를** 밀어 넣고 담배 한 대를 눌러 담아서 물고 부싯돌을 탁 탁 치고 있다.

쪼:대2 몡 찰흙. ¶**쪼대**에는 빨간 **쪼대**하고 실라 때 그럭을 맨들든 검정 **쪼대**가 있다. ▶ **찰흙**에는 빨간 **찰흙**과 신라(新羅) 때 토기를 만들던 검정 **찰흙**이 있다.

쪼'대로 하다 관 '쪼대로 해라' 꼴로 쓰여, '멋대로 해라' 또는 '마음 내키는 대로 해라'는 뜻의 빈정거리는 투의 말이 됨. ¶우리가 신갱 씰 꺼 없다. 지 **쪼대로 하구로** 내뿌러 나라. ▶ 우리가 신경 쓸 것 없다. 제 **멋대로 하게** 내버려 놓아라. ☞ 꼴리는 대로 하다. 좆대로 하다.

쪼루':다 동 졸이다. 속을 졸이다. 【**쪼라** ▶ 졸여/**쪼루이** ▶ 졸이니】 ¶매래치 남은 거를 **쪼라서** 밴또 반찬을 맨들어라. ▶ 멸치 남은 것을 **졸여서** 도시락 반찬을 만들어라./화토 두 장을 접쳐 들고 **쪼라** 보디이 무룹을 탁 친다. ▶ 화투 두 장을 겹쳐 들고 **졸여** 보더니 무릎을 탁 친다.

쪼막손 몡 조막손. ¶자는 알라 때 화리불에 손을 디서 **쪼막손**이 댔단다. ▶ 쟤는 아기 때 화롯불에 손을 데어서 **조막손**이 되었단다.

쪼막:쪼막 몡 아기를 어르면서 가르치는 몸놀림의 하나. 두 손을 폈다 오므렸다 하게 하는 말 또는 그 동작. ☞ 깟딱깟딱. 곤지곤지. 따리따리. 도레도레. 불매불매. 서마서마. 짝짝꿍. 잠잠. 진진. 헐래헐래.

쪼매: 뿌 조금. 잠시(暫時). 【**쪼맨** ▶ 조그마】 ¶감자 한 소쿠리를 다 까묵고도 **쪼매** 묵었는데 배가 부리단다. ▶ 감자 한 소쿠리를 다 까먹고도 **조금** 먹었는데 배가 부르단다./우리 아들은 아이 **쪼맨해서** 심 드는 일은 몬한다. ▶ 우리 애들은 아직 **조그마해서** 힘 드는 일은 못한다. ☞ 쪼깨. 쪼깨이. 쪼꿈. 쪼매이. 쫌.

쪼매~이 뿌 조금. ☞ 쪼깨. 쪼깨이. 쪼꿈. 쪼매. 쫌.

쪼불'시다 동 쪼그리다. 【**쪼불서** ▶ 쪼그려/**쪼불시이** ▶ 쪼그리니】 ¶시어마이 판에 놀 **쪼바리** 나물은 **쪼불서** 안저서 문치고, 시아바이 상에 놀 엉개 나물은 엉글시 문친다. ▶ 시어미 상에 놓을 **쪼바리** 나물은 **쪼그려** 앉아서 무치고, 시아비 상에 놓을 엉개 나물은 엉성하게 무친다. ※나물 이름을 빌려서 시부모에 대한 감정을 나타낸 말./**쪼불서** 안지 마고 팬하게 안저라. ▶ **쪼그려** 앉지 말고 편하게 앉아라.

쪼애:다 동 쪼이다. '쪼다'의 피동. 【**쪼애** ▶ 쪼여/**쪼애이** ▶ 쪼이니】 ¶우리 집은 햇뱉이 잘 **쪼애는** 남향집이다. ▶ 우리 집은 햇볕이 잘 **쪼이는** 남향집이다.

쪼'이 몡 화투놀음. 【**쪼이꾼** ▶ 화투노름꾼/**쪼이판** ▶ 화투노름판】 ¶오늘 저녁 묵고 저 우에 외따리집에서 **쪼**이 한 판 붙자. ▶ 오늘 저녁 먹고 저 위에 외딴집에서 **화투놀음** 한 판 붙자. ※ 한 해 동안 힘들여 농사를 지은 것을 겨울 한 철에 주막나들이와 도박으로 탕진하는 사람이 있었다.

쪼ʼ이꾼 몡 화투노름꾼. ¶마실에 **쪼이꾼**이 설치머 마실을 배린다. ▶ 마을에 **화투노름꾼**이 설치면 마을을 버린다.

쪼ʼ이판 몡 화투노름판. ¶소 팔어서 **쪼이판**에서 다 날랬다. ▶ 소 팔아서 **화투노름판**에서 다 날렸다.

쪼채ː다 통 쪼들리다. 【쪼채 ▶ 쪼들려/쪼채이 ▶ 쪼들리니】 ¶돈에 **쪼채**이 짜증마 난다. ▶ 돈에 **쪼들리니** 짜증만 난다./그렇게 **쪼채**도 잘도 이개 내네. ▶ 그렇게 쪼들려도 잘도 이겨 내네. ☞ 짜들래다. 짜채다. 짜치다. 짭채다. 쪼치다.

쪼추바리 몡 달리기. ¶고무신째기를 벗어 들고 **쪼추바리**하는 데 나는 도저이 몬 따러가겠드라. ▶ 고무신짝을 벗어 들고 달리기하는 데 나는 도저히 못 따라가겠더라. ☞ 쪼치바리.

쪼추바리떡 몡 머슴이 떠나는 날 만들어 주는 떡. ¶그 집에서 머섬을 보낼 때 **쪼추바리떡**마 아이라 옷도 새로 한 불 해 입해 보냈단다. ▶ 그 집에서 머슴을 보낼 때 떡만 아니라 옷도 새로 한 벌 해 입혀 보냈단다.

쪼치ː다 통 쪼들리다. 【쪼채 ▶ 쪼들려/쪼치이 ▶ 쪼들리니】 ¶돈에 **쪼채**서 사람이 말러 죽겠다. ▶ 돈에 **쪼들려서** 사람이 말라 죽겠다. ☞ 짜들래다. 짜채다. 짜치다. 짭채다. 쪼채다.

쪼치바리 몡 달리기. ¶오늘 운동회서 **쪼치바리**에 나가서 내가 일등을 했다. ▶ 오늘 운동회서 달리기에 나가서 내가 일등을 했다. ☞ 쪼추바리.

쪽ː 튀 똑. 죽. ¶이 질로 **쪽** 바리 가머 행길이 나온다. ▶ 이 길로 똑 바로 가면 한길이 나온다.

쪽두ʼ리 몡 족두리. ¶저 실랑, 첫날밤에 지 각시 **쪽두리**도 몬 배끼고 쩔쩔매는 거 바라. ▶ 저 신랑, 첫날밤에 제 색시 **족두리**도 못 벗기고 쩔쩔매는 것 보아라. ※신랑각시를 한 방에 들여보내고 문구멍을 뚫고 들어다 보면서 짓궂게 숙덕거리는 말이다.

쪽ː바리 튀 똑바로. 솔직하게. ¶이 질로 **쪽바리** 따러서 가머 댄다. ▶ 이 길로 똑 바로 따라서 가면 된다./**쪽바리**게 말하머 니가 잘몬했다. ▶ 솔직하게 말하면 네가 잘못했다.

쪽배ʼ기 몡 바가지. ¶일은 애하고 노기마 좋아하다가는 **쪽배기** 차기 알맞지. ▶ 일

쪽지'비

은 안하고 놀기만 좋아하다가는 바가지 차기 알맞지./동양은 몬 주디이라도 쪽배기는 깨지 마라 캤다. ▶ 동냥은 못 주더라도 바가지는 깨지 마라 했다 ☞ 바가이. 바가치.

쪽지'비 몡 족제비. ¶붓은 보통 토깨이나 너구리, 쪽지비나 놀개이 터래기 그튼 거로 맨드는데, 그 중에도 쪽지비 털래기로 맨든 황모필을 제리로 친다. ▶ 붓은 보통 토끼나 너구리, 족제비나 노루 털 같은 것으로 만드는데, 그 중에도 족제비 털로 만든 황모필(黃毛筆)을 제일로 친다./쪽지비도 낯째기가 있는데 사람으 얼골을 하고 그런 염채없는 짓을 할라꼬. ▶ 족제비도 낯짝이 있는데 사람의 얼굴을 하고 그런 염치없는 짓을 하려고.

쪽쪽 몡의 족족. ¶보는 쪽쪽 다 돌라 칸다. ▶ 보는 족족 다 달라 한다./가는 쪽쪽 함흥차사다. ▶ 가는 족족 함흥차사(咸興差使)다.

쪽찌'기 몡 작은 바가지. 간장 따위를 뜨는 작은 바가지. ¶지렁 한 쪽찌기 떠다가 국솥에 간 마차라. ▶ 간장 한 쪽박 떠다가 국솥에 간 맞춰라. ☞ 조롱바가치. 쫑구래기.

쪽찍'게 몡 족집게. ¶아이고 그 점재이, 우얘 그래 쪽찍게 긑치 잘 맞추노? ▶ 아이고 그 점쟁이, 어떻게 그렇게 족집게 같이 잘 맞추나?/쪽찍게로 이마 잔털을 뽑고 분 화장해라. ▶ 족집게로 이마 잔털을 뽑고 분 화장해라.

쫀닥거리다 동 짠득거리다. 깐죽거리다. ¶임석을 디게 쫀닥거리매 묵네. ▶ 음식을 되게 짠득거리며 먹네./사람이 디게 쫀닥거리네. ▶ 사람이 되게 깐죽거리네.

쫀:채~이 몡 잔챙이. 외모나 품성이 잘고 보잘것없는 사람을 비유하여 이르는 말. '잔채이'의 여린말. ¶그 쫀채이는 좁살도 시알러서 묵을 사람이다. ▶ 그 잔챙이는 좁쌀도 세어서 먹을 사람이다.

쫌 튀 좀. 조금. 잠시. '쪼매'의 준말. ¶불상한 사람 쫌 보태 주이소. ▶ 불상한 사람 좀 보태 주세요. ※거지가 동냥하는 말./목 마랍다. 물 쫌 떠다 도고. ▶ 목 마렵다. 물 좀 떠다 다오. ☞ 쪼깨. 쪼깨이. 쪼꿈. 쪼매. 쪼매이.

쫍'다 형 좁다. 【쫍어 ▶ 좁아/쫍으이 ▶ 좁으니】 ¶그 사람은 한잔이 대머 온 질이 쫍다 카매 건들거린다. ▶ 그 사람은 한잔이 되면 온 길이 좁다 하며 건들거린다./맴이 쫍어서 그런 거는 다 몬 받어 디린다. ▶ 마음이 좁아서 그런 것은 다 못 받아 들인다.

쫑구래기 몡 작은 바가지. 표주박. 한 홉 들이 정도의 작은 바가지. 간장이나 곡식 따위를 뜰 때 사용한다. ¶살 단지에서 살 댓 쫑구래기 퍼다가 물에 당가

나라. ▶ 쌀 단지에서 쌀 댓 바가지 퍼다가 물에 담궈 놓아라. ☞ 조롱바가치. 쪽찌기.

쫒:다 동 쪼다. 호미나 괭이 따위로 작은 땅을 일구다. 【쪼저▶쪼아/쪾으이▶쪼니】¶새가 모시를 쪼저 묵는다. ▶ 새가 모이를 쪼아 먹는다./산 밑에 손바닥마한 땅을 쪼저 묵고 산다. ▶ 산 밑에 손바닥만한 땅을 쪼아(일구어) 먹고 산다./감나무에 깐채이밥 맺 개를 낭가 논 거를 깐채이가 와서 다 쪼저 묵었다. ▶ 감나무에 까치밥 몇 개를 남겨 놓은 것을 까치가 와서 다 쪼아 먹었다.

쫒개:다 동 쫓기다. '쫓다'의 피동. 【쫒개▶쫒겨/쫒개이▶쫒기니】¶일에 쫒개서 언제 아들을 돌볼 여가가 있나? ▶ 일에 쫒겨서 언제 애들을 돌볼 여가가 있나?

쬐끼 명 조끼. 【쬐끼주미이▶조끼주머니/쬐끼칼▶주머니칼】 ☞ 재끼.

쬐끼주미~이 명 조끼주머니. ¶쬐끼주미이 백으로 회중시계 줄이 달랑달랑 칸다. ▶ 조끼주머니 밖으로 회중시계 줄이 달랑달랑 한다.

쬐끼'칼 명 주머니칼. ¶쬐끼주미이에서 쬐끼칼을 꺼냈다. ▶ 조끼주머니에서 주머니칼을 끄집어냈다. ☞ 재끼칼. 주미이칼.

쭈구렁반티~이 명 쭈그렁이. 주름투성이 얼굴. ¶이날 이때꺼정 쭈구렁반티이가 다 대드록 살아도 넘한테 실분 소리 한분을 애 해봤다. ▶ 이날 이때까지 쭈그렁이가 다 되도록 살아도 남한테 싫은 소리 한번을 안 해보았다.

쭈구'리다 동 쭈그리다. 【쭈구래▶쭈구려/쭈구리이▶쭈구리니】¶대문 백에 쭈구리고 안저 있는 거를 보이 불상타. 머 쫌 쥐개 보내라. ▶ 대문 밖에 쭈그리고 앉아 있는 것을 보니 불상하다. 뭐 좀 쥐여 보내라.

쭉다리 명 다리(橋梁). 걸친 다리. ¶자꼬 울어 사머 영천 쭉다리 밑에 사는 느거 매하테 대래다 줄란다. ▶ 자꾸 울어 대면 영천 다리 밑에 사는 네 어미한테 대려다 주련다./니는 알라 때 쭉다리 밑에 널쩌 있는 거를 조 왔다. ▶ 너는 아기 때 다리 밑에 떨어져 있는 것을 주워 왔다. ※여인의 다리(脚) 밑을 '다리(橋)'에다 비유하여 아기를 놀리는 말. 이 밖에도 아기에게 겁을 주는 말에는 '다리 밑에 문둥이한테 대려다 준다'거나 '칼·찬 순사가 잡으러 온다'고도 하고 '범이 물어간다'고도 한다.

쭉담 명 지대(址臺). 집채의 처마 안쪽으로 마당보다 높게 된 지대(址臺). 툇마루가 없는 집은 부엌이나 다른 방으로 통하는 통로가 된다. ¶월래 과부 시어마이 밤 쭉담 지킨다 캤다. ▶ 원래 과부 시어미 밤 지대 지킨다 했다. ※외아들 며느리에게 향하는 과부 시어머니의 질투를 말한다.

쭉띠'기 몡 쭉정이. 껍질. 허탕. ¶가실마당을 터이 쭉띠기마 펄펄 날러댕긴다. ▶ 가을마당을 터니 쭉정이만 펄펄 날아다닌다. ※농사가 잘 되지 않았다는 말./이거 흑사리 쭉띠기다. ▶ 이것 흑사리 껍질이다(허탕이다). ☞ 쭉띠이. 쭉찌기.

쭉띠~이 몡 쭉정이. ¶쭉띠이는 불 놓고 알곡석은 거다들룬다. ▶ 쭉정이는 불 놓고 알곡식은 거둬들인다. ☞ 쭉띠기. 쭉찌기.

쭉찌'기 몡 쭉정이. ¶멍시기를 깔어 놓고 털어 논 곡석을 바람에 일어서 쭉찌기를 갈래내자 ▶ 멍석을 깔아 놓고 털어 놓은 곡식을 바람에 일어서 쭉정이를 가려내자. ☞ 쭉띠기. 쭉띠이.

쭐거'리 몡 줄거리. 줄기. ¶고구마는 쭐거리를 짤라서 모종을 한다. ▶ 고구마는 줄거리를 잘라서 모종을 한다. ☞ 쭐거지.

쭐거'지 몡 줄거리. 줄기. ¶금연에는 너무 가물어서 무시 쭐거지가 억시다. ▶ 금년에는 너무 가물어서 무 줄거리가 억세다. ☞ 쭐거리.

-쯤: 젭 -쯤. ¶우리가 지굼 어디쯤 왔겠노? ▶ 우리가 지금 어디쯤 왔겠나?/맹연 봄쯤에 불국사 사꾸라 귀경 가자. ▶ 명년 봄쯤에 불국사 벚꽃 구경 가자./그거쯤은 새 발으 피다. ▶ 그것쯤은 새 발의 피다.

쯔매애'리 몡 학생복이나 군복 윗도리의 잠금 깃. 日 '詰め襟'.

쯔쯔 깝 마소를 달래며 부리는 소리. ☞ 물러. 노로. 워. 워디. 워미. 이라.

찌기~이 몡 찌꺼기. 찌끼. 거르거나 짜내고 난 찌꺼기를 두고 하는 말로, 술이나 엿 찌꺼기는 '찌기이'라고 하고, 참기름은 '깨굼', 두부는 '비지'라고 이른다. ¶술 찌기이를 묵고 취정하네. ▶ 술 찌꺼기(술찌끼)를 먹고 주정하네.

찌'께 몡 집게. 못대가리나 철사 따위를 집어서 빼거나 꾸부리는 연장. ¶찌께로 뽑어내고 새 못을 박어라. ▶ 집게로 뽑아내고 새 못을 박아라.

찌꼬래기 몡 찌꺼기. ¶임석 찌꼬래기는 거름하며 대지마는 사람 찌꼬래기는 내뿌릴 데도 없다. ▶ 음식 찌꺼기는 거름하면 되지만 사람 찌꺼기는 내버릴 데도 없다.

찌끼'미 몡 지킴이. 터줏대감. ¶산에는 범, 집에는 구리이, 못에는 이무기나 꽝철이가 찌기미로 지키고 있다. ▶ 산에는 범, 집에는 구렁이, 못에는 이무기나 강철이가 지킴이로 지키고 있다.

찌다1 동 끼다. 【쩌 ▶ 껴/찌이 ▶ 끼니】 ¶서당아 간다꼬 개드랑에 책 한 곤을 찌고 저 웃길로 가드라. ▶ 서당에 간다고 겨드랑에 책 한 권을 끼고 저 윗길로 가더라./금가락지를 하나 찌고 저래 자랑을 하매 댕긴다. ▶ 금반지를 하나 끼고 저렇게 자랑을 하며 다닌다./앵경을 쩌서 사람으 인상이 달라저 빈다. ▶ 안경을 껴서 사람의 인상이 달라져 보인다./목장갑 보담 개장갑을 찌이 훨씬 뜨시다. ▶ 면장갑 보다 털장갑을 끼니 훨씬 따습다.

찌:다2 동 끼다. 【쩌(찌어) ▶ 껴(끼어)/찌이 ▶ 끼니】 ¶앙개가 쩌서(찌어서) 앞이 앤 빈다. ▶ 안개가 껴서(끼어서) 앞이 안 보인다./눈에 초재기가 다닥다닥 쩠다(찌었다). ▶ 눈에 눈곱이 다닥다닥 꼈다(끼었다)./구룸이 찌이 쪼매 서늘해진다. ▶ 구름이 끼니 조금 서늘해진다.

찌렁'내 명 지린내. ¶아이고 찌렁내야. 오줌도 마이 쌌구나. ▶ 아이고 지린내야. 오줌도 많이 쌌구나.

-찌리 접 -끼리. '서로 함께'의 뜻을 나타내는 접미사. ¶그 집은 고부찌리 이가 좋아서 친 모여 같다. ▶ 그 집은 고부(姑婦)끼리 의가 좋아서 친 모녀 같다.

찌리'다1 동 지르다. 【찔러 ▶ 질러/찌리이 ▶ 지르니】 ¶산에다 불을 찌리고 도망을 갔다. ▶ 산에다 불을 지르고 도망을 갔다.

찌리'다2 동 찌르다. 【찔러 ▶ 찔러/찌리이 ▶ 찌르니】 ¶바늘로 찌리는 거 글치 배가 아푸다. ▶ 바늘로 찌르는 것 같이 배가 아프다./화토장을 쪼라 보디이 앞에 있는 돈을 몽땅 찌린다. ▶ 화투장을 조려 보더니 앞에 있는 돈을 몽땅 찌른다.

찌리:하다 형 쩌릿하다. ¶팔다리가 찌리하다. ▶ 팔다리가 쩌릿하다.

찌부꺼'리다 동 주뼛거리다. 머뭇거리다. ¶아따 이 사람아 천장 앤 무너진다. 찌부꺼리지 마고 여기 와서 안저 바라. ▶ 아따 이 사람아 천장 안 무너진다. 주뼛거리지 말고 여기 와서 앉아 봐라. ☞ 찌비꺼리다.

찌부둥:하다 형 찌뿌드드하다. ¶몸살이 올라 카는지 온 몸이 찌부둥하다. ▶ 몸살이 오려는지 온 몸이 찌뿌드드하다.

찌부러지다 동 비틀어지다. 기울어지다. 【찌부러저 ▶ 비틀어져(기울어져)/찌부러지이 ▶ 비틀어지니(기울어지니)】 ¶간밤에 덥어서 한데서 자고 풍이 들었는지 입이 찌부러지네요. ▶ 간밤에 더워서 한데서 자고 풍이 들었는지 입이 비틀어지네요./도락구에 실은 짐이 한쪽으로 찌부러진다. ▶ 트럭에 실은 짐이 한쪽으로 기울어진다./입 찌부러저 가는 그 빙을 구안와사라 카는 풍빙이라. ▶ 입이 비틀어져 가는 그 병을 구안와사라 하는 풍병이라.

찌부'리다 동 찌푸리다. 【찌부래 ▶ 찌푸려/찌부리이 ▶ 찌푸리니】 ¶사람이 살라 카머 만날 좋은 얼골마 어애 하노, 눈 찌부릴 때도 있지. ▶ 사람이 살려면 만날 좋은 얼굴만 어떻게 하나, 눈 찌푸릴 때도 있지./쪼매 머하머 얼골을 찌부래서

찌비꺼'리다

할 말을 몬 하겠다. ▶ 조금 뭣하면 얼굴을 **찌푸려서** 할 말을 못 하겠다.

찌비꺼'리다 图 주뼛거리다. 머뭇거리다. ¶이논할 기이 있어서 온 모앵인데, 찌비꺼꺼리지 마고 말해 보시게. ▶ 의논할 것이 있어서 온 모양인데, 주뼛거리지 말고 말해 보시게. ☞ 찌부꺼리다.

찌'우다 图 끼우다. 【찌와▶끼워/찌우니▶끼우니】¶괴기 작은 거 한 마리 더 찌와서 삼천 원 하시더. ▶ 고기(생선) 작은 것 한 마리 더 끼워서 삼천 원 합시더./춥은데 저구리 단추를 단디이 찌와서 댕개라. ▶ 추운데 저고리 단추를 단단히 끼워서 다녀라.

찌우뚱거리다 图 끼우뚱거리다. ¶짐을 지고 고개를 넘어오다가 바람에 **찌우뚱거리다가** 고마 처박아 뿌렀다. ▶ 짐을 지고 고개를 넘어오다가 바람에 끼우뚱거리다가 처박아 버렸다.

찌':이다 图 끼이다. '찌우다'의 피동. 【찌애▶끼여/찌이▶끼이니】¶정지이 가머 매느리 말이 올코 방아 가머 시너부 말이 올코, 두리 새 **찌애서** 누구 팬을 들어야 할지 모리겠네. ▶ 부엌에 가면 며느리 말이 옳고 방에 가면 시누이 말이 옳고, 두 사람 새 끼여서 누구 편을 들어야 할지 모르겠네./문틈새에 손까락이 **찌애서** 빙원에 댕개왔다. ▶ 문틈에 손가락이 끼여서 병원에 다녀왔다.

찌'지다1 图 지지다. '찌개'라는 말은 방언권에서 쓰지 않던 말이다. 점잖은 말로 '탕(湯)'이라고 하지만 일반적으로 '××를 찌진 거'라고 말한다. 【찌저▶지져/찌지이▶지지니】¶해무꼬라 카는 기이 매래치 옇고 시래기 **찌진** 거 하나빽에 없다. ▶ 반찬이라는 것이 멸치 넣고 시래기 **지진** 것 하나밖에 없다./빠마라 카등강, 요새 여자들이 머리를 **찌지고** 뽁고 댕기는 거를 보머 꼭 구신 겉드라. ▶ 파마라 하던가, 요새 여자들이 머리를 **지지고** 볶고 다니는 것을 보면 꼭 귀신 같더라.

찌:지다2 图 째지다. 찢어지다. 【찌저▶째져/찌지이▶째지니】¶상추 맻 장을 포개고 보리밥 한 수까락에 된장을 찍어 발러서 입이 **찌지드록** 밀어 옇는다./상추 멫 장을 포개고 보리밥 한 숟가락에 된장을 찍어 발라서 입이 **째지도록** 밀어 넣는다./입이 바리 **찌저** 있으머 말도 쪽 바리 해라. ▶ 입이 바로 **째져** 있으면 말도 똑 바로 해라./이 안들아, 다리 **찌질라** 숨 쫌 돌래 가매 가자. ▶ 이 여편네야, 다리 **째질라** 숨 좀 돌려 가며 가자. ※ 순박하기만 할 것 같은 시골 노파들도 자기들끼리 만나면 이런 농담도 곧잘 한다.

찌짐 图 지짐이. '찌짐이'의 준말. ¶비도 오고 입이 심심한데 짐치하고 대지괴기

열고 찌짐이나 붙쳐서 묵자. ▶ 비도 오고 입이 심심한데 김치하고 돼지고기 넣고 지짐이나 붙여서 먹자. ☞ 부칭개. 찌징개.

찌짐'이 명 지짐이. ¶찌짐이 한 쪼가리로 저임을 때왔다. ▶ 지짐이 한 쪼가리로 점심을 때웠다. ☞ 부칭개. 찌짐. 찌징개.

찌징'개 명 부침개. 지짐이. ☞ 부칭개. 찌짐. 찌짐이.

찍1 명의 적. ¶돈은 있을 찍에 애깨 씨고 몸은 성할 찍에 조심해라. ▶ 돈은 있을 적에 아껴 쓰고 몸은 성할 적에 조심해라./개구리가 올채이 찍을 모린다 카디 이 자가 그 쪼다. ▶ 개구리가 올챙이 적을 모른다 하더니 재가 그 조다. ☞ 곱.

찍:2 갑 쩝. '쩝쩝'의 준말. 음식을 먹고 나서 만족한 듯 입맛을 다시는 소리. ¶어따, 배고픈 짐에 이거저거 막 퍼묵었디이 인자 찍 한다. ▶ 어따, 배고픈 김에 이것저것 마구 퍼먹었더니 이제 쩝 한다./그마이 묵었으며 누구든지 찍 하지. ▶ 그만큼 먹었으면 누구든지 쩝 하지.

찍개:다 동 찍히다. '찍다'의 피동. 【찍개 ▶ 찍혀/찍개이 ▶ 찍히니】 ¶믿은 도끼에 발등 찍갠다 카디이 저 사람이 날 쇠길 줄 누가 알었노? ▶ 믿은 도끼에 발등 찍힌다 하더니 저 사람이 날 속일 줄 누가 알았나?/넘한테 사진 찍개는 기이 실타. ▶ 남한테 사진 찍히는 것이 싫다.

찍'다 동 찧다. 【찍어 ▶ 찧어/찍으이 ▶ 찧으니】 ¶저임아래 보리 찍어 놓고 저임 묵고 콩밭 맺 고랑을 매고 나이 해 그름이 저마이 왔다. ▶ 오전에 보리 찧어 놓고 오후에 콩밭 몇 고랑을 매고 나니 해 그늘이 저만치 왔다.

찍'자 명 생트집. 억지. ¶찍자를 부린다꼬 앤 댈 일이 대는 기이 아이다. ▶ 생트집을 부린다고 안 될 일이 되는 것이 아니다./찍자를 부래도 유분수지 앤 밴 아를 우애 놓노? ▶ 억지를 부려도 유분수지 안 밴 애를 어떻게 낳나?

찐보리 명 쩌서 말려 찧은 보리알갱이. 당장 저녁거리에 보태려면 설익은 보리 몇 단을 베어다 풋바심이라도 해야 한다. 멍석에다 보릿단을 놓고 발로 비벼 털어서 솥에다 넣고 소금물을 뿌리며 찐다. 이것을 겉 말려서 디딜방아에 찧는다. ☞ 떡보리. 풋바심이.

찐:살밥 명 찐쌀로 지은 밥. ¶지굼 철에는 거개 찐살밥이지 아이꺼정 묵은 살로 밥해 묵는 집이 맻 앤 댄다. ▶ 지금 철에는 거의 찐쌀 밥이지 아직까지 묵은 쌀로 밥해 먹는 집이 몇 안 된다.

찔개' 명 찌개. 윷놀이에서, 윷판의 첫 밭으로부터 앞밭이나 뒷밭으로 꺾이지 않고 열두째 되는 밭. ☞ 윷판.

찔걸

찔걸 몡 찌걸. 윷놀이에서, 윷판의 첫 밭으로부터 앞밭이나 뒷밭으로 꺾이지 않고 열셋째 되는 밭. ☞윷판.

찔'기다 혱 질기다. 【찔개▶질겨/찔기이▶질기니】¶그 칭구는 심이 찔기기로 치머 고래쇠미 할배다. ▶ 그 친구는 셈이 질기기로 치면 고래수염 할아버지다. ※ 남의 돈을 잘 갚지 않는 사람을 두고 하는 말. '할배다'는 '고수(高手)다' 또는 '한층 심하다'는 뜻을 나타내는 말임.

찔도 몡 찌도. 윷놀이에서, 윷판의 첫 밭으로부터 앞밭과 뒷밭으로 꺾이지 아니한 열한째의 밭. ☞윷판.

찔뚝'없다 혱 주책없다. 【찔뚝없어▶주책없어/찔뚝없으이▶주책없으니】¶찔뚝없는 짓을 고마하고 정신 채래라. ▶ 주책없는 짓을 그만하고 정신 차려라./사람이 찔뚝없어서 점잔은 자리에는 몬 안춘다. ▶ 사람이 주책없어서 점잖은 자리에는 못 앉힌다.

찔락거'리다 동 거드럭거리다. ¶머를 한다꼬 서월로 대구로 찔락거리매 돌아댕기다가 다 털어 묵고 빙마 얻어서 돌아왔다. ▶ 뭘 한다고 서울로 대구로 거드럭거리며 돌아다니다가 다 털어 먹고 병만 얻어서 돌아왔다.

찔래:다 동 찔리다. '찌리다2'의 피동. 【찔래▶찔려/찔리이▶찔리니】¶까시에 찔랠라 조심해라. ▶ 가시에 찔릴라 조심해라./칼 장난하다가 손을 찔래서 이래 고상한다. ▶ 칼 장난하다가 손을 찔려서 이렇게 고생한다.

찜:1 몡 셈. 핑계. ¶손해 볼 찜 대고 위선 해보기나 하자. ▶ 손해 볼 셈 대고 우선 해보기나 하자./앤 대도 갱험 얻었다 찜 대고 섭하게 생각하지 마라. ▶ 안 되어도 경험 얻었다 셈 대고 섭섭하게 생각하지 마라./저 사람은 원채 모린다 찜 대고 아초부터 손을 앤 댈라 칸다. ▶ 저 사람은 원래 모른다 핑계 대고 애초부터 손을 안 대려 한다. ☞심1.

찜2 몡의 바람. ¶지 찜에 지가 좋아서 저래 설친다. ▶ 제 바람에 제가 좋아서 저렇게 설친다./지 찜에 지가 고상하는 거도 모리고 애미 탓한다. ▶ 제 바람에 제가 고생하는 것도 모르고 어미 탓한다.

찜떡 몡 시루떡. '찐 떡'의 뜻. ¶그 집에 가이 찜떡 한 접시기를 내놓트라. ▶ 그 집에 가니 시루떡 한 접시를 내놓더라.

찜맛없다 혱 멋쩍다. '짜임 맛이 없다'는 뜻. 【찜맛없어▶멋쩍어/찜맛없으니▶멋쩍으니】¶지를 보고도 모리는 칙 했디이 찜맛없이 서 있드라. ▶ 저를 보고도 모르는 척 했더니 멋쩍게 서 있더라.

찜뽕대:다 [동] 괴롭히다. 억지를 쓰다. 【찜뽕대 ▶ 괴롭혀/찜뽕대이 ▶ 괴롭히니】 ¶뻣떡하머 술 마시고 찾어와서 **찜뽕**대이 사람이 생식겁하겠다. ▶ 여차하면 술 마시고 찾아와서 **괴롭히니** 사람이 기겁하겠다./만나기마 하머 술 사라꼬 **찜뽕대서** 내가 피한다. ▶ 만나기만 하면 술 사라고 **괴롭혀서** 내가 피한다.

찝쩍거'리다 [동] 집적거리다. 【찝쩍거래 ▶ 집적거려/찝쩍거리이 ▶ 집적거리니】 ¶암만 **찝쩍거래** 바도 눈도 깜짝 애하네. ▶ 아무리 **집적거려** 보아도 눈도 깜짝 안 하네.

찝찌'기다 [동] 집적이다. 【찝찌개 ▶ 집적여/찝찌기이 ▶ 집적이니】 ¶여자하고 등거리불은 **찝찌기머** 탈난다. ▶ 여자하고 장작불은 **집적이면** 탈난다./백 분을 **찝찌개** 바라, 내가 깟딱하는강. ▶ 백 번을 **집적여** 보아라, 내가 끄덕하는가.

찝찝:하다 [형] 꺼림칙하다. ¶부애가 나서 그캐 놓고 보이 디가 **찝찝하다**. ▶ 부아가 나서 그렇게 해 놓고 보니 뒤가 **꺼림칙하다**./기분이 **찝찝하머** 묵지 말어라. ▶ 기분이 **꺼림칙하면** 먹지 마라.

찡개:다 [동] 찡기다. 끼이다. 치이다. '찡구다'의 피동. 【찡개 ▶ 찡겨(끼여. 치여)/찡개이 ▶ 찡기니(끼이니. 치이니)】 ¶주자소 유치장아 사람들을 얼매나 뿌짭어다 처영든지 거기서 **찡개** 죽을 뻔했다. ▶ 주재소 유치장에 사람들을 얼마나 붙잡아다 처넣던지 거기서 **찡겨** 죽을 번했다./그 만은 사람들 새에 **찡개** 있었으이 우째 찾겠노? ▶ 그 많은 사람들 새에 **끼여** 있었으니 어찌 찾겠나?/도락꾸에 **찡개서** 빙원에 실래 갔다. ▶ 트럭에 **치여서** 병원에 실려 갔다.

찡구:다 [동] 끼우다. 치다. 감추다. 【찡가 ▶ 끼워(치어. 감추어)/찡구이 ▶ 끼우니(치니. 감추니)】 ¶허가신청 낼 때 문서 밑에 담뱃갑을 쪼꿈 **찡가** 주머 바리 댄단다. ▶ 허가신청 낼 때 서류 밑에 담뱃값을 조금 **끼워** 주면 바로 된단다./미국 구인차가 지내가매 아를 **찡가** 죽이고 그양 도망갔다. ▶ 미국 군인차가 지나가며 아이를 **치어** 죽이고 그냥 도망갔다./장태에 얌새이꾼들이 만타 카든데 돈을 잘 **찡가** 댕개라. ▶ 장터에 소매치기들이 많다던데 돈을 잘 **감추어** 다녀라.

ㅊ

차개:다 동 차이다. '차다'의 피동. 【차개 ▶ 차여/차개이 ▶ 차이니】¶소신을 신 개다가 덧밭에 **차갰다**. ▶ 소짚신을 신기다가 뒷발에 **차였다**. ☞차애다.

차굳단지 명 곡식을 담는 작은 항아리.

차래 명 차례(次例). ¶거기 보이소, 디에서 자꼬 밀머 우짜넌기요? 자기 **차래**를 지캐서 받어 가소. ▶ 거기 보세요, 뒤에서 자꾸 밀면 어찌하는가요? 자기 **차례**를 지켜서 받아 가세요.

차리 멀:다 관 아직 멀다. ¶기차가 올라카머 **차리** 멀었다. ▶ 기차가 오려면 아직 멀었다./사람이 지대로 댈라카머 **차리** 멀었다. ▶ 사람이 제대로 되려면 아직 멀었다./봄이 올라카머 **차리** 멀었다. ▶ 봄이 오려면 아직 멀었다.

차:마다 형 참하다. 곱다. 【차매 ▶ 참해/차마이 ▶ 참하니】¶그 색시는 얼굴뿐마 아이라 맴씨도 **차마다**. ▶ 그 색시는 얼굴뿐만 아니라 마음씨도 참하다.

차말 명 참말. ¶말할 때마중 **차말**이지 카는 사람 치고 **차말**로 말하는 사람이 드무다. ▶ 말할 때마다 **참말**이지 하는 사람 치고 **참말**로 말하는 사람이 드물다.

차말로 부 정말로. 안타까워하거나 놀라워할 때 감탄사형으로 쓰임. ¶**차말로**, 사람 미치겠네. ▶ 정말로, 사람 미치겠네./**차말로**, 이기 사람이 맨든 긴가 구신이 맨든 긴가? ▶ 정말로, 이것이 사람이 만든 건가 귀신이 만든 건가? ☞ 아따 차말로.

차물 명 찬물. ¶**차물**도 우아래가 있단다. 어런한테 먼저 디리고 느그들이 묵어라. ▶ 찬물도 위아래가 있단다. 어른에게 먼저 드리고 너희들이 먹어라.

차비 명 채비. ¶달이 두 회 울었는데 질 떠날 **차비**를 하자. ▶ 닭이 두 회 울었는데 길 떠날 **채비**를 하자.

차애:다 동 차이다. '차다'의 피동. 【차애 ▶ 차여/차애이 ▶ 차이니】¶말 덧밭에 **차애서** 다쳤다. ▶ 말 뒷발에 **차여서** 다쳤다. ☞차개다.

차죄 명 차조. 찰기가 있는 조. ¶**차죄** 숭굴 밭뚝에다 호박을 맻 구디이 숭가 놓

자. ▶차조 심을 밭둑에다 호박을 몇 구덩이 심어 놓자.

차참 閉 차츰. ¶아푼 데도 **차참** 나어 간다. ▶아픈 데도 **차츰** 나아 간다./앤 좋은 일도 시월이 가머 **차참** 이자뿌리게 댄다. ▶안 좋은 일도 세월이 가면 **차츰** 잊어버리게 된다. ☞차침.

차침 閉 차츰. ¶빗발이 **차침** 가늘어저 간다. ▶빗발이 **차츰** 가늘어져 간다. ☞차참.

차:판(此-) 명의 판. '이', '저', '그' 따위의 대명사와 함께 쓰여 '이 판', '저 판', '그 판'의 뜻이 됨. ¶이 **차판**에 돈 앤 버리고 언제 버리겠노? ▶이 판에 돈 안 벌고 언제 벌겠나?/그 **차판**에 걸래서 빼가지도 몬 추린다. ▶그 판에 걸리면 뼈다귀도 못 추린다./그 **차판**에 공술이나 실컨 얻어묵지 와? ▶그 판에 공술이나 실컷 얻어먹지 왜?

차'포 명 차표(車票). ¶**차포** 사로 정기장아 갔다가 몬 사고 야매포 한 장을 사 왔다. ▶**차표** 사러 정거장에 갔다가 못 사고 암표 한 장을 사 왔다./**차포**도 앤 사고 기차를 탔다가 다들캐서 씩겁할 때도 있었다. ▶**차표**도 안 사고 기차를 탔다가 들켜서 혼날 때도 있었다.

찰기지다 혭 차지다. '찰이 지다'는 뜻. 【찰기저 ▶차져/잘기지이 ▶차지니】¶밥을 할 때 찹살을 쪼깨이 섞으머 밥이 **찰기진** 기이 궁기가 있다. ▶밥을 할 때 찹쌀을 조금 섞으면 밥이 **차진** 것이 근기가 있다.

찰밥때 명 도깨비바늘. ☞뚜끼비때. 뚜끼비찰밥.

참꽃 명 진달래. ¶봄이 대머 우리 마실 딧산은 **참꽃** 밭이다. 처자들은 나물 캐고 아들은 입이 시퍼러지드록 꽃을 따묵는다. ▶봄이 되면 우리 마을 뒷산은 **진달래** 밭이다. 처녀들은 나물 캐고 애들은 입이 시퍼레지도록 꽃을 따먹는다.

참봉 명 봉사. 소경. 맹인(盲人). '장님'을 점잖게 이르는 말. ¶**참봉**이 지름 갑한다. ▶봉사가 기름 값한다. ※등잔 기름이 절약된다는 말./**참봉** 방에 등잔을 신다. ▶소경 방에 등잔을 켠다. ※부질없는 짓을 한다는 말.

참비'름 명 비름. ¶요새 나는 **참비름** 부드럽은 거는 대치고 문처서 밥 비배 묵기가 좋다. ▶요새 나는 비름 부드러운 것은 대치고 무쳐서 밥 비벼 먹기가 좋다.

참지'럼 명 참기름. ¶금연에는 깨를 털어 **참지럼**이 큰 비이로 두 비이나 나왔다. ▶금년에는 깨를 털어 **참기름**이 큰 병으로 두 병이나 나왔다.

참톱대 명 베매기를 할 때 날실을 걸어서 도투마리에 붙이는 막대기. ☞베매기.

참풀까디~이 명 생나무 가지나 잡풀 따위. 이것을 태워서 베매기 할 때 벳불로 쓴다.

참다

참다 〖형〗 차다. 【참은 ▶ 찬/참어 ▶ 차/참으이 ▶ 차니】 ¶방이 **참다** 불 쫌 때자. ▶ 방이 차다 불 좀 때자./**참은** 밥은 짐치하고 여서 밥국을 끼래 묵으며 댄다. ▶ 찬 밥은 김치하고 넣어서 국밥을 끓여 먹으면 된다./국이 **참은데** 데패야 묵겠다. ▶ 국이 찬데 데워야 먹겠다./물이 **참어서** 이가 시럽다. ▶ 물이 차서 이가 시리다.

창지 〖명〗 창자. ¶밤새도록 **창지**가 디트는 거 글치 아퍼서 한 잠도 몬 잤다. ▶ 밤새도록 창자가 뒤트는 것 같이 아파서 한 잠도 못 잤다.

-채 〖미〗 -지. -하지. 스스로나 하게할 자리에 동의를 구하는 의문형의 종결어미. ¶이거 참 좋**채**? ▶ 이것 참 좋지?/그양 가는 기이 올**채**? ▶ 그냥 가는 것이 옳지?/기분이 마이 흥감**채**? ▶ 기분이 많이 흥감하지? ☞ -재1.

채꾹¹ 〖명〗 냉국. 찬물에 오이나 미역 따위의 채를 넣고 간장으로 간을 맞춘 국.

채다리 〖명〗 채반이나 콩나물시루 따위를 받치는 받침대. V자 모양으로 생긴 나무로 만들었다.

채'리다 〖동〗 차리다. 【채래 ▶ 차려/채리이 ▶ 차리니】 ¶생신상을 **채리머** 손임 맻이는 불러야지. ▶ 생일상을 차리면 손님 몇 이는 불러야지./체민 **채리다가** 굴머 죽겠다. ▶ 체면 차리다가 굶어 죽겠다./올치, 니가 인자사 정신을 **채랬는갑다**. ▶ 옳지, 네가 이제야 정신을 차렸나 보다. ☞ 처리다.

채~이 〖명〗 키. 곡식 따위를 까불러 쭉정이나 티끌을 골라내는 도구. 고리버들이나 대를 납작하게 쪼개어 앞은 넓고 평평하게, 뒤는 좁고 우긋하게 엮어 만든다. ¶불난 집에 **채이** 들고 설치네. ▶ 불난 집에 키 들고 설치네.

채진밭 〖명〗 남새밭. 텃밭. '채전(菜田) 밭'의 뜻. ¶후이, 저눔으 달구 새끼들 **채진밭**에 머 쫌 숭가 논 거를 다 끌거 놓는다. ▶ 휘이, 저놈의 닭 새끼들 남새밭에 뭘 좀 심어 놓은 것을 다 긁어 놓는다.

책(責) 〖명〗 꼬투리. '책망(責望)'의 준말. ¶넘한테 **책** 잽힐라 말조심해라. ▶ 남한테 꼬투리 잡힐라 말조심해라./넘들한테 **책** 들을 일일랑 함부래 하지 마라. ▶ 남들한테 책망 들을 일일랑 아예 하지 마라.

책까'풀 〖명〗 책 꺼풀. 책표지. ¶책을 얼매나 애꼈든지 책을 사머 시문지로 **책까풀**을 싸서 돌래 가매 밨다. ▶ 책을 얼마나 아꼈던지 책을 사면 신문지로 **책 꺼풀**을 싸서 돌려 가며 보았다.

책꼬재~이 〖명〗 책 꼬챙이. 한문공부를 할 때 글자를 짚거나 쓰고 책을 덮어 둘 때 끼워두는 꼬챙이. 가는 싸리나무나 대나무로 만든다.

책보¹ 〖명〗 책보자기. '책보재기'의 준말. ¶촌 아들은 란또세루라 카는 그런 책가방은 귀경도 몬하고 핵고 갈 때는 책을 **책보**로 말아서 허리에 질끈 매기나 어깨에 걸고 댕긴다. ▶ 시골 애들은 란셀(ransel)이라는 그런 책가방은 구경도 못하고 학교 갈 때는 책을 **책보자기**로 말아서 허리에 질끈 매거나 어깨에 걸고 다닌다. ※ 이렇게 하여 자갈길을 달리면 책보자기 속의 양철필통에 담겨 있는 몽당연필이나 연필칼 따위들이 딸랑딸랑 장단을 맞춘다.

책보재'기 몡 책보자기. ¶**책보재기**를 허리에 두리고 댕긴다. ▶ **책보자기**를 허리에 두르고 다닌다. ☞ 책보.

책역 몡 책력(冊曆). 만세력(萬歲曆). 몇 년 동안의 월일과 절기 따위를 적은 책. ¶어르신, 우리 아 혼사를 언제 하며 좋을랑강 **책역**을 한분 바 주시이소. ▶ 어르신, 우리 애 혼사를 언제 하면 좋을는지 **책력**을 한번 보아 주십시오./죽마 묵든 사람이 **책역**을 보고 날 받어서 밥을 해 묵는다. ▶ 죽만 먹든 사람이 **책력**을 보고 날 받아서 밥을 해 먹는다. ※ 밥을 먹기가 그만큼 드물었다는 말.

책칼(冊-) 몡 연필깎이 칼. ¶**책칼**이 없으며 에무왕 실탄 케스를 갈어서 칼을 맨들어 썼다. ▶ 연필깎이 칼이 없으면 엠원(M-1) 실탄 케이스를 갈아서 칼을 만들어 썼다.

챔'빗 몡 참빗. 빗살이 아주 가늘고 촘촘한 대빗. 대나무를 엷고 가늘게 깎아서 만듦. ¶그때 여자들은 머리를 자주 몬 깜꼬 **챔빗**으로 머리 삣서서 이하고 새가리를 잡었다. ▶ 그때 여자들은 머리를 자주 못 감고 **참빗**으로 머리 빗어서 이하고 서캐를 잡았다.

처- 젭 마구. 일부 동사의 앞에 붙어 그 행위의 거칠음 나타내는 접두사로, 어감이 난폭하여 욕설에 가깝다. 어떤 행위를 낮잡아 말할 때 남용하는 경향이 있다. ¶아무데서나 똥오줌을 **처**내지린다. ▶ 아무데서나 똥오줌을 마구 내지른다./자석들을 **처**내지리기마 하고 조석꺼리도 몬 댄다. ▶ 자식들을 마구 내지르기만 하고 밥거리도 못 댄다./대지 글치 밥마 **처**묵고 똥마 싼다. ▶ 돼지 같이 밥만 **처**먹고(마구 먹고) 똥만 싼다./팽상 밥이나 **처**비러묵을 눔이 머라 카노? ▶ 평생 밥이나 마구 빌어먹을 놈이 뭐라 하나?/유치장에 **처**여서 고상 쫌 시개야 정신을 채린다. ▶ 유치장에 **처**넣어서(마구 집어넣어서) 고생 좀 시켜야 정신을 차린다./한바탕 쌈이 붙고 나서 여기저기 **처**자빠저 죽었는데 눈뜨고는 몬 보겠드라. ▶ 한바탕 싸움이 붙고 나서 여기저기 **처**자빠져 죽었는데 눈뜨고는 못 보겠더라./아무 짓이나 앤 갈래매 재산을 **처**끌거모닸다. ▶ 아무 짓이나 안 골리며 재산을 마구 긁어모았다./입에서 나오는 대로 **처**주깨고 있다. ▶ 입에서 나오는

처끌거모두: 다

대로 마구 지껄이고 있다./저기이 머를 묵고 처지랄을 하고 있노?. ▶ 저것이 뭣을 먹고 생지랄을 하고 있나?

처끌거모두:다 동 마구 긁어모으다. '긁어모으다'의 센말. ¶아무 일에나 띠들어 돈을 처끌거모두는 데는 재주가 있다. ▶ 아무 일에나 뛰어들어 돈을 마구 긁어모으는 데는 재주가 있다.

처내:지리다 동 마구 싸다. 마구 내지르다. '내지리다'의 센말. ¶이눔의 개새끼들이 아무 데나 똥오줌을 처내지러 놓는다. ▶ 이놈의 개새끼들이 아무 데나 똥오줌을 마구 싸 놓는다./아이고 이 안들아, 아들은 저래 처내지러 놓고 디저 뿌리머 내 혼차 우야노? ▶ 아이고 이 여편네야, 애들은 저렇게 마구 낳아 놓고 돼져버리면 나 혼자 어떻게 하나?

처'리다 동 차리다. 【처래▶차려/처리이▶차리니】¶범한테 물래가도 정신을 처래라 캤다. ▶ 범한테 물려가도 정신을 차려라 했다./밥상을 처래 놓고 실랑을 지두리고 있다. ▶ 밥상을 차려 놓고 신랑을 기다리고 있다. ☞ 채리다.

처마 명 치마. ¶처마 밑에 키운 자석이라 저래 약해 빠졌다. ▶ 치마 밑에 키운 자식이라 저렇게 약해 빠졌다. ☞ 처매.

처매 명 치마. 【밤물처매▶검정치마/삼베처매▶삼베치마/앞처매▶앞치마/처매끈▶치마끈/처매자래기▶치맛자락】¶처매 밑에 휘빠람 소리가 나드록 바쁘게 돌어댕긴다. ▶ 치마 밑에 휘파람 소리가 나도록 바쁘게 돌아다닌다./처매마 둘렀지 생각하는 맴은 사나 몬 진다. ▶ 치마만 둘렀지 생각하는 마음은 사내 못 진다./처매 두린 아여자라고 깔보다가는 킬 팅긴다. ▶ 치마 두른 아녀자라고 깔보다가는 큰일 퉁긴다. ☞ 단. 말1. 처마. 처매끄내끼. 처매주럼. 처매폭.

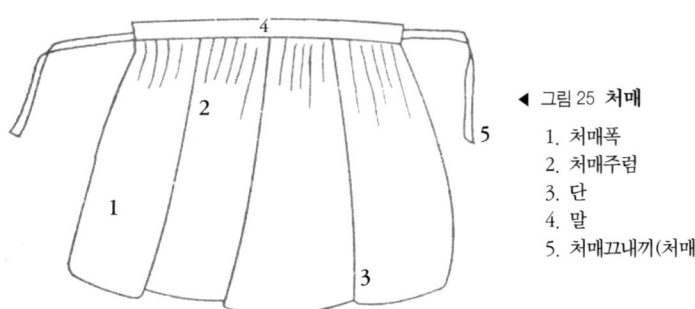

◀ 그림 25 **처매**
1. 처매폭
2. 처매주럼
3. 단
4. 말
5. 처매끄내끼(처매끈)

처매끄내'끼 명 치마끈. 《꺼나게》 ☞ 처매. 처매끈.

처매'끈 명 치마끈. ¶구지 갈라카머 처매끈이나 한분 풀어 주고나 가소. ▶ 굳이 가려면 치마끈이나 한번 풀어 주고나 가소. ☞ 처매. 처매끄내끼.

처매자래'기 명 치맛자락. ¶집에서 나오는데 알라가 치매자래기를 뿥잡고 늘어저서 젖 물래 재와 놓고 나오는 질이다. ▶ 집에서 나오는데 아기가 치맛자락을 붙잡고 늘어서서 젖 물려 재워 놓고 나오는 길이다.

처매주럼 명 치마주름. ¶처매주럼을 잡다. ▶ 치마주름을 잡다. ☞ 처매.

처매'폭 명 치마폭. 치마폭은 보통 5폭이고 넓은 것은 8폭이다. ☞ 처매.

처묵'다 통 처먹다. 마구 퍼먹다. 【처묵어 ▶ 처먹어/처묵으이 ▶ 처먹으니】 ¶처묵을라마 처묵고 말머 마든지 해무꼬 트집은 와 하노? ▶ 처먹으려면 처먹고 말면 말든지 반찬 트집은 왜 하나?/이 가시나야 밥 처묵고 설거지도 애 할라꼬 입을 삐쭉하나? ▶ 이 계집애야 밥 처먹고 설거지도 안 하려고 입을 삐쭉하나?

처박해:다 통 처박히다. '처박다'의 피동. 【처박해 ▶ 처박혀/처박해이 ▶ 처박히니】 ¶촌에 처박해 사이 아무 꺼도 모리는 줄 아는가배. ▶ 촌에 처박혀 사니 아무 것도 모르는 줄 아는가 봐.

처비'러묵다 통 마구 빌어먹다. '빌어먹다'의 센말. ¶일하는 거를 보이 처비러묵기 알맞다. ▶ 일하는 것을 보니 마구 빌어먹기 알맞다.

처옇'다 통 처넣다. 【처여 ▶ 처넣어/처여이 ▶ 처넣으니】 ¶말은 한 마디도 애 하고 입에 밥마 처옇고 있다. ▶ 말은 한 마디도 안 하고 입에 밥만 처넣고 있다./저런 눔은 순사한테 말해서 유치장아 처여서 고상을 쫌 시개야 사람이 댄다. ▶ 저런 놈은 순사한테 말해서 유치장에 처넣어서 고생을 좀 시켜야 사람이 된다.

처:자 죽은 바람 관 처녀 죽은 바람. 감질나게 부는 산들바람. ¶아이고 시언해라. 처자 죽은 바람인갑다. ▶ 아이고 시원해라. 처녀 죽은 바람인가 보다.

처:자구:신 명 처녀귀신(處女鬼神). ¶시집도 앤 가고 처자구신 댈라 카나? ▶ 시집도 안 가고 처녀귀신 되려 하나?

처자'빠지다 통 나자빠지다. 【처자빠저 ▶ 나자빠져/처자빠지이 ▶ 나자빠지니】 ¶대낮에 일은 애하고 처자빠저서 잠만 잔다. ▶ 대낮에 일은 안하고 나자빠져서 잠만 잔다.

처재:다 통 처쟁이다. 마구 쌓다. 【처재 ▶ 처쟁여/처재이 ▶ 처쟁이니】 ¶즈그는 나락가매이를 산디미매로 처재 놓고 살맨서 곁에 사는 동상은 거떠보지도 안

처주깨:다

는다. ▶ 저희는 나락가마니를 산더미처럼 **처쟁여** 놓고 살면서 곁에 사는 동생은 거들떠보지도 않는다.

처주깨:다 동 마구 지껄이다. '주깨다'의 센말. ¶입에서 나오는 대로 **처주깨야**지 입마 딿지. ▶ 입에서 나오는 대로 마구 **지껄여야** 제 입만 닳지. ☞ 나주깨다.

처주:다 동 처뜨리다. 떨어뜨리다. 늘어뜨리다. 【처자▶ 처뜨려(늘어뜨려)/처주이▶ 처뜨리니(늘어뜨리니)】¶무신 생각을 그래 짚이 하는지 고개를 **처주고** 댕긴다. ▶ 무슨 생각을 그렇게 깊이 하는지 고개를 **처뜨리고** 다닌다./어깨를 처주고 댕긴다. ▶ 어깨를 떨어뜨리고 다닌다./딧사람을 저만치 **처주고** 앞서 간다. ▶ 뒷사람을 저만큼 떨어뜨리고 앞서 간다./코를 서너 발이나 **처자** 댕긴다. ▶ 코를 서너 발이나 늘어뜨려 다닌다.

처지랄하다 동 마구 지랄하다. 개지랄하다. '지랄하다'의 센말. ¶저 미친개매로 **처지랄하고** 댕기는 거를 보머 기가 맥힌다. ▶ 저 미친개처럼 **개지랄하고** 다니는 것을 보면 기가 막힌다.

천'날만:날(千一萬-) 튀 날이면 날마다. 언제나. ¶일은 앤 나가고 **천날만날** 집구적에 처박해서 머를 하는지 모리겠다. ▶ 일은 안 나가고 날이면 날마다 집구석에 처박혀서 뭐를 하는지 모르겠다. ☞ 하늘 해 배긴 날. 만날. 맨날.

천'동(天動) 명 천둥. ¶시커먼 구룸이 몰래오매 **천동**을 처 대는 거를 보이 소내기 한 자래기 곧 쏟어 붓겠네. ▶ 시커먼 구름이 몰려오며 **천둥**을 쳐 대는 것을 보니 소나기 한 자락 곧 쏟아 붓겠네.

천'봉:답 명 '천수봉답(天水奉畓)'의 준말. ☞ 봉답. 부림봉답. 천수봉답.

천상1 명 천생(天生). ¶느그 두리는 누가 머라 캐도 **천상아** 연분이다. ▶ 너희 둘은 누가 뭐라 해도 천생에 연분이다.

천상2 튀 천생(天生). 부득불(不得不). ¶생긴 거나 성질이 **천상** 즈가부지를 노 뺐다. ▶ 생긴 거나 성질이 **천생** 제 아버지를 노상 뺐다./니가 바뿌머 **천상** 내 혼차라도 댕개와야겠다. ▶ 네가 바쁘다면 부득불 나 혼자라도 다녀와야겠다.

천상연'분 명 천생연분(天生緣分). ¶그 만은 사람 중에 당신하고 만난 거도 **천상연분이다**. ▶ 그 많은 사람 중에 당신하고 만난 것도 **천생연분이다**.

천'수봉:답 명 하늘바라기. 수리(水利)의 혜택이 없이 빗물에 의존하는 논. ¶수세앤 나가는 **천수봉답** 서 마지기 그기이 어떤 때는 우리 공구들을 묵애 살린다. ▶ 수세(水稅) 안 나가는 **하늘바라기** 세 마지기 그것이 어떤 때는 우리 식구들을 먹여 살린다. ☞ 봉답. 부림봉답. 천봉답.

천앙당 명 서낭당(--堂). ¶지 딸을 범한 배실아치가 조정에서 조해를 하는데, 잉굼이 그 얼골을 보디이 "니 필시 죄지은 기이 있을 끼이니 이실직고 하렸다." 카매 추달을 하이, 도독눔이 지 발이 재린다꼬, 이 사람이 고마 얼골이 새파래지매 약사약사한 사실이 있었다고 하자, 잉굼이 대노하여 "저 고약한 눔으 상을 기래서 **천앙당** 고개만디이마다 붙처 두고 지내가는 사람마중 춤을 밭고 돌팔매질을 하게 해서 만백성들에게 갱계쿠로 하라."꼬 카드란다. ▶ 제 딸을 범한 벼슬아치가 조정에서 조회를 하는데, 임금이 그 표정을 보더니 "너 필시 죄지은 것이 있을 것이니 이실직고 하렸다." 하며 닦달을 하니, 도둑놈이 제 발이 저린다고, 이 사람이 그만 얼굴이 새파래지며 여사여사한 사실이 있었다고 하자, 임금이 대노하여 "저 고약한 놈의 상을 그려서 **서낭당** 고갯마루마다 붙여 두고 지나가는 사람마다 침을 뱉고 돌팔매질을 하게 해서 만백성들에게 경계케 하라."고 하더란다. 〈고경 이상영〉.

천'없다 형 세상(世上)없다. '하늘이 두 쪽 나도 없다'는 뜻. 【천없는 ▶ 세상없는】¶천없는 일이 생겨도 눈 하나도 깜짝 애 한다. ▶ 세상없는 일이 생겨도 눈 하나도 깜짝 안 한다. ☞ 시상없다.

천'없이 부 세상(世上)없이. ¶천없이 무섭은 눔이 와도 인자는 겁이 앤 난다. ▶ 세상없이 무서운 놈이 와도 이제는 겁이 안 난다.

천장뿔 명 두 뿔이 위로 향하여 난 소뿔.

천'지각(天地角) 명 하나는 위로 다른 하나는 아래로 구부러진 소뿔.

천'지다 형 흔하다. '천지간(天地間)에 꽉 찼다'는 말. ☞ 새고샜다. 새빌었다. 샜다. 천지빼까리다.

천'지빼까리다 형 흔해빠지다. '천지간에 꽉 찼다'는 말. '천지다'의 센말. ☞ 새고샜다. 새빌었다. 샜다.

천'지에 갑 세상(世上)에. ¶이런 천지에, 이래 참혹한 일이 또 어디 있노? ▶ 이런 세상에, 이렇게 참혹한 일이 또 어디 있나?

천'지축구지하배막디~이(天地畜狗地下褰---) 명 천지멍텅구리. '바보'를 빗대어 말할 때 인용하는 말. ¶저거 보래. 천지축구지하배막디이라 카디이 저 바보, 날러가는 새 잡는다꼬 지 손에 새 놓치네. ▶ 저것 보아라. 천지멍터구리라 하더니 저 바보, 날아가는 새 잡는다고 제 손에 새 놓치네. ☞ 배막디이.

천처:이 부 천천히. ¶물도 씹어 묵으라 캤다. 무신 일이고 덤벙대지 마고 천처이 생각해서 해라. ▶ 물도 씹어 먹으라 했다. 무슨 일이건 덤벙대지 말고 천천히

천'출(天出)

    생각해서 해라.

천'출(天出) 몡 천성(天性). ¶그 사람은 **천출**이 어진 사람이라 빕이 없어도 살 사람이다. ▶ 그 사람은 **천성**이 어진 사람이라 법이 없어도 살 사람이다.

철갑하다 동 칠갑하다. ¶미꾸리를 잡는다꼬 온몸에 국개를 **철갑해서** 들왔다. ▶ 미꾸라지를 잡는다고 온몸에 개흙을 **칠갑해서** 들어왔다. ☞ 철방하다.

철:개~이 몡 잠자리. ¶**철개이** 날개 그튼 세모시 옥색 처매에 날 꺼 그튼 저 자태를 바라. ▶ **잠자리** 날개 같은 세모시 옥색 치마에 날 것 같은 저 자태를 보아라. ☞ 철배이.

철:개~이비행기 몡 잠자리비행기. '헬리콥터'의 속된말. 일제 때 '아까돔보(赤とんぼ)'라는 별명을 가진 붉은 색의 경비행기 역시 '**철개이비행기**'라고 했다.

철거'지 몡 길마의 껑거리막대(철거지꼬쟁이)와 거기 달린 껑거리끈(철거지끈). 길마를 얹을 때 마소의 궁둥이에 걸어 길마가 움직이지 않게 함.《발구채. 껑거리낭구. 강거리》☞ 가잉거리. 질매.

철까'치 몡 레일. 철로(鐵路). ¶**철까치**에 귀를 대 보머 기차 구불어 오는 소리가 들랜다. ▶ 레일에 귀를 대 보면 기차 굴러 오는 소리가 들린다.

철'리 몡 천리(千里). ¶저 박씨 노인은 인날에 도술로 축지해서 **철리** 질을 하리밤 새에 댕개오고 했단다. ▶ 저 박씨 노인은 옛날에 도술(道術)로 축지(縮地)해서 **천리** 길을 하룻밤 새에 다녀오곤 했단다.

철'리말:리 몡 천리만리(千里萬里). '아주 멀리'의 뜻. ¶속이 상하머 **철리말리라도** 도망가고 접을 때가 하리에도 열두 분도 더 난다. ▶ 속이 상하면 **천리만리라도** 도망가고 싶을 때가 하루에도 열두 번도 더 난다.

철'리타양 몡 천리타향(千里他鄕). '먼 타향'의 뜻. ¶**철리타양** 누구 하나 이지할 데 없이 떠돌어댕기는 신세다. ▶ **천리타향** 누구 하나 의지할 데 없이 떠돌아다니는 신세다.

철방하다 동 칠갑하다. 개흙이나 기름덩어리 따위를 지저분하게 묻히다. ¶불에 딘 얼골에다가 약을 온통 **철방하고** 댕긴다. ▶ 불에 덴 얼굴에다가 약을 온통 칠갑하고 다닌다./알라가 혼자서 온 방에다가 똥을 **철방해** 났다. ▶ 아기가 혼자서 온 방에다가 똥을 **칠갑해** 놓았다. ☞ 철갑하다.

철:배~이 몡 잠자리 ¶오다리 오다리 **철배이** 꽈이꽈이, 십이밖에 나가머 니 모가지 널찐다. 철배이 꽁꽁 안진배이 꽁꽁 안진자태 안저라. ▶ 오다리 오다리 잠자리 꽈이꽈이, 십리밖에 나가면 네 모가 떨어진다. 잠자리 꽁꽁 앉은뱅이 꽁꽁

앉은곁에 앉아라. ※ 날고 있는 잠자리를 잡으려고 앉으라고 권한다. 〈잠자리 노래. 慶州風物地理誌〉 ☞ 철개이.

첨'마 몡 처마. 첨아(檐牙). ¶**첨마** 밑 새집 앞에 팔띠기마한 구리이 한 마리가 붙어서 해를 날름거리고 있다. ▶ 처마 밑 새집 앞에 팔뚝만한 구렁이 한 마리가 붙어서 혀를 날름거리고 있다. ※ 구렁이가 참새 새끼나 알을 먹기 위하여 처마 밑에 붙어 있는 경우가 있다./**첨마** 밑에 고드럼이 주렁주렁 매달랬다. ▶ 처마 밑에 고드름이 주렁주렁 매달렸다.

첨'마물 몡 낙숫물(落水-). ¶**첨마물**이 방구를 뜷는다. ▶ 낙숫물이 바위를 뚫는다.

첩사'이 몡 첩(妾). '첩 사는 이'의 뜻. ¶**첩사이**으 정은 삼 연이고 본처 정은 백 연이다. ▶ 첩의 정은 삼 년이고 본처 정은 백 년이다.

첩연 몡 첩년(妾-). ¶절문 **첩연** 귀해하며 영감 쇠미 잡어땡긴다 칸다. ▶ 젊은 **첩년** 귀여워하면 영감 수염 잡아당긴다 한다.

첫디~이 몡 첫아기. '첫 복동(福童)이'의 뜻. ¶우리 **첫디이**가 복을 타고 나서 그런지 그해는 시절도 좋아서 논밭농사가 고리고리 잘 댔니더. ▶ 우리 **첫아기**가 복을 타고 나서 그런지 그해는 절후도 좋아서 논밭농사가 고루고루 잘 되었어요.

첫새복 몡 첫새벽 무렵. ¶**첫새복**에 빌을 보고 일을 나갔다가 빌을 보고 돌아온다. ▶ **첫새벽**에 별을 보고 일을 나갔다가 별을 보고 돌아온다.

첫잠 몡 누에를 칠 때 첫잠. ☞ 명주길쌈. 잠. 애기잠.

청성맞'다 휑 청승맞다. 【청성맞어 ▶ 청승맞아/청성맞으이 ▶ 청승맞으니】¶재수 없구로 아직부터 **청성맞**은 소리를 하지 마라. ▶ 재수 없게 아침부터 **청승맞**은 소리를 하지 마라.

청애: 몡 청어(青魚). ¶어멈요, 초하리 날에 시래기 옇고 찌저서 묵을라고 **청애** 한 두룸 사 왔니더. ▶ 어머님, 초하루(음력 2월 삭일) 날에 시래기 넣고 지져서 먹으려고 **청어** 한 두름 사 왔어요./앵미리나 **청애**를 시래기 옇고 찌지머 그 우에 반찬이 없다. ▶ 양미리나 **청어**를 시래기 넣고 지지면 그 위에 반찬이 없다.

청연 몡 청년(青年). ¶나라으 장내는 **청연**들 손에 달랬다. ▶ 나라의 장래는 **청년들** 손에 달렸다.

체 몡의 척. ¶머 때민에 삐졌는지, 내가 아는 **체**를 해도 외민하고 지내치드라. ▶ 뭣 때문에 토라졌는지, 내가 아는 **척**을 해도 외면하고 지나치더라./사람들 앞에서 모리는 **체**하며 대는데 아는 **체**를 하이 내가 민망시럽드라. ▶ 사람들 앞에서 모르는 **척**하면 되는데 아는 **척**을 하니 내가 민망스럽더라. ☞ 치. 칙.

체민

체민 명 체면(體面). ¶주인집 아가 손임 밥상 앞에 안저서 "손임, 이거 마싯지요, 저거 마싯지요?" 카매 밥 낭굴 때를 바라고 있는데, 손임은 그거도 모리고 한 수까락마 더 한 수가락마 더 카다가 **체민** 볼 꺼 없이 밥그럭에다가 물을 탁 붓고 홀짝 마서 뿌리는 거 아이가. 그러이 이 집 아가 놀래 자빠지매 "어매, 밥에 물 버 뿌렀다!" 카매 야단이 난 거지. ▶ 주인집 애가 손님 밥상 앞에 앉아서 "손님, 이거 맛있지요, 저거 맛있지요?" 하며 밥 남길 때를 기다리고 있는데, 손임은 그것도 모르고 한 숟가락만 더 한 숟가락만 더 하다가 체면 볼 것 없이 밥그릇에다가 물을 탁 붓고 홀짝 마셔 버리는 것 아닌가. 그러니, 이 집 애가 놀래 자빠지며 "엄마, 밥에 물 부어 버렸다!" 하며 야단이 난 거지.

체민밥 명 체면밥(體面-). 체면치레로 남기는 밥. 감나무에 까치밥을 남겨 두는 것처럼 밥상을 받아도 탐식(貪食)하지 않고 얼마를 남기는 것을 예의로 여긴다.

체민치레 명 체면치레(體面--). ¶호인하는 데 넘들 긑치 다는 몬 해도 **체민치레**는 해야 댄다. ▶ 혼인하는 데 남들 같이 다는 못 해도 **체면치레**는 해야 된다.

체수 명 체격(體格). ¶작은 꼬치가 맵은 거매로 **체수**가 작은 사람이 원채 간담은 크다. ▶ 작은 고추가 매운 것처럼 **체격**이 작은 사람이 원래 간담(肝膽)은 크다.

쳇바꾸 명 쳇바퀴. ¶개미 **쳇바꾸** 돌드시 한다. ▶ 개미 **쳇바퀴** 돌듯이 한다.

초 명 곱. 눈곱. '초재기'의 준말. ¶눈에는 **초**가 끼고, 누런 코를 서 발이나 내놓고 안서서 지내가는 사람을 치다보고 있는 꼬라지를 쫌 보지. ▶ 눈에는 **곱**이 끼고, 누런 코를 몇 발이나 내놓고 앉아서 지나가는 사람을 쳐다보고 있는 꼴을 좀 보지. ☞ 눈꿉째기. 눈초재기.

초당거처(草堂居處) 명 곁방살이. 남의 섶 살림. ¶절물 때 **초당거처**로 이 마실에 들어와 살림 모다서 지금은 대궐 그튼 집에서 산다. ▶ 젊을 때 **곁방살이**로 이 마을에 들어와 살림 모아서 지금은 대궐 같은 집에서 산다.

초때빼 명 정강이뼈. 경골. ¶금마를 잡어다가 **초때빼**를 맺 분 까 뿌렀디이 다시는 앤 그랄라 카드라. ▶ 그놈을 잡아다가 **정강이뼈**를 몇 번 까 버렸더니 다시는 안 그럴라 하더라.

초라~이 명 초라니. 입이나 행동이 가볍고 방정맞은 사람. 하회별신굿놀이에 등장하는 인물의 하나. ¶가시나가 **초라이** 긑치 아무나 보고 주디이를 나불댄다. ▶ 계집애가 **초라니** 같이 아무나 보고 주둥이를 나불댄다.

초배기 명 고리나 대나무로 엮어 만든 도시락 통. '초박(草朴)'의 뜻. ¶지게가지에다 **초배기** 하나를 달랑 달고 목발을 뚜디리매 "이눔으 팔자 무신 일로 지게

목발 몬 민하고…", 캐 사매 산으로 올러가드라. ▶ 지게가지에다 **도시락통** 하나를 달랑 달고 목발을 두드리며 "이놈의 팔자 무슨 일로 지게 목발 못 면하고…", 해 대며 산으로 올라가더라.

초불논매기 명 초벌 논매기. 애벌 논매기. ¶어제 놉 두 키를 더 해서 **초불논매기**를 마쳤다. ▶ 어제 놉 두 사람을 더 해서 **초벌논매기**를 마쳤다. ☞ 아시논매기. 아이논매기.

초삐~이 명 식초(食醋) 병. '술꾼'의 속된말. ¶술 시구럽어진 거를 **초삐이**에 버 나라. ▶ 술 시어진 것을 **식초병**에 부어 놓아라./저 **초삐이**는 술 한 섬을 지고는 몬 가도 마시고는 간다. ▶ 저 **술꾼**은 술 한 섬을 지고는 못 가도 마시고는 간다.

초생달(初生−) 명 초승달. ¶**초생달**이 커서 보름달이 대고 보름달이 지우러 그믐달이 댄다. ▶ **초승달**이 커서 보름달이 되고 보름달이 기울어 그믐달이 된다. ※ 작다고 실망 말고 크다고 자랑 마라는 말.

초성(−聲) 명 목청. 글 읽는 목소리. ¶배골 띠기 **초성** 하나 좋기로, 그 댁이 이바구책 들고 낭낭하게 일거 니러가머 옆에서 훌쩍훌쩍 우는 사람도 있었데이. ▶ 배골 댁 **목청** 하나 좋기로, 그 댁이 이야기책 들고 낭낭하게 읽어 내려가면 옆에서 훌쩍훌쩍 우는 사람도 있었다.

초시기 명 초석(草席). 왕골로 짠 자리. 결이 고운 고급 자리라서 제사 때나 손님을 모실 때 깐다. ☞ 최시기. 최식자리.

초아재비 명 식초의 원액. 신 맛이 심하게 나는 것을 '초아재비'라고 표현한다. 식초는 따라 쓰고 남은 찌끼, 즉 초아재비에다 막걸리를 보충하면 다시 식초로 변한다. 식초병을 깨뜨리거나 원액을 고갈시키게 되면 조앙신이 노한다고 하고 부정을 타면 맛이 변한다고 한다. ¶아이고 시구럽어라. 임석이 온통 **초아재비다**. ▶ 아이고 시어라. 음식이 온통 **초아재비다**.

초연 명 초년(初年). 젊을 때. ¶'새싹이 봄을 맞이하는 객이라', 당신 신수는 **초연**에 고상을 해도 중연이 대머 운이 확 틴다. ▶ '새싹이 봄을 맞이한 격이라', 당신 신수(身數)는, **초년**에 고생을 해도 중년이 되면 운이 확 트인다.

초작거리다 동 자부락거리다. 작은 물장난을 하는 상태. ¶그 사람이 무신 궁이를 그래 하고 있는지, 술잔을 앞에다 놓고 **초작거리고** 안젔드라. ▶ 그 사람이 무슨 궁리를 그렇게 하고 있는지, 술잔을 앞에다 놓고 **자부락거리고** 앉았더라.

초잡다 형 '추접하다'의 여린말. ¶그 사람, 몸띠이는 큰 기이 하는 짓이 **초잡다**. ▶ 그 사람, 몸뚱이는 큰 것이 하는 짓이 **추접하다**. ☞ 다랍다. 다럽다.

초장꺼'리 명 초장(初場) 일거리. 초장에 해치울 정도의 일거리. '대수롭지 않은 일거리' 또는 '한 주먹거리'라는 뜻. ¶이 정도 일은 **초장꺼리빾에** 앤 대는데 두리 붙을 끼이 없다. ▶ 이 정도 일은 **초장 일거리밖에** 안 되는데 둘이 붙을 것이 없다./그눔이 디에서 큰소리를 치지마 내 손에 걸리며 **초장꺼리빾에** 앤 댄다. ▶ 그놈이 뒤에서 큰소리를 치지만 내 손에 걸리면 **한 주먹거리밖에** 안 된다.

초재'기 명 눈곱. '눈초재기'의 준말. ¶말이라 카는 기이 비리가 올러서 터래기는 다 빠지고 눈에는 **초재기**가 끼이서 볼모얭이 없었다. ▶ 말이라 하는 것이 비루가 올라서 털은 다 빠지고 눈에는 **눈곱**이 끼어서 볼모양이 없었다./그 집에서 니를 눈에 **초재기만치도** 앤 이긴다. ▶ 그 집에서 너를 눈에 **눈곱만큼도** 안 여긴다. ※우습게 본다는 말. ☞ 눈꼽째기. 초.

초저녁 명 초저녁. 초저녁 무렵. ¶아이 **초저녁**인데 어제 일따가 말었든 유충열전 그거 마자 일거 주고 가지 벌써로 갈라 카노? ▶ 아직 **초저녁**인데 어제 읽다가 말았던 류충열전 그것 마저 읽어 주고 가지 벌써 가려고 하나? ※대부분 문맹자였던 시절이라 이야기책이나 편지를 읽어주는 사람은 마을에서 인기가 있었다.

초'질 명 학질(瘧疾). 말라리아. ¶**초질**에 걸래서 몸을 사시나무 떨드시 한다. ▶ 학질에 걸려서 몸을 사시나무 떨듯이 한다. ☞ 도독눔빙. 초학.

초'집 명 초장(醋醬). 초즙(醋汁). ¶상애괴기를 뭉떵뭉떵 싸리고 무시도 싸러 옇고 **초집**에다 비배 노머 술안주로는 더 좋은 기이 없지. ▶ 상어고기를 뭉떵뭉떵 썰고 무도 썰어 넣고 **초장**에다 비벼 놓으면 술안주로는 더 좋은 것이 없지.

초'학 명 학질(瘧疾). 말라리아. ☞ 도독눔빙. 초질.

촉빠리다 형 입이 가볍다. 방정맞다. '촉새처럼 입이 빠르다(싸다)'는 뜻. ¶그 사람은 입이 **촉빨러서** 무신 말을 하며 금방 마실에 퍼진다. ▶ 그 사람은 입이 가벼워서 무슨 말을 하면 금방 마을에 퍼진다.

촌:구적 명 촌구석. ¶새마을운동인가 먼가 그거를 해서 이 **촌구적꺼정** 질도 뚤패고 전기불도 들어왔다. ▶ 새마을운동인가 뭔가 그것을 해서 이 **촌구석까지** 길도 뚫리고 전깃불도 들어왔다.

촌:귀티~이 명 시골귀퉁이. ¶우리 긑치 **촌귀티이**에 사는 무지래기가 관청서 시기머 시기는 대로 하지 무신 말을 할 낀기요? ▶ 우리 같이 **시골귀퉁이**에 사는 무지렁이가 관청(官廳)에서 시키면 시키는 대로 하지 무슨 말을 할 건가요?

촌:눔 명 촌놈(村-). ¶서월도 앤 가본 **촌눔**이 큰소리는 더 친다. ▶ 서울도 안 가본

촌놈이 큰소리는 더 친다./촌눔 겁주나? ▶ 촌놈 겁주나?

촌:띠기 몡 촌뜨기. '촌댁이(村宅)'의 뜻. ¶촌띠기 아지매가 짐치단지하고 꼬치장단지 보따리를 들고 서월서 대학 댕기는 딸을 찾어가이, 농사일하다가 온 추리한 즈거매를 보고 칭구들한테 즈그 집 식모가 왔다 카는 거 아이가. 이거를 보고 논 팔고 소 팔어 공부 시개 온 딸이 너무 괴심하고 원퉁해서 집에 돌어오자마자 비상 묵고 죽어 뿌렀다 카는 이바구도 있었다. ▶ 촌뜨기 아주머니가 김치단지하고 고추장단지 보따리를 들고 서울서 대학 다니는 딸을 찾아가니, 농사일하다가 온 누추한 저의 어머니를 보고 친구에게 제 집 식모가 왔다 하는 것 아닌가. 이것을 보고 논 팔고 소 팔아 공부 시켜 온 딸이 너무 괘씸하고 원통해서 집에 돌아오자마자 비상 먹고 죽어 버렸다 하는 이야기도 있었다. ☞ 촌삐기.

촌:삐가리 몡 촌병아리. '시골 어린이'의 속된말.

촌:삐기 몡 촌뜨기. ¶인날 그때 촌삐기들이 하숙비를 몬 내고 도망가는 일도 허다했다. ▶ 옛날 그때 촌뜨기들이 하숙비를 못 내고 도망가는 일도 허다했다. ☞ 촌띠기.

촌:연 몡 촌년(村-). ¶촌연이 아전하고 서방질 한분 하며 날 새는 줄을 모린다. ▶ 촌년이 아전(衙前)하고 서방질 한번 하면 날 새는 줄을 모른다.

촌:치~이 몡 촌충(寸蟲). ¶촌치이는 비자열매를 갈어서 묵으머 떨어진다. ▶ 촌충은 비자열매를 갈아서 먹으면 떨어진다.

출랑거리다 동 까불거리다. 경솔하게 까불다. ¶가시나가 출랑거리매 돌어댕기디이 기어이 일냈구나. ▶ 계집애가 까불거리며 돌아다니더니 기어이 일냈구나.

촘초:미 閉 촘촘히. ¶곡석이나 채소를 너무 촘초미 숭구머 키마 크지 쭐기가 부실하다. ▶ 곡식이나 채소를 너무 촘촘히 심으면 키만 크지 줄기가 부실하다. ☞ 총초이.

총중 몡 와중(渦中). ¶바뿐 총중에 이래 피를 끼처 드래서 앤댔니더. ▶ 바쁜 와중에 이렇게 폐를 끼쳐 드려서 미안합니다./그 바뿐 총중에도 나 그튼 사람도 찾어 주시이 고맙기 할양없니더. ▶ 그 바쁜 와중에도 나 같은 사람도 찾아 주시니 고맙기 한량없습니다.

총초:이 閉 촘촘히. ¶글때 우리는 저녁을 묵으머 야핵고 쫍은 방아 총초이 안저서 '가짜애 행' 카매 어문을 배왔다. ▶ 그때 우리는 저녁밥을 먹으면 야학교(夜學校) 좁은 방에 촘촘히 앉아서 '가자에 행' 하면서 언문을 배웠다. ※ 선거 때

최:각

면 막대기의 개수를 보고 투표하던 시절, 문맹퇴치(文盲退治)라는 슬로건을 걸고 밤이면 동리 사람들이 모여서 한글을 배우던 때의 이야기다. ☞ 촘초미.

최:각 몡 취객(娶客). '사위 손님'을 이름. ¶조 주사 집에는 그 집 **최각**들이 다 모대서 기 한다꼬 달 잡고 술 받어 오고 분주하드라. ▶ 조(曺) 주사(主事) 집에는 그 집 **취객**들이 다 모여서 계 한다고 닭 잡고 술 받아 오고 분주하더라.

최':다1 동 빌리다. '채(債) 하다'의 뜻. 【최 ▶ 빌려/최이 ▶ 빌리니】 ¶장화홍연전 베께 논 거 나도 쫌 베끼구로 매칠마 최 주소. ▶ 장화홍련전(薔花紅蓮傳) 베껴 놓은 것 나도 좀 베끼게 며칠만 **빌려** 주세요./자꼬 그카이 머하니더마는, 급한 일이 생갰는데 돈 한분마 더 최 주이소. ▶ 자꾸 그러니 뭣합니다만, 급한 일이 생겼는데 돈 한번만 더 **빌려** 주세요. ☞ 꾸다2.

최다2 동 취(醉)하다. 【최 ▶ 취해/최이 ▶ 취하니】 ¶술이 최서 괴이 애 할 말을 했니더. ▶ 술이 **취해서** 공연히 안 할 말을 했습니다./술이 최이 사람이 달러지네. ▶ 술이 **취하니** 사람이 달라지네.

최'빨 몡 베를 짤 때 말코 앞에서 베의 폭을 펴 주는 최활. 베 폭보다 조금 기다란 대나무 오리를 활처럼 꾸부려 베의 양 끝에 꽂아서 편다. ¶**최빨**이라 가는양은 남산에 무지개가 북해로 이은듯고. ▶ **최활**이라 가는양은 남산에 무지개가 북해로 이은듯고. 〈베틀노래의 일부〉 ☞ 베틀.

최시'기 몡 초석(草席). ¶모사 지내로 갈 때 **최시기** 이자뿌리지 마고 지게 우에 챙개라. ▶ 묘사(墓祀) 지내러 갈 때 **초석** 잊어버리지 말고 지게 위에 챙겨라. ☞ 초시기. 최식자리.

최식자리 몡 초석자리(草席--). ☞ 초시기. 최시기.

추다1 동 추다. 【초 ▶ 춰/추이 ▶ 추니】 ¶장구 치고 춤도 **추고** 신나게 놀고 있다. ▶ 장구 치고 춤도 **추고** 신나게 놀고 있다./나는 장단을 맞추끼 니는 나와서 춤을 초라. ▶ 나는 장단을 맞출게 너는 나와서 춤을 **춰라**.

추다2 동 치르다. 감당하다. 【초 ▶ 치러/추이 ▶ 치르니】 ¶일꾼 다서 키서 저임아래 그일 다 몬 초 내머 밥 묵지 마라. ▶ 일꾼 다섯이서 오전에 그일 다 못 **치러** 내면 밥 먹지 마라.

추'달하다 동 닦달하다. 심문(審問)하다. ¶말로 암만 **추달해도** 입을 앤 여는데, 몽두리찜질을 쫌 해야 불겠다. ▶ 말로 아무리 **닦달해도** 입을 안 여는데, 몽둥이찜질을 좀 해야 불겠다.

추돌(錘-) 몡 발이나 자리 따위를 엮을 때 끈을 감아 늘어뜨리는 추(돌). 가운데가 잘록하여 끈을 감게 되어있고 무게가 있어 끈을 조여 주는 역할을 한다.

추래 몡 목화(木花)의 풋열매. 모양이 다래와 비슷하고 성숙하기 시작할 무렵이면 맛이 달콤하여 먹을 수 있다. ¶**추래**가 익어서 미영이 대고, 미영으로 베를 짜서 옷을 해 입는데, 위선 달다꼬 따 묵으머 앤 댄다. ▶ 목화열매가 익어서 무명이 되고, 무명으로 베를 짜서 옷을 해 입는데, 우선 달다고 따 먹으면 안 된다. ※목화는 피는 족족 따고 마지막까지 피지 않은 것은 대궁 채로 베어다 말려 피워서 딴다. ☞ 미영다래. 다래.

추리:하다 혱 추루(醜陋)하다. 누추하다. ¶저 사람이 한단에는 끝빨 깨나 낸다 캤는데 돈이 떨어지이 **추리해**지네. ▶ 저 사람이 한때는 끗발 꽤나 낸다 했는데 돈이 떨어지니 추루해지네.

추미 몡 모숨. 가리. 삼이나 볏짚 따위의 가늘고 긴 물건이 한 줌 안에 들 만큼의 분량. ☞ 가래2.

추바'리 몡 주발(周鉢). 뚝배기그릇. ¶우리 그튼 촌사람이야 보리밥에다 시래기 국 한 **추바리도** 화늘임요(감사합니다) 캤다. ▶ 우리 같은 촌사람이야 보리밥에다 시래기 국 한 **주발도** 감지덕지 했다.

추'자(楸子) 몡 호두. 호도(胡桃). 당추자(唐楸子).

축구 몡 바보. 축구(畜狗). ¶**축구** 글치 천날만날 넘하테 속고마 댕기노? ▶ 바보 같이 매일처럼 남한테 속고만 다니나? ☞ 등시이. 반피이.

출추리:하다 혱 출출하다. ¶밤늦가 **출추리**한데 뱁추뿔거지라도 꺼내다 깎어 묵으까? ▶ 밤늦게 **출출**한데 배추뿌리라도 꺼내다(무구덩이에서) 깎아 먹을까?

춤 몡 침. ¶**춤** 밭은 우물에도 목이 마리머 찾어온다. ▶ 침 뱉은 우물에도 목이 마르면 찾아온다./묵는 이바구는 고마 해라. **춤** 넘어간다. ▶ 먹는 이야기는 그만 해라. 침 넘어간다.

춥이 몡 추위. ¶**춥이**가 오기 전에 나무 한 빼가리는 더 해 들랴야 한다. ▶ 추위가 오기 전에 나무 한 가리는 더 해 들려야 한다. ※농촌에서 추수를 끝내면 다음 할 일은 땔감을 해 들이는 일이다. ☞ 치비.

취'송(聚送)**하다** 동 배필을 정해서 보내다. ☞ 치송하다.

취:정(醉酊) 몡 주정(酒酊). ¶맴속에 담어 있든 말을 **취정하매** 다 풀어놓네. ▶ 마음속에 담어 있던 말을 **주정하며** 다 풀어놓네.

치 몡 의 척. ¶무신 심통이 났는지 내가 불러도 들은 **치도** 애하고 가 뿌린다. ▶ 무슨 심통이 났는지 내가 불러도 들은 **척도** 안하고 가 버린다./돈이 있는 **치마**

치거'리

하지 속을 들서 보머 빈 양철통이다. ▶ 돈이 있는 **척만** 하지 속을 들쳐 보면 빈 깡통이다./몬 이기는 **치하고** 그양 넘어가 주자. ▶ 못 이기는 **척하고** 그냥 넘어가 주자. ☞ 체. 칙.

치거'리 명 끝자락. 기슭. 【발치거리 ▶ 발치/밭치거리 ▶ 밭자락/산치거리 ▶ 산기슭】.

치'기다 동 추기다. 추스르다. 【치개 ▶ 추겨(추슬러)/치기이 ▶ 추기니(추스르니)】 ¶일을 잘 하라꼬 **치개마** 주머 댄다. ▶ 일을 잘 하라고 **추겨만** 주면 된다./바지 헐끈을 **치개** 매라. ▶ 바지 허리띠를 **추슬러** 매라./알라 팬하게 두디기를 **치개** 매라. ▶ 아기 편하게 포대기를 **추슬러** 매라./잘한다꼬 **치기이** 죽을 똥 살 똥 모리고 한다. ▶ 잘한다고 **추기니** 죽을 둥 살 둥 모르고 한다.

치다 동 치르다. 【처 ▶ 치러/치이 ▶ 치르니】 ¶한 해 안에 잔채 한 분을 **치고** 초상 한 분을 **치고** 나이 지동뿌리가 헌들랜다. ▶ 한 해 안에 잔치 한 번을 **치르고** 초상 한 번을 **치르고** 나니 기둥뿌리가 흔들린다./그 만은 손임을 **처** 낼라 카머 사람 손이 모지래겠다. ▶ 그 많은 손님을 **치러** 내려면 사람 손이 모자라겠다./우리가 큰일을 **치이** 넘의 일에 신갱을 씰 여가가 없다. ▶ 우리가 큰일을 **치르니** 남의 일에 신경을 쓸 여가가 없다.

치다보다 동 쳐다보다. 【치다바 ▶ 쳐다보아/치다보이 ▶ 쳐다보니】 ¶내 꺼 앤 댈 꺼를 **치다바야** 속마 상하지. ▶ 내 것 안 될 것을 **쳐다보아야** 속만 상하지./상추 밭에 똥 눈 개 보드시 와 날 그래 **치다보노**? ▶ 상추 밭에 똥 눈 개 보듯이 왜 날 그렇게 **쳐다보나**? ※곱지 않은 눈으로 쳐다보는 사람을 보고 하는 말.

치대:기 명 낮은 데 있는 논에서 높은 데로 올라가면서 물을 대는 것.

치'도 명 신작로(新作路). 도로(道路). 표준말에서 길을 닦는 것을 '치도(治道)'라고 하나 방언에서는 '도로'를 가리킨다. ¶아직에 고지기가 **치도** 부역 나오라꼬 외든데, 지게에다 수굼포 언저서 나가 보자. ▶ 아침에 고지기가 **도로** 부역(負役) 나오라고 외치던데, 지게에다 삽 얹어서 나가 보자. ※자갈이 깔려있는 옛날 도로는 전담자를 두고 보수를 하지만 도로가 무너지거나 자갈을 대량으로 보충해야 할 때는 주민들을 동원하는데 이것을 '치도 부역'이라고 한다. ☞ 신장노.

치들'다 동 쳐들다. 【치들어 ▶ 쳐들어/치드이 ▶ 쳐드니】 ¶저런 고얀 눔 바라. 어런이 말하는데 어디 고개를 딱 **치들고** 치다보노? ▶ 저런 고얀 놈 보아라. 어른이 말하는데 어디 고개를 딱 **쳐들고** 쳐다보나?/그마이 성공했으머 고개를 **치들**

고 댕길 만도 하다. ▶ 그만큼 성공했으면 고개를 쳐들고 다닐 만도 하다./물건을 치들어 비매 자랑을 한다. ▶ 물건을 쳐들어 보이며 자랑을 한다.

치:미 몡 취미(趣味). ¶우리 촌사람들으 치미라 캐야 밥 묵고 일하는 거뱆에 더 있겠나. ▶ 우리 촌사람들의 취미라 해야 밥 먹고 일하는 것밖에 더 있겠나.

치비 몡 추위. ¶갱원도 치비는 말도 몬한다 카든데, 울아들은 어얘 지내는지 모리겠다. ▶ 강원도 추위는 말도 못한다 하던데, 우리 애들은 어떻게 지내는지 모르겠다. ☞ 춥이.

치'송하다 동 배필을 정해 보내다. ¶저 딸아마자 치송해 뿌러야 내가 눈을 깜꼬 죽지. ▶ 저 딸애마저 시집보내 버려야 내가 눈을 감고 죽지. ☞ 취송하다.

치'아뿌리다 동 치워버리다. 그만두다. '치우다'의 센말. 【치아뿌러 ▶ 치워버려/치아뿌리이 ▶ 치워버리니】 ¶일할 때 사람 앞에 걸래는 거 있으며 치아뿌리고 해야 한다. ▶ 일할 때 사람 앞에 걸리는 것 있으면 치워버리고 해야 한다./거기 가기 실부머 치아뿌러라. ▶ 거기 가기 싫으면 그만둬라.

치'우다 동 치우다. 시집보내다. 그만두다. 【치아 ▶ 치워/치우이 ▶ 치우니】 ¶우태롭은 물건은 아들 앞에서 치아야 한다. ▶ 위험스러운 물건은 애들 앞에서 치워야 한다./딸아 둘을 치아 보내고 아이 하나가 남었다. ▶ 딸애 둘을 치워 보내고 아직 하나가 남았다.

칙 몡의 척. ¶나를 보고도 본 칙도 애한다. ▶ 나를 보고도 본 척도 안한다./귀꼬마리가 맥했는지 들은 칙도 애한다. ▶ 귓구멍이 막혔는지 들은 척도 안한다. ☞ 체. 치.

칙간 몡 측간(厠間). 뒷간. 내실(內室)에 따른 부녀용인 '칙간'이나 '디깐'은 집안의 구석진 장소에 있고, 사랑(舍廊)채에 따른 남성용인 '정낭'은 비교적 개방된 위치에 있다. ¶칙간에 개 부리드시 막 부래 묵는다. ▶ 측간에 개 부리듯이 막 부려 먹는다. ☞ 디깐. 정낭. 통시이.

칙:하다 동보 척하다. ¶그런 거는 모리는 칙하고 눈깜어 조라. ▶ 그런 것은 모르는 척하고 눈감아 줘라.

칡개~이 몡 칡. 칡은 넝쿨이 길고 질겨서 다래끼, 소쿠리, 발채 따위의 도구를 만드는 재료로 쓰고 새끼나 노끈의 대용으로도 쓴다. 뿌리는 갈근(葛根)이라 하여 부황(浮黃)이 들었을 부기를 빼고 구황하는 데도 도움을 준다. ☞ 칡기.

칡개~이넘풀 몡 칡넝쿨. ☞ 칡개이덤풀. 칡기덤풀. 칡덤풀.

칠개~이덤풀 명 칡덩굴. ☞ 칠개이넘풀. 칠기덤풀. 칠덤풀.

칠개~이뿔거지 명 칡뿌리. 갈근(葛根). ¶**칠개이뿔거지** 캐로 산에 갔다가 덤풀에 걸래서 자빠러졌다. ▶ 칡뿌리 캐러 산에 갔다가 덩굴에 걸려서 자빠졌다.

칠기 명 칡. ¶**칠기**는 뿔거지도 묵지마는 덤풀도 살머 묵으머 주체에 좋단다. ▶ 칡은 뿌리도 먹지만 덩굴도 삶아 먹으면 주체(酒滯)에 좋단다. ☞ 칠개이.

칠기덤풀 명 칡덩굴. ¶산에 **칠기덤풀**이 퍼지머 다린 나무들은 다 베린다. ▶ 산에 칡덩굴이 퍼지면 다른 나무들은 다 버린다. ☞ 칠개이넘풀. 칠개이덤풀. 칠덤풀.

칠덤풀 명 칡덩굴. ☞ 칠개이넘풀. 칠개이덤풀. 칠기덤풀.

칠칠밧'다 형 칠칠하다. 시원시원하다. 【**칠칠밧어** ▶ 칠칠해/**칠칠밧으이** ▶ 칠칠하니】 ¶그 사람은 솜씨가 **칠칠밧어** 무신 일이든지 손마 대머 숩게 해치운다. ▶ 그 사람은 솜씨가 칠칠해서 무슨 일이던지 손만 대면 쉽게 해치운다./저 사람은 넘 도우는 데도 **칠칠밧으이** 이붓들이 다 좋다 카지. ▶ 저 사람은 남 도우는 데도 칠칠하니 이웃들이 다 좋다 하지.

침재~이 명 침쟁이. 침술사. ¶우는 아 침 주로 **침재이** 온다. ▶ 우는 애 침 주러 침쟁이 온다. ※동네 할아버지가 우는 아이를 보고 울음을 그치게 하려고 "이 눔, 침주자!" 하면서 허리춤에 차고 있는 주머니를 만지작거리기도 하고, '우는 아 범 물어 간다'거나 '칼 찬 순사가 잡으로 온다'며 겁을 주기도 한다.

칩다 형 춥다. 【**칩어** ▶ 추워/**칩으이** ▶ 추우니】 ¶마이 **칩어** 빈다. 일로 들와서 불 쬬아라(쫴라). ▶ 많이 추워 보인다. 이리로 들어와서 불 쬐어라./날씨가 **칩으니**, 옷을 뚜껍게 입고 나가그라. ▶ 날씨가 추우니, 옷을 두껍게 입고 나가거라.

칭:다 동 치이다. 시달리다. '칭구다'의 피동. 【**칭개** ▶ 치여(시달려)/**칭개이** ▶ 치이니(시달리니)】 ¶자동차에 **칭개서** 빙원에 실래 갔다. ▶ 자동차에 치여서 병원에 실려 갔다./뱎에서는 일에 **칭개고** 들어오머 아들 새에 **칭개서** 다리를 뻗고 쉴 여가가 없다. ▶ 밖에서는 일에 시달리고 들어오면 애들 사이에 시달려서 다리를 뻗고 쉴 여가가 없다. ☞ 칭기다.

칭'계 명 층계(層階). ¶자빠러질라, 한 **칭계**씩 조심해서 올러가야 한다. ▶ 자빠질라, 한 층계씩 조심해서 올라가야 한다./저 사람은 밑바닥부터 열심으로 일해서 한 **칭계** 한 **칭계**씩 올라가서 어느 새 넘으 우에 우뚝 서게 댔다. ▶ 저 사람은 밑바닥부터 열심히 일해서 한 층계 한 층계씩 올라가서 어느 새 남의 위에 우뚝 서게 되었다.

칭'구 명 친구(親舊). ¶**칭구** 따라서 강남에 간다 캤다. ▶ 친구 따라서 강남에 간다 했다./**칭구** 망신은 꼽새가 시긴다. ▶ **친구** 망신은 곱사등이 시킨다.

칭구¹:**다** 동 치다.【**칭가**▶치어/**칭구이**▶치니】¶도라꾸가 사람을 **칭구고** 개쪼가리쳤다. ▶ 트럭이 사람을 치고 도망쳤다.

칭기¹:**다** 동 치이다. '**칭구다**'의 피동.【**칭개**(**칭기어**)▶치여/**칭기이**▶치이니】¶구불어 니러오는 방구에 **칭개** 죽을 뿐했다. ▶ 굴러 내려오는 바위에 치여 죽을 뻔했다. ☞ **칭개다**.

칭:나칭칭나:네 감 쾌지나칭칭나네. 칭칭이 놀이에서 앞소리를 받아서 잇는 후렴. ¶**칭나칭칭나네**, 화늘에는 빌도만코, 칭나칭칭나네, 가자가자 어여가자, -후렴-, 이수건너 백노가자, -후렴-, 갱빈에는 자갈도만코, -후렴-, 살림살이 말도만타, -후렴-, 화늘에다 배틀놓고, -후렴-, 잉애잡어 북을놓세, -후렴-, 정월이라 대보름날, -후렴-, 팔월이라 추석날은, -후렴-, 시월가도 설움마남네, -후렴-. ▶ **쾌지나칭칭나네**, 하늘에는 별도많고, -후렴-, 가자가자 어서가자, -후렴-, 이수건너 백로가자, -후렴-, 강변에는 자갈도많고, -후렴-, 살림살이 말도많다, -후렴-, 하늘에다 베틀놓고, -후렴-, 잉어잡어 북을놓세, -후렴-, 정월이라 대보름날, -후렴-, 팔월이라 추석날은, -후렴-, 세월가도 설움만남네, -후렴-.

칭치˘**이** 부 층층이(層層-). ¶우로는 어런들을 **칭치이** 모시지, 그 만은 지사를 모시지, 알라 키우지, 요새 생각하머 그때 우리가 우애 시집을 살았든공 시푸다. ▶ 위로는 어른들을 **층층이** 모시지, 그 많은 제사를 모시지, 애기 키우지, 요새 생각하면 그때 우리가 어떻게 시집을 살았던가 싶다.

칭칭거리다 동 칭얼거리다. ¶이미야, 알라 **칭칭거리**는 거, 젖 물래서 재와라. ▶ 어미야, 아기 **칭얼거리**는 것, 젖 물려서 재워라./**칭칭거리지** 마고 할 말이 있으머 콱 해 뿌러라. ▶ 칭얼거리지 말고 할 말이 있으면 콱 해 버려라.

ㅋ

카는머래 관 하는 바람에. ¶니가 그 카는머래 내가 손해를 마이 봤다. ▶ 네가 그렇게 하는 바람에 내가 손해를 많이 보았다. ☞ 별표, '하다(카다. 라다) 동사'의 활용.

카'다 동 하다(말하다). '-게 하다(-게 말하다)'의 준말. 【캐 ▶ 해(말해)/카이 ▶ 하니(말하니)/카머 ▶ 하면(말하면)】 ¶그카다. ▶ 그렇게 하다(그렇게 말하다)./이카다. ▶ 이렇게 하다(이렇게 말하다)./저카다. ▶ 저렇게 하다(저렇게 말하다)./니가 그 캐 바라. ▶ 네가 그렇게 해 보아라(그렇게 말해 보아라)./이카이 대고 저카이 앤 대드라. ▶ 이렇게 하니(이렇게 말하니) 되고 저렇게 하니(저렇게 말하니) 안 되더라./저카머 사람 꼬라지가 머가 대노. ▶ 저렇게 하면(저렇게 말하면) 사람 꼴이 뭐가 되나. ☞ 별표, '하다(카다. 라다) 동사'의 활용.

카머 조 보다. 앞말이 비교의 기준이 되는 점의 뜻을 갖는 부사격 조사. ¶보기카머 성질이 무섭다. ▶ 보기보다 성질이 무섭다./니카머 내가 더 심이 든다. ▶ 너보다 내가 더 힘이 든다./이래 사느이 죽기카머 몬하다. ▶ 이렇게 사느니 죽기보다 못하다./머로 바도 내카머 니가 더 잘산다. ▶ 뭐로 보아도 나보다 네가 더 잘산다./자카머 니가 그래도 더 배왔다. ▶ 쟤보다 네가 그래도 더 배웠다.

카배'추 명 양배추(洋--). 캐비지(cabbage). ☞ 양뱁추.

칼수갯도 명 날 스케이트. '칼'+日 'スケート(skate)' ☞ 날수갯도.

칼치 명 갈치. ¶칼치는 대강 찌저서 묵기나 꿉어서 묵지마 우리 곧에서는 국도 끼래 묵는다. ▶ 갈치는 대개 지져서 먹거나 구워서 먹지만 우리 곳에서는 국도 끓여 먹는다.

캉 조 랑. 하고. 함께하는 대상임을 나타내는 부사격 조사. 여럿을 나란히 이어 주는 접속조사. ¶어제 누캉 같이 갔띠이노? ▶ 어제 누구랑 같이 갔더냐?/니캉 나캉 무신 불구대천으 원수가 젔다고 따러댕기맨서 고롭히노? ▶ 너랑(하고) 나랑(하고) 무슨 불구대천의 원수가 졌다고 따라다니면서 괴롭하나?

캐사: 매 [갑] 터무니없는 말을 농담으로 하고서, '실지가 그렇다는 것이 아니라 말이 그렇다는 것이지'라는 뜻으로 쓰는 말. ¶간밤에 대지꿈을 꾸고서 오늘 아칙에 질에서 돈 보따리를 줏단다. 캐사매! ▶ 간밤에 돼지꿈을 꾸고서 오늘 아침에 길에서 돈 보따리를 주웠단다. 말이 그렇다는 것이지!

캐샀'다 [동] 해대다. 말을 해대다. 【캐사 ▶ 해대/캐사이 ▶ 해대니/캐사머 ▶ 해대면/캐사매 ▶ 해대며】¶돈이 궁해 죽겠다고 캐샀는다. ▶ 돈이 궁해 죽겠다고 해댄다./아퍼서 죽겠다 캐사서 보기 딱하다. ▶ 아파서 죽겠다 해대서 보기 딱하다./보구 접다 캐사이 오라 캤다. ▶ 보고 싶다 해대니 오라 했다./자꼬 그 캐사머 나는 우야라꼬? ▶ 자꾸 그렇게 해대면 나는 어떻게 하라고?/머라 캐사매 주깨는데 하나도 몬 알어듣겠드라. ▶ 뭐라 해대며 지껄이는데 하나도 못 알아듣겠더라. ☞ 별표, '하다(카다. 라다) 동사'의 활용.

커단: 하다 [형] 커다랗다. 【커단해 ▶ 커다래/커단하이 ▶ 커다랗게】¶키는 멀대 걸치 커단한 사람이 싱겁기는 와 그래 싱겁으노? ▶ 키는 장대 같이 커다란 사람이 싱겁기는 왜 그렇게 싱거우냐? ☞ 크단하다.

-커덩 [미] -거든. ¶니가 좋커덩 하고 나쁘거덩 하지 마라. ▶ 네가 좋거든 하고 나쁘거든 하지 마라. -거덩. -그덜랑. -그덩. -크덜랑. -크덩.

커'리 [명][의] 켤레. ¶금연 추석에는 아들인데 고무신 한 커리씩은 사 신개야 할 낀데. ▶ 금년 추석에는 애들한테 고무신 한 켤레씩은 사 신겨야 할 것인데.

커영 [조] 커녕. ¶사람은커영 쥐새끼 한 마리도 앤 얼렁거린다. ▶ 사람은커녕 쥐새끼 한 마리도 안 어른거린다./나한테 돈을 주기는커영 더 앤 돌라카머 다행이지. ▶ 내게 돈을 주기는커녕 더 안 달라면 다행이지.

코꾼'지 [명] 코뚜레. ☞ 꿰뜨레기. 소꿰뜨레기. 소코뜨레기. 코꿰뜨레기.

코꿰뜨레기 [명] 코뚜레. 소의 코청을 꿰뚫어 박은 나무로 된 고리로, 여기에 소 고삐의 끝 가닥을 잡아맨다. ☞ 꿰뜨레기. 소꿰뜨레기. 소코뜨레기. 코꾼지.

코끈티~이 [명] 코끝. '얼굴의 한 부분'의 뜻. ¶코끈티이를 니밀다. ▶ 코끝을(얼굴을) 내밀다./코끈티이도 앤 빈다. ▶ 코끝도(얼굴도) 안 보인다.

코따까'리 [명] 코딱지. ¶아이고 저기이, 머가 아까버서 코따까리를 더덕더덕 붙처 가주고 댕기노? ▶ 아이고 저것이, 뭐가 아까워서 코딱지를 더덕더덕 붙여 가지고 다니냐?

코똥 [명] 콧방귀. ¶다린 사람이 암만 말해도 지는 코똥마 뀌고 있다. ▶ 다른 사람이 아무리 말해도 저는 콧방귀만 뀌고 있다.

코빵울 똉 코빼기. '코'의 낮춤말. ¶이눔으 소상, 이래 바쁜데 어디 처박해 있는지 **코빵울**도 앤 내비친다. ▶ 이놈의 소생(자식), 이렇게 바쁜데 어디 처박혀 있는지 **코빼기**도 안 내비친다.

콧구무 똉 콧구멍. ¶저눔은 돈이라 카며 문디이 **콧구무** 안에 있는 거도 꺼낼 눔이다. ▶ 저놈은 돈이라면 문둥이 **콧구멍** 안에 있는 것도 꺼낼 놈이다. ☞ 콧구영.

콧구영 똉 콧구멍. ¶눈은 찌지다가 말었고 **콧구영**은 화늘로 치들고 있는 꼬라지에 어디 한 군대라도 복 붙을 데가 있는강 바라. ▶ 눈은 째지다가 말았고 **콧구멍**은 하늘로 쳐들고 있는 꼴에 어디 한 군대라도 복 붙을 데가 있는가 봐라. ☞ 콧구무.

콧디~이 똉 콧등. ¶빈대도 **콧디이**가 있다는데 지도 사람인데 설마 할라꼬. ▶ 빈대도 **콧등**이 있다는데 저도 사람인데 설마 하려고./그 사람을 얼매 전에 한 분 보기는 밨는데 요새는 **콧디이**도 앤 비드라. ▶ 그 사람을 얼마 전에 한 번 보기는 보았는데 요새는 **콧등**도 안 보이더라.

콩기름 똉 콩기름. 우차바퀴에 윤활유로 쓰이는 '콜타르(coal tar)'. ☞ 우차.

콩깍대기 똉 콩깍지. ¶소죽 끼릴 때 **콩깍대기**를 댓 바가치를 섞어 여라. ▶ 소죽 끓일 때 **콩깍지**를 댓 바가지를 섞어 넣어라.

콩깨묵 똉 콩깻묵. 기름을 짜고 남은 콩 찌끼. ¶농사를 지머 나락은 일분사람들이 거다 가고 시커멓게 곰패이가 낀 **콩깨묵**하고 강내이를 배급했다. ▶ 농사를 지으면 나락은 일본사람들이 거둬 가고 시커멓게 곰팡이가 낀 **콩깻묵**하고 강냉이를 배급했다.

콩대~이 똉 콩댐. ¶장판은 바리고 나서 들지럼을 묵애서 **콩대이**를 시 분은 해야 찔기고 미끄럽다. ▶ 장판은 바르고 나서 들기름을 먹여서 **콩댐**을 세 번은 해야 질기고 미끄럽다.

콩사리 똉 콩서리. 콩을 포기 채로 그슬어 먹는 짓. '콩 사리기(사르기)'의 뜻. ¶**콩사리**를 해 묵고 시커메진 입을 서리 치다보고 놀리고 했다. ▶ **콩서리**를 해 먹고 시커메진 입을 서로 쳐다보고 놀리곤 했다.

콩이퍼'리 똉 콩잎사귀. 콩잎사귀로 만든 반찬. ¶**콩이퍼리** 부드럽은 거는 된장아 박어 났다가 묵기도 하고 가실에 단풍 든 거는 삭해서 매래치 식혜하고 양염으로 문처서 묵는다. ▶ **콩잎사귀** 부드러운 것은 된장에 박아 놓았다가 먹기도 하고 가을에 단풍 든 것은 삭혀서 멸치 젓갈하고 양념으로 무쳐서 먹는다.

콩지럼1 똉 콩나물. '콩 지름(기름培養)'의 뜻. ¶그 쫍은 데서 사람들이 **콩지럼** 배기드시 차 있어서 꼼짝을 할 수가 있어야지. ▶ 그 좁은 데서 사람들이 콩나물 박히듯이 차 있어서 꼼짝을 할 수가 있어야지./고뿔 걸랜 데는 **콩지럼국**에 꼬치가리를 맵게 타서 묵어 바라. ▶ 감기 든 데는 **콩나물국**에 고춧가루를 맵게 타서 먹어 보아라.

콩'지'럼2 몡 콩기름(豆油). ¶**콩지럼**을 짜내고 남은 찌끄래기가 콩깨묵이다. ▶ 콩기름을 짜내고 남은 찌끼가 콩깻묵이다.

콩'칠팔 몡 엉망. 콩과 팥을 분별하지 못하는 상태. ¶저 사람은 술마 묵으머 **콩칠팔**이다. ▶ 저 사람은 술만 먹으면 엉망이다./그 **콩칠팔**로 주깨는 거를 들을 꺼도 없다. ▶ 그 분별없이 지껄이는 것을 들을 것도 없다. ☞ 콩칠팔세삼육.

콩'칠팔세:삼육 몡 엉망진창. 콩과 팥을 분별하지 못하는 상태. ¶그 사람이 술을 마시고 **콩칠팔세삼육**으로 주깨는 그거를 누가 믿겠노? ▶ 그 사람이 술을 마시고 엉망진창으로 지껄이는 그것을 누가 믿겠나?/술이 취서 **콩칠팔세삼육**으로 비틀거리다가 골창아 빠저서 물구신이 대서 들어왔다. ▶ 술이 취해서 엉망진창으로 비틀거리다가 골창에 빠져서 물귀신이 되어서 들어왔다. ☞ 콩칠팔.

-쿠로 몜 -게. -하게. ¶이거 다 니를 **좋쿠로** 해 줄라꼬 그카는 거 아이가. ▶ 이것 다 너를 좋게 해 주려고 그러는 것 아닌가./**미안쿠로** 와 이래 마이 주닝기요. ▶ 미안하게 왜 이렇게 많이 주는가요. ☞ -구로.

-쿠롬 몜 -게끔. '쿠로'의 강조형. ¶이러**쿠롬** 하머 저러**쿠롬** 댄다. ▶ 이렇게끔 하면 저렇게끔 된다. ☞ -게끔. -구로꿈.

크단:하다 혱 커다랗다. 【**크단해 ▶** 커다래/**크단하이 ▶** 커다라니】 ¶몸집이 **크단**해서 생각하는 거도 **크단**하다. ▶ 몸집이 커다래서 생각하는 것도 커다랗다./눈이 **크단하이** 겁도 만케 생갰다. ▶ 눈이 커다라니 겁도 많게 생겼다. ☞ 커단하다.

-크'덜랑 몜 -거든. ¶만**크덜랑** 덜고 작그덩 보태라. ▶ 많거든 덜고 작거든 보태라. ☞ -거덩. -그덜랑. -그덩. -커덩. -크덩.

-크'덩 몜 -거든. ¶좋**크덩** 만나고 싫**크덩** 만나지 마라. ▶ 좋거든 만나고 싫거든 만나지 마라. ☞ -거덩. -그덜랑. -그덩. -커덩. -크덜랑.

큰머섬 몡 큰 머슴. 농사일에 숙달된 장골(壯骨) 머슴. ☞ 장머섬.

큰사폭 몡 남자바지의 앞 허리 아래로 오른쪽 말랑폭과 왼쪽 말랑폭과 작은살폭의 윗부분에 이어져 배와 사타구니를 덮고 가랑이까지 내려간 ㅅ자 모양으로 댄 폭. 《큰폭. 개살폭. 살폭. 큰살폭》 ☞ 주우.

큰상 몡 큰상(-床). 혼사나 환갑 때에 웃어른이나 주인공에게 차려 내는 성찬

큰아¹:

(盛饌).
큰아²: 몡 큰애. 맏이. ¶**큰아**는 작은아하고는 머가 달러도 다리다. ▶ **큰애**는 작은 애하고는 뭣이 달라도 다르다. ☞ 맏아.

큰질 몡 큰길. ¶무신 일이 있는지 **큰질**로 사람들이 줄을 이사서 올러가고 있다. ▶ 무슨 일이 있는지 **큰길**로 사람들이 줄을 이어서 올라가고 있다.

큰채 몡 안채. 안에 있는 집채. ¶인자 **큰채**는 큰아한테 물래주고 우리는 사랑채 로 옹기자 ▶ 이제 **안채**는 큰애한테 물려주고 우리는 사랑채로 옮기자. ☞ 본채.

킁거 몡 큰 것. 큰애. ¶우리 **킁거**가 오늘 여기로 오기로 했다. ▶ 우리 **큰애**가 오 늘 여기로 오기로 했다. ☞ 맏아. 큰아.

키 몡의 이. 사람. 일반적으로 사람의 수를 셈할 때, 한 키, 두 키, 한두 키, 시 키, 두시 키, 니 키, 서너 키, 다서 키, 너덧 키, 여섯 키, 대여섯 키, 일곱 키. 여일곱 키, 여덜 키, 일여덜 키, 아홉 키, 열 키 따위로 말한다.

-키나 에 -거나. -건. ¶지야 **좋키나 싫키나** 내가 할 일은 내가 하머 대지. ▶ 저야 **좋거나 싫거나** 내가 할 일은 내가 하면 되지./만**키나** 적기나 주는 대로 받어 가 자. ▶ **많거나** 적거나 주는 대로 받아 가자. ☞ -기나.

키'우다 동 키우다. 【키와 ▶ 키워/키우이 ▶ 키우니】¶육 남매를 **키와서** 다 내 보 내고 영감 할마이 두 키서 얼골마 치다보고 산다. ▶ 육 남매를 **키워서** 다 내 보 내고 영감 할멈 둘이서 얼굴만 쳐다보고 산다.

키:타 몡 기타(guitar). ¶**키타**를 치다. ▶ **기타**를 치다. ※기타는 '치다'라고 하고 '타다'라고 하지 않는다.

킬: 몡 '큰일'의 준말. ¶그거를 건디리머 **킬** 난다. ▶ 그것을 건드리면 **큰일** 난다./ 우야머 좋노, 이거 **킬**인데. ▶ 어떻게 하면 좋아, 이거 **큰일**인데.

-킬래 에 -기에. ¶돈이 얼매나 **만킬래** 저렇게 물 씨드시 펑펑 써대노? ▶ 돈이 얼 마나 **많기에** 저렇게 물 쓰듯이 펑펑 써대나?/오래만에 만난 지 실랑이 얼매나 **좋킬래** 저래 안절부절을 몬하지? ▶ 오랜만에 만난 제 신랑이 얼마나 **좋기에** 저 렇게 안절부절을 못하지? ☞ -길래.

타양 명 타향(他鄕). ¶사고무친 철리 타양에 나와서 고상도 마이 했다. ▶ 사고무친(四顧無親) 천리 타향에 나와서 고생도 많이 했다.

타:합하다 동 타협(妥協)하다. ¶서리 타합해서 잘 대드록 하자. ▶ 서로 타협해서 잘 되도록 하자.

탁배기 명 탁주(濁酒). 막걸리. ¶탁배기야 한 사바리 쭉 마시고 소굼 한 점을 찍어 묵고 쇠미 한분 씨다듬으머 그기이 안주지. ▶ 탁주야 한 사발 죽 마시고 소금 한 점을 찍어 먹고 수염 한번 쓰다듬으면 그것이 안주지.

탁주꼬재~이 명 쟁기의 자부지(손잡이). 쟁기의 술의 중간에 좌우로 2개의 손잡이가 엇갈려(왼쪽 것이 아래에, 오를 쪽 것이 위에) 꽂혀 있다. ☞ 홀찌이. 잡주지.

탈어미:다 동 고개 따위를 처뜨리다. 틀어 메다. 【탈어미 ▶ 처뜨려/탈어미이 ▶ 처뜨리니】¶무신 걱정이 그래 만킬래 고개를 천 근 긑치 탈어미고 댕기노? ▶ 무슨 걱정이 그렇게 많기에 고개를 천 근 같이 처뜨리고 다니나?

탈:치다 동 채다. 낚아채다. '탈(脫)치다'의 뜻. 【탈처 ▶ 채/탈치이 ▶ 채니】¶내 손에 똥이 묻었나 와 손을 탈치노? ▶ 내 손에 똥이 묻었나 왜 손을 채나?/날치기가 내 가방을 탈처서 비호 긑치 도망을 갔다. ▶ 날치기가 내 가방을 낚아채서 비호 같이 도망을 갔다.

탕개 명 써레의 몸통과 손잡이 사이에 걸쳐 서로 빠지지 않게 비틀어 맨 삼바(麻-). 탕개가 없는 것도 있다. ☞ 써리.

탕:관(宕冠) 명 탕건(宕巾). ¶양반은 본대 탕관을 벗는 법이 없다. ▶ 양반은 본래 탕건을 벗는 법이 없다.

탕:수(湯-) 명 제사에 쓰는 탕(湯). 탕에는 소고기로 끓인 육탕(肉湯), 생선으로 끓인 어탕(魚湯) 그리고 두부나 다시마 따위를 넣고 끓인 소탕(素湯)이 있다.

태1 명 터. 터전. 【미태 ▶ 묘터/장태 ▶ 장터/집태 ▶ 집터】¶이 집은 태가 시서 드

태(態)2

는 사람들이 우환이 만탄다. ▶ 이 집은 터가 세어서 드는 사람들이 우환이 많단다./여기에다 태를 딲어서 삼칸 집을 지었으머 딱 좋겠다. ▶ 여기에다 터를 닦아서 삼간 집을 지었으면 딱 좋겠다./절물 때부텀 처가 곧에다 태를 잡고 살맨서 정이 들었다. ▶ 젊을 때부터 처가(妻家) 곳에다 터전을 잡고 살면서 정이 들었다.

태(態)2 몡 티. 태도나 기색. ¶그 사람 인물을 보머 귀한 태가 줄 흐린다. ▶ 그 사람 인물을 보면 귀한 티가 줄 흐른다. ☞ 포토.

태가리 몡 턱. ¶저런 고얀 눔 바라. 그마이 그캐도 어런 앞에서 태가리를 쑥 니밀고 말대답 하네. ▶ 저런 고얀 놈 봐라. 그만큼 그래도 어른 앞에서 턱을 쑥 내밀고 말대꾸 하네. ☞ 택1. 택주거리.

태배'기 몡 더버기. ¶욕을 태배기로 묵고서도 모지래서 그 짓을 또 하나? ▶ 욕을 더버기로 먹고서도 모자라서 그 짓을 또 하나?

태:비 몡 퇴비(堆肥). ¶농토는 태비를 마이 해서 땅 기운을 살래야 댄다. ▶ 농토는 퇴비를 많이 해서 땅 기운을 살려야 된다.

태성(胎性) 몡 본성(本性). 타고난 성품(性品). ¶그 사람은 원채 태성이 고분 사람이라 넘하고 말쌈 한분을 하는 법이 없다. ▶ 그 사람은 원래 본성이 고운 사람이라 남하고 말싸움 한번을 하는 법이 없다.

태쇠 몡 쟁기의 보습을 술에다 끼울 때 뒤로 잡아 주는 쇠태. 여기다 쐐기(마늘 쪼가리)를 박아서 빠지지 않게 한다. ☞ 훌찌이.

태:치미 몡 퇴침. 서랍이 붙은 목침. ☞ 태침.

태:침 몡 퇴침. 서랍이 붙은 목침. 양반티를 내는 데 담뱃대를 길게 하는 것처럼 고침단명(高枕短命)이라면서도 목침 또한 높게 베는 것이 그 위엄과 비례한다. ☞ 태치미.

태팽 몡 태평(太平). ¶공구들이 묵은들 아나 굴문들 아나, 저 사람만치 태팽한 사람은 하늘 밑에 없을 끼이다. ▶ 식구들이 먹은들 아나 굶은들 아나, 저 사람만큼 태평한 사람은 하늘 밑에 없을 것이다.

택1 몡 턱. ¶택이 동구수룸하이 귀태가 난다. ▶ 턱이 둥그스름하니 귀티가 난다. ☞ 태가리. 택주거리.

택2 몡 턱. 좋은 일이 있을 때에 베푸는 음식대접. ¶아들이 대핵고 시험에 합격했는데 한 택을 내도 댄다. ▶ 아들이 대학교 시험에 합격했는데 한 턱을 내어도 된다./논 샀는데 사애술 한 택도 앤 내나? ▶ 논 샀는데 성애술 한 턱도 안 내나?

택3 명 턱. 평평한 곳에 조금 두둑하게 된 자리. 【문택 ▶ 문턱】¶택에 걸래서 자빠러졌다. ▶ 턱에 걸려서 자빠졌다.

택4 명 턱. 마땅히 그래야 할 까닭이나 이치. ¶그거 가주고는 택도 없이 모지랜다. ▶ 그것 가지고는 턱도 없이 모자란다./택도 없는 거지말을 하지 마라. ▶ 턱도 없는 거짓말을 하지 마라./택도 아인 기이 까부리고 있다. ▶ 턱도 아닌 것이 까불고 있다./무신 영문인지 지가 알 택이 없다. ▶ 무슨 영문인지 제가 알 턱이 없다./그 사람은 날 쇠길 택이 없다. ▶ 그 사람은 나를 속일 턱이 없다.

택5 명 '덕택(德澤)'의 준말. ¶우리가 이마이 사는 거도 다 부모들 또래 사람들이 고상한 택이다. ▶ 우리가 이만큼 사는 것도 다 부모들 또래 사람들이 고생한 덕택이다.

택구 명 택호(宅號). 택호(宅號). ¶그 사람도 인자 자석이 장성하고 했으이 이름을 부리지 마고 택구로 불러야 한다. ▶ 그 사람도 이제 자식이 장성하고 했으니 이름을 부르지 말고 택호로 불러야 한다. ☞ 띠기3.

택대:다 동 셈하다. 셈치다. ¶점방아 가서 우리 외상이 얼매나 대는지 택대고 온나. ▶ 가게에 가서 우리 외상이 얼마나 되는지 셈하고 오너라./본대부터 그거는 니 손에 없었다 택대고 맴 팬하게 묵어라. ▶ 원래부터 그것은 네 손에 없었다 셈치고 마음 편하게 먹어라. ☞ 택치다.

택없다 형 턱없다. 【택없어 ▶ 턱없어/택없으이 ▶ 턱없으니】¶얼골색 한분 앤 바꾸고 택없는 거지말을 한다. ▶ 얼굴색 한번 안 바꾸고 턱없는 거짓말을 한다./하는 짓이 택없어 고개도 안 돌린다. ▶ 하는 짓이 턱없어 고개도 앤 돌린다.

택주거'리 명 턱 주걱. '택1'의 속된말. ☞ 태가리.

택치다 동 셈하다. 셈치다. ¶죽었다 택치고 일하며 앤 댈 일이 없다. ▶ 죽었다 셈치고 일하면 안 될 일이 없다. ☞ 택대다.

탱'기다 동 퉁기다. 다치다. 【탱개 ▶ 퉁겨/탱기이 ▶ 퉁기니】¶배짱마 탱기다가 손임을 다 떨가 뿌린다. ▶ 배짱만 퉁기다가 손님을 다 놓쳐 버린다./키타를 들고 유행가 한 자리를 탱개 바라. ▶ 기타를 들고 유행가 한 곡을 퉁겨 봐라./그 사람을 잘 몬 건디리다가는 큰 코 탱긴다. ▶ 그 사람을 잘 못 건드리다가는 큰 코 다친다. ☞ 팅기다.

탱'주 명 탱자. ¶두드래기가 난데는 탱주 살문 물을 바리머 좋다 카드라. ▶ 두

탱'주나무

드러기가 난데는 탱자 삶은 물을 바르면 좋다 하더라.

탱'주나무 명 탱자나무. ¶잠아잠아 오지마라, 요내눈에 오는잠은 말도만코 숭도 만타, 잠오는눈을 쑥잡아빼여 **탱주나무에다** 걸어놓고 들매보고 날매보이 **탱주나무도** 꼽박꼽박. ▶ 잠아잠아 오지마라, 요내눈에 오는잠은 말도많고 흉도많다, 잠오는눈을 쑥잡아빼서 **탱자나무에다** 걸어놓고 들며보고 날며보니 **탱자나무도** 꼬박꼬박. ※ 시어머니의 눈치를 보며 밤늦게까지 길쌈을 하는 아낙네의 하소연이다. 〈韓國民俗大觀 高麗大學校〉.

터래:기 명 터럭. 털. ¶시상이 우애 댈라꼬 택주거리에 **터래기도** 앤 난 기이 담배를 물고 댕긴다. ▶ 세상이 어떻게 되려고 턱 주걱에 **터럭도** 안 난 것이 벌써 담배를 물고 다닌다.

터'불 명 터울. ¶한두 살 **터불로** 오 남매를 졸미기 나서 키우니라꼬 욕봤다. ▶ 한두 살 **터울로** 오 남매를 죽 낳아서 키우느라고 힘들었다.

터주:다 동 터뜨리다. 터지게 하다. 【터자▶터뜨려/터주이▶터뜨리니/터줄▶터뜨릴】 ¶아이고 그눔으 소상, 이적지 내 속을 **터준** 거는 말로 다 몬 한다. ▶ 아이고 그놈의 자석, 이제껏 내 속을 **터뜨린** 것은 말로 다 못 한다./사람 하나 대불고 있든 기이 하도 속을 **터자서** 내쫓어 뿌렀다. ▶ 사람 하나 대리고 있던 것이 하도 속을 **터뜨려서** 내쫓아 버렸다./여기저기서 폭탄을 쾅쾅 **터주이** 빠저나갈 구영이 없었다. ▶ 여기저기서 폭탄을 쾅쾅 **터뜨리니** 빠져나갈 구멍이 없었다.

터진주~우 명 밑 터진 애기 바지. ¶**터진주우를** 입고 부랄을 덜렁거리매 댕기든 때가 어제 그텄는데 저기이 벌써 중핵고에 들어갔다. ▶ 밑 터진 바지를 입고 불알을 덜렁거리며 다니던 때가 어제 같았는데 저것이 벌써 중학교에 들어갔다.

털래':다 동 털리다. '털다'의 피동. 【털래▶털려/털리이▶털리니】 ¶재로 넘어오다가 화적들을 만나서 보따리를 홀딱 **털랬다**. ▶ 재로 넘어오다가 화적(火賊)들을 만나서 보따리를 홀랑 **털렸다**.

토깨~이 명 토끼. ¶겨실에 춥을 때는 목두리를 감고 귀에는 **토깨이** 가죽으로 맨든 귀도리를 씨고 댕겠다. ▶ 겨울에 추울 때는 목도리를 감고 귀에는 **토끼** 가죽으로 만든 귀덮개를 쓰고 다녔다./**토깨이가** 죽으이 여수가 슬푸다 칸다. ▶ 토끼가 죽으니 여우가 슬프다 한다. ※ 위선(偽善)을 풍자하는 말.

토깨~이풀 명 '클로버'의 속된말. 토끼가 좋아하는 풀이라 해서 붙은 이름.

토백이 명 토박이(土--). ¶갱상도 **토백이가** 서월 말 잉 내매 엇찌게 말하는 거만치 어설푼 기이 없다. ▶ 경상도 **토박**이가 서울 말 흉내 내며 어긋 지게 말하는 것만큼 어설픈 것이 없다.

토재'비 몡 도깨비. ¶밤에 공동무지 옆으로 지내오다가 **토재비**한테 홀래서 밤새드록 엎치락디치락 씨름을 하다가, 달이 우는데 보이 피 묻은 몽땅 비짜리 하나가 나자빠져 있는 거 아이가. ▶ 밤에 공동묘지 옆으로 지나오다가 **도깨비**한테 홀려서 밤새도록 엎치락뒤치락 씨름을 하다가 닭이 우는데 보니, 피 묻은 몽탕 빗자루 하나가 나자빠져 있는 것 아닌가. ※ 디딜방앗간에서 쓰던 피 묻은 몽탕 빗자루는 잡귀가 붙는다고 해서 불에 태워 버린다.

토재:비지럼 몡 '소주(燒酒)'의 속된말. 마시기만 하면 도깨비 짓을 하는 약이라 하여 빗대어 이르는 말. ¶저 사람이 **토재비지럼**을 마셨나, 살금살금 사람이 돌어가네. ▶ 저 사람이 **도깨비기름**을 마셨나, 살금살금 사람이 돌아가네.

통'가 몡 통과(通過). ¶암만 어렵은 일이라도 돈을 씨머 **통가** 앤 대는 기이 없다. ▶ 아무리 어려운 일이라도 돈을 쓰면 **통과** 안 되는 것이 없다.

통'발 몡 민물고기를 잡는 통발. 싸리나무나 대나무로 고깔모양으로 엮었고 주둥이는 안으로 꾸부러지게 만들어서 들어간 고기가 나오지 못하게 하고, 뒤쪽 끝은 끈으로 묶여 있어 들어간 고기를 꺼낼 때 풀 수 있게 되어 있다. 미끼(입감)로는 밀기울이나 보리밥 따위를 넣어 고기가 다니는 물목에 놓는다. 보통 밤에 놓았다가 아침에 건진다. ☞ 발.

통:수 몡 퉁소. ¶밤에 **통수**를 불머 배미가 나온다 카드라. ▶ 밤에 **퉁소**를 불면 뱀이 나온다 하더라. ☞ 퉁수.

통시~이 몡 뒷간. 변소. ¶당꼴 어런 육 행제 중 마지가 넘으 집 머섬을 살맨서 몬사는 기이 얼매나 한이 댔든지, 재기 아부지 상을 당하여 곡을 하다가, 초상집에 곡소리 끈어지머 앤 댄다꼬 굴건도 앤 벗고 **통시이**에 안저서 "아이고 아이고, 앞들 논도 내 논이고, 아이고 아이고, 딧들 밭도 내 밭이고, 아이고 아이고…" 카매 구성지게 곡을 하드란다. ▶ 당골(堂谷) 어른 육 형제 중 맏이가 남의 집 머슴을 살면서 못사는 것이 얼마나 한이 되었던지, 자기 아버지 상(喪)을 당하여 곡(哭)을 하다가, 초상집(初喪-)에 곡소리 끊어지면 안 된다고 굴건(屈巾)도 안 벗고 **뒷간**에 앉아서 "아이고 아이고, 앞들 논도 내 논이고, 아이고 아이고, 뒷들 밭도 내 밭이고, 아이고 아이고…" 하면서 구성지게 곡을 하더라. 〈임고 임한근〉 ☞ 디깐. 정낭. 칙간.

통신'보(通信報) 몡 일제 때 학교의 통지표(通知表). 성적표(成績表).

통'죽(通竹)

통'죽(通竹) 몡 맞담배질. ¶그 사람하고 나는 서리 **통죽** 할 수 있는 새라 자네도 어려워할 끼이 없다. ▶ 그 사람하고 나는 서로 **맞담배질** 할 수 있는 사이라 자네도 어려워할 것이 없다. ※허교(許交)할 사이라는 말.

툇:마루 몡 집채의 다른 방과 통하는 바깥마루. '트인(터진) 마루' 또는 '퇴(退) 마루'의 뜻.

-투시'~이 젭 -투성이. 일부 명사나 어근에 붙어 먼지나 피 따위가 지저분하게 묻어 있는 상태를 나타내는 접미사. ¶오늘 타작을 하고나이 온 집안이 **문지투시이**가 댔다. ▶ 오늘 타작을 하고나니 온 집안이 **먼지투성이**가 되었다./하리 죄일 밭에서 곰배 질하고 나이 온몸이 **홀투시이다**. ▶ 하루 종일 밭에서 곰방메 질하고 나니 온몸이 **흙투성이다**.

퉁굴레 몡 땅따먹기 놀이에 쓰는 동전크기 만한 사금파리 조각. '퉁겨 굴레(구르는 물건)'의 뜻. ☞ 팅글레.

퉁:수 몡 통소. ¶청성맞은 **퉁수** 소리에 애간장이 다 녹는다. ▶ 청승맞은 **통소** 소리에 애간장이 다 녹는다. ☞ 통수.

튀:박 몡 퇴박. ¶몬한다고 **튀박마** 주지 마고 살살 달래 가매 부래 묵어라. ▶ 못한다고 **퇴박만** 주지 말고 살살 달래 가며 부려 먹어라.

튀'전 몡 투전(鬪牋). 도박에 쓰는 도구로, 두꺼운 종이로 너비는 손가락만하고, 길이는 15cm쯤 되게 만들어 그 위에 인물, 새, 짐승, 곤충, 물고기 등의 그림 또는 시구(詩句)나 문자를 그려 끗수를 나타낸다. 〈두산백과〉¶저 사람은 절물 때 **튀전** 판에 어불래 댕기다가 살림을 다 털어 뿌렀다. ▶ 저 사람은 젊을 때 **투전** 판에 어울려 다니다가 살림을 다 털어 버렸다.

트끄집'이 몡 티. 티끌. ¶눈에 **트끄집이**가 들어갔다. ▶ 눈에 **티끌**이 들어갔다. ☞ 티끄래기. 티끼비.

-트라 미 -더라. ¶실랑깜보담 매느리깜이 더 **좋트라**. ▶ 신랑감보다 며느릿감이 더 좋더라./잔채집에 사람들이 모애서 신나게 놀아 **샀트라**. ▶ 잔칫집에 사람들이 모여서 신나게 놀아 대더라. ☞ -드라.

트러박다 동 틀어박다. 【트러박어 ▶ 틀어박아/트러박으이 ▶ 틀어박으니】 ¶꽁이 약을 묵고 눈 속에 머리를 **트러박고** 죽어 있었다. ▶ 꿩이 약을 먹고 눈 속에 머리를 **틀어박고** 죽어 있었다.

트러백히':다 동 틀어박히다. '트러박다'의 피동. 【트러백해 ▶ 틀어박혀/트러백히이 ▶ 틀어박히니】 ¶그 때는 뱊을 모리고 집안에 **트러백해** 공부마 했다. ▶ 그

때는 밖을 모르고 집안에 틀어박혀 공부만 했다.

트름 몡 트림. ¶맹물을 마시고 트름을 하고 있네. ▶ 맹물을 마시고 트림을 하고 있네./어런 앞에서 트름을 하는 기이 아일세. ▶ 어른 앞에서 트림을 하는 것이 아닐세.

틀래ː다1 동 틀리다. 어긋나다. 【틀래 ▶ 틀려/틀래이 ▶ 틀리니】¶그 사람은 나하고는 생각이 틀래서 일을 같이 몬하겠다. ▶ 그 사람은 나하고는 생각이 틀려서 일을 같이 못하겠다./비우가 틀래서 나는 그거를 몬 묵겠다. ▶ 비위가 틀려서 나는 그것을 못 먹겠다.

틀래ː다2 동 틀리다. '틀다'의 피동. 【틀래 ▶ 틀려/틀래이 ▶ 틀리니】¶덜 마른 나무로 널을 짜머 내중에 틀래서 몬 씬다. ▶ 덜 마른 나무로 관을 짜면 나중에 틀려서 못 쓴다.

틀빵 몡 재봉틀 집. 바느질 방. ¶궁디이 떨어진 거를 틀빵아 가서 박어 돌라 캐라. ▶ 궁둥이 떨어진 것을 재봉틀 집에 가서 박아 달라 해라. ☞ 틀집.

틀집 몡 '재봉틀 집' 또는 '솜틀 집'의 준말. ☞ 틀빵.

틈바구 몡 틈바구니. ¶쪼매마 틈바구가 있어도 손을 써보겠는데 말일세. ▶ 조금만 틈바구니가 있어도 손을 써보겠는데 말일세./그 만은 사람들 틈바구에서 우애 찾겠노? ▶ 그 많은 사람들 틈바구니에서 어떻게 찾겠나?

티 몡 된장이나 생선 따위의 음식에 생기는 '구더기'의 점잖은 말. '티끌'의 뜻. ¶된장단지에 티가 일었다. ▶ 된장단지에 구더기가 일었다./간고디이에 티가 생갰다. ▶ 간고등어에 구더기가 생겼다.

-티ˈ기 졉 일부 어간에 붙어 짚 따위로 엮은 그릇을 나타내는 접미사. 【망티기 ▶ 망태/봉티기 ▶ 둥구미】.

티ˈ기다 동 튀기다. 【티개 ▶ 튀겨/티기이 ▶ 튀기니】¶박산을 티개 묵는다. ▶ 튀밥을 튀겨 먹는다./말을 티개서 한다. ▶ 말을 튀겨서 한다./춤을 티기매 말한다. ▶ 침을 튀기며 말한다.

티끄래ˈ기 몡 티. 티끌. ¶나락을 까부리다가 눈에 티끄래기가 들어갔는데 쫌 바 도고. ▶ 나락을 까불다가 눈에 티끌이 들어갔는데 좀 보아 다오. ☞ 트끄집이. 티끼비.

티끼비 몡 티. 티끌. ¶방아 짚 티끼비 떨어진 거를 씰어 내고 이불 깔고 자자. ▶ 방에 짚 티끌 떨어진 것을 쓸어 내고 이불 깔고 자자. ☞ 트끄집이. 티끄래기.

티ː나오다 동 튀어나오다. 【티나와 ▶ 튀어나와/티나오이 ▶ 튀어나오니】¶수풀

티'다

이 짚어서 호래이라도 티나올 꺼 글다. ▶ 수풀이 깊어서 호랑이라도 튀어나올 것 같다./억지를 씨는 기이 더럽어서 욕이 티나올라 카는 거를 참았다. ▶ 억지를 쓰는 것이 더러워서 욕이 튀어나오려는 것을 참았다.

티'다 동 튀다. 도망가다. 【티 ▶ 튀어/티이 ▶ 튀니】 ¶가실 논에 메띠기가 티는 거 글다. ▶ 가을 논에 메뚜기가 튀는 것 같다./놀개이가 놀래서 수풀에서 티 나간다. ▶ 노루가 놀라서 수풀에서 튀어 나간다.

티미:하다 형 트릿하다. 흐릿하다. ¶사람이 너무 티미하여 맴에 앤 든다. ▶ 사람이 너무 트릿하여 마음에 안 든다./사람은 여수가 발거야지 티미하머 몬 씬다. ▶ 사람은 주고받는 것이 밝아야지 흐릿하면 못 쓴다.

티'밥 명 튀밥. ¶티밥이나 콩이나, 살이나 좁살 뽂은 거를 조청으로 버무러 눌룬 기이 엿콩이다. ▶ 튀밥이나 콩이나, 쌀이나 좁쌀 볶은 것을 조청으로 버무려 눌린 것이 강정이다. ☞ 박산.

-티~이 접 -통. 신체의 굵고 뭉툭한 부분을 나타내는 접미사. 【대갈티이 ▶ 대갈통/몸티이 ▶ 몸통/젖티이 ▶ 젖통】.

티'이다 동 트이다. '트다'의 피동. 【티애 ▶ 트여/티이이 ▶ 트이니】 ¶앞이 환하게 티애서 시언하다. ▶ 앞이 훤하게 트여서 시원하다./도가 트이이 하나도 맥히는 기이 없다. ▶ 도가 트이니 하나도 막히는 것이 없다.

틴:틴 부 통통. ¶몸이 틴틴 버었다. ▶ 몸이 통통 부었다./살이 틴틴 불었다. ▶ 쌀이 통통 불었다.

팅'개 명 지게의 탕개. 두 개의 지게가지에 걸쳐 맨 노끈. 탕개목을 질러서 틀어 죄어 지게가지를 단단하게 고정시킨다. 이 줄 사이에 낫을 꽂는다. 《탕개. 탱개. 타랑개. 태릉개》 ☞ 지게.

팅개꼬쟁~이 명 지게의 탕개목. 탕개줄에 걸쳐 비틀어서 세장에 걸친다. 《탕개막대. 탱개작대기. 태릉개. 탱개꼬쟁이》 ☞ 지게.

팅개:다 동 퉁겨지다. '팅기다'의 피동. 【팅개 ▶ 퉁겨/팅개이 ▶ 퉁기니】 ¶사람이 차에 받채 팅개 나갔다. ▶ 사람이 차에 받혀 퉁겨 나갔다./물이 팅개이 조심해라. ▶ 물이 퉁기니 조심해라.

팅글레 명 땅따먹기 놀이에 쓰는 사금파리 조각. 사금파리 조각을 동전크기로 다듬어 만들었다. ☞ 퉁굴레.

팅'기다 동 퉁기다. 【팅개 ▶ 퉁겨/팅기이 ▶ 퉁기니】 ¶수판을 팅기다. ▶ 주판을 퉁기다./배짱을 팅개 바라. ▶ 뱃장을 퉁겨 보아라. ☞ 탱기다.

ㅍ

파래 몡 쌍두레. 두레박(함지박)의 네 귀퉁이에 줄을 달아 두 사람이 마주 서서 물을 푸는 도구.

파래구디'~이 몡 쌍두레로 물을 푸기 위하여 파 놓은 물웅덩이. ☞ 파래웅디이.

파래반티'~이 몡 쌍두레질을 할 때 쓰는 두레박(함지박). 반달모양의 판자 두 개를 마주하고 그 굽도리를 따라서 양철을 감아 붙여서 물을 담게 했다. ☞ 물반티이.

파래웅'디~이 몡 쌍두레로 물을 푸기 위하여 파 놓은 물웅덩이. ☞ 파래구디이.

파래~이 몡 파리. 【쇠파래이 ▶ 쇠파리/똥파래이 ▶ 똥파리】¶밥상아 파래이가 달르드는데 상보를 덮어 나라. ▶ 밥상에 파리가 덤벼드는데 상보를 덮어 놓아라.

파래'질 몡 두레질. '물파래질'의 준말. ☞ 파래.

파:싹 튀 팍. ¶절물 때는 그래 차맸는데 아를 여서시나 키우고 나디이 파싹 늘거 뿌렀다. ▶ 젊을 때는 그렇게 참했는데 애를 여섯이나 키우고 나더니 팍 늙어 버렸다.

파:이다 혱 그르다. 틀리다. ¶니는 그런 행동이 파이다. ▶ 너는 그런 행동이 글렀다./이 물건은 파이다. ▶ 이 물건은 틀렸다.

파재'끼다 동 파 젖히다. 마구 파다. 【파재깨 ▶ 파 젖혀/파재끼이 ▶ 파 젖히니】¶고구마 밭에 산대지가 니러와서 다 파재깨 났다. ▶ 고구마 밭에 산돼지가 내려와서 다 파 젖혀 놓았다. ☞ 파지끼다.

파지'끼다 동 파 젖히다. 마구 파다. 【파지깨 ▶ 파 젖혀/파지끼이 ▶ 파 젖히니】¶미 써논 데를 예수가 니러와서 파지깨 났다. ▶ 묘 써놓은 데를 여우가 내려와서 파 젖혀 놓았다. ☞ 파재끼다.

파히'치다 동 파헤치다. 【파히처 ▶ 파헤쳐/파히치이 ▶ 파헤치니】¶디를 파히치머 앤 걸랠 사람이 누가 있겠노? ▶ 뒤를 파헤치면 안 걸릴 사람이 누가 있겠나?/거기를 파히처 보머 인날에 묻어 논 단지가 빌 끼이다. ▶ 거기를 파헤쳐 보면 옛

판(板)

날에 묻어 놓은 단지가 보일 것이다.

판(板) 몡 상(床). 음식을 차려 놓은 상은 '밥판' 또는 '술판'이라고 하지 않고 '밥상' 또는 '술상'이라고 이른다. ¶이미야, 손님 왔다. 판 처래내라. ▶ 어미야, 손님 왔다. 상 차려내라./손임 판에 올릴 찬이 아무 꺼도 없니더. ▶ 손님 상에 올릴 반찬이 아무 것도 없습니다./저 집에는 밥 묵다가 쌈이 나머 마당으로 판이 날러가고 한다. ▶ 저 집에는 밥 먹다가 싸움이 나면 마당으로 상이 날아가고 한다.

판다리 몡 상다리.(床--) ¶오늘이 새일이라 카매 판다리가 후드록 채래 냈드라. ▶ 오늘이 생일이라며 상다리가 휘도록 차려 내었더라.

판엿(板-) 몡 엿판(-板)에 깔아서 굳힌 엿. 엿칼로 떼어내어 먹거나 판다. ☞ 엿. 엿판.

팔꾸머'리 몡 팔꿈치. ¶저구리를 너무 오래 입어서 팔꾸머리가 들어 났다. ▶ 저고리를 너무 오래 입어서 팔꿈치가 들어 났다./다 떨어진 팔꾸머리를 쫌 집어 입고 댕개라. ▶ 다 떨어진 팔꿈치를 좀 기워 입고 다녀라.

팔다 동 팔다. 사다. 곡물이나 땔감, 피륙 따위를 내다 파는 것을 '내다' 또는 '팔다'고 하고, 사 들여오는 것 역시 '판다'고 말한다. 이는 곡물이나 땔감, 피륙 따위를 물물교환(物物交換) 하던 시대에 길이 든 말로, 어떤 물건을 팔아서 다른 물건을 사들인다는 뜻의 '팔아서 들이다'는 말을 줄여서 '팔다'로 말 하게 된 듯하다. 【팔어 ▶ 팔아/파이 ▶ 파니】 ¶농토가 없어서 나무 해다 팔어서 살 팔어 묵고 산다. ▶ 농토가 없어서 나무 해다 내서(내다팔아서) 쌀 사먹고 산다./미영베 한 필을 팔어서 살 두 가매이를 팔어 들랐다. ▶ 무명베 한 필을 팔아서 쌀 한 가마니를 사 들였다. ☞ 내다1. 내다2.

팔띠'기 몡 팔뚝. ¶팔띠기 심이 장사라, 이 고장아서 팔씨름해서 그 사람을 당할 사람이 없다. ▶ 팔뚝 힘이 장사라, 이 고장에서 팔씨름해서 그 사람을 당할 사람이 없다.

팔부:자 몡 '부자(富者)'의 센말. '팔자 좋은 부자'의 뜻. ¶그 집이야 자석 부자에 재물 부자지, 어느 거 하나도 기럽은 기이 없는 팔부자지. ▶ 그 집이야 자식 부자에 재물 부자지, 어느 것 하나도 아쉬운 것이 없는 팔자 좋은 부자지.

팔짜로(八字-) 閉 천생(天生)으로. 천성(天性)으로. '사주팔자(四柱八字)로'의 준말. ¶그 사람이야 다린 거는 몰래도 소리 하나마는 팔짜로 잘 한다. ▶ 그 사람이야 다른 것은 몰라도 소리(노래) 하나만은 천생으로 잘 한다./머를 맨드는 솜씨 하나마는 팔짜로 좋아서, 그거로 밥을 묵고 산다. ▶ 뭣을 만드는 솜씨 하나만은 천성으로 좋아서, 그것으로 밥을 먹고 산다.

팔찜 명 팔짱. '팔 찜(낌. 끼움)'의 뜻. ¶넘이사 죽든지 사든지 팔찜을 찌고 귀경마 한다. ▶ 남이야 죽던지 살던지 팔짱을 끼고 구경만 한다. ※'팔짱끼고 먼 산 본다'는 말처럼 남의 일에 무관심하다는 말.

팔피~이 명 팔푼이(八--). 모자라는 사람, 즉 팔삭둥이(八朔--)를 1전도 못 되는 8푼에 비유한 말. 1푼(文)은 1냥(兩)의 1/100이고 1전(錢)의 1/10에 해당하는 돈임. ¶늘상 갈채 줏는데 팔피이 긑치 일을 우얘 그래 맨들었노? ▶ 늘 가르쳐 줬는데 팔푼이 같이 일을 어떻게 그렇게 만들었나?

패기 명 포기. ¶풀 한 패기도 앤 나든 데를 걸가서 밭띠기를 맨들었다. ▶ 풀 한 포기도 안 나던 데를 걸우어서 밭뙈기를 만들었다. ☞피거리. 피기.

팬 명 편(便). ¶이 팬이고 저 팬이고 누구 팬도 들지 마고 지캐보고 있그라. ▶ 이 편이고 저 편이고 누구 편도 들지 말고 지켜보고 있어라. ☞편.

팬수깐 명 대장간. ¶모래부텀 나락을 빌라카먼 낫 있는 거를 거다서 팬수깐에 가서 배라다 나야 한다. ▶ 모래부터 벼를 베려면 낫 있는 것을 거둬서 대장간에 가서 벼려다 놓아야 한다. ☞풍구깐.

팬수재~이 명 대장장이. ¶한분마 더 걸래머 죽인다 카매, 팬수재이 연장 배루드시 니를 배루고 있드라. ▶ 한번만 더 걸리면 죽인다며, 대장장이 연장 벼리듯이 너를 벼르고 있더라.

팬'찬타 형 편찮다. 아프다. 【팬찬어 ▶ 편찮아/팬찬으이 ▶ 편찮으니】 ¶몸이 팬찬으시머 이원에 가서 약 맻 첩 저 오끼: 요(오'끼요?). ▶ 몸이 편찮으시면 의원에 가서 약 몇 첩 지어 올게: 요(올'까요?).

팬하'다1 형 편하다. 【팬해 ▶ 편해/팬이 ▶ 편히/팬하이 ▶ 편하니】 ¶어르신 팬하신기요? ▶ 어르신 편(안녕)하십니까?/자네 팬한가? ▶ 자네 편한가?/팬이 가시이소. ▶ 편히(안녕히) 가십시오./팬이 가그라. ▶ 편히 가거라./팬하이 주무셨닌기요? ▶ 편하니(안녕히) 주무셨어요? ※방언영역에서 쓰이는 인사말은 타지방에서 흔히 쓰는 '안녕(安寧)'이라는 말보다 '편안(便安)'이라는 말을 즐겨 쓰고, 기타 인사말로 '밸일 없는기요(별일 없는가요), '또 오이소(또 오세요)', '살패 가이소(살펴 가세요)', '아침 잡샀닌기요(아침 잡수셨는가요)', 저임 잡샀닌기요(점심 잡수셨는가요)', '저녁 잡샀닌기요(저녁 잡수셨는가요)' 따위의 말로, 주로 안부(安否)나 식사(食事)의 여부를 묻는 말을 빌려서 쓴다. ☞인사.

팬:하다2

팬:하다2 〔형〕 편하다. 주로 '팬:하케' 또는 '팬:하이' 꼴로 쓰여 '날래게' 또는 '날렵하게'의 뜻이 됨. ¶팬하케 가그래이. ▶ 편하게 가거라./옆도 앤 돌어보고 팬하케 도망가드라. ▶ 옆도 안 돌아보고 날래게 도망가더라./차 시간이 없는데 정기장으로 팬하이 나가바라. ▶ 차 시간이 없는데 정거장으로 날래게 나가보아라./해 떨어지기 전에 팬하이 댕개온느라. ▶ 해 떨어지기 전에 날래게 다녀오너라.

팽'다리 〔명〕 가부좌(跏趺坐). 책상다리. '편(펴다) 다리' 또는 '편한 다리'의 뜻. ¶이 관을 정제하고 팽다리를 치고 안저 있는 그 어런 앞에서는 고개를 몬 처들었니라. ▶ 의관(衣冠)을 정제(整齊)하고 책상다리를 하고 앉아 있는 그 어른 앞에서는 고개를 못 쳐들었느니라. ☞ 갱다리.

팽'대이 〔명〕 팽이. ¶팽대이는 솔나무 관솔로 깎은 기이 무겁고 잘 돌어간다. ▶ 팽이는 소나무 관솔로 깎은 것이 무겁고 잘 돌아간다.

팽'대이채 〔명〕 팽이채. 팽이를 쳐서 돌리는 채.

팽상 〔명〕 평생(平生). ¶사우는 팽상 손임이라 캤다. ▶ 사위는 평생 손님이라 했다./내 팽상아 이런 일은 첨이라 머부텀 먼첨 해야 댈지 모리겠다. ▶ 내 평생에 이런 일은 처음이라 무엇부터 먼저 해야 될지 모르겠다.

팽풍 〔명〕 병풍(屛風). ¶팽풍에 기린 달이 회를 치머 올라는강. ▶ 병풍에 그린 닭이 회를 치면 오려는가./산이 팽풍 겉치 둘러싸고 있는 마실이라 저임을 묵고 나머 이내 어덥어진다. ▶ 산이 병풍 같이 둘러싸고 있는 마을이라 점심을 먹고 나면 이내 어두워진다. ☞ 평풍.

퍼재'끼다 〔동〕 퍼 대다. '연달아 마셔대다'라는 뜻으로 폭음하는 것을 비유하여 이르는 말. ¶아칙에 해장 한 잔만 한다 카매 주막에 들어가서 하루 죄일 퍼재끼고 있다. ▶ 아침에 해장 한 잔만 한다며 주막에 들어가서 하루 종일 퍼 대고 있다.

퍼저안'따 〔동〕 퍼져 앉다. 질펀하게 앉다. ¶지업드록 퍼저안저서 일어날 줄을 모린다. ▶ 지루하도록 퍼져 앉아서 일어날 줄을 모른다.

퍼주:다 〔동〕 퍼뜨리다. 음식을 퍼지게 하다. 【퍼자 ▶ 퍼뜨려/퍼주이 ▶ 퍼뜨리니】 ¶그 여자는 입이 싸서 옹가 손문을 다 퍼주고 댕긴다. ▶ 그 여자는 입이 싸서 온갖 소문을 다 퍼뜨리고 다닌다./보리밥은 잘 퍼자야 묵기가 좋다. ▶ 보리밥은 잘 퍼뜨려야(퍼지게 해야) 먹기가 좋다.

편적:편적 〔부〕 빈둥빈둥. ¶아무 일도 애 하고 편적편적 놀고마 있다. ▶ 아무 일도 안 하고 빈둥빈둥 놀고만 있다./편적편적 말을 앤 듣고 애를 묵앤다. ▶ 빈둥빈둥

말을 안 듣고 애를 먹인다.

펏떡' 튄 번쩍. 냉큼. ¶저 산에도 불이 **펏떡** 이 산에도 불이 **펏떡** 한다. ▶ 저 산에도 불이 **번쩍** 이 산에도 불이 **번쩍** 한다./밥을 **펏떡** 묵고 새들 논에 새참을 갖다 주고 온느라. ▶ 밥을 **냉큼** 먹고 새들(들의 이름) 논에 새참을 갖다 주고 오너라. ☞ 서떡. 싸게. 쌔기. 어떡. 어여. 얼럭. 얼렁.

펏떡'펏떡 튄 번쩍번쩍. 어서어서. ¶비 오는 날 밤에는 저 수풀 속에서 토재비불이 **펏떡펏떡**한다. ▶ 비 오는 날 밤에는 저 수풀 속에서 도깨비불이 **번쩍번쩍**한다./우물거리지 마고 **펏떡펏떡** 댕개온느라. ▶ 우물거리지 말고 어서어서 다녀오너라.

펏떡'하머 튄 여차(如此)하면. 삐꺼덕하면. ¶**펏떡하머** 도분을 내서 말을 몬하겠다. ▶ 여차하면 화를 내서 말을 못하겠다./**펏떡하머** 알라를 업고 친정으로 가 뿌린다. ▶ 삐꺼덕하면 애기를 업고 친정으로 가 버린다. ☞ 뺏떡하머. 삐쭉하머.

평풍 몡 병풍(屛風). ¶해를따서 거죽하고 달을따서 안을옇고 무지개로 선을둘러 샛빌로 삼침놓아 용으발로 귀를쌓아 물레끈을 끈을하여 인물**평풍** 걸어놓고 백연이나 살을손가 만연이나 살을손가. ▶ 해를따서 거죽하고 달을따서 안을넣고 무지개로 선을둘러 샛별로 삼침놓아 용의발로 귀를쌓아 물레끈을 끈을하여 인물병풍 걸어놓고 백년이나 살을손가 만년이나 살을손가.〈韓國의 民謠, 任東權〉☞ 팽풍.

폐:만언(廢萬言)하다 관 '폐만언하고' 꼴로 쓰여, '여러 말 할 것 없이'의 뜻. ¶**폐만언하고** 죄를 저었으며 벌을 받는 거는 정한 이치지. ▶ 여러 말 할 것 없이 죄를 지었으면 벌을 받는 것은 정한 이치지.

폐:빙재~이 몡 폐병쟁이(肺病--). ¶선상질을 오래 하머 백묵가리를 마이 마시고 **폐빙재이**가 댄단다. ▶ 선생질을 오래 하면 백묵가루를 많이 마시고 **폐병쟁이**가 된단다.

포1 몡 표(標). 흔적(痕迹). ¶저 집에는 누가 살을 퍼내 가까 바서 살 단지에 **포**를 다 해 놓고 산단다. ▶ 저 집에는 누가 쌀을 퍼내 갈까 보아서 쌀 단지에 **표**를 다 해 놓고 산단다./실컨 해 주고도 해 준 **포가** 없다. ▶ 실컷 해 주고도 해 준 흔적이 없다.

포2 몡 표(票). ¶전장이 끝나고 환도할 때 **포**를 살라꼬 대구 정기장 마당아 담요를 깔고 안저서 이틀을 지두리고 있었다. ▶ 전쟁이 끝나고 환도(還都)할 때 표를 사려고 대구 정거장 마당에 담요를 깔고 앉아서 이틀을 기다리고 있었다.

포구¹

포구¹ 몡 오디. ¶누부 따러 뽕따로 가서 **포구**를 실컨 따묵고 왔다. ▶ 누나 따라 뽕따러 가서 **오디**를 실컷 따먹고 왔다. ☞ 뽕오디. 뽕포두, 오두.

포시랍다 혱 호강스럽다. '포(飽)스럽다'의 뜻. ¶**포시랍**은 소리 하지 마라. ▶ 호강스러운 소리 하지 마라./**포시랍**은 사람은 어럽은 시정을 모린다. ▶ 호강스러운 사람은 어려운 사정을 모른다. ☞ 호부랍다.

포:원(抱願) 몡 소원(所願). 품고 있는 원. ¶우리도 넘 긑치 한분 잘 살어 보는 기이 **포원**이다. ▶ 우리도 남 같이 한번 잘 살아 보는 것이 소원이다./그기이 니 **포원**이머 실컨 풀어 바라. ▶ 그것이 네 소원이면 실컷 풀어 보아라.

포:이 몡 포위(包圍). ¶그때 중공군한테 맻 접으로 **포이** 대서도 살어난 사람이 있었다. ▶ 그때 중공군한테 몇 겹으로 **포위** 되어서도 살아난 사람이 있었다.

포쪼가'리 몡 표조각. 관청에서 보내는 고지서나 통지서. ¶투표하로 오라고 **포쪼가리**가 나왔다. ▶ 투표하러 오라고 표조각이 나왔다./민에서 **포쪼가리** 들고 배급소 앞으로 나오라 캤다. ▶ 면에서 통지서 들고 배급소 앞으로 나오라 했다.

포토 몡 티. 표. '표티(標-)'의 뜻. ¶저 사람은 글줄이나 배운 **포토**가 난다. ▶ 저 사람은 글줄이나 배운 티가 난다./돈이 좀 있다고 **포토** 내지 마라. ▶ 돈이 좀 있다고 티 내지 마라./촌눔이 **포토** 내나? ▶ 촌놈이 표 내나? ☞ 태2.

푸마'시 몡 품앗이. ¶지난분 **푸마시**로 오늘 딧집 콩밭을 매주고 왔다. ▶ 지난번 품앗이로 오늘 뒷집 콩밭을 매주고 왔다. ☞ 푸마이.

푸마~이 몡 품앗이. ¶오늘 밭 매는 데 **푸마이** 들고 왔다. ▶ 오늘 밭 매는 데 품앗이 들고 왔다. ☞ 푸마시.

푸심이 몡 명주의 날 솜. '푸솜'의 뜻. 명주베를 짤 때 끊어진 올을 잇는 재료.

푸'우다 동 피우다. 【푸아(피아) ▶ 피워/푸우이 ▶ 피우니】 ¶이 쫍은 방아서 얼매나 담배를 **푸아** 대는지 사람이 몬 살겠다. ▶ 이 좁은 방에서 얼마나 담배를 피워 대는지 사람이 못 살겠다./저 여자가 바람끼를 **푸우이** 남정들이 사죽을 몬 씬다. ▶ 저 여자가 바람기를 피우니 남자들이 사족을 못 쓴다.

풀대'죽 몡 풀떼기. 보리나 조 따위의 가루로 풀처럼 쑨 죽. ¶**풀대죽** 한 그럭을 묵고서 이 일을 초 내겠나? ▶ 풀떼기 한 그릇을 먹고서 이 일을 처러 내겠나?

풀'돌 몡 풀매. 불린 쌀이나 푸성귀를 으깨거나 갈 때 쓰는 돌. ¶배가 아푸다 카머 살을 불가 났다가 **풀돌**로 살무리를 맨들어 묵애 바라. ▶ 배가 아프다면 쌀을 불려 놓았다가 풀매로 쌀물을 만들어 먹여 보아라.

풀래:다 동 풀리다. 【풀래 ▶ 풀려/풀래이 ▶ 풀리니】 ¶오늘부터 날씨가 쪼매 풀

래는 거 글다. ▶ 오늘부터 날씨가 조금 풀리는 것 같다./갱찰서 잡해 갔든 사람들이 오늘 풀래 나왔단다. ▶ 경찰서 잡혀 갔던 사람들이 오늘 풀려 나왔단다./즈그는 지굼부텀 차참 행핀이 풀래 나갈 끼이다. ▶ 저희는 지금부터 차츰 형편이 풀려 나갈 것이다./인자사 돈이 쫌 풀래이 숨통이 티는 거 같다. ▶ 이제야 돈이 좀 풀리니 숨통이 트이는 것 같다.

풀매 圐 풀무. 바람을 불어넣는 기구. ☞ 불매.

풀매질 圐 풀무질. 풀무로 바람을 불어넣는 짓. 숨을 내뱉으며 입술을 떠는 짓. ¶알라가 풀매질을 하는 거를 보이 비가 오겠다. ▶ 아기가 풀무질을 하는 것을 보니 비가 오겠다./솥땜재이 풀매질하드시 밤새드록 옆에서 풀매질을 해 사서 시끄럽어 잠을 못 잤다. ▶ 솥땜장이 풀무질하듯이 밤새도록 옆에서 풀무질을 해 대서 시끄러워 잠을 못 잤다. ☞ 불매질.

풀'비 圐 풀 빗자루. 도배 따위를 할 때 풀을 칠하는 빗자루.

풀쐬:비 圐 풀쐐기. ¶산에서 풀쐬비한테 쑤캐머 이똥을 끌거서 바리머 낫는다. ▶ 산에서 풀쐐기한테 쏘이면 이똥을 긁어서 바르면 낫는다.

풀어히'치다 동 풀어헤치다. 【풀어히처 ▶ 풀어헤쳐/풀어히치이 ▶ 풀어헤치니】 ¶우리 두리서 가심을 풀어히치고 이바구 해보자. ▶ 우리 둘이서 가슴을 풀어헤치고 이야기 해보자.

풀퍼디'기 圐 베매기 할 때 벳불을 만들거나 모깃불을 피울 때 쓰는 잡다한 생나무 가지나 풀 따위.

풋바시미 圐 풋바심. 덜 여문 벼나 보리이삭을 훑어서 양식에 보태는 일. ¶풋바시미 하구로 저임묵고 논에 가서 쫌 낫게 영근 거로 갈래서 한 짐 비 오소. ▶ 풋바심 하게 오후에 논에 가서 좀 낫게 영근 것으로 가려서 한 짐 베어 오세요. ☞ 떡보리. 찐보리.

풍' 圐 화투짝 중에서 10월이나 열 끗을 상징하는 단풍 그림의 패.

풍구깐 圐 대장간. ¶우리 배낕양반은 저임묵고 도치하고 낫 배루로 풍구깐에 가고 없니더. ▶ 우리 바깥양반은 오후에 도끼하고 낫 벼리러 대장간에 가고 없습니다. ☞ 팬수깐.

풍기 圐 풍구(風-). 바람을 일으켜 곡물에

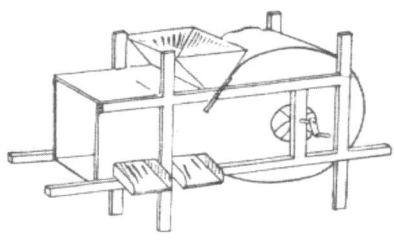

▲ 그림 26 **풍기(풍구)**
(국학도감, 일조각, 이훈종)

풍'디~이

섞인 쭉정이, 겨, 먼지 따위를 날리는 농기구.
풍'디~이 몡 풍뎅이. ☞소똥벌레.
풍'삥 몡 문둥병. 풍병(風病). ¶그 집은 미를 한분 잘 몬 씨고는 자손들 중에 **풍삥** 드는 사람이 생기고 그카다가 솔곤해서 고양을 떴다. ▶ 그 집은 묘를 한번 잘 못 쓰고는 자손들 중에 **문둥병** 드는 사람이 생기고 그러다가 솔권해서 고향을 떴다. ☞ 문디이빙.
풍사'리 몡 화투놀이에서 풍(楓) 패 넷 짝을 맞춘 등급. ☞ 풍시마.
풍시'마 몡 화투놀이에서 풍(楓) 패 넷 짝을 맞춘 등급. ☞ 풍사리.
풍신꼬라:지 몡 몰골. '풍신(風神)' 또는 '풍채(風采)'의 낮춤말. ¶**풍신꼬라지**가 쥐새끼 긑치 생긴 기이, 어디 한 군데도 볼 구적이 있어야지. ▶ 몰꼴이 쥐새끼 같이 생긴 것이, 어디 한 군데도 볼 구석이 있어야지.
풍연 몡 풍년(豊年). ¶**풍연**에도 몬 지낸 지사를 숭연에 지내까? ▶ 풍년에도 못 지낸 제사를 흉년에 지낼까?
피: 몡 폐(弊). 폐단(弊端) '피단'의 준말. ¶넘한테 **피**를 끼치머 언제고 갚을 줄을 알어야 한다. ▶ 남한테 폐를 끼치면 언제고 갚을 줄을 알아야 한다.
피거'리 몡 포기. ¶금연 여름에는 시절이 맞어서 나락 **피거리**가 실하게 여물었다. ▶ 금년 여름에는 절후가 맞아서 벼 포기가 실하게 영글었다. ☞ 패기. 피기.
피'기 몡 포기. ¶오래만에 비가 와서 시들하든 곡석 **피기**가 생기를 얻었다. ▶ 오랜만에 비가 와서 시들하던 곡식 포기가 생기를 얻었다. ☞ 패기. 피거리.
피:농 몡 폐농(廢農). 농사를 망침. ¶금연에는 장마가 질고 후재가 들어서 전 농사가 **피농** 지갱이 댔다. ▶ 금년에는 장마가 길고 병충해가 들어서 전 농사가 폐농 지경이 되었다.
피'다 동 펴다. 【피 ▶ 펴/피이 ▶ 펴니】 ¶하든 지랄도 멍시기를 **피** 주이 고마 끄치네. ▶ 하던 지랄도 멍석을 펴 주니 그만 그치네.
피:단 몡 폐단(弊端). ¶**피단** 끼칠라, 거기서 자지 마고 해지기 전에 집으로 돌아 온느라. ▶ 폐단 끼칠라, 거기서 자지 말고 해지기 전에 집으로 돌아오너라./농한기가 대머 농촌에서 도박 때민에 **피단**이 막심하다. ▶ 농한기가 되면 농촌에서 도박 때문에 폐단이 막심하다. ☞ 피.
피대'기 몡 겉마른 생선. ¶청애 **피대기** 한 두룸 사다 논 거를 꼬내기 때민에 첨마 밑에 걸어 났다. ▶ 청어 겉마른 것 한 두름 사다 놓은 것을 고양이 때문에 처마 밑에 걸어 놓았다.

피덕피덕 튀 구덕구덕. 생선이나 물기 있는 물건이 약간 마른 상태. ¶맹태 피덕피덕 마린 거는 그냥 꿉어 묵어도 갠찮타. ▶ 명태 구덕구덕 마른 거는 그양 구워 먹어도 괜찮다./세답줄에 널어논 옷이 피덕피덕 말렀다. ▶ 빨랫줄에 널어놓은 옷이 구덕구덕 말랐다.

피띠~이 명 핏덩이. '갓난아기'의 속된말. ¶아이고 시상 얄궂어라. 사나가 암만 좋기로서이 저 피띠이를 나두고 도망을 가다이. ▶ 아이고 세상 얄망궂어라. 사내가 아무리 좋기로서니 저 핏덩이를 놓아두고 도망을 가다니.

피란 명 피난(避難). ¶저 아래 신작로를 따라 여러 대 도라꾸에 순사들이 새카마이 타고 올라오매 총을 탕탕 쏘대이 마실 사람들이 날리가 처들어온다고 보따리를 이고 지고 소를 몰고 산꼴째기로 피란 가니라고 날리벅구통이 났다. ▶ 저 아래 신작로를 따라 여러 대 트럭에 순사들이 새카맣게 타고 올라오며 총을 탕탕 쏴대니 마을 사람들이 난리가 쳐들어온다고 보따리를 이고 지고 소를 몰고 산골짜기로 피난 가느라고 온통 난리가 났다. ※해방 후 10·1사건 때의 이야기다.

피마:지 명 피마자. 아주까리. ¶인날 단오 날이 대머 처자들은 쟁피에 머리 깜고 피마지 지럼을 곱게 바리고 나와서 군대도 타고 그랬다. ▶ 옛날 단오 날이 되면 처녀들은 창포에 머리 감고 피마자 기름을 곱게 바르고 나와서 그네도 타고 그랬다.

피안도 명 평안도(平安道). ¶피안도 박치기로 눈에 불이 번쩍 나도록 한 대 묵애 뿌렀다. ▶ 평안도 박치기로 눈에 불이 번쩍 나도록 한 대 먹여 버렸다.

피:이리 명 피라미. ¶이전에 여기는 물이 말가서 피이리를 잡어서 그 자리에서 배를 따고 꼬치장아 찍어 묵기도 했다. ▶ 예전에 여기는 물이 맑아서 피라미를 잡아서 그 자리에서 배를 따고 고추장에 찍어 먹기도 했다.

피'죽 명 피로 쑨 죽. ¶피죽 한 그럭도 몬 묵고 나왔나? 그까지 나락 한 가매이 그거도 혼차 몬 들구로. ▶ 피죽 한 그릇도 못 먹고 나왔나? 그까짓 벼 한 가마니 그것도 혼자 못 들게.

핀 명 편(便). ¶니 핀 내 핀이 어디 있노? 다 우리 핀이지. ▶ 네 편 내 편이 어디 있나? 다 우리 편이지./우리, 핀을 짜서 장치기 하고 노자. ▶ 우리, 편을 짜서 장치기 하고 놀자. ☞ 팬.

핀:지 명 편지(便紙). ¶일선에 있는 우리 아한테서 핀지가 왔는데 머라 캤는지 일거 보고 답장도 쫌 써 주이소. ▶ 일선에 있는 우리 애한테서 편지가 왔는데

핀지봉투'지

뭐라 했는지 읽어 보고 답장도 좀 써 주세요. ※몽당연필에 침을 발라가면서 써 보낸 편지를 펼쳐 들고, '부모님 전상사리'로부터 시작하여 '불효자는 오늘도 공산오랑캐를 무찌르고 백두산 꼭대기에 태극기를 휘날리는 그날까지…' 하면서 구성지게 읽어 내려간다. 그러면 옆에서 듣고 있던 그 어머니는 한숨을 쉬면서 "일선에는 그래 마이 죽는다 카든데 살어는 있었구나." 하며 눈물을 글썽거린다.

핀지봉투'지 몡 편지봉투(便紙封套). ¶아가 보낸 **핀지봉투지** 속에 당신 마꼬 사 피우라꼬 돈 한 장이 들어있네요. ▶ 애가 보낸 **편지봉투** 속에 당신 권련 사 피우라고 돈 한 장이 들었네요.

ㅎ

하: 〖부〗 하도. 여북. ¶오늘은 비도 오고 하 심심하여 구둘목에 눕어서 이바구책이나 일거 보까 했다. ▶ 오늘은 비도 오고 하도 심심하여 아랫목에 누워서 이야기책이나 읽어 볼까 했다./하 가난했으며 조오도 몬 사고 차돌 놓고 맹물을 찍어 붓글씨 공부를 했을라고. ▶ 여북 가난했으면 종이도 못 사고 차돌 놓고 맹물을 찍어 붓글씨 공부를 하였으려고.

하구하다 〖형〗 허구(許久)하다. ¶하구한 날을 재기는 손까락 하나도 까딱 애하고 잔소리마 해 사이 누가 좋다 카겠노. ▶ 허구한 날을 자기는 손가락 하나도 까딱 안하고 잔소리만 해 대니 누가 좋다 하겠노.

하기로 〖감〗 아무렴. '그래 말이다' 또는 '그렇고 말고'의 뜻으로, 상대방의 말에 맞장구칠 때 쓰는 말. ¶하기로, 내가 머라 카드노? ▶ 아무렴, 내가 뭐라더냐?/하기로, 사람 나고 돈 났지. ▶ 그래 말이다, 사람 나고 돈 났지. ☞ 그캐 말이다. 암만.

하깃돈 〖명〗 노자(路資). 경비(經費). ¶그 먼 질을 갈라 카머 하깃돈이 낫자이 들 끼이다. ▶ 그 먼 길을 가려면 노자가 적잖게 들 것이다.

하꼬 〖명〗 상자(箱子). 〖日〗 'はこ(箱)'. 【하꼬띠기 ▶ 상자떼기/하꼬방 ▶ 판잣집】.

하꼬띠'기 〖명〗 상자떼기(箱子--). ¶장아 생매래치 난 거를 하꼬띠기로 사다가 식캐 당구머 헐케 묵핸다. ▶ 장에 생멸치 난 것을 상자떼기로 사다가 젓갈 담그면 싸게 먹힌다.

하꼬방 〖명〗 판잣집(板子-). 〖日〗 'はこ(箱)'+'방(房)'. ¶육이오 피란 니러와서 하꼬방아 살 때, 우리 아부지는 부두에서 노가다하고, 어매는 떡 맨들어 내다 팔고, 히이는 질에서 시문 팔고, 그래 살었다. ▶ 육이오 피난 내려와서 판잣집에 살 때, 우리 아버지는 부두에서 노동하고, 어머니는 떡 만들어 내다 팔고, 형은 길에서 신문 팔고, 그렇게 살았다.

하꾸라이다 〖형〗 멋지다. 세련되다. 〖日〗 'はくらい(舶來)'. '외래(外來)' 또는 '서양

하꾸라이신:사

풍(西洋風)'이라는 말과 비슷한 말로 '세련되고 고급스럽다'는 뜻을 내포하고 있음. ¶오리바꾸 머리에 마카오 양복을 입고 나서이 차말로 하꾸라이다. ▶ 올백 머리에 마카오 양복을 입고 나서니 참말로 멋지다.

하꾸라이신:사 몡 멋쟁이신사. 田 'はくらい(舶來)'+'신사(紳士)'. ¶야, 니 서월서 사다가 오디이 하꾸라이신사가 댔네. ▶ 얘, 너 서울서 살다가 오더니 멋쟁이 신사가 되었네. ☞ 마카오신사.

하랍사리 몡 하루살이. ¶지 날 벌어서 지 날 묵고사는 하랍사리 인생이다. ▶ 제 날 벌어서 제 날 먹고사는 하루살이 인생이다.

하로 몡 하루. ¶하로가 멀다 카고 찾어와서 고롭해서 내가 몬 살따. ▶ 하루가 멀다 하고 찾아와서 괴롭혀서 내가 못 살겠다. ☞ 하리.

하리 몡 하루. ¶하리 점들 코빵울도 앤 니밀다가 때가 대이 낯째기를 니민다. ▶ 하루 종일 코빼기도 안 내밀다가 끼니때가 되니 낯짝을 내민다./하리 이틀 더 바라고 있어 보머 무신 기밸이 있을 끼이다. ▶ 하루 이틀 더 기다리고 있어 보면 무슨 기별이 있을 것이다. ☞ 하로.

하리거'리 몡 하루거리. 학질(瘧疾). 말라리아(malaria). 하루 건너서 앓는 병이라서 붙은 이름. ☞ 도둑눔빙. 초질. 초학.

하리버':리 몡 하루벌이. ¶하리버리 해서 묵고사는 처지에 아들 공부는 어림없니더. ▶ 하루벌이 해서 먹고사는 처지에 애들 공부는 어림없어요.

하'머 円 벌써. ¶하머 밥 묵고 들에 나가나? ▶ 벌써 밥 먹고 들에 나가나?/하머 봄 이라꼬 꽃몽우리가 달랬네. ▶ 벌써 봄이라고 꽃망울이 달렸네. ☞ 벌써로.

하'머하머 円 설마설마. '그래도 설마' 또는 '설마하기로'의 뜻. ¶하머하머 캤는데 아이 멀었나? ▶ 설마설마 했는데 아직도 멀었나?/하머하머 캤는데 아이도 철이 앤 들었구나. ▶ 그래도 설마 했는데 아직도 철이 안 들었구나./하머하머 캤는데 막상 이래 대고 보이 막막하기 쩍이 없네. ▶ 설마하기로 했는데 막상 이렇게 되고 보니 막막하기 짝이 없네.

하시:월 몡 허구(許久)한 세월(歲月). ¶하시월 저래 빈둥거리매 노다가 늘거서 머 묵고 살라카노? ▶ 허구한 세월 저렇게 빈둥거리며 놀다가 늙어서 뭐 먹고 살려나?

하'이고 囧 허참. 어이없다거나 기가 찰 때 내는 소리. ¶하이고, 지가 알머 얼매나 안다꼬 큰소리를 치노? ▶ 허참, 제가 알면 얼마나 안다고 큰소리를 치나?/하이고, 이거 정신 채래야 내가. ▶ 허참, 이것 정신 차려야 내가.

하이까'래 몡 하이칼라. 남자의 서양식 머리 모양. 멋쟁이. 田 'ハイカラ(high

colour)'.

하이야 몡 세단(sedan) 차. 囲 'ハイヤ-(hire)'. ¶신장노 복판에 하이야가 놀고요, 실랑 품 안에는 신부가 논다. ▶ 신작로 복판에 세단 차가 놀고요, 신랑 품 안에는 신부가 논다.

하'이튼 円 하여튼(何如-). 어떻든. ¶하이튼 내종에 우애 댈 갑에 저지러 놓고 보시더. ▶ 하여튼 나중에 어떻게 될 값에 저질러 놓고 봅시다./하이튼 간(間)에 주는 거는 위선 묵고 보자. ▶ 하여튼 간에 주는 것은 우선 먹고 보자.

하찌마'끼 몡 머리띠. 囲 'はちまき(鉢卷)'. ¶홍군하고 백군하고 진도리 해서 빨간 하찌마끼가 이겠다. ▶ 홍군하고 백군하고 진(陣) 빼앗기 해서 빨간 머리띠가 이겼다.

하후하'다 동 화해(和解)하다. ¶지낸 시시비비는 다 이자뿌리고 인자 우리 하후하고 지내자. ▶ 지난 시시비비(是是非非)는 다 잊어버리고 이제 우리 화해하고 지내자. ☞ 사우하다.

학부인(學夫人) 몡 남의 부인을 높여 이르는 말. ¶학부인께서 신양으로 고상하신다 카디이 쫌 어떠신기요? ▶ 부인께서 신병으로 고생하신다 하더니 좀 어떠십니까? ☞ 어부인.

학상 몡 학생(學生). ¶학상 보래이, 두리꼴로 갈라카머 어느 질로 가야 하재? ▶ 학생 보아라, 두리골로 가려면 어느 길로 가야 하지?

학실하다 혱 확실(確實)하다. ¶내가 그랬다 카는 거를 학실하게 증거를 대 보소. ▶ 내가 그랬다 하는 것을 확실하게 증거를 대 보시오.

한꾸분'에 円 한꺼번에. ¶한꾸분에 다 할라 카지 마고 농갈러서 천처이 해라. ▶ 한꺼번에 다 하려 하지 말고 나누어서 천천히 해라.

한단: 몡 한때. 한창때. ¶그 사람은 한단에 날러가는 새도 잡을 만치 세도가 등등했다. ▶ 그 사람은 한때 날아가는 새도 잡을 만큼 세도가 등등했다.

한말리 몡 쟁기의 한마루. 성애와 술을 연결해서 박은 나무나 쇠막대. 《한말대. 세씽대》 ☞ 홀찌이.

한머'래 円 한편. '한쪽머래'의 준말. ¶한머래는 밥하고 한머래는 국 끼린다. ▶ 한편으로는 밥하고 한편으로는 국 끓인다. ☞ 한머러. 한모래. 한쪽머러. 한쪽모래.

한머'러 円 한편. '한쪽머러'의 준말. ¶한머러는 바쁘게 일하는데 한머러는 장난마 치고 있다. ▶ 한편으로는 바쁘게 일하는데 한편으로는 장난만 치고 있다. ☞ 한머래. 한모래. 한쪽모래.

한모'래

한모'래 튀 한편. '한쪽모래'의 준말. ☞ 한머래. 한머러. 한쪽머래. 한쪽머러.

한이불 몡 핫이불. 두꺼운 솜이불. ¶오유월에 도독눔빙에 걸래머 한이불을 둘러 씨고도 벌벌 떤다. ▶ 오뉴월에 학질에 걸리면 핫이불을 둘러쓰고도 벌벌 떤다.

한잠 몡 누에를 칠 때 4번째 잠. 4 령(齡). '한'은 '큰' 또는 '만족한'의 뜻. ☞ 명 주길쌈. 잠.

한:장 몡 환장(換腸). ¶저 사람이 한장을 했나, 사람도 몰래보구로. ▶ 저 사람이 환장을 했나, 사람도 몰라보게.

한쪽머'래 튀 한편. ☞ 한머래. 한머러. 한모래. 한쪽머러. 한쪽모래.

한쪽머'러 튀 한편. ☞ 한머래. 한머러. 한모래. 한쪽머래. 한쪽모래.

한쪽모'래 튀 한편. ☞ 한머래. 한머러. 한모래. 한쪽머래. 한쪽머러.

한참'에 튀 한숨에. 단숨에. ¶밥 한 그럭을 한참에 묵어 뿌린다. ▶ 밥 한 그릇을 한숨에 먹어 버린다./낮잠을 한참 자고 일어나디이 일을 한참에 끝내 뿌린다. ▶ 낮잠을 한참 자고 일어나더니 일을 단숨에 끝내 버린다.

한태 몡 한태. 봇줄이 처지지 않게 소의 등 뒤로 둘러 감아 맨 줄.

한'택 몡 한턱. ¶논을 사고 상애술 한택도 앤 내고 농사질라 카나? ▶ 논을 사고 성애술 한턱도 안 내고 농사지으려나?

한테': 몡 한데. 한곳. 한자리. '한(같은) 터(자리)'의 뜻. ¶여기저기 헛처놓지 마 고 한테 모다 놓자. ▶ 여기저기 흩처놓지 말고 한데 모아 놓자.

할똥 몡 활동(活動). ¶집에마 들안저 있지 마고 이리저리 할똥하고 댕개라. ▶ 집 에만 들어앉아 있지 말고 이리저리 활동하고 다녀라.

할마'씨 몡 할머니. 늙은 여자. 늙은 마누라. 비슷한 말의 품격 순위는, 할무이〉 할매〉할마씨〉할미〉할마이〉할이미〉할망구〉할망타구. ¶아이고 이 할마씨야 이 기이 얼매마인기요? 우리 앤 죽고 사이 만나게 대네. ▶ 아이고 이 할머니야 이 것이 얼마만인가요? 우리 안 죽고 사니 만나게 되네.

할마~이 몡 할미. 늙은 마누라. 비슷한 말의 품격 순위는, 할무이〉할매〉할마씨〉 할미〉할마이〉할이미〉할망구〉할망타구. ¶늙으머 그래도 자기 할마이뱎에 더 있 나? ▶ 늙으면 그래도 자기 할미밖에 더 있나?

할망구 몡 할미. '할머니'의 낮춤말. 비슷한 말의 품격 순위는, 할무이〉할매〉할 마씨〉할미〉할마이〉할이미〉할망구〉할망타구. ¶이 할망구가 하머 노망들었나, 와 이래 정신없는 짓을 하노? ▶ 이 할미가 벌써 노망들었나, 왜 이렇게 정신없 는 짓을 하나?

할망타'구 몡 할망구. '할머니'의 낮춤말. 비슷한 말의 품격 순위는, 할무이〉할매〉할마씨〉할미〉할마이〉할이미〉할망구〉할망타구. ¶저 **할망타구는** 밤에 재기 영감재이가 옆에 없으머 잼이 애 온단다. ▶ 저 **할망구는** 밤에 자기 영감쟁이가 옆에 없으면 잠이 안 온단다.

할매 몡 할머니. 비슷한 말의 품격 순위는, 할무이〉할매〉할마씨〉할미〉할마이〉할이미〉할망구〉할망타구. ¶**할매** 보고 저녁 잡수시라 캐라. ▶ 할머니 보고 저녁 잡수시라 해라./**할매요,** 저녁 잡수시라 카니더. ▶ 할머니, 저녁 잡수시랍니더.

할무':이 몡 할머님. 비슷한 말의 품격 순위는, 할무이〉할매〉할마씨〉할미〉할마이〉할이미〉할망구〉할망타구. ¶이 동네서 점잔키로 우리 **할무이가** 제리다. ▶ 이 동네서 점잖기로 우리 할머니가 제일이다./**할무이요,** 할배 어디 가셨닝기요? ▶ 할머니, 할아버지 어디 가셨는가요?

할미 몡 할머니. 비슷한 말의 품격 순위는, 할무이〉할매〉할마씨〉할미〉할마이〉할이미〉할망구〉할망타구.

할바'씨 몡 할아버지. 늙은 남편. 노인(老人). 비슷한 말의 품격 순위는, 할부지〉할배〉할바씨〉할애비. ¶저 집 **할바씨는** 아이도 글력이 정정하시다. ▶ 저 집 할아버지는 아직도 근력이 정정하시다.

할배 몡 할아버지. 비슷한 말의 품격 순위는, 할부지〉할배〉할바씨〉할애비. ¶이 민 내에서 우리 **할배으** 글을 따러올 사람이 없다. ▶ 이 면 내에서 우리 할아버지의 글을 따라올 사람이 없다.

할배요: 깝 '감지덕지다' 또는 '두 말할 나위가 없다'는 뜻으로 쓰는 말. ¶꼴머섬한테 새갱은 무신 새갱이라꼬, 오갈 데 없는 아를 들라서 밥 묵애고 옷 해 입해는 거마 해도 **할배요지.** ▶ 꼴머슴한테 새경은 무슨 새경이라고, 오갈 데 없는 애를 들여서 밥 먹이고 옷 해 입히는 것만 해도 감지덕지지. ☞ 화늘임요.

할부'지 몡 할아버지. 비슷한 말의 품격 순위는, 할부지〉할배〉할바씨〉할애비. ¶내 어릴 때 우리 **할부지가** 천자책하고 명심보감을 갈채 주섰다. ▶ 내 어릴 때 우리 할아버지가 천자문하고 명심보감을 가르쳐 주셨다.

할애비 몡 할아비. '할아버지'의 낮춤말. 비슷한 말의 품격 순위는, 할부지〉할배〉할바씨〉할애비. ¶행실은 돌상눔의 짓을 하맨서 뻿떡하며 즈그 양반 **할애비** 이름을 팔어묵는다. ▶ 행실은 돌 상놈의 짓을 하면서 여차하면 저희 양반 할아비 이름을 팔아먹는다.

할양 몡 활량. 한량(閑良). ¶**할양은** 죽어도 기상집 담 밑에서 죽는다. ▶ 활량은 죽

할:양없다

어도 기생집 담 밑에서 죽는다.

할:양없다 〖형〗 한량(限量)없다. 그지없다. 【할양없어 ▶ 한량없어/할양없으이 ▶ 한량없으니】 ¶선상임이 우리 아 까망눈을 민하게 해준 거마 해도 고맙기 **할양없니더.** ▶ 선생님이 우리 애 까막눈을 면하게 해준 것만 해도 고맙기 **한량없습니다.**

할이미 〖명〗 할미. '할머니'의 낮춤말. 비슷한 말의 품격 순위는, 할무이〉할매〉할마씨〉할미〉할마이〉할이미〉할망구〉할망타구.

함배'기 〖명〗 큰바가지. '한박', 즉 '큰박'의 뜻. 큰 박을 파내고 만든 그릇으로 곡식 따위를 담아 둘 때 쓴다. ☞바가치.

함'부래 〖부〗 아예. 절대로. ¶**함부래** 그런 사람하고는 상종도 하지 마라. ▶ 아예 그런 사람하고는 상종도 하지 마라./**함부래** 노룸 그튼 거는 손도 대지 마라. ▶ 절대로 도박 같은 것은 손도 대지 마라./말로서 타이르고 **함부래** 손질은 하지 마래이. ▶ 말로서 타이르고 **절대로** 손질은 하지 마라.

함지반티~이 〖명〗 함지. ¶호동 띠기는 아까 보이 새참 갖다 준다 카매 **함지반티이** 이고 들로 나가든데요. ▶ 효동 댁은 아까 보니 새참 갖다 준다며 **함지** 이고 들로 나가던데요.

함지장:사 〖명〗 함지장수. 함지에다 일용품이나 생선 따위를 담아 이고 다니면서 파는 행상. ☞반티이장사.

합객 〖명〗 합격(合格). ¶오늘 추곡 수매하는 데서 우리 꺼는 마카 일등품으로 **합객했다.** ▶ 오늘 추곡(秋穀) 수매(收買)하는 데서 우리 것은 모두 일등품으로 **합격했다.**

핫주~우적새미 〖명〗 핫바지저고리. ¶재기가 난 자석도 아인데 **핫주우적새미** 뚜껍게 소캐 여서 입해 내보내는 거를 보며 본 어매보담 몬할 끼이 없다. ▶ 자기가 낳은 자식도 아닌데 **핫바지저고리** 두껍게 솜 넣어서 입혀 내보내는 것을 보면 본 어머니보다 못할 것이 없다.

항:갑 〖명〗 환갑(還甲). 회갑(回甲). ¶오늘 그 집 **항갑**에는 소리꾼하고 기상도 불러서 소리하고 춤도 추고, 잔채 참 푸짐하게 하드네. ▶ 오늘 그 집 **환갑**에는 소리꾼하고 기생도 불러서 소리하고 춤도 추고, 잔치 참 푸짐하게 하던데.

항굼1 〖부〗 단지. 오로지. ¶**항굼** 내가 한 가지 말뺌에 더 한 기이 있었나? ▶ 단지 내가 한 가지 말밖에 더 한 것이 있었나?/선배는 **항굼** 글이나 일지 안일에 이래라 저래라 하는 기이 아이다. ▶ 선비는 **오로지** 글이나 읽지 여자 일에 이래라 저래라 하는 것이 아니다.

항:굼2 〖부〗 가득. 그득. ¶이 그럭에다 묵을 꺼를 **항굼** 채와 조라. ▶ 이 그릇에다

먹을 것을 가득 채워 줘라. ☞ 항그.

항:그 🅟 가득. 그득. ¶들에 나갈 때 큰 주전자에다 마실 물을 **항그** 채와 가그라. ▶ 들에 나갈 때 큰 주전자에다 마실 물을 가득 채워 가거라./방안에 사람들이 **항그** 안저서 서월 갔든 이바구를 듣고 있드라. ▶ 방안에 사람들이 **그득** 앉아서 서울 갔던 이야기를 듣고 있더라. ☞ 항굼2.

항글래'비 🅜 방아깨비. ¶메띠기도 잡고 **항글래비**도 잡아서 꿉어 묵었다. ▶ 메뚜기도 잡고 방아깨비도 잡아서 구워 먹었다. ☞ 황글래.

항연 🅜 학년(學年). ¶오 **항연** 이 학기 통신보를 받았는데, 체조 하나마 빼고는 마카 우를 받았다. ▶ 오 학년 이 학기 통지표를 받았는데, 체조 하나만 빼고는 모두 우(優)를 받았다./공부를 몬 해서 한 **항연**을 꿉었다. ▶ 공부를 못 해서 한 학년을 유급했다.

항:정 🅜 한정(限定). ¶**항정** 없는 그 은혜를 언제 다 가풀지 모리겠니더. ▶ 한정 없는 그 은혜를 언제 다 갚을지 모르겠습니다.

해 🅜 혀(舌). ¶시 치 **해**가 칼보담 무섭다. ▶ 세 치 혀가 칼보다 무섭다./임석이 **해**에 착 달러붙는다. ▶ 음식이 혀에 착 달라붙는다./머가 그래 심이 드는지 **해**를 닷 발이나 내놓고 있다. ▶ 무엇이 그렇게 힘 드는지 혀를 닷 발이나 내놓고 있다. ☞ 새1.

해:갤 🅜 해결(解決). ¶돈이머 암만 어럽은 일이라도 **해갤** 앤 대는 기이 없다. ▶ 돈이면 아무리 어려운 일이라도 해결 안 되는 것이 없다.

해거렁지 🅜 해 그늘. ¶**해거렁지**를 보이 새참 때가 댔다. ▶ 해 그늘을 보니 새참 때가 되었다.

해굼 🅜 해감. 물속에서 흙과 유기물이 썩어 생기는 냄새나는 찌꺼기. ¶미꾸라지국을 끼리기 전에 먼저 미꾸리를 소곰물에 당가서 **해굼**을 빼야 한다. ▶ 추어탕을 끓이기 전에 먼저 미꾸라지를 소금물에 담가서 해감을 빼야 한다.

해그러삿'다 🅟 달아 설치다. 감질내다. ¶머심아 가시나 두리서 **해그러삿**는 거를 보이 사달내게 생겠네. ▶ 머슴애 계집애 둘이서 달아 설치는 것을 보니 탈내게 생겼네. ☞ 해글거리다. 해글대다.

해그름 🅜 해거름. ¶**해그름** 때가 대머 집집마다 보살 끼리는 연기가 모락모락 피오른다. ▶ 해거름 때가 되면 집집마다 보리쌀 끓이는 연기가 모락모락 피어오른다.

해글거리다 图 달아 설치다. 감질내다. ¶알라가 배가 고퍼서 저래 해글거리는데 젖을 쫌 물래라. ▶ 아기가 배가 고파서 저렇게 달아 설치는데 젖을 좀 물려라. ☞ 해그러삿다. 해글대다.

해글대:다 图 달아 설치다. 감질내다. ☞ 해그러삿다. 해글거리다.

해기 图 서캐. 한가한 봄날 어머니와 딸이 양지쪽에 앉으면 서로의 머리칼을 뒤지며 서캐를 잡아 주기도 한다. ☞ 새가리.

해깝'다 图 가볍다.【해깝어 ▶ 가벼워/해깝으이 ▶ 가벼우니】¶몸이 해깝어서 산을 오리는데 비호 같다. ▶ 몸이 가벼워서 산을 오르는데 비호(飛虎) 같다./남자가 입이 너무 해깝어서 큰일을 몬 매끼겠다. ▶ 남자가 입이 너무 가벼워서 큰일을 못 맡기겠다. ☞ 개갑다.

해:꾸지 图 해코지. ¶넘을 해꾸지 하고서 지가 잘 대기를 우째 바래노? ▶ 남을 해코지 하고서 제가 잘 되기를 어찌 바라나?

해:나 图 행여나. 혹시나. ¶해나 내가 앤 가디이라도 바락고있지 마고 니 혼차서 먼첨 가그라. ▶ 행여나 내가 안 가더라도 기다리지 말고 너 혼자서 먼저 가거라.

해딴:图 해전. 해지기 전. '해 때 안'의 뜻. ¶해딴에 남은 일을 마자 할라 카머 쫌 바다야 한다. ▶ 해전에 남은 일을 마저 하려면 좀 다잡아야 한다.

해마중 图 해마다. ¶해마중 이만때가 대머 우아래 동네 사람들이 모애서 풍물놀이를 하고 논다. ▶ 해마다 이맘때가 되면 위아래 동네 사람들이 모여서 풍물놀이를 하고 논다.

해:무꺼 图 건건이. 반찬(飯饌). '(밥) 해서(하고) 묵을 거리'의 뜻. ☞해무꼬.

해:무꼬 图 건건이. 반찬(飯饌). '(밥) 해서(더불어) 묵을 거리'의 뜻. 이것저것 아무렇게나 어울려 먹는 반찬을 보통 '해무꼬'라고 하고, 격식을 갖추어 밥상에 차려서 내는 것은 '찬' 또는 '반찬'이라고 한다. ¶다른 사람은 해무꼬 걱정을 애 해도 대지마는 어른 판에 올릴 끼이 걱정이다. ▶ 다른 사람은 건건이 걱정을 안해도 되지만 어른 상에 올릴 것이 걱정이다. ☞ 해무꺼.

해바래'기 图 해바라기. ¶소련 구인들은 해바래기 씨를 한 옹쿰을 입에 털어 여머 껍띠기를 풍구에 등개 불어 내드시 불어 내매 묵는단다. ▶ 소련 군인들은 해바라기 씨를 한 줌을 입에 털어 넣으면 껍질을 풍구에 등겨 불어 내듯이 불어 내며 먹는단다.

해:방 图 훼방(毁謗). ¶저 인간은 지가 잘 대는 거보담 넘이 몬 대는 기이 더 좋

은지, 내 일이라 카머 밴또를 싸댕기매 **해방을** 논다. ▶ 저 인간은 제가 잘 되는 것보다 남이 못 되는 것이 더 좋은지, 내 일이라면 도시락을 싸다니며 **훼방을** 논다.

해배긴날 몡 날이면 날마다. 일상(日常). '해가 배긴(박힌) 날'의 뜻. ¶저 인간은 하늘에 **해배긴날** 내 속을 앤 쌔기는 날이 없다. ▶ 저 인간은 날이면 날마다 내 속을 안 썩이는 날이 없다.

해:줄기다 동 내달리다. 【해줄개 ▶ 내달려/해줄기이 ▶ 내달리니】¶얼매나 일이 급했는지 옆도 앤 돌어보고 **해줄기드라**. ▶ 얼마나 일이 급했는지 옆도 안 돌아보고 내달리더라. ☞ 내줄기다.

해짜래'기 몡 혀짤배기. 혀짜래기. ¶**해짜래기** 서당 사장(師丈)이 바람 풍자를 써 놓고, "나는 바람 풍 캐도 느그들은 바담 풍 캐라." 카이, 아들이 또 "바담 풍." 카드란다. ▶ 혀짤배기 서당 훈장이 바람 풍(風) 자를 써 놓고, "나는 바람 풍 해도 너희들은 바담 풍 해라." 하니, 애들이 또 "바담 풍." 하더라다./사변 때 미국 구인들이 마실에 들어와서 총을 전주매 "씹이씹이 무수매 오케!" 카매 **해짜래기** 소리를 하는데, 첨에는 무신 소린지 몰랬는데, 그기이 여자를 내노라 카는 말인 기이라. ▶ 사변 때 미국 군인들이 마을에 들어와서 총을 겨누며 "씹이씹이 무수매 오케!" 하며 혀짜래기 소리를 하는데, 처음에는 무슨 소리인지 몰랐는데, 그것이 여자를 내놔라 하는 말인 것이라. ※'무수매'는 일본어로 '처녀'란 뜻. 북진했다가 후퇴해 온 미군들 중 일부가 여자들을 겁탈하는 일이 있었다.

해'필(奚必) 뮈 하필(何必). ¶도와조도 시언찬은 새에 **해필이머** 니가 나를 쇠기다이. ▶ 도와줘도 시원찮은 사이에 **하필이면** 네가 나를 속이다니./웬수는 외나무다리에서 만난다 카디이 **해필** 그 인간을 거기서 만나다이. ▶ 원수는 외나무다리에서 만난다 하더니 하필 그 인간을 거기서 만나다니.

핵고 몡 학교(學校). ¶글을 배울라 카머 서당아서 진서(眞書)나 배와야 민서기라도 해 묵지 돈 조 가매 **핵고서** 어문 배와서 어디 써 묵을노? ▶ 글을 배우려면 서당에서 한문(漢文)이나 배워야 면서기라도 해 먹지 돈 줘 가며 **학교서** 언문 배워서 어디 써 먹겠나?

햇바늘 몡 혓바늘. ¶밤을 새와서 일을 했디이 **햇바늘이** 다 돋었다. ▶ 밤을 새워서 일을 했더니 혓바늘이 다 돋았다.

햇바'닥 몡 혓바닥. ¶그 칭구는 **햇바닥을** 아무따나 놀래서 귀속말은 몬한다. ▶ 그

햇뱉

　　친구는 **혓바닥**을 아무렇게나 놀려서 귓속말은 못한다.
햇뱉 명 햇볕. ¶너무 업수이이기지 마라. 쥐구영에도 **햇뱉**이 들 때가 있다. ▶ 너무 업신여기지 마라. 쥐구멍에도 **햇볕**이 들 때가 있다.
행ː갱도 명 함경도(咸鏡道). ¶절미이가 **행갱도**에서 피란 왔다 캤는데, 거기가 조선 땅 어디쯤 대닌기요? ▶ 젊은이가 **함경도**에서 피난 왔다 했는데, 거기가 조선(朝鮮) 땅 어디쯤 되는가요?
행ː구 명 항구(港口). ¶부산에 온 촌 영감이 부두에 대고 있는 큰 배를 보고, "이 기이 당체 머로 맹글었기내 물 우에 둥둥 뜨는공?" 카매 담뱃대로 똥똥 뚜디러 보고는, "허허 이거, 쉬가 물에 뜨는 거를 보이 **행구**는 **행구**네." 카드란다. ▶ 부산에 온 시골 영감이 부두에 대고 있는 큰 배를 보고, "이것이 도대체 뭐로 만들었기에 물 위에 둥둥 뜨는가?" 하며 담뱃대로 땅땅 두들겨 보고는, "허허 이거, 쇠가 물에 뜨는 것을 보니 **항구**는 **항구**네." 하더란다.
행굼 명 해금(奚琴). ¶머리터래기는 노랗고 키는 짤딸막한 사람이 **행굼**을 시루매 고약을 파는데, 약장사가 **행굼**더로 "**행굼**아!" 카매 부리이, **행굼**이 "아아앙!" 카매 대답을 하자, "니 오늘 사람들 앞에서 소리 한 자리 해볼래?" 카이, 그적새야 **행굼**이 "오야 오야 힝히히, 오야 오야 힝히히…" 카매 소리 한 자리를 신명나게 뽑드라. ▶ 머리털은 노랗고 키는 짤따란 사람이 해금을 타며 고약(膏藥)을 파는데, 약장수가 해금더러 "해금아!" 하며 부르니, 해금이 "아아앙!" 하며 대답을 하자, "너 오늘 사람들 앞에서 소리 한 가락 해볼래?" 하니, 그제야 해금이 "오야 오야 힝히히, 오야 오야 힝히히…" 하며 소리 한 가락을 신명나게 뽑더라. ※일제 때 간혹 유랑하는 백계러시아인으로 보이는 노랑머리의 사람이 바이올린을 타며 약을 팔았다.
행굼ː통 명 우차 바퀴의 장구통(수박통). 모양이 해금(奚琴)의 울림통처럼 생기고, 이를 축으로 해서 바퀴살이 꽂혔다. ☞ 우차.
행길(行-) 명 한길. 큰길. 신작로(新作路). ¶후태하는 인민군들이 마차에다 대포를 달고 **행길**로 줄줄이 올러가드라. ▶ 후퇴하는 인민군들이 마차에다 대포를 달고 **한길**로 줄줄이 올라가더라.
행부 명 행차(行次). 가는 길. ¶이분 **행부**에 나무지기 소관 마자 보고 오소. ▶ 이번 **행차**(가는 길)에 남은 볼일 마저 보고 오소.
행ː사 명 행세(行世). ¶껍띠기는 멀쩡한데 **행사**하는 거를 보머 쇠상눔이다. ▶ 껍데기는 멀쩡한데 **행세하는** 것을 보면 돌 상놈이다.

행색 몡 형색(形色). ¶객지에서 고상을 얼매나 했는지 행색이 말이 아이다. ▶ 객지에서 고생을 얼마나 했는지 형색이 말이 아니다.

행세 몡 형세(形勢). 형편(形便. ¶요새 그 사람은 사는 행세가 어뜨노? ▶ 요사이 그 사람은 사는 형세가 어떠니? ☞ 행팬. 행핀.

행수 몡 형수(兄嫂). ¶이전 말로 행수하고 시동상 새를 수숙간이라 칸다. ▶ 예전 말로 형수하고 시동생 사이를 수숙간(嫂叔間)이라 한다.

행임 몡 형님(兄-). ¶행임 먼처 동상 먼처 칸다. ▶ 형님 먼저 동생 먼저 한다. ※ 형제간에 우애를 말함. ☞ 성임. 형임.

행자1 몡 행주. ¶녹그럭은 마린 행자로 물끼를 잘 딲어 나야 녹이 앤 시린다. ▶ 놋그릇은 마른 행주로 물기를 잘 닦아 놓아야 녹이 안 슨다.

행자(行資)2 몡 노자(路資). 여비(旅費). ¶행자 쪼매 받어 나온 거 술갑으로 다 나갔다. ▶ 노자 조금 받아 나온 것 술값으로 다 나갔다.

행전 몡 아랫도리를 가든하게 하려고 발목에서 무릎 아래까지 감는 천.

행제 몡 형제(兄弟). ¶누구누구 그캐도 어럽을 때는 피 섞앤 행제 우에 더 없지. ▶ 누구누구 그래도 어려울 때는 피 섞인 형제 위에 더 없지.

행팬 몡 형편(形便). 형세(形勢). ¶지랄도 행팬 바 가매 하라 캤다. ▶ 지랄도 형편 보아 가며 하라 했다. ☞ 행세. 행핀.

행핀 몡 형편(形便). 형세(形勢). ¶그 집 행핀이 그마이 어럽은 줄을 몰랬다. ▶ 그 집 형편이 그만큼 어려운 줄을 몰랐다. ☞ 행세. 행팬.

허거리 몡 부리망. 소를 부릴 때에 곡식이나 풀을 뜯어먹지 못하게 주둥이에 씌우는 망. 가는 새끼로 그물처럼 엮었음. ☞ 소머거리. 소허거리.

허깐 몡 헛간. '허드레 간(間)'의 뜻. ¶쥔양반요, 머하니더마는 아들 대리고 질을 가다가 저물었니더. 허깐에라도 하리 밤 재와 주이소. ▶ 주인양반, 뭣합니다만 애들 대리고 길을 가다가 저물었습니다. 헛간에라도 하루 밤 재워 주십시오. ※ 흉년이 들면 남부여대(男負女戴)로 길을 가다가 밤이슬이라도 피하려고 이렇게 찾아오는 사람도 있었다.

허깨:다 동 헐다. 흩어 버리다. ¶지금꺼정 맨들어 논 거는 다 허깨고 다시 맨들어야겠다. ▶ 지금까지 만들어 놓은 것은 다 헐고 다시 만들어야겠다.

허다이 뮈 허다(許多)히. 흔히. 다반사(茶飯事)로. ¶이 전장 통에 사람 죽는 일이 허다이 있으니 사람들도 여사로 생각하게 댔다. ▶ 이 전쟁 통에 사람 죽는 일이 허다히 있으니 사람들도 예사로 생각하게 되었다.

허대:다

허대:다 통 나다니다. 돌아다니다. 【허대▶나다녀/허대이▶나다니니】¶맴도 심난하고 해서 매칠 간 여기저기로 허대다가 올란다. ▶ 마음도 심란하고 해서 며칠 간 여기저기로 나다니다가 오련다. ☞ 허댕기다.

허댕기다 통 나다니다. 돌아다니다. 【허댕개▶나다녀/허댕기이▶나다니니】 ☞ 허대다.

허들:허들: 부 허든허든. ¶할 일도 없고 해서 들로 산으로 허들허들 허대고 왔다. ▶ 할 일도 없고 해서 들로 산으로 허든허든 돌아다니다가 왔다.

허루:다 통 헐다. 【허라▶헐어/허루이▶허니】¶앞딧집 간에 담이야 맥해 있어도 우리 맴마는 허루고 사자. ▶ 앞뒷집 간에 담이야 막혀 있어도 우리 마음만은 헐고 살자./우리가 살머 얼매나 산다고, 주미이 끈을 허라 놓고 인심이나 씨자. ▶ 우리가 살면 얼마나 산다고, 주머니 끈을 헐어 놓고 인심이나 쓰자.

허'리 명 허리. 남자바지의 허리. 《마정》 ☞ 주우.

허리'껀 명 허리띠. ¶허리껀을 조루고 산다. ▶ 허리띠를 조르고 산다. ※근검절약하며 산다는 말. ☞ 헐끈.

허'바리 명 허풍(虛風). 허풍쟁이(虛--). '헛 나발(나팔) 이'의 뜻. ¶허바리를 고마 떨어라. ▶ 허풍을 그만 떨어라./그 허바리가 여기에 와서도 허바리를 실컨 떨고 갔다. ▶ 그 허풍쟁이가 여기에 와서도 허풍을 실컷 떨고 갔다. ☞ 허발.

허'발 명 허풍(虛風). ¶겉으로는 허발을 떨어도 지 실속은 다 채린다. ▶ 겉으로는 허풍을 떨어도 제 실속은 다 차린다. ☞ 허바리.

허용 명 시늉. 형용(形容). ¶하기 실타라도 어런이 말하머 하는 허용이라도 내라. ▶ 하기 싫더라도 어른이 말하면 하는 시늉이라도 내라.

허재:비 명 허수아비. '헛 아재비'의 뜻. ¶요새 참새는 꾀가 늘어서 허재비를 세와 나도 겁 없이 몰래온다. ▶ 요새 참새는 꾀가 늘어서 허수아비를 세워 놓아도 겁 없이 몰려온다. ※벼가 여물기 시작할 무렵이면 몰려드는 참새 떼를 막으려고 허수아비를 세우거나 깡통 방울을 달기도 하고 실타래를 풀어서 얼기설기 걸기도 한다.

허지레'질 명 저지레. 헛 장난. '헛 저지레질'의 뜻. ¶다황을 어디다 잘 감차 나라. 아들이 허지레질을 할라. ▶ 성냥을 어디다 잘 감춰 놔라. 애들이 저지레를 할라. ☞ 어지레질.

허페 명 허파. ¶그 사람이 요새는 허페에 바람이 들었는지 집에도 앤 들어온단다. ▶ 그 사람이 요사이는 허파에 바람이 들었는지 집에도 안 들어온단다./사람

헐추리:하다

속도 모리고 저 카이 사람이 허페가 디집어진다. ▶ 사람 속도 모르고 저러니 사람이 허파가 뒤집어진다.

헌드'다 동 흔들다. 【헌들어▶흔들어/헌드이▶흔드니】 ¶이 사람들이 사람을 나무 우에 올려놓고 헌들어 대고 있다. ▶ 이 사람들이 사람을 나무 위에 올려놓고 흔들어 대고 있다./그연이 내 앞에 비지나 마든지, 괴이 나타나서 맴마 헌들어 놓고 가 뿌리네. ▶ 그년이 내 앞에 보이지나 말던지, 공연히 나타나서 마음만 흔들어 놓고 가 버리네.

헌들거'리다 동 흔들거리다. ¶쥐뿔도 없는 기이 헌들거리기는 와 저래 헌들거리매 댕기노? ▶ 쥐뿔도 없는 것이 흔들거리기는 왜 저렇게 흔들거리며 다니나?

헌들:헌들: 부 흔들흔들. ¶사장 앞에서 화늘 천 따지 카매 헌들헌들 책을 일다가 이매바아를 찍어 뿌렀다. ▶ 훈장 앞에서 하늘 천(天) 따 지(地) 하며 흔들흔들 책을 읽다가 이마방아를 찧어 버렸다./새야새야 원앙새야 니어디서 자고왔노 수양아청청 버드낭게 이리헌들 저리헌들 헌들헌들 자고왔네. ▶ 새야새야 원앙새야 너어디서 자고왔나 수양아청청 버드나무에 이리흔들 저리흔들 흔들흔들 자고왔네. 〈모숭기소리의 일부〉.

헌:디 명 헌데. ¶여름에 촌 아들을 보머 온전신에 헌디 천지다. ▶ 여름에 시골 애들을 보면 온몸에 헌데 천지다. ☞ 험데.

헐끈 명 허리띠. '허리끈'의 준말. ¶오늘은 기분도 그러이 니캉 나캉 헐끈 풀고 마서 보자. ▶ 오늘은 기분도 그러니 너랑 나랑 허리띠 풀고 마셔 보자./"날 이래 해 놓고 갈라 카머 내 죽이고나 가소." 카매 헐끈을 잡고 앤 나 주는데 내가 우야노? ▶ "날 이렇게 해 놓고 가려면 날 죽이고나 가소." 하며 허리띠를 잡고 안 놓아 주는데 내가 어떻게 하나? ☞ 하리껀.

헐래헐래 명 아기를 어르면서 가르치는 몸놀림의 하나. 두 손바닥을 펴고 손목을 흔들게 하는 말 또는 그 동작. ☞ 깟딱깟딱. 곤지곤지. 따리따리. 도레도레. 불매불매. 서마서마. 짝짝꿍. 잠잠. 쪼막쪼막. 진진.

헐'리다 동 흘리다. 【헐래▶흘려/헐리이▶흘리니】 ¶그런 거를 칠칠 헐리고 댕기는 거를 보이 니 붕알도 헐리겠다. ▶ 그런 것을 출출 흘리고 다니는 것을 보니 너 불알도 흘리겠다./그런 말은 한짝 귀로 듣고 한짝 귀로 헐래 뿌러라. ▶ 그런 말은 한쪽 귀로 듣고 한쪽 귀로 흘려 버려라.

헐추리:하다 형 출출하다. 추루하다. ¶배가 헐추리하다. ▶ 배가 출출하다./행색이 헐추리하다. ▶ 형색이 추루하다. ☞ 헐출하다.

헐출:하다

헐출:하다 휑 출출하다. 추루하다. ☞ 헐추리하다.
헐치~이 몡 언청이. ¶일하는 거를 보머 헐치이 콩가리 집어묵듯 한다. ▶ 일하는 것을 보면 언청이 콩가루 집어먹듯 한다. ※일하는 것이 어설프다는 말.
헐타 휑 싸다. '헐하다'의 준말. ¶헐타 카는 기이 비지떡이다. ▶ 싸다는 것이 비지떡이다.
헐헐단신 몡 혈혈단신(孑孑單身). 의지할 곳 없는 홀몸. ¶헐헐단신 홀로 댄 몸이 인자 누구를 믿고 사꼬? ▶ 혈혈단신 홀로 된 몸이 이제 누구를 믿고 살까?
험: 몡 흠. ¶시상아 험 하나도 없는 사람이 어딨노? 엄만하면 그양 해라. ▶ 세상에 흠 하나도 없는 사람이 어디 있나? 어지간하면 그냥 (혼인 따위)해라.
험:다리 몡 흠집이 있는 과일 따위. ¶넝굼재이 험다리 묵고 갓재이 헌 갓 씬다. ▶ 사과장수 흠집 있는 것 먹고 갓 장수 헌 갓 쓴다. ☞ 험디이.
험:데 몡 부스럼. 상처(傷處). ¶험데가 난 데는 조고약을 붙치고 있으머 고름 근꺼정 빠진다. ▶ 부스럼이 난 데는 됴고약(趙膏藥)을 붙이고 있으면 고름 근(根)까지 빠진다. ☞ 헌디.
험:디~이 몡 흠집이 있는 과일 따위. ☞ 험다리.
험:지다 동 흠지다. 흠가다. 【험저▶흠져/험지이▶흠지니】¶험진 물건은 성한 거로 바꾸자. ▶ 흠진 물건은 성한 것으로 바꾸자./이거는 험저서 몬 씨겠다. ▶ 이것은 흠져서 못 쓰겠다.
헛방:구 몡 헛방귀. 소리도 냄새도 없는 방귀. ¶핏대를 올리매 말을 해도 헛방구마 뀐다. ▶ 핏대를 올리며 말을 해도 헛방귀만 뀐다.
헛소'리 몡 잠꼬대. 헛말. ¶몸이 곤했든지 밤새들 헛소리를 하드라. ▶ 몸이 고단했던지 밤새껏 잠꼬대를 하더라.
헛지'침 몡 헛기침. ¶담뱃대 질게 물고 헛지침한다꼬 상눔이 양반 대나? ▶ 담뱃대 길게 물고 헛기침한다고 상놈이 양반 되나?
헛'택 몡 허탕. 헛수고. ¶니나 내나 넘의 집 살매 죽을똥 살똥 일을 해바야 말짱 헛택이다. ▶ 너나 나나 머슴 살며 죽기 살기로 일을 해보아야 말짱 허탕이다.
헝:겊쪼가리 몡 헝겊조각. ¶헝겊쪼가리를 대 가매 얼매나 입었든지 인자 더 붙칠 데가 없다. ▶ 헝겊조각을 대 가며 얼마나 입었던지 이제 더 붙일 데가 없다.
헝성바'치 몡 행상바치(行商--). ¶저 사람은 절물 때 헝성바치해서 살었는데 지금은 성내에서 큰 점빵을 벌래 놓고 있다. ▶ 저 사람은 젊을 때 행상바치해서 살았는데 지금은 읍내에서 큰 점방을 벌려 놓고 있다.

헝'임 [명] 형님(兄-). ¶우리 두리는 앞딧집에 살맨서 헝임 동상 글치 지내는 새다. ▶우리 둘은 앞뒷집에 살면서 형님 동생 같이 지내는 사이다. ☞ 성임. 행임.

헝정 [명] 홍정. ¶쌈은 말리고 헝정은 붙치라 캤다. ▶싸움은 말리고 흥정은 붙이라 했다.

헐'다 [동] 흩다. 뿌리다. 한데 모였던 것을 따로따로 떨어지게 하다. 【헐고▶흩고/헐구로▶흩게/헐기▶흩기/헐노▶흩나/헐는▶흩는/헐지▶흩지】 ¶밭에다 씨를 헐고 있다.▶밭에다 씨를 흩고 있다./지 맘대로 헐구로 나도라.▶제 마음대로 흩게 놓아둬라./거기 두머 알라가 헐기 숩다.▶거기 두면 애기가 흩기 쉽다./정신없구로 와 이래 헐노?▶정신없게 왜 이렇게 흩나?/헐는 거는 씰지 마고 내뿌러 나라.▶흩는 것은 쓸지 말고 내버려 놓아라./여기저기 헐지 마고 모다 나라.▶여기저기 흩지 말고 모아 놓아라. ☞ 헐치다.

헐채:다 [동] 흩어지다. 【헐채▶흩어져/헐채이▶흩어지니】 ¶해도 저물었고 하이 인자 시재마꿈 헐채자.▶해도 저물었고 하니 이제 각자 흩어지자./여기저기 헐채 사지 마고 한군데 모대서 사자.▶여기저기 흩어져 살지 말고 한군데 모여서 살자./공구들이 산지사방으로 헐채이 집이 절깐 긑다.▶식구들이 산지사방으로 흩어지니 집이 절간 같다.

헐'치다 [동] 흩다. 뿌리다. 【헐처▶흩어(뿌려)/헐치이▶흩으니(뿌리니)】 ¶밭에다 상추씨를 이리저리 헐처 났다.▶밭에다 상추씨를 이리저리 흩어(뿌려) 놓았다./아들이 옷을 벗어서 여기저기 헐츠이 치우기 구찬타.▶애들이 옷을 벗어서 여기저기 흩으니 치우기 귀찮다. ☞ 헐다.

헤이꼬:보 [명] 평행봉. [日] 'へいこうぼう(平行棒)'.

호(胡)- [접] 일부 명사 앞에 붙어 '청나라에 들어온' 혹은 '청나라 통'의 사물임을 나타내는 접두사. 【호도(胡桃)▶호두/호로자석(胡來子息)▶호래자식/호박(胡朴)▶호박/호양연(胡洋-)▶화냥년】 ☞ 당(唐)-. 양(洋)-. 왜(倭)-.

호'갈(呼喝) [명] 호각(號角). 호루라기. ¶사요롱이 울리고 나머 통행금지 위반한 사람을 잡니라꼬 여기저기서 호갈을 획획 불어 댄다.▶사이렌이 울리고 나면 통행금지 위반한 사람을 잡느라고 여기저기서 호각을 획획 불어 댄다.

호강' [명] 호강. 【호개이▶호강이】 ¶그 사람은 호개이 넘처서 잡 질을 하고 댕긴다.▶그 사람은 호강이 넘쳐서 잡 짓거리를 하고 다닌다.

호:까지(虎--) [명] 개호주. 사전에는 '범의 새끼'라고 했지만, 방언권에서는 '늙은 범' 또는 '늙은 살쾡이'로 알려져 있다. ¶앞이가 빠지고 터래기도 다 빠진

ㅎ

호:깨~이

호까지가 나무 밑에 숨어 있다가 사람이 지내가머 마실 입새까지 따라오매 흘을 떠지매 혼을 뺐단다. ▶ 앞니가 빠지고 털도 다 빠진 **개호주**가 나무 밑에 숨어 있다가 사람이 지나가면 마을 어귀까지 따라오며 흙을 퍼부으며 혼을 뺐단다. ☞ 갈가지. 개호까지.

호:깨~이 몡 고갱이. 새꽤기. ¶담뱃대가 맥히머 짚 **호깨이**로 뜰는다. ▶ 담뱃대가 막히면 짚 **고갱이**로 뚫는다. ☞ 홰기.

호:다이 몡 붕대. 日 'ほうたい(繃帶)'. ¶사밴 때 인민군들이 북안 전투에서 쫓개 넘어오는데, 다리 다친 눔은 소를 타고, 머리를 다친 눔은 **호다이**를 두리고, 울고불고하매 갔는데, 얼매 몬 가서 마카 죽어서 내뿌리고 갔드라. ▶ 사변 때 인민군들이 북안(北安) 전투에서 쫓겨 넘어오는데, 다리 다친 놈은 소를 타고, 머리를 다친 놈은 **붕대**를 두르고, 울고불고하며 갔는데, 얼마 못 가서 모두 죽어서 내버리고 갔더라.

호드락바람 몡 회오리바람. '호드락(후다닥) 부는 바람'의 뜻. ¶대는 집안은 **호드락바람**이 마구깐에 마꺼불도 깔어 준다. ▶ 되는 집안은 **회오리바람**이 외양간에 북데기도 깔아 준다. ※ 되려면 저절로 된다는 말. ☞ 회리바람.

호:떼기 몡 호드기. ¶버들가아지가 물오리는 봄이 대머 **호때기**를 맨들어 부매 댕갰지. ▶ 버들강아지가 물오르는 봄이 되면 **호드기**를 만들어 불며 다녔지.

호래:비 몡 홀아비. '호부래비'의 준말. '호부(홀) 애비'의 뜻. ¶과부한테는 깨가 서 말이고 **호래비**한테는 이가 서 말이다. ▶ 과부한테는 깨가 서 말이고 **홀아비**한테는 이가 서 말이다./호래비 집 앞은 풀이 나고 과부 집 앞은 큰질이 난다. ▶ 홀아비 집 앞은 풀이 나고 과부 집 앞은 큰길이 난다.

호:래~이 몡 호랑이. 범. ¶사람들이 재 아래 주막에 모대서 달밤에 청송 노구재를 넘어가는데, 사람들이 고개만디에 오이, 큰 솔나무 밑에서 황소마한 **호래이** 한 마리가 처자 하나를 물어다 놓고 이래저래 어루고 있다가 고마 "어헝!" 카매 발톱으로 처자 옷을 확 비끼는 거 아이가. 아이고 무서라. ▶ 사람들이 재(嶺) 아래 주막에 모여서 달밤에 청송 노구재를 넘어가는데, 사람들이 고갯마루에 오니, 큰 소나무 밑에서 황소만한 **호랑이** 한 마리가 처녀 하나를 물어다 놓고 이래저래 어르고 있다가 그만 "어흥!" 하며 발톱으로 처녀 옷을 확 벗기는 것 아닌가. 아이고 무서워라. ※ 겨울밤 등잔불도 꺼진 방안에서 무서운 이야기를 듣다가 소름끼치는 장면에 이르면 아이들은 마치 제가 당한 것처럼 기겁을 하면서 이불 속으로 머리를 처박는다.

호:렌추 [명] 시금치. [日] 'ほうれんそう(菠草).

호로몽 [명] 호르몬. 정액(精液). [日] 'ホルモン(hormon)'.

호로:자석 [명] 호로자식(胡虜子息). 호래(胡來)자식. 청인(女眞族)을 '오랑캐(野蠻人)' 또는 '되놈(胡人)'이라며 낮추어 부르는 데서 유래한 말. '막된 사람' 또는 '무뢰한' 따위의 뜻으로 쓰임. ¶저 호로자석, 우아래도 모리는 눔 바라.▶저 막된 놈, 위아래도 모르는 놈 보아라.

호리'게 [명] 벼이삭을 훑는 도구. 대빗대(막대기) 2개를 젓가락처럼 쥐고 벼이삭을 훑는다. ☞ 빼채. 홀께. 훌께.

호리다 [동] 호리다. 【호래▶호려/호리이▶호리니】 ¶어루숙은 사람을 호래서 노름방으로 데래가서 돈을 베깨 묵을라 칸다.▶어리석은 사람을 호려서 노름방으로 데려가서 돈을 벗겨 먹으려 한다.

호리뺑빼~이 [명] 예삿일. 다반사(茶飯事). 야바위꾼이 호로병(葫蘆甁)을 쉽게 돌리는 것에 비유하여 '아주 쉽다' 또는 '별것 아니다'라는 뜻으로 쓰임. ¶그마한 고상은 우리 클 때 대머 호리뺑빼이다.▶그만한 고생은 우리 클 때 대면 예삿일이다./그 사람 입에서 그 정도 나오는 욕은 호리뺑빼이다.▶그 사람 입에서 그 정도 나오는 욕은 다반사다.

호매~이 [명] 호미. 쇠 날의 앞이 뾰족하고 위는 넓적하며 한쪽에 가느다랗게 목이 휘어 꼬부라지고 그 끝에 둥근 나무자루를 박았다. ¶팬수재이 호매이 한 자리 달구다가 낫 두 자리를 떨갔다.▶대장장이 호미 한 자루 달구다가 낫 두 자루를 놓쳤다. ※작은 벌이 하려다가 큰 벌이 놓친다는 말.

호박' [명] 방아확. 방아의 절구돌. ¶호박이 짚으머 바아고도 질다.▶방아확이 깊으면 방아공이도 길다. ※서로의 조건에 따라서 맞춰진다는 말. 부부도 살아가면서 서로 맞춰진다는 말. ☞ 디딜바아.

호박띠~이 [명] 호박덩이. ¶호박띠이가 덤풀 채로 구불어 들어온다.▶호박덩이가 덩굴 채로 굴러 들어온다.

호부 [부] 홑으로. 한 자리 수로. ¶만 원짜리 돈, 그거 호부 한 장을 주고도 인심을 씬 칙한다.▶만 원짜리 돈, 그것 홑으로 한 장을 주고도 인심을 쓴 척한다./열이라도 손이 모지랠 낀데 호부 다서 키로 일을 초 내겠나?▶열이라도 손이 모자랄 건데 홑으로 다섯 사람으로 일을 치러 내겠나?

호부랍'다 [형] 호강스럽다. '호부(豪富)스럽다'는 뜻. 【호부랍어▶호강스러워/호부랍으이▶호강스러우니】 ¶호사다마라 캤다. 호부랍은 소리 자꼬 하머 마가

ㅎ

낀다. ▶ 호사다마(好事多魔)라 했다. 호강스러운 소리 자꾸 하면 마가 낀다. ☞ 포시랍다.

호부래'비 명 홀아비. '홀 불(벌) 애비'의 뜻. ¶친정아부지가 논 몇 마지기 받고, 나 만은 호부래비인데 시집보냈다. ▶ 친정아버지가 논 몇 마지기 받고, 나이 많은 홀아비한테 시집보냈다.

호부래'비구영 명 쟁기의 호부래비꼬재이를 박은 구멍. ☞ 훌찌이.

호부래'비꼬재~이 명 쟁기의 성애 끝에 꽂힌 짧은 막대. ☞ 훌찌이.

호부몸 명 홀몸. ¶박 서방 멀리 보내고 아이 청춘이 말 린데, 아 하나 대불고 호부몸으로 우애 살아갈라 카노? ▶ 박 서방 멀리 보내고 아직 청춘이 만(萬) 리인데, 애 하나 대리고 홀몸으로 어떻게 살아가려나?

호부이'불 명 홑이불. ¶미영베 곱은 거로 사랑아 아범 덮을 호부이불 한 채를 해 디래야겠다. ▶ 무명베 고운 것으로 사랑에 아버님 덮을 홑이불 한 채를 해 드려야겠다. ☞ 홑니불.

호ː석팔자 명 호식팔자(虎食八字). 범에게 먹힐 팔자. ¶호석팔자로 타고나머 꼬내기한테도 물래 죽고, 물구신한테 잽힐 팔자는 접시기 물에다 입 당구고 죽는단다. ▶ 호식팔자로 타고나면 고양이한테도 물려 죽고, 물귀신한테 잡힐 팔자는 접시 물에다 입 담그고 죽는단다. ※타고난 팔자는 피할 수 없다는 말.

호ː시 명 호사(豪奢). 미끄럼이나 그네 따위를 타며 양반이 가마나 말을 타고 호사하는 것을 흉내 내는 놀이. ¶아이고 좋타 호시 좋다. 호시 타고 한양도 가고 대국도 가자. ▶ 아이고 좋다 호사 좋다. 호사 타고 한양(漢陽)도 가고 대국(大國)도 가자. ※아기를 목말 태우거나 어디에다 태우고 어르는 말.

호'야 명 석유램프(石油--). 유리 호롱에다 유리로 된 바람막이를 씌우고 그 위에 반사 갓을 덮었다. 손잡이(knob)로 심지를 조정하고 전등처럼 매달게 했다.

호양끼 명 화냥기. ¶호양끼 있는 연은 바아고 보고도 좋다 칸다. ▶ 화냥기 있는 년은 방아공이 보고도 좋다 한다.

호양'연 명 화냥년. 병자호란 때 청나라로 끌려갔다가 돌아온 여자를 두고 '환향(還鄕)년'이라고 했다는 설도 있으나, 절제하지 못하는 오랑캐 여자, 즉 '호(胡)년'을 두고 생긴 말인 듯하다. 요즘 말로 '갈보'라는 말과 유사한 말이다. ¶호양연이 수절 타령한다. ▶ 화냥년이 수절(守節) 타령한다. ☞ 화양연.

호양질 명 화냥질. ¶아이고 얄굿어라. 항굼 머섬보고 보리 까끄래기 들어간 거를 바 돌라 캤는데 그기이 우째 호양질인기요? ▶ 아이고 얄굿어라. 단지 머슴

보고 보리 까끄라기 들어간 것을 보아 달라 했는데 그것이 어찌 화냥질인가요? ☞ 화양질.

호'엄 몡 효험(效驗). ¶그 빙에는 백약을 써도 **호엄**이 없다 카는데, 화타핀작 즈그 할배를 불러와도 앤 댄다. ▶ 그 병에는 백약(百藥)을 써도 **효험**이 없다 하는데, 화타편작(華陀扁鵲) 저희 할아버지를 불러와도 안 된다.

호:욕 円 혹시(或是). 혹(或). ¶**호욕** 내가 실수를 했다 카디라도 니가 이해해 주머 좋겠다. ▶ **혹시** 내가 실수를 했다 하더라도 네가 이해해 주면 좋겠다. ☞ 혹이.

호인 몡 혼인(婚姻). 혼인은 중신애비(中媒人)를 세워 혼주끼리 의논하여 결정하는 것이 보통이지만 선을 보는 경우도 있다. 이런 경우 공개적으로 보기도 하지만 행인으로 가장하여 물을 얻어 마시는 척 하며 집 안으로 들어가서 당사자의 뒷모습이나 훔쳐보고 결정했다가 혼례식 자리에서 흠을 발견하고 당황하는 경우가 있다. 그러나 일단 사성(四星)을 한번 교환하고 나면 혼약을 파기하기란 쉽지 않아서 일생을 우울하게 보내는 경우가 있다. ¶**호인** 치고 평풍을 친다. ▶ **혼인** 치르고 병풍을 친다. ※차 보내고 손든다는 말과 같다.

호작'질 몡 장난질. 몰래하는 장난이나 도박 따위를 말함. ¶넘 모리게 하는 **호작질**에 밤새는 줄을 모린다. ▶ 남 모르게 하는 **장난질**에 밤새는 줄을 모른다.

호주띠'기 몡 호주(濠洲) 댁(宅). 이승만(李承晩) 전 대통령의 부인 프란체스카 여사의 태생지 '오스트리아'를 '오스트레일리아(호주)'로 잘못 알려진 채로 민간에서 이르던 택호.

호주비행기(濠洲飛行機) 몡 '세이버 제트기'의 속된말. ¶저 번개 긑치 날러가는 **호주비행기**는 호주띠기 친정에서 보내준 기이라 카드라. ▶ 저 번개 같이 날아가는 제트기는 호주 댁 친정에서 보내준 것이라 하더라.

혹' 몡 획(畫). 【혹수▶ 획수】¶글씨 한 혹 한 **혹**을 정신 채리고 써야 한다. ▶ 글씨 한 획 한 획을 정신 차리고 써야 한다.

혹가'지 몡 올가미. '혹당가지'의 준말. ☞ 목노. 혹다래끼. 혹당가지.

혹:개~이 몡 벼나 보리 따위 식물의 고갱이. ☞ 회기.

혹다래'끼 몡 올가미. ¶**혹다래끼**를 걸어서 끌어땡개도 앤 따러올 눔은 앤 따러온다. ▶ 올가미를 걸어서 끌어당겨도 안 따라올 놈은 안 따라온다. ☞ 목노. 혹가지. 혹당가지.

혹당가'지 몡 올가미. ¶말띠기에 매애 있든 쇠지가 **혹당가지**를 풀고 도망을 갔다. ▶ 말뚝에 매여 있던 송아지가 올가미를 풀고 도망을 갔다. ☞ 목노. 혹가지. 혹다래끼.

혹뿔 몡 혹. 【혹뿔재이 ▶ 혹부리】¶혹뿔 띠로 갔다가 혹뿔 붙처 왔다. ▶ 혹 떼러 갔다가 혹 붙여 왔다.

혹뿔재~이 몡 혹부리. ¶그때 우리가 와 그랬는지 모리지마는 혹뿔재이가 지내가머 따러댕기매 놀리고 했다. ▶ 그때 우리가 왜 그랬는지 모르지만 혹부리가 지나가면 따라다니며 놀리곤 했다.

혹수 몡 획수(畫數). 획의 수효. ¶글씨는 아초에 배울 때부텀 혹을 바리 긋고 혹수 하나도 앤 틀리게 써 볼실해야 한다. ▶ 글씨는 애초에 배울 때부터 획을 바로 긋고 획수 하나도 안 틀리게 써 보는 버릇을 들여야 한다.

혹ː여(或如) 뷔 혹시(或時). ¶혹여 순사가 찾어와서 나를 찾그덩 멀리 가고 없다 캐라. ▶ 혹시 순사가 찾아와서 나를 찾거든 멀리 가고 없다 해라.

혹ː이 뷔 혹시(或是). ¶앞일은 모리는 기이라, 혹이나 내가 어얘 댄다 캐도 놀래지 마고 부모 잘 모시고 아들 잘 키우고 살어라. ▶ 앞일은 모르는 것이라, 혹시나 내가 어떻게 된다 해도(불의의 일이 생기더라도) 놀라지 말고 부모 잘 모시고 애들 잘 키우고 살아라. ※전선(戰線)으로 나가면서 부인께 부탁하는 말. ☞ 호욕.

혼ː닡 몡 홑청. ¶맹일이 오기 전에 요 이불 혼닡을 마카 뜯어서 빨자. ▶ 명절날이 오기 전에 요 이불 홑청을 모두 뜯어서 빨자. ☞ 홑창.

혼ː잡(混雜) 몡 저지레. 장난질. '어수선하게 뒤섞이는 것'이라는 뜻의 형용사와 다른 뜻으로 쓰임. ¶혼잡하지 마고 공부나 잘 하고 집이나 바라. ▶ 저지레하지 말고 공부나 잘 하고 집이나 지켜라.

혼ː찜 몡 혼겁(魂怯). ¶그 때 한분 혼찜을 묵고도 또 일을 저지러 났다. ▶ 그 때 한번 혼겁을 먹고도 또 일을 저질러 놓았다.

혼ː차 몡 혼자. ¶흥남철수 때 부모행제들 다 떨어지고 지 혼차 에루에수틴가 그 배를 타고 거제도로 왔다 카드라. ▶ 흥남철수(興南撤收) 때 부모형제들 다 떨어지고 저 혼자 엘에스티(LST)인가 그 배를 타고 거제도로 왔다 하더라./기왕 이래 댔으이 내 혼차만 손해 볼 수가 없으이 우리 같이 보자. ▶ 이왕 이렇게 되었으니 나 혼자만 손해 볼 수가 없으니 우리 같이 보자.

홀깨빈ː하다 혱 홀가분하다. 【홀깨빈해 ▶ 홀가분해/홀깨빈하이 ▶ 홀가분하니】¶내 몬 살게 구불든 그 자가 디지고 나이 아푸든 이가 빠진 거 긑치 홀깨빈하다. ▶ 내 못 살게 굴던 그 자가 뒈지고 나니 아프던 이가 빠진 것 같이 **홀가분**하다. ☞ 깨분하다. 깨빈하다.

홀'께 몡 훑이. 벼나 기장 따위의 곡식 이삭을 훑는 대나무채. ☞ 빼채. 호리게. 홀께.

홀'따1 동 훑다. '훑다'의 여린말. 【홀터 ▶ 훑아/홀트이 ▶ 훑으니/홀꼬 ▶ 훑고/홀는 ▶ 훑는/홀지 ▶ 훑지】¶나락이시기를 **홀터서** 찌고 말라서 찍은 기이 찐살이다. ▶ 벼이삭을 훑어서 찌고 말려서 찧은 것이 찐쌀이다./사람을 **홀터** 보는 눈질이 앤 좋다. ▶ 사람을 훑어 보는 눈길이 안 좋다. ☞ 홀따.

홀'따2 동 핥다. 【홀터 ▶ 핥아 ▶ 홀트이 ▶ 핥으니/홀꼬 ▶ 핥고】¶개가 배가 얼매나 고팠든지 개밥그럭 하나 항그 준 거를 게 눈 감추드시 금방 **홀터** 뿌린다. ▶ 개가 배가 얼마나 고팠던지 개밥그릇 하나 가득 준 것을 게 눈 감추듯이 금방 핥아 버린다./저런 시상아, 서양 사람들은 지집사나가 만나기마 하며 아무데서나 **홀꼬** 빨고 한다. ▶ 저런 세상에, 서양 사람들은 계집사내가 만나기만 하면 아무데서나 핥고 빨고 한다. ☞ 활따.

홀:딱 튀 홀랑. ¶시상이 **홀딱** 디배졌다. ▶ 세상이 홀랑 뒤집어졌다./옷을 **홀딱** 벗었다. ▶ 옷을 홀랑 벗었다.

홀래:다 동 홀리다. '호리다'의 피동. 【홀래 ▶ 홀려/홀래이 ▶ 홀리니】¶내가 머한테 **홀래지** 안코는 이런 일을 저지렀을 택이 없다. ▶ 내가 뭐한테 홀리지 않고는 이런 일을 저질렀을 턱이 없다.

홀목 몡 팔목. ¶얼그락 찰그락 베 짜는데, 질가에 가든 선배 내 **홀목** 잡네, 여보소 군수사 내 **홀목** 노소, 연약한 **홀목**이 다 잘라지요, 여보소 아가씨 몬 놓겠소, 엄만하머는 날 따라가소. ▶ 얼그락 찰그락 베 짜는데, 길가에 가던 선비 내 팔목 잡네, 여보소 □□□ 내 팔목 노소, 연약한 팔목이 다 잘라져요, 여보소 아가씨 못 놓겠소, 웬만하면은 날 따라가요. 〈베틀가에서〉.

홈: 몡 '물홈'의 준말. 골(골짜기)을 사이에 두고 서로 마주하고 있는 곳으로 물을 끌어들이기 위하여 걸치는 물홈. 보통 기다란 나무에다 홈을 파서 만든 것과 함석을 꾸부려 만든 것이 있다.

홍디'깨 몡 홍두깨. ¶국시는 가느고 매끄럽은 기계국시보다 **홍디깨로** 밀어서 맨든 꺼칠꺼칠한 손국시가 본대 맛이 난다. ▶ 국수는 가늘고 매끄러운 기계국수보다 홍두깨로 밀어서 만든 꺼칠꺼칠한 손국수가 본디 맛이 난다.

홍싸'리 몡 화투 패 중에서 7월이나 일곱 끗을 상징하는 빨간색 싸리나무 그림

홍양:홍양:하다

의 패.

홍양:홍양:하다 혱 흐물흐물하다. ¶괴기를 너무 살머서 씹기가 **홍양홍양하다**. ▶ 고기를 너무 삶아서 씹기가 **흐물흐물하다**.

홍재 몡 횡재(橫材). ¶금연에 자네 신수에 홍재할 수가 있다는데, 질바닥이나 잘 보고 댕기게. ▶ 금년에 자네 신수(身數)에 횡재할 수가 있다는데, 길바닥이나 잘 보고 다니게.

홍진(紅疹) 몡 홍역(紅疫). ¶홍진에는 바람이 왈개다. 아 바람 쐬게 하지 마라. ▶ 홍역에는 바람이 질색이다. 애 바람 쐬게 하지 마라.

홑니'불 몡 홑이불. ¶여름에는 빈대배래기하고 모개이 때민에 **홑니불**을 들고 거랑가아 가서 자기도 한다. ▶ 여름에는 빈대벼룩하고 모기 때문에 **홑이불**을 들고 개울가에 가서 자기도 한다. ☞ 호부이불.

홑주~우 몡 홑바지. ¶이 춥은 날에 **홑주우** 하나마 입고 벌벌 떨고 섰다. ▶ 이 추운 날에 홑바지 하나만 입고 벌벌 떨고 섰다.

홑주~우적새미 몡 홑바지저고리. ¶핫주우적세미를 입고도 춥은 날씬데 **홑주우적새미**를 입고 우애 전디노? ▶ 핫바지저고리를 입고도 추운 날씨인데 홑바지저고리를 입고 어떻게 견디나?

홑창' 몡 홑청. 이불 홑청. ¶오늘 날씨도 좋고 한데 이불 **홑창**이나 뜯어서 빨자. ▶ 오늘 날씨도 좋고 한데 이불 **홑청**이나 뜯어서 빨자. ☞ 혼닐. 이불호창.

화:그럭(火--) 몡 사기그릇. '구운 그릇'이라는 뜻. ¶**화그럭**에다 밥을 꾹꾹 눌라서 담고 시락국하고 좃디이 금방 끌거 묵고 지개에다 낫 한 자리 꼽고 나가드라. ▶ 사기그릇에다 밥을 꾹꾹 눌러 담고 시래기국하고 주었더니 금방 긁어 먹고 지개에다 낫 한 자루 꽂고 나가더라. ☞ 화사바리.

화:근내(火根-) 몡 탄내. 타거나 눋는 냄새. ¶밥에 **화근내**가 난다 불을 고마 때라. ▶ 밥에 탄내가 난다 불을 그만 때라.

화늘 몡 하늘. ¶**화늘**을 보고 춤을 밭기지. ▶ 하늘을 보고 침을 뱉기지./화늘에서 떨어졌나 땅에서 솟었나. ▶ 하늘에서 떨어졌나 땅에서 솟았나./화늘을 바야 빌을 따지. ▶ 하늘을 보아야 별을 따지. ※남편과 합방할 기회가 있어야 애를 낳는다는 말.

화늘바람 몡 하늬바람. 북서풍(北西風). ¶**화늘바람**이 부는 거를 보이 날씨가 춥어지겠다. ▶ 하늬바람이 부는 것을 보니 날씨가 추워지겠다.

화늘임요 감 어떤 일에 감동하거나 애원을 할 때 '하느님'을 부르는 말의 습관을 빌려, '감사합니다' 또는 '감지덕지다'라는 뜻을 나타냄. ¶거기서 앤 죽고 살아 돌어온 거마 해도 **화늘임요** 칸다. ▶ 거기서 안 죽고 살아 돌아온 것만 해도 감사합니다 한다./내 팔자에 저런 사람을 만난 거도 **화늘임요지**. ▶ 내 팔자에 저런 사람을 만난 것도 감지덕지. ☞ 할배요.

화'늘 해 배긴 날 관 날이면 날마다. '하늘 해 박힌 날'의 뜻. ¶**화늘 해 배긴 날** 하리도 조용한 날이 없다. ▶ 하늘에 해 박힌 날 하루도 조용한 날이 없다. ☞ 천날만날.

화래~이 명 화랑이. 광대와 비슷한 놀이 패. 옷을 잘 꾸며 입고 가무와 행락을 주로 하던 무리로 대개 무당의 남편이 이에 해당한다.

화:리 명 화로(火爐). ¶**화리**에 불을 담어서 사랑방아 들라라. ▶ 화로에 불을 담아서 사랑방에 들여라./**화리**에 둘러안저서 불을 쪼고 있다. ▶ 화로에 둘러앉아서 불을 쬐고 있다./**화리** 옆에서 주우를 니리고 이를 잡고 있다. ▶ 화로 옆에서 바지를 내리고 이를 잡고 있다.

화:리불 명 화롯불(火爐-). ¶**화리불**은 자주 쒸시머 금방 사그러진다. ▶ 화롯불은 자주 쑤시면 금방 사그라진다.

화:사바리(火---) 명 사기사발. ¶옆집에서 어런 상아 올리라 카매 소괴기국을 **화사바리**로 항그 가 왔디다. ▶ 옆집에서 어른 상에 올리라 하며 소고기국을 사기사발로 가득 갖고 왔더이다. ☞ 화그륵.

화:상 명 화상(和尙). 친구(親舊). '이 화상(和尙)' 또는 '저 화상'으로 쓰여, 나이가 많은 친구끼리 농담 조로 쓰는 대명사. ¶아이고 이 **화상**아, 이기이 얼매마이고, 그 동안 한분 기벨이 있을 줄 알었는데, 어디 있었노? ▶ 아이고 이 친구야, 이게 얼마만인가, 그 동안 한번 소식이 있을 줄 알았는데, 어디서 살고 있었나?/아이고 이 **화상**아, 와 이래 일을 배래 났노? ▶ 아이고 이 친구야, 왜 이렇게 일을 벼려 놓았나? ※ 친근한 사이에서 불편한 심기를 나타내는 말.

화수기 명 화수계(花樹契/花穗契). 일가문중의 젊은이들끼리 모으는 친목계. 봄날에 산수가 좋은 곳을 찾아서 화전(花煎)을 붙이고 국수 따위의 음식을 만들어 먹고 즐긴다. ☞ 기3.

화양연 명 화냥년. ¶저 **화양연**으 종내기가 날 따러댕기매 애를 묵애 사서 내가 몬 살따. ▶ 저 화냥년의 머슴애가 날 따라다니며 애를 먹여 대서 내가 못 살겠다. ☞ 호양연.

화양질 명 화냥질. ¶**화양질**하고도 핑계는 있다. ▶ 화냥질하고도 핑계는 있다. ☞

화장

호양질.
화장 몡 저고리나 두루마기 소매의 길이. 《사매》 ☞ 저구리.
화:저까치 몡 부젓가락. 화롯불을 다루는 연장. 한 자 길이 정도의 쇠꼬챙이 2개를 고리로 연결했다.
화'전놀이 몡 화전놀이(花煎--). 진달래꽃이 필 무렵에 남녀 젊은이들이 모여서 화전을 붙이고 닭고기국물에 국수를 말아먹으며 윷놀이 따위를 즐기는 민속놀이. 동국세시기에 3월 삼짇날 '진달래꽃을 따다가 찹쌀가루와 반죽하여 둥글게 떡을 만들어 참기름을 발라 지진 것을 화전이라 한다'라고 했다.
화토 몡 화투(花鬪). ¶정월 송학 속삭한 마음 이월 매조에 맺었도다, 삼월 사꾸라 산란한 마음 사월 흑사리 허사로다, 오월 난초에 나비가 나이 유월 목단에 날아들고, 칠월 홍대지 홀로 누어 팔월 공산이 달 발킨다, 구월 국화 굽은 절개 시월 단풍에 다 떨어지고, 동지섣달 긴긴 밤에 임 없이는 몬 살겠네. ▶ 정월 송학(松鶴) 속삭한 마음 이월 매조(梅鳥)에 맺었도다, 삼월 사꾸라(櫻) 산란한 마음 사월 흑(黑)싸리 허사로다, 오월 난초(蘭草)에 나비가 나니 유월 목단(牧丹)에 날아들고, 칠월 홍(紅)돼지 홀로 누워 팔월 공산(空山)이 달 밝힌다, 구월 국화(菊花) 굽은 절개 시월 단풍(丹楓)에 다 떨어지고, 동지(梧桐)섣달(雨) 긴긴 밤에 님 없이는 못 살겠네. 〈화투 노래, 김윤출〉.
화통:하다 혱 능통(能通)하다. '막힘이 없다'거나 '통달(通達)하다'는 뜻으로 쓰임. ¶그 사람은 범사에 **화통하다**. ▶ 그 사람은 범사(凡事)에 **능통하다**./지하고 나하고는 서리 **화통하다**. ▶ 저하고 나하고는 서로 막힘없다./자네 마누래도 두루 **화통하신가**? ▶ 자네 마누라도 두루 **통달하신가**? ※ 장난기가 베인 인사말.
화'해도 몡 황해도(黃海道). ¶**화해도** 처자 밤낮을 모린단다. ▶ 황해도 처녀 밤낮을 모른단다. ※ 부지런하다는 말.
환:재~이 몡 환쟁이. '화가(畫家)'의 낮춤말. ☞ 기림재이.
환:치다 동 그림을 그리다. ¶요새나 환재이를 알아주 이전에사 **환치고** 밥이나 지대로 묵었나? ▶ 요새나 환쟁이를 알아주지 예전에야 **그림 그리고** 밥이나 제대로 먹었나?
활 몡 활(弓). 무명길쌈을 할 때 푸솜을 부풀려 부드럽게 하는 데 쓰는 활. ☞ 활끈. 활대. 활손.
활끈 몡 무명길쌈을 할 때 쓰는 활의 끈. 주로 닥나무껍질을 꼬아서 밀랍으로 길을 들여서 솜이 붙지 않게 했다. ☞ 활.

활'대 명 무명길쌈을 할 때 쓰는 활의 대. 탄력이 있는 대나무로 만들었다. ☞ 활.

활'따 동 핥다. 【활터▶핥아/활트이▶핥으니】¶개가 그럭 바닥꺼정 다 활터 묵고도 모지래는지 정낭꺼정 따러와서 쭈구리고 안젔다. ▶ 개가 그릇 바닥까지 다 핥아 먹고도 모자라는지 변소까지 따라와서 쭈그리고 앉았다. ☞ 홀따2.

활'손 명 솜을 탈 때 활줄을 잡는 천 조각. ☞ 활.

황글래 명 방아깨비. ¶황글래야 황글래야 퉁퉁 찍어라, 아칙꺼리 찍어라 저녁꺼리 찍어라, 퉁퉁 찍어라. ▶ 방아야 방아야 퉁퉁 찧어라, 아침꺼리 찧어라 저녁꺼리 찧어라, 퉁퉁 찧어라. ※ 방아깨비의 뒷다리를 잡았을 때 끄덕거리는 동작에 맞춰 부르는 동요. ☞ 항글래비.

황새고디~이 명 우렁이. '황새가 좋아하는 고둥'의 뜻. ¶황새고디이는 살머서 살을 빼서 초집에 문치머 술안주로는 안성맞춤이다. ▶ 우렁이는 삶아서 살을 빼서 초고추장에 무치면 술안주로는 안성맞춤이다.

황알개~이 명 유황개비(硫黃--). 유황가치(發燭). 가늘게 깎은 나무개비에 유황을 녹여 묻힌 것으로 불소시게로 사용한다. ☞ 다황.

황:칠 명 낙서(落書). '허황(虛荒)한 칠 나부랭이'의 뜻. ¶이기이 어디 황칠이지 글씨라꼬 씬 거가? ▶ 이것이 어디 낙서지 글씨라고 쓴 건가?

황포(黃布) 명 삼톱으로 삼의 겉껍질을 벗겨서 짠 베. 베올이 가늘고 색깔이 곱다. ☞ 삼베길쌈.

홰 명 등잔 심지(心-). 횃불을 붙이는 나무 묶음. ¶방이 어덥은데 홰를 돋가라. ▶ 방이 어두운데 등잔 심지를 돋우어라./끄시럼이 난다. 홰를 낮차라. ▶ 그을음이 난다. 등잔 심지를 낮춰라.

홰:기 명 고갱이. 새꽤기. ☞ 호깨이.

횃대 명 옷을 거는 장대. 장대의 양쪽 끝에다 끈을 매어 벽에 달았다. ¶두루매기를 횃대에다 걸고 횃대보로 덮는다. ▶ 두루마기를 장대에다 걸고 보자기로 덮는다.

횃대보 명 횃대에 거는 옷에 먼지가 앉지 않게 덮는 보자기.

회:리바람 명 회오리바람. ☞ 호드락바람.

회목 명 버선목 부분. ¶회목이 쫍어서 발이 재와 들어간다. ▶ 버선목이 좁아서 발이 겨우 들어간다. ☞ 버선.

회'젓 명 방구물레의 꼭두마리에 연결된 물레의 손잡이. ☞ 물레.

회주지 명 물레살을 고정 시킨 굴통(회전축). 목질이 단단한 대추나무로 깎아 만든 것이 많다. ☞ 물레.

회징게 명 탈곡기(脫穀機). 발판을 밟아 드럼통 모양의 훑게 통을 회전시켜 탈곡하는 기구. '회전기(回轉機)'라는 뜻. ¶오늘 해전에 타작을 끝낼라카머 두리는 **회징게**를 밟꼬, 한 키는 나락단을 대고, 또 한 키는 도리깨질을 하고 그라고 짚빼까리도 재야 하는데, 일꾼 두리는 더 붙어야겠다. ▶ 오늘 해안에 타작을 끝내려면 둘은 **탈곡기**를 밟고, 한 사람은 볏단을 대고, 또 한 사람은 도리깨질을 하고 그리고 짚가리도 쟁여야 하는데, 일꾼 둘은 더 붙어야겠다.

회차리 명 회초리. ¶사람 대라꼬 **회차리**를 드는 기이지 밉어서 드는 기이 아이다. ▶ 사람 되라고 **회초리**를 드는 것이지 미워서 드는 것이 아니다. ☞ 회추리. 세차리.

회추리 명 회초리. ¶어런한테 거짓말하는 눔은 **회추리**로 맞어도 싸다. ▶ 어른한테 거짓말하는 놈은 **회초리**로 맞아도 싸다. ☞ 회차리. 세차리.

휭'구다 동 헹구다. 【횡가 ▶ 헹궈/횡기이 ▶ 헹구니】¶김장 뱁추 절애 논 거를 한 분 더 **횡가서** 소구리에 담어서 물을 빼야 한다. ▶ 김장 배추 절여 놓은 것을 한 번 더 **헹궈서** 소쿠리에 담아서 물을 빼야 한다.

후'가 명 휴가(休暇). ¶군대에 들어가고 첨 **후가**를 가머 어매가 버선발로 띠이나와서 "얼매나 고상 했노?" 카매 이거도 묵고 저거도 묵으라카매 야단이고, 두 분째 가머 문마 뺄쭘하이 열고 "왔나?" 카다가, 시 분째 가머 "말라꼬 왔노?" 칸단다. ▶ 군대에 들어가고 처음 **휴가**를 가면 어머니가 버선발로 뛰어나와서 "얼마나 고생 했나?" 하며 이것도 먹고 저것도 먹으라며 야단이고, 두 번째 가면 문만 뺄쭉하게 열고 "왔나?" 하다가, 세 번째 가면 "왜 왔나?" 한단다. ※ 휴가로 온 자식이 반갑기는 하지만 용돈 줄 일이 걱정이다.

후:내연 명 내내년(來來年). 후(後) 내년(來年). 내년의 다음 해. ☞ 후맹연. 후연.

후'다 동 휘다. 【화 ▶ 휘어/후이 ▶ 휘니】¶그 성질에 꺾어지머 꺾어졌지 **후지**는 애한다. ▶ 그 성질에 꺾어지면 꺾어졌지 **휘지**는 안한다./소페뜨레기는 솔나무 뿔거지를 돌방하게 **화** 맨들었다. ▶ 소코뚜레는 소나무 뿌리를 동그랗게 **휘어** 만들었다.

후디'리다 동 두들기다. 휘둘러 두들기다. 【후디러 ▶ 두들겨/후디리이 ▶ 두들기니】¶이짝저짝 두리서 도리깨로 **후디러** 패머 저임아래 다 털 수가 있다. ▶ 이쪽저쪽 둘서 도리깨로 **두들겨** 패면 오전에 다 털 수가 있다./그만침 **후디러** 맞고도 소새끼매로 아이 정신을 앤 처리네. ▶ 그만큼 **두들겨** 맞고도 쇠새끼처럼 아직 정신을 안 차리네. ☞ 뚜디리다.

후라'이 동 허풍(虛風). 日 'フライ(fry)'. ¶니가 **후라이** 치는 데 넘어갈 사람은 아무도 없다. ▶ 네가 **허풍** 치는 데 넘어갈 사람은 아무도 없다./그 칭구는 **후라이** 까는 데는 선수다. ▶ 그 친구는 **허풍** 떠는 데는 선수다.

후라'이재~이 명 허풍쟁이(虛風--). ¶그 **후라이재이** 말을 믿어 줄 사람이 없다. ▶ 그 **허풍쟁이** 말을 믿어 줄 사람이 없다.

후랏'빠 명 말괄량이. 여자깡패. 日 'フラッパ(flapper)'. ¶그 가시나는 소문 난 **후랏빠**다. ▶ 그 계집애는 소문 난 **말괄량이**다.

후로링 명 50년대 전후로 학생 하복을 맞춰 입던 천의 일종. ¶우리들이 옥양목으로 맨든 노타이를 입고 댕길 때 가는 **후로링**으로 교복을 마차 입고 댕갰다. ▶ 우리들이 옥양목으로 만든 노타이셔츠를 입고 다닐 때 걔는 **후로링**으로 교복을 맞춰 입고 다녔다.

후루매기 명 두루마기. ☞ 두루매기. 둘막. 둘매기. 그림 6.

후리치다 동 후려치다. 【후리처 ▶ 후려처/후리치이 ▶ 후려치니】 ¶대드는 눔을 한 주목으로 **후리치이** 저만치 나가 자빠지드라. ▶ 대드는 놈을 한 주먹으로 **후려치니** 저만치 나가 자빠지더라.

후릿대 명 연자방아의 방틀 끝에 붙은 자루. 여기에 소의 멍에와 연결된 바를 맨다. ☞ 석매바아.

후:맹연 명 내내년(來來年). 후(後) 명년(明年). 명년의 다음 해. ☞ 후내연. 후연.

후'비다 동 몰래 빼내다. 표준말의 '후비다'와 다른 뜻임. 【후배 ▶ 빼내/후비이 ▶ 빼내니】 ¶시어마이가 곡석이고 돈이고 큰 매늘 모리게 **후배서** 작은 아들 집에 갖다주는 기이라. ▶ 시어머니가 곡식이고 돈이고 큰 며느리 모르게 **빼내서** 작은 아들 집에 가져다주는 것이라.

후:뿐 명 다음번. 후번(後番). ¶우리 **후뿐**에 다시 만나서 수이하자. ▶ 우리 **다음번**에 다시 만나서 의논하자./그 집은 **후뿐** 여자가 들어오고부텀 살림이 불 긑치 일어났다. ▶ 그 집은 **후처**가 들어오고부터 살림이 불 같이 일어났다. ☞ 후째. 후찌.

후'여 감 휘이. 새나 닭을 내쫓는 소리. ¶나락이 여물 때쭘이머 들에 여기저기서 새를 훗니라꼬 "**후여!**" 소리를 질러대고, 때기도 치고 쇠양철도 뚜디리고 야단시럽지. ▶ 나락이 여물 때쯤이면 들에 여기저기서 참새를 쫓느라고 "**훠이!**" 소리를 질러대고, 태도 치고 생철도 두들기고 소란스럽지. ☞ 후이.

후:연 몡 후년(後年). 내내년(來來年). 장래(將來). ☞ 후맹연. 후내연.
후:이 갑 휘이. 새나 닭을 내쫓는 소리. ¶후이, 저눔으 달구새끼들이 멍시기에 널어논 곡석을 다 헐처 놓는다. ▶ 훠이, 저놈의 닭 새끼들이 멍석에 널어놓은 곡식을 다 흩어 놓는다. ☞ 후여.
후재(候災) 몡 병충해(病蟲害). ¶후재가 들어서 금연 곡석은 절반도 몬 거다들랐다. ▶ 병충해가 들어서 금년 곡식은 절반도 못 거둬들였다.
후젓:다 동 휘젓다.【후저어 ▶ 휘저어/후저으이 ▶ 휘저으니】¶질이 쫍다는 드시 천방지축으로 후젓고 돌어댕긴다. ▶ 길이 좁다는 듯이 천방지축으로 휘젓고 돌아다닌다./뿌뚜막에 걸터안저서 주개로 팥죽을 후저어 대고 있다. ▶ 부뚜막에 걸터앉아서 주걱으로 팥죽을 휘저어 대고 있다.
후정거리다 동 휘정거리다.【후정거래 ▶ 휘정거려/후정거리이 ▶ 휘정거리니】¶재까치를 들고 멀건 구물을 맻 분 후정거래 보고는 재까치를 탁 나 뿌리드라. ▶ 젓가락을 들고 멀건 국물을 몇 번 휘정거려 보고는 젓가락을 탁 놓아 버리더라./우쭉에서 물 후정거리지 마라. 꾸정물 니러온다. ▶ 위쪽에서 물 휘정거리지 마라. 구정물 내려온다. ☞ 후징거리다.
후지깨:다 동 내쫓기다. 내몰리다. '후짗다'의 피동.【후지깨 ▶ 내쫓겨/후지깨이 ▶ 내쫓기니】¶산에서 전투하는 데로 주목밥을 지고 올러갔다가 후태하는 머래 후지깨 왔는데, 인민군이 여기도 곧 닥칠 꺼 그튼데, 우리도 피난을 떠나야 겠다. ▶ 산에서 전투하는 데로 주먹밥을 지고 올라갔다가 후퇴하는 바람에 내쫓겨 왔는데, 인민군이 여기도 곧 닥칠 것 같은데, 우리도 피란을 떠나야겠다. ※6·26 때 노력동원으로 나가서 주먹밥을 지고 고지(高地)로 올라갔다가 인민군의 공격으로 쫓겨 온 이야기./일에 후지깨이 다린 데로 눈을 돌릴 여가가 없다. ▶ 일에 내쫓기니 다른 데로 눈을 돌릴 여가가 없다.
후지깨~이 몡 막대기. ¶저눔으 개새끼들 아무 데나 똥을 누고 댕긴다. 후지깨이로 쫓어 뿌러라. ▶ 저놈의 개새끼들 아부 데나 똥을 누고 다닌다. 막대기로 쫓아 버려라.
후징거리다 동 휘정거리다. ¶물버지기를 후징거리매 장난하다가 옷을 다 베랬다. ▶ 물자배기를 휘정거리며 장난하다가 옷을 다 버렸다. ☞ 후정거리다.
후짗'다 동 내쫓다. 내몰다.【후짗어 ▶ 내쫓아/후짗으이 ▶ 내쫓으니】¶그눔으 참새들이 얼매나 밸난지 후짗어도 후짗어도 자꼬 몰래온다. ▶ 그놈의 참새들이 얼마나 별난지 내쫓아도 내쫓아도 자꾸 몰려온다. ☞ 후치다. 홋다.

후:째 圕 후번(後番). 다음번. '후(뒤)째(차례)'의 뜻. ☞ 후뿐. 후찌.
후:찌 圕 후번(後番). 뒤. 다음번. '후(뒤)째(차례)'의 뜻. ¶그거, 후찌에 들어온 거로 바까 가그라. ▶ 그것, 뒤에 들어온 것으로 바꿔 가거라. ☞ 후뿐. 후째.
후청거리다 圄 휘청거리다. ¶외다리 우로 후청거리매 건내가다가 고마 물에 풍덩 빠저 뿌렸다. ▶ 외나무다리 위로 휘청거리며 건너가다가 그만 물에 풍덩 빠져 버렸다.
후'치다 圄 내쫓다. 내몰다. 【후처 ▶ 내쫓아/후치이 ▶ 내쫓으니】¶이 논에서 새를 후처 내며 저 논으로 몰래가고 저 논에서 후치이 이 논으로 몰래온다. ▶ 이 논에서 참새를 내쫓아 내면 저 논으로 몰려가고 저 논에서 내쫓으니 이 논으로 몰려온다. ☞ 후짖다. 훚다.
후:태 圕 후퇴(後退). ¶우리 사전에는 전진이 있을 뿌이지 후태라는 말은 없다. ▶ 우리 사전에는 전진이 있을 뿐이지 후퇴라는 말은 없다.
훈도:시 圕 일본 남성들이 걸치는 국부 가리게. 기저귀처럼 기다란 천으로 되었다. 圓 'ふんどし(褌)'. ¶갓 씨고 훈도시 차고 댕기네. ▶ 갓 쓰고 기저귀 차고 다니네./달밤에 훈도시 차고 칼춤을 추네. ▶ 달밤에 기저귀 차고 칼춤을 추네. ※ 우스꽝스러운 짓을 두고 비유하여 하는 말. ☞ 좆마개.
훈:애끼:다 圕 벅차다. 버겁다. 힘겹다. ¶나살이나 묵어 가이 인자 들일하기에 훈애낀다. ▶ 나잇살이나 먹어 가니 이제 들일하기에 벅차다.
훌'께 圕 훑이. 이삭을 훑는 대나무채. ¶물티이 석 단을 혼자서 훌께 질을 했디이 손이 아푸다. ▶ 물통이 석 단을 혼자서 훑이 질을 했더니 손이 아프다. ☞ 빼채. 호리게. 홀게.
훌'따 圄 훑다. '타작하다'를 '훌다' 또는 '털다'라고도 말한다. 【훌터 ▶ 훑어/훌트이 ▶ 훑으니】¶내가 머럴 잘 몬 묵었는지 새목이 개고 속이 훌터 니린다. ▶ 내가 뭘 잘 못 먹었는지 생목이 괴고 속이 훑어 내린다. ☞ 홀따1.
훌빈:하다 圕 허전하다. 텅 빈 것 같다. ¶같이 있을 때는 몰랬는데, 가아가 가고 나이 온 집안이 훌빈하다. ▶ 같이 있을 때는 몰랐는데, 걔가 가고 나니 온 집안이 허전하다.
훌:연소 圕 훈련소((訓鍊所). ¶사빈 때는 제주도 훌연소로 들어가서 일주일 동안 총 쑤는 거마 배우고 일선으로 내보냈다. ▶ 사변 때는 제주도 훈련소로 들어가서 일주일 동안 총 쏘는 것만 배우고 일선으로 내보냈다.
훌쩡'쇠 圕 쟁기의 보습. 술바닥에 맞추어 끼우는 삽과 비슷하게 된 무쇠. 속이

훌쩡'줄

비어 술바닥을 끼우게끔 되고 뒷면 아래에 네모진 구멍이 있다. 《소부. 날. 소부알》 ☞ 훌찌이. 날.

훌쩡'줄 몡 쟁기의 봇줄. 멍에와 물주리막대(버징게)를 연결한 밧줄로 소의 힘을 쟁기에 전달한다. 《타줄. 다줄》 ☞ 훌찌이.

훌쩡'질 몡 쟁기질. ¶농사일을 할라카먼 훌쩡질부텀 배와야 한다. ▶ 농사일을 하려면 쟁기질부터 배워야 한다. ☞ 훌찌이질.

훌찌:이 몡 쟁기. 우마를 이용하여 논밭의 흙을 파 일으키는 데 사용하는 기구. ¶훌찌이 지고 장아 간다. ▶ 쟁기 지고 장(시장)에 간다. ※엉뚱한 짓을 한다는 말. ☞ 마늘쪼가리. 버징게. 보가리. 보족. 성에. 술. 까막머리2. 잡주지. 탁주꼬재이. 태쇠. 한말리(한마루). 호부래비구영. 호부래비꼬재이. 훌쩡쇠. 훌쩡줄.

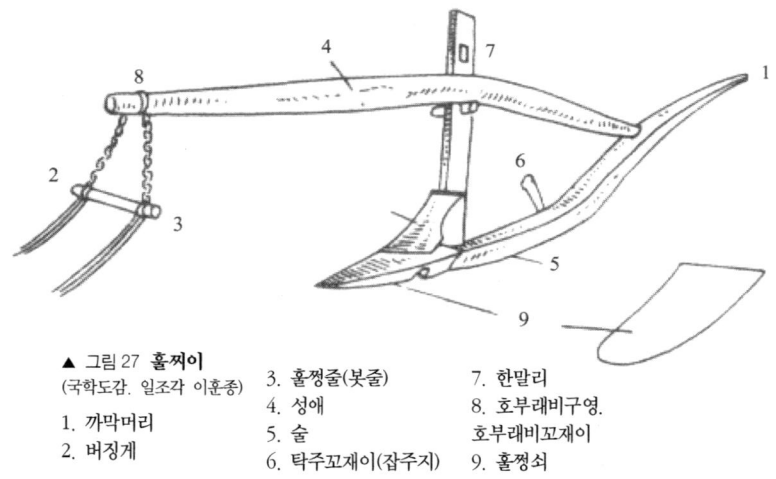

▲ 그림 27 **훌찌이**
(국학도감. 일조각 이훈종)
1. 까막머리
2. 버징게
3. 훌쩡줄(봇줄)
4. 성애
5. 술
6. 탁주꼬재이(잡주지)
7. 한말리
8. 호부래비구영. 호부래비꼬재이
9. 훌쩡쇠

훌찌~이질 몡 쟁기질. ¶훌찌이질 몬하는 눔이 소 나무랜다 캤다. ▶ 쟁기질 못하는 놈이 소 나무란다 했다. ☞ 훌쩡질.

훗:딱 튀 후닥닥. ¶훗딱 묵고 일어서자. 여기서 주깨고 안저 있을 여가가 없다. ▶ 후닥닥 먹고 일어서자. 여기서 지껄이고 앉아 있을 여가가 없다. ☞ 훳떡.

훚다 동 내쫓다. 내몰다. '후치다'의 준말. 【훚처 ▶ 내쫓아/훚치이 ▶ 내쫓으니】 ☞ 후짗다.

훠:이 튀 훤히. 훤하게. ¶날이 훠이 샜는데, 밤새들 머를 하고 아이 자노? ▶ 날이

훤히 샜는데, 밤새껏 뭘 하고 아직 자나?/니 눈마 바도 니 속이 휓이 들받어비는데 무신 소리를 하고 있노? ▶ 네 눈만 봐도 네 속이 훤히 들여다보이는데 무슨 소리를 하고 있나?

훼'미질 몡 헤엄. 수영(水泳). ¶훼미질을 잘하기로 저 사람마한 사람이 없다. ▶ 헤엄을 잘하기로 저 사람만한 사람이 없다. ☞ 히엄.

휘: 몡 회(蛔). ¶휘를 잘 몬 묵고 지토마라 카든강 지시토마라 카등강 그 벌거지가 생기머 약도 없단다. ▶ 회를 잘 못 먹고 지토마라 하던가 디스토마라 하던가 그 벌레가 생기면 약도 없단다.

휘'배내:다 동 후벼 내다. 몰래 빼내다. ¶살 단지가 쑥 들어간 거를 보이 공구들 중에 누가 몇 대는 휘배내 갔는갑다. ▶ 쌀 단지가 쑥 들어간 것을 보니 식구들 중에 누가 몇 되는 후벼 내 갔는가 보다.

휘'비다 동 후비다. 【휘배 ▶ 후벼/휘비이 ▶ 후비니】¶재와 콩지럼국 묵고 소갈비 뜯은 거매로 이를 휘비고 댕긴다. ▶ 겨우 콩나물국 먹고 소갈비 뜯은 것처럼 이빨을 후비고 다닌다./내 말을 몬 알어들으며 귓구영을 쫌 휘비고 들어라. ▶ 내 말을 못 알아들으면 귓구멍을 좀 후비고 들어라.

휘:빠람 몡 휘파람. ¶농촌 안사람들이 한창 바쁠 때는 처매 밑에 휘빠람 소리가 난다. ▶ 농촌 안사람들이 한창 바쁠 때는 치마 밑에 휘파람 소리가 난다. ☞ 히빠람.

휘:잡다 동 휘어잡다. 【휘잡어 ▶ 휘어잡아/휘잡으이 ▶ 휘어잡으니】¶저 사람은 빈들빈들 노다가도 일을 휘잡고 할 때는 무섭게 한다. ▶ 저 사람은 빈둥빈둥 놀다가도 일을 휘어잡고 할 때는 무섭게 한다./여자는 초장아 휘잡어서 질을 드래야지 첨부터 오야오야하머 남자를 올러탈라 칸다. ▶ 여자는 초장에 휘어잡아서 길을 들여야지 처음부터 오냐오냐하면 남자를 올라타려 한다.

휘출:하다 헝 훤칠하다. ¶실랑 인물이 휘출하지 글도 좋지 어디 내나도 빠질 꺼 없다. ▶ 신랑 인물이 훤칠하지 글도 좋지 어디 내놓아도 빠질 것 없다.

휫:떡 부 후닥닥. 재빨리. ¶그 장대 그튼 사람이 휫떡 나자빠지는 꼬라지 쫌 바라. ▶ 그 장대 같은 사람이 후닥닥 나자빠지는 꼴 좀 보아라./나무지기 일도 휫떡 해치우고 한 잔 하로 가자. ▶ 나머지 일도 재빨리 해치우고 한 잔 하러 가자. ☞ 훗딱.

휴'월찬타 헝 수월찮다. 【휴월찬어 ▶ 수월찮아/휴월찬으이 ▶ 수월찮으니】¶그 일은 막상 해보머 보기보다 휴월찬을 끼이다. ▶ 그 일은 막상 해보면 보기보다 수

휴'월하다

월찮을 것이다.
휴'월하다 〖형〗 수월하다. 【휴월해 ▶ 수월해/휴월하이 ▶ 수월하니】¶작은 아가 큰 아보담 공부를 **휴월**하게 한 팬이다. ▶ 작은 애가 큰애보다 공부를 **수월**하게 한 편이다.
흐리다 〖동〗 흐르다. 【흘러 ▶ 흘러/흐리이 ▶ 흐르니】¶물이 쪼매 **흐리다**가 맥해 뿌렀다. ▶ 물이 조금 **흐르다**가 막혀 버렸다./시월이 **흐리이** 인심도 빈한다. ▶ 세월이 **흐르니** 인심도 변한다.
흑싸'리 〖명〗 화투 패 중에서 4월이나 네 끗을 상징하는 흑색 싸리나무 그림의 패.
흑싸'리 쭉띠'기다 〖관〗 빈 털털이다. 쓸모없다. 화투놀음에서 가장 쓸모없는 짝에 비유하여 하는 말로, 윷놀이에 비유하여 '또도 아이다(아니다)'라는 말과 비슷하다.
흘 〖명〗 흙. 【흘구디이 ▶ 흙구덩이/흘대배기 ▶ 흙투성이/흘문지 ▶ 흙먼지/흘삐 ▶ 흘덩어리/흘손 ▶ 흙손】¶땅에다 심을 도꿀라 카머 초봄에 황토 **흘**을 저다가 깔고 퇴비를 마이 해야 한다. ▶ 땅에다 힘을 돋우려면 초봄에 황토 **흙**을 져다가 깔고 퇴비를 많이 해야 한다.
흘구디~이 〖명〗 흙구덩이. ¶지나 나나 죽으머 **흘구디이** 속에 들어갈 꺼를 말라꼬 저래 아웅거리노? ▶ 저나 나나 죽으면 **흙구덩이** 속에 들어갈 것을 왜 저렇게 아웅거리나?
흘대배'기 〖명〗 흙더버기. 흙투성이. ¶어디 가서 구불고 왔는지 옷이 온통 **흐대배기**다. ▶ 어디 가서 뒹굴고 왔는지 옷이 오통 **흙투성이**다. ☞ 흘투시이.
흘뚱어'리 〖명〗 흙덩어리. ¶훌찌이로 논을 갈아서 곰배로 **흘뚱어리**를 깬다. ▶ 쟁기로 논을 갈아서 곰방메로 **흙덩어리**를 깬다. ☞ 흘삐.
흘문지 〖명〗 흙먼지. ¶신장노로 똥파래이가 **흘문지**를 뽀야이 일받으매 번개 글치 구불어간다. ▶ 신작로로 지프차가 **흙먼지**를 뽀얗게 일으키며 번개 같이 굴러간다.
흘'백돌 〖명〗 흙벽돌. ¶대지 집을 질라 카머 흘을 저다가 여물하고 섞어서 **흘백돌**을 맨들어서 하머 댄다. ▶ 돼지 집을 지으려면 흙을 져다가 여물하고 섞어서 **흙벽돌**을 만들어서 하면 된다.
흘삐~ 〖명〗 흙덩어리. ¶논을 갈어 디배 논 데다 보리씨를 헐칠라 카머 곰배로 **흘삐**를 깨야 한다. ▶ 논을 갈아 뒤집어 놓은 데다 보리씨를 뿌리려면 곰방메로 **흙덩어리**를 깨야 한다. ☞ 흘뚱어리.

흘'손 명 흙손. ¶미재이를 불러다가 방바닥에 영기가 새는 데를 **흘손**으로 단디이 발러야 한다. ▶ 미장을 불러다가 방바닥에 연기가 새는 데를 **흙손**으로 단단히 발라야 한다.

흘투시~이 명 흙투성이. 흙더버기. ☞ 흘대배기.

흥근:하다 형 흥건하다. ¶알라를 뜨신 방아 재왔디이 이매에 땀이 **흥근**하게 매 챘다. ▶ 아기를 따스한 방에 재웠더니 이마에 땀이 **흥건**하게 맺혔다.

흥정망정 부 흥청망청. ¶돈은 있을 때 애깨야지 저래 **흥정망정** 써대다가는 얼매 를 몬 가서 오단난다. ▶ 돈은 있을 때 아껴야지 저렇게 **흥청망청** 써대다가는 얼마를 못 가서 거덜이 난다.

히:끗 부 힐끗. ¶"이 총각은 어뜨노?" 카매 사진을 비 주이, **히끗** 보고는 주디이 를 쑥 니미는 거 아이가. ▶ "이 총각은 어떠하냐?" 하며 사진을 보여 주니, **힐 끗** 보고는 주둥이를 쑥 내미는 것 아닌가.

히'다1 동 헤어지다. '히이지다'의 준말. ¶해도 다 대가고 하이 우리 고마 여기서 **히**자. ▶ 해도 다 되어가고 하니 우리 고만 여기서 **헤어지**자.

히:다2 동 헤아리다. 세다. 셈하다. '히아리다'의 준말. 【히 ▶ 헤아려/히이 ▶ 헤 아리니】¶오늘 받은 돈을 다시 **히** 바라. ▶ 오늘 받은 돈을 다시 **헤아려** 보아라. ☞ 시다1. 시아리다.

히멀굼:하다 형 희멀겋다. 【히멀굼해 ▶ 희멀게/히멀굼하이 ▶ 희멀거니】¶**히멀굼** 한 무시국에 밥 한 술을 말어 묵었다. ▶ **희멀건** 무국에 밥 한 술을 말아 먹었 다./얼골이 **히멀굼하이** 귀태가 난다. ▶ 얼굴이 **희멀거니** 귀티가 난다.

히발유 명 휘발유(揮發油). ¶**히발유** 통을 지고 불속에 들어간다. ▶ **휘발유** 통을 지 고 불속에 들어간다./꺼시이가 만으머 **히발유**를 한 종지기 마서 바라. ▶ 회충이 많으면 **휘발유**를 한 종지 마셔 보아라.

히붓:하다 형 희붐하다. ¶농촌에서는 날이 **히붓**하며 똥장구를 지고 들로 나가기 나 개똥망티기를 미고 나간다. ▶ 농촌에서는 날이 **희붐하면** 똥장군을 지고 들 로 나가거나 개똥망태를 메고 나간다.

히:빠람 명 휘파람. ¶저 아지매는 요새 처매 밑에 **히빠람** 소리가 휭휭 난다. ▶ 저 아줌마는 요새 치마 밑에 휘파람 소리가 휭휭 난다. ※신바람이 난다는 말./방안에서 **히빠람**을 불머 배미가 들온단다. ▶ 방안에서 **휘파람**을 불면 뱀이 들어온단다. ☞ 휘빠람.

히:뿌다 형 헤프다. 【히뻐 ▶ 헤퍼/히뿌이 ▶ 헤푸니】¶요새는 물가가 올러서 돈

히'시다

이 너무 히뿌다. ▶ 요새는 물가가 올라서 돈이 너무 헤프다./히뿐 지집이 물 씨
듯 한다. ▶ 헤픈 계집이 물 쓰듯 한다. ※ 낭비한다는 말./여자가 히뻐서 뭇 사
나들이 넘바더 본다. ▶ 여자가 헤퍼서 뭇 사내들이 넘겨다 본다.

히'시다 동 헤집다.【히서 ▶ 헤집어/히시이 ▶ 헤집으니】¶저연으 달구새끼들이
훚처도 훚처도 또 와서 멍시기 곡석을 히서 놓는다. ▶ 저년의 닭 새끼들이 쫓
아도 쫓아도 또 와서 멍석 곡식을 헤집어 놓는다.

히아리다 동 헤아리다. 세다. 셈하다.【히아래 ▶ 헤아려/히아리이 ▶ 헤아리니】¶
깰밧은 눔이 밭고랑 히아리듯 한다. ▶ 개으른 놈이 밭고랑 헤아리듯 한다. ※ 일
은 열심히 하지 않고 밭고랑 줄어들기만 바란다는 말./잘 히아래 보고 일을 시
작해라. ▶ 잘 헤아려 보고 일을 시작해라. ☞ 시다1. 시아리다. 히다2.

히야까시 명 희롱(戱弄). 짓궂은 장난. '걸다' 또는 '하다'와 함께 쓰여, '장난을
걸다' 또는 '장난을 하다'라는 말이 됨. 日 '冷やかし'. ¶지내가는 아무 여자
나 보고 히야까시 하다가 위사를 당한다. ▶ 지나가는 아무 여자나 보고 희롱을
걸다가 우사를 당한다./임마 니, 나보고 진담으로 말하나 히야까시 하나? ▶ 이
자식 너, 나보고 진담으로 말하나 장난을 하나?

히'얀하다 형 희한(稀罕)하다. 신기(神奇)하다. ¶오래 사다가 보이 벨 히얀한 일도
다 보겠다. ▶ 오래 살다가 보니 별 희한한 일도 다 보겠다./아이고, 고거이 일부
로 마춘 거 긑치 히얀하게 맞는다. ▶ 아이고, 고것이 일부러 맞춘 것 같이 신기
하게 맞는다.

히'엄 명 헤엄. ¶히엄 잘 치는 사람은 물에 빠저 죽고 나무 잘 오리는 사람은 떨
어서 죽는다. ▶ 헤엄 잘 치는 사람은 물에 빠져죽고 나무 잘 오르는 사람은 떨
어져 죽는다. ☞ 훼미질.

히연 명 희연(囍煙). 일제 때 시판하던 봉지담배의 이름. 종이로 말거나 담뱃대에
넣어서 피운다. ¶히연 한 옹쿰 배급 나온 거를 애깨 볼라고 호박이퍼리를 섞어
피우이 니 맛도 내 맛도 없다. ▶ 봉지담배 한 줌 배급 나온 것을 아껴 보려고
호박잎을 섞어 피우니 네 맛도 내 맛도 없다. ☞ 장수연.

히~이 명 형(兄). '형(兄)+이(사람)'의 뜻. ¶히이 따러갈 동상이 없고 애비 따러갈
자석이 없다. ▶ 형 따라갈 동생이 없고 아비 따라갈 자식이 없다./히이요, 아부
지가 오라 카니더. ▶ 형님, 아버지가 오라고 합니다. ☞ 시이.

히'이지다 동 헤어지다. 헤지다. 떨어지다.【히어저 ▶ 헤어져/히이지이 ▶ 헤어지
니】¶우리가 지금 히이지머 언재 또 만날 꺼고, 있는 대로 역기서 묵고 하리밤

더 노시더. ▶ 우리가 지금 헤어지면 언재 또 만날 건가, 있는 대로 여기서 먹고 하룻밤 더 놉시다./아이고 느거매도 참, 아 팔꾸머리가 이래 히이진 거도 앤 꺼러매 주드나? ▶ 아이고 네 엄마도 참, 애 팔꿈치가 이렇게 떨어진(헤진) 것도 안 꿰매 주더냐? ☞ 히다1.

히지'끼다 图 헤적이다. '히서(헤쳐) 제끼다(젖히다)'의 뜻.【히지꺼 ▶ 헤적여/히지끼이 ▶ 헤적이니】¶화리불은 자꼬 히지꺼 대머 금방 사그러진다. ▶ 화롯불은 자꾸 헤적여 대면 금방 사그라진다. ☞ 히직다.

히직'다 图 헤적이다. '히지끼다'의 준말.【히직어 ▶ 헤적여/히직이이 ▶ 헤적이니】¶국그럭을 암만 히직어 바야 괴기모타리 하나도 앤 걸랜다. ▶ 국그릇을 아무리 헤적여 보아야 고기토막 하나도 안 걸린다.

히'치다 图 헤치다.【히처 ▶ 헤쳐/히치이 ▶ 헤치니】¶이 험한 풍상을 히처 가매 살아갈라카이 너무 심이 든다. ▶ 이 험한 풍상(風霜)을 헤쳐 가며 살아가려니 너무 힘이 든다.

힌디~이 몡 흰둥이. '백인(白人)'의 낮춤말.

힌자 몡 흰자위. ¶저 사람이 어디서 밤을 새왔는지 눈 힌자에 핏발이 섰다. ▶ 저 사람이 어디서 밤을 새웠는지 눈 흰자위에 핏발이 섰다. ☞ 힌채이.

힌채~이 몡 흰자위. ¶그 어런 눈 힌채이가 힛떡 디집어지는 거를 보이 오늘 밤을 냉기기 애럽겠다. ▶ 그 어른 눈 흰자위가 후딱 뒤집어지는 것을 보니 오늘 밤을 넘기기 어렵겠다. ☞ 힌자.

힘: 몡 철. 지각(知覺). '힘수'의 준말. ¶자아는 와 저래 힘이 늦가 드는지 모리겠다. ▶ 저애는 왜 저렇게 철이 늦게 드는지 모르겠다./나가 그만하머 힘이 들 때도 댔는데 아이 저러이 우야머 좋노? ▶ 나이가 그만하면 지각이 들 때도 되었는데 아직 저러니 어떻게 하면 좋으니?

힘:수 몡 철. 지각(知覺). ¶인날 그트머 니 나이에 장개도 들었는데, 니는 언제 힘수가 들노? ▶ 옛날 같으면 너 나이에 장가도 들었는데, 너는 언제 철이 들겠나? ☞ 힘.

힛:딱 뮈 훌렁. ¶머리가 힛딱 까졌다. ▶ 머리가 훌렁 까졌다./옷을 힛딱 배꼈다. ▶ 옷을 훌렁 벗겼다.

찾아보기 _ 표준말로 찾기

[ㄱ]

가(邊) ▶ 가:3 명
가깝다 ▶ 가직다. 가찹다. 가칙다. 개직다 형
가느다랗다 ▶ 가느리:하다 형
가는 길 ▶ 행부 명
가늘고 날씬하다 ▶ 갈양:하다 형
가늘다 ▶ 가느다 형
가다 ▶ 갸다 동
가다듬다 ▶ 야무:다. 여무:대 동
-가닥 ▶ -내끼 접
가닥 ▶ 가대'이. 가대기. 가디기. 가래기 명
가닥 ▶ 꼬다리 명
가닥가닥 ▶ 가다기가다기 부
가닥가닥이 ▶ 가대기가대기 부
가득 ▶ 항:굼2. 항:그 부
가득하다 ▶ 자북:하다 형
가득히 ▶ 수비:기. 입:바이2 부
가뜩이나 ▶ 가따기나 부
가라앉다 ▶ 까라안따 동
가락 ▶ 갸치1 명의
가락토리 ▶ 갸락고동 명
가랑비 ▶ 쟌비 명
가랑이 ▶ 가래~이. 갈구재~이 명
가랑잎 ▶ 까랍때기 명

가래 ▶ 갸래1. 갸랫장 명
가래참(痰唾) ▶ 가래춤 명
가래톳 ▶ 말:기. 몽오래~이 명
가려내다 ▶ 갈래내:다 동
가렵다 ▶ 가랍다. 가렵다. 솔:곱다. 지그랍다. 지랍다 형
가루 ▶ 가리2 명
가루다 ▶ 갈:따. 버구:다 동
가르다 ▶ 가리다. 또개다 동
가르마 ▶ 가라'매 명
가르치다(敎) ▶ 갈채:다. 갈치:다 동
가리 ▶ 가래2. 가래~이2. 빼까리 명
가리 ▶ 추미 명
가리다 ▶ 가루:다 동
가리다(區分) ▶ 갈래:대 동
가리다(遮蔽) ▶ 개리다2 동
가리다(選擇) ▶ 개리:대 동
가리키다(指示) ▶ 갈카:다 동
가마 ▶ 가:매1 명
가마(旋毛) ▶ 가:매2 명
가마꾼 ▶ 조군 명
가마니 ▶ 가마아1. 갸매이 명
가마니 떼기 ▶ 갸마이띠기2 명

가마니나 포대 속의 곡식을 빼서 검사할 때 쓰는 쇠나 대나무로 된 끝이 뾰쪽한 대롱 ▶ 지랏대 명
가마니때기 ▶ 갸마이띠기1 명
가마니바늘 ▶ 갸마이바늘 명
가마니틀 ▶ 갸마이틀. 갸매이틀 명
가마솥 ▶ 가매솥 명
가만가만히 ▶ 가마ː가마ˇ이 부
가만히 ▶ 가마ː. 가마ː이2 부
가물치 ▶ 갸무치 명
가뭄 ▶ 갸물 명
가뭄 살(煞) ▶ 가문사리 명
가볍다 ▶ 개갑다. 해갑다 형
가부좌(跏趺坐) ▶ 갱ː다리. 팽다리 명
가슴 ▶ 갸섬. 갸심 명
가슴 ▶ 가심때기 명
가시 ▶ 까시 명
가시랭이 ▶ 까끄래기. 까끄래ˇ이. 까락. 까시래기. 꺼끄래기 명
가엾다 ▶ 갸ː이업다 형
가오리 ▶ 갸부리 명
가운뎃다리 ▶ 복판다리 명
가운뎃손가락 ▶ 복판손까락 명
-가웃 ▶ -갸옷 접
가위 ▶ 갸세. 가시게 명
가위(可謂) ▶ 갸ː우 부
가을 ▶ 갸실. 갈ː 명
가을갈이 ▶ 갸알ː가리 명
가을걷이 ▶ 갸실거지. 갈ː거지. 갸알ː거지 명
가을마당 ▶ 갸실마당. 갈ː마당 명
가을설거지 ▶ 갸실설거지. 갈ː설거지 명
가자미 ▶ 까재ː미 명

가장 ▶ 기중2 부
가장자리 ▶ 가ː새ˇ이 명
가재 ▶ 까ː재. 까ː지1 명
가져가다 ▶ 갸주가다 동
가죽나무 ▶ 가ː중나무 명
가죽방망이 ▶ 가죽방매ˇ이 명
가죽신 ▶ 까죽신 명
가지 ▶ 가재ˇ이 명
가지고가다 ▶ 갸주고가다 동
가지다 ▶ 갸지다 동
가지런하다 ▶ 깐충ː하다 형
가짜(假) ▶ 조ː째(造-) 명
가축을 기르다 ▶ 묵얘ː다. 묵이ː다. 믹이ː다 동
가파르다 ▶ 깨끌막지다. 깨끌밪다 형
각(角) ▶ 굽 명
각각(各各) ▶ 각객. 각객이 부
각각이(各各-) ▶ 시재시재 부
각다귀 ▶ 깔따구 명
각반(脚絆) ▶ 개ː도리 명
각상(各床) ▶ 각반 명
간 걸음에 ▶ 가든질에 관
간 길에 ▶ 가든질에 관
간 김에 ▶ 가든질에 관
간(지나간 날 간(지난) 쩍(적) ▶ 간ː날갓ː. 찍 감
간덩이 ▶ 간ː따ˇ이 명
간섭(干涉) ▶ 걍게 명
간을 하지 않은 상어 몸통고기 ▶ 생돔배기 명
간장 따위를 뜨는 작은 바가지 ▶ 쪽찌기 명
간장(-醬) ▶ 지렁 명
간장단지 ▶ 지렁단지 명
간장종지 ▶ 장ː쫑지. 지렁종지기 명

간지럽다 ▶ 간지랍다 휑
간질병(痼疾病) ▶ 땡:깡 몡
간질이다 ▶ 간지래:다 동
간혹(間或) ▶ 간:혹가다가 튀
간히다 ▶ 가채:다. 가치:다 동
갈고랑이 ▶ 까꾸래~이 몡
갈근(葛根) ▶ 칠개~이뿔거지 몡
갈까마귀 ▶ 갈가마구 몡
갈리다(分別) ▶ 갈래:다2 동
갈림길 ▶ 갈람질 몡
갈보 ▶ 깔보 몡
갈비 ▶ 깔비 몡
갈아엎다 ▶ 갈어엎다 동
갈아입다 ▶ 갸리입다 동
갈앉다 ▶ 깔안따 동
갈치 ▶ 칼치 몡
갈퀴 ▶ 까꾸리1 몡
갈퀴 ▶ 아꾸래~이 몡
갈퀴손 ▶ 까꾸리손 몡
감기다 ▶ 깜:다1. 깜기:다1. 동
감기다 ▶ 깜:다2. 깜기:다2 동
감다 ▶ 깜따2 동
감다 ▶ 비:다3 동
감다(洗) ▶ 깜따1 동
감당하다 ▶ 추다2 동
감색(紺色) ▶ 곤색(-色) 몡
감옥소(監獄所) ▶ 가막소: 몡
감의 일종 ▶ 동~오감 몡
감주(甘酒) ▶ 식캐 몡
감지덕지다 ▶ 할배요:다 감
감질(疳疾)나다 ▶ 다:랍다 휑
감질나게 부는 산들바람 ▶ 처:자 죽은 바람 관

감질내다 ▶ 해그러샃다. 해글거리다. 해글 대:다 동
감추다 ▶ 감직다. 찡구:다 동
감히 ▶ 자:이 튀
갑갑증 ▶ 솔:기증 몡
갑갑하다 ▶ 깝깝:하다 휑
갑자기 ▶ 각:중에. 갑째기 튀
값 ▶ 갑
갓 ▶ 가로 튀
갓 시집온 아낙 ▶ 새디기 몡
갓 이제 막 ▶ 가리1 튀
갓난아기의 속된말 ▶ 피띠~이 몡
갓난애 ▶ 가날라: 몡
갓방 ▶ 섶1 몡
갓장수 ▶ 갓재~이 몡
갓쟁이 ▶ 갓재~이 몡
강(强)하다 ▶ 시:다3 휑
강간(强姦)을 당하다 ▶ 욕보다 동
강냉이 ▶ 강내~이 몡
강변(江邊) ▶ 갱변. 갱빈 몡
강아지 ▶ 강새~이 몡
강원도(江原道) ▶ 갱원도 몡
강정 ▶ 엿콩 몡
강철이(强鐵) ▶ 꽝처리 몡
갖가지 콩이나 밤 따위를 박아서 찐 시루떡
▶ 모두백이. 모두시리 몡
갖고 ▶ 가:1
갖고 ▶ 가꼬2
갖다 ▶ 갖다 동
갖추다 ▶ 가추:다 동
갖풀 ▶ 고래풀 몡
같다 ▶ 그트다. 긑다 휑
같은 것 같다 ▶ 그트다. 긑다 휑

696

같이 ▶ 매로, 맨대로, 맹그로 ㉰
같잖다 ▶ 같잔타 ㊌
갚다 ▶ 갚따 ㊀
개 귀신 ▶ 개: 구신 ㊂
개 망둥이 ▶ 개망대~이 ㊂
개(윷놀이) ▶ 개3 ㊂
개구리 ▶ 깨구리 ㊂
개구멍 ▶ 개구영 ㊂
개구멍받이 ▶ 개구영바치 ㊂
개다리소반 ▶ 개다리판 ㊂
개돌상놈 ▶ 개: 돌상놈 ㊂
개돼지 ▶ 개대: 지 ㊂
개떡 ▶ 등게떡 ㊂
개똥 ▶ 개: 똥 ㊂
개똥망태기 ▶ 개: 똥망태기 ㊂
개똥벌레 ▶ 개똥벌거지, 개똥벌기 ㊂
개량 낫 ▶ 왜낫(倭) ㊂
개를 달래는 소리 ▶ 오오오오 ㊅
개를 부르는 소리 ▶ 워: 리 ㊅
개를 쫓는 소리 ▶ 유갸: ㊅
개망나니 ▶ 개망내~이 ㊂
개머루 ▶ 개: 멀구 ㊂
개미구멍 ▶ 개: 미구영 ㊂
개밥그릇 ▶ 개: 사바리, 개밥뜨개~이 ㊂
개백장 ▶ 개백정 ㊂
개보지 ▶ 개: 씹 ㊂
개비 ▶ 가치1 ㊂㊅
개비 ▶ 알개~이 ㊂
개뼈다귀 ▶ 개빼다구 ㊂
개상 ▶ 잘개돌 ㊂
개상에다 태질로 터는 타작 ▶ 잘개타: 작 ㊂
개숫물 ▶ 꾸정물 ㊂
개심(改心)하다 ▶ 맴: 을 달리 묵다 ㊎

개암 ▶ 깨곰 ㊂
개운하다 ▶ 깨분: 하다, 깨빈: 하다 ㊌
개울 ▶ 거랑(巨-) ㊂
개울물 ▶ 걸: 물 ㊂
개으르다 ▶ 깨을다 ㊌
개으름뱅이 ▶ 깨: 름배~이, 깰: 배~이 ㊂
개을러빠지다 ▶ 개알밧다, 깨을밧다, 깰: 밧다 ㊌
개의 자지 ▶ 개: 좆 ㊂
개자지 ▶ 개좆대가리 ㊂
개좆불 ▶ 개좆대가리 ㊂
개지랄 ▶ 미친지랄, 생: 지랄, 요다지랄, 용천지랄, 지랄발광(--發狂), 지랄용천 ㊂
개지랄하다 ▶ 처지랄하다 ㊀
개차반 ▶ 우디다기 ㊂
개코 ▶ 개: 코 ㊂
개톱대 ▶ 개: 대 ㊂
개평 ▶ 갱핀 ㊂
개평꾼 ▶ 갱핀꾼 ㊂
개평돈 ▶ 갱핀돈 ㊂
개호주 ▶ 갈가지, 개호: 까지, 호: 까지(虎--) ㊂
개흙 ▶ 국개 ㊂
개흙냄새 ▶ 새금내: ㊂
객귀(客鬼) ▶ 객구 ㊂
객물을 타지 않은 술 ▶ 모라미 ㊂
갯벌 ▶ 개뻘 ㊂
갱지(更紙) ▶ 백노지 ㊂
개 ▶ 갸: 2, 갸아 ㊂
거 ▶ 끼1 ㊂㊅
거간꾼(居間-) ▶ 소개재~이 ㊂
거기 ▶ 거게2 ㊆
거기 어드매 ▶ 거거드매 ㊈

거기에 ▶ 거게2 [대]
거꾸로 ▶ 까꾸리2 [부]
거꾸로 ▶ 꺼꿀재비로 [부]
-거나 ▶ -기나. -키나 [미]
거년(去年) ▶ 거:연 [명]
거느리다 ▶ 데리다. 델:다 [동]
-거니 ▶ -거이 [미]
거덜 나다 ▶ 오단나다. 오단갸리나다 [동]
거도(鋸刀) ▶ 거:두 [명]
거두다 ▶ 거두:다 [동]
거드럭거리다 ▶ 찔락거리다 [동]
거드름스럽다 ▶ 제찍:하다 [형]
-거든 ▶ -거덩. -거덜랑. -그덩. -커덩. -크덜랑. -크덩 [미]
거들떠보다 ▶ 거떠보다. 겉어보다. 겉들어보다 [동]
거들먹거리다 ▶ 껏떡거리다 [동]
거듭 ▶ 거퍼 [부]
-거라 ▶ -그라. -그라2. -그래이. -래ˇ이 [미]
거름 ▶ 거럼 [명]
거름 터 ▶ 거럼테: [명]
거름무더기 ▶ 거럼모대기. 거럼무디기 [명]
거리 ▶ 껄 [명]
거머리 ▶ 거:무리. 검:처리 [명]
거미 ▶ 거무 [명]
거미줄 ▶ 거무줄 [명]
거반 ▶ 거주 [부]
거봐 ▶ 바:라카이 [갑]
거스러미 ▶ 까끄래기. 까끄래ˇ이. 까시래기. 까치래기. 꺼끄래기. 꺼치래기 [명]
거스르다 ▶ 거시리:다 [동]
거스름 ▶ 꼬터리. ▶ 끝다리 [명]
거스름돈 ▶ 거시럼돈. 우수리 [명]

거슬리다 ▶ 거실리:다 [동]
거시기 ▶ 머시기 [대]
거울 ▶ 민:경 [명]
거의 ▶ 거반. 거주. 거진 건:. 건:자. 건주 [부]
거적 ▶ 꺼적. 꺼지기
거적때기 ▶ 꺼적띠기 [명]
거적문 ▶ 꺼적문 [명]
거적자리 ▶ 꺼적쟈리 [명]
거죽 ▶ 꺼죽 [명]
거죽때기 ▶ 꺼죽따기 [명]
거지 ▶ 걸배ˇ이(乞--). 걸비ˇ이 [명]
거짓말 ▶ 가:지말. 거:지말 [명]
거짓부리 ▶ 가:지말 [명]
거칠다 ▶ 거치다 [형]
거푸 ▶ 거퍼 [부]
걱정거리 ▶우ˇ한 [명]
-건 ▶ -기나. -키나 [미]
건(乾) 쟁기질 ▶ 건쟁기질 [명]
건건이 ▶ 해:무꺼. 해:무꼬 [명]
건공(乾空) ▶ 건궁 [명]
건공중(乾空中) ▶ 건궁 [명]
건너 ▶ 건:내 [명]
건너다 ▶ 건:내다 [동]
건달(乾達) ▶ 건다리 [명]
건더기 ▶ 건다기. 건다ˇ이 [명]
건더기 ▶ 원수지(元--) [명]
건드리다 ▶ 건디리다 [동]
건들거리다 ▶ 디뚱거리다 [동]
건물의 섶 ▶ 섶1 [명]
건방 ▶ 검방. [명]
건빵 ▶ 간빵 [명]
건사 ▶ 간수 [명]
건시(乾柿) ▶ 근시 [명]

걷다 ▶ 거두: 다 〔동〕
결(윷놀이) ▶ 걸2 〔명〕
걸레 ▶ 걸레기. 두데기. 두다기 〔명〕
걸리다 ▶ 걸그채: 다 〔동〕
걸리다 ▶ 걸래: 대 〔동〕
걸리다 ▶ 걸래: 다2 〔동〕
걸리다 ▶ 아다리하다 〔관〕
걸우다 ▶ 걸구: 다 〔동〕
걸음 ▶ 거름 〔명〕
걸음 ▶ 잘1 〔명〕
걸음 값 ▶ 다리품 〔명〕
걸음마 ▶ 거름마 〔명〕
걸이 ▶ 마꾸리 〔명〕
걸쭉하다 ▶ 껄죽: 하다 〔형〕
걸채 앞뒤 마구리 끝에 U자 모양으로 늘어뜨린 4가닥의 줄 ▶ 달바 〔명〕
걸채나 발채의 앞뒤 마구리 ▶ 마구리 〔명〕
걸채의 目자 모양의 바탕 틀 ▶ 걸: 채방틀 〔명〕
걸채의 밑바닥 ▶ 걸: 채바탕 〔명〕
걸친 다리 ▶ 쭉다리 〔명〕
걸핏하면 ▶ 까딱하머 〔부〕
검불 ▶ 꺼부지지 〔명〕
검은자위 ▶ 꺼문체: 이 〔명〕
검정치마 ▶ 밤: 물처매 〔명〕
검토 ▶ 겐또 〔명〕
겁쟁이 ▶ 겁재'이 〔명〕
-것 ▶ -끼3 〔접〕
것 ▶ 거. 가1. 꺼. 끼1 〔명의〕
것이 ▶ 께 〔준〕
겉 부분 ▶ 꺼죽 〔명〕
겉가죽 ▶ 겉거죽 〔명〕
겉곡식(-穀食) ▶ 껍따기곡석. 까끄랑곡석 〔명〕
겉껍질 ▶ 겉껍따기 〔명〕

겉마른 생선 ▶ 피대기 〔명〕
-게 ▶ -구로. -쿠로 〔미〕
게 ▶ 께 〔준〕
게 눈 감추다 ▶ 기: 눈 감추다 〔관〕
게(蟹) ▶ 기: 2 〔명〕
-게끔 ▶ -구로꿈. -쿠롬. -게꿈 〔미〕
-게 되더라도 ▶ -갑세 〔미〕
-게요(-ㄹ게요) ▶ -끼: 요2 〔미〕
게으르다 ▶ 낄: 밧다 〔형〕
-겠습니다 ▶ -ㄹ시더 〔미〕
-겠어요 ▶ -ㄹ시더 〔미〕
겨누다(照準) ▶ 전주: 다2 〔동〕
겨드랑 ▶ 개드랑. 저드랑 〔명〕
겨드랑이 ▶ 개드래'이. 자드래'이. 저드래이 〔명〕
겨루다 ▶ 버구: 다 〔동〕
겨를 ▶ 단산. 단새: . 산: 〔명의〕
겨를 ▶ 저를 〔명의〕
겨릅 ▶ 재랍 〔명〕
겨릅대 ▶ 재랍대 〔명〕
겨우 ▶ 개: 와2. 개: 우. 재: 와 〔부〕
겨우 ▶ 근: 그이 〔부〕
겨울 ▶ 개울. 겨실. 결: 〔명〕
격렬한 몸부림 ▶ 드부냉기. 득수냉기 〔명〕
겪다(驗) ▶ 젂다. 걕다 〔동〕
겪어볼수록 ▶ 보머 보머 〔관〕
견디다 ▶ 갠디다 〔동〕
견디다 ▶ 삼보하다 〔동〕
견디다(耐) ▶ 전디다 〔동〕
견주다(比較) ▶ 전주: 다1 〔동〕
견직(絹織) ▶ 명주길쌈 〔명〕
견직(絹織) 길쌈 ▶ 맹주질쌈 〔명〕
-결 ▶ -절2 〔접〕

결 ▶ 절1 명
결국(結局) ▶ 갤국 부
결단 나다 ▶ 오단나다. 오단갸리나다 동
결리다 ▶ 마채: 다 동
결리다 ▶ 절래: 다. 절리: 다 동
결정(決定) ▶ 갤정 명
결혼식 때 신랑이 신부 집 대문에 들어올 때 잡귀가 따라오지 못하게 재 봉지를 신랑얼굴에 던지는 것 ▶ 잿봉치기. 짚불 명
결혼식(結婚式)의 유아어 ▶ 꼬꼬재: 배(--再拜) 명
겸상(兼床) ▶ 점반. 점상 명
겸연쩍다 ▶ 뻐적잖타 형
겹 ▶ 꺼불 명
겹 ▶ 접 명
겹다 ▶ 오: 감타 형
겹사돈 ▶ 접샤돈 명
겹살림 ▶ 접살림 명
겹옷 ▶ 접옷 명
겹으로 단 문 ▶ 접문 명
겹이불 ▶ 접이불 명
겹치다 ▶ 갑치다 동
겹치다 ▶ 들개다 동
겹치마 ▶ 접처매 명
경(經) ▶ 갱 명
경골 ▶ 초때뼈 명
경과(經過) ▶ 갱가 명
경과(經過) ▶ 내럭 명
경기(驚氣) ▶ 쟁기 명
경기도(京畿道) ▶ 갱기도 명
경박(輕薄)하다 ▶ 날래: 다 형
경비(經費) ▶ 햐깃돈 명

경상도 보리 문둥이 ▶ 갱: 상도 보리 문다~이 관
경상도 사람의 속된말 ▶ 문: 다~이 명
경상도 이북 ▶ 우쪽 명
경상도 촌놈의 속된말 ▶ 보리문다~이 명
경솔하게 까불다 ▶ 촐랑거리다 동
경솔하다 ▶ 개갑다 형
경우(境遇) ▶ 갱우 명
경위(經緯) ▶ 개~위 명
경찰서(警察署) ▶ 갱: 찰서 명
경풍(驚風) ▶ 쟁기 명
경험(經驗) ▶ 갱험 명
곁 ▶ 껄 명
곁 ▶ 잩. 절 명
곁눈 팔다 ▶ 곁어보다 동
곁방 ▶ 겉방 명
곁방살이 ▶ 초당거처(草堂居處) 명
곁사돈(-査頓) ▶ 계샤돈 명
계(契) ▶ 기: 3 명
계꾼(契) ▶ 기: 꾼 명
계란(鷄卵) ▶ 계랄. 달알 명
계량(計量)하다 ▶ 작근(作斤)하다 동
계모임(契-) ▶ 기: 모얨 명
계모임이 있는 날 ▶ 깃: 날 명
계산(計算) ▶ 겐또 명
계산(計算) ▶ 심: 1 명
계산(計算) ▶ 요량 명
계시다 ▶ 기: 시다 동
계오야(契-) ▶ 기: 오야 명
계원(契員) ▶ 기: 원 명
계의 구성원 ▶ 기: 꾼 명
계의 모임 ▶ 기: 모얨 명
계절(季節) ▶ 사절(時節) 명

계중(契中) ▶ 기:중3 명
계집 ▶ 기:집. 지:집 명
계집년 ▶ 기:집연. 지:집연 명
계집애 ▶ 가시나:. 기집아:. 딸아:. 여식애(女息兒):. 인:아. 지집야: 명
계획(計劃) ▶ 개:혹 명
곗날(契) ▶ 깃:날 명
곗돈(契) ▶ 깃:돈 명
고개 따위를 쳐뜨리다 ▶ 탈어미:다 동
고갯마루 ▶ 고개만다~이 명
고갱이 ▶ 꼬:개~이. 호:깨~이. 홰:기 명
고기 ▶ 개기. 괴기 명
고기 ▶ 살쩌미 명
고기 벌레 ▶ 괴기다:래미. 괴기바:구미 명
고기 어디 ▶ 고고'드메 준
고기나 생선 따위를 다진 것 ▶ 다댜끼 명
고기나 생선 따위의 토막 ▶ 모탸리 명
고기의 준말 ▶ 고:2 대
고까짓 ▶ 고까:지. 고깐: 관형
고깔 ▶ 꼬깔 명
고누 ▶ 꾼 명
고다 ▶ 꼬:다2 동
고두밥 ▶ 꼬두밥 명
고둥 ▶ 고다~이2. 사고다~이(沙---) 명
고드름 ▶ 고드럼 명
고들빼기 ▶ 꼬들빼기 명
고등어 ▶ 고다~이 명
고등학교(高等學校) ▶ 고동'핵고 명
고랑 ▶ 골: 명
고래 ▶ 골: 명
고래수염 ▶ 고래쇠:미 명
고량주(高粱酒) ▶ 빼:주 명
고려장(高麗葬) ▶ 고래장 명

고루 ▶ 고리2 부
고르게 하다 ▶ 고루:다2 동
고르다 ▶ 개리:다 동
고르다 ▶ 고루:다2 동
고르다 ▶ 고리'다 형
고르다(選別) ▶ 갈래:다 동
고르다(選別) ▶ 고루다 동
고름 ▶ 고룸 명
고름 ▶ 고롬 명
고리 ▶ 골개~이 명
고리나 대나무로 엮어 만든 도시락 통 ▶ 초배기 명
고리대금(高利貸金) ▶ 고리가시 명
고리짝 ▶ 고:리째기 명
고만 ▶ 고마. 먀~1 부
-고말고 ▶ -지러 미
고맙다 ▶ 고:맙다
고명 ▶ 꾸미. 꿔미 명
고무래 ▶ 밀개 명
고방(庫房) ▶ 고:방. 도장 명
고삐 ▶ 이까리 명
고사리 ▶ 꼬싸리 명
고삼(苦蔘) ▶ 너:삼대 명
고생(苦生) ▶ 고상 명
고생(苦生) ▶ 골물 명
고생스럽다 ▶ 고롭다 형
고소하다 ▶ 고시다. 꼬시대. 꼬시:하다 형
고수레 ▶ 고시네 명
고수머리 ▶ 꼬시매머리 명
고수머리인 사람 ▶꼬시매~이 명
고스란히 ▶ 고시라~이 부
고슴도치 ▶ 고심도치 명
고약(膏藥)을 팔다 ▶ 고:약을 팔다 관

고약이나 화장품 따위를 담는 둥글납작한 용기 ▶ 빵: 쇠 명
고약하다 ▶ 몬: 대다 형
고양이 ▶ 꼬: 내기. 꽤~이1 명
고양이를 예쁘게 이르는 말 ▶ 살찌~이 명
-고 어쩌고 ▶ -고 달고 관
고욤 ▶ 깨암. 꾀양 명
고운 보리등겨 ▶ 당가리 명
고은 밥 ▶ 옴: 밥 명
고의로(故意-) ▶ 일부로 부
고이다 ▶ 새기: 다 동
고쟁이 ▶ 고: 재이. 꼬장주~우 명
고지기(庫--) ▶ 고자(庫子) 명
고집스럽고 못되다 ▶ 엄살궂다 형
고집스럽다 ▶ 악다밧다 형
고참(古參)의 속된말 ▶ 무군다~이 명
고추 ▶ 꼬치1 명
고추모종 ▶ 꼬치모종 명
고추장 ▶ 꼬: 장. 꼬차장 명
고치 ▶ 꼬치2 명
고치다 ▶ 곤치다 동
고치다 ▶ 나수: 다 동
고칫대로 말아 만든 떡가래모양의 솜 가래 ▶ 꼰치 명
고프다 ▶ 고푸다 형
고함(高喊) ▶ 고암. 괌: 명
고향(故鄕) ▶ 고양1 명
고환(睾丸) ▶ 부랄. 붕알 명
곡(曲) ▶ 자리3 명의
곡괭이 ▶ 꼬: 깨~이. 목개~이 명
곡식(穀食) ▶ 곡석 명
곡식을 담는 작은 항아리 ▶ 차군단지 명
곡식을 빌려주고 이식(利殖)을 붙여 받음 ▶ 배: 다1 동
곡식의 종자를 담는 다래끼 ▶ 종다래끼 명
곡식자루 ▶ 곡석자리 명
곤궁(困窮)하다 ▶ 공궁하다 형
곤두박질 ▶ 꼰두박찔 명
곤두박질하다 ▶ 꼬라박다 동
곤란(困難)하다 ▶ 골: 란하다 형
곤포(昆布) ▶ 곰피 명
곧 ▶ 연에2. 이내 부
곧이곧대로 ▶ 고지곧대로 부
곧장 ▶ 고데2 부
곧장 ▶ 바리1 부
곧추다 ▶ 고두: 다. 고추: 다 동
-골(谷) ▶ -꼴2 접
골 ▶ 꼴1 명
골고루 ▶ 고리고리. 골고리 부
골다 ▶ 기리다1 동
골마지 ▶ 꼬: 까지 명
골목이나 굴의 막다른 곳 ▶ 막창 명
골목이나 산골짜기의 막다른 곳 ▶ 끝막창 명
골무 ▶ 골미1 명
골짝 ▶ 꼴짝. 꼴째기 명
골칫덩어리 ▶ 골치등거리 명
골칫덩이 ▶ 골치따~이 명
골탕의 속된말 ▶ 고랑태 명
곪다 ▶ 공기다. 광기다 동
곰방메 ▶ 곰배 명
곰팡이 ▶ 곰박사이. 곰: 패~이 명
곰팡이 ▶ 매3 명
곱 ▶ 초 명
곱게 ▶ 고: 히 부
곱다 ▶ 곱: 따. 차: 마다 형
곱다시 ▶ 꼽다시 부

곱빼기 ▶ 꼽배기 명
곱사등이 ▶ 꼽새 명
곱장여(-長輿) ▶ 꼽장예 명
곳 ▶ 곧 명
곳간 ▶ 도장 명
공(功) ▶ 본: 대1 명
공간이 좁다 ▶ 솔: 부다. 솜: 다 형
공기놀이 ▶ 짜구2 명
공납금(公納金) ▶ 공낙금 명
공동(共同) ▶ 갸부1 명
공동묘지(共同墓地) ▶ 공: 동무지 명
공비(共匪)의 속된말 ▶ 산놀개~이 명
공비(共匪)의 속된말 ▶ 산뺄개~이 명
공산(空山) ▶ 공산 명
공산당원(共産黨員) 또는 적색분자(赤色分子)
    의 속된말 ▶ 뺄개~이 명
공연스럽다 ▶ 괜: 시럽다 형
공연스레 ▶ 맥: 재 부
공연히(公然) ▶ 괘이 부
공연히(公然) ▶ 무다: 이 부
공연히(公然) ▶ 백: 재 부
공유림(公有林)을 관리하고 이용하기 위한
    계(契) ▶ 송기: 명
공이 ▶ 괴 명
공짜 ▶ 공빼이 명
공책(空冊) ▶ 잡책(雜冊) 명
공출(供出) ▶ 공: 출 명
곶감 ▶ 근시. 꼬: 깜 명
과거(科擧) ▶ 과개 명
과문(過門) ▶ 과: 문 명
과부(寡婦) ▶ 가: 부2 명
과분(過分)하다 ▶ 오: 감타 형
과수댁(寡守宅) ▶ 과: 태기 명

과시(果是) ▶ 가: 시 부
과언(過言) ▶ 가: 언 부
과연(果然) ▶가: 시 부
과자 ▶ 까자 명
관계(關係) ▶ 강게 명
관솔불 ▶ 간: 솔불 명
관자놀이(貫子--) ▶ 관지빼 명
관청에서 보내는 고지서나 통지서 ▶ 포쪼
    가리 명
괄시(恝視) ▶ 괄새 명
광대와 비슷한 놀이 패 ▶ 화래~이 명
광목치마(廣木--) ▶ 광: 목처매 명
광어(廣魚) ▶ 광애 명
광주리 ▶ 광자리 명
광증(狂症) ▶ 광정 명
광증(狂症)의 속된말 ▶ 개: 구신 명
광태(狂態) ▶ 객광(客狂) 명
광태(狂態) ▶ 광정 명
광태(狂態) ▶ 떡광(-狂) 명
괜찮다 ▶ 개안타. 갠찬타 형
괭이 ▶ 꼬: 내기 명
괭이 ▶ 꽤이2 명
괴나리봇짐 ▶ 개나리봇짐 명
괴다 ▶ 공구: 다 동
괴롭다 ▶ 고롭다 형
괴롭히다 ▶ 찜뽕대: 다 동
괴목(槐木) ▶ 귀목나무 명
괴상하다 ▶ 고이쩍다. 형
괴이쩍다 ▶ 고이쩍다. 고이찌다 형
괴이찮다 ▶ 개안타. 갠찬타 형
괴짜(怪) ▶ 곡깨~이 명
굄돌 ▶ 공그미 명
굉장하다 ▶ 갱장하다 형

굉장하다 ▶ 시험타 [형]
교군(轎軍) ▶ 조군 [명]
교배(交配) 붙다 ▶ 암새 붙다 [관]
교육(敎育) ▶ 고:육 [명]
교활(狡猾)하다 ▶ 얍사부리: 하다 [형]
구겨지다 ▶ 꾸깨:지다 [동]
구경 ▶ 귀:경 [명]
구기다 ▶ 꾸개다 [동]
구더기 ▶ 구:더리. 구:디기. 굼:비이 [명]
구덕구덕 ▶ 피덕피덕 [부]
구덩이 ▶ 구다ˇ이 [명]
구두쇠 ▶ 노래ˇ이 [명]
구두쇠 ▶ 땅보 [명]
구두쇠의 속된말 ▶ 고래쇠: 미 [명]
구들 ▶ 구둘 [명]
구들바닥 ▶ 구둘바닥 [명]
구들장 ▶ 구둘장 [명]
구들장이 ▶ 구둘재ˇ이 [명]
구라파전쟁(歐羅巴戰爭) ▶ 구라파전: 장 [명]
구렁이 ▶ 구:우리. 구리ˇ이 [명]
구레나룻 ▶ 구레쇠: 미 [명]
구르다 ▶ 구불다 [동]
구름 ▶ 구룸 [명]
구리다 ▶ 꼬리다. 꾸리다2 [형]
구린내 ▶ 꼬랑내. 꼬린내. 꾸랑내. 똥꾸렁내. 똥꿀래 [명]
구멍 ▶ 구무. 구영 [명]
구멍 ▶ 궁구 [명]
구배 ▶ 고:바이 [명]
구석 ▶ 구적. 구지기 [명]
구수하다 ▶ 구시다. 구시: 하다 [형]
구슬 ▶ 구실 [명]
구슬 ▶ 다마 [명]

구슬치기 ▶ 다마치기 [명]
구시렁거리다 ▶ 구싱거리다. 구지렁거리다. 군지렁거리다 [동]
구시렁구시렁 ▶ 구싱구싱. 구지렁구지렁. 군지렁군지렁 [부]
구안괘사(口眼喎斜) ▶ 와사풍(--風) [명]
구안와사 ▶ 와사풍(--風) [명]
구역질 ▶ 꾀약질. 꾀역질 [명]
구역질의 센말 ▶ 생꾀역질 [명]
구유(飼料槽) ▶ 귀이 [명]
구저분하다 ▶ 구중: 하다 [형]
구정물 ▶ 꾸정물 [명]
구정물구덩이 ▶ 수채구다ˇ이 [명]
구정물독 ▶ 꾸정물도가지 [명]
구질하다 ▶ 구중: 하다 [형]
국물 ▶ 구물 [명]
국수 ▶ 국시 [명]
군것질 ▶ 군: 주줌버리. 군: 주줌부리 [명]
군복 스웨터의 하나 ▶ 독구리사추 [명]
군불 ▶ 굼:불 [명]
군살 ▶ 꾸덕살. 꾸덩살 [명]
군인(軍人) ▶ 구인 [명]
굳은살 ▶ 꾸덕살. 꾸덩살 [명]
굳이 ▶ 구지 [부]
굴 ▶ 공굴(空-) [명]
굴 ▶ 굴: [명]
굴다리 ▶ 공굴(空-) [명]
굴뚝 ▶ 꿀뚝 [명]
굴러가다 ▶ 구불어가다 [동]
굴러다니다 ▶ 구불어댕기다 [동]
굴렁쇠 ▶ 동테 [명]
굴리다 ▶ 구불리다 [동]
굵다 ▶ 굴: 따 [형]

굵직하다 ▶ 굴단: 하다. 굴찍: 하다 형
굶기다 ▶ 궁개: 다. 궁기: 다 동
굶다 ▶ 골다. 굼: 따 동
굼실거리다 ▶ 꿈질대: 다 동
굽다 ▶ 꿉: 다 동
굽도리 ▶ 굽 명
굽실거리다 ▶ 꿉신거리다 동
굽이굽이 ▶ 구'비구비 부
굽히다 ▶ 꾸'피다 동
궁금증(—症) ▶ 궁급증 명
궁금하다 ▶ 궁급다. 궁굼: 하다 형
궁둥이 ▶ 궁: 디'이. 디:1 명
궁둥이의 낮춤말 ▶ 미자바리 명
궁리(窮理) ▶ 구: 구 명
궁리(窮理) ▶ 궁이 명
궂다 ▶ 구'지다 형
궂은일 ▶ 구'진일 명
권(卷) ▶ 곤 명의
권구(眷口) ▶ 공: 구 명
권리(權利) ▶ 걸리. 골리 명
권세(權勢) ▶ 곤세 명
권식(眷食) ▶ 곤: 식 명
궐련(卷煙) ▶ 마꼬 명
궐전(闕錢) ▶ 골돈 명
궤(櫃) ▶ 귀: 명
궤문(櫃門) ▶ 귀: 문 명
궤짝 ▶ 귀: 명
궤짝(櫃-) ▶ 귀: 째기 명
귀걸이 ▶ 기거리 명
귀담아듣다 ▶ 귀담어듣다 동
귀덮개 ▶ 귀도리 명
귀두(龜頭)의 변말 ▶ 나까오리. 대쭈가부또 명

귀때기 ▶ 귀싸대기. 귀따기 명
귀뚜라미 ▶ 끼뚜래미 명
귀띔 ▶ 귀띠미 명
귀리 ▶ 괴'밀. 귀밀 명
귀머거리 ▶ 귀먹쩌거리 명
귀머거리 ▶ 먹구 명
귀밑머리 ▶ 기밑머리 명
귀상어 ▶ 곰배상애 명
귀신(鬼神) ▶ 구: 신 명
귀여워하다 ▶ 귀: 해하다 동
귀염 ▶ 구: 염 명
귀엽다 ▶ 구: 엽다 형
귀이개 ▶ 귀가'베. 귀히'비개 명
귀잡이 ▶ 귀재비. 귀타'이 명
귀주머니 ▶ 귀주마'이 명
귀지 ▶ 귀채'이 명
귀지 ▶ 귓밥 명
귀찮다 ▶ 구찬타. 귀찬타 형
귀청 ▶ 귀채'이 명
귀퉁이 ▶ 귀재비. 귀타'이. 기타'이 명
귀하다 ▶ 귀: 타. 기럽다 형
귓구멍 ▶ 귀꼬마리. 귓구영 명
귓밥 ▶ 귀빱 명
규칙(規則) ▶ 구'칙 명
그 모양 ▶ 고'양2 부
그 빌어먹을 것 ▶ 그눔으꺼. 그연들꺼. 그연으꺼 감
그 새끼 ▶ 그눔. 그연들아:. 그연아:. 근들아:. 금마: 대
그 아이 ▶ 갸: 2 준
그 애 ▶ 갸아 준
그 자식 ▶ 그눔. 그연들아:. 그연아:. 근들아:. 금마: 준

그건 그렇고 ▶ 긍: 그렇고 준	그렇게 ▶ 그래1 부
그것 ▶ 그거 대	그렇게 말하다 ▶ 그카다 동
그것 보라니까 ▶ 바: 라카이 감	그렇게 하다 ▶ 그카다 동
그것 보아라 ▶ 연에 바라 감	그렇게 하지 않으면 ▶ 그라이머 준
그까짓 ▶ 그까: 지, 그깐 관형	그렇고 ▶ 글코 준
그까짓 것 ▶ 까: 연들꺼 감	그렇고 말고 ▶ 암: 만 감
그끄저께 ▶ 그아: 레 명	그렇고 말고 ▶ 하기로 감
그냥 ▶ 고양2 부	그렇잖다 ▶ 그러찮타, 글찮타 준
그냥 ▶ 그양(-樣) 부	그렇지 ▶ 그제: 감
그냥 ▶ 가양 부	그루 ▶ 자리3 명의
그네 ▶ 군대, 주천 명	그루터기 ▶ 껄따기, 끌타기 명
그년 ▶ 그연 대	그르다 ▶ 그리다 형
그놈 ▶ 그눔, 그연아: 대	그르다 ▶ 파: 이다 형
그늘 ▶ 거랑지 명	그르치다 ▶ 잘문하다 동
그다지 ▶ 밸: 로 부	그릇 ▶ 그럭 명
그득 ▶ 항: 굼2, 항: 그 부	그릇 따위의 밑바닥 ▶ 자뱌리 명
그득하다 ▶ 등천하다 형	그릇뚜껑 ▶ 뜨애, 뜨바~이, 따바~이 명
그따위 ▶ 그땨구 대	그릇의 밑바닥 ▶ 미자뱌리 명
그때 ▶ 글때 명	그릇장수 ▶ 그럭재이 명
그때마다 ▶ 물무리 부	그리 ▶ 그래1 부
그래 말이다 ▶ 하기로 감	그리다 ▶ 기리다2 동
그래가지고 ▶ 그래가, 그래가주고 부	그리마 ▶ 시렁거무 명
그래도 설마 ▶ 하머하머 부	그림 ▶ 기림 명
그래서 ▶ 그래가, 그래가주고 부	그림을 그리다 ▶ 환: 치다 동
그래저래 ▶ 그르글 부	그림쟁이 ▶ 기림재~이 명
그러게 ▶ 그캐 감	그만 ▶ 고땅: 감
그러게 말이다 ▶ 그캐 말이다 관	그만 ▶ 그마:, 먀~1 부
그러고 ▶ 글코 준	그만그만하다 ▶ 고만고만: 하다 형
그러나저러나 ▶ 근나전나 부	그만두다 ▶ 나: 두다 동
그러다 ▶ 그라: 다 동	그만두다 ▶ 마: 다 동
그러다 ▶ 그캬다 동	그만두다 ▶ 차아뿌리다 동
그럭저럭 ▶ 그러: 쿠럼 부	그만치 ▶ 그르글, 그칠 부
그럴 때 ▶ 글때 명	그만치 ▶ 그마: 이 부

그만큼 ▶ 그칠. 그마: 이 ⟨부⟩
그믐 ▶ 그뭄 ⟨명⟩
그믐날 ▶ 그뭄날. 금: 날 ⟨명⟩
그사이 ▶ 끄단산:. 그단새 ⟨부⟩
그새 ▶ 끄단산:. 그단새:. ⟨부⟩
그슬다 ▶ 끄실다 ⟨동⟩
그슬음 ▶ 꺼심 ⟨명⟩
그야말로 ▶ 가: 우 ⟨부⟩
그을다 ▶ 끄지르다 ⟨동⟩
그을음 ▶ 꺼시름. 꺼심. 끄름. 끄시럼. 끄지럼 ⟨명⟩
그저 ▶ 거저 ⟨부⟩
그저께 ▶ 아: 래. 아: 래뿐 ⟨명⟩
그저께의 전날 ▶ 저아: 래 ⟨명⟩
그제야 ▶ 그적새야 ⟨부⟩
그중 ▶ 기중1 ⟨명⟩
그지없다 ▶ 할: 양없다 ⟨형⟩
그치다 ▶ 끄치다. 끈치다 ⟨동⟩
근근이(僅僅-) ▶ 근: 그이 ⟨부⟩
근기(根氣) ▶ 긍기 ⟨명⟩
근력(筋力) ▶ 글역 ⟨명⟩
근방(近方) ▶ 갸금방. 금: 방 ⟨명⟩
근사(近似)하다 ▶ 방상: 하다 ⟨형⟩
근수(斤數) ▶ 근대 ⟨명⟩
근일(近日) ▶ 일간(日間) ⟨명⟩
근질거리다 ▶ 소물거리다. 수물거리다 ⟨동⟩
근질근질 ▶ 수물수물 ⟨부⟩
근질근질하다 ▶ 지글지글하다 ⟨형⟩
글 또는 지식의 변말 ▶ 먹물 ⟨명⟩
글 읽는 목소리 ▶ 초성(-聲) ⟨명⟩
글피 ▶ 그모레. 내모레. 내: 리모레. 저모래 ⟨명⟩
긁다 ▶ 까래비다 ⟨동⟩

긁다 ▶ 끌때 ⟨동⟩
긁어놓다 ▶ 깔바놓다 ⟨동⟩
긁히다 ▶ 길래: 다. 끄러피: 다 ⟨동⟩
긁히다 ▶ 끌캐: 다 ⟨동⟩
금 ▶ 끼2 ⟨명⟩
금계랍(金鷄蠟) ▶ 금계랄 ⟨명⟩
금기줄(禁忌繩) ▶ 강: 구줄 ⟨명⟩
금수(禽獸) ▶ 김성 ⟨명⟩
금수(禽獸) ▶ 쇠짐성. 짐성 ⟨명⟩
금슬(琴瑟) ▶ 금실 ⟨명⟩
금줄(禁-) ▶ 강: 구줄 ⟨명⟩
긋다 ▶ 기리다3 ⟨동⟩
긋다 ▶ 끗다 ⟨동⟩
기(基) ▶ 샹구1 ⟨명의⟩
기(氣) ▶ 개2 ⟨명⟩
기(氣) ▶ 야꼬 ⟨명⟩
기(氣) ▶ 억 ⟨명⟩
기3 ▶ 수기: 1 ⟨명⟩
기가 차고 억이 차다 ▶ 기가 차고 매가 차다 ⟨관⟩
기겁(氣怯) ▶ 생씩겁. 씩겁 ⟨명⟩
기겁하다 ▶ 씩겁묵다. 씩겁하다 ⟨동⟩
기계국수(機械-) ▶ 기게국시 ⟨명⟩
기계로 뺀 국수 ▶ 기게국시 ⟨명⟩
기껏해야 ▶ 질: 껀해야 ⟨부⟩
기다랗다 ▶ 기단: 하다. 길단: 하다 ⟨형⟩
기다리다 ▶ 바락고있다. 지두리다 ⟨동⟩
기대다 ▶ 지: 대다 ⟨동⟩
기둥 ▶ 기동. 지동 ⟨명⟩
기둥뿌리 ▶ 지동뿌리 ⟨명⟩
기력(氣力) ▶ 글역 ⟨명⟩
기르다 ▶ 지루: 다 ⟨동⟩
기름 ▶ 자럼. 자름 ⟨명⟩

기름병(-甁) ▶ 지름비ᇰ이 몡
기름을 짤 때 떡판에 올려놓은 기름떡을 덮
　어 눌러서 기름을 짜는 길고 두꺼운 널판
　▶ 기름챗날 몡
기름접시 ▶ 지름접시기 몡
기름틀 ▶ 지름틀 몡
기름틀의 떡판 ▶ 떡판 몡
기름틀의 머리틀 ▶ 머리틀 몡
기름틀의 바탕나무 ▶ 장나무 몡
기별(奇別) ▶ 가ᇰ별 몡
기분이 치밀다 ▶ 소채:다 동
기색 ▶ 기적 몡
기생(妓生) ▶ 기:상 몡
기스락 ▶ 지슬 몡
기슭 ▶ 가ᇰ슬. 지슬 몡
기슭 ▶ 치겨리 몡
기심 ▶ 자섬. 자심. 짐:2 몡
기양(其樣) ▶ 가ᇰ양 부
기어이 ▶ 그여:히 부
기어이 ▶ 싱고이(辛苦-) 부
기억(記憶)나다 ▶ 생각지다. 생각캐:다 동
-기에 ▶ -기내 미
-기에 ▶ -길래. -킬래 미
기와 ▶ 개와1(蓋瓦) 몡
기와가루 ▶ 개와가리 몡
기왓가마 ▶ 개와굴 몡
기왓장 ▶ 개아:짱 몡
기운(氣運) ▶ 운짐 몡
기울 ▶ 밀짜불 몡
기울다 ▶ 솔리:다 동
기울다 ▶ 지불다. 지울다 동
기울어지다 ▶ 찌부러지다 동
기울이다 ▶ 지우리다 동

기위(旣爲) ▶ 가이 부
기장 ▶ 기정. 지정 몡
기장과 조 ▶ 서:숙 몡
기저귀 ▶ 기지:게 몡
기저귀 ▶ 사빠 몡
기절하다 ▶ 까무술래:다. 자무술래:다 동
기지개 ▶ 지지게 몡
기척 ▶ 기적 몡
기침 ▶ 자침 몡
기타(guitar) ▶ 키:타 몡
기함(氣陷)하다 ▶ 기암하다 동
기회(機會) ▶ 짐1 몡의
길 ▶ 질1 몡
길 ▶ 질2 몡의
길길이 ▶ 질:지리 부
길다 ▶ 기:다. 지:다. 질:다 형
길러먹다 ▶ 잘러묵다 동
길마 ▶ 질마. 질매 몡
길마 위에 걸채나 옹구를 차릴(얹을) 때 아
　울러 매는 새끼 ▶ 뜸새끼 몡
길마 위에 얹어 짐을 싣는 농기구 ▶ 걸:채1
　몡
길마의 가지 ▶ 질매가지 몡
길마의 걸언치 ▶ 더더치 몡
길마의 껑거리막대(철거지꼬쟁이)와 거기 달
　린 껑거리끈(철거지끈) ▶ 철거지 몡
길마의 둥어리막대 ▶ 더불개 몡
길모퉁이 ▶ 길모타ᇰ이 몡
길목 ▶ 질목 몡
길목마다 ▶ 목모기 부
길쌈 ▶ 질쌈 몡
길이 ▶ 기럭지. 기리기. 지럭지. 지리기 몡

길이 들어서 몸에 밴 버릇 ▶ 이력 명
길짐승 ▶ 질짐성 명
길쭉하다 ▶ 지단: 하다. 질단: 하다. 질쭉:
　하다. 질쭘: 하다. 길숨: 하다 형
김 ▶ 짐1 명의
김 ▶ 짐: 2 명
김 ▶ 짐: 3 명
김 ▶ 짐: 4 명
김장 ▶ 짐장 명
김장철 ▶ 짐장철 명
김치(沈菜) ▶ 잠치 명
김치국밥 ▶ 밥국 명
김치나 나물 따위를 넣어서 끓인 죽 ▶ 갱
　: 죽 명
김치조각 ▶ 짐치쪼가리 명
깁다 ▶ 집: 다2 동
깃다 ▶ 짓: 다2 동
깃발 날리다 ▶ 기빨 날리다 관
깃저고리 ▶ 일안저구리 명
깊다 ▶ 기푸다. 지푸다. 잪다 형
깊이 ▶ 자피 명
까끄라기 ▶ 까끄래기. 까끄래~이. 까락. 까
　시래기. 꺼끄래기 명
까끄라기 곡식 ▶ 껍따기곡석 명
까다 ▶ 뺄: 기다 동
까다롭다 ▶ 꼬: 꾸랍다 형
까다롭다 ▶ 밸나다 형
까닭 ▶ 이: 1 명
까닭 없이 ▶ 무다: 이 부
까마귀 ▶ 까마: 구. 까마: 기 명
까막눈 ▶ 까망눈. 눈까마~이 명
-까 말까 ▶ -까 마까 관
까무러지다 ▶ 자무술래: 다. 까무술래: 다 동

까부르다 ▶ 까부리다 동
까불거리다 ▶ 출랑거리다 동
까불다 ▶ 까부다 동
까지 ▶ 꺼정 조
까지 ▶ 따: 나 조
까진 사람 ▶ 깐: 돌이 명
까짓 ▶ 까: 지2 관형
까치 ▶ 깐: 채이. 깐: 치 명
까투리 ▶ 암꽁 명
각쟁이 ▶ 깍재~이 명
각지 ▶ 깍대기 명
깎아주다 ▶ 내라: 주다 동
깎이다 ▶ 깍개: 다. 깨끼: 다 동
깎지 ▶ 깍따기 명
깐죽거리다 ▶ 쫀닥거리다 동
깔끔하다 ▶ 까끌밪다. 깰끔: 하다 형
깔끔하다 ▶ 마뜩다. 마뜩밪다 형
깔끔하다 ▶ 짭찔밪다 형
깔리다 ▶ 깔래: 다 동
깔보다 ▶ 업: 수이보다 동
깔보이다 ▶ 업: 수이비: 다 동
감둥이 ▶ 깜디~이 명
감박 ▶ 꼽박 부
감부기 ▶ 깐다기. 깜배기. 깜비기 명
감빡 ▶ 깜짝 부
감빡거리다 ▶ 깜짝거리다 동
감짝이야 ▶ 놀: 래라 감
깡패 ▶ 가다2 명
깡패 ▶ 부랑재~이 명
깨끗하다 ▶ 까끌밪다 형
깨끗하다 ▶ 깨분: 하다. 깨빈: 하다 형
깨를 묶은 단 ▶ 깻단 명
깨소금 맛이다 ▶ 깨소굼 맛이다 관

709

깨우다 ▶ 깨꾸:다. 깨배다 [동]
깨작거리는 사람 ▶ 다:래미 [명]
깨주매기 가루로 조리한 장(醬) ▶ 시굼장 [명]
깻묵 ▶ 깨굼1 [명]
꺼림칙하다 ▶ 꺼꾸룸:하다. 꺼림직:하다 [형]
꺼림칙하다 ▶ 찝찝:하다 [형]
꺼풀 ▶ 겨풀. 까풀. 까푸리. 껴불 [명]
꺽저기 ▶ 꺽저구 [명]
꺽지 ▶ 꺽저구 [명]
꺾다 ▶ 뿌직다 [동]
껄끄럽다 ▶ 까끄랍다 [형]
껌 ▶ 끔. 중깡 [명]
검둥이 ▶ 껌다~이 [명]
검둥이 ▶ 인도:징 [명]
껍데기 ▶ 겨풀. 까풀. 까푸리. 깝따기. 껴불 [명]
껍데기 ▶ 꺼끄렁 [관형]
껍데기 ▶ 껍따기 [명]
껍데기 곡식 ▶ 까끄랑곡석. 꺽곡. 껍따기곡석 [명]
껍질 ▶ 깝따기. 껍따기 [명]
껍질 ▶ 쭉따기 [명]
껍질을 벗긴 삼(麻)의 대 ▶ 재랍 [명]
-껏 ▶ -끗 [접]
껴안다 ▶ 끼안:따 [동]
껴입다 ▶ 끼:입다. 쩌:입다 [동]
꼬다 ▶ 꾸다1 [동]
꼬다 ▶ 디리다1 [동]
꼬락서니 ▶ 꼬라:지 [명]
꼬랑지 ▶ 꼬랑대기 [명]
꼬리 ▶ 꼬다리 [명]
꼬리 ▶ 꼬랑대~이. 꼬랑대기. 꼬래~이. 꽁다리. 꽁대기 [명]

꼬박 ▶ 꼽:빡 [부]
꼬부랑 ▶ 꼬끄랑 [명]
꼬부랑 글 ▶ 꼬끄랑글 [명]
꼬집다 ▶ 째비다 [동]
꼬집어 뜯다 ▶ 깔쥐:뜯다 [동]
꼬챙이 ▶ 꼬재~이. 꼬징개~이 [명]
꼬투리 ▶ 꼬다리. 꼬타리 [명]
꼬투리 ▶ 책(責) [명]
꼭 ▶ 꽉: [부]
꼭대기 ▶ 꼭대배기. 대박. 대배기1 [명]
꼭대기 ▶ 마래~이 [명]
꼭두새벽 ▶ 꼭두새복 [명]
꼭지 ▶ 꼭다리 [명]
꼴 ▶ 소:풀 [명]
꼴등 ▶ 꼬:리 [명]
꼴등 ▶ 끈:또. 끈:뜽. 꼼바래~이. 끝등(-等) [명]
꼴망태 ▶ 소:풀망티기 [명]
꼴머슴 ▶ 꼴머섬 [명]
꼴찌 ▶ 꼬:리. 끈:또. 끈:뜽. 꼼바래~이. 끝등(-等) [명]
꼼짝없이 ▶ 꼽다시 [부]
꽂다 ▶ 꼽다 [동]
꽃봉오리 ▶ 꽃봉아리 [명]
꽃신 ▶ 꽃댕애 [명]
꽤 ▶ 깨 [부]
꽤 ▶ 어북1 [부]
꽹과리 ▶ 꿩게미 [명]
꾀 ▶ 애법 [부]
꾀다 ▶ 꼬시다2. 꼬:다 [동]
꾀보 ▶ 꾀배기 [명]
꾀이다 ▶ 꼬애:다 [동]
꾀쟁이 ▶ 꾀배기 [명]

꾀죄죄하다 ▶ 다:랍다. 다:럽다 형
꾸다 ▶ 꾸다2 동
꾸다 ▶ 꾸다3 동
꾸러미 ▶ 꾸리미 명의
꾸부정하다 ▶ 꺼꾸정:하다. 꾸꾸당:하다 형
꾸중 ▶ 영검 명
꾸지람 ▶ 꾸지럼 명
꿀리다 ▶ 꿀래:다1 동
꿇다 ▶ 꾸리다1 동
꿇리다 ▶ 꿀래:다2 동
꿈결 ▶ 꿈절 명
꿍꿍이속 ▶ 꿍심 명
꿩 ▶ 꽁 명
꿩고기 ▶ 꽁괴기 명
꿩약(-藥) ▶ 꽁약 명
꿩의 병아리 ▶ 꽁삐가리 명
꿩장(-醬) ▶ 꽁장 명
꿰다 ▶ 뀌:다 동
꿰맞추다 ▶ 뀌:마추다 동
꿰매다 ▶ 꺼러매다. 뀌:매다 동
끄나풀 ▶ 꺼내끼. 끄나까리. 끄내끼. 끈가리. 끈타리 명
끄덕하다 ▶ 껏떡거리다 동
끄덩이 ▶ 끄대~이. 끄다~이 명
끄떡 ▶ 까딱 부
끄떡 ▶ 껏:떡 부
끄떡끄떡 ▶ 깟딱깟딱 명
끄트머리 ▶ 꼬:리 명
끄트머리 ▶ 꼬래~이. 꽁다리 명
끄트머리 ▶ 끄터리. 끝다리 명
끈 나부랭이 ▶ 꺼내끼. 끄나까리. 끄내끼. 끈가리. 끈타리 명
끈의 토막 ▶ 꺼내끼. 끄나까리. 끄내끼. 끈가리. 끈타리 명
끊기다 ▶ 끈개:다 동
끊다 ▶ 끈따 동
끊어지다 ▶ 끄너지다 동
끌개 ▶ 끄장게2 명
끌다 ▶ 끄:다. 끄직다 동
끌려가다 ▶ 끌래:가다 동
끌리다 ▶ 끄직개:다 동
끌리다 ▶ 끌래:다 동
끌어당기다 ▶ 끄러땡기다. 끄직어땡기다 동
끌어안다 ▶ 끌안따 동
끓다 ▶ 끌따2 동
끓이다 ▶ 까리다 동
끓이다 ▶ 쑤다1 동
끔찍하다 ▶ 몽창시럽다 형
끗발 ▶ 끌빨 명
끙게(끌개) ▶ 끄장게1. 뻔디. 뻔지. 뻔다기1 명
끝 ▶ 끈타~이 명
끝 ▶ 끝 명
끝 토막 ▶ 꽁다리 명
끝끝내 ▶ 싱고이(辛苦-) 부
끝내다 ▶ 시마이하다 동
끝자락 ▶ 치거리 명
끝장나다 ▶ 결단나다. 절단나다 동
끝장나다 ▶ 오단나다. 오단가리나다 동
끝장내다 ▶ 절단내:다 동
끼니때 ▶ 끼때. 때1 명
끼니때 ▶ 조석(朝夕) 명
끼니때를 메울 먹을거리 ▶ 끼꺼리 명
끼다 ▶ 찌:다2 동
끼다 ▶ 찌다1 동
-끼리 ▶ -찌리 접

끼리 ▶ 꺼정 조
끼리끼리 ▶ 시재까리 부
끼우다 ▶ 짜우다 동
끼우다 ▶ 찡구:다 동
끼우뚱거리다 ▶ 찌우뚱거리다 동
끼이다 ▶ 짜:이다 동
끼이다 ▶ 찡개:다 동
끼적거리다 ▶ 꺼적거리다. 끄적거리다 동
끼치다 ▶ 자기다 동

[ㄴ]

-ㄴ가 ▶ -ㄴ강. -ㄴ공. 미
-ㄴ가 ▶ -ㄴ고, -고3 미
-ㄴ가 보다 ▶ -ㄴ갑다. -ㄴ가베 미
-ㄴ가요 ▶ -ㄴ기요, -닌기요 미
-ㄴ지 ▶ -ㄴ동 미
-내(으나) ▶ -노 미
나누다 ▶ 가리다 동
나누다 ▶ 농구다. 농갈리다 동
나누어 가르다 ▶ 농갈리다 동
나다니다 ▶ 나댕기다 동
나다니다 ▶ 허대:다. 허댕기다 동
나들다 ▶ 나'드다 동
나락뒤주 ▶ 니락두지 명
나락등겨 ▶ 니락등게 명
나르다 ▶ 나리다 동
나름 ▶ 거게1 명의
나름 ▶ 즘 명의
나막신 ▶ 개다 명
나막신 ▶ 나무신 명
나막신짝 ▶ 개다째기 명

나머지 ▶ 나무지, 나무자기, 남저지, 남자기 명
나머지 모두 ▶ 마자1 부
나무 ▶ 나무. 낭구 명
나무(상록수)의 일종 ▶ 도장나무 명
나무가게 ▶ 나무전: 명
나무그루터기 ▶ 까등거리. 까다~이 명
나무그루터기 ▶ 나무껄때기 명
나무라다 ▶ 나무래:다 동
나무라다 ▶ 머라카다. 머러카다 동
나무를 깎고 다듬는 데 쓰는 연장 ▶짜:구 명
나무의 일종 ▶ 깨:똥나무 명
나무의 잔가지 ▶ 까배~이 명
나무장수 ▶ 나무장:사 명
나박김치 ▶ 나박잠치 명
나불거리다 ▶ 야불거리다 동
나불나불 ▶ 야불야불 부
나쁘다 ▶ 그리다. 나뿌다 형
나사못(螺絲) ▶ 왜못 명
나일론양말 ▶ 나이롱다배 명
나잇살 ▶ 냐살 명
나잇살 ▶ 냐살빼기 명
나자빠지다 ▶ 처자빠지다 동
나종 ▶ 내:종. 내:종. 냉:자 부
나중에 ▶ 냉:자 부
나중에 ▶ 오따:가. 우따:가 부
나침반(羅針盤) ▶ 쇠1 명
나흘 ▶ 나할 명
낙서(落書) ▶ 황:칠 명
낙숫물(落水-) ▶ 참마물 명
낚다 ▶ 낙따 동
낚아채다 ▶ 탈:치다 동

낚이다 ▶ 낙개: 다 [동]
난간(欄干) ▶ 낭간 [명]
난감(難堪)하다 ▶ 낭감: 하다 [형]
난도질(亂刀-) ▶ 난: 두질 [명]
난리(亂離) ▶ 날: 리 [명]
난리(亂離) ▶ 적지 [명]
난리(亂離)의 속된말 ▶ 구라파전: 장 [명]
난잡(亂雜)하다 ▶ 분답. 분잡다 [형]
난잡스럽다 ▶ 번지럽다. 번지시럽다 [형]
난장판 ▶ 날: 리벅구통 [명]
난쟁이 ▶ 난: 재˝이 [명]
난초(蘭草) ▶ 난초 [명]
날 스케이트 ▶ 날수갯도. 칼수갯도 [명]
날개 ▶ 나래. 날개 [명]
날걸(윷판) ▶ 날걸 [명]
날도(윷판) ▶ 날도 [명]
날리다 ▶ 날래: 다 [동]
날벼락 ▶ 날배락 [명]
날삯으로 시키는 품꾼 ▶ 놉꾼 [명]
날실을 손질하여 도투마리에 감는 작업 ▶ 베매기(무명). 베매기(삼베) [명]
날씨 ▶ 날새 [명]
날아가다 ▶ 날러가다 [동]
날윷(윷판의) ▶ 밧지 [명]
날이면 날마다 ▶ 쳔날만: 날(千-萬-). 해배긴날. 화늘 해 배긴 날 [관]
남 ▶ 넘 [명]
남과 남 ▶ 넘넘 [명]
남기다 ▶ 낭기다. 낭구: 다. 냉기다 [동]
남남 ▶ 넘넘 [명]
남녀불문(男女不問)하고 ▶ 안밭없이 [관]
남다 ▶ 남: 다 [동]
남부끄럽다 ▶ 넘부꾸럽다 [형]

남부럽다 ▶ 넘부럽다 [형]
남새밭 ▶ 채진밭 [명]
남성(男性)의 변말 ▶ 엿장: 사 [명]
남성의 성기 ▶ 가죽방매˝이 [명]
남우세스럽다 ▶ 남사시럽다. 남위사시럽다. 넘사시럽다. 넘우사시럽다 [형]
남을 꼬집기를 잘 하는 사람 ▶ 째빈재˝이 [명]
남의 부인을 높여 이르는 말 ▶ 학부인(學夫人) [명]
남의 섶 살림 ▶ 초당거처(草堂居處) [명]
남자 또는 외부라는 뜻이 되는 접두사 ▶ 배낕 [명]
남자들이 하는 일 ▶ 배낕일 [명]
남자바지의 앞 오른쪽 큰사폭의 부분과 왼쪽 말랑폭으로 이어져서 왼쪽 가랑이까지 내려간 역사다리꼴로 댄 부분 ▶ 작: 은사폭 [명]
남자바지의 앞 왼쪽 가랑이 안쪽의 큰사폭과 말랑폭에 붙어서 왼쪽 발목까지 내려간 역사다리 꼴로 이어진 부분 ▶ 다랑복 [명]
남자바지의 앞 허리와 큰사폭의 맨 윗부분이 이어진 부분 ▶ 까마: 구머리. 까막머리 [명]
남자바지의 허리 ▶ 혀리 [명]
남자바지의 좌우 허리 바깥으로 가랑이까지 내려간 온폭 부분 ▶ 말랑폭 [명]
남자분(男子-) ▶ 남정네 [명]
남자의 서양식 머리 모양 ▶ 하이까래 [명]
남정(男丁) ▶ 남정네 [명]
남편(男便) ▶ 남핀 [명]
남편(男便)의 높임말 ▶ 배낕양: 반. 배낕주

인 명
남풍(南風) ▶ 마빠람 명
남한(南韓) ▶ 남선(南鮮) 명
낫 ▶ 낫까락 명
낫다 ▶ 낫:다 동
낭떠러지 ▶ 낭간 명
낭떠러지 ▶ 담: 명
낯 ▶ 낯 명
낮은 데 있는 논에서 높은 데로 올라가면서 물을 대는 것 ▶ 치대:기 명
낯가죽 ▶ 낯꺼죽 명
낯설다 ▶ 나시다 형
낯을 씻다 ▶ 낯씻다 동
낯짝 ▶ 낯째기 명
낱 ▶ 나 명의
낱낱이 ▶ 낱나'치 부
낱알 ▶ 알개'이 명
낳다 ▶ 놓다2 동
내국인을 상대하는 여자 ▶ 똥깔보 명
내내년(來來年) ▶ 우:명연 명
내내년(來來年) ▶ 후:내연. 후:맹연 명
내년(來年) ▶ 내연. 냉연. 맹연 명
내년의 다음 해 ▶ 후:내연 명
내놓다 ▶내:놓다 동
내다(쌀, 콩, 팥 따위의 곡식 따위를 팔다) ▶ 내:다1 동
내다(쌀, 콩, 팥 따위의 곡식을 빌리다) ▶ 내:다2 동
내다보다 ▶ 니:다보다 동
내다보다 ▶내: 바더보다 동
내달리다 ▶ 내: 졸기다 동
내달리다 ▶ 해: 졸기다 동
내당(內堂) ▶ 안어:런 명

내려가다 ▶ 내러가다. 느러가다. 나러가다 동
내려놓다 ▶ 너랴: 놓다 동
내려다보다 ▶ 내래다보다. 내리보다. 낼바더보다. 나러다보다 동
내려다보이다 ▶ 내래다비:이다. 나러다비:다 동
내려오다 ▶ 내러오다. 느러오다. 나러오다 동
내려주다 ▶ 내랴: 주다 동
내력(來歷) ▶ 내럭 명
내리게 하다 ▶ 내루:다. 느루:다. 나루:다 동
내리기 ▶ 니라기 명
내리다 ▶ 내루':다. 너루':다. 느루:다. 니루:다 동
내리다 ▶ 느리다. 나리다 동
내리다 ▶ 부루':다 동
내리막 ▶ 니리막 명
내림 ▶ 내리기. 니라기 명
내몰다 ▶ 후치다. 후잦다. 훚다 동
내몰리다 ▶ 후지깨:다 동
내밀다 ▶ 니:미다 동
내밀다 ▶ 들받어비:다 동
내버려놓다 ▶ 내뿌러놓다 동
내버려두다 ▶ 나:놓다 동
내버리다 ▶ 내뿌다. 내뿌리다 동
내빼다 ▶ 내: 졸기다 동
내빼다 ▶ 달래빼다. 달:빼다 동
내외(內外)하다 ▶ 내: 우하다 동
내외간(內外間) ▶ 내: 우간 명
내의(內衣) ▶ 내: 이1 명
내의(內衣) ▶ 샤추 명
내일 ▶ 내: 리3 명

내일(來日) ▶ 낼: 〔명〕
내지르다 ▶ 내:지리다 〔동〕
내쫓기다 ▶ 후지깨:다 〔동〕
내쫓다 ▶ 후치다. 후잦다. 훚다 〔동〕
내처 ▶ 내: 〔부〕
내처 ▶ 내:들 〔부〕
냄새 ▶ 내:미1 〔명〕
냅다 ▶ 내리1 〔부〕
냅다 ▶ 조:1 〔부〕
냉국 ▶ 채꾹 〔명〕
냉방(冷房) ▶ 냉:골(冷-) 〔명〕
냉이 ▶ 나새~이 〔명〕
냉자 ▶ 내:종 〔부〕
냉정하다 ▶ 쌀쌀맞다 〔형〕
냉큼 ▶ 팟떡 〔부〕
-냐 ▶ -ㄴ가 〔미〕
너(汝) ▶ 니:1 〔대〕
너덧 ▶ 너댓 〔수〕
너머 ▶ 너매 〔명〕
너머에 ▶ 너매 〔명〕
너무 ▶ 도2 〔부〕
너의 ▶ 느그 〔대〕
너의(너희) 아기 ▶ 느갈라: 〔준〕
너의(너희) 아버지 ▶ 느가부지 〔준〕
너의(너희) 아범 ▶ 느갸배 〔준〕
너의(너희) 아범 ▶ 느갸범: 〔준〕
너의(너희) 아비 ▶ 느개비 〔준〕
너의(너희) 아이 ▶ 느가: 〔준〕
너의(너희) 아재 ▶ 느갸재 〔준〕
너의(너희) 아재비 ▶ 느갸재비 〔준〕
너의(너희) 아주머니 ▶ 느갸지매 〔준〕
너의(너희) 애비 ▶ 느갸바이 〔준〕
너의(너희) 어멈 ▶ 느거마~이 〔준〕
너의(너희) 어멈 ▶ 느거멈: 〔준〕
너의(너희) 어미 ▶ 느개미 〔준〕
너의(너희) 어미 ▶ 느거미 〔준〕
너의(너희) 어미 ▶ 느기미 〔준〕
너의(너희) 어미 ▶ 니기미 〔준〕
너희 ▶ 느그 〔대〕
넉넉하다 ▶ 넉:근하다 〔형〕
넋 ▶ 넉 〔명〕
넋두리 ▶ 사:실 〔명〕
널빤지 ▶ 널:빤때기 〔명〕
널찍하다 ▶ 널단:하다 〔형〕
넓다 ▶ 너리다. 널따 〔형〕
넓적다리 ▶ 너붕치. 넙떡다리 〔명〕
넓적하다 ▶ 넙떡:하다 〔형〕
넓히다 ▶ 널피다. 널구:다 〔동〕
넘겨다보다 ▶ 넘바더보다 〔동〕
넘겨주다 ▶ 넝거주다. 〔동〕
넘겨짚다 ▶ 넝가짚다. 넝거짚다 〔동〕
넘기다 ▶ 건:내다 〔동〕
넘기다 ▶ 냉기다2. 넝기다. 넝구:다 〔동〕
넘기다 ▶ 다끼다 〔동〕
넘어뜨리다 ▶ 구불추:다 〔동〕
넘어뜨리다 ▶ 자빨추:다 〔동〕
넘어지다 ▶ 구불어지다 〔동〕
넘어지다 ▶ 디배:지다 〔동〕
넘어지다 ▶ 자빠러지다 〔동〕
넘어지다 ▶ 조:박다 〔동〕
넝쿨 ▶ 넘풀 〔명〕
넣다 ▶ 옇타 〔동〕
-네 ▶ -으이:2 〔미〕
네 ▶ 니:1 〔대〕
네(너희) 어머니 ▶ 느거매 〔준〕
네(넷) ▶ 니2 〔수〕

네모난 상(床) ▶ 샤: 모판 명
네미 ▶ 나거리. 나끼미 감
넥타이 ▶ 냉꾸다이 명
넷 ▶ 너: 이 수
넷이(네 사람) ▶ 너: 이 수
녀석 ▶ 소: 상. 소: 상머리. 손: 1 명
년 ▶ 연1 명
노끈 ▶ 노나깨이 명
노동력이 중간쯤 되는 머슴 ▶ 중머섬 명
노동화의 일종 ▶ 지가다배 명
노란 똥개 ▶ 누렁디~이 명
노란자 ▶ 노른자이 명
노랑이 ▶ 노래~이 명
노랑참외 ▶ 김마까 명
노래기 ▶ 복성각씨 명
노려보다 ▶ 꼬라보다. 째래보다. 노래보다 동
노루 ▶ 노리. 놀개~이 명
노른자 ▶ 노란자 명
노른자위 ▶ 노른자이 명
노름 ▶ 노룸 명
노름꾼 ▶ 노룸꾼. 노룸재~이 명
노름판 ▶ 노룸판 명
노린내 ▶ 노랑내 명
노부부(老夫婦)를 홀하게 이르는 말 ▶ 영감할마~이. 영감할먀씨 명
노상 ▶ 노박 부
노을 ▶ 뿔세 명
노인(老人) ▶ 할뱌씨 명
노자(路資) ▶ 햐깃돈 명
노자(路資) ▶ 행자(行資)2 명
노적가리(露積-) ▶ 노가리 명
노출(露出)시키다 ▶ 떠이불키다 동

녹두(綠豆) ▶ 녹띠 명
녹두죽(綠豆-) ▶ 녹띠죽 명
녹이다 ▶ 녹후: 다 동
논길 ▶ 논질 명
논두렁 ▶ 논두룸 명
논둑 ▶ 논뚝 명
논밭 ▶ 논밭전지(--田地) 명
논에 나는 잡초의 뿌리로 크기가 콩 알 만하다 ▶ 올비 명
논이 있는 들 ▶ 논들 명
놀게 하다 ▶ 놀래: 다 동
놀다 ▶ 노: 다 동
놀라다 ▶ 기암하다 동
놀라다 ▶ 놀: 래다2 동
놀라워라 ▶ 놀: 래라 감
놀라워라 ▶ 얄: 궂어라 감
놀랍다 ▶ 놀: 랍다 형
놀리다 ▶ 놀래: 다 동
놀리다 ▶ 애: 다루다 동
놈 ▶ 눔 명의
놋그릇 ▶ 녹그럭 명
놋그릇 ▶ 입식기 명
농기(農期) ▶ 농사여름(農事--) 명
농땡이 ▶ 농따~이 명
농사를 망침 ▶ 피: 농 명
농사일에 숙달된 장골(壯骨)머슴 ▶ 장: 머섬 명
농약(農藥) ▶ 노약 명
농지를 빌려주고 임대료 조로 곡식을 받아먹다 ▶ 배: 묵다 동
농짝 ▶ 농째기 명
농토(農土) ▶ 논밭전지(--田地) 명
높다 ▶ 노푸다 형

높임말의 호격조사의 하나 ▶ 요: 3 조
높직하다 ▶ 높단: 하다 형
놓다 ▶ 놓다1 동
놓아두다 ▶ 나: 두다 동
놓아서 ▶ 벌: 로 부
놓쳐버리다 ▶ 따랴: 뿌리다. 떨갸: 뿌리다 동
놓치다 ▶ 떨구: 다 동
뇌물(賂物) ▶ 와이로 명
뇌물(賂物) 따위를 주고 일을 되게 하는 것
　▶ 사바사바 명
누고 싶다 ▶ 누랍다 형
누구 ▶ 누: 대
누굴누굴 ▶ 누갈나갈: 감
누나 ▶ 누부. 아개 명
누다 ▶ 누다 동
누렁이 ▶ 누렁디~이 명
누렁호박 ▶ 누렁디~이 명
누룩 ▶ 누럭 명
누룽지 ▶ 누랑지. 누룬밥 명
누르께하다 ▶ 누리꾸리: 하다 형
누르다 ▶ 눌루: 다 동
누린내 ▶ 누랑내 명
누비옷 ▶ 누배옷 명
누비이불 ▶ 누배이불 명
누에 ▶ 누베 명
누에고치 ▶ 꼬치2. 끈치 명
누에고치를 푸는 자위에 세운 막대(솝대)
　▶ 솔대
누에고치를 풀 때 실을 거는 쇠고리 ▶ 쇠
　고리 명
누에꼬치 실을 감는 왕쳉이 ▶ 광치 명
누에를 칠 때 3번째 잠 ▶ 석: 잠 명
누에를 칠 때 4번째 잠 ▶ 한잠 명

누에를 칠 때 두 번째 잠 ▶ 2령(-齡) 두: 잠 명
누에를 칠 때 첫잠 ▶ 애기잠. 첫잠 명
누에를 칠 때 탈피(脫皮)하는 동안 ▶ 잠 명
누에씨(蠶種) ▶ 씨돌뱅~이 명
누에씨(蠶種)의 분량을 나타낸 금 ▶ 돌뱅~
　이 명
누에알 ▶ 누베씨 명
누에알을 까는 짚으로 엮은 자리 ▶ 누베체 명
누에알을 깐 종이 ▶ 누베짱 명
누에체 ▶ 누베체 명
누이 ▶ 누부 명
누이다 ▶ 누개: 다 동
누이의 유아어 ▶ 누: 야 명
누추하다 ▶ 추리: 하다 형
누추한 자리 ▶ 꺼적자리 명
눈(구멍)이 성긴 체 ▶ 어리미 명
눈가루 ▶ 눈: 가리 명
눈곱 ▶ 눈꼽째기. 눈초재기. 초. 초재기 명
눈구멍 ▶ 눈꾸영 명
눈길 ▶ 눈질 명
눈깔 ▶ 눈까리 명
눈꺼풀 ▶ 눈꺼죽 명
눈꺼풀 속에 생기는 종기 ▶ 다래끼 명
눈꼴 ▶ 눈까리 명
눈꼴사납다 ▶ 눈새구랍다 형
눈두덩 ▶ 눈따물. 눈타~이 명
눈딱부리 ▶ 눈딱뿌리. 딱뿌리 명
눈물 ▶ 누물 명
눈시울 ▶ 눈서불. 서불 명
눈시울에 생기는 종기 ▶ 대자비2 명
눈이시다 ▶ 눈새구랍다 형
눕다 ▶ 눕: 다 동
눌러 짓이기다 ▶ 뭉깨다 동

눌리다 ▶ 누루:다 동
눌리다 ▶ 눌래:다 동
눌은 밥 ▶ 누룬밥 명
눕다 ▶ 눕다 동
눕히다 ▶ 누패:다 동
뉘 ▶ 누: 대
뉘 ▶ 미:1 명
-느니 ▶ -느이. -니이 미
-느니라(-으니라) ▶ -니:라 미
-느라고 ▶ -니:라꼬 미
느지막이 ▶ 느즈매:기 부
느티나무 ▶ 귀목나무 명
-는 ▶ -능 미
늘 ▶ 내:. 삼:. 통. 내:들 부
늘 ▶ 늘:상 부
늘 ▶ 만:날(萬-) 부
늘 ▶ 일:성 부
늘 ▶ 장: 부
늘다 ▶ 닐다 동
늘리다 ▶ 늘구:다 동
늘어뜨리다 ▶ 처주:다 동
늘품 ▶ 늘:푼수 명
늙다 ▶ 늘따 동
늙다리 ▶ 늘따구. 늘따리 명
늙바탕 ▶ 늘바탕 명
늙은 남편 ▶ 할뱌씨 명
늙은 마누라 ▶ 할마̌이 명
늙은 여자 ▶ 할마̌이 명
늙은 호박 ▶ 늘따리 명
늙은이 ▶ 늘기이 명
늙은이 ▶ 영감재̌이 명
능구렁이 ▶ 능구리 명
능구렁이 ▶ 능구라̌이 명

능금(林檎) ▶ 넝굼 명
능청맞다 ▶ 능청궂다 형
능청스럽고 음침한 사람 ▶ 능구라̌이 명
능통(能通)하다 ▶ 화통:하다 형
늦깎이 ▶ 느까끼 명
늦다 ▶ 지업다 형
늦다 ▶ 늦다 형
-니 ▶ -이4 미
-니까 ▶ -끄네 미
-니까 ▶ -이까2. -이까내 미
니리기 ▶ 내라기 명

[ㄷ]

-다 ▶ -대3. -대이1. -다이1 미
다그쳐 물다 ▶ 꼬나:물다 관
다그치다 ▶ 다받다 동
다그치다 ▶ 다부치다 동
다그치다 ▶ 닥달하다 동
-다느니 ▶ -다이(타이)2 미
-다니 ▶ -다이(타이)2 미
다니다 ▶ 댕기다 동
다달이 ▶ 달다리 부
다듬다 ▶ 따담다. 따듬다 동
다듬이 ▶ 따데미. 따다미 명
다듬이질 ▶ 따다미질. 따딤질 명
다듬잇돌 ▶ 따다미돌 명
다듬잇방망이 ▶ 따다미방매̌이 명
다라운 사람 ▶ 다:래미 명
다람쥐 ▶ 다람지 명
다랍다 ▶ 자뜨랍다 형
-다랗다 ▶ -단:하다 미

다래의 순 ▶ 다래몽다^이 몡
다르다 ▶ 다리다 혱
다른 사람 ▶ 다리^이 몡
다른 이 ▶ 다리^이 몡
다른 짝으로 이루어진 것 ▶ 짝째기1 몡
다리 ▶ 달비2 몡
다리 짚기 놀이 ▶ 이거리저거리 몡
다리(橋梁) ▶ 쭉다리 몡
다리갱이 ▶ 다라:지. 달가지. 달구지 몡
다리거리 ▶ 다리꺼리 몡
다리다 ▶ 대리다 동
다리몽둥이 ▶ 다리몽다리. 다리몽다^이 몡
다리미 ▶ 다래비. 달비1. 대라미 몡
다리미질 ▶ 대라미질. 대람질 몡
다리박 ▶ 다래박 몡
다리부근 ▶ 다리꺼리 몡
다물다 ▶ 다무다 동
다반사(茶飯事) ▶ 일수 몡
다반사(茶飯事) ▶ 호리빽빼^이 몡
다반사(茶飯事)로 ▶ 허다이 부
다발 ▶ 다바리 몡
다소(多少) ▶ 선나 부
다소(多少)간에 ▶ 다:문(多問) 부
다소불문(多少不問) ▶ 다:문(多問) 부
다슬기 ▶ 고다^이2 몡
다슬기 ▶ 사고다^이(沙---) 몡
다시마 ▶ 곰피 몡
다오 ▶ 도':3. 도고 동
다울대 ▶ 다붓대 몡
다음번 ▶ 후:뿐. 후:째. 후:찌 몡
다잡다 ▶ 다받다 동
다잡다 ▶ 바두:다 동
다짜고짜 ▶ 무대뽀 부

다치다 ▶ 진:보다 동
다치다 ▶ 탱기다 동
다투다 ▶ 다투:다 동
다황(多黃) ▶ 다황 몡
닥 껍질로 삼은 신 ▶ 미:틀 몡
닥나무 ▶ 딱나무 몡
닥나무종이 ▶ 딱조~오 몡
닥처오다 ▶ 다처오다 동
닥치다 ▶ 다치다 동
닦다 ▶ 딲다 동
닦달하다 ▶ 추달하다 동
단단히 ▶ 단다:이. 단디^이 부
단단히 ▶ 뽈:꿈 부
단단히 준비하다 ▶ 사매를 걷어붙이다 관
단단히 채비하다 ▶ 사매를 걷어붙이다 관
단번(單番)에 ▶ 단분에 부
단벌(單-) ▶ 단불 몡
단숨에 ▶ 단분에 부
단숨에 ▶ 조:1 부
단숨에 ▶ 한참에 부
단장(短杖) ▶ 스데:끼 몡
단정하다 ▶ 깐충:하다 혱
단지 ▶ 도가지 몡
단지 ▶ 동~오 몡
단지 ▶ 항굼1 부
닫히다 ▶ 닫어지다. 닫가다 동
달걀 ▶ 달알 몡
달구 ▶ 달개 몡
달구다 ▶ 달구:다 동
달구질 ▶ 달개질 몡
달다 ▶ 다:리다2 동
달다 ▶ 돌:다 동
달다(甘) ▶다다 혱

달덩이 ▶ 달띠~이 명
달라 ▶ 도:3. 도고 동
달래 ▶ 달래~이 명
달려들다 ▶ 달러들다 동
달리기 ▶ 쪼추뱌리. 쪼치뱌리 명
달리다 ▶ 달래:다 동
달리다 ▶ 딸래:다. 딸리:다 동
달리다 ▶ 짜채:다 동
달무리 ▶ 달머리. 달문 명
달아 설치다 ▶ 해그러삿다. 해글거리다.
　해글대:다 동
달아나다 ▶ 달라빼다. 달:빼다 동
달아나다 ▶ 달:나다 동
달아나다 ▶ 달러가다 동
달이다 ▶ 뚜리다. 딸기다 동
달착지근하다 ▶ 달짜근:하다 형
달콤하다 ▶ 달싹:하다 형
달팽이 ▶ 달피~이 명
닭 ▶ 달 명
닭 둥지 ▶ 달구둥'치 명
닭 새끼 ▶ 달구새끼 명
닭개장 ▶ 달개장 명
닭둥우리 ▶ 달구통 명
닭똥 ▶ 닥똥. 달구똥. 달똥 명
닭서리 ▶ 달서:리 명
닭을 곤 물로 지은 밥 ▶달옴:밥 명
닭의 가슴살 ▶ 복통살 명
닭의 볏 ▶ 닥배실. 달구베실 명
닭의 털 ▶ 닥탈. 달구터래기 명
닮다 ▶ 담:다 동
닳다 ▶ 딸따 동
담계(擔契) ▶ 당:계 명
담그다 ▶ 당구:다 동

담당사무원 ▶ 가갸리 명
담당자(擔當者) ▶ 가갸리 명
담배꽁초 ▶ 담배꽁다리 명
담배를 피우는 것의 변말 ▶ 굼:불 명
담배통 ▶ 담배꼭다리. 대꼬바리. 대꼭지 명
담백(淡白)하다 ▶ 아시리하다 형
담뱃대 ▶ 대2 명
담뱃대의 물부리 ▶ 물뿌리 명
담뱃대의 설대 ▶ 대설때 명
담보(擔保)하다 ▶ 재피다 동
담임(擔任) ▶ 댜임1 명
담판(談判) ▶ 소:부 명
답답하다 ▶ 답다부리:하다 형
당기다 ▶ 땡기다 동
당나귀 ▶ 당나구. 당나기 명
당번표(當番表) ▶ 윤두패:찰(輪頭牌札) 명
당산나무 ▶ 당:수나무(堂樹-). 당나무(堂-) 명
당장 ▶ 대반1. 대분 부
당초 ▶ 아초: 명
당추자(唐楸子) ▶ 추자(楸子) 명
대 ▶ 대비. 대개~이. 대구~이 명
대가리 ▶ 대갈빼기. 댁빠리 명
대갈 ▶ 댜갈 명
대갈통 ▶ 대갈티~이 명
대꼬챙이 ▶ 대꼬재~이 명
대끼다 ▶ 덖다. 띠끼다 동
대나무로 짠 적삼 ▶ 죽삼(竹杉) 명
대납(代納) ▶ 다다까이 명
대낮 ▶ 방낮 명
대내림 ▶ 대느림 명
대님 ▶ 가불때~이. 댜임2 명
대다 ▶ 삿다 동보
대단하다 ▶ 가:당찬타 형

대단하다 ▶ 놀:랍다 ⟨형⟩
대단하다 ▶ 사구차다 ⟨형⟩
대단하다 ▶ 사험타 ⟨형⟩
대들다 ▶ 다들개들다 ⟨동⟩
대면(對面) ▶ 대:민 ⟨명⟩
대명천지(大明天地) ▶ 대:맹천지 ⟨명⟩
대문 바깥 거리 ▶ 삽짝껄 ⟨명⟩
대바구니 ▶ 대바구리 ⟨명⟩
대반(對盤) ▶ 대:반2 ⟨명⟩
대번 ▶ 대반1, 대분 ⟨부⟩
대소쿠리 ▶ 대소구리 ⟨명⟩
대수롭지 않다 ▶ 시덥잔타 ⟨형⟩
대작대기 ▶ 대짝지 ⟨명⟩
대장간 ▶ 팬수깐, 풍구깐 ⟨명⟩
대장장이 ▶ 팬수재~이 ⟨명⟩
대접 ▶ 대지비1 ⟨명⟩
대충 ▶ 얼:축 ⟨부⟩
대풍년(大豊年) ▶ 만:풍연(萬豊年) ⟨명⟩
대학교(大學校) ▶ 대:핵고 ⟨명⟩
대항하다 ▶ 버구:다 ⟨동⟩
댁(宅) ▶ 대기, 따기3, 띡 ⟨명⟩
댁이(宅) ▶ 따기3 ⟨명⟩
댓돌 위에 까는 거적 ▶ 신방돌꺼지기 ⟨명⟩
댕기다 ▶ 덩기다, 당기다 ⟨동⟩
댕댕이덩굴 ▶ 댕대이 ⟨명⟩
-더냐 ▶ -다~야, -드냐, -드노, -디야나 ⟨미⟩
-더니 ▶ -더이, -드이, -디~이2 ⟨미⟩
-더니라 ▶ -더이라, -드이라, -디~이라 ⟨미⟩
-더니마는 ▶ -드이마는, -디~이마는, -더이마는
더덕더덕 ▶ 던지던지 ⟨부⟩
-더라 ▶ -드라, -트라 ⟨미⟩
-더라도 ▶ -드라도, -디~이라도, -디라도 ⟨미⟩

더러 ▶ 더로1 ⟨부⟩
더러 ▶ 더로2, 또로 ⟨조⟩
더러 ▶ 안데 ⟨조⟩
더럽다 ▶ 디:럽다 ⟨형⟩
더버기 ▶ 덤배기, 덤바기 ⟨명⟩
더버기 ▶ 태배기 ⟨명⟩
더운밥 ▶ 뜨신밥 ⟨명⟩
더위 ▶ 더부, 더우 ⟨명⟩
-더이다 ▶ -디이더 ⟨미⟩
덕석 ▶ 덕사기 ⟨명⟩
덕택(德澤) ▶ 택5 ⟨명⟩
-던가 ▶ -든가 ⟨미⟩
-던가요 ▶ -든기요, -딘기요 ⟨미⟩
-던데 ▶ -드네 ⟨미⟩
-던데 ▶ -든데 ⟨미⟩
-던지 ▶ -든동 ⟨미⟩
-던지 ▶ -든지 ⟨미⟩
던지다 ▶ 떤지다 ⟨동⟩
덜 ▶ 더리 ⟨부⟩
덜 여문 벼를 베어서 묶은 큰 볏단 ▶ 무댕기단 ⟨명⟩
덜 영근 곡식이나 생나무 ▶ 물타~이 ⟨명⟩
덤 ▶ 우:애 ⟨명⟩
덤벼들다 ▶ 다들개들다 ⟨동⟩
덥다 ▶ 덥:다 ⟨형⟩
덥히다 ▶ 데비다, 데피다 ⟨동⟩
덧거름 ▶ 딧:거름 ⟨명⟩
덧문 ▶ 접문 ⟨명⟩
덧정 ▶ 댓정 ⟨명⟩
덩굴 ▶ 덤풀 ⟨명⟩
덩어리 ▶ 등거리1 ⟨명⟩
-덩이 ▶ -띠~이 ⟨접⟩
덮어놓고 ▶ 무대뽀 ⟨부⟩

덮이다 ▶ 더패:다, 더파:다 동
데다 ▶ 디:대 동
데데하다 ▶ 디디:하다 형
데려다주다 ▶ 데래다주다, 데불어다주다 동
데리다 ▶ 데리다, 델:다 동
데리다 ▶ 데불다 동
데릴사위 ▶ 데릴샤우 명
데우다 ▶ 데비다, 데피다, 뜨실구:다 동
데우다 ▶ 따슬구:다, 뜨수:다 동
데치다 ▶ 다치다 동
도 ▶ 도5 조
도(윷놀이) ▶ 도4 명
도거리 ▶ 돈내기 명
도거리로 떼기 ▶ 돈내띠기 명
도관(陶管) ▶ 도:깡 명
도깨비 ▶ 토재비 명
도깨비바늘 ▶ 찰밥때 명
도꼬마리 ▶ 뚜까비때, 뚜까비찰밥 명
도끼 ▶ 도:치 명
도둑고양이 ▶ 도독꼬:내기 명
도둑놈 ▶ 도독눔 명
도둑놈뒷전 ▶ 도독눔딧:전 명
도둑질 ▶ 도독질 명
도둑질하다 ▶ 도다키다 동
도떼기시장 ▶ 도띠기시:장 명
도라지 ▶ 돌갸지, 돌개 명
도랑 ▶ 도:구 명
도련님 ▶ 대룸, 대림이 명
도령 ▶ 대룸, 대람이 명
도로 ▶ 다부, 도부, 드부 부
도로(道路) ▶ 신장노 명
도로(道路) ▶ 차도 명
-도록 ▶ -드록 미

도롱이 ▶ 우:장(雨裝) 명
도리깨 ▶ 도리깨, 도리채 명
도리깨의 꼭지(고두머리) ▶ 꼴대 명
도리깨의 꼭지(고두머리) ▶ 꼴띠 명
도리깨의 열 ▶ 열 명
도리깨의 자루 ▶ 도리깨대 명
도리깨의 장부(장치) ▶ 도리깨대 명
도리도리 ▶ 도래도래 명
도리어 ▶ 다부, 도부, 드부 부
도마 ▶ 도매 명
도마뱀 ▶ 도매뱀 명
도망가다 ▶ 타다 동
도망치다의 속된말 ▶ 개쪼가리치다 동
도무지 ▶ 당채: 부
도무지 ▶ 생:긴 부
도무지 ▶ 용: 부
도박(賭博) ▶ 노룸 명
도박꾼(賭博-) ▶ 노룸꾼 명
도박판 ▶ 노룸판 명
도배(塗褙) ▶ 데비 명
도복처럼 생긴 성인의 외출복 ▶ 징이미 명
도시(都市) ▶ 성내 명
도시락통 ▶ 밴또 명
도적(盜灾) ▶ 도죽 명
도정하지 않은 곡식 ▶ 꺽곡 명
도처(到處) ▶ 온:데, 온:데만:데(-萬) 명
도토리 ▶ 꿀밤 명
도토리묵 ▶ 꿀밤묵 명
도포(道袍) ▶ 도:복(道服) 명
독 ▶ 도가지, 동~오 명
독사(毒蛇) ▶ 독새 명
독촉(督促)하다 ▶ 짭치다 동
독촉하다 ▶ 다부치다 동

독특한 지형지물 따위를 나타내는 말에 붙어 지명(地名)이 되는 접미사 ▶ -실(室) 집

돈벌이 ▶ 돈버:리 명
돋다 ▶ 돋다 동
돋보기 ▶ 돕배기 명
돋우다 ▶ 도두:다. 돋구:다 동
돌 ▶ 돌빵구 명
돌 상놈 ▶ 돌상눔 명
돌가루종이 ▶ 돌까리조~오 명
돌겻에서 내려서 감은 실의 뭉치 ▶ 방구래기 명
돌나물 ▶ 돌내~이. 돌째~이 명
돌놈 ▶ 돌눔 명
돌능금 ▶ 돌넝굼 명
돌대가리 ▶ 배막디~이(裵---) 명
돌덩이 ▶ 돌따~이 명
돌로 쌓은 보(洑) ▶ 돌:보 명
돌리다 ▶ 시루:다 동
돌림감기 ▶ 윻감 명
돌멩이 ▶ 돌마~이. 돌삐~이 명
돌아다니다 ▶ 삐대다 동
돌아다니다 ▶ 허대:다. 허댕기다 동
돌아보다 ▶ 도러보다 동
돌엄마 ▶ 돌:어매 명
돌쩌귀 ▶ 돌:짜구. 돌:짝 명
돌차기 놀이 ▶ 돌:차기 명
돌차기 놀이 ▶ 이시거리 명
돌차기 놀이에 쓰는 납작한 돌 ▶ 깨굼돌 명
돌출하다 ▶ 삐:지다 동
돌치기 놀이 ▶ 돌:치기 명
돗틀 ▶ 돗'틀 명

동강 ▶ 오동갸리 명
동강이 ▶ 동갸리. 오동갸리 명
동그라미 ▶ 공똘배~이. 똥굴배~이 명
동그랗다 ▶ 돌방:하다 형
동글다 ▶ 돌방:하다 형
동남풍(東南風) ▶ 샛바람 명
동냥 ▶ 동양 명
동냥자루 ▶ 동양자리 명
동락계(同樂契) ▶ 동'낙기 명
동리를 대표하는 구장(區長)에게 거두어 주는 곡식 ▶ 시곡(時穀) 명
동무니 ▶ 동샤~이 명의
동상례(東床禮) ▶ 동샹예 명
동생(同生) ▶ 동상 명
동서(同壻) ▶ 동세 명
동성(同姓)이나 근친(近親)끼리 결합하여 태어난 사람을 비유하여 이르는 말 ▶ 생피 명
동안 ▶ 단산. 단새: 명의
동안 ▶ 연2 명의
동양(東洋) ▶ 도양 명
동업(同業) ▶ 가부사끼 명
동여매다 ▶ 옹쳐매다 동
동이 ▶ 도갸지. 동~오 명
동이다 ▶ 당~이다 동
동정 ▶ 동전 명
동지섣달에 난 사람 ▶ 설:다~이 명
동지섣달에 난 사람의 나이 ▶ 야만살 명
동풍(東風) ▶ 샛바람 명
동학계(同學契) ▶ 동학기 명
돛단배 ▶ 도'딴배 명
돼지 ▶ 대:지 명
돼지감자 ▶ 대:지감자 명

돼지를 부르는 소리 ▶ 똘: 똘: 〖감〗
돼지우리 ▶ 대지우리 〖명〗
되 ▶ 대1 〖명〗
되게 ▶ 디: 게 〖부〗
되놈 ▶ 때: 놈 〖명〗
되다 ▶ 대다1 〖동〗
되다 ▶ 대다2 〖동〗
되다 ▶ 데: 다. 디: 다2 〖형〗
되바라지다 ▶ 대뱌라지다. 돠라지다 〖형〗
되받아치기로 하는 도리깨질 ▶ 꼴때기. 꼴때냉기기
되통스럽다 ▶ 대뚱시럽다 〖형〗
된밥 ▶ 꼬두밥 〖명〗
된장 ▶ 댄: 장. 뒨: 장 〖명〗
된장이나 고추장 따위에 낀 곰팡이 ▶ 꼬: 까지 〖명〗
된장이나 생선 따위의 음식에 생기는 '구더기'의 점잖은 말 ▶ 티 〖명〗
됨됨이 ▶ 댐대미 〖명〗
됫박 ▶ 대배기2 〖명〗
됴고약 ▶ 조: 고약 〖명〗
두 말할 나위가 없다 ▶ 할배요: 〖감〗
두 뿔이 위로 향하여 난 소뿔 ▶천장뿔
두 사람 ▶ 두: 리 〖수〗
두 사람이 덮는 이불 ▶ 두: 채이불 〖명〗
두 해 ▶ 이: 태2 〖명〗
두꺼비 ▶ 뚜까비 〖명〗
두꺼운 솜이불 ▶ 한이불 〖명〗
두껍다 ▶ 뚜껍다 〖형〗
두다 ▶ 두다 〖동〗
두다 ▶ 뜨다 〖동〗
두더지 ▶ 뚜지비. 띠자기 〖명〗
두드러기 ▶ 두드래기. 두드리기. 두디래기 〖명〗

두들기다 ▶ 뚜디리다 〖동〗
두들기다 ▶ 후디리다 〖동〗
두렁 ▶ 두룸2 〖명〗
두렁 콩 ▶ 두룸콩 〖명〗
두레박 ▶ 다래박. 다라박 〖명〗
두레박 ▶ 뚤박 〖명〗
두레상 ▶ 도리판 〖명〗
두레질 ▶ 파래질 〖명〗
두루마기 ▶ 두루매기. 둘막. 후루매기 〖명〗
두루마기 옆구리의 손 넣는 부분 ▶ 손집 〖명〗
두루마기의 안으로 들어간 섶 ▶ 안섶 〖명〗
두루마기의 옆구리의 아래로 역삼각형으로 덧붙여 아랫도리(대련)를 넓힌 부분 ▶ 무: 〖명〗
두루뭉수리 ▶ 두리뭉: 시~이 〖명〗
두루미 ▶ 두라: 미 〖명〗
두르다 ▶ 두라다 〖동〗
두름 ▶ 두룸1 〖명의〗
두리기둥 ▶ 도리지동 〖명〗
두리번두리번 ▶ 뚜리뚜리 〖부〗
두목 ▶ 오야. 오야가다 〖명〗
두벌논매기 ▶ 두불논매기 〖명〗
두벌일 ▶ 두불일 〖명〗
두부 ▶ 조: 포. 조: 피1 〖명〗
두세 ▶ 두시: 〖수〗
두세 겹의 새끼를 아울러 바를 꼴 때 쓰는 도구 ▶ 자새 〖명〗
두셋 ▶ 두싯 〖수〗
두어 ▶ 도: 1 〖수〗
두엇 ▶ 도: 1 〖수〗
둘 ▶ 두: 리 〖수〗
둘러대다 ▶ 돌러대: 다 〖동〗
둘러메다 ▶ 울러미: 다 〖동〗

둘러보다 ▶ 돌러보다 [동]
둘러앉다 ▶ 돌러안따 [동]
둘이 ▶ 두:리 [수]
둘째 자녀 ▶ 지차 [명]
둥 ▶ 동 [명]의
둥그렇다 ▶ 둘벙:하다. [형]
둥그렇다 ▶ 뼁돌방:하다. 뼁돌방:하다 [형]
둥그스름하다 ▶ 둥구수룸:하다 [형]
둥그스름하다 ▶ 빵돌방:하다. 뼁돌방:하다. [형]
둥근상 ▶ 두레상 [명]
둥글게 감은 실꾸리 ▶ 실빵구리 [명]
둥글다 ▶ 둘벙:하다 [형]
둥글다 ▶ 둥굴다 [형]
둥글다 ▶ 뼁돌방:하다 [형]
둥우리 ▶ 둥지리 [명]
-둥이 ▶ -디~이1 [접]
뒈지다 ▶ 뒤:지다. 디:지다 [동]
뒤 ▶ 디:1 [명]
뒤 ▶ 후:찌 [명]
뒤까부다 ▶ 디까부다 [동]
뒤꼍 ▶ 디안. 디안깐 [명]
뒤꿈치 ▶ 디:꿈치. 디:축. 디:치거리. 디:치기1 [명]
뒤끓다 ▶ 디끌따 [동]
뒤끝 ▶ 디:끝 [명]
뒤늦다 ▶ 디:늦다 [형]
뒤덮다 ▶ 디덮다 [동]
뒤덮이다 ▶ 디덮해:다 [동]
뒤돌아보다 ▶ 디:돌어보다 [동]
뒤따르다 ▶ 디:따리다 [동]
뒤떨어지다 ▶ 디:떨어지다 [동]
뒤뚝거리는 모양 ▶ 디뚱디뚱 [부]

뒤뚝거리다 ▶ 디뚱거리다 [동]
뒤뚝뒤뚝 ▶ 너부적너부적 [부]
뒤뚝뒤뚝 ▶ 디뚱디뚱 [부]
뒤로 치기 ▶ 디:치기2 [명]
뒤로 하는 음행(淫行)의 변말 ▶ 디:치기2 [명]
뒤로돌아 ▶ 디:로돌아 [명]
뒤미처 ▶ 디:미처 [부]
뒤바꾸다 ▶ 디바꾸:다 [동]
뒤바람 ▶ 딧:바람 [명]
뒤범벅 ▶ 디밤벅 [명]
뒤보다 ▶ 디:보다 [동]
뒤살피다 ▶ 디:살피다 [동]
뒤서다 ▶ 디:서다 [동]
뒤섞다 ▶ 디섞다 [동]
뒤섞이다 ▶ 디섞애:다 [동]
뒤숭숭하다 ▶ 디숭숭:하다 [형]
뒤엉키다 ▶ 디엉캐:다 [동]
뒤에 오는 손님 ▶ 딧:손3 [명]
뒤웅박 ▶ 드부라~이 [명]
뒤주 ▶ 두지 [명]
뒤주 ▶ 살귀: [명]
뒤지다 ▶ 디배다 [동]
뒤지다 ▶ 디자끼다 [동]
뒤집기 ▶ 디넝기 [명]
뒤집기 ▶ 사까다찌 [명]
뒤집다 ▶ 디배다 [동]
뒤집다 ▶ 디잡다 [동]
뒤집어 꿈틀거림 ▶ 드부냉기. 득수냉기 [명]
뒤집어 넘기 ▶ 디넝기 [명]
뒤집어쓰다 ▶ 디잡어씨다 [동]
뒤집어지다 ▶ 디배:지다 [동]
뒤집히다 ▶ 디잡어지다. 디잡해:다 [동]
뒤쪽 ▶ 디:쪽 [명]

뒤쫓다 ▶ 디: 쫓다 동
뒤차(-車) ▶ 디: 차 명
뒤채 ▶ 디: 채 명
뒤채다 ▶디채: 다 동
뒤처리 ▶ 디: 처리 명
뒤처지다 ▶ 떨주: 다 동
뒤축 ▶ 디: 꿈치. 디: 축. 디: 치거리. 디: 치
　기1 명
뒤치기 ▶ 디: 치기2 명
뒤통수 ▶ 디: 꼭지. 디: 짱배기 명
뒤통수 ▶ 디: 통시 명
뒤통스럽다 ▶ 대통시럽다 형
뒤틀다 ▶ 다: 트다 동
뒤틀리다 ▶ 디틀래: 다 동
뒤편 ▶ 디: 팬 명
뒤흔들다 ▶ 디헌드다 동
뒷간 ▶ 정낭. 칙간. 통시｢이. 다깐 명
뒷감당 ▶ 딧: 감당 명
뒷개(윷놀이) ▶ 개밭 명
뒷거름 ▶ 딧: 거름 명
뒷걸(윷놀이) ▶ 걸밭 명
뒷걸음 ▶ 딧: 걸음 명
뒷골목 ▶ 딧: 골목 명
뒷구멍 ▶ 딧: 구영 명
뒷글 ▶ 딧: 글 명
뒷길 ▶ 딧: 질 명
뒷다리 ▶ 딧: 다리 명
뒷담 ▶ 딧: 담 명
뒷대문(-大門) ▶ 딧: 대문 명
뒷도(윷판) ▶ 돗밭 명
뒷도장(-圖章) ▶ 딧: 도장 명
뒷돈 ▶ 딧: 돈 명
뒷들 ▶ 딧: 들 명

뒷등 ▶ 딧: 등 명
뒷마당 ▶ 딧: 마당 명
뒷마루 ▶ 딧: 마루. 딧: 청 명
뒷말 ▶ 딧: 말 명
뒷맛 ▶ 딧: 맛 명
뒷머리 ▶ 딧: 머리 명
뒷면도(-面刀) ▶ 딧: 맨도 명
뒷모(윷놀이) ▶ 꼬저 명
뒷모개(윷판) ▶ 딧: 개 명
뒷모도(윷판) ▶ 딧: 도 명
뒷모양(-模樣) ▶ 딧: 모양 명
뒷목 ▶ 딧: 목 명
뒷문(後門) ▶ 딧: 문 명
뒷물 ▶ 딧: 물 명
뒷바라지 ▶ 딧: 바라지 명
뒷바퀴 ▶ 딧: 바꾸 명
뒷발길질 ▶ 딧: 발질 명
뒷방(-房) ▶ 딧: 방 명
뒷밭 ▶ 딧: 밭 명
뒷벽(-壁) ▶ 딧: 백 명
뒷북 ▶ 딧: 북 명
뒷사람 ▶ 딧: 사람 명
뒷산 ▶ 디: 산 명
뒷생각 ▶ 딧: 생각 명
뒷설거지 ▶ 딧: 설거지 명
뒷세상(-世上) ▶ 디: 시상 명
뒷소리 ▶ 딧: 소리 명
뒷소문(-所聞) ▶ 딧: 소문 명
뒷손 ▶ 딧: 손 명
뒷손(-客) ▶ 딧: 손3 명
뒷손(-手) ▶ 딧: 손2 명
뒷손가락질 ▶ 딧: 손까락질 명
뒷손질 ▶ 딧: 손질 명

뒷시중 ▶ 딧:시중 명
뒷심 ▶ 딧:심 명
뒷윷(윷판) ▶ 지과 명
뒷일(後事) ▶ 딧:일 명
뒷자손(-子孫) ▶ 딧:자손 명
뒷장 ▶ 딧:장 명
뒷전(-廛) ▶ 딧:전 명
뒷조사(-調査) ▶ 딧:조사 명
뒷주머니 ▶ 딧:주만이 명
뒷짐 ▶ 딧:짐 명
뒷집 ▶ 딧:집 명
뒹굴다 ▶ 구불다 동
드나들다 ▶ 들나들다 동
드라이버(driver) ▶ 도랴이바 명
드리다 ▶ 디리다1 동
드리다 ▶ 디리다2 동
득(得) ▶ 덕 명
득실득실하다 ▶ 득신득신하다 형
-든지 ▶ -던지 미
들게 하다 ▶ 디리다3 동
들고뛰다 ▶ 들고띠다 동
들기름 ▶ 들지럼 명
들려주다 ▶ 들래:주다 동
들려지다 ▶ 들래:다3 동
들리다 ▶ 듣개:다, 듣기:다, 들래:다2 동
들리다 ▶ 들래:다1 동
들리다 ▶ 들래:다3 동
들어가다 ▶ 드갸다 동
들어앉다 ▶ 들앉따 동
들어지다 ▶ 들래:다2 동
들여다보다 ▶ 들받어보다 동
들여다보이다 ▶ 들받어비:다 동
들이다 ▶ 데리다, 델:다 동

들이다 ▶ 들루:다 동
들이다 ▶ 들받다2 동
들이다 ▶ 디리다3 동
들이받다 ▶ 들받다1 동
들이차다 ▶ 들고차다 동
들이치다 ▶ 빼우다 동
들입다 ▶ 들:따 부
들입다 차다 ▶ 들고차다 동
들추다 ▶ 들시다 동
들추어보다 ▶ 들서보다 동
들키다 ▶ 다들캐:다, 다딩캐:다 동
-듯이 ▶ -드시2 -댜끼2 미
듯이 ▶ 드시1, 댜끼1 명의
등 ▶ 등더리, 등단, 등어리 명
등 너머로 익힌 글 ▶ 등 너매 글 관
등가죽 ▶ 등거죽 명
등걸 ▶ 등거리2 명
등겨 ▶ 등게 명
등겨나 콩깍지 따위를 태운 불 ▶ 쨋불 명
등겨수제비 ▶ 등게수쟈비 명
등겨장 ▶ 시굼장 명
등골 ▶ 등꼴 명
등교(登校)하는 도중에 옆으로 빠지는 행동
  ▶ 사부랑, 따불때기 명
등목 ▶ 등물 명
등성이 ▶ 등때 명
등신(等神) ▶ 등:산이 명
등신(等神) ▶ 딘:잔이 명
등유(燈油) ▶ 왜지럼 명
등유(燈油) ▶ 쟈럼 명
등잔불 ▶ 홰 명
디딜방아 ▶ 디딜방아 명
디딜방아의 공이 ▶ 고1 명

디딜방아의 괴밑대 ▶ 바ˆ아탕개 명
디딜방아의 몸체 ▶ 왼체 명
디딜방아의 볼씨 ▶ 뒤ː치기돌 명
따갑다 ▶ 따겁다 형
따뜻하다 ▶ 뜨시다 형
따라가다 ▶ 따러가다 동
따라놓다 ▶ 버어놓다 동
따라붙다 ▶ 따러붙다 동
따로 ▶ 따리 부
따로 살림 ▶ 따리살림 명
따로따로 ▶ 따리따리 명
따르다 ▶ 따리다2 동
따르다 ▶ 따루ː다 동
따스하다 ▶ 따뜨무리ː하다 형
따시게 하다 ▶ 따슬구ː다. 뜨실구ː다 동
따위 ▶ 따구 명의
딱지 ▶ 따갸리 명
딱지 ▶ 때ː가1. 때가장 명
딴 ▶ 깐ː 명의
딴은 ▶ 따ː니3. 따ː니는 부
딸기 ▶ 따ː알 명
딸꾹질 ▶ 깔딱질 명
딸아이 ▶ 딸아ː 명
딸애 ▶ 딸아ː 명
딸애 ▶ 여식애(女息兒)ː 명
딸을 예쁘게 이르는 말 ▶ 딸내미 명
땀 ▶ 쌈1 명
땀땀이 ▶ 쌈싸미 부
땀띠 ▶ 땀띠기 명
땅거미가 진 무렵 ▶ 어둑갸ː 명
땅따먹기 놀이에 쓰는 동전크기 만한 사금 파리 조각 ▶ 퉁굴레 명
땅따먹기 놀이에 쓰는 사금파리 조각 ▶ 팅 글레 명
땅따먹기놀이 ▶ 땅따묵기 명
땅벌 ▶ 구무버ː리 명
땅벌 ▶ 땡삐ː 명
땅을 일구다 ▶ 뛔지다 동
땋다 ▶ 댕기다2 동
땋다 ▶ 디리다1 동
때 ▶ 때1 명
때굴때굴 ▶ 뚜굴뚜굴 부
-때기 ▶ -띠기4 접
때려서 혼내다 ▶ 때래조지다 동
때려죽이다 ▶ 때ː죽이다. 때래죽이다 동
때려치우다 ▶ 때래치우다 동
때리다 ▶ 쌔리다 동
때문 ▶ 따문. 때민 명의
땔감가게 ▶ 나무전ː 명
땔나무 ▶ 나무 명
땟국 ▶ 때꾹지 명
땡땡하다 ▶ 땐땐ː하다 형
땡볕 ▶ 땡뱉 명
떠 일으키다 ▶ 떠이불키다 동
떠내려가다 ▶ 떠느러가다 동
떠다니다 ▶ 떠댕기다 동
떠돌아다니다 ▶ 떠돌어댕기다 동
떠돌이 팔자 ▶ 마ː상팔자(馬上八字) 명
떠들다 ▶ 주깨ː다 동
떠밀다 ▶ 떠미ː다 동
떡가래 ▶ 골미2 명
떡가래 ▶ 떡가래ˆ이 명
떡갈나무 ▶ 꿀밤나무 명
떡두꺼비 ▶ 떡뚜까비 명
떡시루 ▶ 떡시리 명
떡시루 ▶ 시리 명

떡을 치거나 국수를 밀 때 받히는 반(盤) ▶ 암반 명
떡판(-板) ▶ 떡암반 명
떨떠름하다 ▶ 떱떨: 하다 형
떨어뜨려버리다 ▶ 떨가: 뿌리다 동
떨어뜨리다 ▶ 너쭈: 다. 널쭈: 다 동
떨어뜨리다 ▶ 떨구: 다 동
떨어뜨리다 ▶ 떨주: 다 동
떨어뜨리다 ▶ 처주: 다 동
떨어졌다 ▶ 낙(落)이다 관
떨어지다 ▶ 너: 찌다. 널: 찌다 동
떨어지다 ▶ 띠이: 지다 동
떨어지다 ▶ 히'이지다 동
떨이 ▶ 떠라'미 명
떨쳐버리다 ▶ 떠라: 뿌리다 동
떫다 ▶ 떨: 따 형
떳떳하지 않다 ▶ 뻐질찮타 형
-떼기 ▶ -띠기2 접
떼다 ▶ 띠: 다2 동
떼어먹다 ▶ 띠이묵다 동
떼이다 ▶ 띠이: 대. 띠캐다. 띠키: 다 동
또(又) ▶ 우: 2 부
똑 ▶ 쪽: 부
똑바로 ▶ 똑: 바리 부
똑바로 ▶ 막바리 부
똑바로 ▶ 쪽바리 부
똑바르다 ▶ 똑: 바리다 형
똥 속에 있는 독기(毒氣) ▶ 똥독(-毒) 명
똥거름 ▶ 똥거럼 명
똥구멍 ▶ 똥꾸무. 똥꾸영 명
똥오줌을 담는 장군 ▶ 똥장구. 똥장분 명
똥오줌을 져 나르는 지게 ▶ 거럼지게 명
똥오줌을 퍼 나르는 데 쓰는 지게 ▶ 그름지게 명
똥오줌을 푸거나 뿌릴 때 사용하는 바가지 ▶ 똥물바가이. 똥물바가치 명
똥오줌을 푸는 바가지 ▶ 오줌바가치 명
똥을 누다의 점잖은 말 ▶ 디: 보다 동
똥의 점잖은 말 ▶ 디: 1 명
똥처럼 더러운 것 ▶ 똥때가리 명
똥통 ▶ 똥'물통 명
똥통에 빠졌을 때 양법으로 해 먹이는 떡 ▶ 똥떡 명
똥파리 ▶ 똥파래~이 명
똬리 ▶ 따배~이 명
똬리굴 ▶ 따배~이굴 명
돼기 ▶ 도가리. 따가1 명
되약볕 ▶ 되양뱉 명
뚜껑 ▶ 따까리. 따깨~이. 뚜깨~이. 뚜꾸바리. 뚜까: 명
뚜지다 ▶ 뚜지다. 따지다 동
뚝배기 ▶ 뚝시기 명
뚝배기그릇 ▶ 추바리 명
뚫다 ▶ 뜰: 따 동
뚫리다 ▶ 뜰래: 다. 뜰리: 다. 뜰패: 다. 뜰피: 다 동
뚫어지다 ▶ 뜰버지다 동
뚱딴지 ▶ 대: 지감자 명
뚱뚱보 ▶ 뚱띠~이 명
뚱뚱이 ▶ 뚱띠~이 명
뛰다 ▶ 따대 동
뛰어가다 ▶ 따이가다 동
뛰어나오다 ▶ 따이나오다 동
뛰어다니다 ▶ 따: 이댕기다 동
뜨거워지다 ▶ 뜨겁어지다 동
뜨뜻미지근하다 ▶ 뜨뜨무리: 하다 형

뜨물숭늉 ▶ 뜨물숭영 명
뜨숩다 ▶ 뜨시ˈ다 형
뜨이다 ▶ 띠이ː다2 동
뜯기다 ▶ 띧기ː다 동
뜸부기 ▶ 뜸따리. 뜸딸 명
뜸이 덜 든 밥 ▶ 질거밥 명
띄우다 ▶ 따우다 동
띠 ▶소북ˈ띠 명

[ㄹ]

-(ㄹ)는지 ▶ -ㄹ라는강 미
-ㄹ게 ▶ -ㄹ끼. -끼4 미
-ㄹ게 ▶ -꾸마 미
-ㄹ게요 ▶ -ㄹ끼요. -끼요2 미
-ㄹ까 ▶ -ㄹ강 미
-ㄹ까 ▶ -ㄹ까이 미
-ㄹ까 ▶ -ㄹ꼬 미
-ㄹ까봐 ▶ -까바 미
-ㄹ까요 ▶ -ㄹ기요. -끼요1 미
-ㄹ까요 ▶ -닌기요 미
-ㄹ수록 ▶ -ㄹ수로 미
-ㄹ지 ▶ -ㄹ강 미
-ㄹ지 ▶ -ㄹ동 미
-ㄹ지 ▶ -ㄹ라는강 미
-ㄹ지 ▶ -ㄹ란강 미
-ㄹ지 ▶ -ㄹ로 미
-ㄹ지라도 ▶ -갑세 미
-라 ▶ -라. -라이1. -래1. -래ˇ이 미
-라고 ▶ -라꼬 미
-라느니 ▶ -라니ˇ이 미
-라니 ▶ -라니ˇ이 미

-라니 ▶ -라이2 미
라도 ▶ 따ː니 조
-라면 ▶ -라머 미
-라서 ▶ -라노이 미
-라 하니 ▶ -라이2 미
-라 하면 ▶ -라머 미
랑 ▶ 캉 조
램프(lamp) ▶ 남포 명
-러 ▶ -로2 미
-러느니 ▶ -러이 미
-러니 ▶ -러이 미
-렇게 ▶ -꼬1 미
레일 ▶ 철까치 명
-려 ▶ -ㄹ라 미
-려고 ▶ -ㄹ라꼬 미
-려나(-ㄹ려나) ▶ -ㄹ라나 미
-려느냐 ▶ -래2 미
-려는가 ▶ -ㄹ라는강 미
-려니 ▶ -ㄹ라이 미
-려다가 ▶ -ㄹ라다가 미
-려면 ▶ -ㄹ라머 미
-려 하니 ▶ -ㄹ라이 미
-려 하다가 ▶ -ㄹ라다가 미
-려 한다 ▶ -ㄹ란다 미
-련 ▶ -래2 미
-런다 ▶ -ㄹ란다 미
-렵니까 ▶ -ㄹ라닌기요. -ㄹ란기요 미
-렵니까 ▶ -ㄹ라카닌기요 미
로비(lobby) ▶ 사바사바 명
로서 ▶ 라이3 조
로서 겨우 ▶ 라이3 조
를 ▶ 로1 조
리(理) ▶ 이ː1 명

리(里) ▶ 이2 명의
리어카(rear car) ▶ 니야까 명
립스틱 ▶ 구쩨바누 명

[ㅁ]

-ㅁ세 ▶ -ㄹ세 미
마(魔) ▶ 조이 명
마개 ▶ 마갸리 명
마구 ▶ 쌔리 부
마구 ▶ 조:1 부
마구 ▶ 처- 접
마구 긁어모으다 ▶ 처끌거모두:다 동
마구 까불다 ▶ 디까부다 동
마구 내지르다 ▶ 처내:지리다 동
마구 빌어먹다 ▶ 처비러묵다 동
마구 싸다 ▶ 처내:지리다 동
마구 쌓다 ▶ 처재:다 동
마구 쓰다 ▶ 써제끼다 동
마구 엉키다 ▶ 디엉캐:다 동
마구 지껄이다 ▶ 나주깨:다. 처주깨:다 동
마구 지랄하다 ▶ 처지랄하다 동
마구 파다 ▶ 파재끼다. 파지끼다 동
마구 퍼먹다 ▶ 처묵다 동
마구 흔들다 ▶ 디헌드다 동
마구잡이 ▶ 마구잽이 명
마냥 ▶ 먀양2 조
마냥 ▶ 마:양 부
마누라 ▶ 마:누래 명
마누라의 속된말 ▶ 오감사 명
마늘고갱이 ▶ 마늘꼬:개ᅵ이 명
마다 ▶ 마중 조

마대(麻袋) ▶ 마:다리 명
마대(麻袋) 나부랭이 ▶ 마:다리띠기 명
마대자루 ▶ 마:다리자리 명
마땅히 ▶ 방가워지(方可謂之) 부
마렵다 ▶ 누랍다. 마랍다. 매랍다 형
마루 ▶ 마래ᅵ이 명
마루방 ▶ 널:빵 명
마르다 ▶ 마리다 동
마르다 ▶ 말:따2 동
마르다 ▶ 매랍다 형
마른 미역 ▶ 자:반 명
마른버짐 ▶ 버엄버섯 명
마름 ▶ 말밤 명
마름질하다 ▶ 말:따2 동
마리 ▶ 뱌리2 명의
마마 ▶ 손2 명
마소를 달래며 부리는 소리 ▶ ㅉㅉㅉ 갑
마소를 뒤로 물러나게 하는 소리 ▶ 물러 갑
마소를 앞으로 가게 하는 소리 ▶ 이라: 갑
마소를 오른쪽으로 돌아가게 하는 소리 ▶
   노로 갑
마소를 부르는 소리 ▶ 워:미 갑
마소를 서게 하는 소리 ▶ 워 갑
마소를 왼쪽으로 돌아가게 하는 소리 ▶
   워디 갑
마소를 잡아매는 밧줄 ▶ 이까리 명
마소의 등에 싣는 짐 ▶ 소발 명
마소의 등에 잔뜩 실은 짐을 세는 단위 ▶
   발2 명의
마술(馬術) ▶ 말샤먀이. 말샤뱌이. 샤:끄스 명
마스크 ▶ 입마갸리 명
마을 ▶ 마실(-室). 마알 명
마을 ▶ 말:2 명

마을 지킴이 나무 ▶ 당: 수나무(堂樹--) 〔명〕
마음 ▶ 맴: 〔명〕
마음 내키는 대로 하다 ▶ 꼴리는 대로 하다. 좇대로 하다. 쪼대로 하다 〔관〕
마음걱정하다 ▶ 알따 〔동〕
마음성 ▶ 마암: 새. 맴: 새 〔명〕
마음쓰임새 ▶ 마암: 새 〔명〕
마음씨 ▶ 마암: 씨. 맴: 씨 〔명〕
마음에 든다 ▶ 시덥다 〔형〕
마음을 바꾸어 먹다 ▶ 맴: 을 달리 묵다 〔관〕
마저 ▶ 마자1. 마차1 〔부〕
마저 ▶ 마자2. 마차2 〔조〕
마중 ▶ 마종. 마지미 〔명〕
마지막으로 터는 물건 ▶ 떠리미 〔명〕
마직(麻織) ▶ 삼베길쌈 〔명〕
마차(馬車) ▶ 말구루마 〔명〕
마치다 ▶ 마채: 다 〔동〕
마치다 ▶ 시마이하다 〔동〕
마침맞다 ▶ 마치맞다. 맞추맞다 〔형〕
마파람 ▶ 마빠람 〔명〕
막 굴러먹은 사람 ▶ 돌눔 〔명〕
막 짚신 ▶ 미: 신 〔명〕
막걸리 ▶ 탁배기 〔명〕
막내 ▶ 끈티ˇ이 〔명〕
막내둥이 ▶ 막내ˇ이 〔명〕
막노동자 ▶ 노가다 〔명〕
막다 ▶ 막후: 다 〔동〕
막대기 ▶ 후지깨ˇ이 〔명〕
막대기 토막 ▶ 꼬재ˇ이. 꼬징개ˇ이 〔명〕
막장 ▶ 끝막창. 막창. 안막창 〔명〕
막히다 ▶ 막해: 다. 맥히: 다 〔동〕
막힘이 없다 ▶ 화통: 하다 〔형〕
만 ▶ 마2 〔조〕

만 ▶ 만도 〔조〕
만고(萬古) ▶ 만: 고 〔명〕
만들다 ▶ 맹글다. 맨들다 〔동〕
만리(萬里) ▶ 말: 리 〔명〕
만만하다 ▶ 맘만: 하다 〔형〕
만분(萬分) ▶ 만: 괴 〔부〕
만분(萬分) ▶ 만: 무 〔부〕
만세력(萬歲曆) ▶ 책역 〔명〕
만으로도 ▶ 만도 〔조〕
만지다 ▶ 만치다 〔동〕
만치 ▶ 마이 〔조〕
만치 ▶ 만: 침1. 만: 쿰1 〔명의〕
만치 ▶ 만: 침2. 만: 쿰2 〔조〕
만큼 ▶ 마이 〔조〕
만회 ▶ 방까이 〔명〕
많다 ▶ 새: 고샜다. 새: 빌었다. 샜: 다 〔형〕
많다 ▶ 수타다 〔형〕
많다 ▶만: 타 〔형〕
많이 ▶ 마지 〔명〕
많이 ▶ 많야: . 큰아: 〔명〕
말(斗)로 떼기 ▶ 말띠기2 〔명〕
말갈기 ▶ 말깔끼 〔명〕
말괄량이 ▶ 후랏빠 〔명〕
말꼬투리 ▶ 말: 꼬다리. 말: 꼬랑대기. 말: 꼬타리. 말: 꽁다리. 말: 꽁대기. 말: 꼬래ˇ이 〔명〕
말끔 ▶ 말: 짱 〔부〕
말끔하다 ▶ 마뜩다. 마뜩밧다 〔형〕
말년(末年) ▶ 말연 〔명〕
말다 ▶ 마: 다 〔동〕
말더듬이 ▶ 말더더미 〔명〕
말뚝 ▶ 말띠기1. 말목 〔명〕
말라리아(malaria) ▶ 초질. 초학 〔명〕

732

말라리아(malaria) ▶ 하리거리 명
말라리아의 속된말 ▶ 도독놈빙ː 명
말랭이 ▶ 오구락지 명
말리다 ▶ 말래ː다 동
말리다 ▶ 말루ːː다 동
말린 멸치 ▶ 이라꾸 명
말림갓 ▶ 갓 명
말벌 ▶ 말버ː리 명
말씀 ▶ 말ː쎔 명
말없이 ▶ 잠자ː꼬 부
말에 올라타다 ▶ 마ː샹(馬上)하다 관
말을 해대다 ▶ 캐샀다 동
말이 그렇다는 것이지 ▶ 캐사ː매 감
말이 헤프다 ▶ 싸답다 형
말이나 사자 같은 동물의 목덜미에 난 긴 털 ▶ 말깔끼 명
말짱 ▶ 발ː끈 부
말코 ▶ 말귀 명
말투가 어긋지다 ▶ 엇짜다 형
맑다 ▶말때 형
맛있다 ▶ 마샀다 형
망건(網巾) ▶ 망근 명
망둥이 ▶ 망디~이 명
망신(亡身) ▶ 우사. 위사 명
망아지 ▶ 마~아지. 망새~이 명
망울 ▶ 몽오래~이. 몽우리 명
망측스럽다 ▶ 망칙시럽다 형
망측해라 ▶ 얄궂어라 감
망치다 ▶ 꼬라박다 동
망치다 ▶ 망구ː다 동
망치다 ▶ 잡치다 동
망치다 ▶ 조ː박다 동
망태 ▶ 망타기 명

망태기 ▶ 망타기 명
망하게 하다 ▶ 망구ː다 동
망하다 ▶ 절단나다 동
맞닥뜨리다 ▶ 맞다드리다 동
맞담배질 ▶ 통죽(通竹) 명
맞바람 ▶ 마빠람 명
맞벌이 ▶ 맞버ː리 명
맞보기 ▶ 맞배기 명
맞서다 ▶ 갈ː따 동
맞잡이 ▶ 맞잽이 명
맞추다 ▶ 맞추ː다 동
맡기다 ▶ 매끼다 동
매 ▶ 마~3 부
매구북 ▶ 소ː북(小鼓) 명
매년(每年) ▶ 매ː연 명
매달리다 ▶ 매달래ː다 동
매독 ▶ 빠이도꾸 명
매듭 ▶ 매끼 명
매미 ▶ 매래~이 명
매밀, 콩 따위의 두꺼운 껍질 ▶ 깍대기 명
매섭게 춥다 ▶ 꼬치 글치 칩다 관
매스껍다 ▶ 얘이꼽다. 애꼽다 형
매슥매슥하다 ▶ 미식미식ː하다 형
매양 ▶ 맨ː 부
매양(每樣) ▶ 만ː날(萬-). 맨ː날 부
매우 ▶ 디ː게 부
매우 어이없다거나 기가 찰 때 내는 소리
  ▶ 햐이고
매이다 ▶ 미얘ː다 동
매조(梅鳥) ▶ 매조 명
매주덩이 ▶ 메주따~이 명
매춘부 ▶ 깔보. 똥깔보 명
매통 ▶ 목매(木-) 명

맨 꼬챙이 ▶ 맨꼬재~이 명
맨드라미 ▶ 맨드래미 명
맨쌀밥 ▶ 맨재지밥 명
맵다(연기) ▶ 내구랍다. 내부랍다. 내구랍다. 내부랍다 형
맵다 ▶ 맵다 형
맷돌 ▶ 매똘 명
맷돌심의 속된말 ▶ 매똘좆 명
맷돌의 가락지 ▶ 매똘가락지 명 ▶
맷돌의 심을 고정시키기 위하여 아래짝 가운데 파인 돌구멍에 박은 나무토막 ▶ 매똘심보 명
맷돌의 아래짝 ▶ 매똘숙짝 명
맷돌의 아래짝(숙짝) 가운데에 고정시켜서 박은 쇠로 된 꼬챙이(心) ▶ 매똘심 명
맷돌의 위짝 ▶ 매똘암짝 명
맷돌의 위짝에 붙어있는 나무 손잡이 ▶ 매똘손잡이
맷방석 ▶ 돌방시기. 매똘방시기. 매빵시기 명
맹랑(孟浪)하다 ▶ 맹낭하다 형
맹세(盟誓)하다 ▶ 맹서 동
맹인(盲人) ▶ 참봉 명
맺히다 ▶ 매치:다 동
머루 ▶ 멀구 명
머리가닥 ▶ 머리가대기 명
머리끄덩이 ▶ 머리끄다~이. 멀꺼다~이. 멀꼬다~이 명
머리띠 ▶ 하찌마끼 명
머리를 뒤로 빗어 붙인 모양 ▶ 오:리바꾸 명
머리카락 ▶ 멀까락 명
머리카락 ▶ 멀꺼다~이 명
머리칼을 미는 칼 ▶ 백구칼 명
머릿방 ▶ 멀빵 명

머물다 ▶ 유:하다(留--) 동
머뭇거리다 ▶ 주재하다 동
머뭇거리다 ▶ 찌부꺼리다. 찌비꺼리다 동
머슴 ▶ 머섬. 머슴 명
머슴 살다 ▶ 넘으 집 살다 관
머슴방 ▶ 머섬방 명
머슴살이 ▶ 머섬샤리 명
머슴애 ▶ 머심아:. 종:내기 명
머슴이 떠나는 날 만들어 주는 떡 ▶ 쪼추뱌리떡 명
머저리 ▶ 어리바기 명
먹(墨)의 물 ▶ 먹물 명
먹는 분량 ▶ 요(療):1 명
먹다 ▶ 묵다 동
먹성 ▶ 먹상 명
먹이다 ▶ 맥이:다. 묵애:다. 묵이:다. 믹이:다 동
먹통이다 ▶ 밤중이다 관
먹히다 ▶ 묵해:다 동
먼 촌수(寸數) ▶ 개:촌수 명
먼 타향 ▶ 철리타양 명
먼저 ▶ 머여. 먼첨 부
먼지 ▶ 문지 명
먼지구덩이 ▶ 문지구디기 명
먼지투성이 ▶ 문지투시~이 명
멀찌가니 ▶ 멀찌:기 부
멀찌감치 ▶ 멀찌:기 부
멋대로 ▶ 벌:로 부
멋대로 하다 ▶ 꼴리는 대로 하다. 좆대로 하다. 쪼대로 하다 관
멋쟁이 ▶ 하이꺄래 명
멋쟁이신사 ▶ 하꾸라이신:사 명
멋쟁이신사의 속된말 ▶ 마카오신:사 명

734

멋지다 ▶ 하꾸라이다 〔형〕
멋쩍다 ▶ 찜맛없다 〔형〕
멍 ▶ 잉: 얼 〔명〕
멍석(網席) ▶ 멍시기 〔명〕
멍청이 ▶ 멍치~이 〔명〕
메 ▶ 메. 울메 〔명〕
메 ▶ 멧밥 〔명〕
메기 ▶ 미: 기 〔명〕
메다 ▶ 미': 다3 〔동〕
메다 ▶ 미: 다2 〔동〕
메뚜기 ▶ 메따기 〔명〕
메밀 ▶ 메물 〔명〕
메밀묵 ▶ 메물묵 〔명〕
메어치다 ▶ 때기장치다 〔동〕
메우다 ▶ 메꾸: 다. 미우다 〔동〕
메이다 ▶ 미얘: 다2 〔동〕
메추라기 ▶ 메초리 〔명〕
메치다 ▶ 미': 치다 〔동〕
멘톨(menthol) 연고 ▶ 맨소리다마 〔명〕
멧돼지 ▶ 매때: 지. 산대: 지 〔명〕
멧돼지의 이빨처럼 밖으로 튀어 나온 이빨 ▶ 살이
-며 ▶ -매2 〔미〕
며 ▶ 매1 〔조〕
며느리 ▶ 매느리. 매늘 〔명〕
며칠 ▶ 매칠 〔명〕
먹 ▶ 목2 〔명〕
먹감다 ▶ 목깜다 〔동〕
먹둥구미 ▶ 봉태기. 봉타기 〔명〕
먹살 ▶ 맥살 〔명〕
먹서리 ▶ 부개 〔명〕
-면 ▶ -머3 〔미〕
면경(面鏡) ▶ 민: 경 〔명〕

면내의(綿內衣) ▶ 목사추 〔명〕
면도(面刀) ▶ 맨도 〔명〕
면도칼 ▶ 가미소리 〔명〕
면목(面目) ▶ 맨: 목 〔명〕
면사무소 직원 ▶ 민: 서기 〔명〕
면사무소(面事務所) ▶ 민: 사무소 〔명〕
-면서 ▶ -매2. -맨서 〔미〕
면서기(面書記) ▶ 민: 서기 〔명〕
면소(面所) ▶ 민: 소 〔명〕
면(免)하다 ▶ 민: 하다 〔동〕
멸몰(滅沒) ▶ 맬몰 〔명〕
멸치 ▶ 매래치 〔명〕
멸치젓갈 ▶ 매래치식캐 〔명〕
명(命) ▶ 밍: 〔명〕
명년(明年) ▶ 내연. 냉연. 맹연 〔명〕
명년(明年)의 다음 해 ▶ 우: 명연
명년(明年)의 다음 해 ▶ 후: 맹연 〔명〕
명령(命令)의 준말 ▶ 영: 〔명〕
명사가 되는 어근에 붙어 그릇 따위의 이름이 되는 접미사 ▶ -자기 〔접〕
명사가 되는 일부 말의 어근에 붙어서 길고 감기는 물건의 이름이 되는 접미사 ▶ -대이2 〔접〕
명산(名山) ▶ 맹산 〔명〕
명성을 날리다 ▶ 기빨 날리다 〔관〕
명절(名節) ▶ 맹절 〔명〕
명절날(名節-) ▶ 맹일 〔명〕
명주(明紬) ▶ 맹주 〔명〕
명주가락 ▶ 방구래기 〔명〕
명주길쌈에서 고치 풀기 ▶ 꼬치풀기 〔명〕
명주길쌈에서 실내리기(解絲) ▶ 살: 내리기 〔명〕
명주베 날기를 할 때 실을 뽑는(合絲) 도구 ▶ 날상 〔명〕

명주의 날 솜 ▶ 푸심이 명
명주치마 ▶ 맹주처매 명
명태(明太) ▶ 맹태 명
몇 ▶ 맻. 및 관형
모(毛) ▶ 개1 명
모(윷놀이) ▶ 모 명
모가지 ▶ 매가지. 맥당가지. 목당가지 명
모개(윷판) ▶ 모: 개2 명
모과 ▶ 모: 개 명
모기 ▶ 모개ⁿ이 명
모기장(-帳) ▶ 모개ⁿ이장 명
모깃불 ▶ 모개ⁿ이불 명
모닥불 ▶ 무디기불. 웃불 명
모도(윷판) ▶ 모도 명
모두 ▶ 마카 부
모두 ▶ 전수 부
모래 ▶ 몰개 명
모래밭 ▶ 몰개밭 명
모랫논 ▶ 샤답논 명
모레의 다음 날 ▶ 그모레 명
모롱이 ▶ 모래ⁿ이 명
모르다 ▶ 모리다 동
모를 ▶ 몰: 준
모를 쪄서 묶은 단 ▶ 못단 명
모름지기 ▶ 방가위지(方可謂之) 부
모서리 ▶ 귀재비. 귀타ⁿ이 명
모서리 ▶ 모때기 명
모숨 ▶ 가래2 명
모숨 ▶ 추미 명
모습 ▶ 모숩 명
모심기 ▶ 모숭기 명
모양(模樣) ▶ 모양 명
모양(模樣) ▶ 뽄 명

모양새 ▶ 가다3 명
모양이 우습다 ▶ 시덥잔타 형
모으다 ▶ 모루: 다. 모두: 다 동
모이 ▶ 모시 명
모이다 ▶ 모대: 다. 모애: 다 동
모자라는 사람 ▶ 팔피ⁿ이 명
모자라다 ▶ 모자래: 다. 모지래: 다 동
모자람이 없다 ▶ 자래: 다2 형
모자반 ▶ 똑똑자: 반. 마자: 반 명
모조리 ▶ 모주리. 모자리 부
모조리 ▶ 전체바꿈 부
모직으로 된 미군 군복바지 ▶ 샤: 지주봉 명
모퉁이 ▶ 모타ⁿ이 명
모판 ▶ 모쟈리깡 명
모판에서 모를 뽑는 일 ▶ 모찌기 명
목(沐) ▶ 목2 명
목단(牧丹) ▶ 목단 명
목도리 ▶ 목두리. 목태 명
목마르다 ▶ 마랍다 형
목마르다 ▶ 목마랍'다. 목마리다 형
목목이 ▶ 목모기 부
목물 ▶ 등물 명
목물(沐-) ▶ 몽'물 명
목숨 ▶ 목심 명
목욕 ▶ 몽물 명
목우(牧牛) ▶ 소묵이기 명
목줄띠 ▶ 목줄: 대 명
목청 ▶ 초성(-聲) 명
목침(木枕) ▶ 목치미 명
목화(木花) ▶ 미영 명
목화(木花) ▶ 미영다레 명
목화(木花)의 풋열매 ▶ 추래 명
목화씨 ▶ 미영씨 명

736

목화열매 ▶ 다래 명
못 ▶ 모가치 명
못못이 ▶ 목목시 부
몰골 ▶ 풍신꼬라:지 명
몰래 빼내다 ▶ 후비다 동
몰래 빼내다 ▶ 휘배내:다 동
몰래 챙기다 ▶ 새비다 동
몰래보다 ▶ 도디캐보다 동
몰래하는 장난이나 도박 ▶ 호작질 명
몰려다니다 ▶ 몰래:댕기다 동
몰려들다 ▶ 몰래:들다 동
몰리다 ▶ 몰래:다 동
몸과 목숨을 그르침 ▶ 오:신맹 명
몸뚱이 ▶ 몸뚱아리. 몸띠ˇ이 명
몸부림 ▶ 몸부럼 명
몸살감기 ▶ 객구 명
몸서리나다 ▶ 엉기나다. 엉기정나다 명
몸을 풀다 ▶ 몸풀다 동
몸통 ▶ 몸티ˇ이 명
몹시 ▶ 미ˇ3 부
몹시 개으르다 ▶ 개알밧다 형
몹쓸 ▶ 몹:쓸 관형
못 ▶ 몬: 부
못나다 ▶ 몬:나다 형
못난이 ▶ 몬:나이 명
못다 ▶ 몬따 부
못되다 ▶ 몬:대다 형
못쓰게 되다 ▶ 베리다 동
못쓰다 ▶ 몬:씨다 동
못자리 ▶ 모판. 모자리. 모자리깡 명
못줄 옮기기 ▶ 못줄대기 명
못줄이 없이 눈대중으로 심는 모 ▶ 벌모 명
못하다 ▶ 모:하다1. 몬:하다1 형

못하다 ▶ 모:하다2. 몬:하다2 동
몽달귀신(--鬼神) ▶ 몽:다리구:신 명
몽당연필(--鉛筆) ▶ 몽땅연필 명
몽당치마 ▶ 몽땅처매 명
몽둥이 ▶ 몽대기. 몽두리. 몽다ˇ이 명
몽둥이찜질 ▶ 몽다ˇ이찜질 명
몽땅 ▶ 모자리 부
몽땅 빗자루 ▶ 몽땅비짜리 명
몽땅 숟가락 ▶ 몽땅수까락 명
뫼의 뿌리 ▶ 미뿌랑 명
뫼의 뿌리 ▶ 미뿌리ˇ이 명
묏자리 ▶ 미:터. 미:테 명
묘(墓) ▶ 미:2 명
묘사(墓祀) ▶ 모:사 명
묘제(墓祭) ▶ 모:사 명
묘지기(墓-) ▶ 미:지기 명
묘판(苗板) ▶ 모판. 모자리 명
무 ▶ 무시 명
무 꼬리 ▶ 무:꼬랑대ˇ이. 무:꼬랑대기 명
무게 ▶ 근대 명
무구덩이 ▶ 무시구다ˇ이 명
무난(無難)하다 ▶ 그양그양:하다 형
무너뜨리다 ▶ 얼개다 동
무너지다 ▶ 뭉개:지다 동
무단히(無斷-) ▶ 무다:이 부
무더기 ▶ 모대기. 무다기 명
무덤(묘)의 수를 세는 단위 ▶ 샹구 명의
무렵 ▶ 고비. 곱 명의
무렵 ▶ 물: 명의
무르다 ▶ 무루:다. 물리다 동
무릇 ▶ 물내ˇ이 명
무릎 ▶ 무릎 명
무릎 ▶ 물팍 명

무리해서 ▶ 우럭으로, 우럭을 튄
무말랭이 ▶ 무시오구락지, 오르랑지 몡
무명 ▶ 미영 몡
무명, 삼베, 명주 따위의 피륙을 짜는 틀 ▶ 베틀 몡
무명길쌈을 할 때 쓰는 활의 끈 ▶ 활끈 몡
무명길쌈을 할 때 쓰는 활의 대 ▶ 활대 몡
무명다래 ▶ 미영다레 몡
무명베 ▶ 미영베 몡
무명베 매기를 할 때 날실을 말리는 겻불 ▶ 벳불 몡
무명베길쌈에서 물레로 실을 뽑는 일 ▶ 물레질 몡
무명베길쌈을 할 때 고치말기 작업 ▶ 꼬치말기 몡
무명셔츠 ▶ 목사추 몡
무모(無謀)하다 ▶ 어들벗다 형
무서워라 ▶ 무섭어라, 무시라, 무서라 갑
무섭다 ▶ 무섭다 형
무슨 ▶ 무신 관형
무식꾼 ▶ 까망눈 몡
무식꾼 티를 내다 ▶ 을축갑자(乙丑甲子)하다 관
무식꾼(無識) ▶ 눈까마이 몡
무엇 ▶ 머1 대
무엇 때문에 ▶ 만: 다꼬 준
무엇하려고 ▶ 말: 라꼬 준
무엇 한다고 ▶ 만: 다꼬 준
무지렁이 ▶ 무지래기 몡
무지렁이 초부(樵夫) ▶ 묵덕초군(--樵軍) 몡
무치다 ▶ 문치다2 동
묵은 덩이 ▶ 무군디이 몡
묵은세배 ▶ 구: 세배(舊歲拜) 몡

묵직하다 ▶ 무직: 하다 형
묵히다 ▶ 막히다 동
묶다 ▶ 무꾸: 다 동
묶이다 ▶ 무끼: 다 동
문구멍 ▶ 문꾸영 몡
문대다 ▶ 문때다 동
문둥병 ▶ 풍뱅 몡
문둥이 ▶ 문: 디이 몡
문드러지다 ▶ 뭉깨: 지다 동
문득 ▶ 문뜩 튄
문자(文字)를 쓰다 ▶ 문짜 씨다 관
문제가 되는 일 ▶ 뱉일 몡
문종이 ▶ 문종~오 몡
문지르다 ▶ 까문때: 다, 문때다 동
문지방(門地枋) ▶ 문천 몡
문짝 ▶ 문째기 몡
문턱(門) ▶ 문택 몡
문필이 좋다 ▶ 글이 좋: 다 관
묻히다 ▶ 무채: 다, 무치: 다 동
묻히다 ▶ 문치대 동
물 골창 ▶ 물고래 몡
물 골창 논 ▶ 고래답(--畓) 몡
물가 마을 ▶ 물편(-便) 몡
물간수(-看守) ▶ 물강구 몡
물거품 ▶ 물빵구, 물빵구리 몡
물고기를 잡는 발 ▶ 발:1 몡
물곬 ▶ 도: 구 몡
물구나무서기 ▶ 물곤지서기, 사까다찌 몡
물구덩이 ▶ 물구디이 몡
물귀신(-鬼神) ▶ 물구: 신 몡
물길을 내는 홈 ▶ 물홈: 몡
물꼬 ▶ 물끼 몡
물너울 ▶ 물나불 몡

물독 ▶ 물도가지 명
물독 ▶ 물버리 명
물동이 ▶ 물동~오 명
물두멍 ▶ 드무. 등구. 물드무. 물등구 명
물레가 움직이지 않게 가롯대에 걸쳐 얹는
　돌 ▶ 물레돌 명
물레로 꼰(던은) 실젓을 합사하는 공정 ▶
　베뽑기(삼베) 명
물레로 자은 무명실을 합사(合絲)하는 공정
　▶ 베뽑기(무명) 명
물레바퀴와 가락에 걸쳐서 맨 줄(벨트) ▶
　물레줄
물레방아 ▶ 물레바~아 명
물레살을 고정 시킨 굴통(회전축) ▶ 회주지 명
물레의 가락 ▶ 가'락2 명
물레의 가락고동에 치는 윤활유 ▶ 물레기
　름 명
물레의 가락고리 ▶ 골구샤리 명
물레의 가락옷 ▶ 가'락옷 명
물레의 가로대 ▶ 가리새 명
물레의 괴물 ▶ 귀머리 명
물레의 괴물기둥 ▶ 귀머리기동 명
물레의 굴통을 축으로 하여 방사상으로 연
　결된 살 ▶ 물레살 명
물레의 꼭지마리 ▶ 꼭두마리 명
물레의 동줄 ▶ 거'무줄 명
물레의 바탕 위에 세운 두 개의 설다리 ▶
　물레기동 명
물레의 설다리를 지탱하는 바탕 ▶ 물레바
　탕 명
물리다 ▶ 물래:다 동
물방개 ▶ 물빵개 명
물방아 ▶ 물바~아 명

물부리 ▶ 대무쪼리 명
물부리 ▶ 물쪼리. 물쭈리 명
물싸움 ▶ 물쌈: 명
물싸움놀이 ▶ 물쌈: 명
물에 희석되지 않은 술 따위의 액체 ▶ 전
　배기 명
물이 고이는 땅 ▶ 물고래 명
물통이 ▶ 물티~이 명
물홈 ▶ 홈: 명
뭉개다 ▶ 뭉깨다 동
뭉개지다 ▶ 뭉깨:지다 동
뭉치 ▶ 뭉티기 명
뭐 ▶ 머1 대
뭐 ▶ 머:2 감
뭐라고 하다 ▶ 머라카다. 머러카다 동
뭣하다 ▶ 머하다 관
미꾸라지의 준말 ▶ 미꾸리 명
미끄럼 ▶ 사태 명
미끄럼이나 그네 따위를 타며 양반 흉내를
　내는 놀이 ▶ 호:시 명
미끈하다 ▶ 미꿈:하다 형
미나리깡 ▶ 미나리깡 명
미니스커트 ▶ 몽땅처매 명
미니스커트의 속된말 ▶ 반동가리처매 명
미련하다 ▶ 미런하다 형
미루나무 ▶ 백양나무(白楊--) 명
미리 ▶ 질거 부
미숫가루 ▶ 미수까리 명
미역 ▶ 목2 명
미역 ▶ 몽'물 명
미운 사람 ▶ 맙사~이 명
미장이 ▶ 미:재이 명
미적거리다 ▶ 미근덕거리다 동

미적미적 ▶ 미근덕미근덕 부
미쳤나의 센말 ▶ 미쳤나 걸쳤나 관
미치광이 ▶ 미칭개~이 명
미치다 ▶자래: 다1 동
미친 짓 ▶ 딱광(-狂) 명
미친 짓거리를 하다 ▶ 용천떠다 동
미친 짓하다 ▶ 좆빨다 관
미투리 끈 ▶ 미: 끈1 명
미투리(麻鞋) ▶ 미: 틀 명
미투리의 모양새를 잡는 골 ▶ 꼴1 명
미혼(未婚) ▶ 미: 성전(未成前) 명
민머리 ▶ 백구 명
민물고기를 잡는 통발 ▶ 통발 명
민물고기의 종류의 하나 ▶ 먹주 명
민적(民籍) ▶ 만적 명
밀 이삭을 그슬어 먹기 ▶ 밀샤리 명
밀가루 ▶ 밀가리 명
밀다 ▶미: 다 동
밀리다 ▶ 밀래: 다 동
밀서리 ▶ 밀샤리 명
밀어 넣다 ▶ 들받다2 동
밀을 갈아서 채로 가루를 내고 남은 찌꺼기
  ▶ 밀짜불 명
밀주단속(密酒團束) ▶ 술조사(-調査) 명
밉다 ▶ 맙다 형
밉살스럽다 ▶ 매깔리시럽다. 매깔시럽다.
  미꽈리시럽다. 미깔샤럽다. 맙살시럽다
  형
밉상(-相) ▶ 맙샤~이 명
밉상스럽다 ▶ 맙상시럽다 형
밍밍하다 ▶ 닝닝: 하다 형
밑 터진 애기 바지 ▶ 터진주~우 명

[ㅂ]

-ㅂ니다 ▶ -누마. -니: 더 미
-ㅂ디다 ▶ -디: 더 미
-ㅂ디다 ▶ -디이더 미
-ㅂ시다 ▶ -ㅂ시더. -시더 미
-ㅂ시다 ▶ -십시더 미
-ㅂ십시오 ▶ -시이소 미
바 ▶ 삐 명의
바가지 ▶ 바가치. 바가이. 쪽배기 명
바구니 ▶ 바구리 명
바깥 ▶ 배낕 명
바깥 날씨 ▶ 배낕'날씨 명
바깥바람 ▶ 배낕바람 명
바깥사돈 ▶ 배낕샤돈 명
바깥세상의 기운이나 흐름 ▶ 배낕바람 명
바깥양반 ▶ 바깥어: 런. 배낕양: 반 명
바깥어른 ▶ 바깥어: 런. 배낕어: 런 명
바깥일 ▶ 배낕일 명
바깥주인 ▶ 바깥어: 런 명
바깥주인(--主人) ▶ 배깥주인 명
바깥채 ▶ 가: 채. 건너채 명
바꾸다 ▶ 바꾸: 다 동
바뀌다 ▶ 바깨: 다. 배끼: 다 동
바느질 ▶ 뱌늘질 명
바느질 방 ▶ 틀빵 명
바느질고리 ▶ 당시기. 반지당시기 명
바닥 ▶ 바대기 명
바둑 ▶ 뱌닥 명
바둑이나 장기 따위의 놀이를 하다 ▶ 뜨다 동
바드시 ▶ 반다시 부
바득바득 ▶ 뽀독뽀독 부
바디 ▶ 뱌대 명

바디집 ▶ 뱌대집 명
바디집 아래위를 잡아주는 마구리 ▶ 마ː굼대 명
바디집비녀 ▶ 마ː굼대. 뱌대집비내 명
바라다 ▶ 바래ː다 동
바람 ▶ 나부락 명의
바람 ▶ 찜2 명의
바람(까닭이나 근거) ▶ 머래 명의
바람둥이 ▶ 바람디〮이 명
바람받이 ▶ 바람모〮지 명
바로 ▶ 바리1 부
바로 ▶ 발ː끈 부
바로 말하자면 ▶ 말ː이사. 말ː이지. 아인기이 아이라
바루다 ▶ 바루ː다 동
바루다 ▶ 반두ː다. 반들구ː다 동
바르게 고치다 ▶ 반두ː다. 반들구ː다 동
바르다 ▶ 발따2 동
바르다(塗) ▶ 바리다2 동
바르다(直) ▶ 바리〮다 형
바리 ▶ 발2 명의
바리바리 ▶ 발뱌리 부
바보 ▶ 등ː시〮이. 반ː피이. 축구 명
바보 ▶ 배막디〮이(褒---) 명
바보야 ▶ 야방사〮아 감
바쁘다 ▶ 바뿌다 형
바삐 ▶ 배삐 부
바수다 ▶ 빠수ː다 동
바위 ▶ 뱡구 명
바위에 붙어있는 이끼류 ▶ 돌ː옷 명
바이올린 ▶ 빠이롱 명
바지 ▶ 주〮우 명
바지 밑 ▶ 주〮우밑 명

바지저고리 ▶ 주〮우적삼. 주〮우적새미 명
바짓가랑이 ▶ 주〮우가래〮이 명
바퀴 ▶ 동테. 뱌꾸. 발통 명
바탕 ▶ 깜양 명
박히다 ▶ 배기ː다 동
박히다 ▶ 백히ː다 동
밖 ▶ 백 명
밖이 되는 곳 ▶ 배낄 명
반 토막 치마 ▶ 반동갸리처매 명
반갑다 ▶ 방갑다 동
반대로 ▶ 꺼꿀재비로 부
반대로 ▶ 역부〮로 부
반두 ▶ 반대 명
반드럽다 ▶ 뻔드랍다 형
반듯하다 ▶ 반득다. 반득ː하다. 빤뜻ː하다 형
반딧불 ▶ 개ː똥불 명
반딧불벌레 ▶ 개똥벌거지. 개똥벌기 명
반물 ▶ 밤ː물 명
반물치마 ▶ 밤ː물처매 명
반상기(飯床器) ▶ 반생기 명
반절(半切) ▶ 반ː튼 명
반찬(飯饌) ▶ 해ː무꺼. 해ː무꼬 명
반편이(半偏) ▶ 반ː피이 명
받다 ▶ 받〮다1 동
받다 ▶ 받〮다2 동
받치다 ▶ 공구ː다 동
받히다 ▶ 받채ː다. 받치ː다 동
발가벗기다 ▶ 뺄ː가베끼다 동
발가벗기다 ▶ 뺄가벗개ː다 동
발가벗다 ▶ 뺄ː가벗다 동
발각되다 ▶ 다딩캐ː다 동
발기다 ▶ 뺄ː기다 동

발길 ▶ 발질 명
발뒤꿈치 ▶ 디:축. 디:치거리. 디:치기 명
발뒤꿈치 ▶ 발디:꿈치. 발디:축. 발디:치거리. 발디:치기 명
발뒤축 ▶ 디:축. 디:치거리 . 디:치기 명
발뒤축 ▶ 발디:꿈치. 발디:축. 발디:치거리. 발디:치기 명
발등 ▶ 발따~이 명
발모가지 ▶ 발매가지. 발목당가지 명
발목 걸이 ▶ 발목거리 명
발이나 자리 따위를 엮을 때 끈을 감아 늘어뜨리는 추(돌) ▶ 추돌(錘-) 명
발자국 ▶ 발자죽 명
발채 ▶ 바:소구리 명
발채 ▶ 바:지게. 바:지기 명
발채를 차린 지게 ▶ 바:지게. 바:지기 명
발치 ▶ 발치거리 명
발톱 ▶ 발톱. 발톱 명
발효된 보리등겨 덩어리 ▶ 깨주매기 명
발효시키다 ▶ 사쿠:다 동
밝다 ▶ 발따3 형
밝히다 ▶ 발키다 동
밟다 ▶ 발:때 동
밟다 ▶ 삐대다 동
밟히다 ▶ 발패:다. 발파:다 동
밤길 ▶ 밤질 명
밤새껏 ▶ 밤새:드룩. 밤새:들 부
밤새껏 ▶ 새:들 부
밤송이 ▶ 밤사~이 명
밤이나 도토리의 떫은 속껍질 ▶ 분다기2. 뽀:네 명
밥그릇뚜껑 ▶ 밥따까리. 밥뜨바~이 명
밥알 ▶ 밥풀1. 밥뜨거리. 밥따기. 밥풀따기 명

밥을 으깨어 만든 풀 ▶ 밥풀2 명
밥주걱 ▶ 밥주개 명
방(윷판) ▶ 반여 명
방갓 ▶ 방입 명
방구물레의 꼭두마리에 연결된 물레의 손잡이 ▶ 화젓 명
방구석 ▶ 방구적 명
방귀 ▶ 방:구2 명
방귀를 뀌다 ▶ 똥뀌:다 동
방립(方笠) ▶ 방입 명
방망이찜질 ▶ 방매~이찜질 명
방문하다 ▶ 들받어보다 동
방물장수 ▶ 밤:물장사 명
방법(方法) ▶ 구채 명
방법(方法) ▶ 방빕 명
방석(方席) ▶ 방시기 명
방석(方席) ▶ 자부동 명
방아 ▶ 바~아 명
방아깨비 ▶ 항글래비. 황글래 명
방아다리 ▶ 바~아가리 명
방아의 절구돌 ▶ 호박 명
방아확 ▶ 호박 명
방안 벽의 아랫도리 ▶ 굽도리 명
방안의 낮춤말 ▶ 방구적 명
방앗간 ▶ 바~아깐. 방:깐 명
방위(方位) ▶ 방우: 명
방장(房帳) ▶ 방장 명
방정맞다 ▶ 촉빠리다 형
방책(方策) ▶ 구채 명
방틀의 규격이 큰 상여 ▶ 오:방대틀 명
방틀이 놓인 우물 ▶ 웅굴 명
밭 자락 ▶ 밭치거리 명
밭 채로 떼기 ▶ 밭따기1 명

밭다 ▶ 밭다1 동
밭떼기 ▶ 밭띠기1 명
밭돼기 ▶ 밭띠기2 명
밭이다 ▶ 바치다. 바투: 다 동
밭이다 ▶ 바채: 다 동
배갈 ▶ 빼: 주 명
배기다 ▶ 배기다2 동
배꼽 ▶ 배꾸무. 배꿈 명
배냇저고리 ▶ 일안저구리 명
배다 ▶ 배: 다 동
배대끈(-帶-) ▶ 북띠. 소북띠 명
배대끈을 거는 고리 ▶ 북띠아구래~이. 소북띠아구래~이 명
배때기 ▶ 배: 지. 배때: 지. 배따기 명
배불뚝이 ▶ 배불따기. 배불래기 명
배수공(排水孔) ▶ 굴: 명
배어먹다 ▶ 배: 묵다 동
배지(badge) ▶ 뱃지 명
배짱 ▶ 복쟁 명
배창자 ▶ 배창지 명
배추 ▶밥: 추 명
배추고갱이 ▶ 밥: 추꼬개~이 명
배추뿌리 ▶ 밥: 추꼬래~이. 밥: 추꽁댜리 명
배필을 정해 보내다 ▶ 차송하다. 취송(聚送)하다. 동
배후(背後) ▶ 디: 1 명
백두(白頭) ▶ 백구 명
백로지(白露紙) ▶ 백노지 명
백설기 ▶ 백찌미. 백찜. 백편 명
백인(白人)의 낮춤말 ▶ 힌다~이 명
백정(白丁) ▶ 백장2 명
백정질(白丁-) ▶ 백장질 명
뱀 ▶ 배: 미 명

뱀의 일종 ▶ 무재주 명
뱀장어(-長魚) ▶ 배미재~이. 뱀재~이 명
뱁댕이 ▶ 대밧대. 배비. 뱁. 대 명
-뱅이 ▶ -배~이 접
뱉다 ▶ 밭다2 동
버겁다 ▶ 훈: 애끼: 다 형
버꾸 ▶ 벅구. 소: 북(小鼓) 명
버드나무 ▶ 버들나무 명
버들강아지 ▶ 오요가재 명
버르장머리 ▶ 버리재~이머리 명
버르장이 ▶ 버리재~이 명
버리다 ▶ 베리다 동
버리다 ▶ 뿌다. 뿌리다 동보
버무리다 ▶ 범부리다 동
버선 ▶ 버선 명
버선목 부분 ▶ 화목 명
버선바닥의 가운데 굴곡이 진 부분 ▶개: 미허리 명
버선의 뒤축 ▶ 뒤: 치기 명
버선의 목 ▶ 목1 명
버선의 버선목의 앞쪽에서 코까지 완만하게 곡선이 진 부분 ▶ 수널 명
버선코 ▶ 버선코 명
버스 ▶ 빠: 수 명
버치 ▶ 버지기 명
버티다 ▶ 뻐티다 동
버티다 ▶ 뻐대: 다 동
버팀목 ▶ 바탕개. 버탕게 명
벅차다 ▶ 훈: 애끼: 다 형
번(番) ▶ 분1 명의
번거롭다 ▶ 상그럽다 형
번데기 ▶ 분다기1. 뻔다기2 명
번드레하다 ▶ 번드리: 하다 형

번번이(番番) ▶ 번버이. 불부리 부
번번히 ▶ 쌰할드록 부
번열(煩熱) ▶ 사:열(-熱) 명
번잡(煩雜)하다 ▶ 분답다. 분잡다 형
번지 ▶ 뻔디. 뻔지. 뻔디기1 명
번쩍 ▶ 뻔:떡 부
번쩍 ▶ 펏떡 부
번쩍번쩍 ▶ 펏떡펏떡 부
벌 ▶ 버:리1 명
벌 ▶ 불2 명의
벌(옷이나 그릇) ▶ 불1 명의
벌다 ▶ 버:리다 동
벌레 ▶ 벌기. 벌개~이. 벌거지 명
벌레나 물고기 따위가 알을 깔기어 놓다
　▶ 실다
벌려진 형태를 구부려 맞추다 ▶ 오무리다 동
벌리다 ▶ 벌래:다 동
벌목(伐木)하다 ▶ 갓치다 동
벌목장(伐木場) ▶ 산판(山坂) 명
벌써 ▶ 벌써로. 햐머 부
벌이 ▶ 버:리2 명
벌집 ▶ 버리집 명
벌초(伐草) ▶ 벌추 명
범 ▶ 호:래~이 명
범에게 먹힐 팔자 ▶ 호:석팔자 명
법(法) ▶ 빕 명
벗겨먹다 ▶ 베까먹다 동
벗겨지다 ▶ 버깨지다. 버꺼지다. 베깨지다 동
벗기다 ▶ 베끼다. 바끼다2 동
벗어지다 ▶ 버어지다 동
벙어리 ▶ 버버리 명
벚나무 ▶ 사꾸라 명
베개(枕) ▶ 비:개 명

베갯속 ▶ 비:개속통 명
베다 ▶비:다2 동
베를 날 때 올을 걸어주는 틀 ▶걸:틀 명
베를 뽑아서 실타래(실젓)를 만들 때 쓰는
　돌것 ▶ 돌:고지. 돌:곳
베를 뽑을 때 날틀에서 뽑아(合絲) 낸 실타
　래 ▶ 베골배~이 명
베를 뽑을 때 사용하는 날틀 ▶ 날틀 명
베를 짤 때 거는 비거미 ▶ 비:게미 명
베를 짤 때 꾸리를 넣는 배 모양의 나무통
　▶ 북 명
베를 짤 때 날실에 물을 축이는 도구 ▶ 저
　잘개 명
베를 짤 때 도투마리를 밀어 넘기는 긴 막
　대기 ▶ 다붓대 명
베를 짤 때 도투마리에서 풀려나오는 잉애
　올과 사올 사이를 벌려 주는 두 가닥의
　끈으로 연결된 두 개의 가는 막대기 ▶
　사치미 명
베를 짤 때 말코 앞에서 베의 폭을 펴 주는
　최활 ▶ 최빨 명
베를 짤 때 북에 넣어 씨실을 공급하는 실
　꾸리 ▶ 꾸리 명
베를 짤 때 북에 넣은 꾸리가 밖으로 나오
　지 않게 하는 북단개 ▶ 북따까리 명
베를 짤 때 북에 들어가는 씨실을 감는(비
　는) 가느다란 대나무 대롱 ▶ 비대. 부대
　명
베를 짤 때 쇠꼬리 끝에 달린 외짝 끌신 ▶
　짚신 명
베를 짤 때 잉아실에 걸쳐지는 날실 올 ▶
　잉애오리. 잉애올 명
베를 짤 때 잉앗대에 거는 여러 올의 실 고

리 ▶ 앙애실 명
베를 짤 때 잉애실에 걸치지 않고 바로 깔린 날실 올 ▶ 사오리. 사올 명
베를 짤 때 짠 베를 감는 대 ▶ 말귀 명
베를 짤 때 허리에 두르는 부테(띠) ▶ 부:테허리 명
베매기 할 때 날실의 올에 칠하는 풀 ▶ 베:풀 명
베매기 할 때 날실의 타래를 얹어 켕기는 도구 ▶ 꼬장게2 명
베매기 할 때 도투마리를 걸쳐 얹는 도구 ▶ 들말
베매기 할 때 풀을 칠하는 솔 ▶ 베솔: 명
베매기를 할 때 날실을 걸어서 도투마리에 붙이는 막대기 ▶ 참톱 명
베매기에 앞서 날실을 준비하는 공정 ▶ 베날기(명주). 베날기(무명). 베날기(삼베) 명
베뽑기를 할 때 실꾸리에 꿰는 가는 대나무 꼬챙이 ▶ 소비대 명
베이다 ▶ 비캐:다 동
베틀 ▶ 베틀 명
베틀 앞다리 위에 걸친 둥근 나무통 ▶ 원산 명
베틀의 가로대 ▶ 가리새2 명
베틀의 나부산대 ▶ 나부손 명
베틀의 누운다리 ▶ 몸체 명
베틀의 눈썹끈 ▶ 나부손끄내끼 명
베틀의 눈썹대 ▶ 눈썹대 명
베틀의 눈썹대 ▶ 눈썹노리 명
베틀의 눌림대를 잡아주는 끈 ▶ 눌람끈 명
베틀의 도투마리 ▶ 도투마리 명
베틀의 뒤를 버티는 뒷다리 ▶ 뒷: 다리 명

베틀의 비거미와 잉앗대 사이에 걸쳐있는 대 ▶ 눌람대 명
베틀의 쇠꼬리 ▶ 신대끈 명
베틀의 신나무 ▶ 신대 명
베틀의 앉을개 ▶ 안치널 명
베틀의 앞다리 ▶ 앞다리 명
베틀의 용두머리 ▶ 용두머리 명
벳불을 만들거나 모깃불을 피울 때 쓰는 잡다한 생나무 가지나 풀 따위 ▶ 풀퍼다기 명
벼 ▶ 나락 명
벼나 기장 따위의 곡식 이삭을 훑는 대나무채 ▶ 빼채. 홀께 명
벼나 보리 따위 식물의 고갱이 ▶ 혹: 개이 명
벼나 보리 포기의 낱 줄기 ▶ 나래끼 명
벼나 보리를 찧을 때 마지막 도정 ▶ 따끼다 동
벼논 ▶ 나락논 명
벼논에 날아드는 참새를 폭음을 내어 쫓는 도구 ▶ 때: 기2 명
벼락 ▶ 배락 명
벼락방망이 ▶ 배락방매이 명
벼루 ▶ 배루. 벼로 명
벼룩 ▶ 베래기 명
벼룻돌 ▶ 배룻돌 명
벼르다 ▶ 배루:다 동
벼리다 ▶ 배루:다2 동
벼슬 ▶ 배실. 비실 명
벼슬을 하다의 뜻 ▶ 마: 상(馬上)하다 관
벼이삭을 훑는 도구 ▶ 호라게 명
벼쭉정이 ▶ 나락쭉따기 명
벽(壁) ▶ 배리빡. 백. 백박 명

745

벽돌 (甓-) ▶ 백돌 명
벽에 걸린 옷걸이 장대 ▶ 줄대뿌리 명
벽장(壁欌) ▶ 백장1 명
벽장(壁欌) ▶ 장: 뺑(欌房) 명
벽지(壁紙) ▶ 백지 명
변(變)하다 ▶ 밴: 하다. 빈: 하다 동
변고(變故) ▶ 빈: 고 명
변변하다 ▶ 밴밴: 하다 형
변소 ▶ 통시~이. 디깐. 정낭 명
별 ▶ 빌: 명
별(別) ▶ 밸1 관형
별(別)- ▶ 밸–2 접
별것(別) ▶ 밸꺼 명
별것도 아니다(못되다) ▶ 또도 아이다 관
별나다(別-) ▶ 밸나다 형
별똥 ▶ 빌: 똥 명
별로(別) ▶ 밸: 로 부
별말(別) ▶ 밸말 명
별맛(別) ▶ 밸맛 명
별미(別味) ▶ 밸맛. 밸미 명
별반(別般) ▶ 밸반 부
별사람(別-) ▶ 밸사람 명
별소리(別-) ▶ 밸소리 명
별수(別數) ▶ 밸수 명
별수(別數)없이 ▶ 밸수없이 부
별안간 ▶ 각: 중에 부
별일(別-) ▶ 밸일 명
별자리의 하나 ▶ 조물수~이 명
별짓(別-) ▶ 밸짓 명
별천지(別天地) ▶ 밸천지 명
볍씨 ▶ 씨나락 명
볏가리 ▶ 나락빼까리 명
볏가리 ▶ 노적까리 명

볏가마니 ▶ 나락갸매이 명
볏단 ▶ 나락단 명
볏짚의 고갱이로 삼은 여자 짚신 ▶ 따재비신 명
병(甁) ▶ 바~이 명
병(病) ▶ 빙: 2
병뚜껑(甁-) ▶ 빙따까리. 빙뚜깨~이 명
병신(病身) ▶ 빙: 시이 명
병아리 ▶ 삐갸리. 삐개~이 명
병에 걸리다 ▶ 들래: 다 동
병원(病院) ▶ 빙: 원 명
병이 들다 ▶ 걸래: 다 동
병충해(病蟲害) ▶ 후재(候災) 명
병풍(屛風) ▶ 팽풍. 평풍 명
볕 ▶ 뱉 명
보(洑)를 정비하는 일 ▶ 보매기 명
보게 ▶ 보'세 감
보고 ▶ 또로 조
보고 ▶ 안데 조
보국대(保國隊) ▶ 보: 국대 명
보기 싫다 ▶ 보': 실타 준
보기로 하다 ▶ 볼실하다 동보
보늬 ▶ 분다기2. 뽀: 네 명
보다 ▶ 만 조
보다 ▶ 보다 동
보다 ▶ 보담: 조
보다 ▶ 카머 조
보다도 ▶ 만도 조
보람 ▶ 본: 대1 명
보람이 있다 ▶ 생광시럽다 형
보를 관리하는 책임자 ▶ 보도: 감(洑都監) 명
보름 ▶ 보'룸 명

보리감부기 ▶ 보리깐다기. 보리깜비기 명
보리나 조 따위의 가루로 풀처럼 쑨 죽 ▶ 풀대죽 명
보리등겨 ▶ 보리등게 명
보리등겨로 만든 떡 ▶ 개:떡 명
보리등겨로 만든 떡 ▶ 등게떡 명
보리문둥이 ▶ 보리문디~이 명
보리밥 누른 데다 물을 붓고 나무주걱으로 으깨듯이 긁으면서 끓인 숭늉 ▶ 뜨물숭영 명
보리방아 ▶ 보리바~아 명
보리숭늉 ▶ 보리숭영 명
보리쌀의 준말 ▶ 보살 명
보면 볼수록 ▶ 보머 보머 관
보습과(補習科) ▶ 보:십과 명
보십시다 ▶ 보입시더 감
보십시오 ▶ 보시이소 감
보얗다 ▶ 보:하다 형
보이다 ▶ 띠이:다2 동
보이다 ▶ 보애:다 동
보이다 ▶ 바:대 동
보이지 않게 하다 ▶ 가루:다 동
보자 ▶ 보자 감
보자기 ▶ 바뿌재. 보재:기 명
보잘것없다 ▶ 꼴나다 형
보증도장(保證圖章)의 속된말 ▶ 딧:도장 명
보통사람(普通-) ▶ 일반사:람 명
복대(腹帶) 고리 ▶ 북띠아구래~이 명
복사뼈 ▶ 복성'빼. 복상씨 명
복숭아 ▶ 복성 명
복숭아나무 ▶ 복성나무 명
복숭아씨 ▶ 복성씨 명
복어(-魚) ▶ 뽁지~이 명

복장(腹臟) ▶ 복쟁 명
볶다 ▶ 뽂다 동
볶이다 ▶ 뽂개:다. 뽂기:다 동
본(本) ▶ 뽄 명
본디(本) ▶ 본대2. 볼래 부
본래(本來) ▶ 본대2 부
본래(本來) ▶ 볼래 부
본래(本來) ▶ 원채 부
본받다 ▶ 뽄받다 동
본보다 ▶ 뽄보다 동
본보이다 ▶ 뽄비이:다 동
본성(本性) ▶ 태성(胎性) 명
본시(本是) ▶ 본대2. 볼래 부
볼 ▶ 뽈 명
볼거리 ▶ 뽈치거리. 뽈치기 명
볼끈 ▶ 뽈:끈 부
볼따구니 ▶ 볼탕가지 명
볼때기 ▶ 뽈다구. 뽈때기. 뽈때~이 명
볼일 ▶ 소:관(所管) 명
볼품없이 몽땅하게 생긴 모양 ▶ 두리뭉:시~이 명
봅시다 ▶ 보시더 감
봇줄이 처지지 않게 소의 등 뒤로 둘러 감아 맨 줄 ▶ 한태 명
봉변(逢變) ▶ 봉'밴 명
봉사 ▶ 참봉 명
봉선화(鳳仙花) ▶ 봉:숭화 명
봉지(封紙) ▶ 봉다리 명
봉투(封套) ▶ 봉투지 명
봐라 ▶ 보래: 감
봐라 ▶ 보래~이 감
봐요 ▶ 보소 감
뵈다 ▶ 배:다2 동

뵈옵다 ▶ 배옵다 동
뵙다 ▶ 뱁:다 동
부근 ▶ 껄 명
부끄럽다 ▶ 부꾸럽다 형
부대끼다 ▶ 부디끼:다 동
부드러운 거름 ▶가는거름 명
부득불(不得不) ▶ 밸수없이 부
부득불(不得不) ▶ 천상2 부
부들방망이 ▶ 부:들방매˝이 명
부딪치다 ▶받다2 동
부딪히다 ▶ 받채:다. 받치:다 동
부뚜막 ▶ 뿌뚜막 명
부뚜막 신 ▶ 조앙각시 명
부라리다 ▶ 뿔시다 동
부러 ▶ 부˙로 부
부러지다 ▶ 뿌라:지다. 뿔거지다. 뿌러지다. 동
부럽다 ▶ 불따 형
부레풀 ▶ 고래풀 명
부려먹다 ▶ 부래묵다 동
부르다(呼) ▶ 부리˙다1 동
부르다(飽) ▶ 부리˙다2 형
부리나케 ▶ 조:1 부
부리나케 내빼다 ▶ 들˙고띠다 동
부리다 ▶ 지기다 동
부리망(--網) ▶ 허거리. 소머거리. 소허거리 명
부부(夫婦) 모두가 ▶ 안밭없이 관
부부가 함께 덮는 이불 ▶ 두:채이불 명
부부가 함께 베는 베개 ▶ 두:통비개 명
부산스럽다 ▶ 번지럽다. 번지시럽다 형
부서지다 ▶ 뿌사:지다 동
부수다 ▶ 빵구:다 동

부수다 ▶ 뿌수:다. 뿌주:다. 뿌직:다 동
부수어 버리다 ▶ 빠아뿌다. 빠아뿌리다 동
부스러기 ▶ 뿌시래기. 뿌지래기 명
부스러지다 ▶ 뿌시러지다 동
부스럭거리다 ▶ 뿌시럭거리다 동
부스럼 ▶ 부시럼 명
부스럼 ▶ 종제미 명
부스럼 ▶ 험:데 명
부스스 ▶ 부시:기 부
부슬비 ▶ 부실비 명
부시 ▶ 부쇠. 불쇠 명
부시다 ▶ 새부랍다 형
부싯깃 ▶ 부솜 명
부싯돌 ▶ 부쇳돌. 불똘 명
부아 ▶ 부애 명
부어놓다 ▶ 버어놓다 동
부어버리다 ▶ 버어뿌리다 동
부엉이 ▶ 부하˝이 명
부엌 ▶ 정지 명
부엌데기 ▶ 부적따기 명
부엌문 ▶ 정지문 명
부엌아궁이 ▶ 부적아구리 명
부엌에 불씨를 묻어 두는 구덩이 ▶ 재구디˝이 명
부엌칼 ▶ 정지칼 명
부인 ▶ 대기 명
부자노릇(富者-) ▶ 부:자질 명
부젓가락 ▶ 부재까치. 화:저까치 명
부정하는 말 ▶ 아:이2 부
부족하다 ▶ 모지래:다 동
부지깽이 ▶ 부지깨˝이 명
부추 ▶ 정구지 명
부치다 ▶ 부치:다 동

부침개 ▶ 부칭개. 찌장개 명
부터 ▶ 부텀 조
부테허리에 달린 끈 ▶ 부:테끈 명
부풀리다 ▶ 부풀구:다 동
북데기 ▶ 뿍따기 명
북서풍(北西風) ▶ 화늘바람 명
북한 ▶ 북선(北鮮) 명
분배하다 ▶ 농구다 동
분별없는 사람 ▶ 우디다기 명
분위기(雰圍氣) ▶ 분이기 명
불 같다 ▶ 불칼 긑다 관
불그스레하다 ▶ 불고수리:하다 형
불끈 ▶ 뿌:꿈. 뿔:꿈 부
불끈하는 성질 ▶ 뿔툭골 명
불끈하다 ▶ 도채:다. 도치:다 동
불다 ▶ 부:다 동
불덩어리 ▶ 꽃불 명
불뚝 고집 ▶ 뿔떡고집 명
불량배(不良輩) ▶ 부랑패 명
불량하다 ▶ 부랑타 형
불량한 사람 ▶ 부랑재~이 명
불량한 행동 ▶ 부랑질 명
불룩하다 ▶ 불툭:하다 형
불리다 ▶ 부루:다2. 불구:다 동
불벼락 ▶ 불칼 명
불사르다 ▶ 불사리다 동
불쏘시개 ▶ 부살개. 부살기. 불쑤시개 명
불안하다 ▶ 솔:곱다 형
불알 ▶ 부랄 명
불알 ▶ 붕알 명
불알망태 ▶ 부'랄망태기. 붕'알망태기 명
불여우 ▶ 불예수 명
불잉걸 ▶ 꽃불 명

불편(不便) ▶ 불팬 명
불편(不便)하다 ▶ 생그럽다 형
불편하다 ▶ 뻐적잔타. 뻐질찬타 형
붓다 ▶ 붓다1 동
붓다 ▶ 붓다2 동
붓두껍 ▶ 붓대롱. 붓따깨비. 붓따깨~이. 붓뚜깨~이 명
붕대(繃帶) ▶ 호:다이 명
붕어 ▶ 붕:애 명
붙다 ▶ 까이다 동
붙들다 ▶ 뿥들다 동
붙들리다 ▶ 뿥들래:다. 뿥들리:다 동
붙이다 ▶ 붙치다 동
붙잡다 ▶ 뿥들다. 뿥잡다 동
붙잡히다 ▶ 뿥들래:다. 뿥들리:다. 뿥잡해:다 동
블록 ▶ 보로꾸. 부로:꾸 명
비(화투) ▶ 비: 명
비녀 ▶ 비내 명
비누 ▶ 사:분 명
비닐 ▶ 비니:루 명
비닐봉투 ▶ 비나루봉다리 명
비단결 ▶ 비:단절 명
비뚤어지다 ▶ 엇나다 동
비렁뱅이 ▶ 걸배~이(乞--). 걸바~이 명
비렁뱅이 ▶ 비름배~이 명
비료(肥料) ▶ 비:로 명
비루 ▶ 비리 명
비름 ▶ 참비름 명
비린내 ▶ 비랑내 명
비비고 앉다 ▶ 비배고 안따 관
비비다 ▶ 문때다 동
비비다 ▶ 비배다 동

비빔밥 ▶ 비뱀밥 명
비석차기 ▶ 이시거리 명
비스듬히 ▶ 빈디:기 명
비슷비슷하다 ▶ 고만고만: 하다 형
비슷하다 ▶ 그트다. 글다 형
비우다 ▶ 비우다 동
비위 ▶ 비:우 명
비육우(肥肉牛) ▶ 육소(肉-) 명
비좁다 ▶ 비: 잡다. 소: 잡다 형
비집고 앉다 ▶ 비배고 안따 관
비추다 ▶비추: 다 동
비키다 ▶ 비: 끼다 동
비탈 ▶ 고: 바이 명
비탈 ▶ 바'알. 반'달 명
비틀어지다 ▶ 찌부러지다 동
비할 데 없다 ▶ 쨱이 없다 관
빈 털털이다 ▶ 흑쌔리 쭉따기다 관
빈대나 벼룩 따위가 물다 ▶ 쨰비다 동
빈둥거림 ▶ 농따~이 명
빈둥빈둥 ▶ 편적: 편적 부
빈소(殯所) ▶ 병: 수 명
빈소의 영좌(靈座)에 아침저녁으로 올리는 음식 ▶ 상: 석 명
빈손 ▶ 빈: 걸 명
빈틈없이 ▶ 꼭: 부
빌리다 ▶ 꾸다2. 최: 대 동
빌어먹다 ▶ 비'러묵다 동
빌어먹을 ▶ 까: 연들꺼 감
빌어먹을 ▶ 나거리. 나끼미 감
빌어먹을 ▶ 발어처묵을 감
빌어먹을 ▶ 저연들꺼 감
빌어먹을 ▶ 자깨. 자꺼리. 자끼미 감
빌어먹을 ▶ 지랄문다~이 감

빌어먹을 것 ▶ 근: 들꺼 감
빗다 ▶ 뺏다 동
빗물과 지하수를 함께 이용하는 농토 ▶ 부: 림봉답 명
빗자루 ▶ 비짜리 명
빙 ▶ 뺑:. 삥~ 부
빠뜨리다 ▶ 떨주: 다 동
빠르다 ▶ 빠리다 형
빠져 버리다 ▶ 빠저뿌리다 동
빠지게 하다 ▶ 빠주: 다 동
빠지지 않고 ▶ 꼽: 빡 부
빠트려 먹다 ▶ 빠자: 묵다 동
빠트려 버리다 ▶ 빠자: 뿌리다 동
빠트리다 ▶ 빠주: 다 동
빤히 ▶ 빠: 이 부
빨가벗게 하다 ▶ 뺄: 가베끼다 동
빨갛다 ▶ 뺄: 갏다 형
빨개지다 ▶ 뺄: 개지다 동
빨갱이 ▶ 뺄개~이 명
빨래 ▶ 서답. 세답 명
빨래비누 ▶ 세답사: 분 명
빨랫감 ▶ 세답꺼리 명
빨랫돌 ▶ 서답돌. 세답돌 명
빨랫방망이 ▶ 세답방매~이 명
빨랫줄 ▶ 세답줄 명
빨리 ▶ 서: 떡. 싸게. 쌔기. 어여. 얼럭. 얼렁 부
빵모자(-帽子) ▶ 도리구찌 명
빻다 ▶ 빠작다 동
빼 버리다 ▶ 빠자: 뿌리다 동
빼먹다 ▶ 빠자: 묵다. 빼: 묵다 동
빼앗기다 ▶ 빼끼: 다. 빼뜰리: 다 동
빼앗다 ▶ 빼뜰다 동

뺨 ▶ 뺌 명
뺨따귀 ▶ 뺨때기. 빼마리. 뺌때기 명
뻐꾸기 ▶ 뻐꿈새. 뿌꿈새 명
뻐꾹뻐꾹 ▶ 뿌꿈뿌꿈 부
뻐끔 ▶ 삐ː꿈2 부
뻐끔뻐끔 ▶ 뽀꼼뽀꼼 부
뻐끔뻐끔 ▶ 뿌꿈뿌꿈 부
뻑적지근하다 ▶ 뻐지근ː하다 형
뻔 ▶ 뿐 명의
뻔히 ▶ 뻐ː이 부
뻘쭉하다 ▶ 뻘쭘ː하다 형
뼁 ▶ 뻐ː꿈 부
뼈다귀 ▶ 빼다구. 빼가지. 빼 명
뼈다귀 ▶ 빽다구 명
뼈대 ▶ 빼대 명
뼈마디 ▶ 빼마디 명
뼛골 ▶ 빼꼴. 뺏골 명
뽀얗다 ▶ 뽀ː하다 형
뽕뽕(자동차의 유아어) ▶ 띠따ː뽀뽀 명
뽀족구두 ▶ 빼딱구두. 빼쪽구두 명
뽀족하다 ▶ 빼쪽ː하다 형
뿌리 ▶ 뿌러ː지 뿔가ˇ이. 뿌라ˇ이. 뿔거지 명
뿌리다 ▶ 핱다. 핱치다 동
뿔의 낮춤말 ▶ 뿔따구 명
삐걱하면 ▶ 삐ˇ쭉하머 부
삐꺼덕하면 ▶ 깟딱하머. 껏떡하머 부
삐꺼덕하면 ▶ 펏떡하머 부
삐다 ▶ 가무ː치다 동
삐다 ▶ 잡치다 동
삐딱거리다 ▶ 디뚱거리다 동
삐뚤다 ▶ 삐ː뜨다 형
삐죽이 나오다 ▶ 삐ː저나오다 동

삐치다 ▶ 빼치다 동
삐치다 ▶ 삐ː지다 동
뻴기 ▶ 뻬ː기 명

[ㅅ]

사고뭉치(事故--) ▶ 우한따ˇ이 명
사과 ▶ 넝굼 명
사과상자(--箱子) ▶ 넝굼하꼬 명
사귀다 ▶ 사구ː다 동
사금파리 ▶ 새굼파리. 새금차리 명
사기그릇 ▶ 화ː럭(火--). 화ː사바리(火--) 명
사납다 ▶ 숭악하다. 숭칙하다 형
사내 ▶ 사나ː 명
사다 ▶ 받다 동
사다 ▶ 팔다 동
사답(沙畓) ▶ 샤답논 명
사돈끼리 교유하는 서한(書翰) ▶ 사돈지(査頓紙) 명
사돈댁(査頓宅) ▶ 사가(査家) 명
사들이다 ▶ 사들루ː다 동
사람 ▶ 키 명의
사람의 키 정도의 길이 ▶ 질2 명의
사랑(舍廊) ▶ 사랑 명
사랑방 ▶ 살빵 명
사레 ▶ 새알 명
사려(윷판) ▶ 방수겨 명
사령(齡) ▶ 한잠 명
사르기 ▶ 샤리1 명
사르다 ▶ 사리다 동
사리분별(事理分別) ▶ 오ː줄 명

사리판단(事理判斷) ▶ 오:줄 몡
사립 ▶ 사람 몡
사립문 ▶ 사랍. 삽째기문. 사랍문 몡
사립짝 ▶ 삽짝(揷-). 삽째기 몡
사립짝문 ▶ 삽짝문 몡
사마귀 ▶ 사마:구 몡
사마귀(곤충) ▶ 사마:구2. 여무까시 몡
사물거리다 ▶ 수물거리다 동
사물사물 ▶ 수물수물 부
사발(沙鉢) ▶ 사바리 몡
사변(事變) ▶ 사:밴. 사:빈 몡
사설(辭說) ▶ 사:실 몡
사시(斜視) ▶ 사:파리 몡
사용되다 ▶ 씨개:다 동
사우(四隅) ▶ 사오 몡
사위(婿) ▶ 사우 몡
사이 ▶ 단산:. 단새:. 산: 몡의
사이 ▶ 새:2 몡
사이렌 ▶ 사요롱 몡
사정(事情) ▶ 시:정 몡
사정(事情) ▶ 지개~이 몡
사족(四足) ▶ 사:죽 몡
사지(四肢)의 속된말 ▶ 사:죽 몡
사카린(saccharine) ▶ 삭가리. 꿀아재비 몡
사타구니 ▶ 사타리. 사타구리 몡
사탕가루(砂糖-) ▶ 사탕가리 몡
사태(沙汰) ▶ 사태 몡
사팔뜨기 ▶ 눈찌불타~이. 사:파리 몡
사형(詞兄) ▶ 사애상 몡
사환(使喚) ▶ 고찌까이. 소:사(小使) 몡
사흘 ▶ 사할. 살:3 몡
사흘도록 ▶ 사할드록 부
사흘이 멀다 하고 ▶ 사할드록 부

삭망전(朔望奠) ▶ 상망 몡
삭정이 ▶ 악타리. 알차리 몡
삭히다 ▶ 사쿠:다. 삭후:다 동
삯일 ▶ 삭일 몡
산 노루 ▶ 산놀개~이 몡
산 중턱 ▶산지절 몡
산 중허리 ▶ 산자절 몡
산(山) ▶ 산 몡
산골짜기 ▶ 산꼴짝. 산꼴째기. 산꼴짹 몡
산그늘 ▶ 산거렁지 몡
산기슭 ▶ 산자래기. 산치거리 몡
산꼭대기 ▶ 산대박. 산대배기 몡
산더미 ▶ 산대미1. 산따미. 산따~이 몡
산등성이 ▶ 산등더리 몡
산딸기 ▶ 산딸: 몡
산마루 ▶ 만대기. 만대이. 만디기. 만다~이 몡
산마루 ▶ 산마래~이. 산만대~이. 산만대기. 산만다~이. 산만다기 몡
산머루 ▶ 산멀구 몡
산머루 종류의 하나 ▶ 개:포구 몡
산머루 종류의 하나 ▶ 물포구 몡
산모롱이 ▶ 산모래~이 몡
산(∧)모양의 사병계급장의 속된말 ▶ 야마가다 몡
산비탈 ▶ 산비'알. 산반'달 몡
산빨갱이 ▶ 산빨개~이 몡
산에 자생하는 쑥의 일종 ▶ 귀:쑥 몡
산의 끝자락 ▶ 미뿌랑. 미뿌리~이 몡
산자락 ▶ 산자래기. 산치거리 몡
산적꼬챙이 ▶ 산:적꼬재~이 몡
산초(山椒) ▶ 조피2. 죄피 몡
산토끼 ▶ 산토깨~이 몡

살강 ▶ 살건, 실가ˇ이 명
살게 하다 ▶ 살구:다 동
살금살금 ▶ 살:살: 부
살기 ▶ 갱가 명
살다 ▶ 사:다 동
살리다 ▶ 살구:다 동
살림 형편(形便) ▶ 꺼리 명
살며시 ▶ 살무:시 부
살을 박은 물레 ▶ 살물레 명
살이 굵고 성긴 빗 ▶ 얼개빗, 얼가미빗, 얼가ˇ빗 명
살점 ▶ 살쩨미 명
살짝 ▶ 사알:, 살째:기 부
살짝 보드랍다 ▶ 개보드랍다 형
살쾡이 ▶ 살개ˇ이, 실개ˇ이1 명
살피다 ▶ 살피다 동
삶다 ▶ 삼:따 동
삶은 보리쌀을 담아 두는 바구니 ▶ 보살바구리 명
삼 껍질 벗기기 ▶ 삼베끼기 명
삼 껍질을 째는 일 ▶ 삼째기 명
삼 올 삼기(잇기) ▶ 삼삼:기 명
삼 잎을 따는 대나무 칼 ▶ 삼칼 명
삼굿 ▶ 삼솥 명
삼령(-齡) ▶ 석:잠 명
삼베길쌈에서 날고르기 작업 ▶ 날고르기 명
삼베길쌈을 할 때 물레로 꼰 삼가락(삼올)을 돌곳에 걸어 감은 실타래 ▶ 실젓 명
삼베길쌈을 할 때 실젓을 뽑기 위하여 마룻바닥에 사려 놓은 실무더기 ▶ 실:떡 명
삼씨(麻種) ▶ 열씨 명
삼의 겉껍질 채로 째고 삼아서 짠 베 ▶ 쑥베 명
삼을 삼아서 광주리에 사려 놓은 무더기 ▶ 삼바대기 명
삼을 삼아서 베를 짜는 일 ▶ 삼베길쌈 명
삼을 삼을 때 삼 가닥의 꼬리 쪽을 부드럽게 해서 손톱으로 가르는 것을 이름 ▶ 매를 타다 관
삼을 삼을 때 삼 모숨을 걸치는 징개다리 ▶ 징개 명
삼의 겉껍질을 벗겨서 삼고 짠 베 ▶ 재포(-布) 명
삼의 겉껍질을 벗기는 삼톱 ▶ 삼톱 명
삼천리강산(三千里江山) ▶ 삼찰리강산 명
삼키다 ▶ 냉기다2, 넝기다, 넝구:다 동
삼키다 ▶ 생키다 동
삼태기 ▶ 산대미2, 짚소구리 명
삼태기 ▶ 삼타기 명
삼톱으로 삼의 겉껍질을 벗겨서 짠 베 ▶ 황포(黃布) 명
삽 ▶ 수굼포 명
삿갓 ▶ 샤갓 명
삿된 말 ▶ 삿댄말 명
삿자리 ▶ 삭쟈리 명
상(床) ▶ 판(板) 명
상(床)을 차리다 ▶ 상 보다 관
상객(上客) ▶ 상:각 명
상거지(上--) ▶ 상:걸배ˇ이 명
상괴 ▶ 샹구2 명
상구를 마친 실젓을 돌곳에 걸고 풀어 내린 것 ▶ 실젓 명
상극(相剋) ▶ 왈:개 명
상급학교(上級學校) ▶ 높은핵고 명
상기 ▶ 샹구3 부

753

상기(想起)하다 ▶ 생각지다. 생각캐ː다 동
상놈 ▶ 쇠상놈 명
상놈 중에 상놈 ▶ 개ː돌상놈 명
상다리(床--) ▶ 판다리 명
상당한 수준 ▶ 깨 부
상당히 ▶ 엄사ː미 부
상식(上食) ▶ 상ː석 명
상어 ▶ 상애2 명
상어 몸통고기 ▶ 간돔배기 명
상어기름 ▶ 상ˇ애자름 명
상어의 머리고기 ▶ 두투머리 명
상어의 몸통고기 ▶ 돔배기 명
상여 틀의 앞에 가로로 댄 나무 ▶ 앞방틀 명
상여(喪輿) ▶ 상ˇ애1 명
상여(喪輿)의 뒷방틀 ▶ 딋ː방틀 명
상여계(喪輿契) ▶ 상ˇ애기ː 명
상여꾼(喪輿-) ▶ 상두꾼 명
상여소리(상두소리)의 후렴 ▶ 어ː홍어ː홍 어ː화넘차 어ː홍 관
상여집(喪輿-) ▶ 상ˇ애집 명
상자(箱子) ▶ 하꼬 명
상자떼기(箱子--) ▶ 하꼬떼기 명
상주가 짚는 작대기 ▶ 대짝지 명
상처(傷處) ▶ 험ː데 명
상태(狀態) ▶ 조ː시. 쪼2 명
상판대기 ▶ 낯꺼죽. 낯빤때기 명
상판대기 ▶ 상판따기 명
상포계(喪布契) ▶ 상포기ː 명
새 ▶ 산ː 명의
새 ▶ 역 명의
새 고은 밥 ▶ 새옴ː밥 명
새 아저씨 ▶ 새아재 명
새(길쌈) ▶ 새(升)3 명

새경 ▶ 새갱 명
새김질 ▶ 새금질 명
새꽤기 ▶ 호ː깨ˇ이. 홰ː기 명
새끼 ▶ 새끼대ˇ이 명
새끼가닥 ▶ 새끼가대기. 새끼내끼 명
새끼를 낳지 못하는 가축 ▶ 부라끼 명
새끼손가락 ▶ 생이손까락. 앵지손까락 명
새나 닭을 내쫓는 소리 ▶ 후여ː 갑
새다 ▶ 쇠다 동
새댁 ▶ 새디기 명
새마을 ▶ 새마실. 새말ː 명
새벽2 ▶ 새복2 명
새벽 ▶ 새복1 명
새벽길 ▶ 새복ˇ질 명
새벽달 ▶ 새복ˇ달1 명
새벽닭 ▶ 새복달2 명
새벽밥 ▶ 새복ˇ밥 명
새벽일 ▶ 새복ˇ일 명
새벽잠 ▶ 새복ˇ잠 명
새벽하늘 ▶ 새복하늘 명
새삼스럽다 ▶ 새ː삼시럽다. 시ː삼시럽다 형
새삼스레 ▶ 새삼시리 부
새우 ▶ 새ː비. 쇠ː비 명
새줄랑이 ▶ 새출내미 명
새집구멍 ▶ 새집구영 명
새참 무렵 ▶ 새ː참때 명
새파란 상놈 ▶ 생상'놈 명
샘 ▶ 새ː미 명
생(生) ▶ 생 접
생각 ▶ 요랑 명
생각 ▶ 이ː향 명
생각나다 ▶ 생각지다. 생각캐ː다 동

생각하다 ▶ 이기다 동
생고생(生苦生) ▶ 생고상 명
생고집의 속된말 ▶ 뿔따구 명
생과부(生寡婦) ▶ 생가부 명
생나무 가지나 잡풀 따위 ▶ 참풀까디이 명
생목 ▶ 새목 명
생벼락(生--) ▶ 생배락 명
생선(멸치)의 젓갈 ▶ 식캐 명
생솔가지 ▶ 생소깝 명
생이별(生離別) ▶ 생이밸 명
생인손 ▶ 새이손 명
생일(生日) ▶ 새일 명
생전(生前) ▶ 생ː긴 부
생죽음(生--) ▶ 생죽엄 명
생쥐 ▶ 새양지 명
생트집(生--) ▶ 짝자 명
생트집(生--) ▶ 생티집 명
생판 ▶ 생ː긴 부
생판무식쟁이 ▶ 생무식재이 명
생피(生血) ▶ 생피 명
서 ▶ 서러 조
서낭당(--堂) ▶ 천앙당 명
서넛 날 ▶ 선나 부
서랍 ▶ 빼다지 명
서랍이 붙은 목침 ▶ 태ː치미. 태침 명
서러운 나이의 사람(童) ▶ 설ː디이 명
서로 ▶ 서리1 부
서류(書類) ▶ 문서(文書) 명
서리 ▶ 서ː리2 명
서속(黍粟) ▶ 서ː숙 명
서숙 ▶ 죄 명
서양각시(西洋--) ▶ 양각시 명
서양사람의 속된말 ▶ 노래이 명

서양여자(西洋女子) ▶ 양각시 명
서양인(西洋人)의 속된말 ▶ 양코(洋-). 양코빼기. 양코재이 명
서양풍(西洋風) ▶ 양바람 명
서운하다 ▶ 서원ː하다2 형
서울 ▶ 서ː울 명
서울깍쟁이 ▶ 서ː울깍재이 명
서울말 ▶ 경어(京語) 명
서울말투 ▶ 경사(京詞) 명
서울이 가까운 쪽 ▶ 우쭉 명
서캐 ▶ 새갸리. 해기 명
서커스 ▶ 말시마이. 사ː까스 명
-석(席) ▶ -시기 접
석류(石榴) ▶ 성노. 성유 명
석쇠 ▶ 적쇠 명
석유(石油) ▶ 왜지럼 명
석유램프(石油--) ▶ 호야 명
섞다 ▶ 석구ː다 동
섞이다 ▶ 석개ː다. 석기ː다 동
선(線) ▶ 끼2 명
선반 ▶ 잔반 명
선생님(先生任) ▶ 선샹임 명
선생질(先生) 짓 ▶ 선샹질 명
선지 ▶ 소ː피 명
설거지물 ▶ 기명물 명
설거지물통 ▶ 가물통. 기명물통 명
설마설마 ▶ 햐머하머 부
설마하기로 ▶ 햐머하머 부
설빔 ▶ 설ː치래 명
설익은 보리 알갱이 ▶ 떡보리 명
설탕(雪糖) ▶ 사탕가리 명
설핏하다 ▶ 설풋ː하다 형
섧다 ▶ 설ː따 형

섬기다 ▶ 셍기다 동
섬뜩하다 ▶ 섬쩍: 하다 형
섭섭하다 ▶ 섭하다 형
성(性) 접촉의 변말 ▶ 강게 명
성가시게 조르다 ▶ 뽂다 동
성교(性交)의 속된말 ▶ 빼꿈1 명
성내(城內) ▶ 성내 명
성냥 ▶ 다황 명
성애술 ▶ 상~애술 명
성인이 되기 전 ▶ 미: 성전(未成前) 명
성적표(成績表) ▶ 통신보(通信報) 명
성주동이 ▶ 성주동~오 명
성하지 않다 ▶ 성찬타 형
세 ▶ 시: 관형
세 발 ▶ 서:발 명
세다 ▶ 시: 다3 형
세다 ▶ 시: 다5 동
세다(算) ▶ 시아리다. 시알리다. 사: 다1. 히: 다2. 히아리다 동
세단(sedan) 차 ▶ 하이야 명
세련되다 ▶ 하꾸라이다 형
세련된 사람 ▶ 양복재~이 명
세벌논매기 ▶ 시불논매기 명
세상(世上) ▶ 시: 상 명
세상(世上) 버리다 ▶ 시: 상 배리다 관
세상(世上)없다 ▶ 천없다. 시: 상없다 형
세상(世上)없이 ▶ 천없이 부
세상(世上)에 ▶ 천지에 감
세상모르고 날뛰는 사람 ▶ 망디~이 명
세상에 ▶ 시상~아 감
세수(洗手) ▶ 시: 수 명
세수하다 ▶ 낯씩다 동
세숫대 ▶ 시숫대: 명

세숫대야(洗手~) ▶ 세숫대. 시숫대: 명
세숫물(洗手~) ▶ 시수물 명
-세요 ▶ -쇠: 2 미
-세요 ▶ -이소 미
세우다 ▶ 사우다 동
세이버 제트기의 속된말 ▶ 호주비행기(濠洲飛行機) 명
세존단지 ▶ 시: 준단지 명
셀 수 있는 물건의 하나하나 ▶ 나 명의
셈 ▶ 갑 명
셈 ▶ 심:1. 찜:1 명
셈 ▶ 여수:1 명
셈 대다 ▶ 손치다 동
셈 쳐버리다 ▶ 손처뿌리다 동
셈 치다 ▶ 손치다 동
셈치다 ▶ 택대: 다. 택치다 동
셈하다 ▶ 시알리다. 시아리다 사: 다1. 히다2. 히아리다 동
셈하다 ▶ 택대: 다. 택치다 동
셋 ▶ 서: 이 수
셔츠 ▶ 샤추 명
소 버짐 ▶ 소버섯 명
소 복대(腹帶) ▶ 소북띠 명
소갈머리 ▶ 속: 알머리 명
소견(所見) ▶ 쉬: 견. 시: 견 명
소견머리(所見~) ▶ 속: 알머리 명
소경 ▶ 참봉 명
소고(小鼓) ▶ 벅구 명
소고기 ▶ 소: 괴기 명
소고삐 ▶ 소끄트래기. 소이까리 명
소구유 ▶ 소귀: 이 명
소금 ▶ 소굼 명
소금장수 ▶ 소굼재~이 명

소금쟁이(곤충) ▶ 소굼재ˉ이 명
소꿉놀이 ▶ 각시노리 명
소꿉장난 ▶ 손꼼장난 명
소나 개, 돼지를 잡는 일 ▶ 백장질 명
소나기 ▶ 소내기. 꼬지래기 명
소나무낙엽 ▶ 깔비 명
소등덮개 ▶ 쌤장 명
소를 매는 말뚝 ▶ 소말따기 명
소매치기 ▶ 쑤리. 얌새ˉ이꾼. 얌새ˉ이 명
소머리나 상어머리 따위를 고아 누른 것 ▶ 버ˉ역 명
소먹이 풀 ▶ 소:풀 명
소먹이기 ▶ 소묵이기 명
소바리 ▶ 소발 명
소발이나 달구지에 짐을 실을 때 매는 바 ▶ 짐빠 명
소뿔의 낮춤말 ▶ 소뿔따구 명
소생(所生) ▶ 손:1. 소:상. 소:상머리 명
소여물 ▶ 소물 명
소용(所用) ▶ 소:양 명
소용돌이 ▶ 용천(湧泉) 명
소원(所願) ▶ 포:원(抱願) 명
소의 멍에 ▶ 모ˉ에 명
소의 목에 걸린 멍에가 벗어나지 않게 잡아 주는 노끈 ▶ 목짜깨 명
소의 몸에 기생하는 진드기 종류 ▶ 까부던지. 부던지 명
소의 뿔이 비녀처럼 양쪽 옆으로 난 뿔 ▶ 비내뿔 명
소의 좆 ▶ 쉬:좆 명
소의 코 ▶ 쉬:코 명
소의 코청을 꿰뚫어 박은 나무로 된 고리 ▶ 꿰뜨레기 명

소의 피 ▶ 소:피 명
소제(掃除) ▶ 소:지 명
소주(燒酒) 고기 ▶ 소주꼬:기 명
소주(燒酒)의 속된말 ▶ 토재:비지럼 명
소죽바가지 ▶ 소죽바가치 명
소죽바가지로 여물을 긁어 담을 때 쓰는 도구 ▶ 소죽아꾸래이. 소죽까꾸래ˉ이 명
소짚신 ▶ 소:신 명
소쿠리 ▶ 소구리 명
소학(小學)과 대학(大學) ▶ 소학대:학 명
속(內臟) ▶ 억간(-肝). 억간장(-肝腸) 명
속고갱이 ▶ 속:꼬개ˉ이 명
속모(윷판) ▶ 두모 명
속바지저고리 ▶ 속:주ˉ우적삼 명
속셈 ▶ 꿍심 명
속옷 ▶ 속:곳 명
속윷(윷판) ▶ 송:윷 명
속을 졸이다 ▶ 쪼루:다 동
속이 상하다 ▶ 심장이 상하다 관
속이다 ▶ 쇠기다 동
속치마 ▶ 속:처매 명
속히 ▶ 싸게. 쌔기 부
손가락 ▶ 손까락 명
손가락으로 팔목 때리기 ▶ 심패때리기 명
손거스러미 ▶ 손까시래기 명
손등 ▶ 손등더리 명
손바닥으로 남의 항문을 찌르는 장난 ▶ 똥칼 명
손발 ▶ 사오 명
손버릇의 낮춤말 ▶ 손버르장머리. 손버르재ˉ이 명
손수레꾼 ▶ 니야까꾼 명
손수레로 짐을 나르거나 채소 따위를 싣고

다니면서 하는 벌이 ▶ 니야까버:리 명
손쓰다 ▶ 손씨다 동
손아귀 ▶ 손아구 명
손아귀의 낮춤말 ▶ 손아구리 명
손아래 시누이(媤-) ▶ 애기씨, 액씨 명
손아래 올케 ▶ 동사˜아댁 명
손위 ▶ 손우: 명
손윗사람 ▶ 웃사람 명
손으로 만든 국수 ▶ 손국시 명
손이 닿지 않은 도랑이나 물고 따위를 손보
 는 연장 ▶ 살밧대 명
손짓 ▶ 손질 명
손톱 ▶ 손툽 명
솔가리더미 ▶ 소깝빼까리 명
솔가지 ▶ 소까지, 소깝 명
솔개 ▶ 솔개˜이, 솔뱅˜이 명
솔권(率眷) ▶ 솔곤 명
솔기 ▶ 솔:1, 솔대기 명
솔다 ▶ 솔:부다, 솜:다 형
솔방울 ▶ 솔빵구, 솔빵구리 명
솔직(率直)하다 ▶ 아사리하다 형
솔직하게 ▶ 쭉바리 부
솜 ▶ 소캐 명
솜 따위를 부드럽게 하기 위하여 두들길 때
 쓰는 막대기 ▶ 다다깨˜이 명
솜바지저고리 ▶ 소캐주˜우저구리 명
솜옷 ▶ 소캐옷 명
솜을 탈 때 활줄을 잡는 천 조각 ▶ 활손 명
솜이나 털 따위를 자아서 실을 뽑는 틀 ▶
 물레 명
솜이불 ▶ 소캐이불 명
솜틀 ▶ 소캐틀 명
솜틀 집 ▶ 틀집 명

솟치다 ▶ 소채:다, 소치:다 동
송계(松契) ▶ 송기: 명
송사리 ▶ 잔채˜이 명
송아지 ▶ 소새끼 명
송아지 ▶ 쇠˜지 명
송아지로 삯을 받기로 하고 먹이는 소 또는
 그 일 ▶ 배미기, 배내기소 명
송장 ▶ 영:장 명
송충이(松蟲-) ▶ 송치˜이 명
송편에 들어가는 속 고물 ▶ 솔2 명
솥땜장이 ▶ 솥땜재˜이 명
솥뚜껑 ▶ 소드바˜이 명
쇠꼬챙이 ▶ 쇠꼬재˜이 명
쇠다 ▶ 쉬:다 동
쇠다 ▶ 시:다4 형
쇠돼지 ▶ 소대:지 명
쇠딱지 ▶ 소:똥 명
쇠똥 ▶ 소:똥 명
쇠똥 ▶ 쉬:똥 명
쇠스랑 ▶ 소:랑 명
쇠운(衰運) ▶ 새운 명
쇠장(-場) ▶ 소:전 명
쇠전(-廛) ▶ 소:전 명
쇠좆 ▶ 쉬:좆 명
쇠죽 ▶ 소죽 명
쇠코 ▶ 쉬:코 명
쇠코뚜레 ▶ 소케뜨레기, 소코뜨레기 명
쇠파리 ▶ 쇠파래˜이, 쉬파리 명
수(雄) ▶ 숙 명
수계(修契) ▶ 수기:1 명
수고하게 하다 ▶ 욕비:다 동
수고하다 ▶ 욕보다 동
수그리다 ▶ 수구리다 동

758

수꿩 ▶ 장꽁 명
수놈 ▶ 숙놈 명
수레 ▶ 구루:마 명
수레의 바퀴 ▶ 구루:마동테 명
수리감독(水利監督) ▶ 물강구 명
수리감독(水利監督) ▶ 분수자기(分水--) 명
수리시설을 관리하는 사람 ▶ 물강구 명
수북이 ▶ 수비:기 부
수세미 ▶ 수세. 수제. 수사미 명
수세미외 ▶ 수제나무 명
수수 ▶ 수끼 명
수수대궁 ▶ 수끼깡. 수끼대개~이 명
수수떡 ▶ 수까떡 명
수숫대 ▶ 수까때 명
수염 ▶ 쇠:미 명
수영(水泳) ▶ 훼미질 명
수월찮다 ▶ 휴월찬타 형
수월하다 ▶ 휴월하다 형
수육(-肉) ▶ 재육 명
수의(收議)하다 ▶ 수이하다 동
수제비 ▶ 수자비 명
수채구덩이 ▶ 수채구다~이 명
수첩(手帖) ▶ 잡책(雜冊) 명
수치(羞恥)를 주다 ▶ 욕비:다 동
수캐 ▶ 숙개 명
수키와 ▶ 골개~이2 명
수탉 ▶ 장달 명
수확(收穫) ▶ 수학 명
수확량 ▶ 곡수(穀數/穀收) 명
숙덕거리다 ▶ 수적거리다 동
숙맥이(菽麥) ▶ 숙매기 명
숙모(叔母) ▶ 야지매 명
숙주나물 ▶ 녹띠나물 명

순박한 나무꾼 ▶ 묵덕초군(--樵軍) 명
순순히 ▶ 고:히 부
순진하다 ▶ 어리밧다 형
숟가락 ▶ 수까락 명
숟가락 몽당 ▶ 수까락몽다~이 명
술고래 ▶ 술태배기 명
술꾼 ▶ 주태배기 명
술꾼의 속된말 ▶ 초빼~이 명
술독 ▶ 술도가지 명
술어미 ▶ 술이미. 술어마~이 명
술에 취한 사람처럼 뒷다리를 감아 치면서 걷는 소걸음 ▶ 이슬치기 명
술이나 잿물 따위를 거르다 ▶ 뱌치다. 바투:다 동
술이나 잿물 따위를 거르다 ▶ 밭다 동
술지게미 ▶ 술찌가:이 명
술찌끼 ▶ 수찌가:이 명
숨구멍 ▶ 숨꼴 명
숨기다 ▶ 숭기다. 숭구:다2. 숭쿠:다 동
숨긴 돈 ▶ 딧:돈 명
숨김없이 ▶ 막바리 부
숨바꼭질 ▶ 숨뱌꿈질 명
숫기 ▶ 숙기 명
숫돌 ▶ 쉿돌 명
숫처녀의 속된말 ▶ 아다라시이. 신빼~이 명
숭늉 ▶ 밥숭영 명
숭늉 ▶ 숭영 명
숯 ▶ 수껑 명
숲이 우거진 평지(平地) ▶ 벌:숲 명
쉽다 ▶ 숩:다 형
-스럽게 ▶ -시레 접
-스럽다 ▶ -시럽다2 접
-스레 ▶ -시레 접

스무 ▶ 시무 [수]
스물 ▶ 수물 [수]
스치다 ▶ 실채:다. 실치:다 [동]
슬그머니 ▶ 부시:기 [부]
슬금슬금 ▶ 실굼:실굼: [부]
슬다 ▶ 까이다 [동]
슬다 ▶ 시리다 [동]
슬다 ▶ 실다 [동]
슬라이드(그림) ▶ 가미시뱌이 [명]
슬슬 ▶ 실:실: [부]
슬쩍 ▶ 실쩍 [부]
습관적인 행동 ▶ 질3 [명]
승강이 ▶ 실개ˇ이2. 실래ˇ이. 상강. 싱강ˇ이. 싱개ˇ이 [명]
승부 ▶ 소:부 [명]
시간이나 일을 오래 끌다 ▶ 사들다 [동]
시계의 문자판 ▶ 모찌방 [명]
시계태엽(時計胎葉) ▶ 젠마ˇ이 [명]
시계태엽(時計胎葉)을 감다 ▶ 시계 밥을 묵애다
시골 어린이의 속된말 ▶촌:뻬가리 [명]
시골귀퉁이 ▶ 촌:귀타ˇ이 [명]
시금치 ▶ 호:렌추 [명]
시내 ▶ 거랑(巨-). 걸:1 [명]
시냇가 ▶ 걸:가 [명]
시냇물 ▶ 거랑물. 걸:물 [명]
시누이 ▶ 시너부 [명]
시능 ▶ 허용 [명]
시다(酸木) ▶ 시구랍다. 시구랍다. 새구랍다. 새구럽다. 새부랍다. 새부럽다 [형]
시다 ▶ 시랍다. 시럽다 [형]
시달리다 ▶ 칭개:다 [동]
시답다 ▶ 시덥다 [형]

시답잖다 ▶ 시덥잔타 [형]
시동생(媤同生) ▶ 시동상 [명]
시들다 ▶ 사들다 [동]
시래기국 ▶ 시락국 [명]
시래기죽 ▶ 시락죽 [명]
시렁 ▶ 살건. 실가ˇ이 [명]
시루떡 ▶ 본편(本-) [명]
시루떡 ▶ 시라떡 [명]
시루떡 ▶ 찜떡 [명]
시룻번 ▶ 시리쁜 [명]
시름시름 ▶ 시럼:시럼: [부]
시리다 ▶ 시랍다. 시럽다 [형]
시멘트(cement) ▶ 세맨또. 돌까리 [명]
시멘트포대종이 ▶ 돌까리조ˇ오 [명]
시묘(侍墓) 살이 ▶ 시:묘사리 [명]
시방(時方) ▶ 이지: [부]
시방(時方) ▶ 지굼 [명]
시부렁거리다 ▶ 기질거리다 [동]
시부렁거리다 ▶ 시버리다. 시부리다 [동]
시부렁시부렁 ▶ 시불시불 [부]
시부모(媤父母) ▶시어:런 [명]
시비(是非) ▶ 인냉 [명]
시비(是非) ▶ 조이 [명]
시샘 ▶ 개살 [명]
시시하다 ▶ 같잔타 [형]
시시하다 ▶ 시덥잔타 [형]
시신을 가마니 따위로 만든 들것으로 옮겨서 지내는 장례 ▶ 들개장(--葬) [명]
시아버님(媤---) ▶ 시아바임. 시아바씨 [명]
시아버지(媤---) ▶ 시아부지 [명]
시아비(媤-) ▶ 시아뱌ˇ이. 시아배. 시아비 [명]
시어른(媤-) ▶ 배낃어:런. 시어:런 [명]
시어머니(媤---) ▶ 시어마씨. 시어매. 안어

: 런 몡
시어머님(媤--) ▶ 시어마임 몡
시어미(媤-) ▶ 시애미. 시어마ˇ이. 시어미. 시이미 몡
-시오 ▶ -소 미
시울 ▶ 서불 몡
시원시원하다 ▶ 칠칠밧다 형
시원찮다 ▶ 시언찮타. 형
시원하다 ▶ 서원:하다. 시언:하다 형
시작일 뿐이다 ▶ 양염이다 관
시집 식구(食口) ▶ 시공구 몡
시키다 ▶ 샤기다 동
시합(試合)하다 ▶ 시압하다 동
시험(試驗) ▶ 시엄 몡
식구(食口) ▶ 곤:식. 공:구 몡
식성(食性) ▶ 싱:미(食味) 몡
식전(食前) ▶ 식전 몡
식초(食醋) 병 ▶ 초삐ˇ이 몡
식초의 원액 ▶ 초아재비 몡
식충이(食蟲) ▶ 식타ˇ이 몡
식혜(食醯) ▶ 식캐 몡
식히다 ▶ 시키다 동
식후다 ▶ 식후:다 동
-신가요 ▶ -시는기요. -신기요 미
신기(神奇)하다 ▶ 히얀하다 형
신나무와 끌신을 이은 끈(베틀) ▶ 신대끈 몡
신랑(新郞) ▶ 실랑 몡
신랑각시(新郞--) ▶ 실랑각시 몡
신랑다루기 ▶ 실랑다루:기 몡
신문지(新聞紙) ▶ 시문지 몡
신병(身病) ▶ 산양(身恙) 몡
신사복(紳士服) ▶ 새비로양복 몡
신이나 버선의 볼 ▶ 벌 몡

신작로(新作路) ▶ 신장노. 치도 몡
신작로(新作路) ▶ 행길(行-) 몡
신장수 ▶ 신재ˇ이 몡
신품(新品) ▶ 신삐ˇ이. 아다라시이 몡
싣다 ▶ 실:따 동
실꾸리 ▶ 실패꾸리 몡
실랑이 ▶ 실개ˇ이2. 실래ˇ이. 상강. 싱강ˇ이. 싱개ˇ이 몡
실라다 ▶ 실래:다 동
실마리 ▶ 가대ˇ이. 가대기. 가디기 몡
실마리 ▶ 꼬다리 몡
실을 감아 놓은 뭉치 ▶ 방구리 몡
실의 가닥 ▶ 오리 몡
실의(失意)한 사람 ▶ 낙철주:사(落-主事) 몡
실이나 노끈, 동아줄(索) 따위를 여러 겹으로 드리다 ▶ 던:다 동
실컷 ▶ 실:컨 부
실토하다 ▶ 부:다 동
실패하다 ▶ 꼴박다 동
싫다 ▶ 실타 형
심다 ▶ 수무:다. 숨:다. 숭구:대ˇ. 시무:다 동
심문(審問)하다 ▶ 추달하다 동
심부름 ▶ 심:바람 몡
심부름 값 ▶ 다라품 몡
심술 ▶ 개살 몡
심술궂다 ▶ 개살궂다. 개살시럽다 기살시럽다 형
심술부리다 ▶ 개살부리다. 개살지기다 동
심술쟁이 ▶ 개살재ˇ이. 째빈재ˇ이 몡
심통(샘통)이야 ▶ 아방산아 감
심하다 ▶ 과:타 형
심한 방정 ▶ 때방정 몡

십년대한(十年大旱) ▶ 십연대: 한 명
-십니까 ▶ -시는기요, -신기요 미
십상(十成) ▶ 십생 명
싱겁다 ▶ 싱갑다 형
싱겁이 ▶ 싱가비 명
싶다 ▶ 시푸다. 잡다. 잡대 형보
싸늘하다 ▶ 쌀쌀밫다 형
싸다 ▶ 헐타 형
싸라기 ▶ 싸래: 기 명
싸라기눈 ▶ 싸래: 기눈. 쌀눈: 명
싸리 소쿠리 ▶ 싸리소구리 명
싸리나 대나무로 따위로 둥그렇게 엮은 그
  릇 ▶ 둥지리 명
싸리바구니 ▶ 싸리바구리 명
싸우다 ▶ 다투: 다 동
싸움 ▶ 쌰암. 쌈: 2 명
싸움꾼 ▶ 싸: 암꾼. 쌈: 꾼 명
싸움쟁이 ▶ 쌰: 암재˘이. 쌈: 재이 명
싸움질 ▶ 갱까도리 명
싸움질 ▶ 싸: 암질. 쌈: 질 명
싸움패 ▶ 싸: 암패. 쌈: 패 명
쌀 ▶ 살2 명
쌀물 ▶ 쌀무리 명
쌀을 불려서 풀돌로 간 물 ▶ 쌀무리 명
쌈지 ▶ 쌈지 명
쌍갈랫길 ▶ 쌍그랑길 명
쌍고치 ▶ 동: 경. 무리꼬치. 쌍다˘이분디기
  명
쌍두레 ▶ 파래 명
쌍두레로 물을 푸기 위하여 파 놓은 물웅덩
  이 ▶ 파래구다˘이. 파래웅다˘이 명
쌍두레질 ▶ 물파래질 명
쌍두레질에 쓰는 물 함지박 ▶ 물반타˘이.

파래반타˘이 명
쌍둥밤 ▶ 쌍다˘이밤 명
쌍둥이 ▶ 쌍두˘이. 쌍다˘이 명
쌍선모(雙旋毛) ▶ 쌍갸매 명
쌓다 ▶ 재: 다 동
써대다 ▶ 써제끼다 동
써레 ▶ 써: 리 명
써레비행기(--飛行機) ▶ 써: 리비행기 명
써레의 나루채 ▶ 날짜 명
써레의 몸통 ▶ 써: 리바꾸 명
써레의 몸통과 손잡이 사이에 걸쳐 서로 빠
  지지 않게 비틀어 맨 삼바(麻-) ▶ 탕개
  명
써레의 발 ▶ 써: 리이(--齒) 명
써레의 손잡이 ▶ 집장 명
써레의 찍게발 ▶ 장리 명
써레질 ▶ 써: 리질 명
썩은 나무그루터기 ▶ 썩빼기 명
썩은 나뭇가지 ▶ 악타리 명
썩은 나뭇가지 땔감 ▶ 알챠리 명
썩이다 ▶ 쎄기다 동
썩히다 ▶ 썩후: 다. 쎄기다 동
썰다 ▶ 싸: 리다. 써: 리다 동
쏘다 ▶ 쑤다2 동
쏘다니다 ▶ 싸댕기다 동
쏘이다 ▶ 쐬: 다. 쑤애: 다. 쑤캐: 다 동
쏘이다 ▶ 쉬: 다 동
쏙 ▶ 영판 부
쏙 빼다 ▶ 노빼다 동
쏟다 ▶ 붓다2 동
쐐기 ▶ 보족 명
쐐기1 ▶ 쐐: 기처매 명
쐬다 ▶ 쉬: 다 동

쑤다 ▶ 쑤다1 동
쑤시다 ▶ 쒸시다 동
쑥버무리 ▶ 쑥털터리 명
쑥의 일종 ▶ 인잔쑥 명
쓰다 ▶ 씨다1 동
쓰다 ▶ 씨다2 동
쓰다 ▶ 씨다3 동
쓰다(苦味) ▶ 씹다 형
쓰다듬다 ▶ 씨다듬'다 동
쓰라리다 ▶ 씨아리:다 형
쓰레기 ▶ 씨래:기 명
쓰레받기 ▶ 쟝판 명
쓰리 ▶ 쑤리 명
쓰리꾼 ▶ 얌새'이꾼 명
쓰이다 ▶ 씨개:다1 동
쓰이다 ▶ 씨개:다2 동
쓰이다 ▶ 씨개:다3 , 씨애:다 동
쓰이다 ▶ 씨이:다 동
쓰이다(물이나 술 따위) ▶ 씨:다4 동
쓴너삼 ▶ 너:삼대 명
쓸개 ▶ 씨래. 씰개 명
쓸다 ▶ 씰다 동
쓸다(줄 따위로 문지르다) ▶ 쌀따2 동
쓸데 ▶ 소:양 명
쓸데 ▶ 씰모 명
쓸데없는 짓하다 ▶ 좆빨다 관
쓸데없다 ▶ 씰데없다 형
쓸모 ▶ 씰모 명
쓸모없다 ▶ 흑쌔리 쭉띠기다 관
솧다 ▶ 쌀대1 동
씀바귀 ▶ 씬내'이 명
씀씀이 인심 ▶ 기먀이 명
씁쓸하다 ▶ 씹씰:하다 형

씌우다 ▶ 씨우다 동
씨(氏) ▶ 상 명의
씨르래기 ▶ 앵:치 명
씨아 ▶ 쐐:기1 명
씨아기둥을 지탱하는 바탕목 ▶ 바탕 명
씨아의 가락 귀 ▶ 쐐:귀 명
씨아의 가락받침대 ▶ 받침나무 명
씨아의 기둥 ▶ 쐐:기지동 명
씨아의 바탕 ▶ 바탕 명
씨아의 손잡이 ▶ 짭주재 명
씨아의 수카락 ▶ 숙가락 명
씨아의 쐐기 ▶ 쐐:기2 명
씨아의 암카락 ▶ 암가락 명
씨아의 천 ▶ 쐐:기처매 명
씹구멍 ▶ 씹구무: 명
씹할 ▶ 씨발. 씨부랄 감
씹히다 ▶ 씹해:다 동
씻기다 ▶ 씨개:다. 씩기:다 동
씻다 ▶ 딲다 동
씻다 ▶ 씩다 동

[ㅇ]

아가리 ▶ 아구'리. 아구래~이 명
아가씨 ▶ 애기씨. 액씨 명
아교풀 ▶ 고래풀 명
아궁이 ▶ 부적. 불아구'리. 아구'리. 아구래~이 명
아기 ▶ 알라. 얼라: 명
아기 자지 ▶ 꼬치1 명
아기를 어르면서 가르치는 몸놀림의 하나 ▶ 곤지곤지. 깟딱깟딱. 불매불매. 서마

서마. 잠:잠. 진:진:. 짝짝꿍. 쪼막:쪼막
:. 헐래헐래 명
아까 ▶ 아까:재. 아까정에 부
아깝다 ▶ 아깝다 형
아끼다 ▶ 애끼다 동
아나 ▶ 아나: 감
아는 척하다 ▶ 문짜 씨다 관
아니 ▶ 야2. 아:이2. 애. 앤 부
아니 ▶ 아:이3. 어:대2. 어:디. 어:어. 언
: 재. 언:지 감
아니 ▶ 어~이1 부
아니꼽다 ▶ 눈새구랍다 형
아니꼽다 ▶ 새구랍다. 새구럽다. 새부랍다.
새부럽다. 시구랍다. 시구럽다 형
아니꼽다 ▶ 애이꼽다 형
아니꼽다 ▶ 애꼽다 형
아니다 ▶ 아이다 형
아니요 ▶ 어:대요. 어:디요. 어:어요. 언:
요. 언:재요. 언:지요 감
아니요 ▶ 어~이요 부
아닙니다 ▶ 어:대요. 어:디요. 어:어요. 언
:요. 언:재요. 언:지요 감
아들을 예쁘게 이르는 말 ▶ 아들내미 명
아따 정말로 ▶ 아따 차말로 관
아따 참말로 ▶ 아따 차말로 관
-아라 ▶ -그라 미
-아라 ▶ -래1 미
아래 ▶ 알: 명
아래의 전 날 ▶ 그아:레 명
아랫눈썹 ▶ 아리눈썹 명
아랫대(--代) ▶ 아랏대 명
아랫도리 ▶ 아래뚜리 명
아랫도리를 가든하게 하려고 발목에서 무릎

아래까지 감는 천 ▶ 행전 명
아랫목 ▶ 구둘목. 알목 명
아랫방 ▶ 알빵 명
아름 ▶ 자대기 명의
아리다 ▶ 아래:다. 애리:다2 형
아리송하다 ▶ 알송:하다 형
아마도 ▶ 아:매도 부
아무 말 ▶ 암:말 명
아무것도 아니다(못되다) ▶ 또도 아이다 관
아무래도 ▶ 암:만캐:도 부
아무렇게나 ▶ 아무땨나 부
아무렇지도 않다 ▶ 아:무치도 안타 관
아무렴 ▶ 그캐 말이다. 하기로 감
아무렴 ▶ 암:만 감
아무짝 ▶ 암:자구 명
아무짝 ▶ 암:작 명
아물다 ▶ 아무리다. 아무:다 동
아버님 ▶ 아바:임 명
아버님의 준말 ▶ 야범1 명
아버지 ▶ 아바씨 명
아버지 ▶ 아부:지 명
아버지의 교양이 없는 말 ▶ 야배 명
아범 ▶ 아범:2 명
아부지의 높임말 ▶ 야범1 명
아비 ▶ 야비. 애비 명
아쉽다 ▶ 기럽다 형
아쉽다 ▶ 아숩다 형
아슬아슬하다 ▶ 아치랍다 형
아야의 센말 ▶ 아:이과야 감
아예 ▶ 함부래 부
아옹거리다 ▶ 아웅거리다 동
-아요 ▶ -구마. -니:더 미
아울러 치다 ▶ 몰치다 동

764

아이 ▶ 애(兒)':1 몡
아이고 아야 ▶ 아: 이과야 곕
아이고 어쩌나 ▶ 아: 이고야꼬. 아: 이고야
　　꼬라 곕
아이고머니 ▶ 시어마씨요:. 시어마이요:
　　곕
아이고머니 ▶ 아: 이고야꼬. 아: 이고야꼬라
　　곕
아장(兒葬) ▶ 애장 몡
아재 ▶ 야재 몡
아재비 ▶ 야재비 몡
아저씨 ▶ 야재. 몡
아저씨 ▶ 아쟈씨 몡
아주 ▶ 동'띠기 뷔
아주 ▶ 용: 뷔
아주 많다 ▶ 만: 포장이다 꽌
아주 멀리 ▶ 철리말: 리 몡
아주 풍성하다 ▶ 만: 포장이다 꽌
아주까리 ▶ 피마: 지 몡
아주머니 ▶ 야지매 몡
아주버님 ▶ 야자바'임. 아주범:. 아줌: 몡
아줌마 ▶ 아주먀씨 몡
아직 ▶ 샤무. 상구3 뷔
아직 ▶ 야아ㅣ. 아이따: 나 뷔
아직 ▶ 야즉 뷔
아직 ▶ 얀주. 얀지1. 안직 뷔
아직 ▶ 이적. 이태l. 저태 뷔
아직 멀다 ▶ 차리 멀: 다 꽌
아직도 ▶ 가재: 뷔
아차 ▶ 얏불사 곕
아침 ▶ 아직. 아칙 몡
아침 때 ▶ 아직. 아칙 몡
아침 때 ▶ 아직쩔. 아칙쩔 몡

아침결 ▶ 아직쩔. 아칙쩔 몡
아침밥 ▶ 아직. 아칙 몡
아침저녁 ▶ 조석(朝夕) 몡
아침저녁 인사(人事) ▶ 조석문안(朝夕問安)
　　몡
아카시아 ▶ 아까시나무 몡
아편(阿片) ▶ 애핀 몡
아편쟁이(阿片--) ▶ 애핀재~이 몡
아프다 ▶ 고롭다 헝
아프다 ▶ 아푸다 동
아프다 ▶ 팬찮타 헝
악다구니 ▶ 악다구리 몡
악바리 ▶ 악다바리 몡
악지스럽다 ▶ 악다밧다 헝
안 ▶ 아2. 애. 앤 뷔
안개 ▶ 앙: 개 몡
안경(眼鏡) ▶ 앙: 경. 앵: 경 몡
안경다리(眼鏡-) ▶ 앙: 경다리. 앵: 경다리 몡
안경집(眼鏡-) ▶ 앙: 경집. 앵: 경집 몡
안경테(眼鏡-) ▶ 앙: 경테. 앵: 경테 몡
안기다 ▶ 앵기: 다2 동
안남미(安南米) ▶ 알람미 몡
안면(顔面) ▶ 얀민 몡
안반 ▶ 떡암반. 암반 몡
안성맞춤 ▶ 십생 몡
안어른 ▶ 안어: 런 몡
안에 있는 집채 ▶ 큰채 몡
안짱다리 ▶ 앙개다리 몡
안쪽 복사뼈 ▶ 안복성씨 몡
안찌(윷판) ▶ 안지2 몡
안채 ▶ 본채(本-). 큰채 몡
안채의 갓방 ▶ 멀빵 몡
안팎으로 ▶ 안밭없이 꽌

앉다 ▶ 안따 동
앉은뱅이 ▶ 안진배~이 명
앉히다 ▶ 안추:다 동
않다 ▶ 안타 동
알갱이 ▶ 알개~이 명
알게 하다 ▶ 알구:다. 알래:다 동
알다 ▶ 아:다 동
알리다 ▶ 알구:다. 알래:다 동
알맞음 ▶ 십생 명
알밤 ▶ 꿀밤 명
알짜 ▶ 원수지(元--) 명
알짜 동(童)이 ▶ 오분디~이 명
알짜다 ▶ 오:지다 형
알차다 ▶ 오:지다 형
알파벳의 속된말 ▶ 꼬끄랑글 명
앓다 ▶ 알따 동
암거래(暗去來) ▶ 야매 명
암거래골목(暗去來-) ▶ 야매골:목 명
암거래물건(暗去來物件) ▶ 야매물건 명
암거래시장(暗去來市場) ▶ 야매시장 명
암놈 ▶ 암눔 명
암키와 ▶ 암캐와 명
암탉 ▶ 암달 명
암표(暗票) ▶ 야매포 명
앙감질 ▶ 깨굼2 명
앙칼지다 ▶ 앙지다 형
앞가르마 ▶ 복판가리매. 앞가리매 명
앞니 ▶ 앞이 명
앞뒤 ▶ 앞디: 명
앞모개(윷판) ▶ 모:개2 명
앞모도(윷판) ▶ 모도 명
앞으로 난 소뿔 ▶ 옥뿔 명
- 앞으로 삼가 사뢰나이다 ▶ 전상샤리(前上--)
- 앞으로 올리는 글 ▶ 전상서(前上書) 관
앞치마 ▶ 앞처매 명
애 ▶ 애(兒):1 명
애 ▶ 운짐 명
애 많은 나이 ▶ 애:만살 명
애 아비 ▶ 야:애비 명
애 어미 ▶ 야:애미. 야:이미 명
애가 달게 하다 ▶ 애:다루다 동
애걸복걸(哀乞伏乞)하다 ▶ 손이야발이야하다 동
애고머니 ▶ 우러매요 감
애꼽다의 센말 ▶ 애이꼽다 형
애꾸 ▶ 외째기눈. 외통배기 명
애꿎다 ▶ 애:꾸지다 형
애당초 ▶ 아초: 명
애련(哀憐)하다 ▶ 아연타 형
애벌 ▶ 아시. 아이4 명
애벌 논매기 ▶ 초불논매기. 아시논매기. 아이논매기 명
애비 ▶ 야바이 명
애처롭다 ▶ 아연타 형
애초 ▶ 아초: 명
액자(額子) ▶ 가꼬1 명
앵두 ▶ 앵도 명
야 ▶ 사 조
야 ▶ 야:2 조
야간학교(夜間學校) ▶ 야:핵고 명
야금야금 ▶ 야굼:야굼 부
야금야금 ▶ 오굼:오굼 부
야단 ▶ 적기 명
야단법석(惹端--) ▶ 야:단벅구 명
야무지게 ▶ 단다:이. 단다~이 부

야바위 ▶ 야ː바우 명
야비(野卑)하다 ▶ 얍사부리ː하다 형
야산에 자생하는 다년초로 뿌리를 먹을 수 있다 ▶ 산ː다구 명
야생 복숭아 ▶ 돌복성 명
야생딸기 ▶ 개ː미딸 명
야생살구 ▶ 개ː살구 명
야생식물의 하나로 한방재료에 들어간다 ▶ 목까그래기 명
약 ▶ 부애 명
약간 떫다 ▶ 떱떨ː하다 형
약간 삶아내다 ▶ 디치다 동
약간 쓰다 ▶ 씹쓸ː하다 형
약간(若干) ▶ 쪼꿈 부
약병(藥甁) ▶ 약비̃이 명
약삭빠르다 ▶ 뺀드랍다 형
약삭빠르다 ▶ 악빠리다 형
약속을 나타내는 종결어미 ▶ -끼4 미
얄팍하다 ▶ 얄핀ː하다 형
얌치 ▶ 야마리 명
얌치없는 사람 ▶ 얌새̃이 명
양갈보(洋-) ▶ 양깔보 명
양념 ▶ 양염, 양임 명
양동이 ▶ 양동̃오 명
양말(洋襪) ▶ 다배 명
양미리 ▶ 앵미리 명
양배추 ▶ 양뱁추, 카배추 명
양법(禳法) ▶ 양밥 명
양복바지(洋服-) ▶ 양복주̃우, ▶ 주봉 명
양복상의(洋服上衣) ▶ 우와ː기 명
양복쟁이(洋服-) ▶ 양복재̃이 명
양은대접(洋銀-) ▶ 양대잡이 명
양자(養子) ▶ 양ː재 명

양재기 ▶ 양지기 명
양철지붕 집 ▶ 도단집 명
양치질(養齒-) ▶ 양추질 명
양코빼기 ▶ 양코빼기 명
양코쟁이 ▶ 양코재̃이 명
양파 ▶ 다마내기 명
양푼 ▶ 양피̃이 명
양회(洋灰)가루 ▶ 돌까리 명
얕다 ▶ 야푸다 형
얕보다 ▶ 업ː수이보다 동
애 ▶ 야ː1 준
어간에 붙어서 동물의 이름이나 그 새끼를 뜻하는 말이 되는 접미사 ▶ -새̃이 접
어굴한 나이 ▶ 애ː만살 명
어귀 ▶ 압새2 명
어근에 붙어서 막대기 따위의 물건을 나타냄 ▶ -개이(깨이) 접
어금니 ▶ 어겸니 명
어긋나다 ▶ 엇나다 동
어긋나다 ▶ 틀래ː다 동
어기다 ▶ 어개다 동
어기적어기적 ▶ 어그정어그정 부
어김없이 ▶ 꼽ː빡 부
어깨 ▶ 갸다2 명
어깨 너머 글 ▶ 등 너매 글 관
어느 겨를에 ▶ 어느 산ː에 관
어둑어둑하다 ▶ 어덥어덥하다 형
어둑하다 ▶ 어더부리ː하다, 어덥수리ː하다 형
어둡다 ▶ 어답다 형
어드매 ▶ 어디매 대
어디 ▶ 어ː대2, 어ː디 감
어디 ▶ 어대1 대

어디 살다 ▶ 어대 있다 〈관〉
어디다 ▶ 어따 〈준〉
어디쯤 ▶ 어디매 〈대〉
어떠하다 ▶ 어:뜨하다 〈형〉
어떤 사물이 뒤죽박죽으로 된 상태 ▶ 비빔밥 〈명〉
어떤 일에 능숙한 사람 ▶ 질나~이 〈명〉
어떻게 하다 ▶ 어야다. 우야:다 〈동〉
어떻다 ▶ 어:뜨하다. 어:뚤타 〈형〉
어떻든 ▶ 하이튼 〈부〉
어떻든 간에 ▶ 우야:든 간에 〈관〉
-어라 ▶ -그라 〈미〉
어레미 ▶ 어리미. 얼기미체 〈명〉
어련히 ▶ 비:미 〈부〉
어련히 ▶ 자:이 〈부〉
어렵다 ▶ 꼬:꾸랍다 〈형〉
어렵다 ▶ 애럽다. 어럽다 〈형〉
어르다 ▶ 어루:다. 알리다 〈동〉
어르신 ▶ 얼:신 〈명〉
어른 ▶ 어:런 〈명〉
어른거리다 ▶ 얼렁거리다 〈동〉
어른스럽다 ▶ 걸망시럽다. 걸망타 〈형〉
어른의 권위(權威) ▶ 영: 〈명〉
어리 ▶ 달가두리 〈명〉
어리광 ▶ 응정 〈명〉
어리다 ▶ 애리다 〈형〉
어리보기 ▶ 어리비기 〈명〉
어리석다 ▶ 어루숙다. 어리밧다 〈형〉
어리석은 사람 ▶ 숙매기 〈명〉
어리석은 척하는 술수(術數) ▶ 더듬수 〈명〉
어린 박 ▶ 고두박 〈명〉
어림없다 ▶ 가축없다 〈형〉
어림없다 ▶ 시:상없다 〈형〉

어림잡다 ▶ 어름잡다 〈동〉
어마나 ▶ 시어마씨요:. 시어마이요: 〈감〉
어마나 ▶ 어마야: 〈감〉
어마하다 ▶ 사구차다 〈형〉
어머나 ▶ 야:이고야꼬. 야:이고야꼬라 〈감〉
어머니 ▶ 안어:런. 〈명〉
어머니 ▶ 어마씨 〈명〉
어머니 ▶ 어매. 어무:이 〈명〉
어머님 ▶ 어마임 〈명〉
어머님 ▶ 어맘1 〈준〉
어멈 ▶ 어맘2 〈명〉
어물전(魚物廛) ▶ 음물전 〈명〉
어물쩍 뭉개다 ▶ 어법부리다 〈동〉
어물쩍하다 ▶ 어법부리다 〈동〉
어미 ▶ 애미. 어마~이. 어미. 이미 〈명〉
어서 ▶ 어떡. 어여. 얼럭. 얼렁 〈부〉
어서어서 ▶ 펏떡펏떡 〈부〉
어수룩하다 ▶ 얼수:하다 〈형〉
어슬렁어슬렁 ▶ 실렁실렁 〈부〉
어영부영하다 ▶ 어양구양:하다. 어영구영:하다 〈동〉
-어요 ▶ -니:더. -구마 〈미〉
어우르다 ▶ 어불리다 〈동〉
어울러 맞추다 ▶ 우주불리다 〈동〉
어울리다 ▶ 어불래:다 〈동〉
어이 ▶ 어:이3 〈감〉
어이없다 ▶ 얼척없다 〈형〉
어정거리다 ▶ 어징거리다 〈동〉
어중이떠중이 ▶ 어:지이떠:지이 〈명〉
어지간하다 ▶ 애지간:하다. 앵간:하다. 엉간:하다 〈형〉
어지간하다 ▶ 자그나하다 〈형〉
어지간히 ▶ 도2 〈부〉

어지간히 ▶ 약간이나. 엉가: 이 [부]
어지간히 ▶ 자그나 [부]
어지간히 ▶ 좀: 2 [부]
어지럽게 떨어지다 ▶ 얼거지다 [동]
어지르는 짓 ▶ 어지레질 [명]
어지르다 ▶ 어지리다 [동]
어진이 ▶ 고: 지이 [명]
어질다 ▶ 어지다 [형]
어질어질하다 ▶ 어찐어찐하다 [형]
어쩌다 ▶ 어짜다. 우짜다 [동]
어쩌면 ▶ 잘몬하머 [부]
어쩌면 ▶ 야:뜨머 [부]
어찌 ▶ 어째. 우째 [부]
어찌하다 ▶ 어짜다. 우짜다 [동]
억새로 인 지붕 ▶ 새지붕 [명]
억세게 ▶ 어: 시. 어: 시기. 억시기. 억수로 [부]
억세다 ▶ 억시: 다 [형]
억울(抑鬱)하다 ▶ 어: 굴하다 [형]
억장(億丈) ▶ 억 [명]
억장(億丈) ▶ 억간장(-肝腸). 억장 [명]
억지 ▶ 짝자 [명]
억지로 ▶ 우럭으로. 우럭을 [부]
억지를 쓰다 ▶ 찜뿡대: 다 [동]
억척 벼 ▶ 억척배 [명]
억척꾸러기 ▶ 억척이 [명]
언덕 ▶ 노푼뚝. 언뚝 [명]
언문(諺文) ▶ 어: 문 [명]
언제나 ▶ 노박 [부]
언제나 ▶ 맨: 날. 천날만: 날(千-萬-) [부]
언청이 ▶ 헐차~이 [명]
얹다 ▶ 언따 [동]
얹히다 ▶ 언채: 다. 언치: 다 [동]

얼굴 ▶ 얼골 [명]
얼굴의 속된말 ▶ 모찌방 [명]
얼굴짝 ▶ 얼골빤때기 [명]
얼기설기 ▶ 얼개얼개 [부]
얼레빗 ▶ 얼개빗. 얼기미빗. 얼기빗 [명]
얼른 ▶ 서: 떡. 어떡. 얼럭. 얼렁 [부]
얼리다 ▶ 얼구: 다 [동]
얼마 ▶ 얼매 [명]
얼마간 ▶ 더로1 [부]
얼마나 ▶ 오즉 [부]
얼얼하다 ▶ 우리: 하다 [형]
얼음 ▶ 어름1 [명]
얼음장 ▶ 어름짱 [명]
얼추 ▶ 얼: 축 [부]
얼큰하다 ▶ 얼크리: 하다 [형]
얼토당토않다 ▶ 가축없다 [형]
얽다 ▶ 얼따 [동]
얽히다 ▶ 얼캐: 다. 얼키: 다 [동]
엄청 ▶ 동띠기 [부]
엄청 ▶ 어: 시. 어: 시기. 억시기. 억수로 [부]
엄청나다 ▶ 가: 당찬타 [형]
엄청나다 ▶ 사구차다 [형]
엄청나다 ▶ 사험타 [형]
업신여기다 ▶ 업: 산이기다. 업: 수이이기다. 업샤~이이기다 [동]
업히다 ▶ 업해다 [동]
엉겁결에 ▶ 얼: 찜에. 엉겁절에 [부]
엉덩이 ▶ 똥꾸바리 [명]
엉뚱하고 당돌하다 ▶ 대통시럽다 [형]
엉뚱하고 싱거운 사람 ▶ 뻘: 나이 [명]
엉뚱하다 ▶ 객광시럽다 [형]
엉뚱하다 ▶ 어무다 [형]
엉망 ▶ 콩칠팔 [명]

엉망진창 ▶ 콩칠팔세: 삼육 명
엉성하다 ▶ 엉글: 하다 형
엉키다 ▶ 엉캐: 다 동
엉터리다 ▶ 가축없다 형
엊그저께 ▶ 아: 래아: 래. 어제아: 래 명
엎어지다 ▶ 어푸러지다 동
에 ▶ 아4 조
에 ▶ 이5 조
에게 ▶ 더로2. 또로 조
에게 ▶ 안데 조
에끼 ▶ 억새 감
에끼 이놈 ▶ 대이눔. 애이눔 감
에끼 저놈 ▶ 엑조눔. 댁조눔 감
에누리 ▶ 어느리 명
에서 ▶ 서러 조
여가(餘暇) ▶ 여개2 명
여간 ▶ 어북2 부
여간 ▶ 오즉 부
여간 ▶ 좀: 2 부
여기 ▶ 여개1 대
여기 어드매 ▶ 여거드매 준
여기 어디쯤 ▶ 요고드매 준
여기다 ▶ 이기다 동
여기에 ▶ 여개1 대
여기여기 ▶ 여여개 명
여기저기 ▶ 온: 데. 온: 데만: 데(--萬-) 명
여기저기 ▶ 온: 전신(-全身) 명
여남은 ▶ 여나: 무 수
여덟 ▶ 여덜 수
여덟아홉 ▶ 여덜야호 수
여드름 ▶ 아드름 명
여러 말 할 것 없이 ▶ 폐: 만언(廢萬言)하다 관

여러 바리 ▶ 발바리 부
여러 해 ▶ 수: 삼연 관
여럿 구비 ▶ 구비구비 부
여름 농번기(農繁期) ▶ 농사여름(農事--) 명
여름감기의 속된말 ▶ 개좆대가리 명
여물다 ▶ 여무다2 동
여물다 ▶ 여무다3 형
여물통 ▶ 귀이. 소귀: 이 명
여미다 ▶ 아무리다. 아무: 다 동
여미다 ▶ 야무: 다. 여무: 대 동
여벌 ▶ 여불 명
여보게 ▶ 보게 감
여보세요 ▶ 보이소 감
여북 ▶ 어북2 부
여북 ▶ 자: 이 부
여북 ▶ 하: 부
여비(旅費) ▶ 행자(行資)2 명
여사여사(如斯如斯)하다 ▶ 약사약사하다 형
여성들이나 아기들이 차는 꽃주머니 ▶ 도
리주마'이 명
여성의 간이 바지 ▶ 몸빼이 명
여수(與受) ▶ 여수: 1 명
여수로(餘水路) ▶ 매래 명
여우 ▶ 메: 구. 미: 구. 미: 쁜대. 야수. 여수
2. 예수 명
여위다 ▶ 얘비다 동
여유만만(餘裕滿滿)하다 ▶ 만: 고강산(萬古
江山)이다 관
여자 저고리의 소매 끝에 천을 덧붙인 부분
▶ 끝동
여자깡패 ▶ 후랏빠 명
여자친구 ▶ 깔: 치 명
여전히 ▶ 내: 나 부

여차하면 ▶ 깟딱하머. 껏떡하머. 뺏'떡하머. 삐쭉하머. 펏떡하머 甲
여치 ▶ 앵:치 몡
여태 ▶ 가재: 甲
여태 ▶ 샤무 甲
여태 ▶ 야이1 甲
여태 ▶ 여직 甲
여태 ▶ 이적. 이태. 저태 甲
여태까지 ▶ 이적:지 甲
여태껏 ▶ 이여:꿈 甲
여태껏 ▶ 이적:지 甲
여편네 ▶ 안들. 인:네
여편네 ▶ 여핀네. 이핀네 몡
역(逆)으로 ▶ 역부로 甲
역력히(歷歷-) ▶ 역역이 甲
역시 ▶ 내:나 甲
역시 보아라 ▶ 연에 바라 관
역시(亦是) ▶ 연에1 甲
연결하다 ▶ 이수:다 동
연기(煙氣) ▶ 연개. 영기1 몡
연기를 쏘이다 ▶ 영기를 맡다 관
연년이(年年-) ▶ 연여이 甲
연달아 ▶ 내리2 甲
연달아 ▶ 연에2 甲
연달아 ▶ 이내 甲
연맥(燕麥) ▶ 과밀 몡
연명할 정도의 먹는 일 ▶ 입칠 몡
연복자(燕覆子) ▶ 어름2 몡
연약하다 ▶ 갈양:하다 형
연자매(研子-) ▶ 석매 몡
연자방아(研子--) ▶ 석매바ʼ아 몡
연자방아의 고줏대를 박은 구멍 ▶ 고줏대 구멍 몡

연자방아의 바닥돌 ▶ 바닥돌 몡
연자방아의 방틀 끝에 붙은 자루 ▶ 후릿대 몡
연자방아의 웃돌 ▶ 맷돌 몡
연자방아의 웃돌(맷돌)을 장치한 나무틀 ▶ 방틀 몡
연자방아의 중심축 ▶ 고줏대 몡
연필깎이 칼 ▶ 책칼(冊-) 몡
연하(年下)의 숙(叔)과 연상(年上)의 질(姪)의 관계 ▶ 끌아재비올:조카 몡
열 남짓한 수 ▶ 여나:무 수
열(列) ▶ 나라비 몡
열려지거나 흩어진 상태를 수습하다 ▶ 아무리다 동
열매 ▶ 다마 몡
열성(熱誠)을 내다 ▶ 바두:다 동
열쇠 ▶ 쇳대. 열:대 몡
열흘 ▶ 여럴 몡
염산키니네 ▶ 금계랍 몡
염소 ▶ 얌새ʼ이 몡
염치(廉恥) ▶ 야마리 몡
염치(廉恥) ▶ 얌채 몡
엽전 꾸러미 ▶ 꿘:다리 몡
엿 ▶ 엿 몡
엿 내기 장난 ▶ 엿치기 몡
엿가락 ▶ 엿가래ʼ이. 엿까치 몡
엿가위 ▶ 엿가시게 몡
엿기름 ▶ 엿길굼. 엿질굼. 질굼. 길굼. 몡
엿을 고는 집 ▶ 엿방(-房) 몡
엿을 골 때 엿밥을 받이는 도구 ▶ 오재기 몡
엿장수 ▶ 엿장:사. 엿재ʼ이 몡
엿집 ▶ 엿방(-房) 몡

엿판(-板)에 깔아서 굳힌 엿 ▶ 판엿(板-) 몡
영 ▶ 용: 부
영감(令監) ▶ 영감사 몡
영감씨 ▶ 영감사 몡
영감쟁이 ▶ 영감재ᵊ이 몡
영감할멈 ▶ 영감할마ᵊ이. 영감할마씨 몡
영광스럽다 ▶ 생광시럽다 형
영등할머니 ▶ 영동할마ᵊ이 몡
영락없다 ▶ 영'낙읎다 형
영부인(令夫人) ▶ 어부인(御夫人) 몡
영좌(靈座) ▶ 벵: 수 몡
영천(永川) 대말(大馬) 좆 ▶ 영천대말좆 몡
옆 ▶ 야불때기 몡
옆 가르마 ▶ 삐딱가리매 몡
옆 가르마 ▶ 옆가리매 몡
옆구리 ▶ 야불때기. 여불때기 몡
옆댕이 ▶ 여불때기 몡
옆방 ▶ 곁방 몡
옆으로 물러서다 ▶ 비: 끼다 동
옆집 ▶ 쟡에집 몡
예닐곱 ▶ 여알곱 수
예사 ▶ 여: 사 부
예사 ▶ 일수 몡
예삿일 ▶ 호리뺀빼ᵊ이 몡
예전 ▶ 이: 전 몡
예측불허하다 ▶ 객광시럽다 형
옛날 ▶ 인: 날 몡
옛날 옛적 ▶ 인: 날잇: 찍 몡
옛말 ▶ 인: 말 몡
옛적 ▶ 잇: 적 몡
오가리 ▶ 무시오구락지. 오구락지. 오르랑지 몡
오구물림 ▶ 오구: 몡
오귀(惡鬼) ▶ 오구: 몡
오그리다 ▶ 오구리다 동
오금 ▶ 오: 굼 몡
오금팽이 ▶ 오굼재: 이. 오굼재기 몡
오냐 ▶ 아ᵊ3 감
오냐오냐하다 ▶ 오: 야오: 야하다 관
오너라가너라 하다 ▶ 온느라: 간느라 하다 관
오다 ▶ 오다 동
오동(梧桐) ▶ 오동 몡
오디 ▶ 뽕오디. 뽕포두. 오두: . 포구 몡
오라가라 하다 ▶ 온느라: 간느라 하다 관
오라버니 ▶ 오라배 몡
오라비 ▶ 오래비 몡
오랜 가뭄 ▶ 십연대: 한 몡
오랜 옛날 ▶ 인: 날잇: 찍 몡
오로지 ▶ 항굼1 부
오르막 ▶ 오리막 몡
오른짝 손 ▶ 오른재기손 몡
오며가며 ▶ 오매: 가매 관
오므리게 하다 ▶ 오물수: 다 동
오므리다 ▶ 오무리다. 오무: 다. 오물'시다 동
오붓하다 ▶ 솔빡: 하다 형
오붓하다 ▶ 오분순타 형
오빠 ▶ 오라배. 오라비 몡
오소리 ▶ 오'수리 몡
오신명(誤信命) ▶ 오: 신맹 몡
오십 년대 전후로 학생 하복을 맞춰 입던 천의 일종 ▶ 후로링 몡
오이 ▶ 무래 몡
오입쟁이(誤入--) ▶ 외입재ᵊ이 몡
오장육부(五臟六腑) ▶ 억간(-肝). 억간장(-

肝腸) 명

오쟁이 ▶ 오재~이 명

오전(午前) ▶ 저임아래. 저임알: 명

오정(午正)를 알리는 종 또는 그 소리 ▶ 오
: 종(午鐘) 명

오정(午正)을 알리는 사이렌 ▶ 오: 포(午砲)
명

오죽 ▶ 어북2 부

오줌 ▶ 오짐 명

오지다 ▶ 오분순타 형

오징어 ▶ 이까1 명

오후(午後) ▶ 저임묵고 명

옥수수 ▶ 강내~이 명

옥외등(屋外燈) ▶ 남포 명

온 것 ▶ 옹: 거 명

온 낱 ▶ 온: 나 명

온갖 ▶ 오: 망. 오: 망가지 관형

온갖 ▶ 옹: 가 관형

온갖 군데 ▶ 오: 망군데 명

온돌방바닥 ▶ 골: 바닥 명

온몸 ▶ 온: 전신(-全身) 명

온전하지 않다 ▶ 성찬타 형

온종일 ▶ 점: 드룩. 점: 들 부

온통 덮다 ▶ 디덮다 동

올 ▶ 오리 명

올가미 ▶ 목째깨틀 명

올가미 ▶ 혹가지. 혹다래끼. 혹당가지 명

올가미로 된 덫 ▶ 목노: 명

올되다 ▶ 올: 대다 동

올라가다 ▶ 올러가다 동

올라다보다 ▶ 올러다보다 동

올라오다 ▶ 올러오다 동

올망졸망 ▶ 올믹졸믹 부

올올이 ▶ 올오리 부

올챙이 ▶ 올채~이 명

올해 ▶ 올개 명

옮기다 ▶ 나리다 동

옮기다 ▶ 앵기다. 옹기다 동

옳다 ▶ 올타 형

옳지 ▶ 올: 치러 감

옷고름 ▶ 고롬. 옷고룸 명

옷고름을 등 뒤로 둘러 매는 유아저고리 ▶
두레저구리 명

옷깃 ▶ 애리 명

옷섶 ▶ 오지랖 명

옷소매 ▶ 사매 명

옷을 거는 장대 ▶ 횃대 명

옷을 넣는 함 ▶ 단: 수 명

옷의 궁둥이가 닿는 부분 ▶ 미자바리 명

옷의 주름 ▶ 내지끼 명

옷이나 수건 따위를 걸게끔 벽에 박아 놓은
고리 ▶ 마꾸리 명

옷자락 ▶ 옷자래~이 명

옷차림 ▶ 이관 명

옷핀 ▶ 빈침. 옷빈침 명

옹구 ▶ 옹기 명

와르릉와르릉 ▶ 와: 롱와: 롱 감

와이셔츠(white shirts) ▶ 와이사추 명

와중(渦中) ▶ 총중 명

완두 ▶ 울콩 명

완전히(完全-) ▶ 솔: 빡 부

왕골 ▶ 왕글 명

왕골로 짠 자리 ▶ 초사기 명

왕골자리를 짜는 틀 ▶ 자리틀 명

왕잠자리 ▶ 왕처리 명

왜 ▶ 말: 라꼬 준

773

왜 ▶ 왜1 「부」
왜 ▶ 왜2 「감」
왜간장(倭-) ▶ 소: 유간장 「명」
외가(外家) ▶ 위: 가 「명」
외딴 농토 ▶ 외도가리 「명」
외딴 배미 ▶ 외도가리 「명」
외딴집 ▶ 외따리집 「명」
외며느리 ▶ 외매늘 「명」
외면(外面)하다 ▶ 외: 민하다 「동」
외사촌(外四寸) ▶ 위사: 촌 「명」
외삼촌(外三寸) ▶ 위야재 「명」
외손자(外孫子) ▶ 위: 손자 「명」
외숙모(外叔母) ▶ 위야지매 「명」
외아들 며느리 ▶ 외매늘 「명」
외아저씨 ▶ 위야재 「명」
외아주머니 ▶ 위야지매 「명」
외양간 ▶ 마: 구. 소마꾼깐 「명」
외양간에 깔아 주는 북데기 ▶ 마꺼불. 소마꺼불 「명」
외우다 ▶ 오': 다2 「동」
외입(外入)이나 도박(賭博) 따위의 행동 ▶ 잡질(雜-) 「명」
외조모(外祖母) ▶ 위할매 「명」
외조부(外祖父) ▶ 위할배 「명」
외짝불알 ▶ 짝부'랄 「명」
외짝으로 된 문 ▶ 외째기문 「명」
외치다 ▶ 외다 「동」
외톨이 ▶ 외투리 「명」
외팔이 ▶ 외팔재"이 「명」
외풍(外風) ▶ 우: 풍 「명」
외할머니 ▶ 위할매 「명」
외할아버지 ▶ 위할배 「명」
왼손잡이 ▶ 왼: 짝재비 「명」

왼짝 손 ▶ 왼: 재기손 「명」
요강 ▶ 오강 「명」
요기(療飢) ▶ 요: 2 「대」
요까짓 ▶ 요까: 지. 요깐 「관형」
요량(料量) ▶ 요랑 「명」
요령(搖鈴) ▶ 요롱 「명」
요번 ▶ 오분. 요분 「명」
요사이 ▶ 일간(日間) 「명」
요술방망이 ▶ 부: 들방매"이 「명」
요절내다 ▶ 때래조지다 「동」
요즈음 ▶ 시체(時體) 「명」
욕 더버기 ▶ 욕대배기. 욕태배기. 욕티바기 「명」
욕보다 ▶ 욕보다 「동」
욕보이다 ▶ 욕비: 다 「동」
욕쟁이 ▶ 욕재"이 「명」
용두레 ▶ 두레. 물가래 「명」
용두질하다 ▶ 용게치다 「동」
용마름 ▶ 용마람 「명」
용수 ▶ 용시 「명」
우거지다 ▶ 짓: 다2 「동」
우기다 ▶ 사우다 「동」
우두머리 ▶ 오'야2. 오야가다 「명」
우락부락하다 ▶ 어들버들하다. 우둘부둘하다 「형」
우렁이 ▶ 황새고다"이 「명」
우르르 ▶ 울:. 울미: 기 「부」
우리 아기 ▶ 우랄라: 「준」
우리 아버님 ▶ 우라뱌임. 우라배. 우라부지 「준」
우리 아이 ▶ 울아: 「준」
우리 아저씨 ▶ 우라재 「준」
우리 아주머니 ▶ 우라지매 「준」

우리 아주버님 ▶ 우리줌: 준
우리 애 ▶ 우라: 준
우리 어머니 ▶ 우러매. 우러무'이 준
우리 어머님 ▶ 우러마임 준
우리다 ▶ 우루: 다. 울구: 다 동
우무가사리 ▶ 진저리 명
우물 ▶ 웅굴 명
우뭇가사리 ▶ 우무까시래기 명
우선(優先) ▶ 위선 부
우세 ▶ 우사. 위사 명
우스개 ▶ 위시개 명
우스꽝스러운 꼴 ▶ 꼴조다~이 명
우습다 ▶ 시덥잔타 형
우습다 ▶ 위섭다 형
우시장(牛市場) ▶ 소: 전 명
우엉 ▶ 우벙. 우봉 명
우장(雨裝) ▶ 갑바 명
우직(愚直)하다 ▶ 어들밧다 형
우직하고 고집이 센 사람 ▶ 소뿔때구 명
우차 바퀴의 장구통(수박통) ▶ 행굼통 명
우차(牛車) ▶ 소구루'마. 우차 명
우차(牛車)의 걸채 ▶ 걸: 채2 명
우차(牛車)의 공굼(굄)대 ▶ 공굼대 명
우차(牛車)의 빗등(어리빗등) ▶ 개다뱌꾸 명
우차(牛車)의 쇠 띠 ▶ 걸: 띠. 걸: 쇠2 명
우차바퀴가 걸리는 철봉(鐵棒) ▶ 삼보 명
우차바퀴에 윤활유로 쓰이는 '콜타르(coal tar)' ▶ 콩기름 명
우차바퀴의 장구통(행굼통)을 감고 있는 쇠 태 ▶ 가락지 명
우차바퀴의 텟쇠 ▶ 쇠뱌꾸 명
우차에 싣는 짐이 바퀴에 닿지 않게 우차의

쳇대의 바같으로 덧붙인 나무 방틀 ▶ 쇠방 명
우차에 짐을 실을 때 바를 거는 구부러진 고리 ▶ 바: 고리 명
우차의 바퀴가 빠지지 않게 심보의 끝에다 꽂는 비녀장 ▶ 메뚜기쇠. 맷돌쇠 명
우차의 바퀴살 ▶ 살1 명
우차의 사장 ▶ 발판 명
우차의 쇠장 ▶ 새장 명
우차의 쳇대고리 ▶ 고리1 명
우차의 쳇대 ▶ 우차완체 명
우체국(郵遞局) ▶ 우편국(郵便局) 명
우환(憂患) ▶ 우한 명
우환덩어리(憂患---) ▶ 우한따~이 명
-운 ▶ -분2 접
운동화(運動靴) ▶ 와산또 명
울리다 ▶ 울래: 다 동
울보 ▶ 뻴: 내미 명
울보 ▶ 울: 내미 명
움직거리다 ▶ 움적거리다 동
웃기다 ▶ 윗개: 다. 윗기: 다 동
웃다 ▶ 윗: 다 동
웃어른을 대하여 보다 ▶ 배: 다2. 배옵다 동
웃옷 ▶ 우또리 명
웃음 ▶ 위심 명
웅덩이 ▶ 웅디~이 명
워낙 ▶ 원창. 원캉. 원창가 부
원두막 ▶ 운두막 명
원래 상태로 돌리다 ▶ 무루: 다 동
원래(元來) ▶ 완채 부
원상태로 돌리다 ▶ 물리다 동
원수(怨讐) ▶ 웬수 명
원수덩어리(怨讐---) ▶ 웬수등거리 명

원숭이 ▶ 원:시ᇰ이 명
원통(寃痛)하다 ▶ 원통하다 동
월급봉투(月給封套) ▶ 월급봉투지 명
월남(越南) 쌀 ▶ 알람미 명
웬 ▶ 원: 관형
웬만하게 ▶ 약간이나. 엥가:이 부
웬만하다 ▶ 방상: 하다. 앵간: 하다. 엉간: 하다. 자그나하다. 엄만: 하다 형
웬만히 ▶ 자그나 부
위 ▶ 우1 명
위관(尉官) 장교(將校) 계급장의 표지의 속된 말 ▶ 밥풀떼기 명
위세(威勢)를 떨다 ▶ 유: 세하다 동
위세(威勢)를 부리다 ▶ 우: 체다 동
위아래 ▶ 우야래 명
위쪽 ▶ 우쪽 명
위쪽 논에서 아래쪽으로 내려가며 물을 대기 ▶내리대: 기 명
위태(危殆)롭다 ▶ 우태롭다 형
위태(危殆)하다 ▶ 우태: 하다 형
위태위태하다 ▶ 우태우태: 하다 형
윗- ▶ 웃- 접
윗도리 ▶우또리 명
윗마을 ▶ 웃마실 명
윗목 ▶ 윗목 명
윗사람 ▶ 웃사람 명
유감(遺憾)이다 ▶ 섭하다 형
유과(油果) ▶ 유과 명
유기밥사발 ▶ 옥식기 명
유기장수(鍮器--) ▶ 성기재ᇰ이 명
유리병(琉璃甁) ▶ 유리비ᇰ이 명
유식하다 ▶ 글이 좋: 다 관
유식한 척하다 ▶ 문짜 씨다 관

유유자적(悠悠自適하다 ▶ 만: 고강산(萬古江山)이다 관
유혹하다 ▶ 꼬: 대 동
유황가치(發燭) ▶ 황알개ᇰ이 명
유황개비(硫黃--) ▶ 황알개ᇰ이 명
육각물레 ▶ 방구물레. 방구통물레 명
육지(陸地) ▶ 육땅(陸-) 명
육척(六尺) 같다 ▶ 육척 글다 관
윤감(輪感) ▶ 융감 명
율모기 ▶ 너불대 명
윷(윷판) ▶ 윷 명
윷가락 ▶ 윷갸치 명
윷놀이판 ▶ 윷판 명
윷놀이할 때 먼저 쓴 말에다 또 다른 말을 겹쳐 얹다 ▶ 꿉: 다 동
윷판의 끝에서 셋째 자리 ▶ 날개 명
-으니 ▶ -느이 미
-으니 ▶ -으이 미
-으러 ▶ -으로 미
으로서 ▶ 이라이 조
으르다 ▶ 알리다 동
으름 ▶ 어름2 명
으름장 ▶ 어림짱 명
으스러지다 ▶ 으사러지다 동
으쓱대다 ▶으썩대: 다 동
억박다 ▶ 왈: 기다 동
은혜(恩惠) ▶ 은혜 명
읊다 ▶ 을푸다 동
음담(淫談) ▶ 삿댄말 명
음력 9월 9일 중양절 ▶ 중기 명
음력 정월 열이흘 날 ▶ 깐치보름 명
음력세배(陰曆歲拜) ▶ 구: 세배(舊歲拜) 명
음문(陰門) ▶ 조갑지 명

음식 맛이 고소하다 ▶ 깨소곰 맛이다 관
음식(飮食) ▶ 음:석, 임:석 명
음식을 퍼지게 하다 ▶ 퍼주:다 동
음식재료(飮食材料) ▶ 꺼리 명
응 ▶ 야3 감
응 ▶ 어야, 어얘, 어~이2, 엉: 감
응 다르고 홍 다르다 ▶ 응: 다리고 홍: 다리다
응석 ▶ 엉석, 응정 명
응석받이 ▶ 어바지, 엉석바지 명
응얼거리기 ▶ 사:실 명
응혈(凝血) ▶ 잉:얼 명
의 ▶ 어, 으 조
의(誼) ▶ 이:3 명
의관(衣冠) ▶ 이관 명
의논(議論) ▶ 이:논 명
의논(議論)하다 ▶ 수이하다 동
의리(義理) ▶ 이:리 명
의복(衣服) ▶ 야복 명
의붓아버지 ▶ 새아부지 명
의사(醫師) ▶ 야사 명
의수(義手) ▶ 까꾸리손 명
의지할 곳 없는 홀몸 ▶ 헐헐단신 명
의향(意向) ▶ 이:향 명
이 ▶ 키 명의
이 년 ▶ 이:태2 명
이 빌어먹을 것 ▶ 이놈으꺼 감
이 빌어먹을 것 ▶ 이연들꺼 감
이 빌어먹을 것 ▶ 이연으꺼, 인:들꺼 감
이 새끼 ▶ 이놈 대
이 새끼 ▶ 이놈야:, 임마: 대
이 새끼 ▶ 이연뜰아:, 인뜰아: 대
이 새끼 ▶ 이연아: 대

이 생각 저 생각 ▶ 이삼: 저삼: 관
이 일 저 일 ▶ 이삼: 저삼: 관
이 자식 ▶ 이놈 대
이 자식 ▶ 이놈야: 대
이 자식 ▶ 이연뜰아:, 인뜰아: 대
이거나 ▶ 이고 조
이것 ▶ 이거 대
이골 ▶ 아력 명
이까짓 ▶ 이까:지, 이깐: 관형
이내 ▶ 이양2 부
이냥 ▶ 이양(-樣)1 부
이녁 ▶ 이녁, 이녁히, 이낙히 대
이년 ▶ 이연 대
이놈 ▶ 이놈 대
이놈 ▶ 이연아: 대
이놈 애 ▶ 이놈야:, 임마: 대
-이니 ▶ -이이 미
이대로 ▶ 이양(-樣)1 부
이득(利得) ▶ 덕 명
이듬 ▶ 두불논매기 명
이따가 ▶ 오따:가, 우따:가 부
이따금 ▶ 더로1 부
이라도 ▶ 따:나 조
이라서 ▶ 이라노이 조
이랴 ▶ 이라: 감
이러고 ▶ 이꼬, 이코 준
이러고저러고 하다 ▶ 이카고저카고 하다 관
이러이러하다 ▶ 약사약사하다 형
이럭저럭 ▶ 이러:쿠럼 부
이런 세상에 ▶ 조선천지(朝鮮天地)에 감
이런 천지에 ▶ 조선천지(朝鮮天地)에 감
이렇게 (말)하고 ▶ 이코 준
이렇게 (말)하다 ▶ 이카다 준

이렇게 ▶ 이래 ㈜
이렇게 하고 저렇게 하다 ▶ 이코저코하다 ㈜
이력서(履歷書) ▶ 이럭서 ㈎
이루다 ▶ 일구:다 ㈐
이를 데 없다 ▶ 짝이 없다 ㈜
이를테면 ▶ 일태머 ㈘
이리 다오 ▶ 인도고, 인도:2 ㈜
이리 줘 ▶ 인도고, 인도:2 ㈜
이리로 ▶ 이로 ㈜
이마 ▶ 아매1 ㈎
이마빡이 ▶ 아매바ᇰ아 ㈎
이마빡 ▶ 이매빼기 ㈎
이만 ▶ 이마 ㈘
이만치 ▶ 이마ᇰ이 ㈘
이만큼 ▶ 이마ᇰ이 ㈘
이맘때 ▶ 이만때 ㈎
이며 ▶ 이매2 ㈜
이면교섭(裏面交涉) ▶ 사바사바 ㈎
-이면서 ▶ -이맨서 ㈌
이미 ▶ 가이 ㈘
이번 ▶ 오분 ㈎
이번(-番) ▶ 이분 ㈎
이불 홑청 ▶ 홑창, 아불호창 ㈎
이사를 갈 때 이웃 사람들을 초대하여 대접하는 일 ▶날참여 ㈎
이사를 와서 이웃 사람들을 초대하여 대접하는 일 ▶ 들참여 ㈎
이삭 ▶ 이사기 ㈎
이삭을 훑는 대나무채 ▶ 홀께 ㈎
이상해라 ▶ 얄궂어라 ㈑
이성을 잃고 마구 행동하는 짓거리 ▶ 미친지랄, 생:지랄, 요지지랄, 용천지랄, 지랄발광(--發狂), 지랄용천 ㈎

이슬 ▶ 아실 ㈎
이슬비 ▶ 이살비 ㈎
이야기 ▶ 이:바구 ㈎
이야기꾼 ▶ 이:바구꾼 ㈎
이야기쟁이 ▶ 이:바구재ᅵ이 ㈎
이야기책 ▶ 이:바구책 ㈎
이엉 ▶ 영개, 영기2 ㈎
이엉마름 ▶ 영기마람 ㈎
이외(以外) ▶ 우:애 ㈎
이용되다 ▶ 씨개다 ㈐
이웃 ▶ 아붓 ㈎
이웃 ▶ 잘 ㈎
이웃집 ▶ 젙에집 ㈎
이웃집에 돌리는 음식봉지 ▶ 봉순 ㈎
이월 ▶ 이:월 ㈎
이월 삭일(朔日) ▶ 이:월 ㈎
이의 알 ▶ 새가리 ㈎
이장(里長) ▶ 구자ᇰ(區長) ㈎
이정도 ▶ 이마 ㈘
이제 ▶ 이지: ㈘
이제 막 ▶ 가로 ㈘
이제껏 ▶ 이여: 꿈 ㈘
이질(痢疾) ▶ 이:정 ㈎
이쪽 ▶ 이짝 ㈎
이치(理致) ▶ 이:1 ㈎
이크 ▶ 얏불사 ㈑
이파리 ▶ 이퍼리 ㈎
익모초(益母草) ▶ 육모초 ㈎
익살 ▶ 곡깨ᅵ이 ㈎
익히다 ▶ 익후:다 ㈐
-인가요 ▶ -인기요 ㈌
인도인(印度人) ▶ 인도:징 ㈎
인동초(忍冬草) ▶ 윤동초 ㈎

인두 ▶ 윤두. 윤다:. 인도1 명
인력(人力) ▶ 알역 명
인륜도덕(人倫道德) ▶ 일윤도: 덕 명
인분(人糞) ▶ 똥거럼 명
인사(人事) ▶ 안사 명
인색하고 약삭빠른 사람 ▶ 깐: 돌이 명
인색하다 ▶ 자뜨랍다 형
인색한 사람 ▶ 땅보 명
인색한 사람의 속된말 ▶ 때: 눔 명
인제 ▶ 인자:. 인지: 부
인척 중에서 동일한 위계의 사람 ▶ 사형(査兄) 명
인척(姻戚)이나 사회에서 비슷한 나이나 지위에 있는 사람을 이르는 말 ▶ 샤애상 명
인편(人便) ▶ 인팬 명
일 따위를 그만두다 ▶ 놓다1 동
일(一)자모양의 사병계급장 표지의 속된말 ▶ 짝대기 명
일가붙이(一家-) ▶ 일가부치 명
일구다 ▶ 따지다 동
일다 ▶ 이리다 동
일등(一等) ▶ 잇또: 명
일등상답(一等上畓) ▶ 일등호: 답(一等好畓) 명
일랑 ▶ 을랑 조
일랑은 ▶ 을랑 조
일로 ▶ 이로 준
일반인(一般人) ▶ 일반사: 람 명
일본 남성들이 걸치는 국부 가리게 ▶ 훈도: 시 명
일본(日本) ▶ 일분 명
일부 동사 앞에 붙어서 '마구', '몹시', '뒤집어" '온통'의 뜻을 나타냄 ▶ 다-2 접
일부 명사 앞에 붙어 '야생의' 또는 '근본이 잡히지 않은' 따위의 뜻을 나타내는 접두사 ▶ 돌- 접
일부 명사 앞에 붙어서 '서양에서 들어온' 혹은 '서양 통의' 사물임을 나타내는 접두사 ▶ 양(洋)- 접
일부 명사 앞에 붙어서 '일본에서 들어온' 또는 '일본통의' 사물임을 나타내는 접두사 ▶ 왜(倭)'- 접
일부 명사 앞에 붙어서 '중국에서 들어온' 혹은 '중국 통'의 사물임을 나타내는 접두사 ▶ 당(唐)- 접
일부 명사 앞에 붙어서 '청나라에 들어온' 혹은 '청나라 통'의 사물임을 나타내는 접두사 ▶ 호(胡)- 접
일부 명사나 동사의 어근에 붙어서 특별한 성격이나 모습을 한 사람을 나타내는 접미사 ▶ -내미2 접
일부 명사의 뒤에 붙어 기름하게 생긴 물건의 이름이 됨 ▶ -갸치2 접
일부 어간에 붙어 '도구' 따위를 나타냄 ▶ -구리(꾸리) 접
일부 어간에 붙어 그릇 따위를 나타내는 접미사 ▶ -바리3 접
일부 어간에 붙어 식물의 이름을 나타내는 접미사 ▶ -내'이2 접
일부 어간에 붙어 짚 따위로 엮은 그릇을 나타내는 접미사 ▶ -티기 접
일부 어간에 붙어 형용사형의 말을 만들어 주는 접미사 ▶ -랍다 접
일부 어간에 붙어 형용사형의 말을 만들어 주는 접미사 ▶ -럽다 접

일부 어근에 붙어서 그릇 따위의 이름이 됨
▶ -갸지2 〖접〗
일부 어근에 붙어서 땔감 따위를 나타냄 ▶
-거리 □
일부러 ▶ 부로, 역부로, 일부로 〖부〗
일상(日常) ▶ 일: 성 〖부〗
일상(日常) ▶ 해배긴날 〖명〗
일수불퇴(一手不退)다 ▶ 낙(落)이다 〖관〗
일습(一襲) ▶ 일십 〖명〗
일여덟 ▶ 일여덜 〖수〗
일으키다 ▶ 이부리다. 일받다 〖동〗
일으키다 ▶ 일구: 다 〖동〗
일일이 ▶ 물무리 〖부〗
일일이(――이) ▶ 일아리 〖부〗
일자리 ▶ 밥쟈리 〖명〗
일제 때 시판하던 봉지담배의 이름 ▶ 장수연(長壽煙), 히연 〖명〗
일제 때 학교의 통지표(通知表) ▶ 통신보(通信報) 〖명〗
일찍이 ▶ 알찌기 〖부〗
읽다 ▶ 알때1 〖동〗
잃다 ▶ 알때2 〖동〗
잃어버리다 ▶ 이라: 뿌리다. 알거뿌리다. 일가: 뿌리다 〖동〗
임금 ▶ 잉: 굼 〖명〗
임대료를 주고 빌리는 땅 ▶ 도지(賭地) 〖명〗
임자 ▶ 임: 재 〖명〗
입 구멍 ▶ 입구영 〖명〗
입 뚜껑 ▶ 입뚜까~이 〖명〗
입구(入口) ▶ 압새2 〖명〗
-입니까 ▶ -인기요 〖미〗
입마개 ▶ 입마갸리 〖명〗
입술 ▶ 입서불. 입수부리 〖명〗

입술연지 ▶ 구찌비누 〖명〗
입신출세에 실패하여 낙향해있는 사람 ▶
낙철주: 사(落-主事) 〖명〗
입은 모양새 ▶ 입새 〖명〗
입이 가볍다 ▶ 촉빠리다 〖형〗
입이나 행동이 가볍고 방정맞은 사람 ▶ 초라~이 〖명〗
입히다 ▶ 입해: 다 〖동〗
잇다 ▶ 이수: 다 〖동〗
잇달아 ▶ 내리2 〖부〗
잇달아 ▶ 이내 〖부〗
잉앗대 ▶ 양애대 〖명〗
잉어 ▶ 잉: 애 〖명〗
잉크(ink) ▶ 잉끼 〖명〗
잉크병 ▶ 잉끼비~이 〖명〗
잉태(孕胎)한 고향 ▶ 안태고양 〖명〗
잊어버리다 ▶ 이자: 묵다. 이자: 뿌리다 〖동〗
잎사귀 ▶ 잎샤구 〖명〗

[ㅈ]

-자 ▶ -재: 2 〖미〗
-자 ▶ -재이2 〖미〗
자격(資格) ▶ 깜양 〖명〗
자국 ▶ 자죽 〖명〗
자귀 ▶ 짜: 구1 〖명〗
자기 ▶ 이녁. 이녁히. 이낙히 〖대〗
자가(自己) ▶ 재기 〖명〗
자꾸 ▶ 자: 꼬 〖부〗
자두나무(紫-) ▶ 얘: 추나무 〖명〗
자라 ▶ 자래 〖명〗
자라다 ▶ 자래: 다 〖동〗

자라다 ▶ 자래: 다2 [형]
자락(소나기) ▶ 자래기2 [명의]
자락(옷) ▶ 자래기1 [명]
자랑스럽다 ▶ 생광시럽다 [형]
자루 ▶ 갸락1 [명의]
자루 ▶ 자리1 [명]
자루 ▶ 자리2 [명]
자루 ▶ 자리3 [명의]
자루바가지 ▶ 자리바갸치 [명]
자르다 ▶ 싸: 리다 [동]
자르다 ▶ 짜리다1 [동]
자리틀 ▶ 돗틀 [명]
자물통 ▶ 걸: 쇠1 [명]
자반고등어 ▶ 간고다 [명]
자배기 ▶ 버지기 [명]
자배기 ▶ 옹갸지(甕--) [명]
자부(子婦) ▶ 매느리 [명]
자부락거리다 ▶ 초작거리다 [동]
자빠지다 ▶ 구불어지다 [동]
자빠지다 ▶ 디배: 지다 [동]
자빠지다 ▶ 자빠러지다 [동]
자세히(仔細) ▶ 자시: [부]
자식(子息) ▶ 자석 [명]
자욱하다 ▶ 자북: 하다 [형]
자위 ▶ 자새2 [명]
자위의 대롱 ▶ 대롱 [명]
자잘한 나뭇가지 따위 ▶ 세차리 [명]
자잘한 생나무가지 ▶ 물거리 [명]
자전거(自轉車) ▶ 자양거. 자잉거 [명]
자주 ▶ 늘: 상 [부]
자주감자(紫朱--) ▶ 쟈지감자 [명]
자지의 마개 ▶ 좆마개 [명]
자지의 변말 ▶ 복판다리 [명]
자지의 속된말 ▶ 좆모타리 [명]
자지의 속된말 ▶ 좆몽다이 [명]
자질구레하다 ▶ 자잘구레: 하다 [형]
자치기 ▶ 마때치기 [명]
자칫하면 ▶ 까딱하머 [부]
자칫하면 ▶ 빳떡하머 [부]
쟈투리 ▶ 자토리 [명]
작년(昨年) ▶ 장: 연 [명]
작대기 ▶ 짝지 [명]
작대기 ▶ 짝대기 [명]
작두 ▶ 짝두 [명]
작두보리 ▶ 짝두보리 [명]
작은 독 ▶ 새끼독 [명]
작은 물장난을 하는 상태 ▶ 초작거리다 [동]
작은 바가지 ▶ 조롱바갸치. 쪽찌기. 쫑구래기 [명]
작은 솥 ▶ 당구솥. 동솥 [명]
작은애 ▶ 적은야: [명]
잔 ▶ 꼬뿌 [명]
잔가지 ▶ 너가지 [명]
잔금(殘金) ▶ 남저지돈 [동]
잔돈 ▶ 우수리 [명]
잔등 ▶ 장다이 [명]
잔디 ▶ 때2. 때딴지 [명]
잔뜩 ▶ 입: 바이2 [부]
잔뜩 ▶ 짜: 드록. 짜: 들 [부]
잔소리 ▶ 사: 실 [명]
잔챙이 ▶ 잔채이. 쫀: 채이 [명]
잔치 ▶ 잔채 [명]
잘 못된 것을 수리(修理)하기 ▶ 손질 [명]
잘난 체하다 ▶ 우: 체다 [동]
잘다 ▶ 다: 랍다 [형]
잘다 ▶ 자다 [형]

잘라버리다 ▶ 짤라뿌리다 동	장난질 ▶ 호작질 명
잘리다 ▶ 짤래:다 동	장난질 ▶ 혼:잡(混雜) 명
잘못하다 ▶ 잘문하다 동	장대(長-) ▶ 멀:대 명
잠 ▶ 잼 명	장도(粧刀) ▶ 장두칼 명
잠 잘 때 숨을 내쉬면서 소리를 내는 짓 ▶ 불매질 명	장독(醬) ▶ 장:단지 명
	장독(醬-) ▶ 장:도가지 명
잠결 ▶ 잠절 명	장독대 ▶ 장:꼬방(醬庫房) 명
잠기다(鎖) ▶ 장개:다1, 장기:다1 동	장돌뱅이 ▶ 장뚤배ㅇ이 명
잠기다(潛) ▶ 장개:다2, 장기:다2 동	장딴지 ▶ 장다리 명
잠그다(鎖) ▶ 장구:다1 동	장딴지 뼈 ▶신다리뼈 명
잠그다(潛) ▶ 장구:다2 동	장땡 ▶ 장:따ㅇ이 명
잠꼬대 ▶ 헛소리 명	장래(將來) ▶ 장내: 명
잠꾸러기 ▶ 잠치ㅇ이 명	장례식(葬禮式)이나 제사를 지낼 때 슬픔을 나타내는 소리 ▶ 곡(哭) 명
잠보 ▶ 잠치ㅇ이 명	
잠시 ▶ 쫌 부	장례식에서 하관(下棺)하여 성분(成墳)을 할 때 땅을 다지는 일 ▶ 달개질 명
잠시(暫時) ▶ 쪼매: 부	
잠자리 ▶ 철:개ㅇ이, 철:배ㅇ이 명	장롱집(欌籠-) ▶ 농집 명
잠자리비행기 ▶ 철:개ㅇ이비행기 명	장물(贓物)을 파는 전(廛) ▶ 도둑눔딧:전 명
잠잠히 ▶ 잠주꼬 부	장바닥(場-) ▶ 장판(場板) 명
잠종(蠶種) ▶ 누베씨 명	-장수 ▶ -재ㅇ이1 접
잡동사니 ▶ 잡동사ㅇ이 명	장수 ▶ 장:사 명
잡수다 ▶ 잡수:다 동	장에서 팔거나 사는 물건 ▶ 장꺼리 명
잡스러운 짓거리 ▶ 잡질(雜-) 명	장여(長輿) ▶ 장예 명
잡아당기다 ▶ 끄:다 동	장을 담는 주발 ▶ 장:추바리 명
잡아매다 ▶ 자매다 동	-장이 ▶ -재ㅇ이1 접
잡아먹다 ▶ 쟈아묵다 동	장작 ▶ 등거리2, 장잭 명
잡히다 ▶ 잡해다, 잽히:다 동	장작가리 ▶ 등거리빼가리 명
잡히다 ▶ 재피다 동	장치기 놀이 ▶ 장:치기 명
장가 ▶ 장:개 명	장터(場) ▶ 장태: 명
장거리 ▶ 장꺼리 명	장판지의 이음 짬에 겹쳐서 바르는 길게 자른 종이 ▶ 졸지(-紙) 명
장골(壯骨) ▶ 장:고리 명	
장기(將棋) ▶ 장:구 명	장판지의 이음 짬에 겹쳐서 바르는 길게 자른 종이 띠 ▶ 졸대(-帶) 명
장끼 ▶ 장꽁 명	

잦히다 ▶ 자재:다 동
재(灰) 구덩이 ▶ 재구디~이 명
재(灰)를 모아 두는 헛간 ▶재깐 명
재갈 ▶ 쟈갈 명
재다 ▶ 우:체다 동
재단하다 ▶ 말:따2 동
재떨이 ▶ 재떠리 명
재래종 감의 일종 ▶ 고동'시(--柿) 명
재래종 감의 일종 ▶ 꼬치감 명
재래종 감의 일종 ▶ 따배~이감 명
재롱둥이 ▶ 재롱디~이 명
재봉틀 집 ▶ 틀빵. 틀집 명
재빠르다 ▶ 싸답다 형
재빠르다 ▶ 재바리다 형
재빨리 ▶ 휫:떡 부
재산(財産) ▶ 꺼리 명
재생(再生) 종이의 속된말 ▶ 똥조~오 명
재앙(災殃) ▶ 재채기 명
재작년(再昨年) ▶ 재장~연 명
재주 ▶ 재조 명
재채기 ▶ 재치기 명
재촉 받다 ▶ 깝채:다 동
재촉(催足)하다 ▶ 깝치다 동
재취로 들어온 부인 ▶ 딧:사람 명
재화(災禍) ▶ 재채기 명
잿간 ▶ 재깐 명
잿마루 ▶ 재만디~이 명
잿물 ▶ 재물 명
잿불 ▶ 쨋불 명
쟁기 ▶ 훌찌:이 명
쟁기의 물주리막대 ▶ 버장게 명
쟁기의 보습 ▶ 날. 훌쨩쇠 명
쟁기의 보습을 술에다 끼울 때 뒤로 잡아

주는 쇠태 ▶ 태쇠 명
쟁기의 보습이 빠지지 않게 태쇠에다 박는
  나무쐐기 ▶ 마늘쪼가리 명
쟁기의 봇줄 ▶ 훌쨩줄 명
쟁기의 성애 ▶ 성~애 명
쟁기의 성애 끝에 꽂힌 짧은 막대 ▶ 호부
  래비꼬재~이 명
쟁기의 술(주추미) ▶ 술 명
쟁기의 술의 맨 위의 뾰쪽한 부분 ▶ 까막
  머리2 명
쟁기의 자부지(손잡이) ▶ 잡주지. 탁주꼬재
  ~이 명
쟁기의 한마루 ▶ 한말리 명
쟁기의 호부래비꼬재이를 박은 구멍 ▶ 호
  부래비구영 명
쟁기질 ▶ 훌쨩질. 훌찌~이질 명
쟁기질을 할 때 쇠코뚜레에다 연결하는 긴
  고삐 ▶ 보가리 명
-쟁이 ▶ -재~이1 접
쟁이다 ▶ 재:다 동
재 ▶ 자: 준
저 ▶ 조:2 관형
저 ▶ 지 대
저 나름대로 ▶ 지대로 부
저 빌어먹을 ▶ 저눔으꺼 감
저 빌어먹을 ▶ 저연으꺼 감
저 빌어먹을 것 ▶ 전:들꺼 감
저 새끼 ▶ 저눔 대
저 새끼 ▶ 저눔아:. 점마: 대
저 새끼 ▶ 저연뜰아:. 전뜰야: 대
저 새끼 ▶저연아: 대
저 아이 ▶ 자: 준
저 자식 ▶ 저연뜰아:. 전뜰아: 대

저 자식 ▶ 저연아: 대
저 자식 ▶ 점마: 대
저 자식 ▶ 저눔 대
저 저기 ▶ 저저기 대
저(箸) ▶ 재까락, 재까치, 저분2, 저까치 명
저고리 ▶ 저구리 명
저고리나 ▶ 안섶 명
저고리나 두루마기 소매 팔꿈치의 둥글게 처진 부분 ▶ 배아리 명
저고리나 두루마기 소매의 길이 ▶ 화장 명
저고리나 두루마기의 길이 ▶ 지리 명
저고리나 두루마기의 깃 ▶ 짓 명
저고리나 두루마기의 깃의 목이 닿는 부분 ▶ 고대1 명
저고리나 두루마기의 소매 끝 ▶ 수기2 명
저고리나 두루마기의 앞섶에서 안섶까지의 아랫도리의 둘레 ▶ 대런 명
저고리나 두루마기의 어깨 끝에서 겨드랑까지의 이은 부분 ▶진∙동 명
저고리나 두루마기의 웃깃 ▶ 깃 명
저고리나 두루마기의 웃섶 ▶ 섶2 명
저기 ▶ 저개 대
저기 어디쯤 ▶ 저거드매 준
저기에 ▶ 저개 대
저까짓 ▶ 저꺄: 지, 저깐: 관형
저냥(-樣) ▶ 저양 부
저녁 ▶ 저녁 명
저녁 무렵 ▶ 저녁답 명
저녁때 ▶ 저녁답 명
저년 ▶ 저연 대
저놈 ▶ 저눔 대
저놈 애 ▶ 저눔아: 대

저대로 ▶ 저양 부
저러고 ▶ 저꼬 준
저러고 ▶ 저코 준
저러다 ▶ 저카다 준
저런 망할 ▶ 저런 지깨, 저런 지꺼리, 저런 지끼미 관
저런 제기랄 ▶ 저런 지깨, 저런 지꺼리, 저런 지끼미 관
저렇게 (말)하고 ▶ 저코 준
저렇게 ▶ 저래 준
저렇게끔 하다 ▶ 저러쿠럼하다 관
저리 하다 ▶ 저러쿠럼하다 관
저리다 ▶ 재리다, 재랍다 형
저릿하다 ▶ 재리다, 재랍다 형
저마다 ▶ 각객이 부
저만치 ▶ 저래 준
저만치 ▶ 저마~이 부
저물녘 ▶ 저물가: 명
저번 ▶ 아: 래뿐 명
저번(-番) ▶ 저: 분1 명
저수지 둑이나 제방을 쌓을 때 일정한 간격마다 찰흙으로 심(心)을 만들어 넣어서 단단하게 하는 것 ▶ 심통을 박다 관
저수지의 배수공(排水孔) ▶ 공굴(空-) 명
저승 ▶ 저성 명
저승사자(--使者) ▶ 저성사: 자 명
저절로 ▶ 지절로 부
저지레 ▶ 어지레질, 허지레질 명
저지레 ▶ 혼: 잡(混雜) 명
저지르다 ▶ 저지리다 동
저쪽 ▶ 저짝 명
저희 ▶ 즈그 대
적 ▶ 고비, 곱, 찍1 명의

784

적 ▶ 연2 명의
적당(適當)하다 ▶ 그양그양: 하다 형
적당(適當)하다 ▶ 방상: 하다 형
적당하다 ▶ 고만고만: 하다 형
적삼 ▶ 적새미 명
적잖다 ▶ 낫: 잔타 형
적철(炙鐵) ▶ 적쇠 명
적히다 ▶ 적해: 다 동
전내기 ▶ 모라미, 전배기 명
전라도(全羅道) ▶ 절랴도 명
전문가 ▶ 질나~이 명
전번(前番) ▶ 전분 명
전부(全部) ▶ 마카 부
전송(餞送)하다 ▶ 바래: 다주다 동
전액(全額) ▶ 온: 돈 명
전연(全然) ▶ 전수 부
전쟁(戰爭) ▶ 전: 장 명
전전(前前) 해 ▶ 거거: 연(去去年), 지지난: 해 명
전체(全體) ▶ 전체바꿈 부
전혀 ▶ 만: 괴 부
전혀 ▶ 전수 부
전후(前後) ▶ 앞디: 명
전회(前獻)의 변말 ▶ 굼: 불 명
절구 ▶ 절고 명
절굿공이 ▶ 도굿대 명
절다 ▶ 짤: 다 형
절대로 ▶ 함부래 부
절뚝발이 ▶ 뚝바리, 쩔뚝바리, 쩔룩바리 명
절름발이 ▶ 뚝바리, 쩔뚝바리, 쩔룩바리 명
절반(折半) ▶ 반: 튼 명
절벽 ▶ 덤: 명
절어빠지다 ▶ 짜라빠지다 형

절이다 ▶ 저리다 동
절후(節侯) ▶ 시절(時節) 명
젊다 ▶ 점: 다 형
젊디젊다 ▶ 절물디점: 다, 점: 디점: 다 형
젊은이 ▶ 절미~이 명
젊을 때 ▶ 초연 명
점박이 ▶ 점배기 명
점방(店房) ▶ 점: 빵 명
점심 ▶ 저임 명
점심 전 ▶ 저임야래, 저임알: 명
점심 후 ▶ 저임묵고 명
점심때 ▶ 저임때 명
점잖은 사람 ▶ 고: 지이 명
점쟁이 ▶ 점재~이 명
점점(漸漸) ▶ 염: 염 부
접시 ▶ 접시기 명
접질리다 ▶ 잡치다 동
젓가락 ▶ 재꺄락, 재꺄치, 저분2, 저꺄치 명
젓다 ▶ 젓: 다 동
젓다 ▶ 짓: 다3
정갈하다 ▶ 마뜩다, 마뜩밧다 형
정강이 ▶ 쟝개~이, 정개~이 명
정강이뼈 ▶ 초때뼈 명
정거장(停車場) ▶ 정기장 명
정나미 ▶ 댓정 명
정나미(情--) ▶ 정내미 명
정말로 ▶ 차말로 부
정말이지 ▶ 말: 이사 말: 이지, 아인 기이 아이라 관
정상 ▶ 꼭대배기, 대박, 명
정상 ▶ 대배기1 명
정수리 ▶ 짱배기 명
정승(政丞) ▶ 정: 성 명

정신없이 ▶ 쌔리 [부]
정액(精液) ▶ 호로몽 [명]
정월 대보름날 달맞이 ▶ 망:월이(望月-) [명]
정의(情誼) ▶ 이:3 [명]
정이(正二)월에 난 사람 ▶ 오분다ˇ이 [명]
젖유종(-乳腫) ▶ 젖아종 [명]
젖통 ▶ 젖타ˇ이 [명]
젖히다 ▶ 다끼다 [동]
젖히다 ▶ 제끼다. 지끼다 [동]
제 ▶ 지 [대]
제 나름대로 ▶ 지대: [부]
제(저희) 아기 ▶ 즈갈랴 [준]
제(저희) 아버지 ▶ 즈갸배. 즈가부지 [준]
제(저희) 아범 ▶ 즈갸범: [준]
제(저희) 아비 ▶ 즈갸뱌이. 즈개비 [준]
제(저희) 아이 ▶ 즈갸: [준]
제(저희) 아재 ▶ 즈갸재 [준]
제(저희) 아재비 ▶ 즈갸재비 [준]
제(저희) 아주머니 ▶ 즈갸지매 [준]
제(저희) 어머니 ▶ 즈거매 [준]
제(저희) 어멈 ▶ 즈거멈: [준]
제(저희) 어미 ▶ 즈개미. 즈거마ˇ이. 즈거미. 즈기미:. 지기미: [준]
제가끔 ▶ 시재먀꿈 [부]
제각기 ▶ 시재먀꿈 [부]
제격 ▶ 자객 [명]
제기랄 ▶ 그눔으꺼 [감]
제기랄 ▶ 그연들꺼 [감]
제기랄 ▶ 근: 들꺼 [감]
제기랄 ▶ 그연으꺼 [감]
제기랄 ▶ 때그랄. 때기랄. 지깨. 지꺼리. 자ˇ끼미 [감]
제기랄 ▶ 이눔으꺼 [감]
제기랄 ▶ 이연들꺼 [감]
제기랄 ▶ 이연으꺼 [감]
제기랄 ▶ 인:들꺼 [감]
제기랄 ▶ 저눔으꺼 [감]
제기랄 ▶ 저연들꺼. 전:들꺼 [감]
제기랄 ▶ 저연으꺼 [감]
제기랄 ▶ 지랄문다ˇ이 [감]
제나름대로 ▶ 지즘:지대로 [관]
제놈 ▶ 자ˇ눔 [대]
제대로 ▶ 지대:. 지대로 [부]
제명(-命) ▶ 자밍: [명]
제발 ▶ 지:발 [부]
제방(堤防) ▶ 노푼뚝 [명]
제법 ▶ 깨 [부]
제법 ▶ 애법. 어북1 [부]
제법 ▶ 엄사미 [부]
제비뽑기 ▶ 삼지뽑기 [명]
제사(祭祀) ▶ 지:사 [명]
제사상에 올리는 밥 ▶ 멧밥 [명]
제사에 쓰는 산적(散炙) ▶ 도죽 [명]
제사에 쓰는 탕(湯) ▶ 탕:수(湯-) [명]
제일 ▶ 기중2 [부]
제일(第一) ▶ 제:리 [부]
제패(稊稗) ▶ 쟁피2 [명]
젠장 ▶ 낸:장. 닌:장. 진:장 [감]
젠장맞을 ▶ 낸:장마질. 닌:장마질. 진:장마질 [감]
조 ▶ 죄 [명]
조(條) ▶ 쪼1 [명의]
조각 ▶ 쪼갸리. 쪼개ˇ이 [명]
조개 ▶ 조갑지. 조개비 [명]
조건(條件) ▶ 쪼1 [명의]
조고약(趙膏藥) ▶ 조:고약 [명]

조그마하다 ▶ 쪼꼬마: 하다 형
조금 ▶ 선나 부
조금 ▶ 쪼깨:. 쪼깨: 이. 쪼꿈. 쪼매: . 쪼매
  ~이. 쯤 부
조금 전 ▶ 아께 부
조급증 ▶ 간조증 명
조기 ▶ 조구 명
조기 어디쯤 ▶ 조고드매 준
조까짓 ▶ 조까: 지. 조깐: 관형
조끼 ▶ 재끼. 쬐끼 명
조끼주머니 ▶ 쬐끼주미~이 명
조르다 ▶ 깝치다. 짭치다 동
조르다 ▶ 조루: 다 동
조리(笊籬) ▶ 조: 래 명
조막 ▶ 조막띠~이 명
조막 덩이 ▶ 조막띠~이 명
조막손 ▶ 쪼막손 명
조바심 ▶ 간조증. 솔: 기증 명
조바심이 나다 ▶ 솔: 곱다 형
조바심이 난다 ▶ 아치랍다 형
조밥 ▶ 죄밥 명
조밭 ▶ 죄밭 명
조선종이(朝鮮-) ▶ 조선종~오 명
조식전(朝食前) ▶ 조전(朝前) 명
조왕(竈王) ▶ 조앙각시 명
조용조용히 ▶ 가마: 가마: ~이 부
조용히 ▶ 가마:. 가마: 이2 부
조용히 ▶ 잠자: 꼬. 잠주꼬 부
조의 씨 ▶ 좁씨. 집씨 명
조청(造淸) ▶ 집청 명
조치(措置)하다 ▶ 손씨다 동
족 ▶ 졸: 부
족(한 줄로 고르게 이어지는 모양) ▶ 졸미
  :기 부
족두리 ▶ 쪽두리 명
족제비 ▶ 쪽자비 명
족족 ▶ 쪽쪽 명의
족집게 ▶ 쪽짝게 명
졸다 ▶ 자불다 동
졸대 ▶졸지(-紙) 명
졸리다 ▶ 깝채: 다 동
졸리다 ▶ 자부랍다. 자부랍다 동
졸리다 ▶ 졸래: 다 동
졸음 ▶ 자부럼 명
졸이다 ▶ 쪼루: 다 동
좀 ▶ 쫌 부
좀처럼 ▶ 조: 매. 좀:1 부
좀체 ▶ 조: 매. 좀:1 부
좁다 ▶ 쫍다 형
종기(腫氣) ▶ 종제미 명
종발(鐘鉢) ▶ 종바리 명
종사하다 ▶ 구불다 동
종알거리다 ▶ 자불거리다 동
종알대다 ▶ 자불: 다 동
종알종알 ▶ 자불자불 부
종이 ▶ 종~오 명
종이봉지 ▶ 종~오봉다리 명
종이조각 ▶ 종~오쪼가리 명
종일(終日) ▶ 죄일 명
종일토록 ▶ 점: 드록. 점: 들 부
종일토록 ▶ 죄일드록 부
종지 ▶ 종바리. 종재기. 종자기 명
종지욷 ▶ 종자기욷 명
좆몽둥이 ▶ 좆몽디~이 명
좋다 ▶ 좋: 다 형
좌우간(左右間) ▶ 근나전나 부

죄다 ▶ 쪼:다2 동
주근깨 ▶ 까문딱지 명
주다 ▶주다 동
주둥이 ▶ 조다̃이. 주다̃이 명
주로(主) ▶ 주장 부
주루막 ▶ 조래:기 명
주름 ▶ 주름 명
주름투성이 얼굴 ▶ 쭈구렁반타̃이 명
주머니 ▶ 주마̃이 명
주머니칼 ▶ 재까:칼. 주마̃이칼. 쬐끼칼 명
주먹 ▶ 주목 명
주먹덩이 ▶ 주목따̃이 명
주먹밥 ▶ 주목밥 명
주먹으로 남의 머리를 쥐어박는 일 ▶ 꿀밤 명
주모(酒母) ▶ 술이미. 술어마̃이 명
주무르다 ▶ 주무리다 동
주무시다 ▶ 유:하다(留--) 동
주문하다 ▶ 시기다 동
주물리다 ▶ 주물래:다 동
주발(周鉢) ▶ 추바리 명
주뼛거리다 ▶ 찌부꺼리다. 찌비꺼리다 동
주사(主事) ▶ 주:사 명의
주어먹다 ▶ 조:묵다 동
주재소(駐在所) ▶ 주:자소 명
주저(躊躇)하다 ▶ 자재하다 동
주저(躊躇)하다 ▶ 주재하다 동
주저앉다 ▶ 조쟌따 동
주전부리 ▶ 군:주줌버리. 군:주줌부리. 주줌버리. 주줌부리 명
주절거리다 ▶ 기질거리다 동
주정(酒酊) ▶ 취:정(醉酊) 명
주정뱅이 ▶ 주정배̃이 명
주책바가지 ▶ 오:줄봉태기 명
주책없다 ▶ 주착없다 형
주책없다 ▶ 찔뚝없다 형
주춧돌(礎石) ▶ 주칫돌. 지추똘 명
죽 ▶ 삼:통 부
죽 ▶ 줄:. 줄미:기 부
죽 ▶ 쪽: 부
죽석(竹席) ▶ 죽석 명
죽을 둥 살 둥 ▶ 죽을 똥 살 똥. 죽을 판 살 판 관
죽이다 ▶ 쫙이다 동
준비(準備) ▶ 단도리 명
줄 ▶ 나라비 명
줄거리 ▶ 쭐거리. 쭐거지 명
줄곧 ▶ 마:양 부
줄기 ▶ 쭐거리. 쭐거지 명
줄넘기 ▶ 나와도비 명
줄다리기(索戰) ▶ 줄땡기기 명
줄모를 심을 때 심는 간격을 일정하게 맞추기 위하여 쓰는 줄 ▶ 못줄 명
줄의 매듭 ▶ 매끼 명
줄이다 ▶ 주리다. 주루:다 동
줄줄이 ▶ 줄주리 부
줌 ▶ 오쿰. 옹쿰 명의
줍다 ▶ 좃:다 동
중개인(仲介人) ▶ 소개재̃이 명
중구(重九) ▶ 중기 명
중국인의 낮춤말 ▶ 때:놈 명
중매로 혼약(婚約)하다 ▶ 매약(媒約)하다 관
중매쟁이(仲媒-) ▶ 중신애비. 중신재̃이 명
중복된 일 ▶ 두불일 명
중신아비 ▶ 중신애비. 중신재̃이 명
중절모(中折帽) ▶ 나까오리 명

중학교(中學校) ▶ 중'핵고 명
쥐새끼 ▶ 뽈:지 명
쥐새끼 같은 꼴 ▶ 꼴조다 ̄이 명
쥐어 박히다 ▶ 쥐:박해다 동
쥐어뜯다 ▶ 깔쥐: 뜯다 동
쥐어뜯다 ▶ 쥐: 뜯다 동
쥐어박다 ▶ 조: 박다 동
쥐어박다 ▶ 쥐: 박다 동
쥐이다 ▶ 쥐개: 다 동
즉시 ▶ 고데2 부
즉시(卽時) ▶ 이양2 부
즐겁다 ▶ 질겁다 형
즐기다 ▶ 질기다 동
즙(汁) ▶ 집 명
즙청(汁淸) ▶ 집청 명
증기(蒸氣) ▶ 짐:3 명
증조부(曾祖父) ▶ 장조부 명
-지 ▶ -재:1. -채 미
-지 ▶ -지러 미
지각(知覺) ▶ 힘:. 힘: 수 명
지게 ▶ 자게 명
지게가지 두 짝을 가로질러 박은 나무 ▶ 사장1 명
지게벌이 ▶ 지게버: 리 명
지게의 가지 ▶ 가지1 명
지게의 등태 ▶ 등태기 명 ·1
지게의 목발 ▶ 목발 명
지게의 밀삐 ▶ 미: 끈2 명
지게의 새고자리 ▶ 까막샤리 명
지게의 세장 ▶ 사장1 명
지게의 탕개 ▶ 탕개 명
지게의 탕개목 ▶ 팅개꼬쟁 ̄이 명
지게작대기 ▶ 지게짝대기 명

지게작대기의 알구지 ▶ 알꾸랭 ̄이 명
지게줄 ▶ 지게끄리 명
지겹다 ▶ 언선시럽다 형
지겹다 ▶ 자'업다 형
지경(地境) ▶ 지개 ̄이 명
지금(只今) ▶ 이지: 부
지금(只今) ▶ 인지: 부
지금(只今) ▶ 지굼 명
지긋지긋하다 ▶ 언선시럽다 형
지긋지긋하다 ▶ 엉기나다 형
지껄이다 ▶ 주깨: 다. 주짓깨: 다 동
지나가다 ▶ 지내가다 동
지나치다 ▶ 과: 타 형
지나치다 ▶ 지내치다 동
지난번 ▶ 저: 분1. 전분. 지난: 분 명
지난해 ▶ 거: 연 명
지난해의 전해 ▶ 거거: 연(去去年) 명
지난해의 전해 ▶ 지지난: 해 명
지남철(指南鐵) ▶ 쇠1 명
지내기 ▶ 갱가 명
지네 ▶ 지나 명
지니다 ▶ 징기다 동
지대(址臺) ▶ 쭉담 명
지독(至毒)하다 ▶ 숭칙하다 형
지독하게 풍기다 ▶ 득천하다. 등천하다 형
지독하다 ▶ 숭악하다 형
지독한 깍쟁이 ▶ 생깍재 ̄이 명
지독한 상놈 ▶ 돌상놈 명
지랄병 ▶ 땡: 깡 명
지랄하다 ▶ 용게치다 동
지랄하다 ▶ 용천떠다 동
지렁이 ▶ 꺼: 깨이. 꺼: 시이 명
지레 ▶ 질거 부

지레 되다 ▶ 올:대다 동
지레 밥 ▶ 질거밥 명
지루하다 ▶ 자업다 형
지르다 ▶ 찌리다 동
지르다 ▶ 지리다 동
지리다 ▶ 짤:기다 동
지린내 ▶ 찌랑내 명
-지마는 ▶ -지만도 미
-지만 ▶ -지만도 미
지붕꼭대기 ▶ 집대박. 집대배기 명
지붕꼭대기나 산의 등성이 ▶ 만대기. 만대이. 만다기. 만다~이 명
지붕의 속된말 ▶ 집따까리 명
지붕처마 ▶ 지붕지슬 명
지신밟기(地神-) ▶ 지신발:끼 명
지어먹다 ▶ 저어:묵다 동
지어먹다 ▶ 자:이묵다 동
-지요 ▶ -지러요 미
지우개 ▶ 개시고무 명
지우다 ▶ 까문때:다 동
지우다 ▶ 땂다 동
지워버리다 ▶ 자아뿌다 동
지워지다 ▶ 뭉개:지다 동
지저분하고 인색한 사람 ▶ 개:똥새 명
지지다 ▶ 찌지다 동
지짐이 ▶ 찌짐. 찌짐이. 찌징개 명
지차(之次) ▶ 자차 명
지키다 ▶ 보다 동
지킴이 ▶ 찌까미 명
지팡이 ▶ 스데:끼. 지평~이. 짝대기. 짝지 명
지푸라기 ▶ 짚나래끼. 짚내끼 명
지프차의 속된말 ▶ 똥파래~이 명

지피다 ▶ 자피다 동
직간접적으로 연결된 친인척(親姻戚) ▶ 연비연사 명
진(陳) 빼앗기 ▶ 진도리 명
진달래 ▶ 참꽃 명
진딧물 ▶ 뜨물. 진잔물 명
진버짐 ▶ 진:버섯 명
진작 ▶ 안작 부
진장(陳臟) ▶ 짐장 명
질겁하다 ▶ 씩검묵다. 씩겁하다 동
질경이 ▶ 뻽재~이. 질개~이 명
질기다 ▶ 짤기다 형
질리다 ▶ 질래:다 동
질색(窒塞) ▶ 왈:개 명
질펀하게 앉다 ▶ 퍼저얀따 동
짊어지다 ▶ 잘머지다 동
짐승 ▶ 개대:지 명
짐승 ▶ 김성. 짐성 명
짐승 ▶ 쇠짐성 명
짐승의 교미(交尾) ▶ 조갈 명
집 바깥 ▶ 삽짝껄 명
집게 ▶ 찌께 명
집구석 ▶ 집구적 명
집들이 ▶ 집떠리 명
집어먹다 ▶ 자:이묵다2 동
집을 얕잡아 이르는 말 ▶ 집따까리 명
집적거리다 ▶ 찝쩍거리다 동
집적이다 ▶ 찝쩌기다 동
집지킴이 ▶ 집찌까미 명
집채의 다른 방과 통하는 바깥마루 ▶ 툇:마루 명
집터(陽宅) ▶ 잡태 명
집히다 ▶ 지피:다2 동

짓 ▶ 지정머리 명
짓 ▶ 질3 명
짓거리 ▶ 지정머리 명
짓궂은 장난 ▶ 히야까시 명
짓다 ▶ 짓:다1 동
징거미 ▶ 징가'미 명
징용(徵用) ▶ 조:요 명
짚 ▶ 짚풀 명
짚 티끌 ▶ 짚티끄래기. 짚티끼 명
짚가리 ▶ 짚빼까리 명
짚고갱이 ▶ 짚호:깨'이. 짚홰:기 명
짚나라미 ▶ 짚나래끼. 짚내끼 명
짚북데기 ▶ 짚뿍다'기 명
짚수세미 ▶ 짚수제. 짚수시개 명
짚신 ▶ 미:신 명
짚신장수 ▶ 짚신재'이 명
짚으로 삼은 끌신 ▶ 와라:지. 조:리 명
짚으로 삼은 신 ▶ 짚신 명
짚으로 엮은 등받이 ▶ 등태기 명
짚으로 짠 둥근 방석 ▶ 도래방시기. 돌방시기 명
짚을 태워서 받인 물 ▶ 재물 명
짚의 고갱이 ▶ 짚꼬개'이 명
짚의 속고갱이 ▶ 짚꼬개'이. 짚호:깨'이. 짚홰:기 명
짜다 ▶ 짭다 형
짜증 ▶ 솔:기증 명
짜증 ▶ 짜정 명
짝 ▶ 째기 명
짝 ▶ 짹 명
짝을 지어서 ▶ 짝째기2 부
짝이 없다 ▶ 짹이 없다 관
짝짝이 ▶ 짝째기1. 짝짜기 명

짝짝이 ▶ 짝째기2 부
짠득거리다 ▶ 쫀닥거리다 동
짠지 ▶ 짠지: 명
짤따랗다 ▶ 짤딸막:하다 형
짤록하다 ▶ 짤쫌:하다. 쨀쫌:하다 형
짧다 ▶ 짜리다2. 짤따 형
짧아지다 ▶ 짤버지다 동
짬 ▶ 저를 명의
짭짤하다 ▶ 오:지다. 오분순타 형
짭짤하다 ▶ 짭찔:하다 형
짭짤하다 ▶ 짭찔밧다 형
째려보다 ▶ 꼬라보다 동
째지다 ▶ 찌:지다2 동
쩌릿하다 ▶ 찌리:하다 형
쩝 ▶ 찍:2 감
쩨쩨하다 ▶ 자뜨랍다 형
쩨쩨한 사람 ▶ 다:래미 명
써서 말려 찧은 보리알갱이 ▶ 찐보리 명
쪼가리 땅 ▶ 따기1 명
쪼개다 ▶ 따개다. 또개다 동
쪼개다 ▶ 짜개다 동
쪼개지 않은 돈 ▶ 온:돈 명
쪼그리다 ▶ 쪼불시다 동
쪼다 ▶ 쫒:다 동
쪼들리다 ▶ 짜들래:다. 쪼달래:다. 쪼달라'
: 다. 짜채:다. 짜치:다. 짭채:다. 쪼채:
다. 쪼치:다 동
쪼이다 ▶ 쪼애:다 동
쪽 ▶ 짝 명의
쫓기다 ▶ 쫓개:다 동
쫓아버리다 ▶ 쪼까:뿌리다 동
쬐다 ▶ 쪼:다1 동
쭈그렁이 ▶ 뿍쭈구리 명

쭈그렁이 ▶ 쭈구렁반티~이 명
쭈그리다 ▶ 쭈구리다 동
쭈글쭈글하고 추하게 생긴 꼴 ▶ 뿍쭈구리 명
쭉정이 ▶ 꺼끄렁쭉디기. 쭉띠기. 쭉따~이. 쭉짜기 명
-쯤 ▶ -쯤: 접
찌개(윷판) ▶ 찔개 명
찌걸(윷판) ▶ 찔걸 명
찌꺼기 ▶ 찌기~이 명
찌꺼기 ▶ 찌끄래기 명
찌끼 ▶ 찌기~이 명
찌도(윷판) ▶ 찔도 명
찌들은 고생 ▶ 골물 명
찌르다 ▶ 찌리다2 동
찌모(윷판) ▶ 내:타 명
찌뿌드드하다 ▶ 찌부둥: 하다 형
찌윷(윷판) ▶ 집째 명
찌짐이 ▶ 부칭개 명
찌징개 ▶ 부칭개 명
찌푸리다 ▶ 찌부리다 동
찍히다 ▶ 찍개:다 동
찐쌀로 지은 밥 ▶ 찐:살밥 명
찔리다 ▶ 찔래:다 동
찡기다 ▶ 찡개:다 동
찢어지다 ▶ 찌:지다2 동
찧다 ▶ 짝다 동

[ㅊ]

차다 ▶ 시랍다. 시럽다1 형
차다 ▶ 찹다 형
차량대절(車輛貸切) ▶ 가시거리 명

차례(次例) ▶ 차래 명
차리다 ▶ 보다 동
차리다 ▶ 채리다. 처리다 동
차이다 ▶ 차개다. 차애:다 동
차조 ▶ 차죄 명
차지다 ▶ 찰기지다 형
차츰 ▶ 차참. 차침 부
차표(車票) ▶ 챠포 명
찬물 ▶ 차물 명
찰기가 있는 조 ▶ 차죄 명
찰흙 ▶ 쪼:대2 명
참기름 ▶ 참자럼 명
참깨나 들깨 따위로 기름을 짤 재료를 넣은 베주머니 ▶ 기름떡 명
참다 ▶ 삼보하다 동
참말 ▶ 차말 명
참먹이(윷판) ▶ 미겨 명
참빗 ▶ 챔빗 명
참외 ▶ 위: 명
참외밭 ▶ 위밭 명
참죽나무 ▶ 가:중나무 명
참하다 ▶ 차:마다 형
참혹(慘酷)하다 ▶ 몽창시럽다 형
창자 ▶ 창지 명
창포(菖蒲) ▶ 쟁피1 명
창포잎사귀 ▶ 궁구~이. 궁기~이 명
창피스럽다 ▶ 남사시럽다. 남위사시럽다. 넘사시럽다. 넘우사시럽다. 형
채다 ▶ 탈: 치다 동
채반이나 콩나물시루 따위를 받치는 받침대 ▶ 채다리 명
채비 ▶ 차비 명
채비(差備) ▶ 단도리 명

채소 따위가 억세다 ▶ 시:다4 [형]
채우다 ▶ 메꾸:다 [동]
채우다 ▶ 마'우다 [동]
책 꺼풀 ▶ 책까풀 [명]
책 꼬쟁이 ▶ 책꼬재ᄀ이 [명]
책 읽기를 마치다 ▶ 따:다2 [동]
책력(冊曆) ▶ 책역 [명]
책보자기 ▶ 책보, 책보재기 [명]
책상다리 ▶ 갱:다리, 팽다리 [명]
책이나 장부 따위를 넘기다 ▶ 디바끼다 [동]
책표지 ▶ 책까풀 [명]
처넣다 ▶ 처옇다 [동]
처녀 죽은 바람 ▶ 처:자 죽은 바람 [관]
처녀귀신(處女鬼神) ▶ 처:자구:신 [명]
처녀막(處女膜)의 변말 ▶ 따가리, 따꺄리 [명]
처뜨리다 ▶ 처주:다 [동]
처럼 ▶ 따나2, 마따:나 [조]
처럼 ▶ 마양2, 매로, 맨대로, 맨치로, 맹그로 [조]
처마 ▶ 첨마 [명]
처먹다 ▶ 처묵다 [동]
처박다 ▶ 꼴박다 [동]
처박히다 ▶ 처박해:다 [동]
처쟁이다 ▶ 처재:다 [동]
처진 나뭇가지 ▶ 너가지 [명]
척 ▶ 체, 치, 칙 [명의]
척하다 ▶ 칙:하다 [동보]
천 ▶ 가지 [명]
천(옷)의 일종 ▶ 뽀:라 [명]
천지멍텅구리 ▶ 쳔지축구지하배막다ᄀ이(天地畜狗地下褁---) [명]
천둥 ▶ 천동(天動) [명]
천리(千里) ▶ 찰리 [명]

천리만리(千里萬里) ▶ 찰리말:리 [명]
천리타항(千里他鄕) ▶ 찰리타양 [명]
천생(天生) ▶ 천상1 [명]
천생(天生) ▶ 천상2 [부]
천생(天生)으로 ▶ 팔짜로(八字-) [부]
천생연분(天生緣分) ▶ 천상연분 [명]
천성(天性) ▶ 찬출(天出) [명]
천성(天性)으로 ▶ 팔짜로(八字-) [부]
천수봉답(天水奉畓) ▶ 천봉:답 [명]
천연두(天然痘) ▶ 손2 [명]
천천히 ▶ 천:처이 [부]
철 ▶ 쉬:견, 시:건 [명]
철 ▶ 힘:, 힘:수 [명]
철로(鐵路) ▶ 철까치 [명]
철모 ▶ 대쭈가부또 [명]
철모의 속된말 ▶ 바가치 [명]
철없이 날뛰다 ▶ 깨춤을 추다 [관]
철쭉 ▶ 연:달래 [명]
첨아(檐牙) ▶ 첨마 [명]
첩(妾) ▶ 첩사이 [명]
첩년(妾-) ▶ 첩연 [명]
첫 거래 ▶ 마수거리 [명]
첫걸음 ▶ 거름마 [명]
첫새벽 무렵 ▶ 첫새복 [명]
첫아기 ▶ 첫다ᄀ이 [명]
청년(靑年) ▶ 청연 [명]
청소(淸掃) ▶ 소:지 [명]
청승맞다 ▶ 청성맞다 [형]
청어(靑魚) ▶ 청애: [명]
채(눈발이 고운) ▶ 고:분체 [명]
체격(體格) ▶ 체수 [명]
체면(體面) ▶ 체민 [명]
체면밥(體面-) ▶ 체민밥 [명]

793

체면치레(體面--) ▶ 체민치레 명
체하다 ▶ 아다리하다 관
쳇바퀴 ▶ 쳇바꾸 명
쳐다보다 ▶ 치다보다 동
쳐들다 ▶ 치들다 동
초가집 처마 밑에 튼 참새 집 ▶ 새집구영 명
초년(初年) ▶ 초연 명
초라니 ▶ 초라~이 명
초벌 ▶ 아시. 아이4 명
초벌 논매기 ▶ 초불논매기. 아사논매기. 아이논매기 명
초석(礎石) ▶ 지추똘 명
초석(草席) ▶ 초시기. 최시기 명
초석자리(草席--) ▶ 최식자리 명
초승달 ▶ 초생달(初生-) 명
초장(初場) 일거리 ▶ 초장꺼리 명
초장(醋醬) ▶ 초집 명
초저녁 ▶ 초저넉 명
초저녁 무렵 ▶ 초저넉 명
초즙(醋汁) ▶ 초집 명
초행이나 신행을 갈 때 신랑이나 신부를 데리고 가는 웃어른 ▶ 상:각 명
촌구석 ▶ 촌:구적 명
촌년(村-) ▶ 촌:연 명
촌놈(村-) ▶ 촌:놈 명
촌댁이(村宅-) ▶ 촌:띠기 명
촌뜨기 ▶ 촌:띠기. 촌:삐기 명
촌병아리 ▶ 촌:삐가리 명
촌충(寸蟲) ▶ 촌:차~이 명
촐랑이 ▶ 새촐내미 명
촘촘하다 ▶ 달:다 형
촘촘히 ▶ 촘초:미. 총초:이 부
총각귀신(總角鬼神) ▶ 몽:다리구:신 명

최고(最高) ▶ 장따~이 명
최촉(催足)하다 ▶ 짭치다 동
추기다 ▶ 치기다 동
추다 ▶ 추다1 동
추루(醜陋)하다 ▶ 추리:하다 형
추루하다 ▶ 헐추리:하다. 헐출:하다 형
추스르다 ▶ 치기다 동
추위 ▶ 춥이. 치비 명
추잉검(chewing gum) ▶ 중깡 명
추접하다 ▶ 다:럽다 형
추접하다의 여린말 ▶ 초잡다 형
추천(鞦韆) ▶ 군대. 주천 명
축구(畜狗) ▶ 축구 명
출입하다 ▶ 나드다 동
출출하다 ▶ 출추리:하다 형
출출하다 ▶ 헐추리:하다. 헐출:하다 형
춥다 ▶ 칩다 형
취(醉)하다 ▶ 최다2 동
취객(醉客) ▶ 최:각 명
취미(趣味) ▶ 치:미 명
취소하다 ▶ 물리다 동
측간(厠間) ▶ 칙간 명
측은하다 ▶ 아연타 형
층계 ▶ 난간 명
층계(層階) ▶ 창계 명
층층이(層層-) ▶ 칭차~이 부
치다 ▶ 찡구:다 동
치다 ▶ 칭구:다 동
치르다 ▶ 추다2 동
치르다 ▶ 치다 동
치마 ▶ 처마. 처매 명
치마끈 ▶ 처매끈. 처매끄내끼 명
치마의 아랫도리 ▶ 단: 명

치마의 주름 ▶ 처매주럼 명
치마의 폭 ▶ 처매폭 명
치마의 허리 ▶ 말:1 명
치맛자락 ▶ 처매자래기 명
치밀다 ▶ 도채:다 동
치밀다 ▶ 도치:다 동
치우다 ▶ 차'우다 동
치워버리다 ▶ 차아뿌리다 동
치이다 ▶ 찡개:다 동
치이다 ▶ 칭개:다. 칭기:다 동
친구(親舊) ▶ 창구 명
친구(親舊) ▶ 화:상 명
칠갑하다 ▶ 철갑하다. 철방하다 동
칠칠하다 ▶ 칠칠밧다 형
칡 ▶ 칠개~이. 칠기 명
칡넝쿨 ▶ 칠개~이넘풀. 칠개~이덤풀. 칠기덤풀. 칠덤풀 명
칡뿌리 ▶ 칠개~이뿔거지 명
침 ▶ 춤 명
침술사 ▶ 침재~이 명
침쟁이 ▶ 침재~이 명
칭얼거리다 ▶ 칭칭거리다 동

[ㅋ]

캄캄한 상태다 ▶ 밤중이다 관
캐비지(cabbage) ▶ 양뱁추. 카배추 명
커녕 ▶ 커영 조
커닝(cuning) ▶ 간닝구 명
커다랗다 ▶ 커단:하다. 크단:하다 형
컵 ▶ 꼬뿌 명
켜다 ▶ 셔다. 시다2 동

켜다(엿을) ▶ 써:리다2 동
켤레 ▶ 커리 명의
코끝 ▶ 코끈타~이 명
코딱지 ▶ 코따까리 명
코뚜레 ▶ 꿰뜨레기. 코꾼지. 코꿰뜨레기 명
코미디언(comedian) ▶ 잉재~이 명
코빼기 ▶ 코빵울 명
콘돔(condom) ▶ 샤꾸 명
콧구멍 ▶ 콧구무. 콧구영 명
콧등 ▶ 콧다~이 명
콧방귀 ▶ 코똥 명
콩과 팥을 분별하지 못하는 상태 ▶ 콩칠팔. 콩칠팔세:삼육 명
콩기름 ▶ 콩기름 명
콩기름(豆油) ▶ 콩지럼2 명
콩깍지 ▶ 콩깍대기 명
콩깻묵 ▶ 콩깨묵 명
콩나물 ▶ 콩지럼1 명
콩댐 ▶ 콩대~이 명
콩서리 ▶ 콩사리 명
콩잎사귀 ▶ 콩이퍼리 명
콩잎사귀로 만든 반찬 ▶ 콩이퍼리 명
쾌지나칭칭나네 ▶ 칭:나칭칭:나:네 감
크기가 다른 불알 ▶ 짝부랄 명
크림 ▶ 구라'분(--粉). 구리:무 명
크림의 한 가지 ▶ 동동구리무 명
큰 것 ▶ 큰거 명
큰 난리(亂離) ▶ 날:리적지 명
큰 머슴 ▶ 큰머섬 명
큰길 ▶ 큰질 명
큰길 ▶ 행길(行-) 명
큰돈 ▶ 온:돈 명
큰바가지 ▶ 함배기 명

큰상(-床) ▶ 큰상 몡
큰애 ▶ 큰야:. 큰거 몡
큰일 ▶ 킬: 몡
클로버의 속된말 ▶ 토깨~이풀 몡
키 ▶ 채~이 몡
키우다 ▶ 키우다 동

[ㅌ]

타거나 눈는 냄새 ▶ 화:근내(火根-) 몡
타고난 성품(性品) ▶ 태성(胎性) 몡
타고난 제 목숨 ▶ 지밍: 몡
타산(打算) ▶ 구:구 몡
타향(他鄕) ▶ 타양 몡
타협(安協)하다 ▶ 타:합하다 동
탁주(濁酒) ▶ 탁배기 몡
탄내 ▶ 화:근내(火根-) 몡
탄로 나다 ▶ 다들캐:다 동
탄탄하다 ▶ 땐땐:하다 형
탄환을 쏘거나 폭발물을 터뜨리다 ▶ 놓다 동
탈곡기 돌아가는 소리 ▶ 와:롱와:롱 갑
탈곡기(脫穀機) ▶ 회징게 몡
탈락(脫落)시키다 ▶ 빠자:뿌리다 동
탕건(宕巾) ▶ 탕:관(宕冠) 몡
태 ▶ 때:기 몡
태도나 기색 ▶ 태(態)2 몡
태우다 ▶ 사리다 동
태평(太平) ▶ 태팽 몡
택호(宅號) ▶ 택구 몡
탱자 ▶ 탱주 몡
탱자나무 ▶ 탱주나무 몡

터 ▶ 태1 몡
터널 ▶ 굴: 몡
터뜨리다 ▶ 터주:다 동
터럭 ▶ 터래:기 몡
터울 ▶ 터불 몡
터전 ▶ 태1 몡
터줏대감 ▶ 찌끼미 몡
터지게 하다 ▶ 터주:다 동
턱 ▶ 태가리 몡
턱 ▶ 택1 몡
턱 주걱 ▶ 택주거리 몡
턱(좋은 일이 있을 때 베푸는 음식대접) ▶ 택2
턱(마땅히 그래야 할 까닭이나 이치) ▶ 택4 몡
턱(평평한 곳에 조금 두둑하게 된 자리) ▶ 택3
턱없다 ▶ 택없다 형
털 ▶ 개1 몡
털 ▶ 터래:기 몡
털내의 ▶ 개샤추 몡
털리다 ▶ 털래:다 동
텃밭 ▶ 채진밭 몡
텅 빈 것 같다 ▶ 훌빈:하다 형
토끼 ▶ 토깨~이 몡
토라지다 ▶ 삐:지다 동
토막 ▶ 동가리 몡
토목공사를 할 때 흙이나 자갈 따위를 다지는 기구 ▶ 망깨 몡
토박이(土--) ▶ 토백이 몡
-통(신체의 굵고 뭉툭한 부분을 나타내는 접미사) ▶ -티~이 접
통가리 ▶ 깍짜구리 몡
통것 ▶ 온:나. 옹:거 몡

통과(通過) ▶ 통가 명
통달(通達)하다 ▶ 화통: 하다 형
통조림 ▶ 간주매 명
통통 ▶ 틴: 틴 부
퇴박 ▶ 튀: 박 명
퇴비(堆肥) ▶ 태: 비 명
퇴침 ▶ 태: 치미. 태침 명
투덜거리다 ▶ 불퉁거리다 동
-투성이 ▶ -투사~이 접
투전(鬪牋) ▶ 튀전 명
투정이나 응석을 다 받아 주다 ▶ 오: 야오
   : 야하다 관
퉁겨지다 ▶ 팅개: 다 동
퉁기다 ▶ 탱기다. 탕기다 동
퉁소 ▶ 통: 수. 퉁: 수 명
튀기다 ▶ 타기다 동
튀다 ▶ 타다 동
튀밥 ▶ 박산. 타밥 명
튀어나오다 ▶ 티: 나오다 동
트랙 ▶ 도라꾸2 명
트럭 ▶ 도라꾸1 명
트림 ▶ 트름 명
트릿하다 ▶ 티미: 하다 형
트이다 ▶ 타이다 동
특수한 지형지물을 나타내는 말에 붙어 지
   명이 되는 접미사 ▶ -꼴2 접
틀리다 ▶ 틀래: 대 동
틀리다 ▶ 틀래: 다2 동
틀리다 ▶ 파: 이다 형
틀림없이 ▶ 꽉: 부
틀어 메다 ▶ 탈어미: 다 동
틀어박다 ▶ 트러박다 동
틀어박히다 ▶ 트러백히: 다 동

틈 ▶ 역 명의
틈바구니 ▶ 틈바구 명
티 ▶ 태(態)2. 포토 명
티 ▶ 트끄잡이. 티끄래기. 티까비 명
티끌 ▶ 트끄잡이. 티끄래기. 티까비 명

[파]

파 젖히다 ▶ 파재끼다. 파자끼다 동
파리 ▶ 파래~이 명
파마머리 (permanent) ▶ 양장머리(洋裝-) 명
파이프(pipe) ▶ 빨뿌리. 빨쭈리 명
파헤치다 ▶ 파하치다 동
팍 ▶ 파싹 부
판 ▶ 차: 판(此-) 명의
판에 박은 듯이 ▶ 영판 부
판엿을 깔아 놓는 넓적한 나무 그릇 ▶ 엿
   판 명
판엿을 자르는 도구 ▶ 엿칼 명
판자(板子) ▶ 빤때기 명
판잣집(板子-) ▶ 하꼬방 명
팔꿈치 ▶ 팔꾸머리 명
팔다 ▶ 팔다 동
팔뚝 ▶ 팔따기 명
팔목 ▶ 홀목 명
팔자 좋은 부자 ▶ 팔부: 자 명
팔짱 ▶ 팔찜 명
팔푼이(八--) ▶ 팔피~이 명
패다 ▶ 짜개다 동
팬티(panties) ▶ 빤쭈. 사리마다 명
팽이 ▶ 팽대이 명
팽이채 ▶ 팽대이채 명

팽팽하다 ▶ 디:다2 형
퍼 대다 ▶ 퍼재끼다 동
퍼뜨리다 ▶ 퍼주:다 동
퍼져 앉다 ▶ 퍼저안따 동
펀치 ▶ 빤찌 명
펌프(pump) ▶ 뽐뿌 명
펑크 ▶ 빵:구 명
펴다 ▶ 피다 동
편(便) ▶ 팬, 핀 명
편(編) ▶ 자리3 명의
편지(便紙) ▶ 핀:지 명
편지봉투(便紙封套) ▶ 핀지봉투'지 명
편찮다 ▶ 팬찬타 형
편하다 ▶ 팬:하다2 형
편하다 ▶ 팬하다1 형
평면경(平面鏡) ▶ 맞배기 명
평민(平民) ▶ 일반사:람 명
평생(平生) ▶ 팽상 명
평안도(平安道) ▶ 피안도 명
평행봉(平行棒) ▶ 헤이꼬,보 명
평행봉(平行棒)의 돌리기 운동 ▶ 담부링 명
폐(弊) ▶ 피: 명
폐농(廢農) ▶ 피:농 명
폐단(弊端) ▶ 피:. 피:단 명
폐병쟁이(肺病-) ▶ 폐:빙재~이 명
포개다 ▶ 동개:다 동
포개다 ▶ 들개다 동
포구(浦口) ▶ 물편(-便) 명
포기 ▶ 패기, 파기, 피거리 명
포대(包袋) ▶ 자리1 명
포대기 ▶ 두데기, 두다기 명
포위(包圍) ▶ 포:이 명
포플러 ▶ 백양나무(白楊--), 뽀뿌라 명

폭도(暴徒)의 속된말 ▶ 짝대기패 명
폭행(暴行) ▶ 손질 명
표 ▶ 포토 명
표(標) ▶ 포1 명
표(票) ▶ 포2 명
표백(漂白) ▶ 샹구2 명
표백제(漂白劑) ▶ 사라시약 명
표조각 ▶ 포쪼가리 명
표주박 ▶ 물쪽빼기 명
표주박 ▶ 쫑구래기 명
푸념 ▶ 사:실 명
푼전(-錢) ▶ 땡전(-錢) 명
풀 ▶ 베:풀 명
풀 빗자루 ▶ 풀비 명
풀다 ▶ 부루:다 동
풀떼기 ▶ 풀대죽 명
풀리다 ▶ 풀래:다 동
풀매 ▶ 풀돌 명
풀무 ▶ 불매, 풀매 명
풀무질 ▶ 불매질, 풀매질 명
풀쐐기 ▶ 풀쐬:비 명
풀어헤치다 ▶ 풀어하치다 동
풀이나 겨, 재, 그을음 따위에다 인분을 썩어서 썩힌 거름 ▶ 싱:거름 명
풀이나 넝쿨 따위가 우거져 음습하다 ▶ 우설지다 형
품고 있는 원(願) ▶ 포:원(抱願) 명
품앗이 ▶ 푸먀시, 푸먀~이 명
풋바심 ▶ 풋바시미 명
풍구(風-) ▶ 풍기 명
풍년(豊年) ▶ 풍연 명
풍뎅이 ▶ 소:똥벌레, 풍다~이 명
풍병(風病) ▶ 풍뼁 명

풍신(風神) ▶ 풍신꼬라: 지 명
풍채(風采) ▶ 풍신꼬라: 지 명
피 ▶ 쟁피2 명
피곤하다 ▶ 데: 다 형
피난(避難) ▶ 피란 명
피라미 ▶ 가: 리3 명
피라미 ▶ 피: 이리 명
피로 쑨 죽 ▶ 파죽 명
피마자 ▶ 피마: 지 명
피우다 ▶ 지기다 동
피우다 ▶ 푸우다 동
핀잔 ▶ 몽꾸 명
필요하다 ▶ 씨이: 다 동
핏덩이 ▶ 피따~이 명
핑계 ▶ 찜:1 명

[ㅎ]

-하게 ▶ –쿠로 미
하고 ▶ 캉 조
하기 ▶ 거게1 명의
하나 빠짐없이 ▶ 낱나치 부
하나는 위로 다른 하나는 아래로 구부러진 소뿔 ▶ 천지각(天地角) 명
하느님 ▶ 하늘임요 감
하는 바람에 ▶ 카는머래 관
하늘 ▶ 하늘 명
하늘바라기 ▶ 봉: 답. 천수봉: 답 명
하늘아래 ▶ 대: 맹천지 명
하늬바람 ▶ 하늘바람 명
하다(말하다) ▶ 캬다 동
하도 ▶ 하: 부

하루 ▶ 하로, 하리 명
하루거리 ▶ 하리거리 명
하루벌이 ▶ 하리버: 리 명
하루살이 ▶ 하랍사리 명
하마터면 ▶ 잘몬하머 부
하여튼(何如—) ▶ 하이튼 부
하이칼라 ▶ 하이까래 명
하이힐의 속된말 ▶ 빼딱구두, 삐딱구두 명
-하지 ▶ –채 미
하필(何必) ▶ 해필(奚必) 부
학교(學校) ▶ 핵고 명
학년(學年) ▶ 항연 명
학년을 유급(留級)하다 ▶ 꿉: 다 동
학생(學生) ▶ 학상 명
학생복이나 군복 윗도리의 잠금 깃 ▶ 쯔매애리 명
학질(瘧疾) ▶ 도독눔빙: . 초질. 초학. 하리거리 명
한 아름정도로 묶은 볏단 ▶ 발갸리단 명
한 자리 수로 ▶ 호부 부
한결같이 ▶ 만: 날(萬-) 부
한곳 ▶ 한테: 명
한글을 낮잡아 이르는 말 ▶ 똥글 명
한글의 속된말 ▶ 정냥글 명
한길 ▶ 행길(行-) 명
한꺼번에 ▶ 한꾸분에 부
한꺼번에 셈하다 ▶ 몰치다 동
한껏 ▶ 짜: 드록. 짜: 들 부
한데 ▶ 한테: 명
한때 ▶ 한단: 명
한량(閑良) ▶ 할양 명
한량限量없다 ▶ 할: 양없다 형
한반도(韓半島) ▶ 삼철리강산 명

799

한숨에 ▶ 한참에 부
한자리 ▶ 한테: 명
한잔 ▶ 입바이1 명
한정(限定) ▶ 항:정 명
한창때 ▶ 한단: 명
한태 ▶ 한태 명
한턱 ▶ 햔택 명
한테 ▶ 안데 조
한편 ▶ 한머래, 한머러, 한모'래, 한쪽머래,
    한쪽머러, 한쪽모'래 부
할망구 ▶ 할망타구 명
할머니 ▶ 할먀씨 명
할머니 ▶ 할매: 명
할머니 ▶ 할미: 명
할머님 ▶ 할무:이 명
할미 ▶ 할먀˘이 명
할미 ▶ 할망구 명
할미 ▶ 할이미 명
할아버지 ▶ 할뱌씨 명
할아버지 ▶ 할배: 명
할아버지 ▶ 할부지 명
할아비 ▶ 할애비 명
할퀴다 ▶ 까래비다 동
핥다 ▶ 홀따2. 활따 동
함경도(咸鏡道) ▶ 행갱도 명
함부로 ▶ 아무따나 부
함부로 날뛰다 ▶ 깨춤을 추다 관
함석으로 만든 물동이 ▶ 양동˜오 명
함지 ▶ 반티: 이, 함지반티˘이 명
함지장수 ▶ 반타'이장: 사, 함지장: 사 명
합격(合格) ▶ 합객 명
합작(合作) ▶ 갸부1, 가부사끼 명
핫바지저고리 ▶ 핫주˜우적새미 명

핫옷 ▶ 소캐옷 명
핫이불 ▶ 한이불 명
항구(港口) ▶ 행: 구 명
항문부분의 낮춤말 ▶ 똥짜뱌리 명
항문으로 하는 음행 ▶ 똥빠구리 명
항문의 낮춤말 ▶ 똥꾸무 명
항문의 낮춤말 ▶ 똥꾸영 명
항상 ▶ 내:, 내:들, 삼: 통 부
항상(恒常) ▶ 장: 부
해 그늘 ▶ 해거렁지 명
해감 ▶ 해굼 명
해거름 ▶ 해그름 명
해결(解決) ▶ 해: 갤 명
해금(奚琴) ▶ 행굼 명
해대다 ▶ 캐샷다 동
해마다 ▶ 해먀중 부
해바라기 ▶ 해바래기 명
해산(解産)하다 ▶ 몸풀다 동
해전 ▶ 해딴: 명
해지기 전 ▶ 해딴: 명
해코지 ▶ 해: 꾸지 명
해코지하다 ▶ 까래비다 동
해태(海苔) ▶ 짐: 4 명
햇볕 ▶ 햇뱉 명
행상바치(行商-) ▶ 헝성뱌치 명
행세(行世) ▶ 행사 명
행실이 고약하고 버릇이 없는 남자 ▶ 개:
    아들눔
행여나 ▶ 해: 나 부
행주 ▶ 행자1 명
행차(行次) ▶ 행부 명
행패(行悖) ▶ 땡: 깡 명
행패(行悖) ▶ 부랑질 명

행패꾼(行悖) ▶ 땡: 깡재ˊ이 몡
허구(許久)하다 ▶ 하구하다 혱
허구(許久)한 세월(歲月) ▶ 하시: 월 몡
허다(許多)하다 ▶ 수타다 혱
허다(許多)히 ▶ 허다이 부
허든허든 ▶ 허들: 허들: 부
허리 ▶ 허리 몡
허리띠 ▶ 허리껀. 할끈 몡
허리치기 ▶ 고시냐게 몡
허수아비 ▶ 허재: 비 몡
허전하다 ▶ 훌빈: 하다 혱
허참 ▶ 햐이고 감
허탕 ▶ 쭉따기 몡
허탕 ▶ 헛택 몡
허튼 ▶ 꺼끄렁 관형
허파 ▶ 허페 몡
허풍(虛風) ▶ 허바리. 혀발 몡
허풍(虛風) ▶ 후랴이 동
허풍쟁이(虛風-) ▶ 허바리 몡
허풍쟁이(虛風-) ▶ 후랴이재ˊ이 몡
헌데 ▶ 헌: 디 몡
헌데가 말라붙은 조각 ▶ 따가리 몡
헐다 ▶ 허깨: 다 동
헐다 ▶ 허루: 다 동
헛 장난 ▶ 허지레질 몡
헛간 ▶ 건저실 몡
헛간 ▶ 허깐 몡
헛기침 ▶ 헛지침 몡
헛말 ▶ 헛소리 몡
헛방귀 ▶ 헛방: 구 몡
헛수고 ▶ 헛택 몡
헝겊조각 ▶ 헝: 겊쪼가리 몡
헤아리다 ▶ 히아리다. 시: 대. 시아리다.

시알리다. 히: 다2 동
헤어지다 ▶ 갈래: 다2 동
헤어지다 ▶ 하ˊ다1. 하이지다 동
헤엄 ▶ 훼미질. 하엄 몡
헤적이다 ▶ 히자끼다. 히직다 동
헤지다 ▶ 하이지다 동
헤집다 ▶ 하시다 동
헤치다 ▶ 하치다 동
헤프다 ▶ 히: 뿌다 혱
헬리콥터의 속된말 ▶ 철: 개ˊ이비행기 몡
행구다 ▶ 황구다 동
혀(舌) ▶ 새1 몡
혀(舌) ▶ 해 몡
혀가 빠지다 ▶ 새빠지다 관
혀나 입이 길게 처지거나 빠진 상태 ▶ 서: 발 몡
혀짜래기 ▶ 해짜래기 몡
혀짤배기 ▶ 해짜래기 몡
현대(現代) ▶ 시체(時體) 몡
현대여성(現代女性) ▶ 신식여자(新式女子) 몡
현대적인 교육을 받은 사람 ▶ 양복재ˊ이 몡
현몽(現夢) ▶ 선: 몽 몡
현물세(現物稅)를 징수하거나 곡물을 수매(收買)하는 일 ▶ 수곡(收穀) 몡
혈혈단신(孑孑單身) ▶ 헐헐단신 몡
혓바늘 ▶ 햇바늘 몡
혓바닥 ▶ 햇바닥 몡
형(兄) ▶ 사ˊ이. 하ˊ이 몡
형님(兄-) ▶ 성임. 행임. 헝임 몡
형색(形色) ▶ 행색 몡
형세(形勢) ▶ 행세. 행팬. 행핀 몡
형수(兄嫂) ▶ 야지매 몡
형수(兄嫂) ▶ 행수 몡

형용(形容) ▶ 허용 명
형제(兄弟) ▶ 행제 명
형틀 ▶ 가다3 명
형틀 ▶ 꼴1 명
형편 ▶ 행세, 행팬, 행핀 명
형편(形便) ▶ 시: 정 명
형편(形便) ▶ 조: 시, 쪼2 명
형편없다 ▶ 꼴나다 형
호각(號角) ▶ 호갈(呼喝) 명
호강 ▶ 호강 명
호강스럽다 ▶ 포시랍다, 호부랍다 형
호도(胡桃) ▶ 추자(楸子) 명
호두 ▶ 추자(楸子) 명
호드기 ▶ 호: 떼기 명
호랑이 ▶ 호: 래ˇ이 명
호래(胡來)자식 ▶ 호로: 자석 명
호로자식(胡虜子息) ▶ 호로: 자석 명
호루라기 ▶ 호갈(呼喝) 명
호르몬 ▶ 호로몽 명
호리다 ▶ 호리다 동
호미 ▶ 호매ˇ이 명
호미나 괭이 따위로 작은 땅을 일구다 ▶ 쫑: 다 동
호미씻이 ▶ 나다리묵기 명
호박 종류의 하나 ▶ 따베ˇ이호: 박 명
호박덩이 ▶ 호박따ˇ이 명
호사(豪奢) ▶ 호: 시 명
호식팔자(虎食八字) ▶ 호: 석팔자 명
호적(戶籍) ▶ 만적 명
호젓하고 단출하다 ▶ 속닥: 하다 형
호주(濠洲) 댁(이승만 전 대통령 부인의 택호) ▶ 호주띠기 명
호주머니 ▶ 개앗주메이, 갯주마ˇ이 명
호주머니 ▶ 보갯도 명
혹 ▶ 혹뿔 명
혹(或) ▶ 호: 욱 부
혹부리 ▶ 혹뿔재ˇ이 명
혹시(或是) ▶ 호: 욱, 혹: 이 부
혹시(或時) ▶ 혹: 여(或如) 부
혹시나 ▶ 해: 나 부
혼겁(魂怯) ▶ 씩겁 명
혼겁(魂怯) ▶ 생씩겁 동
혼겁(魂怯) ▶ 혼쩜 명
혼겁을 먹다 ▶ 생똥을 싸다 관
혼나다 ▶ 씩겁묵다, 씩겁하다 동
혼내다 ▶ 씩겁주다 동
혼사나 환갑 때에 웃어른이나 주인공에게 차려내는 성찬(盛饌) ▶ 큰상 명
혼수(婚需) 따위의 준비물 ▶ 유롬 명
혼이 빠지다 ▶ 생똥을 싸다 관
혼인(婚姻) ▶ 호인 명
혼자 ▶ 혼차 명
혼쭐 ▶ 배락방매ˇ이 명
혼쭐 ▶ 생씩겁 동
혼쭐(魂) ▶ 영검 명
혼행(婚行) ▶ 신행(新行) 명
홀가분하다 ▶ 홀깨빈: 하다 형
홀따2 ▶ 활따 동
홀딱 ▶ 솔: 빡 부
홀랑 ▶ 홀딱 부
홀리다 ▶ 홀래: 다 동
홀몸 ▶ 호부몸 명
홀아비 ▶ 호래비, 호부래비 명
홀어미 ▶ 과: 태기 명
홀치기 ▶ 목째깨틀 명
훑다 ▶ 홀때 동

홍두깨 ▶ 홍다깨 명
홍역(紅疫) ▶ 홍진(紅疹) 명
홑바지 ▶ 홑주~우 명
홑바지저고리 ▶ 홑주~우적새미 명
홑으로 ▶ 호부 부
홑이불 ▶ 호부아불. 홑나불 명
홑청 ▶ 혼닏. 홑창 명
화내다 ▶ 도분내:다 동
화냥기 ▶ 호양끼 명
화냥년 ▶ 호양연. 화양연 명
화냥질 ▶ 호양질. 화양질 명
화딱지 ▶ 역불 명
화랑이 ▶ 화래~이 명
화로(火爐) ▶ 화:리 명
화로의 불을 만지는 숟가락 ▶ 붓술 명
화롯불(火爐-) ▶ 화:리불 명
화상(和尙) ▶ 화:상 명
화수계(花樹契/花穗契) ▶ 화수기 명
화의 속된말 ▶ 뿔따구 명
화장비누(化粧-) ▶ 세수사:분. 사수사:분 명
화장품의 일종으로 지금의 콤팩트 파우더와 비슷하다 ▶ 딱분(-粉) 명
화전놀이(花煎-) ▶ 화전놀이 명
화초에 물을 뿌리는 그릇 ▶ 수대(水垈) 명
화투(花鬪) ▶ 화토 명
화투노름꾼 ▶ 쪼이꾼 명
화투노름판 ▶ 쪼이판 명
화투놀음 ▶ 쪼이 명
화투놀이 따위의 놀이 점수 ▶ 각수(角數) 명
화투놀이 방법의 하나 ▶ 민화토 명
화투놀이를 할 때 판에 깔린 패 중에 결국 들어오게 되어 있는 패 ▶ 구짜 명
화투놀이에서 난초, 풍, 비 패를 4장을 모은 등급 ▶시마 ▶ 샤리2 명
화투놀이에서 난초 패 넷 짝을 맞춘 등급 ▶ 난초샤리. 난초시마 명
화투놀이에서 비 패 넷 짝을 모은 등급 ▶ 비샤리. 비시마 명
화투놀이에서 풍(楓) 패 넷 짝을 맞춘 등급 ▶ 풍샤리. 풍시마 명
화투 패 중에서 1월이나 한 끗을 상징하는 솔(松) 그림의 패 ▶ 솔 명
화투 패 중에서 2월이나 두 끗을 상징하는 매화 그림의 패 ▶ 매조 명
화투 패 중에서 3월이나 세 끗을 상징하는 벚꽃 그림의 패 ▶ 사꾸라 명
화투 패 중에서 4월이나 네 끗을 상징하는 흑색 싸리나무 그림의 패 ▶ 흑싸리 명
화투 패 중에서 5월이나 다섯 끗을 상징하는 난초 그림의 패 ▶ 난초 명
화투 패 중에서 6월이나 여섯 끗을 상징하는 목단 그림의 패 ▶ 목단 명
화투 패 중에서 7월이나 일곱 끗을 상징하는 빨간색 싸리나무 그림의 패 ▶ 홍싸리 명
화투 패 중에서 8월이나 여덟 끗을 상징하는 달(月) 그림의 패 ▶ 공산 명
화투 패 중에서 9월이나 아홉 끗을 상징하는 국화 그림의 패 ▶ 국중(菊重) 명
화투 패 중에서 10월이나 열 끗을 상징하는 단풍 그림의 패 ▶ 풍 명
화투 패 중에서 11월이나 열한 끗을 상징하는 오동나무 그림의 패 ▶ 오동 명
화투 패 중에서 12월이나 열두 끗을 상징하는 비(雨) 그림의 패 ▶ 비 명
화해(和解)하다 ▶ 사우하다. 하후하다 동

확실(確實)하다 ▶ 학실하다 〈형〉
환갑(還甲) ▶ 항:갑 〈명〉
환장(換腸) ▶ 한:장 〈명〉
환쟁이 ▶ 환:재ᇰ이 〈명〉
활(弓) ▶ 활 〈명〉
활개를 치다 ▶ 날개를 치다 〈관〉
활동(活動) ▶ 할똥 〈명〉
활량 ▶ 할양 〈명〉
황당하다 ▶ 얼척없다 〈형〉
황해도(黃海道) ▶ 화해도 〈명〉
횃대에 거는 옷에 먼지가 앉지 않게 덮는 보자기 ▶ 횃대보 〈명〉
횃불을 붙이는 나무묶음 ▶ 홰 〈명〉
회(膾) ▶ 회 〈명〉
회갑(回甲) ▶ 항:갑 〈명〉
회복(回復) ▶ 방까이 〈명〉
회오리바람 ▶ 호드락바람. 회:리바람 〈명〉
회초리 ▶ 세차리. 회차리. 회추리 〈명〉
회충(蛔蟲) ▶ 꺼:시이. 꺼:깨이 〈명〉
획(畵) ▶ 혹 〈명〉
획수(畵數) ▶ 혹수 〈명〉
횡재(橫材) ▶ 홍재 〈명〉
효험(效驗) ▶ 호엄 〈명〉
후(後) 내년(來年) ▶ 후:내연 〈명〉
후(後) 명년(明年) ▶ 후:맹연 〈명〉
후닥닥 ▶ 훗:딱. 힛:떡 〈부〉
후대(後代) ▶ 아랏'대 〈명〉
후려치다 ▶ 후리치다 〈동〉
후번(後番) ▶ 후:뿐 〈명〉
후번(後番) ▶ 후:째 〈명〉
후번(後番) ▶ 후:찌 〈명〉
후벼내다 ▶ 훠배내:다 〈동〉
후비다 ▶ 훠비다 〈동〉

후손(後孫) ▶ 디:1 〈명〉
후손(後孫) ▶ 딧:손1. 딧:자손 〈명〉
후퇴(後退) ▶ 후:태 〈명〉
훈련소(訓鍊所) ▶ 훌:연소 〈명〉
훈장(訓長) ▶ 사장(師丈)2 〈명〉
훈장질(訓長) 짓 ▶ 선상질 〈명〉
훌렁 ▶ 힛:딱 〈부〉
훑다 ▶ 훌따 〈동〉
훑이 ▶ 빼채. 홀께 〈명〉
훔쳐보다 ▶ 도디캐보다 〈동〉
훔치거나 남몰래 하는 손장난 따위의 버릇 ▶ 손버르장머리. 손버르재ᇰ이 〈명〉
훔치다 ▶ 도다키다 〈동〉
훔치다 ▶ 새비다 〈동〉
휘이 ▶ 후여: 〈감〉
훤칠하게 큰 키 ▶ 육척장신(六尺長身) 〈명〉
훤칠하다 ▶ 걸망시럽다. 걸망타 〈형〉
훤칠하다 ▶ 훠출:하다 〈형〉
훤하게 ▶ 훽:이 〈부〉
훤히 ▶ 훽:이 〈부〉
훼방(毁謗) ▶ 해:방 〈명〉
휘다 ▶ 후다 〈동〉
휘둘러 두들기다 ▶ 후다리다 〈동〉
휘발유(揮發油) ▶ 히발유 〈명〉
휘어잡다 ▶ 휘:잡다 〈동〉
휘장(徽章) ▶ 뺏지 〈명〉
휘젓다 ▶ 짓:다3 〈명〉
휘젓다 ▶ 후젓:다 〈동〉
휘정거리다 ▶ 후정거리다. 후징거리다 〈동〉
휘청거리다 ▶ 후청거리다 〈동〉
휘파람 ▶ 휘:빠람. 히:빠람 〈명〉
휴가(休暇) ▶ 후가 〈명〉
휴대용 놋요강 ▶ 질새요강 〈명〉

흉내 ▶ 양 명
흉내쟁이 ▶ 잉재ˇ이 명
흉년(凶年) ▶ 숭연 명
흉물(凶物) ▶ 숭물 명
흉물스럽다 ▶ 숭물시럽다 형
흉스럽다 ▶ 숭사럽다 형
흉악(凶惡)하다 ▶ 숭악하다 형
흉잡다 ▶ 숭잡다 동
흉잡히다 ▶ 숭잽히:다 동
흉측(凶測)하다 ▶ 숭칙하다 형
흉터 ▶ 숭태 명
흉하다 ▶ 숭하다 형
흉허물 ▶ 숭허물 명
흉허물 없다 ▶ 숭허물 없다 관
흉흉(洶洶)하다 ▶ 숭숭:하다 형
흐르다 ▶ 흐리다 동
흐릿하다 ▶ 꾸무리:하다 형
흐릿하다 ▶ 티미:하다 형
흐물흐물하다 ▶ 홍양:홍양:하다 형
흐지부지하다 ▶ 시지부적:하다, 시지부지:하다 형
흑인 ▶ 깜다ˇ이, 껌다ˇ이 명
흔들거리다 ▶ 껏떡거리다 동
흔들거리다 ▶ 헌들거리다 동
흔들다 ▶ 헌드ˇ다 동
흔들흔들 ▶ 헌들:헌들: 부
흔적(痕迹) ▶ 포1 명
흔하다 ▶ 샜:다 형
흔하다 ▶ 천지다 형
흔해 빠졌다 ▶ 새:고샜다, 새:빌었다, 천지빼까리다 형
흔히 ▶ 일:성 부
흔히 ▶ 허다이 부

흘리다 ▶ 할리다 동
흙 ▶ 홀 명
흙 따위를 퍼붓다 ▶ 떠지:다 동
흙구덩이 ▶ 홀구다ˇ이 명
흙더버기 ▶ 홀대배기, 홀투사ˇ이 명
흙덩어리 ▶ 홀뜽어리, 홀삐ˇ 명
흙먼지 ▶ 홀문지 명
흙벽돌 ▶ 홀'백돌 명
흙손 ▶ 홀'손 명
흙투성이 ▶ 홀대배기 명
흙투성이 ▶ 홀투사ˇ이 명
흠 ▶ 험: 명
흠가다 ▶ 험:지다 동
흠지다 ▶ 험:지다 동
흠집이 있는 과일 따위 ▶ 험:다리, 험:다ˇ이 명
홍건하다 ▶ 홍근:하다 형
흥정 ▶ 소:바이 명
흥정 ▶ 헝정 명
흥청망청 ▶ 흥정망정 부
흩다 ▶ 헡다, 헡치다 동
흩어져 퍼지다 ▶ 깔래:다 동
흩어지다 ▶ 헡채:다 동
흩으러버리다 ▶ 허깨:다 동
희롱(戱弄) ▶ 히야까시 명
희멀겋다 ▶ 히멀굼:하다 형
희붐하다 ▶ 히붓:하다 형
희한(稀罕)하다 ▶ 하얀하다 형
흰둥이 ▶ 힌다ˇ이 명
흰자위 ▶ 힌자, 힌채ˇ이 명
-히 ▶ -이6 접
히죽히죽 ▶ 시죽시죽 부
힐끗 ▶ 히:끗 부

805

힐끗 보다 ▶ 거떠보다 동
힘 ▶ 심2 명
힘겹다 ▶ 훈: 애끼: 다 형
힘겹다의 속된말 ▶ 똥빠지다. 좆빠지다 형
힘꼴 ▶ 삼꼴 명
힘들다 ▶ 디: 다2. 욕보다 동

힘이 세고 일에 숙련된 머슴 ▶ 상: 머섬(上--) 명
힘이나 능력이 부치다 ▶ 딸래: 다. 딸리: 다 동
힘줄 ▶ 심줄 명

'하다(카다, 라다) 동사'의 활용

표준말	카다(하다)	캤다(했다)	라다(하다)	랬다(했다)
	(말이나 행동을)		(행동을)	

그렇게 하다	그카다	그캤다	그라다	그랬다
고렇게 하다	고카다	고캤다	고라다	고랬다
이렇게 하다	이카다	이캤다	이라다	이랬다
요렇게 하다	요카다	요캤다	요라다	요랬다
저렇게 하다	저카다	저캤다	저라다	저랬다
조렇게 하다	조카다	조캤다	조라다	조랬다

※아래 각 란에 '그렇게'에다 '고렇게', '이렇게', '요렇게', '저렇게', '조렇게' 따위의 형용사로 바꾸어 넣을 수 있다.

그렇게 하거나.	그카기나	그캤기나	그라기나	그랬기나
그렇게 하거든	그카그덩	그캤그덩	그라그덩	그랬그덩
그렇게 하건마는	그카건마는	그캤건마는	그라건마는	그랬건마는
그렇게 하게	그카게		그라게	
그렇게 하게끔	그카구로		그라구로	
그렇게 하게나	그카게나		그라게나	
그렇게 하게시리	그카게시리		그라게시리	
그렇게 하겠다(추측)	그카겠다	그캤겠다	그라겠다	그랬겠다
그렇게 하겠다(의지)	그카겠다		그라겠다	
그렇게 하고	그카고	그캤고	그라고	그랬고
그렇게 하고는	그카고는		그라고는	
그렇게 하고도	그카고도		그라고도	
그렇게 하고서	그카고서		그라고서	
그렇게 하고야	그카고야		그라고야	
그렇게 하고자	그카고자		그라고자	
그렇게 하기로	그카기로	그캤기로	그라기로	그랬기로
그렇게 하기에	그카기에	그캤기에	그라기에	그랬기에

그렇게 하기에	그카길래	그캤길래	그라길레	그랬길래
그렇게 하는	그카는	그캤는	그라는	그랬는
그렇게 하나?	그카나	그캤나	그라나	그랬나
그렇게 하나마나	그카나마나		그라나마나	
그렇게 하네	그카네	그캤네	그라네	그랬네
그렇게 하느냐?	그카나	그캤나	그라나	그랬나
그렇게 하느니	그카느이		그라느이	
그렇게 하느니라	그카니라	그캤니라	그라니라	그랬니라
그렇게 하느니만	그카니마	그캤니마	그라니마	그랬니마
그렇게 하느라고	그카느라꼬		그라느라꼬	
그렇게 하는	그카는		그라는	
그렇게 하는가?	그카는가	그캤는가	그라는가	그랬는가
그렇게 하는구나	그카는구나	그캤구나	그라는구나	그랬구나
그렇게 하는데	그카는데	그캤는데	그라는데	그랬는데
그렇게 하니	그카이	그캤으이	그라이	그랬으이
그렇게 하니까	그카이까	그캤으이까	그라이까	그랬으이까
그렇게 하니까	그카이끄네	그캤으이끄네	그라이끄네	그랬으이끄네
그렇게 하다	그카다	그캤다	그라다	그랬다
그렇게 하다가	그카다가	그캤다가	그라다가	그랬다가
그렇게 하다니	그카다이	그캤다이	그라다이	그랬다이
그렇게 하더냐?	그카드나	그캤드나	그라드나	그랬드나.
그렇게 하더니	그카디이	그캤디이	그라디이	그랬디이
그렇게 하더니라	그카디이라	그캤디이라	그라디이라	그랬디이라
그렇게 하더니만	그카디이마는	그캤디이마는	그라디이마는	그랬디이마는
그렇게 하더라	그카드라	그캤드라	그라드라	그랬드라
그렇게 하더라니까	그카드라이까		그라드라이까	
그렇게 하더라도	그카드라도	그캤드라도	그라드라도	그랬드라도
그렇게 하더이다	그카디이더	그캤디이더	그라디이더	그랬디이더
그렇게 하던가?	그카든가	그캤든가	그라든가	그랬든가
그렇게 하던데	그카든데	그캤든데	그라든데	그랬든데
그렇게 하던지	그카든지	그캤든지	그라든지	그랬든지
그렇게 하도록	그카드록		그라드록	
그렇게 하듯이	그카드시	그캤드시	그라드시	그랬드시
그렇게 하라고	그카라꼬		그라라꼬	
그렇게 하라나	그카라나		그라라나	
그렇게 하라네	그카라네		그라라네	

그렇게 하라느니	그카라느이		그라라느이
그렇게 하라는	그카라는		그라라는
그렇게 하라는데	그카라는데		그라라는데
그렇게 하라니	그카라이		그라라이
그렇게 하라니까	그카라이까		그라라이까
그렇게 하라며	그캐라매		그라라매
그렇게 하라면	그카라머		그라라머
그렇게 하라면서	그카라맨서		그라라맨서
그렇게 하라지	그카라지		그라라지
그렇게 하랍니까?	그카라 카딘기요		그라라 카딘기요
그렇게 하랍니다	그카라니더		그라라니더
그렇게 하랍디다	그카라 카디더		그라라 카디더
그렇게 하래	그카라카데		그라라카데
그렇게 하래도	그카라캐도		그라라캐도
그렇게 하래서	그카라캐서		그라라캐서
그렇게 하래요	그카라캐요		그라라캐요
그렇게 하랬자	그카라캤자		그라라캤자
그렇게 하러	그카로		그라로
그렇게 하려거든	그칼라 카그덩		그랄라 카그덩
그렇게 하려고 하니	그칼라 카이		그랄라 카이
그렇게 하려고 하더니	그칼라 카디이		그랄라 카디이
그렇게 하려고 해도	그킬라캐도		그랄라캐도
그렇게 하려고 했는데	그칼라캤는데		그랄라캤는데
그렇게 하려고 했다	그칼라캤다		그랄라캤다
그렇게 하려고	그칼라꼬		그랄라꼬
그렇게 하려니	그칼라 카이		그랄라 카이
그렇게 하려다가	그칼라 카다가		그랄라 카다가
그렇게 하려면	그칼라카머		그랄라카머
그렇게 하련다	그칼란다		그랄란다
그렇게 하렵니까	그칼라닌기요		그랄닌기요
그렇게 하렵니다	그칼라 카니더		그랄라 카니더
그렇게 하리만치	그칼만치		그랄만치
그렇게 하리만큼	그칼만쿰	그캤을만쿰	그랄만큼	그랬을만쿰
그렇게 하며	그카매		그라매
그렇게 하면	그카머	그캤으머	그라머	그랬으머
그렇게 하면서	그카맨서	그캤으맨서	그라맨서	그랬으맨서

그렇게 하시오	그카소	그캤소	그라소	그랬소
그렇게 하자고	그카자꼬		그라자고	
그렇게 하자마자	그카자마자		그라자마자.	
그렇게 하지(의지)	그카지	그캤지	그라지	그랬지
그렇게 하지?	그카재	그캤재	그라재	그랬재
그렇게 하지?	그카지	그캤지	그라지	그랬지
그렇게 하지만	그카지마는	그캤지마는	그라지마는	그랬지마는
그렇게 하지요	그카지요	그캤지요	그라지요	그랬지요
그렇게 한다	그칸다	그캤다	그란다	그랬다
그렇게 한다고	그칸다꼬	그캤다꼬	그란다꼬	그랬다꼬
그렇게 한다나	그칸다나	그캤다나	그란다나	그랬다나
그렇게 한다느니	그칸다느이	그캤다느이	그란다느이	그랬다느이
그렇게 한다는	그칸다는	그캤다는	그란다는	그랬다는
그렇게 한다는가?	그칸다는가	그캤다는가	그란다는가	그랬다는가
그렇게 한다는구나	그칸다는구나	그캤다는구나	그란다는구나	그랬다는구나
그렇게 한다는데	그칸다는데	그캤다는데	그란다는데	그랬다는데
그렇게 한다는데도	그칸다는데도	그캤다는데도	그란다는데도	그랬다는데도
그렇게 한다니	그칸다이	그캤다이	그란다이	그랬다이
그렇게 한다니까	그칸다이까	그캤다이까	그란다이까	그랬다이까
그렇게 한다니까마는	그칸다이까마는	그캤다이까마는	그란다이까마는	그랬다이까마는
그렇게 한다더냐?	그칸다 카드나	그캤다 카드나	그란다 카드나	그랬다 카드나
그렇게 한다마는	그칸다마는	그캤다마는	그란다마는	그랬다마는
그렇게 한다며?	그칸다매	그캤다매	그란다매	그랬다매
그렇게 한다면	그칸다머	그캤다머	그란다머	그랬다머
그렇게 한다면서	그칸다맨서	그캤다맨서	그란다맨서	그랬다맨서
그렇게 한다손 치더라도	그칸다손 치디이라도		그란다손 치디이라도	
그렇게 한다해도	그칸다캐도	그캤다캐도	그란다캐도	그랬다캐도
그렇게 한다해서	그칸다캐서	그캤다캐서	그란다캐서	그랬다캐서
그렇게 한다해서야	그칸다캐서야	그캤다캐서야	그란다캐서야	그랬다캐서야
그렇게 한단다	그칸단다	그캤단다	그란단다	그랬단다
그렇게 한답니까?	그칸다카닌기요	그칸다캤닌기요	그란다카닌기요	그란다캤닌기요
그렇게 한답니다	그칼라카디더	그칼라캤디더	그랄라카디더	그랄라캤디더
그렇게 한답디까?	그칸다카딘기요	그칸다캤딘기요	그란다카딘기요	그란다캤딘기요
그렇게 한답디다	그칼라카디더	그칼라캤디더	그랄라카디더	그랄라캤디더
그렇게 한댔자	그칸다캤자	그캤다캤자	그란다캤자	그랬다캤자
그렇게 한데요	그칸다네요	그캤다네요	그란다네요	그랬다네요

그렇게 한들	그칸들	그캤든들	그란들	그랬든들
그렇게 한즉	그칸즉	그캤은즉	그란즉	그랬은즉
그렇게 한지	그칸지		그란지	
그렇게 한지라	그칸지라		그란지라	
그렇게 할 거야	그칼꺼야	그캤을꺼야	그랄꺼야	그랬을꺼야
그렇게 할 거냐?	그칼꺼가		그랄꺼가	
그렇게 할 걸	그칼꺼로		그랄꺼로	
그렇게 할 것 같으면	그칼 꺼 그트머		그랄 꺼 그트머	
그렇게 할 것이니	그칼 끼이이		그라 끼이이	
그렇게 할 것이다	그칼 끼이다	그캤을 끼이다	그랄 끼이다	그랬을 끼다
그렇게 할 것이지	그칼 끼이지		그랄 끼이지	
그렇게 할 것이지?	그칼 끼이지	그캤을 끼이지	그랄 끼이지	그랬을 끼이지
그렇게 할 것인데	그칼 낀데	그캤을 낀데	그랄 낀데	그랬을 낀데
그렇게 할 바에	그칼 바에	그캤을 바에	그랄 바에	그랬을 바에
그렇게 할 사이	그칼 새		그랄 새	
그렇게 할게(말)	그카끼		그라끼	
그렇게 할게(행동)	그칼끼		그랄끼	
그렇게 할까?	그칼까	그캤을까	그랄까	그랬을까
그렇게 할까마는	그칼까마는	그캤을까마는	그랄까마는	그랬을까마는
그렇게 할까말까?	그칼가마까?		그랄까마까	
그렇게 할까보아서	그칼까바서	그캤을까바서	그랄까바서	그랬을까바서
그렇게 할는지	그칼는지	그캤을는지	그랄는지	그랬을는지
그렇게 할라	그칼라	그캤을라	그랄라	그랬을라
그렇게 할라고	그칼라꼬		그랄라꼬	
그렇게 할라치면	그칼라치머		그랄라치머	
그렇게 할래	그칼란다		그랄란다	
그렇게 할래?	그칼래		그랄래	
그렇게 할래도	그칼라캐도		그랄라캐도	
그렇게 할래야	그칼래야		그랄래야	
그렇게 할런지	그칼른지		그랄른지	
그렇게 할망정	그칼망정	그캤을망정	그랄망정	그랬을망정
그렇게 할밖에	그칼백에	그캤을백에	그랄백에	그랬을백에
그렇게 할뿐더러	그칼뿐더러		그랄뿐더러	
그렇게 할수록	그칼수로	그캤을수로	그랄수로	그랬을수로
그렇게 할지라도	그칼지라도	그캤을지라도	그랄지라도	그랬을지라도
그렇게 할지언정	그칼지언정	그캤을지언정	그랄지언정	그랬을지언정

그렇게 함세	그카세	그라세
그렇게 함에 따라	그카는 머래	그라는 머래
그렇게 합디까?	그카딘기요	그라딘기요?
그렇게 해놓아라	그캐나라	그래나라
그렇게 해놓았으니	그캐놨으이	그래놨으이
그렇게 해놓으니	그캐노이	그래노이
그렇게 해놔 봐라	그캐나바라	그래나바라
그렇게 해대다	그캐삿다	그래삿다
그렇게 해대도	그캐사도	그래사도
그렇게 해대면	그캐사머	그래사머
그렇게 해대며	그캐사매	그래사매
그렇게 해대니	그캐사이	그래사이
그렇게 해대서	그캐사서	그래사서
그렇게 해도	그캐도	그래도
그렇게 해라	그캐라	그래라
그렇게 해버려라	그캐뿌러라	그래뿌러라
그렇게 해버리니	그캐뿌리이	그래뿌리이
그렇게 해버리다	그캐뿌리다	그래뿌리다
그렇게 해보니	그캐보이	그래보이
그렇게 해봐도	그캐바도	그래바도
그렇게 해봐라	그캐바라	그래바라
그렇게 해봐야	그캐바야	그래바야
그렇게 해봤으면	그캐봤으머	그래봤으머
그렇게 해봤자	그캐봤자	그래봤자
그렇게 해대다	그캐삿다	그래삿다
그렇게 해대며	그캐사매	그래사매
그렇게 해대면서	그캐사맨서	그래사맨서
그렇게 해서	그캐서	그래서
그렇게 해요(대답)	그캐요	그래요
그렇게 해요?	그캐요	그래요

※ '어떻게 하다(어야다, 우야다)'의 활용

어떻게 하다	어야다	우야다

어떤 …………………어얀 ………………우얀
어떻게 …………………어얘 ………………우얘
어떻게 되면 …………어얘대머 …………우얘대머
어떻게 보아서 ………어얘바서 …………우얘바서
어떻게 보니 …………어얘보이 …………우얘보이
어떻게 보면 …………어얘보머 …………우얘보머
어떻게 하게 …………어야게 ……………우야게
어떻게 하기에 ………어야길래 …………우야길래
어떻게 하나 …………어야노 ……………우야노
어떻게 하는지 ………어야는지 …………우야는지
어떻게 하니 …………어야이 ……………우야이
어떻게 하다가 ………어야다가 …………우야다가
어떻게 하더라도 ……어야디이라도 ……우야디이라도
어떻게 하던지 ………어야든지 …………우야든지
어떻게 하라고 ………어야라꼬 …………우야라꼬
어떻게 하려고 ………어얄라꼬 …………우얄라꼬
어떻게 하려나? ……어얄라나 …………우얄라나
어떻게 하려면 ………어얄라머 …………우얄라머
어떻게 하면 …………어야머 ……………우야머
어떻게 하면 …………어얘하머 …………우얘하머
어떻게 하지? ………어야재 ……………우야재
어떻게 하지? ………어야지 ……………우야지
어떻게 할까? ………어야꼬 ……………우야꼬
어떻게 하면 …………어야머 ……………우야머
어떻게 하니 …………어야이 ……………우야이
어떻게 할래? ………어얄래 ……………우얄래
어떻게 할지 …………어얄지 ……………우얄지
어떻게 해다오 ………어얘도고 …………우얘도고
어떻게 해보아라 ……어얘바라 …………우얘바라
어떻게 해보지 ………어얘보지 …………우얘보지
어떻게 했거나 ………어얘끼나 …………우얘끼나

813

※ '어찌하다(어짜다. 우짜다)'의 활용

| 어찌하다 | 어짜다 | 우짜다 |

어찐	어짠	우짠
어찌	어째	우째
어찌 보니	어째 보이	우째 보이
어찌 보면	어째 보머	우째 보머
어찌하라고	어짜라꼬	우짜라꼬
어찌 되면	어째대머	우째대머
어찌하게	어짜게	우짜게
어찌하나?	어짜노	우짜노
어찌하는지	어짜는지	우짜는지
어찌하니	어짜이	우짜이
어찌하다가	어짜다가	우짜다가
어찌하더라도	어짜디이라도	우짜디이라도
어찌하던지	어짜든지	우짜든지
어찌하라고	어짜라꼬	우짜라꼬
어찌하려고	어짤라꼬	우짤라꼬
어찌하려나	어짤라나	우짤라나
어찌하려면	어짤라머	우짤라머
어찌하면	어짜머	우짜머
어찌하면	어째하머	우째하머
어찌하지?	어짜재	우짜재
어찌하지?	어짜지	우짜지
어찌할까?	어짜꼬	우짜꼬
어찌할까?	어짤꼬	우짤꼬
어찌할래?	어짤래	우짤래
어찌할지	어짤지	우짤지
어찌해다오	어째도고	우째도고
어찌해보아라	어째바라	우째바라
어찌해보지	어째보지	우째보지
어찌했거나	어째끼나	우째끼나

참고 문헌

경북방언사전(이상규, 태학사).
三國遺事(최호역, 홍신문화사).
三國史記((최호역, 홍신문화사).
東國歲時記(최대림, 홍신문화사).
민속놀이지도자료(오장현·박진우·심우성, 대광문화사).
韓國의民謠(임동권, 일지사).
慶北中部地域語硏究(정철, 경북대학교출판부).
전래동요(유창근, 학지사).
두산세계대백과사전.
한국브리태니커.
한국민속의 세계(고려대학교).
디딜방아연구(김광원).
국학도감(이훈종, 일조각).
한국민속종합보고서(문화공보부).
한국지명총람(한글학회).
한국무속지(아세아문화사).
토속어성속어사전(정태륭, 우석).
영천의 전통(영천시).
骨伐(영천향토사연구회).
영천사료집(영천문화원).
物名攷(부산시민도서관 소장).
한국민족문화대백과사전(한국정신문화연구원).
한국민속대사전(한국사전연구소 인문관).
한국민속문화대사전(창솔).
안동포 생산과 소비의 전통과 현대적 의미(배영동, 안동대학교).
慶州郡史(경주군사편집위원회).
慶州風物地理誌(보우문화재단).
지역어조사 질문지(국립국어원).
한국어의 표준발음(이현복, 교육과학사).
한국인의 생활양식과 전통분화예술(표인주, 민속원).

저자 소개

정석호 鄭錫昊

1936년 경북영천 출생.
영천중학교와 국립체신고등학교를 졸업하고,
무선통신기사로 서울국제전신전화국 근무.
기타 무선통신과 정보통신 분야의 업무에 종사함.

전화번호 및 E-mail : 011-9310-1216, hanulho2@hanafos.com

경북동남부 방언사전
— 영천 · 경주 · 포항을 중심으로 —

초판 인쇄	2007년 12월 18일
초판 발행	2007년 12월 28일
지은이	정석호
펴낸이	최종숙
책임편집	김주헌 · 이태곤 · 김지향
표 지	안유미
제 작	안현진
펴낸곳	글누림출판사 / 서울 서초구 반포4동 577-25 문창빌딩 2층
전 화	02-3409-2055 팩스 02-3409-2059
이메일	nurim3888@hanmail.net
홈페이지	http://www.geulnurim.co.kr
등 록	2005년 10월 5일 제303-2005-000038호
정 가	40,000원
ISBN	978-89-91990-85-2 91710